Karl-Wilhelm Welwei

ATHEN

Von den Anfängen bis zum Beginn des Hellenismus

Sonderausgabe von „Athen“ und
„Das klassische Athen“ in einem Band

Karl-Wilhelm Welwei

ATHEN

Von den Anfängen
bis zum Beginn des Hellenismus

Die Deutsche Nationalbibliothek verzeichnet diese Publikation
in der Deutschen Nationalbibliografie;
detaillierte bibliografische Daten sind im Internet über
http://dnb.d-nb.de abrufbar.

Einbändige Sonderausgabe 2011
(2., bibliografisch aktualisierte und mit einem neuen Vorwort versehene Auflage
der Bände „Athen“, 1992, und „Das klassische Athen“, 1999)

Die Herausgabe des Werkes wurde durch
die Vereinsmitglieder der WBG ermöglicht.
Umschlaggestaltung: Peter Lohse, Heppenheim
Umschlagmotiv: Nach Phidias: Kopf der Athena Promachos.
Foto: akg-images
Satz: Janß GmbH, Pfungstadt
Gedruckt auf säurefreiem und alterungsbeständigem Papier
Printed in Germany

Besuchen Sie uns im Internet: www.wbg-wissenverbindet.de
ISBN 978-3-534-24082-1

Die Buchhandelsausgabe erscheint beim Primus Verlag.
Umschlaggestaltung: Christian Hahn, Frankfurt a.M.
Umschlagabbildung: Tempel der Nike Apteros auf der Akropolis
(421 v. Chr. errichtet von Kallikrates), © picture-alliance/akg-images
ISBN 978-3-89678-731-6
www.primusverlag.de

Elektronisch sind folgende Ausgaben erhältlich:
eBook (PDF): 978-3-534-71734-7 (für Mitglieder der WBG)
eBook (epub): 978-3-534-71736-1 (für Mitglieder der WBG)
eBook (PDF): 978-3-86312-713-8 (Buchhandel)
eBook (epub): 978-3-86312-717-6 (Buchhandel)

INHALT

Das klassische Athen
Demokratie und Machtpolitik im 5. und 4. Jahrhundert

EINLEITUNG ZUR SONDERAUSGABE

Karl-Wilhelm Welwei, seit 1972 Professor für Alte Geschichte an der Ruhr-Universität Bochum, wurde am 17. Oktober 1930 in Witten an der Ruhr geboren. Er gehört jener Generation an, die noch Zeuge der finstersten Auswüchse totalitärer Diktatur geworden ist, die Kriegsgreuel und Zerstörung miterleben mußte, dann aber auch Wiederaufbau und Etablierung einer freiheitlichen Ordnung sowie die Ausgestaltung der Demokratie in der jungen Bundesrepublik begleiten und mitgestalten konnte. Wie im Fall des griechischen Historiographen Thukydides, mit dessen Geschichtswerk sich Welwei seit Jahrzehnten intensiv auseinandersetzt, hat die Prägekraft der eigenen Zeit auch im wissenschaftlichen Œuvre des Bochumer Althistorikers deutliche Spuren hinterlassen. Unverkennbar ziehen sich das permanente Fragen nach den Bedingungen, Formen und Folgen menschlicher Vergesellschaftungsprozesse, nach der Entstehung und Verstetigung staatlicher Strukturen – die Welwei vor allem in Institutionalisierungsfortschritten faßt – und die Auseinandersetzung mit den unterschiedlichen Formen politischer Organisation in der Antike durch sein wissenschaftliches Schrifttum. Dabei geht es ihm keineswegs um die naive Suche nach dem idealen Staat; Welweis Interesse richtet sich vielmehr auf die grundsätzliche Frage, wie politische Organisation jenseits eines monarchischen Korsetts überhaupt möglich ist, welche Stabilisierungsleistungen zu ihrem Erhalt und ihrer Fortentwicklung beobachtet werden können und in welcher Weise Zeitgenossen über die politischen Ordnungen, mit denen sie selbst konfrontiert waren, nachgedacht haben.

Schon sein Erstlingswerk ist der Reflexion monarchischer Strukturen durch den hellenistischen Historiographen Polybios gewidmet und analysiert subtil dessen Haltung gegenüber Königen und dem Königtum. Welwei hatte diese Dissertation nach einem Studium der Fächer Geschichte und Lateinische Philologie an der Universität zu Köln im Jahr 1963 vorgelegt und läßt insbesondere in der nüchtern-differenzierten Quellenkritik, fortan eine Konstante seines wissenschaftlichen Werks, die Schule seiner Lehrer Hans Volkmann und Lothar Wickert erkennen.[1] Sein Proprium zeigt sich jedoch in der

[1] K.-W. Welwei, Könige und Königtum im Urteil des Polybios, Diss. Köln 1963. – Welweis Arbeiten zur griechischen Geschichte (bis zum Jahr 2000) sind versammelt in: M. Meier (Hg.), Karl-Wilhelm Welwei. Polis und Arché. Kleine Schriften zu Gesellschafts- und Herrschaftsstrukturen in der griechischen Welt, Stuttgart 2000. Die Arbeiten zur römischen Geschichte (bis zum Jahr 2004) in: M. Meier/M. Strothmann (Hgg.), Karl-Wilhelm Welwei. Res publica und Imperium. Kleine Schriften zur römischen Geschichte, Stuttgart 2004; dort findet sich auch ein Schriftenverzeichnis, das bis in das Jahr 2004 reicht (S. 299–312). – Darüber hinaus sei verwiesen auf Welweis Sparta-Buch: K.-W. Welwei, Sparta. Aufstieg und Niedergang einer antiken Großmacht, Stuttgart ²2007. Eine Gesamtdarstellung der griechischen Geschichte befindet sich derzeit in Vorbereitung und wird 2011 erscheinen. – Zu Athen vgl. jetzt auch den Überblick K.-W. Welwei, Athens langer

steten, zumeist impliziten, mitunter aber auch expliziten Auseinandersetzung mit der „hellenischen Freiheit". Welwei hat nie ein Hehl daraus gemacht, daß er die erstmalige Realisierung individueller und auch kollektiver Freiheit historisch in der griechischen Geschichte verortet, und er vertritt diese Ansicht auch weiterhin mit aller Entschiedenheit. Kein Wunder, dass ‚Freiheit' in seinem Schrifttum eine zentrale Rolle einnimmt, und zwar in unterschiedlichsten Facetten und Konnotationen: Sei es die persönliche Freiheit des Einzelnen im weiten Themenzusammenhang ‚Unfreiheit/Sklaverei' (dies war Gegenstand seiner Habilitationsschrift),[2] sei es die Freiheit des Politen innerhalb eines griechischen Gemeinwesens, seien es ‚Freiheits'-Parolen in der frühen römischen Kaiserzeit oder auch der komplexe ‚Freiheits'-Begriff des römischen Historiographen Tacitus.[3]

‚Freiheit' im Sinne der politischen Unabhängigkeit und vollkommenen Entscheidungshoheit eines souveränen Demos entwickelte sich Welwei zufolge erstmals auf athenischem Boden im 5. Jahrhundert v. Chr., und so bildet denn die Geschichte Athens in klassischer Zeit das eigentliche Gravitationszentrum seiner Forschungen. Diese Freiheit der attischen Bevölkerung wurde durch die demokratische Ordnung gewährleistet, und letztere wiederum war im 5. Jahrhundert eng mit außenpolitischen Faktoren verquickt, namentlich der Hegemonie Athens im Delisch-Attischen Seebund. Der Seebund erzeugte allerdings seinerseits wieder Unfreiheit, die sich im harschen Vorgehen Athens gegen unbotmäßige Mitglieder des Bündnisses manifestierte. Die sich daraus ergebende Dialektik von Freiheit und Unfreiheit, von „Demokratie und Machtpolitik", wie Welwei bereits im Untertitel seines zweitem Athen-Buches andeutet, stellt einen maßgeblichen Faktor für die Bewertung Athens und seiner politischen Ordnung im 5. Jahrhundert dar und hat eine bis heute anhaltende Forschungsdiskussion generiert, in der die Stimme Welweis von großem Gewicht ist.

Die weltgeschichtliche Bedeutung Athens im 5. Jahrhundert wurde auch andernorts mit großer Emphase hervorgehoben. Doch anders als etwa Christian Meier, der die ungeheure Dynamik des 5. Jahrhunderts dezidiert von der Geschichte Athens in archaischer Zeit abgrenzt und seine Darstellung der Polis mit ihrem Zusammenbruch

Weg zur Demokratie, in: H. Lohmann/T. Mattern (Hgg.), Attika. Archäologie einer „zentralen" Kulturlandschaft. Akten der internationalen Tagung vom 18.–20. Mai 2007 in Marburg, Wiesbaden 2010, 1–22.

[2] K.-W. Welwei, Unfreie im antiken Kriegsdienst. Erster Teil: Athen und Sparta, Wiesbaden 1974 (Habilitationsschrift); Unfreie im antiken Kriegsdienst. Zweiter Teil: Die kleineren und mittleren griechischen Staaten und die hellenistischen Reiche, Wiesbaden 1977; Unfreie im antiken Kriegsdienst. Dritter Teil: Rom, Wiesbaden 1988; vgl. darüber hinaus etwa K.-W. Welwei, Das Sklavenproblem als politischer Faktor in der Krise der römischen Republik, in: Vom Elend der Handarbeit. Probleme historischer Unterschichtenforschung, Stuttgart 1981, 50–69; *Sub corona vendere*. Quellenkritische Studien zur Kriegsgefangenschaft und Sklaverei in Rom bis zum Ende des Hannibalkrieges, Stuttgart 2000.

[3] Vgl. K.-W. Welwei, Augustus als *vindex libertatis* – Freiheitsideologie und Propaganda im frühen Prinzipat, in: Der Altsprachliche Unterricht 16.3 (1973), 29–41; Verdeckte Systemkritik in der Galbarede des Tacitus, in: Gymnasium 102 (1995), 353–363.

am Ende des Peloponnesischen Krieges ausklingen lässt,[4] sucht Welwei das 5. Jahrhundert in eine sich über Jahrhunderte hinziehende historische Entwicklung einzubetten; er vermeidet es, scharfe Zäsuren herauszupräparieren, sondern betont stattdessen Übergänge und Kontinuitäten – auch und gerade zum 4. Jahrhundert, in dem er wichtige Kontrollmechanismen zur Stabilisierung der Demokratie etabliert sieht, die die Konsequenz aus der Erfahrung von Willkür und Machtmißbrauch während des Regimes der Vierhundert und der Tyrannis der Dreißig gezogen und der Demokratie noch einmal wichtige Jahrzehnte des Bestands verschafft hätten, bevor sich Athen schließlich der makedonischen Hegemonie unter Philipp II. habe beugen müssen. Vor diesem Hintergrund präsentieren sich Welweis Athen-Bücher als das Resultat eines in die historische Perspektive übersetzten Fragens, warum und unter welchen Bedingungen es überhaupt zur Machtentfaltung Athens im 5. Jahrhundert und zur Demokratie kommen konnte und wie letztere in das 4. Jahrhundert fortgewirkt hat. Dementsprechend setzt der erste Band mit einer bedeutungsschweren Feststellung ein: „Auf dem Boden Athens vollzog sich im Altertum über Jahrtausende hinweg ein einzigartiger historischer Prozeß: die Entwicklung von einem neolithischen Wohnplatz zum Zentrum einer ägäischen Großmacht." Und bereits wenige Zeilen später fällt das davon nicht zu trennende Wort ‚Demokratie'. Großmachtpolitik und Demokratie prägen die historischen Konstellationen im 5. Jahrhundert, auf die Welweis Darstellung letztlich zuläuft: „So war das fünfte Jahrhundert v. Chr. recht eigentlich das Jahrhundert Athens."

Wer diese Zeilen im Sinne einer aristotelischen Teleologie liest, mißversteht allerdings das Anliegen des Autors: Die historische Einbettung eines Phänomens mit zielgerichteter Notwendigkeit zu verwechseln, wäre fatal. Um diesem Mißverständnis vorzubeugen, betont Welwei immer wieder die Offenheit historischer Situationen beziehungsweise Prozesse und das Fehlen nicht nur eines Wortes, sondern auch eines Bewusstseins für ‚Demokratie' bei den Akteuren bis weit in das 5. Jahrhundert hinein.

Welweis besondere Akzentuierung eines freien, souverän agierenden Volkes in der athenischen Demokratie bedingt ein besonderes Interesse an der historischen Rolle des Demos überhaupt, ein Interesse, das als stets präsente Leitfrage beide Athen-Bücher nachhaltig geprägt hat und mit dem der Verfasser sich markant von großen Teilen der Forschung absetzt, deren Frageperspektive von den Adelsfamilien und dem Wirken ihrer prominenten Angehörigen geprägt ist. Demgegenüber hat Welwei sich früh von der ‚Adelsperspektive' gelöst. Er gehörte zu den ersten Althistorikern überhaupt, die sich in den 1970er Jahren die Forschungsergebnisse der französischen Historiker Denis Roussel und Félix Bourriot zueigen gemacht und ältere Stammstaat-Modelle verworfen haben.[5] Ausgehend von der mittlerweile nicht mehr bestrittenen These, dass Phylen, Phratrien und Géne nicht als Relikte stammesstaatlicher Organisationsformen zu be-

4 Chr. Meier, Athen. Ein Neubeginn der Weltgeschichte, Berlin 1993.

5 D. Roussel, Tribu et cité. Études sur les groups sociaux dans les cités grecques aux époques archaïque et classique, Paris 1976; F. Bourriot, Recherches sur la nature du genos. Étude d'histoire sociale athénienne – periods archaïque et classique, 2 Bde., Lille/Paris 1976.

trachten seien, sondern erst in der Frühphase der Polisbildung aus Nachbarschafts- und Verwandtschaftsverhältnissen entstanden sind und sich damit als integrale Bestandteile einer Polis erweisen, dekonstruierte Welwei seit den 1980er Jahren konsequent traditionelle Modelle, die noch von adeligen Geschlechterverbänden und entsprechenden Großklientelen ausgingen. Das ebnete den Weg für eine alternative Sichtweise, die den Aristokraten zwar weiterhin eine wichtige Rolle im Prozeß der Polisbildung beließ, gegenüber den vermeintlich einflussreichen aristokratischen Geschlechtern aber das Agieren einzelner, von übergreifenden Gentilzusammenhängen weitgehend unabhängigen Individuen und insbesondere die Bedeutung des Volkes hervorhob. Für beide Faktoren präparierte Welwei zunächst in wichtigen Aufsätzen, schließlich in der monographischen Synthese Kontinuitäten in der Entwicklung heraus, die bis dahin noch nicht gesehen worden waren und die sich ihm in unterschiedlichen Schritten der Vergesellschaftung sowie einer allmählichen Verdichtung des institutionellen Gefüges der Polis Athen manifestierten. Schon allein die Quellenlage zwang Welwei dazu, auch über die Grenzen Attikas hinauszublicken und stets die Entwicklung im gesamten griechischen Raum mit in den Blick zu nehmen. Die Konsequenz, mit der er dies umgesetzt hat, gehört zu den besonderen Vorzügen der Athen-Bücher.

Nicht nur um die Konstellationen des 5. Jahrhunderts zu verstehen, rückte damit das Phänomen der Polisbildung zunehmend in das Blickfeld des Althistorikers. Schon für die mykenische Zeit vermag der Autor, der gerade für die Frühzeit auch die archäologische Evidenz feinsinnig ausgewertet hat, „die Voraussetzung für ein Zusammenwachsen der verschiedenen Landschaften in diesem Großraum [sc. Attika]“ zu erkennen; dies wurde auch durch das Ende der mykenischen Paläste nicht zunichte gemacht, denn für Athen zeichnet sich keine ähnlich scharfe Zäsur ab wie für andere mykenische Sitze. Erste Institutionalisierungsprozesse erfolgten dann bereits in den sogenannten Dark Ages; insbesondere „die späteren genossenschaftlich organisierten Verbände der Phylen und Phratrien sind aus dem sozialen Beziehungsgeflecht einer Kleingesellschaft entstanden“, wie sie für jenen Zeitraum auch in Athen anzunehmen ist. In den homerischen Epen schließlich zeige sich erstmals deutlich, daß „der Demos bei wichtigen Entscheidungen nicht einfach übergangen“ werden kann. Damit freilich waren Rahmenbedingungen markiert, die auch durch die sogenannte vorsolonische Krise nicht erschüttert werden konnten, deren Ausmaß Welwei im übrigen in der ihm eigenen nüchternen Sachlichkeit erheblich zurechtstutzt.[6] Mit Solons Gesetzgebung habe Athen allerdings einen wichtigen Schritt in der „Konsolidierung der Staatlichkeit der Polisgemeinschaft“ vollzogen. Das von ihm restrukturierte institutionelle Gefüge erwies sich nicht nur in den Konflikten der ersten Hälfte des 6. Jahrhunderts als erstaunlich stabil, sondern bildete einen Rahmen, hinter den auch die Tyrannen nicht mehr zurückgehen konnten. Mit der Interpretation der Tyrannis als „Sackgasse“, die keinen Beitrag für die spätere Ausbildung der Demokratie in Athen geleistet habe, tritt Welwei in scharfen Widerspruch zu großen Teilen der aktuellen Forschung. Seine

[6] Dazu s. jetzt auch K.-W. Welwei, Ursachen und Ausmaß der Verschuldung attischer Bauern um 600 v. Chr., in: Hermes 133 (2005), 29–43.

diesbezügliche Haltung hat er erst jüngst noch einmal präzise und mit großem Nachdruck auf den Punkt gebracht.[7]

Erst Kleisthenes habe, so Welwei, mit seinen Reformen die Rahmenbedingungen für die Entwicklung der Demokratie im 5. Jahrhundert geschaffen. Wie bereits angedeutet, sieht Welwei diese in ein dialektisches Verhältnis zur zunehmenden athenischen Großmachtpolitik eingebunden. Er nimmt diese Dialektik ernst und läßt sich daher nicht zu dezidierten Verurteilungen athenischer Machtdemonstrationen und expansiver Aktionen hinreißen, sondern betont demgegenüber nachdrücklich die weiterhin anhaltende Persergefahr, die Athen auch in der Pentekontaëtie unter Zugzwang gesetzt habe. Die große Stärke seiner Darstellung des 5. Jahrhunderts liegt auch im nüchternen Abwägen der jeweiligen Handlungsspielräume sowie der Voraussetzungen individueller Aktionen. Dabei geht es ihm nicht darum, lediglich die Demokratie zu verteidigen – vielmehr erwächst erst aus der sachlichen Beschreibung die Komplexität des Gegenstandes, die vorschnelle Schlussfolgerungen verbietet, es aber dennoch ermöglicht, klare Positionen zu beziehen. Die Schattenseiten der athenischen Politik werden dabei durchaus schonungslos benannt, auch die „dunkelsten Seiten der athenischen Demokratie".

Aber es bleibt bei der historischen Leistung Athens, über einen immensen Zeitraum hin allmählich eine politische Ordnung etabliert zu haben, die das souveräne Agieren eines freien Demos in der Volksversammlung garantierte – und dies änderte sich, so Welwei, auch im 4. Jahrhundert nicht. „Vielmehr gewann die athenische Politik gerade durch die zentrale Position der Ekklesia ihre Konstanz und Kontinuität […]".

In Welweis Athen-Büchern manifestiert sich die Faszination für eine politische Ordnung, die der Autor mit grundlegenden Werten verbindet, um die auch zu seiner eigenen Zeit heftig gerungen werden mußte und weiterhin gerungen wird. Darin beruht letztlich auch die ungebrochene Aktualität der Bücher. Aus dem Staunen eines Zeugen des 20. Jahrhunderts über das Ergebnis eines jahrhundertelangen Prozesses in der Antike wurde Geschichtsschreibung, und diese erfolgte in einem sachlichen, ganz unprätentiösen Stil. Nicht zuletzt dadurch konnten sich die Athen-Bücher insbesondere auch im akademischen Lehrbetrieb als feste Größe etablieren. Es ist der Wissenschaftlichen Buchgesellschaft zu danken, dass sie durch die hier vorliegende Neuausgabe auch weiteren Generationen von Studierenden und Forschenden den Zugang zu einem Standardwerk zur griechischen Geschichte ermöglicht.

Tübingen, Dezember 2010 Mischa Meier

[7] K.-W. Welwei, Eine Tyrannis als Vorstufe der Demokratie? Überlegungen zur Tyrannis des Peisistratos, in: B. Linke/M. Meier/M. Strothmann (Hgg.), Zwischen Monarchie und Republik. Gesellschaftliche Stabilisierungsleistungen und politische Transformationspotentiale in den antiken Stadtstaaten, Stuttgart 2010, 51–66.

VORWORT ZUR SONDERAUSGABE

Im ersten Teil dieser Neuauflage soll einem breiteren Leserkreis ein Bild von der Entwicklung in Athen und Attika von den frühen Siedlungen neolithischer Gruppen bis zum Sturz der Tyrannis der Peisistratiden vermittelt werden. In einem breiten Rahmen werden die Ethnogenese der Hellenen, die Entstehung und die Strukturen mykenischer Palastsysteme und deren Katastrophen sowie die Situation in Athen im Verlauf der sogenannten Dunklen Jahrhunderte erörtert. Es wird verdeutlicht, daß damals in griechischen Siedlungsgebieten noch „vorstaatliche Gesellschaften" existierten, aber auch Voraussetzungen für reguläre politische Organisationsformen entstanden und etwa seit dem 7. Jahrhundert v. Chr. entsprechende Institutionen konstituiert wurden. In Athen konnte das durch Solon stabilisierte institutionelle Gefüge durch die Tyrannis des Peisistratos nicht mehr langfristig in Frage gestellt werden.

Der zweite Teil der Neuauflage beginnt mit den Reformen des Kleisthenes. Sie waren eine Voraussetzung für die sukzessive Herausbildung der athenischen Demokratie, die in der sogenannten Pentekontaëtie die dominierende Macht im Ägäisgebiet wurde, im Peloponnesischen Krieg aber der konkurrierenden Großpolis Sparta unterlag. Im 4. Jahrhundert erstarkte die athenische Demokratie wieder, sie war jedoch letztlich den expansiven Bestrebungen Philipps II. von Makedonien nicht gewachsen.

Alle Jahreszahlen beziehen sich – soweit nicht anders vermerkt – auf die Zeit vor Christi Geburt.

Herrn Dr. Harald Baulig danke ich für seine Betreuung der Drucklegung.

Witten/Ruhr, im Oktober 2010 Karl-Wilhelm Welwei

Athen

Vom neolithischen Siedlungsplatz
zur archaischen Großpolis

I. DIE FRÜHZEIT

1. Die athenische Rückerinnerung

Auf dem Boden Athens vollzog sich im Altertum über Jahrtausende hinweg ein einzigartiger historischer Prozeß: die Entwicklung von einem neolithischen Wohnplatz zum Zentrum einer ägäischen Großmacht. Die Bürger der klassischen Polis Athen waren sich dieser langen Siedlungsgeschichte freilich nicht bewußt. Die Athener verstanden sich zwar als Nachfahren von „Ureinwohnern“ Attikas,[1] doch basierte diese Vorstellung nicht auf genuiner Tradition. Sie entstand vermutlich erst im Zusammenhang mit der Formierung der Polis und der Herausbildung eines Gewebes von Mythen und Sagen zur Erklärung geschichtlicher Ursprünge, die gleichsam in einer verkürzten Perspektive gesehen wurden.[2] Der Anspruch der Athener, eine autochthone politische Gemeinschaft zu sein, orientierte sich zeitlich an den damaligen Vorstellungen von der sogenannten Heroenzeit, einer „Welt“, die im griechischen Geschichtsverständnis weitgehend mit den in den homerischen Epen poetisch ausgemalten Verhältnissen der „Epoche“ des angeblichen Trojanischen Krieges gleichgesetzt wurde.[3] Athenische Ur-

[1] Vgl. etwa Hdt. I 57,3; VII 161,3; Thuk. I 2,5; II 36,1. Zahlreiche weitere Zeugnisse nennt V. J. Rosivach, Autochthony and the Athenians, CQ 81 (1987) 294–306, der vermutet, daß die „Autochthonie-Legende“ der Athener erst nach der Abwehr der Invasion des Xerxes entstand und Bestandteil der „demokratischen Ideologie“ wurde. – Der Name „Athenai“ geht auf ein vorgriechisches Sprachsubstrat zurück, läßt sich aber nicht befriedigend erklären. Zur Problematik der Ableitung des Namens der Göttin Athena vgl. W. Pötscher, Hera. Eine Strukturanalyse im Vergleich mit Athena, Darmstadt 1987, 160ff.

[2] Allzu optimistisch beurteilte Schachermeyr, Rückerinnerung 122ff., 136ff., den Aussagewert athenischer Sagen und Mythen. Dazu generell Prinz, Gründungsmythen 1–15. Vgl. auch N. Loraux, L'invention d'Athènes. Paris 1981, 148–151; E. Kearns, The Heroes of Attica, London 1989, 110ff.

[3] Zur anhaltenden Debatte über den sog. Trojanischen Krieg, auf die hier nur hingewiesen werden kann, vgl. etwa F. Hampl, Geschichte als kritische Wissenschaft, Bd. II, Darmstadt 1975, 51ff.; J. Cobet, Gab es den Trojanischen Krieg?, Antike Welt 14,4 (1983) 39ff.; L. Foxhall – J. K. Davies (Hrsg.), The Trojan War: Its Historicity and Context, Bristol 1984; J. Latacz, Neues von Troja, Gymnasium 95 (1988) 385–413; ferner die Aufsätze in: Mellink, Troy, sowie B. Patzek, Mündliche Überlieferung als historisches Zeugnis. Die „Homerische Frage“ in heutiger Sicht, HZ 250 (1990) 529–548.

sprungssagen dienten nicht zuletzt auch der Abgrenzung gegenüber den als Invasoren geltenden Doriern und leisteten insofern einen bedeutenden Beitrag zur spezifischen Identitätsfindung eines Polisverbandes, der auf dem Höhepunkt seiner Macht im 5. Jahrhundert für die Athener zum Inbegriff einer wahren Gemeinschaft wurde, weil es hier erstmals gelungen zu sein schien, die Idee der politischen Gleichberechtigung aller Bürger zu realisieren. Aus athenischer Sicht lag die Bedeutung dieser Errungenschaft vor allem darin, daß der hiermit verbundene politische Fortschritt in der bevölkerungsmäßig größten Polis Griechenlands erreicht worden war und sich hier äußere Macht und freiheitliche Ordnung gegenseitig bedingten. Theoretisch konnten in perikleischer Zeit mehr als 40000 Vollbürger an den Entscheidungsprozessen der athenischen Demokratie teilnehmen.[4] Athen hatte eine weitaus höhere Bürgerzahl als alle anderen griechischen Poleis. Sparta – Athens großer Antipode – hatte zwar eine breitere territoriale Basis. Während aber das Gebiet Spartas in die Ländereien der politisch vollberechtigten Spartiaten und der minderberechtigten Perioiken („Umwohner") gegliedert war und die Spartiaten ihre Güter von unterworfenen, unfreien und an die Scholle gebundenen Heloten bearbeiten ließen, bildeten alle Teile Attikas integrale Bestandteile der Polis Athen, hatten die in Marathon, Brauron, Sounion, Acharnai oder in kleineren attischen Siedlungen ansässigen Politen (Bürger) die gleichen Rechte wie ihre in Athen selbst wohnenden Mitbürger.

Die Anfänge der politischen Einigung Attikas wurden mit einem Mythos verbunden, der für die Athener selbstverständlich historische Realität war. Hiernach soll der athenische Nationalheros Theseus die „Behörden" in den einzelnen, bis dahin relativ selbständigen „Poleis" Attikas aufgehoben und durch Einführung eines gemeinsamen Rates mit einer zentralen Tagungsstätte in Athen eine neue politische Einheit geschaffen haben. In dieser zuerst bei Thukydides (II 15) überlieferten Version vom „Gründungsakt" des Königs Theseus wird die Staatswerdung Athens nicht als ein faktisches Zusammensiedeln der Einwohner Attikas, sondern als Konzentration der wichtigsten Herrschafts- und Beratungsorgane in der „Stadt" verstanden. Hierbei wird vorausgesetzt, daß politische Institutionen der entwickelten Polis bereits unter einem König existierten, der noch vor dem Trojanischen Krieg geherrscht haben soll. Vermutlich entstand der Mythos vom attischen Synoikismos unter der Regie des Theseus erst nach den Reformen des Kleisthenes (508/07 v. Chr.),[5] deren Ziel es u. a. war, die politische Einheit von Stadt und

[4] Die Zahl der athenischen Vollbürger kann selbstverständlich nur geschätzt werden. Sie wird aufgrund von Thuk. II 13,6–8 für das Jahr 431 v. Chr. zumeist auf 40000 bis 50000 beziffert. Eine höhere Zahl (60000) vermutet M. H. Hansen, Three Studies in Athenian Demography, Kopenhagen 1988, 14ff.

[5] Überwiegend wird freilich angenommen, daß Theseus in der Peisistratidenzeit

Land zu stärken. Bei Thukydides liegt jedenfalls eine weitere Ausgestaltung der Gründungssage aus der Perspektive des 5. Jahrhunderts vor, indem staatliches Handeln in den institutionellen Rahmen von Polisorganen gestellt wird, die als zentrale Instanzen Entscheidungen treffen, die für die Gemeinschaft allgemein verbindlich sind. Historischen Aussagewert besitzt die Fiktion einer Staatsgründung durch König Theseus nur als Zeugnis des athenischen Geschichtsbewußtseins. Es gab in spätarchaischer und klassischer Zeit keine verläßlichen Informationen über Vorgänge und Ereignisse, die zur Polisbildung in Athen und Attika führten. Über das 7. Jahrhundert hinaus reichten nur vage Rückerinnerungen, die phantasievoll ausgestaltet wurden und nicht als Grundlage für eine Rekonstruktion der athenischen Frühzeit dienen können. Ausgangsbasis für jeden Versuch, die Entwicklung Athens weiter zurückzuverfolgen, kann nur das archäologische Material sein, das in den größeren Kontext der Frühgeschichte Griechenlands einzuordnen ist.

2. *Frühe Siedlungskontinuität in Athen*

Im Umkreis von Athen lebten wahrscheinlich bereits im späten 7. Jahrtausend relativ seßhafte Familienverbände. Obsidianwerkzeuge, die in der Umgebung Athens gefunden wurden, entsprechen den Mikrolithen aus thessalischen Siedlungsplätzen, deren Bewohner damals zwar noch keine Keramik kannten, aber schon in begrenztem Umfang Ackerbau und Viehzucht trieben.[6] Vermutlich gelangten erste ackerbautreibende Gruppen über Zwischenstationen in den nördlichen Regionen der attischen Ostküste in den Raum von Athen, da ähnliche Mikrolithe aus der präkeramischen Phase der Jüngeren Steinzeit sich in den Aufschüttungen des imposanten Grabhügels fanden, den die Athener 490 v. Chr. auf dem Schlachtfeld von Marathon für ihre dort gefallenen Mitbürger errichtet haben.[7] An der Ostküste bei Nea Makri (südlich von Marathon) wurde auch die erste größere Siedlung des attischen Frühneolithikums entdeckt.[8] Da in Nea Makri bereits Keramik her-

zum bedeutendsten athenischen Gründerheros stilisiert wurde. Nach Shapiro, Art and Cult 146, soll Theseus sogar schon in der Zeit Solons Athens "national hero" gewesen sein. Vgl. demgegenüber Welwei, Staatswerdung Athens 162ff. (nachkleisthenisch); s. ferner Neils, Theseus 11f.; K. Hitzl, Gnomon 61 (1989) 148. – Eine Zusammenstellung der literarischen Tradition über den sog. attischen Synoikismos bietet M. Moggi, I sinecismi interstatali greci, I, Pisa 1976, 44ff.

[6] V. Milojčić, Präkeramisches Neolithikum auf der Balkanhalbinsel, Germania 38 (1960) 330f. Zur Chronologie der Anfänge des Ackerbaus in Griechenland vgl. jetzt Breunig, ^{14}C – Chronologie 88–101.

[7] Anderson Immerwahr, Agora XIII 19.

[8] D. R. Theocharis, Nea Makri. Eine große neolithische Siedlung in der Nähe von

gestellt wurde, ist dieses „Dorf“ allerdings später anzusetzen als jene Siedlungsplätze, die aus den genannten Obsidianfunden zu erschließen sind.

In Athen selbst wurden bisher keine eindeutig frühneolithischen Funde gemacht. Die Anfänge der Siedlungsgeschichte Athens sind nur schemenhaft erkennbar. Steinzeitliche Baureste sind hier durch die spätere Besiedlung fast völlig zerstört worden.[9] Lediglich am Südhang der Akropolis konnten beim späteren Asklepieion nahe der Stoa des Eumenes Ruinen einer spätneolithischen Hütte (Spuren einer Lehmmauer) nachgewiesen werden. In dem hier gestörten Wohnschutt fanden sich Scherben bemalter Keramik, die stilistisch teils mit der Diminikultur im späten Neolithikum, teils aber auch mit der Sesklokultur im mittleren Neolithikum in Verbindung zu bringen sind. Wahrscheinlich befand sich in dem Areal um die spätneolithische Hütte schon eine ältere, noch mittelneolithische Siedlung. Dem ausgehenden Mittelneolithikum ist des weiteren mit einiger Sicherheit eine beim späteren Eleusinion gefundene Marmorstatuette zuzuweisen.[10] Das Idol – eine liegende Frau mit eigentümlicher Verschiebung der Körperproportionen – scheint von einem mittelneolithischen Wohnplatz zu stammen, der an einem der Hänge des Burgberges zu lokalisieren ist.

Im späten vierten Jahrtausend (etwa 3200 – 3000 v. Chr.) existierten in dem Gebiet um die Akropolis offenbar schon mehrere Kleinsiedlungen, die wohl jeweils aus einigen Hütten bestanden. Das meiste Material aus dieser spät- bzw. bereits endneolithischen Zeit stammt aus etwa 20 Brunnenschächten in der Nähe der Klepsydra-Quelle am Nordwestfuß der Akropolis, so daß in diesem Raum eine Siedlung zu vermuten ist. Auch beim Eleusinion könnte ein Wohnplatz gelegen haben, wie Oberflächenfunde spätneolithischer Scherben in diesem Gebiet vermuten lassen. Weiterer Siedlungsschutt aus dieser Zeit fand sich an der Nordseite der Akropolis in der Nähe des Heiligtums der Aphrodite und des Eros. Die gleichzeitige Besiedlung des Südhanges der Akropolis ist aus der schon genannten spätneolithischen Hütte zu erschließen. Ferner enthielt dort eine in den Felsen getriebene Grube (Bothros) Keramikscherben und Beispiele roter Polurmusterware einer endneolithischen Facies,[11] die in Attika u. a. in Palaia Kokkinia (Peiraieus), Askitario (südlich von Raphina an der Ostküste), Thorikos, in der Kitsos-Höhle im Bergland des Laureion sowie jetzt auch in der neuentdeckten befestigten Höhensiedlung auf dem sog. Kiapha Thiti bei

Marathon, AM 71 (1956) 1ff.; vgl. S. S. Weinberg, The Stone Age in the Aegean, CAH I 1 ([3]1970) 576, 580–582, 587f.; E. Freund, in: Lauffer, Griechenland 466.

[9] Zum Folgenden vgl. die Zusammenstellung und Auswertung des Materials bei Anderson Immerwahr, Agora XIII 1ff., und Pantelidou, Athenai 242ff.

[10] Anderson Immerwahr, Agora XIII 2, 48.

[11] Vgl. H. Hauptmann, Forschungsbericht zur ägäischen Frühzeit, AA 1971, 348.

Vari südöstlich von Athen nachgewiesen ist und Attika mit Kephala auf Kea und mit Aigina, aber auch mit Naxos (Zeusgrotte) und mit der westlichen Peloponnes (Hagios Dimitrios) verbindet.[12] Die Athener Siedlungen waren zweifellos in das Kommunikationsnetz der sogenannten Attika-Kephala-Kultur eingebunden. Auf Kontakte mit Kephala deutet des weiteren ein Ringfußgefäß aus einem Agoragrab hin.[13] Vermutlich befand sich in der Nähe dieses Grabes (östlich des Metroon) ebenfalls eine Siedlung.

Die bevorzugten Siedlungsplätze lagen damals zweifellos an den Süd-, West- und Nordhängen der Akropolis, die durch den Burgfelsen geschützt waren und einen relativ hohen Grundwasserspiegel hatten. Das Acker- und Weideland in der Ebene konnte von hier aus leicht erreicht werden. Da die verschiedenen Wohnplätze dicht zusammenlagen, ist zu vermuten, daß die Bewohner der einzelnen Komplexe von Hütten und kleinen Häusern bereits gemeinsam bestimmte Sicherheitsmaßnahmen trafen bzw. Ordnungsaufgaben wahrnahmen, wie sie jetzt aus der endneolithischen Befestigung auf dem Kiapha Thiti zu erschließen sind.[14] Allerdings wurde damals im Raum von Athen wohl kaum schon der Organisationsgrad der spätneolithischen Siedlung in Dimini erreicht, wo auf der dortigen „Akropolis" ein zentrales zweiräumiges Langhaus errichtet und mit fünf oder sechs Schutzwällen gesichert worden war.

Vermutlich lebten in den verschiedenen Athener Wohnplätzen gleichrangige und im wesentlichen auch gleichartig gegliederte Gruppen, die untereinander durch Verwandtschaftsbeziehungen verbunden waren, so daß hier in einem lokal begrenzten Raum wohl auch ein gewisses Zusammengehörigkeitsgefühl entstand. Typologisch gesehen wird es sich im spät- und endneolithischen Athen um eine „egalitäre Gesellschaft" gehandelt haben, deren konstituierende Elemente aus Familienverbänden der einzelnen Kleinsiedlungen bestanden. Zu beachten ist hierbei, daß „egalitär" in diesem Zusammenhang nur eine „virtuelle Gleichheit" bezeichnet und die einzelnen Gruppenangehörigen einen ihren Fähigkeiten und Leistungen entsprechenden Status besaßen.[15]

[12] Hinweise auf einige Fundstellen verdanke ich der Freundlichkeit H. Lohmanns, der mir die Benutzung seiner ungedruckten Bochumer Habilitationsschrift über den attischen Demos Atene erlaubt hat. Zu Kiapha Thiti vgl. vorerst Hagel – Lauter, Kiapha Thiti 3ff.

[13] Renfrew, Emergence of Civilisation 70.

[14] Nach Lohmann, Atene 198f., bestand auf dem Kiapha Thiti eine „Wehrmauer aus gewaltigen Felsbrocken".

[15] Zum Begriff der egalitären Gesellschaft vgl. Stagl, Politikethnologie 182 (im Anschluß an Morton H. Frieds Einteilungsschema zur Klassifizierung primitiver „politischer" Organisationen nach ihren Führungssystemen). Nach der von K. Eder, Die Entstehung staatlich organisierter Gesellschaften. Ein Beitrag zu einer Theorie so-

Generell waren seit dem schon im 7. Jahrtausend in Griechenland einsetzenden Übergang zu einer relativ seßhaften Lebensweise mit Ackerbau und Viehzucht in einem langen Prozeß neue Formen sozialer Integration entstanden. Seitdem die ältere Stufe der Nahrungsbeschaffung durch „Sammeln und Jagen" überwunden worden war und Lebensmittel produziert werden konnten, entwickelten sich im Zuge der Anlage dauerhafter oder relativ dauerhafter Wohnplätze mit festen Hütten oder Häusern für die einzelnen Familien auch neue Vorstellungen von individuellem Eigentum, das der Besitzer geschützt wissen wollte. Insgesamt bedingten solche Faktoren im Neolithikum die Entstehung rudimentärer Organisationsformen innerhalb lokaler Gemeinschaften mit verbindlichen Regeln für alle Mitglieder einer dauerhaft zusammenlebenden Gruppe, die nur geschlossen ihr Areal zu verteidigen und ihre Herden zu sichern vermochten. Zweifellos waren die einzelnen Wohnplätze die primären Kristallisationskerne des Gemeinschaftslebens, dessen Organisationsmechanismen dementsprechend jeweils in lokalem Rahmen ihre sozialintegrativen Funktionen erfüllten. Selbstverständlich bestanden mit andern Primärgemeinschaften derselben Region und mit weiter entfernten Siedlungen mannigfache Kontakte. Die materielle Hinterlassenschaft gibt Aufschlüsse über den Austausch von Gütern und handwerklichen Fertigkeiten, von religiösen Vorstellungen und innovativen Ideen, und durch ein komplexes System von Interaktionen entwickelten sich bestimmte Kulturkreise (im archäologischen Sinne) mit spezifischen Ausdrucksformen etwa im Keramikrepertoire, in der Gestaltung von Idolen und in den Bestattungsbräuchen. Ferner haben im Ägäisbereich die verschiedenen Gebiete, die sich in unterschiedlicher Weise gegenseitig beeinflußten, auch Impulse aus Anatolien und dem vorderasiatischen Bereich erhalten. Größere Aktionsgemeinschaften etwa in Form von Stammeskonföderationen oder herrschaftlich organisierten Großverbänden konnten sich jedoch im spät- und endneolithischen Griechenland nicht entwickeln. Infolge der im ganzen noch recht dünnen Besiedlung und der geringen Ausdifferenzierung in der Sozialstruktur kleiner Gemeinschaften waren die Voraussetzungen für die Formierung größerer Einheiten mit zentralen Leitungsinstanzen nicht gegeben. In diesen Rahmen fügt sich das Siedlungsbild in Athen durchaus ein. Die günstige Lage der Wohnplätze im Schutz der Akropolis hat zwar sicherlich mit dazu beigetragen, daß hier im späten Neolithikum das größte Siedlungsareal in Attika entstand. Es handelt sich aber

zialer Evolution, Frankfurt a. M. 1976, 16, verwendeten Terminologie ließen sich die damaligen Organisationsformen im Raum von Athen wohl auch „segmentär differenzierten Gartenbaudörfern" zuweisen. Nach L. E. Talalay, AJA 91 (1987) 169, waren "the early agricultural communities in southern Greece ... not completely autonomous, self-sufficient units".

– wie gesagt – nicht um ein geschlossenes Wohngebiet, sondern um kleine Streusiedlungen. Athen war zweifellos nicht der „Vorort" einer größeren Region.

Der Übergang vom griechischen Spätneolithikum zur Frühen Bronzezeit (Frühhelladikum = FH) erfolgte um und nach 3000 v. Chr. vielfach gleitend. Für Athen liegt allerdings kaum Material vor, das eindeutig der ersten Phase des Frühhelladikums (FH I) zugewiesen werden kann. Vermutlich wurden hier neolithische Kulturelemente länger als an anderen frühhelladischen Fundplätzen tradiert. Die bereits im Neolithikum benutzten Stätten waren jedenfalls auch in der mittleren Phase des Frühhelladikums (FH II) bewohnt, so daß in Athen eine im ganzen kontinuierliche Besiedlung anzunehmen ist.[16]

Die Masse des frühhelladischen Athener Fundmaterials besteht aus Keramikscherben, die überwiegend aus Brunnenfüllungen stammen. Hinzu kommen vereinzelte Gräber sowie Werkzeuge und Tierknochen (Reste von Mahlzeiten). Das Siedlungsbild scheint sich gegenüber dem späten Neolithikum kaum verändert zu haben, wenn auch einige neue Wohnplätze hinzugekommen sind. Um die Akropolis waren weiterhin im Süden vor allem das Gebiet beim Asklepieion und im Norden der Bezirk beim Heiligtum der Aphrodite und des Eros bewohnt, während ein frühhelladischer Einzelfund (ein sog. Askos) beim sog. Beulé-Tor wohl wieder einem Wohnplatz in der Nähe der Klepsydra zuzuordnen ist. Auch auf der Akropolis dürfte im Frühhelladikum eine Siedlung entstanden sein (und zwar vermutlich beim Erechtheion). Weitere frühhelladische Wohnstätten lagen offenbar beim Olympieion, auf der nordwestlichen Agora, im sog. äußeren Kerameikos sowie in der Nähe der späteren Akademie Platons. Im Frühhelladikum II hatten die Athener Siedlungen zweifellos engere Kontakte zur Argolis und zu Mittelgriechenland. Zykladische oder zykladisch beeinflußte Funde sind demgegenüber seltener.

Schwer zu beurteilen ist die Situation in der folgenden Phase Frühhelladikum (FH) III (ca. 2300/2200 – 2000). In Athen und Attika wurden nur geringe Mengen an Keramik gefunden, die mit der FH III – Ware aus der Peloponnes und aus Mittelgriechenland – vergleichbar ist,[17] während die Kontakte der Athener Siedlungen zu den Kykladen offenbar wieder stärker wurden. Zudem sind gewisse Beziehungen zur nördlichen Ägäis und zum

[16] Hierzu und zur Fundverteilung im frühhelladischen Athen Pantelidou, Athenai 245–247.

[17] J.B. Rutter, Ceramic Change in the Aegean Early Bronze Age. The Kastri Group, Lefkandi I, and Lerna IV: A Theory Concerning the Origin of Early Helladic III Ceramics, Instit. of Archaeology, Univ. of California, Occasional Paper 5, Los Angeles 1979, 16f.

Raum von Troja zu vermuten.[18] Insgesamt gesehen ist die Zahl der Fundstellen, die eindeutig dem FH III zugewiesen werden können, in Attika recht gering, doch ist es problematisch, hieraus auf eine Entsiedelung zu schließen. Vermutlich haben sich in Attika Kulturelemente der vorausgehenden Periode FH II länger behauptet.[19] Hierdurch ergeben sich freilich weitere Schwierigkeiten in der Datierung des Endes der frühhelladischen Siedlungen auf dem Vorgebirge Hagios Kosmas südlich von Athen und bei Raphina an der attischen Ostküste. Sind diese Ereignisse mit anderen Siedlungskatastrophen in Griechenland im Übergang zum Mittelhelladikum bzw. schon am Ende der Phase FH II in Verbindung zu bringen und eventuell auf eine Landnahme neuer Bevölkerungselemente zurückzuführen, die auch in Athen ein älteres Substrat überlagerten, dessen Toponyme aber weitgehend übernahmen? Zahlreiche Ortsbezeichnungen – darunter auch der Name „Athenai" – deuten auf einen vorgriechischen Ursprung hin. Die hier skizzierten Probleme sind daher im größeren Rahmen der umstrittenen Frage der Ethnogenese der Griechen zu sehen.

3. Das Einwanderungsproblem

Grundlage aller Erklärungsmodelle zur Entstehung des Griechentums ist die Zuordnung des Griechischen zu den indogermanischen bzw. indoeuropäischen Sprachen, die wegen ihrer Übereinstimmungen in den Flexionssystemen, in der Wortbildung sowie im Wortschatz und im Lautbestand und in der Syntax eine Art Sprachfamilie bilden. Die zahlreichen Bemühungen um die Lokalisierung einer sogenannten Urheimat der Träger einer vermuteten indoeuropäischen „Grundsprache" haben indes nicht zu allgemein anerkannten Ergebnissen geführt.[20] Auch die Ausbreitung der indoeuropäischen Einzelsprachen bzw. ihrer Vorformen bleibt daher ein ungelöstes Problem.

Aus sprachhistorischen Gründen ist eine Einwanderung indoeuropäischer Bevölkerungselemente nach Griechenland anzunehmen. Als Bestätigung

[18] Pantelidou, Athenai 247.

[19] J.A. MacGillivray, On the Relative Chronology of Early Cycladic III A and Early Helladic III, AJA 87 (1983) 82. Zur Beurteilung der Keramiksequenzen im Übergang von FH II zu FH III an einer Reihe von Fundplätzen (Lefkandi auf Euboia, Hagia Irini auf Kea, Theben, Tiryns, Kolonna auf Aigina, Lerna) vgl. den Forschungsbericht von Pullen, Social Organization 70ff.

[20] Vgl. den informativen Überblick von J.P. Mallory, A History of the Indo-European Problem, JIES 1 (1973) 21–65. Zahlreiche neuere Untersuchungen und Lösungsvorschläge in derselben Zeitschrift 8 (1980) und 9 (1981). Vgl. ferner L. Kilian, Zum Ursprung der Indogermanen, Bonn 1983, 154ff.

hierfür gelten vor allem griechische Wörter, die auf -ssos und -nt(h)os enden und nach der vorherrschenden Auffassung auf ein vorhellenisches, von indoeuropäischen Zuwanderern übernommenes sprachliches Substrat in zahlreichen Ortsnamen und Bezeichnungen für mediterrane Pflanzen und Tiere zurückgehen.[21] Ältere Einwanderungstheorien basierten auf der „klassischen" Einteilung des Griechischen in die drei Hauptdialekte des Ionisch-Attischen, des Aiolischen und des Dorischen. Hiernach wurde eine Zuwanderung der Ionier um 2000, der Aioler (bzw. Achaier) vor oder um 1600 und der Dorier um und nach 1200 v. Chr. postuliert. Demgegenüber haben neuere sprachwissenschaftliche Untersuchungen gezeigt, daß die historischen griechischen Dialekte ihre charakteristische Prägung auf hellenischem Boden gewonnen haben.[22] Dieser Prozeß läßt sich freilich bis ins zweite Jahrtausend zurückverfolgen. Die Entzifferung der kretisch-mykenischen Linear B-Schrift durch M. Ventris hat gezeigt, daß in den Zentren der mykenischen Welt ein altertümliches Griechisch gesprochen wurde. Das Schriftsystem, das auf Kreta entstanden ist, dort eine ältere Schrift (Linear A) in der nichtgriechischen Sprache der sog. Minoer abgelöst hat und von mykenischen Griechen übernommen wurde, diente vor allem zur Aufzeichnung von Verwaltungsnotizen in einer Art Standardsprache (Koiné), die be-

[21] Als Ursprungsland dieser Wörter wird allgemein Kleinasien angenommen. Die Kategorie der griechischen Bezeichnungen mit dem -ss-Suffix ist freilich nicht einheitlich. Sie können daher nicht in toto mit anatolischen Namen, die auf -(s)sa enden, verglichen werden. Einschränkungen gelten auch in bezug auf den Vergleich anatolischer -nd-Namen und griechischer Bezeichnungen mit Endungen auf -nth-. Dazu D. A. Hester, Pre-Greek Place Names in Greece and Asia Minor, RHA 15 (1957) 107–119; ders., „Pelasgian" – A New Indo-European Language?, Lingua 13 (1964) 335–384; A. Morpurgo Davies, The Linguistic Evidence: Is there any?, in: Cadogan, Early Bronze Age 119f. Generell: J. T. Hooker, Mycenaean Greece, London 1976, 14f.

[22] Vgl. den forschungsgeschichtlichen Überblick von R. Schmitt, Einführung in die griechischen Dialekte, Darmstadt 1977, 124ff. Grundlegend für das neue Bild der Forschung wurden die Aufsätze von W. Porzig, Sprachgeographische Untersuchungen zu den altgriechischen Dialekten, IF 61 (1954) 147–169, und E. Risch, Die Gliederung der griechischen Dialekte in neuer Sicht, MH 12 (1955) 61–76. Informativ zur Forschungsdiskussion: J. Chadwick, The Prehistory of the Greek Language, CAH II 2 (³1975) 805–819; ders., Der Beitrag der Sprachwissenschaft zur Rekonstruktion der griechischen Frühgeschichte, AAWW 113, Nr. 7 (1976) 183–198; ders., I Dori e la creazione dei dialetti greci, in: Musti, Origini 3–12; E. Risch, La posizione del dialetto dorico, ebd. 13–35; ders., Die griechischen Dialekte im 2. vorchristlichen Jahrtausend, SMEA 20 (1979) 91–111; ders., Die Ausbildung des Griechischen im 2. Jahrtausend v. Chr. Studien zur Ethnogenese, Abhandl. d. Rheinisch-Westfälischen Akad. d. Wiss., Bd. 72, Opladen 1985, 165–187; A. Bartoněk, On the Prehistory of Ancient Greek, SMEA 26 (1987) 7–20.

reits innergriechische phonologische Veränderungen erkennen läßt. Hinzu kommen gewisse Schreibvarianten, die auf lokale bzw. regionale Mundarten zurückzuführen sind, so daß gleichsam unterhalb der Koiné, die keine direkte Fortsetzung im späteren historischen Griechentum gefunden hat, offensichtlich bereits dialektale Unterschiede bestanden.[23]

Da linguistisch die Anfänge der Entwicklung des Griechischen nicht zu ermitteln sind,[24] wurden vielfach kulturelle Wandlungen und vor allem größere Zerstörungshorizonte mit einem Zustrom neuer (indoeuropäischer) Bevölkerungselemente nach Griechenland in Verbindung gebracht. Das Problem besteht allerdings darin, daß die Archäologie und die Linguistik nicht unabhängig voneinander beweiskräftige Argumente in der Datierungsfrage zu liefern vermögen. Eine gewisse Übereinstimmung ergab sich allerdings durch die Erkenntnis, daß der Übergang vom Mittel- zum Späthelladikum sich um 1600 v. Chr. im ganzen gleitend und ohne größere Siedlungskatastrophen vollzog, so daß in der heutigen Forschung eine massive Einwanderung in jener Zeit überwiegend bestritten wird.[25] Als größerer

[23] Vgl. O. Panagl, in: Hiller – Panagl, Frühgriechische Texte 93–100.

[24] Dazu ausführlich A. Morpurgo Davies, a. a. O. (oben Anm. 21) 93ff. Einen gerafften Überblick über ältere Theorien zu einem vorgriechischen Substrat gibt E. J. Furnée, Die wichtigsten konsonantischen Erscheinungen des Vorgriechischen, Den Haag – Paris 1972, 31ff.

[25] Die Theorie einer griechischen Einwanderung um 1600 wird freilich nach wie vor von einigen Forschern vertreten. Vgl. etwa R. A. van Royen – B. H. Isaac, The Arrival of the Greeks. The Evidence of the Settlements, Amsterdam 1979, die Diskontinuität um 1600 annehmen, und zuletzt Drews, Coming of the Greeks 158ff. Vgl. aber demgegenüber jetzt G. Graziadio, The Chronology of the Graves of Circle B at Mycenae: A New Hypothesis, AJA 92 (1988) 343–372, dessen Untersuchung bestätigt, daß sich das Späthelladikum aus der mittelhelladischen Kultur entwickelt hat. Dazu etwa auch S. Dietz, Kontinuität und Kulturwende in der Argolis von 2000–700 v. Chr., in: H. J. Weißhaar – S. Dietz – C. Podzuweit (Hrsg.), Zur ägäischen Frühzeit, Kleine Schriften aus dem Vorgeschichtlichen Seminar Marburg 17 (1984) 38ff.; O. Dickinson, "The Origins of Mycenaean Civilisation" Revisited, in: Laffineur, Transition 131–136; St. Hiller, On the Origins of Shaft Graves, ebd. 137–144; J. Crouwel, Pictorial Pottery from Mycenae at the Time of the Shaft Graves, ebd. 155–165; A. Xenaki-Sakellariou, Problèmes chronologiques des tombes du cercle A de Mycènes, ebd. 177–182; Th. J. Papadopoulos, The Greek Mainland and its Aegean Neighbours during the Transitional Period from MBA to LBA: The Evidence of Metalwork, ebd. 183–188; R. Laffineur, Grave Circle A at Mycenae: Further Reflections on its History, in: R. Hägg – G. C. Nordquist (Hrsg.), Celebrations of Death and Divinity in the Bronze Age Argolis. Proceedings of the Sixth Intern. Symposium at the Swedish Institute at Athens, 11–13 June, 1988, Stockholm 1990, 201–206. – Eine radikale Spätdatierung der griechischen Einwanderung versucht P. W. Haider, Griechenland-Nordafrika. Ihre Beziehungen zwischen 1500 und 600 v. Chr., Darmstadt 1988, 226, der die

Einschnitt schien demgegenüber der Beginn des Mittelhelladikums (MH) um 2000 v. Chr. in Betracht zu kommen. Ältere Datierungen von Zerstörungshorizonten in diese Zeit führten zu dem Schluß, daß damals größere Wellen sogenannter Proto-Griechen nach Griechenland eingewandert seien. Diese Vorstellung eines schlagartigen Wandels, den man in Bestattungssitten, Hausformen und Keramikfabrikaten der sog. grauen minyschen Ware zu erkennen glaubte, wurde zunächst durch Grabungen in Lerna (Argolis) revidiert. J.L. Caskey konnte zeigen, daß dort eine befestigte Siedlung („Lerna III") mit einem größeren „Herrenhaus" (House of the Tiles) gegen Ende der Phase Frühhelladikum II zerstört wurde und die neue, unbefestigte Siedlung „Lerna IV" im Frühhelladikum III ein völlig anderes Bild bietet, da nunmehr Apsidenhäuser errichtet wurden, die bautechnisch einen gewissen Rückschritt darstellen, während andererseits in der Keramikherstellung die Töpferscheibe verwendet wurde.[26] Siegelabdrücke, die in „Lerna III" überaus zahlreich waren, finden sich in „Lerna IV" nicht mehr. Als neue Elemente begegnen hier demgegenüber kleine Tonanker und Steinäxte. Zudem wird die Leitform der Phase FH II – die gefirnißte asymmetrische Schnabelkanne – von dickwandigen Gefäßen abgelöst, die im ganzen statischer wirken. Ferner wurde in „Lerna IV" auch schon graue minyische Keramik verwendet, die in der älteren Forschung als typisch mittelhelladisch galt. Caskey führte den „Kulturwechsel" in Lerna auf eine Invasion von Zuwanderern zurück und datierte aufgrund des dortigen Befundes auch Zerstörungen in Tiryns, Asine, Zygouries und Hagios Kosmas in die gleiche Zeit (Ende FH II).[27]

Der Gesamtbefund wurde indes unterschiedlich bewertet. Einerseits suchte man die Katastrophen gegen Ende der Periode FH II mit kleineren Vorstößen neuer Bevölkerungselemente von der See her nach Ostattika und nach der Argolis zu erklären und hielt daran fest, daß erst in einer fortgeschrittenen Phase des FH III eine Einwanderung großen Stils von Makedonien aus über Thessalien nach Mittelgriechenland einen tiefen Einschnitt herbeigeführt und das eigentliche Mittelhelladikum eingeleitet habe.[28] An-

Träger der submykenischen Kultur des späten 12. und des 11. Jahrhunderts mit den „historisch-griechischen Stämmen" identifizieren möchte.

[26] J.L. Caskey, The Early Helladic Period in the Argolid, Hesperia 29 (1960) 285–303.

[27] Die Katastrophe in Kirrha (Phokis) wurde von Caskey, AJA 66 (1962) 211 ebenfalls in diese Zeit datiert. Vgl. dazu H. und M. van Effenterre, Comment croire à l'Hélladique Ancien III?, BCH 99 (1975) 35 ff.; van Effenterre, Cité grecque 77 f.

[28] E. Hanschmann – V. Milojčić, Die deutschen Ausgrabungen auf der Argissa-Magula in Thessalien, III 1. Die Frühe und beginnende Mittlere Bronzezeit, Bonn 1976, 229; Schachermeyr, Ägäische Frühzeit I 191, 241 ff. Vgl. auch E.J. Holmberg,

dererseits wurde aber auch eine Vordatierung der vermuteten Einwanderung der Griechen bzw. ihrer Vorfahren um 200 bis 300 Jahre an das Ende der Periode FH II vorgenommen. Große Bedeutung wurde zeitweise der Ausbreitung der Ockergrab- oder Kurgankulturen nördlich und nordöstlich des Schwarzen Meeres beigemessen. Nach dieser zuerst von Marija Gimbutas entwickelten Theorie sollen nomadische oder halbnomadische Träger dieser Kulturen den Kern der sog. Proto-Indoeuropäer gebildet und sich in mehreren großen Wellen ausgebreitet haben.[29] So wurde vermutet, daß Kurganvölker über Westanatolien nach Griechenland vorstießen oder von Makedonien aus nach Süden expandierten, indem sie zunächst um 2300 zur See in die Argolis gelangten und dann am Ende der Periode FH III (wiederum von Norden aus) Albanien und Epirus sowie Thessalien, Boiotien und das gesamte südliche Griechenland „eroberten".[30] Als Beweise für Einwanderungen aus dem Kurganbereich galten mittelhelladische Hügelgräber, die jedoch nur die äußere Form mit den nordpontischen Kurganen gemeinsam haben, während die Bestattungssitten und die aus den Grabfunden zu erschließenden Elemente der materiellen Kultur verschieden sind.[31] Letztlich basiert die „Kurgantheorie" auf der Annahme, daß südrussische Steppengebiete die „Urheimat" der Proto-Indoeuropäer gewesen seien. Die Steppen sind aber offenbar erst von Ackerbaukulturen in Rumänien und in der Ukraine aus besiedelt worden.[32] Ein Reservoir nomadisierender Hirtenvölker bildete schwerlich den Kern der Proto-Indoeuropäer.

Weitere Invasionstheorien rekonstruieren aus der Verbreitung bestimmter Kulturgüter des Frühhelladikums Stoßrichtungen und Chronologie regelrechter Stammesbewegungen im griechisch-ägäischen Raum. So

Some Notes on the Immigration of Indo-Europeans into Greece during the Early Bronze Age, OpAth 12 (1978) 1–9.

29 Vgl. vor allem M. Gimbutas, The Beginning of the Bronze Age in Europe and the Indo-Europeans: 3500–2500 B.C., JIES 1 (1973) 163–214. Frau Gimbutas, die ihre Theorien mehrfach modifiziert hat, äußert sich selbst sehr vorsichtig über die Möglichkeit, daß „Kurgan-Leute" an den Zerstörungen in Griechenland Ende FH II beteiligt waren. Vgl. dies., The Destruction of Aegean and East Mediterranean Urban Civilization around 2300 B.C., in: Crossland – Birchall, Bronze Age Migrations 129–139; dies., The Three Waves of the Kurgan People into Old Europe, ASAG 43 (1979) 113–117; dies., The Kurgan Wave 2 (c. 3400–3200 B.C.) into Europe and the Following Transformation of Culture, JIES 8 (1980) 273–315.

30 Holmberg, OpAth 12 (1978) 1–9 (oben Anm. 28).

31 Dazu zusammenfassend A. Häusler, Die Indoeuropäisierung Griechenlands nach Aussage der Grab- und Bestattungssitten, SlovArch 29,1 (1981) 59–65. Generell zur Datierung und Anlage mittelhelladischer Tumuli: S. Müller, BCH 113 (1989) 1–42.

32 Renfrew, Archaeology and Language 95 ff.

führt St. Hiller die nach seiner Auffassung von Norden her einwirkenden Elemente wie Apsidenhaus, Schaftlochaxt und Tonanker auf den Einbruch eines indoeuropäischen Volkes nach Makedonien und Thessalien gegen Ende des Neolithikums zurück. Er vermutet des weiteren, daß Teile dieser Bevölkerung um 2500 etwa gleichzeitig mit anatolischen Zuwanderern, denen er bestimmte Keramikformen wie einhenkelige Kännchen mit Trichterrand und kantharosartige zweihenkelige Tassen sowie das hochgezogene Depas zuordnet, in Boiotien erschienen. Um 2300 seien dann die Träger einer im Frühhelladikum II in Boiotien durch Verschmelzung verschiedener Elemente entstandenen Kultur in die Peloponnes und nach Attika eingewandert, wo sie die Vorherrschaft einer nunmehr schon griechischen Bevölkerung begründet hätten.[33] Andererseits wird aber auch eine rein anatolische Herkunft der genannten Kulturelemente angenommen und hieraus gefolgert, daß von Anatolien aus wesentlich stärkere Einwanderungswellen als von Norden her Griechenland erreichten.[34]

[33] St. Hiller, Zur Frage der griechischen Einwanderung, Mitteilungen der Österreichischen Arbeitsgemeinschaft für Ur- und Frühgeschichte 32 (1982) 41–48 (erschienen 1984); ders., Die Ethnogenese der Griechen aus der Sicht der Vor- und Frühgeschichte, in: Bernhard u. Kandler-Pálsson, Ethnogenese 21–37. Als eigentliche „Ahnen der späteren Griechen“ vermutet Hiller Bevölkerungselemente aus dem makedonischen Raum. W. F. Wyatt, The Prehistory of the Greek Dialects, TAPA 101 (1970) 628 ff., nimmt an, daß die proto-griechische Sprache in Teilen Thessaliens entstanden sei. Der These Wyatts folgt weitgehend Drews, Coming of the Greeks 193 f.

[34] S. Hood, Northern Penetration of Greece at the End of the Early Helladic Period and Contemporary Balkan Chronology, in: Crossland – Birchall, Bronze Age Migrations 59–71; ders., Evidence for Invasion in the Aegean Area at the End of the Early Bronze Age, in: Cadogan, Early Bronze Age 31–68, der vor allem die Apsidenhäuser mit anatolischen Elementen verbindet, allerdings annimmt, daß sich die griechische Sprache erst gegen Ende der mykenischen Zeit gebildet habe. – R. Wünsche, Studien zur äginetischen Keramik der frühen und mittleren Bronzezeit, München–Berlin 1977, 93, führt die Lerna IV-Elemente auf eine Einwanderung „der“ Griechen aus Anatolien (über die Kykladen) Ende FH II zurück. T. V. Gamkrelidze – V. V. Ivanov, The Ancient Near East and the Indo-European Problem, Soviet Studies in History 22 (1983) 7–22; The Migration of Tribes Speaking the Indo-European Dialects from their Original Homeland in the Near East to their Historical Habitations in Eurasia, ebd. 22 (1983) 53–95 = JIES 13 (1985) 49–91 (russische Erstpublikationen dieser Arbeiten: VDI 1980, Nr. 3, 3–27, und 1981, Nr. 2, 11–33), suchen mit sprachwissenschaftlichen Methoden eine Herkunft der Griechen aus dem Raum zwischen Kleinasien und dem nördlichen Mesopotamien nachzuweisen. Vgl. die Kritik von I. M. D'iakonov, VDI 1982, Nr. 3, 3–30, und 1982, Nr. 4, 11–25; JIES 13 (1985) 92–174, sowie von M. Gimbutas, JIES 13 (1985) 185–202. Dazu wiederum die Antwort von T. V. Gamkrelidze – V. V. Ivanov, JIES 13 (1985) 175–184. – Zur Frage der Indoeuropäer in Kleinasien vgl. auch J. Mellaart, Anatolia and the Indo-Europeans, JIES 9 (1981) 135–149.

Durch anthropologische Untersuchungen konnten größere Invasionen geschlossener Populationen aus Gebieten außerhalb des Ägäisraumes in der Bronzezeit nicht bestätigt werden. Die bisherigen Ergebnisse sind zwar aufgrund des spärlichen Materials noch unbefriedigend, sprechen aber eher für „eine gewisse morphologische Homogenität der Individuen der drei kulturellen Stufen (Früh-, Mittel- und Späthelladisch)".[35] Im Hinblick auf die sozialen Strukturen der Frühen Bronzezeit, in der sich das Gemeinschaftsleben nach wie vor im wesentlichen auf der Basis von Siedlungseinheiten vollzog, sind Wanderungsverbände in der Größenordnung von „Völkern", die in der Lage gewesen wären, weite Teile Griechenlands zu besiedeln, wenig wahrscheinlich. Im übrigen ist es keineswegs sicher, daß am Ende der Periode FH II Orte wie Asine in der Argolis und Zygouries gleichzeitig mit „Lerna III" zerstört wurden.[36] Jedenfalls wurde damals ebensowenig wie im Übergang vom Früh- zum Mittelhelladikum ganz Griechenland von Kata-

[35] N. I. Xirotiris, The Indo-Europeans in Greece: An Anthropological Approach to the Population of Bronze Age Greece, JIES 8 (1980) 209; vgl. dens., Anthropologische und archäologische Probleme der griechischen Bronzezeit, ASAG 43 (1979) 69–78; Anthropologie des Äneolithikums und der Frühbronzezeit in Mittel- und Südeuropa, SlovArch 29,1 (1981) 235–241; Die Ethnogenese der Griechen aus der Sicht der Anthropologie, in: Bernhard u. Kandler-Pálsson, Ethnogenese 39–53. Xirotiris betont in diesen Arbeiten, daß anthropologisch keine Infiltration von Kurgangruppen nach Griechenland nachweisbar ist und gewisse Abweichungen der frühbronzezeitlichen Population des griechischen Festlandes von der Bevölkerung der Mittel- und Spätbronzezeit durch die schmale Materialbasis bedingt sein kann. Eine „Bevölkerungsvermischung" in Lerna vermutet trotz des fragmentarischen Skelettmaterials J. L. Angel, The People of Lerna. Analysis of a Prehistoric Aegean Population, Princeton 1971, 104–109.

[36] Vgl. J. A. MacGillivray, AJA 87 (1983) 82 (oben Anm. 19) mit Hinweis auf die Problematik einer von der Lerna-Stratigraphie abhängigen Datierung. Die für FH II typische Ausgußtasse (sauceboat) wurde in den frühen FH III-Stufen in der Argolis und der Korinthia sowie in Boiotien und Attika offensichtlich weiterverwendet, so daß die Zerstörungen in Asine in diese Phase (nicht aber ans Ende von FH II) datiert werden können (vgl. O. Frödin – A. W. Persson, Asine, Stockholm 1938, 212–219). Zur Weiterverwendung von „Saucieren" im FH III in Tiryns vgl. H.-J. Weisshaar, AA 1981, 222; 237–251, der betont (222), daß möglicherweise ein größerer zeitlicher Abstand zwischen der Zerstörung des „Hauses der Ziegel" in Lerna und der Neubesiedlung des Ortes bestand. Daß der von Caskey aufgrund der Keramik- und Hausformen erschlossene scharfe Einschnitt in Lerna „nicht in gleicher Weise für alle Siedlungsplätze in dieser Zeit gelten muß", betonen auch Walter – Felten, Alt-Ägina III 1, 107, die ebd. 105 eine eher längerdauernde Übergangsperiode annehmen, „die nun auch erlaubt, an den Grabungsberichten etwa aus Zygouries, Korakou und Asine festzuhalten". Vgl. ebd. auch zur Weiterverwendung der Ausgußtasse in Raphina und Hagios Kosmas in Attika, dessen Ende Mylonas, Aghios Kosmas 161, in die Keramikphase FH III datierte.

strophen betroffen. Entstehung und Entwicklung der ägäischen Zivilisation im 3. Jahrtausend lassen sich als kontinuierlicher Prozeß verstehen.[37] Die Periode FH II stellt sich in der Keramikproduktion als Übergangsphase dar, in der genuin helladische Traditionen mit westanatolischen, über Euboia und die nördlichen Kykladen einwirkenden Kultureinflüssen verschmolzen sind. „Völkerverschiebungen" lassen sich aus diesem Befund ebensowenig ableiten wie aus der Verbreitung von Apsidenhäusern, Tonankern und Schaftlochäxten. Die Übertragung bestimmter Kulturelemente ist kein Beweis für eine Überlagerung oder Verdrängung ansässiger Bevölkerungen durch große Scharen von Zuwanderern.

Linguistisch kann als gesichert gelten, daß die frühgriechische Sprache der mykenischen Linear B – Texte eine größere Nähe zum klassischen Griechisch aufweist als etwa zum Lateinischen oder zum Hethitischen. Die Herausbildung des Frühgriechischen kann daher schon vor 2000 begonnen haben, doch läßt sich dieser Vorgang noch nicht befriedigend erklären. Neue Bevölkerungselemente gelangten bereits nach Mitte des 7. Jahrtausends im Zuge der Ausbreitung der frühen Ackerbaukulturen nach Thessalien und Zentralgriechenland sowie in die Peloponnes.[38] Das Ausgangsgebiet dieser Bewegung war vielleicht der Raum um Çatal Hüyük im südöstlichen Anatolien, eine der Zonen, in denen eine frühe Nutzung domestizierter Tiere und Pflanzen nachgewiesen ist. Vom nördlichen Griechenland aus verbreiteten sich Ackerbaukulturen allmählich über weite Teile Europas. C. Renfrew hat hiermit die Ausbreitung der europäischen Zweige der indoeuropäischen Sprachfamilie zu erklären versucht.[39] Er lokalisiert die „Urheimat" der Indoeuropäer in Anatolien und folgert, daß die Entwicklung des Frühgriechischen letztlich auf Idiome der Träger der ersten Ackerbaukulturen in Griechenland zurückzuführen sei. Das vorhellenische Sprachgut im Griechischen läßt sich aber auf diese Weise kaum deuten. Zu beachten ist des wei-

[37] Vgl. die geraffte Gesamtdarstellung von N. Platon, La civilisation égéenne. Du néolithique au bronze récent, I, Paris 1981, 131 ff.

[38] Zur Diskussion über Ausbreitung oder Übertragung dieser Kulturen vgl. etwa P. M. Dolukhanov, The Neolithization of Europe: A Chronological and Ecological Approach, in: C. Renfrew (Hrsg.), The Explanation of Culture Change: Modells in Prehistory, London 1973, 329–342; A. J. Ammerman – L. L. Cavalli-Sforza, A Population Model for the Diffusion of Early Farming in Europe, ebd. 343–357; W. Y. Adams – D. P. van Gerven – R. S. Levy, The Retreat from Migrationism, ARA 7 (1978) 525 f.; Breunig, ^{14}C-Chronologie 88.

[39] C. Renfrew, Problems in the General Correlation of Archaeological and Linguistic Strata in Prehistoric Greece: The Model of Autochthonous Origin, in: Crossland – Birchall, Bronze Age Migrations 263–279; ders., Archaelogy and Language, passim. Dazu O. Szemerényi, Concerning Professor Renfrew's Views on the Indo-European Homeland, TPhS 87 (1989) 156–165.

teren, daß die von H. Krahe entwickelte Theorie einer alteuropäischen Hydronomie im 2. Jahrtausend v. Chr. eine Sonderentwicklung „westlicher" indoeuropäischer Sprachen in einem größeren dialektgeographischen Kontinuum wahrscheinlich gemacht hat.[40] Es handelt sich um Vorläufer der späteren Sprachen der Italiker, Kelten und Germanen. Als ältere Kontaktzone dieser westlichen Gruppen kommt der mittlere Donauraum in Betracht.[41] In relativer Nachbarschaft zu diesem Gebiet scheinen sich auch „östliche" indoeuropäische Sprachgruppen herausgebildet zu haben, zu denen das Griechische gewisse Beziehungen hat.[42] Träger früher Vorstöße aus dem ungarischen Raum in Richtung Süden waren im Neolithikum offenbar die „Dimini-Leute".[43] Weitere Scharen mögen durch jeweils räumlich begrenzte Verlegung ihrer Wohnsitze allmählich in den Bannkreis der ägäischen Kulturen gelangt und gleichsam in sie hineingewachsen sein, so daß solche Bewegungen nicht mehr im einzelnen aus der Verbreitung charakteristischer Kulturelemente zu rekonstruieren sind. Dieser Prozeß, der nicht mit Migrationen von ethnisch und linguistisch einheitlichen Großverbänden zu verwechseln ist, wurde eher von kleineren Gruppen getragen, die z. T. unterschiedliche Idiome gesprochen haben mögen,[44] unabhängig voneinander neue Acker- und Weideflächen in der näheren oder weiteren Umgebung suchten und sich dabei vielfach mit der dort bereits ansässigen Bevölkerung arrangierten, wie immer man sich diese Vorgänge vorzustellen hat. Allem Anschein nach handelte es sich jeweils um kleinräumige Assimilations- und Integrationsprozesse, um eine Infiltration über längere Zeiträume, die in Griechenland zu einer allmählichen Verschmelzung verschiedener Bevölke-

[40] H. Krahe, Indogermanisch und Alteuropäisch, Saeculum 8 (1957) 1–16.

[41] Vgl. R. A. Crossland, Indo-European Origins: The Linguistic Evidence, P & P 12 (1957) 35 ff.; s. auch dens., Linguistics and Archaeology in Aegean Prehistory, in: Crossland – Birchall, Bronze Age Migrations 11, der allerdings die Entstehung eines indoeuropäischen Sprachkontinuums m. E. zu spät ansetzt.

[42] Vgl. W. Porzig, Die Gliederung des indogermanischen Sprachgebiets, Heidelberg 1954, 152 ff.; W. Euler, Indoiranisch-griechische Gemeinsamkeiten der Nominalbildung und deren indogermanische Grundlagen, Innsbruck 1979, 18 ff.; W. P. Schmid, Griechenland im Blickfeld des Sprachhistorikers, EEThess 21 (1983) 397–412; s. auch A. Nehring, Zur „Realität" des Urindogermanischen, Lingua 10 (1961) 363.

[43] Vgl. F. Schachermeyr, RE XXII 2 (1954) 1372 ff. s. v. Prähistorische Kulturen Griechenlands.

[44] R. Hiersche, Grundzüge der griechischen Sprachgeschichte bis zur klassischen Zeit, Wiesbaden 1970, 26, verwendet den problematischen Begriff der „urgriechischen Spracheinheit" für sprachliche Sonderentwicklungen, „die das Griechische von den anderen indogermanischen Einzelsprachen abheben, d. h. nach außen hin". Die eigentliche Entwicklung des Griechischen begann aber wohl auf griechischem Boden.

rungselemente geführt und hierdurch die sprachliche Entwicklung entscheidend geprägt hat.

Sicherlich kam es auch immer wieder zu Gewaltaktionen. Ein relativ bedeutender Ort wie „Lerna III“ hatte aber nur einige hundert Einwohner[45] und konnte von einer nicht allzu großen Kriegerschar überwältigt werden. Ähnlich mögen lokal begrenzte Unruhen das Ende der Siedlung am Vorgebirge Hagios Kosmas südlich von Athen herbeigeführt haben. Ein abrupter ethnischer Wechsel bzw. die Landnahme eines neuen „Volkes“ in Attika und Athen läßt sich hieraus kaum ableiten. Die Frühphase des Mittelhelladikums ist zwar in Athen schwer greifbar, doch stammt hier insgesamt gesehen das mittelhelladische Fundmaterial (Hausreste, Brunnen, Gräber, Gruben, Keramik) im wesentlichen wieder von den bereits früher bewohnten Plätzen, so daß wohl auch vom Früh- zum Mittelhelladikum Siedlungskontinuität bestand. Dies schließt andererseits eine über längere Zeit sich erstreckende Zuwanderung und eine allmähliche Überlagerung der älteren Bevölkerung durch neue Ansiedler keineswegs aus.[46]

4. Faktoren der sozio-kulturellen Evolution im 3. Jahrtausend

Die Streuung der Funde von den Athener Wohnplätzen des 3. Jahrtausends zeigt, daß hier – wie bereits im Neolithikum – ein relativ großes Siedlungsareal lag. Insgesamt bleibt das Material freilich spärlich, so daß bestimmende Faktoren der Entwicklung Athens im Frühhelladikum nur vor dem Hintergrund eines Gesamtbildes der sozio-kulturellen Verhältnisse und Prozesse im frühbronzezeitlichen Griechenland verständlich werden können.

Von großer Bedeutung für die allgemeine Entwicklung war die Struktur der Landwirtschaft, der wichtigsten ökonomischen Basis zahlreicher Kleingesellschaften. Offensichtlich dominierte weiterhin (wie im Neolithikum) die intensive Bearbeitung kleinerer Parzellen durch eine Art Gartenbau. Auf dieser Grundlage war großer Grundbesitz schwerlich das Ziel kompetitiven Strebens nach hochbewerteten Statuspositionen. Dies hatte zweifellos erhebliche Auswirkungen auf die Selektionsmechanismen, die über einen Erfolg in der Konkurrenz um solche Positionen entschieden.

[45] Vgl. J. L. Caskey – E. T. Blackburn, Lerna in the Argolid. A Short Guide, Athen 1977, 5.

[46] Eine „gemischte“ frühhelladische Bevölkerung hat J. L. Angel, Skeletal Material from Attica, Hesperia 14 (1945) 320f., aus dem vorhandenen Skelettmaterial zu erschließen versucht. Es fragt sich indes, ob die wenigen Funde repräsentativ sind. – Daß in Boiotien vor 2000 v. Chr. “Greek speakers” neben “non-Greeks” lebten, vermutet J. M. Fossey, Topography and Population of Ancient Boiotia, I, Chicago 1988, 419.

Als gesichert kann zunächst gelten, daß in der Frühen Bronzezeit im wesentlichen noch dieselben Getreide- und Gemüsesorten (vor allem Hülsenfrüchte) wie im späten Neolithikum landwirtschaftlich genutzt wurden. Umstritten ist demgegenüber die Frage, welche Bedeutung Wein und Öl in der Agrikultur gewonnen haben. Kaum zu verifizieren ist die These C. Renfrews, daß bereits im 3. Jahrtausend die klassische mediterrane Trias von Getreide, Öl und Wein zur Grundlage einer landwirtschaftlichen Polykultur wurde, durch Domestizierung der Weinrebe und des Olivenbaums neue, für den Anbau von Getreide und Hülsenfrüchten ungeeignete Flächen erschlossen werden konnten und eine hierdurch ermöglichte Produktion von Überschüssen den Austausch von Nahrungsmitteln gegen Geräte, Waffen und „Luxusgüter" erheblich intensivierte.[47] Die Anfänge der Veredelung des Ölbaums sind noch ungeklärt, und die wenigen Funde von Olivenkernen erlauben kaum den Schluß, daß bereits im Frühhelladikum größere Olivenkulturen entstanden. Zudem konnte H. Lohmann neuerdings zeigen, daß entgegen der Annahme Renfrews die Hänge unter 700 m noch kaum für den Wein- und Ölanbau terrassiert wurden.[48] Des weiteren haben die Survey-Untersuchungen Lohmanns in Attika ergeben, daß hier seit dem Endneolithikum neben den schon früher besiedelten größeren Fruchtebenen auch kleinere Täler wie der Raum von Vari oder die Ebene von Anavyssos genutzt wurden. Insofern ist eine gewisse Ausweitung der Siedlungsräume nicht zu bezweifeln. Generell haben die für die Landwirtschaft geeigneten Gebiete in Zentral- und Südgriechenland und auf Kreta[49] jedenfalls allmählich einen Vorsprung gegenüber dem Norden (Makedonien, Thessalien) gewonnen, wo die Bevölkerung offensichtlich langsamer zunahm. Allerdings ist im südlichen Griechenland kein sprunghafter Bevölkerungsanstieg festzustellen. Eine Reihe von frühhelladischen Siedlungen im Ägäisraum war im Durchschnitt mit einer Fläche von einem Hektar nur etwa doppelt so groß wie im Neolithikum, während

[47] Renfrew, Emergence of Civilisation 265 ff. Dazu die kritische Untersuchung von J. M. Hansen, Agriculture in the Prehistoric Aegean: Data versus Speculation, AJA 92 (1988) 39–52. Siehe auch G. Jones, Agricultural Practice in Greek Prehistory, BSA 82 (1987) 115–123. Zur Diskussion über das Problem der Nutzung des Ölbaums in der frühen Bronzezeit vgl. ferner J. F. Cherry, The Emergence of the State in the Prehistoric Aegean, PCPhS 210, N. S. 30 (1984) 24 f.; C. N. Runnels – J. Hansen, The Olive in the Prehistoric Aegean: The Evidence for Domestication in the Early Bronze Age, OJA 5 (1985) 299–308.

[48] Lohmann, Atene 205, Anm. 51.

[49] Vgl. P. Warren, Myrtos: An Early Bronze Age Settlement in Crete, BSA Supplementary Vol. 7, Cambridge 1972. Ergänzend dazu T. W. Whitelaw, The Settlement at Fournou Korifi Myrtos and Aspects of Early Minoan Social Organisation, in: Krzyszkowska – Nixon, Minoan Society 323–345.

mehrere mesopotamische Orte im gleichen Zeitraum um ein Vielfaches wuchsen.[50]

Ein wichtiger Faktor war auch die Gewinnung neuer Produkte in der Viehwirtschaft. Während nach dem Übergang zur gemischten Landwirtschaft (Acker- bzw. Gartenbau und Viehzucht) noch jahrtausendelang die Tierhaltung zur Fleischproduktion diente, wurden seit dem späten 4. Jahrtausend in zunehmendem Maße Milch und Wolle gewonnen sowie in der Folgezeit auch Zug- und Packtiere verwendet.[51] Die erweiterte Viehwirtschaft erforderte wiederum die Nutzung von Weideflächen in größerer Entfernung von festen Siedlungsplätzen. In Attika haben nach dem jetzt von H. Lohmann entwickelten Modell offenbar endneolithische und frühbronzezeitliche Viehhirten in höheren Lagen im eigenen Sozialverband räumlich getrennt von den Bauern in den Ebenen gelebt und beide Großgruppen in einem regen Güteraustausch gestanden.[52]

In der Metallurgie bedingten Innovationen in der Bronzeverarbeitung eine fortschreitende Spezialisierung, die erhebliche Auswirkungen auf das Gesellschaftsgefüge hatte. Neue Fertigkeiten in der Herstellung von Waffen und Werkzeugen führten zu einem höheren Bedarf an solchen Gütern, der wiederum die Produktion beeinflußte und weitere Spezialisierung erforderte sowie darüber hinaus den Tauschhandel zur Beschaffung von Rohmaterial intensivierte.[53] Hierdurch ergab sich ein vielfältiges Beziehungsgeflecht von

[50] Renfrew, Emergence of Civilisation 244.

[51] Zur Entwicklung der Viehwirtschaft: A.G. Sherrat, The Secondary Exploitation of Animals in the Old World, World Archaeology 15 (1983) 90–104; J.F. Cherry, PCPhS 210, N.S. 30 (1984) 25f. (oben Anm. 47); ders., Pastoralism and the Role of Animals in the Pre- und Protohistoric Economies of the Aegean, in: C.R. Whittaker (Hrsg.), Pastoral Economies in Classical Antiquity, The Cambridge Philological Society 1988, 23ff. Speziell zu Melos: C. Gamble, Animal Husbandry, Population and Urbanisation, in: C. Renfrew – M. Wagstaff, An Island Polity. The Archaeology of Exploitation in Melos, Cambridge u.a. 1982, 161ff. – Zur frühen Verwendung von Fahrzeugen: J. Wiesner, Fahren und Reiten, Archaeologia Homerica, I, F, Göttingen 1968, 76ff.; vgl. auch Renfrew, Archaeology and Language 138, 198.

[52] Lohmann, Atene 201f.

[53] Renfrew, Emergence of Civilisation 27–44, 476–504. Vgl. N.H. Gale, Z.A. Stos-Gale, G.R. Gilmore, Alloy Types and Copper Sources of Anatolian Copper Alloy Artifacts, AS 35 (1985) 143–173, die im Anschluß an Renfrew betonen, daß sich aus dem Besitz von Blei, Silber und Gold neue Möglichkeiten des Erwerbs von Prestigeobjekten sowie neue Vorstellungen von Status und Reichtum ergaben; ferner J.D. Muhly, Beyond Typology: Aegean Metallurgy in its Historical Context, in: N.C. Wilkie – W.D.E. Coulson (Hrsg.), Contribution to Aegean Archaeology. Studies in Honour of W.A.M. McDonald, Minnesota 1985, 109–141. Zur Bedeutung des Metallhandwerks und des Metallhandels in der ägäischen Frühbronzezeit s. auch O. Höckmann, Frühbronzezeitliche Kulturbeziehungen im Mittelmeergebiet unter

Voraussetzungen, Folgen und Rückwirkungen in den verschiedensten Bereichen menschlicher Aktivitäten. So ermöglichte die Herstellung von Bronzeäxten und -sägen die Entwicklung von Langschiffen mit ca. 20–30 Ruderern und damit die Ausweitung von Handel und Kommunikation. Hierdurch entstanden aber auch für Insel- und Küstenbewohner neue Gefahren durch Piraten. Allerdings operierten Piratenschiffe schwerlich in großer Zahl. Der Bau der frühhelladischen Wehranlagen von Troja, Manika (Euboia), Aigina, Lerna III, Kastri bei Chalandriani, bei Panormos auf Naxos sowie in Askitario an der attischen Ostküste und Plasi bei Marathon läßt sich daher sicherlich nicht allein mit der Piratengefahr erklären.[54] Offenbar befürchtete man auch Angriffe überlegener feindlicher Scharen.

Planung und Durchführung von Befestigungsbauten erforderten auch in kleineren Gemeinschaften eine erhebliche Organisation, die sowohl den Zusammenhalt der Siedler als auch die Position der führenden Männer stärkte. Von Bedeutung waren des weiteren waffentechnische Neuerungen wie die Erfindung des Bronzedolches und der bronzenen Lanzenspitze, deren Übernahme für alle Gemeinschaften eine Frage der Selbstbehauptung wurde. Inwieweit sich hieraus eine Kontrolle der Siedlungsführer über die Werkstätten ergab, bleibt allerdings eine offene Frage. Nur in relativ wenigen Orten ist der Aufstieg einzelner Familien oder Individuen klar erkennbar. Besonders deutlich zeichnet sich diese Entwicklung im Frühhelladikum II in der befestigten Siedlung Lerna III durch die Abfolge zweier größerer Häuser ab. In dem jüngeren Gebäude – dem sog. House of the Tiles – wurden zahlreiche Siegelabdrücke gefunden, die offenbar zur Eigentumsbezeichnung dienten. Wir wissen zwar nicht, ob dieses „Herrenhaus" die Funktion einer Tauschzentrale hatte, doch kann man davon ausgehen, daß der Besitzer in der Gesellschaft Lernas einen hohen Rang einnahm.[55] Eine ähnliche soziale Stellung können die Herren größerer Gebäude in Akovitika in Messenien (Megaron A und Megaron B), Kolonna auf Aigina (sog. Weißes Haus) und in Theben besessen haben.[56] Typologisch manifestiert sich hierin

besonderer Berücksichtigung der Kykladen, in: Buchholz, Ägäische Bronzezeit 65 ff., 69 ff.; Kopcke, Handel 5 ff.

[54] Zur Anlage frühbronzezeitlicher Wehrbauten vgl. den Überblick von Iakovides, Wehrbauten 163 f.

[55] Zur Funktion des Siegels vgl. generell A. C. Blasingham, The Seals from the Tombs of the Messara: Inferences as to Kinship and Social Organisation, in: Krzyszkowska – Nixon, Minoan Society 11 ff. Weitere Spezialuntersuchungen enthält der Sammelband von Th. G. Palaima (Hrsg.), Aegean Seals, Sealings and Administration, Lüttich 1990.

[56] Zu den „Herrenhäusern" in Akovitika vgl. P. G. Themelis, AAA 3 (1970) 303 ff.; Schachermeyr, Ägäische Frühzeit I 211. „Weißes Haus" und „Stadt III" in Kolonna (ca. 2400–2300 v. Chr.): Walter – Felten, Alt-Ägina III 1, 14 ff., 97 ff. Zu dem in

freilich noch kein „Kleinfürstentum". Die Besitzer haben möglicherweise einigen Handwerkern Rohstoffe, die sie durch Tauschhandel mit weiter entfernten Regionen erhielten, zur Verfügung gestellt. Zweifellos waren auch durch die Abwicklung des Warenaustausches und die hiermit verbundene Mobilisierung und Unterhaltung von Arbeitskräften neue Abhängigkeitsverhältnisse entstanden, durch die wiederum Autorität und Einfluß jener Herren in ihren Siedlungen gestärkt wurden.[57] Ihre (relative) ökonomische Überlegenheit und ihre hieraus sich ergebenden Schutzfunktionen über eine gewisse Zahl von Abhängigen sicherten ihnen somit wohl einen herausragenden gesellschaftlichen Status, der zugleich die Voraussetzung für eine allgemeine Führungsrolle in ihrer Gemeinschaft war, und Prestigeobjekte, die sie teils selbst in Auftrag gegeben, teils als Gastgeschenke erhalten haben mögen, dienten der sinnfälligen Demonstration ihrer Stellung. Gleichwohl besaßen sie im ganzen nur beschränkte Ressourcen. Ihr Einflußbereich wird nicht allzu weit über das Landgebiet ihrer Siedlung hinausgereicht haben. In Landschaftskammern mit mehreren Ortschaften gab es allenfalls schwach ausgeprägte Siedlungshierarchien. Der Besitzer des „Hauses der Ziegel" war jedenfalls nicht in der Lage, genügend Kräfte zu mobilisieren, um jenen Angriff abzuwehren, der Ende des Frühhelladikums II zur Zerstörung Lernas geführt hat. Insgesamt gesehen unterstanden die einzelnen Siedlungsgemeinschaften wohl nirgendwo in Griechenland einer weiträumig organisierten Herrschaft. Sie waren zwar eingebunden in ein Netzwerk von Kontakten, doch resultierte hieraus noch keine Entwicklung früher Staatlichkeit in dem Sinne, daß von bestimmten Siedlungen die Bildung komplexer und institutionalisierter Systeme politischer Herrschaft ausging, d. h. es entstanden keine prinzipiell neuen politischen Organisationsformen. Nach dem derzeitigen Forschungsstand gab es in der mittleren Phase der Frühen Bronzezeit nur eine begrenzte Zahl von Siedlungen mit sogenannten Herrenhäusern. Es handelte sich um kleinräumig siedelnde „Rang-Gesellschaften" mit einer bereits stabileren Sozialstruktur als in den egalitären Gemeinschaften des Neolithikums und des Frühhelladikums I. Zur Errichtung einer Herrschaft über größere Räume war die „Macht" der Siedlungsführer aber nach wie vor zu gering. Ihre Stellung entsprach wohl in etwa der aus der Ethnologie bekannten Position des "Big Man", dessen Autorität auf eigenen

Theben entdeckten Langhaus: G. Touchais, BCH 107 (1983) 781; Pullen, Social Organization 242f. Ein größeres FH II-Gebäude befand sich möglicherweise auch in Zygouries in der Korinthia (D. J. Pullen, AJA 89, 1985, 347). Vgl. auch J. W. Shaw, The Early Helladic II Corridor House: Development and Form, AJA 91 (1987) 59ff.

[57] Skeptisch beurteilt demgegenüber die Funktion frühbronzezeitlicher „Eliten" als Organisatoren der Güterdistribution A. Gilman, The Development of Social Stratification in Bronze Age Europe, Current Anthropology 22 (1981) 1–8.

Leistungen beruht und dementsprechend personengebunden ist. Der "Big Man" investiert gewissermaßen die Ressourcen seines Haushalts in seine Führungsposition und verliert diese mit der Abnahme seiner Leistungsfähigkeit.[58]

Als Fazit bleibt festzuhalten, daß im frühbronzezeitlichen Griechenland kein System konkurrierender Herrschaften existierte, das eine stärkere Ausdifferenzierung der Sozialstruktur beschleunigt bzw. eine Überwindung der vorstaatlichen Formen des Gemeinschaftslebens und damit eine allgemeine Transformation der Gesellschaft ermöglicht hätte. Generell waren in der mittleren Phase der Frühen Bronzezeit (FH II) offensichtlich die Besitzunterschiede größer und der Lebensstandard höher als in der folgenden FH III – Periode. In den frühbronzezeitlichen Athener Siedlungen, deren Stratigraphie weitgehend unklar bleibt, läßt sich allerdings im FH II bedeutender Reichtum einzelner Personen oder Familien (wie z. B in Troja II, Poliochni V auf Lemnos, Stheno auf Leukas oder Mochlos bei Kreta) nicht nachweisen. Es muß dahingestellt bleiben, ob im Gebiet von Athen einzelne Siedlungsführer eine ähnliche Position wie in Lerna III gewonnen oder im Bereich um die Akropolis sich bereits proto-urbane Strukturen wie in der frühhelladischen Siedlung Manika auf Euboia[59] entwickelt haben. Nach dem Gesamtbefund ist dies eher unwahrscheinlich. Auch ist nicht erkennbar, daß von Athen aus schon die Kontrolle über die Blei- und Silbergewinnung im Laureion gewonnen werden konnte.[60] Vermutlich sind die

[58] Zum Begriff der Rang-Gesellschaft vgl. Stagl, Politikethnologie 182. "Big Man": E. R. Service, Ursprünge und Entstehung der Zivilisation. Der Prozeß der kulturellen Evolution, Frankfurt a. M. 1977, 107ff. Engl. Ausgabe New York 1975; Ch. K. Maisels, The Emergence of Civilization, London – New York 1990, 206f., 229.

[59] Vgl. A. Sampson, Manika, I. An Early Helladic Town in Chalkis (neugriech.), Athen 1985; Manika, II. The Early Helladic Settlement and Cemetery (neugriech.), Athen 1988.

[60] Die Bedeutung des frühbronzezeitlichen Bergbaus im Laureion ist freilich umstritten. Sie wird überaus hoch bewertet von N. H. Gale und Z. Stos-Gale, Lead and Silver in the Ancient Aegean, Scientific American 244, Nr. 6, June 1981, 142–152; Cycladic Lead and Silver Metallurgy, BSA 76 (1981) 169–224, die davon ausgehen, daß Erze aus dem Laureion und aus Siphnos isotopisch eindeutig zu unterscheiden seien. Diese These läßt sich nach freundlicher Auskunft von H. Lohmann jedoch aufgrund der Ergebnisse von E. Pernicka, Erzlagerstätten in der Ägäis und ihre Ausbeutung im Altertum: Geochemische Untersuchungen zur Herkunftsbestimmung archäologischer Metallobjekte, JRGZM 34 (1987), 680ff., nicht halten. Lohmann betont (Atene 171, Anm. 402), daß trotz des z. Zt. noch unklaren Forschungsstandes die Bedeutung der Blei- und Silbergewinnung im Laureion in der frühen Bronzezeit nicht gering veranschlagt werden sollte. – Nachgewiesen ist eine frühbronzezeitliche Grube in Thorikos. Vgl. P. Spitaels, in: Thorikos VIII, 1972/76. Rapport préliminaire sur le 9e, 10e, 11e et 12e campagnes de fouilles, Gent 1984, 151ff.

Athener Streusiedlungen eher mit zahlreichen anderen frühhelladischen Orten des griechischen Festlandes vergleichbar, die ihren dörflichen Charakter behielten.

5. *Athen im Mittelhelladikum und der Beginn der mykenischen Zeit*

Das mittelhelladische Fundmaterial ist in Athen relativ reichhaltig.[61] Es stammt – wie bereits erwähnt – im wesentlichen wieder von bereits im Frühhelladikum besiedelten Plätzen. Die Akropolis war wohl im gesamten Mittelhelladikum bewohnt. Bereits in die Frühphase der Mittleren Bronzezeit scheinen fünf sog. Kistengräber (ohne Beigaben) beim Erechtheion zu gehören. Eine weiträumige Besiedlung am Nordhang der Akropolis ergibt sich aus verstreuten Keramikfunden. Die meisten Reste stammen wieder aus dem Heiligtum der Aphrodite und des Eros. Im Bereich der Klepsydra wird eine kontinuierliche Besiedlung durch fünf Brunnenschächte bestätigt. Am Südhang wurden zwei Herde im Heiligtum des Dionysos sowie Spuren von zwei mittelhelladischen Häusern südlich der Stoa des Eumenes entdeckt. Der dort zu lokalisierenden Siedlung sind des weiteren Gruben (Bothroi), Brunnen, Kistengräber sowie eine sog. Pithosbestattung zuzuordnen. Sonstige Streufunde, Deposite und Gräber zeigen, daß weitere mittelhelladische Wohnplätze auf der Agora sowie in den Bereichen des Olympieion, des Philopappos- oder Museionhügels, des Kerameikos und der Akademie Platons lagen. Die Einzelsiedlungen waren durch ein Wegenetz miteinander verbunden. Ein klares Gesamtbild des besiedelten Areals läßt sich indes nicht rekonstruieren. Auch die Sozialstruktur im mittelhelladischen Athen bleibt aufgrund der Beschaffenheit des Fundmaterials schemenhaft. Vermutlich entsprachen die Verhältnisse in Athen zumindest in der frühen und mittleren Phase des Mittelhelladikums der Situation in zahlreichen anderen Orten dieser Zeit auf dem griechischen Festland. Während nach 2000 auf Kreta die sog. ältere Palastkultur sich entfaltete und auf Melos (Phylakopi) eine blühende „Kleinstadt“ entstand, blieb auf dem Festland der Lebensstandard längere Zeit allgemein niedrig. Die Kontakte mit Kreta, den Ägäisinseln und Kleinasien waren zwar nicht unterbrochen. Offenbar hatten aber Unruhen Ende des 3. Jahrtausends längerfristige Auswirkungen auf die mittelhelladische Gesellschaftsstruktur. Die durchweg kleinen Siedlungen des frühen Mittelhelladikums hatten vermutlich eine nur gering entwickelte interne Organisation. Eine Ausnahme bildete Kolonna auf Aigina, doch handelte es sich um eine Inselsiedlung, die eher dem Typ der kykladischen Ortschaften entsprach. Erst im 17. Jahrhundert v. Chr. erreichte die materielle

[61] Zum Folgenden vgl. Pantelidou, Athenai 247–249.

Kultur der festländischen Mittleren Bronzezeit durch zunehmende minoische Einflüsse ein höheres Niveau. Gleichzeitig, teilweise auch schon früher, zeichneten sich Ansätze zu einer stärkeren sozialen Differenzierung in verschiedenen Regionen Griechenlands ab. Auch in einigen attischen Siedlungen wird der Beginn dieses Prozesses noch einigermaßen greifbar. Reichere Beigaben fanden sich in einem Tumulus (Grabhügel) bei Aphidna aus der späten Phase des Mittelhelladikums.[62] In einem sorgfältig ausgebauten Grabhügel im Vranatal bei Marathon – einem Gemeinschaftsgrab (sog. Tumulus Nr. 1) – waren offenbar auch Personen bestattet, die in ihrem lokalen Bereich einen gewissen sozialen Rang besessen hatten.[63]

Ein sog. Herrenhaus im Gebiet von Plasi bei Marathon läßt ebenfalls auf eine lokale Vorrangstellung des Besitzers schließen.[64] Auch in Brauron ist ein größeres mittelhelladisches Gebäude nachgewiesen.[65] In verschiedenen attischen Kleinlandschaften entwickelte sich somit ein differenzierteres Sozialgefüge. In den Athener Siedlungen dürfte dies kaum anders gewesen sein. Daß es sich bei den genannten Herrenhäusern nicht um Einzelfälle bzw. nur um Zeugnisse einer spezifisch attischen Entwicklung handelte, zeigen weitere Bauten dieser Art in Asine (Argolis) und in der befestigten Siedlung Malthi (Messenien),[66] die in das späte Mittelhelladikum zu datieren ist. Solche Gebäude hatten aber wohl kaum die Bedeutung einer regelrechten Tauschzentrale. Ihre Besitzer waren vermutlich Siedlungsführer mit einem lokal begrenzten Einfluß in mehr oder weniger eigenständigen dörflichen Gemeinschaften, die in Einzelfamilien gegliedert waren, wie die Arrangements mittelhelladischer Häuser und die Bestattungsbräuche erkennen lassen. Zweifellos bildeten Verwandtschafts- und Abstammungsverhältnisse starke soziale Klammern in der mittelhelladischen Gesellschaft. Hieraus entstanden aber allem Anschein nach keine geschlossenen, familienübergreifenden Verwandtschaftsverbände in Form von Clans oder „Geschlechtern" mit eigenen Kulten und Bräuchen. Ebensowenig entwickelten sich größere Stammesverbände. Zwar konstituierten Verwandtschaftsbeziehungen auch Bindungen, die über die Einzelgemeinde hinausgingen und sowohl zur Konsolidierung lokaler Verbände als auch zur Ausweitung des personalen Beziehungsgeflechtes erheblich beitrugen, so daß sie unter diesem

[62] Vgl. Hope Simpson, Mycenaean Greece 51.

[63] Sp. Marinatos, Further Discoveries at Marathon, AAA 3 (1970) 351 ff.; Schachermeyr, Ägäische Frühzeit I 246 ff.; ders., Ägäische Frühzeit II 96.

[64] Sp. Marinatos, Further News from Marathon, AAA 3 (1970) 154.

[65] Hope Simpson, Mycenaean Greece 49.

[66] Carlier, Royauté 15 ff. Eine chronologische Einordnung kann natürlich nur mit größtem Vorbehalt vorgenommen werden. Generell zur Problematik: G. Cadogan, AJA 87 (1983) 507 ff.

Aspekt gleichsam als tribale Strukturelemente gelten können. Die Basis des mittelhelladischen Gemeinschaftslebens war aber zweifellos nach wie vor die Einzelsiedlung oder die Kleinlandschaft mit mehreren, schon durch die räumliche Nähe enger verbundenen Ortschaften. Generell kann man die einzelnen Gemeinschaften zumindest in der frühen und mittleren Phase der festländischen Mittleren Bronzezeit noch als sog. Rang-Gesellschaften in dem bereits skizzierten Sinne einstufen.

Konnte man bis vor kurzem davon ausgehen, daß die athenischen und attischen Siedlungen noch auf dieser Stufe verharrten, als in der Argolis und (mit einigem Abstand) in Messenien bereits neue Formen personengebundener Macht entstanden, so ist dieses Bild nunmehr zu modifizieren, nachdem H. Lauter und D. Hagel und ihre Mitarbeiter ein kompliziertes Befestigungssystem mit zwei Ringmauern auf dem Kiapha Thiti oder Kontragliat im oberen Varital freigelegt haben.[67] Nach den Erkenntnissen der Ausgräber entstanden hier etwa im fortgeschrittenen Mittelhelladikum eine neue Siedlung und in der folgenden Periode – d.h. in der nach den berühmten Gräbern in Mykene benannten, etwa im späten 17. Jahrhundert einsetzenden frühmykenischen Schachtgräberzeit – ein „Herrensitz" auf der stark gesicherten Oberburg. In der Siedlungsstruktur zeichnet sich hier somit deutlich eine soziale Hierarchie ab. Unterhalb des Herrensitzes wohnten „die sozial immer niedrigeren Mitglieder der Gemeinschaft" auf der Mittel- und auf der Unterburg.[68] Hierin manifestiert sich nach ethnologischen Kriterien bereits eine sog. stratifizierte Gesellschaft,[69] die aus mehreren „Strata" mit unterschiedlichem Status und verschiedener Lebensweise besteht. Die Burg, die Mitte des 15. Jahrhunderts durch einen Bergrutsch zerstört wurde, beherrschte eine wichtige Wegkreuzung an der über Vari führenden Straße von Athen nach Sounion, von der unterhalb von Kiapha Thiti eine Querverbindung in Richtung Mesogaia abzweigt. Unklar bleiben die Ausdehnung des Machtbereichs dieser Burg und ihre Beziehungen zu anderen attischen Siedlungen, insonderheit zu dem frühmykenischen „Herrensitz" in Thorikos und zu Athen selbst.[70]

Es besteht freilich kaum ein Zweifel, daß die entscheidenden Impulse zu einem tiefgreifenden Wandel auf dem griechischen Festland, der zugleich den Übergang zum Späthelladikum markiert, vor allem von Mykene ausgegangen sind. Mykene entwickelte sich in relativ kurzer Zeit zum bedeu-

[67] Hagel – Lauter, Kiapha Thiti 3ff.; H. Lauter, Die protomykenische Burg auf Kiapha Thiti in Attika, in: Laffineur, Transition 145–149. Vgl. auch H. W. Catling, AR 1986–87, 8f.

[68] Hagel – Lauter, Kiapha Thiti 6.

[69] Vgl. Stagl, Politikethnologie 182f.

[70] Hagel – Lauter, Kiapha Thiti 13.

tendsten Machtzentrum in Griechenland. Hieraus resultiert die heutige Konvention, das Späthelladikum bzw. die Späte Bronzezeit nach diesem Herrschersitz auch als mykenische Zeit und die Träger der späthelladischen Kultur als mykenische Griechen zu bezeichnen.

Der Aufstieg der Herren von Mykene manifestiert sich insonderheit an der überaus reichen Ausstattung der Schachtgräber in dem von Heinrich Schliemann aufgedeckten Steinkreis A auf dem Burgberg.[71] Offenbar ist diese Herrschaft gleichsam endogen entstanden.[72] Bereits die älteren, noch ins späte 17. Jahrhundert zu datierenden Gräber des von Papadimitriou 1951 entdeckten Steinkreises B[73] außerhalb des Löwentores lassen steigenden Reichtum der damaligen Herren Mykenes erkennen. Die Anfänge der Macht dieser Dynastie sind wohl mit einer Verschiebung der Kräfteverhältnisse innerhalb eines Systems eigenständiger mittelhelladischer Siedlungen in der Argolis zu erklären. Vermutlich besaß hier Argos zunächst größere Bedeutung als Mykene.[74] Die Basis des Aufstiegs der mykenischen Schachtgräberdynastie war allem Anschein nach eine Position, wie sie auch andere mittelhelladische Siedlungsführer als Repräsentanten einer sich allmählich formierenden Oberschicht innehatten. Spätestens seit 1650 dürfte es dann den Herren Mykenes gelungen sein, ihren Einflußbereich zu erweitern. Ausdruck ihrer militärischen Stärke sind zahlreiche Waffen, die in einigen Schachtgräbern – „wahren Rüstkammern" (Karo) – gefunden wurden. Prototypen der neuen Langschwerter des sog. Typs A mit dünnen Griffzungen waren wohl minoische Waffen, während die stabileren Schwerter des Typs B vermutlich in Mykene bzw. in der Argolis entwickelt wurden.[75] Wahrschein-

[71] Vgl. die Abschlußpublikation des Kreises A von G. Karo, Die Schachtgräber von Mykene, I–II, München 1930–33.

[72] Daß die „Schachtgräberdynastie" eine erobernde Kriegerelite war, vermutet neuerdings wieder Drews, Coming of the Greeks 158ff., der – wie schon erwähnt (oben Anm. 25) – die Einwanderung der Griechen um 1600 ansetzt und hiermit auch den sog. Tumulus I im Vranatal bei Marathon (Sp. Marinatos, AAA 3, 1970, 155ff.; Anaskaphai Marathonos, Praktika 1970, 9ff.) und andere Tumuli in Verbindung bringt. Drews sucht diese Gräber sowie die Grabkreise in Mykene im Anschluß an Pelon, Tholoi 82ff., 450f., aus der Kurgankultur abzuleiten. Vgl. dagegen A. Häusler, SlovArch 29,1 (1981) 61–64 (oben Anm. 31). – Neue Probleme ergeben sich aus der umstrittenen Heraufdatierung der Späten Bronzezeit durch P. P. Betancourt, Dating the Aegean Late Bronze Age with Radiocarbon, Archaeometry 29 (1987) 45–49. Zur Diskussion hierüber vgl. P. M. Warren, ebd. 205–211, sowie M. J. Aitken, H. N. Michael, P. P. Betancourt und P. M. Warren, ebd. 30 (1988) 165–182.

[73] Dazu die Abschlußpublikation von G. Mylonas, Ho taphikos Kyklos B ton Mykenon, I–II, Athen 1972–1973.

[74] Schachermeyr, Ägäische Frühzeit I 256.

[75] St. Foltiny, Kriegswesen, Teil 2, Angriffswaffen, Archaeologia Homerica I, E, Göttingen 1980, 249ff.

lich führten die Herren Mykenes in der ersten Hälfte des 16. Jahrhunderts auch den Streitwagen als neues Kampfinstrument in Griechenland ein. In dieser Zeit verfügten sie bereits über weite Handelsbeziehungen, wenn auch „exotische" Objekte (wie z. B. Straußeneier aus Nubien, Lapislazuli aus Mesopotamien und Bernstein aus dem Baltikum) wohl über Zwischenstationen nach Mykene gelangt sind.[76] Neben wertvollen Importstücken aus Kreta fanden sich in den Schachtgräbern auch zahlreiche Beigaben, die sowohl von minoischen als auch von einheimischen Künstlern und Handwerkern in mykenischen Werkstätten angefertigt worden sind.

Ein offenes Problem ist die Herrschaftsorganisation in Mykene. Die in den beiden Grabkreisen beigesetzten Männer können nicht ausnahmslos Monarchen gewesen sein, doch besagt dies noch nicht, daß in Mykene eine „primitive Krieger-Oligarchie" herrschte.[77] Vielleicht handelte es sich um Angehörige einer sich verzweigenden Dynastie.

Um und nach 1600 hatten sich auch in Messenien neue Herrschaftsformen ähnlichen Typs herausgebildet. Frühe Kuppelgräber (Tholoi) lassen hier auf eine Koexistenz mehrerer Dynastien schließen, die aber kaum mit der Macht der Herren Mykenes konkurrieren konnten.

Der hier skizzierte Prozeß in der Argolis und in Messenien hat offenbar bald auch die Entwicklung in Attika stark beeinflußt, wie die neuentdeckte Burg auf dem Kiapha Thiti vermuten läßt. Er führte langfristig zur Entstehung eines Systems größerer Machtzentren in verschiedenen Teilen Griechenlands, vollzog sich aber zunächst noch im Ausstrahlungsbereich der minoischen Palastkultur, die um 1600 bereits seit langem über ein entwickeltes Herrschaftsinstrumentarium verfügte und damals geradezu ein Kontrastbild zum griechischen Festland bot.

[76] Dazu ausführlich Harding, Mycenaeans, passim.

[77] Dickinson, Origins 57. Vgl. auch M. J. Alden, Bronze Age Population Fluctuations in the Argolid from the Evidence of Mycenaean Tombs, Göteborg 1981, 115 f.; Carlier, Royauté 22. I. Kilian-Dirlmeier, Beobachtungen zu den Schachtgräbern von Mykenai und zu den Schmuckbeigaben mykenischer Männergräber, JRGZM 33 (1986) 159–198, kommt zu dem Schluß, daß alle Toten in den beiden Gräberrunden A und B der gleichen gehobenen Statusgruppe angehört hätten, die aber durch eine mehrfach abgestufte Ranggliederung gekennzeichnet gewesen sei. Es habe sich aber kaum um einen „königlichen Bestattungsplatz" gehandelt, wie er für das Tholosgrab 3 von Peristeria bereits in SH I angenommen werden könne. Fragen der sozialen Rangordnung der damaligen Führungsschicht in Mykene erörtert auch R. Laffineur, Mobilier funéraire et hiérarchie sociale aux cercles des tombes de Mycènes, in: Laffineur, Transition 227–238.

6. *Die Bedeutung Kretas für die festländische Entwicklung*

In der Frühen Bronzezeit war auch in Kreta trotz deutlicher Kontinuität der Bevölkerung und der materiellen Kultur die Entwicklung nicht ungestört verlaufen. Vor allem im Frühminoikum (FM) II B (vor 2300) fanden Siedlungen ein gewaltsames Ende; andere wurden in der Phase FM III aufgegeben. Vermutlich waren Rivalitäten kretischer Siedlungsgemeinschaften die Ursachen der Unruhen.[78] Gleichwohl vollzog sich hier etwa seit Mitte des 3. Jahrtausends ein bedeutsamer Wandel, der in der Entstehung größerer Ortschaften zum Ausdruck kommt.

Die Entwicklung einiger Siedlungen zu zentralen Stätten des Handels und Handwerks noch vor Errichtung der sog. Älteren Paläste (ca. 2000/1950 v. Chr.) war weitgehend ein eigendynamischer Prozeß, der durch neue handwerkliche Fertigkeiten, durch Importe von Rohmaterialien (insonderheit Kupfer und Zinn) und durch die Verbreiterung der Ernährungsbasis ermöglicht wurde und auf die interne Organisation dieser nunmehr schon protourbanen Gesellschaften einen starken Integrationseffekt ausübte.[79] Größere vorpalatiale Bauten lassen vermuten, daß sich seit dem Frühminoikum II eine wirtschaftlich dominierende Oberschicht formierte. Sie vermochte aufgrund ihres sozio-ökonomischen Vorrangs zweifellos auch politische Leitungsfunktionen zu übernehmen, die wohl noch eher informell waren, d. h.

[78] Bemerkenswert ist die Höhenlage einer Reihe von Siedlungen, von denen einige zusätzlich befestigt waren. Dazu St. Alexiou, Befestigungen und Akropolen im minoischen Kreta (neugriech.), Kretologia 8 (1979) 41–56. Vgl. auch Hiller, Minoisches Kreta 89; Ch. G. Starr, Minoan Flower Lovers, in: Hägg – Marinatos, Minoan Thalassocracy 11; Buchholz, Ägäische Bronzezeit 501.

[79] Aufschlußreich für die Diskussion über die Entwicklung der minoischen Palastkultur ist vor allem J. F. Cherry, Evolution, Revolution, and the Origins of Complex Society in Minoan Crete, in: Krzyszkowska – Nixon, Minoan Society 33–45; ders., The Emergence of the State in the Prehistoric Aegean, PCPhS 210, N. S. 30 (1984) 18–48; ders., Polities and Palaces: Some Problems in Minoan State Formation, in: Renfrew – Cherry, Peer Polity Interaction 19–45; G. Cadogan, Why was Crete Different?, in: Cadogan, Early Bronze Age 153–171. Ferner: H. Geiss: Die Herausbildung des Staates in der minoischen Periode – Möglichkeiten und Grenzen, in: J. Herrmann – I. Sellnow (Hrsg.), Beiträge zur Entstehung des Staates, Berlin ²1974, 92–103; ders., Zur Entstehung der kretischen Palastwirtschaft, Klio 56 (1974) 311–323 (aus marxistischer Sicht); Hiller, Minoisches Kreta 71 ff. mit der älteren Literatur; O. Pelon, Particularités et développement des palais minoens, in: Lévy, Système palatial 187–201. Siehe auch P. M. Warren, The Genesis of the Minoan Palace, in: The Function of the Minoan Palaces, Proceedings of the Fourth International Symposium at the Swedish Institute in Athens, 10–16 June, 1984, ed. by R. Hägg – N. Marinatos, Stockholm 1987, 47–56; L. Vance Watrous, The Role of the Near East in the Rise of the Cretan Palaces, ebd. 65–70.

noch nicht aus einer schon ausdifferenzierten institutionellen Ordnung resultierten. Es handelte sich im Unterschied zu den einzelnen Siedlungsführern auf dem hellenischen Festland typologisch vermutlich um „oligarchische" Eliten, deren Repräsentanten in verschiedenen größeren Siedlungsgemeinschaften durch Rivalitäten um Macht und Einfluß und in dem Bestreben durch Kumulierung von Ressourcen größeres Prestige zu gewinnen und Konkurrenten zu überbieten, einen Transformationsprozeß eingeleitet haben, der dann letztlich zur Herausbildung monarchischer Machtstrukturen führte.[80] Daß die Herren der Älteren Paläste aus lokalen Eliten hervorgegangen sind ist vor allem aufgrund der Anlage dieser Bauten zu vermuten. Denn die Paläste sind zwar monumentaler Ausdruck einer prinzipiell neuen Herrschaftsform mit spezialisierten Funktionären, eigenen Kultstätten[81] und Handwerksbetrieben, erscheinen aber architektonisch nicht isoliert, sondern gleichsam eingebunden in ein bestehendes urbanes Konglomerat. Ihre nördliche Ausrichtung (mit geringen örtlichen Abweichungen) und die Gruppierung der Baukörper um einen großen Mittelhof lassen des weiteren auch die Orientierung an einem gemeinsamen Grundschema erkennen. Da Kreta um 2000 keine staatliche Einheit bildete, sondern ein eigener insularer Kulturraum mit mehreren regionalen Zentren war, ist die Entstehung der Paläste zweifellos auch das Ergebnis mannigfacher Wechselbeziehungen zwischen den Zentralorten, d. h. einer Interaktion, die durch eine weitgehend homogene materielle Kultur und gleichartige gesellschaftliche Gliederung begünstigt wurde. So scheinen für die Konsolidierung neuer Formen von Macht und Herrschaft nicht nur kompetitive Elemente auf lokaler Ebene, sondern auch die Koexistenz mehrerer strukturell ähnlicher Systeme und die hieraus resultierenden wechselseitigen Impulse von Bedeutung gewesen zu sein. Hinzu kamen Verbindungen zum östlichen Mittelmeer. Sicherlich waren die frühen minoischen Paläste keine bloße Imitation der Herrschersitze des Orients,[82] doch ist aufgrund der geographischen Nähe Kretas zu den Herrschaftsgebieten östlicher

[80] Daß die Paläste „Königssitze" waren, ist freilich nicht unbestritten. Vgl. dazu generell A. A. Zois, Gibt es Vorläufer der minoischen Paläste auf Kreta? Ergebnisse neuer Untersuchungen, in: D. Papenfuß – V. M. Strocka (Hrsg.), Palast und Hütte, Mainz 1982, 207–215. Die Diskussion hierüber wurde vor allem durch die Freilegung schwer zu deutender architektonischer Komplexe in Mallia ausgelöst, die von H. van Effenterre (u. a. in: RH 229, 1963, 1–18) als Indiz für entwickelte kommunale Organisationsformen gewertet wurden. Vgl. dazu St. Alexiou, AA 1971, 316; Hiller, Minoisches Kreta 133 ff.

[81] Die Kulte behandelt zusammenfassend G. C. Gesell, Town, Palace, and House Cult in Minoan Crete, Göteborg 1985.

[82] Dazu J. W. Graham, The Palaces of Crete, Princeton 1962 (Nachdruck mit Zusätzen 1987) 229 ff.; ders., The Relation of the Minoan Palaces to the Near Eastern Palaces of the Second Millenium, in: E. L. Bennett Jr. (Ed.), Mycenaean

Monarchien ein Informationsfluß anzunehmen, der in erheblichem Maße dazu beitrug, daß ökonomische Macht und gesellschaftliche Geltung in politische und sakrale Herrschaft umgesetzt wurde.

Durch die wohl von Erdbeben verursachte Zerstörung der sog. Älteren Paläste in Knossos und Phaistos um 1700 v. Chr. erlitt die minoische Kultur keinen Bruch. An den gleichen Stellen wurden die großartigen Jüngeren Paläste errichtet, die nach weiteren tektonischen Katastrophen um 1600 noch prachtvoller gestaltet wurden. Zahlreiche Produkte des minoischen Kunsthandwerks zeugen von der Ausstrahlungskraft dieser Palastkultur. Es ist zwar fraglich, ob Knossos – die bedeutendste Residenz Kretas – in der jüngeren Palastzeit die Herrschaft über die gesamte Insel gewinnen konnte und damals eine kretische Thalassokratie im Ägäisraum entstand,[83] doch besteht kein Zweifel, daß das griechische Festland jetzt stärker unter dem Einfluß der minoischen Kultur stand und die mykenische Schachtgräberdynastie ihren ungeheuren Reichtum nicht zuletzt ihrer Einbindung in das minoische Handelsnetz verdankte.

Mykene konnte freilich den Aufstieg neuer Machthaber in verschiedenen Teilen Griechenlands nicht verhindern, so daß hier ein System von größeren und kleineren Herrschaften entstand. Dieser Prozeß ist wiederum auf ein Zusammenwirken mehrerer Faktoren zurückzuführen. Lokale „Herren“ konnten im Zuge der Ausweitung des Tauschhandels im Umkreis ihres Einflußbereichs die Kontrolle über wichtige Importgüter und damit auch über die Distribution bestimmter handwerklicher Produkte gewinnen bzw. intensivieren, durch Konzentration von Ressourcen kriegerische Gefolgschaften unterhalten oder vergrößern und hierdurch neue Bindungen und Abhängigkeitsverhältnisse schaffen, gegebenenfalls schwächere Nachbarsiedlungen unterwerfen und hieraus neue Besitzrechte über Ländereien ableiten sowie Tribute erheben, gleichzeitig soziale Erwartungen ihrer Gefolgsleute durch Landvergabe erfüllen sowie kollidierende Interessen innerhalb ihrer Anhängerschaft ausgleichen, aber auch durch symbolische Repräsentation ihrer wachsenden Macht ihre Position weiter festigen und ihrer Stellung durch Ausübung und Ausweitung priesterlicher Funktionen eine höhere sakrale Weihe verleihen, so daß in einem vielfältigen Geflecht von Ursachen und Wirkungen mit mannigfachen Rückkoppelungseffekten sich klare Verhältnisse von Über- und Unterordnung herausbildeten. Beschleunigt wurde dieser Prozeß zweifellos auch hier durch die kompetitiven Elemente eines

Studies, Madison 1964, 195–215; ders., Egyptian Features at Phaistos, AJA 74 (1970) 231–239.

83 Dazu jetzt eine Reihe von Aufsätzen in dem Sammelband von Hägg – Marinatos, Minoan Thalassocracy, mit einer Zusammenfassung der kontroversen Standpunkte 221 f.

Konkurrenzdruckes, der sich aus der Koexistenz rivalisierender Herrschersitze ergab, indem die Machthaber gezwungen waren, mit der Entwicklung in benachbarten Landschaftskammern Schritt zu halten, um sich behaupten zu können. Sie waren allerdings vorerst noch nicht in der Lage, das entwickelte System der minoischen Palastverwaltung zu übernehmen.[84]

Erst die Katastrophen auf Kreta um 1450, die vermutlich wieder auf Erdbeben zurückzuführen sind, leiteten eine grundlegende Veränderung der Kräfteverhältnisse ein. Kato Zakros, Gournia, Mallia, Tylissos, Phaistos Hagia Triada sowie Wohnviertel in Knossos wurden damals zerstört. Der große Palast in Knossos blieb aber offenbar erhalten.[85] Die dortige Dynastie konnte sich wahrscheinlich auch in den Wirren nach den tektonischen Katastrophen behaupten und nunmehr sogar die Vorherrschaft über weite Teile der Insel gewinnen. Sie war hierbei jedoch auf Unterstützung durch mykenische Krieger angewiesen.[86] Offenbar um 1375 wurde indes ihr Palast zerstört, und die Herrschaft ging jetzt auf eine mykenische Dynastie über, die das spezifisch minoische Verwaltungs- und Wirtschaftssystem weiterführte.[87]

[84] Vgl. O. T. P. K. Dickinson, Cretan Contacts with the Mainland during the Period of the Shaft Graves, in: Hägg – Marinatos, Minoan Thalassocracy 117.

[85] Vgl. H. Pichler – W. Schiering, Der spätbronzezeitliche Ausbruch des Thera-Vulkans und seine Auswirkungen auf Kreta, AA 1980, 21 ff. Die Folgen der Explosion des genannten Vulkans für die minoische Kultur sind umstritten. Vgl. Chr. Doumas (Ed.), Thera and the Aegean World, I–II, London 1978–80; ders., The Prehistoric Eruption of Thera and its Effects, in: S. Dietz – I. Papachristodoulou (Ed.), Archaeology in the Dodecanese, Kopenhagen 1988, 34–38. Eine starke Sedimentschicht (12 cm) der Vulkanasche ist jetzt im Gölcük-See 90 km östlich von Izmir nachgewiesen: D. G. Sullivan, The Discovery of Santorini Tephra in Western Turkey, Nature, Vol. 333, June 1988, 552–554.

[86] Als Indiz hierfür gelten allgemein sog. Kriegergräber aus der Zeit um 1400 mit Waffen und wertvollen Beigaben. Vgl. aber andererseits H. Matthäus, Minoische Kriegergräber, in: Krzyszkowska – Nixon, Minoan Society 203–215, der die betr. Gräber als Anzeichen eines starken festländischen Kultureinflusses wertet.

[87] Zur kontroversen Diskussion über die Datierungsprobleme in Knossos vgl. jetzt St. Hiller, Die Mykener auf Kreta. Ein Beitrag zum Knossos-Problem und zur Zeit nach 1400 v. Chr. auf Kreta, in: Buchholz, Ägäische Bronzezeit 388–405, der wohl zutreffend das Ende der palatialen Bürokratie und der dortigen Verwendung von Linear B ins späte 13. Jahrhundert datiert (mit ausführlichen Literaturangaben). Wichtig sind folgende Arbeiten: W.-D. Niemeier, Mycenaean Knossos and the Age of Linear B, SMEA 23 (1982) 219–287; ders., The Character of the Knossian Palace in the Second Half of the Fifteenth Century B. C. Mycenaean or Minoan?, in: Krzyszkowska – Nixon, Minoan Society 217–236; ders., The End of the Minoan Thalassocracy, in: Hägg – Marinatos, Minoan Thalassocracy 205–215; H. W. Catling, Some Problems of Aegean Prehistory c. 1450–1380 B. C., Oxford 1989. Demgegenüber führt H. W. Haskell, From Palace to Town Administration: The Evidence of Coarse-

An die Stelle der minoischen Linear A-Schrift trat freilich das Linear B-System.[88]

Nach dem Niedergang der minoischen Macht entstanden auf dem griechischen Festland sog. Palastburgen, die im Arrangement der Bauten und durch ihre Ausrichtung auf den prunkvollen megaronartigen Thronsaal anders als die kretischen Paläste gestaltet waren, aber ebenfalls zugleich Macht- und Wirtschaftszentren darstellten. Wahrscheinlich wurden im 14. Jahrhundert auch wesentliche Elemente der minoischen Palastverwaltung und die Linear B-Schrift an den damals dominierenden Residenzen des Festlandes übernommen.[89] Die Aufzeichnung von Verwaltungsvorgängen zur Überwachung der Abgaben und Leistungen der Landbevölkerung und der Verteilung von Rohstoffen und handwerklichen Erzeugnissen ist zwar erst für das späte 13. Jahrhundert belegt, doch ist dieses durchorganisierte System zweifellos das Ergebnis einer längeren Entwicklung.

7. Athen in der mykenischen Welt

Die Freilegung einer Burg aus der Schachtgräberzeit auf dem Kiapha Thiti hat gezeigt, daß sich auch in Attika um und nach 1600 bereits neue Herrschaften bildeten, doch bleiben die Auswirkungen dieser Entwicklung auf die Kräftekonstellation im Raum von Athen noch unklar.[90] Im Bereich der materiellen Kultur scheint während der frühmykenischen Keramikstilphase Späthelladikum (SH) I im 16. Jahrhundert die Übernahme neuer „mykenischer" Elemente in Athen und anderen attischen Siedlungen eher zögernd erfolgt zu sein.[91] Gleichwohl lassen Importvasen mit neuen Dekorationen in Athen darauf schließen, daß auch hier die Gesellschaft nunmehr

Ware from Stirrup-Jars, in: Krzyszkowska-Nixon, a. a. O. 121–128, die mykenischen Elemente (Bügelkannen mit Linear B-Zeichen) in der minoischen Wirtschaft des 13. Jahrhunderts darauf zurück, daß nach dem von ihm (mit Palmer) um 1375 angesetzten Ende der Palastsysteme auf Kreta "the Mycenaean bureaucratic class" auf der Insel geblieben sei.

88 A. Heubeck, L'origine della lineare B, SMEA 23 (1982) 202 f.

89 Vgl. P. Warren, The Emergence of Mycenaean Palace Civilisation, in: J. Bintliff (Ed.), Mycenaean Geography. Proceedings of the Cambridge Colloquium Sept. 1976, Cambridge 1977, 68–72. Zur Entstehung der mykenischen Palastsysteme s. auch zusammenfassend Dickinson, Origins 107 ff. Die architektonische Struktur der Palastanlagen erörtert K. Kilian, L'architecture des résidences mycéniennes: Origine et extension d'une structure du pouvoir politique pendant l'âge du bronze récent, in: Lévy, Système palatial 203–217.

90 Vgl. Hagel – Lauter, Kiapha Thiti 13.

91 Anderson Immerwahr, Agora XIII 149 f.; Pantelidou, Athenai 249 f.

stärker stratifiziert war. Etwa um 1500 (mit Beginn des SH II A) wurden mykenische Kultureinflüsse in Athen und Attika erheblich stärker. Einzelne Familien auf der Akropolis leisteten sich relativ kostbare importierte Gefäße aus der Argolis und aus Kreta. In der „Unterstadt“ scheint sich nach dem Befund der Gräber vor allem südlich der Akropolis die besiedelte Fläche weiter ausgedehnt zu haben. Gegen Ende der Periode SH II entstanden am Nordhang des Areopags reich ausgestattete typisch „mykenische“ Kammergräber. Das berühmte sog. Grab der Elfenbeinpyxiden – die Ruhestätte einer wohlhabenden Frau – ist wohl schon dem Beginn des SH III A (um 1400) zuzuweisen.[92] Es wurde zweifellos von einer der ersten Familien im damaligen Athen angelegt. Spuren eines „fürstlichen“ Kuppelgrabes sind in Athen allerdings nicht entdeckt worden. Demgegenüber waren bereits vor 1400 Tholosgräber in Thorikos und bei Marathon errichtet worden. Ein weiteres Kuppelgrab entstand im 14. Jahrhundert bei Menidi nördlich von Athen. Aus dieser Zeit stammen ferner zwei bedeutende Kammergräber bei Spata.[93] Die genannten Anlagen zeugen von einem beachtlichen Reichtum der führenden Familien an diesen Plätzen. Auch in Brauron und Eleusis bestanden damals offenbar größere Siedlungen unter lokalen „Dynasten“. Über die faktischen Machtverhältnisse in Attika sagt dieser Befund allerdings wenig aus. Die Machtbereiche der lokalen „Herren“ lassen sich nicht im einzelnen rekonstruieren. Auch die Beziehungen zwischen Athen und der nur drei Wegstunden entfernten Siedlung bei Menidi bleiben eine offene Frage. Wir wissen nicht, ob die wohlhabende Familie, die das Kuppelgrab bei Menidi anlegen ließ, einen eigenständigen Herrschaftsbereich besaß oder in irgendeiner Form von Athen abhängig war. Nicht jedes Kuppelgrab war die Ruhestätte eines „Monarchen“, und in Athen kann durchaus ein Tholosgrab errichtet worden sein, das vielleicht durch spätere Bautätigkeit völlig zerstört worden ist.[94]

Ein Indiz für die wachsende Bedeutung Athens etwa seit der Wende vom 15. zum 14. Jahrhundert (dem Beginn der Phase SH III A) ist aber die dichtere Besiedlung. Außerhalb der Akropolis, auf der die dominierende Familie residierte, lagen bevorzugte Wohngebiete jetzt vor allem im Süden, wie aus den dortigen Friedhöfen zu schließen ist.[95] Möglicherweise lebten in

[92] Anderson Immerwahr, Agora XIII 158–169 (Tomb I).

[93] Vgl. Hope Simpson, Mycenaean Greece 50.

[94] Vgl. Ålin, Fundstätten 117; Anderson Immerwahr, Agora XIII 150. Generell zur Funktion und Verbreitung der Tholosgräber: P. Darcque, Les Tholoi et l'organisation socio-politique du monde mycénien, in: R. Laffineur (éd.), Thanatos. Les coutumes funéraires en Égée à l'âge du bronce. Actes du colloque de Liège (21–23 avril 1986), Lüttich 1987, 185–205.

[95] Der Nordhang der Akropolis war demgegenüber in dieser Zeit offenbar kaum

diesem Gebiet auch einige relativ wohlhabende Familien, die nicht zur engeren Umgebung des Dynasten auf der Akropolis gehörten. Das besiedelte Areal bestand aber weiterhin aus einzelnen Wohnkomplexen. Aus den Grabfunden wird deutlich, daß Kontakte mit anderen Plätzen in Attika sowie mit der Argolis, mit Boiotien und mit Euboia bestanden. Feine Gefäße und Gold- und Elfenbeinschmuck wurden wohl vor allem aus der Argolis bezogen. Athenische Werkstätten übernahmen von dort Anregungen, bewahrten aber auch traditionelles einheimisches Formengut.[96] Aufgrund der Keramikfunde wurde freilich vermutet, daß Athen insgesamt gesehen im Unterschied zu verschiedenen attischen Siedlungen des Binnenlandes und des Küstengebietes im 14. Jahrhundert am Aufschwung des Handels noch wenig Anteil hatte.[97] Dieser Eindruck kann indes täuschen und erlaubt kaum den Schluß, daß Athen damals gewissermaßen rückständig war. Athen war zweifellos integriert in die im ganzen einheitliche materielle Kultur der mykenischen Welt, und der Aufstieg der Herren der Akropolis zum bedeutendsten Machtfaktor in Attika im 13. Jahrhundert setzt voraus, daß sie etwa seit dem ausgehenden 14. Jahrhundert schon über beachtliche Ressourcen verfügten.

Die Errichtung starker Stützmauern für größere Terrassen auf der Akropolis ist ins frühe 13. Jahrhundert (nach Beginn der Keramikstilphase SH III B) zu datieren.[98] Wahrscheinlich entstand in der Folgezeit auf dem Burgberg ein Palast, von dem vermutlich eine östlich vom Erechtheion gefundene mykenische Säulenbasis sowie wohl auch zwei Treppenstufen stammen.[99] Eine Rekonstruktion der Palastanlage ist indes nicht möglich. Die spärlichen Reste befanden sich nicht mehr an ihrem ursprünglichen Platz. Der Haupteingang zum Terrassenplateau lag wohl jetzt schon auf der Westseite der Akropolis, während am Nordhang ein Steilpfad mit einer Felstreppe zu einem Nebeneingang führte.

Mehrere Jahrzehnte später wurde die Akropolis durch die sog. Zyklopische Mauer zu einer gewaltigen Burg ausgebaut. Die Befestigung umfaßte die gesamte Tafelfläche und schloß auch eine nur von der Innenseite der Mauer

bewohnt. Dortige reichere Gräber sind vermutlich der Siedlung auf der Akropolis selbst zuzuordnen. Vgl. Pantelidou, Athenai 252.

[96] Neben feiner dekorierter mykenischer Keramik wurde weiterhin monochrome und mattbemalte Ware in mittelhelladischer Tradition produziert. Reiches Material stammt aus vier mykenischen Brunnen am Südhang der Akropolis. Dazu ausführlich P. A. Mountjoy, Four Early Mycenaean Wells from the South Slope of the Acropolis of Athens, Miscellanea Graeca, fasc. 4, Gent 1981.

[97] Pantelidou, Athenai 255.

[98] Zum Folgenden Iakovidis, Citadels 77ff. Vgl. dens., Wehrbauten 196ff. Zur Funktion der Stützmauern s. jetzt Hiesel, Späthelladische Hausarchitektur 177.

[99] C. Nylander, Die sog. mykenischen Säulenbasen auf der Akropolis in Athen, OpAth 4 (1962) 31ff.

her zugängliche Brunnenanlage ein, die in eine Felsspalte der Nordseite eingefügt wurde und mit ihrem ca. 35 m tiefen Treppenschacht ein „Meisterwerk der mykenischen Baukunst“ (Iakovides) darstellt.[100] Als eine Art Vorwerk wurde ferner das niedriger gelegene sog. Grottenplateau an der Nordwestseite der Akropolis in die Festung einbezogen. Der Nebeneingang auf der Nordseite wurde damals offenbar geschlossen, der Haupteingang im Westen hingegen monumental gestaltet. Eine massive, durch ihren nordöstlichen Teil mit der Burgmauer verbundene Bastion sicherte den Zugang. Der Bau dieser „zyklopischen“ Befestigungen ist etwa in dieselbe Zeit (spätes 13. Jahrhundert) wie die Nordosterweiterung der Burg von Mykene und die Verstärkung der Unterburg von Tiryns zu datieren.[101]

Die Burgherren von Athen müssen damals ein beachtliches Potential an Arbeitskräften zur Verfügung gehabt haben, die wohl nicht nur aus den Siedlungen in und um Athen rekrutiert worden sind. Die athenische Dynastie wird daher im 13. Jahrhundert ihre Macht erheblich ausgeweitet haben. Diese Entwicklung ist freilich nicht als frühe „staatliche“ Einigung Attikas zu verstehen.[102] Die mykenischen Burgen waren keine Zentren staatlich organisierter Gemeinwesen im Sinne der klassischen griechischen Polis mit einer bürgerlichen Gemeinschaft, die diese Organisation trug, sondern Herrschaften patrimonialen Typs,[103] die in unterschiedlicher Intensität die nähere und weitere Umgebung der Residenzen umfaßten und im Aufbau ihrer „Verwaltung“ zugeschnitten waren auf die ökonomischen Bedürfnisse des herrscherlichen Haushaltes, des Oikos des Dynasten. Patrimonial war dieses System insofern, als der Herrscher aufgrund seiner überlegenen und

100 O. Broneer, A Mycenaean Fountain on the Athenian Acropolis, Hesperia 8 (1939) 317 ff.; ders., Athens in the Late Bronze Age, Antiquity 30 (1956) 12 f.; Iakovides, Wehrbauten 198 ff.; J. Mck. Camp II, Water and the Pelargikon, in: Studies Presented to Sterling Dow, Durham, North Carolina, 1984, 37–41.

101 Iakovides, Wehrbauten 198. – Bundgaard, Parthenon 17, datiert die Zitadelle rund 100 Jahre später, hat damit aber keine Zustimmung gefunden. Vgl. H. A. Thompson, AJA 82 (1978) 257; C. G. Thomas, Theseus and Synoicism, SMEA 23 (1982) 343. Im übrigen spricht die Befestigung der Akropolis gegen die von I. Th. Hill, The Ancient City of Athens. Its Topography and Monuments, Chicago 1969, 16, in Erwägung gezogene Möglichkeit, daß Athen um 1200 v. Chr. relativ unbedeutend war.

102 Die zuerst bei Thuk. II 15 greifbare athenische Gründungsgeschichte ist ein relativ später Mythos; vgl. oben Anm. 5.

103 S. Deger-Jalkotzy, Zum Charakter und zur Herausbildung der mykenischen Sozialstruktur, in: Heubeck – Neumann, Res Mycenaeae 89–111; dies., “Near Eastern Economies” versus “Feudal Society”: Zum mykenischen Palaststaat, in: Studies in Mycenaean and Classical Greek Presented to John Chadwick, ed. by J. T. Killen – J. L. Melena – J.-P. Olivier, Salamanca 1987, 137–150.

in der Regel wohl durch Erbfolge übernommenen Macht ein Verfügungsrecht über Land und Leute beanspruchte, wenn auch weiterhin „nichtkönigliches" Bodeneigentum existierte, da die Herren der großen Paläste, die im 14. und 13. Jahrhundert die dominierenden Machtfaktoren der mykenischen Welt bildeten, ältere Strukturelemente wie die interne Ordnung der Siedlungsgemeinschaften nicht flächendeckend beseitigt, sondern in ihre eigene Herrschaftsorganisation integriert hatten.

Die Organisation einer von der Palastzentrale abhängigen Hierarchie von Funktionären war ohne vielfache Anregungen aus der älteren minoischen Praxis wohl kaum möglich. In einem zweifellos längeren historischen Prozeß wurde jedenfalls auf dem griechischen Festland im Umkreis einiger Burgen die Ausübung von Macht und Herrschaft intensiviert und gleichsam modernisiert. Nachdem sich in dem schon erwähnten System von unabhängigen, relativ kleinräumigen Herrschaften der frühmykenischen Zeit in den einzelnen Regionen bereits ein Machtgefälle zwischen lokalen Dynasten entwickelt hatte, begünstigten offenbar hierdurch bedingte unterschiedliche Möglichkeiten der Machterweiterung die Entstehung größerer Herrschaftszentren, die innerhalb eines Landschaftsraumes dominierend wurden. Keine Dynastie konnte indes die Herrschaft über größere Teile Griechenlands oder gar über das gesamte hellenische Festland gewinnen.[104] Die „Großresidenzen" wurden keine Kristallisationskerne weitflächiger Reichsbildung.

Die Entstehung des neuen Systems von Palastresidenzen vollzog sich freilich in einem Großraum mit einer relativ homogenen materiellen Kultur. Daher ist anzunehmen, daß der Ausbau der palatialen „Verwaltung" an den Herrschaftszentren ähnlich wie geraume Zeit früher in Kreta sich in Form einer Interaktion vollzog,[105] indem organisatorische Neuerungen im Macht-

104 Allerdings wurde in der Forschung immer wieder unter Hinweis auf die hethitischen Aḫḫijāvā-Urkunden sowie auf die Führungsrolle Agamemnons im homerischen Epos angenommen, daß die Herren Mykenes eine Art Hegemonie in Griechenland ausgeübt hätten. Im Epos handelt es sich indes um eine poetische Fiktion, während die Lokalisierung des „Aḫḫijāvā-Reiches" nach wie vor ein offenes Problem ist; vgl. etwa Helck, Beziehungen 151 ff. Selbst wenn der Aḫḫijāvā-Herrscher in Mykene residiert haben sollte (H. G. Güterbock, AJA 87, 1983, 133 ff.; vgl. M. J. Mellink, ebd. 138 ff.; T. R. Bryce, The Nature of Mycenaean Involvement in Western Anatolia, Historia 38, 1989, 1–21), besagt dies nicht, daß der dortige Wanax die Hegemonie über ganz Griechenland ausübte; vgl. C. G. Thomas, JHS 90 (1970) 184–192. Siehe aber demgegenüber zuletzt G. A. Lehmann, Die 'politisch-historischen' Beziehungen der Ägäis-Welt des 15.–13. Jh. v. Chr. zu Ägypten und Vorderasien, einige Hinweise, in: Zweihundert Jahre Homerforschung, Colloquium Rauricum, Bd. 2, hrsg. von J. Latacz, Stuttgart – Leipzig 1991, 105–126.

105 Zur Problematik vgl. generell C. Renfrew, in: Renfrew – Cherry, Peer Polity Interaction 1 ff.

bereich einer bestimmten Dynastie zu ähnlichen Bestrebungen der Herren anderer Machtzentren führten, denn die Machthaber in den konkurrierenden Großresidenzen standen sicherlich unter einem permanenten Druck der Herrschaftsintensivierung, wenn sie nicht von zielstrebig agierenden Dynasten in benachbarten Regionen überflügelt werden wollten.

Eindeutige Herrschaftszentren mit schriftlicher Palastverwaltung waren nach Ausweis der Linear B-Funde die Residenzen in Knossos, Pylos, Mykene, Tiryns und Theben. Die uns vorliegenden Tontäfelchen mit Verwaltungsnotizen blieben an diesen Orten nur dadurch erhalten, daß sie im Brand der Aufbewahrungsräume erhärteten und vom Schutt überdeckt wurden. Im normalen Verwaltungsgang zerfielen die Schriftträger nach einiger Zeit, da der Ton in feuchtem Zustand beschriftet und dann nur getrocknet, nicht aber gebrannt wurde. Die Masse der Tafeln stammt aus Knossos und Pylos. Die Bezeichnungen für die Funktionäre der Verwaltung und die Begriffe des sozialen Lebens stimmen in den Zeugnissen verschiedener Herkunft überein, so daß eine im wesentlichen gleiche Herrschaftsorganisation anzunehmen ist. Zu beachten ist freilich, daß es sich in Knossos um eine Art Fremdherrschaft einer ursprünglich vom griechischen Festland stammenden Dynastie gehandelt haben muß. Insofern bestand hier eine besondere Situation. Auch waren hier die wirtschaftlichen Interessen zum Teil anders gelagert, da auf Kreta Schafzucht und Textilverarbeitung größere Bedeutung als etwa in Pylos hatten.[106] Ein weiterer Unterschied bestand darin, daß mykenische Griechen in Knossos eine bereits funktionsfähige Palastorganisation übernehmen und weiterführen konnten, während die Machthaber in Pylos wohl erst im 13. Jahrhundert die Herrschaft über Messenien gewonnen und im Zuge dieser Expansion eine Reihe von lokalen Dynastien unterworfen bzw. in den eigenen Machtbereich eingegliedert haben. In beiden Fällen handelte es sich um beachtlich weite Herrschaftsbereiche.

In der Argolis bildete Mykene weiterhin das größte Herrschaftszentrum im 14. und 13. Jahrhundert, doch war auch Tiryns eine gewaltige Palastburg mit schriftlicher „Verwaltung".[107] Kleinere Dynastien sind im Einflußbereich von Mykene und Tiryns offenbar nicht ausnahmslos beseitigt worden. In den Tholosgräbern bei Berbati und Dendra, die mit „Herrensitzen" in Verbindung zu bringen sind, reichen die Grabbeigaben zwar nur bis in die

[106] Vgl. Hiller – Panagl, Frühgriechische Texte 126ff., 135ff.

[107] Auch im Kunsthandwerk war Tiryns neben Mykene zweifellos ein bedeutendes Zentrum (K. Moser v. Filseck, Der Alabasterfries von Tiryns, AA 1986, 32). H. Lauter, Nouveaux aspects du palais de Mycènes au HR III B, in: Lévy, Système palatial 225, vermutet freilich, daß Mykene und Tiryns von derselben Dynastie beherrscht wurden.

Keramikphase SH III A,[108] doch war Midea (bei Dendra) vor den Palastkatastrophen um 1200 eine bedeutende Festung, wenn auch der Ort in irgendeiner Form von Mykene abhängig gewesen sein mag. Wahrscheinlich ist in Midea erst gleichzeitig mit dem letzten großen Ausbau von Tiryns und Mykene eine weiträumige Fluchtburg entstanden.[109] Kleinburgen wie die Anlage auf dem Profitis Elias im Einflußbereich von Tiryns waren sicherlich abhängige Herrensitze.[110] Aber auch die größeren Siedlungen in Argos und Asine konnten mit dem Machtpotential der beiden Palastburgen in der Argolis kaum konkurrieren.

In Boiotien war Orchomenos neben Theben ein weiteres palatiales Zentrum, so daß in diesem Raum ein machtpolitischer Dualismus anzunehmen ist.[111] Unklar sind die Machtverhältnisse des 13. Jahrhunderts in Lakonien[112] und Thessalien.[113] Möglicherweise konnten hier ähnlich wie in einigen anderen Bereichen des mykenischen Kulturkreises, in denen keine eindeutig dominierenden Machtzentren zu erkennen sind, kleinere Herrschaften ihre Selbständigkeit behaupten.

Demgegenüber bestand in Attika damals zweifellos ein deutliches Machtgefälle. Keine andere attische Siedlung besaß derartige Wehranlagen wie Athen. Als Festung läßt sich Athen durchaus mit den Machtzentren vergleichen, aus denen die mykenischen Verwaltungsnotizen stammen, wenn auch der Palast auf der Athener Akropolis vermutlich weniger monumental gestaltet war als die Residenzen in Mykene, Tiryns und Pylos. Wir wissen

[108] Zur Datierung der Gräber vgl. Pelon, Tholoi 177ff. – Ein erst 1981 entdecktes Tholosgrab bei Kokla 5 km südwestlich von Argos stammt offenbar aus der 2. Hälfte des 15. Jahrhunderts; vgl. H. W. Catling, AR 1982/83, 26f.

[109] P. Åström – K. Demakopoulou, New Excavations in the Citadel of Midea 1983–84, OpAth 16,2 (1986) 19–25. – Åström, Die Akropolis von Midea um 1200 v. Chr., in: Thomas, Ägäische Vorgeschichte 7ff., vermutet, daß die Siedlung auf der Burg um 1200 durch ein Erdbeben zerstört wurde.

[110] Vgl. K. Kilian, JHAW 1981, 76ff.

[111] Zur Situation in Boiotien vgl. jetzt St. Hiller, Die Stellung Böotiens im mykenischen Staatenverband, in: Beister – Buckler, Boiotika 51–64. – Die größte Befestigungsanlage der mykenischen Zeit, die „Burg" auf dem Felsen von Gla, die wohl zum Schutz des Kopaïsbeckens diente, gehörte möglicherweise zum Einflußbereich von Orchomenos. Wie in Theben bestand wohl auch in Orchomenos ein Verwaltungszentrum. Das hier gefundene Gefäß mit Linear B-Zeichen stammt allerdings wie die meisten anderen auf dem Festland entdeckten Bügelkannen dieser Art (u. a. in Eleusis in Attika) aus Westkreta. Vgl. H. W. Catling – J. F. Cherry – R. E. Jones – J. T. Killen, BSA 75 (1980) 49–113; E. Hallager, The Inscribed Stirrup Jars: Implications for Late Minoan III B Crete, AJA 91 (1987) 171–190. Vgl. auch Kopcke, Handel 56ff.

[112] Vgl. Hope Simpson, Mycenaean Greece 101f. und 211.

[113] Hope Simpson, a. a. O. 161.

selbstverständlich nicht, ob der athenischen Dynastie eine ähnliche Herrschaftsintensivierung gelungen ist wie den Palastherren, deren Verwaltungsregistraturen aus den Linear B-Dokumenten zu erschließen sind. Zu beachten ist jedoch, daß entsprechende Zeugnisse auf der Athener Akropolis gar nicht zu erwarten sind, da der dortige Herrschersitz in spätmykenischer Zeit nicht niedergebrannt ist und infolgedessen keine im Feuer erhärteten Tontafeln mit Linear B-Schrift erhalten bleiben konnten. Voraussetzung für den Festungsbau war hier aber sicherlich ähnlich wie an anderen Machtzentren der mykenischen Welt eine gewisse palatiale Oikosorganisation, die sich über Gefolgs- und Dienstleute des Palastherrn und über lokale Eliten weit ins Land hinein verlängerte. Sozialstruktur und Herrschaftssystem in Attika waren schwerlich atypisch im mykenischen Griechenland. Insofern erscheint es berechtigt, zum Verständnis der Verhältnisse im Macht- und Einflußbereich der Dynastie auf der Athener Akropolis auf Aussagen der Linear B-Texte (insonderheit aus Pylos) zu verweisen. Im übrigen wird am Beispiel Messeniens deutlich, daß sich die Konzentration der Macht in der Palastresidenz von Pylos und eine gewisse organisatorische Selbständigkeit der von Pylos aus beherrschten Siedlungen keineswegs ausschlossen. Ähnlich wie Pylos hatte sich auch Athen wohl erst in der Keramikphase SH III B im 13. Jahrhundert zu einem Herrschaftszentrum entwickelt, und diese neue Lagerung der Macht in Attika hatte wohl kaum eine Siedlungskonzentration im Sinne einer Übersiedlung großer Bevölkerungsgruppen in die unmittelbare Umgebung der Athener Residenz zur Folge. Ältere attische „Herrensitze" und bedeutendere Siedlungen wie Thorikos, Brauron und Eleusis wurden im 13. Jahrhundert nicht aufgegeben.

8. Mykenische Herrschafts- und Sozialstrukturen

Das Problem der Interpretation frühgriechischer Begriffe der sozialen, wirtschaftlichen und politischen Ordnung liegt vor allem darin, daß zahlreiche Termini durch den Niedergang der mykenischen Systeme obsolet geworden sind bzw. mit dem allgemeinen Wandel in nachmykenischer Zeit einen neuen Sinn erhalten haben.

Eindeutig ist zunächst die Bezeichnung des mykenischen Palastherrn, des wa-na-ka. Sie entspricht dem späteren Begriff (w)anax (ἄναξ) für einen göttlichen oder menschlichen Gebieter. Eine Divinisierung oder göttliche Verehrung des wa-na-ka ist nicht explizit belegt. Wohl aber übte der Herrscher auch höchste priesterliche Funktionen aus. Ein Teil seines Grundbesitzes galt als te-me-no. Dieses Land diente vielleicht vorwiegend für die Bedürfnisse der Hofhaltung. In den homerischen Epen bezeichnet τέμενος ein besonderes Landstück (Acker-, Weide- und Gartenland), das dem Anführer einer Wehrgemeinschaft oder einem hervorragenden Krieger zugestanden wird.

Ein weiteres te-me-no, dessen Fläche aber nur ein Drittel der Größe des te-me-no des wa-na-ka betrug, war in Pylos dem sog. ra-wa-ke-ta vorbehalten. Der Titel wird zumeist mit lawagetas transkribiert und könnte etwa „Führer des la(w)os“ bedeuten, sofern la(w)os (λαός) bereits als „Volk“, „Volksmenge“, „Kriegsvolk“ im späteren Sinne verstanden wurde. Besondere Aufgaben des ra-wa-ke-ta werden indes nicht genannt, so daß offenbleibt, ob er Militärbefehlshaber war oder andere Funktionen erfüllte oder möglicherweise als Mitglied der Herrscherfamilie die zweithöchste Position in Pylos eingenommen hat.[114]

Als Rangbezeichnung für einen „Gefolgsmann“, der wohl vom wa-na-ka mit besonderen Aufgaben (vor allem im militärischen Bereich) betraut und mit Grundbesitz ausgestattet wurde, diente offenbar e-qe-ta (ἑπέτας).[115] Persönliche Gefolgschaften, die zweifellos bereits in den Anfängen mykenischer Herrschaftsbildung eine verläßliche Stütze lokaler Dynasten waren, bedeuteten auch für den wa-na-ka einer Palastburg eine wesentliche Machtbasis. Die entwickelten mykenischen Systeme erforderten nach wie vor Gefolgsleute, die das besondere Vertrauen des wa-na-ka besaßen und als Instrument zur Kontrolle der „Funktionäre“ der Palastorganisation und der lokalen Oberschichten im Einflußbereich der großen Residenzen verwendet werden konnten.

Einen hohen sozialen Rang nahm auch der mo-ro-qa ein. Die präzise Bedeutung dieses Begriffs ist unklar, doch ist zu erkennen, daß ein mo-ro-qa außerhalb des Palastes etwa als ko-re-te fungierte, d. h. als „Distriktfunktionär“ in einem der insgesamt 16 Bezirke des pylischen Herrschaftsbereichs, der zudem in zwei sog. „Provinzen“ unterteilt war,[116] in denen jeweils ein sog. du-ma spezielle Aufgaben wahrnahm. Die Funktionen des du-ma sind aber im einzelnen nicht bekannt, und es ist unsicher, ob ihm die ko-re-te-re

[114] Die Belege für wa-na-ka und ra-wa-ke-ta behandelt ausführlich Carlier, Royauté 40 ff., 102 ff. Generell zur politischen und sozialen Struktur der mykenischen Herrschaften: Hiller – Panagl, Frühgriechische Texte 278 ff., sowie die oben Anm. 103 genannten Aufsätze von S. Deger-Jalkotzy. Wertvoll ist immer noch die ältere Arbeit von K. Wundsam, Die politische und soziale Struktur in den mykenischen Residenzen nach den Linear B-Texten, Diss. Wien 1967 (erschienen 1968). – Zum τέμενος in Linear B und bei Homer vgl. jetzt W. Donlan, Homeric τέμενος and the Land Economy of the Dark Age, MH 46 (1989) 129 ff.

[115] Stellung und Funktionen der mykenischen „Gefolgsleute“ erörtert S. Deger-Jalkotzy, E-qe-ta. Zur Rolle des Gefolgschaftswesens in der Sozialstruktur mykenischer Reiche, SAWW 344, Wien 1978.

[116] Vgl. St. Hiller, Studien zur Geographie des Reiches um Pylos nach den mykenischen und homerischen Texten, SAWW 278, 5, Wien 1972, 11 ff.

(Plur. von ko-re-te) in der betreffenden „Provinz" irgendwie unterstellt waren.[117]

Ein lokaler Funktionär war offenbar der qa-si-re-u (Plur.: qa-si-re-we). Sprachlich ist das Wort wohl mit βασιλεύς – der späteren Bezeichnung für einen „Herrscher" oder einen adligen Herrn – zu verbinden, doch kann der qa-si-re-u nur „Vorsteher" eines begrenzten Personenkreises gewesen sein.[118] Den qa-si-re-we, die vermutlich aus den lokalen Oberschichten stammten, oblag an einzelnen Orten u. a. die Kontrolle der Bronzezuteilung an bestimmte Gruppen von Schmieden.

Relativ ausführliches Material liegt zum Landverteilungssystem im pylischen Bezirk pa-ki-ja-ne vor, wo ein größeres Heiligtum lag.[119] „Besitz" und Nutzung von Ländereien bzw. Parzellen verschiedener Kategorien waren mit Abgaben und Leistungen verbunden, von denen aber bestimmte Personen befreit sein konnten. Die als ko-to-na (κτοῖναι)[120] bezeichneten Grundstücke sind unterteilt in ko-to-na ki-ti-me-na und ke-ke-me-na ko-to-na. Als „Besitzer" von ko-to-na ki-ti-me-na erscheinen sog. te-re-ta (τελεσταί), die auch als ko-to-no-o-ko (κτοινοόχοι, Inhaber von Grundstücken) bezeichnet werden und wohl zu bestimmten Leistungen verpflichtet waren, da das Substantiv te-re-ta vom gleichen Stamm wie das Verb te-re-ja-e abzuleiten ist, das offenbar die Grundbedeutung „Abgaben entrichten", „Verpflichtungen erfüllen" hatte. Des weiteren zählten zu den ko-to-no-o-ko

117 Offenbar erhielten die ko-re-te-re auch wichtige Anweisungen direkt von der Zentrale. Vgl. die pylische Tafel PY Jn 829, die allgemein als Befehl zur Requirierung von Tempelbronze durch Funktionäre des Wanax verstanden wird. Anders J. T. Hooker, The End of Pylos and the Linear B Evidence, SMEA 23 (1982) 214 f., der die Auffassung vertritt, daß die Funktionäre die Bronze an die Tempel abzuliefern hatten.

118 Vgl. Gschnitzer, Basileus 99 ff. – Nach der Tafel PY Jo 438 hatte ein qa-si-re-u eine beträchtliche Goldmenge abzuliefern. Der Besitz der einzelnen qa-si-re-we scheint sehr unterschiedlich gewesen zu sein.

119 Vgl. St. Hiller, Mykenische Heiligtümer: Das Zeugnis der Linear B-Texte, in: Sanctuaries and Cults in the Aegean Bronze Age, ed. by R. Hägg – N. Marinatos, Stockholm 1981, 107 f. – Zur Lage von pa-ki-ja-ne: R. Guglielmino, pa-ki-ja-ne, la ierapoli di Pilo, SMEA 23 (1982) 144 ff. – Ob das Heiligtum gleichsam eine Wirtschaftseinheit „im Sinne der orientalischen Tempelwirtschaft" (Hiller, a. a. O. 122) darstellte, bleibt fraglich. Vgl. jetzt E. Stavrianopoulou, Untersuchungen zur Struktur des Reiches von Pylos. Die Stellung der Ortschaften im Lichte der Linear B-Texte, Partille 1989, 121 ff., die betont, daß der Tempel von der Kontrolle des Palastes abhängig war. Siehe auch P. Carlier, Palais et sanctuaires dans le monde mycénien, in: Lévy, Système palatial 255–273.

120 Ktoinai waren später auf Rhodos lokal organisierte Gemeinschaften. Die sprachliche Verbindung mit ko-to-na ist kaum zu bezweifeln, doch hat ein erheblicher Bedeutungswandel stattgefunden, da ko-to-na in den mykenischen Texten „Grundstücke" bzw. „Landparzellen" sind.

auch andere Personen mit unterschiedlichen Berufen und Aufgaben wie z. B. „Priester“, „Hirten“, „Walker“, „Töpfer des wa-na-ka“, „Männer des ra-wa-ke-ta“. Als Gruppe waren die ko-to-no-o-ko offenbar Repräsentanten eines da-mo (δᾶμος = δῆμος). Hierunter ist hier nicht das „Volk“ in seiner Gesamtheit, sondern eine „Landgemeinde“ zu verstehen, die für die Verteilung der ke-ke-me-na ko-to-na zuständig war, deren „Nutznießung“ als o-na-to („Pacht“) galt. Die te-re-ta vergaben zusammen mit anderen ko-to-no-o-ko diese Ländereien, konnten aber auch selbst solche Grundstücke übernehmen und „Pächter“ auf Teilen ihrer eigenen ko-to-na ki-ti-me-na einsetzen oder ihrerseits bei anderen te-re-ta eine „Nutznießung“ (o-na-to) haben. Zahlreiche Personen, die nicht als „Grundstücksinhaber“ (ko-to-no-o-ko) bezeichnet sind, erscheinen lediglich als „Pächter“ (o-na-te-re) und üben zudem unterschiedliche Tätigkeiten wie z. B. als „Radmacher des ra-wa-ke-ta“ oder als „Walker des wa-na-ka“ aus oder stehen im Dienst des Kultes.

Weitere „Pächter“ bzw. „Nutzungsberechtigte“ werden do-e-ro bzw. (in der weiblichen Form) do-e-ra genannt. Es handelt sich bei diesen Begriffen zweifellos um Frühformen von δοῦλος und δούλη, den griechischen Bezeichnungen für einen Sklaven bzw. eine Sklavin. Die mykenischen do-e-ro und do-e-ra waren aber kaum ausnahmslos unfrei. Wahrscheinlich sind hiermit generell abhängige Personen niederen Standes in unterschiedlicher Stellung gemeint. Abhängigkeit konnte aber unter Umständen wohl auch Unfreiheit im rechtlichen Sinne bedeuten. So waren die in einem pylischen Verzeichnis von Bronzezuteilungen erwähnten do-e-ro vermutlich Sklaven von Schmieden, und eine Tafel aus Knossos scheint sich auf einen Sklavenkauf zu beziehen.[121] Hingegen bildeten im pylischen Bezirk pa-ki-ja-ne die sog. te-o-jo do-e-ro/do-e-ra („Diener“ bzw. „Dienerinnen“ der Gottheit) sowie die do-e-ro/do-e-ra von namentlich genannten Gottheiten einen Großteil der „Pächter“, so daß sie vermutlich nicht unfrei waren. Andere do-e-ro, die mit Privatpersonen verbunden sind, unterscheiden sich in ihrer sozialen Stellung wenig von te-o-jo do-e-ro/do-e-ra, da sie ebenfalls Landparzellen hatten, die ihnen von der Landgemeinde (da-mo) oder etwa vom Inhaber einer als ka-ma bezeichneten weiteren Landkategorie übertragen wurden, deren Nutzung vermutlich zu bestimmten Arbeitsleistungen im Dienste des Palastes verpflichtete.[122] Ähnliche Auflagen waren wohl auch mit dem Nut-

[121] Vgl. Gschnitzer, Terminologie II 6. Siehe auch A. Uchitel, Women at Work. Pylos and Knossos, Lagash and Ur, Historia 33 (1984) 280f. Anders G. Wickert-Micknat, Gymnasium 93 (1986) 345, Anm. 11, die bestreitet, daß die Verbindung der Wörter qi-ri-ja-to = (ἐ)πρίατο, er hat gekauft, und do-e-ro ein „Beweis für die Identität der Begriffe do-e-ro und Sklave“ ist.

[122] Die Bedeutung des Begriffs ka-ma ist unklar. E. J. Krigas, SMEA 26 (1987) 30ff., vermutet, daß Personen mit rituellen Verpflichtungen Land der Kategorie

zungsrecht an ke-ke-me-na ko-to-na verbunden. Priester und Priesterinnen sowie sonstiges Kultpersonal (d. h. te-o-jo do-e-ro/do-e-ra) erhielten solche Grundstücke vermutlich für sakrale Dienste. In ähnlicher Weise mögen Handwerker (zeitweilig?) für ihre Arbeit im Auftrag des wa-na-ka oder des ra-wa-ke-ta Nutzungsrechte an Parzellen bekommen haben. Die auffällige Parzellierung steht offenbar noch in der älteren Tradition eines landwirtschaftlichen Gartenbaus.[123] Allerdings scheinen die Landregister sich nicht auf das gesamte pylische Herrschaftsgebiet zu beziehen. Die zentrale „Verwaltung" verzeichnete eher Nutzungsrechte und daraus erwachsende Verpflichtungen von Personen, die im Dienst der palatialen Oikosorganisation standen oder zum Unterhalt weiterer Arbeiter in der Palastwirtschaft beizutragen hatten. Die zu bestimmten Abgaben und Leistungen verpflichteten te-re-ta erhielten vermutlich Land zu längerer oder dauernder Nutzung (ko-to-na ki-ti-me-na), konnten aber auch selbst Nutzungsrechte vergeben oder zusätzlich in Anspruch nehmen. Dieses System basierte nicht auf feudalistischen Prinzipien im Sinne des mittelalterlichen Lehnswesens,[124] wenn auch etwa Stellung und Funktion der „Gefolgsleute" des wa-na-ka sowie der Zusammenhang von Landverteilung und Abgaben und Dienstleistungen und die Abstufung der Besitzrechte am Grund und Boden einen Vergleich mit dem Feudalismus nahezulegen scheinen. Die Funktionsfähigkeit der Palastorganisation wurde durch die redistributiven Leistungen eines beachtlichen Verwaltungs- und Erzwingungsstabes garantiert, dessen Ausbau zu einer Art Hypertrophie des herrscherlichen Oikos geführt hatte,[125] während charakteristische Züge des Feudalismus wie die Entstehung einer Hierarchie autonomer Instanzen fehlen. Bis zur Katastrophe des Palastes in Pylos scheint die „Zentrale" im ganzen in der Lage gewesen zu sein, das Kontrollsystem mit Erfolg zu praktizieren, wenn es auch – wohl bedingt durch Störungen im Außenhandel – gewisse Engpässe gegeben haben mag.

Andererseits waren der Herrschaftsintensivierung Grenzen gesetzt. Das eigentliche Privatland war in den pylischen Buchungen offenbar nicht verzeichnet. Trotz der relativ großen Zahl der erhaltenen Tafeln hat die Palastregistratur schwerlich den gesamten messenischen Raum erfaßt,[126] zumal in

ka-ma erhielten. Demgegenüber versteht J. Chadwick, L'économie palatiale dans la Grèce mycénienne, in: Lévy, Système palatial 288, ka-ma als Kollektivbegriff für die als ke-ke-me-na bezeichneten Ländereien.

[123] Vgl. H.J. Morris, An Economic Model of the Late Mycenaean Kingdom of Pylos, Diss. University of Minnesota 1987, 71ff.

[124] Dazu A. Mele, Il catasto miceneo di Pilo, in: Terre et paysans 37.

[125] Vgl. die oben Anm. 103 genannten Arbeiten von S. Deger-Jalkotzy.

[126] St. Hiller, in: Hiller – Panagl, Frühgriechische Texte 317. Vgl. auch Hiller, Amnisos in den mykenischen Texten, Kadmos 21 (1982) 58f.

den Siedlungen zweifellos interne Organisationsformen weiterbestanden. In anderen Dynastien dürfte dies kaum anders gewesen sein. Die Registrierung und Kontrolle der Viehhaltung, der Landverteilung, der Arbeitsverpflichtungen, der Abgaben, der Verteilung von Rohstoffen und der Herstellung handwerklicher Produkte betraf daher in erster Linie die Palastwirtschaft im engeren Sinne. Die Funktionäre der palatialen Registratur in Pylos konnten nicht das gesamte Wirtschaftsleben Messeniens, dessen Bevölkerung sich auf mehr als 50000 Menschen belaufen haben mag, bis ins Detail planen und überwachen.[127] Sicherlich entstand ein großer Bedarf an Ländereien zur Versorgung der Arbeiter und Funktionäre im Dienst der Palastverwaltung. Hierzu reichten die eigenen Besitzungen des wa-na-ka kaum aus. So wurden vermutlich Dorfgemeinschaften gezwungen, bestimmte Grundstücke abzutreten, ohne daß aber diese Parzellen in das Eigentum von Arbeitskräften des Palastes übergingen. Möglicherweise handelte es sich bei der (zeitweiligen?) Abgabe solcher Grundstücke um eine Form der Tributleistung der Gemeinden. Die Regelungen, die bei der Verteilung von Ländereien der Gemeinden getroffen werden mußten, blieben aber offenbar Angelegenheit des da-mo. Des weiteren bestätigen Linear B-Tafeln die auch aus dem archäologischen Befund zu erschließende Existenz lokaler Oberschichten. Hervorzuheben ist eine pylische Aufstellung über bestimmte Goldmengen, die von örtlichen Eliten aufzubringen waren.

Die wirtschaftliche und militärische Macht konzentrierte sich jedoch an den großen Residenzen. Hierzu gehörte auch die Burg von Athen, wenn auch in Attika vermutlich ähnlich wie in anderen Teilen des mykenischen Kulturkreises ältere lokale Oberschichten eine gewisse Eigenständigkeit zu wahren vermochten. Andererseits fehlte dem Palastsystem, das – wie gesagt – strukturell eine überdimensionierte Oikoswirtschaft darstellte, jener Grad an Staatlichkeit, den die Polis durch die Institutionalisierung gemeinschaftsbezogener Funktionen erreichte. So war durch die dominierende Position der Herren der athenischen Akropolis im 13. Jahrhundert sicherlich noch kein attischer „Gesamtstaat“ bzw. keine „staatliche Einheit“ im eigentlichen Sinne entstanden, wohl aber die Voraussetzung für ein Zusammenwachsen der verschiedenen Landschaften in diesem Großraum geschaffen. Dieses Erbe der mykenischen Zeit Athens ging nach dem Ende der Palastsysteme nicht verloren.

[127] Carlier, Royauté 118f., weist darauf hin, daß aus den rund 1200 Tafeln des größtenteils erhaltenen Archivs von Pylos etwa 200 „Verwaltungsvorgänge“ zu erschließen sind, die offenbar ca. ein Viertel der auf Tontafeln verzeichneten „Buchungen“ eines Verwaltungsjahres ausmachten.

9. *Der Zusammenbruch der Palastorganisation*

Um 1200 v. Chr. brach das System der Palastherrschaften nach großen Katastrophen in weiten Teilen Griechenlands zusammen. Palast und „Unterstadt“ von Pylos brannten völlig nieder. In Mykene, Tiryns, Theben und Orchomenos erlitten Residenzen und Siedlungen schwerste Zerstörungen.[128] Weitere Katastrophen ereigneten sich in Krisa (Phokis), in Midea und auf dem Profitis Elias in der Argolis, in Zygouries und Korakou in der Korinthia und beim sog. Menelaion in Lakonien. Eine Reihe von Siedlungen verödete. In Messenien verringerte sich die Bevölkerungszahl drastisch. Auch in Attika, wo keine schweren Zerstörungen nachweisbar sind, ging die Zahl der Siedlungen zweifellos zurück.

Die Palastverwaltung konnte nach diesen Ereignissen, deren zeitliche Abfolge im einzelnen offenbleiben muß, nirgendwo aufrechterhalten oder reorganisiert werden; die mykenische Welt sank in die Schriftlosigkeit zurück. Andererseits ist in der Argolis eine gewisse Siedlungskonzentration in Tiryns, Mykene, Asine und Argos zu erkennen. In Tiryns entstand nach einer Übergangszeit Anfang des 12. Jahrhunderts in der Frühphase des Keramikstils SH III C außerhalb der Akropolis eine nach Plan angelegte Siedlung, die größer als die vorausgehende SH III B-Siedlung war.[129] Auch in Mykene scheint die besiedelte Fläche nunmehr größer geworden zu sein. Eine ähnliche Neustrukturierung des Siedlungsbildes scheint sich nach dem derzeitigen Forschungsstand in Lakonien abzuzeichnen.[130] Des weiteren deuten neue Untersuchungen in Theben darauf hin, daß hier zwar das Palastareal nach der Katastrophe um 1200 verlassen wurde, die bislang ansässige Bevölkerung oder zumindest ein Teil der mykenischen Bewohner Thebens aber weiterhin am Fuß der Kadmeia siedelte.[131]

In bezug auf die Argolis ist die ältere These, daß die Bevölkerung dort nach 1200 stark zurückgegangen und zu einem erheblichen Teil abgewandert

[128] Hierzu und zum Folgenden K. Kilian, Zum Ende der mykenischen Epoche in der Argolis, JRGZM 27 (1980) 166 ff.; ders., Neue historische Aspekte des Spätmykenischen. Ergebnisse der Grabungen in der Argolis, JHAW 1981, 76 ff.; ders., La caduta dei palazzi micenei continentali: aspetti archeologici, in: Musti, Origini 73 ff. Vgl. auch die Berichte Kilians über die Grabungen in Tiryns: AA 1978, 449 ff.; AA 1979, 379 ff.; AA 1981, 149 ff.; AA 1982, 393 ff.; AA 1983, 277 ff.; AA 1988, 105 ff. Zum Befund in Mykene: Sp. Iakovidis, The Present State of Research at the Citadel of Mycenae, BIAL 14 (1977) 99 ff.

[129] Vgl. dazu vor allem die Anm. 128 genannten Arbeiten K. Kilians.

[130] K. Demakopoulou, To mykinaïko hiero sto Amyklaio kai i YE III Γ periodos sti Lakonia, Athen 1982, 120 ff.

[131] V. Aravantinos, Nuovi elementi sulle catastrofi nella Tebe micenea. Osservazioni preliminari, in: Musti, Origine 349 ff.

sei, fraglich geworden.[132] Gleichwohl sind Bevölkerungsbewegungen nach den Palastkatastrophen nicht zu bestreiten. Arkadien wurde allem Anschein nach ein Rückzugsgebiet mykenischer Griechen. Auch in Achaia nahm die Bevölkerung offenbar zu.[133] Neusiedler aus dem mykenischen Kulturkreis sind auf Chios, Naxos, Kreta und Kypros anzunehmen.[134] Vielfach scheinen aber jeweils nicht allzu große Gruppen neue Wohnsitze gesucht zu haben, wie etwa das Beispiel Lefkandis zeigt, wo eine neu angelegte frühe SH III C-Siedlung nach einiger Zeit von einer anderen Schar von Neuankömmlingen in Besitz genommen wurde.[135]

Die Ursachen der Zerstörungen um 1200 lassen sich nicht in befriedigender Weise erklären. Die materielle Kultur des 12. Jahrhunderts behielt weiterhin ihre mykenische Prägung, und die in der Anlage neuer Siedlungen (insonderheit in Tiryns) sich manifestierende Planung läßt auf Führungskräfte in mykenischer Tradition schließen, so daß schwerlich bereits damals dorische Bevölkerungselemente die Herrschaft in der Argolis an sich gerissen haben, wie man in der älteren Forschung gemeint hat.

Etwa gleichzeitig mit den Katastrophen in Griechenland wurden größere Teile der östlichen Mittelmeerwelt von Wanderbewegungen kriegerischer Scharen und Zerstörungen betroffen. Das mächtige Hethiterreich und seine Vasallenstaaten brachen zusammen, und der Pharao Ramses III. konnte eine Welle von sog. Seevölkern gleichsam erst vor den Toren Ägyptens zurückschlagen.[136] Daß Seevölker aus dem östlichen Mittelmeer nach Griechenland vorstießen, ist nicht auszuschließen, aber auch nicht stringent zu

[132] K. Kilian, JRGZM 27 (1980) 173f.

[133] Der Bevölkerungsanstieg in Achaia scheint allerdings in der älteren Forschung überschätzt worden zu sein. Achaia wurde vermutlich kein ausgesprochenes Rückzugsgebiet für mykenische Griechen aus den Räumen der zerstörten Paläste. Vgl. jetzt S. Deger-Jalkotzy, Zum Ende der mykenischen Zeit in Achaia, in: Thomas, Ägäische Vorgeschichte 2f.; ferner Th. J. Papadopoulos, Mycenaean Achaea, II, Göteborg 1978, fig. 31–33, p. 19f., zur Zahl der bekannten Siedlungen in den Perioden SH III A, B und C.

[134] Zur Entwicklung auf Kypros vgl. den Überblick von A. Snodgrass, Cyprus and Early Greek History, Nicosia 1988.

[135] M. R. Popham – L. H. Sackett, Excavations at Lefkandi, Euboea, 1964 – 66, London 1968, 34.

[136] Vgl. G. A. Lehmann, Die mykenisch – frühgriechische Welt und der östliche Mittelmeerraum in der Zeit der „Seevölker"-Invasionen um 1200 v. Chr., Rhein.-Westf. Akad. d. Wiss., Vorträge G 276, Opladen 1985, 20ff. – Ob auch die Zerstörung von Troja VII a in diesen allgemeinen Katastrophenhorizont gehört, bleibt fraglich; vgl. C. Podzuweit, Die mykenische Welt und Troja, in: B. Hänsel (Hrsg.), Südosteuropa zwischen 1600 und 1000 v. Chr. Prähistorische Archäologie in Südosteuropa 1, Berlin 1982, 80; M. Korfmann, Beşik Tepe: New Evidence for the Period of the Trojan Sixth and Seventh Settlements, in: Mellink, Troy 25f.

beweisen. Zwar wurde offenbar auch Knossos um 1200 verwüstet, doch sind auf den Kykladen, die als Durchzugsgebiet feindlicher Scharen in Frage kommen könnten, in dieser Zeit keine umfangreichen Zerstörungen festzustellen.[137] Zudem erscheint es fraglich, ob etwa die Katastrophen in Theben, Orchomenos und im Gebiet des Menelaion bei Sparta auf Angriffe zurückzuführen sind, die von der See her vorgetragen wurden. Pylos könnte hingegen in seinen letzten Wochen oder Tagen vom Meer her bedroht gewesen sein, da Linear B-Tafeln auf Maßnahmen zur Verteidigung der Küstengebiete hindeuten.[138] So wurden hier Invasionen aus dem adriatischen Raum bzw. Vorstöße aus dem Norden vermutet. Nach Entdeckung einer „zyklopischen" Mauer am Isthmos von Korinth lag die Annahme nahe, daß generell umfangreiche Vorbereitungen zur Abwehr von Angriffen aus nördlicher Richtung getroffen wurden, doch handelt es sich möglicherweise um eine Stützmauer.[139] Schwer einzuordnen sind auch Funde einer groben, handgemachten und deutlich sich von gleichzeitiger mykenischer Ware abhebenden Keramik in Aigeira (Achaia), Delphi, Athen, Perati (Ostattika), Korakou, Mykene, Tiryns und an anderen Orten. Sie ist der frühen SH III C-Phase zuzuordnen, beginnt aber in Tiryns offenbar schon unmittelbar vor der großen Katastrophe, d. h. noch in der Keramikphase SH III B 2.[140] Sollte dies ein

137 W. Helck, Gnomon 58 (1986) 628, zieht hieraus den Schluß, „daß die Kykladen Sitz derjenigen Gruppen sind, die aus dem Niedergang der mykenischen Orte ihren Vorteil ziehen bzw. ihn eben durch Raub und Verhinderung des Handels herbeiführen". Dies ist aber nur eine Vermutung.

138 Vgl. etwa R. Schmitt-Brandt, Die Oka-Tafeln in neuer Sicht, SMEA 7 (1968) 69–96; L. Baumbach, An Examination of the Evidence for a State of Emergency at Pylos c. 1200 BC from the Linear B Tablets, in: Heubeck – Neumann, Res Mycenaeae 28–40; A. Sacconi, La fine dei palazzi micenei continentali: aspetti filologici, in: Musti, Origini 117–134; C. Brillante, L'invasione dorica oggi, QUCC 45, N. S. 16 (1984) 182; L. Godart, Le rôle du palais dans l'organisation militaire mycénienne, in: Lévy, Système palatial 237–253; H. Yamakawa, The Social Situation and the Pylos Kingship at the Close of the Mycenaean Age from the Linear B Tablets, in: Yuge – Doi, Control 443–448.

139 Vgl. Chr. Kardara, AAA 4 (1971) 85 ff.

140 Vgl. J. B. Rutter, AJA 79 (1975) 17 ff.; E. B. French – J. Rutter, AJA 81 (1977) 111 f.; S. Deger-Jalkotzy, Fremde Zuwanderer im spätmykenischen Griechenland. Zu einer Gruppe handgemachter Keramik aus den Myk. III C Siedlungsschichten in Aigeira, SAWW 326, Wien 1977; E. A. und H. W. Catling, "Barbarian" Pottery from the Mycenaean Settlement at the Menelaion, Sparta, BSA 76 (1981) 71 ff.; K. Kilian, AA 1981, 166, 170, 180 f.; ders., AA 1982, 399 (zu Tiryns). Zusammenfassend N. Sandars, North and South at the End of the Mycenaean Age: Aspects of an Old Problem, OJA 2 (1983) 43–68, die eine allmähliche Infiltration aus dem Norden vermutet. Skeptisch demgegenüber Harding, Mycenaeans 226 f., der zwar mit einer Einwirkung „fremder" Keramikprodukte des italischen und des nordwestgriechischen Raumes rechnet

Indiz für fremde Zuwanderer sein, wird man eher eine allmähliche, zumindest im späten 13. Jahrhundert von den Burgherren noch geduldete Infiltration annehmen. Die Fundzusammenhänge erlauben nicht den Schluß, daß Bevölkerungselemente, die jene einfache Ware benutzt oder hergestellt haben, die Paläste zerstörten.

Ebensowenig lassen sich Erhebungen unterdrückter Bauern gegen die Palastherren nachweisen. In Messenien ist diese Möglichkeit aufgrund des enormen Bevölkerungsrückgangs wohl auszuschließen.[141] In anderen Gebieten mögen innere Konflikte zum Niedergang der mykenischen Systeme beigetragen haben, doch fragt es sich, ob die Palastburgen allein durch rebellierende Massen zu Fall gebracht worden sind. Auch Kriege zwischen Dynastien sind keine hinreichende Erklärung für die umfangreichen Zerstörungshorizonte, zumal kein eigentlicher „Sieger" auszumachen ist. Der Herrscher auf der unzerstörten Burg von Athen kommt kaum in Betracht, da auch seine Macht nach 1200 zweifellos geschwächt war.

Bei neueren Untersuchungen in Tiryns und Mykene wurden seismische Störungen festgestellt, die um 1200 zu datieren sind.[142] K. Kilian vermutet, daß auch die Katastrophen in Pylos, beim Menelaion und an anderen Orten durch Erdbeben verursacht wurden.[143] Mit den Auswirkungen seismischer Gewalten lassen sich aber die dramatischen Ereignisse um 1200 in ihrer Gesamtheit schwer erklären, so daß ein Zusammenwirken mehrerer Faktoren zu vermuten ist. So ist nicht auszuschließen, daß infolge der starken Bevölkerungszunahme im 13. Jahrhundert verschiedentlich Schwierigkeiten in der Nahrungsmittelversorgung entstanden.[144] Hinzu kamen wahrscheinlich

aber darauf hinweist, daß die Mittel und Wege der Übertragung dieser Elemente derzeit nicht plausibel erklärt werden können. Es dürfte in der Tat schwer sein, etwa ein Fragment dieser Ware aus einem Brunnen auf der athenischen Agora aus der Zeit des Übergangs von SH III B nach C mit fremden Zuwanderern zu erklären.

141 Anders J. T. Hooker, The End of Pylos and the Linear B Evidence, SMEA 23 (1982) 209–217, der den Tafeln Hinweise auf eine strukturelle Schwäche des Palastsystems in Pylos entnimmt und zu dem Schluß kommt, daß nicht fremde Invasoren, sondern Aufständische den Palast zerstörten. Vgl. auch J. S. Hutchinson, Mycenaean Kingdoms and Mediaeval Estates, Historia 26 (1977) 1–23. Siehe aber demgegenüber jetzt S. Deger-Jalkotzy, in: Colloquium Rauricum, Bd. 2, 127–154 (oben Anm. 104).

142 K. Kilian, JRGZM 27 (1980) 181 ff.

143 K. Kilian, La cadutta dei palazzi micenei, in: Musti, Origini 73 ff. Zur Kritik dieser Interpretation vgl. die Stellungnahmen von C. Brillante, ebd. 372 ff.; L. Godart, ebd. 376 f.; G. Bunnens, ebd. 387; ferner Schachermeyr, Ägäische Frühzeit IV 32 f., 77 f.; Musti, Storia Greca 66 f.

144 Die Anfälligkeit der spezialisierten mykenischen Landwirtschaft betonen Ph. P. Betancourt, The End of the Greek Bronze Age, Antiquity 50 (1976) 40 ff., und G. Shrimpton, Regional Drought and the Economic Decline of Mycenae, EMC 31,

Störungen im Warenaustausch – vor allem im Import wichtiger Metalle – durch Wirren im östlichen Mittelmeer.[145] Machtkämpfe zwischen einzelnen Dynastien und Kriege um Ressourcen[146] können die Krise beschleunigt haben, und Naturkatastrophen in einigen großen Zentren erschütterten möglicherweise die bestehenden Herrschaftsstrukturen. In eine bereits geschwächte mykenische Welt mögen dann auch feindliche Scharen – keine Wandervölker, sondern eher Krieger- und Gefolgschaftsverbände aus Gebieten außerhalb oder am Rande des mykenischen Kulturkreises – eingedrungen sein und zeitweise anarchische Zustände verursacht haben, so daß die Palastsysteme nicht mehr reorganisiert worden konnten. Jeder Erklärungsversuch kann freilich nur ein imaginäres Szenarium konstruieren. Es steht lediglich fest, daß die großen Herrschaftszentren mit Ausnahme Athens ein gewaltsames Ende gefunden haben.

In jenen Gebieten, die am stärksten von den großen Katastrophen betroffen waren, zerfielen weitgehend die bis dahin bestehenden Abhängigkeitsverhältnisse. Die Distanz zwischen dem Wanax (wa-na-ka) in der Residenz und der Masse der Beherrschten bestand nicht mehr. Wo die Siedlungen bewohnt blieben, traten an die Stelle der palatialen Wirtschafts- und Sozialstruktur und der Hierarchie der Funktionäre neue personale Bindungen an die Initiatoren des Wiederaufbaus, deren organisatorische Lei-

N. S. 6 (1987) 137ff. Die vor allem von R. Carpenter, Discontinuity in Greek Civilization, Cambridge 1966, 4ff., 17ff., vertretene These, daß der Kollaps der mykenischen Systeme durch Klimaverschlechterung und Dürre verursacht worden sei, konnte durch Bodenuntersuchungen nicht bestätigt werden. Vgl. K. Kilian, JRGZM 27 (1980) 191f. Siehe auch M. J. Alden, Bronze Age Population Fluctuations in the Argolid from the Evidence of Mycenaean Tombs, Göteborg 1981, 326ff.: kein Beweis für Unterernährung.

[145] Verringerung der materiellen Ressourcen als eine der Hauptursachen für den Kollaps der Palastsysteme vermutet Sp. Iakovidis, BIAL 14 (1977) 135–140 (oben Anm. 128). Auf Bronzeknappheit in Pylos scheinen die Tafeln der dortigen Jn-Serie hinzudeuten. Die Bedeutung des Rohstoffhandels (Kupfer, Zinn) wird durch Unterwasserfunde (Schiffswracks) bestätigt. Vgl. H.-G. Buchholz, Thera und das östliche Mittelmeer, in: Buchholz, Ägäische Bronzezeit 160; J.-C. Courtois, Enkomi und Ras Schamra, zwei Außenposten der mykenischen Kultur, ebd. 216f. Siehe ferner N. H. Gale u. Z. A. Stos-Gale, BSA 81 (1986) 81ff. Generell zur Abwicklung des Handels: J. F. Cherry – J. L. Davis, AJA 86 (1982) 338ff.; Kopcke, Handel 53ff., 78ff.

[146] Unter diesem Aspekt ist vermutlich der Ausbau der großen Zitadellen im späten 13. Jahrhundert zu sehen. Die vorausgehenden Zerstörungen in Tiryns und in der Außensiedlung von Mykene gegen Ende der Keramikphase SH III B 1 sind aber wohl durch Erdbeben verursacht: K. Kilian, La caduta dei palazzi, in: Musti, Origini 74. – Zu einer Belagerungsszene auf einem Fresko aus dem Megaron von Mykene vgl. E. Vermeule, Greece in the Bronze Age, Chicago – London 1964, 200f.

stung z. T. beachtlich war, wie nicht nur die planvolle Anlage der erwähnten neuen Außensiedlung in Tiryns, sondern auch die Aufräumungs- und Bauarbeiten auf den Akropolen in Tiryns und Mykene erkennen lassen, wenn auch die monumentalen Paläste nicht wieder errichtet wurden. Eine gewisse (freilich nicht anhaltende) Erholung ist aus der Verbreitung hervorragender Keramikprodukte zu erschließen. Die Vasenmalerei erreichte im sog. Dichten Stil (Close Style) und im Figuralstil zeitweise ein hohes Niveau.

Die Erholungsphase ging aber bereits in der zweiten Hälfte des 12. Jahrhunderts zu Ende. In der Argolis zeichnen sich nach dem Brand eines als Speicher (granary) gedeuteten Gebäudes beim Löwentor in Mykene eine zunehmende Verarmung sowie Bevölkerungsrückgang und ein Verfall des nachpalatialen Siedlungsbildes ab. Die Granary-Katastrophe, die wohl ins späte 12. Jahrhundert zu datieren ist, bedeutete zwar noch nicht das Ende der mykenischen Kultur. Sie markiert aber den Beginn entscheidender Veränderungen in einem gleitenden Übergang zu neuen Lebensformen und zu einem anderen Erscheinungsbild der materiellen Kultur, die sich insonderheit in der Zeit nach 1100 während der sog. submykenischen Vasenmalerei, die sich anfangs z. T. noch mit der Spätphase der Stufe SH III C überschneidet, trotz neuer handwerklicher Fertigkeiten in der Eisenverarbeitung überaus ärmlich darstellt. In der Keramikproduktion gingen freilich mit der Entwicklung des protogeometrischen Stils nach 1050 vor allem von Athen bereits wieder neue Impulse aus.

Athen hatte seit dem Höhepunkt der Palastherrschaft seine Eigenständigkeit gewahrt und war nach wie vor die bedeutendste Siedlung in Attika. Auch hier muß sich aber ein tiefgreifender Wandel vollzogen haben, als durch die Katastrophen und Unruhen um 1200 die ökonomische Vernetzung der verschiedenen Gebiete Griechenlands und des Ägäisraumes schwer getroffen wurde.

10. Ausklang der mykenischen Zeit in Athen und Attika

Aus dem archäologischen Befund ergeben sich keine eindeutigen Hinweise auf eine akute Bedrohung Athens durch feindliche Scharen um 1200. Der Bau einer nur von der Akropolis her zugänglichen unterirdischen Brunnenanlage und die zu vermutende Schließung eines älteren Tores am Nordhang der Akropolis waren wohl Schutzmaßnahmen, wie sie damals auch in Mykene und Tiryns zur Verstärkung der Zitadellen und zur Sicherung der Wasserversorgung getroffen wurden. Derartige Bauarbeiten konnten nicht erst in einer kritischen Phase unmittelbarer Gefahr ausgeführt werden. Daß Athen während oder kurz nach der Schließung des Nordtores nicht bedroht war, zeigt die Errichtung mehrerer Häuser außerhalb der Befestigungen im unteren Teil des nördlichen Aufgangs zur Akropolis. Zwar wurden diese Häuser gegen Ende der Keramikphase SH III B offenbar fluchtartig verlassen, doch war vermutlich ein Bergsturz die Ursache der Panik. Jedenfalls wurden die Häuser von Geröllmassen überdeckt und nicht wieder freigelegt.[147] Später brach die Treppe zum unterirdischen Brunnen zusammen. Die Anlage war wohl nur zwei bis drei Jahrzehnte benutzt worden und diente dann als Abfallgrube. Zweifellos bestand kein Zwang, die Bewohner der Akropolis weiterhin mühsam aus einem tiefen Schacht mit Wasser zu versorgen. Ob ein sog. Hortfund von Bronzewerkzeugen auf der Akropolis als Indiz für Unruhen nach 1200 zu werten ist, erscheint fraglich.[148]

Die Bautätigkeit auf der Akropolis während der Keramikphase SH III C im 12. Jahrhundert war allerdings sehr gering.[149] Der damalige Zustand des Herrschersitzes bleibt ein offenes Problem, und es ist ungewiß, wann die dortige Residenz aufgegeben wurde. Aus submykenischer Zeit nach 1100 stammen noch 14 Steinkistengräber (vornehmlich Kinderbestattungen).

Die SH III C – Funde aus der „Unterstadt" (Gräber, Brunnen, Abfallgruben, einige wenige Hausfundamente) ergeben kein klares Siedlungsbild.[150] Offenbar waren die bisherigen Wohngebiete schwächer besiedelt als im 13. Jahrhundert. Andererseits scheint das Siedlungsareal erweitert worden zu sein. Insgesamt hat aber die Bevölkerung im 12. Jahrhundert abgenommen, wenn auch Neufunde die Vermutung nahelegen, daß der Rückgang geringer war, als allgemein angenommen wird.[151]

In den verschiedenen Regionen Attikas ist das Bild nicht einheitlich. Schwere Katastrophen sind nicht nachweisbar. Brandspuren auf einigen mykenischen Scherben, die auf der Erhebung Hagios Christos bei Koropi südöstlich von Athen gefunden wurden, sind kein Beweis für eine feindliche Aktion.[152] In den westlichen Teilen Attikas deuten die Funde in Eleusis, auf dem Vorgebirge Hagios Kosmas, in Aliki (zwischen Glyphada und Voula) und in Vourvatsi (zwischen Koropi und Vari) auf eine Abnahme der Sied-

[147] Bundgaard, Parthenon 28, dessen These, daß die gesamte Zitadelle in Athen erst gegen Ende der Keramikphase SH III C gebaut worden sei, allerdings unhaltbar ist (vgl. oben Anm. 101).

[148] Bundgaard, a. a. O. 147.

[149] Vgl. Iakovidis, Citadels 87. Zu den Gebäuderesten vgl. jetzt Hiesel, Späthelladische Hausarchitektur 178f.

[150] Anderson Immerwahr, Agora XIII 154; Pantelidou, Athenai 257f.

[151] Vgl. P. A. Mountjoy, LH III C Late versus Submycenaean. The Kerameikos Pompeion Cemetery Reviewed, JdI 103 (1988) 26ff.; s. auch dies., OpAth 15 (1984) 136ff. – Zu Neufunden aus SH III C in Kammergräbern auf der Südostseite des Philopappos-Hügels vgl. H. W. Catlings, AR 1986/87, 7.

[152] Ålin, Fundstätten 106.

lungstätigkeit hin.[153] Menidi scheint aufgegeben worden zu sein, während Spata im Binnenland offenbar weiterhin bewohnt war.[154] Im östlichen Attika sind Pikermi an der Straße von Athen nach Raphina und der Küstenort Raphina sowie weiter nördlich das Vranatal bei Marathon vermutlich weitgehend aufgegeben worden.[155] Velanideza südöstlich von Pikermi war zumindest im frühen 12. Jahrhundert weiterhin besiedelt, wenn auch die Bevölkerung wohl zurückgegangen ist.[156] Ferner existierten nach den Keramikfunden aus dieser Zeit Siedlungen im sog. Kopreza-Gebiet ca. 2 km südöstlich von Markopoulo und in der als Ligori bezeichneten Gegend zwischen Markopoulo und Porto Raphti.[157] Bei Perati, dem nördlichen Vorgebirge an der Bucht von Porto Raphti, lag im 12. Jahrhundert die bedeutendste, wohl noch gegen Ende der Phase SH III B angelegte Siedlung an der attischen Ostküste, wie aus der dortigen großen Nekropole mit ca. 220 Gräbern (darunter 192 Kammergräber) zu erschließen ist.[158] Aufgrund der großen Fülle der Grabbeigaben (zahlreiche Vasen von unterschiedlicher Form, Terrakottafigürchen in Tier- und Menschengestalt, Finger-, Ohr- und Haarringe, Muscheln, Amulette, Siegel, Einlegearbeiten, Gebrauchsgegenstände verschiedenster Art, Waffen usw.) muß es sich um einen blühenden Hafenort gehandelt haben, der bis ins frühe 11. Jahrhundert bestand und Kontakte mit der Argolis, mit Euboia, Kreta, den Kykladen, den Dodekanes-Inseln und mit Kypros, Syrien und Kleinasien hatte sowie Waren aus Ägypten und Mitteleuropa und baltischen Bernstein erhielt. Silber und Blei wurden in Perati

[153] V. R. d'A. Desborough, The Last Mycenaeans and their Successors. An Archaeological Survey c. 1200 – c. 1000 B. C., Oxford 1964, 112. – Hagios Kosmas wurde vermutlich um 1200 weitgehend verlassen: Ålin, Fundstätten 104f.; Hope-Simpson, Mycenaean Greece 44 (anders Mylonas, Aghios Kosmas 164f., der das Ende der Siedlung um 1100 ansetzt). – Eleusis: Hope-Simpson 46f.; Ålin 112f. Zur Kontinuität des Kultes in Eleusis R. Rutkowski, Zur bronzezeitlichen Religion und zu Bestattungsbräuchen im ägäischen Raum, in: Buchholz, Ägäische Bronzezeit 416f. – Aliki: Ålin 105; Hope-Simpson 44. – Vourvatsi: Ålin 106; Hope-Simpson 48.

[154] Menidi: Ålin 111; vgl. Benzi, Ceramica micenea 390. Spata: Ålin 109; Hope-Simpson 50.

[155] Pikermi: Ålin 110; Hope Simpson 51. Raphina: Ålin 110; Hope Simpson 50. Vrana: Hope Simpson 51.

[156] Ålin 110; Hope Simpson 50; Benzi, Ceramica micenea 390.

[157] Ålin 107; Hope Simpson 49.

[158] Sp. E. Iakovidis, Perati. To Nekrotapheion, I–III, Athen 1969–70; ders., Perati, eine Nekropole der ausklingenden Bronzezeit in Attika, in: Buchholz, Ägäische Bronzezeit 437–477. Iakovidis und Benzi, a. a. O. 391, vermuten eine weitere Neugründung bei Keratea südlich von Markopoulo. Gefunden wurden dort lediglich drei Vasen (darunter eine Bügelkanne im „Perati-Stil"), die wohl aus Gräbern stammen; vgl. Hope Simpson, a. a. O. 48f. – Beziehungen zur Dodekanes: C. MacDonald, BSA 81 (1986) 138f., 146ff.

zweifellos aus dem nahe gelegenen Laureion bezogen, wo der Abbau wahrscheinlich nicht zum Erliegen kam. Blei aus Fundkontexten der Keramikphasen SH III B und C in Tiryns und Athen stammt wohl gleichfalls aus diesem „Revier“.[159] Unklar bleibt allerdings, ob Keramikscherben aus den Phasen SH III B – C in einer 1975 entdeckten spätklassischen Blei- und Silbermine bei Thorikos mit einem spätmykenischen Metallabbau in Verbindung zu bringen sind. Gräber oder Siedlungsspuren aus SH III C wurden in der Nähe nicht gefunden.[160]

Aus dem archäologischen Material können nur begrenzt und mit größter Vorsicht Rückschlüsse auf die Entwicklung in Athen und Attika nach 1200 gezogen werden. Athenische Königslisten und Sagen von der Aufnahme pylischer Flüchtlinge in Athen haben keinen zusätzlichen Informationswert. Die vollständige Königsliste (mit 30 Namen) ist im wesentlichen erst von dem Logographen Hellanikos im späten 5. Jahrhundert v. Chr. „erstellt“ worden. Herodot kannte offenbar nur die Namen einiger weniger Könige. Die ihm vorliegende Überlieferung über attische Herrscher war freilich bereits ein Produkt der Mythen- und Sagenbildung, in der zeitlose Motive wie die Heldengestalt des siegreichen Dynastiegründers und der Opfertod des Königs für die Gemeinschaft verschmolzen sind mit dem Anspruch Athens, die Mutterstadt der sog. Ionischen Kolonisation, d. h. der griechischen Landnahme an der kleinasiatischen Westküste zu sein. Gründungsmythen der dortigen Griechenstädte lokalisieren demgegenüber die „Urheimat“ der Ionier im messenischen Pylos oder in Achaia in der nördlichen Peloponnes, um gleichsam den Anschluß an das epische Geschehen zu gewinnen. In den athenischen Versionen werden die angeblichen Kolonistenzüge gewissermaßen umgeleitet, so daß nunmehr Athen und Attika als Ausgangsgebiet der Ionischen Kolonisation erscheinen. In der Zeitstellung gehen hierbei Fluchtbewegungen mykenischer Griechen, die dorische Landnahme in der Peloponnes und die Abwanderung von Ioniern nach Kleinasien ineinander über: Bewohner von Pylos lassen sich auf der Flucht vor den „Nachfahren des Herakles“ (Herakliden), die angeblich die Dorier in die Peloponnes geführt haben, in Attika (Eleusis) nieder. Ihr Führer Melanthos, ein Nachfahre des Neleus, des mythischen Gründers von Pylos, wagt anstelle des athenischen Herrschers Thymoites den Zweikampf mit dem Boioterkönig Xanthos und wird nach seinem Sieg König von Athen. Sein Sohn und Nachfolger Kodros rettet in Erfüllung eines Orakels durch seinen Opfertod Athen vor den Doriern. Kodros' Söhne Medon und Neleus streiten sich um die Nach-

[159] N. H. Gale – Z. A. Stos-Gale, Thorikos, Perati and Bronze Age Silver Production in the Laurion, Attica, in: Spitaels, Studies I 97 ff.

[160] P. Spitaels, An Unstratified Late Mycenaean Deposit from Thorikos (Mine Gallery No. 3) – Attica, in: Spitaels, Studies I 83 ff.

folge. Medon wird durch Orakelentscheid athenischer König, während Neleus mit den in Athen lebenden Ioniern aus Pylos sowie mit gebürtigen Athenern die Ionische Kolonisation organisiert und Milet gründet.

Die homerischen Epen und der boiotische Dichter Hesiod (um 700) erwähnen noch keine Kodriden- oder Neleidenkönige in Ionien. Der Dichter Mimnermos (um 600) läßt die Gründer Kolophons direkt von Pylos aus nach Kleinasien gelangen. Etwa gleichzeitig behauptet aber Solon, daß Athen die älteste Stadt Ioniens sei. In den ›Genealogien‹ des Atheners Pherekydes (nach den Perserkriegen) inauguriert Androklos, ein weiterer Sohn des Kodros und späterer Gründer von Ephesos, die Ionische Kolonisation, und in der Darstellung des Hellanikos gilt dann nach der voll ausgebildeten athenischen Version des späten 5. Jahrhunderts Kodros' Sohn Neleus als Führer eines großen Kolonistenzuges nach Kleinasien. Athens Rolle in der Ionischen Kolonisation wird in diesen athenischen Sagenklitterungen immer stärker akzentuiert. Um als Ionier zu gelten, haben die Athener zudem gewissermaßen den angeblichen ionischen Stammvater Ion usurpiert, eine konstruierte Figur der sog. ›Genealogien‹, einer poetischen Abstammungssystematik, die unter dem Namen des Hesiod überliefert ist. In der klassischen Formulierung der Ionsage in der Tragödie des Euripides erscheinen Ions Söhne Hoples, Argas, Geleon und Aigikores als Stammväter älterer Unterabteilungen der Polisgemeinschaft, der vier vorkleisthenischen Phylen.[161]

Die mannigfachen Sagenversionen, die im 5. Jahrhundert den politischen Führungsanspruch Athens in der Ägäiswelt historisch zu begründen suchten, sind kein Beweis für „Flüchtlingszentren“ in Athen und Attika. Ebensowenig kann aus Einzelbestattungen in Steinkistengräbern und Erdbestattungen in den größeren Nekropolen im Kerameikos und beim sog. Arsenal auf Salamis im ausklingenden SH III C und in submykenischer Zeit (nach 1100) eine Zuwanderung mykenischer Flüchtlinge aus westlicher Richtung oder eine Infiltration dorischer Elemente noch vor der Einwanderung der Dorier in die Argolis erschlossen werden.[162] Bei Perati mögen sich

[161] Hierzu im einzelnen Prinz, Gründungsmythen 314ff., 347ff., 356ff. – Schachermeyr, Rückerinnerung 299, verweist demgegenüber auf Herodot V 97,2, wonach die Ionier 500 v. Chr. Athen um Hilfe baten, weil Ionien von Athen gegründet worden sei. Er schließt hieraus, daß diese Abstammungsversion nicht erst ein Produkt der athenischen Propaganda in der Zeit des ersten Attischen Seebundes gewesen sei, übersieht aber, daß Herodot hier eine athenische Interpretation der perikleischen Zeit übernommen hat. – Vgl. auch M. B. Sakellariou, La migration grecque en Ionie, Athen 1958, 30.

[162] Vgl. dazu jetzt P. A. Mountjoy, JdI 103 (1988) 30ff. (oben Anm. 151), die aus dem archäologischen Befund wohl mit Recht auf Bevölkerungskontinuität von SH III C zur submykenischen Phase schließt, den submykenischen Stil allerdings abweichend von den üblichen Ansätzen in die Zeit von etwa 1070–1020/1000 datiert. – Zur

zwar Neusiedler aus anderen Teilen der mykenischen Welt bereits um 1200 niedergelassen haben. Athen und Attika waren aber im 12. Jahrhundert nicht übervölkert. Aus Raumnot bestand hier daher kein Zwang, Kolonisten auszusenden. Zudem handelte es sich bei den unter dem Sammelbegriff der Ionischen Kolonisation zusammengefaßten Zügen nicht um zentral geleitete Unternehmungen. Vielmehr siedelten sich durchweg kleinere Gruppen weitgehend unabhängig voneinander im kleinasiatischen Küstengebiet an einer Reihe von Plätzen an, deren Zahl die der später dort entstehenden Griechenpoleis bei weitem übertraf. Die Siedlungen glichen anfangs eher Weilern, die oft nur von wenigen Dutzend Familien bewohnt wurden. Im übrigen sind Gemeinsamkeiten des attischen und des ionischen Dialekts keine Bestätigung für eine führende Rolle Athens in der sog. Ionischen Kolonisation. Die attisch-ionische Dialektgruppe geht einerseits auf süd- bzw. südostgriechische Idiome der mykenischen Zeit zurück, während sich im späten 2. Jahrtausend ihre gemeinsamen Neuerungen offenbar in einem Attika und eine Reihe von Ägäisinseln umfassenden Großraum vollzogen,[163] in dem zwischen den verschiedenen Orten immer Kontakte bestanden haben und jedenfalls im 12. Jahrhundert noch recht bedeutende mykenische Siedlungen auf den Kykladen existierten.[164] Ferner sind zahlreiche mykenische Fundorte an der kleinasiatischen Küste bekannt,[165] die nicht allein mit intensiven Handelsbeziehungen zu erklären sind. Eine größere mykenische Siedlung bestand im 13. Jahrhundert zweifellos in Milet. Sie brannte wohl noch vor 1200 nieder. Ob Milet danach einige Zeit unbewohnt war und dann von kleinasiatischen Karern beherrscht wurde, ist umstritten.[166] Wenn die Stadt

Kontinuität in der Keramik vgl. auch E. S. Sherrat, Regional Variation in the Pottery of Late Helladic III B, BSA 75 (1980) 183f.

[163] Vgl. O. Panagl, Die linguistische Landkarte Griechenlands während der dunklen Jahrhunderte, in: S. Deger-Jalkotzy (Hrsg.), Griechenland, die Ägäis und die Levante während der "Dark Ages", Akten des Symposions von Stift Zwettl 11.–14. Okt. 1980, Wien 1983, 339.

[164] Reich ausgestattete Gräber fanden sich in den Nekropolen von Kamini und Haplomata bei Grotta auf Naxos: Chr. Kardara, Haplomata Naxou, Athen 1977 (engl. Zusammenfassung S. 95–97). Eine wichtige Neuentdeckung ist die SH III C-Siedlung bei Koukounaries auf Paros: D. U. Schilardi, The LH III C Period at the Koukounaries Acropolis, Paros, in: The Prehistoric Cyclades. Contribution to a Workshop of Cycladic Chronology. Dedicated to the Memory of J. L. Caskey, ed. by J. A. MacGillivray - R. L. N. Barber, Edinburgh 1984, 184–204. Gegen eine Überbewertung des Bevölkerungsrückgangs im Ägäisraum der „Dunklen Jahrhunderte" vgl. jetzt N. Purcell, Mobility and the Polis, in: Murray-Price, Greek City 34.

[165] Vgl. Chr. Mee, Aegean Trade and Settlement in Anatolia in the Second Millennium B. C., AS 28 (1978) 121–156; Schachermeyr, Ägäische Frühzeit IV 338ff.

[166] M.S.F. Hood, Mycenaeans in Chios, in: J. Boardman u. C. E. Vaphopoulou-

nach der genannten Katastrophe zunächst verlassen wurde, besagt dies noch nicht, daß alle mykenischen oder mykenisierten Bevölkerungselemente aus dem näheren oder weiteren Umfeld Milets vertrieben wurden. Weitere mykenische Niederlassungen oder Ansiedler sind aufgrund von Keramik- oder Grabfunden in Ephesos, Iasos, Kolophon und Müsgebi zu vermuten. In Iasos und wohl auch in Müsgebi reicht die mykenische Keramik bis in die Stilphase SH III C, so daß hier mykenisierte Bevölkerungsgruppen im 12. Jahrhundert nicht auszuschließen sind. Bereits vor Ende der submykenische Phase etwa Mitte des 11. Jahrhunderts oder wenig später ist dann in der Keramik in Milet attischer Einfluß festzustellen. Des weiteren fanden sich submykenische Gräber auf der Halbinsel von Halikarnaß. Attischer Einfluß in der Keramikproduktion besagt indes nicht, daß sich damals in diesen Räumen überwiegend attische Kolonisten angesiedelt haben. Die hier zögernd einsetzende Neubesiedlung war vermutlich zu einem nicht geringen Teil eine von den Ägäisinseln ausgehende Bewegung.[167]

Auch die Übereinstimmungen in der Benennung der attischen und der ionischen Phylen und die attisch-ionische Feier der Apaturien (Fest des „gemeinsamen Stammvaters"), die eine Angelegenheit der Phratrien („Bruderschaften") als Teile der Polisgemeinschaft waren, belegen nicht, daß die frühen Neusiedler in Ionien vorwiegend aus Attika stammten. Die historischen Phylen und Phratrien sind erst im Zuge der späteren Polisbildung konstituierende Elemente des politischen Gemeinschaftslebens geworden, wenn sie auch auf ältere, erstmals in den homerischen Epen greifbare genossenschaftliche Organisationsformen zurückgehen.

Die Epen, die im wesentlichen in der zweiten Hälfte des 8. Jahrhunderts fixiert worden sind, enthalten ihrerseits keine präzisen Erinnerungen an Herrschaftsformen des 12. bis 10. Jahrhunderts. Sie basieren zwar auf einer langen, wohl bis in die mykenische Zeit zurückreichenden Liedertradition und sind insofern mehrschichtig, doch orientieren sich die Dichter des 8. Jahrhunderts vor allem an den Verhältnissen ihrer Gegenwart, um sich den Hörern verständlich zu machen. Sofern man den Epen unter Berücksichtigung der poetischen Fiktion Hinweise auf Herrschafts- und Gesell-

Richardson (Ed.), Chios. A Conference at the Homereion in Chios 1984, Oxford 1986, 179, nimmt an, daß Milet nach dem Ende der dortigen SH III C-Phase von Bevölkerungselementen mit submykenischer Keramik wiederbesiedelt wurde und hiermit die Ionische Kolonisation begann. Kontinuität in Milet vermuten demgegenüber u. a. Chr. Mee, AS 28 (1978) 136; Helck, Beziehungen 151; Boardman, Kolonien 33f. Zur Problematik vgl. auch W. Voigtländer, AA 1986, 624, Anm. 49.

[167] Generell ist eine unterschiedliche Herkunft der Siedler anzunehmen. Vgl. dazu auch Schachermeyr, Ägäische Frühzeit IV 331ff., 376f., der freilich andererseits an der führenden Rolle Athens in der „Kolonisation" nicht zweifelt.

schaftsstrukturen entnehmen kann, führen uns diese Aussagen vornehmlich in die Welt des 8. Jahrhunderts.[168] Rückschlüsse auf Entwicklungsstufen der frühen „Dunklen Jahrhunderte“ sind nur bedingt möglich.

11. Wandel der Herrschafts- und Gesellschaftsstrukturen

Das Ende der Palastwirtschaft in Boiotien und auf der Peloponnes blieb selbstverständlich nicht ohne Auswirkungen auf die Position des athenischen Herrschers. In allen Großresidenzen, die in ihrer Gesamtheit ein System von strukturell ähnlichen patrimonialen Herrschaften bildeten, beruhte die Macht des Wanax (wa-na-ka) auf den Ressourcen, die ihm aus seinem überproportionalen Anteil am Grund und Boden, den Verpflichtungen der Bevölkerung zu Leistungen verschiedenster Art, den Erzeugnissen der Palastwerkstätten und den weitgespannten Handelsbeziehungen zuflossen. Die Unruhen und Katastrophen um 1200 bedeuteten daher auch für den Herrscher auf der athenischen Akropolis zweifellos eine erhebliche Minderung seiner Einkünfte, da die palatiale Oikosorganisation hier in der veränderten Gesamtlage schwerlich in vollem Umfang aufrechterhalten werden konnte und gouvernementale Aufgaben, die von Beauftragten des Wanax wahrgenommen wurden, dementsprechend erheblich eingeschränkt werden mußten. Folgenreich war dies sicherlich vor allem für das System der Landverteilung, soweit sie der Kontrolle durch die Palastverwaltung unterlag. Daß sich die bestehenden Abhängigkeitsverhältnisse wandelten, zeigen zunächst die Veränderungen im Siedlungsbild Attikas, die wohl kaum ein Ergebnis zentraler Planung waren. Alte Bindungen lösten sich, während neue Nahverhältnisse entstanden. Soweit die Damos-Gemeinschaften der Palastzeit ihre Siedlungen nicht verließen, stellten sie freilich als lokale und kultische Verbände gleichsam an der Basis der Gesellschaft ein Element der Kontinuität dar. Ihre interne Organisation brach um 1200 in Attika sicherlich nicht gänzlich zusammen. Daß sie irgendwie funktionsfähig blieben, war eine wesentliche Voraussetzung für die Sicherung ihrer Lebensgrundlage. Gleichwohl vollzog sich auch in diesem Bereich ein Wandel. Bestimmte Mitglieder dieser lokalen Verbände hatten bislang zweifellos enge Beziehungen zum Palast, so daß sich hieraus ihre eigenartige Doppelstellung als Angehörige des da-mo und als „Dienstleute“ des Wanax ergab. Das Landverteilungssystem der lokalen Gemeinschaften war gewissermaßen an

[168] Dies besagt nicht, daß die Epen die „Welt“ des 8. Jahrhunderts einfach reproduzieren. Vgl. dazu die ausgewogene Untersuchung des Problems der homerischen Darstellung gesellschaftlicher Strukturen von I. Morris, The Use and Abuse of Homer, ClAnt 5 (1986) 81–138.

die Palastwirtschaft angekoppelt und wurde dementsprechend obsolet, als die Palastorganisation zerfiel. In der „homerischen" Welt waren derartige korporative Besitzformen unbekannt.

Aus dem Vergleich der „homerischen" Verhältnisse mit der mykenischen Welt ergeben sich weitere Aspekte des allgemeinen Wandels nach 1200. Der mykenische qa-si-re-u war als Vorsteher in einem lokalen Bereich zugleich Funktionär oder Beauftragter des Wanax. In den Epen bezeichnet „Basileus" einerseits (anstelle des älteren Wanaxtitels) den „Ersten", d.h. die dominierende Persönlichkeit bzw. den Leiter einer Siedlungs- oder Wehrgemeinschaft. In diesem Sinne wird „Basileus" als Äquivalent für „König" verstanden, doch ist zu beachten, daß der Königstitel eine überaus euphemistische Bezeichnung für den „homerischen" Leiter eines Gemeinwesens ist, der in seiner Stellung gegenüber der Oberschicht in seinem Einflußbereich in aller Regel nicht mehr als ein primus inter pares war. Diese Lagerung der Macht erkärt des weiteren, daß im Epos nicht nur der sog. König als Basileus galt, sondern diese Bezeichnung auch dem großen Grundherrn (Oikosbesitzer) zuerkannt wurde, der eine patriarchalische Gewalt über den auf seinem Oikos lebenden Personenkreis ausübte sowie außerhalb seines Oikos etwa durch Schlichtung von Streitfällen personengebundene Ordnungsfunktionen wahrnahm und insofern eben der „Erste" in seinem eigenen, mehr oder weniger begrenzten lokalen Bereich war. Die Semantik spiegelt hier somit tiefgreifende gesellschaftliche Veränderungen. Zweifellos haben aber nicht nur die mykenischen qa-si-re-we, sondern auch andere hohe Funktionäre der zerfallenden Palastorganisation größere Unabhängigkeit vom Wanax gewonnen. Am Beispiel der begriffsgeschichtlichen Entwicklung der Bezeichnung qa-si-re-u/Basileus wird der Wandel indes besonders deutlich. Wichtige Faktoren in diesem Prozeß waren Abhängigkeitsverhältnisse, die offenbar schon in der Palastzeit dem direkten Zugriff des Herrschers entzogen waren. „Gefolgsleute" des Wanax und hohe Würdenträger verfügten ihrerseits über do-e-ro und sonstige Abhängige, bevor die Palastorganisation zerfiel. War der soziale Rang solcher Statuspersonen bis dahin vornehmlich durch ihre Beziehungen zum Wanax bestimmt, so gewannen sie nunmehr größeren Handlungsspielraum, so daß sie unter Umständen sich größeren Landbesitz sichern konnten, ohne daß der Wanax dies zu verhindern vermochte. Während der Erholungsphase vor der Granary-Katastrophe boten sich wohl auch noch weitere Möglichkeiten, Besitz und damit Prestige zu gewinnen. Zu vermuten ist dies vor allem in Perati, wo eine Art Subzentrum in einem neu sich herausbildenden überregionalen Handelsnetz entstand und sich neue Rangunterschiede entwickelten. In Attika scheint daher die soziale Elite des 12. Jahrhunderts heterogener Herkunft gewesen zu sein, wenn sie auch vermutlich größtenteils von der Oberschicht der Palastzeit abstammte. Genealogische Linien zu den späteren großen athenischen Adelshäusern lassen sich aufgrund der Quellenlage selbstverständlich nicht nachweisen. Die Oberschicht der archaischen Zeit war kein geschlossener Stand, so daß der Adelsbegriff hier und im folgenden nur als Chiffre zu verstehen ist. Er bezieht sich auf eine soziale Gruppe mit durchaus instabilen Rangverhältnissen, die zwar auch vom genealogischen Status bestimmt wurden, aber vor allem eine Frage der privaten Ressourcen und des persönlichen Prestiges ihrer Mitglieder waren. Kompetitive Strukturen bedingten in homerischer und archaischer Zeit einen ständigen Prozeß von Ausgliederung und Integration, eine vertikale Mobilität mit der Möglichkeit des sozialen Aufstiegs und der Gefahr des Abstiegs.

Während des allgemeinen Wandels nach 1200 dürfte dies kaum anders gewesen sein, als dem Wanax die Kontrolle über das wichtigste Produktionsmittel – den Grund und Boden – weitgehend entglitt und hierdurch die Voraussetzungen für die Bildung einer Elite entstanden, deren Mitglieder ihren Rang nicht ihrem Verhältnis zu einer zentralen Instanz, sondern ihren eigenen dezentralen Aktivitäten verdankten. Die Formierung des historischen attischen Adels war freilich ein jahrhundertelanger Prozeß, der durch die „Rezession" des 11. Jahrhunderts und die hieraus resultierende Dekomposition von Rangverhältnissen erheblich retardiert wurde.

Insgesamt gesehen wurde nach 1200 in Athen und Attika nicht plötzlich alles anders. Das mykenische Gefüge gesellschaftlicher Interdependenz ist hier sicherlich nicht schlagartig zerstört worden. Der Schwächung der Macht des Wanax stand kein deutlicher Machtgewinn lokaler Eliten gegenüber. Außerhalb Athens sind keine lokalen Machtzentren auszumachen, die starke Gegengewichte gegen die Burg auf der Akropolis werden konnten. Die Siedlung bei Perati bildete in dieser Hinsicht keine Ausnahme. Daß sie im 12. Jahrhundert ein eigenständiges, mit Athen konkurrierendes Herrschaftszentrum wurde, ist trotz der Prosperität des Hafenortes wenig wahrscheinlich. Als Perati im frühen 11. Jahrhundert aufgegeben wurde, befand sich das größte attische Siedlungsareal nach wie vor in Athen. Wer hier dominierte, besaß im Fall eines Machtkampfes mit konkurrierenden lokalen Kräften in anderen Teilen Attikas immer noch das stärkste Rekrutierungsreservoir.[169]

Auch in Athen selbst gab es nach 1200 offenbar vorerst noch keine Gruppierungen, die in der Lage gewesen wären, den Herrschersitz auf dem Burgfelsen zu eliminieren. Der archäologische Befund bietet kein Indiz für eine

[169] Im Hinblick auf Bleifunde in Athen aus der Phase SH III C hat bereits O. Broneer, A Mycenaean Fountain on the Athenian Acropolis, Hesperia 8 (1939) 416, vermutet, daß damals „politische" und ökonomische Verbindungen zwischen Athen und Thorikos bestanden. Vgl. dazu jetzt Spitaels, Studies I 93. Der Einfluß Athens reichte in der genannten Zeit vermutlich bis in den Süden Attikas.

Konstituierung eines neuen „politischen" Zentrums außerhalb der Akropolis. Die Position des Wanax scheint sich hier zwar letztlich zur Stellung eines Siedlungsführers in einer Gesellschaft mit geringer Stratifikation zurückgebildet zu haben, doch existierten in Athen zunächst noch keine gesellschaftlichen Kräfte, die über die Mittel verfügten und entschlossen genug waren, eine Ausweitung des Führungssystems etwa in Form einer Herrschaft mehrerer großer Gefolgschaftsführer durchzusetzen. Athen darf in dieser Hinsicht selbstverständlich nicht isoliert betrachtet werden. Der Wille zur Konstituierung neuer Führungsstrukturen erwuchs erst aus den ganz anderen Verhältnissen des 8. und des 7. Jahrhunderts, als sich die Rahmenbedingungen der Polis herausbildeten. Der Zerfall der Palastsysteme war zwar eine wesentliche Voraussetzung für die Entstehung der Polis und ihrer gesellschaftlichen und politisch-institutionellen Ordnung. Das Ende der palatialen Systeme hat aber nicht unmittelbar ein dynamisch wirkendes Veränderungspotential freigesetzt, dessen Träger anstelle der patrimonialen Herrschaft mykenischer Prägung und ihrer noch vorstaatlichen Strukturen neue institutionelle Organisationsformen zu initiieren vermocht hätten.

12. Athen im 11. und 10. Jahrhundert

a) Der archäologische Befund

Etwa um 1100 v. Chr. beginnt die große Kerameikosnekropole im Bereich des Pompeion am Nordufer des Eridanos mit Einzelbestattungen, die überwiegend in Steinkisten-, seltener in Erd- und Steinschüttungsgräbern und in Ausnahmefällen (nach Kremierung des Toten) auch in Urnen vorgenommen wurden.[170] Typisch mykenische Kammergräber wurden hier nicht mehr gebaut. Ungefähr gleichzeitig setzen die Bestattungen in dem ähnlich angelegten Friedhof beim Arsenal auf der Insel Salamis ein. Die Einzelbestattung bedeutet indes nicht die Einführung oder Übernahme eines völlig neuen Grabtypus. Auch in mykenischer Zeit waren (gleichsam noch in mittelhelladischer Tradition) zahlreiche Kisten- und Grubengräber angelegt worden.

[170] W. Kraiker – K. Kübler, Kerameikos, Ergebnisse der Ausgrabungen, 1. Band. Die Nekropolen des 12. bis 10. Jahrhunderts, Berlin 1939; H. Müller-Karpe, Die Metallbeigaben der früheisenzeitlichen Kerameikos-Gräber, JdI 77 (1962) 59 ff.; Snodgrass, Dark Age 147 ff.; Desborough, Dark Ages 64 ff.; Kurtz-Boardman, Thanatos 40 ff.; G. Krause, Untersuchungen zu den ältesten Nekropolen am Eridanos in Athen, I–II, Hamburg 1975. – Ein Bevölkerungswechsel ist aus dem Wandel der Bestattungsformen nicht zu erschließen. Vgl. etwa Snodgrass, a. a. O. 179 ff.; O.T.P.K. Dickinson, Cist Graves and Chamber Tombs, BSA 78 (1983) 55 ff.

Als Beigaben dienten in den neuen Nekropolen vor allem Gefäße und Vasen (insonderheit Bügelkannen, Lekythen, Amphorisken), die stilistisch allgemein als „submykenisch“ klassifiziert und insofern von der mykenischen Ware abgegrenzt werden. Demgegenüber hat jetzt P. A. Mountjoy nach erneuter Prüfung des Materials aus der Pompeionnekropole darauf hingewiesen, daß die Keramik z. T. noch der späten SH III C-Phase zuzuordnen ist.[171] Unabhängig von der kontroversen Datierung der Vasenbeigaben lassen die Funde in ihrer Gesamtheit jedenfalls auf Bevölkerungs- und Siedlungskontinuität vom Spätmykenischen zur sog. submykenischen Keramikphase schließen, in der das Dekor der Vasen relativ einfach war (u. a. Dreieckketten, multiple, mit der Hand gezogene Flachbögen und Halbkreise). Auch die im ganzen spärlichen Metallbeigaben, d. h. Schmuckgegenstände (vor allem Schildringe, einfache Fingerringe, Spiralen) und Trachtteile (Fibeln, lange Gewandnadeln), die überwiegend aus Bronze, seltener aus Eisen und in einem Einzelfall aus Gold („Ohrspirale“ aus Grab Nr. 46) angefertigt sind, stehen noch in mykenischer Tradition, wenn auch das Streben nach neuer Formgebung erkennbar ist. So manifestiert sich in den Keramik- und Metallbeigaben der Gräber ein endogener Wandel unter den veränderten gesellschaftlichen Rahmenbedingungen einer Zeit, in der in Griechenland der Lebensstandard allgemein niedrig war.

Das Siedlungsbild hat sich im submykenischen Athen gegenüber der SH III C-Phase offenbar nicht wesentlich verändert. Der Burgberg war noch bewohnt, wie einige dort aufgedeckte submykenische Gräber zeigen, doch ist der damalige Zustand des einstigen Palastareals unbekannt. Außerhalb der Akropolis existierten nur dörfliche Einzelsiedlungen. Aufgrund der Gräber an den Hängen des Areopags und des Kolonos Agoraios sowie der submykenischen (und später auch protogeometrischen) Funde in Brunnen und Gruben im Agorabereich ist zu vermuten, daß die Siedlungstätigkeit hier zunahm. Es bleibt indes offen, ob diesem Wohngebiet auch die Nekropole am Pompeion zuzuordnen ist. Nach dem weiteren Verteilungsmuster der Funde erstreckten sich Weiler oder Einzelgehöfte im Norden und Nordwesten etwa bis in den Bereich des späteren Acharnischen Tores und der Kriezi-Straße und im Süden und Südosten der Akropolis bis in den durch den Ilissos abgegrenzten Raum (mit einer gewissen Verdichtung etwa bis zur Erechtheion-Straße und westlich und südlich des Olympieion). Die Streulage der Siedlungen wird jetzt durch die Aufdeckung einer größeren submykenischen und protogeometrischen Nekropole mit 73 Gräbern (11 Erdbestattungen, 62 Brandbestattungen in Amphoren) in der Vasilissa-Sophia-Allee (Ecke Herodes-/Atticus-Straße) mehr als 1 km nordöstlich der

171 P. A. Mountjoy, JdI 103 (1988) 1–33 (oben Anm. 151).

Akropolis bestätigt.[172] Das Siedlungsbild bleibt freilich höchst unvollständig, zumal keine Hausfundamente freigelegt worden sind. Ob die Bevölkerungszahl stagnierte, weiterhin rückläufig war oder bereits wieder geringfügig zunahm, ist unklar. Insgesamt mögen im Raum von Athen in submykenischer Zeit im Durchschnitt vielleicht 2000–3000 Personen gelebt haben. Diese Zahl sei jedoch mit allem Vorbehalt genannt. In der größten damaligen Nekropole, im Friedhof am Pompeion, sind für einen Zeitraum von zwei Generationen nur etwa 140 Bestattungen nachgewiesen. Hieraus wird die im ganzen geringe Besiedlung deutlich.[173]

Die Devolution der mykenischen Sozialordnung hatte in einem längeren Transformationsprozeß zur Entstehung einer Kleingesellschaft (face-to-face society) geführt, in der sich Lebensweise und Lebenszuschnitt der Mitglieder der Gemeinschaft nicht allzu sehr unterschieden. Die im ganzen einheitlich angelegten Gräber der Pompeionnekropole lassen zudem auf allgemein verbindliche Regeln der Totenbestattung in der zugehörigen Siedlung schließen. Da bei weitem nicht alle Gräber Beigaben enthielten, bestand aber zweifellos eine gewisse soziale Differenzierung, die wohl auch in höher- und niedrigerrangigen Führungspositionen in den einzelnen Siedlungskomplexen ihren Ausdruck gefunden hat und mit dem Übergang zur protogeometrischen Keramikphase schon bald deutlicher in Erscheinung trat.

Denn die submykenische Zeit dauerte nicht allzu lange.[174] Um oder nach 1050 sind bereits die Anfänge des protogeometrischen Keramikstils anzusetzen,[175] der eine Weiterentwicklung submykenischer Elemente darstellt. Der tektonische Aufbau der einfachen, aber durchweg eleganteren protogeometrischen Gefäße wird straffer, das gesamte dekorative Inventar (u.a. multiple, mit dem Zirkel gezogene Kreise und Halbkreise, horizontale Streifen und Bänder, Wellenlinien, gegitterte Dreiecke, Zickzackmuster) steht in einem ausgewogenen Verhältnis zur äußeren Form der Vasen. Athen wurde jetzt in der Keramikproduktion lange Zeit führend und übte hierdurch großen Einfluß auf das griechische Töpferhandwerk aus.

Bereits in der submykenischen Phase waren vereinzelt Brandbestattungen vorgenommen worden. In protogeometrischer Zeit wurde die Kremierung der Erwachsenen vorherrschend. Daneben erfolgten aber weiterhin auch

[172] H.W. Catling, AR 1983/84 (1984) 7. Die Körperbestattungen sind vermutlich submykenisch (Morris, Burial 78).

[173] Aufschlußreich ist auch die 1955 ausgegrabene kleine submykenisch-protogeometrische Nekropole in der Erechtheion-Straße: M. Brouskari, BSA 75 (1980) 13–31.

[174] Zu kurz (1075–1050 v. Chr.) erscheint allerdings der Ansatz von Sp. Iakovidis, The Chronology of LH III C, AJA 83 (1979) 454ff.

[175] Anders jetzt P.A. Mountjoy, JdI 103 (1988) 1–33 (oben Anm. 151), die den Beginn der protogeometrischen Phase auf ca. 1020/1000 herabdatiert.

Körperbestattungen, die für Kinder sogar die Regel waren. Der sukzessive Übergang zur Verbrennungspraxis bei gleichzeitiger Wahrung der Tradition der Erdbestattung bestätigt die Kontinuität der Bevölkerung.

Zwei relativ frühe Brandbestattungen im Kerameikos aus der Übergangszeit von der submykenischen zur protogeometrischen Phase – die sog. Urnengräber A und B – enthielten neben bronzenen Lanzen- bzw. Speerspitzen zwei Eisendolche mit Beingriff, die wohl als kostbare Repräsentationsstücke anzusehen sind.[176] Daher ist zu vermuten, daß ihre einstigen Besitzer ebenso wie jene Krieger, die in der Folgezeit eiserne Griffzungenschwerter und andere Waffen als Totenbeigaben erhielten, höherrangige Statuspersonen waren. Als Waffentyp war das Griffzungenschwert ein Erbe der Bronzezeit. Die ersten Exemplare aus Eisen wurden offenbar auf Kypros und in der Levante hergestellt, so daß in Athen Einflüsse aus diesen Räumen anzunehmen sind. Das älteste athenische Schwert dieser Art stammt aus einem am Rande der Pompeionnekropole im Kontext der genannten Gräber A und B gelegenen Körpergrab (sog. protogeometrisches Grab 2 Nord). Zwei andere eiserne Griffzungenschwerter enthielten das jüngere protogeometrische Grab E dieses Friedhofs sowie das (gleichfalls jüngere) protogeometrische Grab 6 der Nekropole südlich des Eridanos, in der in einer späteren Zeitstufe in den protogeometrischen Gräbern 17 und 34 auch die ersten eisernen Lanzenspitzen in Athen begegnen, die bereits ins 10. Jahrhundert zu datieren sind. Weitere Waffen fanden sich in zwei noch jüngeren protogeometrischen Gräbern dieses Bezirks, und zwar in Grab 32 eine eiserne Lanzenspitze, in Grab Nr. 28 ein eisernes Griffzungenschwert, das um die Schulter der Amphore mit dem Leichenbrand gebogen war, ein ebenfalls zusammengebogenes Eisenmesser sowie eine eiserne Pfeilspitze. Ferner sind in diesem Zusammenhang Kriegergräber unter der Metropolis-Kathedrale und auf der Agora (vor bzw. um 900) zu nennen, in denen jeweils neben anderen Objekten aus Eisen erstmals sowohl ein Eisenschwert als auch eine eiserne Lanzenspitze erscheinen.[177]

Diese protogeometrischen Waffengräber unterscheiden sich zwar in ihrer Anlage nicht von den übrigen Männergräbern ihrer Zeit. Es handelt sich fast ausschließlich um einfache Urnengräber mit Amphorengrube. Auch sind die sonstigen Beigaben kaum reicher als in anderen Gräbern, wenn auch die Waffen verschiedentlich mit Werkzeugen und anderen Gegenständen aus

[176] Zum Folgenden vgl. H. Müller-Karpe, JdI 77 (1962) 61 ff.; Snodgrass, Dark Age 222 ff. Siehe auch A. M. Snodgrass, Iron and Early Metallurgy in the Mediterranean, in: Th. A. Wertime – J. D. Muhly, The Coming of the Age of Iron, New Haven – London 1980, 335 ff.

[177] C. W. Blegen, Two Athenian Grave Groups of about 900 B.C., Hesperia 21 (1952) 286 f.; Snodgrass, Dark Age 233.

Eisen vergesellschaftet sind. Dennoch liegt die Bedeutung der Kriegergräber nicht allein darin, daß sie ein Indikator für die Übernahme neuer Techniken in der Waffenherstellung sind. Da die Zahl der genannten Waffengräber, die sich zeitlich über die gesamte protogeometrische Phase verteilen, sehr begrenzt ist, sind die hierin bestatteten Toten – wie gesagt – einer sozial herausgehobenen Schicht zuzuordnen, so daß die Funde auch gewisse Aufschlüsse über die gesellschaftliche Differenzierung geben. Bestätigt wird diese Entwicklung durch einige Frauengräber. Goldbeigaben (Haarringe) fanden sich zwar nur in den relativ frühen protogeometrischen Kerameikosgräbern 22, 25 und 5 (in dieser zeitlichen Reihenfolge), während dann erst wieder mit Beginn der geometrischen Keramikphase (um 900 v. Chr.) Objekte aus Gold den Toten mitgegeben wurden. Andererseits sind aber auch mehrere Gräber des späten 10. Jahrhunderts durchaus reich ausgestattet.[178] So enthielt das protogeometrische Kerameikosgrab 48 neben Fibeln aus Bronze und Eisen und einer Bronzenadel über 30 Gefäße verschiedener Art, 80 Tonperlen (z. T. mit Ritzmuster) und etwa 20 Spinnwirtel.

Hinweise auf die Ausdehnung des Siedlungsareals im protogeometrischen Athen bieten weiterhin nur Gräber, Gruben, Brunnen und Streufunde. Die (z. T. schon genannten) Gräber liegen durchweg noch in den Bereichen der submykenischen Bestattungen. Die Nekropole im Kerameikos dehnte sich auf dem Südufer des Eridanos weiter aus. Weitere Gräber lagen im Agorabereich (unter Einschluß des Kolonos Agoraios), unter der Metropolis-Kathedrale, an der Lykourgos-Straße sowie im Süden der Akropolis zwischen dem Odeion des Herodes Atticus und der Dionysios-Areopagitos-Straße, an der Erechtheion-Straße sowie auf dem Museionhügel. Hinzu kommt jetzt die neuentdeckte Nekropole im Nordosten an der Vasilissa-Sophia-Allee. Auf der Akropolis wurden hingegen offenbar keine Bestattungen mehr vorgenommen.

Des weiteren sind protogeometrische Scherben in der Nähe des Syntagma-Platzes sowie Deposite aus der späten protogeometrischen Zeit im Bezirk des Heros Akademos und auf dem Hymettos gefunden worden. Athen hatte sich zweifellos seit dem 11. Jahrhundert trotz der Streulage seiner dörflichen Einzelsiedlungen zum bedeutendsten Ort in Griechenland entwickelt.

Hingegen waren die übrigen Regionen Attikas damals nur dünn bevölkert. Das diesbezügliche Material stammt größtenteils aus der späten protogeometrischen Phase. Es handelt sich vor allem um Grab- und Keramikfunde, die auf kleinere Siedlungen in Eleusis, Menidi, Nea Ionia, Aliki, Anavyssos, Thorikos, Merenda, Brauron und Marathon schließen lassen.[179]

178 Vgl. A. M. Snodgrass, CAH III 1 ([2]1982) 666.

179 Dazu generell der Überblick von Snodgrass, CAH III 1 ([2]1982) 668. – Hinweise

Nach dem derzeitigen Befund scheint erst im späten 10. oder frühen 9. Jahrhundert in einigen Teilen Attikas die Bevölkerung durch eine von Athen ausgehende Binnenkolonisation allmählich zugenommen zu haben. Auch die neuen Aktivitäten in der Silber- und Bleigewinnung bei Thorikos um 900 können von Athen aus initiiert worden sein.[180]

b) Probleme der Auswertung des Materials

Die relative Fundleere in Attika im 11. und 10. Jahrhundert deutet darauf hin, daß damals dorische und nordwestgriechische Gruppen sich hier nicht einmal zeitweilig anzusiedeln vermochten. Zwar haben Dorier und Nordwestgriechen nicht in massiven Wellen, sondern in kleineren Scharen ihre historischen Wohnsitze okkupiert. Um die Mitte des 11. Jahrhunderts scheint sich aber in der Peloponnes die Infiltration neuer Zuwanderer verstärkt zu haben. Wenn diese Bewegungen das Siedlungsbild in Attika in keiner Weise beeinflußt haben und hier auch von Boiotien aus sich keine größeren Gruppen von Nordwestgriechen festzusetzen vermochten, stellt sich die Frage, ob Invasoren möglicherweise in Attika auf starke Gegenwehr trafen. Sollte dies der Fall gewesen sein, kann der Widerstand nur von Athen aus organisiert worden sein. Zwar enthalten die athenischen Sagen vom Opfertod des Königs Kodros und von der Heldentat des Melanthos in Abwehrkämpfen gegen „Peloponnesier" und Boioter schwerlich Erinnerungen an bestimmte Auseinandersetzungen mit Invasoren, doch besteht kein Zweifel, daß keine andere Siedlung in Attika um oder nach 1100 bzw. im Laufe des 11. Jahrhunderts in der Lage gewesen wäre, genügend Kräfte zur Abwehr drohender Gefahren zu mobilisieren.[181]

zu den Funden in Aliki, Marathon, Eleusis, Brauron und Thorikos: Desborough, Dark Ages 159f., 363f. – Anavyssos: P. Lazaridis, AD 25 (1970), Chron. 145–153. – Merenda: I. Papadimitriou, Ergon 1960, 30–37; D. Lazaridis, AAA 1 (1968) 31–35. – Nea Ionia: E. L. Smithson, The Protogeometric Cemetery at Nea Ionia, 1949, Hesperia 30 (1961) 147–178. – Neuere Funde bei Marathon: H. W. Catling, AR 1984/85, 11. Eine Übersicht über alle Grabfunde bietet jetzt J. Whitley, Style and Society in Dark Age Greece, Cambridge u. a. 1991, 199ff.

[180] Vgl. J. Bingen, L'établissement du IXe siècle et les nécropoles du secteur ouest 4, in: H. F. Musche – J. Bingen et alii (Hrsg.), Thorikos 1964, Rapport préliminaire sur la deuxième campagne de fouilles, Brüssel 1967, 29f.

[181] Daß kleine attische Siedlungen in den „Dunklen Jahrhunderten" einen athenischen Basileus als ihren „Heerführer" betrachteten, vermutet W. G. Runciman, Origins of the State: The Case of Archaic Greece, CSSH 24 (1982) 374; s. auch van Effenterre, Cité grecque 172f. Anders etwa K. A. Raaflaub, Athenische Geschichte und mündliche Überlieferung, in: J. v. Ungern-Sternberg u. H. Reinau (Hrsg.), Vergan-

Das skizzierte Verteilungsmuster der Funde aus dem 11. und 10. Jahrhundert widerlegt auf jeden Fall die in der Forschung mehrfach vertretene These, daß die politische Einigung der attischen Halbinsel als Eingliederung ehemals selbständiger Kleinstaaten in den Verband des athenischen Staates interpretiert werden müsse und der Synoikismos des Theseusmythos erst gegen Ende des 8. Jahrhunderts mit der Einbeziehung von Eleusis zum Abschluß gelangt sei. Sicherlich war Attika in submykenischer und protogeometrischer Zeit außerhalb Athens nicht völlig entvölkert. Es ist indes schwer vorstellbar, daß kleine und kleinste Siedlungseinheiten, die kaum die Größe eines Dorfes hatten, unabhängige „politische" Einheiten bildeten. Im Demeterhymnus, einem in der Überlieferung Homer zugeschriebenen Gedicht, das wie die beiden großen Epen ältere poetische Elemente tradiert und wohl in die Zeit um 700 v. Chr zu datieren ist, werden zwar „Basileis" in Eleusis erwähnt, doch besagt dies nicht, daß Eleusis noch selbständig war, als der Hymnus verfaßt wurde, da der Basileusbegriff keineswegs nur auf „Monarchen" zu beziehen ist, sondern generell Angehörige der Oberschicht bezeichnen kann.[182] Ebensowenig ist die Existenz des Kultverbandes der sog. marathonischen Tetrapolis, die aus den Orten Marathon, Trikorythos, Oinoë und Probalinthos bestand und eigene Festgesandtschaften nach Delphi und Delos schickte, ein Beweis für eine sukzessive Einigung Attikas im Verlauf der „Dunklen Jahrhunderte". Der Kultverband der Tetrapolis ist jedenfalls kein Beleg für eine ältere „staatliche Einheit" im Raum von Marathon, denn die zeremonielle Repräsentation jener Kultgenossenschaft in Delphi setzt nicht nur die Entwicklung des Orakels zu einer gesamthellenischen Instanz, sondern auch eine dichtere Besiedlung der Tetrapolis voraus, die sich für das 11. und 10. Jahrhundert nicht nachweisen läßt.

So kann von „Staatlichkeit" oder „Kleinstaaten" im nachmykenischen Attika keine Rede sein. Bereits in mykenischer Zeit hatte sich hier – wie bereits dargelegt – keine staatliche Organisation im eigentlichen Sinne herausgebildet, da die Machtposition des athenischen Wanax im 13. Jahrhundert eher auf der Ausweitung einer palatialen Oikosorganisation beruhte. Wenn damals lokale Herren eine gewisse Eigenständigkeit zu behaupten vermochten, konnten hieraus nach dem Zerfall des Palastsystems schon deshalb keine „Kleinstaaten" entstehen, weil spätestens nach 1100 der Entwicklung partikularer Gewalten durch den Rückgang der Siedlungstätigkeit der

genheit in mündlicher Überlieferung (Colloquium Rauricum Bd. 1), Stuttgart 1988, 209, Anm. 56; ders., Expansion und Machtpolitik in frühen Polis-Systemen, in: Eder, Staat 519, der unabhängige Dörfer in Attika annimmt.

[182] Vgl. J. Sarkady, Attika im 12. bis 10. Jahrhundert, ACD 2 (1966) 12; R. A. Padgug, Eleusis and the Union of Attika, GRBS 13 (1972) 135–150. Demgegenüber nimmt Manville, Citizenship 68, ein selbständiges Königtum in Eleusis an.

Boden entzogen worden wäre. Im übrigen bildeten sich auch in Athen selbst lange Zeit noch keine staatlichen Strukturen heraus, sofern man eine institutionelle Ordnung als Kriterium für Staatlichkeit wertet. Macht und Herrschaft blieben personengebunden, konnten aber nur noch in einem sehr viel bescheideneren Rahmen als in mykenischer Zeit ausgeübt werden.

Aussagen über die Machtverhältnisse im submykenischen und protogeometrischen Athen sind selbstverständlich problematisch. Die athenische Königsliste läßt sich hierfür nicht verwerten.[183] Sie basiert auf der Annahme, daß Angehörige des Hauses der sog. Kodriden oder Medontiden jahrhundertelang die Macht in Athen ausübten. Die Kodriden oder Medontiden werden indes in der späteren Überlieferung nicht generell als „Könige" (Basileis) bezeichnet. Nach anderer Version wurde unter Medon, dem Sohn des Kodros, oder unter seinem Nachfolger Akastos angeblich das Amt des Archon, d. h. „Regenten" eingerichtet, als einer der beiden Herrscher auf das Königtum verzichtet habe und nunmehr „Regent" auf Lebenszeit geworden sei. Dieses „Amt" soll fortan gleichsam in Erbfolge den Kodriden übertragen worden sein, bis es angeblich im Jahre 753 v. Chr. auf zehn Jahre befristet wurde. Auch das zehnjährige Archontat hätten in einem Zeitraum von vier Amtsperioden nur Kodriden bekleidet, ehe 714/13 v. Chr. die gesamte adlige Oberschicht der sog. Eupatriden regimentsfähig geworden sei. Nach drei weiteren zehnjährigen Archontaten soll dann 683/82 die Amtszeit des Archonten jeweils auf ein Jahr beschränkt worden sein.

Das „Archontat auf Lebenszeit" ist eine bloße Konstruktion, wie allein schon die Datierung in die Jahre 1069 (Medon) oder 1049 v. Chr. (Akastos) zeigt. Der Zeitansatz ist ein Produkt sehr viel späterer „Berechnungen", denen keine verläßlichen Nachrichten aus jener Zeit vorlagen. Die Fiktion der Übertragung eines neu geschaffenen Führungsamtes an den entmachteten „König" ist nicht nur in sich widersprüchlich. Hierdurch wird zudem eine „Polisinstitution" für eine Zeit postuliert, in der es nirgendwo in der griechischen Welt fixierte Regelungen zur Einsetzung von Funktionsträgern gab. Im übrigen hätte ein Archon auf Lebenszeit eine geradezu monarchische Machtfülle erhalten. Die Erfinder dieser Version von den Anfängen des Archontats hatten keine Vorstellung von den Verhältnissen im 11. Jahrhundert.

Aristoteles bzw. der Autor der Abhandlung über den ›Staat der Athener‹ (Athenaion Politeia), die unter dem Namen des Aristoteles überliefert ist und wohl zwischen 329/28 und 327/26 v. Chr. ediert wurde, läßt die Frage un-

[183] Hierzu und zum Folgenden ausführlich F. Jacoby, Die attische Königsliste, Klio 2 (1902) 406–439; ders., Atthis 121 ff.; ders., FgrHist III b (Supplem.) Text 43–51; Notes 49–65. Vgl. auch de Sanctis, Atthis 99–116; Hignett, Athenian Constitution 38 ff.; Drews, Basileus 86 ff.; Rhodes, Commentary 98 ff.; Carlier, Royauté 360 ff.

entschieden, ob das angeblich lebenslängliche Archontat bereits unter Medon oder erst unter dessen Nachfolger Akastos eingeführt wurde. Der Verfasser dieser Schrift hält aber das Amt des Polemarchos – des „Kriegsherrn“ oder Heerführers – sogar für älter als das Archontat (Ath. Pol. 3,3). Hiernach hätte also der „König“ schon vor der Umwandlung seiner Stellung in ein lebenslängliches „Amt“ – d.h. angeblich vor Mitte des 11. Jahrhunderts – im Kriegsfall nicht mehr die Führung des Heeresaufgebotes übernommen. Auch in diesem Fall ergibt sich schon aus dem Zeitansatz, daß es sich wiederum um reine Konstruktion handelt. Zweifellos ist aber auch das zehnjährige Archontat eine spätere Erfindung. Auch dieses „Amt“ wäre einem Gewaltmonopol mit monarchischen Zügen gleichgekommen, das sich vom lebenslänglichen Archontat kaum unterschieden hätte.

Für die Beurteilung der Glaubwürdigkeit der verschiedenen Versionen über Königtum und „Archontat“ der Kodriden bzw. Medontiden ist es unerheblich, ob die Überlieferung über die angeblich in die Königszeit zurückreichende Geschichte des höchsten Amtes in Athen ein Fabrikat der attischen Lokalhistorie (Atthidographie) des vierten Jahrhunderts darstellt[184] oder bereits der Logograph Hellanikos von Lesbos im ausgehenden 5. Jahrhundert das zehnjährige Archontat für seine Darstellung der athenischen Geschichte („Atthis“) erfunden hat. Der Rekonstruktion der athenischen Frühgeschichte in der vorliegende Tradition liegt jedenfalls die Vorstellung zugrunde, daß die nachmykenischen Leiter der Gemeinschaft bereits Funktionen der späteren höchsten Jahresbeamten der Polisgemeinschaft ausgeübt haben und die Einrichtung neuer Ämter eine Teilung und Ausfächerung von Kompetenzen darstellte, die man dem angeblichen Gewaltmonopol eines „Königs“ zugeordnet hat. Als Erklärungsmodell diente somit die institutionelle Polisordnung. Fixierte Kompetenzen für bestimmte Führungsaufgaben hat es aber vor der Polisbildung und der hiermit verbun-

[184] Vgl. Jacoby, FgrHist III b (Supplem.) Text 16, 43ff., der vermutet, daß diese Version auf den Atthidographen Kleidemos zurückgeht. – Phantasievoll erscheint die These Carliers, Royauté 368f., wonach schon im 7. Jahrhundert „einflußreiche Aristokraten“ in Athen versucht hätten, aus politischen Gründen die Anfänge des Archontats möglichst früh zu datieren, während in dem entmachteten Königshaus die Erinnerung an die Basileia der Medontiden bewahrt worden sei. Carlier postuliert eine regelrechte Gewaltenteilung bei der Einrichtung der Jahresämter. – Eine erstaunliche Theorie vertritt auch Sakellariou, Polis-State 328f., der annimmt, daß nach dem Zusammenbruch des mykenischen „Staates“ in Attika eine Konföderation entstand, die Attika und Euboia sowie Oropos, Tanagra und Aulis umfaßte. Der athenische „Erbkönig“ habe als “elected life archon” dieses angeblich schon aus “polis-states” bestehende Gemeinwesen geleitet. Diese Annahme eines Zusammenschlusses von angeblichen Polisstaaten zu einem Großverband mit staatlichem Charakter in den „Dunklen Jahrhunderten“ ist völlig unrealistisch.

denen Institutionalisierung öffentlicher Organe des Gemeinschaftslebens zweifellos nicht gegeben. Darüber hinaus stellt sich die Frage, ob es in den „Dunklen Jahrhunderten" in Athen überhaupt monarchische Herrschaftsformen im Sinne der erst im 5. Jahrhundert v. Chr. entwickelten griechischen Verfassungstypologie gegeben hat.

Jene athenischen Krieger, die in protogeometrischen Waffengräbern beigesetzt waren und offenbar zu einer sozial herausgehobenen Personengruppe gehörten, die es sich leisten konnte, wertvolle Eisenwaffen als Totenbeigaben zu verwenden, hatten schwerlich die Funktionen eines Leiters des gesamten Siedlungsverbandes in Athen ausgeübt. Ein Vergleich der athenischen Statuspersonen in protogeometrischer Zeit mit der besser faßbaren damaligen Führungsgruppe in Lefkandi ist hier naheliegend. Hierbei muß die Gesamtsituation in jenen beiden Siedlungskomplexen berücksichtigt werden. In Lefkandi war eine Reihe von Gräbern überaus reich ausgestattet. Der Aufschwung setzte dort bereits im späten 11. Jahrhundert ein.[185] Zu den Grabbeigaben zählen u. a. Fayenceketten und Vasen aus Phoinikien, Bronzegefäße aus Kypros und Ägypten sowie Glasperlen und Goldschmuck. Die nachmykenischen (heute nach Flurstücken benannten) Gräberfelder gehörten nicht mehr zu der im 11. Jahrhundert bereits verlassenen SH III C-Siedlung auf dem Xeropolishügel unmittelbar an der Küste, sondern lagen weiter nördlich, wo eine neue Siedlung entstanden war. Luxusartikel in großer Zahl fanden sich vor allem in der Toumbanekropole,[186] an deren Westrand 1980/81 die bisher eindrucksvollste protogeometrische Anlage – ein 45 m langer dreigeteilter Bau aus dem frühen 10. Jahrhundert mit einer hölzernen Pfeilerringhalle und einem apsidialen Abschluß – aufgedeckt wurde.[187] Im Mittelteil des Langhauses befand sich ein Doppelgrab mit dem Skelett einer jungen Frau und den Aschenresten eines kremierten männlichen Toten in einer mit Jagdszenen geschmückten Bronzeamphore. Offenbar war das Gebäude kurze Zeit als Stätte der Verehrung („Heroon") der hier bestatteten Toten benutzt worden, da die im Innern gefundene Keramik stilistisch im wesentlichen einheitlich ist. Als ein Teil der Mauern über

[185] Vgl. M. R. Popham – L. H. Sackett – P. G. Themelis (Ed.), Lefkandi I. The Iron Age. The Settlement. The Cemeteries, London 1980, 356 ff.; P. Blome, Lefkandi und Homer, WJb, N. F. 10 (1984) 9 ff.

[186] M. R. Popham – E. Touloupa – L. H. Sackett, Further Excavations of the Toumba Cemetery at Lefkandi, 1981, BSA 77 (1982) 213 ff.

[187] M. R. Popham – E. Touloupa – L. H. Sackett, The Hero of Lefkandi, Antiquity 56 (1982) 169 ff.; P. G. Calligas, Herocult in Early Iron Age Greece, in: Early Greek Cult Practice. Proceedings of the Fifth International Symposium at the Swedish Institute at Athens, 26–29 June 1986, ed. by R. Hägg – N. Marinatos – G. C. Nordquist, Stockholm 1988, 229 ff.

einem älteren mykenischen Grab einstürzte, wurde das gesamte Langhaus mit Ziegelschutt und Erde gefüllt und mit einem gewaltigen Grabhügel überdeckt. Zu den Totengaben des Mannes gehörten ein Schleifstein, eine eiserne Lanzenspitze und ein Langschwert. Der Waffenfund in diesem „Heroon" war somit nicht umfangreicher als in athenischen Kriegergräbern jener Zeit. Ungewöhnlich kostbar waren jedoch die Beigaben der Frau. Sie bestanden aus einem Eisenmesser mit Elfenbeingriff, zwei goldenen Spiralen, einem Goldmedaillon mit einer Kette aus Fayenceperlen, zwei goldenen Brustscheiben, einem Pektorale und Gewandnadeln aus Bronze und Eisen. Unmittelbar neben dem Doppelgrab fanden sich in einer Grube die Skelette von vier Pferden, die wohl bei der Begräbnisfeier den Leichenwagen gezogen hatten. Eine Überraschung war aber vor allem auch die Konstruktion des Langhauses, das ein einzigartiges architektonisches Zeugnis der protogeometrischen Zeit darstellt, in der die Häuser durchweg klein und ärmlich waren. Zweifellos befand sich in Lefkandi der Sitz eines großen Oikosherrn mit Gefolgsleuten und sonstigen Abhängigen. Es wäre indes problematisch, zur Erläuterung seiner Position auf die Abhängigkeitsverhältnisse im Oikos eines „adligen Herrn" und Siedlungsführers (Basileus) der „homerischen Welt" zu verweisen. Die epische Schilderung der Personen und ihrer Rechtsstellung auf dem „Gut" eines „homerischen" Basileus kann schon deshalb nicht einfach auf die Situation in Lefkandi im frühen 10. Jahrhundert übertragen werden, weil bis zur Fixierung der Epen im späten 8. Jahrhundert durch die Bevölkerungszunahme generell neue demographische Rahmenbedingungen entstanden waren und sich hierdurch auch die soziale Schichtung teilweise verändert hatte. Nur soviel ist deutlich, daß jener jetzt allgemein als „Heros von Lefkandi" bezeichnete Oikosherr bereits beachtliche Ressourcen gewonnen hatte und die dominierende Persönlichkeit in seiner Siedlung war. Er hatte dort zu seiner Zeit schwerlich gleichrangige Konkurrenten. Einige seiner Nachfahren waren vermutlich in reichen Gräbern der Toumbanekropole in der Nähe seines großen Grabhügels bestattet.

Eine ausgeprägte Führungshierarchie ist demgegenüber in Athen nicht erkennbar. Andererseits war freilich der „Heros von Lefkandi" wohl nur der „Erste" eines relativ begrenzten Personenkreises.[188] Im Raum von Lefkandi lebten damals sicherlich weit weniger Menschen als in Athen, wo eine Art Koexistenz mehrerer dörflicher Gemeinschaften bestand. Da aber auch in Athen zweifellos Rang- und Statusunterschiede existierten, die in den Grabbeigaben zum Ausdruck kommen, waren die in Waffengräbern bestatteten

[188] Das dortige Heroon gilt freilich allgemein als „Fürstengrab" oder "royal tomb". A.M. Snodgrass, Two Demographic Notes, in: Hägg, Greek Renaissance 167ff., warnt demgegenüber mit Recht davor, die Bedeutung Lefkandis zu überschätzen.

Toten wahrscheinlich hervorragende Krieger mit Führungspositionen in den segmentären Gemeinschaften der Athener Einzelsiedlungen, zumal diese Gräber in verschiedenen Nekropolen liegen, die offensichtlich getrennten Wohnkomplexen zuzuordnen sind.

Dies schließt die Existenz eines „führenden Hauses" im gesamten Siedlungsareal Athens keineswegs aus. Zwar gab es in protogeometrischer Zeit auf dem Burgberg wohl kaum noch einen eindrucksvollen Herrschersitz. Die kultische Kontinuität im einstigen Palastbereich blieb jedoch gewahrt. Auf der Akropolis lagen uralte Kultmale (wie Kekrops- und Erechtheusgrab, Pandroseion, Dreizackmal und Salzquelle des Poseidon und der Ölbaum der Athena), die im athenischen Kult und Mythos ihre Bedeutung stets behielten. Der Wanax der mykenischen Zeit war einst auch der erste Repräsentant der Bevölkerung seines Herrschaftsbereichs gegenüber den Gottheiten, und in der Tradition ritueller Rollen der Frühzeit stehen letztlich noch die Funktionen des späteren Archon Basileus, des sakralen Oberbeamten der athenischen Polis. Wenn diese Tradition in den „Dunklen Jahrhunderten" nach dem Zerfall des Palastsystems nicht unterbrochen wurde, gab es damals vermutlich weiterhin einen „Ersten" im gesamten Athener Siedlungsareal, der zumindest kultische Funktionen ausübte, die einst dem Wanax vorbehalten waren. Darüber hinaus wird er aber auch allgemeine Ordnungs- und Schlichtungsaufgaben wahrgenommen haben. Er besaß in dieser Position indes sicherlich ebensowenig ein monarchisches Gewaltmonopol wie der Führer eines Aufgebotes der „homerischen Zeit", der als „Erster", als βασιλεύτατος (Il. IX 69), im Kreise ranghoher Gefolgschaftsführer (Basileis) galt.

So läßt die Koexistenz der benachbarten Dörfer auf dem Boden Athens auf ordnungsstiftende Führungspositionen und hieraus resultierende Steuerungsmechanismen im Rahmen einer sozialen Rangordnung schließen, die dann in geometrischer Zeit sich deutlicher ausprägte. Insgesamt gesehen ist aufgrund der Siedlungsstruktur in Athen und im Hinblick auf die später faßbare Herausbildung gesamtgesellschaftlicher Zentralinstanzen ein gleichsam dualistisches Führungssystem anzunehmen, d. h. neben der Führungsrolle hervorragender Krieger in den einzelnen Wohnkomplexen ist eine ranghöhere Position des Repräsentanten eines führenden Hauses im gesamten Siedlungsverband zu vermuten, ohne daß diese Rollenverteilung bereits Formen institutioneller Ordnung annahm. Gemessen an dem Lebensstil der Oberschicht in homerischer Zeit waren die Mittel der führenden „Athener" im 11. und 10. Jahrhundert generell noch recht begrenzt, und wir wissen nicht, ob hier ein dominierendes Haus bereits ähnlichen Reichtum gewinnen konnte wie der sog. Heros von Lefkandi. Wenn es aber in Athen gleichsam in der Nachfolge mykenischer Herrscher eine führende Familie gegeben hat, war die Position ihrer Repräsentanten zweifellos stärker als die

Stellung eines Siedlungsführers in Lefkandi, da sie gegebenenfalls eine größere Zahl von Wehrfähigen aufbieten und wohl auch ihren Einfluß in den wenigen Kleinsiedlungen Attikas geltend machen konnten.[189]

Die Einfachheit der Lebensverhältnisse bedeutete im übrigen nicht das Ende einer spezialisierten Güterproduktion oder ein Absinken auf eine primitive Stufe einer rein bäuerlichen Subsistenzwirtschaft. Das athenische Schmiedehandwerk war in der Lage, die technischen Innovationen der Eisenverarbeitung zu übernehmen. Des weiteren zeigen vor allem die vom protogeometrischen Töpferhandwerk Athens ausgehenden Impulse, daß die dortigen Siedlungen in ein Geflecht von relativ weiträumigen Kontakten einbezogen waren.

Andererseits manifestiert sich in der Anlage der Nekropolen im Kerameikos aber auch die Intensität von Nahverhältnissen auf verwandtschaftlicher und nachbarschaftlicher Basis in dörflichen „Genossenschaften", die als segmentäre Gruppen innerhalb des gesamten Siedlungsverbandes trotz des allgemeinen Wandels der sozialen Strukturen ein Element der Kontinuität darstellten, wie immer sich ihre Funktionen verändert haben mögen, als die Einbindung des da-mo der mykenischen Zeit in die Palastorganisation obsolet wurde. Die späteren genossenschaftlich organisierten Verbände der Phylen und Phratrien sind aus dem sozialen Beziehungsgeflecht einer Kleingesellschaft entstanden, in der das altmediterrane Erbe proto-urbaner Strukturen noch weiterlebte und in der auch die sozial herausgehobenen Statuspersonen verwurzelt waren. So war das Ende des mykenischen Systems in Athen keine „Stunde Null", es bedeutete keinen völligen Neubeginn. Wohl aber lebten hier alle Schichten der Gesellschaft in enger Nachbarschaft, als auf der Akropolis kein Wanax mehr residierte. Insofern ergaben sich in Athen ähnliche soziale Rahmenbedingungen des Gemeinschaftslebens wie an zahlreichen anderen Orten, die später Kristallisationskerne der Polisbildung werden sollten. Auf der Basis solcher Kleingesellschaften sind letzlich

[189] Die damalige Bevölkerungszahl Athens läßt sich freilich nicht einmal annäherungsweise schätzen. Snodgrass, a.a.O. 171, vermutet aufgrund der Gräberzahlen, daß auch in größeren Siedlungen nicht mehr als ein- bis zweihundert Menschen lebten. Neue Funde verändern indes immer wieder das Bild, wie der vor einigen Jahren in der Vasilissa-Sophia-Allee entdeckte submykenisch-protogeometrische Friedhof zeigt (H.W. Catling, AR 1983/84, 7). – Morris, Burial 93ff., sucht den Befund der Gräber in den Dark Ages damit zu erklären, daß in den meisten uns bekannten Nekropolen vom Beginn der protogeometrischen Zeit bis etwa 750 nur Angehörige der grundbesitzenden Schichten bestattet worden seien. Alle anderen Mitglieder der Gesellschaft jener Jahrhunderte betrachtet Morris als Abhängige im Status der Hörigkeit ("serfdom"). Die von ihm postulierte Abhängigkeit der breiten Masse der Bevölkerung Athens zwischen ca. 1050 und 750 läßt sich indes nicht verifizieren.

die Gemeinschaften von Polisbürgern (Politen) entstanden. Durch die Kleinräumigkeit der Siedlungen war bereits im späten zweiten Jahrtausend ein Rahmen vorgegeben, der nicht mehr gesprengt werden konnte, als die soziale Schichtung sich wieder stärker ausprägte und institutionelle Formen der Regelung des Gemeinschaftslebens sich entwickelten. So ist das Band personaler Beziehungen, das in den einfacheren gesellschaftlichen Verhältnissen des 11. und 10. Jahrhunderts die Siedlungsgemeinschaften einte, im Zuge der Entstehung einer komplexeren Sozialstruktur und der Institutionalisierung der wichtigsten Organe des öffentlichen Lebens nicht zerrissen. Die großen Linien dieser Entwicklung lassen sich über die homerische Welt zurückverfolgen bis in die frühen „Dunklen Jahrhunderte", in denen infolge der begrenzten Zahl der Wehrfähigen und der beschränkten Ressourcen neue Formen sozialer Kommunikation in den einzelnen Siedlungen entstanden. Da das Instrumentarium der mykenischen Palastorganisation nicht mehr existierte und damit auch die Ausrichtung nach „oben", d.h. die Orientierung auf die Zentrale sich erübrigte, gab es praktisch keine Zwischeninstanz zwischen den Siedlungsführern und der übrigen Bevölkerung. Der Siedlungsführer mußte sich mit anderen ranghohen Mitgliedern der Gemeinschaft beraten und sich darüber hinaus auch an die Gesamtheit der Wehrfähigen wenden, wenn bestimmte Gemeinschaftsaktionen erforderlich wurden. Zweifellos entwickelten sich aus diesen Anfängen die „homerischen" Formen des Adelsrates und der Heeres- und Volksversammlungen, die wiederum Vorstufen späterer Polisinstitutionen waren.

Im Wandel des Sozialgefüges in den „Dunklen Jahrhunderten" sind offenbar auch Erfahrungen der Rechtswahrung, die bis in die Bronzezeit zurückreichen, nicht verlorengegangen. Im homerischen Epos gelten „verpflichtende Verhaltensnormen und gerechte Richtersprüche" (θέμιστες und δίκαι) als Zeichen einer geordneten Gemeinschaft (Od. 9, 112 und 215). Das Recht ist nicht kodifiziert, sondern die Fähigkeit, richtige Entscheidungen zu finden, wird dem Basileus von Zeus zusammen mit dem Szepter, dem äußeren Zeichen der Autorität und Würde, verliehen (Il. II 204–206).[190] Die szepterführenden Herrscher sind Friedenswahrer (δικασπόλοι: Il. I 238 f.; Od. 11, 186) und Garanten der Themistes. In Erfüllung dieser Aufgaben bürgt der Herrscher durch seine Gerechtigkeit für die Wohlfahrt des Landes und des Volkes (Od. 19, 109 ff.). Er beschirmt seine Leute nicht nur durch physische Kraft, sondern auch durch richtige Entscheidungen in Streitfällen (Il. XVI 542; Od. 3, 244). Die Rechts- und Verhaltensnormen (Themistes)

[190] Grundlegend hierzu K. Latte, Der Rechtsgedanke im archaischen Griechentum, Antike u. Abendland 2 (1946) 63 ff., Nachdruck in: Berneker, Griech Rechtsgesch. 77 ff.; vgl. auch H. J. Wolff, Gewohnheitsrecht und Gesetzesrecht in der griechischen Rechtsauffassung, ebd. 99 ff.

gehen zwar auf Zeus zurück,[191] sind aber nicht eigentlich göttliche, geoffenbarte Satzung, sondern Auswirkungen göttlicher Macht, die auch als Ursprung der Herrschaft des Basileus gesehen wird.[192] Der Herrscher ist gleichsam von der Gottheit inspiriert, wenn er die Themistes feststellt sowie durch seine Dikai zum Ausdruck bringt und so eine „richtige" (gerechte) Lösung findet, d.h. verkündet, was „recht", „angemessen", „erlaubt" (θέμις) ist, was der Norm, d.h. der anerkannten Ordnung entspricht und Pflichten und Verhalten der Menschen regelt. Diese Rechtsvorstellungen sind schwerlich erst in „homerischer" Zeit entstanden. Zweifellos verfügte bereits die mykenische Welt über formale Methoden der Streitbeilegung. In pylischen Linear B-Tafeln ist ein Rechtsstreit um ein Landstück zwischen einer Priesterin und einer Damos-Gemeinschaft belegt.[193] Der Ausgang des Verfahrens ist nicht bekannt, doch zeigen die Tafelnotizen, daß sich die Parteien nicht auf kodifiziertes Recht berufen konnten.[194] Die Damos-Gemeinschaft machte einen Rechtsanspruch geltend, der Bestandteil ihrer Sozialordnung war. Die Entscheidung mag durch die Palastverwaltung bzw. einen ihrer Funktionäre gefällt worden sein.[195] Im Epos sind es die Herrschenden oder andere Kundige, die Weisungen im Rechtsstreit erteilen. So wird in der Beschreibung der berühmten „Prozeßszene" auf dem Schild des Achill die formale Regelung einer Streitsache geschildert, die durch einen „geraden", d.h. richtigen Spruch eines Richters geklärt werden soll (Il. XVIII 497ff.). Offensichtlich stehen in den beiden großen Epen die Rechts- und Ordnungsvorstellungen und das hieraus resultierende Bewußtsein der Gefährdung der Gemeinschaft durch Mißachtung des Rechts oder Duldung des Unrechts (Il. XVI 386ff.) bereits in einer langen Tradition. Die mykenische Zeit und die

[191] Hesiod, Op. 276ff.; vgl. W.-L. Liebermann, Die Hälfte mehr als das Ganze. Zu Hesiods Rechtfertigung der „Werte", Hermes 109 (1981) 388f.

[192] Vgl. H.J. Wolff, Vorgeschichte und Entstehung des Rechtsbegriffs im frühen Griechentum, in: W. Fikentscher (et alii), Entstehung und Wandel rechtlicher Traditionen, Freiburg–München 1980, 573.

[193] Vgl. J. Kerschensteiner, Die mykenische Welt in ihren schriftlichen Zeugnissen, München 1970, 32ff.

[194] C.G. Thomas, Mycenaean Law in its Oral Context, SMEA 25 (1984) 247ff.

[195] Vgl. H. van Effenterre, Droit et prédroit en Grèce depuis le déchiffrement du linéaire B, in: Symposion 1985 (1989) 5, der annimmt, daß die Palastverwaltung «une procédure de litis contestatio en bonne et due forme» kannte. – Unsicher ist, ob die in einer Tafel aus Knossos belegte Wendung o-u-te-mi ein Verbot enthält und in etwa der Formel οὐ θέμις entspricht, wie van Effenterre ebd. S. 4 vermutet. Vgl. J. Chadwick – L. Godart – J.T. Killen – J.-P. Olivier – A. Sacconi – J.A. Sakellarakis, Corpus of Mycenaean Inscriptions from Knossos, I, Rom 1986, V 280. Dazu M. Ventris – J. Chadwick, Documents in Mycenaean Greek, Cambridge ²1973, 476; L.R. Palmer, Mycenaean Religion. Methodological Choices, in: Heubeck – Neumann, Res Mycenaeae 341.

„Dunklen Jahrhunderte" können nicht ausgeklammert werden aus jener Entwicklung, die in Griechenland zur Entstehung einer auf dem Recht beruhenden Gemeinschaftsordnung in den einzelnen Poleis führte.[196]

[196] Irreführend ist freilich die von Sakellariou, Polis-State 302ff., 344ff., 436f., 473, vertretene These, daß „Invasoren, Flüchtlinge oder Kolonisten" zwischen 1125 und 900 v. Chr. auf der Peloponnes, auf Kreta, auf den Ägäisinseln und in Kleinasien sowie „landbesitzende attische Aristokraten" um 1000 in Attika und auf Euboia „Polisstaaten" gegründet hätten. Sakellariou will Kleinsiedlungen in den „Dunklen Jahrhunderten" staatlichen Charakter zuerkennen und nimmt zudem an, daß in einem siedlungsarmen Raum wie Attika um 1000 „eine Reihe von Staaten" (a number of states) gegründet wurde, die angeblich eine Konföderation gebildet hätten (vgl. oben Anm. 184). Zur Problematik siehe auch W. Donlan, The Pre-State Community in Greece, SO 64 (1989) 5–29.

II. DIE ENTSTEHUNG DES POLISVERBANDES

1. Problemstellung und Quellenlage

Als um 630 v. Chr. der athenische Olympiasieger Kylon, Schwiegersohn des Tyrannen Theagenes von Megara, mit einer kleineren Schar von „Gefährten" (Hetairoi) aus Kreisen der attischen Oberschicht die Herrschaft in Athen zu gewinnen versuchte, existierten hier bereits seit längerem reguläre und funktional ausgefächerte, d. h. für bestimmte Aufgaben zuständige Magistraturen, die als Elemente einer institutionellen Ordnung zu bezeichnen sind. Wenn die Institutionalisierung gemeinschaftsbezogener Aufgaben und Funktionen als Kriterium der Staatlichkeit einer Gesellschaft gelten kann, hatte somit der in Athen und Attika bestehende Personenverband zumindest durch seine alternierenden, durch ein geregeltes Verfahren eingesetzten Jahresbeamten in gewisser Weise damals schon staatlichen Charakter gewonnen. Der hierdurch erreichte Organisationsgrad war kein Sonderfall im griechischen Siedlungsraum. Bedeutende Primärquellen für institutionelle Regelungen im späten 7. Jahrhundert bzw. um 600 v. Chr. sind ein inschriftlich erhaltener Beschluß der ostkretischen Polis Dreros mit strengen Vorschriften für die Einsetzung der höchsten Beamten, eine neue Inschrift aus Tiryns mit einem wertvollen Beleg für das Beschlußrecht des Damos (d. h. der Volksversammlung) und eine Stele aus Kerkyra (Korfu), wonach der dortige Damos die Errichtung eines Erinnerungsmales für einen Proxenos (Gastfreund der Gemeinde) verfügt hat.[1] In Sparta waren spätestens im ausgehenden 7. Jahrhundert nach den durch den zeitgenössischen Dichter Tyrtaios bestätigten Bestimmungen der sog. Großen Rhetra („Satzung"), die als Weisung des Orakels in Delphi galt, Kompetenzen des Doppelkönigtums, des Ältestenrates (Gerousia) und der Volksversammlung in wichtigen Punkten fixiert.[2] Die Entwicklung staatlicher Strukturen vollzog sich freilich in den verschiedenen Regionen Griechenlands gleichsam phasenverschoben und in unterschiedlichem Tempo sowie auch in einem verschieden-

[1] Dreros: Meiggs – Lewis Nr. 2; vgl. V. Ehrenberg, Eine frühe Quelle der Polisverfassung (zuerst: CQ 37, 1943, 14–18), in: Gschnitzer, Griech. Staatskunde 26–35. Tiryns: N. Verdelis – M. Jameson – J. Papachristodoulou, AE 1975, 150–205; vgl. R. Koerner, Tiryns als Beispiel einer frühen griechischen Polis, Klio 67 (1985) 452–457. Kerkyra: Meiggs–Lewis Nr. 4. Dazu jetzt U. Ecker, Grabmal und Epigramm, Stuttgart 1990, 88 ff.

[2] Plut. Lyk. 6,2; vgl. Tyrtaios Frgm. 14 Gentili – Prato = 3 a Diehl.

artigen territorialen Rahmen. Sparta und Athen waren im griechischen Mutterland durch die Größe ihrer Gebiete als Polisstaaten Ausnahmen. Während aber Sparta im 8. und 7. Jahrhundert v. Chr. durch Expansion ein ungewöhnlich großes Territorium gewinnen konnte und die Bevölkerung in den hierdurch in Abhängigkeit geratenen Gebieten teils den Status politisch minderberechtigter Perioiken erhalten hatte, teils helotisiert, d. h. kollektiv versklavt worden war, vollzog sich in Attika eine Ausweitung und Übertragung innerathenischer Sozialstrukturen im Zuge einer weitgehend von Athen ausgehenden Siedlungsaktivität etwa seit dem späten 10. oder frühen 9. Jahrhundert. Die Kontakte zwischen dem Verband der Siedlungen auf dem Boden Athens und den wenigen nachmykenischen Kleinsiedlungen in Attika waren zwar zuvor zweifellos nie unterbrochen, doch verstärkten sich diese Beziehungen und Bindungen nunmehr durch Binnenkolonisation und allmähliche Bevölkerungszunahme. Neue Siedler in attischen „Landgebieten", die aus Athen stammten, blieben Mitglieder der Personengemeinschaft des athenischen Siedlungsverbandes, wuchsen aber andererseits in neue Nahverhältnisse hinein oder konstituierten durch ihre Siedlungstätigkeit neue kleinere Gemeinschaften, so daß sich das personale Beziehungsgeflecht erweiterte und zugleich verdichtete, wie die Struktur der Phylen und Phratrien zeigt, die als attische Personenverbände nicht lokal oder regional begrenzt waren.[3] Solon bezeichnete noch vor seinem Archontat (594/93 v. Chr.) alle freien Männer athenischer und attischer Herkunft als Athenaioi („Athener").[4] Sie alle bildeten die Polis Athen, d. h. eine nach ihrem Zentralort benannte und von ihrer Schutzgöttin Athena beschirmte Gemeinschaft, die ganz Attika umfaßte. Der personale Aspekt des Polisbegriffs, die Identität der Polis mit dem sie tragenden Personenverband, kommt hier bereits klar zum Ausdruck. In den erhaltenen Gedichtfragmenten Solons begegnet allerdings nicht der Begriff des πολίτης, des Polisbürgers. Das Wort diente zwar bereits seit langem als Bezeichnung für den Bewohner einer als Polis geltenden größeren Siedlung oder höhergelegenen befestigten Anlage, wurde aber erst später durch den gemeingriechischen Prozeß der Präzisierung der Rechte und Pflichten der Mitglieder einer Polisgemeinschaft gewissermaßen inhaltlich aufgefüllt und damit zum eigentlichen Bürgerbegriff,[5] und zwar unabhängig davon, ob der Polites in der Stadt oder auf dem Lande wohnte.

[3] Vgl. Roussel, Tribu et cité 139 ff., 193 ff.

[4] Solon Frgm. 3,30 Gentili – Prato = 3,30 Diehl.

[5] Vgl. R. Sealey, How Citizenship and the City Began in Athens, AJAH 8 (1983) 97–129; H. Reinau, Die Entstehung des Bürgerbegriffs bei den Griechen, Diss. Basel 1981, 45 ff.; Raaflaub, Freiheit 62 ff.; Manville, Citizenship 3 ff. Zum Bürgerrecht als Integrationsfaktor s. auch J. Martin, Aspekte antiker Staatlichkeit, in: Eder, Staat 220 ff.

Andererseits zeigt aber bereits das Polisverständnis Solons, daß unser heutiger Begriff des Stadtstaates die Polisgemeinschaft kaum zutreffend bezeichnet. Die Polis Athen bestand schon um 600 nicht nur aus den Bewohnern des Zentralortes. Ebensowenig war dieser Personenverband lediglich eine Polis der ἀγαθοί, der „Guten", d.h. der größeren Grundbesitzer. Zur Polis gehörten vielmehr alle Schichten der Freien, die breite Masse des Demos und dessen ἡγεμόνες, wie Solon die Führungsschicht bezeichnet. Die Vorstellung einer Einheit von Demos (in dem genannten Sinne) und dominierender Oberschicht läßt sich zumindest bis in die Zeit der Fixierung der homerischen Epen zurückverfolgen. In der Phaiakengeschichte der Odyssee orientieren sich die Dichter an der sozialen Differenzierung ihrer eigenen Zeit, indem sie aus der großen Masse (πολὺς ὅμιλος) der Phaiaken eine Gruppe von adligen Herren (βασιλῆες = βασιλεῖς) und „Führern" (ἀρχοί) unter der Leitung des mächtigsten Basileus herausheben.[6] In der poetischen Fiktion bilden aber die Phaiaken auch in ihrer Gesamtheit eine aus „Volk" und Oberschicht bestehende Gemeinschaft, die gleichfalls als Demos bezeichnet wird.[7] Dieser Verband kennt allerdings im Unterschied zur solonischen Polis der „Athener" keine institutionalisierten Formen der Ämterbekleidung und Entscheidungsfindung und stellt insofern noch eine vorstaatliche Gesellschaft dar.

Die Impulse, die in Attika die Staatswerdung ermöglichten und bewirkten, gingen von Athen aus, wie allein schon die Benennung der gesamten Gemeinschaft nach ihrem Zentralort zeigt. Ein entscheidender Schritt, die Einführung von Jahresämtern, ist für uns indes nicht mehr deutlich erkennbar. Die historiographische Tradition, an deren Beginn das bereits um große Entwicklungslinien bemühte Werk Herodots steht, besaß kein empirisches Fundament zur Rekonstruktion der Anfänge der Polisbildung. Die mit Hellanikos, einem Zeitgenossen des Thukydides, einsetzende athenische Lokalhistorie der sogenannten Atthidographen bietet zwar den Namen (Kreon) und das Jahr (683/82) des ersten eponymen Magistrats, doch sind nicht einmal diese Angaben verläßlich. Eine gleichsam „offizielle", etwa Ende der zwanziger Jahre des 5. Jahrhunderts auf der athenischen Agora als Steininschrift veröffentlichte Archontenliste, von der einige Fragmente erhalten sind, enthielt nicht mehr als die Namen der Jahresbeamten.[8] Sie mag zwar Kreon an erster Stelle genannt haben. Dies besagt indes nicht, daß 683/82 das eponyme Jahresamt eingerichtet wurde. Es ist durchaus möglich, daß man 683/82 (oder auch erst einige Zeit später) begann, eine Liste dieser Magistrate zu führen, während die Institution als

[6] Vgl. Od. 7, 49; 8, 41 und 391 f.

[7] Vgl. etwa Od. 6,3. 34. 283; 7, 11; 8, 390.

[8] Meiggs – Lewis Nr. 6; vgl. auch Rhodes, Commentary 98 f.

solche bereits vor dem genannten Jahr bestand. Insgesamt gesehen enthält die seit dem 5. Jahrhundert vorliegende historiographische Überlieferung nur vage Erinnerungen an Veränderungen in einer bereits Jahrhunderte zurückliegenden Vergangenheit, wie der Synoikismosmythos des Thukydides (II 15) verdeutlicht, der die Staatswerdung Athens in eine fiktive Heroenzeit transponiert. Auch die spätklassische griechische Staatslehre kam über Mutmaßungen zur vermeintlichen Abfolge von Verfassungen nicht hinaus.

Einen gewissen Eindruck vom Entwicklungsgrad gesellschaftlicher Organisationsformen im Übergang zur Staatlichkeit und von der Genese staatlicher Strukturen im griechischen Siedlungsraum vermitteln eher die homerischen Epen. Offenbar bot sich den Dichtern in der zweiten Hälfte des 8. Jahrhunderts schon ein vielfältiges Bild der Herrschafts- und Gesellschaftsstrukturen in den zahlreichen hellenischen Wehr- und Siedlungsgemeinschaften. Selbstverständlich ist es nicht möglich, ihrer Darstellung detaillierte Aussagen über konkrete Maßnahmen zur inneren Neuordnung in griechischen Gemeinwesen zu entnehmen, zumal die epische Distanz zur fiktiven Welt des Trojanischen Krieges den Dichtern gebot, archaisierende Züge in die Schilderung der Machtverhältnisse einfließen zu lassen. Gleichwohl enthalten die Epen gleichsam „moderne" Elemente aus dem Bereich des Alltagslebens in der Zeit ihrer Fixierung im späten 8. Jahrhundert. So besteht kein Zweifel, daß den damaligen Hörern epischer Vorträge auch Vorstellungen von einem Gemeinschaftsleben vermittelt wurden, das ihnen irgendwie vertraut war. Sicherlich war die Machtverteilung im 8. Jahrhundert unterschiedlich, so daß verschiedene Wege zur Regelung von Verfahrensweisen in öffentlichen Entscheidungsprozessen und zur Überwindung personengebundener Macht beschritten wurden. Andererseits waren etwa epische Schilderungen der Kontroversen und Diskussionen im Rat der sogenannten Basileis und in den Heeres- und Volksversammlungen wohl überall verständlich, so daß die allgemeinen Rahmenbedingungen des Wechselspiels der Kräfte vielfach ähnlich waren.

Des weiteren wird aus dem Vergleich der Aussagen der Dichter mit den Ergebnissen der archäologischen Forschung deutlich, daß griechische Personenverbände des 9. und 8. Jahrhunderts nach wie vor „Kleingesellschaften" waren, wenn sie auch damals in einem beschleunigten Prozeß komplexer und differenzierter wurden. Darüber hinaus sind wir infolge der Quellenlage freilich auch darauf angewiesen, zum Verständnis früher „politischer" Organisationsformen mit der gebotenen methodischen Vorsicht Rückschlüsse aus den späteren Institutionen zu ziehen. Generell läßt sich die Entstehung der Polis Athen nicht ereignisgeschichtlich darstellen. Insofern müssen hier die Strukturprobleme in den Vordergrund treten und in den größeren Rahmen der politisch-staatlichen Entwicklung in Griechenland gestellt werden. Dies gilt teilweise auch noch für die früharchaische Zeit.

2. *Allgemeine Rahmenbedingungen der Polisbildung*

Die Größe des Besitzes und die Fähigkeit, den Reichtum zu mehren, sind in den Epen wichtige Kriterien für Rang und Ansehen der großen Oikosbesitzer und Basileis (bzw. Basilees). Der reichste und tatkräftigste Basileus innerhalb einer Gruppe von Basileis einer bestimmten Region hat dementsprechend den größten Einfluß und wird als „Erster" anerkannt (Od. 14,96f.). Er ruft im Kriegsfall eine Anzahl von Wehrfähigen im Demos zu den Waffen und hat das Kommando im Felde (z.B. Il. XVI 171ff.). Im Frieden leitet er Tagungen der Volksversammlung und des Rates, an dem die angesehensten Besitzer großer Oikoi teilnehmen.[9] In beiden „Organen" kann der „erste Basileus" nach eigenem Ermessen Entscheidungen treffen oder Befehle erteilen. Der Rat tagt gegebenenfalls in Anwesenheit des Demos, so daß die Volks- oder Heeresversammlung den Beratungen und Diskussionen der Basileis zuhören kann. Volksversammlungen, die in den Epen keineswegs als Neuerung erscheinen, sondern bereits als Zeichen

[9] Die Literatur zum „homerischen Königtum" ist überaus umfangreich. Generell wird in der neueren Forschung mit Recht betont, daß die „Macht" der Basileis sehr begrenzt war. Vgl. etwa Gschnitzer, Basileus 99–112; C.G. Thomas, From Wanax to Basileus. Kingship in the Greek Dark Age, Hispania Antiqua 6 (1978) 187–206; Ju. V. Andreev, Könige und Königsherrschaft in den Epen, Klio 81 (1979) 361–384; Carlier, Royauté 210ff., 506ff., der allerdings Machtpotential und Handlungsmöglichkeiten der „Könige" überschätzt; J. Cobet, König, Anführer, Herr; Monarch, Tyrann, in: Soziale Typenbegriffe im alten Griechenland und ihr Fortleben in den Sprachen der Welt, hrsg. von E.Ch. Welskopf, Bd. 3, Berlin 1981, 34ff.; A.G. Geddes, Who's Who in 'Homeric' Society, CQ 78 (1984) 17–36; Starr, Individual and Community 15ff.; J. Halverson, The Succession Issue in the Odyssey, G&R 33 (1986) 119–128; E. Lévy, Lien personnel et titre royal: Anax et Basileus dans l'Iliade, in: Lévy, Système palatial 291–314; Th. Fatheuer, Ehre und Gerechtigkeit. Studien zur Entwicklung der gesellschaftlichen Ordnung im frühen Griechenland, Münster 1988, 39ff.; Stein-Hölkeskamp, Adelskultur 40ff.; Musti, Storia greca 84ff., und zuletzt Ulf, Homerische Gesellschaft 85ff. – Zu pointiert ist m.E. die These von Drews, Basileus, passim, und Stahl, Aristokraten 150ff., daß es in Griechenland von der mykenischen Zeit bis zu den ersten „Tyrannen" in jenen Gebieten, in denen sich Polisstaaten entwickelten, faktisch keine monarchische Herrschaftsform gegeben habe. Zur Kritik dieser These vgl. C.G. Thomas, PP 38 (1983) 89f. mit Anm. 17, und D. Musti, Recenti studi sulla regalità greca: Prospettive sull'origine della città, RFIC 116 (1988) 99–121. Irreführend ist auch das von B. Qviller, The Dynamics of the Homeric Society, SO 56 (1981) 109–155, vorgeschlagene Erklärungsmodell des sog. Big Man. Die Griechen der geometrischen Zeit befanden sich nicht auf der Stufe einer primitiven Stammesgesellschaft. Zur Problematik interkultureller Vergleichsverfahren s. etwa W. Nippel, Sozialanthropologie und Alte Geschichte, in: Chr. Meier – J. Rüsen, Historische Methode. Beiträge zur Historik, Bd. 5, München 1988, 300ff.

eines geordneten Gemeinschaftslebens gelten, haben noch keine eigentliche Entscheidungsbefugnis und werden in der Regel aus besonderem Anlaß einberufen, bringen aber ihre Zustimmung oder Ablehnung akustisch zum Ausdruck, wenn der führende Basileus die zuvor mit seinen Ratgebern gefaßten Beschlüsse verkündet oder nach öffentlicher Beratung vor dem Demos Entscheidungen fällt.

Erfolge des Basileus sind ein Zeichen göttlichen Segens, und die hierin sich manifestierende Nähe des „Königs" zu den Göttern garantiert auch das Wohlergehen des Volkes (Od. 19, 109–114). Dynastische Nachfolge und Statusvererbung begründen ein Erbcharisma, die Bindung des Heils an das Herrscherhaus, denn für die Position des führenden Basileus wird eine Art Erbfolge anerkannt, die auf dem genealogischen Status seiner von Heroen und damit letztlich von Göttern abstammenden Vorfahren basiert. Ausdruck dieser Sonderstellung ist auch die Kenntnis der „richtigen Normen" (θέμιστες), die das Gemeinschaftsleben regeln und dem Basileus durch die göttlichen Mächte vermittelt werden. Sein Charisma wird bestätigt und gesteigert durch Kriegsglück, das zu weiterer Stärkung seines Einflusses führen kann.

Dieser Prozeß wird indes bereits durchkreuzt durch den Aufstieg anderer Häuser, deren Repräsentanten ebenfalls Reichtum und damit Prestige zu akkumulieren vermögen. Das genealogische Privileg der führenden Dynastie wird hierdurch in Frage gestellt, denn erfolgreiche Repräsentanten der Oberschicht können ihrerseits Anspruch auf göttlichen Segen und damit auch auf hohen genealogischen Status erheben. Die Rangpositionen sind gleichsam fließend und verschieben sich. Nicht nur der erste Basileus, sondern auch andere große Oikosbesitzer üben aufgrund ihres hohen gesellschaftlichen Prestiges Ordnungs- und Schlichtungsfunktionen aus. Der „Erste" besitzt in der Kenntnis des göttlichen Rechts gewissermaßen keinen Vorsprung mehr, das Charisma erscheint nicht mehr unbedingt an seine Dynastie gekoppelt. Insonderheit ist die Position seines Hauses gefährdet, wenn der präsumtive Nachfolger nicht das erforderliche Durchsetzungsvermögen besitzt, um die Stelle des „Ersten" einnehmen zu können.

Der Rat tagt zwar noch nicht regelmäßig, um bestimmte Gemeindeangelegenheiten zu regeln, kann aber zu diesem Zweck schon selbständig zusammentreten und den führenden Basileus herbeirufen lassen (Od. 6,54f.). Ein Basileus kann sogar vom Demos zu einem Kriegszug gezwungen werden und muß es hinnehmen, daß ihm ein weiterer Anführer zur Seite gestellt wird, der dann ein selbständiges Kommando über einen Teil der Krieger beansprucht (Od. 13,259ff.; 14,235ff.). Das Volk ist keineswegs nur eine schweigende Masse, und die großen Herren müssen mit Widerstand im Demos rechnen, wenn ihr Verhalten Anstoß erregt (Od. 3,214f.). Generell wird der Demos bei wichtigen Entscheidungen nicht einfach übergangen. Es gibt zwar noch keine formalisierte Beteiligung des Volkes an Beschlüssen, die für die gesamte Gemeinschaft relevant und bindend sind, doch zeichnen sich in den Epen zumindest schon die Rahmenbedingungen für eine Entwicklung der Volksversammlung zur Institution ab.

Durch die Präsentation eines mythischen Stoffes und die hiermit verbundene Darstellung von Ritualen einer Adelswelt, zu denen etwa der aristokratische Gabentausch und die Ausrichtung üppiger Gastmähler zu zählen sind, gewinnt in den Epen vor allem die Differenzierung der Rangpositionen innerhalb der Oberschicht deutliche Konturen. Als Begleiter und Helfer der großen Helden erscheinen ἑταῖροι („Gefährten") und θεράποντες („Gefolgsleute"), die keine Personen niederen Standes sind, sondern in aller Regel der gleichen Schicht der sog. ἄριστοι angehören wie der Basileus, dem sie sich angeschlossen haben. Das „homerische Gefolgschaftswesen" war zweifellos ein Erbe der „Dunklen Jahrhunderte". Epische Gefolgschaften gruppieren sich als mehr oder weniger geschlossene, freilich auch erweiterungsfähige Verbände um einen Basileus und Oikosherrn, der durch seine materiellen Ressourcen in der Lage ist, jüngeren ἄριστοι in seinem Hause Unterkunft zu bieten und sie als seine Hetairoi an seinem exklusiven Lebensstil teilnehmen zu lassen (Il. IX 431 ff.; XXIII 84 ff.).

Er ist darüber hinaus aber auch Mittelpunkt eines weiteren Kreises von begüterten, aber weniger einflußreichen Statuspersonen, die gleichfalls als seine Hetairoi bezeichnet werden (Il. XVII 577). Zudem schließen sich aristokratische Oikosbesitzer, die selbst als Basileis gelten, zu Tischgemeinschaften (Syssitien) zusammen, die zugleich das Beratergremium des dominierenden Basileus in dieser Gruppe bilden. Insofern sind aristokratische Syssitien keine reine „Privatangelegenheit", sondern gleichsam auf einer höheren Ebene als die Phratrien, die in den Epen als Schutzgemeinschaft für alle Angehörigen des Demos fungieren (Il. IX 63), ein nicht-gouvernementales Instrument der Friedenssicherung in lokalem oder regionalem Rahmen, das sich aus einer gewissen Hierarchie innerhalb der Oberschicht entwickelt hat und Ordnungsfunktionen in den Wehr- und Siedlungsgemeinschaften zu erfüllen vermag, weil die Berater und engsten Gefährten des „ersten Basileus" ihrerseits als „Führer" und „Leiter" im Demos anerkannt sind.

Andererseits ist in den Epen nicht erkennbar, daß aus den Beziehungen zwischen höher- und niedrigerrangigen Statuspersonen dauerhafte und erbliche klientelartige Bindungen entstanden. Hetairoi und Therapontes sind nicht permanent einem großen Hause verpflichtet. Hierin scheint tendenziell ein Widerspruch zu der skizzierten Ordnungsfunktion aristokratischer Syssitien zu liegen, doch sind selbstverständlich Rivalitäten zwischen großen Oikosherren und Gefolgschaftsführern in Rechnung zu setzen, die zu instabilen Rang- und Machtverhältnissen führen. In Athen und Attika hat dies zweifellos mit dazu beigetragen, daß aus älteren „homerischen" Hetairien letztlich jene Gruppierungen hervorgegangen sind, die in archaischer Zeit in Form von wechselnden Verbindungen innerhalb aristokratischer Kreise ein bestimmender Faktor in der Konkurrenz um Führungspositionen in der Polis werden sollten.

Ein Defizit an Steuerungsmechanismen in der noch vorinstitutionellen „homerischen" Gesellschaft besteht darin, daß der Familienbesitz bedroht sein kann, wenn der Oikosherr im Kampf fällt oder früh verstirbt und sein Erbe gegen gewinnsüchtige mächtige Nachbarn nichts auszurichten vermag (Il. XXII 484ff.). Der Oikos ist nicht geschützt durch ein sicherndes Netz eines familienübergreifenden Gentilverbandes, sondern bildet mit den Familienangehörigen (und gegebenenfalls mit weiteren Verwandten) des Besitzers sowie mit den auf dem Hof lebenden freien und unfreien Arbeitskräften gleichsam eine erweiterte familiale, aber auch in sich geschlossene Einheit, die freilich nicht wirtschaftlich autark ist, sondern bestimmte Güter, die von spezialisierten Handwerkern hergestellt wurden, erwerben muß.[10]

Offensichtlich konnte der „erste Basileus" die bei Homer angedeuteten Eingriffe in privaten Besitz nicht immer effektiv unterbinden, während der Schutz des Eigentums im Interesse aller Schichten der Gemeinschaft lag. Von erheblicher Bedeutung waren zweifellos auch die religiös-sakralen Implikationen des Besitzverlustes. Wer seinen Hof aufgeben oder verlassen mußte, war nicht nur sozial deklassiert, sondern hatte in aller Regel kaum noch die Möglichkeit, Totenopfer an den Gräbern seiner Ahnen zu vollziehen, die nach den herrschenden Vorstellungen noch irgendwie auf die Lebenden einwirken und sich diesen gegenüber wohlwollend oder strafend verhalten können.[11] Mit dem Verlust des Besitzes war unter Umständen auch der eigene Anspruch auf angemessene Totenopfer nach dem Ableben in Frage gestellt.

Möglichkeiten zur Regelung streitiger Besitzverhältnisse ergaben sich wiederum im wesentlichen aus der sozialen Rangordnung. Wenn die Parteien selbst sich nicht einigen konnten, ersuchten sie einen als Basileus geltenden Oikosbesitzer um Vermittlung. Die beredten Klagen des boiotischen Dichters Hesiod (um 700 v. Chr.) über die in solchen Fällen als Vermittler

[10] Ausführlicher zur Bedeutung des Oikos: Stahl, Aristokraten 79ff.; Stein-Hölkeskamp, Adelskultur 27ff., 31ff., 44ff.; Ulf, Homerische Gesellschaft 187ff., mit kritischen Bemerkungen zur älteren These von der angeblichen Autarkie des Oikos. Zum Oikosbegriff s. auch D.M. MacDowell, The Oikos in Athenian Law, CQ 83 (1989) 10ff. – Oikos und Polis bei Homer: St. Scully, Homer and the Sacred City Ithaca–London 1990, 100ff.

[11] Vgl. Burkert, Griech. Religion 293ff.

fungierenden „gabenverschlingenden Basileis“ zeigen indes, daß solche Verfahren oft nur zu neuen Konflikten führten und vielfach unbefriedigend blieben,[12] zumal diese adligen Schiedsrichter weder eine öffentliche Instanz darstellten noch als Beauftragte einer öffentlichen Gewalt agierten und ohne die Orientierungshilfe fixierter Satzungen nur allzu oft überfordert waren. Bezeichnenderweise hat gerade die Sicherung der Besitzverhältnisse und des privaten Eigentums in der Überlieferung über die Anfänge der Kodifikation im griechischen Siedlungsraum einen hohen Stellenwert.[13] Entsprechende Regelungen waren nicht zuletzt für die Wehrordnung von erheblicher Bedeutung, als etwa seit der zweiten Hälfte des 7. Jahrhunderts die im wesentlichen einheitlich ausgerüstete, dicht gedrängte und mehrere Reihen tief gestaffelte Formation der Hoplitenphalanx mehr und mehr das Kampfgeschehen bestimmte und ein größeres Aufgebot an Wehrfähigen erforderlich wurde, die in der Lage waren, sich auf eigene Kosten die nötigen Waffen zu beschaffen. Ohne wehrfähige Bauern war eine erfolgreiche Landesverteidigung nicht mehr garantiert. Es bedurfte gemeinsamer Anstrengungen aller Schichten von Landbesitzern, um das Territorium der eigenen Polis zu sichern. Stabile Eigentumsverhältnisse waren daher die Voraussetzung einer funktionierenden Aufgebotsordnung, deren Basis zunehmend breiter wurde. Bereits in epischen Kampfszenen erscheinen auf dem Schlachtfeld neben den Basileis mit ihren adligen Gefährten und Gefolgsleuten größere Scharen von Fußtruppen aus dem Demos.[14] Daß die Dichter in der zweiten Hälfte des 8. Jahrhunderts bereits typische Massenszenen kennen, demonstriert die Beschreibung der lärmenden Heeresversammlung im zweiten

[12] Die Regelung von Streitfällen in der Darstellung der frühen griechischen Literatur erläutert zusammenfassend Gagarin, Greek Law 19ff. Speziell zur „bäuerlichen“ Welt Hesiods: P. Millett, Hesiod and his World, PCPhS 30 (1984) 84–115. Hesiods Heimatort Askra konnte 1981 lokalisiert werden. Vgl. A. Snodgrass, Survey Archaeology and the Rural Landscape of the Greek City, in: Murray-Price, Greek City 132, und: The Site of Askra, in: G. Argoud–P. Roesch (éd.), La Béotie antique. Colloques internationaux du CNRS, Paris 1985, 88–95.

[13] Noch vor Mitte des 7. Jahrhunderts soll Zaleukos als Gesetzgeber der epizephyrischen Lokrer u. a. Satzungen zum Schutz des Eigentums fixiert haben (Polyb. XII 16,4). Nach Aristot. Pol. 1274 b 1–5 soll (um oder nach 700 v. Chr.) Philolaos von Korinth als Emigrant in Theben autorisiert worden sein, Gesetze zur Erhaltung der Erbgüter (Kleroi) zu erlassen. Der Sicherung des Grundbesitzes dienten nach Aristot. Pol. 1265 b 12–16 auch die Gesetze des Korinthers Pheidon, der als einer der ältesten Nomotheten galt.

[14] Die Darstellung von Massennahkämpfen in der Ilias analysiert Latacz, Kampfparänese 178ff. Vgl. dazu die kritische Rezension von R. Leimbach, Gnomon 52 (1980) 418ff. Siehe auch H. van Wees, Kings in Combat: Battles and Heroes in the Iliad, CQ 82 (1988) 1ff., und zuletzt Ulf, Homerische Gesellschaft 141ff.

Buch der Ilias.[15] Der Demos ist sich bewußt, daß er den ἄριστοι zahlenmäßig überlegen ist.

Diese Entwicklung steht im Zusammenhang mit einer beachtlichen Bevölkerungszunahme, die sich im 8. Jahrhundert durch steigende Gräberzahlen[16] und verstärkte Siedlungsaktivitäten im hellenischen Mutterland sowie vor allem auch durch den Beginn der sog. Großen Kolonisation der Griechen (um 750 v. Chr.) deutlich abzeichnet. Durch die demographische Entwicklung wurde zwar der Rahmen der typisch griechischen face-to-face society nicht gesprengt, wohl aber die Einführung normativer Regelungen für Ämterbestellung, Entscheidungsfindung und Rechtsprechung erheblich beschleunigt. In den Epen werden zunächst die Vorstufen dieser Entwicklung greifbar, die aber gleichwohl erkennen lassen, daß der Prozeß der Polisbildung von Anfang an sich nicht nur als politische Integration der Gemeinschaften durch Träger öffentlicher Führungsrollen vollzog, sondern auch aus dem Konkurrenzkampf der Aristokraten um Rang und Einfluß starke Impulse mit mannigfachen Rückkoppelungseffekten empfing und zudem durch Spannungen zwischen Adel und Demos weitere Schubkraft erhielt.

Die Position adliger Herren der griechischen Kleingesellschaften unterlag durchaus einem Legitimationszwang. Im Rahmen der vorinstitutionellen Verhältnisse wurden Leitungs-, Ordnungs- und Schlichtungsfunktionen zweifellos als Leistungen der dominierenden Schicht für die Gemeinschaft empfunden. Ausdruck dieser Anerkennung sind in den Epen etwa die Übertragung von Ländereien an den Basileus oder an hervorragende Krieger, die Darbringung von Geschenken sowie Abgaben (Il. IX 156), die keine Tribute

[15] Vgl. F. Gschnitzer, Politische Leidenschaft im homerischen Epos, in: H. Görgemanns - E. A. Schmidt (Hrsg.), Studien zum antiken Epos, Meisenheim 1976, 1–21.

[16] Einen geradezu sprunghaften Anstieg der Bevölkerung in Athen und Attika im 8. Jahrhundert hat A. M. Snodgrass, Archaeology and the Rise of the Greek State, Cambridge 1977, 11ff., aus der größeren Zahl spätgeometrischer Gräber erschlossen (vgl. dens., Archaic Greece 22ff.). Demgegenüber vermutet J. Mck. Camp, A Drought in the Late Eighth Century B. C., Hesperia 48 (1979) 397–411 (vgl. jetzt dens., Agora 37–39), eine hohe Sterblichkeitsrate in der zweiten Hälfte des 8. Jahrhunderts infolge von Hungersnot und Epidemien nach einer längeren Trockenperiode. Er beruft sich darauf, daß um 700 eine Reihe von Brunnen auf der athenischen Agora geschlossen worden sei. Camps Datierung ist aber nicht sicher, wie Morris, Burial 158ff., mit Recht betont. Vgl. auch die Replik von Snodgrass, Two Demographic Notes, in: Hägg, Greek Renaissance 169–171, der die Schließung der Brunnen mit einem Funktionswandel der Agora in Verbindung bringen will. Die Agora wurde freilich erst im 6. Jahrhundert zum politischen Zentrum Athens ausgestaltet. – Im übrigen führte der Bevölkerungsanstieg in Athen und Attika im 8. Jh. selbstverständlich nicht zu Übervölkerung. Insofern erübrigt sich die Polemik Manvilles, Citizenship 90f., gegen die Schlußfolgerungen von Snodgrass.

oder Feudallasten darstellen, sondern als schuldige Verpflichtung (Themistes) gelten. Die Leistungen der Leiter der Gemeinschaften finden ihre höchste Steigerung darin, daß der erste Basileus als Heilsträger die aus heutiger Sicht imaginären Existenzbedingungen[17] – den Segen der Götter für die Fruchtbarkeit des Landes und das Gedeihen der Herden – sichert, das Recht wahrt und das Volk vortrefflich führt (Od. 19,109–114).[18] Oft genug bringen aber in der epischen Darstellung auch das Fehlverhalten militärischer Führer und ihre Mißachtung guter Ratschläge die Gemeinschaft in existentielle Gefahr.[19] Die sich hier artikulierende Kritik ist schwerlich nur poetische Fiktion. Sie reflektiert Verhaltensweisen und deren Beurteilung im wirklichen Leben und deutet zumindest in Umrissen Argumentationslinien bei Kontroversen in öffentlichen Diskussionen an, aus denen Impulse zur Stärkung des Rates gegen unkontrolliertes Handeln mächtiger Einzelner erwachsen sind. Ferner schildern die Dichter, wie im Verlauf eines Feldzuges aus Status- und Prestigekonflikten in der Oberschicht auch Insubordination gegenüber dem Anführer des Aufgebotes entstehen kann.[20] Unter diesem Aspekt sind Regelungen der Führungsstrukturen in Form der Delegierung von Kompetenzen durch öffentliche Beschlußfassung sowie durch funktionale Ausfächerung von Zuständigkeiten und Formalisierung des Einsetzungsverfahrens nicht zuletzt als Instrumente zur Entschärfung innerer Spannungen zu verstehen, zumal auf diese Weise auch breitere Zustimmung im Wehrverband erzielt werden konnte.

Die Initiative zur Ablösung personengebundener Ordnungs- und Lei-

[17] Dazu M. Godelier, Zur Diskussion über den Staat, die Prozesse seiner Bildung und die Vielfalt seiner Formen und Grundlagen, in: St. Breuer – H. Treiber (Hrsg.), Entstehung und Strukturwandel des Staates. Beiträge zur sozialwissenschaftlichen Forschung, Bd. 38, Opladen 1982, 21 ff.

[18] Vgl. auch Hesiod Op. 232 ff. – Auf hethitische und indische Parallelen verweist R. Mondi, Skeptouchoi Basileis: An Argument for Divine Kingship in Early Greece, Arethusa 13 (1980) 204 f., der bei Homer Od. 19, 109 ff. und Hesiod a. a. O. vage Erinnerungen an eine göttliche Verehrung der Könige vermutet. In mykenischer Zeit und in den „Dunklen Jahrhunderten" läßt sich indes kein „Gottkönigtum" nachweisen. – Mögliche Einflüsse orientalischen Denkens in den Epen erörtert jetzt zusammenfassend Ulf, Homerische Gesellschaft 253 ff.

[19] Vgl. im einzelnen W. Nicolai, Rezeptionssteuerung in der Ilias, Philologus 127 (1983) 1–12.

[20] Vgl. etwa Il. I 149 ff., 225 ff., 292 ff. – Daß Agamemnons Stellung gegenüber den anderen Heerführern der „Griechen" vor Troja im Prinzip den Führungsstrukturen in einer einzelnen selbständigen Gemeinschaft etwa des 8. Jahrhunderts entspricht, betont H. van Wees, Leaders of Men? Military Organisation in the Iliad, CQ 80 (1986) 285–303. „Macht und Gefährdung der Anführerstellung Agamemnons" sind jetzt ausgezeichnet analysiert von Ulf, Homerische Gesellschaft 85 ff.

tungsfunktionen durch eine Versachlichung von Kompetenzen und Aufgaben konnte nach Lage der Dinge freilich nur von der dominierenden Schicht ausgehen, die allein in der Lage war, die Träger der neuen Führungsrollen zu stellen. Daß dieser Übergang zu einem neuen Entwicklungsgrad politischer Organisation wiederum eine lange Formierungsphase der Oberschicht voraussetzt, zeigt der archäologische Befund in Athen und Attika besonders deutlich.

3. *Die Formierung der athenischen Oberschicht*

a) Archäologische Zeugnisse

Bereits in der protogeometrischen und frühen geometrischen Keramikphase deuten typische Beigaben in verschiedenen athenischen Kriegergräbern (Schwerter, Dolche, Lanzenspitzen, Pferdetrensen) darauf hin, daß maßgebliche Gruppenmitglieder mit funktional spezialisierten Führungsaufgaben besondere Totenehrungen erhielten. Entsprechende Statussymbole für Frauen waren vor allem Goldbänder und Fingerringe aus dünnem Goldblech. Aus der Zeit vom späten 10. Jahrhundert bis ca. 850 v. Chr. sind etwa ein Dutzend reichere Männer- und Frauengräber im Raum von Athen bekannt.[21] Die Familien, die diese Gräber anlegten, hatten weitreichende Kontakte, vermochten aber schwerlich schon übertriebenen Luxus zu entfalten und lebten noch in enger Nachbarschaft mit ärmeren Bevölkerungsschichten.[22] Eine Ausnahme ist das Brandgrab einer Athenerin, die um 850 im Agorabereich am Nordhang des Areopags mit den prunkvollsten Beigaben seit mykenischer Zeit bestattet wurde.[23] Neben dem Bronzeschmuck und 34 bemalten Vasen bzw. Vasenfragmenten aus dem Leichenbrand sowie anderen Gefäßen sind vor allem 6 Fingerringe aus Gold, ein Halsband mit über 1000 Fayenceplättchen, einige Gegenstände aus Elfenbein (darunter zwei Siegel) und ein Paar granulierte, mit Filigran verzierte goldene Ohrringe zu nennen. Für die Herkunft der Verstorbenen aus einer reichen Landbesitzerfamilie schienen urnenförmige Behälter aus Ton zu sprechen, die als

[21] Snodgrass, CAH III 1(^{2}1982) 666; vgl. Coldstream, Geometric Greece 30ff.

[22] Aufschlußreich ist die Lage eines als „Palast" des führenden Mannes gedeuteten Hauskomplexes inmitten der geometrischen Siedlung (8. Jh.) von Zagora (Andros). Der Ort wurde allerdings Anfang des 7. Jahrhunderts verlassen. Vgl. H. Drerup, Griechische Baukunst in geometrischer Zeit, Archaeologia Homerica II, O, Göttingen 1969, 55f., 130.

[23] E. L. Smithson, The Tomb of a Rich Athenian Lady, ca. 850 B. C., Hesperia 37 (1968) 77–116.

Kornspeichermodelle gedeutet wurden. Fünf dieser Objekte waren auf dem Deckel einer kleinen Terrakottatruhe befestigt. Es ist indes nicht sicher, ob hierin ein Statussymbol für Grundbesitzer zu sehen ist.[24] Solche „Modelle" wurden vor allem Frauen mit ins Grab gegeben. Die Beigaben in dem genannten Agoragrab zeigen aber, daß die Familie jener Athenerin über beachtliche Einnahmequellen verfügte und ihren hohen sozialen Rang entsprechend zu demonstrieren suchte.

Die reichen Gräber sind insgesamt ein Indiz für eine gewisse Konsolidierung der athenischen Oberschicht in der ersten Hälfte des 9. Jahrhunderts. Das geometrische Frauengrab 41 im Kerameikos (um 850) enthielt u. a. drei Fingerringe aus Goldblech sowie zwei Eisennadeln mit Goldüberzug.[25] Das geometrische Kerameikosgrab 13, die Ruhestätte eines jungen Kriegers, war durch eine Steinstele besonders gekennzeichnet. In der Grube mit der Aschenurne fanden sich u. a. ein eisernes Griffzungenschwert, ein zusammengerolltes Goldblechband, Teile eines weiteren Goldbandes sowie vier Eisenringe mit Nägeln von Radnaben, die wahrscheinlich von dem beim Leichenbegängnis verwendeten Wagen stammen.[26] Goldbänder enthielten auch die geometrischen Kerameikosgräber 42 und 43 sowie fünf weitere Gräber aus anderen athenischen Nekropolen der gleichen Zeit.[27] Etwa zwischen 830 und 770 ist allerdings die Ausstattung athenischer Gräber im ganzen geringer. Die Gründe sind nicht klar zu erkennen. Daß die Oberschicht den zuvor erreichten Standard nicht halten konnte, ist indes wenig wahrscheinlich. Zwar belegen vereinzelte Darstellungen von Schiffsszenen auf Prestigeobjekten wie der Bronzefibel aus dem genannten reichen früh- bis mittelgeometrischen Kerameikosgrab 41 aus der Mitte des 9. Jahrhunderts und auf kostbaren spätgeometrischen Vasen aus der Zeit kurz vor 750 für sich genommen noch nicht, daß Angehörige der athenischen Oberschicht kontinuierlich an maritimen Aktivitäten interessiert waren und hierdurch immer wieder Reichtum zu gewinnen vermochten. Die überseeischen Kontakte der Athener nahmen aber zu, wie der Export mittelgeometrischer Keramik etwa nach Kypros und in die Levante zeigt, und im Zuge dieser Entwicklung fanden wertvolle Importgegenstände bzw. Schmuckstücke aus Gold, die nach nahöstlichem Vorbild in athenischen Werkstätten hergestellt

[24] Kurtz – Boardman, Thanatos 71 f., vermuten, daß das „Modell" rituelle Bedeutung hatte. Die Zahl der Aufsätze ist sicherlich kein Hinweis auf eine Zugehörigkeit der Toten zur Schicht der sog. Pentakosiomedimnoi („Fünfhundertscheffler"), der späteren höchsten Zensusklasse in Athen, die es im 9. Jahrhundert zweifellos noch nicht gab.

[25] Kübler, Kerameikos V 1, 235 ff.; H. Müller-Karpe, JdI 77 (1962) 126.

[26] Kübler, a. a. O. 218 ff.; Müller-Karpe, a. a. O. 125.

[27] Coldstream, Geometric Greece 60, 72, Anm. 10.

wurden, jetzt auch Abnehmer in attischen „Landgebieten" (der sog. Chora), so daß hierdurch eine breitere wirtschaftliche Basis der Oberschicht indiziert wird. Zweifellos besteht hier ein Zusammenhang mit der stärkeren Besiedlung des attischen Binnenlandes und der Küstengebiete seit dem späten 9. und vor allem seit dem frühen 8. Jahrhundert. Da diese Siedlungsaktivitäten offenbar weitgehend von Athen ausgingen, ist aufgrund der Sozialstruktur und des hiermit verbundenen Führungssystems anzunehmen, daß dominierende athenische Familien an der neuen landwirtschaftlichen Erschließung bisher wenig oder kaum genutzter Flächen maßgeblich beteiligt waren und die Binnenkolonisation sogar größtenteils initiierten, um neue Ressourcen zu gewinnen. So entstand im Raum von Anavyssos, der in protogeometrischer Zeit nur dünn besiedelt war, in der ersten Hälfte des 8. Jahrhunderts die relativ große geometrische Nekropole von Hagios Panteleimon mit einem „Adelsgrab", das u. a. ein goldenes Kettenhalsband, Teile eines Golddiadems, zwei Fingerringe aus Gold und vier goldene Fibeln enthielt. In einem anderen Grab (Nr. 51) dieses Friedhofs, der auf eine beachtenswerte Entwicklung der in der Nähe angelegten Siedlung schließen läßt, fanden sich halbmondförmige Ohrringe aus Gold.[28] Möglicherweise bildete hier das Gehöft eines Aristokraten den neuen Siedlungskern. – Weitere Nekropolen lassen darauf schließen, daß im späten 9. Jahrhundert in Palaia Kokkinia im Peiraieusgebiet und seit dem frühen 8. Jahrhundert auch in Kallithea (zwischen Athen und Phaleron) und in Vari neue Dörfer entstanden, während in älteren Siedlungen wie Eleusis, Merenda, Marathon und Thorikos die Bevölkerung zunahm.[29]

Die führende Rolle der damaligen athenischen Adelshäuser in der Binnenkolonisation schließt nicht aus, daß in attischen Landgebieten auch Familien, die dort bereits ansässig waren, neuen Reichtum gewannen. Dies war vermutlich in Eleusis der Fall, wo sich zwei überaus reich ausgestattete Frauengräber (Körperbestattungen) aus der Zeit um 800 fanden. Berühmt ist das jüngere dieser beiden Gräber, das sog. Isisgrab, das nach einer bemerkenswerten Beigabe, einer Fayencefigurine der ägyptischen Göttin Isis, benannt ist und des weiteren drei Fayenceskarabäen, zwei Halsbänder aus Fayence bzw. Bernstein, zwei halbmondförmige goldene Ohrringe, zehn Fingerringe aus Silber, Bronze und Eisen, zwei große silberne Fibeln, über 70 kleinere Gefäße und ein sog. Kornspeichermodell enthielt. Halbmondförmige Ohrringe aus Gold wurden auch in dem älteren reichen Frauengrab in Eleusis gefunden.[30]

[28] Coldstream, a. a. O. 80. Führende athenische Familien als Träger der „Binnenkolonisation" vermutet Lohmann, Atene 108.

[29] Coldstream, a. a. O. 78; Snodgrass, CAH III 1 (^{2}1982) 676f.

[30] Coldstream, a. a. O. 78f. – In der ersten Hälfte des 8. Jahrhunderts arbeiteten

Das Verteilungsmuster einer begrenzten Zahl reicher mittelgeometrischer Gräber besagt freilich nicht, daß durch Etablierung eines „Landadels" in Attika und durch lokale Verankerung von Macht und Einfluß die Position führender Adelshäuser in Athen selbst in Frage gestellt wurde, denn etwa seit 770 ändert sich das Bild wieder.[31] Prachtvoller Goldschmuck aus dieser Zeit stammt vor allem aus den reichen Gräbern eines neuen Friedhofes am späteren Kynosarges-Gymnasium, während in der damals gleichfalls neu angelegten Nekropole außerhalb des Dipylon-Tores Grabmarkierungen durch monumentale Vasen dokumentieren, daß es sich um Begräbnisstätten der Angehörigen führender Familien handelte, die im übrigen jetzt wieder den Ritus der Körperbestattung bevorzugten. Allem Anschein nach ließen sie prunkvolle Totenfeiern mit Leichenspielen und Wettkämpfen ausrichten. Ein Indiz hierfür sind zeitgenössische Vasendarstellungen der Prothesis (Aufbahrung der Leiche und Totenklage) und der Ekphora (Geleit des Toten zum Grab). Die reichsten Gräber aus der Zeit zwischen 770 und 740 v. Chr. wurden in Athen selbst gefunden. Etwa gleichzeitig nahm hier die Zahl der Gräber sprunghaft zu, so daß mit einem deutlichen Anstieg der Geburtenrate in den vorausgehenden Jahrzehnten zu rechnen ist. Die von Athen ausgehende attische Binnenkolonisation erhielt hierdurch zweifellos weitere starke Impulse. Zwischen 740 und 700 wurde die Besiedlung in attischen Landgebieten offenbar noch dichter. Zudem wird aus Grabfunden deutlich, daß damals bei Spata, Menidi, Koropi und an einigen anderen Orten reiche Oikoi existierten.[32]

Die Schicht wohlhabender Landbesitzer wurde allem Anschein nach größer. Für das 7. Jahrhundert sind bereits Überschüsse in der Ölproduktion zu vermuten. Zahlreiche Funde attischer SOS-Amphoren, die nach ihrem eigenartigen Verzierungsmuster auf dem Nacken (Kreis zwischen doppeltem Zickzack) benannt sind und als Ölcontainer dienten, belegen die Ausfuhr von Olivenöl in Teile des Mittelmeergebietes von Kypros bis Spanien. Im Fernhandel konnte dieses Produkt vor allem von Grundbesitzern abgesetzt werden, die größere Mengen produzierten und wohl zum Teil auch

wahrscheinlich eingewanderte orientalische Goldschmiede in Attika. Vgl. etwa Boardman, Kolonien 63, 85.

31 Coldstream, a. a. O. 109ff., 119ff., 132ff.

32 Rückschlüsse auf eine Machtverlagerung können hieraus freilich nicht gezogen werden. Die Deutung des Befundes ist umstritten. Coldstream, a. a. O. 133, vermutet eine „Dezentralisierung des Reichtums" zwischen 740 und 700, während Morris, Burial 143, annimmt, daß in den „Landgebieten" Attikas die Formen der symbolischen Repräsentation des sozialen Ranges später als in Athen selbst übernommen wurden. Dies ist jedoch wegen der engen Kontakte zwischen dem „Zentrum" und dem „Land" wenig wahrscheinlich.

eigene Schiffe für den Transport zur Verfügung hatten. Ausdruck einer Intensivierung der Kontakte zwischen zahlreichen mediterranen Siedlungen ist vor allem die Verbreitung der Buchstabenschrift, die die Griechen von den Phoinikern etwa seit dem frühen 8. Jahrhundert v. Chr. übernommen haben. Sie ist nach 750 in Athen erstmals als Graffito auf einer spätgeometrischen Kanne (Oinochoe) des sog. attischen Dipylonstils belegt.[33] Nach dieser hexametrischen Versinschrift sollte der Sieger in einem Tanzwettbewerb das Gefäß erhalten. Vermutlich handelte es sich um einen öffentlichen Agon, wie er in der Odyssee (8,250 ff.) als Tanzspiel der Phaiaken geschildert wird. Trifft dies zu, ist die Dipyloninschrift gewissermaßen eine Bekanntmachung an einem Fest der Siedlungsgemeinschaft, so daß sich bereits in den Anfängen der griechischen Alphabetschrift der „Öffentlichkeitscharakter" dieses Systems (im Gegensatz zu Linear B) abzeichnet. Diese im griechischen Siedlungsraum neue Kommunikationsform gewann im 7. Jahrhundert ihre Bedeutung für die sich entfaltende Poliskultur nicht zuletzt als Medium der Veröffentlichung von Recht und Satzung.

b) Strukturfragen und Genosproblem

In den homerischen Epen bilden die ἀγαθοί oder ἄριστοι, die mehr Land und Vieh als andere Bauern haben, keinen geschlossenen Erbadel. Nach dem Tod eines großen Oikosherrn können Erbteilungen für die Söhne unter Umständen ein Ausscheiden aus dem Kreis der agathoi bedeuten, wenn der ihnen verbliebene Besitz zur Statuserhaltung und Statusdemonstration nicht mehr ausreicht und sie es nicht verstehen, ihr Gut zu mehren, während wagemutige Krieger auch ohne ererbten Reichtum durch Teilnahme an erfolgreichen Beutezügen Ansehen gewinnen und durch Einheirat in ein wohlha-

[33] M. K. Langdon, The Dipylon Oinochoe Again, AJA 79 (1975) 139–140. Einen Überblick über ältere Datierungen dieser Kanne gibt G. Pfohl, in: Pfohl (Hrsg.), Das Alphabet. Entstehung und Entwicklung der griechischen Schrift, Darmstadt 1968, XXVI. Zur Übernahme des (nordsemitischen) Alphabets durch die Griechen vgl. die Zusammenfassungen von A. Heubeck, Schrift, Archaeologia Homerica III, X, Göttingen 1979, 75–80; L. H. Jeffery, Greek Alphabetic Writing, CAH III 1 ([2]1982) 819–833. Eine Vermittlerrolle nordsyrischer Händler vermutet Helck, Beziehungen 165 ff. Vgl. aber demgegenüber den Hinweis von Hurwit, Early Greece 89: "... There are no Phoenician or Greek mercantile inscriptions of around or before 700." Den derzeitigen Diskussionsstand skizziert A. W. Johnston, in: L. H. Jeffery, Local Scripts in Archaic Greece, Oxford [2]1990, 425 ff. Siehe auch H. Haarmann, Universalgeschichte der Schrift, Frankfurt a. M.–New York 1990, 282 ff. – Zum Schriftgebrauch in der Öffentlichkeit vgl. F. J. Frost, AncW 15 (1987) 51 ff. Siehe jetzt auch H. R. Immerwahr, Attic Script. A Survey, Oxford 1990, 7.

bendes Haus in die Oberschicht aufsteigen können (Od. 14, 211). Insofern besteht in der „Gesellschaft“ der Epen durchaus eine gewisse soziale Mobilität. Auch in Athen war es in der Formierungsphase der Polis zweifellos prinzipiell möglich, soziale Barrieren zu überwinden. Die sich allmählich verbreiternde Oberschicht stammte schwerlich ausschließlich von den Trägern politisch-gesellschaftlicher Führungsrollen in den „Dunklen Jahrhunderten“ ab. Im Zuge der Institutionalisierung und Ausfächerung von Leitungsfunktionen wurde zwar (relativer) Reichtum das Kriterium für Amtsfähigkeit. Eine ständerechtliche Abschließung der Regimentsfähigen nach dem geburtsständischen Zugehörigkeitsmerkmal einer „edlen Abstammung“ (Eugeneia) hat sich indes nicht durchgesetzt. Ständekämpfe um den Zugang zum Archontat sind in Athen nicht belegt. Die Oberschicht war allem Anschein nach bereits in der Zeit ihrer Formierung gleichsam „offen“. Wirtschaftliche Prosperität war nicht erst seit den Reformen Solons die Voraussetzung für einen höherrangigen sozialen Status und eine hieraus resultierende Führungsrolle.

Es handelte sich um eine „strukturbedingte Offenheit“ der Oberschicht.[34] Ein wichtiger Faktor war in diesem Zusammenhang die Gliederung der Gesellschaft in Einzelfamilien.[35] In den homerischen Epen, im Werk des Hesiod und in der archaischen Lyrik finden sich keine Zeugnisse für korporativ geschlossene Verwandtschaftsverbände in Form von familienübergreifenden Einheiten oder „Clans“. In der Ilias (XV 497f.) garantiert Hektor beim Sturm auf das feindliche Schiffslager den trojanischen Kombattanten, daß ihnen Familie, Oikos und Kleros (Landbesitz) erhalten bleiben, wenn es ihnen gelingt, die Achaier (Griechen) zum Abzug zu zwingen. Von weitverzweigten „Geschlechtern“ ist hier keine Rede. Der Begriff des Genos (Abstammung, Herkunft), der in der älteren Forschung vielfach als Beleg für kohärente, allein durch Verwandtschaftsbeziehungen konstituierte Adelsgeschlechter und eine ständische Geschlossenheit des Adels in Anspruch genommen wurde, bezeichnet in den Epen die direkte väterliche Linie (Il. VI 209; Od. 24, 508). Zwar sind in der Oberschicht neben den Bindungen der Freundschaft (φιλία) und der Hetairien auch Verwandtschaftsverhältnisse von großer Bedeutung. So sind neben den Brüdern, Vätern und Söhnen auch Vettern und weitere (entferntere) Verwandte zur Blutrache verpflichtet

[34] Stein-Hölkeskamp, Adelskultur 93.

[35] Grundlegend für das Verständnis der archaischen Sozialstruktur sind die Werke von Roussel, Tribu et cité, und Bourriot, Genos, I–II, die die ältere These von der Existenz eines sogenannten aristokratischen Geschlechterstaates überzeugend zurückgewiesen haben. Eine gute Zusammenfassung der wichtigsten Ergebnisse Roussels und Bourriots bietet R.C. Smith, The Clans of Athens and the Historiography of the Archaic Period, EMC 29, N.S. 4 (1985) 51–61.

(Od. 15, 273). Dieser gesamte Verwandtenkreis bildet jedoch keinen fest strukturierten Verband, zumal Verwandtschaftsbeziehungen von Generation zu Generation variieren und sich immer wieder neu aufbauen.

Somit existierten weder in der homerischen „Welt" noch in der archaischen Polis sogenannte Adelsgeschlechter als Aktionsgemeinschaften oder gentilizisch organisierte Einheiten. Das drakontische Strafrecht setzte fest, daß bei der Verfolgung von Mord und Totschlag nur ein ganz bestimmter Verwandtenkreis des Getöteten (bis zu den Söhnen der Vettern) Anklage erheben und (im Fall von unvorsätzlicher Tötung) einen Vergleich mit dem Täter schließen kann.[36] Diese Verwandtengruppe wird indes nicht als Genos bezeichnet, und es ist kaum anzunehmen, daß die athenische Oberschicht in der Zeit Drakons auf eine Art „Sippenrecht" verzichtet hätte, wenn die Blutrache zuvor Angelegenheit eines geschlossenen, mehrere Häuser umfassenden „Clans" gewesen wäre. Auch im athenischen Erbrecht finden sich keine Hinweise auf derartige Verbände.

Athen hat sich also im Zuge der Formierung des Polisverbandes und der Konsolidierung seiner Führungsschicht nicht zu einer sogenannten „Geschlechterstadt" entwickelt. Zwar haben sich verschiedene aristokratische Häuser seit der geometrischen Zeit zweifellos weit verzweigt, doch entstanden hierdurch keine festgefügten gentilizischen Einheiten. Soweit wir Ereignisse des politischen Tageskampfes zurückverfolgen können, handelte der einzelne Adlige nicht als Repräsentant eines familienübergreifenden „Geschlechtes", sondern als Individuum, um persönliche Geltung zu gewinnen bzw. seinen Einfluß zu stabilisieren. Als Kampfinstrument dienten vor allem Hetairien (in ihrer jüngeren Form als Kameradschaftsverband von Männern der gleichen sozialen Schicht) und Koalitionen mit anderen Adelsgruppen. Dies schließt selbstverständlich nicht aus, daß die Anhängerschaft eines führenden Aristokraten zum Teil aus seinen Verwandten bestand. Gentilizische Sozialmodelle, die kollektiven Gentilbesitz, exklusive Kulte und eigene Gerichtsbarkeit adliger Verwandtschaftsgruppen voraussetzen, lassen sich indes in Athen ebensowenig wie in anderen Poleis verifizieren. Bekannte Adelsfamilien wie die Alkmeoniden, die sich (fiktiv) von einem Urenkel Nestors ableiteten, oder die Philaiden, die ihren Stammbaum auf den mythischen Heros Aias von Salamis bzw. auf dessen Sohn Philaios zurückführten, wurden noch im 5. Jahrhundert v. Chr. nicht als γένη, sondern als οἰκίαι („Häuser") bezeichnet.[37] Beide Familien hatten keine eigenen Kulte. Sofern bestimmte Personengruppen als Géne galten, handelte es sich um Königs- oder Priesterfamilien oder um kultische Vereinigungen, die in aller Regel auf lokale Gemeinschaften zurückgingen. Bereits im soloni-

[36] Meiggs-Lewis Nr. 86, 13 ff.
[37] Bourriot, Genos I 549 ff.

schen Recht sind die sog. Kerykes belegt. Ihr Name ist abzuleiten von den kultischen Funktionen des „Herolds" (Keryx), den jeweils zwei Mitglieder dieses Genos bei den eleusinischen Mysterien ausübten. Den höchsten Rang im Mysterienkult von Eleusis hatte freilich das Genos der Eumolpidai, das den Oberpriester (Hierophantes) stellte. Kerykes und Eumolpidai gewannen ihr hohes Sozialprestige durch Tradieren der Ritualkenntnisse innerhalb der zu diesen beiden Géne gehörenden Familien.[38] Des weiteren waren mit dem Kult von Eleusis die Géne der Philleidai, Krokonidai, Eudanemoi und Phytalidai als Priesterkorporationen verbunden. Zum gleichen Genostyp gehören die Lykomidai, die den Mysterienkult in Phlya nördlich von Athen ausrichteten.[39] Sie gelten zwar in der älteren Forschung als eines der einflußreichsten „Geschlechter" der archaischen Zeit, da man annahm, daß Myron von Phlya, ein Gegner der Alkmeoniden im späten 7. Jahrhundert, damals die Lykomidai repräsentiert habe und sein Konflikt mit den Alkmeoniden als typische Form eines Kampfes zwischen „Adelsgeschlechtern" zu werten sei. Die Herkunft des Myron ist indes kein Beweis für seine Zugehörikeit zum Genos der Lykomidai. Weitere Géne wie die Eteoboutadai, die Salaminioi oder die Gephyraioi bildeten ursprünglich wohl lokale Kultvereinigungen.[40] Die Eteoboutadai stellten die Priesterinnen der Athena Polias und die Priester des Poseidon Erechtheus. Das Genos entstand vermutlich als Kultgenossenschaft im Gebiet von Boutadai westlich der Stadt. Ihre Mitglieder bezeichneten sich vielleicht erst nach der Konstituierung des kleisthenischen Demos Boutadai, in den wohl auch Neubürger eingeschrieben wurden, als „alte" oder „echte" Boutaden (Eteoboutadai).

Erst im 4. Jahrhundert wurde der Genosbegriff auf ältere Adelsfamilien wie die Alkmeoniden angewendet,[41] die – wie gesagt – ursprünglich als Oikiai galten. Dieser Wandel des Genosbegriffs besagt indes nicht, daß sich damals neue Organisationsformen in der Oberschicht gebildet hatten. Aus der in spätgeometrischer und früharchaischer Zeit entstandenen breiteren Schicht von größeren Oikosbesitzern hob sich freilich eine kleinere Gruppe heraus, die in der Epoche Solons als ἡγεμόνες τοῦ δήμου galten[42] und gleichsam den inneren Zirkel der athenischen Führungsschicht bildeten. Die Position dieser Repräsentanten der „großen Häuser" war um 600 zweifellos kein Novum, da der Prozeß der Staatswerdung Athens ohne entsprechende „politische" Aktivitäten bestimmter ἡγεμόνες, die in etwa mit den in

[38] Dazu ausführlich Bourriot, Genos II 1188ff., 1198ff.

[39] Bourriot, Genos II 1251ff.

[40] Bourriot, Genos II 1182ff., 1187f., 1304ff. Siehe auch S. C. Humphreys, Phrateres in Alopeke, and Salaminioi, ZPE 83 (1990) 243–248.

[41] Bourriot, Genos II 1291ff.

[42] Solon Frgm. 3,7 und 8,1 Gentili-Prato (= 3,7 und 5,7 Diehl).

der Phaiakengeschichte der Odyssee als Basilees (Basileis) oder als „Führer und Leiter“ (Hegemones, Medontes, Hegetores) bezeichneten großen Herren der „homerischen Welt“ zu vergleichen sind, kaum möglich war.

4. Gesellschaftliche Gliederung und Abhängigkeitsverhältnisse

Die breitere Schicht der Freien war ebenso wie die Gruppe der ἀγαθοί bzw. ἄριστοι primär in Einzelfamilien gegliedert, deren Existenzgrundlage das individuelle Eigentum an Grund und Boden war, wenn man von landlosen Theten (d. h. vor allem Lohnarbeitern ohne einen ererbten oder erworbenen Acker) einmal absieht. Für die gesellschaftliche und politische Entwicklung im spätgeometrischen und früharchaischen Athen war es von entscheidender Bedeutung, daß die große Mehrheit der Freien nicht in die Oikoswirtschaft der adligen Herren einbezogen wurde. Unter einem Oikos ist hier nicht nur das Haus im engeren Sinne, sondern auch der hiermit verbundene Personenkreis und der zugehörige Landbesitz zu verstehen. „Oikos“ ist somit ein sozialer Grundbegriff, der den Haushalt eines ἀγαθός und eines einfachen Bauern bezeichnen kann. In den homerischen Epen ist die Gliederung des Personenkreises in einem Oikos mit einer Pyramide zu vergleichen, die sich vom Oikosherrn an der Spitze über dessen Familie (und eventuell über weitere in seinem Haushalt lebende Verwandte) gewissermaßen zu einer Basis von freien und unfreien Arbeitern und Mägden verbreitert. Wenn der Besitzer des Oikos darüber hinaus schutzbedürftige Fremde sowie einige Hetairoi oder Therapontes als Gefolgsleute aufgenommen hat, gelten diese ebenso wie Familienangehörige, Verwandte und Gesinde als Hausgenossen (οἰκῆες; Sing.: οἰκεύς).[43] Im engeren Sinne werden aber – vor allem in den jüngeren Schichten des Epos – unfreie Knechte und Mägde als Oikees bezeichnet. Als Synonym wird δμῶες (weibl.: δμωαί) verwendet.[44] Dieser Begriff war ursprünglich ebensowenig wie „Oikeus“

[43] Vgl. zu diesem Begriff Gschnitzer, Terminologie II 16–21.

[44] Der rechtliche Status der Dmoes/Dmoai ist umstritten. Sie werden in der Forschung überwiegend als Unfreie eingestuft. Vgl. aber demgegenüber G. Wickert-Micknat, Unfreiheit in der frühgriechischen Gesellschaft: Schwierigkeiten bei der Beschreibung des Phänomens, Historia 35 (1986) 140: „... selbstverständlich Freie.“ W. Beringer, Zu den Begriffen für „Sklaven“ und „Unfreie“ bei Homer, Historia 10 (1961) 291, Anm. 112, vermutet aufgrund der Darstellung Hesiods, daß sich in Boiotien eine „vorstaatliche“ Abhängigkeitsform mindestens bis ins späte 8. Jahrhundert erhalten habe. Vgl. auch dens., Historia 13 (1964) 1 ff., und Historia 31 (1982) 13–32. Beringer bestreitet eine Gliederung der frühgriechischen Gesellschaft in Freie und Unfreie und kommt zu dem Schluß, daß die Dmoes und Oikees bei Homer und Hesiod zwar nicht die vollen Rechte der Freien hatten, aber auch nicht unfrei waren.

ein spezifischer Sklaventerminus, diente dann aber gleichfalls mehr und mehr zur Bezeichnung für unfreie Hausgenossen, die als Teil des zum Oikos gehörenden Besitzes gelten. Sie können aus der Kriegsbeute stammen (Od. 1, 398) oder im Hause ihres Herrn geboren (Od. 24, 386ff.) oder von diesem gekauft worden sein (etwa Od. 1,430ff.) und gehen in das Eigentum des Erben des Oikosbesitzers über (Od. 1,397f.) oder werden eventuell auch den Töchtern des Herrn als Mitgift mitgegeben (Od. 4,736).

Im solonischen Recht begegnet der Begriff „Oikeus" in der eingeschränkten Bedeutung als Sklaventerminus.[45] Da Solon die Schuldknechtschaft im Zusammenhang mit seiner Kodifikation beseitigt hat, kann der von „Oikos" abgeleitete Begriff des Oikeus sich in der solonischen Gesetzessprache nur auf den erbeuteten, gekauften oder hausgeborenen und zum Besitz des Oikosherrn gehörenden Unfreien beziehen, dessen Rechtsstellung demnach in etwa mit der Stellung der unfreien Oikees und Dmoes in den homerischen Epen vergleichbar ist, so daß wir mit langfristigen Strukturen in der sozialen Grundeinheit des Oikos zu rechnen haben. Des weiteren ist der Dichtung Hesiods zu entnehmen, daß um 700 in den Oikoi boiotischer Bauern in kleinerem Maßstab ähnliche Abhängigkeitsverhältnisse wie auf den Höfen „homerischer" Basilees (Basileis) existierten, wenn man die Hetairoi und Therapontes adliger Grundbesitzer außer Betracht läßt. Landwirte wie Hesiod waren in der Lage, kontinuierlich einen Sklaven oder eine Magd oder sogar mehrere Unfreie zu beschäftigen und darüber hinaus vorübergehend Tagelöhner für bestimmte Saisonarbeiten einzustellen.[46] Allerdings gilt dies im wesentlichen für die Schicht der mittleren Bauern, die dann seit dem 7. Jahrhundert auch die Mehrzahl der Hopliten stellten. Besitzer kleiner Landparzellen konnten sich demgegenüber schwerlich „Knechte" leisten, befanden sich aber ihrerseits kaum in einer rechtlich fixierten Abhängigkeit von größeren Grundbesitzern. In Hesiods ›Werken und Tagen‹ werden jedenfalls keine Bauern in der Stellung von Hörigen beschrieben.

Entsprechende Primärquellen für die Entwicklung des Sozialgefüges in Attika während der Formierungsphase des Polisverbandes in spätgeometrisch-früharchaischer Zeit liegen nicht vor. Dennoch bietet Hesiods Skizze der Verhältnisse in Boiotien gewisse Vergleichsmöglichkeiten, wenn man in diesem Zusammenhang bestimmte Aspekte der Kodifikationen Drakons und Solons berücksichtigt. Solon betont in seinem ›Rechenschaftsgedicht‹ daß er gleiche Satzungen für ἀγαθοί („Gute") und κακοί (wörtlich: „Schlechte", d.h. „kleine Leute") verfaßt habe.[47] Er verwendet hier ältere

[45] Ruschenbusch, Solonos Nomoi F 34.

[46] Hesiod Op. 469ff., 602f.

[47] Solon Frgm. 30,18 Gentili-Prato (= 24,18 Diehl). Eine ausgezeichnete Analyse

soziale Wertbegriffe, um die Gleichstellung aller Schichten des athenischen Personenverbandes vor den neuen Gesetzen zum Ausdruck zu bringen, sah aber in der von ihm verfügten Aufhebung der Schuldknechtschaft zweifellos eine Wiederherstellung alten Rechts und damit wohl auch des alten Eigentums jener Kleinbauern, die vor seinem Archontat (594/93 v. Chr.) durch Verschuldung in Not und Abhängigkeit geraten waren. Schuldenproblem und Schuldverhältnisse führten offenbar erst um 600 zu einer akuten Krise. Die von Solon des weiteren hervorgehobene „Knechtschaft" (δουλοσύνη) ehemals freier Bauern vor seinen Reformen kann daher bei dem Versuch, die Entstehung des Sozialgefüges in Athen und Attika in geometrisch-früharchaischer Zeit zu rekonstruieren, außer Betracht bleiben. Die κακοί waren in ihrer Gesamtheit vor der Kodifikation Solons jedenfalls keine Hörigen oder Bauern, die seit jeher in einem hörigkeitsähnlichen wirtschaftlichen und rechtlich fixierten Abhängigkeitsverhältnis standen. Nach den Wertmaßstäben der Oberschicht galten alle Freien, die nicht zu den ἀγαθοί zählten, durchweg als κακοί. Zu beachten ist des weiteren, daß nach dem sog. Blutrecht Drakons um 620 alle „Athener", d. h. alle freien Männer attischer Herkunft auch einer Phratrie angehörten,[48] in der es zwar eine Differenzierung nach dem Sozialprestige, aber keine Unterschiede im rechtlichen Status der Mitglieder gab.

Andererseits zeigen die Grabfunde, daß in den im Zuge der attischen Binnenkolonisation landwirtschaftlich erschlossenen Siedlungskammern sich von Anfang an ein soziales Gefälle entwickelte. Der archäologische Befund sagt allerdings nichts über die Rechtsstellung der ärmeren Bevölkerung in diesen Landgebieten aus. So kann nur vermutet werden, daß Teile der Landbevölkerung entweder als dauerhaft beschäftigte freie Arbeiter oder als unfreie Oikees auf größeren Gütern tätig waren, die sich aber zweifellos nicht zu „Latifundien" entwickelten. Großgüter im eigentlichen Sinne sind auch im klassischen Attika nicht nachweisbar. Die Zahl der Arbeitskräfte auf dem Besitz eines Angehörigen der Oberschicht war hier in geometrisch-früharchaischer Zeit sicherlich mehr oder weniger begrenzt. Hinzu kamen freilich Theten als Saisonarbeiter, die aber wohl z. T. selbst kleine Parzellen besaßen oder Söhne solcher Kleinbauern waren und dementsprechend noch im Verband ihrer Familien lebten.

Einen Hinweis auf die Erschließung entlegener bzw. noch nicht kultivierter Landesteile bieten einige sicherlich nicht realitätsferne Homerverse in der Odyssee (18,356 ff.), wonach ein Gelegenheitsarbeiter für einen Grundbesitzer Land urbar machen und dafür Nahrung und Kleidung als

der Begriffe agathos und kakos in den Epen hat jetzt Ulf, Homerische Gesellschaft 15 ff., 24 ff. vorgelegt.

[48] Meiggs-Lewis Nr. 86, Z. 18.

Lohn erhalten sollte.[49] Auf ähnliche Weise mögen wirtschaftliche Abhängigkeitsverhältnisse rechtlich freier Arbeiter im Verlauf der attischen Binnenkolonisation entstanden sein. Die für Attika typische Gemengelage größerer und kleinerer Besitzungen kann indes nicht erst das Ergebnis der Reformen Solons oder einer hierdurch eingeleiteten Entwicklung gewesen sein, da Solon keine Neuverteilung des Grund und Bodens vorgenommen hat. Die attische Binnenkolonisation ist somit nicht nur von der Oberschicht getragen worden. Vielmehr entstand im Zuge dieser Entwicklung auf bisher herrenlosem Land ähnlich wie in den bereits früher genutzten Siedlungsräumen neben dem größeren Grundbesitz auch ein freies mittleres und kleines Bauerntum.

Trotz der bereits in der epischen Dichtung klar erkennbaren Wertmaßstäbe der agathoi und ihrer Geringschätzung des einfachen Mannes aus dem Demos und trotz der Abhängigkeit und Not besitzloser freier Lohnarbeiter und Besitzer kleiner Parzellen verlief die für die Konstituierung von Polisgemeinschaften relevante Trennungslinie nicht zwischen der Oberschicht und den „kleinen Leuten" freien und unfreien Standes, sondern zwischen Freien und Unfreien.[50] Die Unfreien waren und blieben die eigentlichen Außenseiter der Gesellschaft und hatten kaum die Chance, in den Demos (im umfassenden Sinne einer politisch-rechtlichen Gemeinschaft) aufgenommen zu werden. Nur auf diesen Personenverband bezieht sich Solons Differenzierung zwischen ἀγαθοί und κακοί, die als Gemeinschaft der „Athener" von den in Athen und Attika lebenden freien und unfreien Fremden zu unterscheiden sind.

Durch eine schematische Einteilung in ἀγαθοί und κακοί wird die bereits recht komplexe Struktur dieses Verbandes in spätgeometrisch-früharchaischer Zeit indes nicht erfaßt. Die mit diesen Begriffen angedeutete Abgrenzung stellte keine unüberbrückbare Barriere zwischen zwei Großgruppen der Gemeinschaft dar, während jeweils innerhalb der beiden Schichten der ἀγαθοί und κακοί erhebliche soziale Unterschiede bestanden und der

[49] Vgl. G. Audring, Zur Struktur des Territoriums griechischer Poleis in archaischer Zeit. Schriften zur Geschichte und Kultur der Antike 29, Berlin 1989, 85f. – Zu dieser Dienstleistung soll sich an der im Text erwähnten Odysseestelle allerdings kein Mann aus dem Demos des Grundbesitzers verpflichten, sondern ein fremder Wanderarbeiter, der zwar als πτωχός gilt, aber kein „Bettler" im eigentlichen Sinne ist. Vgl. G. Wickert-Micknat, Unfreiheit im homerischen Zeitalter, Forschungen zur antiken Sklaverei 16, Wiesbaden 1983, 171f.; dies., Ursachen, Erscheinungsformen und Aufhebung von Marginalität: am Beispiel der homerischen Gesellschaft, Gymnasium 97 (1990) 137f.; Ulf, Homerische Gesellschaft 190.

[50] Vgl. Gschnitzer, Terminologie II 12f. Anders demgegenüber Morris, Burial 173ff., der im Anschluß an M. I. Finley, Die Welt des Odysseus, Darmstadt 1968, 47 (engl. New York 1954), die agathoi schärfer von den freien kakoi abgrenzt.

Demos in seiner Gesamtheit – wie gesagt – nicht nur eine Gesellschaft von großen und kleinen Bauern war. Auch Fischer, Händler, selbständige Handwerker und ihre Gehilfen freien Standes sowie die schon genannten freien Lohnarbeiter auf dem Lande zählten zum Demos, sofern sie athenischer Herkunft waren oder naturalisiert wurden. Die Zahl der Handwerker war freilich noch gering, und die Besitzer der Betriebe hatten vermutlich zumeist auch kleinere Landparzellen zur Eigenversorgung. Auch die professionellen Kaufleute bildeten nur eine kleine Gruppe, zumal der lokale Güteraustausch von den Produzenten selbst vollzogen werden konnte und Besitzer größerer Oikoi wenigstens zum Teil den Absatz ihrer Produkte im Fernhandel in eigener Regie vornahmen oder ihren „Agenten" übertrugen und auf diese Weise auch ihren Bedarf an Prestigeobjekten und Rohmaterialien deckten, die importiert werden mußten.[51] Es handelte sich hierbei selbstverständlich nur um eine sporadische Abwicklung von Handelsgeschäften. Das soziale Ansehen professioneller Kaufleute blieb trotz der Zunahme des Warenaustausches und der Ausweitung der Handelsbeziehungen im ganzen gering. Ein kommerzieller Besitzadel konnte unter diesen Voraussetzungen nicht entstehen. Die materielle Basis für die Ausübung von Führungsfunktionen war nach wie vor der Besitz an Ländereien, die nach damaligen Maßstäben als umfangreich gelten konnten.

Die größeren Güter entwickelten sich freilich nicht zu eigenständigen Machtzellen mit feudalen Strukturelementen.[52] Hierzu reichte der Landbe-

[51] Hinweise auf Handelsfahrten reicher Grundbesitzer finden sich bereits in der Ilias (VII 467) und Odyssee (1,180ff.). Absatz eigener landwirtschaftlicher Produkte: Hesiod Op. 630ff., 670ff. Die Belege für eine Beteiligung von Aristokraten am Handel um 600 sind allerdings dürftig. So wird z. B. Solons kommerzielle Tätigkeit in Ägypten erst bei Aristot. Ath. Pol. 11,1 erwähnt (vgl. Plut. Sol. 2,1; 25,6–26,1). Auch für die Handelsaktivitäten des Bruders der Dichterin Sappho liegen nur späte Zeugnisse vor: Strab. XVII 1,33 p. 808; Athen. XIII 596 b–d; vgl. G. E. M. de Ste. Croix The Class Struggle in the Ancient Greek World, London 1981, 129ff., der die Ausführungen Solons (Frgm. 1,41ff. Gentili-Prato) über die Risiken der Seefahrt auf Berufshändler bezieht. Dies ist indes nicht sicher. Jedenfalls gab es unter den großen Oikosherren Schiffsbesitzer. Vgl. B. Bravo, Le commerce des céréales chez les Grecs de l'époque archaïque, in: Garnsey – Whittaker, Trade 24f., der freilich annimmt, daß Aristokraten ihren „Handel" vor allem durch „Agenten" abwickeln ließen. Zur Frage von Handelsaktivitäten archaischer Aristokraten s. ferner S. C. Humphreys, Anthropology and the Greeks, London etc. 1978, 166ff.; Snodgrass, Archaic Greece 136ff.; I. Hahn, Foreign Trade and Foreign Policy in Archaic Greece, in: Garnsey – Whittaker, Trade 30ff.; Stein-Hölkeskamp, Adelskultur 76ff. mit weiterer Literatur in den Anmerkungen.

[52] Auch die Besitzer größerer Oikoi waren keine Feudalherren, sondern eher „Großbauern". Vgl. H. Strasburger, Der soziologische Aspekt der homerischen Epen, Gymnasium 60, 1953, 103ff.

sitz selbst der größten Oikosherren in Attika einfach nicht aus. Ebensowenig entstanden trotz stärkerer sozialer Differenzierung Bindungsverhältnisse, die mit dem römischen Klientelwesen vergleichbar wären.[53] Im benachbarten Boiotien stand es dem Landwirt Hesiod frei, seinen Rechtsstreit mit seinem Bruder ohne Einschaltung eines „gabenverschlingenden Aristokraten" (Basileus) zu regeln. Hesiods scharfe Kritik an den Schiedssprüchen adliger Herren zeigt, daß er sich nicht in der Position eines Klienten befand, der auf Rechtsschutz oder gerichtliche Vertretung durch einen Patron angewiesen war.[54] Adlige Schiedsrichter fungierten nicht als Patrone rechtsuchender Bauern, sondern wurden wegen ihres Sozialprestiges als Schlichter angerufen. Diese Praxis war offenbar schon in homerischer Zeit allgemein üblich (Od. 12,439 f.).[55] Ähnliche Zeugnisse fehlen zwar für die Formierungsphase der Polis in Athen, doch weist das drakontische Strafrecht in die gleiche Richtung. Die Satzungen Drakons enthielten u. a. die Bestimmung, daß nach einem Tötungsdelikt „vornehme" Phratriegenossen die Rolle der Kläger übernehmen mußten, wenn der Getötete keine Verwandten hatte.[56] Da diese Kläger von den zuständigen Richtern ausgewählt wurden, agierten sie nicht als Patrone, sondern als Repräsentanten der Phratrie des Getöteten, die als segmentäres Element im Gesamtverband der Polis bestimmte gemeinschaftsbezogene Aufgaben zu erfüllen hatte. Daß die athenische Gesellschaft der archaischen Zeit nicht in Klientelen mächtiger Adelshäuser gegliedert war, zeigen des weiteren die Auswirkungen der Schuldknechtschaft um 600 v. Chr. Hier wird deutlich, daß der einfache Mann nicht durch Patronatsverpflichtungen der agathoi geschützt wurde. Dementsprechend war aber auch die Position der Führungsschicht nicht durch ein stabilisierendes Netz von Klientelen abgesichert. Die Adelshetairien erwiesen sich ohne breite Klientelen im Demos als ein unzureichendes Instrumentarium in den Auseinandersetzungen um Führungspositionen, als das System um 600 in eine schwere Krise geriet und Aufruhr und offener Bürgerkrieg drohten.

[53] Dazu jetzt Stahl, Aristokraten 101 f., und Stein-Hölkeskamp, Adelskultur 29.

[54] Vgl. P. Millett, Hesiod and his World, PCPhS 210, N. S. 30 (1984) 91.

[55] Vgl. Gagarin, Greek Law 45.

[56] Meiggs-Lewis Nr. 86, Z. 18 f.

5. *Evolution politisch-staatlicher Strukturen*

a) Ämter

Zeitlich parallel zur Verfestigung des Sozialgefüges und in diesen Prozeß eingebunden vollzog sich die Entstehung politisch-staatlicher Institutionen. Besondere Bedeutung kommt der Einrichtung des Archontats zu. Hiermit vollzogen sich entscheidende Veränderungen in der Führungsstruktur.

Bevor die wohl zuerst von Hellanikos im ausgehenden 5. Jahrhundert konstruierte „vollständige" athenische Königsliste mit ihren fiktiven Namen und Daten kanonische Geltung gewann, war das Bild von der älteren Geschichte der Polis bereits seit langem von der epischen Tradition geprägt, die auf der athenischen Akropolis ebenso wie in anderen Zentren der versunkenen mykenischen Welt die Herrschaft einer mächtigen Königsdynastie voraussetzt. Diese Vorstellung, mit der ursprünglich noch nicht die Fiktion einer (willkürlich) errechneten Chronologie der sog. Königszeit verbunden war, weckte aber in Athen keineswegs ähnliche Assoziationen wie der Begriff des regnum in Rom, der die Herrschaft des letzten Repräsentanten der tarquinischen Dynastie als tyrannisches Gewaltregiment klassifizierte. Offensichtlich gab es in Athen keine Erinnerung an einen revolutionären Sturz eines Königtums bzw. an eine regelrechte Entmachtung eines Königs.[57] Jedenfalls wurde die Einrichtung des Archontats im Unterschied zur Konstituierung des Oberamtes der römischen Republik nicht zum festen Bestandteil einer antimonarchischen Staatsgesinnung. Im Hinblick auf die allgemeinen gesellschaftlichen Rahmenbedingungen in Athen und Attika in spätgeometrisch-früharchaischer Zeit ist die Einführung eines regulären Jahresamtes in der Tat nicht als Schwächung einer bereits institutionalisierten Zentralgewalt oder (im Hinblick auf die dem Basileus verbliebenen sakralen Funktionen) als eine Art Gewaltenteilung zu interpretieren, sondern als ein von den dominierenden Kreisen für notwendig erachteter Schritt zur Stabilisierung eines bereits ganz Attika umfassenden Personenverbandes zu sehen.

Unabhängig von der Frage, ob dieses Jahresamt gleichsam durch einen konstituierenden Akt geschaffen wurde oder die neue Führungsposition sich über verschiedene, für uns nicht mehr faßbare Vorstufen entwickelte,[58] ent-

[57] Vgl. Hignett, Athenian Constitution 46.

[58] Carlier, Royauté 371 ff., hat neuerdings versucht, die diesbezügliche Überlieferung zu harmonisieren. Er nimmt an, daß um 750 eine Teilung der Macht unter drei jeweils zehn Jahre amtierende Archonten aus dem angeblichen Königshaus der Medontiden erfolgte. Noch im 8. Jahrhundert seien dann die „Zehnjahreskompetenzen" allen sog. Eupatriden konzediert und 683/82 schließlich die Jahresämter eingeführt worden. Als Parallele zu der von ihm vermuteten Institutionalisierung der Herrschaft der Medontiden betrachtet Carlier das Regiment der Bakchiaden in Korinth ca.

stand mit dem Archontat letztlich eine Instanz mit neuen Handlungsmöglichkeiten, ein Organ, das potentiell gegenüber anderen Kräften in der Gesellschaft durchsetzungsfähig sein konnte, auf Dauer angelegt war und alternierend besetzt wurde. Es gewann damit den Charakter einer Institution, die – wie gesagt – nach modernen Kriterien einen wesentlichen Aspekt der Staatlichkeit einer Gemeinschaft ausmacht. Die Initiatoren des Archontats besaßen selbstverständlich kein terminologisches und konzeptionelles Instrumentarium zur Unterscheidung von vorstaatlichen und staatlich organisierten Gesellschaften und konnten die Dynamik, die ihre Maßnahme auf lange Sicht im institutionellen Bereich auslösen sollte, noch gar nicht erfassen. Sie waren aber zweifellos imstande, Defizite zu erkennen und durch planvolles Handeln zu beseitigen. Nach Lage der Dinge muß es sich um eine Innovation im Interesse der Wahrung des inneren Friedens gehandelt haben.

Spätestens seit dem ausgehenden 5. Jahrhundert leitete man in Athen das Jahresamt – wie bereits ausgeführt – aus einem angeblich zunächst lebenslänglichen und zuletzt zehnjährigen Archontat ab. Diese hypothetische Konstruktion entsprach den Möglichkeiten einer rationalen Erklärung staatlicher Strukturen in den Anfängen politischer Theoriebildung bei den Griechen. Da diese Vorstellung von der Entstehung des Archontats nur als Quelle für das politische Bewußtsein der Athener in klassischer Zeit Aussagewert besitzt, kann sie in diesem Zusammenhang außer Betracht bleiben. Gleichwohl ist ein gleitender Übergang zur Institutionalisierung von Führungspositionen nicht auszuschließen. Im homerischen Epos liegt die Rechtsprechung bereits nicht mehr allein in der Hand des „ersten Basileus“. Die Funktionen der Friedenssicherung werden auch von angesehenen Einzelpersonen (Od. 12,439f.) oder von einer Gruppe von Geronten (Ältesten) ausgeübt. In der Gerichtsszene der Ilias (XVIII 497–508) geben die Geronten nacheinander ihr „Urteil“ ab, während der Demos sich um die streitenden Parteien und die „Richter“ drängt und am Ablauf des Verfahrens geradezu leidenschaftlich Anteil nimmt. Allzu leicht konnte die allgemeine Erregung in offene Gewalt ausarten, zumal die „Richter“ die Anerkennung eines „Spruches“ offensichtlich nicht erzwingen konnten.[59] Im Vergleich zu der

750–650 v. Chr. Die Bakchiaden waren aber allem Anschein nach kein eigentliches Königsgeschlecht, sondern eine Gruppe von Adligen, die Korinth längere Zeit beherrschten. Zweifelhaft ist des weiteren, ob die Medontiden tatsächlich eine alte athenische Königsdynastie repräsentierten. In klassischer Zeit waren die Medontiden eine Phratrie.

[59] Vgl. Wolff, Beiträge 24f., der allerdings in jenen „Richtern“ Repräsentanten einer Obrigkeit sieht. Ähnlich Ruschenbusch, Rechtsstreit 2, der ein mit „staatlicher Autorität“ ausgestattetes Gericht annimmt. Demgegenüber betont Stahl, Aristo-

hier geschilderten Stufe stellen die judikativen Funktionen eines Jahresbeamten eine Ausweitung und Intensivierung eines älteren Instrumentariums der Friedenssicherung dar. Das Idealbild des adligen „Richters" von unbestrittener Autorität in Hesiods ›Theogonie‹ (80–93) deutet Möglichkeiten des Übergangs zu einer zentralen Instanz an, die allgemein Anerkennung findet, wenn es darum geht, „einen großen Streit mit kundigem Wissen zu beenden". Impulse zur Institutionalisierung solcher Ordnungsfunktionen ergaben sich zweifellos aus dem Bevölkerungswachstum und der hierdurch mitbedingten Zunahme von Streitfällen. Daß gleichsam ein Bedarf an neuen Mechanismen zur Erhaltung des gesellschaftlichen Friedens und zur Sicherung von Ordnungsbedürfnissen entstanden war, erklärt letztlich die richterlichen Befugnisse eines ständig zur Verfügung stehenden Funktionsträgers, der in Athen durch die Einrichtung des eponymen Archontats zur Institution wurde.[60] Als seit dem frühen 5. Jahrhundert dieses Amt seine politische Bedeutung verlor, blieben dem Archon eponymos gleichwohl wichtige Kompetenzen, die der Erhaltung der sozialen Basis des Polisverbandes dienten. In klassischer Zeit mußte der Archon, der als ziviler Magistrat die Aufsicht über das Familien- und Erbrecht besaß, zu Beginn seiner Amtszeit den Schutz des Eigentums der Bürger garantieren und eine diesbezügliche Erklärung durch Heroldsruf verkünden lassen. Offenbar handelte es sich um eine alte Formel.[61] Die Aufgaben des Archon in der Rechtspflege sind zwar durch die Kodifikation Solons und die hiervon ausgehende Entwicklung der athenischen Rechtspflege präzisiert und modifiziert worden. Sie waren aber älteren Ursprungs und gehen im Kern zweifellos auf die Anfänge des Archontats zurück.

Der Archon oder „Regent" hatte in archaischer Zeit freilich auch allgemeine Leitungsfunktionen.[62] Es präsidierte allem Anschein nach bis ins

kraten 163ff., mit Recht den vorstaatlichen Charakter dieser Form der Streitschlichtung.

[60] Der Zusammenhang zwischen zunehmendem öffentlichen Handlungsbedarf und der Institutionalisierung der Organe des Gemeinschaftslebens in Griechenland ist in jüngster Zeit mehrfach analysiert worden. Vgl. etwa F. J. Frost, Politics in Early Athens, in: Classical Contributions 34; W. G. Runciman, CSSH 24 (1982) 351–377; Stahl, Aristokraten 156ff., 170ff.; Stein-Hölkeskamp, Adelskultur 94ff.

[61] Aristot. Ath. Pol. 56,2. Vgl. Rhodes, Commentary 622, der allerdings vermutet, daß erst seit Solon der jeweilige Archon verpflichtet war, die genannte Erklärung abzugeben.

[62] Insofern war das vorsolonische eponyme Archontat wohl kaum nur eine „institutionalisierte Form der Schiedsgerichtsbarkeit", wie Stahl, Aristokraten 172, annimmt, der des weiteren vermutet (a.a.O. 177), daß vor Solon für dieses Amt „vorrangig jüngere Aristokraten in Frage kamen" und insofern die Position eines Archon eponymos eher mit der römischen Quästur vergleichbar sei. Vgl. aber demgegenüber

frühe 5. Jahrhundert in der Volksversammlung. In der Amtsbezeichnung kommt seine Position als urspünglich höchster Magistrat noch klar zum Ausdruck. Hinweise auf Defizite in der Führungsstruktur und den hieraus resultierenden Regelungsbedarf vor der Einführung regulärer Polisämter bietet wiederum die ältere Dichtung: Aus der Sicht der adligen Herren droht eine Volksversammlung durch die Führungsschwäche des „ersten Basileus" außer Kontrolle zu geraten (Il. II 142ff.). Demgegenüber vermag im Proömium der ›Theogonie‹ Hesiods der einflußreiche „Richter" durch das Gewicht seiner Autorität das Volk auf dem Versammlungsplatz (Agora) zu beherrschen. Unabhängig von monarchischer Gewalt fallen hier Führungsfunktionen in der Volksversammlung und in der vorstaatlichen Rechtspflege zusammen. Es liegt nahe, hierin Vorstufen zur Institutionalisierung solcher Positionen zu sehen.

Selbstverständlich konnte es aber nicht im kollektiven Interesse einer Adelsgruppe mit konkurrierenden Ansprüchen auf Rang und Prestige liegen, ein Mitglied ihres Kreises mit großer Machtfülle auszustatten. Die dominierenden Aristokraten wollten an der Macht teilhaben und diesen Anspruch gewissermaßen festschreiben. Zu erreichen war dies nicht nur durch eine Stärkung des Rates und durch einen turnusmäßigen Wechsel in der Leitung des Gemeinwesens, sondern auch durch eine Ausfächerung der Führungsfunktionen. So entstand in Athen neben der Position des „Regenten" das Amt des Polemarchos (d.h. des „Kriegsherrn") für die Aufgebotsordnung und die Kriegführung.[63] Die Entwicklung führte hier möglicherweise von der sporadischen Übertragung eines militärischen Kommandos an einen bewährten Krieger (Od. 14,237f.) zur Einrichtung eines Jahresamtes, das vor allem durch die Entwicklung des Kriegswesens im Zuge der Übernahme der Phalanxtaktik und durch die hierdurch bedingten organisatorischen Aufgaben in der Aufgebots- und Wehrordnung Bedeutung gewann und wohl auch schon relativ früh für Rechtsfälle zuständig war, die zugewanderte Fremde betrafen.

Ein weiterer Schritt war die Ausdifferenzierung der Leitung im sakralen Bereich. Hierfür wurde die Position eines speziellen Funktionsträgers geschaffen, der den Titel „Basileus" führte und wie der Archon und der Po-

W.G. Forrest – D.L. Stockton, The Athenian Archons: A Note, Historia 36 (1987) 236, die annehmen, "that the eponymous archon in particular had generally if not always held an earlier 'junior' archonship" (d.h. vor allem das Amt eines Thesmotheten). Forrest und Stockton bezweifeln, daß das bei Aristot. Ath. Pol. 62,3 erwähnte Iterationsverbot für zivile Ämter bereits für die ältere Zeit galt. Übrigens war damals die Position des Polemarchos kein rein ziviles Amt.

[63] Das Amt des Polemarchos ist trotz Aristot. Ath. Pol. 3,2–3 wohl kaum älter als das eponyme Archontat.

lemarchos seine Aufgaben mit zeitlicher Befristung auf ein Jahr ausübte, so daß auch hier ein turnusmäßiger Wechsel erfolgte. Die Amtsbezeichnung deutet darauf hin, daß dieser Magistrat rituelle und judikative Funktionen übernahm, die früher traditionell dem als Siedlungsführer anerkannten dominierenden Aristokraten – dem „ersten Basileus“ – zukamen. Wenn in Athen Statusvererbung und dynastische Nachfolge tatsächlich eine Art Erbcharisma einer führenden Familie begründet haben, ist anzunehmen, daß dessen Träger in jenem Transformationsprozeß, der zur Entstehung staatlicher Strukturen führte, noch einige Zeit eine kultisch-sakrale Sonderstellung zu behaupten vermochten, doch reichte diese Legitimationsbasis wohl nicht mehr aus, als andere Leistungsträger die eigentliche Führung der Gemeinschaft übernahmen und diese Leitungsfunktionen durch turnusmäßige Übertragung und formal geregelten Wechsel institutionalisiert wurden. So standen auch die dem einst führenden Hause noch verbliebenen sakralen Funktionen schließlich zur Disposition. Zu den Aufgaben, die der sakrale Oberbeamte in der Nachfolge eines „ersten Basileus“ zu übernehmen hatte, gehörte sicherlich auch die Entsühnung der Gemeinschaft nach einer Bluttat, da Mord und Totschlag als religiöse Frevel galten, die wegen ihrer sakralen Implikationen die Gesamtheit betrafen. Hinzu kam die Gefahr einer unkontrollierten Blutrache. Daher ist anzunehmen, daß bereits vor dem drakontischen Blutrecht, das für die Aburteilung von Tötungsdelikten ein Gerichtsverfahren zwingend vorschrieb, Klage- und Verhandlungsmöglichkeiten bestanden, für die der Basileus zuständig war.

Die Konstituierung der Ämter des Archon, des Polemarchos und des sakralen Basileus setzt einen gewissen Grundkonsens in der athenischen Oberschicht voraus. Für die neuen Positionen kam zunächst wohl nur ein exklusiver Kreis von „großen Herren“ in Betracht, die auf Grund ihres Ansehens auch außerhalb ihres eigenen Oikos Ordnungsfunktionen als Schlichter ausübten und sich so um Streitbeilegung bemühten sowie im Kriegsfall in ihrem lokalen Einflußbereich Wehrfähige sammelten und dem Aufgebot der Gemeinschaft zuführten. In der Phaiakengeschichte der Odyssee bilden die „Führer und Leiter des Demos“ den Beirat des „ersten Basileus“. Aus besonderem Anlaß können aber weitere Geronten – d.h. große Oikosbesitzer – zu den Beratungen hinzugezogen werden (Od. 7,189). Auch in Athen ließ sich eine gewisse Öffnung der einflußreichsten Gruppe nach Einführung der institutionalisierten Ämter bald nicht mehr vermeiden. Es ist zwar nicht auszuschließen, daß führende Athener bereits das Amt des Polemarchos oder des sakralen Basileus ausgeübt hatten, bevor sie als Archon (eponymos) die eigentliche Leitung der Gemeinschaft für ein Jahr übernahmen. Wenn aber jährlich drei Oberbeamte eingesetzt wurden, das Prinzip des Ämterwechsels beibehalten werden sollte und wohl schon relativ früh das bedeutendste Amt – die Position des Archon (eponymos) –

nicht iteriert werden durfte, konnten die „Regimentsfähigen" nicht auf jenen Personenkreis beschränkt bleiben, der die ersten Amtsträger gestellt hatte. Diese Entwicklung begann zweifellos schon vor der Einrichtung der Jahresbehörde der sechs Thesmotheten („Rechtssetzer"), die speziell für die Rechtspflege zuständig waren und im Unterschied zu den drei älteren Oberbeamten eine Art Kollegium bildeten.

Ob schon vor dieser weiteren Ausfächerung von Funktionen und Kompetenzen neben dem Archon eponymos auch der Polemarchos und der sakrale Basileus als Archonten im weiteren Sinne bezeichnet und hierzu dann seit Einrichtung der Magistratur der Thesmotheten auch die sechs neuen Funktionsträger gezählt wurden, läßt sich nicht entscheiden. Bereits in solonischer Zeit wurde aber die Sammelbezeichnung „Archonten" für die genannten neun Magistrate verwendet. Sie galten somit damals schon insgesamt als Oberbeamte. Der spezielle Amtstitel „Thesmotheten" ist wohl darauf zurückzuführen, daß diese Institution noch in der Zeit des ungeschriebenen Rechts (vor der Kodifikation Drakons um 620 v. Chr.) konstituiert wurde und die neuen Beamten als eine von der Polisgemeinschaft autorisierte Behörde nach tradiertem Gewohnheitsrecht zu urteilen hatten und damit nach archaischen Vorstellungen das eigentlich schon bestehende Recht jeweils im Einzelfall feststellten und sicherten.[64] Die Funktionen der Thesmotheten vor der Kodifikation Drakons sind allerdings im einzelnen nicht bekannt. Nach Demosthenes (23, 28) enthielten die athenischen Satzungen zur Aburteilung von Mord und Totschlag u. a. die Bestimmung, daß die Thesmotheten für Anzeigen gegen Verbannte zuständig waren, die nach einer gerichtlichen Verurteilung wegen eines Tötungsdeliktes sich widerrechtlich auf attischem Gebiet aufhielten. Der von Demosthenes zitierte Text geht indes über den ursprünglichen Wortlaut des drakontischen Blutgesetzes hinaus, so daß Rückschlüsse auf die Aufgaben der Thesmotheten nach

[64] Eine exakte Datierung der Einführung des Amtes der Thesmotheten ist ebenfalls nicht möglich. Die Institution ist aber wohl schon vor der Kodifikation Drakons entstanden; vgl. Rhodes, Commentary 102 (gegen Ruschenbusch, Untersuchungen 78f., Anm. 237). Nach Aristot. Ath. Pol. 3,4 hatten die Thesmotheten ursprünglich die Aufgabe, die Rechtssätze (Thesmia) aufzuschreiben und für Entscheidungen in Streitfällen aufzubewahren. Wahrscheinlich ist diese Erklärung lediglich aus ihrem Amtstitel abgeleitet (Hignett, Athenian Constitution 77). M. Gagarin, The Thesmothetai and the Earliest Athenian Tyranny Law, TAPA 86 (1981) 71–77 (vgl. dens., Greek Law 56, 123, 131), sieht in ihrer Tätigkeit eine Vorstufe der Kodifikation (ähnlich F. Ruzé, Aux débuts de l'écriture politique: Le pouvoir de l'écrit dans la cité, in: Les savoirs de l'écriture. En Grèce ancienne, sous la direction de M. Detienne, Lille 1988, 87f.). Daß die Thesmotheten gerichtliche Urteile gleichsam als Präzedenzfälle schriftlich fixierten, ist indes wenig wahrscheinlich. Im späteren athenischen Recht war diese Praxis jedenfalls nicht üblich.

der Satzung Drakons oder gar in den noch früher anzusetzenden Anfängen ihrer Tätigkeit problematisch sind. Nur soviel ist deutlich, daß ihre Funktionen in der Rechtspflege von Anfang an von den Aufgaben des Archon eponymos im Familien- und Erbrecht, des Polemarchos im Fremdenrecht und des Basileus im Blutrecht differenziert wurden.

Eine Begrenzung der „Regimentsfähigkeit" auf eine exklusive Gruppe der größten Oikosbesitzer war – wie gesagt – in Athen schon durch die relativ frühe Ausdifferenzierung der zivilen, militärischen und sakralen Leitungsfunktionen kaum möglich. Durch diese Ausfächerung der Kompetenzen gab es hier zudem im Unterschied zu Rom keine allumfassende, religiös sanktionierte Befehlsgewalt und damit auch keine Einheit von politischen, militärischen und sakralen Befugnissen, deren Ausübung dauerhaft aus einem spezifischen Erbcharisma abgeleitet und mit einem sakralrechtlichen Vorrang begründet werden konnte. Wenn einige führende athenische Familien durch Ableitung ihres Stammbaums von Heroengestalten des Mythos und der Sage einen besonderen genealogischen Status fingierten, so ließ sich hiermit ein charismatisch-geburtsrechtlich begründetes Machtmonopol nicht erreichen, da die sakrale Komponente vor allem ein Charakteristikum der Amtsposition des Basileus war, während der eponyme Archon die Polis leitete Andererseits hatten aber auch der eponyme Archon und der Polemarchos in ihrem Aufgabenbereich kultische Obliegenheiten zu erfüllen und Opferhandlungen zu vollziehen, während wiederum alle Oberbeamten Funktionen in der Rechtspflege ausübten.

Da die Magistrate keinen Erzwingungsstab besaßen, war ihre Amtsführung wohl nur dadurch möglich, daß ihnen nach allgemeinem Konsens eine mit dem Amt verbundene und aus dieser Position erwachsene Autorität zuerkannt wurde.[65] Andernfalls wäre die Übernahme und Ausübung eines Amtes für die meisten Angehörigen der Oberschicht geradezu ein Hasardspiel geworden, wenn sie nicht zu dem zweifellos eng begrenzten Kreis der einflußreichsten Oikosbesitzer gehörten, die Solon später als „Führer" (Hegemones) des Demos bezeichnete. Wenn man von der Zeit der Tyrannis

[65] Dazu jetzt Stein-Hölkeskamp, Adelskultur 100. Anders Stahl, Aristokraten 160ff., 169ff., 175ff., der annimmt, daß ein Archon im Grunde nicht als Amtsträger, sondern allenfalls als Oikosbesitzer mit einer gewissen eigenen Hausmacht Zwang auszuüben vermochte. Das Problem ist zweifellos vielschichtig. Während z.B. Herolde, die bereits im homerischen Epos in Volksversammlungen und „Prozessen" Ordnungsfunktionen ausüben (Il. XVIII 505), „auf die Akzeptanz durch die Menge angewiesen waren" (wie es W. Nippel, Aufruhr und „Polizei" in der römischen Republik, Stuttgart 1988, 23, formuliert), ließen die „Elfmänner" wohl schon in archaischer Zeit Todesstrafen durch „Amtsdiener" vollstrecken, die indes kein Instrument zur Ausübung von Zwang in der Öffentlichkeit oder gegenüber einer Volksmenge waren.

einmal absieht, haben im 6. Jahrhundert in Athen immer nur einige wenige Aristokraten dominierenden Einfluß gewonnen, ohne diesen aber unangefochten längere Zeit ausüben zu können. Dies scheint im 7. Jahrhundert kaum anders gewesen zu sein, wie die Verbannung der Adelsfamilie der Alkmeoniden einige Zeit vor den Reformen Solons vermuten läßt. Einige „Wenige" konnten aber nicht dauernd das Archontat bekleiden, so daß auch andere Aristokraten bei der Ausübung der ihnen übertragenen Kompetenzen zur Friedenswahrung und zur Leitung der Kollektivorgane der Gemeinschaft – des Areopags und der Volksversammlung – offensichtlich im allgemeinen Anerkennung gefunden haben. Aufgrund dieser Leitungsfunktionen war das Archontat keineswegs nur ein permanentes Schiedsrichteramt oder eine Position, in der sich der Amtsträger nur Geltung verschaffen konnte, wenn er als Oikosbesitzer eine eigene „Hausmacht" (in Form einer ihm als Person verpflichteten Gefolgschaft im Demos und im Adel) zur Verfügung hatte. Gerade durch die kontinuierliche Neubesetzung des Archontats, die immer wieder einen Konsens über die Kandidaten erforderte, gewann diese Führungsposition gegenüber der personengebundenen Macht der vorstaatlichen Verhältnisse gleichsam eine neue Qualität, so daß auch Oikosbesitzer ohne „Hausmacht" das Amt ausüben konnten.

Das eigentliche Kriterium der Differenzierung zwischen Oberschicht und Demos (im soziologischen Sinne) blieben die Besitzunterschiede. In späteren Quellen wurde allerdings die Führungselite in Athen als Eupatridai („Söhne guter bzw. edler Väter") bezeichnet. Die ältesten Belege stammen indes erst aus dem ausgehenden 6. Jahrhundert.[66] Zu dieser Zeit war die Zulassung zu den höheren Ämtern bereits seit langem durch die solonischen Zensusbestimmungen geregelt. In den Fragmenten der Gedichte und Gesetze Solons begegnet der Eupatridenbegriff nicht. Die älteren, noch für Solon gültigen Wertmaßstäbe, die in der bereits erwähnten Einteilung der Gesellschaft in „Gute" (ἀγαθοί bzw. ἐσθλοί) und „Schlechte" (κακοί) zum

[66] Adjektivisch verwendet wird das Wort in einem Trinklied, das die Tapferkeit der Teilnehmer an einem von den Alkmeoniden initiierten erfolglosen Unternehmen gegen die Tyrannis des Hippias (vor 510 v. Chr.) rühmt (Aristot. Ath. Pol. 19,3). Des weiteren wird auf einem Grabstein aus Eretria ein Athener namens Chairion als Eupatride bezeichnet: IG XII 9, 296. In der althistorischen Forschung wurde mehrfach vermutet, daß neben einem sogenannten „Adelsstand" der Eupatriden (vgl. etwa Busolt – Swoboda II 772; Hignett, Athenian Constitution 315f.) auch ein „Geschlecht" (Genos) dieses Namens existierte. Diese These ist von Bourriot, Genos I 415ff., überzeugend zurückgewiesen worden. Eine bloße Vermutung ist die Annahme R. Sealeys, Historia 10 (1961) 513 (= ders., Essays 40), daß die Eupatriden bereits in den frühen Dark Ages die herrschende Klasse in der Ebene von Athen gebildet hätten und der Terminus etwa um 580 v. Chr. zur Bezeichnung einer „regionalen Partei" um Athen verwendet worden sei.

Ausdruck kommen, orientierten sich primär an der unterschiedlichen Größe des Landbesitzes und den hieraus sich ergebenden sozialen Rangunterschieden, ohne daß hierdurch eine ständerechtliche Abgrenzung vorgenommen wurde. Als ἀγαθοί galten nicht nur die Angehörigen der ersten „solonischen“ Zensusklasse der sog. Pentakosiomedimnoi („Fünfhundertscheffler“), die angeblich mindestens 500 Maß („Scheffel“) Getreide oder ein entsprechendes Äquivalent an Öl bzw. Wein im Jahr produzierten, sondern darüber hinaus auch jene Athener, die zur zweiten „solonischen“ Klasse der Hippeis („Reiter“) zählten. Die Einteilung in sog. Zensusklassen war zugleich eine Gliederung der Wehrfähigen nach ihrer Bewaffnung, die sie sich selbst beschaffen mußten. Für die Ausrüstung als Reiter und eine entsprechende Einstufung in die Wehrordnung genügte aber in aller Regel bereits ein Landbesitz von etwa 15–20 Hektar. Grundbesitz ist eine durchaus relative Größe, die an den allgemeinen Besitzverhältnissen in einer bestimmten Gesellschaft zu messen ist. Entscheidend war in diesem Fall die Abgrenzung der „Reiter“ von jenen Athenern, die nach der Aufgebotsordnung für den Dienst als Hopliten oder Leichtbewaffnete in Betracht kamen, während der Begriff „Eupatridai“ vielleicht erst in nachsolonischer Zeit geprägt worden ist. Der Terminus kann jedenfalls im 7. Jahrhundert kaum als Äquivalent für ἀγαθοί bzw. ἐσθλοί verwendet worden sein, die in ihrer Gesamtheit keine durch Geburt und Abstammung privilegierte und durch religiös-erbcharismatische Besonderheiten eindeutig abgegrenzte Schicht von Regimentsfähigen bildeten.

Andererseits konnte bereits vor den Reformen Solons trotz der jährlich erforderlichen Neubesetzung von neun Archontenstellen (im weiteren Sinne) nicht jeder Athener, der zu den „Guten“ oder „Reichen“ gezählt wurde, eines der höheren Ämter bekleiden. Insofern konnten nicht alle aristokratischen Ambitionen bei der Ämterbesetzung befriedigt werden, so daß sicherlich ein gewisser Konkurrenz- und Anspruchsdruck entstand, der aber wohl zum Teil durch die Einrichtung weiterer Ämter wieder abgeschwächt wurde. Neben dem Archontat werden in der auf atthidographischer Überlieferung basierenden Darstellung der aristotelischen Athenaion Politeia (7,3) einige andere Magistraturen der solonischen Zeit genannt, die aber zweifellos älter waren. Es handelt sich um die Kolakretai, die Hendeka, die Tamiai und die Poletai. Der Atthidograph Androtion erwähnt eine ältere, wohl in die solonischen Satzungen aufgenommene Bestimmung, die die Kolakretai verpflichtete, den Festgesandtschaften nach Delphi eine Art „Reisegeld“ sowie einen weiteren Betrag für andere Aufwendungen (z. B. für Opfer) aus dem „Silber“ der Naukraroi, der Vorsteher der Vereinigungen zum Schutz der Küsten, auszuhändigen (Androtion, FgrHist 324 F 36). Hiernach mußten die Naukraroi einen Teil der von ihren Verbänden aufzubringenden „Beiträge“ an die Kolakretai abführen, die ursprünglich – wie ihre Bezeichnung vermuten läßt – wohl die für den Basileus und die Priester bestimmten „Schenkel" der Opfertiere in Empfang zu nehmen hatten, in vorsolonischer Zeit aber bereits als „Beamte" der Polisgemeinschaft galten und aus einem von ihnen verwalteten Fond öffentliche Ausgaben bestritten. Des weiteren setzen die wohl schon von Drakon fixierten Bestimmungen des Verfahrens gegen bannbrüchige Mörder und Totschläger die Existenz der „Vollzugsbehörde" der Hendeka („Elfmänner") im späten 7. Jahrhundert voraus.[67] Auch die Tamiai („Schatzmeister der Göttin Athena") und Poletai (wörtlich: „Verkäufer") waren zweifellos schon in vorsolonischer Zeit öffentliche Funktionsträger. Allerdings sind nur die späteren Aufgaben der Tamiai und Poletai im einzelnen bekannt. Die Tamiai gewannen als Verwalter des reichsten Tempelschatzes in Athen in der Zeit des ersten Delisch-Attischen Seebundes große Bedeutung, da ihnen nach Verlegung der Bundeskasse von Delos nach Athen (454/53) jährlich ein Sechzigstel der Abgaben der athenischen Bundesgenossen überwiesen wurde. Die Poletai waren generell für den Verkauf konfiszierten Vermögens sowie für die Verpachtung öffentlichen Grundbesitzes, der Zolleinnahmen und anderer „staatlicher" Gefälle zuständig. Im Vergleich zu den genannten Funktionen dieser Beamten in klassischer Zeit waren ihre Aufgaben vor und um 600 zweifellos noch recht begrenzt. Gleichwohl zeichnete sich damals bereits auch ein deutlicher Trend zur funktionalen und institutionellen Ausdifferenzierung von Magistraturen unterhalb der eigentlichen Leitungsebene ab. Während das Amt der Tamiai seit Solon nur von Pentakosiomedimnoi bekleidet werden konnte und auch vorher wohl nur den reichsten agathoi vorbehalten blieb, erforderte die Institutionalisierung neuer („niederer") Magistraturen sicherlich schon vor den solonischen Reformen einen größeren Kreis von Kandidaten, so daß vermutlich auch Hopliten hiervon nicht ausgeschlossen wurden. Auch die niederen Ämter wurden im jährlichen Wechsel besetzt. In der Kleingesellschaft des Polisverbandes gab es nicht einmal in Ansätzen ein Berufsbeamtentum, das Herrschaftswissen zu monopolisieren vermocht hätte.

b) Rat

Entstehung und Ausbau der Ämter waren eng verbunden mit der Institutionalisierung einer beratenden Versammlung, die in den homerischen Epen als wichtiges Organ der Entscheidungsfindung in einer Reihe von Gemeinschaften erscheint und auch in Athen bereits vor der Evolution staatlicher Strukturen vorauszusetzen ist. Nach der zuerst bei Thukydides II 15 überlieferten Fiktion von der politischen Einigung (Synoikismos) Attikas in der my-

[67] Vgl. Rhodes, Commentary 139 zu Aristot. Ath. Pol. 7,3.

thischen Heroenzeit soll schon der Gründerkönig Theseus einen zentralen Rat eingerichtet haben. Thukydides zweifelt nicht an der langen Tradition und Kontinuität eines beratenden Organs, das für ihn und seine Zeitgenossen offensichtlich identisch ist mit dem sogenannten Areopag (Areios Pagos) bzw. der „Boulé vom Areios Pagos“ (Rat vom Areshügel), wie die offizielle Bezeichnung lautete.[68] Der Name des Gremiums ist abgeleitet von seiner Tagungsstätte als Mordgerichtshof beim Heiligtum der chthonischen Gottheiten der Semnai (Erinyen) an der Nordostseite des Areshügels. Das Toponym diente somit gleichsam als Kurzform für die Institution. Die Mitglieder dieses Rates, die wohl erst später als Areopagiten bezeichnet wurden, tagten auf dem Areshügel freilich nur als Blutgericht, das unter freiem Himmel stattfinden mußte. Für andere Sitzungen diente etwa seit der zweiten Hälfte des 6. Jahrhunderts die damals neu erbaute „Königshalle“ (Stoa Basileios), das Amtslokal des (sakralen) Basileus auf der Agora.

Bereits im sogenannten homerischen Demeterhymnos (um 700 v. Chr.) üben hochrangige Statuspersonen als beratende Versammlung zugleich auch eine richterliche Tätigkeit aus (Hom. Hym. Dem. 150ff.). Diese Doppelfunktion schreibt Aischylos in den ›Eumeniden‹ für die mythische Vorzeit offensichtlich auch dem Blutgericht auf dem Areshügel zu, das der Dichter hier als göttliche, von Athena selbst eingesetzte Institution beschreibt, gleichzeitig aber auch als „Rat“ (Bouleuterion) bezeichnet (Aischyl. Eum. 570; 684).[69] Die Entstehung dieses Organs konnte in der athenischen Rückerinnerung nur mit einem Mythos erklärt werden. Reminiszenzen an ein anderes älteres Beratungsorgan sind nicht bezeugt. Der Areopag wird daher als Institution aus Beratungen hervorgegangen sein, wie sie für die Zusammenkünfte der Basileis, d. h. der angesehensten Aristokraten der fiktiven „homerischen“ Gemeinschaften typisch sind, deren öffentliche Organe von den epischen Dichtern des 8. Jahrhunderts modellhaft nach ihrer eigenen Erfahrungswelt dargestellt wurden. Die Blutgerichtsbarkeit des Areopags dürfte sich aus Funktionen eines solchen alten Adelsrates entwickelt haben, der wohl schon vor der drakontischen Fixierung des athenischen Blutrechts Schritte zur Sicherung des inneren Friedens nach einer Bluttat unternahm, so daß ihm hierdurch strafrechtliche Befugnisse zuwuchsen. Vorstufen hierzu sind etwa in der Funktion der Geronten in der Gerichtsszene der Ilias (XVIII 497ff.) zu sehen, in der freilich nicht die Bluttat als solche abgeurteilt wird, sondern ein Streit um die Bezahlung des Sühnegeldes für einen Erschlagenen entschieden werden soll.[70]

[68] Vgl. Busolt-Swoboda II 795, Anm. 2 mit einer Reihe von Belegen.

[69] Vgl. C. W. Macleod, Politics and the Oresteia, JHS 102 (1982) 127ff.

[70] Nach Aristot. Ath. Pol. 3,6; 4,4; 8,2–4 soll der Areopag ursprünglich eine mit großen Machtbefugnissen ausgestattete „Behörde“ gewesen sein, doch liegt hier

Für die Ämter der Archonten (im weiteren Sinne) gab es schwerlich schon von Anfang an einen formalisierten Bestellungsmodus, da sie zunächst nur von einem bestimmten Kreis dominierender Oikosherren bekleidet werden konnten, die sich bereits traditionell zu Beratungen über Angelegenheiten zusammenfanden, die für die gesamte Gemeinschaft relevant waren. Eine Garantie für permanente Mitgliedschaft in jenem älteren (noch nicht institutionalisierten) Rat gab es indes wohl kaum, denn das Kriterium für Sitz und Stimme waren ja vor allem die Größe des Besitzes und das daraus resultierende Sozialprestige, während ein Verlust an Ressourcen nie auszuschließen war und die damit verbundene Minderung von Ansehen und Einfluß ein Ausscheiden aus der engeren Führungsgruppe bedeuten konnte. Durch die Einführung der Ämter entstanden demgegenüber trotz des jährlichen Wechsels in den Führungspositionen neue Statusmerkmale, die zwar nicht ausschließlich das gesellschaftliche Wertesystem bestimmten, aber neben den älteren Maßstäben Bedeutung gewannen. Die Differenzierung zwischen dem personengebundenen Einfluß und den Kompetenzen öffentlicher Funktionsträger mußte sich mehr und mehr auf die Zusammensetzung des Rates auswirken, der jetzt zugleich der Ort war, an dem bindende Absprachen über Kandidaturen getroffen wurden. Ein neuer Regelungsbedarf ergab sich, als die im Rat repräsentierte Führungsgruppe für eine alternierende Besetzung der Ämter nicht mehr ausreichte. Es ist allerdings unwahr-

keine genuine Tradition über ältere Kompetenzen dieses Gremiums vor. Vgl. Wallace, Areopagos 6, der allerdings den vorsolonischen Areopag als „Rat" zu eliminieren sucht und zu dem Schluß kommt, daß etwa seit 700 v. Chr. beim Heiligtum der Semnai auf dem „Hügel des Ares" ein Blutgericht tagte, das seit Drakon aus 51 sog. Epheten bestand. Die Epheten sollen nach Wallace in der Zeit von Drakon bis Solon als Blutgericht für alle Tötungsdelikte zuständig gewesen sein, bis Solon den Areopag im eigentlichen Sinne aus ehemaligen Archonten konstituiert und ihm auch die Aufsicht über die neu kodifizierten Gesetze übertragen habe. Das aus dem Archon Basileus und den vier Vorstehern (Phylobasileis) der altattischen Phylen bestehende Gericht beim Prytaneion, das „in Mordanklagen gegen unbekannte Täter, Gegenstände und Tiere" tagte (Aristot. Ath. Pol. 57,4), sei hingegen aus einem alten Beirat des Königs hervorgegangen, aber bereits im frühen 7. Jahrhundert nur noch eine Art Relikt des älteren Regimes gewesen. Andererseits hätten aber im Prytaneion vor Solon auch die „Behörden" (Beamte) als Gerichtshof zur Aburteilung von Tyrannisaspiranten getagt, wie das Amnestiegesetz Solons (Plut. Sol. 19,4) zeige. In diesem Gesetz ist aber von einer Versammlung von „Behörden" im Prytaneion nicht die Rede. Wallace vermag nicht zu zeigen, wieso ein Beirat eines „Königs" nach der Einführung der Jahresämter seinen Charakter als Adelsrat verloren hat und Solon dann das Blutgericht auf dem Areshügel wieder zu einem Rat mit umfassenden politischen Aufsichtsfunktionen erweitern konnte. Der Areopag ist zweifellos – wie allgemein angenommen wird – aus einem Rat großer Oikosbesitzer hervorgegangen. Vgl. etwa de Laix, Probouleusis 7f.; MacDowell, Law 27.

scheinlich, daß bereits im Zuge der Erweiterung des Kreises der Regimentsfähigen die sog. Dokimasie – eine Art „Prüfung" des sozialen und „bürgerlichen" Status der Kandidaten und ihres bisherigen Verhaltens in der Gemeinschaft – eingeführt wurde. Zudem bleibt offen, seit wann die Archonten nach Ablauf ihrer Amtszeit vor dem Rat Rechenschaft ablegen mußten. Man kann aber davon ausgehen, daß bereits im 7. Jahrhundert eine Iteration des eponymen Archontats ausgeschlossen war sowie generell mehr Kandidaten für die Ämter der Archonten (im weiteren Sinne) zur Verfügung stehen mußten und infolgedessen auch ein formalisiertes Verfahren zur Ergänzung des Rates entstand, indem letztlich alle Archonten, die vor Amtsantritt noch keine Areopagiten waren, in dieses Gremium aufgenommen wurden und nach ihrem Amtsjahr dann Mitglied auf Lebenszeit blieben, sofern kein gravierendes Fehlverhalten während ihrer Amtszeit vorlag.[71] Der Rat gewann durch diesen Entwicklungsprozeß deutlichere Konturen als Institution. Durch die genannten Regelungen waren nicht nur bestimmte Agenda immer wieder periodisch vorgegeben, sondern auch Kriterien zur Ergänzung des Rates festgelegt, ohne daß aber die Mitgliederzahl fixiert wurde (wie dies etwa in Sparta, Argos, Knidos, kretischen Gemeinwesen und anderen Poleis der Fall war).

Ein weiteres Problem des Prozesses der Institutionalisierung, das die Entwicklung des Areopags betrifft, ist das Verhältnis des Rates zum Ephetenkollegium, das erstmals im drakontischen Blutrecht als Gericht in allen Verfahren wegen unvorsätzlicher Tötung bzw. wegen Tötung eines im Exil befindlichen Mörders oder Totschlägers genannt wird. Drakon fand die fixierte Zahl von 51 Epheten offenbar bereits vor, so daß dieses Gericht damals wohl schon existierte. Nähere Einzelheiten über die zu vermutende vordrakontische Ausdifferenzierung von Funktionen und Richtergremien im Blutrecht sind indes nicht bekannt.

c) Volksversammlung

In der epischen Darstellung vorstaatlicher Volks- und Heeresversammlungen werden nirgendwo Teilnahmebeschränkungen oder ein Ausschluß bestimmter Schichten der freien Wehrfähigen angedeutet. Die epischen Dichter setzten offenbar voraus, daß alle freien Männer einer Wehr- oder Siedlungsgemeinschaft Zugang zu den Tagungen hatten. In Athen dürfte dies kaum anders gewesen sein. Ältere Zulassungsbeschränkungen sind

[71] Vgl. W. G. Forrest – D. L. Stockton, Historia 36 (1987) 235–240 (oben Anm. 62), die vermuten, daß die Archonten im weiteren Sinne bereits mit der Übernahme ihres Amtes in den Areopag eintraten. – Zum Problem der Dokimasie vgl. G. Adeleye, The Purpose of the Dokimasia, GRBS 24 (1983) 295–306.

nicht bezeugt. Demnach ist wohl nie eine generelle politische Ausgrenzung der niederen Schichten des Demos vorgenommen worden.[72]

Die Entwicklung der Entscheidungsgewalt und der Kompetenzen der athenischen Volksversammlung (Ekklesia) läßt sich aufgrund der Quellenlage nicht mehr bis in die Anfänge zurückverfolgen. Sie wurde offenbar nach Einrichtung des Archontats in den Prozeß der Versachlichung und Ausfächerung von Aufgaben und Zuständigkeitsbereichen einbezogen. Für die Legitimation der neuen Amtsträger, die ja die gesamte Gemeinschaft repräsentierten und in deren Namen ihre Funktionen ausübten, war es sicherlich von erheblicher Bedeutung, daß ihre Positionen allgemein Anerkennung fanden. Nur in diesem Kontext konnte sich die Institutionalisierung der Volksversammlung vollziehen, die schon in den Epen nicht in jedem Fall die Entscheidungen der Basileis widerspruchslos hinnimmt (Il. II 211 ff.) und sogar ihren Willen gegenüber führenden Statuspersonen zur Geltung bringen kann (Od. 14,237 ff.). Prozessuale Vorschriften im drakontischen und solonischen Recht lassen vermuten, daß bis zur Zeit Solons sich wohl auch schon gewisse Regeln für die Durchführung von Volksversammlungen herausgebildet hatten. Formen und Verlauf der damaligen Tagungen lassen sich zwar nicht rekonstruieren, doch hatte zumindest die vorauszusetzende akklamatorische Zustimmung des Demos bei der Einsetzung der Beamten eine Einberufung der Volksversammlungen aus periodisch wiederkehrendem Anlaß zur Folge, wenn auch insgesamt gesehen die Ekklesia vorerst nur recht selten zusammentrat. Die Akklamation, die in Sparta noch in klassischer Zeit üblich war, bildete zweifellos die älteste Form der „Wahl" oder „Abstimmung". Im übrigen war auch beim Verfahren der Akklamation die Beachtung bestimmter Regeln erforderlich. Auf dieser Basis scheinen sich allmählich eine formalisierte Zustimmung des Demos zu weiteren Agenda und letztlich eine reguläre Beschlußfassung herausgebildet zu haben, so daß die Volksversammlung mehr und mehr den Charakter einer Institution gewann.

Kaum zu entscheiden ist die weitere Frage, ob die spezifisch aristokratischen Gruppierungen der Hetairien und die Rivalitäten dieser Vereinigungen um Macht und Einfluß in der Formierungsphase der Polis die institutionelle Entwicklung der Volksversammlung retardiert oder eher beschleunigt haben. Hetairien, die von einzelnen Repräsentanten der Oberschicht

[72] Die von Heuß, Hellas 170, Hignett, Athenian Constitution 142 f., und Bleicken, Athenische Demokratie 34 f., 55, 82, 92, vertretene Auffassung, daß die athenischen Theten erst im Laufe des 6. Jahrhunderts, in der Zeit des Kleisthenes oder nach der Abwehr der Perser in den Verband der vollberechtigten Bürger aufgenommen worden seien, ist von P. Funke, GGA 240 (1988) 24 f., mit Recht zurückgewiesen worden. Für die ältere Zeit vgl. generell F. Gschnitzer, Der Rat in der Volksversammlung. Ein Beitrag des homerischen Epos zur griechischen Verfassungsgeschichte, in: P. Händel – W. Meid (Hrsg.), Festschrift für R. Muth, Innsbruck 1983, 151–163.

zur Stärkung ihrer eigenen Position instrumentalisiert wurden, bildeten an sich im Integrationsprozeß der Polisgemeinschaft ein dysfunktionales Element außerhalb der öffentlichen Organe.[73] Durch die aristokratischen Rivalitäten entwickelte sich jedoch im vorsolonischen Athen kein dynastisches Regiment im Sinne der Terminologie des Aristoteles (Politik 1292 b 5–10), der hierunter die Herrschaft einer exklusiven Gruppe im Rahmen einer oligarchischen Verfassung versteht. Eine derartige Verfestigung von Macht und Herrschaft einzelner Aristokraten, die sich für das 7. Jahrhundert in Athen nicht nachweisen läßt, wurde offenbar gerade durch diese Konkurrenzkämpfe verhindert, denn die Lagerung der Macht blieb hierdurch instabil. Eine allzu mächtig erscheinende außerinstitutionelle Führungsrolle konnte durch konkurrierende Hetairien durchaus paralysiert werden. Dies zeigt insonderheit die Verbannung der bedeutenden Adelsfamilie der Alkmeoniden, die unter sakralrechtlichem Vorwand im späten 7. Jahrhundert durch ein „Sondergericht" verurteilt wurde, das angeblich aus 300 Adligen bestand. Offensichtlich war die athenische Oberschicht in ihrer Mehrheit nicht bereit, die starke Position des damaligen Repräsentanten der Alkmeoniden länger zu tolerieren. Das formale Verfahren deutet darauf hin, daß in diesem Fall die Adelsrivalitäten sich im Spannungsfeld der stabilisierenden Integrationskraft institutioneller Komponenten der Gesellschaftsordnung und der Dynamik personaler Macht vollzogen. In der sakralrechtlichen „Begründung" der Verbannung der Alkmeoniden manifestiert sich eine öffentlichkeitsorientierte Ausrichtung des adligen Machtkampfes, wenn auch nicht bezeugt ist, daß das Gericht vor Zuhörern aus dem Demos tagte und die Volksversammlung in die Vorbereitung des Verfahrens einbezogen wurde.

Infolge der weiten Entfernungen innerhalb Attikas waren freilich zahlreiche Bauern aus den Landgebieten (Chora) kaum in der Lage, die Versammlungen in Athen zu besuchen. Die Eunomia-Elegie Solons (Frgm. 3 Gentili-Prato) ist ein eindrucksvolles Zeugnis für das Problem der Mobilisierung jener Mitglieder des Personenverbandes, die in aller Regel keine Gelegenheit und wohl auch wenig Interesse hatten, am öffentlichen Geschehen im Zentralort teilzunehmen. Daß in der schweren Krise unmittelbar vor dem Archontat Solons schließlich breitere Schichten aktiviert wurden, war zweifellos ein Ausnahmefall, während das Engagement der überwiegenden Mehrheit des Demos in der Volksversammlung durchweg wohl recht gering war. Ein Defizit im institutionellen Bereich bestand zudem darin, daß die Siedlungen der für griechische Verhältnisse ungewöhnlich großen Chora der

[73] Der Begriff der Hetairie ist zwar erst im 5. Jahrhundert belegt, doch sind Vereinigungen dieser Art zweifellos wesentlich älter. Vgl. Stein-Hölkeskamp, Adelskultur 157, Anm. 16, mit weiteren Literaturhinweisen.

Polis Athen politisch-organisatorisch noch nicht mit den zentralen Organen verbunden waren.

Demgegenüber hatten sich aber unterhalb der eigentlichen Leitungs- und Entscheidungsebene und außerhalb der rivalisierenden Adelsgruppen genossenschaftlich organisierte, schichtenübergreifende Vereinigungen in Form von sog. Phratrien und Phylen herausgebildet, die ein Erbe vorstaatlicher Strukturen darstellten. Indem sie durch ein dichtes personales Beziehungsgeflecht jeden einzelnen freien „Athener" in ihre Verbände einbezogen, bestimmten und garantierten sie hierdurch zugleich seine Zugehörigkeit zur Polisgemeinschaft.

6. Genossenschaftliche Organisationsformen und Wehrordnung

a) Phratrien

Die athenischen Phratrien („Bruderschaften") sind ebensowenig wie die γένη aus einer sogenannten Gentilverfassung entstanden. Ihre Hauptaufgabe im klassischen Athen war die Anerkennung der Vollbürtigkeit der Söhne und Töchter der Phratriegenossen (φράτερες bzw. φράτορες) und die Aufnahme der Söhne in ihre Vereinigungen. Die Einführung der kleinen Kinder erfolgte am dritten Tag der Apaturien, des gemeinsamen Festes aller Phratrien. Die neu angemeldeten Söhne der Phrateres wurden erst nach einer Abstimmung des Verbandes in die betreffende Phratrieliste eingetragen. Nach Vollendung des 18. Lebensjahres wurden sie vollgültige Mitglieder. Bei Töchtern brauchte lediglich die Vollbürtigkeit anerkannt zu werden. Entsprechende Verfahren waren auch für Adoptivsöhne und -töchter vorgeschrieben. Die Phratrien waren somit quasi-familiäre Vereinigungen, die zugleich öffentliche Funktionen ausübten, da jeder athenische Bürger auch Phratriegenosse sein mußte, so daß der Bürgerstatus an die Mitgliedschaft in einer Phratrie gebunden war. Die Feststellung der bürgerlichen Abkunft durch die Phratrien ist offensichtlich aus älteren Aufnahmeriten erwachsen. Die Phratrien waren aber darüber hinaus auch Kultgemeinschaften. An ihrem Hauptfest verehrten alle Phratrien Zeus Phratrios und Athena Phratria. In diesem Kult sowie in der Bezeichnung „Bruderschaft" kommt die Fiktion einer gemeinsamen Abstammung zum Ausdruck.

Lokale Zentren der einzelnen Phratrien lassen darauf schließen, daß diese Verbände letztlich auf nachbarschaftliche Vereinigungen zurückgehen.[74] Eine gewisse Bestätigung hierfür ist ein früher Beleg für die Existenz von Phratrien. Es handelt sich um den angeblichen Rat Nestors in der

[74] Vgl. Roussel, Tribu et cité 141.

Ilias II 362f., das Heer der Achaier vor Troja in der Kampfaufstellung nach φῦλα (Sing.: φῦλον) und Phratrien zu ordnen. Der Dichter nimmt hier selbstverständlich auf soziale Ordnungsprinzipien seiner eigenen Gegenwart des 8. Jahrhunderts Bezug. Die genannten φῦλα sind nicht mit den späteren φυλαί (Unterabteilungen von Polisgemeinschaften) gleichzusetzen. „Phylon" bezeichnet hier vielmehr ein lokales oder regionales Kontingent von Kriegern.[75] Ein ähnliches Einteilungsprinzip ist nach dem Kontext auch für die „homerischen" Phratrien anzunehmen.[76] Da in Athen und Attika jede Phratrie gleichsam nach dem Prinzip der Erblichkeit nur Söhne der eigenen Phratriegenossen aufnahm, viele Phrateresaber im Laufe der Zeit aus irgendwelchen Gründen ihren Wohnsitz wechselten, konnte der ursprüngliche lokale Zusammenhalt natürlich nicht gewahrt bleiben.

Aus einer weiteren Iliasstelle (IX 63) ist zu schließen, daß die Phratrien bereits in „homerischer" Zeit wichtige Aufgaben bei der Wahrung des inneren Friedens in vielen Gemeinschaften ausübten. Ein Ausschluß aus einer Phratrie war hiernach gleichbedeutend mit der Verbannung. Aus älteren Ordnungsfunktionen dieser Art ist die gesetzliche Regelung Drakons abzuleiten, daß nach einem Tötungsdelikt in bestimmten Fällen „vornehme" Phratriegenossen die Rolle der Verwandten des Opfers zu übernehmen hatten. Zugleich wird hier deutlich, daß die Organisation der Phratrien in früharchaischer Zeit den gesamten Personenverband der Polis Athen umfaßte. Ebenso bestanden die in der Ilias II 362f. genannten Phratrien bereits aus allen Schichten der Wehrfähigen. Da hier die Gliederung des Heeres nach diesen Verbänden gleichsam als neues Prinzip vorgestellt wird, ist anzunehmen, daß die Phratrien etwa in der Zeit der schriftlichen Fixierung des Epos – d. h. in einer Phase starker Bevölkerungszunahme – in einer Reihe von griechischen Gemeinwesen größere Bedeutung für die innere Organisation gewonnen haben. Die Anfänge dieser Entwicklung sind jedoch früher anzusetzen, da der Begriff „Phrater" in den Epen bereits nicht mehr die wörtliche Bedeutung „leiblicher Bruder" hat und demnach wohl schon seit längerer Zeit als spezielle Bezeichnung für das Mitglied einer Phratrie diente.[77]

[75] Vgl. W. Donlan, The Social Groups of Dark Age Greece, CP 80 (1985) 293–308 dessen These, daß ein „Phylon" oft nur die Kriegergruppe eines Oikos mit einem zugehörigen Dorf oder Weiler umfaßte und mehrere Phyla eine Phratrie bildeten, allerdings kaum zutreffend ist. Die größere Einheit scheint bereits in homerischer Zeit das sog. Phylon gewesen zu sein. Vgl. dazu K.-W. Welwei, Ursprünge genossenschaftlicher Organisationsformen in der archaischen Polis, Saeculum 89 (1988) 14.

[76] H. van Wees, Leaders of Men? Military Organisation in the Iliad, CQ 80 (1986) 298f.

[77] Vgl. A. Andrewes, Phratries in Homer, Hermes 89 (1961) 137. Unzutreffend ist

Wahrscheinlich entstanden in den einzelnen Wehrgemeinschaften jeweils mehrere Phratrien. D. Roussel hat mit Recht darauf hingewiesen, daß für Athen und Attika trotz der zu vermutenden älteren lokalen Basis der Phratrien keine Belege für eine Autonomie dieser Vereinigungen vorliegen.[78] Mitglied einer Phratrie wurde man in der Polis Athen durch den Nachweis attischer Abstammung, nicht aber aufgrund eines bestimmten Wohnsitzes in Attika. Bis zur Kodifikation des drakontischen Blutrechts, aus dem das älteste Zeugnis für die Existenz attischer Phratrien stammt, muß sich das Netzwerk dieser Verbände bereits herausgebildet haben. Offenbar haben vor allem im Zuge der von Athen ausgehenden Neubesiedlung der attischen Chora genossenschaftliche Vereinigungen lokalen Ursprungs sich weit verzweigt und hierbei die traditionellen Bindungen ihrer internen Organisation gewahrt. Jedenfalls entwickelten sich die Phratrien als ältere Elemente der Sozialisation zu formellen Personengruppen mit eindeutig fixierten Zugehörigkeitskriterien und mit einem personalen Beziehungsgeflecht, das einerseits die Mitglieder zu einem geschlossenen segmentalen Verband vereinte, andererseits durch die siedlungs- und schichtenübergreifende Struktur dieser Bindungen die gesamte Polisgemeinschaft durchdrang und sich so als starke Klammer ihres Zusammenhaltes erwies. Hierdurch konnten die Phratrien als Einzelverbände innerhalb ihrer Vereinigungen sowie als integrale Teile des Sozialkörpers der Polis etwa im familienrechtlichen Bereich quasi-behördliche Funktionen erfüllen. Ähnliche Aufgaben wuchsen ihnen offensichtlich im Rahmen der Aufgebotsordnung zu, da die Aufnahme eines jungen Atheners (im Alter von ca. 18 Jahren) in eine Phratrie zugleich die Zuerkennung der Wehrfähigkeit bedeutete und auf diese Weise die Wehrpflichtigen erfaßt wurden. So leisteten die Phratrien einen erheblichen Beitrag zur Funktionsfähigkeit der Selbstorganisation der Gemeinschaft, ohne daß sie Instrumente politischer Adelsrivalitäten oder aristokratischer Vorherrschaft in den zentralen Polisorganen wurden. Dies schließt aristokratische Konkurrenz um Einflußnahme innerhalb der Phratrien nicht aus. Diese Vereinigungen verloren aber nicht den noch vorpolitischen Charakter ihrer

die These von J.-L. Perpillou, Frères de sang ou frères de culte?, SMEA 25 (1984) 205 ff., der annimmt, daß die homerische Bezeichnung „Phretre" Il. II 362 f. auf die leibliche Verwandtschaft der Führer ethnisch gegliederter Kontingente zu beziehen ist. Abzulehnen ist auch die neuerdings wieder von O. Murray, Cities of Reason, in: Murray-Price, Greek City 14, geäußerte Vermutung, daß nach dem Bericht des Philochoros (FgrHist 328 F 35 a) die attischen Phratrien in archaischer Zeit gezwungen worden seien, neue Mitglieder aus den niederen Schichten des Demos aufzunehmen. Bourriot, Genos I 595 ff., hat überzeugend dargelegt, daß sich das bei Philochoros erwähnte „Gebot" auf eine Neuordnung der Phratrien nach den Wirren des Peloponnesischen Krieges bezieht. Vgl. auch H. Galsterer, HZ 230 (1980) 651.

[78] Roussel, Tribu et cité 142.

internen Organisation und trugen mit dazu bei, daß sich die personalen Strukturen einer Kleingesellschaft in Athen und Attika trotz der Größe des Polisgebietes und wachsender Bevölkerungszahl erhielten, der Organisationsgrad der „Verwaltung“ im eigentlichen Sinne auf ein Mindestmaß beschränkt blieb, weiterhin vorstaatliche Ordnungselemente anstelle eines institutionalisierten Erzwingungsstabes der Magistrate das Gemeinschaftsleben regulierten und die spezifische Form der Staatlichkeit, die sich in der Entstehungszeit der Polis herauszubilden begann, in bemerkenswerter Kontinuität ihre Integrationsfähigkeit zu wahren vermochte.

b) Phylen

Phylensysteme sind in der griechischen Welt für ionische und dorische Poleis (einschließlich der im Verlauf der sog. Großen Kolonisation seit etwa 750 v. Chr. neu gegründeten Gemeinwesen) sowie für Athen belegt. Sie sind wahrscheinlich später als die Phratrien entstanden. Die Vorstufen der historischen Phylen (φυλαί) waren offenbar die „homerischen“ φῦλα. Aus der Etymologie des epischen Phylonbegriffs, der generell eine bestimmte Gruppe von Objekten, Tieren, Menschen oder Göttern bezeichnen kann, ist zu schließen, daß diese Verbände sich als Abstammungsgemeinschaften verstanden. Aus ähnlichen Vorstellungen ist die Bezeichnung der historischen Phylai nach eponymen „Stammvätern“ abzuleiten. So wurde in Athen die Gründung der vier alten vorkleisthenischen Phylai der Geleontes, Hopletes, Aigikoreis und Argadeis auf die bereits erwähnten angeblichen Söhne des fiktiven mythischen Ahnherrn der Ionier (Ion) zurückgeführt. Die attischen Phylen gelten dementsprechend in der Überlieferung als urionische Einheiten.

Nun sind zwar die gleichen Phylennamen auch für einige ionische Poleis auf den Ägäisinseln und dem kleinasiatischen Festland (sowie für die von diesen Städten gegründeten kolonialen Siedlungen) belegt oder zu erschließen. Darüber hinaus sind aber in mehreren ionischen Poleis noch weitere Phylennamen bezeugt. Diese Mannigfaltigkeit der ionischen Phylensysteme spricht daher gegen die im 5. Jahrhundert in Athen aus propagandistischen Gründen vertretene These von der attischen Herkunft angeblicher Ur-Phylen der Ionier.[79] Hinzu kommt, daß die attischen und die ionischen Phylen sich nicht auf eine ältere gemeinsame Stammesordnung zurückführen lassen, da es einen einheitlichen ionischen Stammesverband im ethnischen Sinne nie gegeben hat. Die Entstehung dieser historischen Phylen kann weder in die Bronzezeit noch in die submykenische Keramikphase da-

[79] Vgl. K. Latte, RE XX 1 (1941) 1000 s. v. Phyle.

tiert werden. Ebensowenig läßt sich die These verifizieren, daß eine ionische Ethnogenese in Attika die Voraussetzung für die sog. Ionische Kolonisation seit dem späten 11. Jahrhundert gewesen sei. Wären die unter dem Begriff der Ionischen Kolonisation zusammengefaßten Wanderbewegungen vornehmlich von Athen und Attika ausgegangen und hätten hier schon damals „ur-ionische“ Phylen existiert, müßte der Zusammenhalt solcher Vereinigungen bereits so stark gewesen sein, daß die Zugehörigkeit zu bestimmten Phylen auch zum Gliederungsprinzip abwandernder Kolonisten geworden wäre. Die Kolonistenzüge müßten in diesem Fall jeweils aus Mitgliedern von vier Phylen bestanden und entsprechende Verbände bei ihrer Ankunft in Kleinasien oder auf den Ägäisinseln sofort neu konstituiert haben. Dies ist schon im Hinblick auf die anfänglich geringe Bevölkerungszahl der Siedlungen im ionischen Kolonialgebiet in hohem Maße unwahrscheinlich. Insgesamt gesehen stammten die dortigen griechischen Neusiedler aus verschiedenen Teilen des ehemaligen südgriechischen Dialektraumes der mykenischen Welt. Im übrigen bildete sich auch in Kleinasien kein ionischer Stammstaat, sondern lediglich eine Sakralgemeinschaft, die etwa um oder nach 800 v. Chr. von zwölf ionischen Siedlungen gegründet wurde und ihr Kultzentrum im Heiligtum des Zeus Helikonios auf der Halbinsel Mykale hatte.

Somit haben die Athener über ihre Phyleneponymen ihren Anspruch auf Zugehörigkeit zum Ioniertum zu begründen versucht.[80] Die Fiktion eines gemeinsamen Ursprungs der Bewohner Attikas und der Ionier ist das Derivat einer Weltsicht, die durch genealogische Modelle Vergangenheit und Gegenwart verbinden wollte. Die Übereinstimmungen zwischen den ionischen Dialekten und dem Attischen und ihre Differenzierung von anderen griechischen Idiomen wurden auf diese Weise durch Sukzessionsmythen erklärt. Eine bedeutende Vermittlerrolle gewannen in diesem Zusammenhang sicherlich die Feiern des großen Jahresfestes der Ionier auf Delos.

Die archaischen Phylen (φυλαί) repräsentieren generell eine jüngere Entwicklungsstufe als die „homerischen“ φῦλα. Nach dem Zeugnis Plutarchs enthielten die Bestimmungen der sog. Großen Rhetra in Sparta (um 700

80 Prinz, Gründungsmythen 369. – Der Lexikograph Pollux (VIII 109) erwähnt für jede Phyle noch drei weitere Namen, und zwar Kekropis, Kranaïs, Dias für die Geleontes, Autochthon, Atthis, Athenaïs für die Hopletes, Aktaia, Mesogeia, Poseidonias für die Aigikoreis und Paralia, Diakris, Hephaistias für die Argadeis. D. Kienast, Die innenpolitische Entwicklung Athens im 6. Jh. und die Reformen von 508, HZ 200 (1965) 274 ff., hat versucht, hieraus ältere lokale Zentren der Phylen abzuleiten (1. Ebene von Athen; 2. Hymettosgebiet; 3. Binnenland und Süden; 4. Pentelikongebirge und Nordwesten Attikas). Demgegenüber weist Roussel, Tribu et cité 196, darauf hin, daß die Phylen keine eigentlichen lokalen Kulte hatten, die auf solche Zentren schließen lassen könnten.

v. Chr.) u. a. auch Anweisungen zur Konstituierung oder Neuordnung der drei spartanischen Phylen, die als Dymanen, Hylleer und Pamphyler bezeichnet wurden.[81] Im Laufe des 6. Jahrhunderts erfolgten Phylenreformen in Sikyon und Athen sowie wahrscheinlich auch in Korinth. Hieraus ist zu schließen, daß die Phylen im Unterschied zu den Phratrien bereits in archaischer Zeit gleichsam disponible Verbände waren, die nach rationalen Organisationsprinzipien neu konstituiert oder aufgeteilt werden konnten. Dies spricht ebenfalls gegen die These, daß sie aus einer alten, „gewachsenen" Stammesverfassung hervorgegangen sind. Die Fiktion der attischen Phyleneponymen zeigt des weiteren, daß die Phylen gewissermaßen als qualitativ gleichwertig galten und kein Verband irgendwie privilegiert war. Wesentliche Unterschiede in der Sozialstruktur der einzelnen Phylen sind somit auszuschließen. Die Organisation der Phylen kann daher nicht aus einer ständischen Gliederung hervorgegangen sein.[82] Ebensowenig sind die Phylen durch einen Synoikismos autonomer regionaler Verbände entstanden, da sie immer nur als Unterabteilungen der Polisgemeinschaft, als integrale Bestandteile eines größeren Gesamtverbandes, ihre öffentlichen Funktionen zu erfüllen hatten und innerhalb des Phylensystems keine „landsmannschaftlichen" Sonderrechte existierten.[83] Die Phylobasileis, die Vorsteher der Phylen, waren weder Bezirksbeamte noch Nachfolger von Stammeskönigen. Im Ephetengericht des drakontischen Blutrechts fungierten sie nicht als Repräsentanten bestimmter Regionen, sondern als Beisitzer des Archon Basileus, der als sakraler Magistrat die gesamte Polisgemeinschaft vertrat.

Die Phylen, die im Gesetz Drakons durch ihre Vorsteher repräsentiert werden, dienten somit spätestens im ausgehenden 7. Jahrhundert ähnlich wie die Phratrien als Instrument der Sicherung des inneren Friedens und übernahmen damit als Personenverbände ebenfalls quasi-behördliche Aufgaben. Sie waren zudem an der kultischen Selbstorganisation der Polisgemeinschaft in erheblichem Maße beteiligt. Den inschriftlich erhaltenen Fragmenten eines im Zuge der athenischen Gesetzeskodifikation 403–399 v. Chr. neu aufgezeichneten alten Opferkalenders ist zu entnehmen,[84] daß

[81] Vgl. Tyrtaios Frgm. 10,16 Gentili-Prato = Frgm. 1,51 Diehl.

[82] F. R. Wüst, Historia 6 (1957) 176 ff., hat aufgrund der Überlieferung bei Plutarch Thes. 25,2 über die angebliche Einteilung in Eupatriden, Geomoren („Bauern") und Demiurgen („Handwerker") eine ständische Gliederung innerhalb der Phylen angenommen. C. Roebuck, Hesperia 43 (1974) 485 ff., hält ebenfalls eine ältere Einteilung in „erbliche Klassen oder Kasten" für möglich. Genuine Tradition liegt hierzu jedoch nicht vor. Die angebliche „ständische" Gliederung ist zweifellos ein Produkt späterer theoretisch-philosophischer Konstruktionen.

[83] Vgl. Roussel, Tribu et cité 196 ff.

[84] F. Sokolowski, Lois sacrées des cités grecques, Supplém., Paris 1962, Nr. 10 A.

die Phylobasileis der vier alten vorkleisthenischen Phylen noch in klassischer Zeit einen Fond für die Kosten verwalteten, die bei der Feier der sog. Synoikia entstanden, die gleichsam als Gründungsfest der Polis Athen galten. Die Synoikia sind zwar wahrscheinlich im 5. Jahrhundert weiter ausgestaltet worden, doch besteht kein Zweifel, daß die Mitwirkung der Phylen bei diesem Fest auf ältere Kulttraditionen aus archaischer Zeit zurückgeht. Vor allem aufgrund ihrer kultischen Funktionen blieben die altattischen Phylen der Geleontes, Hopletes, Aigikoreis und Argadeis auch nach der Konstituierung der zehn neuen kleisthenischen Phylen weiterhin bestehen.

Große Bedeutung hatten die Phylen insonderheit für die Wehrorganisation. In Sparta bildeten sie bereits im 7. Jahrhundert die Grundlage der Heeresordnung.[85] Da die älteren, nicht mehr wehrfähigen bzw. nicht mehr zum Wehrdienst verpflichteten Spartiaten weiterhin Mitglieder ihrer Phylen blieben, waren diese Verbände freilich keine rein militärischen Einheiten. Phylensystem und Schlachtordnung sind daher nicht einfach gleichzusetzen. Die Phylen bildeten in Sparta vielmehr den organisatorischen Rahmen der Aufgebotsordnung und der taktischen Gliederung des Heeres im Kampf. In Athen läßt die Binnengliederung der altattischen Phylen vermuten, daß dieses System auch hier in einem engen Zusammenhang mit der Heeresordnung stand. Die Nachrichten über die interne Organisation basieren allerdings auf später Tradition, so daß bei ihrer Auswertung Vorsicht geboten ist. Als gesichert kann zunächst gelten, daß jede der vier Phylen in drei Trittyes (Sing.: Trittys, „Drittel“) unterteilt war. Der schon erwähnte Opferkalender[86] bezeugt sogenannte Leukotainioi als Trittys der alten Phyle der Geleontes. Sie repräsentierten keinen bestimmten Bezirk Attikas, sondern bildeten einen Personenverband. Das System der altattischen Phylen deckte sich somit nicht mit dem Siedlungsbild in Attika, sondern überschnitt und durchkreuzte lokale Siedlungsgrenzen. Nach den Angaben der Überlieferung scheint diese Organisation mit seiner Unterteilung in Phylen und Trittyen zwar auf einem rationalen Gliederungsprinzip zu basieren. Das Schema kann indes kaum die ursprüngliche Form der Einteilung des athenischen Wehrverbandes gewesen sein. Die ältere Stufe entsprach eher den „homerischen“ φῦλα, d. h. Gruppen von Kriegern, die innerhalb ihrer Vereinigungen durch Nachbarschafts-, Verwandtschafts- und Gefolgschaftsverhältnisse verbunden waren. Im Laufe der Zeit wird sich dieses Beziehungsgeflecht freilich ähnlich wie bei der Verzweigung der Phratrien vor allem durch die Binnenkolonisation, aber auch durch sonstige Binnenwanderungen in Attika erheblich verändert haben. Andererseits blieb ebenso wie bei den Phratrien die Zugehörigkeit zu den für das Aufgebot relevanten Personen-

[85] Vgl. Tyrtaios Frgm. 10,16 Gentili-Prato (oben Anm. 81).
[86] Vgl. Anm. 84.

gruppen der älteren Phyla offenbar erblich. Wahrscheinlich haben diese Vereinigungen im Zuge der Bevölkerungszunahme und im Zusammenhang mit der Übernahme der Phalanxtaktik und den hieraus resultierenden neuen organisatorischen Aufgaben bei der Erfassung und Gliederung der Wehrfähigen wohl mehr und mehr den Charakter der formellen Verbände der archaischen Phylen (φυλαί) gewonnen, die schließlich weiter in Trittyen unterteilt wurden. Die Gliederung der Phylen in Trittyen ist sicherlich sekundär.

Zweifelhaft sind die späten Nachrichten über eine Aufteilung der vorkleisthenischen Trittyen in insgesamt 360 Géne, die jeweils aus 30 Wehrfähigen bestanden haben sollen.[87] Es handelt sich vornehmlich um lexikographische Notizen. Ihre Verfasser berufen sich zwar auf die aristotelische Athenaion Politeia, doch bleibt es offen, wie in den nicht erhaltenen (einleitenden) Passagen dieser Schrift das System dieser Géne dargestellt wurde. In dem überlieferten Teil der Athenaion Politeia wird lediglich erwähnt (8,3), daß die Phylen in Trittyen unterteilt waren. Unklar bleibt auch die präzise Bedeutung des Genosbegriffs in den lexikographischen Angaben. Die Zahl von 360 Géne (30 in jeder Trittys) mit genau 10800 Personen ist offensichtlich das Produkt einer theoretischen Schematisierung, die sich schon durch die Gleichsetzung von Trittyen und Phratrien diskreditiert und nicht als Grundlage für eine Rekonstruktion der älteren Aufgebotsordnung gelten kann.[88]

c) Naukrarien

Ein weiterer Bestandteil der archaischen Wehrordnung Athens waren die 48 Naukrarien (ναυκραρίαι). Die Bezeichnung dieser Verbände und ihrer Vorsteher – der sog. ναύκραροι („Schiffsherrn") – deutet an, daß es sich primär um eine Organisationsform zur Ausrüstung von Schiffen handelte. Die Naukrarien hatten jedoch auch weitergehende Aufgaben. In der Über-

[87] Aristot. Ath. Pol. Frgm. 5 Diehl (Lexicon Patm. s.v. Gennetai, in: K. Latte – H. Erbse, Lexica Graeca Minora, p. 162); vgl. Harpokration 48,4 s.v. Gennetai; Suda γ 147 s.v. Gennetai.

[88] J.H. Oliver, From Gennetai to Curiales, Hesperia 49 (1980) 30–56, interpretiert demgegenüber die Aristot. Ath. Pol. Frgm. 5 genannten Géne als Einheiten einer vorkleisthenischen Aufgebotsordnung. Er beruft sich auf Aelius Aristides (313f. Dindorf), der im 2. Jahrhundert n. Chr. die spartanische Polisordnung auf göttlichen Ursprung zurückführte und hiermit die athenische Einteilung in Phylen und Géne verglich. Offenbar wollte Aelius Aristides betonen, daß die athenische Ordnung ebenso ehrwürdig sei wie der vielgerühmte spartanische Kosmos. Er verweist dazu auf die kultischen Funktionen der Phylen und Géne. Die Nachricht bei Aristot. a. a. O. läßt sich hiermit nicht stützen. Zum Problem der sog. Gennetai vgl. Bourriot Genos I 595ff.

lieferung werden sie mit dem Phylensystem verbunden. Nach der aristotelischen Athenaion Politeia (8,3) bestand jede der vier vorkleisthenischen Phylen aus 12 Naukrarien. Der Lexikograph Pollux (2. Jahrhundert n. Chr.) behauptet darüber hinaus, daß jede Trittys in vier Naukrarien unterteilt war (VIII 108). Offensichtlich hat Pollux aber aus der Angabe der Athenaion Politeia bzw. aus diesbezüglichen atthidographischen Nachrichten falsche Schlüsse gezogen oder die ihm vorliegenden Zahlenangaben über Phylen, Trittyen und Naukrarien unzutreffend kombiniert.[89] Daß die Naukrarien nicht in die Organisation der Trittyen einbezogen waren, scheint ein Hinweis auf die lokale Basis der einzigen namentlich bekannten Naukrarie zu bestätigen, die nach dem Vorgebirge Kolias südöstlich von Phaleron benannt wurde.[90] Demgegenüber sind örtliche Zentren der Trittyen nicht erkennbar. Andererseits waren die Naukrarien ebenso wie die Trittyen als Unterabteilungen der Polisgemeinschaft Personenverbände.[91] Die Zugehörigkeitskriterien sind allerdings nicht eindeutig. Da in der archaischen Polis generell bereits das Prinzip des Ämterwechsels galt, ist aber anzunehmen, daß innerhalb einer Naukrarie „regimentsfähige“ Athener – d. h. in erster Linie größere Grundbesitzer – alternierend die Leitung des Verbandes innehatten und die jeweils amtierenden 48 Naukraroi[92] wiederum aus ihren Reihen einen geschäftsführenden Ausschuß – die sog. Prytanen der Naukraroi – konstituierten.[93]

Die Nachrichten über die Aufgaben der Naukrarien stammen im wesentlichen aus atthidographischer Tradition. Hiernach soll jede Naukrarie verpflichtet gewesen sein, ein Schiff auszurüsten sowie zwei Reiter zu stellen.[94] Die Schiffe waren in vorsolonischer Zeit schwerlich Eigentum der Polisgemeinschaft. Auch Solon hat in dieser Hinsicht wohl kaum neue Regelungen getroffen. Athen war um 600 noch eine ausgesprochene Agrarpolis. Ihrer Führungsschicht waren die strategischen Einsatzmöglichkeiten einer Flotte

[89] Vgl. Hignett, Athenian Constitution 72 f.

[90] Photios 196, 15 P. s. v. Kolias; Bekker, Anecd. Gr. 275,20. Vgl. Harpokration 118,11; Suda κ 1639.

[91] Vgl. Roussel, Tribu et cité 202.

[92] Unklar bleibt freilich ein von Photios 288,5 P. s. v. Naukraria zitiertes solonisches Gesetz (Ruschenbusch, Solonos Nomoi F 80), wonach die Naukraroi angewiesen wurden, in bezug auf die Naukrarien irgendetwas zu regeln. An der Spitze einer Naukrarie stand jedenfalls nach Pollux VIII 108 und Hesych ν 118 Latte s. v. Nauklaroi (sic!) jeweils nur *ein* Naukraros.

[93] Die Prytanen der Naukraroi sind nur bei Herodot V 71,2 erwähnt.

[94] Pollux VIII 108; vgl. Bekker, Anecd. Gr. 283,20. Die Nachricht über die Reiter der Naukrarien bezweifeln u. a. Busolt-Swoboda II 824, Anm. 1, und V. Gabrielson, The Naukrariai and the Athenian Navy, ClMed 36 (1985) 44 ff. Vgl. aber jetzt Bugh, Horsemen 4 ff.

sowie die Vorstellung, den Warenaustausch über See durch eine „staatseigene" Marine zu schützen, zweifellos noch unbekannt. Das Interesse konzentrierte sich eher auf die Einsatzbereitschaft des Hoplitenaufgebotes, da nach Lage der Dinge vor allem feindliche Angriffe von der Megaris und von Boiotien aus eine wirkliche Bedrohung Attikas darstellen konnten.[95] Militärische Anstrengungen der Athener galten zwar um 600 der Gewinnung der Insel Salamis,[96] die offenbar im 7. Jahrhundert von Megarern okkupiert worden war. Die Nachrichten über den Verlauf der Kämpfe um Salamis lassen aber nicht darauf schließen, daß Athen damals eine nennenswerte Flotte besaß.[97] Auch die Entsendung eines Kolonistenzuges nach Sigeion in der Troas am Eingang zum Hellespont (Dardanellen) um 600 setzt nicht die Existenz einer athenischen Marine voraus. Das Unternehmen konnte von Prasiai oder von anderen Orten an der attischen Ostküste aus auch ohne Begleitschutz durch Kriegsschiffe durchgeführt werden.[98]

Aus verschiedenen Gründen ist somit zu vermuten, daß die Schiffe der Naukrarien ursprünglich von privaten Eigentümern gestellt[99] und vor allem zur Abwehr von Überfällen von der See her sowie zur Verfolgung von Piraten benötigt wurden. Wahrscheinlich sind die Naukrarien aus Vereinigungen zum Schutz der Küsten hervorgegangen. Mit der Selbstorganisation dieser Verbände ist vermutlich auch die Nachricht über die beiden Reiter jeder Naukrarie zu erklären. Diese Angabe kann sich nicht auf eine reguläre, operativ verwendbare Kavallerietruppe beziehen, da in jeder Naukrarie zweifellos mehr als zwei Angehörige der Oberschicht für den Reiterdienst qualifiziert waren. Offenbar geht jene Einrichtung auf ein älteres Alarmsystem zurück, das noch vor dem Putschversuch Kylons in die Wehrordnung einbezogen wurde, so daß die Naukraroi bzw. ihre Prytanen in Notsituationen durch Meldereiter das Aufgebot der Polis zu alarmieren hatten.[100]

Um 600 oblagen den Naukrarien und ihren Leitern neben der Stellung von

[95] Vgl. Chr. Haas, Athenian Naval Power before Themistocles, Historia 34 (1985) 41 ff.

[96] Dazu ausführlich Legon, Megara 101, 121 ff.

[97] Plutarch (Sol. 8–10) hatte für seine Darstellung der Aktivitäten Solons zur Rückgewinnung von Salamis offensichtlich keine Nachrichten über ein reguläres athenisches Flottenaufgebot vorliegen.

[98] Vgl. Haas, a. a. O. 43 (oben Anm. 95).

[99] Vgl. M. Amit, Athens and the Sea. A Study in Athenian Sea-Power, Brüssel 1965, 105 f.; V. Gabrielson, ClMed 36 (1985) 50 (oben Anm. 94). – Nach Herodot VIII 17 vermochte noch im Jahre 480 der Athener Kleinias aus eigenen Mitteln eine Triere für den Kampf gegen die Perser zu stellen.

[100] Vgl. Th. Figueira, Xanthippos, Father of Perikles, and the Prutaneis of the Naukraroi, Historia 35 (1986) 273; Bugh, Horsemen 4 ff.

Schiffen weitere öffentliche Aufgaben, auf die ein solonisches Gesetz Bezug nimmt.[101] Hieraus geht hervor, daß die Naukraroi gewisse fiskalische Funktionen ausübten und eine Art „Kasse" hatten. Offenbar handelte es sich um Umlagen, die von den Naukraroi erhoben wurden. Der Verfasser der aristotelischen Athenaion Politeia (8,3) bezeichnete die Beiträge als Eisphora, d. h. er verglich sie mit den im späten 5. und im 4. Jahrhundert in finanziellen Notlagen der Polis erhobenen außerordentlichen Vermögenssteuern. Es ist indes unwahrscheinlich, daß in der Zeit Solons in Athen schon Münzen geprägt wurden.[102] Offenbar ließen die Naukraroi ungemünztes Silber einsammeln, wenn aus besonderem Anlaß Schiffe bemannt werden mußten. Die Höhe der Beiträge kann in solchen Fällen nur nach Gewichtseinheiten festgesetzt worden sein.[103] Im 4. Jahrhundert wurden die in archaischer Zeit in einer Naukrarie zusammengefaßten (relativ wohlhabenden) Athener mit einer sog. Symmorie verglichen, d. h. als steuerpflichtige Gruppe zur Erhebung der Eisphora gedeutet.[104] Die uns vorliegende atthidographische Tradition verwendet zur Erklärung der Naukrarien und ihrer Funktionen somit festumrissene Begriffe der klassischen Zeit, die aber nicht einfach auf die archaischen Verhältnisse übertragen werden können. Dies schließt indes nicht aus, daß solche Vergleiche mit der Eisphora und den Symmorien noch gewisse Reminiszenzen an das Organisationsprinzip der im 5. Jahrhundert obsolet gewordenen Naukrarien enthalten. Jedenfalls haben diese Vereinigungen wohl kaum kontinuierlich bestimmte Abgaben erhoben. Wahrscheinlich übertrug die Polisgemeinschaft, die keine eigenen Mittel zur Finanzierung einer „staatlichen" Marine besaß, den Naukraroi und ihren Vorstehern im Bedarfsfall die Aufgabe, verfügbare und geeignete Fahrzeuge privater Eigentümer als Kampfschiffe auszurüsten und zu bemannen. Ähnlich wie die Phylen und Phratrien übernahmen die Vereinigungen der Naukrarien somit öffentliche Aufgaben. Hieraus entwickelten sich wiederum Ansätze einer rudimentären „Verwaltung", wie die bereits erwähnte Verzahnung von Funktionen der Naukraroi und Kolakretai zeigt, die als Polisbeamte „Silber der Naukraroi" für bestimmte Aufwendungen erhielten.[105] Die Naukrarien waren allerdings im Unterschied zu den Phylen und Phra-

[101] Ruschenbusch, Solonos Nomoi F 79.

[102] Der Beginn der athenischen Münzprägung (sog. Wappenmünzen) wird in der neueren numismatischen Forschung überwiegend in die nachsolonische Zeit datiert.

[103] Rhodes, Commentary 152 f.

[104] Kleidemos FgrHist 323 F 8; Photios 288,5 P. s. v. Naukraria.

[105] Androtion FgrHist 324 F 36. J.-Chr. Billigmeier – A. Sutherland Dusing, The Origin and Function of the Naukraroi at Athens: An Etymological and Historical Explanation, TAPA 111 (1981) 11–16, behaupten ohne überzeugende Argumente, daß die Naukraroi bereits in mykenischer Zeit als Tempelvorsteher fiskalische Funktionen ausgeübt hätten.

trien keine schichtenübergreifenden Vereinigungen, sondern bestanden – wie gesagt – wohl vor allem aus Angehörigen der Oberschicht. Gleichwohl bildeten sie als Personenverbände integrale und multifunktionale Teile der größeren Gemeinschaft des Polisverbandes.

7. Athen im Bezugsfeld griechischer Staatenbildung

Die Entwicklung der Polisorganisation in Athen ist einzuordnen in einen größeren gemeingriechischen Rahmen, in den Prozeß der Entstehung staatlicher Strukturen in den hellenischen Siedlungsgebieten, in denen die Ausübung von personengebundener Autorität und Macht mehr und mehr durch institutionelle Ordnungsstrukturen mit normativen Regelungen für die Funktionen der öffentlichen Organe überwunden wurde. Dieser Prozeß vollzog sich in einem Großraum, der nicht durch äußere Mächte bedroht wurde und gekennzeichnet war durch ein dichtes Netz von eigenständigen Gemeinschaften mit gemeinsamen religiösen Vorstellungen, mit einem im ganzen ähnlichen gesellschaftlichen Aufbau und mit gleicher Sprache, wenn auch Dialektunterschiede bestanden. Vor allem innerhalb der Oberschicht gab es zahlreiche Kontakte durch Gastfreundschaften und „polisübergreifende Ehen". Hinzu kamen der allgemein steigende Güteraustausch und die wachsende Bedeutung der Heiligtümer in Delos, Olympia und Delphi,[106] wo insonderheit bei den periodischen Festen Hellenen aus vielen Teilen des griechischen Siedlungsraumes zusammentrafen und hierbei auch Erfahrungen austauschen konnten, aus denen wiederum neue Antriebskräfte für die Inangriffnahme von Innovationen in den einzelnen Gemeinschaften der nunmehr sich rasch wandelnden Welt des Hellenentums erwachsen konnten. Zu beachten ist in diesem Zusammenhang des weiteren die Entstehung zahlreicher neuer Siedlungsgemeinschaften im Verlauf der um 750 v. Chr. beginnenden Großen Kolonisation der Griechen in Unteritalien, Sizilien, Nordafrika (Kyrenaika) und an anderen Küsten des Mittelmeeres sowie im Schwarzmeergebiet. Immer wieder hatten sog. Oikisten („Gründer") in fremder Umgebung die Organisationsformen für neu sich konstituierende Gemeinwesen zu schaffen.

Die Entstehung neuer Organe des Gemeinschaftslebens in vielen Teilen Griechenlands war kein gelenkter Prozeß, ist aber ohne ein weitgespanntes Kommunikationsnetz nicht denkbar. Sichtbarer Ausdruck der Kommunikation im kultisch-religiösen Bereich war der Bau einer Reihe von größeren Tempeln um und nach 700 v. Chr.[107] In diesen Werken stellt sich die Polis als

106 Zur Rolle des Orakels von Delphi vgl. Meier, Entstehung des Politischen 73 ff

107 J. N. Coldstream, Greek Temples: Why and Where, in: P. E. Easterling – J. V.

Kultgemeinschaft dar, in die auch die breite Masse des Demos integriert ist. Die Tempel sind Zeichen eines Zusammengehörigkeitsgefühls der Personenverbände, die diese Bauten errichteten und im Kult der Götter und Heroen ein verbindendes Element für alle Schichten ihrer Gemeinschaft besaßen, sich hierdurch freilich als Sozialkörper auch von anderen Gemeinwesen im näheren und weiteren Umkreis stärker abgrenzten. Die „poliserhaltenden Götter" sind bereits in den homerischen Epen die Beschützer der Siedlungen, und am Grab des als Heros verehrten mythischen Stadtgründers finden in der Stunde höchster Gefahr gemeinsame Beratungen statt, weil hier der Heros präsent ist und für die durch ihn konstituierte Gemeinschaft wirken kann (Il. X 415).[108]

Burg- und Polisgöttin schlechthin ist Athena. Sie wird in Athen gleichsam die göttliche Repräsentantin der Polisgemeinschaft. Eng mit ihr verbunden ist hier der alte athenische Gründerkönig Erechtheus, den die Göttin in ihrem Tempel auf der Akropolis aufgezogen haben soll (Il. II 547f.; Od. 7,81). Allem Anschein nach geht der Athenakult auf dem Burgberg bis in die mykenische Palastzeit zurück. Ein bedeutender athenischer Heros wurde des weiteren Akademos, dessen Verehrung sich bis ins 10. Jahrhundert zurückverfolgen läßt.[109] Darüber hinaus ist in Attika ebenso wie in anderen Gebieten seit der zweiten Hälfte des 8. Jahrhunderts die Entstehung neuer Kulte an älteren Gräbern nachweisbar. In Menidi in der attischen Mesogaia erhielt das dortige mykenische Kuppelgrab von spätgeometrischer Zeit bis ins 5. Jahrhundert zahlreiche Votivgaben. Im Dromos eines mykenischen Kammergrabes bei Aliki fand sich ein Deposit spätgeometrischer Vasen. Ein späthelladisches Kammergrab bei Thorikos enthielt Gefäße und Figurinen vom 7. bis 5. Jahrhundert. Mittelhelladische Gräber in Eleusis wurden im 8. Jahrhundert mit einer Einfriedung versehen. Sie galten offenbar als Ruhestätten der „Sieben gegen Theben."[110] Wiederentdeckte alte Gräber, die man zeitlich gar nicht mehr einordnen konnte, wurden nunmehr Bindeglieder zwischen Gegenwart und Vergangenheit. Die hier bestatteten und mit Heroen gleichgesetzten Toten figurierten als mythische Ahnen, die im Umkreis ihres Grabes noch Macht ausüben, ihre Nachfahren schützen und deren Anspruch auf Besitz des umliegenden Landes sichern. Allem An-

Muir (Hrsg.), Greek Religion and Society, Cambridge u.a. 1985 (^{3}1987) 67–97; A. Snodgrass, Interaction by Design: The Greek City State, in: Renfrew – Cherry, Peer Polity Interaction 47–58. Zur Kultgemeinschaft der Polis vgl. jetzt Chr. Sourvinou-Inwood, What is Polis Religion?, in: Murray-Price, Greek City 295–322.

108 Burkert, Griech. Religion 312ff.

109 Hierzu und zum Folgenden J. N. Coldstream, Hero-Cults in the Age of Homer, JHS 96 (1976) 8–17; vgl. auch Hurwit, Early Greece 121.

110 Mylonas, Eleusis 62f.

schein nach entstanden in Attika solche Stätten der Heroenverehrung unabhängig von den Kulten im Zentralort Athen.[111] Heroen wurden insofern an mehreren Plätzen Identifikationssymbole lokalen Traditionsbewußtseins, ohne daß hieraus ein Gegensatz zu jener größeren Wehrgemeinschaft abzuleiten wäre, die sowohl Athen als auch die attische Chora umfaßte.[112]

Im übrigen war die Binnenkolonisation in Attika im 8. Jahrhundert keineswegs schon abgeschlossen. Sie wurde in der Folgezeit zweifellos fortgesetzt. Mit einem Bevölkerungsrückgang in Athen und Attika etwa seit 720/700 ist trotz der im Vergleich zur geometrischen Keramikphase geringeren Zahl von Fundplätzen mit protoattischen Gräbern und Keramikresten kaum zu rechnen.[113] Gegen eine Entsiedelung attischer Landgebiete im 7. Jahrhundert spricht insonderheit die Zunahme der Kulte auf Berggipfeln, die H. Lohmann wohl zu Recht mit einer „allmählichen Aneignung des Landes" erklärt.[114] Des weiteren sind die Ansätze zu einer institutionellen Entwicklung in Athen zu beachten, die schwer verständlich blieben, wenn hier und in der attischen Chora die Bevölkerungszahl deutlich zurückgegangen wäre. Attische Siedlungen lagen offenbar vielfach noch auf wertvollem Frucht-

[111] Vgl. Snodgrass, Archaic Greece 38–40. Dazu K. Tausend, Sagenbildung und Heroenkult, Gymnasium 97 (1990) 150ff.

[112] J. Whitley, Early States and Hero Cults: A Re-Appraisal, JHS 108 (1988) 176ff., vertritt demgegenüber die These, daß in Attika Heroenkulte von „Gemeinden" (communities) eingerichtet worden seien, die gegen einen wachsenden Einfluß des Zentralortes Athens opponiert hätten. Dies ist aber wenig wahrscheinlich. Die noch kleinen „Landgemeinden" waren bis dahin zweifellos keine völlig unabhängigen Siedlungsgemeinschaften.

[113] Das Material hierzu ist jetzt übersichtlich zusammengestellt von R. Osborne, A Crisis in Archaeological History? The Seventh Century B.C. in Attica, BSA 84 (1989) 297ff., der mit Recht die These von J. Camp, A Drought in the Late Eighth Century B.C., Hesperia 48 (1979) 397–411, ablehnt, daß die Bevölkerungszahl Attikas im späten 8. Jahrhundert infolge einer längeren Dürre drastisch gesunken sei. Allerdings vermag auch Osbornes Vermutung, daß ein erheblicher Teil der Bevölkerung im 7. Jahrhundert von der Bestattung in archäologisch erkennbaren Gräbern ausgeschlossen worden sei, kaum zu überzeugen. Osbornes Verweis auf eine angebliche Parallele in der Entwicklung der Vasenmalerei (S. 319: "... more and more bands of decoration" im 8. Jh., aber "restricted meaningless decoration" im 7. Jh.) ist verblüffend, bietet jedoch keine plausible Erklärung. Ähnliche Thesen vertritt Morris, Burial 85ff., 216, der vermutet, daß im 7. Jahrhundert nur sog. agathoi auf regulären Friedhöfen beigesetzt worden seien. Er zieht aus dieser unbewiesenen Annahme den erstaunlichen Schluß, daß man um 700 in Athen die „Polisidee" schon wieder in Frage gestellt habe.

[114] Lohmann, Atene 209. – Vgl. auch die folgenden Spezialuntersuchungen: Langdon, Hymettos; H. Lauter, Der Kultplatz auf dem Turkovuni, AM Beiheft 12, Berlin 1985.

land, so daß ihre Reste vermutlich durch spätere Agrikultur weitgehend beseitigt worden sind. Sicherlich sind auch zahlreiche Grabhügel des 7. Jahrhunderts in späterer Zeit durch Kultivierungsarbeiten zerstört worden und dementsprechend archäologisch nicht mehr nachweisbar.[115]

Während in Attika zweifellos noch Siedlungsland zur Verfügung stand, waren die Anbauflächen in Griechenland generell begrenzt. In den Konflikten zwischen eigenständigen hellenischen Siedlungs- und Wehrgemeinschaften ging es häufig um den Besitz dringend benötigten Nutzlandes, im Extremfall um die Behauptung der Unabhängigkeit oder um die Existenz eines Gemeinwesens. In den Epen bilden die Bewohner einer bedrohten Siedlung eine Schicksalsgemeinschaft, deren Schutz für alle Wehrfähigen höchstes Gebot ist (Il. XII 243; XVIII 509ff.).[116] Der Aufruf zum Kampf richtet sich zwar (thematisch bedingt) vornehmlich an die großen Helden, doch wird andererseits eine größere Zahl von Fußtruppen als „Stütze des Gefechtes“ bezeichnet (Il. IV 298f.). Im 7. Jahrhundert appellieren die Dichter Kallinos und Tyrtaios in Ephesos und Sparta ausdrücklich an die Gruppensolidarität der Krieger, die für die Polis kämpfen.[117]

Bereits in den Epen agieren Krieger in dichten Formationen, wenn sie auch noch keine typische Hoplitenphalanx bilden. Etwa seit 700 v. Chr. ermöglichte dann die Erfindung des sog. Hoplitenrundschildes mit zwei Halterungen (d.h. mit einer Armschlaufe in der Mitte der Innenseite und mit einem Griff am Rand für die linke Hand) neue taktische Manöver, da die einzelnen Kombattanten jetzt dichter zum Nebenmann aufschließen konnten.[118] Diese Neuerung führte allerdings nicht automatisch zu einer völlig geschlossenen und tief gestaffelten Aufstellung. Vielmehr ist mit einer längeren Zeit des Experimentierens mit dieser Taktik zu rechnen, deren Anwendung von jedem einzelnen Krieger ein erhebliches Maß an Disziplin verlangte, wenn der Zusammenhalt der Schlachtreihe gewahrt werden sollte.

115 Auf diesen Aspekt hat mich H. Lohmann gesprächsweise hingewiesen.

116 Vgl. jetzt W. Metz, Hektor als der homerischste aller homerischen Helden, Gymnasium 97 (1990) 390f.

117 Vgl. Latacz, Kampfparänese 229ff., 237ff.; R. Leimbach, Kallinos und die Polis, Hermes 106 (1978) 265–279.

118 Latacz, Kampfparänese 237f. Die Erfindung des Doppelgriffs bewirkte zweifellos nicht ohne weiteres eine stärkere Disziplin der Kombattanten. Gleichwohl ergaben sich hieraus neue Möglichkeiten des Massenkampfes, die im Laufe des 7. Jahrhunderts genutzt wurden, wie die berühmte Phalanxdarstellung eines korinthischen Malers auf der sog. Chigi-Vase (um 650 v. Chr.) zeigt. Zum Problem der „Hopliten-Reform“ s. jetzt auch W. K. Pritchett, The Greek State at War, IV, Berkeley 1985, 44; Morris, Burial 196. Die Bedeutung der Übernahme der Hoplitenbewaffnung wird m. E. unterschätzt von Manville, Citizenship 86. Vgl. demgegenüber Chr. Meier, Die Rolle des Krieges im klassischen Athen, HZ 251 (1990) 576f.

Zudem war die Ausrüstung größerer Aufgebote mit der vollen Hoplitenrüstung (Panhoplie) wegen der damit verbundenen Kosten für die einzelnen Wehrfähigen[119] und der wohl noch begrenzten Kapazitäten des Schmiedehandwerks kurzfristig kaum möglich. Die neue Taktik entsprach aber zweifellos den Interessen einer breiteren Schicht von Landbesitzern. Im Kriegsfall konnte hierdurch das Territorium einer Gemeinschaft sehr viel wirksamer geschützt werden. Hinzu kam, daß Bauern-Hopliten als Phalangiten prinzipiell die gleichen Funktionen wie die Aristokraten hatten, die sich ebenfalls in Reih und Glied einordnen mußten. Landbesitzer, die nicht zur Oberschicht zählten, gewannen dementsprechend durch den Besitz der Panhoplie ein höheres Sozialprestige, so daß auch aus diesem Grund mehr und mehr Bauern bereit waren, die teure Rüstung oder zumindest die wichtigsten Teile der Panhoplie zu erwerben, um als Phalangiten zu gelten. Daß hiermit öffentliches Ansehen verbunden war, zeigen die zahlreichen Weihungen von Hoplitenwaffen in Olympia und Delphi nach 700 v. Chr. Die Panhoplie wurde dort in panhellenischen Heiligtümern einer breiteren Öffentlichkeit als Statussymbol ihrer Besitzer präsentiert.

Durch die militärtechnische Entwicklung geriet Athen ebenso wie andere griechische Gemeinwesen unter Zugzwang, indem es sich auf die Phalanxtaktik einstellen mußte. Infolgedessen wurde auch ein Mindestmaß gemeinsamen Trainings erforderlich, damit die Kombattanten im Ernstfall ihre Aufgaben in der geschlossenen Formation erfüllen konnten. Das Problem der Mobilisierung der Hopliten wurde in Athen offenbar durch ein Zusammenwirken des schon erwähnten Meldesystems der Naukrarien und der zentralen Instanz des Polemarchos gelöst, der nach der Sammlung der Wehrfähigen die Führung des Aufgebotes übernahm. Da in Athen bereits institutionalisierte Magistraturen existierten, blieb jedenfalls die Mobilisierung der Krieger nicht mehr – wie in älterer Zeit – größeren Oikosbesitzern überlassen, so daß neue organisatorische Strukturen der Aufgebotsordnung entstanden. Ähnliche Aufgaben stellten sich in zahlreichen anderen Poleis. So hat insgesamt gesehen die staatliche Entwicklung in Griechenland zweifellos auch durch den Einfluß der Waffentechnik weitere Impulse erhalten. Allerdings lassen sich die innenpolitischen Folgen der wachsenden militärischen Bedeutung der Bauern-Hopliten kaum auf eine allgemeine Formel bringen. Ein einheitliches Grundmuster von Rückkoppelungseffekten im politischen Bereich konnte durch die Einführung der Phalanxtaktik in den zahlreichen griechischen Gemeinwesen schon infolge der unterschiedlichen Machtverhältnisse und institutionellen Rahmenbedingungen nicht entstehen. In Sparta besaß der Damos (Demos) wahrscheinlich schon vor der

119 Um 500 v. Chr. entsprach eine Hoplitenrüstung etwa dem Wert von 30 Drachmen; vgl. IG I³ 1 = Meiggs – Lewis Nr. 14.

Einführung der Phalanxtaktik Entscheidungsrechte.[120] Demgegenüber wurde in Argos eine ältere Form der Monarchie offenbar erst gegen Ende des 7. Jahrhunderts durch eine Art Wahlkönigtum (mit erheblich eingeschränkten Befugnissen) abgelöst, während in verschiedenen anderen Poleis die Rivalitäten innerhalb der Oberschicht sich verschärften, aber auch durch Bevölkerungsdruck und das sich verstärkende soziale Gefälle neue Spannungsfelder entstanden, die den Aufstieg von Machthabern neuen Typs – Usurpatoren und Tyrannen – begünstigten. Gleichwohl ergaben sich seit dem Aufkommen der Phalanxtaktik in vielen Gemeinschaften im Grunde die gleichen Probleme. Es mußten Mittel und Wege gefunden werden, die der militärisch unentbehrlich gewordenen Hoplitenschicht eine Existenzgrundlage sicherte. Unter diesem Aspekt wurde die Phalanxtaktik ein wichtiger Faktor im Formierungsprozeß griechischer Gemeinwesen. Allerdings ist nicht erkennbar, daß die Bauern-Hopliten sich eigene Organisationsformen zur Durchsetzung größerer politischer Rechte schufen. Sie entwickelten offensichtlich nicht von sich aus neue programmatische Zielvorstellungen.

[120] Vgl. K.-W. Welwei, Die spartanische Phylenordnung im Spiegel der Großen Rhetra und des Tyrtaios, Gymnasium 86 (1979) 178–196, jetzt in: K. Christ (Hrsg.), Sparta, Wege der Forschung 622, Darmstadt 1986, 426–447.

III. WEGE ZUR KONSOLIDIERUNG DER POLIS

1. Die Verschwörung Kylons

Im Archontat des Alkmeoniden Megakles wurde Athen durch den Putschversuch Kylons erschüttert. Megakles' Amtszeit ist allerdings nicht exakt zu datieren.[1] In der Überlieferung wird lediglich deutlich, daß Kylon die Aktion nach seinem Olympiasieg (640 ?) während einer weiteren Feier der Olympischen Spiele vor der Kodifikation Drakons (621/20 ?) unternommen hat. Die Berichte bei Herodot (V 71), Thukydides (I 126) und Plutarch (Solon 12) stimmen darin überein, das Kylon und die begrenzte Schar seiner Genossen keine Unterstützung in der athenischen Bevölkerung fanden, die von den Polisbehörden eingeleiteten Maßnahmen zur Unterdrückung der Verschwörung in einem Blutbad endeten und das von den Putschisten in Anspruch genommene Asylrecht im Heiligtum der Athena Polias auf der Akropolis verletzt wurde. Unklar bleibt, ob Kylon mit seinem Bruder entkommen konnte (wie Thukydides berichtete) oder aber (nach Herodot) zusammen mit seinen Gefährten den Tod fand. Alle Berichte heben jedoch hervor, daß die Tötung der Anhänger Kylons später als sakraler Frevel und „Kylonfluch" des Alkmeonidenhauses galt. Der Putschversuch hat vor allem wegen der politischen Auswirkungen dieses Kylonfluchs das Interesse Herodots und des Thukydides sowie der von Plutarch übernommenen atthidographischen Tradition gefunden. Der „kylonische Frevel" diente nicht nur Ende des 7. Jahrhunderts als Vorwand zur Verbannung der Alkmeoniden, sondern wurde auch 508/07 in den Auseinandersetzungen zwischen dem Alkmeoniden Kleisthenes und seinem Gegner Isagoras hochgespielt und des weiteren 432/31 vor Ausbruch des Peloponnesischen Krieges von den Spartanern als Druckmittel benutzt, indem sie von den Athenern forderten, den „Fluch des Gottes" zu bannen, d. h. Perikles auszuweisen, der mütterlicherseits aus dem Alkmeonidenhause stammte. Infolge dieser Politisierung des kylonischen Frevels ist die Überlieferung mit äußerster Vorsicht zu werten.[2]

Unsere beiden ältesten Quellen – Herodot und Thukydides – erwähnen nicht, daß der Alkmeonide Megakles während der Verschwörung Kylons Ar-

[1] Zur Datierungsfrage vgl. Gomme, Commentary I 428–430, und zuletzt Develin, Athenian Officials 30, mit der neueren Literatur.

[2] Hierzu ausführlich M. Lang, Kylonian Conspiracy, CP 62 (1967) 243–249 (allerdings mit unbeweisbaren Hypothesen zur Entstehung der Überlieferung).

chon war, obwohl dies in perikleischer Zeit in Athen zweifellos bekannt war. Herodot (V 71, 2) betont zwar die Schuld der Alkmeoniden am Tod der Anhänger Kylons,[3] behauptet aber, daß die Vorsteher (Prytanen) der Naukraroi damals die höchsten Polisbeamten waren.[4] Thukydides (I 126,8) sucht diese Nachricht Herodots offensichtlich zu korrigieren, indem er betont, daß in älterer Zeit die neun Archonten die Polis leiteten. Seine weitere Bemerkung, daß diese Polisbeamten alle Vollmachten zur Bekämpfung der Putschisten erhielten, kann als Versuch verstanden werden, die Alkmeoniden zu entlasten. Beiden Darstellungen liegen jedenfalls unterschiedliche Versionen zugrunde. Nach Thukydides soll Theagenes von Megara, Kylons Schwiegervater, den Putschisten Hilfstruppen zur Verfügung gestellt haben. Im Kurzbericht Herodots fehlt demgegenüber ein Hinweis auf megarische Hopliten im Gefolge Kylons. Möglicherweise zielte die von Thukydides übernommene Variante darauf ab, die Exekution der Verschwörer mit einer

[3] Jacoby, Atthis 187f., hat zu zeigen versucht, daß man nach Auffassung Herodots V 70,2 und 71,2 in Athen den Alkmeoniden die Schuld an der Ermordung der Kyloneier zugeschoben habe. Diese Interpretation der genannten Textstelle ist von H.-F. Bornitz, Herodot-Studien, Berlin 1967, 139ff. (insonderheit 163) überzeugend zurückgewiesen worden. Siehe jetzt auch R. Develin, Herodotos and the Alkmeonids, in: Eadie – Ober, Ancient Historian 129. Zum Problem der „Befleckung" durch Blutschuld vgl. R. Parker, Miasma: Pollution and Purification in Early Greek Religion, Oxford 1983, 104–130; R. Garner, Law and Society in Classical Athens, London – Sidney 1987, 35f.

[4] S. D. Lambert, Herodotos, the Cylonian Conspiracy and the Prytaneis tōn Naukrarōn, Historia 35 (1986) 105–112, bezieht diese Angabe Herodots nur auf die Tage der Verschwörung, die nach Thukydides während einer Feier der Olympischen Spiele stattgefunden haben soll. Lambert vermutet, daß die Archonten zu diesem Zeitpunkt in Olympia waren. Mehrere Widersprüche bleiben aber ungeklärt. Nach Herodot sollen die Verschwörer überwältigt worden sein, bevor sie auf die Akropolis gelangen konnten, während Thukydides von einer längeren Belagerung unter der Leitung der Archonten berichtet. Problematisch ist auch die Angabe des Thukydides, daß Kylon sich durch das Delphische Orakel täuschen ließ, das ihm geraten haben soll, den Putsch während des „höchsten Zeusfestes" durchzuführen, was Kylon auf die Feier in Olympia bezogen habe, während das athenische Fest des Zeus Meilichios gemeint sei. Ob Kylon überhaupt das Orakel befragt hat, bleibt eine offene Frage. – F. R. Wüst, Historia 6 (1957) 177ff., sucht aufgrund der Angaben bei Harpokration und in der Suda s. v. ναυκραρικά die Prytanen der Naukraroi mit den Archonten zu identifizieren. Bei Harpokration und in der Suda, die sich auf Hdt. V 71,2 berufen, liegt jedoch ein Mißverständnis vor. Herodot behauptet nicht, daß jene Prytanen als Archonten fungierten. – B. Jordan, Herodotos 5.71.2 and the Naukraroi of Athens, CSCA 3 (1970) 153–175, bezieht die Angabe Herodots auf die Aufgabe der Naukraroi, Abgaben zu erheben, geht aber davon aus, daß der betr. Text in den wichtigsten Handschriften falsch überliefert ist. Vgl. demgegenüber Rhodes, Commentary 152.

existentiellen Bedrohung Athens durch eine feindliche Besatzung auf der Akropolis zu rechtfertigen. Es ist nicht auszuschließen, daß diese Version erst während des athenisch-megarischen Konflikts vor Ausbruch des Peloponnesischen Krieges entstanden ist. Im übrigen wird in der Darstellung des Thukydides nicht deutlich, wie es Kylon gelingen konnte, eine megarische Hoplitentruppe, die der Historiker in seinem weiteren Bericht gar nicht mehr erwähnt, unbemerkt nach Athen einzuschleusen.

Einige weitere, offenbar erst in der atthidographischen Überlieferung des 4. Jahrhunderts hinzugefügte Einzelheiten zur Entlastung der Alkmeoniden bietet Plutarch, der außerdem eine noch jüngere Quelle benutzt und Konflikte der vorsolonischen Krise in die Zeit Kylons zurückprojiziert hat, indem er die Situation nach der Unterdrückung der Verschwörung als Spaltung des „Volkes" (Demos) in zwei „Parteien" (Staseis) darstellt. Er „berichtet" in diesem Zusammenhang ausführlich über die Verbannung der Alkmeoniden nach der Kodifikation Drakons im ausgehenden 7. Jahrhundert. Nach seiner Version sollen Solon und die „vornehmsten Athener" die „Verfluchten" (d.h. die Alkmeoniden) bewogen haben, sich einem von Myron von Phlya geleiteten Adelsgericht zu stellen, das dann die Schuldigen verurteilt habe. Wahrscheinlich stützt sich Plutarch auf den Grammatiker Hermippos von Smyrna, der im 3. Jahrhundert v. Chr. durch eigene Kombinationen die atthidographische Überlieferung verfälscht hat. Aufschlüsse über Parteiungen in der Zeit der Verschwörung Kylons lassen sich hieraus nicht gewinnen.[5] Weder Herodot noch Thukydides erwähnen, daß Kylon irgendein Programm verfolgte oder Exponent einer bestimmten lokal oder regional begrenzten Stasis war.[6] Offensichtlich lagen beiden Autoren hierüber keine Informationen aus älterer Zeit vor. Kylon hat außerhalb seiner Verschwörergruppe weder im Adel noch im Demos Unterstützung gefunden. Seine Helfer waren Altersgenossen, die sich zu einer Hetairie zusammengeschlossen hatten. Sie stammten zwar aus der Oberschicht, trafen aber auf geschlossenen Widerstand in der Polis.

Möglicherweise wurde Kylon durch den Erfolg seines Schwiegervaters

[5] G. Forrest, The First Sacred War, BCH 80 (1956) 39ff., nimmt an, daß Kylons Putsch soziale Reformen der Alkmeoniden verhindern sollte und das Delphische Orakel damals unter dem Einfluß des Tyrannen Theagenes von Megara stand. Dies sind freilich bloße Hypothesen. Weitere Vermutungen über Adelsfaktionen äußert A. French, Solon and the Megarian Question, JHS 77 (1957) 238ff.; ders., The Party of Peisistratos, G&R 38, N.S. 6 (1959) 46–57; ders., Athenian Economy 16. French neigt dazu, Gruppierungen um 560 v. Chr. ins 7. Jahrhundert zurückzuprojizieren.

[6] „Regionalismus" als Hintergrund der Spannungen vermutet R. Sealey, Regionalism in Archaic Athens, Historia 9 (1960) 155–188 = ders., Essays 9–38 (vgl. dens., City States 99). Sealey will der Nachricht über die megarische Hilfstruppe Kylons entnehmen, daß der „Putschist" aus Westattika stammte.

Theagenes, der nach Mitte des 7. Jahrhunderts in Megara die Macht an sich gerissen hatte, zu der Aktion motiviert. In Megara hatten damals starke Spannungen zwischen der breiten Masse der Bauern und den führenden Kreisen bestanden. Ein ähnliches Konfliktpotential ist in Korinth vor der Usurpation des Kypselos und in Sikyon in der Zeit der Machtergreifung des Orthagoras anzunehmen (noch vor 650 v. Chr.).[7] Theagenes von Megara hatte es verstanden, die Landbevölkerung gegen die reicheren Grundbesitzer aufzuwiegeln, die sich offenbar die besten Weidegründe auf dem Gemeindeland angeeignet hatten,[8] so daß die Bauern sich in ihren alten Rechten beeinträchtigt sahen. Insgesamt gesehen führte die Agrarkrise in Korinth, Sikyon und Megara auch zu einer Krise der Adelsherrschaft in diesen Poleis und zu Machtkämpfen, in denen sich jeweils ein Usurpator gegen die bis dahin dominierenden Adelsgruppen durchzusetzen vermochte. Demgegenüber zeigt das Scheitern Kylons, daß die Situation in Athen in den dreißiger Jahren des 7. Jahrhunderts bzw. um 630 anders war. Kylon suchte einen Überraschungseffekt zu erzielen, ohne daß er vor seinem Coup versucht hatte, irgendwie Unzufriedenheit zu schüren oder soziales Konfliktpotential öffentlich zu thematisieren. Verschuldung und Schuldknechtschaft waren in Attika damals schwerlich weit verbreitet. Der einzelne Landwirt gewann seinen Status in der Gesellschaft und Wehrgemeinde durch seine Zugehörigkeit zu den Phratrien und Phylen und durch seine Eingliederung in die Aufgebotsordnung, und das von Hesiod angedeutete Prinzip der Nachbarschaftshilfe bewährte sich wohl auch noch weiterhin in Notzeiten. Die Grenzen zwischen Hopliten-Bauern und Parzellenbesitzern, die keine Möglichkeit hatten, sich eine schwere Rüstung zu beschaffen und in der Phalanx zu dienen, waren eher fließend, während völlig mittellose und entwurzelte Lohnarbeiter im 7. Jahrhundert in Attika kaum einen Unruhefaktor darstellten und eher eine Randgruppe bildeten, da die Schuldner und Schuldsklaven der Agrarkrise um und nach 600 nicht einer sozial deklassierten und ausgegrenzten älteren Schicht von Besitzlosen zuzuordnen sind, sondern ehemals selbständige kleine Landwirte waren. Insgesamt gesehen war die Sozialordnung in Athen und Attika offenbar ein durchaus funktionsfähiges System, als sie durch den Putschversuch Kylons vor eine Bewährungsprobe gestellt wurde.

Gegen Kylons Hetairie wurde keine Adelsgefolgschaft, sondern das Aufgebot der Athener oder zumindest ein Teil der Wehrfähigen der Polisgemein-

[7] Will, Korinthiaka 363 ff., vertritt demgegenüber einen Spätansatz der Herrschaft des Kypselos (etwa ab 620/615), doch vermag diese These nicht zu überzeugen. Vgl. Berve, Tyrannis II 520. Zur diesbezüglichen Forschungsdiskussion s. jetzt Gehrke, Herodot 33 ff.

[8] Aristot. Pol. 1305 a 24–26.

schaft mobilisiert. Die Belagerung der Verschwörer leiteten die zuständigen Polisbeamten. Letztlich bleibt aber unklar, ob nach dem Scheitern des Putsches der eponyme Archon Megakles tatsächlich die Hauptverantwortung für die Lynchjustiz an den Genossen Kylons trug. Möglicherweise hatten in einer typischen Massenaktion angestaute Aggressionen und gleichgerichtete Affekte und Handlungsbereitschaften der einzelnen Teilnehmer am Kampf gegen die Verschwörer, die in ihrer Bedrängnis zuletzt zum Altar oder zum Standbild der Athena geflüchtet waren, zu jenem scheußlichen Gemetzel geführt. Wer aber hätte unmittelbar nach dem Geschehen das Blutbad ahnden sollen, an dem eine ganze Reihe von Athenern beteiligt war? Allem Anschein nach wurden damals sogar die überlebenden Anhänger Kylons für vogelfrei (ἄτιμοι) erklärt, da das spätere Amnestiegesetz Solons nicht für Usurpatoren und deren Helfer galt (Plutarch, Solon 19,4). Als etwa eine Generation nach dem Putschversuch Kylons die Verletzung des Asylrechts politisch gegen die Alkmeoniden ins Spiel gebracht wurde, war Megakles bereits verstorben. Die „Blutschuld“ diente einer temporären Interessengemeinschaft von Aristokraten als Vorwand, eine damals einflußreiche Adelsfamilie aus Athen und Attika zu verbannen. Ob Megakles in seinem Archontat als Repräsentant eines mächtigen Adelshauses besonderen Handlungsspielraum hatte, bleibt hingegen offen. Ein Teil des athenischen Aufgebotes hat zwar nach der Einschließung der Anhänger Kylons auf der Akropolis nicht mehr an der weiteren Belagerung teilgenommen. Dies besagt aber noch nicht, daß nur eine Gefolgschaft der Alkmeoniden den Kampf gegen die Verschwörer fortsetzte und die Bluttat verübte. Die Alkmeoniden waren nach dem Geschehen zweifellos nicht isoliert.

Ohne die Verwandtschaft des Hauptakteurs mit dem Tyrannen Theagenes von Megara wäre die Verschwörung wohl nicht möglich gewesen, wenn auch unklar bleibt, ob Kylon tatsächlich Hilfstruppen seines Schwiegervaters eingesetzt hat. Andererseits läßt sich das Geschehen nicht einfach in den Kontext der vorausgehenden Usurpationen in den Poleis am Isthmos einordnen. Kylon hat sich – wie gesagt – weder als Anwalt ärmerer Bevölkerungsschichten geriert noch ein spezifisches Konfliktpotential auszunutzen vermocht. Insofern unterscheidet sich sein Putschversuch auch von der späteren Besetzung der Akropolis durch die Anhänger des Peisistratos (ca. 561/560). Kylons Unternehmen war ein Hasardieren mit unzureichenden Mitteln und ist kein Indiz für vorausgehende Staseis in Form von gewaltsamen Auseinandersetzungen zwischen zwei oder mehreren Gruppierungen in Athen und Attika. Der bereits bestehende institutionelle Rahmen der athenischen Polisgemeinschaft wurde durch die Verschwörung nicht in Frage gestellt. Schon wenige Jahre später manifestiert sich in der Einführung des Gerichtszwanges im drakontischen Blutrecht eine neue Entwicklungsstufe im Prozeß der Staatswerdung Athens.

2. Die Gesetzgebung Drakons

Die athenische Überlieferung datiert die Gesetzgebung Drakons in das Amtsjahr des Aristaichmos,[9] das wahrscheinlich 621/20 v. Chr. anzusetzen ist. In annähernd originaler Form ist ein Fragment des drakontischen Blutrechts erhalten, dessen Text im Jahre 409/08 v. Chr. auf Beschluß der athenischen Volksversammlung neu publiziert wurde.[10] Drakons Gesetz intendierte die Einschränkung des geltenden Prinzips der Blutrache und sollte somit zweifellos eine Ausweitung unkontrollierter Racheakte unterbinden. Ein Zusammenhang zwischen der Fixierung des Blutrechts und den Nachwirkungen der Verschwörung Kylons ist nicht auszuschließen, da Verwandte der getöteten Anhänger Kylons vermutlich Rache zu nehmen suchten. Drakons Tätigkeit entsprach zweifellos den Bestrebungen der damals führenden Kreise in Athen, den inneren Frieden der Polis zu sichern. Offenbar hat Drakon spezielle Vollmachten erhalten, da kaum anzunehmen ist, daß er lediglich das Amt eines der sechs Thesmotheten bekleidete, als er das Blutrecht fixierte, indem er durch seine Satzung den Tatbestand des Tötungsdeliktes definierte sowie die Strafe und das gerichtliche Verfahren zur Ahndung der Schuld regelte. Er konnte zwar sicherlich schon auf allgemein anerkannte Normen des Gewohnheitsrechts zurückgreifen, hat aber auf jeden Fall durch die rückwirkende Kraft seiner Begnadigungsregel bei unvorsätzlicher Tötung auch neues Recht geschaffen. Neue Sicherheit im Rechtsgang verbürgten vor allem die strikten verfahrensrechtlichen Vorschriften.

Die fragmentarisch erhaltene Fassung des Gesetzes zur Verfolgung unvorsätzlicher Tötung aus dem späten 5. Jahrhundert bildete zweifellos den Anfang der Aufzeichnungen Drakons, denn die Überschrift der Neupublikation lautet: ›Erster Axon‹. Hiermit ist der ursprüngliche Gesetzesträger bezeichnet. Es handelte sich um numerierte, drehbare und langgestreckte Holzblöcke von quadratischem Grundriß mit eingefügten „Achsen“ (Axones). Die Blöcke waren auf allen vier Seiten beschriftet und lagerten offenbar waagerecht in einem Gestell, das mehrere Axones aufnehmen konnte.[11]

Der einleitende Satz des Gesetzes lautet folgendermaßen: „Auch[12] wenn

[9] Aristot. Ath. Pol. 4,1. Zur Datierungsfrage vgl. im einzelnen Stroud, Drakon's Law 66–70; Develin, Athenian Officials 31.

[10] Die jetzt maßgebende Ausgabe hat Stroud, a. a. O. 5 f., vorgelegt. Vgl. die Editionen Meiggs-Lewis Nr. 86 und IG I³ 104, die Stroud folgen. Zur Frage eventueller Änderungen des alten Wortlautes durch die Neupublikation 409/08 s. Heitsch, Antiphon 12–20.

[11] Stroud, Axones 45 ff. – In dem Fragment der Satzungen Drakons beginnt Z. 56 ein ›Zweiter Axon‹, dessen Text aber nicht mehr erhalten ist.

[12] Das erste Wort des erhaltenen Textes (καί) ist nicht als Konjunktion („und“) zu

jemand ohne Vorbedacht einen anderen tötet, soll er in die Verbannung gehen" (d.h. Attika verlassen). Als weiteren Tatbestand nennt das Gesetz an späterer Stelle die straflose Tötung in Notwehr zum Schutz der eigenen Person oder des eigenen Besitzes.[13] Drakon berücksichtigte also die Willensrichtung des Täters und die Umstände, die zu der Tat geführt hatten. Jeder im Blutrecht Drakons genannte Tatbestand wird freilich als φόνος (Tötung) bezeichnet. Insofern wurde im archaischen Athen keine nuancierte begriffliche Unterscheidung zwischen fahrlässiger Tötung, Totschlag und Mord vorgenommen. Die Athener klassifizierten dementsprechend Drakons Satzung einfach als „Gesetz zur Ahndung des Tötungsdeliktes" (νόμος περὶ τοῦ φόνου). Im Hinblick auf die heute übliche Differenzierung zwischen unvorsätzlicher und vorsätzlicher Tötung im Blutrecht Drakons ist somit zu beachten, daß diese Kategorien hier nicht als juristisch präzisierte Termini, sondern als Begriffe der heutigen Umgangssprache zu verstehen sind,[14] die aber das Unterscheidungsmerkmal in der archaischen Welt Drakons durchaus erfassen. Unvorsätzliche Tötung geschieht nach der Terminologie Drakons „ohne Vorbedacht" (μὲ 'κ προνοίας). Als Synonym hierzu wird im Gesetzestext auch das Wort ἄκον (= ἄκων, unabsichtlich, unfreiwillig, unbedacht) verwendet. Wenn man die Tötung in Notwehr einmal außer Betracht läßt, wird deutlich, daß Drakons Kriterium die Pronoia („Absicht") war. Fahrlässige Tötung (etwa bei Wettkämpfen) galt zweifellos als Phonos ohne Vorbedacht. Problematisch ist die Einstufung einer Affekthandlung mit Todesfolge, die bereits im homerischen Epos (Il. XXIII 85–88) damit erklärt wird, daß der Täter aus Zorn sich gegen seinen (eigentlichen) Willen hinreißen ließ (οὐκ ἐθέλων). Im Blutrecht Drakons scheint ἄκων in etwa die gleiche Bedeutung wie οὐκ ἐθέλων in dem genannten epischen Beispiel zu haben, so daß wohl eine Affekthandlung bei der Feststellung der Willensrichtung berücksichtigt werden sollte.

Eingeleitet wird die Verfolgung einer Blutschuld durch die sogenannte Prorrhesis: Ein bestimmter Verwandtenkreis und die Phratriegenossen des Getöteten bezichtigen in einer Volksversammlung oder auf der Agora den Täter der Blutschuld und fordern ihn auf, Volksversammlung und Agora sowie alle Heiligtümer zu meiden. Praktisch bedeutet dies die Inanspruchnahme des Rechts auf Blutrache, die jedoch nicht ausgeübt werden darf,

verstehen; es bedeutet vielmehr „auch". Vgl. Stroud, Drakon's Law 37; Gagarin, Drakon 80ff.; Nörr, Mordtatbestand 633f.; Heitsch, Antiphon 14.

[13] Vgl. M. Gagarin, Self-Defence in Athenian Homicide-Law, GRBS 19 (1978) 119f.

[14] Vgl. Stroud, Drakon's Law 40f.; W. T. Loomis, The Nature of Premeditation in Athenian Homicide Law, JHS 92 (1972) 86–95; Gagarin, Drakon 2ff.; Nörr, Mordtatbestand 631, Anm. 1.

wenn der Täter die gesetzlichen Regelungen beachtet, d.h. bis zum gerichtlichen Verfahren die genannten Plätze und Stätten nicht betritt und nach einem Schuldspruch Attika verläßt,[15] sofern es sich um den Tatbestand der unvorsätzlichen Tötung handelt. Das zuständige Gericht der Polis besteht in diesem Fall aus den „Königen" (Basileis) und den 51 sogenannten Epheten. Unter den Königen sind neben dem präsidierenden sakralen Archon Basileus wahrscheinlich auch die vier Phylobasileis zu verstehen.[16] Die „Könige" haben zunächst die Verantwortlichkeit des präsumtiven Täters (oder gegebenenfalls eines Auftraggebers)[17] festzustellen und zum Abschluß des Verfahrens das Urteil zu verkünden (δικάζειν), während es den Epheten obliegt, über die Willensrichtung des Täters zu entscheiden und ein entsprechendes Verdikt zu fällen (διαγιγνώσκειν).[18] Dem Täter kann durch eine Aussöhnung mit den Verwandten des Opfers, die wohl in aller Regel die Zahlung eines Wergeldes voraussetzt, Verzeihung (Aidesis) gewährt und

[15] Vgl. E. Ruschenbusch, Phonos. Zum Recht Drakons und seiner Bedeutung für das Werden des athenischen Staates, Historia 9 (1960) 144f.; Stroud, Drakon's Law 51f.; Gagarin, Drakon 55f.; A. Pieri, Προειπεῖν ἐν ἀγορᾷ, in: Munus amicitiae. Scritti in memoria di Alessandro Ronconi, II, Florenz 1988, 90–97. Eine Anklage durch einen Vertreter der Polis gab es selbstverständlich nicht. Blieb der Täter in Attika, wurde ihm durch die Verwandten des Opfers aufgrund einer Prorrhesis der Zugang zu bestimmten Plätzen und Stätten bis zum „Prozeß" untersagt.

[16] Vgl. etwa Busolt-Swoboda II 793; Gagarin, Drakon 46f. Eine Reihe von Forschern nimmt demgegenüber an, daß generell die sakralen Basileis der einzelnen Amtsjahre gemeint sind, d.h. daß nur der jeweils amtierende Archon Basileus allein das Verfahren leitete und die Phylobasileis hiermit nichts zu tun hatten: Stroud, Drakon's Law 45–47; Harrison, Law II 43; Carlier, Royauté 350. – D.M. MacDowell, Athenian Homicide Law in the Age of the Orators, Publications of the Faculty of Arts of the Univ. of Manchester 15 (1963) 87f., läßt die Frage offen.

[17] Als „Auftraggeber" gilt im Gesetzestext Z. 12f. „derjenige, der geplant hat". Da dieser Teil der Satzung von der unvorsätzlichen Tötung handelt, scheint ein Auftrag gemeint zu sein, „dessen Durchführung unbeabsichtigt zum Tod des Beauftragten oder aber eines Dritten führt" (Heitsch, Antiphon 17).

[18] Die Bedeutungen von δικάζειν und διαγιγνώσκειν sind freilich umstritten. Dazu Wolff, Beiträge 67–78; Nörr, Mordtatbestand 644; ders., Zum Δικάζειν im Urteil aus Mantineia (IG V 2, 262), in: Symposion 1985 (1989) 55–57; Ruschenbusch, Untersuchungen 81f.; Heitsch, Archon Basileus 84, der m.E. zutreffend betont, daß die Epheten „hinsichtlich der beiden möglichen Handlungstypen" eine Unterscheidung treffen sollen, „also hinsichtlich der Frage, ob unvorsätzliche, wie der Beklagte behauptet, oder vorsätzliche Tat vorliegt". Der Basileus habe dann durch Verkündigung (δικάζειν) dem Urteil Rechtskraft verliehen. Unwahrscheinlich ist die Annahme von S. Humphreys, The Evolution of Legal Process in Ancient Attica, in: Tria corda. Scritti in onore di Arnaldo Momigliano, a cura di E. Gabba, Como 1983, 235, Anm. 11, wonach die Epheten zwischen den „Urteilen" der Basileis entschieden hätten.

damit die Rückkehr nach Attika gestattet werden. Zuständig für die Aidesis sind zunächst Vater, Brüder und Söhne des Opfers, die einstimmig einwilligen müssen. Wenn von den nächsten Verwandten des Getöteten niemand mehr lebt, wird eine weitere Verwandtengruppe eingeschaltet, die alle Vettern und alle Söhne der Vettern des Opfers umfaßt. Wiederum ist Einstimmigkeit für eine Aussöhnung erforderlich. Wenn niemand mehr aus dem im Gesetz genannten Verwandtenkreis lebt, können zehn von den Epheten ausgewählte „vornehme" (d. h. allgemein als agathoi mit hohem Sozialprestige anerkannte) Phratriegenossen des Opfers die Rückkehr des Täters gestatten, wenn das Gericht auf unvorsätzliche Tötung erkannt hat. Da bei diesem Verfahren die Verwandten des Opfers offenbar auch die Interessen der durch die Bluttat befleckten Polisgemeinschaft zu vertreten hatten, mußte diese Funktion allem Anschein nach gegebenenfalls von der quasi-religiösen Vereinigung der Phratrie übernommen werden. Die vom Gesetz geforderte Einstimmigkeit der Verwandten des Opfers bei der Aidesis sollte zweifellos verhindern, daß der Täter nach Zahlung eines Wergeldes eventuell nichts mehr befürchtete und zurückkehrte, dann aber von bestimmten Verwandten des Getöteten, die mit der Regelung nicht einverstanden waren, angegriffen wurde. Die detaillierten Bestimmungen über Strafmaß, Prorrhesis, gerichtliches Verfahren und Aussöhnung intendierten insgesamt, die auch bei einer unvorsätzlichen Tötung gegebene Gefahr einer Ausweitung der Blutfehde weitgehend zu bannen. Eine zusätzliche Sicherung war der retroaktive Satz im drakontischen Gesetz, der die Begnadigungsregel auf jede unvorsätzliche Tötung ausweitete, die bereits vor Inkrafttreten der Satzung geschehen war. In der Verbannung genoß der Täter Schutz vor Racheakten, wenn er sich an bestimmte Vorschriften hielt. Auch hierdurch sollte die Eskalierung einer Fehde verhindert werden. Es war dem Täter untersagt, Attika oder einen Markt an der attischen Grenze zu betreten sowie an Festspielen und religiösen Feiern außerhalb Attikas teilzunehmen. Wenn er sich an den ihm verbotenen Stätten aufhielt, konnte er von jedem Athener straflos getötet werden. Andernfalls galt die Tötung des Täters als φόνος an einem unbescholtenen Athener. Der zuständige Gerichtshof war dann ebenfalls das Ephetenkollegium.

Da die teilweise noch erhaltene Fassung des Blutrechts aus dem Jahre 409/08 den Anfang des drakontischen Gesetzes enthält, hat man vermutet, daß das geschilderte Verfahren implizit auch den Tatbestand der vorsätzlichen Tötung regelte,[19] im Recht Drakons das gleiche Strafmaß – die Verban-

[19] Gagarin, Drakon 96ff.; ders., Greek Law 88f.; Nörr, Mordtatbestand 635ff. – E. Ruschenbusch, Historia 9 (1960) 145; Untersuchungen 15, vermutet, daß bei vorsätzlicher Tötung Selbsthilfe der Verwandten von den Epheten zugelassen worden sei; ähnlich R. Sealey, The Athenian Courts for Homicide, CP 78 (1983) 293f.; ders.

nung – für unvorsätzliche und vorsätzliche Tötung galt und die Epheten nach den drakontischen Bestimmungen für alle Tötungsdelikte zuständig waren, der Areopag hingegen erst in der Zeit nach Drakon durch Solon oder sogar noch später die Blutgerichtsbarkeit bei vorsätzlichem Mord erhielt und die im klassischen athenischen Recht hierfür vorgesehene Todesstrafe eine Verschärfung des drakontischen Strafmaßes darstellte. Nun behauptet zwar Plutarch (Solon 19,3), daß die meisten von ihm (für die Biographie Solons) benutzten Autoren den Areopag als eine erst von Solon geschaffene Institution bezeichnen. Er glaubt dies damit erklären zu können, daß im Recht Drakons zwar Epheten, nicht aber Areopagiten erwähnt seien. Seine Argumentation ist jedoch in mehrfacher Hinsicht irreführend. Die Bezeichnung „Areopagitai“ wurde in der vorsolonischen Rechtspflege offenbar nicht offiziell für Mitglieder des Areopags verwendet, wie der Text des von Plutarch im gleichen Zusammenhang zitierten Amnestiegesetzes Solons zeigt. Des weiteren ist zu beachten, daß Plutarch im Kontext den Areopag als Aufsichtsorgan und Rat im Rahmen der solonischen Ordnung behandelt. In den etwa Mitte des 4. Jahrhunderts einsetzenden innerathenischen Diskussionen über die politische Bedeutung des Areopags in älterer Zeit wurden die genannten Funktionen zwar kontrovers beurteilt, doch stand hierbei das Alter des Gremiums überhaupt nicht zur Debatte.[20] In der vorliegenden Überlieferung erscheint der Areopag erst bei Cicero als solonische Institution. Allem Anschein nach hat Cicero diese Angabe von dem Stoiker Panaitios übernommen, während in Athen die Einsetzung des Areopags bekanntlich in die mythische Zeit datiert wurde. Plutarch selbst sucht im übrigen zu beweisen, daß der Areopag längst vor Solon existierte. Er beruft sich auf das bereits genannte Amnestiegesetz Solons, das folgendermaßen gelautet haben soll (Solon 19,4): „Von den für ehrlos Erklärten (ἄτιμοι) sollen diejenigen, die vor dem Archontat Solons ehrlos waren, ihre Rechte (als Athener) zurückerhalten mit Ausnahme derer, die vom Areopag oder von den Epheten oder vom Prytaneiongericht unter dem Vorsitz der Könige (βα-

Athenian Republic 77. Vgl. aber demgegenüber E. Heitsch, Aidesis im attischen Strafrecht, AAWM 1984, Nr. 1, 4ff., der freilich andererseits die Auffassung vertritt (Archon Basileus 84), daß die Epheten nach dem Gesetz Drakons auch vorsätzlichen Mord abzuurteilen hatten. Sein Hinweis auf den Schutz eines ἀνδροφόνος im Exil (IG I³ 104, Z. 26–29) überzeugt jedoch nicht. Die Epheten waren zuständig, wenn ein Athener einen φόνος an einem ἀνδροφόνος begangen hatte, doch hatten sie wohl zunächst über die Willensrichtung des Täters zu urteilen. Auch in dem genannten Fall mußte darüber entschieden werden, ob der φόνος mit oder ohne Vorsatz geschehen war. Wenn dann auf vorsätzlichen Mord erkannt wurde, kann der Areopag durchaus eingeschaltet worden sein.

[20] Jacoby, Atthis 123, 316, Anm. 137; FgrHist III b (Supplem.) Text, 112ff. zu Androtion F 3–4.

σιλεῖς) wegen Tötung (φόνος) oder wegen Beteiligung an einem Blutbad (σφαγαί) oder wegen Strebens nach der Tyrannis verurteilt worden sind und sich in der Verbannung befanden, als dieses Gesetz (der Amnestie) erlassen wurde." Außer Betracht bleiben kann hier das Prytaneiongericht, das aus dem Archon Basileus und den vier „Phylenkönigen" bestand und in einem zeremoniellen Verfahren über unbekannte Mörder sowie über Tiere und Sachen urteilte, die den Tod eines Menschen verursacht hatten. Dieses Gericht wird im solonischen Amnestiegesetz wohl nur deshalb erwähnt, weil einige zunächst unbekannte Täter inzwischen überführt werden konnten, aber bereits entkommen waren.[21] Daß alle anderen Tötungsdelikte vor Solon von den Epheten abgeurteilt wurden und der Areopag als Gericht nur für Verfahren gegen potentielle Usurpatoren und Tyrannen zuständig war, geht aus dem zitierten Gesetzestext nicht hervor. Der Begriff „Sphagai" bezieht sich hier zweifellos auf blutig verlaufene Auseinandersetzungen, die mehrere Opfer gefordert hatten. Es gibt keinen eindeutigen Beleg für die Zuständigkeit des Ephetengerichts in solchen Fällen. Ebensowenig besagt das Amnestiegesetz, daß vor Solon alle Tötungsdelikte nur mit der Verbannung der Täter bestraft wurden. Das Gesetz bezieht sich ohne Zweifel auf verschiedene Kategorien von verbannten und flüchtigen Athenern, und der Gesetzgeber wollte auf jeden Fall verhindern, daß Mörder und Totschläger nach Attika zurückkehrten, ohne daß ihnen Aidesis gewährt worden war. Dies schließt eine Todesstrafe für vorsätzlichen Mord keineswegs generell aus, da anzunehmen ist, daß nicht alle überführten und verurteilten Mörder ergriffen werden konnten. Für die Zeitgenossen Solons war der Gesetzestext durchaus verständlich. Sie wußten zweifellos zu unterscheiden zwischen einem flüchtigen Mörder und einem Verbannten, der wegen unvorsätzlicher Tötung verurteilt worden war und im Exil unter bestimmten Bedingungen nicht schutzlos blieb.

Im klassischen Athen wurde nie bezweifelt, daß der Areopag seit ältesten Zeiten als Blutgericht fungierte, die gerichtlichen Verfahren für alle Tötungsdelikte in den Satzungen Drakons fixiert waren und Solon das drakontische Blutrecht nicht geändert hat.[22] Wahrscheinlich war in dem nicht erhal-

[21] Demgegenüber sucht Wallace, Areopagos 22 ff., zu zeigen, daß das Prytaneiongericht im solonischen Amnestiegesetz aus den Polisbehörden bestand, die für die Aburteilung von Tyrannisaspiranten zuständig waren. Die Formulierung (Plut. Sol. 19,4) ... ἐκ πρυτανείου καταδικασθέντες ὑπὸ τῶν βασιλέων läßt indes eher darauf schließen, daß dieses Gericht bereits vor Solon ebenso wie in klassischer Zeit aus dem Archon Basileus und den Phylobasileis gebildet wurde. Unwahrscheinlich ist auch die von Wallace, a. a. O. 8 ff., vertretene These, daß vor Solon die Epheten für alle Tötungsdelikte zuständig waren. Vgl. oben Kap. II, Anm. 70.

[22] Aristot. Ath. Pol. 7,1; Plut. Sol. 17,1; Antiph. 5,14; 6,2; Andok. 1,81–83; vgl. Demosth. 20,158; 23,51 u. 66; Ailian. var. hist. 8,10.

tenen Teil der Fassung des drakontischen Tötungsgesetzes aus dem späten 5. Jahrhundert das Verfahren nach einem vorsätzlichen Mord geregelt, und es ist anzunehmen, daß bereits Drakon für diesen Fall die Todesstrafe vorgesehen und den Areopag für zuständig erklärt hat.[23]

Das wesentliche Prinzip des drakontischen Blutrechts war die Bindung der Selbsthilfe an ein gerichtliches Verfahren, d.h. die Einführung des Gerichtszwanges. Die Selbsthilfe unterlag der Kontrolle durch ein Gericht der Polisgemeinschaft. Dies galt auch für die Verfolgung von Diebstahl. Wenn der Bestohlene den Dieb verfolgte und tötete, konnten dessen Verwandte ein Verfahren anstrengen. Stellte das Gericht fest, daß der Dieb nicht in flagranti gefaßt und getötet worden war, blieb die Bluttat nicht straflos. Zweifellos hatte dies bei der Anwendung der Selbsthilfe generell einen abschreckenden Effekt. Insofern bedeutete die Kontrolle der Blutrache und Selbsthilfe durch Repräsentanten der Polis einen erheblichen Fortschritt in der Sicherung des inneren Friedens. Die schriftliche Fixierung des Blutrechts war eine bedeutende Neuerung, ein Markstein in der Entwicklung der athenischen Rechtspflege. Sie ist als Indiz für die bereits erreichte „Staatlichkeit" der Polis Athen zu werten. Die Satzungen Drakons galten für alle Regionen Attikas und verdeutlichten den Angehörigen des gesamten Personenverbandes, daß sie „Athener" waren – gleichgültig ob sie in Athen selbst oder in Brauron, Marathon, Eleusis oder sonstwo in Attika wohnten. Der soziale Rang des Täters spielte bei der Ahndung eines Tötungsdeliktes keine Rolle. Es gab keine unterschiedlichen Rechtsnormen für die Aristokraten und die breite Masse des Demos. Die Oberschicht hat hierin schwerlich eine Einschränkung ihrer gesellschaftlichen Vorrangstellung gesehen. Ohne die Zustimmung der damals führenden Kreise Athens wäre die Fixierung der drakontischen Satzungen wohl kaum möglich gewesen. Daß von diesem Recht später auch Impulse für die Entwicklung politischer Gleichheitsvorstellungen ausgehen konnten, haben die Aristokraten der Zeit Drakons sicherlich nicht geahnt. Die Tätigkeit Drakons ist eher ein Zeichen für einen breiten Konsens über rechtliche Rahmenbedingungen des Gemeinschaftslebens. Man war entschlossen, Maßnahmen zur inneren Konsolidierung des äußerlich längst geeinten Personenverbandes in der gesamten Landschaft Attika zu treffen. Letztlich manifestiert sich in der Fixierung des drakonti-

[23] Stroud, Drakon's Law 36–40. – Hansen, Apagoge 118, wertet ein in Phaleron aufgedecktes Massengrab aus dem 7. Jahrhundert als Beleg für den Vollzug der Todesstrafe durch den „Staat" in vorsolonischer Zeit. Allem Anschein nach handelte es sich um eine Exekution (L. Gernet, REG 37, 1924, 262ff.), doch erlaubt der archäologische Befund keinen Rückschluß auf ein regelrechtes Gerichtsverfahren. Vgl. zuletzt Heitsch, Archon Basileus 85, Anm. 30, der im Anschluß an K. Latte, Kleine Schriften, München 1968, 400, eine Hinrichtung von Seeräubern vermutet.

schen Blutrechts auch ein Bewußtsein von der Fähigkeit des Menschen, durch allgemein verbindliche Gesetze gezielt bestimmte Mißstände beseitigen zu können. Dies weist voraus auf Solon, der durch das Wirken Drakons bereits ein Instrumentarium zur Bewältigung einer schweren Krise vorfand, freilich dann sehr viel weiteren Bereichen des Gemeinwesens durch umfassende Reformen eine neue Ordnung gab.

Plutarch (Solon 17,2) nennt neben dem Blutrecht auch Satzungen Drakons über die Ahndung von Müßiggang, Diebstahl von Feldfrüchten und Tempelraub. Angeblich soll Drakon hierfür in gleicher Weise wie für ein Tötungsdelikt die Todesstrafe festgesetzt haben. Mit diesem Hinweis sucht Plutarch im Kontext die sprichwörtliche Härte der drakontischen Gesetze zu erklären, die nach einem Ausspruch des Redners Demades mit Blut geschrieben seien. Plutarch beachtet indes nicht, daß unvorsätzliche Tötung und Totschlag in Notwehr keineswegs mit dem Tode bestraft wurden.[24] Die Überlieferung über die angebliche Härte des drakontischen Rechts entstand wohl nicht zuletzt dadurch, daß Drakon z.B. bei der Ahndung von Diebstahl weiterhin die gewohnheitsrechtliche Selbsthilfe, d.h. die „private" Verfolgung des Täters gelten ließ, wenn auch – wie gesagt – im Fall der Tötung eines Diebes dessen Verwandte ein gerichtliches Verfahren einleiten konnten. Diese Regelung war freilich im Blutrecht enthalten. Weitere Satzungen Drakons sind schwer zu eruieren. Generell ist eine Differenzierung zwischen den älteren Bestimmungen des athenischen Strafrechts und späteren Zusätzen infolge der Zitierweise attischer Gerichtsredner überaus problematisch. Erst mit der Rechtsordnung Solons werden hier gewisse Entwicklungstendenzen einigermaßen faßbar.

Kaum zu entscheiden ist die weitere Frage, ob Drakons Satzungen auch das im Amnestiegesetz Solons angesprochene Verfahren gegen Usurpatoren und potentielle Tyrannen geregelt haben.[25] Wenn überlebende Genossen Kylons mit der Verbannung bestraft worden sind, kann das Verfahren bereits vor Drakon stattgefunden haben.

Ein ähnliches Problem stellt das vorsolonische Schuldrecht dar, das dem Gläubiger den Zugriff auf die Person des zahlungsunfähigen Schuldners und dessen Versklavung erlaubte. In der Überlieferung ist nirgendwo davon die Rede, daß Drakon das Schuldrecht „kodifiziert" oder gar verschärft hat. Ein

[24] Zeugnisse für die sprichwörtliche Härte des drakontischen Rechts liegen erst seit dem 4. Jahrhundert vor: Lykourg. 1,65; Aristot. Pol. 1274 b 16–18; Rhet. 1400 b 20f. Möglicherweise geht diese Tradition auf Prodikos zurück (vgl. Stroud, Drakon's Law 66 und Anm. 5).

[25] Ein entsprechendes Gesetz Drakons vermuten M. Ostwald, The Athenian Legislation against Tyranny and Subversion, TAPA 86 (1955) 105–109; ders., Nomos 15f., 59, 140; Stroud, Drakon's Law 80; Berve, Tyrannis I 43.

Zusammenhang zwischen der Tätigkeit Drakons und der Praktizierung des Schuldrechts in der Krise vor dem Archontat Solons läßt sich nicht nachweisen. Im übrigen waren bereits in anderen Poleis früher als in Athen Agrarkrisen entstanden, ohne daß dort eine Verschärfung des Schuldrechts durch Kodifikation auszumachen ist.

Außer Betracht bleiben kann hier die in der aristotelischen Athenaion Politeia (c. 4) „beschriebene" drakontische Verfassung, die angeblich Bestimmungen über die Konstituierung eines neuen Rates mit einer exakt festgelegten Mitgliederzahl (insgesamt 401) sowie über eine Beschränkung des Bürgerrechts auf die höheren Zensusklassen enthielt. Es handelt sich hierbei um eine Erfindung des späten 5. oder des 4. Jahrhunderts. Aristoteles betont selbst in anderem Zusammenhang (Politik 1274 b 15–16), daß Drakon der Polis Athen keine neue „Verfassung" gegeben hat.

3. *Außenpolitische Aktivitäten um 600 v. Chr.*

Als die vorsolonische Agrarkrise sich anbahnte, war Athen bereits seit einiger Zeit in einen Konflikt mit Megara um den Besitz der Insel Salamis verwickelt. Der wechselvolle Verlauf der Kämpfe läßt sich nicht im einzelnen rekonstruieren, da die hierzu vorliegenden Berichte im wesentlichen Legenden bieten.[26] Nur soviel ist deutlich, daß es um 600 einer athenischen Kampfgruppe dank der Initiative Solons gelang, Salamis den Megarern zu entreißen. Ein authentisches Zeugnis für das Engagement Solons ist sein teilweise erhaltenes Salamisgedicht (Frgm. 2 Gentili-Prato = 2 Diehl), in dem er an das Ehrgefühl und den Gemeinsinn der Athener appelliert, um sie zur Wiederaufnahme des Kampfes um die Insel zu motivieren, die wohl im Laufe des 7. Jahrhunderts von Megarern besetzt worden war.[27] Solons Mahnen signalisiert die Hoffnung, daß es ihm gelingen werde, die Interessen der Athener auf ein gemeinsames Ziel auszurichten. Im Salamisgedicht klingen bereits Motive der Eunomia-Elegie Solons an (Fragm. 3 Gentili-Prato = 3 Diehl), in der die Gemeinschaft des Polisverbandes beschworen wird. Zur Rückgewinnung der Insel genügte freilich eine Schar von Freiwilligen. Eine Mobilisierung des Hoplitenaufgebotes war nicht er-

[26] Ausführlich: Plut. Sol. 8–9; vgl. ferner Demosth. 19,252; Diog. Laert. I 46–48; Polyain. I 20,1–2; Ailian. var. hist. 7,19; Paus. I 40,5; Iustin. II 7.

[27] Die Ursachen des Konflikts sind nicht bekannt. Möglicherweise hatten Bewohner der Insel Salamis wiederholt Raubzüge in megarisches Gebiet unternommen. Bei Hesiod Kat. Frgm. 204,4 ff. Merkelbach-West erscheint Aias als mythischer Anführer von Plünderungsfahrten, die sich gegen eine Reihe von Plätzen (u. a. auch gegen Megara) richteten. Vgl. Legon, Megara 101, Anm. 31.

forderlich, doch kommt in dem Echo, das Solons Appell in Athen fand, deutlich zum Ausdruck, daß eine größere Zahl von Athenern die Aktion sanktioniert hat.[28]

Aus dem erfolgreichen Unternehmen gegen Salamis läßt sich allerdings keine größere außen- oder handelspolitische Konzeption der athenischen Führungsschicht ableiten.[29] Eine Sicherung des freien Zugangs zu wichtigen Handelsrouten stand um 600 in Athen schwerlich zur Debatte. Die begrenzte Zahl megarischer Siedler auf Salamis konnte den Raum von Phaleron, wo sich vor dem Ausbau des Peiraieus durch Themistokles der wichtigste Hafenplatz in der Nähe Athens befand, nicht permanent blockieren. Insofern erübrigen sich Vermutungen über handelspolitische Intentionen bei der Rückgewinnung der Insel. In den erhaltenen Versen des Salamisgedichtes findet sich kein Hinweis auf ökonomische Aspekte des Konflikts mit Megara. Solons Mahnungen zeigen vielmehr, daß er selbst den Verlust der Insel als Schmach empfunden hat. Die Nachricht Plutarchs (Solon 8,1–3), daß die Athener vor der Initiative Solons bereit waren, auf Salamis endgültig zu verzichten, ist demgegenüber wenig glaubhaft. Offenbar sollten durch diese Version Solons Verdienste um die Rückgewinnung der Insel besonders hervorgehoben werden.[30] Wahrscheinlich lebten auf Salamis athenische Siedler,[31] bevor sich dort Megarer festsetzten. Die von Solon initiierte Aktion kann insgesamt gesehen kaum als erster Schritt der Athener „über ihre Grenzen hinaus" gewertet werden,[32] zumal wohl schon einige Jahre früher athenische Kolonisten unter Leitung des Olympiasiegers Phrynon Sigeion an der Einfahrt zum Hellespont (Dardanellen) besiedelt hatten.

Auch das Unternehmen in Sigeion ist indes kein Beweis für weitgespannte maritime Aktivitäten der athenischen Polisgemeinschaft. Sicherlich hatte die Route durch die Dardanellen im Zuge der Ausweitung des Handels im Verlauf des 7. Jahrhunderts an Bedeutung gewonnen,[33] doch wurden damals noch nicht (wie im 5. und 4. Jahrhundert) größere Getreidemengen zur Ver-

[28] F. J. Frost, The Athenian Military before Cleisthenes, Historia 33 (1984) 289, vermutet demgegenüber, daß es sich eher um ein „privates" Unternehmen handelte.

[29] Weit ausgreifende Hypothesen über athenische Handelsinteressen entwickelte A. French, Solon and the Megarian Question, JHS 77 (1957) 238–246.

[30] Dazu jetzt Oliva, Solon 41.

[31] Bei Hesiod Kat. Frgm. 204,4 ff. Merkelbach-West (oben Anm. 27) erscheint Attika bezeichnenderweise nicht als Zielgebiet von Beutezügen der Bewohner der Insel.

[32] So Stahl, Aristokraten 206.

[33] Vgl. D. Timpe, Griechischer Handel nach dem nördlichen Barbaricum, in: K. Düwel, H. Jankuhn, H. Siems, D. Timpe (Hrsg.), Untersuchungen z. Handel und Verkehr in vor- und frühgeschichtlicher Zeit, Teil I, AAWG, 3. Folge, Nr. 143, Göttingen 1985, 184 ff.

sorgung der athenischen Bevölkerung aus dem pontischen Raum importiert.[34] Auch war eine Kontrolle der Dardanellen von Sigeion aus wegen der Wind- und Strömungsverhältnisse nicht möglich.[35] Sigeion lag auf einem Höhenzug nördlich der Beşik-Bucht, in der Handelsschiffe häufig vor der überaus schwierigen Einfahrt in den Hellespont längere Zeit auf günstige Witterungsverhältnisse warten mußten.[36] Wahrscheinlich suchten Phrynon und seine Kolonisten einen Stützpunkt für den Handel mit dem Schwarzmeergebiet zu gewinnen, so daß die neue Siedlung dann regelmäßig Versorgungsaufgaben für Kauffahrer wahrnehmen konnte.[37] Ob die athenische Polisgemeinschaft einen regulären Beschluß zur Besiedlung Sigeions gefaßt hat, muß dahingestellt bleiben.[38] Wir kennen nicht die Konstellation der Gruppierungen in Athen, als Phrynon sein Werk in Angriff nahm. Die Zahl der athenischen Kolonisten war sicherlich nicht allzu groß. Während im Verlauf der sog. Großen Kolonisation der Griechen (ca. 750–550 v. Chr.) die in die Fremde ziehenden Siedler in aller Regel einen neuen Bürgerverband bildeten und ihre Apoikia („Kolonie", „Pflanzstadt") dementsprechend als eigenständiges Gemeinwesen konstituierten, scheint Phrynon kaum eine Polis mit staatlichem Charakter gegründet zu haben. Die landwirtschaftliche Nutzfläche in der näheren Umgebung Sigeions war begrenzt, und eine Ausweitung des Territoriums der neuen Siedlung stieß von vornherein auf größte Schwierigkeiten, da Sigeion im Interessengebiet der Mytilenaier lag,

[34] T. S. Noonan, The Grain Trade of the Northern Black Sea in Antiquity, AJPh 94 (1973) 231–242 (gegen C. Roebuck, The Economic Development of Ionia, CP 48, 1953, 9–16, der den Beginn des Getreidehandels mit dem Schwarzmeergebiet ins späte 7. Jahrhundert datiert). Vgl. ferner E. F. Bloedow, Corn Supply and Athenian Imperialism, AC 44 (1975) 20–29; Ch. G. Starr, The Economic and Social Growth of Early Greece 800–500 B.C., Oxford 1977, 164f.; Legon, Megara 86f.; B. Bravo, Le Commerce des céréales chez les Grecs, in: Garnsey – Whittaker, Trade 17ff.; P. Garnsey, Famine and Food Supply in the Graeco-Roman World. Responses to Risk and Crisis, Cambridge u. a. 1988, 107ff. – Siehe aber andererseits P. Herz, Gnomon 61 (1989) 138, der Auswirkungen einer Abkühlungsphase um 608 v. Chr. (B. Frenzel, JAWM 1986, 195–211) auf die Lebensmittelversorgung Athens vermutet.

[35] J. Neumann, Wind and Current Conditions in the Region of "Windy Ilion" (Troy), AA 1986, 345–363; M. Korfmann, Troy: Topography and Navigation, in: Mellink, Troy 1–16.

[36] Stahl, Aristokraten 212f.

[37] Jeffery, Archaic Greece 89, vermutet unzutreffend, daß Phrynon auch Elaious auf der thrakischen Chersones besiedelt habe. Diese Annahme beruht lediglich auf einer Textemendation bei Ps.-Skymnos 708. Vgl. A. J. Graham, Colony and Mother City in Ancient Greece, Manchester 1964, 33, Anm. 5.

[38] Strabon XIII 1,38 p. 599 behauptet zwar, daß die Athener Phrynon ausgesandt hätten, doch liegt hier schwerlich genuine Tradition vor. Zum Stand der Diskussion über den Status von Sigeion vgl. jetzt Stahl, Aristokraten 212ff.

die bereits vor der Ankunft der Athener eigene Siedlungen in der Troas gegründet hatten und nicht bereit waren, dort neue Kolonisten zu tolerieren. Mytilenes Hauptstützpunkt Achilleion war nach der angeblichen Grabstätte des großen Helden des Trojanischen Krieges benannt worden und lag etwa 6 km südlich von Sigeion auf dem Kap Beşik-Yassitepe, dem nördlichen Abschluß der Beşik-Bucht, an der sich einst der bronzezeitliche Hafen Trojas befunden hatte.[39]

In einer vermutlich aus dem zweiten Viertel des 6. Jahrhunderts stammenden Inschrift aus Sigeion – einer Grabstele – werden die dortigen Bewohner „Sigeier" genannt.[40] Die Situation hatte sich hier offenbar inzwischen geändert. Phrynon soll in einem Duell mit Pittakos, dem späteren Gesetzgeber in Mytilene, gefallen sein.[41] Die athenische Gründung war dann in Abhängigkeit von Mytilene geraten, wenn auch zumindest ein Teil der athenischen Siedler dort wohnen blieb und eigene Einrichtungen (nach athenischem Muster) besaß. Erst Peisistratos hat – wie es Herodot V 94, 1 formuliert – Sigeion „mit Waffengewalt den Mytilenaiern (wieder) entrissen" (wohl nach seiner sog. dritten Machtergreifung in Athen).

Über den Rechtsstatus der Siedlung in ihrer Anfangsphase um 600 sagt die genannte Inschrift allerdings nichts aus. Das auf dieser Grabstele erwähnte Amtsgebäude (Prytaneion) mag zwar für eine Institution bestimmt gewesen sein, die schon in der Zeit Phrynons bestanden haben kann, doch ist dies kein Beweis für eine staatliche Selbständigkeit der Neugründung um 600. Die Siedlergemeinschaft mußte nämlich in der fremden Umgebung jederzeit handlungsfähig sein und eigene Entscheidungen treffen können. Gleichwohl betrachteten sich die Kolonisten vermutlich weiterhin als Angehörige des athenischen Polisverbandes.

Jedenfalls entstand in Sigeion eine Siedlung, die das Werk der kolonisatorischen Tätigkeit einer kleineren Schar von Athenern unter Führung Phrynons war. Die Gründung ist nicht auf eine neue Konzeption territorialer Machtpolitik Athens zurückzuführen, da von Athen aus offenbar keine großen Anstrengungen zur Verteidigung und zum Ausbau der neuen Siedlung unternommen wurden. Hierzu fehlte freilich auch eine wichtige Voraussetzung: Athen besaß noch keine operativ verwendbare Flotte. Auch aus diesem Grund kann von einer neuen maritimen Politik Athens um 600 keine

[39] Vgl. M. Korfmann, Beşik Tepe: New Evidence for the Period of the Trojan Sixth and Seventh Settlements, in: Mellink, Troy 17–28.

[40] Sylloge I³ Nr. 2; M. Guarducci, Epigraphical Appendix, in: G. M. A. Richter, The Archaic Gravestones of Attica, London 1961, S. 165.

[41] Alkaios Frgm. 167 Voigt; Strab. XIII 1,38 p. 600; Plut. Mor. 858 B; Diog. Laert. I 74. Polyain. I 25. Zur Datierung vgl. A. A. Mosshammer, The Chronicle of Eusebius and Greek Chronographic Tradition, Lewisbury 1979, 246 ff.

Rede sein. Aus heutiger Sicht mag es zwar scheinen, daß ein Stützpunkt wie Sigeion seinen Zweck nur erfüllen konnte, wenn Kriegsschiffe die dortigen Gewässer sicherten. Solche Erfahrungen und Überlegungen können indes im damaligen Athen nicht vorausgesetzt werden. Die Kämpfe um Sigeion wurden bezeichnenderweise zu Lande ausgetragen. Ob die Orientierungsmarken, die Phrynon durch sein persönliches Engagement weit außerhalb Attikas setzte, richtungweisend für eine Überwindung des bis dahin noch recht beschränkten Horizontes „außenpolitischer" Interessen der Athener sein konnten, war bei der Gründung Sigeions gewiß nicht abzusehen.

4. *Die innere Krise vor dem Archontat Solons*

Solon zeichnet in seiner Eunomia-Elegie das düstere Bild einer schweren inneren Krise Athens vor seinem Archontat: Während die Göttin Athena ihre Polis beschirmt, wollen die „Bürger" (ἀστοί) aus Habsucht und Unverstand Athen zugrunde richten.[42] Die Führer des Demos wissen sich in ihrer Gier nach Reichtum nicht zu zügeln und vergreifen sich an heiligem Gut und öffentlichem Besitz. Dies kann der ganzen Polis über kurz oder lang Unheil bringen, so daß sie in elende Knechtschaft gerät. Bürgerzwist entsteht, der viele Opfer fordert. Innere Feinde unterjochen die Stadt (ἄστυ), während Scharen verarmter Athener als Sklaven verkauft in der Fremde weilen.

Solon will daher die Athener aufrütteln und vor der Verletzung des Rechts und vor rücksichtsloser Verfolgung ihrer Einzelinteressen warnen; er will sie zur Verantwortung gegenüber der Polis mahnen, weil nur die Eunomia – das göttliche Symbol für ein wohlgeordnetes Gemeinwesen – das Chaos des Aufruhrs verhindert, das jeden einzelnen ins Unglück stürzt. Die Eunomia erscheint hier als Inbegriff der Ordnung, die von den Bürgern aller Schichten in gemeinsamer Anstrengung angestrebt werden soll. So wird die göttliche Eunomia zu einem verpflichtenden Ideal für die Gemeinschaft. Mit dieser Analyse der Krise will Solon zugleich den Weg zur Überwindung der Mißstände aufzeigen. Die gesamte Bürgerschaft soll die Polisordnung tragen und den Zusammenhang zwischen der maßlosen Raffgier der Mächtigen und dem hieraus resultierenden Elend der Armen und damit auch die Ursachen der inneren Zwietracht und der Mißachtung traditioneller Normen erkennen. Jeder einzelne soll rechtlich handeln, sich mit der Polis identifi-

[42] Frgm. 3 Gentili-Prato = 3 Diehl. Grundlegend hierzu W. Jaeger, Solons Eunomie, Sitz.-Ber. Preuß. Akad. d. Wiss. 1926 = ders., Scripta Minora I, Rom 1960, 315–337. Vgl. Meier, Demokratie 15ff.; B. M. W. Knox, Literature, in: Athens Comes of Age 43ff.; P. Demont, La cité grecque archaïque et classique et l'idéal de tranquillité, Paris 1990, 46f.

zieren und durch sein Verhalten dazu beitragen, die Eunomia, die gottgewollte und gerechte Ordnung, im öffentlichen Leben wiederherzustellen. Die Menschen selbst verschulden ihr Unglück, und das Schicksal eines jeden einzelnen ist eingebunden in das Leben der Gemeinschaft, deren Eunomia die Voraussetzung des individuellen Glücks ist, während die gestörte Ordnung (Dysnomia) in gleicher Weise für „Gute" und „Schlechte", d. h. für die Aristokraten und den Demos Verhängnis bringt.

Der Gedanke der kollektiven Verantwortung war für griechische Vorstellungen nicht völlig neu. Er klingt bereits im homerischen Epos an. Solon verbindet diese Konzeption aber erstmals – soweit wir sehen – mit der Erkenntnis kausaler „irdischer" Zusammenhänge, mit der Einsicht in die Folgen menschlichen Handelns für die Polis Athen, die nach dem Willen des Zeus nicht untergehen soll, aber durch die Hybris egoistischer Bürger (Astoi) geknechtet zu werden droht. So fordert Solon im Glauben an die Zukunft Athens und im Rückgriff auf Hesiods Begriff der Gerechtigkeit eindringlich einen Sinneswandel. Die Wirren sind für Solon nicht mehr wie bei Hesiod eine göttliche Strafe, sondern Auswirkungen menschlichen Fehlverhaltens.

Weitere Fragmente der Gedichte Solons ergänzen und erweitern seine Krisenanalyse. Im Mittelpunkt stehen immer wieder die Ursachen der gespannten Situation, Gewinnsucht und Habgier, und hieraus folgt Solons programmatisches Postulat, die drohenden Gefahren durch eine strikte Bindung an das Recht zu überwinden. Solon beklagt zwar generell den Egoismus der Bürger, doch richtet sich vor seinem Archontat die Kritik in Wirklichkeit gegen die Hybris einer Gruppe von führenden Adligen.[43] Die Not der Armen schildert er des weiteren in seinem großen ›Rechenschaftsgedicht‹, das er nach Vollendung seiner Reformen verfaßt hat. Hier verkündet er mit Stolz, daß er aus der attischen Erde die überall befestigten Horoi (Markierungssteine) herausreißen ließ und hierdurch bewirkte, daß der früher (vor seinem Archontat) geknechtete Boden wieder frei wurde. „Viele Athener" – heißt es weiter –, „die man teils widerrechtlich, teils zu Recht in die Fremde (d.h. in andere Poleis) verkauft hatte, führte ich in die gottgegründete Vaterstadt zurück; auch anderen (Athenern), die vor dem Schuldzwang geflohen waren und schon nicht mehr attisch sprachen, weil sie an vielen Orten herumirrten, gewährte ich Rückkehr, und denjenigen, die in der Heimat schmachvolle Knechtschaft erlitten und vor der Laune ihrer Herren zitterten, gab ich die Freiheit wieder".

Solons Gedichte bilden die Grundlage für die spätere Überlieferung über die Not der attischen Landbevölkerung. Die beiden wichtigsten Berichte in der aristotelischen Athenaion Politeia (2,2–3) und bei Plutarch (Solon 13,

[43] Vgl. Spahn, Mittelschicht 122ff.

3–4) gehen letztlich auf eine gemeinsame Quelle zurück,[44] deren Autor Solon ausführlich zitiert hat, aber kein klares Bild mehr von der Situation um 600 v. Chr. besaß und ein simplifizierendes Zweischichtenmodell entwikkelte, indem er aus den Ausführungen Solons fälschlich den Schluß zog, daß der gesamte Demos sich in Abhängigkeit von den Reichen befand und einige wenige Athener den gesamten anbaufähigen Boden besaßen. Zweifellos hatte aber ein Großteil jener Bauern, die den Kern des attischen Aufgebotes bildeten, noch die wirtschaftliche Unabhängigkeit gewahrt. Die auf der alten Aufgebotsordnung basierende „solonische" Gliederung der Athener in Besitz- bzw. Einkommensklassen setzt eine relativ breite Hoplitenschicht voraus, die Solon nicht erst neu zu konstituieren brauchte. Viele Hopliten-Bauern mögen zwar angesichts der Not der Besitzer kleinerer Parzellen ihrerseits eine soziale Deklassierung befürchtet haben, doch wird in der Überlieferung nirgendwo ausdrücklich erwähnt, daß infolge der Krise nicht mehr genügend Wehrfähige zur Verfügung standen. Die Knechtung der Polis droht nach Solon nicht durch äußere Feinde, sondern durch Zwietracht und Bürgerkrieg und durch die Machtergreifung von Usurpatoren und Tyrannen. Die Existenz einer aktivierbaren Schicht mittlerer Grundbesitzer ist zudem aus der Berufung Solons zum Archon und Gesetzgeber zu erschließen, da seine Wahl zweifellos mit großer Beteiligung erfolgte und die versklavten Schuldknechte wohl von der Versammlung des Demos ausgeschlossen waren. Vor allem aber deutet Solons Warnung vor einem Aufruhr des Demos darauf hin, daß die Mittelschicht der Hopliten ein starkes Gegengewicht gegen die führenden Aristokraten darstellte, als sich die Krise zuspitzte.

Andererseits bildete die Oberschicht keinen geschlossenen Block. Solons Bild von den Wirren des Bürgerkrieges, der „die verriegelten Hoftore überwindet, über das hohe Gehege klettert und bis ins Innere des Hauses dringt" (Frgm. 3,26–29 Gentili-Prato), wird eine Reihe von adligen Grundbesitzern beeindruckt haben, die mit den „großen Männern", die nach Solon die eigentliche Gefahr für den inneren Frieden der Polis bildeten (Frgm. 12,3 Gentili Prato = 10 Diehl), nicht Schritt halten konnten, sich nicht in gleicher Weise wie die „Führer" (ἡγεμόνες) zu bereichern vermochten und Solons Auffassung über die Gefahr des Zerfalls der bisherigen Ordnung teilten. Auch von dieser Seite wird Solon Unterstützung erhalten haben, so daß sich der Druck gegen die „Mächtigen" verstärkte, die sich schließlich gezwungen sahen, der Berufung Solons zuzustimmen.

Im einzelnen lassen sich allerdings die Gruppierungen innerhalb der Oberschicht nicht identifizieren. Solon nennt keine Namen, und die spätere Überlieferung vermittelt auch hier wieder ein falsches Bild. Plutarch (Solon

[44] Zur Quellenlage Rhodes, Commentary 120ff.

13,2) unterstellt, daß die Parteiungen (Staseis) der Zeit vor der ersten Machtergreifung des Peisistratos (561/60 v. Chr.) bereits in der vorsolonischen Krise um und nach 600 existierten. Er übernimmt hierbei die irreführende Darstellung jener Staseis in der atthidographischen Tradition, wonach es sich um regionale Gruppierungen mit unterschiedlichen Verfassungszielen gehandelt haben soll. Insofern liegt bei Plutarch ein doppelter bzw. sogar dreifacher Fehler vor. Die von Solon als „Führer" des Demos bezeichneten Aristokraten waren sicherlich keine Dynasten mit breiter territorialer Machtbasis. In klassischer Zeit bestand der Grund und Boden der Oberschicht teilweise aus Streubesitz. Dies scheint in vorsolonischer Zeit kaum wesentlich anders gewesen zu sein, da ja Solon den Grundbesitz des Adels nicht aufgeteilt hat und die Agrarstruktur in Attika sich nach seinen Reformen nicht mehr grundlegend veränderte. Streubesitz kann schon im 9. und 8. Jahrhundert entstanden sein, indem führende athenische Familien sukzessiv in verschiedenen Regionen Brachland kultivieren ließen. So mögen siedlungsgeschichtlich bedingte Besitzverhältnisse in Attika mit dazu beigetragen haben, daß adlige Herren um 600 v. Chr. in verstärktem Maße bestrebt waren, unter Ausnutzung der Not ärmerer Bauern ihre Ländereien zu arrondieren. Motive und Handlungsspielräume dieser Aristokraten sind freilich primär aus den allgemeinen gesellschaftlichen Rahmenbedingungen abzuleiten. Das Streben aristokratischer Herren nach Mehrung ihres Grundbesitzes und nach Gewinnung neuer Quellen des Reichtums war ein gemeingriechisches Phänomen.[45] Da die großen Oikosbesitzer keine ständisch geschlossene Gruppe bildeten, mußten sie auch immer wieder mit der Konkurrenz aufsteigender Familien rechnen, die ihrerseits durch Vergrößerung ihres Grundbesitzes oder sporadische Handelsunternehmungen Reichtum und Prestige und damit einen neuen sozialen Rang gewannen und Anspruch auf Zugehörigkeit zur Führungsschicht erhoben. Rivalität und Konkurrenzdruck und der hiermit verbundene Zwang zur Statusdemonstration als Form der Selbstdarstellung und als Beweis für die eigene herausgehobene Position waren Faktoren, die in erheblichem Maße dazu beitrugen, daß einerseits die Rangunterschiede innerhalb einer prinzipiell „offenen" und sich auch in ihrer Zusammensetzung partiell verändernden Oberschicht fließend waren und sich z. T. auch vergrößerten, während andererseits wohl auch eine Reihe von Aristokraten im Verhalten ihrer eigenen Standesgenossen gegenüber verarmten Bauern maßlose Hybris sah. Solon war schwerlich der einzige Angehörige der athenischen Oberschicht, der dies kritisierte. Andernfalls hätte er in diesen Kreisen kaum Unterstützung gefunden. Durch die damalige Praktizierung des Schuld-

[45] Generell zu diesen kompetitiven Elementen archaischer griechischer Adelsethik Stahl, Aristokraten 86ff.; Stein-Hölkeskamp, Adelskultur 104ff.

rechts zeichnete sich jedenfalls eine Entwicklung ab, die zu erheblichen Veränderungen in der gesellschaftlichen Ausgangskonfiguration der archaischen Polis führen konnte, wenn auch die Zahl der bereits versklavten Athener wohl nicht übermäßig groß war.

Die Ursachen der Verschuldung werden in den Quellen nicht genannt. Da die athenische Münzprägung wohl erst einige Jahrzehnte nach den solonischen Reformen begann,[46] ist anzunehmen, daß Naturalschulden aufgenommen wurden, wenn z. B. ein kleiner Landwirt Getreide für die Aussaat oder zur Ernährung seiner Familie für eine gewisse Übergangszeit bis zur nächsten Ernte benötigte. Ob und inwieweit ein Rückgang der Getreideproduktion etwa durch Ausweitung der Olivenkulturen, durch eine Erschöpfung des Bodens infolge primitiver Bewirtschaftung (mangelhafte Düngung und Monokultur) oder durch Störungen im Wasserhaushalt nach größeren Rodungen eine Rolle spielte,[47] bleibt völlig offen, zumal zweifellos nicht alle Landwirte in Bedrängnis gerieten. Betroffen waren eben vor allem Kleinbauern, deren Land die Familie in Notzeiten nicht nährte. Die Parzellierung des Bodens durch Erbteilungen infolge des Bevölkerungswachstums ist indes quantitativ nicht faßbar. Im übrigen war Attika um 600 keineswegs übervölkert. Abgelegene Täler im Süden sind z. B. erst ein Jahrhundert später besiedelt worden.[48] Eigentliche Landnot kann daher kaum die Ursache der Krise gewesen sein. Allerdings ist zu berücksichtigen, daß Kultivierung und Rodung und vor allem die Anlage neuer Olivenhaine akute Not nicht kurzfristig lindern können.

Die Aufnahme von Schulden war nicht gleichbedeutend mit der Verpfändung der eigenen Person, wie dies in der aristotelischen Athenaion Politeia (2,2) angenommen wird, wo es heißt, daß bis zum Archontat Solons „alle auf den Leib borgten", d. h. mit der eigenen Person für die Anleihe bürgten. Vielmehr hatte – wie E. Ruschenbusch gezeigt hat – der Gläubiger das Recht des Zugriffs auf die Person des Schuldners, wenn dieser seinen Verpflichtungen nicht nachkam.[49] Zahlungsverzug wurde als Aneignung fremden Eigentums gewertet und galt dementsprechend als eine Art Diebstahl. Die

[46] Dazu etwa M. R.-Alföldi, Riflessioni sulla riforma monetaria cosidetta soloniana, Boll. Num. 8 (1987) 9–17; P. Musiolek, Zur Problematik der Solonischen Reformen, in: Herrmann – Köhn, Familie 448–451.

[47] Diese ökologischen Aspekte erörtert A. French, The Economic Background to Solon's Reforms, CQ 50 (1956) 11 ff.; ders., Athenian Economy 10 ff. Vgl. ferner etwa Langdon, Hymettos 91. Anders T. W. Gallant, Agricultural Systems, Land Tenure, and the Reforms of Solon, BSA 77 (1982) 116, der auf die Bedeutung der Brache hinweist.

[48] Lohmann, Atene 285 ff. Anders E. Ruschenbusch, Historia 40 (1991) 375–378, der „Übervölkerung in archaischer Zeit" vermutet.

[49] Ruschenbusch, Untersuchungen 30 f.; 40 ff.; ders., Über das Bodenrecht im archaischen Athen, Historia 21 (1972) 755. – Gleichsam aus der Sicht des Gläubigers

strikte, gleichsam aggressive Auslegung eines an sich unbestrittenen Rechtsanspruchs des Gläubigers war zweifellos nicht der einzige Weg zur Regelung dieses Problems. Hesiod erwähnt die Nachbarschaftshilfe für Bauern, die in Not waren: Wer geborgte Nahrungsmittel nicht wieder zurückerstattet, verliert zwar seinen guten Ruf, wird aber nicht versklavt. In aller Regel wird ein einfacher Bauer auch kaum die Möglichkeit gehabt oder die Unverfrorenheit besessen haben, einen in seiner Schuld stehenden Nachbarn regelrecht zu knechten. Diese Hemmschwellen wurden demgegenüber vor dem Archontat Solons von gewissen aristokratischen Oikosherren in Attika überwunden, die keine Bedenken hatten, Angehörige ihrer Polisgemeinschaft und ihrer Phylen und quasi-familiären Vereinigungen der Phratrien zu knechten, als Nachbarschaftshilfe zur Linderung von Not vielfach nicht mehr ausreichte. Offensichtlich handelte es sich nicht um einen sich über Generationen erstreckenden Prozeß der Versklavung ärmerer Bevölkerungsschichten. Solon repatriierte im Zuge seiner Reformen im wesentlichen neuversklavte athenische Bürger, die ohne weiteres wieder in die Polisgemeinschaft integriert werden konnten. Wenn er darauf hinweist, daß die in der Fremde lebenden Athener zum Teil nicht mehr attisch sprachen, so mag dies eine poetische Übertreibung sein, die nicht allzu wörtlich interpretiert werden sollte. Der Kontext läßt kaum darauf schließen, daß diese Leute bereits als Sklaven, d.h. als Kinder versklavter Athener in anderen Poleis geboren waren. Sie galten offenbar noch als gebürtige Athener.

Im übrigen praktizierten reiche Oikosbesitzer wohl nicht in jedem Fall sofort die Personalexekution, wenn verarmte Bauern nicht fristgerecht ihre Schulden abtragen konnten. Solon zählt nicht nur die Befreiung versklavter Schuldner, sondern auch die Entfernung der sogenannten Markierungssteine (Horoi) zu den großen Errungenschaften seiner Reformen. Die spätere Überlieferung differenziert nun zwischen den eigentlichen Schuldsklaven und den sogenannten Hektemoroi („Sechstelteiler“; „Sechstelbauern“), ohne allerdings diese zweite Kategorie klar zu definieren oder die Entstehung ihres Abhängigkeitsverhältnisses zu erklären. Offensichtlich konnten unsere beiden Hauptquellen – Aristoteles bzw. der Autor der Athenaion Politeia und Plutarch – die Institution der Hektemoroi nicht mehr exakt beschreiben. Nach der Athenaion Politeia 2,2 waren die Armen mit ihren Frauen und Kindern den Reichen unterworfen: „Sie wurden Pelatai (Dienstleute) und Hektemoroi genannt, weil sie für diese Abgabe (ein Sechstel ihrer Ernteerträge?) die Äcker der Reichen bebauten ..., und wenn sie die Abgabe nicht leisten konnten, wurden sie und ihre Kinder als Schuldknechte versklavt.“ Plutarch (Solon 13,4–5) glaubt zu wissen, daß die Ange-

skizziert E.M. Harris CQ 82 (1988) 380, das Problem der Zahlungsunfähigkeit des Schuldners.

hörigen des gesamten nicht zum Adel zählenden Demos entweder für die Reichen das Land unter Ablieferung des Sechstels der Erträge bebauten und deshalb Hektemoroi oder Theten (Lohnarbeiter) hießen oder aber als Schuldsklaven teils in Attika, teils in der Fremde dienen mußten.

Diese verworrenen Angaben sind in der Forschung unterschiedlich erklärt worden.[50] Die Hauptprobleme sind hier die Entstehung des Hektemorats, die Eigentumsverhältnisse und die wirtschaftliche und rechtliche Stellung der Hektemoroi, die man als Hörige, Pächter, Teilbauern, Lohnarbeiter oder abgabenpflichtige Schuldner gedeutet hat. Ein bis in die „Dunklen Jahrhunderte" zurückreichendes erbliches Hörigkeitsverhältnis ist indes auszuschließen,[51] da Solon keine seit langer Zeit bestehende Abhängigkeit attischer Landbewohner, sondern eine akute Krise beschreibt. Zu den von Schuldenlast bedrückten Athenern sind daher auch die Hektemoroi zu zählen. Wenn Solon sich rühmt, „geknechtetes Land" befreit zu haben, so ist dies auf den von Hektemoroi bearbeiteten Grund und Boden zu beziehen. Die Hektemoroi konnten über dieses Land nicht mehr verfügen, erhielten es aber von Solon zu freiem Eigentum zurück. Aus diesem Grund können die von den Hektemoroi bestellten Äcker kein altes Eigentum großer Oikosbesitzer gewesen sein. Auf den Parzellen der Hektemoroi scheinen auch die Markierungssteine als sichtbare Zeichen der Belastung gestanden haben. Der kaiserzeitliche Lexikograph Pollux (VII 151) definierte im 2. Jahrhundert n. Chr. unter Berufung auf Solon den Begriff ἐπίμορτος γῆ als „abgabenpflichtiges Land", d. h. der Bauer, der diesen Grund und Boden bearbeitete, hatte einen Teil seiner Erträge abzuliefern.

[50] Einen informativen Überblick über den älteren Stand der Forschung bietet Rhodes, Commentary 90 ff. Zum weiteren Gang der Diskussion vgl. jetzt D. Lotze, Grundbesitz und Schuldverhältnisse im vorsolonischen Attika, in: Herrmann – Köhn, Familie 442–447. Siehe ferner den ausführlichen Diskussionsbeitrag von M. Sakellariou zu dem Referat von C. Mossé, Les dépendants paysans dans le monde grec à l'époque archaïque et classique, in: Terre et paysans 85–97 (Sakellarious Beitrag ebd. 99–113).

[51] Alte Abhängigkeitsverhältnisse werden insonderheit in der angelsächsischen Forschung vermutet. Vgl. etwa W. G. Forrest, The Emergence of Greek Democracy, London 1966, 144 ff. = Wege zur hellenischen Demokratie, München 1966, 147 ff.; Rhodes, Commentary 94; O. Murray, Das frühe Griechenland, München 1982, 242 (engl. 1980); W. Beringer, 'Servile Status' in the Sources for Early Greek History, Historia 31 (1982) 31; vgl. dens., Freedom, Family, and Citizenship in Early Greece, in: Eadie – Ober, Ancient Historian 42 f.; Morris, Burial 205–207; E. M. Wood, Peasant-Citizen and Slave. The Foundations of Athenian Democracy, London – New York 1988, 94 f. H. Ando, A Study of Servile Peasantry of Ancient Greece: Centering around Hektemoroi of Athens, in: Yuge – Doi, Control 323–330, vergleicht das Hektemorat unzutreffend mit der Helotie.

Pollux bezieht sich hier in Übereinstimmung mit anderen späten Lexikographen auf die attischen Hektemoroi. Obgleich es nicht sicher ist, ob die Bezeichnung „epimortos Ge" aus einem solonischen Gesetz stammt, das den künftigen Status der Hektemoroi regelte, ist die Lösung des Problems wohl darin zu sehen, daß verarmte Bauern einer drohenden Überschuldung und der damit verbundenen Gefahr der Versklavung durch die Verpflichtung zu entgehen suchten, einem „Gläubiger" in Zukunft (oder für einen längeren Zeitraum) bestimmte Ernteerträge abzuliefern.[52] Das Land des betreffenden Bauern wird dann durch einen Horos-Stein markiert worden sein, damit der Empfänger der genannten Leistungen sicher sein konnte, daß der Hektemoros nicht bei einem Dritten weitere Anleihen aufnahm und von diesem eventuell versklavt wurde, falls er die geborgten Naturalien nicht zurückerstattete. Dies schloß indes nicht aus, daß ein Hektemoros letztlich doch Schuldsklave wurde, wenn er weiter verarmte und die übernommenen laufenden Verpflichtungen nicht mehr Jahr für Jahr erfüllen konnte. Möglicherweise bezieht sich auf solche Fälle die Bemerkung Solons,[53] daß

[52] Aristot. Ath. Pol. 2,2 sagt nicht eindeutig, um welchen Betrag es sich bei dieser Abgabe handelte. Nach Plutarch Sol. 13,4 gaben die Hektemoroi ein Sechstel ab. Eustathios ad Od. 19,28 behauptet demgegenüber, daß sie fünf Sechstel abführen mußten, während die Angaben bei Hesych s. v. Hektemoroi und Schol. Plat. Eutyphr. 4 c unklar sind. In der althistorischen Forschung hat die Version des Eustathios wenig Zustimmung gefunden. Sie wurde u. a. übernommen von Woodhouse, Solon 42ff., der betonte, daß der Ausdruck Hektemoros nur eine Person bezeichnen kann, die ein Sechstel behält. Hiergegen wurde mit Recht geltend gemacht, daß der betreffende Bauer hiervon nicht leben konnte (K. v. Fritz, The Meaning of Hektemoros, AJPh 61, 1940, 54–62; ders., Once More the Hektemoros, ebd. 64, 1943, 24–43; N. Lewis, Solon's Agrarian Legislation, ebd. 62, 1941, 144–156). Das philologische Argument von Woodhouse ist neuerdings wieder aufgenommen worden von T. W. Gallant, BSA 77 (1982) 123 f. (oben Anm. 47), der vermutet, daß die Hektemoroi Kleinbauern waren, die auf größeren Gütern Dienste zu leisten hatten und hierfür ein Sechstel der von ihnen erarbeiteten Erträge erhielten. Diese Hypothese ist schon deshalb unwahrscheinlich, weil Gallant für den Begriff μίσθωσις bei Aristot. Ath. Pol. 2,2 zwei verschiedene Bedeutungen („Lohn" und „Arbeit") in demselben Satz annehmen muß. Unbewiesen bleibt auch Gallants Annahme, daß freie Bauern versklavt worden seien, wenn sie ihre (angebliche) Arbeitspflicht auf großen Gütern nicht erfüllt hätten. Daß ein „Ernteanteil" als „Lohn" zu verstehen sei, bestreitet mit Recht Lotze, a. a. O. 445 (oben Anm. 50), der zu dem Schluß kommt, daß die Forschungskontroverse über die Höhe der Abgaben gegenstandslos wird, „wenn man in der Bezeichnung 'Sechstler' nur den Bezug auf die Berechnung der Anteile entsprechend dem in Sechstel gegliederten Maßsystem sieht, ohne daß damit die jeweilige Anzahl der Sechstel festgelegt war". Vgl. auch Oliva, Solon 26, und F. J. Frost, Attic Literacy and the Solonian Seisachtheia, AncW 15 (1987) 58.

[53] Frgm. 30, 9 Gentili-Prato = 24 Diehl.

Athener „unrechtmäßig“ versklavt wurden, denn die Vereinbarung, die zwischen einem Hektemoros und einem „Gläubiger“ getroffen worden war, sollte ja zunächst gerade ein Absinken in die Schuldknechtschaft verhindern. Die nach den Worten Solons „zu Recht“ versklavten Athener scheinen demgegenüber Kleinbauern gewesen zu sein, denen es nicht gelungen war, die genannten Abmachungen zu erreichen, so daß sie dem Zugriff eines „Gläubigers“ unmittelbar ausgesetzt waren, wenn sie Anleihen nicht zurückerstatten konnten.

Vermutlich war das Hektemorat zunächst eher eine Alternative zur Personalexekution des Schuldrechts, indem der Gläubiger dem Schuldner die Möglichkeit bot, Darlehen langfristig durch regelmäßige Abgaben abzutragen. Der Gläubiger hatte hierbei wahrscheinlich einen größeren Gewinn als beim „Verkauf“ eines Schuldners in die Sklaverei. Wenn bestimmte Gläubiger dann doch mehr und mehr die Personalexekution praktizierten, mögen sie bestrebt gewesen sein, sich auch das Land ihrer Schuldner anzueignen, das nach einer Versklavung des Hofbesitzers von dessen Familie wohl in aller Regel nicht mehr gehalten werden konnte.[54]

Auf dem Höhepunkt der Krise wurde Solon 494 zum Archon und Diallaktes („Versöhner“) gewählt. Er stammte aus einer alten Familie der athenischen Oberschicht, galt aber als „Mann der Mitte“, als er die Vollmacht erhielt, einen Ausgleich zwischen den verfeindeten Gruppen und Schichten in der Polis herbeizuführen und neue Gesetze zu fixieren.[55] Seine Kritik am

[54] Es ist kaum anzunehmen, daß es in Attika unveräußerliches Land in privater Hand gab, wie u. a. Woodhouse, Solon 74ff., J. V. A. Fine, Horoi: Studies in Mortgage, Real Security, and Land Tenure in Ancient Athens, Hesperia Supplem. 9, Princeton 1971, 179ff., und N. G. L. Hammond, JHS 81 (1961) 76-98 (= Hammond, Studies in Greek History, Oxford 1973, 104–141) angenommen haben. – Aus der Angabe Aristot. Ath. Pol. 2,2, daß man bis auf Solon für Anleihen seine Person verpfändet habe, schließt J. K. Davies, Wealth and the Power of Wealth in Classical Athens, Salem, New Hampshire 1984, 40, das Land sei zumindest de facto unveräußerlich gewesen. Offensichtlich liegt aber bei Aristot. Ath. Pol. 2,2 ein Mißverständnis vor. Der Gläubiger konnte zweifellos aufgrund seines Zugriffsrechts den zahlungsunfähigen Schuldner versklaven. – Nicht verifizierbar ist die These Manvilles, Citizenship 128, daß “gene, phratriai, and other regional associations had ultimate (if sometimes distant) control over most plots worked by individual oikoi”. Ebensowenig gab es in Attika „ein Bodeneigentumsmonopol für eine adlige Oberschicht“. Vgl. D. Lotze, Spielräume sozialer Mobilität in Athen und Sparta, Klio 72 (1990) 137.

[55] Die in der Forschung verschiedentlich vertretene These, daß die Gesetzgebung Solons auf etwa 580/70 herabzudatieren sei (so u. a. Hignett, Athenian Constitution 316ff.; Sealey, City States 121–123; ders., Zum Datum der solonischen Gesetzgebung, Historia 28, 1979, 238ff.), hat R. W. Wallace, The Date of Solon's Reforms,

Lebensstil dominierender Aristokraten hatte mit dazu beigetragen, daß diese Gruppe in die Isolierung geraten war und die Machtergreifung eines Usurpators befürchten mußte, wenn ihnen in der gespannten Atmosphäre die Kontrolle über die Polisinstitutionen entglitt und ein „abtrünniger“ Aristokrat es verstand, sich als Anwalt des Demos zu gerieren. In Athen waren sicherlich der Sturz des Adelsregimes in Megara durch den Tyrannen Theagenes sowie die Usurpation des Kypselos von Korinth, der Güter der bis dahin herrschenden Adelshäuser der Bakchiaden „konfisziert“ hatte,[56] noch in lebhafter Erinnerung, und Ereignisse wie die Exzesse beim Sturz des Regimes der großen Grundbesitzer (Geomoren) auf Samos kurz nach 600[57] sowie die damaligen Machtkämpfe auf Lesbos[58] führten der athenischen Führungsschicht eindringlich die Folgen innerer Wirren vor Augen. Diese Gefahr schien aus ihrer Sicht nur noch Solon bannen zu können, der entschieden Parteikämpfe (Staseis) und Tyrannis ablehnte. Durch seine Mahnungen war Solon aber vor allem auch zum Hoffnungsträger breiterer Schichten des Demos geworden.

Die in Athen und Attika herrschende Empörung über das Verhalten einer Spitzengruppe von „Führern“ des Demos scheint nämlich eine selbstläufige Dynamik entwickelt zu haben, denn es ging zuletzt nicht mehr allein darum, die bereits geknechteten oder am Rande des Existenzminimums lebenden Athener aus ihrer Abhängigkeit zu befreien und die Ursachen ihrer rechtlichen und sozialen Deklassierung zu beseitigen. Sehr viel gefährlicher für den Bestand der Polisordnung war inzwischen ein Explosivstoff ganz anderer Art, die Forderung, daß allen Athenern gleicher Anteil (Isomoiria) am Landbesitz gewährt werden sollte. Diese Parole, die nicht mehr allein das Problem der Hektemoroi und Schuldknechte betraf, sondern auf eine Neuverteilung des gesamten Grund und Bodens abzielte, wurde vermutlich erst unmittelbar vor der Berufung Solons erhoben. Jedenfalls war die Stimmung

AJAH 8 (1983) 81–95, überzeugend zurückgewiesen. Ob die gesamte Gesetzgebung am Ende des Archontats (594/93) völlig abgeschlossen war, ist eine andere Frage.

[56] Hdt. V 92 ε 2; Nikolaos von Damaskos FgrHist 90 F 57,7. Dazu Berve, Tyrannis I 17; II 523.

[57] Plut. Mor. 303 E – 304 C. Die Erhebung wurde von samischen Flottenführern nach ihrem Sieg über die megarische Flotte (im Kampf um Perinth) inszeniert. Da die Niederlage der Megarer wahrscheinlich die von Solon initiierte athenische Intervention auf Salamis zur Folge hatte, sind die von Plutarch beschriebenen Ereignisse wohl in die frühen neunziger Jahre zu datieren. Vgl. Legon, Megara 122. Wenig wahrscheinlich ist der Ansatz von G. Shipley, A History of Samos 800–188 BC, Oxford 1987, 52, Anm. 21, der das athenische Unternehmen gegen Salamis in das Archontat Solons datiert und annimmt, daß die megarische Flotte sich damals noch im Einsatz gegen Samos befand.

[58] Vgl. Berve, Tyrannis I 91 ff.

breiterer Schichten, die das Schicksal versklavter Schuldner vor Augen hatten, immer bedrohlicher geworden. Es bleibt allerdings offen, von welcher Seite die Parole der Isomoiria ins Spiel gebracht worden ist. Nach Plutarch (Solon 14,4) soll Solon selbst durch den Ausspruch, Gleichheit führe nicht zum Krieg, sowohl bei den Besitzenden als auch bei den Besitzlosen Zustimmung gefunden haben, weil die Reichen erwarteten, daß Solon „Gleichheit nach Würde und Tüchtigkeit" gewährleiste, während die Armen hofften, gleichen Besitzanteil „nach Maß und Zahl" zu erhalten. Diese Erklärung ist zweifellos anachronistisch. Sie geht offensichtlich auf Diskussionen des 4. Jahrhunderts über das Problem der arithmetischen und proportionalen Gleichheit im politischen Bereich zurück und kann daher außer Betracht bleiben. Nicht auszuschließen ist allerdings, daß Solon vor seiner Wahl Gerüchten über eine neue Landverteilung nicht energisch genug entgegengetreten ist.

Die Parole der Isomoiria war in der vorsolonischen Krise keineswegs originell in Griechenland. Sie wurde nach Aristoteles (Politik 1306b 36ff.) bereits im späten 7. Jahrhundert während des zweiten Messenischen Krieges vom spartanischen Demos erhoben. Die inneren Spannungen zwischen der breiten Masse der Spartiaten und einer reichen Oberschicht konnten schließlich durch den Sieg Spartas über die Messenier überwunden werden. Die Spartiaten erhielten zusätzlich zu ihren von lakonischen Heloten bebauten Ländereien (Klaroi) in Südlakonien weiteren Landbesitz in Messenien, der von unterworfenen und nunmehr ebenfalls helotisierten Messeniern bearbeitet wurde,[59] so daß die spartanischen Aristokraten nicht auf ihre umfangreichen Besitzungen zu verzichten brauchten. Eine ähnliche Lösung sozialer Probleme durch Expansion war natürlich für die Polis Athen nicht möglich. Eine allgemeine Neuregelung des Landbesitzes in Attika selbst widersprach aber dem Programm der Eunomia, dem solonischen Ideal einer auf traditionellen Normen beruhenden Ordnung, in der die hohen Polisämter der Oberschicht vorbehalten bleiben sollten. Da der große Grundbesitz die wirtschaftliche Basis dieser Führungsschicht darstellte, wäre Solon mit unlösbaren Problemen konfrontiert worden, wenn er eine Nivellierung der Besitzunterschiede angestrebt hätte. Es gab nach Lage der Dinge überhaupt keine Alternative zum damaligen Führungssystem. Kein Hopliten-Bauer hätte die Mittel und das erforderliche Sozialprestige zur Ausübung von hohen Führungsfunktionen besessen. Im übrigen wäre durch Enteignungen großen Stils zweifellos ein offener Bürgerkrieg ausgelöst worden. Insofern bestand durchaus eine Korrelation zwischen den politischen Ordnungsvorstellungen Solons und seinen sozialen Maßnahmen, die

[59] F. Kiechle, Messenische Studien, Kallmünz 1959, 56ff.; ders., Lakonien und Sparta, München 1963, 203ff.

Not und Elend im Demos zu lindern suchten, ohne daß die führenden Familien einen Teil ihrer ererbten Besitzungen an die breite Masse abtreten mußten.

5. *Die Reformen Solons*

a) Seisachtheia

Solon wertete die von ihm verfügte allgemeine Schuldentilgung und Beseitigung der Schuldknechtschaft als seine wichtigste Leistung. Die Seisachtheia (Lastenabschüttlung) – wie die Aufhebung der Schulden im Sprachgebrauch der solonischen Zeit bezeichnet wurde – bedeutete aber für Teile des Demos letztlich eine Enttäuschung, weil man eben mehr erhofft und von Solon größere Landzuweisungen aus dem Besitz der Reichen erwartet hatte.[60] Solon verstand demgegenüber die Seisachtheia als integralen Bestandteil seines Gesamtwerkes. Seine Maßnahmen im Agrarbereich sind daher von seinen weiteren Maßnahmen zur Konsolidierung der Polis nicht zu trennen. Um dem Demos diesen Zusammenhang klarzumachen, kontrastiert Solon in seinem ›Rechenschaftsgedicht‹ das Elend der Ärmsten vor den Reformen mit ihrer Befreiung aus Abhängigkeit und Schuldsklaverei (Frgm. 30 Gentili-Prato). Während er der eigentlichen Gesetzgebung nur zwei Zeilen widmet, indem er auf die Gleichbehandlung von arm und reich in der durch seine Satzungen garantierten Rechtspflege hinweist, schildert er ausführlich das Schuldenproblem und die Seisachtheia. Hierbei spricht er im Kontext mehrfach generell vom Demos und betont, daß er das dem „Volk" in Aussicht gestellte Ziel auch erreicht habe. Möglicherweise entstand hierdurch in der von Plutarch und der aristotelischen Athenaion Politeia repräsentierten Überlieferung der Eindruck, daß mit der Seisachtheia eine allgemeine Emanzipation der breiten Masse der Bauern verbunden war.

Zunächst ist zu beachten, daß die befreiten Bauern als Gruppe zweifellos nicht generell mit jenen Unzufriedenen identisch sind, die nach den Worten Solons ihren Besitz durch „Raub" zu mehren trachteten, d.h. eine Aufteilung der Güter der Reichen verlangten.

[60] F. Cassola, La proprietà del suolo in Attica fino a Pisistrato, PP 28 (1973) 75–87 (insonderheit 81), vermutet, daß die sog. Reichen sich Ländereien im Besitz der Polisgemeinschaft und der Tempel angeeignet hätten und Solon dieses Land dann neu verteilt habe. Ob die von Solon Frgm. 3,12–13 Gentili-Prato erwähnten „Räubereien" gewisser Athener auf die Aneignung von öffentlichem Land zu beziehen sind, bleibt indes zweifelhaft. Im übrigen ist von einer Neuverteilung von Ländereien in den Quellen nirgendwo die Rede. Vgl. jetzt H. Brandt, Γῆς ἀναδασμός und ältere Tyrannis, Chiron 19 (1989) 210f.

Da die Zahl der reichen attischen Grundbesitzer mehr oder weniger begrenzt war und wohl kaum alle Aristokraten das Schuldrecht rigoros praktizierten, können andererseits nicht Tausende von Kleinbauern versklavt worden sein. Die meisten in Abhängigkeit geratenen Bauern waren offenbar Hektemoroi geworden, wie Solons Ausführungen über die „Befreiung des Landes“ und die Beseitigung der Horoi vermuten lassen. Aber auch die Zahl der Hektemoroi scheint sich in Grenzen gehalten zu haben. Aus den Ausführungen Solons ist jedenfalls zu schließen, daß die Oberschicht die Beseitigung des Hektemorats und die Befreiung der Schuldsklaven eigentlich nicht als tiefen Eingriff in ihre Besitzrechte empfinden konnte. Solon erwartete geradezu den Dank der „mächtigen Herren“ für seine moderate Regelung der brisanten Agrarfrage, während er in seinem ›Rechenschaftsgedicht‹ scharf auf die Kritik jener Unzufriedenen reagierte, die eine Neuverteilung des gesamten Bodens erwartet hatten.

Die Seisachtheia bestand somit in einer einfachen Annullierung aller Schulden und „Lasten“ einschließlich der Abgabenpflicht der Hektemoroi, die nach Beseitigung der Horoi wieder frei über ihr Land verfügen konnten. Gleichzeitig wurde allen geflüchteten Schuldnern Amnestie gewährt. Wahrscheinlich erhielten sie – soweit dies möglich war – ebenso wie die in Attika verbliebenen und nunmehr emanzipierten Schuldsklaven ihren alten Landbesitz zu vollem Eigentum zurück. Schwierig war zweifellos die Rückführung der bereits in andere Gemeinwesen verkauften Athener. Diese Maßnahme hat sicherlich längere Zeit in Anspruch genommen. Es ist indes nicht bekannt, wie der Freikauf erfolgte und inwieweit es gelang, diese Schuldsklaven ausfindig zu machen. Relativ problemlos war demgegenüber die Wiedereingliederung der Hektemoroi und der in Attika lebenden Schuldknechte in den politischen Verband der Polisgemeinschaft. Die Hektemoroi waren wahrscheinlich sogar rechtlich gesehen Angehörige des Demos geblieben, da ihre Verpflichtungen – wie gesagt – wohl noch nicht zum Verlust der persönlichen Freiheit geführt hatten. Aber auch die Schuldsklaven galten natürlich noch als Athener und konnten insofern ohne weiteres wieder in den freien Demos aufgenommen werden.

Die Amnestie für flüchtige Schuldner und das Verbot des Zugriffs auf die Person eines zahlungsunfähigen Schuldners wurden in die allgemeine Gesetzgebung Solons aufgenommen. Die Aufhebung des Zugriffsrechts bedeutete zugleich die Beseitigung der Institution der Schuldknechtschaft in Athen. Damit wurden für die Zukunft die schlimmsten Folgen der Verarmung vermieden. Solon verhinderte hierdurch, daß Teile des Demos wieder in die Unfreiheit absinken konnten. Hierin liegt die große historische Bedeutung seiner Maßnahmen im Agrarbereich. Andererseits blieben freilich mittlere und kleine Höfe typisch für die attische Landwirtschaft. Karge Ernten und wohl auch Erbteilungen waren permanente Probleme attischer Bauern, die an ihrem langen Arbeitstag schwere körperliche Arbeit leisten mußten.[61] Bereits bei den Reformen des Kleisthenes spielten aber wirtschaftliche Gravamina der freien Landbevölkerung offensichtlich keine Rolle mehr, obwohl bis dahin noch nicht eine größere Zahl von Athenern außerhalb Attikas mit Land versorgt werden konnte. Wahrscheinlich sind innerhalb Attikas im Laufe des 6. Jahrhunderts die Anbauflächen erweitert worden. Der Bauernstand blieb jedenfalls die eigentliche demographische Basis Athens, das im frühen 5. Jahrhundert eine Hoplitenstreitmacht von etwa 8000–9000 Mann aufbieten konnte, die überwiegend aus Bauern bestand. Sicherlich waren auch in nachsolonischer Zeit noch Landbesitzer vom Verlust ihres Oikos bedroht. Die Existenz eines freien Bauerntums wurde hierdurch aber nicht mehr in Frage gestellt.

Schwer zu beurteilen ist das Problem möglicher Auswirkungen der Seisachtheia auf die Sklavenhaltung in der attischen Landwirtschaft. Wenn sich die Zahl der Schuldknechte athenischer Herkunft vor dem Archontat Solons in Grenzen gehalten hat, ist allerdings kaum anzunehmen, daß nach der Seisachtheia plötzlich ein großer Bedarf an auswärtigen Sklaven entstand. Die Zahl der in der Landwirtschaft (und im Gewerbe) beschäftigten Unfreien ist im Laufe des sechsten Jahrhunderts allenfalls allmählich gestiegen, und die Arbeitsbedingungen der Sklaven haben sich kaum geändert.

Insgesamt gesehen stellte Solons Seisachtheia somit zwar keine umfassende Agrarreform mit strukturellen Neuerungen in der Landwirtschaft dar. Dennoch handelte es sich um eine der folgenreichsten und wichtigsten Maßnahmen in der Geschichte Athens.[62] Die Gefahr einer kontinuierlichen Reduzierung der Bürgerzahl durch Versklavung überschuldeter Mitglieder der Gemeinschaft war gebannt. Solon hat durch seine Seisachtheia nicht nur eine akute Krise entschärft, sondern auch langfristig die Sozialstruktur der athenischen Bürgerschaft stabilisiert. Ziel der Seisachtheia war aus seiner Sicht die Sicherung des inneren Friedens. Unter diesem Aspekt ist auch der Gesamtkomplex seiner Gesetzgebung und Rechtsordnung zu sehen.

[61] Vgl. G. Audring, Über Grundeigentum und Landwirtschaft in der Krise der athenischen Polis, in: E. Ch. Welskopf (Hrsg.), Hellenische Poleis. Krise – Wandlung – Wirkung, I, Berlin 1974, 115.

[62] P. Spahn, Oikos und Polis. Beobachtungen zum Prozeß der Polisbildung bei Hesiod, Solon und Aischylos, HZ 231 (1980) 549.

b) Rechtsordnung

Solons Rechtsaufzeichnungen waren von einer frappierenden Vielfalt. Sie basierten aber nicht auf einer logisch-abstrakten Systematisierung des materiellen Rechts. Ebensowenig enthielten sie ein „Verfassungsgrundgesetz".[63] Solons Ziel war nicht die Entwicklung eines Systems von Normen oder die Konstituierung einer in die Zukunft weisenden Polisordnung, sondern die Konsolidierung der durch Staseis bedrohten Gemeinschaft. Dies erforderte zwar neben der Fixierung bewährter Verfahrensweisen in der Rechtspflege auch neue Regelungen in Anpassung an den allgemeinen wirtschaftlichen und gesellschaftlichen Wandel sowie die Einrichtung neuer öffentlicher Organe des Personenverbandes zur Bewältigung gemeinsamer Aufgaben. Eine bedeutende institutionelle Neuerung – die sog. Heliaia („Volksgericht") – war aber eher die Konsequenz einer Gesetzgebung, die größere Rechtssicherheit für alle Angehörigen der Polisgemeinschaft garantieren sollte.

Dementsprechend wurde auch das Prozeßrecht präzisiert bzw. überhaupt erst fixiert (wenn man von dem weiterhin gültigen „Blutrecht" und wohl auch einigen weiteren Bestimmungen Drakons absieht). „Recht" erhielt in Athen gleichsam eine neue „staatliche" Qualität, indem die schriftlich fixierten Satzungen unabhängig von den rechtsprechenden Personen immer wieder auf bestimmte Fälle angewendet werden konnten. Gesetze und Regelungen, deren Nichtbeachtung nachteilige Folgen hatte und für deren Durchsetzung zentrale Instanzen zuständig waren, wurden allgemein verbindlich. So manifestiert sich in der Gesetzgebung Solons nicht nur eine spezielle Form der Krisenbewältigung, sondern auch eine Konsolidierung der Staatlichkeit der Polisgemeinschaft. Die Übertragung besonderer Kompetenzen an den Gesetzgeber setzt bereits ein entwickeltes institutionelles Instrumentarium voraus, während die Durchführung der Reformen das Gefüge der Polisinstitutionen weiter festigte. Insofern ist die Gesetzgebung Solons aber auch in den allgemeinen Entwicklungsprozeß der griechischen Polis einzuordnen. Obwohl die einzelnen Gemeinwesen trotz steigender Bevölkerungszahl den typischen Charakter einer Kleingesellschaft gewahrt hatten, war durch die sukzessive Institutionalisierung öffentlicher Organe das Gemeinschaftsleben zunehmend komplexer geworden, während die wirtschaftliche Misere des niederen Demos sowie eine Übersteigerung der kompetitiven Elemente griechischer Adelsethik und daraus resultierende Staseis zur Entstehung neuen Konfliktpotentials geführt hatten. Durch den hierdurch bedingten spezifischen Bedarf an allgemein verbindlichen Regeln

[63] Ruschenbusch, Solonos Nomoi 26, und zuletzt Stahl, Aristokraten 193, der allerdings annimmt, daß in Athen „noch gänzlich die Voraussetzungen staatlicher Existenz" fehlten.

für die innere Organisation der Gemeinwesen erhielten die Entwicklung der Polisinstitutionen und die Ausdifferenzierung ihrer Kompetenzen weitere starke Impulse.

Die neuen Satzungen Solons wurden durch Veröffentlichung allen Polisangehörigen zugänglich gemacht. Als Gesetzesträger werden in der Überlieferung „Axones" und „Kyrbeis" genannt. Die solonischen Axones entsprachen zweifellos den drakontischen Gesetzesträgern. Später wurden offenbar Abschriften der solonischen Gesetze in sog. Kyrbeis eingraviert, unter denen wohl aufrecht stehende Bronzestelen mit dreieckigem Grundriß und spitz zulaufender Abdeckung zu verstehen sind.[64]

Einige Gesetze sind als „flankierende Maßnahmen" zur Seisachtheia zu interpretieren. Neben dem schon genannten Verbot des Zugriffs auf die Person des säumigen bzw. zahlungsunfähigen Darlehnsschuldners ist hier vor allem die von Aristoteles erwähnte Beschränkung des Grunderwerbs zu nennen. Ein von Solon festgesetztes Höchstmaß für Landbesitz wird allerdings nicht genannt. Da in der Überlieferung keine weiteren Hinweise auf diese Bestimmungen vorliegen, hat man mehrfach bezweifelt, daß Solon den Privatbesitz in dieser Weise zu reglementieren suchte.[65] Offenbar sollte aber das Gesetz mit dazu beitragen, die Zahl der selbständigen Oikoi zu erhalten.[66] Es entsprach durchaus den Intentionen des Gesetzgebers, wenn er nach seinen Maßnahmen zur Sicherung des freien Bauerntums der Konzentration des Großgrundbesitzes entgegensteuern und nach Möglichkeit verhindern wollte, daß kleinere Höfe von reichen Landbesitzern aufgekauft wurden und die Agrarkrise sich in anderer Form wiederholte.[67]

Die sich aus der Seisachtheia ergebenden aktuellen Probleme erklären

[64] Grundlegend hierzu Stroud, Axones. Vgl. auch N. Robertson, Solon's Axones and Kyrbeis and the Sixth-Century Background, Historia 35 (1986) 147–176 (gegen Rhodes, Commentary 131–135, der die Axones mit den Kyrbeis identifiziert). W. R Connor, AncSoc 19 (1988) 185–188, vermutet, daß die Kyrbeis nur sakrale Gesetze enthielten.

[65] A. Andrewes, CAH III 3 (^{2}1982) 384. Vgl. D. Asheri, Distribuzioni di terre nell'antica Grecia, MAT, Ser. 4 a, Nr. 10, 1966, 69f., der im Anschluß an N. G. L. Hammond, JHS 81 (1961) 83ff., fälschlich davon ausgeht, daß es in Attika unveräußerliches gentilizisches Land, aber auch veräußerliches Bodeneigentum gegeben habe. Siehe dagegen Bourriot, Genos II 760ff.

[66] P. Spahn, HZ 231 (1980) 549f.

[67] Der Zinsfuß soll demgegenüber nach Lys. 10,18 (Ruschenbusch, Solonos Nomoi F 68) nicht fixiert worden sein. Der Lysiastext besagt freilich nicht, daß Solon über die „Unentbehrlichkeit" des Zinsnehmens im Wirtschaftsleben Bescheid wußte und „Anreiz bieten" wollte, „das überschüssige Geld auf diese Weise anzulegen" (Gschnitzer, Griech. Sozialgesch. 78). Geldwirtschaft (in Form der Verwendung von Münzen) ist für die solonische Zeit – um es zu wiederholen – nicht vorauszusetzen.

des weiteren auch Solons Verbot der Ausfuhr von Nahrungsmitteln (mit Ausnahme des Olivenöls). Nach Plutarch stand dieses Gesetz auf dem ersten solonischen Axon.[68] Vermutlich sah der Gesetzgeber hier einen akuten Regelungsbedarf, um eine ausreichende Versorgung der ärmeren Bevölkerungsschichten in der für sie kritischen Übergangsphase nach ihrer Befreiung aus wirtschaftlicher und persönlicher Abhängigkeit zu gewährleisten. Allem Anschein nach sollte diese Bestimmung insonderheit emanzipierten Schuldsklaven, die ihren Landbesitz zurückerhalten hatten, sich aber zunächst noch nicht durch eigene Produktion ausreichend zu versorgen vermochten, einen Neuanfang als selbständig wirtschaftende Bauern erleichtern. Es bleibt offen, wie lange das Ausfuhrverbot gültig blieb bzw. beachtet wurde.[69] Daß Solon hiermit einen dirigistischen Eingriff in das attische Wirtschaftsleben intendierte, ist kaum anzunehmen. Gezielte wirtschafts- oder konjunkturpolitische Maßnahmen lagen außerhalb des Erfahrungsbereichs seiner Zeit.

Aufschlußreich ist in dieser Hinsicht das sog. solonische „Einbürgerungsgesetz“, das die Verleihung des athenischen Bürgerrechts an Zuwanderer einschränkte.[70] Nur Verbannte aus anderen Gemeinwesen, denen eine Rückkehr in ihre Heimat verwehrt war, sowie auswärtige Handwerker, die mit ihrer Familie nach Attika übersiedeln und hier dauerhaft ihr Gewerbe ausüben wollten, sollten in den athenischen Polisverband aufgenommen werden und damit auch das Recht erhalten, in Attika Grund und Boden zu erwerben. Da das anbaufähige Land in Attika begrenzt war, suchte Solon offenbar die Einwanderung zu erschweren, indem Zuwanderer nur unter bestimmten Bedingungen naturalisiert werden sollten. Dieses Gesetz gehört daher gleichfalls in den Kontext der Seisachtheia, aus der ein erheblicher Handlungsbedarf zur Stabilisierung der Polisgemeinschaft und zur Erhaltung des Landbesitzes der „Altbürger“ resultierte. Hingegen fragt es sich, ob hierdurch eine Forcierung von Handel und Gewerbe erreicht werden sollte, wie man unter Hinweis auf die Ausnahmeregelung für zuwandernde Handwerker gemeint hat.[71] Die Ansiedlung qualifizierter Spezialisten konnte zwar dem einheimischen Handwerk gewisse Impulse geben, nicht

[68] Plut. Sol. 24,1 = Ruschenbusch, Solonos Nomoi F 65.

[69] D. Flach, Solons volkswirtschaftliche Reformen, RSA 3 (1973) 13, vermutet eine „befristete Notstandmaßnahme“ (im Anschluß an N. G. L. Hammond, The Seisachtheia and the Nomothesia of Solon, JHS 60, 1940, 80), schließt aber nicht aus, daß Solon Versorgungsengpässen zu begegnen suchte, die durch beträchtliche Schwankungen der Getreideernten im Schwarzmeergebiet verursacht worden seien. Eine Abhängigkeit Athens von diesem Markt läßt sich indes nicht beweisen (vgl. oben Anm. 34).

[70] Plutarch Sol. 24,4 = Ruschenbusch, Solonos Nomoi F 75.

[71] Vgl. etwa K.-W. Weeber, Ein vernachlässigtes solonisches Gesetz, Athenaeum 51 (1973) 30–33; Gschnitzer, Griech. Sozialgesch. 78f.

aber die wirtschaftlichen Prozesse tiefgreifend beeinflussen oder die ökonomische Struktur der athenischen Polis grundlegend verändern. Athen wurde nach den solonischen Reformen keine ausgesprochene Gewerbe- oder gar Industriestadt. Die Zahl der eigentlichen Spezialisten war mehr oder weniger begrenzt, so daß die Zuwanderung fremder Handwerker in archaischer Zeit nie eine Massenbewegung werden konnte.[72] Nach Lage der Dinge war daher auch nach dem solonischen Einbürgerungsgesetz kein allzu großer Zustrom zu erwarten. Zudem konnten selbst durch großzügige Maßnahmen zur Ansiedlung auswärtiger Spezialisten erst nach einer gewissen Anlaufzeit zusätzliche Arbeitsplätze entstehen. Solon konnte nicht davon ausgehen, daß bereits unmittelbar nach seiner Gesetzgebung zahlreiche besitzlose Athener durch fremde Handwerker neue Arbeitsmöglichkeiten erhielten. Im übrigen scheinen spezielle Förderungsmaßnahmen für Arbeitslose auch gar nicht dringend erforderlich gewesen zu sein. Eines der wichtigsten Ziele Solons war ja gerade die Restituierung deklassierter Bauern, die ihre ererbten Besitzungen zurückerhalten sollten. Es war nach dieser Maßnahme schwerlich notwendig, noch mehreren tausend unbeschäftigten und völlig besitzlosen Athenern Arbeit zu beschaffen und aus *diesem* Grund die Ansiedlung neuer Gewerbebetriebe zu begünstigen.

Hingegen scheint im einheimischen Gewerbe noch Nachfrage nach Arbeitskräften bestanden zu haben. Nur unter dieser Voraussetzung werden bestimmte Regelungen des solonischen „Unterhaltsgesetzes" verständlich, das generell jeden Athener verpflichtete, seine arbeitsunfähigen Eltern zu ernähren. Diejenigen Väter, die nicht für eine handwerkliche Ausbildung ihrer Söhne gesorgt hatten, sollten jedoch keinen Versorgungsanspruch haben.[73] Diese Bestimmung war nur sinnvoll, wenn bereits in einheimischen Gewerbebetrieben eine gewisse Zahl von Ausbildungsplätzen für heranwachsende Athener zur Verfügung stand, da das Gesetz natürlich sofort in Kraft trat und dementsprechend auch unmittelbar die vom Gesetzgeber intendierte Wirkung erzielen sollte. Im übrigen handelte es sich auch in diesem Fall schwerlich um eine spezielle volkswirtschaftliche Förderungsmaßnahme zur Belebung des Handwerks. Die genannte Bestimmung sollte nicht nur die Altersversorgung grundbesitzloser Theten sicherstellen, sondern auch einer weiteren Zersplitterung des bäuerlichen Kleinbesitzes entgegenwirken und damit eine der Ursachen sozialer Deklassierung bekämpfen.

[72] Im 5. Jahrhundert waren nach den Berechnungen R. M. Cooks, Die Bedeutung der bemalten Keramik für den griechischen Handel, JdI 74 (1959) 120, im gesamten attischen Töpfergewerbe allenfalls 400–500 Personen (einschließlich der Vasenmaler) gleichzeitig beschäftigt. Für das 6. Jahrhundert ist eine weit geringere Zahl anzunehmen. Vgl. Ch. G. Starr, CAH III 3 (²1982) 430.

[73] Plut. Sol. 22,1 = Ruschenbusch, Solonos Nomoi F 56.

indem kinderreiche Bauern motiviert wurden, möglichst keine Erbteilungen vorzunehmen und statt dessen jüngere Söhne rechtzeitig in eine Lehre zu geben, so daß sie dann dauerhaft im Gewerbe tätig sein konnten.[74]

Eine Stabilisierung der Polisgemeinschaft sollte des weiteren durch Stärkung der familiären und nachbarschaftlichen Bindungen und Nahverhältnisse erreicht werden. Der Erhaltung des Familienbesitzes und der Sicherung des Bestandes an existenzfähigen Haushaltungen dienten die Bestimmungen über die Rechte der Erbtochter (Epikleros),[75] einer Frau, die keine erbberechtigten Brüder hatte und vom Vater nicht mit einem von ihm adoptierten Mann verheiratet worden war. Ähnlich ist das Gesetz über die Testierfreiheit der Erblasser ohne vollbürtige Söhne zu verstehen.[76] Diese Bürger konnten jetzt nach eigenem Willen einen Gesamterben einsetzen. Hierdurch wurden die Regelungen des Erbtochtergesetzes ergänzt. Wenn der Erblasser Töchter hatte, wurde der testamentarisch eingesetzte Erbe adoptiert. Dieser hatte dann eine der Töchter des Erblassers zu heiraten. Der Oikos der Familie sollte demnach als Einheit erhalten bleiben.[77] Wahrscheinlich hatten auch kinderlose Bürger das Recht, einen Gesamterben einzusetzen, so daß nach ihrem Ableben eine Aufteilung ihres Besitzes verhindert werden konnte.[78] Ferner ist hier ein Gesetz zur Begrenzung der Mitgift zu nennen, das wohl vor allem kleine und mittlere Landwirte vor einer ruinösen Brautausstattung für Töchter und Schwestern schützen sollte.[79]

[74] Vgl. Gschnitzer, Griech. Sozialgesch. 79, der des weiteren annimmt, daß in der attischen Landwirtschaft anstelle von freien Lohnarbeitern nunmehr in stärkerem Maße Sklaven eingesetzt wurden. Eine Zunahme der Sklavenarbeit nach den Reformen Solons läßt sich aber schwerlich nachweisen. Andererseits wird freilich die Bedeutung der Sklavenarbeit in der Landwirtschaft von E.M. Wood, Agricultural Slavery in Classical Athens, AJAH 8 (1983) 1–47, zu gering veranschlagt.

[75] Ruschenbusch, Solonos Nomoi F 51–53. – „Epikleros" bezeichnet eigentlich die Frau, die zum Erbe gehört bzw. mit dem Erbe übernommen wird. Vgl. J.E. Karnezis, The Epikleros (Heiress), Athen 1972 (neugriech. mit engl. Zusammenfassung).

[76] Ruschenbusch, Solonos Nomoi F 49 a–b.

[77] Sinn und Zweck des Testiergesetzes sind allerdings umstritten. Zu der hier skizzierten Interpretation vgl. Harrison, Law I 82–84, 143f.; MacDowell, Law 100f.; Rhodes, Commentary 162f., 442f.

[78] Vgl. Plut. Sol. 21,3, der allerdings das Gesetz mißverstanden hat, wenn er lediglich kinderlose Erblasser erwähnt und behauptet, daß vor Solon „Geld und Oikos" im Genos des Verstorbenen geblieben seien, während Solon der Freundschaft mehr Ehre als der Verwandtschaft gegeben habe. Im übrigen besagt das Gesetz nicht, daß der einzelne Bürger durch Solon weitgehend aus der Bindung an ein „Geschlecht" gelöst wurde. Wie bereits ausgeführt, gab es keine familienübergreifenden Geschlechterverbände. Zum familienrechtlichen Aspekt des Testiergesetzes s. jetzt Bourriot, Genos II 781ff.

[79] Ruschenbusch, Solonos Nomoi F 71 a–b; vgl. Oliva, Solon 67. – Bestimmungen

Daß die Gesetzgebung Solons den Bedürfnissen einer primär von agrarischen Strukturen und Verhältnissen geprägten Gesellschaft entsprach, bestätigen weitere Gesetze, die das Nachbarschaftsrecht betrafen und z. B. den Brunnenbau sowie den bei bestimmten Pflanzungen und bei der Anlage von Gräben einzuhaltenden Abstand zum Nachbargrundstück detailliert regelten.[80] Leitgedanke war auch hier die Sicherung eines geordneten Zusammenlebens der Bürger.

Darüber hinaus stellte sich dem Gesetzgeber die weitergehende Aufgabe, prozessuale Verfahrensweisen bei Rechtsverletzungen sowie auch bei streitigen Rechtsverhältnissen ohne strafbares Unrecht zu normieren. Zum Verständnis dieses großen Teilbereichs der solonischen Gesetzgebung ist zu beachten, daß die heutige Differenzierung zwischen Privatrecht und Strafrecht nicht auf die athenische Rechtsordnung übertragen werden kann sowie das alte Selbsthilfeverfahren in modifizierter Form in die „staatliche" Rechtspflege eingegangen ist und deren Entwicklung mitbestimmt hat. Die Satzungen Drakons und Solons wurden fixiert, als die Aufgabe der Ordnungssicherung von einer begrenzten Zahl von „ehrenamtlichen" Magistraten im Zusammenwirken mit der gesamten Gemeinschaft wahrgenommen wurde und die Solidarität der Nachbarn eine wirksame Unterstützung bei der Ausübung der Selbsthilfe zum Schutz gegen gewöhnliche Kriminalität war.[81] Der Polis fehlten die Mittel und Möglichkeiten zur Einrichtung einer regelrechten Justizverwaltung und einer mit der modernen Staatsanwaltschaft vergleichbaren Anklagebehörde. Die Mitglieder der Gemeinschaft waren sozusagen selbst für die öffentliche Ordnung zuständig. Insofern entsprachen die prozessualen Bestimmungen Solons dem Regelungsbedarf seiner Zeit. Seine Satzungen blieben aber darüber hinaus in der Kriminalgerichtsbarkeit auch die bindende Norm für die athenische Rechtsprechung in klassischer Zeit, als die politischen Institutionen sich längst in einem dynamischen Entwicklungsprozeß befanden.[82] Als Prototyp des weisen Gesetzgebers war Solon für spätere Generationen eine unbestrittene Autorität, wenn auch seine Satzungen ergänzt wurden und die Organisation des Gerichtswesens sich änderte. Grundsätzlich gewann das Recht durch die schriftliche Fixierung eine ganz neue Bedeutung für die Gemeinschaft. Die Gesetze waren fortan die alleinige Rechtsquelle.[83] Der künftigen Rechtsfindung und

gegen den Aufwand bei Begräbnissen (F 72 a–c) richteten sich wohl gegen übertriebene aristokratische Statusdemonstration, sind aber zumindest z. T. später zu datieren.

[80] Ruschenbusch, Solonos Nomoi F 60–63.

[81] Vgl. Ruschenbusch, Rechtsstreit 7 f.

[82] Hansen, Apagoge 113 ff., 118 ff.

[83] Bleicken, Athenische Demokratie 247.

Rechtsanwendung lag nur der Wortlaut der Gesetze zugrunde. In der klassischen Demokratie konnten bis zur Einführung neuer Nomothesieverfahren neue Gesetze oder Gesetzesänderungen allein von der Volksversammlung beschlossen werden, die aber die „private" Strafverfolgung nicht beseitigt und drakontische und solonische Prozeduren zur Ahndung gemeiner Verbrechen im wesentlichen beibehalten hat, während durch die Rechtsprechung selbst kein neues Recht entstand und die Beamten nicht befugt waren, neue Klageformen zu schaffen. So bestimmten Prinzipien, die aus den Ordnungs- und Rechtsvorstellungen der archaischen Zeit zu erklären sind, noch in klassischer Zeit das Anklage- und Klagerecht und die diesbezüglichen Prozeßformen.

Klagen und Prozesse bei einem gewöhnlichen Rechtsstreit (z.B. um den Besitz einer Sache) wurden ebenso wie die Anklagen bei schweren und leichten Delikten und die hierdurch eingeleiteten Rechtshandlungen als δίκαι bezeichnet. Klage- und anklageberechtigt waren die Betroffenen bzw. Geschädigten oder deren Rechtsvertreter. Ausnahmen bildeten freilich die schon erläuterten Regelungen für einen bestimmten Verwandtenkreis eines getöteten Bürgers im Blutrecht Drakons sowie die von Solon eingeführte sog. Popularklage, die es jedem Bürger ermöglichte, eine Anzeige bei dem zuständigen Magistrat zu erstatten, wenn sich ein Delikt gegen die gesamte Polisgemeinschaft oder aber gegen eine Person richtete, die keine Klage erheben konnte. Die übliche δίκη diente also nicht nur der Klärung eines streitigen Rechtsanspruchs zwischen Privatpersonen, sondern auch der Verfolgung von Unrechttaten. Andererseits wurde freilich im Rechtsverfahren zwischen einem Delikt gegenüber einer Privatperson und einer Rechtsverletzung gegenüber der Polisgemeinschaft differenziert. Es gab dementsprechend „private" und „öffentliche" Anklagen und Prozesse (ἴδιαι δίκαι und δημόσιαι δίκαι). Insofern kann im Bereich des Strafrechts eine Klassifizierung nach dem „Privatstrafrecht" und dem „öffentlichen Strafrecht" vorgenommen werden, wenn auch die Kategorien ἴδιαι δίκαι und δημόσιαι δίκαι nicht der heutigen Unterscheidung von „Zivilprozeß" und „Strafprozeß" entsprechen.[84]

Im öffentlichen Bereich sah Solon die Hauptgefahr in der Errichtung einer Tyrannis. Er hat diesen Tatbestand explizit in seine Satzungen aufgenommen. Als Strafe war die Atimie (Verbannung und Rechtlosigkeit) vorgesehen.[85] Es handelte sich um einen Rückgriff auf eine ältere Form der Straf-

[84] Vgl. im einzelnen Busolt I 544ff.; Busolt-Swoboda II 1176ff.; Harrison, Law II 74ff.; MacDowell, Law 53ff., 57ff.; Ruschenbusch, Untersuchungen 9f.

[85] Der bei Aristot. Ath. Pol. 16,10 (= Ruschenbusch, Solonos Nomoi F 37 a) zitierte Text ist vermutlich die nach 510 v. Chr. beschlossene Bestätigung eines älteren Gesetzes. Vgl. M. Ostwald, CAH IV (^{2}1988) 304. Aristoteles bzw. der Verfasser der

verfolgung, wie aus dem schon erwähnten Amnestiegesetz zu erschließen ist. Atimie bedeutet hier zweifellos noch den völligen Entzug des Rechtsschutzes durch die Gemeinschaft.[86] Als potentielle Barriere gegen Usurpatoren und Tyrannen läßt sich des weiteren das sog. Anti-Neutralitätsgesetz Solons verstehen, das freilich in der modernen Forschung umstritten ist. Es soll unter Androhung der Atimiestrafe jeden Athener verpflichtet haben, bei inneren Auseinandersetzungen Partei zu ergreifen.[87] Solons Mahnungen zur Eintracht scheinen gegen die Echtheit dieses Gesetzes zu sprechen, doch ist andererseits nicht auszuschließen, daß nach den Intentionen Solons die Führer der als Staseis bezeichneten Gruppierungen mit starkem Widerstand im Demos rechnen sollten. In diesem Fall ist anzunehmen, daß Solon offene Konfrontationen der Hetairien verhindern wollte.[88] Wenn das Gesetz echt ist, handelt es sich bei der hierin vorgesehenen Strafe für „Neutralität" wohl um eine mildere Form der Atimie, die vermutlich keine Ächtung mit der Konsequenz der lebenslänglichen Verbannung bedeutete, sondern die Ausübung der Rechte eines Angehörigen der Polisgemeinschaft untersagte, so

Ath. Pol. bezeichnet das Gesetz als milde. Als Kriterium diente ihm hier offenbar die mildere Form der Atimiestrafe in seiner eigenen Zeit. Vgl. R. Sealey, AJAH 8 (1983) 98. Siehe auch die folgende Anmerkung. – Kaum zutreffend ist die These von T. E. Rihll, Lawgivers and Tyrants (Solon, Frr. 9–11 West), CQ 83 (1989) 277–286, daß Solon seine Warnung vor der Tyrannis in seiner Jugend verfaßt und auf Drakon bezogen habe.

[86] Wahrscheinlich leitete die solonische Kodifikation einen Bedeutungswandel des Atimiebegriffs ein, denn das sog. Anti-Neutralitätsgesetz (bzw. Stasis-Gesetz) bestrafte – falls es authentisch ist – „Neutralität im Bürgerkrieg" schwerlich mit völliger Rechtlosigkeit im archaischen Sinne (Aristot. Ath. Pol. 8,5). Vgl. im einzelnen B. Manville, Solon's Law of Stasis and Atimia in Archaic Athens, TAPA 110 (1980) 213–221; Rhodes, Commentary 158; Sealey, AJAH 8 (1983) 97–129.

[87] Aristot. Ath. Pol. 8,5 = Ruschenbusch, Solonos Nomoi F 38 a. Die Authentizität des Stasis- oder Anti-Neutralitätsgesetzes bestreiten u. a. Hignett, Athenian Constitution 26f.; A. Masaracchia, Solone, Florenz 1958, 173f.; Hansen, Apagoge 78; Sealey, AJAH 8 (1983) 100ff.; E. David, MH 41 (1984) 129–138; J. Bleicken, Zum sog. Stasis-Gesetz Solons, in: Bleicken (Hrsg.), Symposion für Alfred Heuß, Frankfurter Althistorische Studien, H. 12, Kallmünz 1986, 9–18; Ch. P. Longo, Historia 37 (1988) 374–379. Vgl. aber demgegenüber J. A. Goldstein, Historia 21 (1972) 538–545; V. Bers, Historia 24 (1975) 493–498; K. v. Fritz, Historia 26 (1977) 245–247 (der das Stasis-Gesetz als ein von Aristoteles deutlich gekennzeichnetes zusätzliches Gesetz verstand); R. Develin, Historia 26 (1977) 507f.; B. Manville, TAPA 110 (1980) 213–221; Rhodes, Commentary 157. – Ruschenbusch, Solonos Nomoi, S. 83, Adnotatio zu F 37 a–g (vgl. dens., Untersuchungen 23) bezieht das Gesetz auf Kriegsdienstverweigerung.

[88] Spahn, Mittelschicht 154; vgl. Meier, Entstehung des Politischen 209, Anm. 181; Gschnitzer, Griech. Sozialgesch. 80f.; Stahl, Aristokraten 230.

daß der betreffende atimos keine Ämter bekleiden, nicht an der Volksversammlung teilnehmen und keine Gerichtsstätte betreten durfte sowie nicht klage- und anklageberechtigt war.

Als Straftatbestände des sog. Privatstrafrechts galten u. a. alle Delikte gegen Leib und Leben athenischer Bürger, Eigentumsverletzungen und Schadenszufügung, Sittlichkeitsdelikte und Verbalinjurien an bestimmten Plätzen (in Heiligtümern, Amtsgebäuden und an Gerichtsstätten) und bei Festen sowie die Hinderung eines gerichtlich festgestellten Zugriffsrechts auf Sachen, d.h. widerrechtlicher Besitz oder Inbesitznahme einer Sache, die ein anderer durch gerichtliches Urteil erstritten hatte. Die Regelungen zur Verfolgung dieser Delikte können nicht isoliert betrachtet werden, da Solon zwar im sensiblen Bereich des Blutrechts Satzungen Drakons übernommen hat,[89] andererseits aber gewisse solonische Einzelbestimmungen zur Ahndung von Verbrechen und strafbaren Handlungen nur den Aussagen späterer Autoren – insonderheit den attischen Rednern des 4. Jahrhunderts – zu entnehmen sind und sich hier in jedem einzelnen Fall die Frage einer Revision bzw. Ergänzung solonischer Satzungen durch die Gesetzgebung der athenischen Demokratie stellt. Letztlich geht es auch hier wieder um das Problem der staatlichen Entwicklung Athens in der Zeit Drakons und Solons, d.h. um die Frage, inwiefern die „Staatlichkeit" der athenischen Polis durch die Gesetzgebung neue Impulse erhielt.

Umstritten sind der Charakter der Strafen und der aktive „staatliche" Strafvollzug.[90] Die modernen Forschungskontroversen resultieren z. T. aus der schon erörterten unterschiedlichen Interpretation des drakontischen Blutrechts. Ein zweifelsfreier Beleg für einen staatlichen Vollzug der Todesstrafe bei vorsätzlicher Tötung liegt in dem inschriftlich erhaltenen Teil des drakontischen Blutrechts nicht vor. Nach Demosthenes (23, 28 und 51) erlaubte aber bereits Drakon „jedem" Athener, einen nach dem Blutrecht zum Exil verurteilten Mann entweder eigenhändig zu töten oder ihn den Thesmotheten zuzuführen oder anzuzeigen, wenn der Verbannte sich unerlaubt auf attischem Gebiet aufhielt. Zweifellos ist die Festnahme nur dann als Alternative zur Tötung des Bannbrüchigen (nach dem Prinzip erlaubter Eigenmacht und Selbsthilfe) zu verstehen, wenn es nach drakontischem Recht be-

[89] Aristot. Ath. Pol. 7,1; Plut. Sol. 17.

[90] Ruschenbusch, Untersuchungen 13, kommt zu dem Schluß, daß das solonische Recht nur die Drohung mit der Strafe der Götter und die Entziehung des Rechtsschutzes kennt, aber keinerlei Strafe, die durch staatliche Organe „aktiv vollstreckt wird". Vgl. dazu aber die Rezension von E. Berneker, ZRG 87 (1970) 469 ff., der auf die religiösen Aspekte des Straf- und Vergeltungsfluches hinweist. – Nörr, Mordtatbestand 652, und Stahl, Aristokraten 174 f., nehmen an, daß Solon eine staatliche Sanktion für Mord geschaffen habe. Dagegen bereits Hansen, Apagoge 113 ff.

reits einen „staatlichen" Strafvollzug gab und die Thesmotheten als zuständige Institution eine Exekution des abgeführten Verbannten veranlassen konnten.[91] Dies gilt unabhängig von der ebenfalls umstrittenen Frage, ob vorsätzlicher Mord bereits vom Areopag abgeurteilt wurde.

Bereits vor Solon war zweifellos die Selbsthilfe gegen Ehebruch (μοιχεία) und Diebstahl erlaubt. Solon hat auch in diesen Fällen die Eigenmacht nicht gänzlich untersagt, andererseits aber offenbar das Verfügungsrecht des Geschädigten bzw. Betroffenen begrenzt und dementsprechend den „staatlichen" Strafanspruch präzisiert, wie die hierzu vorliegenden Zeugnisse aus klassischer Zeit zeigen. Hiernach durfte bei der Verfolgung der Moicheia der Täter nur dann straflos getötet, mißhandelt oder eingesperrt werden, wenn das Geschehen ganz offenkundig war.[92] Bei nächtlichem Diebstahl stand es dem Geschädigten frei, den Täter zu töten oder zu verletzen oder zu den „Elfmännern" abzuführen, die den Rechtsbrecher exekutieren ließen, wenn er geständig war. Leugnete der Beschuldigte, kam es zu einem gerichtlichen Verfahren. Nach dem Schuldspruch wurde die Todesstrafe vollzogen. Bei handfestem Tagdiebstahl war die Abführung (ἀπαγωγή) zu den „Elfmännern" erlaubt, wenn der Wert des gestohlenen Gutes mehr als 50 Drachmen betrug.[93] Anstelle der Apagoge konnte auch die ἐφήγεσις (Hinführung der „Elfmänner" zum Tatort bzw. zum Beschuldigten) erfolgen. Das Vergehen wurde dann in gleicher Weise wie der nächtliche Diebstahl geahndet. Voraussetzung für den Vollzug der Todesstrafe war also in jedem Fall, daß der Dieb auf frischer Tat ertappt wurde. Der Geschädigte konnte aber auch eine Diebstahlklage anstrengen. Zuständig war das Volksgericht (Heliaia). Bestand Verdacht auf Diebstahl, konnte der Geschädigte unter genau vorgeschriebenen Bedingungen eine Haussuchung bei dem mutmaßlichen Täter vornehmen[94] und Diebstahlklage erheben, wenn er die gestoh-

[91] Hansen, Apagoge 116.

[92] Demosth. 23,53 und 55 (Ruschenbusch, Solonos Nomoi F 20). Der μοιχός (Ehebrecher) konnte bis zur Stellung von Bürgen (für die Zahlung des Lösegeldes) in Gewahrsam gehalten werden. – Das betr. Gesetz dehnte den Schutz, den es der Ehe gewährte, auch auf Mutter, Schwestern und Töchter sowie auf das legitime Konkubinat aus. Vgl. Lipsius, AR 430; Harrison, Law I 32f.; MacDowell, Law 124f.

[93] Demosth. 24,113f. Die gleichen Bestimmungen galten für die Verfolgung von Diebstahl an bestimmten öffentlichen Plätzen, wenn die gestohlene Sache mehr als 10 Drachmen wert war. Die Ahndung des Diebstahls im athenischen Recht behandelt ausführlich D. Cohen, Theft in Athenian Law, Münchener Beiträge zur Papyrusforschung und antiken Rechtsgeschichte 74, München 1983. Speziell zur Abführung und Anzeige des Täters: Hansen, Apagoge 36ff. Vgl. ferner Lipsius, AR 438ff.; Harrison, Law II 221–232; MacDowell, Law 147–149.

[94] Aristoph. nub. 497–499 mit Schol.; Isaios 6,42. Lipsius, AR 440 mit Anm. 78, bezog hierauf den bei Lys. 10,17 (= Ruschenbusch, Solonos Nomoi F 25) erhaltenen

lene Sache fand. Bei einer regelrechten Klage traf den Dieb jedoch in keinem Fall die Todesstrafe. Er mußte eine Buße in Höhe des doppelten Wertes des Klageobjektes zahlen (und natürlich das Diebesgut zurückgeben bzw. ersetzen). Allem Anschein nach gehen diese Regelungen des klassischen athenischen Rechts im Kern auf solonische Satzungen zurück. Erstaunlich ist nach heutigen Kriterien die unterschiedliche Strafe für das gleiche Delikt. Sie richtete sich nach der Art des Verfahrens, das der Kläger „wählte". Diese Inkonsequenz ist im athenischen Recht nie beseitigt worden.[95]

Nach athenischem Recht in klassischer Zeit konnte aber nicht nur der Geschädigte, sondern jeder rechtsfähige Bürger einen auf handhafter Tat ertappten Dieb den „Elfmännern" zuführen oder einen Prozeß in Form einer (öffentlichen) Popularklage gegen ihn anstrengen und hierbei vor Gericht als Kläger auftreten. Entsprechende Regelungen waren vermutlich ebenfalls schon in den Satzungen Solons enthalten. Bereits nach dem Blutrecht Drakons waren aber Apagoge und Endeixis (Anzeige) gegen Bannbrüchige möglich. Ob Drakon auch ähnliche Bestimmungen zur Ahndung von Raub und Diebstahl verfügt hat, bleibt eine offene Frage. Vor dem Volksgericht können jedenfalls Prozesse aufgrund von privaten oder öffentlichen Diebstahlklagen frühestens seit den solonischen Reformen stattgefunden haben, da die Institution der Heliaia erst von Solon geschaffen wurde.

Insgesamt gesehen durfte die Selbsthilfe nur unter bestimmten Voraussetzungen ausgeübt werden. Andererseits gab es Schutz gegen eine Behinderung der Selbsthilfe. Dieses Problem konnte etwa nach einer Entscheidung in einem streitigen Rechtsverhältnis akut werden. Das „Urteil" stellte in diesem Fall nur das Eigentumsrecht fest, und es oblag dann dem erfolgreichen Kläger, wieder in den Besitz des ihm zugesprochenen Objekts zu gelangen. Gab der Beklagte die Sache nicht heraus, konnte der Kläger eine Art Exekutionsklage anstrengen. Im Fall einer Verurteilung hatte der Beklagte eine doppelte Buße zu entrichten, die zu gleichen Teilen an den Kläger und an die Polis zu zahlen war.[96]

Weitere Wertstrafen sahen die solonischen Satzungen etwa für Sittlich-

Anfang eines solonischen Gesetzes. Offensichtlich konnte hiernach aber ein Hausbesitzer einen Einbrecher einsperren, um Hilfe herbeizuholen bzw. Anzeige zu erstatten. Vgl. Hansen, Apagoge 25. Oliva, Solon 63, interpretiert den Lysiastext in kurioser Weise: „(Lysias) bezeugt ..., daß es nach einem Gesetz Solons verboten war, das Haus zu schließen, wenn sich ein Dieb darin befand."

[95] Vgl. Hansen, Apagoge 120.

[96] Das attische Recht bot u.a. auch Schutz gegen unrechtmäßige Festsetzung, wenn sie unter dem Vorwand geschah, daß der Eingesperrte Moicheia begangen habe, der Tatbestand aber nicht erfüllt war. Vgl. Demosth. 59,66; Ruschenbusch, Untersuchungen 58f.

keitsdelikte und Verbalinjurien vor.[97] In den diesbezüglichen Zeugnissen aus klassischer Zeit werden diese Strafen in Drachmen angegeben. Für die Zeit Solons sind indes andere Strafsätze anzunehmen, da die Münzprägung – wie gesagt – später zu datieren ist. In Tiryns wurden im 7. Jahrhundert Strafen nach Maßeinheiten für Getreide gerechnet.[98] Im solonischen Athen waren vermutlich auch Bußen in Form von Edelmetallbarren möglich.

Die Polis Athen besaß bereits vor Solon in ihren Institutionen Instrumente zur Sicherung des inneren Friedens. Besonders deutlich wird dies im Bereich des Blutrechts. Darüber hinaus konnten Funktionsträger wohl auch in anderen Fällen auf ein Repertoire von Sanktionen zur Ahndung von Unrecht zurückgreifen. Andererseits bestand aber zweifellos Spielraum in der Festsetzung von Strafen und Bußen. Solon hat hier eine Reihe von klaren Regelungen getroffen und zudem neues Recht durch Gebote und Verbote geschaffen. Es bleibt allerdings offen, ob und inwieweit veränderte Verhaltensweisen für seine Gesetzgebung Bedeutung gewonnen haben und hiermit etwa das Verbot des Verkaufs lediger Töchter und Schwestern in die Sklaverei zu erklären ist.[99] Gruppenzwang und konformistisch wirkender Druck kollektiver Moralvorstellungen übten sicherlich nach wie vor einen starken Zwang aus.[100] Hinzu kam die Gliederung des Polisverbandes in kleinere Siedlungsgemeinschaften, in denen man sich gegenseitig kannte, so daß hier jedenfalls bei gewöhnlicher Kriminalität mit einer hohen Hemmschwelle zu rechnen ist. Trotzdem war auch in diesem Bereich seit Drakon offenbar ein neuer Regelungsbedarf entstanden. Die rechtmäßige Praxis der Selbsthilfe und der Druck der öffentlichen Meinung sowie die gesellschaft-

[97] Ruschenbusch, Solonos Nomoi F 26 – 31 b, F 32 a – 33 b.

[98] R. Koerner, Tiryns als Beispiel einer frühen dorischen Polis, Klio 67 (1985) 454.

[99] Ruschenbusch, Untersuchungen 42, betrachtet die solonische Gesetzgebung vornehmlich als Antwort auf Krisenerscheinungen: „Man heiratet die leibliche Schwester, man verkauft ledige Schwestern und Töchter in das Bordell, und man verweigert altersschwachen Eltern die Nahrung... Statt mit einer rechtmäßigen Ehefrau begnügt man sich mit einer Sklavin, die man im Falle der Not verkaufen kann...“ Wenn solonische Satzungen auf solche Fälle Bezug nehmen (F 47; 31 a; 53; 20), besagt dies noch nicht, daß es sich um verbreitete Erscheinungen handelte. Im übrigen sucht Ruschenbusch, Die Polis und das Recht, Wiss. Jahrb. d. „Pantheios“, Athen 1981, 315 ff., zwischen großen und kleinen Gemeinwesen zu differenzieren. Er betont hier, daß die Zahl der Normverstöße und Eigentumsdelikte in kleinen Gemeinden in aller Regel verschwindend gering ist. Nun war Athen um 600 v. Chr. zweifellos keine Großstadt. Die Basis des Zusammenlebens bildeten auch hier (wie im übrigen Attika) überschaubare Gemeinschaften, wenn es auch noch keine Demenordnung im Sinne der späteren kleisthenischen Ordnung gab (vgl. Whitehead, Demes 12 f.).

[100] Dazu generell U. Wesel, Frühformen des Rechts in vorstaatlichen Gesellschaften, Frankfurt a. M. 1985, 334 ff., der sich allerdings insonderheit auf akephale Gesellschaften bezieht.

liche Ausgrenzung des Unrechttäters wurden wohl nicht mehr als hinreichender Schutz gegen asoziales Verhalten empfunden, so daß der Gesetzgeber sich hier mit einer umfangreichen Aufgabe konfrontiert sah.

Die Bedeutung der solonischen Satzungen erschöpft sich selbstverständlich nicht in ihrem Beitrag zur inneren Sicherheit des Polisverbandes. Durch die Fixierung prozessualer Verfahrensweisen wurden die Aufgaben und Kompetenzen der zuständigen Funktionsträger präzisiert, die in ihrer Amtsführung die diesbezüglichen Vorschriften zu beachten hatten und ihrerseits hieran gebunden waren. Ihre Tätigkeit war nunmehr in stärkerem Maße durch gesetzlich vorgeschriebene Pflichten und Aufgaben bestimmt. Hierdurch war die spätere demokratische Gestaltung des athenischen Beamtenwesens mit ihrem sukzessiven Abbau älterer Herrschaftsfunktionen keineswegs schon vorgezeichnet. Vielmehr konnten die Beamten dem Demos und den einzelnen Bürgern aufgrund der neuen Satzungen Solons als ausführende Organe einer den gesamten Polisverband verpflichtenden Rechtsordnung gegenübertreten und gewissermaßen das von Solon geschaffene Ordnungspotential repräsentieren. Insofern bedeutete die erwähnte Einschränkung ihrer diskretionären Entscheidungsbefugnis keine zwangsläufige Schwächung ihrer Position. Aus den Satzungen ergaben sich freilich auch neue Möglichkeiten der Beamtenkontrolle. Aufschlußreich ist in dieser Hinsicht das solonische Verbot der Ausfuhr von Nahrungsmitteln (mit Ausnahme des Olivenöls). Nach der bei Plutarch (Solon 24,1) überlieferten Fassung des Gesetzes hatte der Archon eponymos Zuwiderhandlungen mit einer Verfluchung des „Exporteurs" zu ahnden, der hierdurch der Bestrafung durch die Götter ausgeliefert werden sollte. Kam der Archon dieser Amtspflicht nicht nach, hatte er selbst eine hohe Buße zu zahlen. Aus dem erweiterten Tätigkeitsbereich der Magistrate ergab sich somit zugleich auch eine stärkere Einbindung in institutionelle Kontrollmechanismen.[101]

Tragender Pfeiler der solonischen Rechtsordnung war die Solidarität der Gemeinschaft. Dies entsprach der Unmittelbarkeit der Lebensverhältnisse in der archaischen Polis,[102] wie vor allem die Popularklage zeigt, die das Prinzip gegenseitiger Hilfeleistung voraussetzt. Der Gesetzgeber konnte hier anknüpfen an die Verpflichtung der Nachbarn und letztlich des gesamten Siedlungsverbandes, einem Mitglied der Gemeinschaft, dem Unrecht geschah, Beistand zu leisten.[103] Dementsprechend erlaubten die Be-

[101] Ähnlich ist ein Beschluß der Polis Dreros vor bzw. um 600 v. Chr. zu werten. Vgl. V. Ehrenberg, Eine frühe Quelle der Polisverfassung, in: Gschnitzer, Griech. Staatskunde 26ff. (zuerst in: CQ 37, 1943, 14–18).

[102] Vgl. Heuß, Hellas 173.

[103] K. Latte, Beiträge zum griechischen Strafrecht, I., Hermes 66 (1931) 39ff.; ders., Der Rechtsgedanke im archaischen Griechentum, in: Berneker, Griech. Rechtsgesch. 96 (zuerst in: Antike u. Abendland 2, 1946, 63ff.).

stimmungen über die Verfolgung von Raub und Diebstahl jedem Bürger, den Täter festzunehmen oder anzuzeigen. Darüber hinaus sollte die Popularklage im Interesse der Polisgemeinschaft allen Geschädigten helfen, die physisch oder aus rechtlichen Gründen nicht in der Lage waren zu klagen.[104] Das Verfahren schützte z.B. Waisen, Erbtöchter und schwangere Witwen, deren Besitz von ihrem Rechtsvertreter (κύριος) oder von ihren nächsten Verwandten veruntreut wurde. „Jeder beliebige Bürger, der wollte" (ὁ βουλόμενος), konnte das Unrecht anzeigen. Es oblag dann dem Archon eponymos, die Ermittlungen vorzunehmen.[105] In klassischer Zeit blieb die Rolle des βουλόμενος in solchen Fällen auf die Anzeige beschränkt, d.h. er konnte nicht als Kläger fungieren. Wahrscheinlich war diese Regelung bereits Bestandteil der solonischen Satzungen. Da die Erhaltung der Oikoi immer schon für die Gemeinschaft von Bedeutung war, hatte aber der Archon wohl schon vor Solon dafür Sorge zu tragen, daß Angehörige des Polisverbandes, die nicht rechtsfähig waren und daher nicht aus eigener Initiative zu ihrem Recht gelangen konnten, ihren Besitz nicht verloren. Durch die Formalisierung der Popularklage hat Solon diese Ansätze offenbar weitergeführt. Wahrscheinlich konnte nach seinen Satzungen bereits jeder Bürger Anzeige erstatten, wenn altersschwache Eltern von ihren Kindern nicht mehr versorgt wurden.[106] Ferner war die Popularklage gegen Vermögensverschwendung infolge von Schwachsinn oder Müßiggang möglich, weil die Geschädigten in aller Regel die Kinder waren, die unter Umständen keine Klage erheben wollten oder konnten.[107] Einen gewissen Schutz sollte die Popularklage aber auch Personen bieten, die von einem anderen Privatmann eingesperrt worden waren und infolgedessen faktisch außerstande waren, Anzeige wegen unerlaubter Eigenmacht zu erstatten und hierdurch eine Klärung der Rechtslage herbeizuführen.

Konspirative Aktionen, die sich gegen die Polisgemeinschaft richteten, waren bereits vor Solon vom Areopag abgeurteilt worden. Ein entsprechendes prozessuales Verfahren setzt eine vorhergehende Anzeige voraus,

[104] Vgl. Ruschenbusch, Untersuchungen 47ff. M.-M. Mactoux, Lois de Solon sur les esclaves et formation d'une société esclavagiste, in: Yuge – Doi, Control 337, vermutet im Anschluß an Harrison, Law II 77, daß Solon die Popularklage u.a. zur Absicherung der Seisachtheia und der Aufhebung der Schuldknechtschaft eingeführt habe. Der Anwendungsbereich der Popularklage war jedoch von vornherein breiter.

[105] Er konnte in klassischer Zeit entweder selbst die Rechtsverletzung mit der gesetzlich vorgeschriebenen „Ordnungsstrafe" ahnden oder (in schwereren Fällen) ein Verfahren beim Volksgericht einleiten und einen Strafvorschlag machen. Vgl. Demosth. 43,54 und 75.

[106] Demosth. 24, 105.

[107] Ruschenbusch, Untersuchungen 50f. Vgl. Lipsius, AR 340; Harrison, Law I 80f.

wie auch immer im Einzelfall der „Prozeß“ eingeleitet wurde. Solon hat für die Verfolgung öffentlicher Straftatbestände dieser Art zweifellos neue Regelungen getroffen. Da es sich hierbei um ein Problem der Kompetenzen öffentlicher Organe handelt, ist diese Frage im größeren Rahmen der „solonischen“ Institutionen zu erörtern.

c) Institutionen und „Verfassung“

aa) Zensusklassen und Ämter

Solon verstand seine Nomothesie nicht als Einführung einer neuen Verfassung. Spezifisches Kennzeichen einer Polisordnung war aus damaliger Sicht die Geltung des Rechts (Nomos) als Einheit von Brauch, Satzungen und verpflichtenden Verhaltensnormen. Die Zeit Solons verfügte noch nicht über eine Verfassungstypologie im eigentlichen Sinne, die sich erst nach Mitte des 5. Jahrhunderts herausbildete. Es gab dementsprechend um 600 auch keinen umfassenden Verfassungsbegriff zur Bezeichnung der institutionellen Ordnung als solcher. Erst im Zuge einer schärferen Differenzierung zwischen demokratischen und oligarchischen Organisationsformen setzte sich etwa nach 430 v. Chr. anstelle älterer Termini für die „Ordnung“ und „Einrichtung“ (Taxis, Katastasis, Kosmos) eines Gemeinwesens der Begriff der Politeia durch,[108] der von Polites (Bürger) abzuleiten ist und primär die Teilhabe des Bürgers am Bürgerrecht und damit an der Polisgemeinschaft bezeichnet. Da die innere Organisation der Polis wiederum durch die Zusammensetzung der Bürgerschaft bedingt war, kommt in dem Terminus Politeia darüber hinaus die Korrelation von Bürgerrecht, Bürgerschaft und Polisordnung zum Ausdruck. Dementsprechend konnten auch die institutionellen Regelungen in ihrer Gesamtheit als Politeia verstanden werden. Solon dachte hingegen noch in anderen Kategorien, wenn er das Leitbild der Eunomia als Symbol für das Bewährte und Gültige, für das Richtige und Verpflichtende des guten Brauchs im Zusammenleben der Menschen propagierte.

Explizite Hinweise auf institutionelle Neuerungen liegen in den erhaltenen Gedichtfragmenten Solons nicht vor. Als Anspielung auf politische Organisationsprinzipien ließe sich allenfalls Solons Bemerkung verstehen, daß er dem Demos das ihm „Zukommende“ (γέρας)[109] gegeben habe, ohne das Ansehen (τιμή) des Volkes zu schmälern oder zu erhöhen (Frgm. 7 Gentili-Prato = 5 Diehl). In den folgenden Versen betont Solon aber, daß auch

[108] Vgl. Meier, Demokratie 50ff.

[109] Die Textvariante κράτος bei Plut. Sol. 18,5 ist abzulehnen.

die Reichen und Mächtigen durch ihn kein Unrecht erlitten hätten. Offenbar bezieht er sich hier primär auf die Besitzverhältnisse, um zu unterstreichen, daß er nicht bereit war, eine Neuverteilung des gesamten Grund und Bodens vorzunehmen. Daß seine Äußerungen vom Verfasser der aristotelischen Athenaion Politeia (12,1) in diesem Sinne verstanden wurden, zeigt die Einordnung des Zitats in die Darstellung der Unzufriedenheit des Demos und des Adels über den Mittelweg, den Solon bei der Durchführung der Seisachtheia eingeschlagen hatte. Deutlicher kommen Solons Vorstellungen von der politischen Rolle des Demos in einem anderen Gedichtfragment zum Ausdruck (Frgm. 8 Gentili-Prato = 5,7–10 Diehl). Es heißt hier, daß das Volk am ehesten der Führung folgt, wenn man ihm weder zuviel Handlungsfreiheit läßt noch zuviel Zwang auferlegt. Hinweise auf institutionelle Regelungen lassen sich der bildreichen poetischen Sprache Solons indes nicht entnehmen. Die aus späterer Sicht als Konstituierung einer neuen Verfassung interpretierten Maßnahmen waren für Solon selbst offenbar ein integraler Bestandteil der von ihm fixierten Thesmoi (Gesetze), die nach seiner Darstellung das Gleichheitsprinzip, d.h. die Gleichstellung aller rechtsuchenden Athener und die gleichen Sanktionen für Hoch und Niedrig garantieren sollten. Im politischen Bereich ist die solonische Ordnung indes durch eine Abstufung der Rechte gekennzeichnet. Das Kriterium waren die Besitzverhältnisse, so daß die solonische Polis allgemein als Timokratie eingestuft wird, in der nach der Definition des Aristoteles in der ›Nikomachischen Ethik‹ (1160 b 17–18) die politischen Rechte der Bürger auf der Vermögenseinschätzung beruhen. Dementsprechend wurde diese Ordnung als „radikale Abkehr von den Grundsätzen des alten Adelstaates" interpretiert.[110] Die soziale Struktur der athenischen Führungsschicht hat sich aber nach der Gesetzgebung Solons wohl kaum wesentlich verändert. Bezeichnenderweise ist im ›Rechenschaftsgedicht‹ Solons nicht davon die Rede, daß die dominierende Schicht gegen die Zulassung „neuer Männer" zum Archontat protestierte. Die athenischen Aristokraten sahen durch die solonischen Reformen ihren traditionellen Führungsanspruch offenbar nicht in Frage gestellt, und neben den zu den aristoi zählenden Landbesitzern gab es schwerlich weitere „Reiche" als Kandidaten für das Archontat.

Bei der Bewertung der Regelungen Solons im politisch-institutionellen Bereich sind zunächst wieder die beiden großen Themen seines politischen Wirkens zu berücksichtigen: die Seisachtheia und die Beseitigung der Tyrannisgefahr. Den Intentionen Solons, die Seisachtheia durch flankierende Maßnahmen wirtschaftlich abzusichern, entsprach offenbar das Bestreben des Gesetzgebers, den Demos auch stärker in die politisch-rechtliche Organisation der Polisgemeinschaft zu integrieren. So konnten nunmehr in der

[110] Bengtson, GG^5 124.

neuen Institution der Heliaia etwa auch Kleinbauern und Handwerker als „Richter“ fungieren und sich hierdurch ihrer Mitverantwortung für den inneren Frieden der Polis bewußt werden. Von großer Bedeutung war für Solon aber vor allem, daß den militärischen Pflichten und Aufgaben der Mittelschicht der Hopliten im politisch-institutionellen Bereich Rechnung getragen wurde.[111] Gerade die in der Phalanx dienenden Athener mußten für die von ihm propagierte Idee der Polisordnung gewonnen werden, da sie zweifellos das stärkste Gegengewicht gegen den Machtanspruch einzelner bilden konnten, falls Tyrannisaspiranten mit Hilfe von Hetairien die Herrschaft zu gewinnen suchten. Es galt aber zugleich, den kompetitiven Ehrgeiz der dominierenden Aristokraten möglichst im Rahmen der politischen Organisationsform zu befriedigen, so daß auch auf diese Weise eine gewisse Barriere gegen die Gefahr der Tyrannis gebildet wurde.

Schwer zu entwirren ist die Überlieferung über die vier solonischen Schätzungs- oder Zensusklassen.[112] Solon soll eine Einteilung der Bürger nach ihrem Jahreseinkommen vorgenommen und hierbei Maßeinheiten für Naturalien zugrunde gelegt haben. Nach den vorliegenden Angaben zählten zur ersten Klasse der Pentakosiomedimnoi („Fünfhundertscheffler“) alle Athener mit einem jährlichen Ernteertrag von 500 Scheffeln (Medimnoi) Getreide und zur zweiten Klasse der Hippeis („Reiter“) die Bürger mit einer Ernte von 300 Medimnoi, während für die Einstufung in die dritte Klasse der als Hopliten dienenden sog. Zeugiten eine Mindestproduktion von 200 Medimnoi vorausgesetzt wurde und alle übrigen Athener, die den Zeugitenzensus nicht erreichten, die vierte Klasse der Theten bildeten. Hierbei soll als Äquivalent des Getreidemaßes (1 Medimnos = ca. 52,53 Liter) das Hohlmaß für Öl bzw. Wein (1 Metretes = ca. 39,39 Liter) gegolten haben.[113]

[111] Spahn, Mittelschicht 137, zählt zu den „Mittleren“ auch Athener der zweiten Zensusklasse der Hippeis. Dies ist sicherlich z. T. zutreffend, doch rechneten sich die reicheren Hippeis wohl kaum zur breiten Mittelschicht.

[112] Aristot. Ath. Pol. 7,3–4; Pol. 1274 a 19–21 (wo die „Klassen“ in falscher Reihenfolge aufgezählt werden); Plut. Sol. 18,1–2; Pollux VIII 129.

[113] Nach Plutarch Sol. 23,3 (auf den Opfertarif bezogen) sollen eine Drachme oder ein Schaf den gleichen Wert wie ein Medimnos (Getreide) gehabt haben, doch wird die Getreideart nicht genannt. Aufgrund dieser Gleichsetzung und der Angabe des Demosthenes 43,54, daß in seiner Zeit ein Zeugites für eine Erbtochter eine Brautausstattung von 150 Drachmen zu zahlen hatte, vermutete eine Reihe von Forschern (u. a. A. Boeckh, Die Staatshaushaltung der Athener, I³, Berlin 1886, 581; Beloch, GG I² 1, 303; Busolt-Swoboda II 822; vgl. R. Thomsen, Eisphora. A Study of Direct Taxation in Ancient Athens, Kopenhagen 1964, 148 ff.), daß der Mindestertrag für den Zeugitenzensus pro Jahr 150 Medimnen betragen habe und später eine Erhöhung vorgenommen worden sei. Aus den genannten Nachrichten bei Demosthenes und Plutarch können indes keine Rückschlüsse auf solonische Steuer- oder Einkom-

Auffällig ist zunächst, daß in der Überlieferung weder der unterschiedliche Wert der Getreidearten und der genannten flüssigen Erzeugnisse berücksichtigt wird noch ein Hinweis auf eine Anrechnung sonstiger Früchte oder tierischer Produkte vorliegt. Ein Maß Öl oder Wein war mehr wert als ein Scheffel Weizen, und Weizen war wertvoller als Gerste.[114] Im übrigen konnte sich die bäuerliche Subsistenzwirtschaft nicht auf ein bestimmtes Erzeugnis spezialisieren. Es dürfte schwierig gewesen sein, unter diesen Umständen für die Einstufung der einzelnen Bauern eine möglichst gerechte Bemessungsgrundlage zu finden. Auch wenn man dies schließlich durch ein ausgeklügeltes System erreicht hätte, wäre die übrige Bevölkerung unberücksichtigt geblieben. Eine voll entwickelte Geldwirtschaft, die es ermöglicht hätte, für Gewerbetreibende anstelle des bäuerlichen Naturaleinkommens ein Äquivalent an Münzen zu berechnen, kann für die solonische Zeit nicht vorausgesetzt werden. Spätere Nachrichten über bestimmte finanzielle Verpflichtungen athenischer Bürger geben keine Aufschlüsse über solonische Einteilungskriterien. Nach einem von Demosthenes (43,54) zitierten Gesetz sollte eine Erbtochter (aus der Thetenklasse) von einem der nächsten Verwandten geheiratet werden. War der in Frage kommende Verwandte hierzu nicht bereit, hatte er eine Brautausstattung zu zahlen, und zwar der Pentakosiomedimnos 500, der Hippeus 300 und der Zeugites 150 Drachmen.[115] Diese Beträge standen zweifellos noch nicht in den Satzungen Solons. Dies zeigt ein Vergleich mit dem ältesten inschriftlich erhaltenen athenischen Volksbeschluß, der in die Jahre nach den Reformen des Kleisthenes zu datieren ist.[116] Hiernach betrug der Wert einer Hoplitenrüstung im ausgehenden 6. Jahrhundert 30 Drachmen. Eine Brautausstattung von 150 Drachmen hätte in dieser Zeit einen Bauern der Zeugitenklasse wirtschaftlich ruiniert, während in den solonischen Satzungen gerade eine Einschränkung der Mitgift vorgeschrieben war. Die von Demosthenes erwähnten Beträge setzen eine Minderung des Geldwertes gegenüber den Anfängen der Münzprägung voraus und können daher keinesfalls schon im 6. Jahrhundert fixiert worden sein. Auch die Angabe Plutarchs (Solon 23,3)

mensklassen gezogen werden. Vgl. C. M. A. van den Oudenrijn, Mnemosyne, Ser. 4, 5 (1952) 19–27; G. E. M. de Ste. Croix, ClMed 14 (1953) 42 ff.; Rhodes, Commentary 142, 145; Oliva, Solon 55.

[114] Dazu bereits K. M. T. Chrimes, On Solon's Property Classes, CR 46 (1932) 2–4, die vermutete, daß für die Einstufung ein potentieller Ertrag an Gerste angenommen wurde, d. h. eine Menge, die geerntet worden wäre, wenn der betreffende Grundbesitzer auf seinem gesamten Land Gerste angebaut hätte. Andere Forscher nehmen eine Art „Weizenstandard“ an. Vgl. Rhodes, Commentary 141 f.

[115] Vgl. Anm. 113.

[116] IG I³ 1 = Meiggs-Lewis Nr. 14.

daß (nach den Satzungen Solons) ein Schaf oder eine Drachme als Äquivalent für einen Scheffel Getreide galt, ist kein Beleg für ein entsprechendes Umrechnungsverfahren bei der Einstufung der Athener in die vier solonischen Zensusklassen. Plutarch bezieht sich nicht auf Einkommens- oder Zensusklassen, sondern auf den Opfertarif,[117] für den ebenso wie bei der Festsetzung von Strafsätzen ursprünglich Naturalien als Bemessungsgrundlage galten. Die Umrechnung in Drachmen wurde erst durch steigenden Geldumlauf möglich. Sie kann daher nicht in die solonische Zeit datiert werden. Auch dürften die durchschnittlichen Jahreserträge eines Zeugiten damals nicht einem Wert von 150 oder gar 200 Schafen entsprochen haben.

Die Bezeichnung „Fünfhundertscheffler" scheint zwar eine Staffelung der Zensussätze nach Naturalerträgen zu implizieren, doch fragt es sich, ob dieser Begriff eine exakte Feststellung der Jahresernte im solonischen Athen voraussetzt oder nur eine Art Richtmaß für die Einstufung der betreffenden Grundbesitzer andeutet. Verifizierbare Zitate aus solonischen Satzungen enthalten keine Anweisungen zur Erfassung des Jahreseinkommens athenischer Bürger. Die in der atthidographischen Tradition genannten Naturalerträge sind vermutlich erst aus Daten des späten 5. und des 4. Jahrhunderts abgeleitet, die sich z. B. den damals geltenden Bestimmungen des „Erbtochtergesetzes" entnehmen und mit der gleichfalls nachsolonischen Korrelation von Drachme und Medimnos kombinieren ließen.

Herodot (II 177) behauptet freilich, daß Solon ein vom Pharao Amasis verfügtes Gesetz übernommen habe, das jeden Einwohner in Ägypten zur Angabe seiner jährlichen Einkünfte verpflichtete und für ein Versäumnis der Einkommenserklärung die Todesstrafe vorsah. Diese Nachricht ist indes schon aus chronologischen Gründen unzutreffend, da Amasis erst 570/69 v. Chr. Pharao geworden ist. Im übrigen hätte der Verwaltungsaufwand, der nach Herodots Darstellung im solonischen Athen vorauszusetzen wäre, die Magistraturen der Polis überfordert. Die relativ wenigen Funktionsträger unterhalb der Leitungsebene der Archonten wären schwerlich in der Lage gewesen, das Einkommen der Bevölkerung eines Gebietes zu erfassen, das flächenmäßig etwa so groß wie das heutige Luxemburg war.

Offenbar basierte die sog. Zensuseinteilung im Prinzip auf der Aufgebotsordnung und der Einordnung der Wehrfähigen in den Heerbann aufgrund der Ausrüstung, die sie besaßen. Die Bezeichnungen für die zweite und dritte Klasse zeigen, daß es sich hier um eine ältere (vorsolonische) Gliederung nach militärischen und sozialen Kriterien handelt.[118] Die Angehörigen

[117] Vgl. Anm. 113.

[118] Bereits C. Cichorius, Zu den Namen der attischen Steuerklassen, in: Griechische Studien Hermann Lipsius zum 60. Geburtstag dargebracht, Leipzig 1894, 195–140, hat auf den ursprünglich militärischen Charakter dieser „Zensuseinteilung" hin-

der zweiten Klasse der Hippeis waren Grundbesitzer bzw. deren wehrfähige Söhne, die sich Pferde leisten konnten und bei einem Aufgebot zu Pferd ins Feld rückten, im Kampf aber sich wohl größtenteils in die Hoplitenphalanx einreihten.[119] Die Bezeichnung für die dritte Klasse der Zeugiten bedeutet „Reihenleute", d.h. Kombattanten, die „in Reih und Glied" (im ζυγόν) in der Phalanx kämpften.[120] Die zur Thetenklasse zählenden Athener dienten im Kriegsfall lediglich als Leichtbewaffnete oder fungierten als Waffen- und Proviantträger.

Die Erfassung der Wehrfähigen erfolgte wohl im wesentlichen über die Phylen und Phratrien, während für eine eilige Mobilmachung das Meldesystem der Naukrarien eingeschaltet wurde. Jedenfalls war es den Polisbehörden ohne Verwaltungsapparat möglich, über die Unterabteilungen der Polisgemeinschaft ein Bild von der Gliederung der Wehrfähigen und der Sozialstruktur der Bürgerschaft zu gewinnen. Zu beachten ist, daß die Zugehörigkeit zu den drei ersten Zensusklassen eine Statusangelegenheit war und der einzelne Athener in aller Regel wohl von sich aus danach trachtete, den hierdurch definierten sozialen Rang zu erreichen. Auch aus diesem Grund

gewiesen. Vgl. ferner etwa Beloch, GG I² 1, 303; C.F. Lehmann-Haupt, in: A. Gercke – Ed. Norden, Einleitung in die Altertumswissenschaft, III, Leipzig ²1914, 20; A. Andrewes, The Greek Tyrants, New York 1956, 87; Bengtson, GG⁵ 124; Jeffery, Archaic Greece 93 und 107, Anm. 6; D. Whitehead, The Archaic Athenian ZEYΓITAI, CQ 75 (1981) 282–286. Demgegenüber sucht Bugh, Horsemen 20ff., zu zeigen, daß die „Zensuseinteilung" nur nach ökonomisch-politischen Kriterien erfolgte. W.R. Connor, Tribes, Festivals and Processions; Civic Ceremonial and Political Manipulation in Archaic Greece, JHS 107 (1987) 47ff., bringt die „Klassen" mit der Höhe ihrer Opfergaben bei Festen der Polisgemeinschaft in Verbindung.

119 Als Kombattanten sind sie dementsprechend von den Meldereitern der Naukrarien zu unterscheiden. Vgl. Th. J. Figueira, Historia 35 (1986) 273 (oben Kap. II, Anm. 100).

120 Pollux VIII 132 bezeichnet die Zeugiten als ζευγοτροφοῦντες, „Gespannbauern", die zwei Ochsen besaßen. Richtig ist aber zweifellos die Ableitung von ζυγόν, d.h. Glied der Phalanx (Whitehead, CQ 75, 1981, 285f.). Der durchschnittliche Landbesitz eines Zeugiten ist kaum zu bestimmen. Ältere Schätzungen (im allgemeinen zu hoch) hat H. Volkmann, RE X A (1972) 250 s. v. Zeugitai, zusammengestellt. Nach neueren Schätzungen wäre der durchschnittliche Hof eines Hopliten in klassischer Zeit auf ca. 40–60 griechische Plethren (= 3,6 – 5,4 ha) zu veranschlagen Vgl. V. N. Andreyev, Some Aspects of Agrarian Conditions in the Fifth to Third Centuries B. C., Eirene 12 (1974) 14ff.; M. H. Jameson, Agriculture and Slavery in Classical Athens, CJ 73 (1977/78) 125, Anm. 13; A. Burford Cooper, The Family Farm in Greece, ebd. 168ff.; R. Osborne, Classical Landscape with Figures. The Ancient Greek City and its Countryside, London 1987, 46. Zu beachten ist jedoch, daß das Land von sehr unterschiedlicher Qualität war. Hiernach richteten sich wiederum die Anbaumöglichkeiten. Vgl. French, Athenian Economy 20f.

wäre eine zentrale Erfassung des Jahreseinkommens der Bürger für eine Zensuseinteilung kaum erforderlich gewesen.

Die Pentakosiomedimnoi bildeten eine Gruppe, die aus der Schicht der Hippeis deutlich herausgehoben war. Diese spezielle Bezeichnung wurde vermutlich geprägt, als der Medimnos Getreide als Wertmesser größere Bedeutung gewann.[121] Der Begriff „Pentakosiomedimnos" ist jünger als das Wort „Hippeus". Da eine genaue Erfassung der Einkünfte von Grundbesitzern kaum möglich war, scheint die Zahl 500 eher einen symbolischen Wert für eine relative große Ernte darzustellen. Ob erst Solon diese „Zensusklasse" konstituiert hat, läßt sich nicht ausmachen. Die Fünfhundertscheffler besaßen jedenfalls seit den solonischen Reformen Privilegien, die nicht allen zur Oberschicht der agathoi zählenden Athenern zukamen.

Die Überlieferung über die Regelungen Solons zur Besetzung der Ämter ist allerdings widersprüchlich. Aristoteles betont in der ›Politik‹ mehrfach (1273 b 35ff.; 1274 a 16–19; 1281 b 32–34), daß Solon das (aus der Sicht der „Edlen" und „Reichen") „aristokratische" Prinzip der Wahl der Beamten nicht geändert habe.[122] Demgegenüber heißt es in der Skizze der solonischen „Verfassung" in der Athenaion Politeia (8,1), daß die Ämter (d.h. hier die neun Archontenstellen) nach einer Vorwahl, in der die (vier) Phylen jeweils zehn Kandidaten bestimmten, ausgelost wurden. Der Verfasser vergleicht hiermit das noch in seiner Zeit gültige Verfahren bei der Einsetzung der Archonten, betont aber in seinem Bericht über die Reformen des Jahres 487/86, daß damals zum erstenmal nach der Tyrannis (der Peisistratiden) eine Auslosung aus Vorgewählten vorgenommen worden sei, während bis dahin Wahlen stattgefunden hätten (Ath. Pol. 22,5). Im übrigen bleibt in seinem Vergleich zwischen dem Besetzungsverfahren in seiner Zeit und der angeblichen solonischen Praxis unberücksichtigt, daß seit 487/86 die zehn kleisthenischen Phylen die Kandidaten für die Auslosung bestimmten. Des weiteren fehlen in der Athenaion Politeia exakte Angaben über eine Vermö-

[121] Bezeugt ist dieser Wertmesser für das späte 7. Jahrhundert in Tiryns. Vgl. R. Koerner, Klio 67 (1985) 454.

[122] E. S. Staveley, Greek and Roman Voting Elections, London 1972, 33ff., nimmt an, daß die vorsolonischen Archonten vom Areopag gewählt worden seien. In der Athenaion Politeia 8,2 heißt es zwar, daß der Areopag in alter Zeit die Kandidaten zu sich berief und selbständig für jede Behörde den „Geeigneten" auswählte, doch ist diese Angabe zweifellos eine bloße Konstruktion, die zudem im Widerspruch steht zu der Nachricht Ath. Pol. 5,2, wonach Solon von der Polisgemeinschaft gewählt wurde. Nach Aristot. Pol. 1274 a 15–17 soll Solon allerdings dem Demos das Recht eingeräumt haben, die Beamten zu wählen und zur Rechenschaft zu ziehen. Der Hinweis auf die Beamtenkontrolle zeigt indes, daß Aristoteles an dieser Stelle die solonischen Reformen aus der Perspektive seiner eigenen Zeit deutet. Möglicherweise hat Aristoteles seine These aus Solon Frgm. 7,1–2 Gentili-Prato (= 5, 1–2 Diehl) abgeleitet.

gensqualifikation für das Archontat in solonischer Zeit. Der Verfasser bemerkt lediglich, daß seit Solon Angehörige der drei ersten „Klassen" zu den Ämtern der Archonten, der Tamiai (Schatzmeister der Athena), der Poletai, der „Elfmänner" und der Kolakreten zugelassen waren, und zwar jeder „im Verhältnis zu seiner Einkommensschätzung". Näher erläutert wird dann nur die Voraussetzung für die Ausübung des Amtes der Schatzmeister, die – wie es des weiteren heißt – nach dem noch immer gültigen Gesetz Solons aus den Fünfhundertschefflern ausgelost werden. Dies sei ein Beweis für das kombinierte Wahl- und Losverfahren Solons bei der Besetzung der Archontenstellen. Auch dieses Argument ist nicht zwingend, denn bei der Einsetzung der Tamiai fand im 4. Jahrhundert keine Vorwahl statt. Zudem ist zu beachten, daß nach dem in der Athenaion Politeia in anderem Zusammenhang (47,1) beschriebenen „solonischen" Verfahren bis zur Konstituierung der zehn neuen kleisthenischen Phylen jährlich nur vier Tamiai (d. h. jeweils ein Schatzmeister aus jeder der vier alten Phylen) eingesetzt worden wären. Bereits für die Mitte des 6. Jahrhunderts sind aber acht Tamiai eines bestimmten Amtsjahres belegt.[123] Vermutlich ist die Auslosung der Tamiai erst im Zuge der Ausweitung des „demokratischen" Prinzips des Losverfahrens auf nahezu alle Ämter (mit Ausnahme der militärischen) im 5. Jahrhundert eingeführt worden. Daß seit Solon nur Pentakosiomedimnoi Schatzmeister werden konnten, ist hingegen nicht zu bezweifeln, da die Polisgemeinschaft sich im Fall von Veruntreuungen am Besitz der „Kassenbeamten" schadlos zu halten suchte.

Auch für Bekleidung des Archontats wird ein für damalige Verhältnisse beachtlicher Besitz vorausgesetzt worden sein. Ein Archon hatte nach den Satzungen Solons unter Umständen für Amtsverfehlungen beträchtliche Bußgelder zu zahlen. Dies deutet darauf hin, daß die Archonten zur Spitzengruppe der Grundbesitzer zählten und erst durch die Reformen des Jahres 487/86 die zweite Zensusklasse der Hippeis zum Archontat zugelassen wurde. Diese Erweiterung des Kandidatenkreises ist wohl damit zu erklären, daß erst 487/86 das kombinierte Wahl- und Losverfahren eingeführt wurde und dementsprechend fortan auch eine größere Zahl von Bewerbern Jahr für Jahr zur Verfügung stehen mußte. Das Archontat hatte inzwischen durch die Einführung des Strategenamtes (501/500) an Bedeutung verloren, während im solonischen Athen der Archon eponymos und der Polemarchos noch die wichtigsten Führungspositionen innehatten. Die Auseinandersetzungen um das eponyme Archontat kurze Zeit nach den Reformen Solons wären unverständlich, wenn Auslosungen stattgefunden hätten, die den Kandidaten, die über das Archontat stärkeren Einfluß zu gewinnen suchten, nur geringe Chancen bei der Bewerbung um dieses Amt bieten konnten. Im

[123] IG I² 393. Vgl. Hignett, Athenian Constitution 325.

übrigen befehligte der Polemarchos damals noch das Aufgebot. Im klassischen (demokratischen) Athen wurden militärische Führungsaufgaben nie ausgelosten Beamten anvertraut. Solon hat hierfür schwerlich andere Regelungen getroffen.[124]

Aus einer Reihe von Gründen ist daher anzunehmen, daß alle neun Archontenstellen (im weiteren Sinne des Wortes) durch Wahlen in der Volksversammlung besetzt wurden und nur Pentakosiomedimnoi diese Ämter bekleiden konnten. Wenn Solon explizit diesbezügliche Verfügungen formuliert hat, wurde hierdurch vermutlich im wesentlichen nur eine bereits übliche Praxis sanktioniert, da – wie gesagt – kein Widerstand der bisherigen Führungsschicht gegen eine Zulassung *aller* Pentakosiomedimnoi zum Archontat überliefert ist. Die Qualifikation für dieses Amt war zwar sicherlich fortan eindeutig fixiert, doch wurde hierdurch die traditionelle Rangordnung nicht unmittelbar in Frage gestellt. Im Zuge der allmählichen wirtschaftlichen Aufwärtsentwicklung standen freilich langfristig mehr Kandidaten zur Verfügung. Solon hat dies indes wohl kaum bereits einkalkuliert.

Der eponyme Archon leitete sicherlich wie bisher die Volksversammlung und wohl auch den Areopag (sofern dieses Gremium nicht als Blutgerichtshof unter dem Vorsitz des Basileus tagte). Neue Aufgaben wuchsen

124 Zur Forschungsdiskussion über die solonische Regelung der Besetzung der Archontenstellen vgl. Rhodes, Commentary 146ff., sowie R. Develin, The Election of Archons from Solon to Telesinos, AC 48 (1979) 455ff., und dens., Athenaeum N. S. 62 (1984) 299 und 305ff.; Athenian Officials 2. Develin stimmt der Version der Athenaion Politeia 8,1 zu, nimmt aber an, daß in der Stasis nach Solon für kurze Zeit wieder das Wahlverfahren eingeführt worden sei, bis die nichtadligen Schichten erneut das Wahl- und Losverfahren erstritten hätten. Unter der Tyrannis seien die Archonten hingegen direkt gewählt worden, und seit 487/86 habe man endgültig eine jährliche Auslosung aus Vorgewählten vorgenommen. Diese Rekonstruktion setzt regelrechte Ständekämpfe voraus, die es in Athen zweifellos nicht gegeben hat. – Oliva, Solon 57, nimmt an, daß die von ihm vermutete solonische Einsetzung der Archonten durch das Los unter Peisistratos abgeschafft und zu Beginn des 5. Jahrhunderts wieder ins Leben gerufen worden sei. Auch Andrewes, CAH III 3 (^{2}1982) 386, gibt der Angabe Ath. Pol. 8,1 den Vorzug gegenüber Aristot. Pol. 1273 b 40 – 1274 a 2. Ähnlich Stahl, Aristokraten 177 mit Anm. 103. W. G. Forrest – D. L. Stockton, The Athenian Archons: A Note, Historia 36 (1987) 240, wollen die Nachrichten harmonisieren. Sie vermuten, daß vor Solon der Areopag die Archonten auf der Basis einer von den Phylen präsentierten Liste gewählt habe, während seit Solon eine Auslosung aufgrund einer entsprechenden Liste vorgenommen worden sei. Das Problem der nachsolonischen Auseinandersetzungen um das eponyme Archontat wird indes durch diese These nicht gelöst. Aus dem gleichen Grund führt auch die Vermutung G. L. Cawkwells, Nomophylakia and the Areopagus, JHS 108 (1988) 5, daß seit Solon neun gewählten Kandidaten die einzelnen Archontenstellen durch Los zugewiesen worden seien, nicht weiter.

dem Archon eponymos und anderen Beamten aus der solonischen Rechts- und Gerichtsordnung zu. Vor allem die Konstituierung des „Volksgerichtes" der Heliaia führte zu einer Intensivierung der Interaktion von Polisorganen und betraf daher auch wesentliche Aspekte der politischen Organisation Athens.

bb) Heliaia, Rat der 400, Volksversammlung

Die solonische Heliaia wird häufig als Appellationsinstanz gegen richterliche Urteile der Beamten interpretiert und mit der Ekklesia gleichgesetzt, d. h. als Versammlung des Demos verstanden, die als Gericht tagte.[125] Diese Theorie verbindet den Begriff Heliaia (bzw. Eliaia in der älteren Form) etymologisch mit den Termini Halia und Haliaia, die in einer Reihe von dorischen Poleis als technische Bezeichnungen für „Volksversammlung" dienten.[126] Als Hauptbeleg für die Funktion der Heliaia als Appellationsinstanz gilt die Angabe der Athenaion Politeia (9,1), daß zu den drei „volkstümlichsten" Maßnahmen Solons die Zulassung der sog. ἔφεσις an das „Gericht" (Dikasterion) gehöre. Der Begriff „Dikasterion" soll dementsprechend nach dieser Interpretation nicht einen einzelnen Gerichtshof als Unterabteilung des Volksgerichts bezeichnen (wie dies in klassischen Zeugnissen in aller Regel der Fall ist),[127] sondern sich auf die Heliaia in ihrer Gesamtheit beziehen. Da die Gerichtsbeamten im klassischen Athen im wesentlichen nur noch die Prozesse vorzubereiten und zu leiten hatten, wird

[125] Vgl. etwa R. J. Bonner – G. Smith, The Administration of Justice from Homer to Aristotle, I, Chicago 1938 (ND New York 1968), 152–157; Hignett, Athenian Constitution 97; H. T. Wade-Gery, Essays in Greek History, Oxford 1958, 173ff.; MacDowell, Law 30–32; Rhodes, Commentary 160; Andrewes, CAH III 3 (^{2}1982) 388; M. Ostwald, From Popular Sovereignty to the Sovereignty of Law. Law, Society, and Politics in Fifth-Century Athens, Berkeley – Los Angeles – London 1986, 10. Die Hauptargumente dieser Theorie sind zusammengefaßt von Sealey, Athenian Republic 60ff., der allerdings (wie er selbst einräumt) irreführend die Gleichsetzung von Ekklesia und Heliaia als "older theory" bezeichnet und hiervon die "newer theory" differenziert, die von E. Ruschenbusch (Ephesis. Ein Beitrag zur griechischen Rechtsterminologie, ZRG 78, 1961, 386–390; Heliaia: Die Tradition über das solonische Volksgericht, Historia 14, 1965, 381–384) und M. H. Hansen (Eisangelia 51f.; The Athenian Heliaia from Solon to Aristotle, ClMed 33, 1981–1982, 9–47) entwikkelt wurde. Die Thesen von Ruschenbusch und Hansen, die die Heliaia als ordentliches Gericht deuten, sind nicht allgemein akzeptiert worden.

[126] Vgl. Schulthess, RE VII 2 (1912) 2233ff. s. v. Halia; M. Wörrle, Untersuchungen zur Verfassungsgeschichte von Argos im 5. Jh. v. Chr., Diss. Erlangen-Nürnberg 1964, 32ff.

[127] Vgl. Busolt-Swoboda II 1151 mit Anm. 3.

nach der genannten Theorie des weiteren eine Einschränkung der gerichtsmagistratischen Kompetenzen im Verlauf einer längeren (mit Solon beginnenden) Entwicklung angenommen und dementsprechend vermutet, daß der Beamte nach solonischem Recht zwar noch nicht (wie in klassischer Zeit) das Verfahren an ein Dikasterion zu überweisen hatte, wenn seine Strafbefugnis nicht ausreichte, die von ihm für notwendig erachtete Strafe zu verhängen. Wohl aber soll der Beklagte oder Angeklagte durch Solon das Recht erhalten haben, das „Urteil" eines Beamten anzufechten und von sich aus die Heliaia anzurufen, deren Aufgabe es dann gewesen sei, die Sache neu zu entscheiden. Die Möglichkeit des Einspruchs gegen die richterliche Entscheidung eines Beamten ist im 6. Jahrhundert für Chios belegt.[128] Nach einem fragmentarisch erhaltenen Gesetz, das vermutlich etwa zwischen 575 und 550 beschlossen wurde, war in diesem Fall der „Volksrat" (βολὴ δημοσίη) zuständig, der jeden Monat tagte und sowohl „die übrigen Angelegenheiten des Demos" zu regeln als auch Berufungen gegen richterliche Urteile der Beamten zu entscheiden hatte. Dieses Verfahren kann aber nicht ohne weiteres mit der in der Athenaion Politeia erwähnten Ephesis an das Dikasterion (bzw. an die Heliaia) verglichen werden, da der Volksrat in Chios und die Heliaia in Athen unterschiedliche Institutionen waren.[129]

Des weiteren ist zu beachten, daß der dorische Begriff „Halia" auch die Versammlung einer bestimmten Sektion des „Volkes" bezeichnen kann.[130] Die Gleichsetzung von „Halia", „Haliaia" und „Heliaia" ist nicht zwingend. Hinzu kommt, daß im klassischen Athen zwar „Demos" (im staatsrechtlichen Sinne) und „Ekklesia", nicht aber „Demos" und „Heliaia" identifiziert wurden. Nicht das Gericht, sondern die Volksversammlung repräsentiert den gesamten Demos.[131] Die Geschworenen der Heliaia, die lediglich abzustimmen haben, nicht aber diskutieren können, üben nach athenischem Ver-

[128] Meiggs-Lewis Nr. 8. Dazu L. H. Jeffery, The Courts of Justice in Archaic Chios, BSA 51 (1956) 157–167.

[129] M. Just, Ἐκκαλεῖσθαι im Prozeßrecht des frühen Chios, RIDA, ser. 3, 16 (1969) 191–205, will die Entstehung beider Organe auf eine revolutionäre Massenbewegung zurückführen, verkennt aber, daß jedenfalls in Athen (im Unterschied zu Rom) keine Ständekämpfe stattgefunden haben. Im übrigen sagt die Urkunde aus Chios selbstverständlich über die Entstehung der athenischen Heliaia nichts aus.

[130] M. H. Hansen, ClMed 33 (1981–82) 29.

[131] Hierzu und zum Folgenden M. H. Hansen, Demos, Ecclesia and Dicasterion in Classical Athens, GRBS 19 (1978) 127–146 = Hansen, The Athenian Ecclesia, Kopenhagen 1983, 139–160; ders., Initiative und Entscheidung. Überlegungen über die Gewaltenteilung im Athen des 4. Jahrhunderts, Xenia H. 6, Konstanz 1983, 7 ff.; ders. The Athenian Assembly in the Age of Demosthenes, Oxford 1987, 101 ff.; ders., The Political Powers of the People's Court in Fourth-Century Athens, in: Murray-Price, Greek City 215 ff.

ständnis für den Demos richterliche Funktionen aus. Die Heliaia und ihre Dikasterien wurden somit als eigene Institutionen der Polisgemeinschaft verstanden. Während in klassischer Zeit 6000 Geschworene aus allen Bürgern, die sich für die richterliche Tätigkeit zur Verfügung stellten und mindestens 30 Jahre alt sein mußten, ausgelost wurden, konnte an der Volksversammlung jeder Athener schon nach Vollendung des 18. Lebensjahres teilnehmen, sofern er ἐπίτιμος, d.h. im vollen Besitz der bürgerlichen Rechte war. Nirgendwo wird in den Quellen angedeutet, daß die Heliaia als öffentliches Organ aus der Volksversammlung hervorgegangen ist.

Wenn nach athenischem Recht die „Elfmänner" alle auf frischer Tat ergriffenen und geständigen Diebe und „Übeltäter" (κακοῦργοι)[132] ohne Gerichtsverhandlung exekutieren lassen konnten, andererseits aber ein Verfahren vor der Heliaia einzuleiten hatten, sofern der Beschuldigte leugnete, war die Heliaia in diesem Fall zweifellos keine Berufungsinstanz. Wurde anstelle einer ἀπαγωγή (Festnahme des Diebes) eine Diebstahlklage angestrengt, war die Heliaia nach solonischem Recht sicherlich ebenfalls ein Gericht erster Instanz. Des weiteren fungierte die Heliaia als zuständiges Gericht, wenn jemand wegen Mißhandlung der Eltern oder Verweigerung des Kriegsdienstes verurteilt worden war und sich als ἄτιμος („Ehrloser") an einer für ihn verbotenen Stätte aufgehalten hatte (Demosthenes 24,105). Auch hier handelte es sich nicht um eine Appellation. Tatbestand war vielmehr die Mißachtung eines Urteils, das im Fall der schlechten Behandlung altersschwacher Eltern zweifellos der Archon eponymos gefällt hatte.[133] Wenn der Verfasser der Athenaion Politeia solche Regelungen vor Augen hatte, kann er unter „Ephesis an das Dikasterion" nicht eine Appellation, sondern nur eine reguläre Überweisung verstanden haben. „Ephesis" kann zwar auch „Einspruch" bedeuten. Hierzu liegen jedoch nur Zeugnisse aus späterer Zeit vor, die sich aber nicht auf Entscheidungen beziehen,

[132] Vgl. zum Begriff des κακοῦργος Hansen, Apagoge 36ff.

[133] Rhodes, Commentary 160f., der unter Ephesis eine Appellation versteht, sucht das Problem, das Demosth. 24, 105 für seine Interpretation darstellt, zu umgehen, indem er annimmt, daß die Nichtbeachtung der magistratischen Entscheidung durch einen ἄτιμος „möglicherweise" als Einspruch aufgefaßt wurde. Diese These wird durch den Kontext nicht gestützt. – Das weitere bei Demosth. a.a.O. zitierte Gesetz (vgl. Lys. 10,16), wonach die Heliaia einen Dieb zusätzlich zur Einsperrung in den Fußblock verurteilen konnte, bezieht Rhodes im Anschluß an Lipsius, AR 440, auf Verhandlungen vor der Heliaia in zweiter Instanz. Jeder „Richter" sei berechtigt gewesen, die Zusatzstrafe zu beantragen. Demgegenüber weist Hansen, ClMed 33 (1981–82) 30, mit Recht darauf hin, daß Heliasten in klassischer Zeit überhaupt keine Strafe beantragen konnten. In der solonischen Heliaia wird dies kaum anders gewesen sein. Hansen bezieht die formelhafte Wendung προστιμᾶσθαι δὲ τὸν βουλόμενον auf den Kläger.

die von einem einzelnen Beamten mit koerzitiven Befugnissen getroffen wurden.[134]

Die solonische Heliaia hatte sicherlich größere gerichtliche Kompetenzen als der archaische Volksrat in Chios. Die Zahl der Heliasten (Richter in der Heliaia) bleibt ein offenes Problem. Ob diese Richter nach der solonischen Ordnung bereits ausgelost und auf mehrere Gerichtshöfe aufgeteilt wurden, läßt sich ebenfalls nicht ausmachen.

Als weitere institutionelle Neuerung wird in der Athenaion Politeia (8,4) und in der Solonvita Plutarchs (19,1–2) der „Rat der Vierhundert" genannt, in den die vier altattischen Phylen je 100 Mitglieder entsandt haben sollen. Die Athenaion Politeia erwähnt lediglich die Konstituierung des Rates, während Plutarch die Gründe für diese Maßnahme Solons sowie die Funktionen der neuen Institution zu kennen glaubt: Angeblich soll Solon im Hinblick auf die Unruhe im Demos nach der Seisachtheia einen zweiten Rat (neben dem bereits bestehenden Areopag) geschaffen und dem neuen Organ die Aufgabe übertragen haben, „alles vorzuberaten und darauf zu achten, daß keine Agenda ohne Vorbereitung vor die Volksversammlung gebracht werden". Der Hinweis auf die revolutionäre Stimmung im Demos nach der allgemeinen Schuldentilgung basiert wohl auf Schlüssen, die Plutarch (bzw. seine Quelle) aus dem ›Rechenschaftsgedicht‹ Solons gezogen hat. Solon nimmt hier aber gar nicht auf die Institutionen der Polis Athen Bezug. Auch die Bemerkungen Plutarchs zu den vorberatenden (probouleutischen) Funktionen des Rates der Vierhundert stammen sicherlich nicht aus authentischer Tradition.

Da politische Aktivitäten dieses Gremiums nicht ausdrücklich belegt sind, ist die Existenz des solonischen Rates in der Forschung umstritten. Einerseits wird darauf verwiesen, daß der inschriftlich bezeugte „Volksrat" in Chios, dessen Mitglieder von den dortigen Phylen bestimmt wurden, als zweiter Rat neben einem älteren Adelsrat zu verstehen sei, so daß ein ähnliches Organ des Demos auch in Athen bestanden haben könne.[135] Hingegen vertrat C. Hignett die Auffassung, daß im Unterschied zur „fortschrittlichen" Polis Chios eine Vorberatung der Agenda der solonischen Ekklesia unwahrscheinlich sei.[136] Zweifellos war das formalisierte Verfahren der Vor-

[134] Die Belege erörtern Ruschenbusch, ZRG 78 (1961) 386–390, und Sealey, Athenian Republic 62ff.

[135] Die Hauptargumente für die Existenz des Rates der 400 nennen de Laix, Probouleusis 13ff.; P. J. Rhodes, The Athenian Boule, Oxford ²1985, 208f.; ders. Commentary 153f. Vgl. auch J. M. Moore, Aristotle und Xenophon on Democracy and Oligarchy, London 1975, 221f.

[136] Hignett, Athenian Constitution 92–96. Die Nachrichten Herodots V 72,2 und der Athenaion Politeia 20,3, daß Kleisthenes' Gegenspieler Isagoras in der Stasis

beratung der Tagesordnung der athenischen Volksversammlung im späteren Rat der 500 das Ergebnis einer längeren Entwicklung nach den Reformen des Kleisthenes. Die detailliert geregelte Geschäftsordnung des Rates der klassischen Demokratie kann selbstverständlich für eine solonische Institution nicht vorausgesetzt werden. Andererseits waren die Gemeinwesen des griechischen Mutterlandes im frühen 6. Jahrhundert im Vergleich zu den ionischen Poleis keineswegs generell rückständig. Regelmäßige Tagungen der Volksversammlung nach vorausgehenden Beratungen des „Ältestenrates“ (Gerousia) fanden bereits seit längerem in Sparta statt, und in Tiryns besaß der Damos (Demos) Beschlußrechte über die Verwaltung des „öffentlichen Besitzes“,[137] so daß die Volksversammlung dort sicherlich nicht nur zu den jährlichen Wahlen zusammentrat. In Athen manifestiert sich vor allem in der solonischen Rechtsordnung und der Konstituierung der Heliaia die Ausdifferenzierung von Zuständigkeiten. In diesen institutionellen Rahmen fügt sich ein neuer Rat, der ähnlich wie der Volksrat in Chios vermutlich „Angelegenheiten des Demos“ zu erledigen hatte, durchaus ein, wenn auch offenbleiben muß, welche Kompetenzen sich im einzelnen aus solchen Zuständigkeiten ergaben. Im übrigen bezeichnet der Demosbegriff in der Urkunde aus Chios keineswegs die niederen Schichten der Bürgerschaft. Gemeint ist vielmehr die Polisgemeinschaft.[138] Auch der solonische Rat war eine politische Institution des Gesamtverbandes der Athener. Theten waren zwar in dieser Boulé wahrscheinlich nicht vertreten. Offenbar sollte aber in diesem Gremium ein größerer Kreis von Athenern (unter Einschluß von Pentakosiomedimnoi und Hippeis, die nicht ins Archontat und

nach dem Sturz der Tyrannis die Boulé auflöste, ist entgegen der These Hignetts wohl kaum auf den Areopag zu beziehen, den nicht einmal Peisistratos auf dem Höhepunkt seiner Macht zu beseitigen wagte. – Die These M. Zambellis, L'origine della Bule dei Cinquecenti, Quarta Miscellanea Greca e Romana, 1975, 112 u. 128, daß der bei Herodot und in der Athenaion Politeia erwähnte Rat ein erst nach dem Ende der Tyrannis eingerichtetes Gremium mit 400 Mitgliedern gewesen sei, findet in den Quellen keine Stütze.

137 Vgl. R. Koerner, Klio 67 (1985) 455f.

138 C. Ampolo, La βουλὴ δημοσίη di Chio: un consiglio «populare»?, PP 38 (1983) 401–416, vermutet, daß diese Boulé der einzige Rat in Chios war und noch eine Versammlung von „Adligen“ darstellte. Die Zahl der damaligen Phylen in Chios, von denen jede (wie es in der Inschrift heißt) 50 Ratsmitglieder stellte, ist nicht bekannt. (Vgl. jetzt N.F. Jones, Public Organisation in Ancient Greece, Philadelphia 1987, 191.) Geht man von der Mindestzahl von vier ionischen Phylen aus, hätte es sich nach Ampolo um einen Adelsrat von 200 Mitgliedern gehandelt. Diese Zahl ist für den athenischen Areopag in etwa zutreffend, erscheint aber für eine mittelgroße Polis wie Chios reichlich hoch. In vergleichbaren Gemeinwesen war die Zahl der Mitglieder des „traditionellen“ Rates in aller Regel kleiner: 80 in Argos, 60 in Knidos, 90 in Elis.

damit nicht in den Areopag gelangen konnten) in die Verantwortung genommen werden. Da die Ratsmitglieder allem Anschein nach nicht gelost wurden, ist allerdings nicht auszuschließen, daß die Zusammensetzung der Boulé von sozial einflußreichen Gruppen in den Phylen gesteuert werden konnte. Wir wissen indes nicht, inwieweit sich dies auf das politische Kräftespiel im nachsolonischen Athen auswirkte. Bei der sog. ersten Machtergreifung des Peisistratos (561/60) scheinen der Areopag und der Rat der Vierhundert durch eine Entscheidung der Volksversammlung überspielt worden zu sein. Es handelt sich aber um ein tumultuarisches Verfahren, das keine Aufschlüsse über die übliche Interaktion öffentlicher Organe bietet. Die damals von Peisistratos inszenierte Aktion zeigt allerdings auch, daß die Ekklesia als Instrument zur Durchsetzung von Beschlüssen im Interesse eines einzelnen Aristokraten mißbraucht werden konnte. Daß die Volksversammlung durchaus schon außergewöhnliche Maßnahmen beschließen bzw. entsprechenden Vorschlägen zustimmen konnte, zeigt das positive Gegenbeispiel, die mit der Wahl Solons zum Archon verbundene Übertragung der Vollmacht, neue Satzungen zu fixieren. Solon selbst hat freilich wohl keine Regelungen getroffen, die der Ekklesia völlig neue Befugnisse in der Entscheidungsfindung einräumten.

cc) Areopag

Das Bild des solonischen Areopags ist in der Überlieferung in starkem Maße durch staatstheoretische Diskussionen und politische Auseinandersetzungen über Verfassungsfragen des 5. und 4. Jahrhunderts geprägt.[139] Eine summarische Darstellung der Aufgaben dieses Organs im Rahmen der solonischen „Verfassung" liegt in der aristotelischen Athenaion Politeia (8,4) vor. Hiernach soll Solon dem Areopag die Überwachung der Nomoi – der nunmehr geltenden Gesetze – übertragen haben.[140] Die im Kontext verwendete Formel νομοφυλακεῖν bezeichnet generell die Ausübung von Aufsichts- und Kontrollfunktionen im politisch-institutionellen Bereich. Diese Aufgabe oblag in einigen griechischen Poleis sogenannten νομοφύλακες („Gesetzeswächtern"), einer Behörde, die nach den Kategorien des Aristoteles (Politik 1323 a 8) als aristokratische Institution galt. In Athen wurden Nomophylakes vermutlich erstmals zwischen 329 und 322 v. Chr. eingesetzt. Demetrios von Phaleron übertrug ihnen dann wahrscheinlich die Aufgabe zu prüfen, ob die Beamten sich an die bestehenden Gesetze hielten. Ferner hatten die νομοφύλακες darauf zu achten, daß im Rat und in der Volksver-

[139] Dazu jetzt (mit erschöpfender Behandlung der umfangreichen Forschungsliteratur) Wallace, Areopagos 48ff., 94ff., 131ff., 145ff., 174ff.

[140] Plutarch Sol. 19,2 bezeichnet den solonischen Areopag als φύλαξ τῶν νόμων.

sammlung keine ungesetzlichen Anträge zur Abstimmung gebracht wurden.[141] Der Autor der Athenaion Politeia verstand indes unter der angeblichen Nomophylakie des Areopags sehr viel weitergehende Kompetenzen. Aus seiner Sicht besaß der Areopag damals nicht nur „wie früher“ die Aufsicht über die „Verfassung“ (Politeia),[142] sondern auch die Befugnis, „die meisten und wichtigsten öffentlichen Angelegenheiten“ zu erledigen, fehlbare Handlungen zu ahnden und die von ihm festgesetzten Bußen an die Kasse des Gemeinwesens abzuführen, ohne die verhängten Strafen begründen zu müssen. Des weiteren heißt es an der genannten Stelle (8,4), daß der Areopag das zuständige Gremium für die Aburteilung von Verschwörungen zur „Auflösung des Demos“ (d.h. zum Sturz der Demokratie) gewesen sei und Solon ein spezielles Gesetz über die „Anzeige“ (Eisangelia) dieses Vergehens erlassen habe.

Die Gleichsetzung von Demos und Demokratie und die Verwendung des erst im späten 5. Jahrhundert gebräuchlichen Politeiabegriffs zeigen, daß hier eine anachronistische Skizze des „solonischen“ Areopags vorliegt. Sie basiert letztlich auf den um die Mitte des 4. Jahrhunderts neu belebten Diskussionen über die athenische Verfassungsentwicklung, die dem Gesetzgeber Solon die Rolle eines Archegeten der athenischen Demokratie zuwiesen, während andererseits auch behauptet wurde, daß der Areopag bis zu den Reformen des Ephialtes (462 v. Chr.) als „Hüter der Verfassung“ überragende Bedeutung für die Wahrung der traditionellen Polisordnung besessen habe.[143] Verläßliche Nachrichten über eine Einschränkung der Kom-

[141] Vgl. H.-J. Gehrke, Das Verhältnis von Politik und Philosophie im Wirken des Demetrios von Phaleron, Chiron 8 (1978) 149ff. Die Nachricht des Philochoros FgrHist 328 F 64 b (Lex. Cantabr. p. 351), daß nach den Reformen des Ephialtes sieben Nomophylakes eingesetzt wurden, wird durch sonstige Nachrichten nicht gestützt und ist zweifellos unzutreffend. Siehe auch J. Martin, Von Kleisthenes zu Ephialtes, Chiron 4 (1974) 31. G.L. Cawkwell, Nomophylakia and the Areopagus, JHS 108 (1988) 3, hält demgegenüber die Angabe des Philochoros für glaubwürdig, vermutet aber, daß die (angeblichen) Nomophylakes bald durch das sog. Paranomieverfahren (dazu die unten Anm. 147 genannte Arbeit H.J. Wolffs) ersetzt wurden. Das erste Paranomieverfahren ist jedoch erst für 415 v. Chr. belegt (Andok. 1,17).

[142] Die gleiche Funktion wird Ath. Pol. 3,6 und 4,4 dem Areopag vor Drakon und in der fiktiven drakontischen Verfassung zugeschrieben. Vgl. Wallace, Areopagos 39ff., der freilich im vorsolonischen Areopag lediglich einen Gerichtshof sieht.

[143] Jacoby, Atthis 74f., 123; ders., FgrHist III b (Supplem.) Text 109ff. mit einer Zusammenstellung der diesbezüglichen Zeugnisse; E. Ruschenbusch, Patrios Politeia. Theseus, Drakon, Solon und Kleisthenes in Publizistik und Geschichtsschreibung des 5. und 4. Jh. v. Chr., Historia 7 (1958) 398ff.; ders., Die Quellen zur älteren griechischen Geschichte, in: Symposion 1971. Akten der Gesellschaft für griechische und hellenistische Rechtsgeschichte, Köln–Wien 1975, 67ff.; ders., Atthis und Politeia, Hermes 109 (1981) 321ff.

petenzen des Areopags im Jahre 462 lagen um 350 aber offenbar nicht (mehr) vor. Die älteste Darstellung der Reformen des Ephialtes in der Athenaion Politeia (25,1–4) enthält keine detaillierten Angaben über die damaligen Regelungen, die der Volksversammlung, dem Volksgericht und dem „kleisthenischen" Rat bestimmte Kontrollbefugnisse übertrugen.[144] Von einer regelrechten „Entmachtung des Areopags" 462 v. Chr. kann schon deshalb keine Rede sein, weil dieses Gremium damals weder eine Entscheidungsinstanz in der politischen Willensbildung des athenischen Bürgerverbandes war noch als Exekutivorgan fungierte.

In den ›Eumeniden‹ des Aischylos, die wenige Jahre nach den Reformen des Ephialtes aufgeführt wurden, gilt die Blutgerichtsbarkeit des Areopags als eigentliche Aufgabe dieses Gremiums seit mythischer Zeit. Aischylos sah als Zeitgenosse in den Gesetzesanträgen des Ephialtes schwerlich einen revolutionären Schritt.[145] Da der Areopag weiterhin die Blutgerichtsbarkeit (bei vorsätzlichem Mord) ausübte, war diese Institution für Aischylos nach wie vor „das Bollwerk des Landes und der Polis Schutz und Heil" (Eumeniden 701), eben weil das Blutrecht die Grundlage für Recht und Ordnung darstellte.[146] Nicht durch formalisierte Funktionen im Rahmen einer institutionalisierten Interorgankontrolle, sondern als unbestechliches Gericht über das schwerste menschliche Verbrechen erscheint der Areopag in den ›Eumeniden‹ als Wächter über die Polisordnung. Diese Funktion ist nicht mit einer „Aufsicht über die Gesetze" (Nomophylakia) gleichzusetzen. Ein Instrument zur Gesetzeskontrolle wurde erst in der vollentwickelten Demokratie mit der Einführung des sog. Paranomieverfahrens (γραφὴ παρανόμων) geschaffen, einer Popularklage wegen Gesetzwidrigkeit von Volksbeschlüssen, die erstmals für das Jahr 415 v. Chr. belegt ist.[147]

Die Kompetenzen, die das Volksgericht (bzw. die aus der Heliaia gebildeten Dikasterien), der kleisthenische Rat der 500 und die Volksversammlung 462 v. Chr. erhielten, erstreckten sich insonderheit auf die Beamtenkon-

[144] Vgl. E. Ruschenbusch, Ephialtes, Historia 15 (1966) 369–376; Sealey, Ephialtes 125 ff.

[145] Jacoby, FgrHist, III b (Supplem.) Notes 528 (Addenda zu Hellanikos F 1). Wallace, Areopagos 87 ff., sieht demgegenüber keine Möglichkeit, aus den ›Eumeniden‹ eine diesbezügliche Stellungnahme des Aischylos zu den Reformen 462 zu erschließen. Vgl. andererseits Meier, Entstehung des Politischen 144 ff., der die Gesetze des Ephialtes als tiefen Einschnitt in der athenischen Geschichte wertet und das „Politische" als zentralen Aspekt der ›Eumeniden‹ herauszuarbeiten sucht. L. G. H. Hall, Ephialtes, the Areopagus and the Thirty, CQ 84 (1990) 319–328, vermutet, daß der Areopag als Institution durch Ephialtes eher gestärkt wurde.

[146] Vgl. C. W. Macleod, Politics and the Oresteia, JHS 102 (1982) 127 ff.

[147] H. J. Wolff, „Normenkontrolle" und Gesetzesbegriff in der attischen Demokratie, SHAW 1970, Nr. 2.

trolle. Vor der Amtsübernahme fand die sog. Dokimasie („Prüfung“) statt, die bestätigen sollte, daß der Beamte athenische Eltern hatte, an bestimmten Kulten teilnahm und seine familiären und bürgerlichen Pflichten erfüllte.[148] Das Verfahren entwickelte sich aus einer einfachen „Prüfung“ vor dem Rat der 500 zu einer doppelten Dokimasie vor dieser Boulé und vor einem von den Thesmotheten geleiteten Dikasterion.[149] Wir wissen indes nicht, seit wann die Dokimasie vorgeschrieben war und in welcher Form sie vor 462 praktiziert wurde. Des weiteren wurde in der klassischen Demokratie die Finanzführung der Behörden während ihrer Amtstätigkeit regelmäßig kontrolliert, und nach Ablauf des Amtsjahres mußten sich die Beamten noch einer doppelten Prüfung unterziehen, die generell als Euthynai (Rechenschaftsabnahme) bezeichnet wurde. Zuständig waren hierfür im 4. Jahrhundert zehn aus der Bürgerschaft ausgeloste sog. Logistai („Rechner“) und ihre „Beisitzer“ (Synegoroi) sowie die Euthynoi („Untersucher“), ein Ausschuß des kleisthenischen Rates.[150] In dieser Form bestand das Kontrollsystem aber schwerlich bereits seit 462. Vielmehr ist mit einer Weiterentwicklung der von Ephialtes eingeführten Neuerungen zu rechnen. Aus dem vollentwickelten Euthynaiverfahren können keinesfalls entsprechende Kompetenzen des Areopags vor 462 erschlossen werden. Es gibt keinen Beweis für die Annahme, daß präzis umrissene Kontrollfunktionen dieses Gremiums aufgrund der Gesetzesanträge des Ephialtes von den Logistai und den Euthynoi übernommen wurden. Nur soviel ist deutlich, daß der Areopag nach 462 nicht an der Beamtenkontrolle beteiligt war.

Demgegenüber hatte der „solonische“ Areopag neben sakralrechtlichen Strafbefugnissen und der Blutgerichtsbarkeit zweifellos weitere gerichtliche Kompetenzen, die zumindest faktisch eine gewisse Kontrolle der Beamten implizierten. So wird z.B. für ein „Strafverfahren“ gegen einen Archon

[148] Aristot. Ath. Pol. 55,3 (mit weiteren Einzelheiten). Vgl. G. Adeleye, The Purpose of the Dokimasia, GRBS 24 (1983) 295–306, die mit Recht betont, daß die Dokimasie keine bloße Formalität war, sondern garantieren sollte, daß integre Kandidaten in die Ämter gelangten.

[149] Aristot. Ath. Pol. 45,3; 55,2–5; vgl. Lys. 26,11–12; Demosth. 20,90. Die einzelnen Stufen dieser doppelten Prüfung und das Verfahren der Ephesis (Appellation oder „Überweisung“) an ein Dikasterion sind umstritten. Vgl. den Überblick über die kontroverse Literatur bei Rhodes, Commentary 615ff.; s. jetzt auch Sealey, Athenian Republic 63f.

[150] Dazu ausführlich M. Piérat, Les Euthynoi athéniens, AC 40 (1971) 526–573. – Zum Verfahren im 4. Jahrhundert: Aristot. Ath. Pol. 48,3–5; 54,2. Vgl. Rhodes, Commentary 560ff., 597ff. Erstmals belegt sind 30 Logistai in der Tributquotenliste 454/53. Sie hatten die Abrechnungen der Hellenotamiai des ersten Attischen Seebundes entgegenzunehmen und das für den Schatz der Athena vorgeschriebene Sechzigstel zu berechnen. Vermutlich waren sie Vorläufer der zehn in der Ekklesia ausgelosten Logistai des 4. Jahrhunderts.

eponymos, der Zuwiderhandlungen gegen Solons Verbot der Ausfuhr von Nahrungsmitteln tolerierte, der Areopag zuständig gewesen sein, da der Archon in diesem Fall eine sakrale Verfluchung des Gesetzesbrechers unterlassen hatte. Aristoteles behauptet zwar in der ›Politik‹ (1274 a 15–18; 1281 b 32–34), der Demos habe in der solonischen Ordnung die Beamten zur Rechenschaft gezogen (εὐθύνειν τὰς ἀρχάς). Die Terminologie ist aber auch hier anachronistisch, da das Euthynaiverfahren im eigentlichen Sinne – wie gesagt – erst nach 462 entstand. Eine Rechenschaftspflicht der Beamten gegenüber der Ekklesia, der Heliaia oder dem Rat der Vierhundert kann aus dieser Nachricht nicht abgeleitet werden. So oblag es in der solonischen Ordnung wahrscheinlich dem Areopag, Meldungen über Pflichtverletzungen der Behörden entgegenzunehmen, die Klage zu prüfen und gegebenenfalls eine Buße zu verhängen. Dieses Verfahren resultierte aus der Funktion des Areopags als Gerichtshof. Da aber die solonische Zeit noch nicht in Verfassungskategorien dachte, hatte der Areopag selbstverständlich nicht über Klagen auf Verletzung verfassungsrechtlicher Formvorschriften im Sinne des späteren Paranomieverfahrens zu entscheiden.[151] Es konnte sich daher nur darum handeln, daß der Areopag im Einzelfall zu prüfen hatte, ob ein Beamter seiner eidlich bekräftigten Verpflichtung nachkam, die geltenden (neu kodifizierten) Gesetze zu beachten und anzuwenden. Der Ablauf des Verfahrens läßt sich nicht rekonstruieren. Da aber im solonischen Ausfuhrverbot für Nahrungsmittel eine bestimmte Buße für Amtsvergehen vorgesehen war, ist zu vermuten, daß die Archonten nach Ablauf ihres Amtsjahres nicht automatisch Mitglied auf Lebenszeit im Areopag wurden.

Gerichtliche Kompetenzen, die über sakrale Strafbefugnisse und die Blutgerichtsbarkeit hinausgingen, besaß der Areopag schon vor den Reformen Solons, wie das schon mehrfach erwähnte solonische Amnestiegesetz zeigt, das ein Verfahren zur Aburteilung von Umsturzversuchen im Areopag voraussetzt. Wahrscheinlich hat Solon die Zuständigkeit des Areopags für die Ahndung von Vergehen gegen die Polis gesetzlich sanktioniert, wenn auch die Klage in solchen Fällen noch nicht auf „Beseitigung der Demokratie" lauten konnte, wie dies in der Athenaion Politeia (8,4) unterstellt wird. Vermutlich genügte eine einfache Meldung (beim Archon?), die dann vor den Areopag gebracht wurde. Wenn in der Athenaion Politeia diesbezügliche

[151] Einen Überblick über das Problem der sog. Nomophylakia des Areopags und die diesbezügliche Forschungsliteratur gibt Wallace, Areopagos 55–64, der zu zeigen sucht, daß dieser Begriff zwar nicht solonisch ist, der solonische Areopag aber nach Aristot. Ath. Pol. 8,4 gleichwohl darüber zu „wachen" hatte, daß die Gesetze Bestand hatten. Wallace beruft sich auf Demosth. 23,62, wonach Solon bestimmt habe, daß die Aufhebung oder Änderung eines Gesetzes durch einen Beamten oder Privatmann mit Atimie bestraft werden sollte. Im Kontext wird indes der Areopag nicht erwähnt.

Bestimmungen Solons als „Eisangeliegesetz“ bezeichnet werden, so überträgt der Autor den ihm vertrauten Begriff der Eisangelia („Anzeige“) als Terminus technicus für öffentliche Klagen wegen schwerer Verstöße gegen die Polis in der entwickelten Demokratie unzutreffend auf die solonische Satzung, die er im übrigen gar nicht wörtlich zitiert.[152] Die spätere Vielfalt der Eisangelieklagen, die von jedem Bürger im kleisthenischen Rat oder in der Volksversammlung erhoben werden konnten und in aller Regel an ein Dikasterion überwiesen wurden, ergab sich erst aus den politischen Rahmenbedingungen des späten 5. und des 4. Jahrhunderts, nachdem bereits in den ersten Jahrzehnten des 5. Jahrhunderts mehrere „politische“ Prozesse vor dem Volksgericht bzw. vor der Ekklesia stattgefunden hatten. Die prozessualen Verfahrensweisen im frühen 5. Jahrhundert sind jedoch nicht im einzelnen bekannt, so daß wir nicht wissen, ob die betreffenden Klagen durch Anzeigen beim Areopag eingeleitet wurden. Formal können die solonischen Bestimmungen durchaus bis zu den Reformen des Ephialtes gültig geblieben sein. Die durch Kleisthenes eingeleitete Entwicklung hat jedoch dazu geführt, daß bei Verstößen gegen die Polisinteressen (bzw. bei vermeintlicher Gefährdung der Polisordnung) die Volksversammlung und die Heliaia eingeschaltet wurden. Ein spezielles neues Eisangeliegesetz war hierfür möglicherweise gar nicht erforderlich.[153]

Im Hinblick auf den Erfahrungshorizont der solonischen Zeit kann somit die damalige Aufgabe des Areopags nicht als Nomophylakie im verfassungsrechtlichen Sinne definiert werden. Wohl aber war der Areopag durch seine Zuständigkeit für die Verfolgung von Mord, Sakralfreveln und „Hochverrat“ der bedeutendste Gerichtshof in Athen. Wenn sich seine Kompetenzen des weiteren auf die Ahndung von Pflichtverletzungen der Behörden

[152] Die Rekonstruktion des von Solon vorgesehenen Verfahrens bleibt hypothetisch. Vgl. dazu die Kontroverse zwischen J. P. Rhodes (Eisangelia at Athens, JHS 99, 1979, 103–114; Commentary 156) und M. H. Hansen (Eisangelia 17–19; 56f.; Eisangelia at Athens: a Reply, JHS 100, 1980, 89–95). Hansen schließt nicht aus, daß der Areopag „politische“ Delikte gegen das Gemeinwesen aburteilte, vermutet aber, daß erst Kleisthenes das Eisangelieverfahren eingeführt habe und von Anfang an für diese Klage nicht der Areopag, sondern die Volksversammlung zuständig gewesen sei. Rhodes verweist darauf, daß die solonischen Gesetze für den Verfasser der Athenaion Politeia zugänglich waren und die Nachricht über die „Anzeige beim Areopag“ im Kern zutreffend sein könne. Hansen hält es demgegenüber für methodisch verfehlt, den Ausdruck ἐπὶ καταλύσει τοῦ δήμου Ath. Pol. 8,4 zu streichen, den anderen Teil der Phrase (Σόλωνος θέντος νόμον εἰσαγγελίας) aber zu akzeptieren. Der Verfasser der Ath. Pol. behauptet freilich nicht, die solonische Bestimmung wörtlich zu zitieren. Vgl. Wallace, Areopagos 65f., der (im Anschluß an M. Ostwald, TAPA 86, 1955, 104) mit Recht darauf hinweist, daß wir den präzisen Wortlaut des solonischen Gesetzestextes selbstverständlich nicht kennen.

[153] Vgl. Sealey, Ephialtes 130.

erstreckten, konnte er hierdurch gegebenenfalls indirekt Einfluß auf ihre Amtsführung gewinnen. Hinzu kam, daß für die Beamten schon aus persönlichen Motiven im Normalfall eine Abstimmung mit dem Areopag geboten war, dem sie ja auf Lebenszeit angehören wollten. Sieht man von den zeitweiligen Wirren nach den solonischen Reformen und der Situation unter Peisistratos und seinen Söhnen einmal ab, waren die Archonten während ihrer Amtszeit geradezu angewiesen auf das Einverständnis der Mitglieder des Areopags, der nach wie vor auch eine beratende Versammlung war, wie die später belegte Bezeichnung «Boulé» zeigt.

Eine klare Abgrenzung der beratenden Funktionen des Areopags und des neuen Rates der 400 ist freilich nicht möglich. Ablauf und institutionelle Relevanz der Beratungen in diesen beiden Gremien lassen sich aus der Geschäftsordnung und den Kompetenzen des kleisthenischen Rates der 500 ohnehin nicht ermitteln. Das formalisierte Verfahren der klassischen Demokratie bietet keine Vergleichsmöglichkeiten. Nimmt man Solons Eunomia zum Maßstab, sollte nach seinen Vorstellungen wohl vor allem eine breite Übereinstimmung in den Beratungs- und Entscheidungsorganen der Polis erreicht werden. Allerdings bleibt aufgrund der Quellenlage die Frage offen, ob der Archon eponymos als Leiter der Volksversammlung die Agenda der Ekklesia nach eigenem Ermessen bestimmen konnte oder formal an einen diesbezüglichen Vorbeschluß des Rates der 400 oder des Areopags gebunden war.

d) Das Problem der Münz-, Maß- und Gewichtsreform

Als eigenen Komplex der solonischen Neuordnung erwähnt die aristotelische Athenaion Politeia (10,1–2) eine Münz- und Gewichtsreform, die nach der Seisachtheia, aber noch vor der eigentlichen Nomothesie durchgeführt worden sei. Hiernach soll Solon die Normen für Maße, Gewichte und Münzen „vergrößert" und gleichzeitig den Silberwert der attischen Münzdrachme gegenüber dem Silbergewicht der Gewichtsdrachme geringfügig verringert haben. Wahrscheinlich polemisiert der Autor hier indirekt gegen die Darstellung des Atthidographen Androtion, der die Seisachtheia als Zinsermäßigung interpretiert und im Widerspruch zu den Ausführungen Solons (Frgm. 30 Gentili-Prato = 24 Diehl) behauptet hatte, der athenische Gesetzgeber habe nicht durch Aufhebung der Schulden, sondern durch eine regelrechte Währungsreform in Form einer Abwertung des Münzgeldes die Rückzahlungsverpflichtungen der Schuldner erleichtert, ohne die Gläubiger zu schädigen, so daß beide Seiten zufriedengestellt worden seien.[154]

[154] Androtion FgrHist 324 F 34 = Plut. Sol. 15,3–4.

Der Bericht der Athenaion Politeia stimmt vermutlich im wesentlichen mit der im 4. Jahrhundert verbreiteten Vorstellung überein, daß Solon das attische System der Maße und Gewichte eingeführt und dabei auch eine Münzreform vorgenommen habe. Androtion suchte hingegen das Bild eines maßvollen Reformers zu zeichnen, der einen radikalen Eingriff in die bestehenden Besitzverhältnisse zu vermeiden wußte.

Die „solonische" Münzreform ist seit längerem durch die Ergebnisse der numismatischen Forschung in Frage gestellt worden.[155] Die älteren, noch unbeschrifteten athenischen Münzen werden jetzt überwiegend in die nachsolonische Zeit datiert. Es handelt sich um sog. Wappenmünzen (mit einem „Wappen" als Münzbild). Wahrscheinlich wurden sie erst nach der dritten und endgültigen Usurpation des Peisistratos (ca. 546) eingeführt. Die Prägung eines konstanten athenischen Münztyps mit dem Athenakopf auf der Vorderseite und der Eule mit der Angabe der prägenden Polisgemeinschaft auf der Rückseite (AΘE als Abkürzung für AΘENAION = „Gepräge der Athener") begann dann vermutlich um 520.

Zweifellos besteht ein Zusammenhang zwischen den athenischen Systemen der Maße, Gewichte und Münzen. Ein Sonderfall sind freilich die Hohlmaße (1 Medimnos = ca. 52,53 Liter für „trockene" Produkte; 1 Metretes = ca. 39,39 Liter für „Flüssiges"). H. Büsing hat kürzlich darauf hinge-

[155] Die ältere Literatur verzeichnet K. Kraft, Zur Übersetzung und Interpretation von Aristoteles, Athenaion Politeia, Kap. 10 (Solonische Münzreform), JNG 10 (1959/60) 21–46 = Kraft, Gesammelte Aufsätze zur antiken Geldgeschichte und Numismatik I, Darmstadt 1978, 145–170. Siehe auch Th. Fischer, Zu Solons Maß-, Gewichts- und Münzreform, Chiron 3 (1973) 1–14; Rhodes, Commentary 152f., 164ff. – Die Spätdatierung der Wappen- und Eulenmünzen geht zurück auf einen Aufsatz von C. M. Kraay, NC 1956, 43ff., der den Beginn der „Eulen" etwa 525/20 ansetzte und in einer Serie von weiteren Aufsätzen diese Datierung zu verteidigen suchte. Vgl. ferner M. H. Crawford, Solon's Alleged Reform on Weights and Measures, Eirene 10 (1972) 5–8, und vor allem M. R.-Alföldi, Riflessioni sulla riforma monetaria cosidetta solonia, Boll. Num. 8 (1987) 9–17 (mit einer ausgezeichneten Einführung in den Stand der Diskussion). Das Datierungsproblem wurde verbunden mit der Frage der Herkunft des attischen Münzsilbers und der These von der Intensivierung des Bergbaus im Laureion unter der Herrschaft der Peisistratiden. Daß die Wappenmünzen zumeist aus thrakischem Silber, die Eulenmünzen hingegen aus Laureion-Silber stammen, hat sich indes nicht bestätigt. Vgl. E. Paszthory, Schw. Mbll. 32 (1982) 30ff., 36, sowie Lohmann, Atene 306, Anm. 535. Zur Chronologie der frühen athenischen Emissionen: J. H. Kroll, From Wappenmünzen to Gorgoneia to Owls, ANSMusN 26 (1981) 1–32. Allgemein zu den Anfängen der athenischen Münzprägung: C. M. Kraay, Archaic and Classical Greek Coins, Berkeley–Los Angeles 1976, 56–63. – Gegen eine Herabdatierung der Eulenmünzen in die peisistratidische Zeit: L. Weidauer, Probleme der frühen Elektronprägung, Fribourg 1975, passim, und D. Kagan, The Date of the Earliest Coins, AJA 86 (1982) 343ff.

wiesen, daß die Hohlmaßsysteme „als gemeingriechisch gelten müssen“ und die Hohlmaße „unabhängig neben den aus den Fußmaßen abzuleitenden Kubikmaßen“ existierten.[156]

Hingegen weichen die athenischen („solonischen“) Einheiten für Längenmaße und Silbergewichte vom dorisch-aiginetischen System ab, das in der Antike allgemein auf König Pheidon von Argos zurückgeführt wurde, dessen Herrschaft aber nicht sicher zu datieren ist. Der attische Fuß (als Längeneinheit) war um ein Zehntel kleiner als der dorische Fuß. In einem entsprechenden Verhältnis standen nach den Ergebnissen H. Büsings die aus den Längenmaßen abgeleiteten Gewichtsmaße für Edelmetall (Silber) im attischen und im dorischen System. Die in der Athenaion Politeia 10,1 erwähnte „Vergrößerung“ der attischen Gewichtsnormen ist demnach wohl so zu verstehen, daß beim Wiegen eines bestimmten Gegenstandes mit den neuen Gewichten „eine größere Zahl von Gewichtseinheiten als bei dem alten System herauskommt“ und die neuen Gewichte dementsprechend leichter sind.[157] Es bleibt aber offen, ob die attischen Längen- und Gewichtsmaße tatsächlich auf die Reformen Solons zurückgehen oder aber die Angaben der Athenaion Politeia lediglich eine Art aitiologische Erklärung für die in Attika geltenden Normen darstellen. In den überlieferten Fragmenten der Gesetze Solons finden sich hierzu keine Bestimmungen.

Die in der Athenaion Politeia 10,2 des weiteren angedeutete Differenzierung zwischen Münzgewicht und Edelmetallgewicht kann jedenfalls nach dem heutigen Stand der numismatischen Forschung nicht mehr den Reformen Solons zugeordnet werden. Jene Angabe besagt lediglich, daß in Athen aus 60 Gewichtsminen (1 Silbertalent des ungeprägten Edelmetalls) Silbermünzen im Wert von 63 Minen geschlagen wurden. Dies bedeutet, daß das reine Silbergewicht einer Münzdrachme bei gleichem Wert ca. fünf Prozent geringer als eine (Gewichts-)Drachme ungeprägten Silbers war.

Die Standardmünze der ältesten attischen Emissionen war das Didrachmon („Doppeldrachme“), doch wurden gegen Ende dieser Serien bereits Tetradrachmen (Vierdrachmenstücke) geprägt. Auf dem Tetradrachmon basierte dann auch der Münzfuß der bald darauf einsetzenden Serien der berühmten athenischen „Eulen“. Die attischen Prägungen ordneten sich gewissermaßen in die bereits bestehenden (etwas älteren) Münzsysteme ein. M. Radnóti-Alföldi hat kürzlich betont, daß die athenischen Münzen leicht konvertierbar waren. So entsprachen zwei attische Didrachmen oder ein Te-

[156] H. Büsing, Metrologische Beiträge, JdI 97 (1982) 1 ff. Obige Zitate ebd. 28 und 29. Die folgenden Ausführungen zum Problem der Maße stützen sich vor allem auf die sorgfältige Untersuchung Büsings.

[157] Büsing, a. a. O. 42. – Zur Diskussion über die Datierung der Herrschaft Pheidons vgl. jetzt Gehrke, Herodot 38 ff.

tradrachmon etwa einem euboiischen Stater (ca. 17,2g), zwei attische Drachmen einem korinthischen Stater (ca. 8,6 g) und zehn attische Drachmen sieben aiginetischen.[158]

Die hier skizzierten Probleme der frühen athenischen Münzprägung gehören somit zwar nicht mehr in den großen Komplex der solonischen Reformen. Die attischen Emissionen basieren aber auf einem Normensystem für Längen-, Kubik- und Gewichtsmaße, das spätestens Mitte des 6. Jahrhunderts in Athen und Attika Anwendung fand. Wir wissen freilich nicht genau, wann es entstanden ist. Wenn es nicht von Solon selbst, sondern erst nach seinen Reformen eingeführt wurde, dürfte gleichwohl das Prinzip der Normsetzung, das sich in der solonischen Rechtsordnung manifestiert, mit dazu beigetragen haben, daß der Münzprägung Athens eigene attische Maßeinheiten zugrunde gelegt wurden.

e) Ergebnisse und Bedeutung der solonischen Reformen

Es war Solon gelungen, ohne Blutvergießen eine Krise zu überwinden, die unmittelbar vor seinem Archontat in den offenen Bürgerkrieg zu führen drohte.[159] Der Ruf nach einer gleichmäßigen Aufteilung des Grund und Bodens (Isomoiria) ist nach seinen Reformen bald verstummt.[160] Eine radikale

[158] M. R.-Alföldi, a. a. O. 16–17 (oben Anm. 155).

[159] Nach Abschluß seiner Gesetzgebung scheint Solon Athen verlassen zu haben. Er kehrte vermutlich erst nach längeren Reisen zurück und griff dann wohl nicht mehr aktiv in das politische Geschehen ein. Eine „Biographie“ Solons vor und nach seiner Kodifikation läßt sich aus der vorliegenden Überlieferung, die sich ihrerseits im wesentlichen nur auf Andeutungen in seinen Gedichten stützen konnte, indes kaum erstellen. Vgl. M. R. Lefkowitz, Patterns of Fiction in Ancient Biography, The American Scholar 52 (1983) 205 ff. – Aus Solons Fragmenten 14 und 15 Gentili-Prato (= 9 und 8 Diehl) wurde in der späteren Tradition offenbar sein Widerstand gegen den Aufstieg und die erste Machtergreifung des Peisistratos abgeleitet. Vgl. Aristot. Ath. Pol. 14,2–3; Diod. IX 4.20; Plut. Sol. 30,1–31,2; Diog. Laert. I 49–50. Möglicherweise hat Solon die Besetzung der Akropolis durch die Leibwache des Peisistratos noch erlebt (Oliva, Solon 80), doch sind die überlieferten Berichte über seine Reaktion auf die angebliche Bereitschaft seiner Mitbürger, eine Tyrannis zu tolerieren, wohl erfunden. – Problematisch sind im übrigen auch die widersprüchlichen Nachrichten bei Herodot I 29,2 und in der Ath. Pol. 7,2, wonach Solon die Athener schwören ließ, seine Gesetze zehn (Herodot) bzw. hundert Jahre (Ath. Pol.) nicht zu ändern. Vgl. dazu Rhodes, Commentary 136.

[160] Gleichwohl scheint es nach Solon Frgm. 31 Gentili-Prato (= 25 Diehl) auch unter den Mächtigen und Reichen Unzufriedenheit gegeben zu haben. Offenbar handelte es sich aber nur um eine Minderheit, die sich durch die Seisachtheia geschädigt fühlte.

Verbesserung der Lebensverhältnisse der breiten Masse durch Umverteilung des Landbesitzes war fortan kein Gegenstand der Politik in Athen. Solons Seisachtheia und Beseitigung der Schuldknechtschaft haben ohne tiefgreifende Veränderung der politischen und gesellschaftlichen Strukturen die soziale und rechtliche Deklassierung freier Landbewohner unterbunden. Dies war eine wesentliche Voraussetzung für die Entwicklung Athens zum größten Bürgerverband in Griechenland und damit letztlich auch für die Großmachtstellung der athenischen Demokratie im 5. Jahrhundert, wenn auch diese Konfiguration durch die Gesetzgebung Solons keineswegs schon vorgezeichnet war.

Eine pazifizierende Wirkung hatte zweifellos das neue Ordnungspotential der Satzungen (Thesmoi), die eine gleiche Behandlung aller Athener vor dem Recht sicherstellen sollten. Die Thesmoi bildeten nunmehr einen tragenden Pfeiler der gesellschaftlich-institutionellen Ordnung, in der in der Heliaia und wohl auch im Rat der Vierhundert eine größere Zahl von Bürgern Mitverantwortung für die Polis übernehmen konnte, wenn auch hierdurch noch keine regelmäßige Beteiligung breiter Schichten des Demos am politischen Geschehen garantiert war, zumal vor allem die vielen Bauern aus den z. T. weit entfernten Landgebieten sich infolge des harten täglichen Existenzkampfes kaum in den genannten Gremien zu engagieren vermochten oder zur Volksversammlung kommen konnten, die im übrigen noch nicht allzuoft tagte. Immerhin stabilisierte die Normierung des Rechts das institutionelle Gefüge der Polis. Beachtung und Anwendung der nunmehr geltenden Satzungen stellten die öffentlichen Organe vor neue Aufgaben, die kontinuierlich zu bewältigen waren.

Unbestritten waren die Gliederung der Bürger in Zensusklassen und die Kriterien der Amtsfähigkeit. Die wirtschaftliche Basis der Oberschicht und die hieraus resultierende gesellschaftliche Position der größeren Oikosbesitzer blieben erhalten. Andererseits bestand innerhalb der Zensusordnung potentiell soziale Mobilität. Die Grenzen zwischen den Zensusklassen waren z. T. fließend. Zwischen einer Reihe von Hopliten-Bauern und vielen agathoi, die nicht zur Spitzengruppe der Pentakosiomedimnoi zählten, bestand keine tiefe und unüberbrückbare Kluft. Hinzu kamen als integrierende Faktoren die fiktiven Abstammungsgemeinschaften der Phylen und Phratrien, in denen Hoch und Niedrig zusammenkamen, um beispielsweise gemeinsame Pflichten im Rahmen der Wehrordnung zu erfüllen oder an gemeinsamen Kulten teilzunehmen. Weder die agathoi noch die breiten Schichten des Demos bildeten jeweils einen geschlossenen Block. Der Demos (im soziologischen Sinne) besaß keine eigenen Organisationsformen und Führungssysteme.

Zweifellos sah sich Solon nicht gezwungen, spezifische politische Emanzipationsbestrebungen einer geburts- oder ständerechtlich von den Leitungsfunktionen ausgeschlossenen Gruppe zu befriedigen. Gleichwohl mag seine Regelung der Ämtervergabe einem gewissen Anspruchsdruck eines größeren Kreises ambitionierter Pentakosiomedimnoi gegenüber den ins Schußfeld der Kritik geratenen sogenannten „Führern" (Hegemones) des Demos Rechnung getragen haben. Die Zulassungsbestimmungen waren durchaus geeignet, die Voraussetzungen für eine Versachlichung im Verfahren der Bestellung von Magistraten zu schaffen. Durch das formale Qualifikationsmerkmal für das Archontat war jedenfalls jetzt die Schicht der regimentsfähigen Oikosbesitzer eindeutig definiert. Prinzipiell hatten alle Pentakosiomedimnoi die Chance, eine der neun Archontenstellen zu bekleiden und damit auch in den Areopag zu gelangen.

Für die institutionelle Einbindung amtlicher Funktionen waren die Satzungen in ihrer Gesamtheit von größter Bedeutung. Die Oberbeamten wurden auf vielfältige Weise in die Pflicht genommen, denn es oblag ihnen ja, das Recht anzuwenden und den Gesetzen Geltung zu verschaffen. Die Amtsführung stellte hierdurch neue objektive Anforderungen an die hohen Funktionsträger, die sich vor allem im zivilen Bereich zu bewähren hatten (wenn man von den militärischen Aufgaben des Polemarchos absieht). Die Erfüllung der durch die Rechtsordnung vorgeschriebenen Pflichten war durchaus ein Maßstab für Leistung und Ansehen, zumal die Archonten ihre Funktionen im Rechtsgang immer wieder vor der Öffentlichkeit ausüben mußten. Daher stellte das Amt als solches zweifellos ein hohes Ziel für eine Reihe von „Fünfhundertschefflern" dar, so daß sich ein fester Bezugsrahmen für eine Einbindung kompetitiver Elemente des aristokratischen Selbstverständnisses in die Polisordnung bilden konnte.

Andererseits kam freilich der stimulierende Faktor der Bewährung im Amt aus verschiedenen Gründen nur abgeschwächt zur Geltung. Die Rivalitäten innerhalb der Oberschicht um Rang und Ansehen waren zwar primär auf die Konkurrenz um das eponyme Archontat ausgerichtet, das eine Sonderstellung unter den höheren Magistraturen einnahm, zumal dem Archon neben seinen Aufgaben in der Rechtspflege auch die Leitung der Volksversammlung zukam. Das wohl damals schon geltende Verbot der Kontinuation und Iteration dieser Magistratur verhinderte aber die Entstehung einer exklusiven Elite von Amtsinhabern innerhalb der Schicht der Pentakosiomedimnoi. Auch den einflußreichsten Athenern war es verwehrt, über das eponyme Archontat eine langfristige, institutionell verankerte und durch die Polisordnung sanktionierte Führungsposition zu gewinnen. Zudem hatte der Archon eponymos im Rahmen seiner Kompetenzen nur begrenzte Aktionsmöglichkeiten. Er konnte sich nicht durch glanzvolle äußere Erfolge profilieren. Diese Chance hatte allenfalls der Polemarchos, der aber seinerseits keine politischen Leitungsfunktionen ausübte. Es bestand auch kein Sachzwang, die militärischen und politischen Kompetenzen in der Hand des

Archon oder des Polemarchos zu bündeln (bzw. mehreren gleichrangigen Funktionsträgern zu übertragen). Weder die kurzfristige Verwicklung Athens in den sog. ersten Heiligen Krieg unmittelbar nach dem Archontat Solons noch der Konflikt mit Megara erforderten einen großen Kräfteeinsatz oder eine neue Führungsorganisation. Weiträumige Machtpolitik stand ohnehin nicht zur Diskussion. Athen war durch Solons Lösung der drängenden sozialen Probleme und durch seine Gesetzgebung noch keine Großmacht in dem sich stabilisierenden System griechischer Gemeinwesen geworden.

So ergibt sich aus der Rückschau ein Bezugsfeld, in dem mannigfache Wechselwirkungen erkennbar sind. Da kein äußerer Druck auf Athen lastete, wuchs dem Areopag keine dauerhafte politisch-strategische Führungsrolle zu. Dieses Gremium gewann infolgedessen nicht die Position des römischen Senats, zumal auch kein Bedarf an einem starken institutionellen Gegengewicht gegen die Magistraturen bestand, deren „herrschaftliche Komponente" ja im Unterschied zu den römischen Imperiumsträgern nur schwach ausgebildet war.[161] Dies wird mit dazu beigetragen haben, daß sich der Areopag nicht zu einem Organ des Interessenausgleichs und der inneren Integration der amtsfähigen Oberschicht entwickelte und die Umsetzung seiner Autorität in politisches Potential gestört bzw. sogar durchkreuzt wurde durch das Bestreben einzelner Aristokraten, durch Faktions- und Gruppenbildungen außerhalb der Institutionen bestimmenden Einfluß auf die Verhältnisse in der Polis auszuüben. Areopag und Behörden waren jedenfalls mehrfach machtlos gegenüber den Aktivitäten von Stasisführern. Da die breite Masse des Demos nicht durch Klientelbindungen den großen Adelshäusern verpflichtet war, zeichneten sich andererseits langfristig aber auch Möglichkeiten einer Aufwertung der Volksversammlung ab, wenn das hier bereitstehende Instrumentarium politisch aktiviert werden konnte. Dies war freilich ein Wechsel auf die Zukunft. Die Konsolidierung der traditionellen Gesellschaftsstruktur begünstigte vorerst noch die Bildung von Staseis auf der Basis von Adelsfaktionen und Hetairien, die ein tendenziell desintegrierendes Element in der Polis darstellten, da sie den Partikularinteressen von Individuen und Gruppen dienten. Im übrigen bestand innerhalb der Schicht der „Fünfhundertscheffler" eine deutliche wirtschaftliche und gesellschaftliche Differenzierung, so daß sich hieraus unterschiedliche Handlungsmöglichkeiten für die Angehörigen dieser Gruppe ergaben. Repräsentanten wohlhabender Adelsfamilien vermochten durch Heiratsverbindungen mit „großen Häusern" in anderen Poleis, durch erfolgreiche wirt-

[161] Die Position des Senats der römischen Republik stellt geradezu ein Kontrastbild zur Stellung des Areopags dar. Vgl. jetzt K.-J. Hölkeskamp, Die Entstehung der Nobilität, Stuttgart 1987, 170ff.

schaftliche Aktivitäten „in Übersee“ sowie auch durch Raubfahrten, die das sog. solonische „Vereinsgesetz“ ausdrücklich erlaubte,[162] ihre Ressourcen erheblich zu vermehren und dadurch im Wettbewerb um Reichtum und Prestige ihre Überlegenheit über ihre Standesgenossen noch zu steigern. Individuelle Aktivitäten außerhalb der eigenen Polis bündelten sich selbstverständlich nicht zu einem gemeinsamen außenpolitischen Handeln. Sie verstärkten vielmehr die Tendenz, solidaritätssprengende Geltungsansprüche im Sozialkörper des Polisverbandes zu erheben und gegebenenfalls durch Stasisbildungen durchzusetzen, die aber immer auch einen starken Gegendruck durch konkurrierende Gruppierungen erzeugten und damit zu einer Fluktuation der Rangverhältnisse führten, so daß sich die Statuspositionen nicht hierarchisch verfestigten. Bindungen innerhalb einer Stasis, deren Kristallisationspunkt eine Hetairie bildete, waren auf den Anführer fixiert, der aber hierdurch keine permanente Hausmacht gewann, da der Zusammenhalt seiner Anhängerschaft eher auf einer temporären Konvergenz von Interessen beruhte.[163] Wesentliche Voraussetzung für Stasisbildungen war die Fähigkeit prominenter Aristokraten, eine Hetairie durch Gewinnung und Mobilisierung einer breiteren Anhängerschaft im Demos zu erweitern und dieses Potential in das politische Kräftespiel einzubringen. Diese Bindungen konnten aber austauschbar sein, wenn der Stasisführer den Erwartungen seiner Anhänger nicht mehr entsprach, wenn er von anderen herausragenden Aristokraten überspielt wurde.

Es kam freilich nicht ununterbrochen zu Stasisbildungen dieser Art, mit denen die öffentlichen Organe unter Druck gesetzt oder zeitweise faktisch ausgeschaltet werden konnten.[164] In den wenigen Nachrichten zur Geschichte Athens in nachsolonischer Zeit (bis zur Tyrannis des Peisistratos) wird die Funktionsfähigkeit der Polisorganisation nicht genügend ins Blickfeld gerückt, so daß die Perspektive in den Quellen teilweise verzerrt ist. Es gelang keiner aristokratischen Gruppe, über längere Zeit ein Einflußmonopol zu behaupten, bevor Peisistratos nach zweimaligem Scheitern gleichsam im dritten Anlauf mit Hilfe von auswärtigen Gefolgschaften und

162 Ruschenbusch, Solonos Nomoi F 76.

163 Dazu generell J. Martin, Dynasteia. Eine begriffs-, verfassungs- und sozialgeschichtliche Skizze, in: R. Koselleck (Hrsg.), Historische Semantik und Begriffsgeschichte, Stuttgart 1979, 237f.

164 Stahl, Aristokraten 100, betont mit Recht, daß „die Sammlung von Anhängern... für die Aristokraten als Mittel des Konkurrenzkampfes von wesentlicher Bedeutung“ war. Seine These, daß die Stasis gewissermaßen ein Dauerzustand war bzw. daß das politische Leben von einer „dauerhaften sozialen Konfrontation“ (a. a. O. 103) gekennzeichnet war, ist indes kaum zutreffend. Im nachsolonischen Athen gab es auch ruhige Zeiten, ohne die etwa die Errichtung öffentlicher Bauten auf der Agora oder die Ausgestaltung des Panathenäenfestes nicht möglich gewesen wären.

Söldnern eine überragende Machtstellung zu gewinnen vermochte und die Adelsfehden vorerst unterbinden konnte (wahrscheinlich 547/46 oder 546/45). Der politische Alltag war bis dahin zweifellos weithin durch einen im allgemeinen störungsfreien Ablauf der Tätigkeit der Behörden und der politischen Organe und Richtergremien gekennzeichnet, während gewissermaßen in Intervallen die innere Ordnung der Polis durch Machtkämpfe in der Oberschicht und daraus resultierende Staseis gefährdet war. Das Phänomen der Stasisbildungen war sicherlich eine schwere Hypothek für die athenische Polisgemeinschaft. Es darf aber nicht übersehen werden, daß andererseits aus dem Prinzip aristokratischer Selbstdarstellung durch Übernahme öffentlicher Aufgaben und Ämter auch permanent Leistungen für die Polis erwuchsen. Hierdurch wurde der Bestand der solonischen Ordnung überhaupt erst ermöglicht. Sie überdauerte in ihren Grundzügen auch die Tyrannis. Peisistratos und seine Söhne standen einem Personenverband gegenüber, der bereits seine politische Seinsform als Polisgemeinschaft gefunden und durch die solonische Gesetzgebung in seiner sozialen und institutionellen Ordnung starken Halt gewonnen hatte.

6. *Von Solon zur Tyrannis des Peisistratos*

a) Kriegerische Verwicklungen

Nach der vorliegenden Überlieferung soll Athen noch im Archontat Solons bzw. schon vor dessen Amtsantritt am sog. ersten Heiligen Krieg teilgenommen haben,[165] den die Pylaiische Amphiktyonie („Umwohnerbund") – eine ursprünglich mittelgriechische, aus der Gemeinschaft des Kultes im Demeterheiligtum in Anthela (Thermopylen) erwachsene Vereinigung – gegen die phokische Polis Krisa bzw. Kirrha[166] führte. Als Kriegsgrund werden Repressalien der Krisaier genannt, die den freien Zugang zum delphischen Heiligtum behindert und die Unabhängigkeit der berühmten Orakelstätte in Frage gestellt hätten.[167] Das Motiv der Sicherung der Freiheit

[165] Dies ergibt sich aus Aischin. 3,108 und Plut. Sol. 11,1, wonach Solon in der Amphiktyonie den Antrag auf Kriegsbeschluß gestellt haben soll und Alkmaion, der erst im Archontat Solons aus dem Exil zurückkehren konnte, angeblich den Befehl über die aufgebotene athenische Streitmacht erhielt.

[166] Die beiden Namensformen sind äquivalent.

[167] Vgl. Plut. Sol. 11,1; Aischin. 3, 107f.; Paus. X 37,6. Die Geschichtlichkeit dieses Krieges wird bestritten von N. Robertson, The Myth of the First Sacred War, CQ 72 (1978) 38–73, der die diesbezügliche Überlieferung auf eine Fälschung in der Zeit Philipps II. von Makedonien zurückführt (zustimmend F. J. Frost, Historia 33, 1984, 289). Vgl. demgegenüber G. A. Lehmann, Der „Erste Heilige Krieg" – eine

Delphis ist indes wohl ein Topos späterer Propaganda. Zweifellos war es das Ziel der Amphiktyonen, die Schutzherrschaft über Delphi zu gewinnen und damit ihren Einflußbereich erheblich zu erweitern. Der Krieg endete wahrscheinlich Ende der neunziger Jahre (591/90?) mit der Zerstörung Krisas. Das Gebiet der Polis wurde dem delphischen Heiligtum übereignet, in dem fortan zweimal im Jahr die Amphiktyonen tagten. Athen hatte sich allem Anschein nach als Mitglied der Sakralgemeinschaft am Krieg beteiligt.[168] Allzu groß dürfte indes der athenische Kräfteeinsatz noch während oder unmittelbar nach der solonischen Gesetzgebung nicht gewesen sein, da in Athen das Problem der Neuordnung des Gemeinwesens im Vordergrund stand.

Ungesichert sind die Nachrichten über die Rolle Solons im ersten Heiligen Krieg. Relativ ausführlich berichtet hierüber Plutarch (Solon 11), der unter Berufung auf die von Aristoteles und Kallisthenes erstellten Listen der Sieger in den Pythischen Spielen zu Delphi erwähnt, daß der Kriegsbeschluß der Pylaiischen Amphiktyonie gegen Krisa auf Antrag Solons erfolgt sei. Als Feldherr (Strategos) der Athener sei in „delphischen Urkunden" (Hypomnemata) aber nicht Solon, sondern der Alkmeonide Alkmaion genannt. Daß Aristoteles authentische Unterlagen über einen von Solon herbeigeführten Kriegsbeschluß zur Verfügung hatte, ist unwahrscheinlich.[169] Die angebliche Initiative Solons ist eher als Bestandteil einer von Aischines (3,108) bezeugten populären athenischen Version zu werten. In den Gedichtfragmenten Solons findet sich kein Hinweis auf das Kriegsgeschehen. Dies schließt freilich nicht aus, daß Athen sich bereits in seinem Archontat der Koalition gegen Krisa anschloß. Da die Pylaiische Amphiktyonie damals von thessalischen Aristokraten dominiert wurde,[170] ist jedoch zu vermuten, daß thessalischer Einfluß ausschlaggebend für den Kriegsbeschluß war. Zweifelhaft erscheint auch die Nachricht, daß Alkmaion zum „Strategos" ernannt worden sei. Da das reguläre Strategenamt noch nicht existierte, kann er allenfalls Polemarchos gewesen sein oder bestimmte Sondervollmachten

Fiktion?, Historia 29 (1980) 242–246, der die Spekulationen Robertsons mit überzeugenden Argumenten zurückgewiesen hat, sowie (modifizierend) K. Tausend, Die Koalitionen im 1. Heiligen Krieg, RSA 16 (1986) 49–66. Zum Begriff des „Heiligen Krieges" s. jetzt K. Brodersen, Heiliger Krieg und Heiliger Friede in der frühen griechischen Geschichte, Gymnasium 98 (1991) 1–14.

[168] In der Forschung wurde freilich mehrfach angenommen, daß Athen erst aufgrund seiner Teilnahme am ersten Heiligen Krieg Mitglied der Amphiktyonie wurde. Vgl. aber demgegenüber H. W. Parke, The Delphic Oracle, I. The History, Oxford 1956, 104f.

[169] Jacoby, FgrHist III b, Kommentar zu Nr. 297–607 (Text) 214f.

[170] G. A. Lehmann, Thessaliens Hegemonie über Mittelgriechenland im 6. Jh. v. Chr., Boreas 6 (1983) 38.

erhalten haben. Er war jedoch aufgrund des „kylonischen Frevels" der Alkmeoniden verbannt worden und konnte erst nach dem Amnestiegesetz Solons nach Athen zurückkehren.[171] Daß er dann sofort ein militärisches Kommando erhielt, ist wenig wahrscheinlich. Möglicherweise wurde er in der Überlieferung wegen des Engagements seines Enkels Kleisthenes beim Wiederaufbau des Apollontempels in Delphi mit dem zum Kampf für die Freiheit des Orakels stilisierten Krieg gegen Krisa in Verbindung gebracht. Die spätere Überlieferung erlaubt kaum den Schluß auf eine „verstärkte Präsenz der Alkmeoniden in Delphi" im frühen 6. Jahrhundert.[172] Nur soviel ist deutlich, daß Delphi damals neues Kultzentrum der Pylaiischen Amphiktyonie wurde, das dortige Orakel in der Folgezeit auch außerhalb der griechischen Welt sein Ansehen erheblich zu steigern vermochte und die Pythischen Spiele seit 591/90 bzw. 582/81 eine neue Form gefunden haben.

Weitere Nachrichten über außenpolitische und militärische Aktivitäten der Athener im frühen 6. Jahrhundert bieten ein verwirrendes Bild. Die Berichte enthalten unterschiedliche Versionen der Ereignisse aus pro- und antiathenischer Sicht sowie Dubletten, Legenden und Anekdoten. Hinzu kommen die Datierungsprobleme. Glaubwürdig erscheint zunächst die Nachricht Herodots I 59,4, daß es Peisistratos gelang, den megarischen Hafen Nisaia zu erobern. Herodot bezeichnet die damalige Position des Peisistratos als „Strategie". Wenn hiermit die Polemarchie gemeint ist, wird Peisistratos dieses Amt nicht vor 570, eher um 565 bekleidet haben.[173] Eine

[171] F. J. Frost, Historia 33 (1984) 289f., nimmt an, daß Alkmaion sich mit einer Gefolgschaft von Verwandten und Anhängern am Kampf beteiligt habe, doch bleibt dies eine bloße Hypothese. – Rhodes, Commentary 224, 264, vermutet, daß das Strategenamt im 6. Jahrhundert noch keine reguläre Magistratur war, für auswärtige Unternehmungen aber möglicherweise ad hoc ein Strategos ernannt wurde. Auch in diesem Fall stellt sich aber die Frage, ob Alkmaion bereits unmittelbar nach seiner Rückkehr ein solches Kommando erhalten hat, wenn in Athen tatsächlich im Archontat Solons Hopliten für den Kampf gegen Krisa aufgeboten worden sind. Zur Frage einer „vorkleisthenischen" Strategie vgl. zusammenfassend Ch. W. Fornara, The Athenian Board of Generals from 501 to 400, Wiesbaden 1971, 7, Anm. 22, der davor warnt, in einem Aufgebot der archaischen Zeit "a tightly organized machine" zu sehen. Anders Develin, Athenian Officials 3, der vermutet, daß das Strategenamt nicht erst 501/500 eingeführt wurde.

[172] Diese Auffassung vertritt Stahl, Aristokraten 209.

[173] Vgl. F. Schachermeyr, RE XIX (1937) 160f.; Berve, Tyrannis I 47; Kinzl, Tyrannis 309. Demgegenüber will Develin, Athenian Officials 41, der Angabe Herodots I 59,4 entnehmen, daß Peisistratos damals tatsächlich als Strategos fungierte. – F. J. Frost, Historia 33 (1984) 290, vermutet, daß Peisistratos nicht in amtlicher Funktion, sondern auf eigene Faust Nisaia eroberte, um am Golf von Eleusis eigene Gefolgsleute aus dem östlichen Attika anzusiedeln. Nach Herodot I 59,3 gewann Peisistratos

genaue Datierung ist indes nicht möglich. In der althistorischen Forschung wird sein Handstreich in Nisaia vielfach unter Berufung auf Plutarch (Solon 9–10) mit dem Konflikt um Salamis in Verbindung gebracht. Nach Plutarch sollen die Kämpfe auf Salamis nach der von Solon initiierten „Rückeroberung" der Insel angedauert haben, bis beide Seiten ein spartanisches Schiedsgericht anriefen, das aufgrund der von Solon angeführten mythologischen, archäologischen und ethnologischen Argumente Salamis den Athenern zusprach. Obwohl Plutarch im Kontext Nisaia nicht erwähnt,[174] hat man vermutet, daß erst durch die Einnahme der megarischen Hafenstadt der athenische Anspruch auf Salamis endgültig durchgesetzt wurde, indem Megara sich nunmehr dem spartanischen Schiedsspruch beugte und auf die Insel verzichtete, dafür aber Nisaia zurückerhielt.[175]

Herodot erwähnt indes in seinem Bericht über die athenische Besetzung des Hafenplatzes weder vorausgehende Kämpfe um Salamis noch ein spartanisches Schiedsgericht, das wohl als athenische Geschichtsklitterung zu werten ist, die erst durch die atthidographische Tradition Verbreitung gefunden hat. Hintergründe und Anlaß der athenischen Aktion gegen Nisaia bleiben offene Fragen.[176] Es kann sich um eine militärische Demonstration gehandelt haben, die den Megarern die Entschlossenheit Athens zur Sicherung des Raumes von Eleusis vor Augen führen sollte, ohne daß zu diesem

aber erst unmittelbar vor seiner sog. ersten Machtergreifung eine größere Anhängerschaft.

174 Nach der verworrenen Darstellung Plutarchs Sol. 12,5 soll Athen während der Wirren nach dem Putschversuch Kylons Nisaia verloren haben.

175 Aus der umfangreichen Literatur hierzu seien folgende Arbeiten genannt: Legon, Megara 136ff.; Rhodes, Commentary 224, der vermutet, daß Salamis mehrfach den Besitzer wechselte; Andrewes, CAH III 3 (^{2}1982) 373; Frost, Historia 33 (1984) 290; Stahl, Aristokraten 204, der annimmt, daß nach dem (angeblichen) spartanischen Schiedsspruch „erst ein Feldzug des Peisistratos (vor seiner Tyrannis) den Athenern endgültig den Besitz der Insel" sicherte (vgl. aber bereits Busolt, GG II^2 221, Anm.: „Nirgends wird dem Peisistratos ein so bedeutsamer Erfolg, wie es die Eroberung von Salamis gewesen wäre, zugeschrieben." Siehe auch Schachermeyr, RE XIX 160f.). – Piccirilli, Arbitrati 53 (vgl. dens., Solone e la guerra per Salamine, ASNP ser. 3,8, 1978, 1–13), datiert das Schiedsgericht „kurz nach der Schlacht bei Sepeia, wahrscheinlich 519/18 v. Chr.". Er beruft sich darauf, daß die Spartaner vor ihrem Sieg über die Argiver bei Sepeia noch nicht genügend Autorität als Schiedsmacht besessen hätten (vgl. auch Beloch, GG I^2 2, 312f.). Die Schlacht bei Sepeia ist jedoch erst um 494 v. Chr. anzusetzen. – Oliva, Solon 44f., äußert sich mit Recht skeptisch zur Überlieferung über jenes Schiedsgericht.

176 Auf die Einnahme Nisaias ist Aen. Tact. 4,8–11 zu beziehen. Die Darstellung ist anekdotenhaft und teilweise eine Dublette der Erzählung Plutarchs (Sol. 8) von der Aktion Solons gegen Salamis. Vgl. generell A. Podlecki, Solon or Peisistratus? A Case of Mistaken Identity, AncW 16 (1987) 3–10.

Zeitpunkt der athenische Besitz der Insel Salamis noch gefährdet war. Athen war aber nicht in der Lage, Nisaia auf Dauer zu behaupten. Hierzu wäre es erforderlich gewesen, an diesem Platz permanent eine stärkere Truppe athenischer Hopliten zu stationieren, die freilich überwiegend Bauern waren und daher nicht über einen längeren Zeitraum Dienst leisten konnten, während zu erwarten war, daß die Megarer ihr gesamtes Aufgebot mobilisierten, um ihren einzigen Hafen am Saronischen Golf zurückzugewinnen. Vermutlich hat Peisistratos Nisaia geräumt, bevor megarische Gegenmaßnahmen wirksam wurden. Längere Kämpfe um Nisaia werden von Herodot nicht erwähnt. Aus den beiden Fixpunkten der von Solon initiierten Aktion gegen Salamis und der kurzfristigen Besetzung Nisaias läßt sich somit kein jahrzehntelanges Ringen zwischen Athen und Megara ableiten. Wahrscheinlich wurde Salamis von den Athenern zwischenzeitlich nicht wieder geräumt.

Problematisch erscheint auch die Überlieferung über einen Schiedsspruch, den der Tyrann Periander von Korinth zugunsten der Athener im Konflikt um Sigeion gefällt haben soll. Daß Periander in dieser Weise als „Schiedsrichter" fungiert habe, berichtet freilich bereits Herodot V 95,2, der im Kontext bemerkt, daß die Athener ihren Anspruch auf Sigeion mit dem Hinweis auf ihre Teilnahme am Trojanischen Krieg begründeten (V 94,2).[177] Wenn diese Angaben zutreffen, wäre zu folgern, daß der Polis Athen durch die Initiative Phrynons gleichsam ein Außenbesitz zugewachsen ist und die Aktivität des Oikisten keine „außerstaatliche" Privatsache blieb, sondern der Polisgemeinschaft neue Perspektiven in ihren Außenbeziehungen eröffnete. Kann aber Sigeion tatsächlich durch einen Schiedsspruch athenischer Besitz geworden sein, wenn es andererseits bei Herodot V 94,1 heißt, daß Peisistratos (nach seiner dritten Machtergreifung) den Ort „mit Waffengewalt den Mytilenaiern entriß"? Wären beide Nachrichten richtig, hätte Sigeion in der Zeit zwischen jenem Schiedsspruch und der Aktion des Peisistratos den Besitzer wieder gewechselt, ohne daß Herodot dies ausdrücklich erwähnt. Athen hätte in diesem Fall kampflos auf seine angeblich im frühen 6. Jahrhundert so energisch verfochtenen „Besitzrechte" verzichtet. Zweifel sind hier berechtigt.[178] Der mythisch begründete Anspruch Athens auf den

[177] Spätere Quellen: Aristot. Rhet. 1375 b 31; Demetrios v. Skepsis bei Strab. XIII 1,38 p. 600; Apollodoros von Athen, FgrHist 244 F 27 a. Daß bereits Alkaios den Periander in einem Papyrusfragment wegen des angeblichen Schiedsspruchs als „Schlichter" (μεσίτης) bezeichnet hat (D.L. Page, Sappho and Alcaeus, Oxford ³1965, 159; Berve, Tyrannis II 527; Andrewes, CAH III 3, ²1982, 374), ist keineswegs sicher. Vgl. Alkaios Frgm. 306 f, 19–20 Voigt mit dem textkritischen Apparat ad locum.

[178] Vgl. M.R. Cataudella, Erodoto e la cronologia dei Cipselidi, Maia 16 (1964) 219, der aber zu Unrecht bestreitet, daß es zwei athenische Unternehmungen nach Si-

Raum von Sigeion ist erstmals in den ›Eumeniden‹ des Aischylos belegt (458 v. Chr.), der das Gebiet am Skamandros als Land der Athena bezeichnet, das die Anführer der Achaier nach dem Fall Trojas der Göttin „als auserwählte Gabe für die Nachfahren des Theseus“ geschenkt hätten.[179] Aischylos' Ausführungen hatten durch vorausgehende Kriegsereignisse und durch die Bedeutung Sigeions für die damalige athenische Seebundpolitik einen aktuellen Bezug. Einige Jahre vorher hatten während des Thasischen Aufstandes Kämpfe bei Sigeion stattgefunden, wie die athenische Gefallenenliste des Jahres 464 zeigt.[180] Ein athenischer Volksbeschluß rühmt dann im Jahre 451/50 in der schwierigen Situation nach dem Scheitern der Ägyptischen Expedition der Athener die Loyalität der Sigeier und sichert ihnen volle Unterstützung gegen Gegner auf dem kleinasiatischen Festland zu.[181] Des weiteren ist zu beachten, daß Aischylos an der genannten Stelle der ›Eumeniden‹ die Athener ausdrücklich als Nachfahren des Theseus bezeichnet. Theseus ist nicht vor dem späten 6. oder frühen 5. Jahrhundert zum eigentlichen „Nationalhelden“ der Athener aufgestiegen[182] und erhielt offiziell erst durch die Initiative Kimons ca. 475 in Athen ein Heroon, das bekannte Theseion. Vor diesem Hintergrund gewinnt der athenische Anspruch auf das Land am Skamandros politische Aktualität, denn die im Theseion dargestellte Aufnahme des Theseus im Palast seines göttlichen Vaters Poseidon unter dem Meer ist als mythische Präfiguration der athenischen Seemacht zu verstehen.[183] Daß in diesem Zusammenhang auch der von Herodot erwähnte Schiedsspruch Perianders erfunden wurde, ist nicht auszuschließen.[184] Die Athener haben

geion (um 600 und unter Peisistratos) gab (vgl. dazu Berve, Tyrannis II 553). Siehe auch bereits Beloch, GG I² 2, 316, allerdings mit falscher („niedriger“) Chronologie. Die Überlieferung über den Schiedsspruch wird indes überwiegend akzeptiert. Vgl. den Forschungsbericht von Piccirilli, Arbitrati 30–35, der im Anschluß an Will, Korinthiaka 381–391, den Spruch in die Zeit von 561–555 v. Chr. datieren will. Dieser Ansatz beruht auf der schwerlich zutreffenden sog. niedrigen Chronologie der Kypseliden. Vgl. oben Anm. 7.

179 Aischyl. Eum. 398–403.

180 IG I² 928.

181 Vgl. Meiggs, The Athenian Empire, Oxford 1972, 117.

182 Vgl. Neils, Theseus 11 f.; K. Hitzl, Gnomon 61 (1989) 148 ff.

183 Vgl. J. von Ungern-Sternberg, Das Grab des Theseus und andere Gräber, in: W. Schuller (Hrsg.), Antike in der Moderne, Konstanzer althist. Forschungen 15, Konstanz 1985, 324.

184 H. Aigner, Sigeion und die peisistratidische Homerförderung, RhM, N. F. 121 (1978) 204–209, verbindet demgegenüber die von Herodot V 94,2 erwähnte mythische Begründung des athenischen Anspruchs auf Sigeion mit Bemühungen der Peisistratiden um die homerischen Gesänge. Ähnlich Stahl, Aristokraten 221 f., der zudem aus dem archäologischen Befund an den Tumuli bei Sigeion (J. M. Cook, The Troad. An Archaeological and Topographical Study, Oxford 1973, 164 ff.) verstärkte

jedenfalls vor der dritten Machtergreifung des Peisistratos schwerlich energisch das Ziel verfolgt, Sigeion zu behaupten oder zurückzugewinnen, wenn auch dort weiterhin Siedler athenischer Herkunft lebten, wie die Phanodikos-Stele aus dem zweiten Viertel des 6. Jahrhunderts zeigt.

Von Kämpfen des frühen 6. Jahrhunderts scheint auch Herodots Bericht (V 82–87) über die „alte Feindschaft" zwischen Athen und Aigina zu handeln. Diese Darstellung, die teils aus athenischer, teils aus aiginetischer Quelle stammt und mit aitiologischen Legenden ausgeschmückt ist, scheint aber weitgehend eine Dittographie der (lückenhaften) Schilderung der Kämpfe Athens mit Aigina 488/87 v. Chr. bei Herodot VI 88–93 zu sein. Andererseits ist nicht auszuschließen, daß um und nach 600 die damals noch zur See überlegenen Aigineten wiederholt Raids gegen athenische Küstenplätze durchführten und die Athener durch überraschende, letztlich aber erfolglose Gegenschläge Rache zu nehmen suchten. Verlauf und Chronologie solcher Unternehmungen lassen sich jedoch nicht mehr rekonstruieren.

Insgesamt erlaubt die skizzierte schmale Quellengrundlage kaum die Folgerung, daß sich in den Aktivitäten einzelner athenischer Aristokraten bereits um und nach 600 eine Kontinuität der Außenpolitik Athens abzeichnete sowie Themen und Ziele außenpolitischen Handelns ein Derivat der athenischen Staatswerdung waren bzw. für die Herausbildung des „Staates" große Bedeutung gewonnen haben.[185] Die athenische Polisgemeinschaft besaß bereits vor Solon „staatlichen Charakter", während die wohl aus einem Konflikt um strittige Bezirke im Raum von Eleusis resultierende vorübergehende Besetzung Nisaias die einzige einigermaßen faßbare militärische Aktion der Athener zwischen den Reformen Solons und der Tyrannis des Peisistratos bleibt.

Die spärlichen Nachrichten über außenpolitische Beziehungen der Athener erlauben im übrigen keine Rückschlüsse auf innerathenische Gruppierungen und Machtverhältnisse. Ein Zusammenhang zwischen wirtschaftlichen Interessen athenischer Adelsfaktionen und den kriegerischen Verwicklungen nach dem Archontat Solons läßt sich nicht nachweisen. Die späte und höchst unsichere Nachricht über die Rolle Alkmaions im ersten Heiligen Krieg beweist keineswegs, daß der damalige Repräsentant der Alkmeoniden über Delphi die Verbindungen seines Hauses mit hellenischen Aristokraten sowie mit Dynasten außerhalb des griechischen Siedlungsraumes erheblich zu erweitern und hierdurch seine Position in Athen selbst

Aktivitäten der Athener in diesem Raum im späten 6. Jahrhundert ableitet. Die Historizität des Schiedsspruches Perianders läßt sich indes mit solchen Argumenten nicht beweisen.

[185] Diesen Schluß zieht Stahl, Aristokraten 210, 218, 222.

zu stärken suchte. Es bleibt auch offen, ob das Geschehen in Sigeion nach dem Tod Phrynons überhaupt ein lebhaftes Echo in Athen gefunden hat. Ferner gibt es in den Quellen keine Hinweise auf eine Beeinträchtigung des aiginetischen Handels und eine daraus resultierende Belastung der aiginetisch-athenischen Beziehungen durch Solons (wohl nur kurzfristig wirksames) Ausfuhrverbot attischer Bodenerzeugnisse. Vielmehr nahm der Handel der Aigineten, deren Oberschicht vor allem durch merkantile Fernfahrten Reichtum gewonnen hatte, gerade im 6. Jahrhundert einen weiteren Aufschwung. Insofern erübrigen sich Vermutungen über mögliche ökonomische Ursachen der athenisch-aiginetischen Spannungen,[186] die ohnehin erst im ausgehenden 6. Jahrhundert nach den Reformen des Kleisthenes deutlicher auszumachen sind, als die Aigineten attische Küstenplätze plünderten, während das athenische Aufgebot gegen eine thebanische Streitmacht im Felde stand. Ebensowenig ist etwa die Besetzung Nisaias als Indiz für innerathenische Stasisbildungen zu werten. Nach Herodot hat Peisistratos nicht als Stasisführer, sondern als athenischer Militärbefehlshaber den megarischen Hafenplatz erobert. Seine Stasisbildung erfolgte erst einige Jahre später, als er bereits als erfolgreicher Heerführer galt.

Des weiteren ist ungewiß, ob Solon und Peisistratos in den Kämpfen um Salamis und Nisaia bereits die mythische Fiktion ins Spiel brachten, daß Philaios, der legendäre Sohn des Trojafahrers Aias, Salamis den Athenern übergeben[187] und Nisos, der Eponym von Nisaia bzw. König von Megara, die Herrschaft über die Megaris von seinem Vater, dem mythischen athenischen König Pandion II., erhalten habe.[188] Wir wissen nicht, wann diese

[186] Th. J. Figueira, Aegina and Athens in the Archaic and Classical Periods: A Sociopolitical Investigation, Diss. Univ. of Pennsylvania 1977, 240ff., der diese Kämpfe in die Zeit unmittelbar nach Solons Archontat datiert, vermutet vor den solonischen Reformen "a symbiotic relationship" zwischen Aigina und Angehörigen der athenischen Oberschicht, denen die Aigineten Metalle, Luxusgüter und Sklaven verkauft und dafür Korn und Schuldknechte erhalten hätten. Dieser Handel sei durch Solons Aufhebung der Schuldknechtschaft und Verbot der Kornausfuhr schwer gestört worden. Figueira räumt ein (a. a. O. 244), daß seine Erklärung eine bloße Hypothese ist. Die genannte Dissertation liegt jetzt auch als Monographie vor: Aegina. Monographs in Classical Studies, ed. by W. R. Connor, New York 1981. Zur Darstellung des Konflikts bei Herodot vgl. ferner Figueira, Herodotus on the Early Hostilities between Aegina and Athens, AJPh 106 (1985) 49–74.

[187] Plut. Sol. 10,2–3. Vgl. Aristot. Rhet. 1375 b 30; Strab. IX 1,10, p. 394; Diog Laert. I 48.

[188] Hellanikos FgrHist 4 F 78; Paus. I 39,4; Strab. IX 1,6, p. 392. Dazu Legon, Megara 42f. In diesen Kontext der „mythischen" Begründung des athenischen Anspruchs auf Salamis gehört auch der bereits in der Antike als interpoliert geltende Vers Il. II 558, der im homerischen Schiffskatalog die Kontingente der Athener und des Salaminiers Aias verbindet (vgl. M. Finkelberg CQ 82, 1988, 38–41).

Sagen entstanden sind. Andererseits hat freilich Solon bereits Athen als älteste ionische Stadt bezeichnet.[189] Mythische Vergangenheitsdeutung war somit in Athen wie in zahlreichen anderen griechischen Gemeinwesen durchaus schon ein Medium der Identitätsfindung und ein Instrument „politischer" Argumentation. In mythischen und legendären Gestalten manifestierten sich für die Mitglieder des Personenverbandes der athenischen Polis in solonischer Zeit schon eine weit in die Vergangenheit zurückreichende und im Mythos präfigurierte Identität und Solidarität. Dieses Gemeinschaftsbewußtsein hat um und nach 600 allem Anschein nach auch in der Errichtung öffentlicher und kultischer Bauten seinen Ausdruck gefunden.

b) Polisgemeinschaft und Adelsfaktionen

Seit dem frühen 6. Jahrhundert ist die Agora im Kerameikosgebiet durch ihre bauliche Ausstattung als politisches Zentrum der athenischen Polisgemeinschaft ausgewiesen. Um 600 enden die Bestattungen im zentralen Teil der Agora. Etwa gleichzeitig wurden die dort angelegten privaten Brunnen nicht mehr benutzt,[190] während in den südwestlichen und nordwestlichen Sektoren öffentliche Gebäude entstanden.[191] Der älteste Bau, das rechtekkige sog. Haus C (15 x 6,70 m) im nördlichen Bereich des späteren Bouleuterion, wurde vermutlich im ersten Viertel des 6. Jahrhunderts erstellt. Es diente vielleicht als Amtslokal.[192] Eine eindeutige Funktionsbestimmung ist jedoch nicht möglich. Die beiden Räume dieses Gebäudes waren von Süden her über eine ausgedehnte Terrasse zugänglich. Im südlichen Teil der gesamten Anlage entstand vermutlich um die Mitte des 6. Jahrhunderts im Bereich der späteren Tholos ein größerer unregelmäßiger Gebäudekomplex (22 m in der Ost-West- und 18,50 m in der Nord-Süd-Richtung) mit einem trapezförmigen Innenhof mit je sieben Stützen an den Längsseiten. Dieses sog. Haus F, das mit Haus C durch eine Stütz- und Einfriedungsmauer verbunden war, wurde verschiedentlich als Wohn- und Regierungssitz des Peisistratos gedeutet.[193] Peisistratos hat indes nach seiner dritten Machtergreifung keine

[189] Solon Frgm. 4 Gentili-Prato (= 4,1–3 Diehl).

[190] E. Brann, The Athenian Agora VIII. The Late Geometric Protoattic Pottery, Princeton, 1962, 108. Vgl. jetzt auch T. Hölscher, The City of Athens: Space, Symbol, Structure, in: City States in Classical Antiquity and Medieval Italy, ed. by A. Molho–K. Raaflaub–J. Emlen, Stuttgart 1991, 362 ff.

[191] Thompson – Wycherley, Agora XIV 19 f.

[192] Thompson – Wycherley, a. a. O. 26 f.; T. L. Shear, Tyrants and Buildings in Archaic Athens, in: Athens Comes of Age 4.

[193] H. A. Thompson, The Athenian Agora. A Guide, Athen ²1962, 21 (revidiert in der 3. Auflage 1976, S. 56 f.); W. Zschietzmann, Der Kleine Pauly I (1964) 694;

eigentliche „Regierung" ausgeübt. Öffentliche Funktionen wurden weiterhin von den bis dahin zuständigen Polisorganen wahrgenommen. Eine Zuweisung des Gebäudes F an Peisistratos ist zudem aus chronologischen Gründen problematisch. Der Bau kann noch vor der Tyrannis beschlossen und geplant worden sein. Möglicherweise war er für verschiedene Aufgaben des solonischen Rates der Vierhundert bestimmt, der hier allerdings nicht in voller Stärke tagen konnte. Für Vollversammlungen des Rates diente vielleicht ein im Westen der Terrassenanlage zwischen Haus C und Haus F aus dem Kolonos Agoraios herausgegrabenes Halbrund.

Eindeutig identifiziert ist das Amtslokal des Archon Basileus, die Stoa Basileios, deren Überreste 1970 freigelegt wurden.[194] Der einfache, recht bescheidene Bau (17,72 x 7,57m in den Außenmaßen) entstand wohl nach Mitte des 6. Jahrhunderts. Vor dieser Stoa befand sich ein etwa 3m langer flacher Kalksteinblock, an dem die Archonten vor Beginn ihres Amtsjahres vereidigt wurden. Die planvolle Gestaltung des Westrandes der Agora wird des weiteren bestätigt durch einen Zeusaltar[195] und ein um die Mitte des 6. Jahrhunderts errichtetes Heiligtum für Apollon Patroos.[196] Der Altar war wahrscheinlich dem häuslichen Schutzgott Zeus Herkeios geweiht.[197] Die Teilhabe an den Riten für Zeus Herkeios und Apollon Patroos galt als Voraussetzung für die Zugehörigkeit zur Polisgemeinschaft. Die geweihten Stätten auf der Agora in unmittelbarer Nähe der neuen Amtslokale und Tagungsräume deuten auf den Öffentlichkeitscharakter der dortigen Kulte hin, die von der Polisgemeinschaft eingerichtet wurden und zweifellos vielen Athenern Gelegenheit boten, an diesen Riten teilzunehmen.

Selbst wenn die genannten Gebäude am Westrand der Agora größtenteils erst in der Zeit der Tyrannis (d.h. nach 546) errichtet wurden, hat Peisi-

Boersma, Building Policy 14ff., 30; T.L. Shear, a.a.O. 17; St.G. Miller, The Prytaneion. Its Function and Architectural Form, Berkeley – Los Angeles – London 1978 65, Anm. 77; Young, Building Projects 150ff.; G. Gruben, AA 1982, 672; Camp Agora 51f.; Stahl, Aristokraten 237f. Vgl. aber demgegenüber Travlos, Bildlexikon Athen 53; Thompson – Wycherley, Agora XIV 28; F. Kolb, Die Bau-, Religions- und Kulturpolitik der Peisistratiden, JdI 92 (1977) 106; G. Kuhn, Untersuchungen zur Funktion der Säulenhalle in archaischer und klassischer Zeit, JdI 100 (1985) 310f.

194 T.L. Shear, Hesperia 40 (1971) 243ff.; ders., ebd. 44 (1975) 365ff.; Thompson – Wycherley, Agora XIV 83ff.; vgl. auch G. Kuhn, a.a.O. 200ff.

195 Thompson – Wycherley, a.a.O. 96.

196 Von Thompson – Wycherley, a.a.O. 136f. um 550, von Young, Building Projects 115 nach 570 v. Chr. datiert.

197 Die Zuweisung des Zeusaltars ist freilich strittig. Vgl. Kolb, JdI 92 (1977) 107, mit Anm. 42, der sich gegen die neuerdings wieder von Young, a.a.O. 165ff., vertretene These wendet, daß es sich um einen Altar für Zeus Agoraios handelt. Die enge Verbindung von Zeus Herkeios und Apollon Patroos betont Bourriot, Genos II 1068.

stratos hier schwerlich ein völlig neues Konzept verfolgt, sondern eher ältere Bestrebungen der Polisgemeinschaft unterstützt, denn die Neugestaltung der Agora begann – wie gesagt – bereits im ersten Viertel des 6. Jahrhunderts. Ob hiermit auch von vornherein eine Verlegung älterer Amtslokale intendiert war, läßt sich kaum entscheiden. Eine „Alte Agora" erwähnt lediglich der athenische „Grammatiker" Apollodoros (2. Jahrhundert v. Chr.) in seinem Werk ›Über die Götter‹.[198] Sie wurde von mehreren Forschern nicht im sog. inneren Kerameikos, sondern an anderen Stellen im Umkreis der Akropolis lokalisiert.[199] Durch einen überraschenden Inschriftenfund im Jahre 1980 konnte die Lage des Heiligtums der Aglauros, das Aglaureion, am Osthang der Akropolis neu bestimmt werden.[200] Da nach der Beschreibung des Pausanias I 18,2–3 das Prytaneion, der Amtssitz des Archon eponymos, in der Nähe des Aglaureion lag und in der Athenaion Politeia 3,5 das Boukoleion, das ältere Amtslokal des Archon Basileus, beim Prytaneion lokalisiert wird, vermutet G. S. Dontas, daß diese Gebäude ebenfalls östlich der Akropolis lagen und die von Apollodoros erwähnte „Alte Agora" dort zu suchen sei.[201] Pausanias nennt indes nicht die exakte Entfernung zwischen dem Aglaureion und dem Prytaneion. Zudem ist nicht sicher, ob im vorsolonischen Athen ein topographischer Zusammenhang zwischen dem Platz für die Volksversammlung und den Amtsgebäuden der Archonten bestand. Das singuläre Zeugnis des Apollodoros ist kein eindeutiger Beweis für die Existenz einer sonst nirgendwo belegten „Alten Agora".

Ein bedeutendes Gemeinschaftswerk der Polisgemeinschaft war der sog. Alte Athenatempel für Athena Polias auf der Akropolis, das von den Persern 480/79 zerstörte Haupttheiligtum der Athener in archaischer Zeit über dem „Dörpfeld-Fundament" beim Erechtheion.[202] Die Datierung dieses

[198] FgrHist 244 F 113 (Zitat bei Harpokration 143, 28 s. v. πάνδημος Ἀφροδίτη).

[199] Ältere Lokalisierungsversuche diskutiert R. E. Wycherley, Archaia Agora, Phoenix 20 (1966) 285 ff. Vgl. ferner F. Kolb, Agora und Theater, Volks- und Festversammlung, Berlin 1981, 20 ff.

[200] G. S. Dontas, The True Aglaurion, Hesperia 52 (1983) 48–63.

[201] Zustimmend N. Robertson, Solon's Axones and Kyrbeis and the Sixth-Century Background, Historia 35 (1986) 157 ff., mit einer phantasievollen Rekonstruktion der sogenannten Archaia Agora.

[202] Ein zweiter archaischer Athenatempel (sog. „Urparthenon") wurde von einer Reihe von Forschern aufgrund der wahrscheinlich 485/84 anzusetzenden Hekatompedoninschrift vermutet, die einen „Tempel" und das „Hekatompedon" erwähnt (IG I³ 4 B). Wahrscheinlich war aber das Hekatompedon kein Tempel, sondern ein heiliger Bezirk. Vgl. F. Preisshofen, Zur Topographie der Akropolis, AA 1977, 74–84. Zur Diskussion über die Frage eines zweiten Athenatempels vgl. etwa Young, Building Projects 124 ff., (der allerdings S. 180, Anm. 55, die Ergebnisse Preisshofens bezweifelt); Muss – Schubert, Akropolis 59 f.

Athenatempels, der bereits einen spätgeometrisch-früharchaischen Vorgängerbau hatte, ist allerdings nicht gesichert. Aus verschiedenen Giebelfragmenten des sog. Perserschutts sind mehrere Bauphasen des Heiligtums erschlossen worden.[203] Ihre stilgeschichtliche Einordnung ist indes kontrovers. Dies betrifft auch die sog. peisistratidischen Marmorgiebel (mit der Gigantomachie im Osten und Tierkampfszenen im Westen). Sie werden überwiegend in die Spätzeit der Tyrannis datiert, doch ist nicht auszuschließen, daß der Gigantengiebel erst nach dem Sturz der Peisistratiden entstanden ist.[204] Ältere Porosgiebel mit Löwendarstellungen und mythologischen Szenen sind wahrscheinlich einer früheren Bauphase (der sog. H-Architektur) zuzuordnen, die wohl etwa um die Mitte des 6. Jahrhunderts oder wenig später,[205] d.h. einige Zeit nach der Einführung der Großen Panathenäen anzusetzen ist, die seit 566/55 alle vier Jahre veranstaltet wurden,[206] während in den Zwischenjahren weiterhin das traditionelle „Gesamtfest" der Athena stattfand.

Noch vor oder um 550 erfolgte wohl auch die Umgestaltung des Zugangs

[203] Vgl. den Überblick bei Travlos, Bildlexikon Athen 143 mit der älteren Literatur; s. ferner Young, Building Projects 122ff.; Bancroft, Acropolis 46ff.; Muss – Schubert, Akropolis 51ff.; Shapiro, Art und Cult 21ff. – Umstritten ist der Rekonstruktionsversuch von I. Beyer, Die Datierung der großen Reliefgiebel des Alten Athenatempels der Akropolis, AA 1977, 44–74, der folgende Bauphasen annimmt: 1.: „Holzperistase um amphiprostyle Steincella mit einem einzigen Porosgiebel" um 650; 2.: „Steinperistase (H-Architektur) mit zwei Porosgiebeln" ca. 625–600; 3.: „peisistratidischer Neubau mit zwei Marmorgiebeln." – Zum sog. „Blaubart" vgl. jetzt B. Kiilerich, OpAth 17 (1988) 123–136, wonach die Figur eine Darstellung des Geryon sei („nicht vor 550"). Siehe ferner H. Knell, Mythos und Polis. Bildprogramme griechischer Bauskulptur, Darmstadt 1990, 1ff.

[204] K. Stähler, Zur Rekonstruktion und Datierung des Gigantomachietempels von der Akropolis, in: Antike und Universalgeschichte. Festschrift H. E. Stier, Münster 1972, 88–112; ders., Der Zeus aus dem Gigantomachietempel der Akropolis?, Boreas 1 (1978) 28–31. Vgl. auch R. Tölle-Kastenbein, Bemerkungen zur absoluten Chronologie spätarchaischer und frühklassischer Denkmäler Athens, AA 1983, 580, Anm. 52; M. Mertens-Horn, Die Löwenkopf-Wasserspeier des griech. Westens im 6. und 5. Jh. v. Chr. im Vergleich mit den Löwen des griech. Mutterlandes, Mainz 1988, 45.

[205] Vgl. E.-L. Schwandner, Der ältere Porostempel der Aphaia auf Aegina, Berlin 1985, 129.

[206] Nach Markellinos vit. Thuk. 3 und Eusebios Chron. zu Ol. 53,3 fanden die Großen Panathenäen seit 566/65 (Archontat des Hippokleides) statt. Diese Angabe verdient den Vorzug gegenüber der Nachricht Aristot. Frgm. 637 Rose, wonach Peisistratos die Panathenäen gestiftet habe. Die älteren panathenäischen Preisamphoren sind zweifellos vor der dritten (endgültigen) Machtergreifung des Peisistratos anzusetzen. Vgl. bereits J. A. Davison, Notes on the Panathenaea, JHS 78 (1958) 26ff.

zur Akropolis durch Errichtung einer zehn Meter hohen Rampe mit polygonaler Stützmauer und mehreren Durchgängen. Da die Akropolis hierdurch ihren Festungscharakter weitgehend verlor, könnte damals auch die von Herodot (IX 13,2) und Thukydides (I 89,3.93,2) erwähnte ältere Stadtmauer errichtet worden sein, die freilich ein wesentlich kleineres Areal als der spätere themistokleische Mauerring einschloß.[207]

Der neue Akropoliseingang entstand wahrscheinlich im Zusammenhang mit der Reorganisation der Panathenäen, dem Höhepunkt der athenischen Kultfeiern und Riten, die als periodische Wiederholung bedeutsamen Geschehens in mythischer Vergangenheit zur Erneuerung des Lebens und der Ordnung des Polisverbandes gefeiert wurden. An den Panathenäen konnten alle Glieder der Gemeinschaft teilnehmen. Dies bestätigt die spätere Darstellung des Zuges der Großen Panathenäen auf dem Fries des Parthenon. Bereits um die Mitte des 6. Jahrhunderts kommt durch die Bezeichnung „Pallados Panegyris" die identitätsstiftende Funktion der Festversammlung (Panegyris) der Athener zu Ehren ihrer Schutzgöttin zum Ausdruck.[208] Durch die Einführung sportlicher Agone, die von Athlotheten (Wettkampfordnern) geleitet wurden,[209] sollten die Großen Panathenäen darüber hinaus mit den periodischen panhellenischen Sportfesten von Olympia, Delphi, Korinth und Nemea konkurrieren. Es ist anzunehmen, daß die neuen Festprogramme der Pythischen Spiele in Delphi (wahrscheinlich seit 582/81) und der Isthmien bei Korinth (wohl seit etwa 572/70 oder wenig später) sowie die Gründung der Nemeen (vermutlich 573) den Beschluß der athenischen Polisgemeinschaft, die Panathenäen zu reorganisieren und zu erweitern, mitbestimmt haben. Die Entscheidung, dem athenischen Hauptfest gewissermaßen panhellenischen Glanz zu verleihen, wurde zweifellos von allen Organen der Polis getragen. Nach einer von Athlotheten gestifteten Weihinschrift nach der Einführung der Großen Panathenäen galt die Organisation des Wettlaufs offenbar als Veranstaltung für den Demos,[210] d. h. für die Polisgemeinschaft. In dem großen Festzug (Pompé) quer über

[207] E. Vanderpool, The Date of the Pre-Persian War City Wall of Athens, in: Phoros. Tribute to B. D. Meritt, Locust Valley 1974, 156–160, vermutet, daß hierdurch die Akropolis ihre Funktion als Zitadelle verloren habe und daraufhin die von Herodot (IX 13,2) und Thukydides (I 89,3. 93,2) erwähnte ältere Stadtmauer erbaut worden sei. Zur Umgestaltung des Eingangs zur Akropolis vgl. zusammenfassend Travlos, Bildlexikon Athen 482. Zum Umfang der älteren Stadtmauer: F. E. Winter, Sepulturae intra urbem and the Pre-Persian Walls of Athens, Hesperia Supplem. 19 (1982) 199–204.

[208] IG I² 472. Vgl. Bancroft, Acropolis 102–108.

[209] Vgl. Raubitschek, Dedications Nr. 326–328.

[210] Vgl. die von C. Gallavotti, RAL 31 (1976) 236, vorgeschlagene Lesart der Inschrift Raubitschek, Dedications Nr. 327. Dazu Stahl, Aristokraten 248.

die Agora bis zum Alten Athenatempel auf der Akropolis und in der Übergabe eines neuen Gewandes (Peplos) an Athena Polias manifestierte sich die Einheit des Polisverbandes. Im Verlauf des Festes – insonderheit beim Wagenrennen und beim Zug der Reiter – erhielten natürlich vor allem athenische Aristokraten die Möglichkeit der Selbstdarstellung als Angehörige einer sozial herausgehobenen Schicht, doch ist die Neugestaltung der Panathenäen insgesamt gesehen ein eindrucksvolles Zeugnis für die Leistungsfähigkeit der gesamten Polisgemeinschaft und ihrer durch die solonischen Reformen geprägten Ordnung, die nach Ausweis der archäologischen Zeugnisse im großen und ganzen gesicherte Verhältnisse garantierte. Neben den schon erwähnten öffentlichen Bauten, deren Ausführung die Bereitstellung erheblicher Mittel und eine planvolle Arbeitsorganisation verlangte, sind hier vor allem die Innovationen in der schwarzfigurigen Vasenmalerei und die steigende Produktion von Behältern für den Öl- und Weintransport,[211] ferner die Errichtung von kleineren Weihestätten[212] auf der Akropolis (etwa zwischen 570 und 550) und die dortigen Koren-Stiftungen vor der Jahrhundertmitte, eine Reihe von festen Grabbauten in Athen und viele freistehende Grabmonumente in den Landgebieten sowie qualitätvolle Grabsteine und Skulpturen zu nennen.[213]

Statusdemonstrationen durch Weihungen und aufwendige Gräber sowie ein florierender Ölexport sind freilich für sich genommen noch kein Beweis für einen allgemein höheren Lebensstandard der breiten Masse. Gleichwohl zeichnete sich im sozialökonomischen Bereich offensichtlich eine gewisse Stabilisierung der Lage ab, wenn auch nach wie vor erhebliche soziale Unterschiede bestanden. Insgesamt gesehen scheint trotz temporärer Spannungen die Entwicklung nach den solonischen Reformen bis Mitte oder sogar bis Ende der sechziger Jahre des 6. Jahrhunderts in ruhigen Bahnen verlaufen zu sein.

Die Nachrichten der Athenaion Politeia 13,1–2 über Auseinandersetzungen um das Archontat stehen hierzu nicht im Widerspruch. Zweimal soll das Amt des Archon eponymos nicht besetzt worden sein. Nach der Zählung

[211] Hinzu kommt natürlich die Herstellung der alltäglichen Gebrauchsgegenstände aus Ton. Die wirtschaftliche Bedeutung dieses Produktionszweiges betont E. Kluwe, Zur Entwicklung, Rolle und Struktur des Handwerks in der griechischen Polis, EAZ 29 (1988) 586.

[212] Vgl. F. Preisshofen, AA 1977, 78f.; F. Kolb, JdI 92 (1977) 103.

[213] Bereits um 600 sind die beiden kolossalen Kouroi von Sounion entstanden. Vgl. Richter, Kouroi 30ff., 42ff.; Nr. 2–5; Abb. 33–49; Travlos, Bildlexikon Attika 404, 416f., Abb. 520–521. – Daß innenpolitische Auseinandersetzungen nach den Reformen Solons die Entwicklung des attischen Kunsthandwerks nicht beeinträchtigt haben, vermutete bereits E. B. Harrison, Athenian Agora XI. Archaic and Archaistic Sculpture, Princeton 1965, 3.

der Athenaion Politeia handelte es sich um die Amtsjahre 590/89 und 586/85 v. Chr., wenn man davon ausgeht, daß Solon 594/93 das Archontat bekleidete.[214] Die Situation in jenen Jahren wird in der genannten Schrift als Anarchia bezeichnet. Hiermit ist nicht etwa ein anarchischer Zustand, sondern die Vakanz des eponymen Amtes gemeint. Die anderen acht Archontenstellen konnten offenbar besetzt werden. Insofern scheint die Polisordnung bedingt funktionsfähig geblieben zu sein, zumal jeweils in der Anarchia der erwähnten Jahre wieder ein eponymer Archon für die nächste Amtszeit bestimmt werden konnte. Die Staseis, die in der Athenaion Politeia als Ursache der beiden Vakanzen genannt werden, sind daher nicht als Bürgerkriegsparteien zu verstehen. Wahrscheinlich handelte es sich um Anhängerschaften rivalisierender Kandidaten. Nähere Einzelheiten sind nicht bekannt. Es bleibt offen, wie die Probleme bewältigt wurden, die sich in der Rechtspflege sowie bei der Einberufung und Leitung beratender Versammlungen des Areopags und bei der Durchführung der Wahlen für das folgende Jahr aus der Vakanz des höchsten Amtes ergaben.

Einige Jahre nach der zweiten Anarchia kam es erneut zu einer Krise, als der Archon Damasias nach Ablauf seines regulären Amtsjahres (582/81) nicht zurücktrat. Er soll noch ein weiteres Jahr und zwei Monate sein Amt ausgeübt haben, bis er „mit Gewalt" vertrieben wurde. Motive für das Verhalten des Damasias werden im Bericht der Athenaion Politeia 13,2 nicht genannt. Man hat vermutet, daß Damasias das Archontat als Sprungbrett zur Errichtung einer Tyrannis betrachtet habe.[215] Es ist jedoch nicht auszuschließen, daß er seine Amtstätigkeit fortsetzte, weil noch keine ordnungsgemäße Wahl eines Nachfolgers durchgeführt werden konnte. Dies kann freilich gleichfalls nur eine Hypothese sein. Unklar ist auch, welche Kräfte Damasias zur Aufgabe des Amtes gezwungen haben.

Da die Konflikte um die Bekleidung des Archontats fortdauerten, soll nach der Absetzung des Damasias ein zehnköpfiges Archontenkollegium eingesetzt worden sein, das aus fünf Aristokraten („Eupatridai"), drei nichtadligen Grundbesitzern („Agroikoi") und zwei Gewerbetreibenden („Demiourgoi") bestanden habe. Nach dem Kontext ist diese Angabe der Athenaion Politeia 13,2 nicht als Erhöhung der Archontenstellen im weiteren Sinne (unter Einschluß der Thesmotheten) zu verstehen, sondern auf das eponyme Archontat zu beziehen. Der Autor betont, daß jenes zehnstellige Kollegium für die Dauer eines Jahres amtierte.[216] Er verweist zudem

[214] Vgl. Rhodes, Commentary 180f.; Andrewes CAH III 3 (^{2}1982) 392; Develin, Athenian Officials 39.

[215] Vgl. etwa Berve, Tyrannis I 45f.

[216] Gemeint sind möglicherweise nur die letzten zehn Monate des dritten „Amtsjahres" des Damasias. Vgl. Develin, Athenian Officials 40.

darauf, daß in jener Zeit der Archon eponymos die größte Macht (Dynamis) besessen habe. Hiernach wurde also das eponyme Archontat in den folgenden Jahren wieder regulär besetzt. Wahrscheinlich ist aber das zehnstellige Archontat eine Konstruktion, die auf staatstheoretische Reflexionen des späten 5. oder des 4. Jahrhunderts zurückgeht.[217] In den solonischen Gesetzen ist weder eine ständerechtliche Privilegierung sogenannter Eupatriden noch eine berufsständische Differenzierung des athenischen Demos belegt. Das Prinzip einer ständischen Gliederung der Bevölkerung spielte offenbar erstmals in der Sozialutopie des Hippodamos[218] eine Rolle und wurde dann seit Kritias (spätes 5. Jahrhundert) in der Staatstheorie mehrfach diskutiert. Aus dem in der Athenaion Politeia genannten Zahlenverhältnis (fünf Eupatriden, fünf „nichtadlige" Athener) läßt sich somit kaum ein ständerechtlicher Kompromiß herauslesen. Eine Art Ständekampf hat es auch nach den solonischen Reformen zweifellos nicht gegeben. Die in der Athenaion Politeia skizzierten Auseinandersetzungen um das eponyme Archontat waren sicherlich keine Reaktion des athenischen Adels auf die solonischen Zulassungskriterien, wie man verschiedentlich gemeint hat.

Etwa zwanzig Jahre nach der Damasias-Affäre entstanden neue Spannungen. Die älteste Darstellung dieser Konflikte Ende der sechziger Jahre[219] liegt bei Herodot I 59,3–60,1 vor. Es heißt hier zunächst lapidar, daß „die Athener aus der Ebene" (οἱ ἐκ τοῦ πεδίου 'Αθηναῖοι) unter Führung des Lykourgos, des Sohnes des Aristolaides, und die „Küstenbewohner" (Paraloi) unter Megakles, dem Sohn des Alkmaion, in Streit gerieten und Peisistratos, Sohn des Hippokrates, daraufhin eine dritte Stasis um sich scharte, um die Alleinherrschaft (Tyrannis) zu gewinnen. Peisistratos – so fährt Herodot fort – gerierte sich als Führer der „Bewohner der Gebiete jenseits der Berge" (Hyperakrioi) und erhielt auf Beschluß der Volksversammlung eine Leibwache von Keulenträgern, nachdem er dem Demos durch einen Trick glaubhaft gemacht hatte, er sei auf dem Lande von seinen Gegnern überfallen worden. Mit dieser „Garde" besetzte er dann die

[217] D. Kienast, Die innenpolitische Entwicklung Athens im 6. Jahrhundert und die Reformen 508, HZ 200 (1965) 267.

[218] Aristot. Pol. 1267 b 30–33. Vgl. Kienast, a. a. O. 267, Anm. 2. Zur Staatstheorie des Hippodamos s. jetzt auch H.-J. Gehrke, Bemerkungen zu Hippodamos von Milet, in: Demokratie und Architektur. Der hippodamische Städtebau und die Entstehung der Demokratie, Konstanzer Symposion vom 17.–19. Juli 1987, 1989, 58–63.

[219] Das umstrittene Problem der Chronologie der insgesamt drei Usurpationen des Peisistratos erläutert zusammenfassend (mit einem Überblick über die Forschungsliteratur) Rhodes, Commentary 191–199. Vgl. dens., Peisistratid Chronology Again, Phoenix 30 (1976) 219–233. Unwahrscheinlich sind die Kombinationen von J.S. Ruebel, The Tyrannies of Peisistratos, GRBS 14 (1973) 125–136, der die dritte Usurpation ca. 534/33 ansetzt.

Akropolis und herrschte nunmehr – wie Herodot behauptet – als Tyrann über Athen, ohne die bestehenden Ämter zu beseitigen oder die Gesetze zu ändern. Die Anhänger des Lykourgos und des Megakles einigten sich aber und vertrieben Peisistratos, bevor dessen Herrschaft konsolidiert war. Soweit der Bericht Herodots.

Die Gründe für die Stasisbildungen werden hier nicht genannt.[220] Offensichtlich konnten Herodots Informanten hierüber keine Auskunft geben. Die über Herodots Darstellung hinausgehenden Nachrichten der Athenaion Politeia 13,4–5 über unterschiedliche Verfassungsziele jener Staseis besitzen keinen eigenständigen Quellenwert. Hiernach waren die Pediakoi (Herodots „Athener aus der Ebene") Anhänger der Oligarchie, während die Paralioi (die Paraloi Herodots) eine „mittlere Verfassung" anstrebten und die hier als Diakrioi bezeichneten Anhänger des Peisistratos als „demokratisch" galten. Dieses Schema basiert auf späteren Verfassungstypologien und ist daher anachronistisch. Einige weitere Nachrichten der Athenaion Politeia sind gleichfalls als Verfälschung der im 5. Jahrhundert noch bekannten Fakten zu werten und auf theoretisierende Interpretationen der „Parteigegensätze" zurückzuführen. So werden in dieser Schrift aus jenem Verfassungsschema Aussagen über die Sozialstruktur und die Motive der Anhängerschaft des Peisistratos abgeleitet, wenn es heißt (13,5), daß sich dieser Stasis Personen anschlossen, die durch die Schuldentilgung Solons verarmt waren oder nicht zur alteingesessenen athenischen Bevölkerung zählten. Der Hinweis auf „verarmte" Athener resultiert letztlich aus der Version, daß die solonische Seisachtheia eine „demokratische" Maßnahme gewesen sei (Ath. Pol. 9,1). Hieraus wurde offensichtlich geschlossen, daß die Schuldentilgung den Reichen erheblichen Schaden zufügte. Zweifellos ist aber durch die Beseitigung des Hektemorats und der Schuldknechtschaft kein großer Oikosbesitzer verarmt. Ebenso fragwürdig ist die Behauptung, daß Peisistratos „Neubürger" für sich gewinnen konnte. Der Autor der Athenaion Politeia verweist dazu auf die Überprüfung (Diapsephismos) der Bürgerlisten nach dem Ende der Tyrannis. Dieser Diapsephismos richtete sich indes primär gegen Personen, die erst unter der Tyrannis das athenische Bürgerrecht erhalten hatten,[221] während vor dem ersten Coup des

[220] Ausführliche Analysen jener Parteiungen haben in jüngster Zeit Stahl, Aristokraten 56ff., und Stein-Hölkeskamp, Adelskultur 139ff., vorgelegt. Beide Untersuchungen bieten auch erschöpfende Literaturangaben zu dieser Problematik. Vgl. ferner E. Kluwe, Bemerkungen zu den Diskussionen über die drei „Parteien" in Attika zur Zeit der Machtergreifung des Peisistratos, Klio 54 (1972) 101ff.; J. Holladay, The Followers of Peisistratos, G&R 24 (1977) 40ff.; Rhodes, Commentary 199ff.; Andrewes, CAH III 3 (²1982) 393ff.

[221] Vgl. K.-W. Welwei, Der „Diapsephismos" nach dem Sturz der Peisistratiden, Gymnasium 74 (1967) 423–437.

Peisistratos schwerlich schon zahlreiche Zuwanderer naturalisiert worden waren.

In der Athenaion Politeia wird somit der Aufstieg des Peisistratos historisch aus der Situation nach den solonischen Reformen abgeleitet und mit den Kämpfen um das Archontat in den achtziger Jahren in Verbindung gebracht. Nach der älteren Darstellung Herodots, der mündlich tradierte Überlieferung bietet, formierte demgegenüber Peisistratos seine Stasis in Reaktion auf den Streit der „Leute aus der Ebene" und der Paral(i)oi. Wenn dies zutrifft, ist kaum anzunehmen, daß damals jahrzehntealte Feindschaften ausgetragen wurden. Peisistratos hatte erst einige Jahre zuvor mit einem athenischen Aufgebot gegen Megara gekämpft. Die Aktion war sicherlich von breiter Zustimmung getragen. Es gibt in der Überlieferung keinen Hinweis auf eine Art Kampfabstimmung oder eine Stasisbildung bei der Ernennung des Peisistratos zum athenischen Befehlshaber in dieser Phase des Krieges mit Megara. Des weiteren ist zu beachten, daß in aller Regel überwiegend Bürger aus Athen selbst und aus der näheren Umgebung der Stadt an Volksversammlungen teilnahmen. Peisistratos wird daher auch in diesem Raum breitere Zustimmung gefunden haben, als er mit Lykourgos und Megakles konkurrierte und jenen „Volksbeschluß" herbeiführte, der ihm die Bildung einer Leibwache ermöglichte. Im Gebiet von Athen existierte somit keine festgefügte und kontinuierlich agierende Gruppierung unter Lykourgos. Den Kern seiner Anhängerschaft bildete vermutlich eine Hetairie adliger Gefolgsleute, die selbst große Oikosbesitzer oder jüngere Aristokraten waren, aber wohl geringere Ressourcen und Einflußmöglichkeiten als Lykourgos besaßen. Die Anhängerschaft des Alkmeoniden Megakles war ihrerseits der Stasis des Lykourgos nicht zahlenmäßig überlegen und wird daher ebenfalls im wesentlichen aus einer Adelshetairie bestanden haben, während es Peisistratos überraschend gelang, zumindest kurzfristig größeren Anhang zu gewinnen. Kristallisationspunkt seiner Stasis war indes sicherlich gleichfalls eine Gruppe adliger Hetairoi. Da Peisistratos seinen Widersachern nur temporär überlegen war, vermochte aber auch er keine dauerhafte Bindung breiterer Schichten an seine Person zu erreichen. Nicht einmal die Hyperakrioi bzw. Diakrioi bildeten eine permanente Hausmacht des Peisistratos oder einen mit seinem Hause eng verbundenen Klientelverband. Er mußte vielmehr diese Stasis erst „sammeln", wie Herodot I 59,3 bemerkt. Die drei Staseis der späten sechziger Jahre des 6. Jahrhunderts stehen zwar in der Tradition aristokratischer Konkurrenz um Einfluß und Prestige. Sie waren aber keine durchorganisierten Kollektive, sondern eher temporäre Interessengemeinschaften. Daß zwischen ihren Anführern keine unüberbrückbaren Gegensätze bestanden, zeigt die Reaktion des Lykourgos und des Megakles auf die Besetzung der Akropolis durch die Leibwache des Peisistratos.

Der Konflikt entstand zweifellos aus Rivalitäten der Protagonisten. Die Bezeichnungen der Staseis, die ihre Namen angeblich nach den Regionen erhielten, in denen sie ihren Grundbesitz hatten, sprechen nicht hiergegen, zumal die Abgrenzung der Landesteile strittig ist. Die Regionen decken sich nicht mit der politisch-organisatorischen Einteilung in Asty (Stadtgebiet und Umland), Paralia (Küste) und Mesogaia (Binnenland) im Zuge der kleisthenischen Reformen. Nach der von Thukydides (II 20,1.4; 55,1; VII 19,1) erwähnten landschaftlichen Gliederung Attikas war die Ebene schlechthin der Raum von Athen und das Kephisosgebiet (umsäumt von Aigaleos, Parnes, Pentelikon, Hymettos), während die Paralia bzw. Paralos die Küstengebiete „bis Laureion, wo die Athener ihre Silbergruben haben", umfaßte (d. h. wohl die etwa vom Hymettos aus sich nach Südosten erstreckenden Zonen).[222] Die Hyperakria bzw. Diakria war zweifellos (vom Standpunkt der in der Stadt ansässigen Athener aus) das nordöstliche Attika. Wahrscheinlich zählte man hierzu aber auch die Ostküste bis Brauron, wo sich der Stammsitz der Familie der Peisistratiden befunden haben soll (Ps.-Plat. Hipparchos 228b; Plut. Sol. 10,3). Ob der Grundbesitz des Peisistratos nur in diesem Raum lag, bleibt indes eine offene Frage.

Ein kaum zu lösendes Problem ist die Lokalisierung der Besitzungen der Alkmeoniden, die in der Forschung der letzten drei Jahrzehnte in allen zur Debatte stehenden Regionen (Pedion, Paralia, Diakria bzw. Hyperakria) „angesiedelt" wurden.[223] Unbekannt ist des weiteren die Herkunft des Stasisführers Lykourgos. Aus der Namensgleichheit mit dem späteren Politiker Lykourgos, der in den dreißiger Jahren des 4. Jh. großen Einfluß ausübte und der Kultvereinigung (Genos) der Eteoboutaden angehörte, kann selbstverständlich nicht geschlossen werden, daß jener ältere Lykourgos gleichfalls zum Genos der Eteoboutaden zählte.

Angesichts der skizzierten Unsicherheiten lassen sich die Auseinandersetzungen kaum mit regionalen oder wirtschaftlich bedingten Interessengegensätzen erklären.[224] Lykourgos kann schwerlich gegenüber Megakles und

[222] Dazu ausführlich R. J. Hopper, 'Plain', 'Shore' and 'Hill' in Early Athens, BSA 56 (1961) 89–219.

[223] Die einzelnen Lösungsversuche erörtert kritisch Bourriot, Genos II 811 ff. Vgl. auch Stahl, Aristokraten 75 f.

[224] Die „regionalistische Theorie" ist in der neueren Forschung vor allem von R. Sealey, Regionalism in Archaic Athens, Historia 9 (1960) 155–180 (= Sealey, Essays 9–38) mit Nachdruck vertreten worden. Vgl. dens., City States 123 f. – Unterschiedliche Wirtschafts- und Sozialstrukturen in den einzelnen Landesteilen suchte vor allem A. French, The Party of Peisistratos, G&R 6 (1959) 46–57, aufzuzeigen. Vgl. auch dens., Solon and the Megarian Question, JHS 77 (1957) 238–246; Athenian Economy 25–27. Beide Aspekte hat H. W. Pleket, The Archaic Tyrannis, Talanta 1 (1969) 42, zu kombinieren versucht.

Peisistratos als Repräsentant alteingesessener athenischer Großgrundbesitzer und Kornproduzenten gelten, die sich – wie man vermutet hat – gleichsam als „Establishment" gegen „Aufsteiger" zur Wehr gesetzt hätten und bestrebt gewesen seien, eine Ausweitung des Handels und einen damit verbundenen Aufstieg von Händlerkreisen aus der Paralia zu verhindern sowie revolutionäre Bestrebungen unterer Bevölkerungsschichten unter ihrem „populistischen" Führer Peisistratos zu unterbinden.[225] Megakles und Peisistratos, die ihren Stammbaum auf Nachfahren Nestors zurückführten, waren keine Außenseiter unter den athenischen Aristokraten, und die Bezeichnungen der Staseis besagen nicht, daß sich in den einzelnen Landesteilen jeweils Interessengruppen mit unterschiedlichen wirtschaftlichen Zielsetzungen gebildet hatten. In allen drei Regionen gab es nicht nur gute und schlechte Böden und größere Küstenstreifen, sondern auch Landbesitz in unterschiedlicher Größe. Möglicherweise sind die von geographischen Bezeichnungen abgeleiteten „Namen" der Faktionen damit zu erklären, daß führende Mitglieder der Staseis in den Regionen, denen sie zugeordnet wurden, den größten Teil ihrer Besitzungen hatten und von daher sich gewisse Kristallisationspunkte der Gruppenbildungen ergaben,[226] was aber – wie gesagt – nicht bedeutet, daß jeweils die Mehrzahl der Bewohner einer bestimmten Zone zu einer dort zu lokalisierenden Stasis gehörte oder die Faktionen regional begrenzt blieben.[227]

Ökonomische Gravamina waren schwerlich die eigentlichen Ursachen des Konflikts. Die Situation ist schon deshalb nicht mit den Unruhen um und nach 600 zu vergleichen, weil die Institution der Schuldknechtschaft und das Hektemorat nicht mehr existierten. Des weiteren ist aber auch zu beachten,

[225] Zu dieser vor allem von French (oben Anm. 224) vorgetragenen These s. bereits die kritischen Einwände Holladays, G&R 24 (1977) 42f.

[226] Ob die Alkmeoniden im Raum von Anavyssos einen großen Teil ihrer Besitzungen hatten, bleibt freilich unklar. Es ist keineswegs sicher, ob die bei Phoinikia gefundene sog. Kroisos-Basis zum Grabmonument eines Alkmeoniden gehört und aufgrund der bei Herodot VI 125 vorliegenden Überlieferung über die Verbindungen der Alkmeoniden zum Lyderkönig Kroisos auf einen Angehörigen dieser Familie zu beziehen ist, wie C. W. Th. Eliot, Where Did the Alkmeonidai Live?, Historia 16, 1967, 279ff. (vgl. dens., Coastal Demes of Attika. A Study of the Policy of Kleisthenes, Toronto 1962, 73f.), zu zeigen suchte (ähnlich J. Barett, Monumental Evidence for the History of the Alcmeonids, Diss. Univ. of North Carolina 1972, 161ff.). Zur Kritik dieser These s. Bourriot, Genos II 811ff.

[227] Die Führer der Staseis waren sicherlich keine "tribal leaders", wie F. J. Frost, Tribal Politics and the Civic State, AJAH 1 (1976) 68, annimmt. Unzutreffend ist auch die These C. W. Th. Eliots, Historia 16 (1967) 285, daß in Attika viele "baronies" existierten. Vgl. demgegenüber Stahl, Aristokraten 76, der vermutet, daß gerade die Alkmeoniden in verschiedenen Regionen Grundbesitz hatten.

daß die attische Binnenkolonisation offenbar noch nicht zum Abschluß gekommen war. H. Lohmann hat neuerdings durch eine umfassende Untersuchung der Siedlungs- und Wirtschaftsstruktur des Demos Atene im Südwesten Attikas nachgewiesen, daß die dortigen Küstentäler von Charaka und Thimari sowie das Hochtal von Hagia Photini bis zum Ende der archaischen Zeit noch weitgehend unbesiedelt geblieben sind.[228]

Zumindest im südlichen Attika bestanden somit im 6. Jh. noch Möglichkeiten, durch Kultivierung und Terrassierung neues Ackerland zu gewinnen. Insgesamt gesehen ist es wenig wahrscheinlich, daß drängende wirtschaftliche Not und daraus resultierende soziale Forderungen breiterer Schichten akute Probleme waren, als Peisistratos seine Stasis formierte und auch im Raum von Athen Anhänger zu gewinnen vermochte. Die Konflikte der späten sechziger Jahre in Athen lassen einen gewissen Funktionswandel der Adelshetairien vermuten. Konkurrenzkämpfe und Rivalitäten der führenden Adligen bewegten sich offensichtlich nicht mehr lediglich im Rahmen vorinstitutioneller inneraristokratischer Auseinandersetzungen. Das Wechselspiel der politischen und gesellschaftlichen Kräfte konnte nicht mehr einfach an den Institutionen vorbeilaufen, die ja den Adligen auch die Möglichkeit zu politischem Wirken boten. Deutlicher faßbar wird das Bestreben, durch Hetairien auf die öffentlichen Organe in Athen Einfluß zu nehmen, allerdings erst in den Konflikten nach dem Ende der Tyrannis, als Isagoras mit massiver Unterstützung seiner Hetairie sich bei der Wahl für das eponyme Archontat des Jahres 508/07 gegen den von Kleisthenes favorisierten Kandidaten durchsetzen konnte. Zweifellos war dies aber keine neue, erst aus der Situation nach der Herrschaft der Peisistratiden sich ergebende Spielart adligen Machtkampfes. Bereits um 600 waren in Mytilene auf Lesbos die Hetairien auch ein Instrument des Kampfes um Macht und Einfluß in den Polisorganen. Der Dichter Alkaios beklagte den Ausschluß von der (Volks-)Versammlung (Agora) und vom Rat, als er mit den Mitgliedern der Hetairie des Pittakos im Exil lebte, nachdem ein Anschlag der Hetairoi auf den „Tyrannen“ Myrsilos verraten worden war.[229] Pittakos arrangierte sich dann freilich mit Myrsilos und wurde nach dessen Tod vom Demos in Mytilene zum Aisymnetes „gewählt“ und mit Vollmachten zur Bekämpfung der Exulanten um Alkaios ausgestattet (Aristot. Pol. 1285 a 35–37). Die Adelskämpfe auf Lesbos um 600, die sich vor dem Hintergrund einer schweren sozialen Krise abspielten, sind zwar nicht ohne weiteres mit den Konflikten der Hetairien in Athen um 560 vergleichbar. Auch in Athen scheinen aber Teile des Demos die Aktivitäten des Peisistratos gegen die konkurrierenden Hetairien um Megakles und Lykourgos begrüßt zu haben

[228] Lohmann, Atene 212f.
[229] Alkaios Frgm. 130 b Voigt.

und deshalb bereit gewesen zu sein, ihm zu seinem persönlichen Schutz eine Leibwache zu bewilligen. Der diesbezügliche Beschluß der Volksversammlung zeigt jedenfalls, daß im Verlauf der Adelsrivalitäten von einem der Protagonisten die Ekklesia eingeschaltet wurde. Den entsprechenden Antrag stellte ein Hetairos des Peisistratos (Aristot. Ath. Pol. 14,1). Die eigentümliche Bewaffnung der Leibwache läßt freilich kaum darauf schließen, daß die in der Ekklesia versammelten Athener einen offenen Bürgerkrieg befürchteten. Keulenträger sind kein Kampfinstrument gegen eine schwerbewaffnete Bürgerkriegspartei. Auch Peisistratos wird sich im klaren gewesen sein, daß er mit einer begrenzten Zahl von Leibwächtern nicht Athen oder gar ganz Attika kontrollieren konnte.[230] Die Besetzung der Akropolis war nicht gleichbedeutend mit der Errichtung einer Tyrannis. Wollte Peisistratos lediglich seine Überlegenheit demonstrieren oder seine Gegenspieler einschüchtern?

Das Unternehmen erwies sich bald als Fehlschlag. Megakles und Lykourgos vertrieben mit den vereinten Kräften ihrer Hetairien Peisistratos und dessen Leibwache. Der Konflikt wurde jetzt also wieder außerhalb der Institutionen ausgetragen. Archonten und Bürgeraufgebot waren nicht beteiligt. Der Demos hat offenbar nicht eingegriffen, als Peisistratos zum Abzug aus Athen gezwungen wurde. Nähere Einzelheiten sind nicht bekannt, doch scheint es nicht zu schweren Kämpfen gekommen zu sein. Haß- und Rachegefühle – vielfach Begleiterscheinungen aristokratischer Machtkämpfe – werden in den Quellen nicht erwähnt. Vermutlich ist für einige Jahre in Athen wieder Ruhe eingekehrt, bis sich die Rivalitäten zwischen Megakles und Lykourgos erneut zuspitzten und Megakles sich mit Peisistratos verband, der nach dem Fiasko auf der Akropolis weder verfolgt noch verbannt worden war. Die Initiative zu dieser jetzt gegen Lykourgos gerichteten Allianz ging von Megakles aus, der nunmehr zweifellos für einige Zeit die dominierende Persönlichkeit in Athen war. Sein Plan, Peisistratos familiär an sein Haus zu binden, scheiterte indes. Daraufhin einigte er sich erneut mit Lykourgos und dessen Stasis (ca. 556). Von einer Tyrannis des Peisistratos kann wiederum keine Rede sein.[231] Peisistratos riskierte keine offene Konfrontation und verließ mit einer Reihe von Gefolgsleuten Attika.[232] Seine frühere Besetzung der Akropolis sowie seine Allianz mit Megakles wurden vermutlich in der Überlieferung nur deshalb als Usurpationen bezeichnet, weil es ihm nach längerer Zeit schließlich doch noch gelang, die dominierende Position in Athen zu gewinnen.

Peisistratos verbrachte etwa zehn Jahre im Exil. Er besiedelte zunächst

[230] Kinzl, Tyrannis 322, Anm. 56.

[231] Vgl. Kinzl, a.a.O. 310f.

[232] Hdt. I 60,1 – 61,2; Aristot. Ath. Pol. 15,1.

von Eretria (Euboia) aus mit Gefolgsleuten Rhaikelos am Thermaischen Golf und ließ einige Zeit später Gold- und Silberminen im Pangaiongebirge östlich der Strymonmündung ausbeuten.[233] Mit den hierdurch gewonnenen Ressourcen warb er Söldner an und verpflichtete sich Aristokraten in Theben, Argos, Eretria und Naxos sowie auch in einigen anderen Gemeinwesen, um seine Rückkehr nach Athen vorzubereiten. Der Stützpunkt für dieses Unternehmen (ca. 546) wurde Eretria. Das stärkste Kontingent in seiner Streitmacht waren vermutlich zahlreiche „Freiwillige" aus Argos (angeblich etwa 1000). Der Naxier Lygdamis unterstützte ihn mit eigenen Gefolgsleuten und Zuwendungen für die Söldner. Weitere Mittel zur Bestreitung der hohen Ausgaben für das Unternehmen erhielt Peisistratos aus Theben und anderen Poleis, während die führenden Kreise in Eretria die Rüstungen auf ihrem Gebiet nicht nur tolerierten, sondern zweifellos auch aktiv förderten.[234]

Von Eretria aus besetzte Peisistratos mit seiner Streitmacht Marathon. Damit begann faktisch ein Bürgerkrieg in Attika. Nach den Angaben Herodots I 62,1 sollen Anhänger des Peisistratos „aus der Stadt" sowie weitere Männer „aus den Demen" (Landgemeinden) nach Marathon geeilt sein, um Peisistratos zu unterstützen, während „die Athener in der Stadt" (d.h. die Polisorgane) zunächst nicht reagiert hätten. Erst nachdem Peisistratos von Marathon aus den Marsch auf Athen angetreten habe, sei ihm das athenische Heer bis zum Heiligtum der Athena von Pallene entgegengezogen. Dort konnte der Vorstoß des Peisistratos offenbar zunächst blockiert werden, bis es den Invasoren gelang, das athenische Aufgebot zu überrumpeln und in die Flucht zu schlagen. Peisistratos konnte dann mühelos Athen besetzen. Herodots Darstellung ist allerdings in verschiedenen Punkten ungenau und unvollständig. Ein zutreffendes Bild vom Ablauf der Ereignisse läßt sich hieraus kaum gewinnen. Daß in der Stadt erst Abwehrmaßnahmen

[233] Hdt. I 64,1; Aristot. Ath. Pol. 15,2. J.W. Cole, Peisistratus on the Strymon, G&R 22 (1975) 42–44, nimmt an, daß auch Siedler aus Eretria mit Peisistratos nach Rhaikelos zogen, während D. Viviers, Pisistratus' Settlement on the Thermaic Gulf: a Connection with the Eretrian Colonization, JHS 107 (1987) 193–195, vermutet, daß Peisistratos sich seinerseits in Eretria einem Kolonistenzug angeschlossen hat.

[234] Die Hilfstruppe aus Argos soll nach Aristot. Ath. Pol. 17,4 Hegesistratos, Peisistratos' Sohn aus seiner Verbindung mit einer Argiverin, herangeführt haben. Herodot I 61,4 erwähnt dies aber in seinem Bericht über das argivische Kontingent nicht. Daher ist die Nachricht über die Aktion des Hegesistratos möglicherweise eine spätere Erfindung. Hegesistratos wurde kaum vor 560 geboren, und die dritte Usurpation des Peisistratos ist wohl ca. 546 noch vor dem Fall von Sardeis anzusetzen. Eine exakte Datierung des Untergangs des Lyderreiches ist allerdings nicht möglich. Vgl. etwa J. Cargill, The Nabonidus Chronicle and the Fall of Lydia, AJAH 2 (1977) 97–116.

getroffen wurden, als Peisistratos von Marathon aus weiter vorstieß, ist wenig wahrscheinlich. Wenn sich das athenische Aufgebot gleichsam auf halbem Wege bei Pallene den Invasoren entgegengestellt hat, standen vermutlich schon Hopliten in Bereitschaft, bevor Peisistratos seine Truppe von Marathon aus in Marsch setzte. Andererseits hatte der damals amtierende Polemarchos offensichtlich Schwierigkeiten, die Bürgermiliz in voller Stärke zu mobilisieren, falls Peisistratos tatsächlich – wie Herodot berichtet – aus Athen und attischen Landgebieten Zulauf erhielt. Angaben über die Zahl der Parteigänger des Peisistratos und über die beiderseitigen Truppenstärken liegen indes nicht vor. Nur soviel ist deutlich, daß Peisistratos die athenische Streitmacht nicht in offener Feldschlacht überwand, sondern durch einen Überraschungsangriff auf das gegnerische Lager den Sieg errang. Insofern kann kaum davon die Rede sein, daß die aufgebotenen athenischen Mannschaften demoralisiert waren und nicht entschlossen genug für die bestehende Ordnung kämpften. Jedenfalls hatte zumindest ein Teil der Hopliten aus Athen dem Mobilmachungsbefehl Folge geleistet, und das Aufgebot war zunächst in der Lage, den Vormarsch des Peisistratos zu stoppen. Die athenische Niederlage ist eher auf Fehler der Führung zurückzuführen, die das Lager ihrer Mannschaften nicht genügend abgesichert hatte. Als der Sperriegel bei Pallene überwunden war, hatten die athenischen Hopliten keine Chance, sich wieder zu sammeln und die Stadt zu verteidigen.[235] Peisistratos war nunmehr mit seiner im Kern aus Söldnern und Gefolgsleuten auswärtiger Aristokraten bestehenden und durch seine Parteigänger aus Athen und Attika verstärkten Streitmacht Herr der Lage.

7. *Die Tyrannis*

a) Peisistratos

Die Überlieferung zur Tyrannis des Peisistratos ist dürftig und zudem teilweise widersprüchlich und anekdotisch. Sie zeichnet das Bild eines Herrschers, der seine Macht durch Söldner sicherte, die Athener entwaffnete, die Söhne von (prominenten) Bürgern als Geiseln nahm und nach Naxos in Gewahrsam gab, Abgaben erhob, ärmeren Bauern aber auch Anleihen gewährte, andererseits bestrebt war, die Landbevölkerung aus der Stadt herauszuhalten und ihre Teilnahme am öffentlichen Leben zu verhindern, insgesamt aber die Polisordnung bestehen ließ und die Gesetze nicht revidierte, freilich auch dafür sorgte, daß sie nicht angewendet wurden.

[235] F. J. Frost, The Athenian Military before Cleisthenes. Historia 33 (1984) 291, urteilt zu einseitig, wenn er das Bürgeraufgebot als "ineffective and lazy" bezeichnet.

Trotz der skizzierten Problematik der literarischen Überlieferung und der Schwierigkeit, relevante archäologische Zeugnisse chronologisch einzuordnen, wird die Herrschaft des Peisistratos in der Forschung allgemein recht positiv beurteilt. Sie gilt als „Friedenszeit für Athen",[236] in der unter dem Schirm eines persönlichen Regimentes das Wirtschaftsleben einen beachtlichen Aufschwung nahm, Kulte und religiöse Feste weit stärker als zuvor eine identitätsstiftende Funktion für den Polisverband gewannen[237] und die entscheidenden Voraussetzungen für eine endgültige Konsolidierung der staatlichen Ordnung Athens Ende des 6. Jahrhunderts geschaffen wurden.[238]

Zunächst ist zu beachten, daß die Tyrannis des Peisistratos zwar ähnlich wie die älteren Herrschaften in Korinth, Megara und Sikyon aus Adelsfehden und aristokratischen Machtkämpfen entstanden war, im nachsolonischen Athen aber andere politische Voraussetzungen bestanden, da hier bereits eine weiterentwickelte Polisordnung mit funktionsfähigen Institutionen existierte. Die wenigen Nachrichten über Maßnahmen des Peisistratos zur Absicherung seiner neugewonnenen Macht vermitteln allerdings kein zutreffendes Bild von seiner Herrschaftspraxis, da die Struktur des personalen Beziehungsgeflechtes in der Polis nicht ins Blickfeld gerückt und das Verhältnis des Usurpators zu den verschiedenen Bevölkerungsschichten in ein allzu grobes Raster gepreßt wird. Wenn Herodot I 64,1 generalisierend bemerkt, daß jene Athener, die nicht geflohen waren, ihre Söhne als Geiseln stellen mußten, so kann er sich nur auf die Oberschicht beziehen. Nach der Darstellung der Athenaion Politeia (15,4) gelang es hingegen Peisistratos nach seinem Einzug in Athen, durch eine Entwaffnung aller Wehrfähigen von vornherein jede Opposition im Adel *und* im Demos auszuschalten. Angeblich veranlaßte er bei einer „Waffeninspektion" durch eine akustisch kaum verständliche Rede die Bürgerhopliten, näher an ihn heranzutreten und dabei ihre Waffen zurückzulassen, die dann von Trabanten des Tyrannen eingesammelt und in den umliegenden Häusern deponiert worden seien. Dieser Bericht ist jedoch in sich widersprüchlich und unglaubhaft.[239] Wäh-

[236] C. Mossé, La tyrannie dans la Grèce antique, Paris 1969, 72.

[237] Heuß, Hellas 182; vgl. Andrewes, CAH III 3 (²1982) 416.

[238] Stahl, Aristokraten 261; vgl. Bleicken, Athenische Demokratie 26.

[239] Bei Aristot. Ath. Pol. 15,4 heißt es u. a., daß die Waffen der Bürger im sog. Theseion versteckt worden seien. Zweifellos ist aber erst um 475 ein Heroon für Theseus errichtet worden (Paus. I 17,6). Polyainos strat. I 21,2 erwähnt demgegenüber als Aufbewahrungsort der Waffen das Heiligtum der Aglauros, das vor einigen Jahren im Osten der Akropolis lokalisiert werden konnte (G. S. Dontas, Hesperia 52, 1983, 48–63; vgl. oben Anm. 200). Nach der Athenaion Politeia a. a. O. soll aber die Waffeninspektion in der Nähe des Eingangs zur Akropolis (d. h. im Westen) stattgefunden haben. – Im übrigen trugen an den Panathenäen des Jahres 514 viele Athener Waffen

rend einer „Heeresversammlung" konnten nicht Tausende von Ausrüstungsgegenständen (Panzer, Beinschienen, Helme, Schilde, Schwerter, Lanzen) unbemerkt versteckt werden. Nach Herodot I 63,2, der sich nur auf mündliche Überlieferung stützen konnte, ließ Peisistratos nach der Schlacht bei Pallene die besiegten Athener durch eine beschwichtigende, von seinen Söhnen übermittelte Botschaft auffordern, sich fortan um ihre Privatangelegenheiten zu kümmern. Demgegenüber heißt es in der Athenaion Politeia 15,4, Peisistratos habe *nach* der Entwaffnung der Hopliten an die Bürger appelliert, daß sie ihren Geschäften nachgehen und ihm selbst die Sorge für das Gemeinwesen überlassen sollten. Allem Anschein nach ist diese Version eine Ausgestaltung der bei Herodot vorliegenden Tradition, in der von einer Entwaffnung der Hopliten noch keine Rede war. Das Bürgeraufgebot ist in der Zeit der Tyrannis indes wohl nicht mehr mobilisiert worden. Jedenfalls zerfiel die militärische Organisation der Polisgemeinschaft, so daß eine völlige Neuorganisation im Zuge der Reformen des Kleisthenes erforderlich wurde. Da aber bereits 506 v. Chr. das athenische Hoplitenaufgebot wieder voll einsatzfähig war, ist kaum anzunehmen, daß unter der Tyrannis alle Phalangiten ihre Rüstung abgeben mußten.

Die Oberschicht in ihrer Gesamtheit bildete keine geschlossene Opposition gegen Peisistratos. Bereits um 561/60 bestand ein Teil seiner Anhängerschaft aus Adligen, von denen später eine unbekannte Zahl mit ihm ins Exil nach Euboia und nach Thrakien ging. Die meisten dieser Exulanten standen dann zweifellos bei Pallene auf seiner Seite, so daß er nach Errichtung der Tyrannis von vornherein Gefolgsleute in der Oberschicht besaß. Weitere Aristokraten hatten sich ihm vermutlich nach seiner Landung bei Marathon angeschlossen. Bis zur Schlacht bei Pallene hatte das Wechselspiel der Kräfte allenfalls eine temporäre Vorrangstellung einzelner hochrangiger Aristokraten ermöglicht. Die Regel war eine gleichsam mehrstellige Dominanz von „Leitern des Demos" (wie Solon die führenden Aristokraten bezeichnet hatte), die sich aber im Konkurrenzkampf um Einfluß und Prestige weitgehend gegenseitig neutralisierten. Dieser innere Zirkel der Führungsschicht, die eigentliche „Machtelite", hatte wiederum eine Art „Sekundärelite" protegiert, die für Archontenstellen und sonstige höhere Funktionen im Rahmen der Polisordnung in Frage kam. Die Entscheidung bei Pallene bedeutete zugleich das Ende der Ausrichtung der „Sekundärelite" auf einige wenige herausragende Aristokraten und potentielle Stasisführer, die bisherigen Hauptkontrahenten des Peisistratos, während für die formale Besetzung der Polisämter weiterhin ein gewisses Reservoir von Kandidaten der „Sekundärelite" zur Verfügung stand, die von Peisistratos durch geschicktes

(Schild und Speer), die wohl kaum erst unmittelbar vor dem Festzug verteilt worden sind (vgl. Thuk. VI 56,2. 58,2).

Taktieren gewonnen werden konnten, ja gewonnen werden mußten, weil er gar nicht in der Lage war, die funktionsfähigen Polisorgane zu beseitigen und anstelle der bisherigen Selbstorganisation des Gemeinwesens eine prinzipiell neuartige Herrschaftsform mit einem von ihm abhängigen größeren Verwaltungs- und Erzwingungsstab zur Aufrechterhaltung der öffentlichen Ordnung und zur Durchführung der Rechtspflege mit ihren mannigfachen Aufgaben in einer bereits recht komplexen Gesellschaft einzuführen.[240] Die auswärtigen Gefolgsleute des Peisistratos, die ohnehin größtenteils Athen bald wieder verließen, sowie die angeworbenen Söldner kamen hierfür nicht in Betracht. So konnte Peisistratos schon aus personellen Gründen die Polisordnung nicht einfach ignorieren. Er konnte zwar die Macht in der Polis ausüben, nicht aber ihr inneres Gefüge grundlegend umgestalten. Auf die Dauer mußte er daher bestrebt sein, Akzeptanz bei einem Großteil der bisherigen Träger dieser Ordnung zu finden, zu denen auch jene Angehörige des Demos (im soziologischen Sinne) zählten, die an Wahlen teilnahmen, sich in der Heliaia engagierten und niedere Ämter bekleideten.

Der innere Zirkel der athenischen Führungselite, der nicht generell mit der amtsfähigen Oberschicht gleichzusetzen ist, war freilich ausgeschaltet. Allerdings bleibt im einzelnen unklar, welche Aristokraten zusammen mit den Alkmeoniden unmittelbar nach der Schlacht bei Pallene Attika verließen. Als Exulanten werden neben den Alkmeoniden in der Überlieferung noch Leogoras, ein Vorfahr des um 440 v. Chr. geborenen Redners Andokides, sowie Kimon Koalemos, ein Stiefbruder des älteren Miltiades, namentlich genannt.[241] Es wird jedoch nicht deutlich, ob Leogoras und Kimon bereits unmittelbar nach Pallene ins Exil gingen. Ungewiß ist auch, ob damals der reiche Aristokrat Kallias flüchtete, den Herodot VI 121 als „Tyrannenhasser" bezeichnet und insofern mit den Alkmeoniden vergleicht. Kallias soll die Güter des Peisistratos gekauft haben,[242] als dieser nach dem Scheitern seiner Koalition mit dem Alkmeoniden Megakles vertrieben worden war.[243]

240 Treffend bemerkt hierzu V. J. Rosivach, The Tyrant in Athenian Democracy, QUCC 30 (1988) 47: "... tyranny at Athens was not a constitution but a condition determining how the constitution would work." Daß in der Zeit der Tyrannis die solonische Ordnung bestehen blieb, wird bereits in der athenischen Tradition des 5. Jahrhunderts betont: Thuk. VI 54,5–6; vgl. Hdt. I 59,6; Aristot. Ath. Pol. 14,3; 16,8. Irreführend ist Ath. Pol. 22,1, wonach die Gesetze Solons unter der Tyrannis dadurch „unsichtbar" blieben, daß sie nicht mehr angewendet wurden.

241 Leogoras: Andok. 2,26; Kimon Koalemos: Hdt. VI 103, 1–3. Vgl. Berve, Tyrannis II 548.

242 Die materiellen Ressourcen der Peisistratiden erörtert Davies, APF 452 ff.

243 Nach Pausanias I 26,4 hat ein Kallias eine sitzende Athena (ein Werk des Endoios) auf der Akropolis gestiftet. Vgl. Raubitschek, Dedications 491 f.; Davies APF 255 f.

Unter der Herrschaft des Peisistratos verloren die Exulanten offenbar nicht ihre Besitzungen in Attika. Sie brauchten jedenfalls in der Verbannung keineswegs auf aristokratische Repräsentation zu verzichten und konnten im übrigen später größtenteils wieder zurückkehren. Kimon erreichte die Aussöhnung mit den Machthabern, nachdem er mit einem Viergespann zum zweitenmal das Wagenrennen in Olympia gewonnen und diesen Sieg Peisistratos zugesprochen hatte. Allerdings hat Kimon diesen Kompromiß mit Peisistratos wahrscheinlich erst kurz vor dessen Tod (528/27) geschlossen, da er seinen zweiten Olympiasieg wohl bei den Spielen 528 gewonnen hat.[244] Auch die Alkmeoniden befanden sich damals vermutlich nicht mehr im Exil. Allem Anschein nach hat Kleisthenes, der spätere Reformer, bereits einige Jahre später (525/24) das eponyme Archontat bekleidet.

Schwer zu beurteilen ist der Bericht Herodots I 64,1 über die Festnahme zahlreicher junger Aristokraten. Peisistratos hat wohl kaum alle Söhne der damals in Athen und Attika gebliebenen Adligen ergreifen lassen, zumal es nicht möglich war, sofort Geiseln nach Naxos zu deportieren, wo zu diesem Zeitpunkt noch die aristokratischen Gegner des Lygdamis dominierten. Lygdamis gewann dann zwar mit Unterstützung des Peisistratos die Macht in Naxos, doch wurde diese Aktion wohl erst nach einer gewissen Vorbereitungszeit unternommen, in der Peisistratos seine Herrschaft in Athen und Attika zu stabilisieren suchte. Konnte er in dieser Zeit bereits Hunderte von Geiseln in Gewahrsam halten, während er gleichzeitig bemüht war, Akzeptanz beim Adel und beim Demos zu finden und die Funktionsfähigkeit der öffentlichen Organe und der Rechtsordnung zu gewährleisten? Wenn Peisistratos tatsächlich Geiseln gefordert hat, kann es sich nur um eine begrenzte Zahl gehandelt haben.

Als weitere antiaristokratische Maßnahme des Peisistratos, die sich gegen Relikte einer älteren privaten Gerichtsbarkeit aristokratischer Grundbesitzer gerichtet haben soll, gilt in der Forschung die nur in der Athenaion Politeia 16,5 erwähnte Einsetzung von „Demenrichtern", die angeblich in den Demen (Gemeinden) auf dem Lande Streitigkeiten zwischen Dorfbewohnern schlichten sollten, um es der Landbevölkerung zu ersparen, „in die Stadt zu gehen und ihre Arbeit zu versäumen".[245]

[244] Zur Datierung vgl. Berve, Tyrannis II 548. Die Nachricht Herodots VI 103,3, daß Kimon nach seinem dritten Olympiasieg (wahrscheinlich 524), den er für sich selbst reklamierte, auf Anstiftung der Söhne des Peisistratos ermordet worden sei, ist kaum glaubhaft, da Miltiades, der Sohn Kimons, weiterhin mit den Peisistratiden kooperierte. Vgl. bereits H. Bengtson, Einzelpersönlichkeit und athenischer Staat zur Zeit des Peisistratos und des Miltiades, SBAW 1939, Nr. 1, S. 9.

[245] Diese Nachricht wird durchweg für glaubwürdig gehalten. Vgl. etwa Hignett, Athenian Constitution 115; D. Kienast, HZ 200 (1965) 269 mit Anm. 6; Berve, Ty-

Die atthidographische Tradition, aus der diese Nachricht stammt, betrachtete die „Demenrichter“ offenbar eher als ein Instrument zur Beherrschung des Demos, denn in der Athenaion Politeia 16,3 heißt es im gleichen Zusammenhang, Peisistratos habe die Landwirtschaft gefördert, um zu verhindern, daß sich die Bauern in der Stadt aufhielten und sich mit öffentlichen Angelegenheiten beschäftigten. Wenn Peisistratos tatsächlich eine Entpolitisierung des Demos intendiert haben sollte, ließ sich dies aber auf die genannte Weise kaum erreichen, da die Bevölkerung Athens hiervon überhaupt nicht tangiert wurde und Versammlungen der Bürger aus verschiedenen Teilen Attikas etwa an den Festen der Phratrien oder während der großen kultischen Feiern der Polis ohnehin nicht unterbunden werden konnten. Im übrigen ist es fraglich, ob eine Verlagerung bestimmter Bereiche der Rechtspflege überhaupt zu einer wesentlichen Entlastung der zentralen Organe führen konnte. Da die solonischen Satzungen weiterhin gültig blieben, mußten die hierin geregelten Fälle weiterhin in Athen selbst entschieden werden. Dies betraf den gesamten Komplex des Nachbarschafts-, Erb- und Familienrechts, d.h. Bereiche der Rechtspflege, die für die ländliche Bevölkerung zweifellos besondere Bedeutung hatten. Aber auch die moderne Theorie einer antiaristokratischen Tendenz der Institution der „Demenrichter“ vermag nicht zu überzeugen. Relikte privater adliger Rechtsprechung lassen sich im nachsolonischen Athen nicht nachweisen. Daß es eine patrimoniale Gerichtsbarkeit des Adels nie gegeben hat, zeigt die rechtlich offenbar problemlose Restituierung der Hektemoroi und Schuldsklaven im Zuge der solonischen Reformen. Aristokratische Schiedsrichtertätigkeit, wie sie Hesiod um 700 in Boiotien beschreibt, ist nicht mit adliger Gerichtsbarkeit gleichzusetzen. Dies wird im vorsolonischen Athen kaum anders gewesen sein. Die Rechtspflege der Polis durch Behörden und öffentliche Organe und Gremien wurde dann durch Solon geradezu institutionalisiert. Die Einsetzung von „Demenrichtern“ hätte also einen direkten Eingriff in die Polisorganisation bedeutet. Derartige Interventionen des Peisistratos werden aber in den Quellen sonst nicht erwähnt.[246] Peisistratos besaß keine quasi-legale, institutionell verankerte Machtbasis. Es ist daher auszuschließen, daß „Demenrichter“ eine mit der tyrannischen Machtstellung unmittelbar verknüpfte Institution von Einzelrichtern bildeten.[247] Peisistratos hätte allenfalls durch Polisorgane einen Beschluß zur Konstitu-

rannis I 59; II 549; Rhodes, Commentary 215f.; Andrewes, CAH III 3 (²1982) 407; Whitehead, Demes 14; Stahl, Aristokraten 115; 185f.; Stein-Hölkeskamp, Adelskultur 146. Skeptisch demgegenüber de Sanctis, Atthis 313; J. Day – M. Chambers, Aristotle's History of Athenian Democracy, Univ. of California Press 1962, 95f.

246 Vgl. die oben Anm. 240 angeführten Textstellen.

247 Dies vermutet Stahl, Aristokraten 186.

ierung eines Gremiums von „Demenrichtern“ herbeiführen können. Nach den üblichen Regeln der Ausübung öffentlicher Funktionen hätten die Positionen der „Demenrichter“ dann jährlich von der Polisgemeinschaft neu besetzt werden müssen. Insgesamt gesehen bleibt somit die singuläre Nachricht der Athenaion Politeia über „Demenrichter“ des Peisistratos zweifelhaft. Sicher belegt sind erst die im Jahre 453/52 von der demokratischen Polis eingesetzten Demenrichter,[248] die für vermögensrechtliche Bagatellsachen zuständig waren und im übrigen wohl kaum als Einzelrichter fungierten.

Problematisch ist auch die Darstellung der Athenaion Politeia 16,2–4, die der Herrschaft des Peisistratos gewissermaßen eine soziale Note zu geben, diese aber mit egoistischen Motiven des Machthabers zu erklären versucht. Hiernach wollte Peisistratos durch großzügige Darlehen nicht nur – wie bereits erwähnt – die Bauern von der Stadt fernhalten und auf diese Weise ihre Teilnahme am politischen Geschehen unterbinden, sondern die Landbewohner auch zu einer besseren Feldbestellung motivieren, um hierdurch selbst höhere Einkünfte durch Eintreibung des von ihm eingeführten „Zehnten“ zu erzielen.

Nach dem Kontext müßte es sich um eine zehnprozentige Bodenertragssteuer gehandelt haben. Demgegenüber berichtet Thukydides VI 54,5, daß die Söhne und Nachfolger des Peisistratos ein Zwanzigstel der Einkünfte der Athener als Abgaben eingezogen hätten, während Herodot I 64,1 nur generell Einkünfte des Peisistratos aus Attika und vom Strymon (d. h. von seinen Besitzungen in Thrakien) erwähnt.

Eine zehnprozentige Bodenertragssteuer wäre für kleine und mittlere Bauern zweifellos eine erhebliche Belastung gewesen. Zudem bleibt offen, in welcher Form in der archaischen Polis überhaupt „Steuern“ eingezogen werden konnten.[249] Die vermutlich nach 546 v. Chr. in Umlauf gesetzten sog. Wappenmünzen waren große Nominale, die für eine „gerechte“ Steuererhebung ungeeignet waren. Regelmäßige Naturalabgaben setzen hingegen nicht nur eine ständige Einschätzung der Bodenerträge, sondern auch Maßnahmen zur Lagerung der Produkte sowie ein umfangreiches Kontrollsystem voraus. Hierfür reichten aber die bestehenden Polisorgane nicht aus. Ein Besteuerungssystem in der von Thukydides und der Athenaion Politeia angedeuteten Form wäre daher ohne umfangreiche organisatorische Maß-

248 Vgl. Aristot. Ath. Pol. 26,3; 53,1.

249 Die Annahme K. J. Dovers, daß der Begriff des „Zehnten“ bei Aristot. Ath. Pol. 16,4 als eine Art Sammelbegriff für „Steuer“ zu interpretieren sei und das „Zwanzigstel“ bei Thuk. VI 54,5 das eigentliche Richtmaß darstellte, läßt die Frage der Steuereinziehung offen (Dover, Commentary IV 329). Auch die Vermutung, daß die Peisistratossöhne die Steuer herabgesetzt hätten (Berve, Tyrannis I 53, 65f.; H. W. Pleket, Talanta 1, 1969, 46, Anm. 95), bietet keine Lösung dieses Problems.

nahmen, d.h. ohne einen weiteren Ausbau der Polisbehörden bzw. (als Alternative) ohne Konstituierung eines regelrechten Verwaltungsstabes des Machthabers nicht möglich gewesen. Entsprechende Angaben liegen in den Quellen jedoch nicht vor. Regelmäßige Ertragssteuern wurden in griechischen Poleis in vorhellenistischer Zeit generell nicht erhoben. Athen bildete unter Peisistratos und seinen Söhnen schwerlich eine Ausnahme. Auch hier wurden die Kosten für kultische Feiern und öffentliche Bauten zweifellos durch spezielle Leistungen und Beiträge der Mitglieder des Polisverbandes bestritten. Die von Herodot I 64,1 erwähnten Einkünfte „aus Attika und vom Strymon" gewann Peisistratos wohl im wesentlichen aus seinen eigenen Besitzungen. Ob er den Silberbergbau im Laureion intensiviert hat, bleibt freilich ungewiß, da hierzu keine eindeutigen montan-archäologischen Ergebnisse vorliegen.[250] Soweit während der Tyrannis schon „Eulen"-Münzen aus Laureionsilber geprägt wurden, erfolgte die Emission im übrigen im Namen der „Polis der Athener". Nichts deutet darauf hin, daß Peisistratos nach seinem Einzug in Athen das Recht des „Speererwerbs" – der Gewinnung oder Erweiterung der Herrschaft durch Eroberung – proklamiert und dementsprechend Anspruch auf den Besitz des gesamten attischen Landes und damit auch der Bergwerke im Laureion erhoben hat.[251] Das Gegenteil war der Fall, wenn er tatsächlich – wie Herodot I 63,2 berichtet – nach seinem Erfolg bei Pallene den Athenern jede Furcht vor einem Verfügungsanspruch des Siegers zu nehmen suchte. Einen Rechtstitel oder eine institutionalisierte Position, die gegebenenfalls eine Legitimation für die Erhebung von Ertragssteuern sein konnte, besaß Peisistratos jedenfalls nicht. Er hätte daher eine Einziehung von Steuern allenfalls durch entsprechende Entscheidungen der Polisorgane erreichen können. Auch insofern ist die Überlieferung über eine Besteuerung der Athener während der Tyrannis in sich widersprüchlich.

Unter diesem Aspekt erscheint die Nachricht der Athenaion Politeia 16, 3–4, daß Peisistratos die Landwirtschaft durch Gewährung von Darlehen an die Bauern zu fördern suchte, um höhere Steuern zu erhalten, wenig glaubhaft. Private Patronage durch Peisistratos kann sicherlich nicht ausgeschlossen werden. Eine flächendeckende, gleichsam „offizielle" Agrarpolitik ist hingegen unwahrscheinlich. Die zunehmende Bedeutung des attischen Olivenöls im 6. Jahrhundert läßt zwar darauf schließen, daß damals durch Terrassenbau die Anbauflächen vergrößert worden sind, doch ist eine genaue Datierung solcher Meliorationen nicht möglich.[252] Wenn Hangterrassierungen, die keineswegs ein Reservat von „Großbauern" waren, unter Peisistratos intensiviert wurden, handelt es sich eher um eine Weiterführung

[250] Vgl. Lohmann, Atene 195.

[251] Diese These vertrat Berve, Tyrannis I 53.

[252] Lohmann, Atene 308.

älterer Maßnahmen, die mit der Bevölkerungszunahme zu erklären sind. Der Fleiß attischer Bauern hat sich hier wohl schon vor Peisistratos neue Möglichkeiten erschlossen. Im Olivenanbau hätten jedenfalls gezielte Initiativen des Peisistratos frühestens acht bis zehn Jahre nach seiner Machtergreifung, d.h. etwa Mitte der dreißiger Jahre des 6. Jahrhunderts wirksam werden können. Die Aufwärtsentwicklung in der attischen Landwirtschaft begann aber zweifellos schon früher. Daher kann auch die steigende Produktion von Vorrats- und Verpackungsgefäßen für Wein und Öl kaum mit der Tyrannis unmittelbar in Verbindung gebracht werden.

Ähnlich ist die Situation im Kunsthandwerk zu bewerten. Die Blüte der schwarzfigurigen sowie die Innovationen der rotfigurigen attischen Vasenmalerei und der steigende Export kostbarer attischer Gefäße waren selbstverständlich kein Verdienst des Peisistratos, sondern Leistungen der attischen Handwerker und Künstler, deren Arbeiten im schwarzfigurigen Stil schon vor 560/50 die „Vormachtstellung Athens“ in der Keramikproduktion begründeten, während der Trend zur Massenproduktion etwa ab 530 eine hohe Anpassungsfähigkeit der Werkstätten an die Bedürfnisse des Marktes voraussetzt,[253] die ein einzelner Machthaber in spätarchaischer Zeit indes nicht steuern und regulieren konnte.

Generell ist zu beachten, daß die Frage der Wechselbeziehungen zwischen der Tyrannis und der Entwicklung in der attischen Kunst ohnehin erst für die Zeit nach der dritten Machtergreifung des Peisistratos relevant sein kann. Das zentrale Problem ist hier die sogenannte Baupolitik des Machthabers, der in der älteren Forschung große Bedeutung beigemessen wurde, indem man davon ausging, daß Peisistratos durch Errichtung von öffentlichen Anlagen und Tempeln in der Bevölkerung Zustimmung zu finden und sein Prestige zu erhöhen suchte. Wie bereits dargelegt, sind jedoch infolge der weithin ungesicherten Datierung der in Betracht kommenden Bauten definitive Aussagen hierüber nicht möglich.[254] Es bleibt daher offen, inwieweit Peisistratos nach 546 die Bautätigkeit auf der Agora und der Akropolis initiiert oder forciert hat. Die sogenannte H-Architektur des Alten Athenatempels sowie der Porosaltar im Bezirk der Athena Nike auf der Akropolis (auf dem ehemaligen Turm der alten mykenischen Bastion) sind vermutlich früher anzusetzen.[255] Unwahrscheinlich ist die Einrichtung eines Kultes für Artemis Brauronia auf der Athener Akropolis in der Zeit des Peisistratos.

[253] E. Kluwe, EAZ 29 (1988) 586f.

[254] Vgl. oben S. 214ff.

[255] Vgl. oben S. 217 zur sog. H-Architektur. – Die Weihung des Nikealtars (Raubitschek, Dedications, Nr. 329, S. 359–364) ist wohl um 550 zu datieren. Vgl. Young, Building Projects 121f. Für einen späteren Ansatz (ca. 540–530) plädiert Shapiro, Art and Cult 24.

Die ältere These, daß damals der Kult der Schützerin der Geburt und der Gebärenden von Brauron nach Athen übertragen worden sei, beruft sich vor allem auf die Überlieferung über die Herkunft der Familie der Peisistratiden aus dem Demos Philaidai, zu dem nach der kleisthenischen Demenordnung Brauron gehörte. Die Datierung der wenigen Reste des heiligen Bezirks für Artemis Brauronia auf der Akropolis ist jedoch ungesichert, und eine Kultübertragung ist nicht ausdrücklich belegt und im Hinblick auf die Bedeutung des Frauenfestes der Brauronia in Brauron wohl auch auszuschließen.[256]

Auffällig ist die geringe Zahl der Weihgeschenke auf der Akropolis von der Mitte der vierziger Jahre bis zum Tod des Peisistratos (528/27).[257] Diesen Befund hat man damit zu erklären versucht, daß Peisistratos in dieser Zeit auf der Akropolis residiert und aus Sicherheitsgründen keinen freien Zugang zum Burgberg gestattet habe oder aber aristokratische Auftraggeber es abgelehnt hätten, Repräsentationsgeschenke am Wohnsitz des Tyrannen zu weihen. Verifizieren läßt sich diese These indes nicht.[258] Die Peisistratiden wurden zwar in der Endphase der Tyrannis auf der Akropolis belagert, doch hatten sie sich nicht auf dem Bergplateau, sondern im sogenannten Pelargikon verschanzt,[259] das etwas niedriger unterhalb der Burgmauer lag. Möglicherweise ließ Hippias hier erst in der Endphase seiner Tyrannis eine Bastion einrichten.

Im übrigen hat Peisistratos gegenüber der Polisgemeinschaft schwerlich explizit den Anspruch erhoben, Herr und Besitzer der Akropolis zu sein, da die dortigen Heiligtümer als Eigentum der Gottheiten galten. Er hatte sich zwar bei seiner zweiten (noch nicht endgültigen) Machtergreifung dem athenischen Demos durch eine kuriose Maskerade als „Diener" der Schutzgöttin Athens präsentiert, indem er auf einem Wagen in Begleitung einer als Athena ausstaffierten Frau seinen Einzug in Athen hielt.[260] Letztlich mißglückte aber dieser Versuch, die führende Position in Athen zu gewinnen.

[256] R. Osborne, Demos: The Discovery of Classical Attika, Cambridge u. a. 1985 ([3]1988) 154ff., 172ff. Vgl. R.F. Rhodes – J.J. Dobbins, The Sanctuary of Artemis Brauronia on the Athenian Akropolis, Hesperia 48 (1979) 325–341; Shapiro, Art and Cult 65f. – Young, Building Projects 121, datiert die Entstehung dieses Heiligtums ins späte 6. Jahrhundert. Bis in die jüngste Zeit wurde freilich zumeist angenommen, daß Peisistratos den Bezirk für Artemis auf der Akropolis eingerichtet habe. Vgl. etwa E. Kluwe, Peisistratos und die Akropolis von Athen, WZ Jena 14 (1965) 10; Berve, Tyrannis II 552; Stahl, Aristokraten 245, Anm. 63; Stein-Hölkeskamp, Adelskultur 151. – Zur Herkunft der Peisistratiden: Ps.-Plat. Hipparch. 228 b; Plut. Sol. 10,3.

[257] Raubitschek, Dedications 455ff.

[258] Gegen die Annahme einer Tyrannenresidenz auf der Akropolis: Boersma, Building Policy 14ff. Vgl. andererseits F. Kolb, JdI 92 (1977) 104ff.

[259] Hdt. V 64,2; Aristot. Ath. Pol. 19,5.

[260] Hdt. I 60; Aristot. Ath. Pol. 14,4. Zur Symbolik dieser Szene vgl. jetzt W. R.

Wir wissen nicht, wie sein damaliger Mißerfolg und die hieraus resultierende Kompromittierung des „Dieners" der Athena sich auf die Selbstdarstellung des Tyrannen nach 546 ausgewirkt haben. Bemühungen des Peisistratos um eine Angleichung an Herakles, der in einer Reihe von Wagenszenen auf attischen schwarzfigurigen Vasen als Begleiter der Stadtgöttin Athena dargestellt ist, sind zwar nicht auszuschließen, doch konnten nach dem Fiasko der zweiten Machtergreifung derartige Assoziationen auch peinlich wirken.[261] In der literarischen Überlieferung ist bezeichnenderweise nicht belegt, daß Peisistratos nach 546 zur Stabilisierung und Legitimierung seiner Macht seine eigene Person und sein Haus gleichsam in eine übermenschliche Sphäre zu rücken versuchte. Die genealogische Fiktion seiner pylischen Abstammung von den Nachfahren Nestors[262] blieb im üblichen Rahmen aristokratischer Statuserhöhung durch Stammbaumkonstruktionen, während mit der Legende vom Synoikismos unter der Herrschaft des Theseus offenbar erst in nachkleisthenischer Zeit die Einheit Attikas mythisch begründet wurde, so daß Peisistratos die Symbolik dieser geschichtlichen Sinndeutung schwerlich schon auf seine eigene Position beziehen konnte.[263] Fraglich ist auch, ob der Machthaber – wie man vermutet hat[264] – an die alte kultische Verbindung zwischen dem mythischen Gründerkönig Erechtheus und Athena anzuknüpfen suchte, um sich etwa als Neugründer Athens zu

Connor, Tribes, Festivals and Processions; Civic Ceremonial and Political Manipulation in Archaic Greece, JHS 107 (1987) 42ff., der m. E. mit Recht betont (46), daß Peisistratos nicht als Herakles oder Monarch erscheinen wollte, sondern als Diener und Helfer der Athena, der eigentlichen Herrin des Landes ("... a brave but subordinate charioteer, and thereby the agent of the true protector and ruler of the land, Athena"). Vgl. die in der folgenden Anmerkung genannte Miszelle Cooks.

261 Zu den Heraklesmotiven in der Vasenmalerei zur Zeit des Peisistratos: J. Boardman, Herakles, Peisistratos and Sons, RA 1972, 57ff.; ders., Herakles, Peisistratos and Eleusis, JHS 95 (1975) 1ff.; ders., Image and Politics in Sixth Century Athens, in: H. A. G. Brijder (Ed.), Ancient Greek and Related Pottery. Proceedings of the Intern. Vase Symposium in Amsterdam, 12–15 April, 1984, 239ff. Skeptisch gegenüber der Forschungsthese, daß Peisistratos sich mit Herakles identifiziert habe, äußert sich R. M. Cook, Pots and Peisistratan Propaganda, JHS 107 (1987) 167–169, der abschließend bemerkt: "... arguments for the politically allusive and still more for propagandist theory are too tenuous to be convincing." Vgl. aber die Replik J. Boardmans, Herakles, Peisistratos and the Unconvinced, JHS 109 (1989) 158f. Auch Shapiro, Art and Cult 162, schließt nicht aus, daß Peisistratos mit dem "mortal hero" Herakles identifiziert werden wollte.

262 Hdt. V 65,3; vgl. Diog. Laert. I 53.

263 Vgl. Welwei, Staatswerdung Athens 169ff.

264 So Stahl, Aristokraten 252. Vgl. demgegenüber E. Montanari, Il mito dell'autoctonia: Linee di una dinamica mitico-politica ateniese, Rome ²1981, 59, und V. J. Rosivach, Autochthony and the Athenians, CQ 81 (1987) 301.

gerieren. Da Peisistratos keinerlei Herrschaftstitel besaß, seine faktisch konkurrenzlose Suprematie nicht gleichbedeutend mit einer legalisierten Herrschaft war und die Polisordnung formal bestehen blieb, ist kaum anzunehmen, daß er gewissermaßen offiziell als Monarch und neuer Herrscher über Athen gelten wollte.

Andererseits hatte er freilich mannigfache Möglichkeiten, auch durch die Symbolik des Kultes seine Überlegenheit über alle anderen attischen Aristokraten zu demonstrieren. Seine Söhne betätigten sich später als Ordner des Festzuges der Panathenäen.[265] Ähnliche Funktionen könnte auch Peisistratos ausgeübt haben, um seine besondere Verbindung mit der göttlichen Repräsentantin der Polis zu betonen. Dies ist indes nicht gleichzusetzen mit einer Instrumentalisierung des Kultes zur Rechtfertigung seiner Macht. Der Kult der Stadtgöttin, den weiterhin die Eteoboutaden ausübten, war weder eine Privatangelegenheit noch ein Monopol des Peisistratos. Wohl aber manifestierten sich im Glanz der Panathenäen und im Festzug zu Ehren der Athena die kultisch-religiöse Einheit der gesamten Polis und die gesellschaftliche Gliederung ihres Personenverbandes, in dem Peisistratos nunmehr der dominierende Aristokrat war. Die festlichen Darbietungen boten ihm die Chance, diese Position nicht nur vor der eigenen Polisgemeinschaft, sondern auch (insonderheit bei den Großen Panathenäen) vor einem panhellenischen Publikum zu repräsentieren. Andererseits wird freilich Peisistratos ebensowenig wie seine Söhne und Nachfolger bei den kultischen Feiern auf den Schutz seiner Leibwache verzichtet haben. So wurde vermutlich gerade durch den Rhythmus der Feste der Oberschicht und dem Demos in Athen immer wieder deutlich, daß die Polisgemeinschaft der persönlichen Herrschaft eines einzelnen unterworfen war.

Während kein Zweifel besteht, daß Peisistratos im eigenen Interesse die Panathenäen gefördert hat, fehlen Belege für ein Engagement des Machthabers bei der Veranstaltung der Großen oder Städtischen Dionysien, die dem von Eleutherai nach Athen übertragenen Kult des Dionysos Eleuthereus galten. In der Zeit der Vormachtstellung des Peisistratos beginnt zwar die Geschichte des attischen Dramas mit dem Auftritt des Thespis an den Städtischen Dionysien in einem der drei ersten Jahre der 61. Olympiade (536/35–533/32). Auch war der Dichter damals bei der Ausstattung seines Chores zweifellos auf aristokratische Protektion angewiesen.[266] Ihre große Bedeu-

[265] Aristot. Ath. Pol. 18,3; Thuk. VI 57,1.

[266] K.H. Kinzl, Zur Vor- und Frühgeschichte der attischen Tragödie, Klio 62 (1980) 185f., vermutet, daß ein Alkmeonide Thespis protegierte. Vgl. aber jetzt W. R. Connor, City Dionysia and Athenian Democracy, ClMed 40 (1989) 7–32, der zu zeigen sucht, daß die Städtischen Dionysien erst einige Jahre nach dem Ende der Tyrannis eingerichtet wurden.

tung gewannen die Städtischen Dionysien aber erst durch die Entwicklung der attischen Tragödie im 5. Jahrhundert, während dieses Fest in der Zeit der Tyrannis in keiner Weise mit dem Höhepunkt der attischen Feiern an den Panathenäen vergleichbar ist, so daß Peisistratos die Protektion des Kultes für Dionysos Eleuthereus möglicherweise anderen Adligen überlassen hat.

Ein weiteres offenes Problem ist das Verhältnis des Peisistratos zum Mysterienkult von Eleusis. Die umfangreiche Bautätigkeit im dortigen Demeterheiligtum ist eher in die Zeit der Herrschaft seiner Söhne bzw. ins späte 6. Jahrhundert zu datieren,[267] und es bleibt unklar, ob der eleusinische Heros Triptolemos auf Betreiben des Tyrannenhauses als attischer Kulturbringer propagiert wurde. Daß Peisistratos und seine Söhne Eleusis stärker an Athen zu binden suchten, um Machtansprüchen des dortigen Lokaladels entgegenzuwirken, ist wenig wahrscheinlich.[268] Die Eumolpiden, die in der eleusinischen „Hierarchie" die höchste Position einnahmen, waren kein dynastiefähiges Adelsgeschlecht, sondern eine Priesterfamilie mit erblicher Sakralwürde.

Als Tyrannis kann die Machtstellung des Peisistratos nur in eingeschränktem Sinne bezeichnet werden. Es handelte sich – wie gesagt – um die Vorherrschaft eines Aristokraten. Sie hatte insofern tyrannische Züge, als der Machthaber Leibwächter und Söldner unterhielt[269] und mit diesem Instru-

[267] Vgl. Mylonas, Eleusis 77 ff.; Boersma, Building Policy 24 f.; Young, Building Projects 131 f.; Travlos, Bildlexikon Attika 93 f., skizziert demgegenüber die Baumaßnahmen im späten 6. Jahrhundert unter dem Stichwort „Zeit des Peisistratos".

[268] Demgegenüber vermutet F. Kolb, JdI 92 (1977) 114, eine „stärkere Bindung von Eleusis an Athen ... im Licht der strafferen Zusammenfassung Attikas unter den Tyrannen ..., der Beseitigung regionaler Unabhängigkeit, der Brechung lokaler Machtpositionen des Adels, die gerade auch im kultischen Bereich wurzelten". Kolb geht indes noch davon aus, daß es Adelsgeschlechter mit exklusiven Kulten gab. Diese These läßt sich nach den Untersuchungen Roussels (Tribu et cité) und Bourriots (Genos I–II) nicht mehr halten. Vgl. jetzt auch R. S. J. Garland, Religious Authority in Archaic and Classical Athens, BSA 79 (1984) 75 ff.

[269] Die Zahl der Leibwächter (δορυφόροι) und Söldner (ἐπικοῦροι) scheint in der Endphase der Tyrannis nicht allzu groß gewesen zu sein, da Hippias 511 v. Chr. rund 1000 Reiter seiner thessalischen Verbündeten zu Hilfe holte, um den Angriff einer kleineren spartanischen Streitmacht bei Phaleron abzuwehren. Auch Peisistratos hat sicherlich nicht ständig eine große Söldnertruppe unterhalten. M. F. Vos, Scythian Archers in Archaic Attic Vase-Painting, Groningen 1963, 86, hat aufgrund von Skythendarstellungen in der attischen Vasenmalerei vermutet, daß Peisistratos zwischen 540 und 530 v. Chr. skythische Bogenschützen angeworben habe. Sie fand hiermit vielfach Zustimmung. Vgl. etwa A. M. Snodgrass, Arms and Armour of the Greeks, Ithaca, N. Y., 1967, 83 f.; A. Alföldi, Die Herrschaft der Reiterei in Griechenland und Rom nach dem Sturz der Könige, in: Gestalt und Geschichte. Festschrift K. Schefold, Bern 1967, 18 u. 21; P. A. L. Greenhalgh, Early Greek Warfare, Cambridge 1973, 149; Stahl, Aristokraten 220; I. A. Smith, Athens under the Tyrants, Bris-

mentarium sowie durch seine „Gefolgsleute" im Bürgerverband die freie Konkurrenz um Einfluß und Vorrang in der Polis unterband und damit auch die Rahmenbedingungen veränderte, die das politische Kräftespiel in der solonischen Ordnung bestimmt hatten. Anstelle einer mehr oder weniger begrenzten Gruppe von „Leitern des Demos" (nach der Terminologie Solons) hatte ein einzelner Aristokrat eine vorerst unangefochtene Überlegenheit über alle anderen Adligen gewonnen. Peisistratos stand aber nicht über oder neben der Polis und übte auch keine institutionalisierte Herrschaft aus, sondern besaß individuelle, durch militärische Gewalt errungene Macht *in* der Polis, ohne daß sein Geltungsanspruch, den er im aristokratischen Konkurrenzkampf um die führende Position in der Polis durchgesetzt hatte, irgendwie durch einen Akklamationsakt des attischen Personenverbandes legitimiert war. Unter diesem Aspekt war Peisistratos kein Repräsentant der Polis Athen. Auch wenn er an der Spitze des Panathenäenzuges als prominentester Athener auftrat, war die Feier immer noch eine Demonstration der Einheit des Bürgerverbandes unter dem Schutz der Stadtgöttin.

Mit staatsrechtlichen Kategorien läßt sich der Primat des Peisistratos somit nicht erfassen. Läßt man den unscharfen Tyrannenbegriff außer Betracht, entzieht sich die Stellung des Peisistratos einer Einordnung in ein Verfassungsschema. Das Kriterium des widerrechtlichen, gegen den Willen der Beherrschten ausgeübten Gewaltregimentes als Charakteristikum der Tyrannis in der Verfassungstypologie der späteren Staatstheorie versagt hier, weil Peisistratos Akzeptanz suchte und die Polisgemeinschaft kein Untertanenverband wurde, sondern als Gemeinwesen mit seinen öffentlichen Organen und spezifischen Identifikationssymbolen im Kult bestehen blieb. Durch den Primat des Peisistratos wurden nicht alle Aktivitäten in den Polisinstitutionen zur Farce. Die Rechtspflege erfolgte weiterhin nach den solonischen Satzungen, die durch Peisistratos schwerlich ergänzt oder modifiziert worden sind. Das athenische Gesetz gegen übertriebenen Gräberluxus, das in der Forschung wiederholt in die Zeit des Peisistratos datiert wurde,[270] ist

tol 1989, 38. Skythische Bogenschützen im Heer des Peisistratos sind indes in der literarischen Überlieferung nicht belegt. Die genannten Vasendarstellungen sind z.T. durch Beischriften als mythologische und epische Szenen gekennzeichnet. Vgl. im einzelnen K.-W. Welwei, Unfreie im antiken Kriegsdienst. Erster Teil: Athen und Sparta, Wiesbaden 1974, 8–22. – Die δορυφόροι der athenischen Tyrannen wurden nach Aristot. Frgm. 394 Rose (= Schol. in Aristoph. Lysistr. 665) auch λυκόποδες genannt. J.D. Bing, Lykopodes: A Contribution to Athenian Military History from Peisistratos to Kleisthenes, CJ 72 (1976/77) 308–316, will die Leibwächter als Argiver identifizieren, doch ist hier keine Sicherheit zu gewinnen.

270 Vgl. etwa Berve, Tyrannis II 551; H.W. Pleket, Talanta 1 (1969) 49f. – Das Gesetz ist bei Cicero de leg. II 26,64f. überliefert und wohl aus Demetrios von Phaleron übernommen.

wahrscheinlich später anzusetzen, da diesbezügliche Reglementierungen kaum mit den kunstvollen Grabstatuen und -steinen des letzten Viertels des 6. Jahrhunderts zu vereinbaren sind.[271] Im übrigen war Peisistratos kein Gesetzgeber. Daß ihm legislative Vollmachten übertragen wurden, ist nirgendwo überliefert. Neue „Gesetze" hätte er vermutlich in der Volksversammlung beantragt bzw. beantragen lassen.

Bei den Wahlen konnte er zweifellos seinen Einfluß auf die Ekklesia geltend machen. Dies besagt indes noch nicht, daß alle neun Archontenstellen Jahr für Jahr mit Verwandten und engsten Gefolgsleuten des Peisistratos besetzt wurden.[272] Da die Funktionen der athenischen Oberschicht in den Institutionen der Polis nicht von anderen Bevölkerungsschichten wahrgenommen werden konnten, wäre Peisistratos gar nicht in der Lage gewesen, gegen eine ständige Opposition großer Teile des Adels Macht auszuüben. So mußte er konzedieren, daß Repräsentanten bedeutender Adelshäuser im öffentlichen Bereich einen gewissen Spielraum für Selbstdarstellung und Statusdemonstration zurückgewannen,[273] andererseits aber auch verhindern, daß aristokratische Konkurrenten zur Gefahr für seine eigene Position werden konnten. Er war daher wahrscheinlich bemüht, eine Reihe von Adligen, die ihrerseits nicht mit den großen Häusern rivalisieren konnten, an seine Person zu binden. Diese Möglichkeit bot sich etwa durch Protektion bestimmter Kandidaten für eine der neun Archontenstellen.

Insgesamt gesehen hatte Peisistratos somit im Rahmen der bestehenden Polisordnung keinen unbegrenzten Handlungsspielraum. Hierdurch waren auch seine außenpolitischen Aktivitäten in erheblichem Maße determiniert. Er war offensichtlich bestrebt, seine Sonderstellung im Innern durch äußere Erfolge zu rechtfertigen, aber jedes Risiko zu vermeiden, um seine Position nicht durch Niederlagen in Frage zu stellen. So unternahm er nur wenige militärische Aktionen. Wohl bald nach Stabilisierung der Lage in Athen fand das Unternehmen gegen Naxos statt. Ziel der Expedition war die Ausschaltung der dortigen aristokratischen Gegner des Lygdamis, der auf diese Weise eine Gegenleistung für seine Unterstützung des Peisistratos im Kampf bei Pallene erhielt. Des weiteren erwähnt Herodot I 64,2 eine vermutlich wenig

271 F. Kolb, JdI 92 (1977) 136.

272 Namen eponymer Archonten sind allerdings nur für die ersten Jahre nach dem Tod des Peisistratos durch eine fragmentarische Inschrift von der Athener Agora belegt. Die Liste kann indes nicht als repräsentativ für die Tyrannis gelten, da die Peisistratiden damals bemüht waren, im Einvernehmen mit Angehörigen traditionsreicher Adelsfamilien die Vorherrschaft ihres Hauses zu sichern. Vgl. Meiggs-Lewis Nr. 6 c.

273 J. H. Kroll, From Wappenmünzen to Gorgoneia to Owls, ANSMusN 26 (1981) 9, nimmt an, daß aristokratische Aufseher der Münzprägung Embleme nach eigener Wahl prägen lassen konnten. Dies bleibt indes eine bloße Vermutung.

später anzusetzende sakrale „Reinigung" der Insel Delos auf Anordnung des athenischen Machthabers. Offenbar sollte hierdurch nicht zuletzt der Vorrang Athens im ionischen Griechentum betont werden.[274] Seine „Außenpolitik" war jedenfalls in starkem Maße auf den Ägäisraum ausgerichtet.[275]

Der größte Erfolg des Peisistratos war die Rückgewinnung Sigeions im Kampf gegen Mytilene.[276] Wahrscheinlich führte er dieses Unternehmen mit bewährten Gefolgsleuten und Söldnern durch. Eine genaue Datierung ist wiederum nicht möglich, doch ist zu vermuten, daß die Aktion um 540 bzw. in den frühen dreißiger Jahren stattfand.[277] Peisistratos erzielte hierdurch zweifellos einen enormen Prestigegewinn, indem er seine Handlungsmöglichkeiten als mächtigster Mann Athens demonstrierte. Insofern ist das Unternehmen am Hellespont in den größeren Rahmen der Aktivitäten aristokratischer Herren der archaischen Zeit einzuordnen, die außerhalb ihres Gemeinwesens sich neue Ressourcen zu erschließen suchten, um ihre Position in der eigenen Polis zu stärken. Wahrscheinlich siedelte Peisistratos in Sigeion athenische Kolonisten an. Die Aufsicht über den Hafenplatz übertrug er seinem Sohn Hegesistratos.[278] Herodot (V 94,1) bezeichnet diese Maßnahme aus der Sicht der perikleischen Zeit als Einsetzung eines Tyrannen. Wenn die älteren lokalen Institutionen in Sigeion, die aus dem Hinweis auf ein Prytaneion der Sigeier in der sog. Phanodikos-Inschrift zu erschließen sind, bestehen blieben, wurde der Ort freilich kein Privatbesitz des athenischen „Tyrannenhauses". Nach modernen staatsrechtlichen Kategorien läßt sich allerdings das Verhältnis Sigeions zu Athen und zum dortigen Machthaber kaum fixieren.[279] Sigeion war nunmehr als Siedlung von dem

[274] Andrewes, CAH III 3 (²1982) 403.

[275] Wahrscheinlich unterhielt er Schiffe aus eigenen Mitteln. Vgl. Berve, Tyrannis I 63.

[276] Hdt. V 94–95; vgl. Strab. XIII 1,38 p. 600.

[277] Berve, Tyrannis I 62; II 553f. Daß Peisistratos erst um 530 Sigeion eroberte (so kürzlich noch Stahl, Aristokraten 220, Anm. 42) ist wenig wahrscheinlich. Vgl. D. Viviers, La conquête de Sigée par Pisistrate, AC 56 (1987) 5ff.: ca. 540–535 v. Chr. Viviers vermutet (S. 23), daß Peisistratos seinen Erfolg in Sigeion zu einem Sieg der Athener stilisierte. Nach Hdt. V 94,1 hat Peisistratos das Unternehmen offenbar persönlich geleitet. Er war aber um 530 bereits etwa 70 Jahre alt.

[278] Hegesistratos war offenbar noch relativ jung, als er die Vertrauensstellung in Sigeion erhielt (vgl. oben Anm. 234). Es besteht indes kein Grund, im Hinblick auf sein Alter (geb. ca. 560 oder in den frühen fünfziger Jahren), die Eroberung Sigeions in die späten dreißiger Jahre zu datieren (vgl. Anm. 277).

[279] Vgl. Ehrenberg, Polis und Imperium 116, 223. Die These, daß Sigeion „Tyrannenbesitz" wurde, hat vor allem H. Berve, Miltiades. Studien zur Geschichte des Mannes und seiner Zeit, Hermes Einzelschr. 2, Berlin 1937, 26ff., vertreten. Vgl.

dominierenden athenischen Aristokraten abhängig geworden, der seinen persönlichen Erfolg aber auch als Gewinn für die Polis reklamieren konnte. Vor allem athenische Schiffseigner werden es begrüßt haben, daß der Hafenplatz und wichtige Stützpunkt für den zunehmenden Handel mit dem Schwarzmeergebiet wieder unter der Kontrolle eines Atheners stand.[280]

In dieser Zeit herrschte nördlich der Dardanellen auf der thrakischen Chersones bereits seit längerem Miltiades der Ältere, der wahrscheinlich in den fünfziger Jahren des 6. Jahrhunderts der Aufforderung der thrakischen Dolonker, die Führung in ihrem Stamm zu übernehmen, Folge geleistet und attische Kolonisten auf der genannten Halbinsel angesiedelt hatte. Nach der Darstellung Herodots VI 35 soll in Athen bereits Peisistratos die unbeschränkte Macht ausgeübt haben, als Miltiades, der damals gleichfalls ein mächtiger Mann gewesen sei, nach der Chersones aufbrach. Da Miltiades als Oikist und „Herrscher" der Dolonker gute Beziehungen zum Lyderkönig Kroisos unterhielt und das Ende des Lyderreiches etwa gleichzeitig mit der dritten und endgültigen Machtergreifung des Peisistratos anzusetzen ist, sind Herodots Ausführungen zur Datierung des von Miltiades organisierten Kolonistenzuges schwerlich auf die Situation in Athen nach 546 zu beziehen. Andererseits war es Peisistratos um 560 sowie um 556 nicht gelungen, für längere Zeit „alle Macht" in Athen zu gewinnen, wie dies Herodot VI 35, 1 unterstellt. Offenbar sind die von Herodot im Kontext genannten Motive des Miltiades, der sich angeblich nicht der Herrschaft des Peisistratos beugen wollte,[281] erst geraume Zeit nach den Ereignissen in die Diskussion gebracht worden, als man den Kolonistenzug nicht mehr genau zu datieren vermochte. Herodot konnte jedenfalls den Aufbruch des Miltiades nach der Chersones nicht mehr eindeutig in eine der drei „überlieferten" Tyrannenherrschaften des Peisistratos einordnen.

Ziel des Miltiades war es zweifellos, „eine eigene, selbständige Machtstellung zu gründen".[282] Wenn er tatsächlich – wie es bei Herodot VI 36, 1

dens., Tyrannis I 62; II 553, zur weiteren Diskussion über diese Frage, in der sich neuerdings Andrewes, CAH III 3 (^{2}1982) 403 f., wieder im Sinne Berves entschieden hat.

[280] Stahl, Aristokraten 223 ff., vermutet, daß Peisistratos in Sigeion ein großes künstliches Hafenbecken anlegen ließ. Der von Stahl angeführte topographische Befund reicht aber zur Verifizierung dieser These nicht aus.

[281] Die Nachfahren der Erben des älteren Miltiades waren in den späteren kleisthenischen Demos Lakiadai eingeschrieben, während die Peisistratiden nach Ps.-Plat. Hipparch. 228 b aus dem Demos Philaidai stammen. Rückschlüsse auf ältere Nachbarschaftsbeziehungen zwischen Philaiden und Peisistratos sind indes nicht möglich. Vgl. Andrewes, CAH III 3 (^{2}1982) 405. Möglicherweise hatten die Philaiden ebenso wie andere bedeutende aristokratische Familien Athens in verschiedenen Teilen Attikas Besitzungen.

[282] Berve, Tyrannis I 80.

heißt – in Athen „jeden, der wollte“, zur Teilnahme an dem Kolonistenzug einlud, handelte es sich wohl kaum um ein in der Volksversammlung beschlossenes und damit von der Polisgemeinschaft ausdrücklich sanktioniertes Unternehmen. Die neue Machtstellung des Miltiades war als „Herrschaft“ gleichsam losgelöst von der Metropolis. Andererseits blieben freilich Miltiades und die mit ihm aufgebrochenen Kolonisten als Athener weiterhin mit der Mutterstadt verbunden,[283] so daß der eigenständige Machtbereich des Oikisten letztlich auch eine Stärkung der Position Athens an den Meerengen bedeutete. Nur so wird die Unterstützung verständlich, die später die Söhne des Peisistratos dem jüngeren Miltiades gewährten, als sie es ihm ermöglichten, die verwaiste Herrschaft auf der Chersones zu übernehmen. Insofern ist aber auch bereits für die Zeit nach der sogenannten dritten Machtergreifung des Peisistratos eine Kooperation zwischen dem Usurpator in Athen und dem damals schon auf der Chersones herrschenden älteren Miltiades zu vermuten. Die Verbindung mit Athen war zweifellos eine wesentliche Voraussetzung für die Herrschaft des Miltiades, der seinerseits die Aktivitäten des athenischen „Tyrannenhauses“ in Sigeion kaum als Konkurrenzunternehmen gewertet hat, während wiederum Peisistratos nach seiner endgültigen Machtergreifung in Athen nicht daran interessiert sein konnte, daß sich die Verhältnisse auf der Chersones änderten. Nach Lage der Dinge bedeutete die Herrschaft eines Atheners in diesem Raum eine Art Flankensicherung für Peisistratos, als er Sigeion eroberte.

Eine scharfe Trennungslinie zwischen der Politik des Peisistratos und außenpolitischen Interessen der Polisgemeinschaft ist nicht zu erkennen. Es ist anzunehmen, daß Peisistratos nach seiner dritten Machtergreifung weiterhin gute Beziehungen zu jenen Adelshäusern in Argos, Eretria und wohl auch in Theben unterhielt, die ihm um 546 Beistand geleistet hatten.[284] Diese Verbindungen sowie sein Einvernehmen mit der herrschenden Schicht in Thessalien stärkten die Stellung des Peisistratos in Athen. Sie waren aber auch für die Polisgemeinschaft in ihrer Gesamtheit schon deshalb bedeutsam, weil Peisistratos – wie es in der Athenaion Politeia 16,7 heißt – „sich stets um Frieden bemühte“.[285] Diese Friedenspolitik, die das

[283] Miltiades und seine Kolonisten galten weiterhin als Athener. Dies ergibt sich aus der späteren Anklage gegen Miltiades den Jüngeren „wegen Tyrannis auf der Chersones“ (Hdt. VI 104,2), d. h. wegen Herrschaft über Athener. Vgl. Ehrenberg, Polis und Imperium 225 f.

[284] Andrewes, CAH III 3 (²1982) 402. Auf ältere thessalische Kontakte läßt zudem der Name seines Sohnes Thessalos schließen.

[285] Nach Aristot. Ath. Pol. 16,7 wurde die Tyrannis des Peisistratos angeblich mit der „Goldenen Zeit unter Kronos“ verglichen (s. dazu Hesiod Op. 109–126). Rhodes, Commentary 217 f., vermutet, daß bereits in der Endphase der Tyrannis oder

relativ positive Urteil über Peisistratos in der Überlieferung des 5. und 4. Jahrhunderts in starkem Maße bestimmt hat, war freilich nicht zuletzt dadurch möglich, daß der Schatten der persischen Expansion noch nicht auf dem griechischen Mutterland lag.

b) Die Söhne des Peisistratos

Als Peisistratos 528/27 starb,[286] war die Machtstellung seines Hauses in der Polis Athen nicht in Frage gestellt. Gegen die Erbfolge in der „Tyrannenfamilie“ erhob sich kein Widerstand. Rechtlich gesehen erbten Hippias, Hipparchos und Thessalos, die Söhne des Peisistratos aus seiner Ehe mit einer Athenerin, nicht die Herrschaft über Athen, sondern die Ressourcen ihres Vaters. Hierdurch waren sie freilich in der Lage, in gleicher Weise Einfluß auf die Polisorgane und das öffentliche Leben in Athen auszuüben wie Peisistratos nach seiner dritten Machtergreifung. Insofern war die quasi-dynastische Erbfolge der Peisistratiden selbstverständlich keine reine Privatsache, sondern ein Politikum ersten Ranges, wenn auch diese Regelung nicht durch öffentliche Organe der Polisgemeinschaft sanktioniert wurde. Da die Polisordnung formal weiterexistierte, stand eine Legalisierung des Machtmonopols zweifellos nicht zur Debatte. Eine neue Situation war freilich dadurch gegeben, daß die Söhne des Peisistratos gewissermaßen eine Erbengemeinschaft bildeten. Von einer „Samtherrschaft“ im staatsrechtlichen Sinne kann aber schon deshalb keine Rede sein, weil die drei Brüder gar keine offiziell anerkannten, im Nomos der Polis verankerten Herrschaftsrechte besaßen. Im übrigen scheint Hippias, der älteste Sohn des Peisistratos, seit 528/27 die dominierende Persönlichkeit in der „Tyrannenfamilie“ gewesen zu sein.[287]

wenig später „irgend jemand“ diese Wertung vorgenommen habe. Sicherheit ist hier jedoch nicht zu gewinnen.

[286] Wahrscheinlich im Frühjahr 527. Vgl. M. E. White, Hippias and the Athenian Archon List, in: J. A. S. Evans (Ed.), Polis and Imperium. Studies in Honour of E. T Salmon, Toronto 1974, 84; Lewis, CAH IV (^{2}1988) 287.

[287] Hippias als ältester und politisch maßgebender Peisistratossohn: Thuk. I 20,2 VI 54,2. 55,1; Aristot. Ath. Pol. 18,1; Ps.-Aristot. oec. 1347 a 4 ff. Vgl. Berve, Tyrannis II 554 f. – D. M. Lewis, CAH IV (^{2}1988) 287, schließt demgegenüber aufgrund von Ps.-Plat. Hipparch. 228 b nicht aus, daß Hipparchos älter als Hippias war (was aber nach Thuk. VI 54,2 in Athen fälschlich behauptet wurde). In den Quellen werden die Brüder vielfach generell als „die Tyrannen“ (auch in Berichten über Ereignisse nach dem Tod des Hipparchos) bzw. als „die Peisistratiden“ bezeichnet (Hdt. V 55. 62,2. 63,2–3. 65,1. 90,1–2; VI 39,1. 123,1; Thuk. VI 54,5) oder als Herrscher über Athen dargestellt (z. B. Aristot. Ath. Pol. 18,1). Andererseits nennt Herodot V 55 Hipparchos „den Bruder des Tyrannen Hippias“.

Thessalos, der jüngste der drei Brüder, tritt in der fragmentarischen Überlieferung über die Herrschaft der Peisistratiden stark zurück, während Hippias als „Genußmensch“ und Förderer der Dichtkunst dargestellt wird.[288]

In der athenischen Tradition galt der Machtwechsel im „Tyrannenhaus“ 528/27 nicht als historischer Einschnitt.[289] Der Autor der Athenaion Politeia (17,3) betont die Kontinuität in der Politik der Peisistratiden. Er bezieht sich auf die Zeit vor dem Tod des Peisistratos und die Jahre nach dem Herrschaftswechsel, die nach seiner Darstellung durch ein mildes Regime der Machthaber gekennzeichnet waren. Insofern stimmt er mit dem Urteil des Thukydides (VI 54,5–6) überein, wonach „diese Tyrannen“ (die Söhne des Peisistratos) ihre Herrschaft bis zur Ermordung des Hipparchos (514 v. Chr.) maßvoll ausübten und die bestehenden Gesetze (Nomoi) der Polis weiterhin gültig blieben. Ein Fragment einer auf der Athener Agora gefundenen Archontenliste bestätigte die Bemühungen der Peisistratiden nach 528/27, attische Adelshäuser für eine Kooperation auf höchster Ebene zu gewinnen.[290] Die „Wahl“ des Archon eponymos 527/26, dessen Name (Onetorides?) nur teilweise erhalten ist, erfolgte möglicherweise noch auf Vorschlag des Peisistratos.[291] Wenn die Ergänzung des Namens richtig ist, stammte dieser Archon wahrscheinlich aus einer relativ reichen aristokratischen Familie, die in Athen selbst residierte. Im nächsten Jahr (526/25) bekleidete Hippias persönlich das höchste Amt, das er dann an den Alkmeoniden Kleisthenes (den späteren Reformer) übergab (525/24). Nachfolger des Kleisthenes wurde Miltiades (524/23), Sohn des Kimon Koalemos, des Stiefbruders des älteren Miltiades. Nach der Amtszeit eines sonst nicht bekannten athenischen Aristokraten (523/22) fungierte der jüngere Peisistratos,[292] Sohn des Hippias, als Archon (522/21).

Die fragmentarische Liste der eponymen Beamten in den zwanziger Jahren des 6. Jahrhunderts bietet Aufschluß über die Methoden der Herrschaftssicherung der Peisistratiden. Durch Wahrnehmung der Aufgaben des höchsten Polisbeamten sollten prominente Aristokraten faktisch die Machtverhältnisse in Athen anerkennen.[293] Kandidaturen und „Wahlen“ waren

[288] Ps.-Plat. Hipparch. 228 b – 229 d; Aristot. Ath. Pol. 18,1.

[289] Der Hinweis bei Aristot. Ath. Pol. 16,7 auf die härtere Herrschaft unter den Söhnen des Peisistratos ist auf die Endphase der Tyrannis nach der Ermordung des Hipparchos zu beziehen.

[290] Meiggs – Lewis Nr. 6 c.

[291] Lewis, CAH IV (^{2}1988) 288.

[292] Erhalten sind nur wenige Buchstaben des Namens (... στϱατ ...), doch besteht kaum ein Zweifel, daß es sich um den jüngeren Peisistratos handelt.

[293] Bemerkenswert sind natürlich auch die beiden Archontate des Hippias und seines Sohnes Peisistratos. Ob dies als deutlicher Kontrast zur Besetzung der Archontenstellen unter dem älteren Peisistratos zu werten ist, muß freilich offenbleiben, da

zwar an die Zustimmung der Machthaber gebunden, doch blieb das eponyme Archontat gleichwohl ein erstrebenswertes Ziel der Repräsentanten traditionsreicher Adelsfamilien. Da die Archonten in ihrer Amtsführung den geltenden Gesetzen der solonischen Kodifikation verpflichtet blieben, konnten sie zumindest in der Rechtspflege unabhängig von Weisungen der „Tyrannen" agieren und hierdurch in der Polisgemeinschaft Prestige gewinnen. Ähnliche Möglichkeiten hatten aufgrund ihrer gerichtlichen Funktionen der Polemarchos, der (sakrale) Basileus und die Thesmotheten.

Der politische Handlungsspielraum der athenischen Oberschicht wurde freilich unter den Peisistratiden nicht erweitert, und eine Reihe von Aristokraten war nicht bereit, sich dauerhaft dem „Tyrannenhause" unterzuordnen. Die Alkmeoniden sowie andere Adlige gingen einige Zeit nach dem Archontat des Kleisthenes erneut ins Exil und unternahmen wohl noch vor der Ermordung des Hipparchos (514) den Versuch, in Leipsydrion am Parnes ein Bollwerk gegen die Peisistratiden zu errichten, nachdem sich bereits Kedon, ein jüngerer athenischer Aristokrat, ohne Erfolg gegen die Machthaber erhoben hatte.[294] Da der Vorstoß nach Leipsydrion wahrscheinlich von Boiotien aus erfolgte, ist zu vermuten, daß die Alkmeoniden vor allem in Theben Unterstützung gefunden hatten. Sie rechneten im übrigen mit einer tyrannisfeindlichen Stimmung in Athen und Attika. Indes schlossen sich nur wenige Athener den Exulanten an. Die Alkmeoniden und ihre Anhänger konnten sich daher in Leipsydrion nicht behaupten und wurden von den Belagerungstruppen der Peisistratiden unter hohen Verlusten zum Abzug gezwungen.

Auch in dieser Zeit stand die Oberschicht in Athen und Attika keineswegs als geschlossener Block dem „Tyrannenhaus" gegenüber. Einige Adelsfamilien waren mit den Peisistratiden verwandtschaftlich verbunden,[295] andere

wir keine Vergleichsmöglichkeiten haben. Siehe dazu auch Lewis, CAH IV (^{2}1988) 289.

[294] Nach Hdt. V 62,2 und Aristot. Ath. Pol. 19,3 hätten die Kämpfe um Leipsydrion allerdings erst nach der Ermordung des Hipparchos stattgefunden. Dieser Ansatz ist in der althistorischen Forschung überwiegend übernommen worden. Vgl. aber demgegenüber Berve, Tyrannis I 68; II 558f.; H.-F. Bornitz, Herodot-Studien, Berlin 1968, 30ff.; M. A. Levi, Commento storico alla res publica Atheniensium di Aristotele, I, Mailand-Varese 1968, 192; B. Virgilio, Commento storico al quinto libro delle «Storie» di Erodoto, Pisa 1975, 84f.; M. Zahrnt, Delphi, Sparta und die Rückführung der Alkmeoniden, ZPE 76 (1989) 297, Anm. 2–3, die m. E. mit Recht für eine Vordatierung eingetreten sind. – Über die Erhebung des Kedon (Aristot. Ath. Pol. 20,5) sind keine Einzelheiten bekannt.

[295] Nach Thuk. VI 55,1 war Hippias mit der Tochter eines Kallias verheiratet, nach Kleidemos FgrHist 323 F 15 war seine Frau hingegen die Tochter eines Charmos. Daß Thukydides auf der von ihm zitierten Inschrift den Namen falsch gelesen hat (Jacoby,

Aristokraten, die sich z. T. bereits Peisistratos angeschlossen hatten, zählten zu den Hetairoi bzw. Gefolgsleuten der „Tyrannenfamilie“,[296] und der jüngere Miltiades kooperierte auch nach seinem Archontat offenbar noch mit den Machthabern. Zumindest hat er den Primat der Peisistratiden weiterhin anerkannt und hierdurch eigene Herrschaftspläne an den Dardanellen zu realisieren vermocht. Die Überlieferung über die Ermordung seines Vaters Kimon Koalemos auf Anstiftung der Peisistratiden erscheint daher wenig glaubhaft.[297] Miltiades' Bruder Stesagoras, der etwa seit 524 als Nachfolger seines Stiefonkels, des älteren Miltiades, die Herrschaft über die thrakischen Dolonker und die griechischen Siedlungen auf der Chersones ausgeübt hatte, war um 516/15 ermordet worden. Die Ereignisse am Hellespont tangierten unmittelbar die Position der Peisistratiden in Sigeion, die an der Erhaltung des Status quo auf der Chersones interessiert waren. Dies erklärt die Unterstützung, die sie nach dem Tod des Stesagoras dem jüngeren Miltiades gewährten, der nunmehr die Herrschaft über die Chersones gewann. Ohne das Einverständnis der Machthaber in Athen wäre Miltiades kaum in der Lage gewesen, das Erbe seines Stiefonkels und seines Bruders anzutreten.[298]

Ihr Verhältnis zum Demos suchten die „Tyrannen“ zweifellos nach den Vorgaben des Peisistratos zu gestalten. Die Polis sollte weiterhin gleichsam Bezugspunkt und Forum für die öffentlichen Aktivitäten der Machthaber bilden. Deutlich zum Ausdruck kommt diese Kontinuität in den Baumaßnahmen der Peisistratidenzeit und in der Ausrichtung der großen attischen Kultfeste, die ja ein Teil des öffentlichen Lebens der Polisgemeinschaft waren.

Wie bereits dargelegt, ist allerdings die zeitliche Einordnung der sogenannten peisistratidischen Bauten im einzelnen strittig.[299] Die Bautätigkeit der Peisistratossöhne konzentrierte sich offenbar vor allem auf den südöstlichen Teil der Stadt, wo im Ilissosgebiet mit dem Bau des gewaltigen Tempels des Zeus Olympios begonnen wurde[300] und der jüngere Peisistratos wäh-

FgrHist III b [Supplem] Text 71; Berve, Tyrannis II 546), ist wenig wahrscheinlich (Dover, Commentary IV 333 f.).

[296] Auf eine Hetairie des Hippias spielt Aristophanes Lysistr. 1153 an.

[297] Hdt. VI 39,1. 103,3; vgl. oben Anm. 244.

[298] Nach Hdt. VI 39,1 rüsteten die Peisistratiden eine Triere für Miltiades aus. Vgl. auch W. Schuller, Die Herrschaft der Athener im Ersten Attischen Seebund, Berlin–New York 1974, 17, Anm. 43.

[299] Vgl. im einzelnen Young, Building Projects 111 ff.

[300] Es bleibt offen, ob mit der Planung bereits unter Peisistratos begonnen wurde. Zweifellos sollte das Olympieion etwa mit dem Artemision in Ephesos oder dem Heraion in Samos konkurrieren. Vgl. F. Kolb, JdI 92 (1977) 111; D. M. Lewis, CAH IV ([2]1988) 295 f. – Vollendet wurde der Bau erst unter Hadrian.

rend seines Archontats (522/21) im Heiligtum des Apollon Pythios einen Altar stiftete.[301] Des weiteren ließen die Peisistratiden dort die Wasserversorgung durch die bei Thukydides II 15,5 als Enneakrunos bezeichnete Einfassung der Quelle Kallirrhoe verbessern.[302] Auf der Akropolis wurde vermutlich seit den zwanziger Jahren des 6. Jahrhunderts der Alte Athenatempel umgestaltet. Wenn die Machthaber durch ihre Bautätigkeit in Fortsetzung ähnlicher (aber noch sehr viel bescheidenerer) Maßnahmen des Peisistratos ihre konkurrenzlose Überlegenheit über andere Adelshäuser zu demonstrieren suchten, so war die Zielgruppe dieser Bemühungen um Legitimierung und Stabilisierung „tyrannischer" Herrschaft letztlich der gesamte Polisverband, für den die öffentlichen Altäre, Tempel und Götterfeste wesentliche Identitätssymbole darstellten. Der Vollzug der Kulte diente der Sicherung der (aus unserer Sicht imaginären) Existenzbedingungen der durch göttlichen Willen entstandenen Gemeinschaftsordnung, an der die Politen aller Zensusklassen teilhatten. Bereits vor der Tyrannis hatte auf der Agora mit dem vorerst noch recht modesten Arrangement öffentlicher Bauten die politische Einheit des athenischen Personenverbandes sichtbaren Ausdruck gefunden. Unter den Peisistratossöhnen wurden in diesem politischen Zentrum der Gemeinde mit der Errichtung des Zwölfgötteraltares und eines Brunnenhauses[303] in der Südostecke der Agora sinnfällige Zeichen einer Politik gesetzt, die als Wahrung der überkommenen Ordnung verstanden werden sollte. Auf der Agora übten die Amtsträger einen wesentlichen Teil ihrer Funktionen aus, und die Bürger bzw. repräsentative Teile des Polisverbandes nahmen hier gegebenenfalls an „Wahlen" oder anderen Versammlungen der Gemeinde teil oder fungierten eventuell auch als Richter in der Heliaia, die ebenso wie die Blutgerichtshöfe zweifellos weiterhin in der üblichen Weise getagt und Urteile gefällt hat. So leisteten athenische Bürger nach wie vor als Beamte und als „Richter" durch öffentliche Tätigkeit einen Beitrag zur Rechtspflege im Polisgebiet. Hingegen wurden politische Entscheidungen im eigentlichen Sinne von den „Tyrannen" getroffen, wenn auch nicht auszuschließen ist, daß neben den „gelenkten"

[301] Meiggs – Lewis Nr. 11; Thuk. VI 54,6–7; Paus. I 19,1. Die von Thukydides zitierte und 1877 wiedergefundene Altarinschrift hat ähnliche Buchstabenformen wie eine im boiotischen Ptoion-Heiligtum des Apollon aufgestellte Weihinschrift, die eine Stiftung des Peisistratossohnes Hipparchos erwähnt: L. Bizard, BCH 44 (1920) 237 ff

[302] R. Tölle-Kastenbein, Kallirrhoe und Enneakrunos, JdI 101 (1986) 55–73; vgl. auch J. Owens, The Enneakrounos Fountain-House, JHS 102 (1982) 222–225.

[303] Das durch eine spätarchaische Tonrohrleitung gespeiste sog. SO-Brunnenhaus (Krene) wurde 1952 entdeckt. Es handelt sich zweifellos um die von Pausanias I 14,1 fälschlich als Enneakrunos bezeichnete Anlage. Vgl. Camp, Agora 49 f., und vor allem R. Tölle-Kastenbein, a. a. O. 61 f.

Wahlen gelegentlich auch Scheinabstimmungen über Angelegenheiten der Bürgergemeinschaft stattfanden. Wahrscheinlich wurde dies nicht nur in Adelskreisen, sondern auch im Demos als Defizit an politischen Handlungsmöglichkeiten empfunden. Wir können allerdings aufgrund der Quellenlage nicht zwischen passiver Hinnahme und aktiver Zustimmung athenischer Bürger und ihrer Einstellung gegenüber dem „Tyrannenhaus" klar differenzieren. Es ist aber kaum anzunehmen, daß die Selbstdarstellung des Peisistratos und seiner Söhne an den großen Polisfesten sowie die Errichtung repräsentativer Bauten eine Identifizierung der Mehrheit der Athener mit der Herrschaft dieser Machthaber bewirkt haben. Gemeinsame Kultfeiern waren selbstverständlich kein Novum. Die Polisangehörigen erlebten an den religiösen Festen seit langem ihre Zugehörigkeit zu einer größeren Gemeinschaft. Die prachtvollere Gestaltung der Polisfeiern und der panhellenische Rahmen der Großen Panathenäen[304] mögen zwar eine Reihe von Athenern beeindruckt haben, doch wurde hierbei auch immer wieder die Sonderstellung der Machthaber sinnfällig demonstriert, zumal ihre Leibwächter und Trabanten stets zur Stelle waren. Es ist schwer vorstellbar, daß diese Praxis jahrzehntelang in der athenischen Bevölkerung nicht auf Kritik stieß. Harmodios und Aristogeiton rechneten jedenfalls bei ihrem Anschlag auf die Machthaber bei den Großen Panathenäen 514 v. Chr. mit einer Erhebung gegen die Tyrannis.

Auch die bauliche Ausgestaltung Athens scheint langfristig nicht die intendierte Wirkung erzielt zu haben, wenn sie vor allem der Herrschaftssicherung des Tyrannenhauses dienen sollte. Wasserleitung und Brunnenhaus waren zwar gemeinnützige Einrichtungen, die der Bevölkerung im Zentrum Athens gerade in den letzten Jahren der Tyrannis gewisse Erleichterungen verschafften. Dies hat aber nicht dazu geführt, daß der städtische Demos auf der Seite der Peisistratiden stand, als ihr Regime schließlich durch spartanische Intervention gestürzt wurde. Sicherlich boten sich durch die Bautätigkeit für die hiermit befaßten Handwerker neue Verdienstmöglichkeiten.

[304] Nach Ps.-Plat. Hipparch. 228 b soll Hipparchos den Rhapsodenvortrag der homerischen Gedichte (in festgelegter Reihenfolge) an den Panathenäen eingeführt haben. Im Hinblick auf das Interesse der Peisistratiden an der Gestaltung dieses Festes ist die Nachricht nicht unglaubwürdig (H. Aigner, RhM 121, 1978, 204f.), wenn auch nicht auszuschließen ist, daß an der genannten Textstelle lediglich die Auffassung des 4. Jahrhunderts über die Anfänge der Homerrezitation an den Panathenäen zum Ausdruck kommt. Sicherlich unzutreffend ist Diog. Laert. I 57, wonach Solon die geordnete Rezitation der Rhapsodenvorträge eingeführt habe. Vgl. M. S. Jensen, The Homeric Question and the Oral-Formulaic Theory, Kopenhagen 1980, 145ff., deren Theorie von der Redaktion homerischer „Einzellieder" auf Anordnung des Peisistratos allerdings unbewiesen bleibt. Die hierzu vorliegenden späten Nachrichten sind ihrerseits antike Hypothesen.

Zudem haben sich die materiellen Lebensbedingungen unter den Peisistratossöhnen zweifellos weiterhin verbessert. Soziale und wirtschaftliche Gravamina und Forderungen waren bei der politischen Neuorganisation Attikas durch Kleisthenes im Unterschied zur vorsolonischen Krise bezeichnenderweise kein entscheidender Faktor. Es fragt sich indes, ob breitere Schichten in Athen die wirtschaftliche und soziale Konsolidierung als Erfolg der „Tyrannen" gewertet haben, die im übrigen mit ihren Baumaßnahmen kein gezieltes Arbeitsbeschaffungsprogramm für ärmere oder arbeitslose Bürger verfolgten.[305] Es gab nach wie vor kein theoretisches Konzept „staatlicher" Wirtschaftspolitik. Zu beachten ist zudem, daß der weitaus größte Teil der Bevölkerung Attikas immer noch in der Landwirtschaft tätig war und die Landbewohner für die Bautätigkeit in Athen und andere Projekte der „Tyrannen" zweifellos Abgaben zu leisten hatten, wenn auch wohl kaum regelmäßig Steuern erhoben wurden.[306] Wenn sich die athenischen Bürger nicht gegen die Peisistratiden erhoben haben, so besagt dies noch nicht, daß weithin Zufriedenheit mit der Situation in Athen und Attika herrschte. Wahrscheinlich war es vor allem der Abschreckungseffekt der fremden Söldnertruppe in Athen, der den innerathenischen Gegnern der Peisistratiden keine Chance ließ, die Bürgerschaft gegen die Tyrannenmacht zu mobilisieren. Insofern hatten die Bemühungen der Peisistratiden, in Fortsetzung der Strategie ihres Vaters die Handlungsmöglichkeiten aristokratischer Konkurrenten entscheidend zu schwächen, zumindest im athenischen Bürgergebiet zweifellos Erfolg.

Andererseits sind die Aktivitäten der Alkmeoniden außerhalb Attikas ein Indiz für Veränderungen im Kräftefeld der griechischen Staatenwelt, die auf die Dauer die Position der Machthaber in Athen schwächten. Bereits um 525/24 hatte eine spartanisch-korinthische Expeditionstruppe nach einem erfolglosen Unternehmen gegen Polykrates von Samos die Herrschaft des Lygdamis beseitigt,[307] der um 538 Polykrates zur Herrschaft verholfen

[305] F. Kolb, JdI 92 (1977) 137. – Lewis, CAH IV (^{2}1988) 292, vermutet auch Arbeiten am attischen Wegenetz zur Erleichterung des Transports von Baumaterialien. Belegt ist, daß Hipparchos an bestimmten Straßenpunkten Hermen mit gnomischen Sprüchen aufstellen ließ (Ps.-Plat. Hipparch. 228 b – 229 d; vgl. Whitehead, Demes 14f.). Eine Herme dieser Art (allerdings ohne den Namen des Hipparchos) ist bei Koropi/Sphettos wiedergefunden worden: J. Kirchner u. S. Dow, AM 62 (1937) 1ff.; IG I^2 837. Vgl. im einzelnen Shapiro, Art and Cult 125f.

[306] Die bei Ps.-Aristot. oec. 1347 a 4–17 erwähnten Tricks des Hippias zur Erhöhung seiner Einnahmen sind „größtenteils trivial oder anachronistisch" (Lewis, CAH IV, ^{2}1988, 290). Anders Berve, Tyrannis I 70; II 560f.

[307] Vgl. R. Bernhardt, Die Entstehung der Legende von der tyrannenfeindlichen Außenpolitik Spartas im 6. und 5. Jh. v. Chr., Historia 36 (1987) 262f. – S. C. Klein, Cleomenes: A Study in Early Spartan Imperialism, Diss. Univ. of Kansas 1973, 122f.,

hatte. Polykrates selbst wurde etwa 522 Opfer eines Betrugsmanövers des persischen Satrapen Oroites. Damit waren in der Ägäiswelt zwei Machthaber ausgeschaltet, mit denen die Peisistratiden zweifellos freundschaftlich verbunden waren. Einige Jahre später (etwa 519) gelang es ihnen zwar, ihren Einfluß bis zum Asopos in Boiotien auszuweiten, als sie auf ein Hilfegesuch und Bündnisangebot der Plataier eingingen, die nicht bereit waren, sich dem thebanischen Hegemonieanspruch in Boiotien zu beugen.[308] Langfristig bedeutete aber diese Intervention, die militärisch zu einem athenischen Erfolg über thebanische Streitkräfte führte, zweifellos eine schwere Hypothek für die Peisistratiden. Während um 546 thebanische Aristokraten Peisistratos bei der Vorbereitung seines Angriffs auf Athen wirksame Unterstützung gewährt hatten, herrschte nunmehr offenbar ein gespanntes Verhältnis zwischen den maßgebenden Kräften in Theben und den Peisistratiden, die in den Krisen der folgenden Jahre jedenfalls keinen Sukkurs aus Boiotien zu erwarten hatten.

Der Niedergang der Tyrannis in Athen wurde durch die Ermordung des

145f., Anm. 20, will den Sturz des Lygdamis ins Jahr 515 herabdatieren, doch ist dies schwerlich zutreffend.

[308] Nach Hdt. VI 108 wandten sich die Plataier zunächst an König Kleomenes I. von Sparta und die Spartaner, „die in der Nähe standen". Kleomenes soll das Hilfegesuch jedoch abgelehnt und den Plataiern geraten haben, sich in den Schutz Athens zu begeben. Der Zeitpunkt ergibt sich aus Thuk. III 68,5, wonach die Allianz mit Athen im 93. Jahr vor der Zerstörung Plataiais (427 v. Chr.) geschlossen wurde. Diese Datierung ist in der Forschung allerdings umstritten, da weder bei Herodot noch bei Thukydides im Kontext die athenischen „Tyrannen" erwähnt werden. Zudem hat man bezweifelt, daß Kleomenes I. sich 519 in Boiotien befand. Dementsprechend wurde mehrfach eine Verschreibung der griechischen Zahl 93 aus 83 bei Thukydides a. a. O. angenommen und das Bündnis in das Jahr 509 datiert. G.S. Shrimpton, When Did Plataea Join Athens?, CP 79 (1984) 295–303, vermutet hingegen, daß die neue attische Demenstruktur nach den Reformen des Kleisthenes Athen in Konflikt mit Theben brachte und Plataiai sich 506 an Athen anschloß. Die Datierung bei Thukydides ist jedoch keineswegs abwegig. Hierdurch wird jedenfalls verständlich, daß die Peisistratiden 511 und 510 keine Hilfe aus Theben erhielten. Ausführlich zur Problemlage nunmehr L. Prandi, Platea: momenti e problemi della storia di una polis, Padua 1988, 27ff., und A. Schachter, Boiotia in the Sixth Century B. C., in: Beister–Buckler, Boiotika 83, die 519 als Jahr der Allianz zwischen Plataiai und Athen annehmen, sowie E. Badian, Plataea between Athens and Sparta, ebd. 103 mit Anm. 16, der dieser Datierung letztlich zustimmt. Vgl. ferner H. Beister, in: Lauffer, Griechenland 555. – Ob sich damals auch Eleutherai und Oropos an Athen anschlossen, bleibt unsicher. Zum Rechtsstatus der Bewohner dieser beiden Orte vgl. F. Gschnitzer, Abhängige Orte im griechischen Altertum, Zetemata H. 17, München 1958, 82ff., 86ff. Zu den Grenzverhältnissen s. L. Prandi, Problemi del confine attico-beotico, CISA 13 (1987) 50ff.

Hipparchos an den Panathenäen des Jahres 514 eingeleitet. Die „Tyrannenmörder" Harmodios und Aristogeiton galten schon kurze Zeit nach der Vertreibung der Peisistratiden durch spartanische Streitkräfte unter König Kleomenes I. (510 v. Chr.) als die großen Freiheitshelden der athenischen Polisgemeinschaft.[309] Dieser Geschichtslegende widersprechen bereits im 5. Jahrhundert Herodot und vor allem Thukydides,[310] der als eigentliches Tatmotiv eine persönliche Kränkung des Harmodios durch dessen verschmähten Liebhaber Hipparchos anführt, andererseits freilich auch betont, daß die Verschwörer spontane Hilfe durch Festzugsteilnehmer erhofften, die an diesem Tag in der Stadt einige Waffen (Schild und Speer) tragen konnten. Die verschiedenen Berichte über das Geschehen sind teilweise widersprüchlich.[311] Offenbar hatten Harmodios und Aristogeiton nur eine kleine Freundesgruppe in ihren Plan eingeweiht.[312] Sie beabsichtigten, zunächst Hippias zu beseitigen, der auf der Akropolis den Panathenäenzug empfangen wollte. Als sie durch ein Mißverständnis sich verraten glaubten, eilten sie auf die Agora und töteten Hipparchos, der dort am Leokoreion[313] die Prozession ordnete. Harmodios wurde nach der Tat sofort von Leibwächtern der „Tyrannen" niedergemacht, Aristogeiton einige Zeit später ergriffen und ebenfalls getötet. Vor seinem Tod soll Aristogeiton noch eine Reihe von „Freunden" der Tyrannen als angebliche Mitwisser genannt haben, als er auf der Folter nach den Namen der Mitverschworenen befragt wurde.

[309] Schon bald nach der Vertreibung der Peisistratiden entstanden die „Tyrannenmördergruppe" des Antenor und „Trinklieder" (Skolia) auf Harmodios und Aristogeiton. Vgl. Ostwald, Nomos 121–136, 182–185; Ch. W. Fornara, The Cult of Harmodius and Aristogeiton, Philologus 114 (1970) 155–180. J. Day, Epigrams and History: The Athenian Tyrannicides, A Case in Point, in: The Greek Historians. Literature and History. Papers Presented to A. E. Raubitschek, Saratoga, Calif., 1985, 29, 44f., bestreitet allerdings, daß breitere Schichten des Demos sich anfangs bei der Verehrung des Harmodios und Aristogeiton von einer Art politischer Ideologie bestimmen ließen.

[310] Hdt. V 55; Thuk. VI 54. 56,1–59,1. Vgl. R. Develin, Herodotos and the Alkmeonids, in: Eadie – Ober, Ancient Historian 126f., 136, Anm. 5 (mit ausführlichen Literaturhinweisen); B. M. Lavelle, Herodotos and the Tyrant-Slayers, RhM 131 (1988) 211–215.

[311] Vgl. Aristot. Ath. Pol. 18,2–6, wonach nicht Hipparchos, sondern Thessalos sich an Harmodios zu rächen suchte, was aber wenig wahrscheinlich ist. Zutreffend erscheint demgegenüber die Angabe der Athenaion Politeia, daß Hippias den Festzug auf der Akropolis erwartete, während es bei Thuk. VI 57,1 heißt, daß Hippias mit seinen Leibwächtern die Prozession im Kerameikos ordnete. Zur Überlieferung vgl. im einzelnen Jacoby, Atthis 152ff.; Berve, Tyrannis II 559f.; Rhodes, Commentary 227ff., 231f.

[312] Thuk. VI 56,3: „... nicht viele." Anders Aristot. Ath. Pol. 18,2.

[313] Wohl im Nordwesten der Agora.

Der Anschlag war unzulänglich vorbereitet. Von einer gespannten Atmosphäre oder gar von einer vorrevolutionären Erregung der breiten Schichten in Athen unmittelbar vor dem Attentat kann keine Rede sein. Die Machthaber hatten offenbar nur die üblichen Sicherheitsmaßnahmen getroffen, als sie sich im Schutz ihrer Leibwächter mitten unter den Bürgern in der Prozession bewegten, während die Athener ihrerseits von dem Anschlag völlig überrascht wurden. Die Verschwörer waren außerstande, die Trabanten der Peisistratiden wenigstens kurze Zeit in Schach zu halten und die bewaffneten Festzugsteilnehmer zum Aufstand aufzurufen. Hippias blieb mit seinen Leibwächtern und Söldnern Herr der Lage.

Nach der Ermordung des Hipparchos war das politische Klima in Athen natürlich verändert. Hippias ließ wahrscheinlich die ihm verdächtig erscheinenden Athener verfolgen und töten. Sein Regiment nach dem Tod seines Bruders wird jedenfalls in der Überlieferung übereinstimmend als hart und drückend bezeichnet. Zu beachten ist in diesem Zusammenhang freilich auch die neue außenpolitische Situation, die um 513/12 durch den Vorstoß der Perser bis zum Strymon in Thrakien entstanden war. Hippias verlor hierdurch seine Einkünfte aus den peisistratidischen Metallbergwerken am Pangaion und sah sich jetzt offenbar gezwungen, von den Athenern zusätzliche Abgaben zu fordern. Offener Widerstand gegen das schärfere Regiment erhob sich in Athen indes nicht. Dennoch geriet Hippias zunehmend unter Druck, da er die auf seinen Sturz abzielenden Aktivitäten der Alkmeoniden in Delphi nicht zu verhindern vermochte.

Die Alkmeoniden hatten sich nach dem Scheitern ihrer Aktion in Leipsydrion von den Amphiktyonen in Delphi gegen eine Geldzahlung den Wiederaufbau des dortigen Apollontempels übertragen lassen, der bereits 548/47 niedergebrannt war. Nach der von Herodot referierten athenischen Tradition des 5. Jahrhunderts ließen sie durch Verwendung von parischem Marmor anstelle des im Kontrakt genannten Porossteines die Vorderseite des Tempels prachtvoller gestalten, als es im Plan vorgesehen war. Durch Bestechung sollen sie dann die Pythia veranlaßt haben, immer wieder alle Spartaner, die in privaten oder öffentlichen Angelegenheiten das Orakel befragten, zur Befreiung Athens aufzurufen, bis man in Sparta beschloß, eine Truppe unter Führung des Spartiaten Anchimolios zur Beseitigung der Tyrannis nach Athen zu entsenden, obschon die Peisistratiden Gastfreunde der Polis Sparta waren.[314] Wahrscheinlich haben die Alkmeoniden von Delphi aus Kontakte mit führenden Spartanern aufgenommen. Als Vermittler kommen insonderheit Spartas Sendboten zum delphischen Heiligtum (die

[314] Hdt. V 62,2 – 63,2. Dazu jetzt ausführlich M. Zahrnt, ZPE 76 (1989) 297–307. Zu den Überlieferungsfragen s. auch R. Thomas, Oral Tradition and Written Record in Classical Athens, Cambridge – New York 1989.

sog. Pythioi) in Betracht, die von den beiden spartanischen Königen ernannt wurden.[315] Die Fäden liefen vermutlich bei Kleomenes I. zusammen, der damals bereits die einflußreichste Persönlichkeit in Sparta war. Durch die Einschaltung des Orakels sollte offenbar die breite Masse der Spartiaten beeindruckt werden, die in der Apella über den Interventionsbeschluß abzustimmen hatten. Die wiederholten gleichlautenden „Auskünfte" der Pythia lassen darauf schließen, daß die Entscheidung in Sparta erst nach längeren Debatten getroffen wurde. Hippias hatte sich inzwischen auf mehrfache Weise abzusichern versucht. Er hatte nicht nur das sog. Pelargikon auf der Akropolis als Fluchtburg eingerichtet und den Munichiaberg am Peiraieus befestigt, sondern zudem auch eine Art Rückversicherung mit einem persischen Vasallen abgeschlossen, als er seine Tochter mit dem Sohn des Tyrannen Hippokles von Lampsakos vermählte, der als Vertrauter des Großkönigs Dareios galt.[316] Möglicherweise hat gerade diese Heiratsallianz das Ende der Tyrannis in Athen beschleunigt, da nicht auszuschließen ist, daß Kleomenes I. und andere einflußreiche Spartaner eine Kollaboration des athenischen Tyrannenhauses mit der Großmacht Persien befürchteten und hierin eine Gefahr für die Hegemonie Spartas im Peloponnesischen Bund sahen.[317] In der Athenaion Politeia 19,4 heißt es zwar, daß auch die Freundschaft zwischen Peisistratiden und Argivern ein Motiv für den spartanischen Interventionsbeschluß gewesen sei, doch könnte dies ein späterer Interpretationsversuch sein, den die ältere Tradition noch nicht kannte. Daß 511/10 noch enge Beziehungen zwischen der Polis Argos und den Peisistratiden bestanden und Sparta sich hierdurch irgendwie bedroht fühlte, wird von Herodot nirgendwo erwähnt. Im übrigen wurde für den Kampf gegen die Peisistratiden nur eine relativ kleine Truppe aufgeboten, die 511 zur See über den Saronischen Golf vorstieß und bei Phaleron landete. Offenbar rechnete man in Sparta nur mit der Gegenwehr der Leibwache und der Söldner des Tyrannenhauses. Wahrscheinlich erwartete man auch einen Aufstand athenischer Bürger nach der Landung der spartanischen Streitmacht. Hippias war aber offenbar gewarnt und hatte wirksame Gegenmaßnahmen getroffen. Seine thessalischen Verbündeten hatten ihm rund 1000 Reiter zur Verfügung gestellt, die den Spartanern schwere Verluste zufügten und sie zum Rückzug zwangen.[318] Die Söldner des Hippias standen vermutlich in Athen in Bereitschaft, doch regte sich hier kein Widerstand gegen das Regime.

[315] Zahrnt, a. a. O. 305.

[316] Thuk. VI 59,2–3.

[317] D. M. Lewis, CAH IV (^{2}1988) 301.

[318] Hdt. V 63,2–4; vgl. Aristot. Ath. Pol. 19,5. Kommandeur der thessalischen Streitmacht war der damalige Tagos, d. h. der höchste Beamte des Thessalischen Bundes.

Nach dem Fiasko der Invasion bei Phaleron verfolgte die spartanische Führung auch weiterhin ihr Ziel, die Herrschaft der Peisistratiden zu eliminieren. Dies bestätigt, daß nicht die Mahnungen der Pythia in Delphi, sondern politische Interessen den Ausschlag gaben, als der Interventionsbeschluß in Sparta gefaßt wurde.

Im Frühsommer 510 führte Kleomenes eine stärkere Truppe auf dem Landweg nach Attika. Die thessalischen Hilfstruppen des Hippias waren erneut zur Stelle, scheiterten aber an der spartanischen Phalanx und traten daraufhin sofort den Rückmarsch nach Thessalien an. Hippias zog sich mit seinen Familienangehörigen, Leibwächtern und Söldnern auf die Akropolis zurück. Den spartanischen Invasionstruppen, die die Burg belagerten, schlossen sich nunmehr diejenigen Athener an, „die frei sein wollten", wie es Herodot V 64,2 formuliert. Hieraus ist zu schließen, daß es auch in dieser Situation nicht zu einer allgemeinen Erhebung gegen die Tyrannis kam. Offenbar wußte man in Athen, daß Hippias die Verteidigung der Akropolis bestens vorbereitet hatte, während die Spartaner nicht auf eine längere Belagerung eingestellt waren. Ein Zufall entschied jedoch den Kampf. Jüngere Familienangehörige des Tyrannenhauses, die Hippias vorsorglich in Sicherheit zu bringen suchte, wurden auf der Flucht von den Belagerungstruppen ergriffen. Daraufhin kapitulierte Hippias gegen Rückgabe der Gefangenen. Er erhielt freies Geleit und konnte sich unbehelligt mit seiner Familie und seinem engsten Gefolge nach Sigeion zurückziehen.

c) Die Tyrannis als Epoche der athenischen Geschichte

Das Ende der Tyrannis kam für viele Athener letztlich überraschend. Die Inaktivität einer Reihe von Bürgern beim Sturz der Peisistratiden steht in bemerkenswertem Kontrast zu der Entschlossenheit großer Teile der Oberschicht und des Demos wenige Jahre später, ein von Kleomenes I. installiertes Regime des athenischen Aristokraten Isagoras, der mit spartanischer Unterstützung eine neue tyrannengleiche Machtstellung anzustreben schien, nicht zu tolerieren (508/07 v. Chr.). Im athenischen Geschichtsbild der perikleischen Zeit war der Wandel nach der Vertreibung der Peisistratiden gleichbedeutend mit dem Erwachen eines neuen Selbstgefühls der Athener. Herodot (V 78) hat offenbar eine damals verbreitete Auffassung übernommen, wenn er im Blick auf den athenischen Sieg über Boioter und Chalkidier 506 v. Chr. betont, daß die Athener unter den Tyrannen ihren Nachbarn im Kriege unterlegen waren, nach der Befreiung von der Herrschaft der Peisistratiden aber „bei weitem die Ersten" wurden. Die moderne Forschung hat demgegenüber vielfach andere Akzente in der Beurteilung der Tyrannis gesetzt und diese Herrschaftsform gleichsam als notwendiges

Durchgangsstadium in der staatlichen Entwicklung Athens gewertet. Nach dieser Interpretation soll Peisistratos durch seine Usurpation des politischen Bereichs „in gewissem Sinne den Staat als ganzen“ gerettet[319] und mit seinem persönlichen Regiment dazu beigetragen haben, „daß der politische Verband weiterhin an Gestalt gewann und seine Substanz sich mehrte“.[320] Staatlichkeit und Bürgerbewußtsein sollen während der Tyrannis in Athen „die ihnen bislang mangelnde Schubkraft erhalten“ haben.[321] Die Nachricht der aristotelischen Athenaion Politeia (16,7), daß die Herrschaft des Peisistratos als Wiederkehr des Goldenen Zeitalters des Kronos betrachtet worden sei, gilt als Beleg für die Popularität des Usurpators sowie als Beweis für „ein deutliches Überwiegen der Vorteile seines Regimes für weite Teile der Bevölkerung“.[322] Der Demos soll in Peisistratos sogar einen zweiten Solon gesehen haben.[323]

Der Vergleich der Tyrannis des Peisistratos mit der Zeit des Kronos in der Athenaion Politeia ist aber selbstverständlich kein unverdächtiges Zeugnis. Es bleibt offen, wann und durch welche Kreise diese erstaunliche „Wertung“ lanciert worden ist.[324] Sie erlaubt keinesfalls den Schluß, daß Peisistratos nach dem Erfolg seiner dritten Machtergreifung breite Zustimmung im

[319] Bleicken, Athenische Demokratie 26, der annimmt, daß die Athener nicht fähig gewesen seien, „den von Solon gezeichneten Rahmen in einem gemeinathenischen Sinne auszufüllen“.

[320] Heuß, Hellas 182f. Die von Heuß vorgenommene historische Einordnung der Tyrannis in Athen hat vor allem in der deutschen althistorischen Forschung starken Einfluß ausgeübt (vgl. zuletzt P. Barceló, Thukydides und die Tyrannis, Historia 39, 1990, 401–425). Heuß vertritt a. a. O. die Auffassung, daß es für Peisistratos darauf ankam, „das Bewußtsein des Athenertums an sich zu heben“. Einen diesbezüglichen Erfolg sieht Heuß in der „Ausstattung Athens mit einer Gründungsgeschichte“. Die Legende vom angeblichen Synoikismos unter Theseus ist aber in der uns vorliegenden Form wohl kaum in der Zeit des Peisistratos entstanden.

[321] Stahl, Aristokraten 260. Vgl. auch R. K. Sinclair, Democracy and Participation in Athens, Cambridge u. a. 1988, 3, wonach die Tyrannis “a period of stability and the encouragement of a sense of unity in Attika” gewesen sei, sowie Manville, Citizenship 162: “... citizenship progressed under the custodianship of the Peisistratids.” Ähnlich J. Ober, Mass and Elite in Democratic Athens, Princeton 1989, 66f.

[322] Raaflaub, Freiheit 112.

[323] W. Eder, Political Self-confidence and Resistance: The Role of Demos and Plebs after the Expulsion of the Tyrant in Athens and the King in Rome, in: Yuge – Doi, Control 469. Eder bezeichnet ebd. 470 die Tyrannenfamilie als “the symbol of the state”. Siehe auch Manville, Citizenship 172: “... apparent harmony of Peisistratid rule” (vor 514/13), sowie Starr, Individual and Community 85, und C. Farrar, The Origins of Democratic Thinking. The Invention of Politics in Classical Athens, Cambridge u. a. 1988, 21.

[324] Vgl. oben Anm. 285.

Demos gefunden hat. Rückschlüsse aus der Bewilligung einer Leibwache von Keulenträgern für Peisistratos ca. 561/60 sind nicht möglich. Die Teilnehmer jener Volksversammlung, die damals einem entsprechenden Antrag eines „Gefährten" (Hetairos) des Peisistratos zustimmten, wollten zweifellos keinen Tyrannen in Athen einsetzen, sondern ihren Favoriten und Stasisführer gegen angeblich drohende Anschläge seiner Kontrahenten geschützt wissen. Hingegen wurde die von Peisistratos im Exil formierte Leibwache und Söldnertruppe von zahlreichen Athenern vermutlich ganz anders beurteilt. Vor allem gegen die Trabanten des Peisistratos und seiner Söhne und Nachfolger richtete sich offenbar der sogenannte Diapsephismos – eine Art Überprüfung des Bürgerrechts – nach dem Sturz der Tyrannis. Damals wurden diejenigen, „die nicht reiner (d. h. attischer) Abstammung waren", aus dem Polisverband ausgeschlossen.[325] Allem Anschein nach waren in der Zeit der Tyrannis u. a. auch Leibwächter und Söldner der Machthaber in den athenischen Demos aufgenommen worden. Nicht zuletzt hierdurch wird die Erinnerung an die gewaltsame Machtergreifung des Peisistratos wachgehalten worden sein.

Es war zweifellos für viele Athener ein traumatisches Erlebnis, als Peisistratos nach der Schlacht bei Pallene mit seiner siegreichen Armee, die zu einem großen Teil aus Fremden bestand, in die Polis einzog. Die Tyrannis war keineswegs „das folgerichtige Ergebnis des Verlaufs der archaischen Geschichte".[326] Peisistratos hat kein zerfallendes Gemeinwesen vor dem Zusammenbruch bewahrt, sondern seinerseits den Bürgerkrieg gegen seine Polis eröffnet. Nach seiner erfolgreichen Usurpation war er gewiß bestrebt, seine Macht maßvoll auszuüben und Frieden und Sicherheit zu gewährleisten. Die innere Ordnung war aber von ihm selbst gestört worden. Er hatte mit militärischer Gewalt in einen durchaus funktionsfähigen politischen Organismus eingegriffen und besaß dann im Grunde kein anderes Konzept als eine facettenreiche Politik der Machtsicherung. Konnte aber durch die bloße Konservierung des institutionellen Gefüges der Polis wirklich der politische Zusammenhalt des athenischen Polisverbandes gefestigt werden? Ließ sich durch die Ausschaltung des Einflusses angesehener Aristokraten und der freien Konkurrenz um Magistraturen erreichen, daß der einfache Bürger eine kritische Distanz gegenüber dem adligen Selbstverständnis und Führungsanspruch der regimentsfähigen Oberschicht gewann und bereit war, das neue Regime mitzutragen?

[325] Aristot. Ath. Pol. 13,5. Vgl. Rhodes, Commentary 188; M. Ostwald, CAH IV ([2]1988) 304; Manville, Citizenship 173 ff., 183 ff.

[326] Stahl, Aristokraten 258. Vgl. bereits J. Burckhardt, Griechische Kulturgeschichte, I, München 1977, 166 (ND der Ausgabe Basel 1956–57): „... die Tyrannis ist eine der ganz unvermeidlichen Formen der griechischen Staatsidee ..."

Daß Peisistratos die bestehenden Polisorgane nicht einfach durch eine institutionalisierte Monarchie ersetzen konnte, bestätigt zunächst – wie bereits ausgeführt – die Tragfähigkeit der Grundlage, die das säkulare Werk Solons für den athenischen Polisverband geschaffen hatte. Diese Basis war auch durch Staseis und adlige Machtkämpfe in den Jahrzehnten nach den solonischen Reformen nicht generell in Frage gestellt worden. Hingegen führten die neuen Machtverhältnisse nach dem Kampf bei Pallene zu einer Stagnation im politischen Leben der Bürgergemeinschaft. Peisistratos und seine Söhne forderten die Unterordnung unter ihren Machtanspruch. Sie haben in den rund dreieinhalb Jahrzehnten ihrer Herrschaft keine einzige Maßnahme getroffen, die als eine in die Zukunft weisende politische Reform bezeichnet werden könnte. Das Machtmonopol des Tyrannenhauses war eine Übersteigerung adligen Geltungsanspruchs. Daß zahlreiche Athener in dem System einer persönlichen Herrschaft eine echte Alternative zur Selbstorganisation des Gemeinwesens unter mehrstelliger aristokratischer Führung sahen, ist wenig wahrscheinlich. Nicht nur athenische Aristokraten, sondern auch viele Angehörige des Demos hatten zweifellos mannigfache Kontakte mit Bürgern tyrannisfreier Poleis und konnten die Machtverhältnisse in Athen und anderen Gemeinwesen vergleichen. Als in der Endphase der Tyrannis die aristokratische Opposition sich gegen die Peisistratiden formierte und offenbar schon die Idee der Isonomie propagiert wurde, bezeichnete dieser Begriff zwar zunächst wohl die Gleichheit der Oberschicht gegenüber dem Herrschaftsanspruch eines einzelnen bzw. einer einzelnen Familie.[327] Aus der Sicht des einfachen Bürgers war aber das Prinzip der Leitung der Polis durch Magistrate aus den Reihen des Adels in keiner Weise fragwürdig geworden. Dieses System war ja die Regel in der griechischen Poliswelt. Der athenische Bürgerverband war trotz der Größe seines Gebietes nach wie vor strukturell eine face-to-face society, in der die Idee der Isonomie zweifellos durch zahlreiche persönliche Kontakte und Beziehungen zwischen den Angehörigen der Oberschicht und des Demos auch in breiteren Kreisen bekannt und populär wurde, zumal das Regiment der Peisistratiden sich in Reaktion auf die Adelsopposition mehr und mehr verhärtete. Die Peisistratiden hatten keinen durchorganisierten Überwachungsapparat und konnten eine Verbreitung der Isonomieparole überhaupt nicht verhindern. Ihre Selbstdarstellung als führendes Adelshaus der Polisgemeinschaft wurde vollends zur Farce, als Hippias den Munichiaberg und das sog. Pelargikon der Akropolis zu Fluchtburgen ausbauen ließ und zu diesem Zweck wahrscheinlich Teile der athenischen Bevölkerung zu Fronarbeiten heranzog sowie zudem wohl auch die Folter als Instrument der Machtsiche-

[327] Vgl. im einzelnen K.-E. Petzold, Zur Entstehungsphase der athenischen Demokratie, RFIC 118 (1990) 145–178.

rung nach den Ereignissen an den Panathenäen 514 v. Chr. einsetzte. Als dann die Herrschaft der Peisistratiden durch die Interventionen der Spartaner bedroht und schließlich gestürzt wurde, hat der athenische Demos sich zwar nicht en bloc gegen die Tyrannis erhoben, aber auch nicht für dieses Regime gekämpft.

Hippias besaß keinen Rückhalt im Demos. Er vermochte nach der Ermordung des Hipparchos der Polis Athen weder den äußeren Frieden zu sichern noch die innere Entwicklung wieder in ruhige Bahnen zu lenken. Sicherlich waren die Panathenäen des Jahres 514 ein entscheidender Einschnitt. Andererseits haben aber Peisistratos und seine Nachfolger von der Errichtung der Tyrannis ca. 546 bis zu ihrem Ende 510 v. Chr. bezeichnenderweise nicht auf ihre Leibwache und Söldner verzichtet. Zweifellos war es vor allem dieses Machtpotential, das zahlreiche Athener noch bei den Interventionen der Spartaner fürchteten. Auch einfachen Bürgern in Athen und Attika dürfte längst deutlich gewesen sein, daß hier ein tiefer Gegensatz zu den tyrannisfreien Poleis bestand.

Weder durch die Errichtung öffentlicher Bauten noch durch die glanzvolle Ausrichtung der Kultfeste der Polisgemeinschaft konnten Peisistratos und seine Söhne erreichen, daß breitere Schichten im Tyrannenhaus einen neuen Bezugspunkt politischer Bindungen an das Gemeinwesen sahen. Die möglicherweise von Hipparchos angeregte Rezitation der homerischen Gesänge an den Panathenäen[328] wird den Machthabern angesichts der politischen Verhältnisse kaum viele neue Freunde gewonnen haben. Auch das Mäzenatentum des Hipparchos, der die Dichter Anakreon, Simonides von Kos und Lasos von Hermione nach Athen holte,[329] fand schwerlich ein breites Echo in der Bevölkerung Athens und Attikas, wenn auch Hipparchos selbst offenbar Spruchweisheiten in elegischem Versmaß auf Hermen verkündete, die er „auf halbem Wege zwischen der Stadt (Asty) und den Landgemeinden (Demen) aufstellen ließ".[330] Die Förderung bekannter Dichter sollte zwar offenbar den panhellenischen Geltungsanspruch der Machthaber in Athen demonstrieren, doch wurde das Tyrannenhaus hierdurch nicht zum glanzvollen Mittelpunkt des kulturellen Lebens in Griechenland. Eine Art Hofkunst ist in Athen sicherlich nicht entstanden.[331] Bezeichnenderweise läßt

[328] Vgl. oben Anm. 304.

[329] Anakreon und Simonides: Ps.-Plat. Hipparch. 228 c; Aristot. Ath. Pol. 18,1; Lasos: Hdt. VII 6, wonach zu diesem Kreis auch der Orakeldeuter Onomakritos gehörte, der aber auf Geheiß des Hipparchos Athen verlassen mußte, weil er von Lasos einer Fälschung in der Orakelsammlung des Musaios überführt worden sei.

[330] Vgl. oben Anm. 305.

[331] Die These vom „Musenhof" der Peisistratiden (vgl. etwa Berve, Tyrannis I 67) ist von Kluwe, Auftraggeber 43ff., überzeugend zurückgewiesen worden. Anders

sich eine von den Peisistratiden inspirierte „höfische" Stilrichtung in der bildenden Kunst nicht nachweisen. In der damaligen attischen Plastik ist generell keine feste Bindung der Künstler an bestimmte Auftraggeber zu erkennen.[332] Im übrigen läßt sich die Blüte der archaischen attischen Plastik während der Peisistratidenherrschaft ebensowenig wie die großartige Entwicklung der attischen Vasenmalerei allein mit dem Hinweis auf Frieden und innere Sicherheit unter der Tyrannis erklären. Athen wurde vor der Schlacht bei Pallene nicht permanent von Kriegen und gewaltsamen inneren Auseinandersetzungen erschüttert. Für das Jahrzehnt vor der erfolgreichen Usurpation des Peisistratos sind keine blutigen Kämpfe in Athen und Attika belegt. Auch vorher wurde der Aufschwung des attischen Kunsthandwerks, der sich bereits in der ersten Hälfte des 6. Jahrhunderts abzeichnete, durch äußere Faktoren nicht gehemmt.

Andererseits sind freilich kunstvolle Weihgeschenke von Gewerbetreibenden aus dem späten 6. Jahrhundert ein Indiz für einen steigenden Wohlstand einiger Handwerker unter der Tyrannis. Dies besagt jedoch noch nicht, daß neue gesellschaftliche Kräfte durch die Machthaber politische Bedeutung gewonnen haben. Die Votivgaben der Handwerker orientierten sich an den Vorstellungen der „Adelswelt", deren Wertmaßstäbe unabhängig von den Auftraggebern gewissermaßen Leitbilder der Künstler blieben.[333] Dies kommt auch in zahlreichen Vasenbildern mit mythischen und heroischen bzw. „aristokratischen" Motiven (in Form von Zweikämpfen, Wagenszenen und Reiterdarstellungen) zum Ausdruck.[334] Die Oberschicht ließ ihrerseits nach wie vor aufwendige Grabmäler mit den Wertsymbolen einer gleichsam adligen Weltsicht errichten. Ein berühmtes Beispiel ist das Monument für den im Krieg gefallenen Athener Kroisos. Das Grabepigramm preist ihn als tapferen Vorkämpfer und erkennt ihm hierdurch ein heroisch-aristokratisches Prädikat zu.[335] Sein Ruhm wurde auf dem Grabmonument einer breiten Öffentlichkeit verkündet. Es ist nicht auszuschließen, das Kroisos im Kampf gegen die Tyrannis (bei Pallene?) getötet wurde.[336]

demgegenüber wieder Shapiro, Art and Cult 3, der Hipparchos sogar mit einem "Minister of Culture" vergleichen will.

332 Kluwe, Auftraggeber 43.

333 Vgl. Kluwe, Auftraggeber 29ff.; F. Kolb, JdI 92 (1977) 135, Anm. 214.

334 Vgl. N. Himmelmann, Archäologisches zum Problem der griechischen Sklaverei, AAWM 1971, Nr. 13, S. 8f.

335 CEG Nr. 27. Vgl. J. W. Day, Rituals in Stone: Early Greek Grave Epigrams and Monuments, JHS 109 (1989) 19.

336 Aufgrund des Berichts bei Hdt. VI 125 über angebliche Beziehungen der Alkmeoniden zum Lyderkönige Kroisos wurde vielfach angenommen, daß der im Kampf gefallene Athener Kroisos ein Alkmeonide war. Dies ist jedoch nicht sicher (vgl. oben

Durch das Machtmonopol des „Tyrannenhauses“ konnte das Sozialprestige athenischer Adelsfamilien nicht entscheidend geschwächt werden. Nach dem Ende der Tyrannis übernahmen Angehörige der Oberschicht wieder die Führung des Gemeinwesens. Wahrscheinlich wurden nicht einmal die noch in der Zeit der Peisistratidenherrschaft eingesetzten Archonten ihrer Ämter enthoben, so daß die Polisinstitutionen wohl bis zum turnusmäßigen Ämterwechsel unter der Leitung dieser Behörden blieben.[337] Blutige Racheakte an Verwandten, Freunden und Anhängern des „Tyrannenhauses“ sind nicht überliefert. Dies läßt auf ein bemerkenswertes Augenmaß der überwiegenden Mehrheit der Polisbürger nach der Vertreibung der Peisistratiden schließen. Das Ende der Tyrannis führte nicht unmittelbar zu neuen Staseis. Vielmehr scheinen einige Maßnahmen zur Sicherung der neugewonnenen Selbständigkeit und zur Überwindung bestimmter Mißstände breite Zustimmung gefunden zu haben. Hierzu gehörte der schon erwähnte Ausschluß einer Reihe von „Neubürgern“ aus dem Polisverband, die aber zweifellos nicht weiter politisch verfolgt wurden. Ferner wurde eine zeitlich unbegrenzte Verbannung (Atimie) der überlebenden Peisistratiden und ihrer Nachkommen beschlossen[338] sowie vermutlich das ältere Gesetz zur Bestrafung der Tyrannen und Tyrannisaspiranten bestätigt[339] und die Anwendung der Folter gegen athenische Bürger ausdrücklich verboten.[340]

Allen einsichtigen Athenern dürfte freilich klar gewesen sein, daß nach dem Ende der Tyrannis ein erheblicher Handlungsbedarf bestand und größere Reformen erforderlich waren. Die Kontroversen über eine Neuorganisation der Polisgemeinschaft führten dann allerdings 508/07 zu einer Polarisierung der Oberschicht und zu heftigen Machtkämpfen, in denen schließlich die Reformvorstellungen des Kleisthenes durchgesetzt werden konnten. Während

Anm. 226). Unklar ist auch, ob der Marmorblock mit dem Epigramm auf Kroisos und der sog. Kouros von Anavyssos (Richter, Kouroi 118ff., Nr. 136) zu demselben Monument gehörten. Dazu jetzt Lohmann, Atene 218f.

[337] M. Ostwald, CAH IV (^{2}1988) 303. Nicht gerecht wird der Bedeutung des Tyrannofugiums m.E. die These P. Barcelós, Historia 39 (1990) 408, der zu stark den formal-institutionellen Aspekt der Ereignisse 510 v. Chr. betont: „Daher brachte die Entfernung der Peisistratiden aus Athen keinen Wechsel der Verfassung mit sich, sondern zunächst lediglich eine Änderung ihrer Spielregeln.“

[338] Dies ist aus der bei Thuk. VI 55,1–2 erwähnten Steintafel zu erschließen, die sich auf der Akropolis befand und „an das Unrecht der Tyrannen erinnerte“ sowie die Namen der Peisistratiden enthielt.

[339] Wahrscheinlich ist in diesem Sinne der bei Aristot. Ath. Pol. 16,10 zitierte Gesetzestext zu interpretieren. Vgl. Ostwald, CAH IV (^{2}1988) 304.

[340] Nach Andok. 1,43 soll dieses Verbot im Archontat des Skamandrios, das wohl 510/09 v. Chr. anzusetzen ist, beschlossen worden sein.

das Regime des Peisistratos und seiner Söhne innen- und außenpolitisch in eine Sackgasse geführt hatte, bildeten die von Kleisthenes geschaffenen neuen Rahmenbedingungen und Handlungsmöglichkeiten in der Polis Athen die Voraussetzungen für die Entstehung jener Verfassung, die um 450 v. Chr. oder wenig später erstmals in der Geschichte als Demokratie bezeichnet wurde. Die Linie vom Eunomiagedanken Solons zum Demokratieverständnis der klassischen Zeit führte vorbei an der Tyrannis in Athen. Gleichwohl hinterließen die Peisistratiden kein politisches Vakuum. Da unter ihrer Herrschaft die Sozialstruktur des Polisverbandes und wesentliche Elemente seiner Selbstorganisation erhalten blieben, konnte das athenische Gemeinwesen, das sich in einem jahrhundertelangen Formungsprozeß zur Großpolis entwickelt hatte, seine Position in der griechischen Staatenwelt wahren. Drei Jahrzehnte nach dem Sturz der Tyrannis trug Athen mit seiner neuen Flotte entscheidend zur Abwehr der persischen Invasion in Griechenland bei. Wenige Jahre später war die athenische Polis als Hegemon des 478/77 v. Chr. gegründeten ersten Attischen Seebundes bereits eine ägäische Großmacht.

ABKÜRZUNGSVERZEICHNIS

a) Textausgaben, Fragmentsammlungen, Inschriften

Vorbemerkung: Antike Autoren und ihre Werke sind in der Regel nach den Vorschlägen von K. Ziegler und W. Sontheimer, Der Kleine Pauly. Lexikon der Antike, I. München 1975, S. XXI–XXVI abgekürzt. Die gebräuchlichen Ausgaben der Bibliotheca Teubneriana und der Bibliotheca Oxoniensis sind nicht gesondert aufgeführt.

Bekker, Anecd. Gr.	Anecdota Graeca, Vol. I, ed. I. Bekker, Berlin 1814.
CEG	P. A. Hansen, Carmina epigraphica Graeca saeculorum VII-V a. Chr. n., Texte und Kommentare XII, Berlin–New York 1983.
Diehl	Anthologia Lyrica Graeca, ed. E. Diehl, Fasc. 1, 3. Aufl., Leipzig 1954.
Gentili-Prato	Poetarum Elegiacorum Testimonia et Fragmenta, ed. B. Gentili et C. Prato, Pars Prior, Leipzig 1979.
Harpokration	Harpokration. Lexicon in decem oratores Atticos ex rec. Immanuelis Bekkeri, Berlin 1833.
Hesych	Hesychii Alexandrini Lexicon I–II (A–O) recensuit et emendavit K. Latte Kopenhagen 1953–56.
IG	Inscriptiones Graecae.
Jacoby, FgrHist	F. Jacoby, Die Fragmente der griechischen Historiker, Berlin 1923–1930, Leiden 1940 ff.
Meiggs-Lewis	A Selection of Greek Historical Inscriptions. To the End of the Fifth Century B. C., ed. by R. Meiggs – D. Lewis, Oxford 1969, ²1975, Revised Edition 1988.
Merkelbach-West	Fragmenta Hesiodea, ed. R. Merkelbach et M. L. West, Oxford 1967.
Photios	Photii Lexicon, I–II, ed. R. Porsonus, Leipzig 1823.
Pollux	Pollucis Onomasticon, ed. E. Bethe, Leipzig 1900–1937 (ND Stuttgart 1967).
Rose	Aristotelis qui ferebantur librorum fragmenta collegit V. Rose Leipzig 1886.
Ruschenbusch, Solonos Nomoi	E. Ruschenbusch, Solonos Nomoi. Die Fragmente des solonischen Gesetzeswerkes mit einer Text- und Überlieferungsgeschichte, Historia-Einzelschr. H. 9, Wiesbaden 1966, ND 1983.
Suda	Suidae Lexicon, ed. A. Adler, Vol. I–IV, Leipzig 1928–1938.
Sylloge	Sylloge Inscriptionum Graecarum, ed. W. Dittenberger 3. Aufl., Leipzig 1915–24.
Voigt	Sappho et Alcaeus: Fragmenta, ed. E.-M. Voigt, Amsterdam 1971.

b) Zeitschriften, Reihen, Sammelwerke

AA	Archäologischer Anzeiger.
AAA	Archaiologika Analekta ex Athenon.
AAWG	Abhandlungen der Akademie der Wissenschaften Göttingen, Philosophisch-Historische Klasse.
AAWM	Abhandlungen der Akademie der Wissenschaften und der Literatur, Mainz, Geistes- und Sozialwissenschaftliche Klasse.
AAWW	Anzeiger der Österreichischen Akademie der Wissenschaften in Wien, Philosophisch-Historische Klasse.
AC	L'Antiquité Classique.
ACD	Acta Classica Universitatis Scientiarum Debreceniensis.
AD	Archaiologikon Deltion, Athen.
AE	Archaiologike Ephemeris.
AJA	American Journal of Archaeology.
AJAH	American Journal of Ancient History.
AJPh	American Journal of Philology.
AM	Mitteilungen des Deutschen Archäologischen Instituts, Athen. Abt.
AncSoc	Ancient Society.
AncW	The Ancient World.
ANSMusN	The American Numismatic Society, Museum Notes.
AR	Archaeological Reports, London, Council of the Society of Hell. Stud.
ARA	Annual Revue of Anthropology.
AS	Anatolian Studies.
ASAG	Archives suisses d'anthropologie générale.
ASNP	Annali della Scuola normale Superiore di Pisa, Classe di Lettere e Filosofia, Pisa.
BCH	Bulletin de Correspondance Hellénique.
BIAL	Bulletin of the Institute of Archaeology of the University of London.
Boll. Num.	Bollettino di Numismatica.
BSA	Annual of the British School at Athens.
CAH	The Cambridge Ancient History.
CISA	Contributi dell'Istituto di Storia antica dell'Univ. del Sacro Cuore Milano.
CJ	The Classical Journal.
ClAnt	Classical Antiquity.
ClMed	Classica et Mediaevalia. Revue danoise de Philologie et d'Histoire.
CP	Classical Philology.
CQ	Classical Quarterly.
CR	Classical Review.
CSCA	Californian Studies in Classical Antiquity.
CSSH	Comparative Studies in Society and History.

EAZ	Ethnographisch-archäologische Zeitschrift.
EEThess	Ἐπιστημονικὴ Ἐπετηρίδα τῆς φιλοσοφικῆς Σχολῆς τοῦ Ἀριστοτελείου Πανεπιστημίου Θεσσαλονίκης.
EMC	Échos du Monde classique.
GGA	Göttingische Gelehrte Anzeigen.
G&R	Greece and Rome.
GRBS	Greek, Roman and Byzantine Studies.
HZ	Historische Zeitschrift.
IF	Indogermanische Forschungen.
JAWM	Jahrbuch der Akademie der Wissenschaften in Mainz.
JdI	Jahrbuch des Deutschen Archäologischen Instituts.
JHAW	Jahrbuch der Heidelberger Akademie der Wissenschaften.
JHS	Journal of Hellenic Studies.
JIES	Journal of Indo-European Studies.
JNG	Jahrbuch für Numismatik und Geldgeschichte.
JRGZM	Jahrbuch des Römisch-Germanischen Zentralmuseums Mainz.
MAT	Memoria dell'Accademia delle Scienze di Torino. Classe di Scienze morali, storiche e filologiche.
MH	Museum Helveticum.
NC	Numismatic Chronicle.
OJA	Oxford Journal of Archaeology.
OpAth	Opuscula Atheniensia.
PCPhS	Proceeding of the Cambridge Philological Society.
PP	La Parola del Passato.
P&P	Past and Present. A Journal of Historical Studies.
QUCC	Quaderni urbinati di Cultura Classica.
RA	Revue Archéologique.
RAL	Rendiconti della Classe di Scienze morali, storiche e filologiche dell' Accademia del Lincei, Rom.
RE	Paulys Real-Encyclopädie der classischen Altertumswissenschaft.
REG	Revue des Études Grecques.
RFIC	Rivista di Filologia e di Istruzione Classica.
RH	Revue Historique.
RHA	Revue Hittite et Asianique.
RhM	Rheinisches Museum.
RIDA	Revue Internationale des Droits de l'Antiquité.
RSA	Rivista Storica dell'Antichità.
SAWW	Sitzungsberichte der Österreichischen Akademie der Wissenschaften in Wien, Philosophisch-Historische Klasse.
SBAW	Sitzungsberichte der Bayerischen Akademie der Wissenschaften, Philosophisch-Historische Klasse.
Schw. Mbll.	Schweizer Münzblätter.
SHAW	Sitzungsberichte der Heidelberger Akademie der Wissenschaften, Philosophisch-Historische Klasse.
SlovArch	Slovenska Archeologia.

SMEA	Studi micenei ed egeo-anatolici.
SO	Symbolae Osloenses.
TAPA	Transactions and Proceedings of the American Philological Association.
TPhS	Transactions of the Philological Society, Oxford.
VDI	Vestnik Drevnej Istorii. Revue d'Histoire ancienne, Moskau.
WJb	Würzburger Jahrbücher für die Altertumswissenschaft.
WZ Jena	Wissenschaftliche Zeitschrift der Friedrich-Schiller-Universität Jena, Gesell.- und sprachwiss. Reihe.
ZPE	Zeitschrift für Papyrologie und Epigraphik.
ZRG	Zeitschrift der Savigny-Stiftung für Rechtsgeschichte, Romanistische Abteilung.

c) Buchtitel

Ålin, Fundstätten	P. Ålin, Das Ende der mykenischen Fundstätten auf dem griechischen Festland, Lund 1962.
Anderson Immerwahr, Agora XIII	S. Anderson Immerwahr, The Athenian Agora. Results of Excavations Conducted by the American School of Classical Studies at Athens, Vol. XIII: The Neolithic and Bronze Ages, Princeton 1971.
Athens Comes of Age	Athens Comes of Age: From Solon to Salamis. Papers of a Symposium Sponsored by the Archaeological Institute of America, Princeton 1978.
Bancroft, Acropolis	S. Bancroft, Problems Concerning the Archaic Acropolis, Diss. Princeton University 1979.
Beister-Buckler, Boiotika	Boiotika. Vorträge vom 5. Internationalen Böotien-Kolloquium zu Ehren von Prof. Dr. Siegfried Lauffer. Institut f. Alte Geschichte, Ludwig-Maximilians-Universität München, 13.–17. Juni 1986, hrsg. von H. Beister–J. Buckler, München 1989.
Beloch, GG I^2	K. J. Beloch, Griechische Geschichte, Erster Band: Die Zeit vor den Perserkriegen, 2. Aufl., 1. Abteilung, Straßburg 1912; 2. Abteilung, Berlin–Leipzig 1926 (ND Berlin 1967).
Bengtson, GG^5	H. Bengtson, Griechische Geschichte von den Anfängen bis in die Römische Kaiserzeit, München ^{5}1977.
Benzi, Ceramica micenea	M. Benzi, Ceramica micenea in Attica, Mailand 1975.
Berneker, Griech. Rechtsgesch.	Zur griechischen Rechtsgeschichte, Wege der Forschung 45, hrsg. von E. Berneker, Darmstadt 1968.
Bernhard u. Kandler-Pálsson, Ethnogenese	W. Bernhard und A. Kandler-Pálsson (Hrsg.), Ethnogenese europäischer Völker, Stuttgart–New York 1986.
Berve, Tyrannis	H. Berve, Die Tyrannis bei den Griechen, I–II, München 1967.
Bleicken, Athenische Demokratie	J. Bleicken, Die athenische Demokratie, Paderborn–München–Wien–Zürich 1985.

Boardman, Kolonien	J. Boardman, Kolonien und Handel der Griechen, München 1981.
Boersma, Building Policy	J. S. Boersma, Athenian Building Policy from 561/0 to 405/4 B.C., Groningen 1970.
Bourriot, Genos	F. Bourriot, Recherches sur la nature du genos. Étude d'histoire sociale athénienne. Periodes archaïque et classique, I–II, Lille–Paris 1976.
Breunig, ^{14}C-Chronologie	P. Breunig, ^{14}C-Chronologie des vorderasiatischen, südost- und mitteleuropäischen Neolithikums, Fundamenta, Monographien zur Urgeschichte, Reihe A, Bd. 13, Köln–Wien 1987.
Buchholz, Ägäische Bronzezeit	H.-G. Buchholz (Hrsg.), Ägäische Bronzezeit, Darmstadt 1987.
Bugh, Horsemen	G. R. Bugh, The Horsemen of Athens, Princeton 1988.
Bundgaard, Parthenon	J. A. Bundgaard, Parthenon and the Mycenaean City on the Heights, Kopenhagen 1976.
Burkert, Griech. Religion	W. Burkert, Griechische Religion der archaischen und klassischen Epoche, Stuttgart–Berlin–Köln–Mainz 1977.
Busolt, GG II²	G. Busolt, Griechische Geschichte bis zur Schlacht bei Chaeroneia, Bd. II: Die ältere attische Geschichte und die Perserkriege, 2. Aufl., Gotha 1895.
Busolt I	G. Busolt, Griechische Staatskunde, Erste Hälfte: Allgemeine Darstellung des griechischen Staates, München ³1920.
Busolt-Swoboda II	Griechische Staatskunde, Zweite Hälfte: Darstellung einzelner Staaten und der zwischenstaatlichen Beziehungen, 3. neugestaltete Aufl., bearb. von H. Swoboda, München 1926.
Cadogan, Early Bronze Age	G. Cadogan (Ed.), The End of the Early Bronze Age in the Aegean, Leiden 1986.
Camp, Agora	J. M. Camp, Die Agora von Athen, Mainz 1989.
Carlier, Royauté	P. Carlier, La royauté en Grèce avant Alexandre, Straßburg 1984.
Classical Contributions	Classical Contributions. Studies in Honour of M. F. McGregor, ed. by G. S. Shrimpton–D. J. McCargar, Locust Valley, N. Y. 1981.
Coldstream, Geometric Greece	J. N. Coldstream, Geometric Greece, London etc. 1977.
Crossland-Birchall, Bronze Age Migrations	Bronze Age Migrations in the Aegean, ed. by R. A. Crossland–A. Birchall, London 1973.
Davies, APF	J. K. Davies, Athenian Propertied Families 600 – 300 B.C., Oxford 1971.
Desborough, Dark Ages	V. R. d'A. Desborough, The Greek Dark Ages, London 1972.
Develin, Athenian Officials	R. Develin, Athenian Officials 684–321 B. C., Cambridge 1989.
Dickinson, Origins	O. T. P. K. Dickinson, The Origins of the Mycenaean Civilisation, Göteborg 1977.

Dover, Commentary IV	K. J. Dover, in: A. W. Gomme – A. Andrewes–K. J. Dover, A Historical Commentary on Thucydides, Vol. IV, Books V 25–VII, Oxford 1970.
Drews, Basileus	R. Drews, Basileus. The Evidence for Kingship in Geometric Greece, New Haven–London 1983.
Drews, Coming of the Greeks	R. Drews, The Coming of the Greeks: Indo-European Conquests in the Aegean and the Near East, Princeton 1988.
Eadie-Ober, Ancient Historian	The Craft of the Ancient Historian. Essays in Honor of Ch. G. Starr, ed. by J. W. Eadie–J. Ober, Canham–New York–London 1985.
Eder, Staat	Staat und Staatlichkeit in der frühen römischen Republik. Akten eines Symposiums 12.–15. Juli 1988, Freie Universität Berlin, hrsg. von W. Eder, Stuttgart 1990.
van Effenterre, Cité grecque	H. van Effenterre, La cité grecque. Des origines à la défaite de Marathon, Paris 1985.
Ehrenberg, Polis und Imperium	V. Ehrenberg, Polis und Imperium, Beiträge zur Alten Geschichte, hrsg. von K. F. Stroheker–A. J. Graham, Zürich–Stuttgart 1965.
French, Athenian Economy	A. French, The Growth of the Athenian Economy, London 1964.
Gagarin, Drakon	M. Gagarin, Drakon and Early Athenian Homicide Law, New Haven–London 1981.
Gagarin, Greek Law	M. Gagarin, Early Greek Law, Berkeley–Los Angeles–London 1986.
Garnsey-Whittaker, Trade	Trade and Famine in Classical Antiquity, ed. by P. Garnsey–C. R. Whittaker, Cambridge 1983.
Gehrke, Herodot	H.-J. Gehrke, Herodot und die Tyrannenchronologie, in: Memoria rerum veterum. Neue Beiträge zur antiken Historiographie und Alten Geschichte, Festschrift für C. J. Classen zum 60. Geburtstag, hrsg. v. W. Ax, Stuttgart 1990, 33–49.
Gomme, Commentary I	A. W. Gomme, A Historical Commentary on Thucydides, Vol. I, Oxford 1956.
Gschnitzer, Basileus	F. Gschnitzer, Basileus. Ein terminologischer Beitrag zur Frühgeschichte des Königtums bei den Griechen, in: Festschrift L. C. Franz, Innsbrucker Beiträge z. Kulturwissenschaft 11, Innsbruck 1965, 99–112.
Gschnitzer, Griech. Sozialgesch.	F. Gschnitzer, Griechische Sozialgeschichte von der mykenischen bis zum Ausgang der klassischen Zeit, Wiesbaden 1981.
Gschnitzer, Griech. Staatskunde	Zur Griechischen Staatskunde, Wege der Forschung 96, hrsg. von F. Gschnitzer, Darmstadt 1969.
Gschnitzer, Terminologie II	F. Gschnitzer, Studien zur griechischen Terminologie der Sklaverei. Zweiter Teil: Untersuchungen zur älteren, insbesondere homerischen Sklaventerminologie, Forschungen zur antiken Sklaverei VII, Wiesbaden 1976.
Hägg, Greek Renaissance	The Greek Renaissance of the Eighth Century B. C.: Tradition and Innovation, Proceedings of the Second International Sym-

	posium at the Swedish Institute in Athens, 1–5 June 1981, ed. by R. Hägg, Stockholm 1983.
Hägg-Marinatos, Minoan Thalassocracy	The Minoan Thalassocracy. Myth und Reality, Proceedings of the Third International Symposium at the Swedish Institute in Athens, 31 May–5 June 1982, ed. by R. Hägg–N. Marinatos, Stockholm 1984.
Hagel-Lauter, Kiapha Thiti	D. Hagel–H. Lauter, Die frühmykenische Burg von Kiapha Thiti/Attika. Erster Vorbericht, Marburger Winckelmannprogramm 1987, 3–13.
Hansen, Eisangelia	M. H. Hansen, Eisangelia. The Sovereignty of the People's Court in Athens in the Fourth Century B. C. and the Impeachment of Generals and Politicians, Odense University Classical Studies, Vol. 6, Odense 1975.
Hansen, Apagoge	M. H. Hansen, Apagoge, Endeixis and Ephegesis against Kakourgoi, Atimoi and Pheugontes. A Study in the Athenian Administration of Justice in the Fourth Century B. C., Odense University Classical Studies, Vol. 8, Odense 1976.
Harding, Mycenaeans	A. F. Harding, The Mycenaeans and Europe, London etc. 1984.
Harrison, Law	A. R. W. Harrison, The Law of Athens, Vol. I: The Family and Property, Vol. II: Procedure, Oxford 1968–71.
Heitsch, Antiphon	E. Heitsch, Antiphon aus Rhamnus, AAWM 1984, Nr. 3, Wiesbaden 1984.
Heitsch, Archon Basileus	E. Heitsch, Der Archon Basileus und die attischen Gerichtshöfe für Tötungsdelikte, in: Symposion 1985 (1989) 71–87.
Helck, Beziehungen	W. Helck. Die Beziehungen Ägyptens und Vorderasiens zur Ägäis bis ins 7. Jahrhundert v. Chr., Darmstadt 1979.
Herrmann-Köhn, Familie	Familie, Staat und Gesellschaftsformation. Grundprobleme vorkapitalistischer Epochen einhundert Jahre nach Friedrich Engels' Werk ›Der Ursprung der Familie, des Privateigentums und des Staates‹, hrsg. von J. Herrmann–J. Köhn, Berlin 1988.
Heubeck-Neumann, Res Mycenaeae	Res Mycenaeae. Akten des VII. Internationalen Mykenologischen Colloquiums in Nürnberg vom 6.–10. Apr. 1981, hrsg. von A. Heubeck–G. Neumann, Göttingen 1983.
Heuß, Hellas	A. Heuß, Hellas, in: Propyläen Weltgeschichte, Dritter Band: Griechenland. Die hellenistische Welt, hrsg. von G. Mann–A. Heuß, Berlin–Frankfurt a. M.–Wien 1962, 69–400.
Hiesel, Späthelladische Hausarchitektur	G. Hiesel, Späthelladische Hausarchitektur. Studien zur Architekturgeschichte des griechischen Festlandes in der späten Bronzezeit, Mainz 1989.
Hignett, Athenian Constitution	C. Hignett, A History of the Athenian Constitution to the End of the Fifth Century B. C., Oxford 1952 (⁴1967).
Hiller, Minoisches Kreta	St. Hiller, Das Minoische Kreta nach den Ausgrabungen des letzten Jahrzehnts, Wien 1977.
Hiller-Panagl, Frühgriechische Texte	St. Hiller–O. Panagl, Die frühgriechischen Texte aus mykenischer Zeit, Darmstadt ²1986.

Hope Simpson, Mycenaean Greece	R. Hope Simpson, Mycenaean Greece, Park Ridge 1981.
Hurwit, Early Greece	J. M. Hurwit, The Art and Culture of Early Greece, 1100 – 480 B. C., Ithaca – London 1985.
Iakovides, Wehrbauten	Sp. Iakovides, Vormykenische und mykenische Wehrbauten, in: Archaeologia Homerica I, E, Kriegswesen, Teil 1, Göttingen 1977, 161–221.
Iakovidis, Citadels	Sp. E. Iakovidis, Late Helladic Citadels on Mainland Greece, Leiden 1983.
Jacoby, Atthis	F. Jacoby, Atthis. The Local Chronicles of Ancient Athens, Oxford 1949.
Jeffery, Archaic Greece	L. H. Jeffery, Archaic Greece. The City-States c. 700 – 500 B. C., London – Tonbridge 1976.
Kinzl, Tyrannis	K. H. Kinzl, Betrachtungen zur älteren Tyrannis, in: Die ältere Tyrannis bis zu den Perserkriegen. Beiträge zur griechischen Tyrannis, Wege der Forschung 510, hrsg. von K. H. Kinzl, Darmstadt 1979, 298–325.
Kluwe, Auftraggeber	E. Kluwe, Attische Adelsgeschlechter und ihre Rolle als Auftraggeber in der bildenden Kunst der spätarchaischen und frühklassischen Zeit, in: Der Mensch als Maß der Dinge. Studien zum griechischen Menschenbild in der Zeit der Blüte und Krise der Polis, hrsg. von R. Müller, Berlin 1976, 29–63.
Kopcke, Handel	G. Kopcke, Handel, Archaeologia Homerica M, Göttingen 1990.
Krzyszkowska-Nixon, Minoan Society	Minoan Society. Proceedings of the Cambridge Colloquium 1981, ed. by O. Krzyszkowska – L. Nixon, Bristol 1983.
Kübler, Kerameikos V 1	K. Kübler, Kerameikos. Ergebnisse der Ausgrabungen, 5. Bd., Teil 1: Die Nekropole des 10. bis 8. Jahrhunderts, Berlin 1954.
Kurtz-Boardman, Thanatos	D. C. Kurtz – J. Boardman, Thanatos. Tod und Jenseits bei den Griechen, Mainz 1985 (engl. London 1971).
Laffineur, Transition	Transition. Le monde égéen du bronze moyen au bronze récent. Actes de la deuxième rencontre égéenne internationale de l'Université de Liège (18–20 avril 1988), éd. par. R. Laffineur, Lüttich 1989.
de Laix, Probouleusis	R. A. de Laix, Probouleusis at Athens. A Study of Political Decision-Making, Berkeley – Los Angeles – London 1973.
Langdon, Hymettos	M. K. Langdon, A Sanctuary of Zeus on Mount Hymettos, Hesperia Supplem. 16, 1976.
Latacz, Kampfparänese	J. Latacz, Kampfparänese, Kampfdarstellung und Kampfwirklichkeit in der Ilias, bei Kallinos und Tyrtaios, Zetemata H. 66, München 1977.
Lauffer, Griechenland	Griechenland. Lexikon der historischen Stätten. Von den Anfängen bis zur Gegenwart, hrsg. von S. Lauffer, München 1989.

Legon, Megara	R. P. Legon, Megara. The Political History of a Greek City-State to 336 B. C., Ithaca–London 1981.
Lévy, Système palatial	Le système palatial en Orient, en Grèce et à Rome. Actes du Colloque du Strasbourg 19–22 juin 1985, éd. par E. Lévy, Leiden 1987.
Lipsius, AR	J. Lipsius, Das Attische Recht und Rechtsverfahren, I–III (in 4 Bänden), Leipzig 1905–15.
Lohmann, Atene	H. Lohmann, Atene. Forschungen zur Siedlungs- und Wirtschaftsstruktur des klassischen Attika, Bochum 1989 (unveröffentlichte Habil.-Schrift).
MacDowell, Law	D. M. MacDowell, The Law in Classical Athens, London 1978.
Manville, Citizenship	Ph. B. Manville, The Origins of Citizenship in Ancient Athens, Princeton 1990.
Meier, Demokratie	Chr. Meier, Entstehung des Begriffs „Demokratie". Vier Prolegomena zu einer historischen Theorie, Frankfurt a. M. 1970.
Meier, Entstehung des Politischen	Chr. Meier, Die Entstehung des Politischen bei den Griechen, Frankfurt a. M. 1980.
Mellink, Troy	Troy and the Trojan War. A Symposium Held at Bryn Mawr College in Oct. 1984, ed. by M. J. Mellink, Bryn Mawr College 1986.
Morris, Burial	I. Morris, Burial and Ancient Society. The Rise of the Greek City-State, Cambridge etc. 1987.
Muss–Schubert, Akropolis	U. Muss–Ch. Schubert, Die Akropolis von Athen, Graz 1988.
Murray-Price, Greek City	The Greek City from Homer to Alexander, ed. by O. Murray–S. Price, Oxford 1990.
Musti, Origini	D. Musti (Ed.), Le origini dei Greci. Dori e mondo egeo, Rom–Bari 1985.
Musti, Storia greca	D. Musti, Storia greca. Linee di sviluppo dall'età micenea all'età romana, Rom–Bari ²1990.
Mylonas, Aghios Kosmas	G. E. Mylonas, Aghios Kosmas. An Early Bronze Age Settlement and Cemetery in Attica, Princeton 1959.
Mylonas, Eleusis	G. Mylonas, Eleusis and the Eleusinian Mysteries, Princeton 1961.
Neils, Theseus	J. Neils, The Youthful Deeds of Theseus, Rom 1989.
Nörr, Mordtatbestand	D. Nörr, Zum Mordtatbestand bei Drakon, in: Studi in onore di A. Biscardi, IV, Mailand 1983, 631–653.
Oliva, Solon	P. Oliva, Solon – Legende und Wirklichkeit, Xenia, Konstanzer althistorische Vorträge und Forschungen H. 20, Konstanz 1988.
Ostwald, Nomos	M. Ostwald, Nomos and the Beginning of the Athenian Democracy, Oxford 1969.
Pantelidou, Athenai	M. A. Pantelidou, Ai Proïstorikai Athenai, Athen 1975.
Pelon, Tholoi	O. Pelon, Tholoi, tumuli et cercles funéraires. Recherches sur les monuments funéraires de plan circulaire dans l'Égée de l'âge du Bronze (IIIe et IIe millénaires av. J.-C.), Paris 1976.
Piccirilli, Arbitrati	L. Piccirilli, Gli arbitrati interstatali greci, Vol. I, Pisa 1973.

Prinz, Gründungsmythen	F. Prinz, Gründungsmythen und Sagenchronologie, Zetemata H. 72, München 1979.
Pullen, Social Organization	D. J. Pullen, Social Organization in Early Bronze Age Greece. A Multi-Dimensional Approach, Diss. Indiana University, Ann Arbor 1985.
Raaflaub, Freiheit	K. Raaflaub, Die Entdeckung der Freiheit. Zur historischen Semantik und Gesellschaftsgeschichte eines politischen Grundbegriffs der Griechen, München 1985.
Raubitschek, Dedications	A. E. Raubitschek, Dedications from the Athenian Acropolis, Cambridge/Mass. 1949.
Renfrew, Emergence of Civilisation	C. Renfrew, The Emergence of Civilisation. The Cyclades and the Aegean in the Third Millenium B. C., London 1972.
Renfrew, Archaeology and Language	C. Renfrew, Archaeology and Language. The Puzzle of Indo-European Origins, London 1987.
Renfrew-Cherry, Peer Polity Interaction	Peer Polity Interaction and Socio-Political Change, ed. by C. Renfrew–J. F. Cherry, Cambridge etc. 1986.
Rhodes, Commentary	P. J. Rhodes, A Commentary on the Aristotelian Athenaion Politeia, Oxford 1981.
Richter, Kouroi	G. M. A. Richter, Kouroi. Archaic Greek Youths. A Study of the Kouros Type in Greek Sculpture, London 1960.
Roussel, Tribu et cité	D. Roussel, Tribu et cité. Études sur les groupes sociaux dans les cités grecques aux époques archaïque et classique, Paris 1976.
Ruschenbusch, Untersuchungen	E. Ruschenbusch, Untersuchungen zur Geschichte des athenischen Strafrechts, Köln–Graz 1968.
Ruschenbusch, Rechtsstreit	E. Ruschenbusch, Der Ursprung des gerichtlichen Rechtsstreits bei den Griechen, in: Symposion 1977. Vorträge zur griechischen und hellenistischen Rechtsgeschichte, hrsg. von J. Modrzejewski–D. Liebs, Köln–Wien 1982, 1–8.
Sakellariou, Polis-State	M. B. Sakellariou, The Polis-State. Definition and Origin, Athen 1989.
de Sanctis, Atthis	G. de Sanctis, Atthis. Storia della repubblica ateniese, Turin ^{2}1912.
Schachermeyr, Ägäische Frühzeit I	F. Schachermeyr, Die Ägäische Frühzeit. Forschungsbericht über die Ausgrabungen im letzten Jahrzehnt und über ihre Ergebnisse für unser Geschichtsbild, 1. Band: Die vormykenischen Perioden des griechischen Festlandes und der Kykladen, Wien 1976.
Schachermeyr, Ägäische Frühzeit II	dito, 2. Band: Die mykenische Zeit und die Gesittung von Thera, Wien 1976.
Schachermeyr, Ägäische Frühzeit IV	dito, 4. Band: Griechenland im Zeitalter der Wanderungen. Vom Ende der Mykenischen Ära bis auf die Dorier, Wien 1980.

Schachermeyr, Rückerinnerung	F. Schachermeyr, Die griechische Rückerinnerung im Lichte neuer Forschungen, Wien 1983.
Sealey, Essays	R. Sealey, Essays in Greek Politics, New York 1967.
Sealey, City States	R. Sealey, A History of the Greek City States ca. 700 – 338 B.C., Berkeley etc. 1976.
Sealey, Ephialtes	R. Sealey, Ephialtes, Eisangelia, and the Council, in: Classical Contributions 125–134.
Sealey, Athenian Republic	R. Sealey, The Athenian Republic. Democracy or the rule of Law?, Pennsylvania State University – London 1987.
Shapiro, Art and Cult	H. A. Shapiro, Art and Cult under the Tyrants in Athens, Mainz 1989.
Snodgrass, Dark Age	A. M. Snodgrass, The Dark Age of Greece: An Archaeological Survey of the Eleventh to the Eighth Centuries B.C., Edinburgh 1971.
Snodgrass, Archaic Greece	A.M. Snodgrass, Archaic Greece. The Age of Experiment, London etc. 1980.
Spahn, Mittelschicht	P. Spahn, Mittelschicht und Polisbildung, Frankfurt a.M.–Bern–Las Vegas 1977.
Spitaels, Studies I	P. Spitaels, Studies in South Attica, I, Gent 1982.
Stagl, Politikethnologie	J. Stagl, Politikethnologie, in: H. Fischer (Hrsg.), Ethnologie. Einführung und Überblick, Berlin ^{2}1988, 173–197.
Stahl, Aristokraten	M. Stahl, Aristokraten und Tyrannen im archaischen Athen. Untersuchungen zur Überlieferung, zur Sozialstruktur und zur Entstehung des Staates, Stuttgart 1987.
Starr, Individual and Community	Ch. G. Starr, Individual and Community. The Rise of the Polis 800 – 500 B.C., New-York – Oxford 1986.
Stein-Hölkeskamp, Adelskultur	E. Stein-Hölkeskamp, Adelskultur und Polisgesellschaft. Studien zum griechischen Adel in archaischer und klassischer Zeit, Stuttgart 1989.
Stroud, Drakon's Law	R. S. Stroud, Drakon's Law on Homicide, Berkeley etc. 1968.
Stroud, Axones	R. S. Stroud, The Axones and Kyrbeis of Drakon and Solon, Univ. of California Class. Studies 19, Berkeley – Los Angeles 1979.
Symposion 1985 (1986)	Symposion 1985. Vorträge zur griechischen und hellenistischen Rechtsgeschichte (Ringberg, 24.–26. Juli 1985), hrsg. von G. Thür, Köln – Wien 1989.
Terre et paysans	Terre et paysans dépendants dans les sociétés antiques. Colloque international tenu à Besançon les 2 et 3 mai 1974, Paris 1979.
Thomas, Ägäische Vorgeschichte	Forschungen zur ägäischen Vorgeschichte. Das Ende der mykenischen Welt, Akten des Internationalen Kolloquiums 7.–8. Juli 1984 in Köln, hrsg. von E. Thomas, Köln 1987.
Thompson-Wycherley, Agora XIV	H. A. Thompson – R. E. Wycherley. The Athenian Agora. Results of Excavations Conducted by the American School of Classical Studies at Athens, Vol. XIV: The Agora of Athens.

	The History, Shape and Uses of an Ancient City Center, Princeton 1972.
Thomsen, Eisphora	R. Thomsen, Eisphora. A Study of Direct Taxation in Ancient Athens, Kopenhagen 1964.
Travlos, Bildlexikon Athen	J. Travlos, Bildlexikon zur Topographie des antiken Athen, Tübingen 1971.
Travlos, Bildlexikon Attika	J. Travlos, Bildlexikon zur Topographie des antiken Attika, Tübingen 1988.
Ulf, Homerische Gesellschaft	Chr. Ulf, Die homerische Gesellschaft. Materialien zur analytischen Beschreibung und historischen Lokalisierung, München 1990.
Wallace, Areopagos	R. W. Wallace, The Areopagos Council to 307 B.C., Baltimore–London 1989.
Walter-Felten, Alt-Ägina III	H. Walter–F. Felten. Alt-Ägina III, 1. Die vorgeschichtliche Stadt. Befestigungen, Häuser, Funde, Mainz 1981.
Welwei, Staatswerdung Athens	K.-W. Welwei, Die Staatswerdung Athens–Mythos und Geschichte, in: G. Binder–B. Effe (Hrsg.), Mythos. Erzählende Weltdeutung im Spannungsfeld von Ritual, Geschichte und Rationalität, Trier 1990, 162–187.
Whitehead, Demes	D. Whitehead, The Demes of Attica 508/7 - ca. 250 B.C., Princeton 1986.
Will, Korinthiaka	Ed. Will, Korinthiaka. Recherches sur l'histoire et la civilisation de Corinthe des origines aux guerres médiques, Paris 1955.
Wolff, Beiträge	H. J. Wolff, Beiträge zur Rechtsgeschichte Altgriechenlands und des hellenistisch-römischen Ägypten, Weimar 1961.
Woodhouse, Solon	W. J. Woodhouse, Solon the Liberator, Oxford 1938 (ND New York 1963).
Young, Building Projects	Ph. H. Young, Building Projects and Archaic Greek Tyrants, Diss. University of Pennsylvania 1980.
Yuge-Doi, Control	Forms of Control and Subordination in Antiquity, ed. by T. Yuge–M. Doi, Leiden etc. 1988.

REGISTER

Namen, Begriffe und Quellenangaben, die sowohl im Haupttext als auch in den zugehörigen Anmerkungen behandelt werden, sind nur durch die betreffenden Seitenangaben nachgewiesen. Nicht aufgenommen sind die in der Darstellung häufig genannten Stichwörter „Athen", „athenisch", „Attika" und „attisch" sowie „Griechenland", „Griechen" und „griechisch".

1. Personen, Gruppen, Völker (auch Götter und mythische Gestalten)

2. Topographische Bezeichnungen

3. Begriffe, Institutionen, Bauwerke

4. Quellen (in Auswahl)

a) Autoren

b) Inschriften

KARTEN

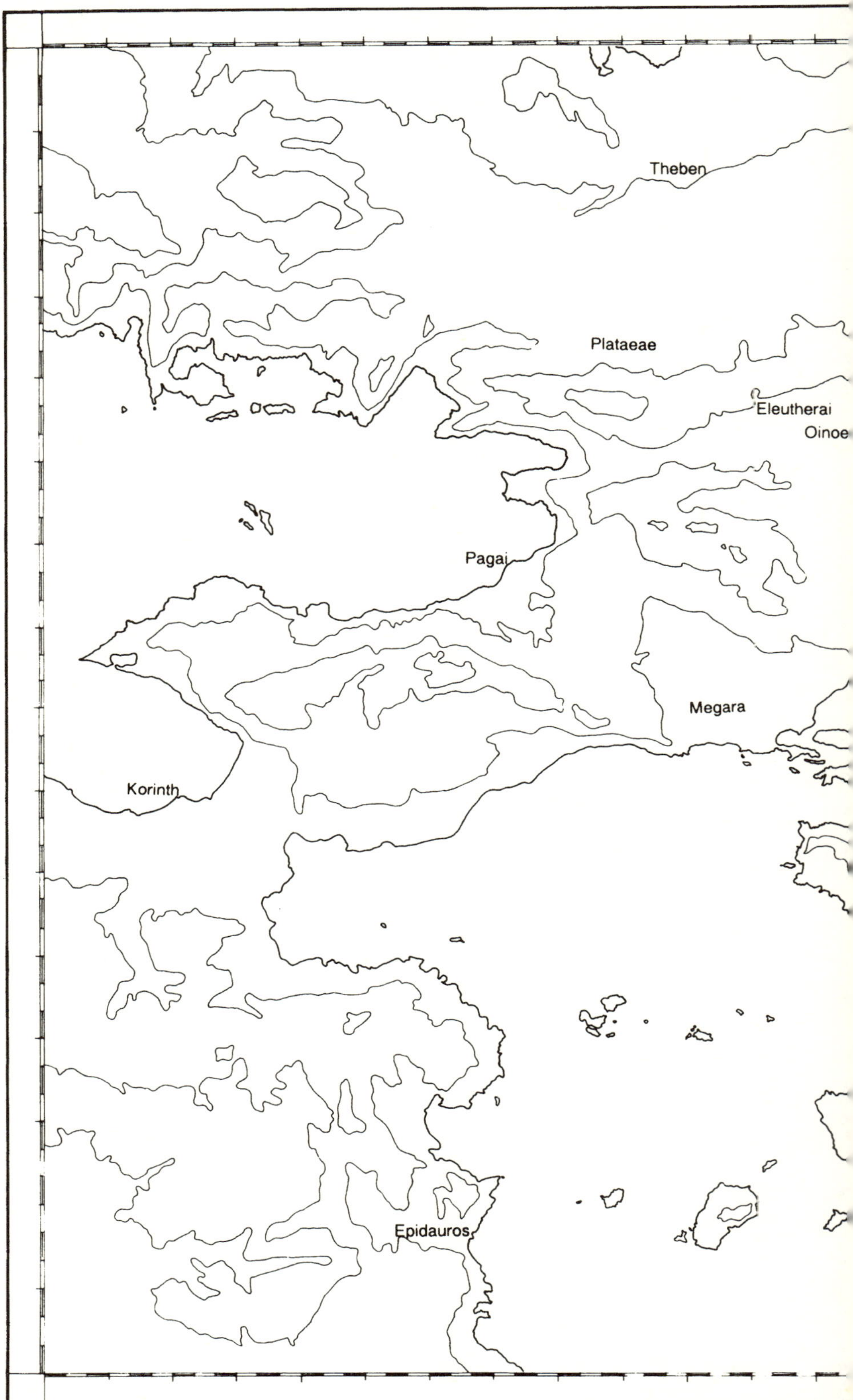

Karte 1: Attika und Umgebung.

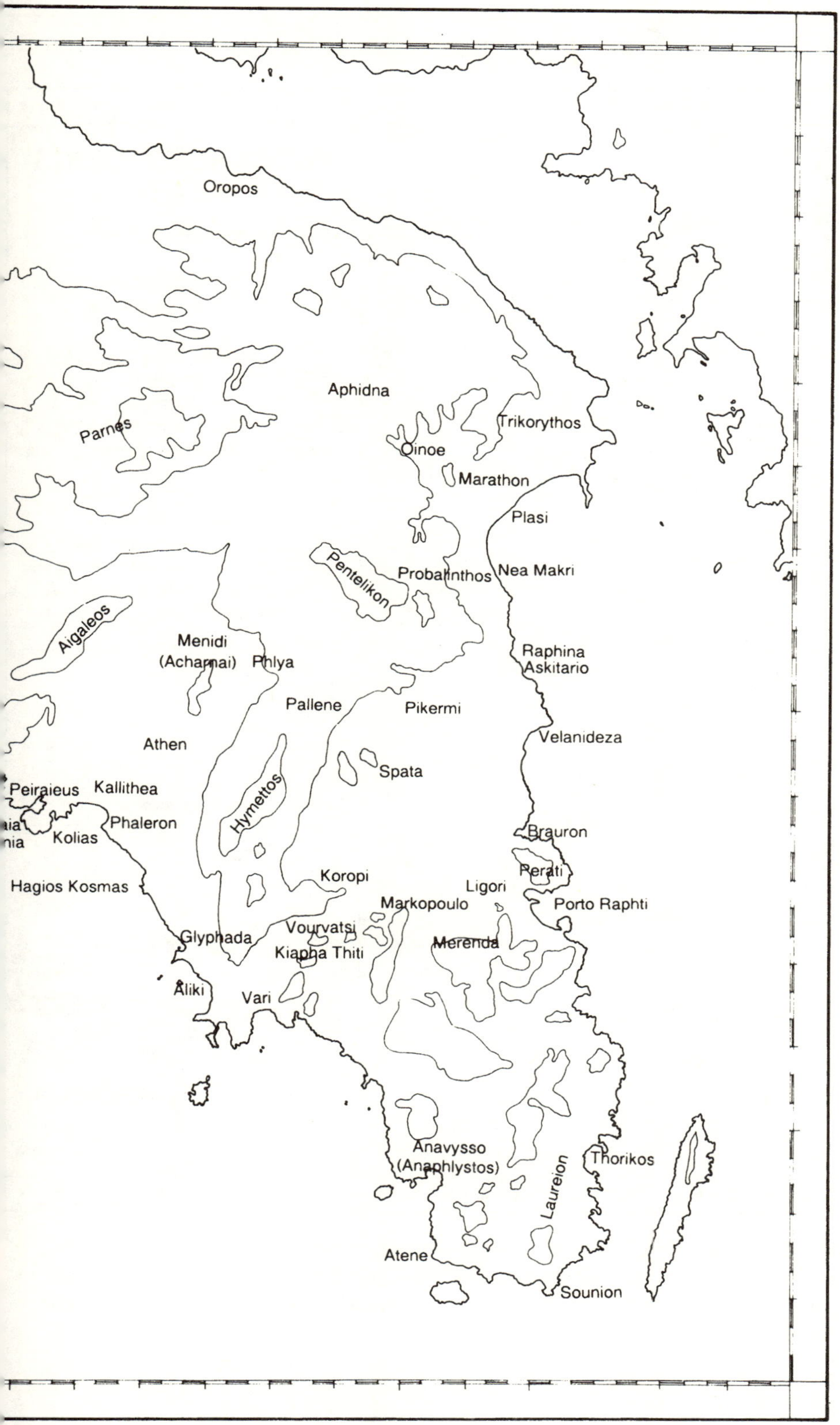
Oropos
Aphidna
Parnes
Trikorythos
Oinoe
Marathon
Plasi
Pentelikon
Probalinthos
Nea Makri
Aigaleos
Menidi
(Acharnai)
Phlya
Raphina
Askitario
Pallene
Pikermi
Athen
Velanideza
Spata
Peiraieus
Kallithea
Hymettos
Phaleron
Kolias
Brauron
Perati
Hagios Kosmas
Koropi
Ligori
Markopoulo
Porto Raphti
Vourvatsi
Glyphada
Kiapha Thiti
Merenda
Aliki
Vari
Anavysso
(Anaphlystos)
Laureion
Thorikos
Atene
Sounion

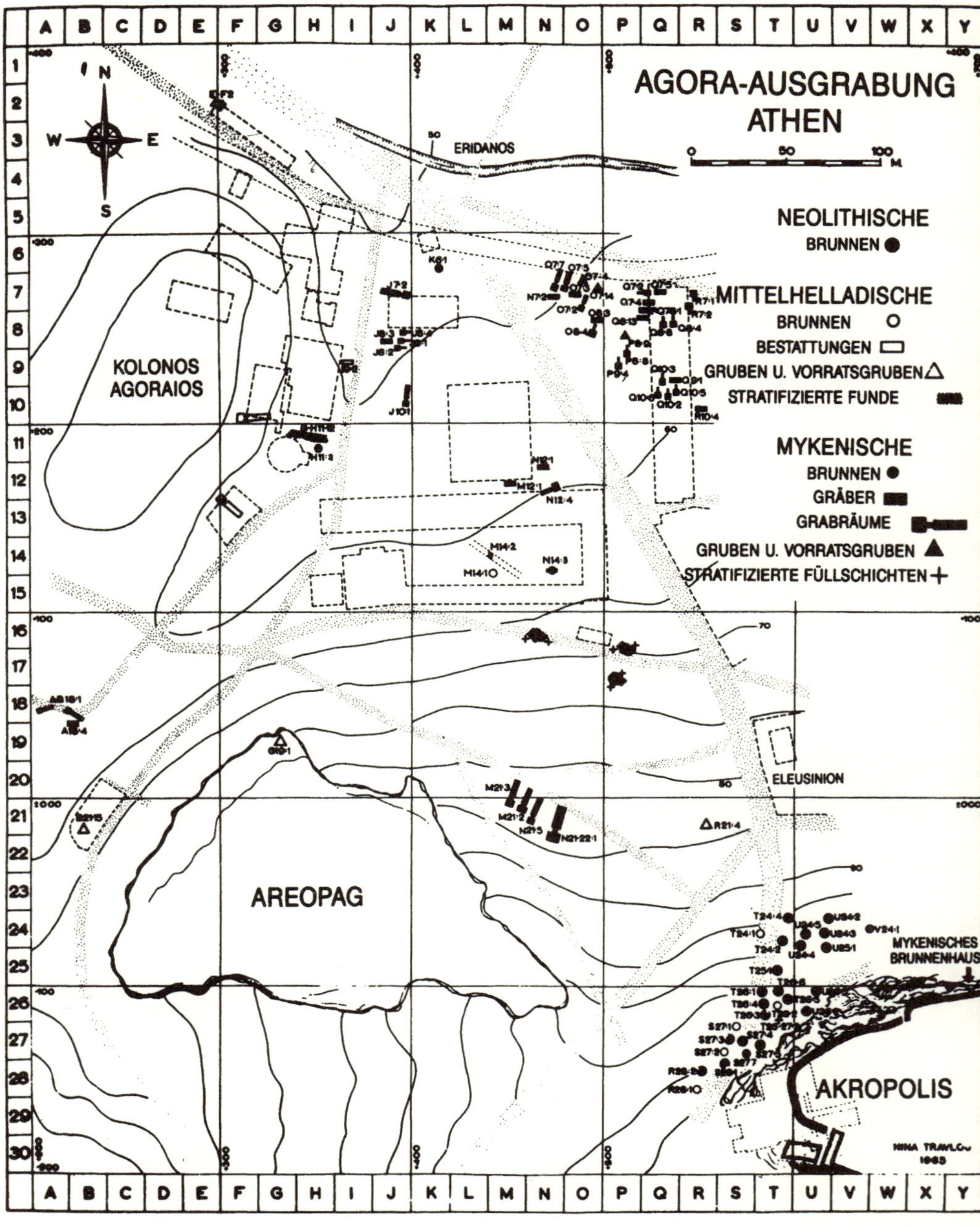

Karte 2: Neolithische, mittelhelladische und mykenische Funde im Bereich der Athener Agora. Spätere Gebäude sind umrißhaft angedeutet. (Nach J. M. Camp, Die Agora von Athen. Ausgrabungen im Herzen des klassischen Athen, Mainz: von Zabern 1989, Abb. 7.)

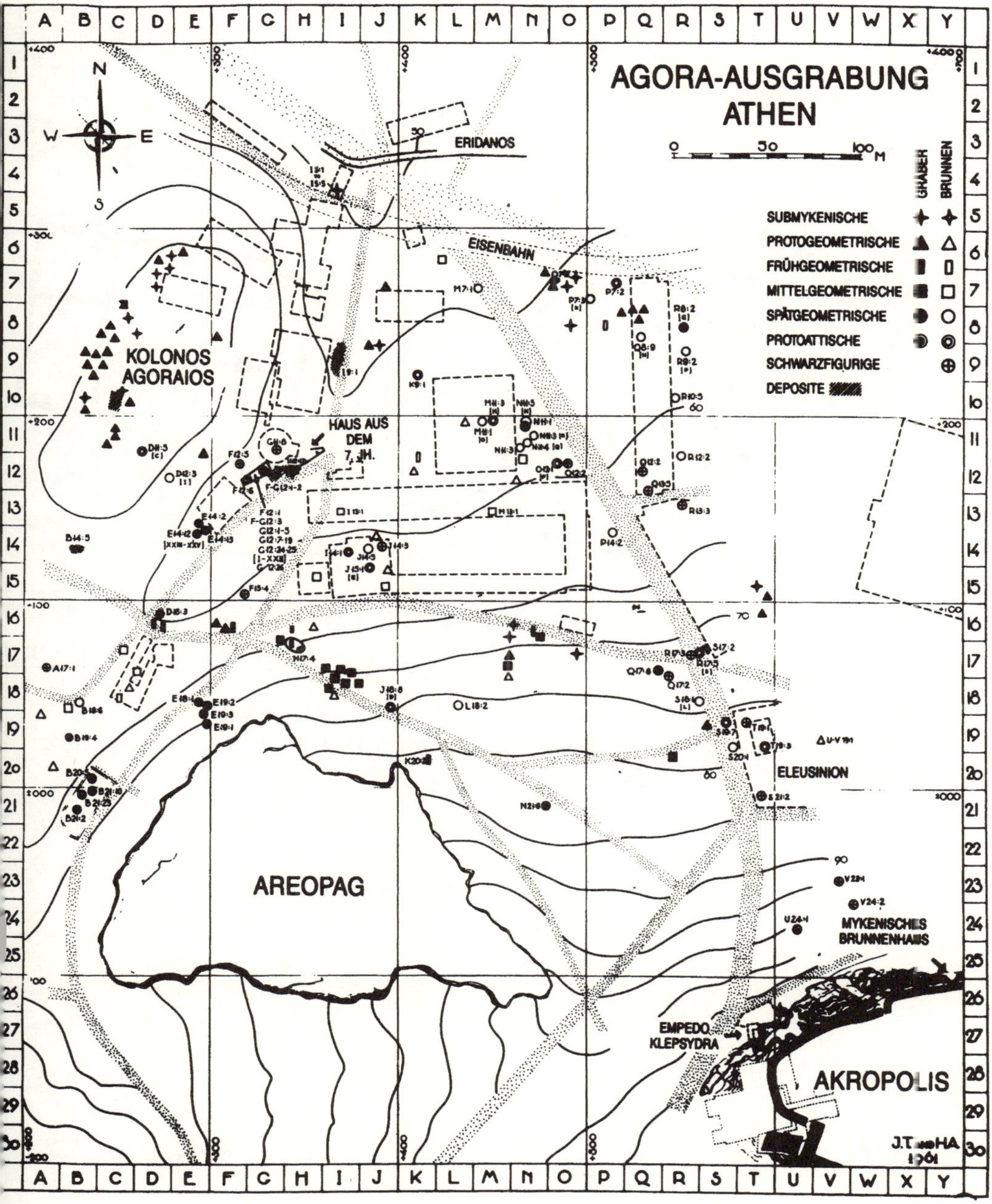

Karte 3: Eisenzeitliche Brunnen und Gräber im Bereich der Athener Agora. Die spätere Bebauung ist umrißhaft angedeutet. (Nach J.M. Camp, Die Agora von Athen, Abb. 11.)

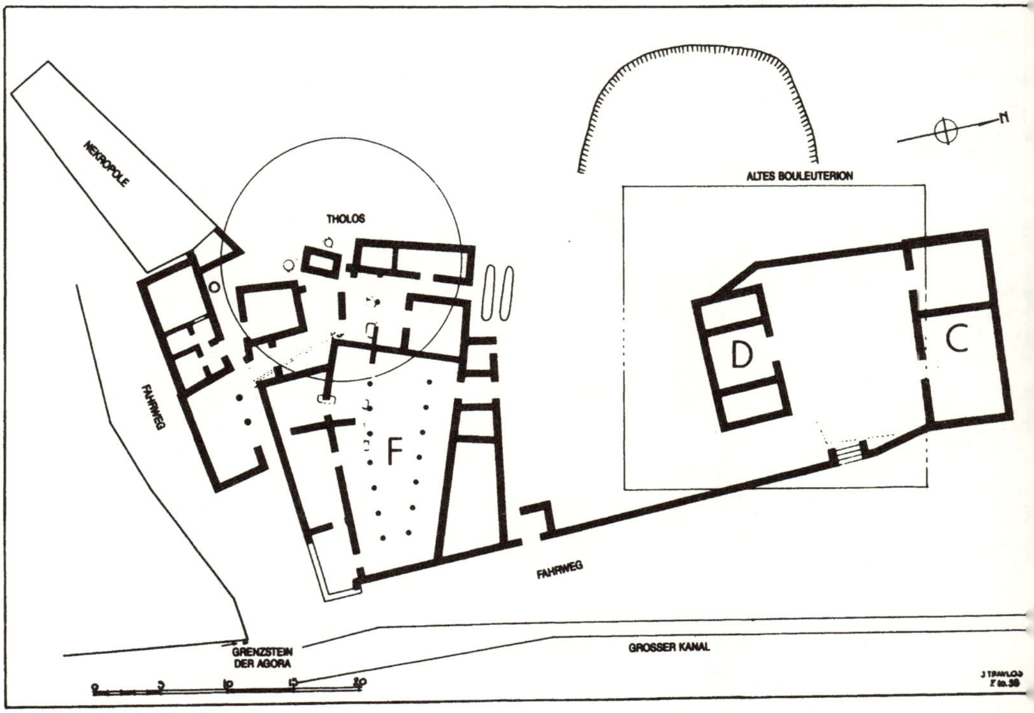

Karte 4: Erste „öffentliche“ Gebäude auf der Westseite der Athener Agora. Die spätere Bebauung ist umrißhaft angedeutet. (Nach J.M. Camp, Die Agora von Athen, Abb. 22.)

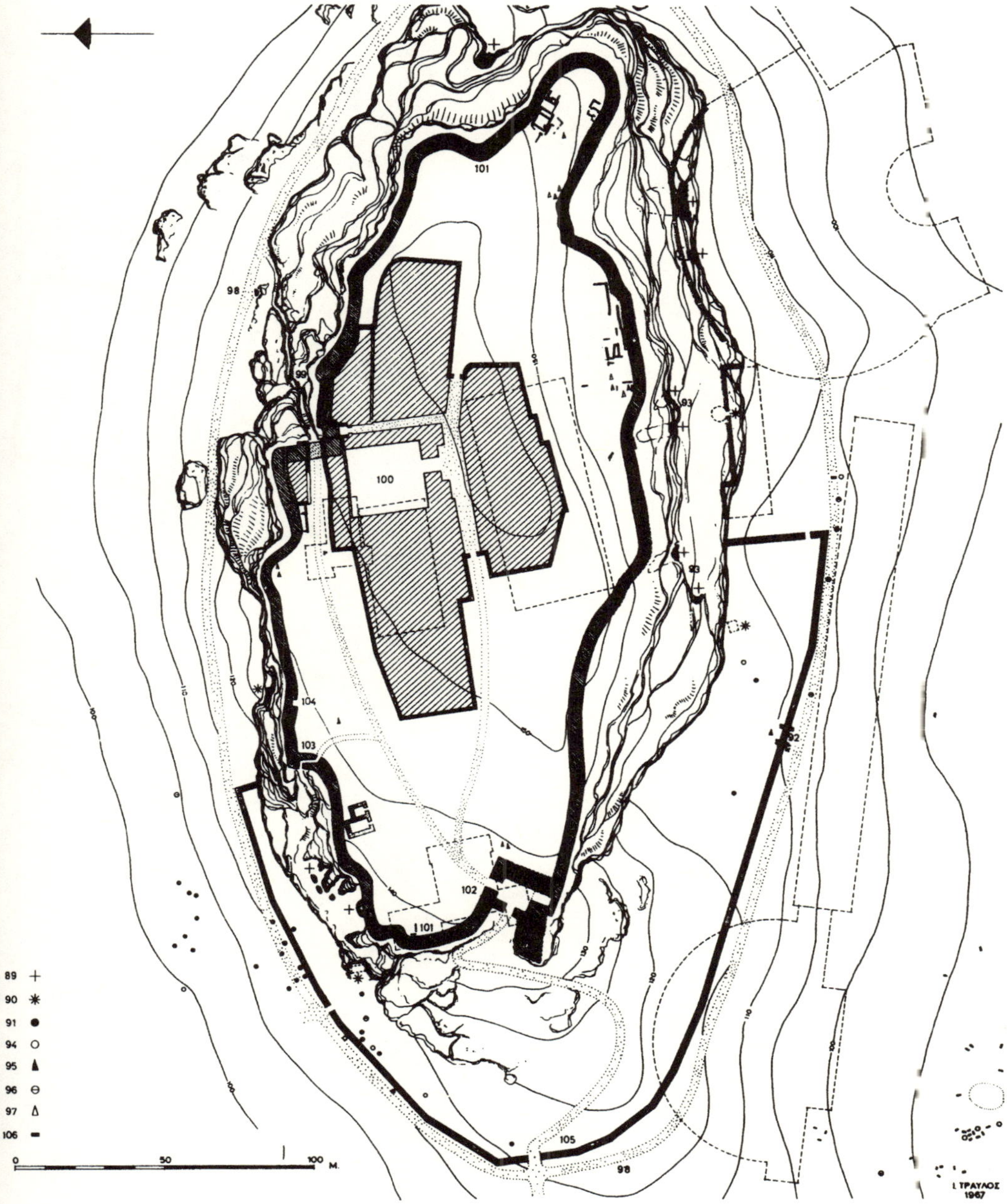

89. Höhlen
90. Quellen
91. Neolithische Brunnen
92. Neolithisches Haus
93. Höhlen mit frühhelladischer Keramik
94. Mittelhelladische Brunnen
95. Mittelhelladische Gräber
96. Späthelladische Brunnen
97. Späthelladische Gräber
98. Peripatos
99. Mykenischer Aufweg
100. Mykenischer Palast
101. Mykenische Mauer
102. Eingang zur Akropolis
103. Pforte
104. Treppe zur mykenischen Quelle
105. Pelargikon
106. Geometrische Gräber

Karte 5: Die Athener Akropolis in prähistorischer Zeit (nach J. Travlos, Bildlexikon zur Topographie des antiken Athen, Tübingen: Wasmuth 1971, Abb. 67).

Das klassische Athen

Demokratie und Machtpolitik
im 5. und 4. Jahrhundert

I. DER AUFSTIEG ZUR GROSSMACHT

1. Die Reformen des Kleisthenes

a) Die Ausgangslage

Der Sturz der Tyrannis der Peisistratiden im Jahre 510 durch eine militärische Intervention der Spartaner unter dem Kommando des Königs Kleomenes I. leitete eine neue Epoche in der Geschichte Athens ein.[1] Wenige Jahre später entstand durch die Initiative des Kleisthenes im Großraum Attika eine politische Organisationsform, die von breiten Schichten der Bürgerschaft getragen wurde. Dank der inneren Konsolidierung dieser neuen Ordnung in den beiden nächsten Jahrzehnten war die athenische Polisgemeinschaft in der Lage, einen entscheidenden Beitrag zu dem erstaunlichen Abwehrerfolg griechischer Gemeinwesen gegen die gewaltigen Invasionsstreitkräfte des Perserreiches zu leisten. In der Folgezeit setzte unter der Hegemonie Athens ein neuartiges Bündnissystem – der sogenannte erste Delisch-Attische Seebund – mit einer offensiven Strategie den Krieg gegen Persien fort. Etwa Mitte des fünften Jahrhunderts wurde zur Charakterisierung der politischen Ordnung der Athener der Demokratiebegriff geprägt und damit zum ersten Mal in der Weltgeschichte ein Gemeinwesen mit diesem Terminus bezeichnet. Athen stellte damals bereits eine ägäische Großmacht dar, während Drama und Bildende Künste ihren klassischen Ausdruck in dieser Polis fanden, die nach den Worten Platons (Protagoras 337 d) auch Hauptsitz und Versammlungsstätte (Prytaneion) philosophischer Weisheit (Sophia) wurde. Die griechische Welt nach der Abwehr der Perser war weithin geprägt durch das politische und militärische Ausgreifen der Athener, durch die vom institutionellen Ordnungsgefüge ihrer Polis ausgehenden Impulse und durch die kulturelle Ausstrahlungskraft ihrer Stadt. So war das fünfte Jahrhundert v. Chr. recht eigentlich das Jahrhundert Athens.

Im Selbstverständnis der Athener in der Epoche des Perikles galt die Befreiung von der Tyrannis als Voraussetzung für den Aufstieg ihrer Polis. Aus der Sicht des Herodot (5,78) wurden die Athener durch die Beseitigung der Herrschaft der Peisistratiden „bei weitem die Ersten“ in Hellas, während sie zuvor ihren Nachbarn unterlegen waren. Offenbar entsprach diese Wertung einer damals verbreiteten Auffassung in Athen. Herodot bezieht sich freilich an der genannten Stelle auf ein bestimmtes Ereignis, auf den Sieg der Athener über Chalkidier und Boioter 507/06 v. Chr., nachdem sich Kleisthenes mit seinem Reformwerk gegen seinen adligen Gegenspieler Isagoras und dessen Anhängerschaft durchgesetzt hatte. Kleisthenes war für Herodot (6, 131) nicht nur der Organisator eines Systems neuer Phylen („Unterabteilungen“ des Polisverbandes), sondern auch der Schöpfer der athenischen Demokratie. Die historische Perspektive ist hier allerdings verschoben. Da der Demokratiebegriff – wie gesagt – erst etwa ein halbes Jahrhundert nach den kleisthenischen Reformen entstanden ist,[2] kann Kleisthenes nicht das Programm einer demokratischen Ordnung verkündet und realisiert haben. Wohl aber schuf er durch seine Reformen wesentliche Voraussetzungen für die Entstehung der athenischen Demokratie, denn die von ihm initiierte Gliederung des Bürgerverbandes in neue Phylen und Demen („Gemeinden“) bildete fortan die Grundlage eines Gefüges der politischen Institutionen, in dem die Ekklesia (Volksversammlung) das zentrale Entscheidungsorgan wurde, so daß alle weiteren institutionellen Neuerungen auf Mehrheitsbeschlüssen der in dieser Massenversammlung jeweils präsenten Bürger basierten.

Die Hauptquellen für die Maßnahmen des Kleisthenes sind der Bericht Herodots (5,66–73) über die Situation in Athen nach dem Ende der Tyrannis und die Darstellung des Reformwerkes in der unter dem Namen des Aristoteles überlieferten und etwa zwischen 328 und 325 v. Chr. verfaßten Schrift über den ›Staat der Athener‹ (Athenaion Politeia 20–21), die in der Beschreibung der Ausgangslage z. T. Herodot folgt, darüber hinaus aber weitere Einzelheiten zur kleisthenischen Neuordnung bietet[3] und sie in das Archontat des Isagoras (508/07) datiert,[4] der in beiden Berichten als Gegner des Kleisthenes im Kampf um Macht und Einfluß in Athen genannt wird. Beide Quellen betonen, daß nach der Vertreibung der Peisistratiden Machtkämpfe zwischen Isagoras und Kleisthenes begannen und letzterer zunächst in den Konflikten der Hetairien („Adelsgruppen“) unterlag. Diese Berichte sind indes zu relativieren. In der Zeit vom Ende der Tyrannis bis zu den Reformen des Kleisthenes wurden zweifellos auch Maßnahmen beschlossen, die breite Zustimmung fanden.[5] Hierzu zählten auf jeden Fall Bestimmungen über eine zeitlich unbegrenzte Verbannung (Atimie) der Peisistratiden und ihrer Nachkommen sowie eine Überprüfung (Diapsephismos) des Bürgerrechts, durch die alle Personen, die nicht „reiner“, d. h. attischer Abstammung waren,[6] aus der Gemeinschaft der Bürger (Politen) ausgeschlossen wurden. Der Diapsephismos richtete sich wohl in erster Linie gegen alle sogenannten Neubürger, die von den Tyrannen in die athenische Bürgerschaft aufgenommen worden waren. Es ist nicht auszuschließen, daß diese Ausbürgerung teilweise recht tumultuarisch erfolgte, denn es existierten für diese Maßnahme keine gesetzlichen Regelungen oder Vorschriften. Eine brutale Abrechnung mit Anhängern der vertriebenen Tyrannenfamilie ist indes nicht anzunehmen. Die Ausgrenzung des betroffenen Personenkreises konnte von Kleisthenes problemlos annulliert werden. Pogrome bzw. exzessive Gewalttaten gegen Gefolgsleute des Tyrannen scheint es daher nicht gegeben zu haben.[7] Im übrigen wurden die noch unter der Herrschaft des Hippias durch Scheinwahlen in die Polisämter gelangten Magistrate nicht abgesetzt. Hingegen wurden offenbar Beschlüsse über ein Verbot der Anwendung der Folter gegen athenische Bürger sowie über die Bestrafung von Tyrannen gefaßt.[8]

Dies schließt aber Rivalitäten um den maßgebenden Einfluß auf das politische Leben in Athen unmittelbar nach dem Sturz der Peisistratiden nicht aus. Die damaligen Protagonisten Isagoras und Kleisthenes waren für Herodot (5,66,1) mächtige Herren. Die Abkunft und Familie des Isagoras vermochte er indes nicht anzugeben. Er wußte lediglich, daß Isagoras aus einem angesehenen Hause stammte und sein Vater Teisandros hieß.[9] Isagoras verfügte ebenso wie Kleisthenes über weitreichende Verbindungen außerhalb Athens. Während der Belagerung der Peisistratiden auf der athenischen Akropolis war König Kleomenes I. von Sparta Gast in seinem Hause gewesen. Kleisthenes stammte bekanntlich aus der Familie der Alkmeoniden, deren Häupter seit vier Generationen in innerathenischen Auseinandersetzungen eine bedeutende Rolle gespielt hatten. Ihren (fiktiven) Stammbaum führten die Alkmeoniden auf den angeblichen Urenkel des sagenhaften Nestor zurück. Kleisthenes' Urgroßvater Megakles hatte als eponymer Archon im Jahr des gescheiterten Putschversuchs Kylons (um 630) sich und seine Familie mit schwerer Blutschuld belastet, da er geduldet hatte, daß die Anhänger Kylons von den Altären, an die sie sich geflüchtet hatten, weggerissen und getötet wurden. Eine Generation später wurde wegen dieses „Kylonischen Frevels" Megakles' Sohn Alkmaion mit seinen Angehörigen verbannt. Erst durch das Amnestiegesetz Solons wurde ihnen die Rückkehr nach Attika gestattet. Alkmaions Sohn Megakles, der Vater des Kleisthenes, heiratete um 575/70 die Tochter des Tyrannen Kleisthenes von Sikyon und war um und nach 560 Gegenspieler, zeitweilig aber auch Verbündeter des Peisistratos. Nachdem dann Peisistratos um 546 endgültig die Macht an sich gerissen hatte, verließen die Alkmeoniden zunächst Athen. Sie kehrten vermutlich vor 525/24 wieder zurück, da Kleisthenes, der spätere Reformer, in dem genannten Amtsjahr wahrscheinlich das Archontat bekleidete.[10] In der Schlußphase der Tyrannis befanden sich die Alkmeoniden wieder im Exil. Wohl noch vor der Ermordung des Hipparchos durch Harmodios und Aristogeiton 514 v. Chr. versuchten sie, von der im attisch-boiotischen Grenzgebiet liegenden Bastion Leipshydrion (am Parnes) aus die Tyrannis zu stürzen. Das Unternehmen scheiterte, doch gelang es Kleisthenes, von Delphi aus maßgebende Kreise in Sparta für militärische Aktionen gegen die Tyrannis zu gewinnen.[11] Nach einem ersten erfolglosen Anlauf 511 v. Chr. führte ein Jahr später die Intervention des Kleomenes I. von Sparta zum Erfolg. Es ist anzunehmen, daß Kleisthenes in den folgenden Auseinandersetzungen um den dominierenden Einfluß in Athen für sich in Anspruch nahm, einen entscheidenden Beitrag zum Sturz der Tyrannis geleistet zu haben.

Isagoras und Kleisthenes stützten sich primär auf adlige Freundschaftsgruppen, die in der modernen Forschung generell als Hetairien (Vereinigungen von Hetairoi, „Gefährten") bezeichnet werden. Der griechische Terminus Hetaireia ist allerdings im Unterschied zur Bezeichnung Hetairoi, die schon in den homerischen Epen häufig verwendet wird, vor dem fünften Jahrhundert nicht belegt.[12] Die „klassischen" Hetairien des fünften und des vierten Jahrhunderts, die an sich „private" Gruppen bildeten, gegebenenfalls aber in politischen Konflikten überaus aktiv wurden, waren unterschiedlich strukturiert und bestanden keineswegs ausschließlich aus Aristokraten.[13] Herodot (5,71,1) nennt freilich bereits die Gruppe um Kylon eine „Hetairie". Es handelte sich zweifellos um eine exklusive Vereinigung mit engen persönlichen Bindungen ihrer Mitglieder. Insofern ist der von Herodot verwendete „klassische" Terminus für das im Kontext beschriebene Phänomen der archaischen Zeit eine durchaus adäquate Bezeichnung, die hier übernommen werden kann, wenn auch zu beachten bleibt, daß die archaischen „Hetairien" generell noch in starkem Maße in der Tradition „homerischer" Hetairos-Gruppen stehen, die sich nach der Darstellung der epischen Dichter um einen

Anführer aus dem Kreise reicher Landbesitzer scharen, an seinem Lebensstil teilhaben, im Krieg und auf Raubzügen sein engeres Gefolge bilden und ihm im öffentlichen Leben der größeren Gemeinschaft ihres Wehrverbandes Rückhalt zur Durchsetzung bestimmter Maßnahmen oder zur Ausübung von Ordnungsfunktionen in einer Gesellschaft bieten, die noch keine regulären Magistrate kannte.[14] Jene älteren, in den Epen erwähnten Hetairos-Gruppen waren insofern noch Stützen einer personengebundenen Macht der dominierenden Herren in frühen griechischen Gemeinwesen. Indem die Polis nun als politische Gemeinschaft mehr und mehr staatlichen Charakter gewann und im Zuge dieser Entwicklung institutionelle Ordnungsstrukturen mit bindenden Regelungen für die Besetzung der Ämter sowie für die Rechtsprechung und z. T. auch schon für die Entscheidungsfindung in öffentlichen Organen entstanden, vollzog sich zumindest partiell allmählich ein Funktionswandel der Hetairos-Gruppen bzw. der Hetairien, die zwar nach wie vor exklusive Vereinigungen bildeten, ihre Aktivitäten aber nunmehr stärker auf die sich formalisierenden, d. h. nach bestimmten Regeln sich vollziehenden Beamtenwahlen und Verfahrensweisen der öffentlichen Beschlußfassung richten mußten. Im nachsolonischen Athen war dies bereits der Fall, wie die Nachrichten über Rivalitäten um das eponyme Archontat erkennen lassen.[15]

Deutlichere Konturen gewinnen solche Konflikte für uns in den Berichten über die Entwicklung nach dem Sturz der Tyrannis. Kleisthenes soll zunächst den Hetairien seiner Gegner, die sich um Isagoras scharten, unterlegen gewesen sein,[16] im Gegenzug aber „den Demos zu seiner Hetairie hinzugewonnen“ haben.[17] Aktive Träger des Machtkampfes waren zweifellos primär Adelsgruppen, die im Sinne der Terminologie der klassischen Zeit Hetairien bildeten. In den beiden Hauptquellen werden aber zudem auch die Begriffe „Freunde“ (φίλοι) und „Parteigänger“ (στασιῶται, συστασιῶται) verwendet.[18] Vermutlich liegen hier noch Reminiszenzen an die Struktur der Anhängerschaften der Protagonisten vor.[19] Wenn eine Hetairie im engeren Sinne einen kleinen Kreis von Tischgenossen bildete, dürfte es sich um kaum mehr als zwei Dutzend Personen gehandelt haben. In der ›Athenaion Politeia‹ (20,3) und in der Darstellung Herodots (5,72,1–2) erscheint aber die Zahl von 300 „Freunden“ bzw. „Parteigängern“ des Isagoras. Beiden Autoren ist zudem zu entnehmen, daß in diesen Auseinandersetzungen etwa 700 Athener aus der Anhängerschaft des Kleisthenes mit ihren Familien zeitweilig Attika verlassen mußten, als Kleomenes I. von Sparta zugunsten des Isagoras intervenierte.[20] Die genannten Zahlen beziehen sich nicht auf eine einzelne Hetairie oder Symposion-Gemeinschaft. Man kann daher davon ausgehen, daß jeweils mehrere Hetairien sich den beiden „Mächtigen“ (Isagoras und Kleisthenes) anschlossen, als sich der Konflikt zuspitzte. Kleisthenes kann aber zu diesem Zeitpunkt nicht 700 „Gefährten“ in der sich polarisierenden athenischen Oberschicht gehabt haben, die aus den ersten beiden solonischen Zensusklassen der „Fünfhundertscheffler“ (Pentakosiomedimnoi) und „Reiter“ (Hippeis) bestand. Hierzu zählten um 500 schwerlich weit mehr als 1000 männliche Erwachsene, da die Gesamtzahl der Bürger damals allenfalls 30000 betrug.[21] Innerhalb der Oberschicht wird Isagoras keinen geringeren Anhang besessen haben als Kleisthenes, wenn es zutrifft, daß er einen neuen Rat aus 300 „Freunden“ bilden wollte, in den zweifellos größere Grundbesitzer aufgenommen werden sollten.

Insgesamt gesehen ist mit einer komplexen Struktur der Anhängerschaften der beiden Hauptakteure zu rechnen. Den inneren Zirkel bildete vermutlich jeweils ein bestimmter Freundeskreis, der sich als Symposion-Gruppe und Hetairie um jeden der beiden „Mächtigen" scharte. Hinzu kam ein größerer Kreis von anderen Angehörigen der Oberschicht, die sich ihrerseits zu verschiedenen Hetairien zusammengeschlossen hatten. Die Hetairien bildeten insgesamt die eigentlichen Aktionsgruppen der beiden Staseis („Konfliktparteien"), die sich als erweiterte Anhängerschaften der Protagonisten erst im Verlauf der offenen Konfrontation formierten und nicht nur aus „Aristokraten" bestanden. Anders ist die in den Quellen genannte Zahl von „Parteigängern" des Kleisthenes kaum zu erklären. Zu beachten ist in diesem Zusammenhang des weiteren, daß nicht alle Sympathisanten des Alkmeoniden Athen verließen, als dort Kleomenes I. interventierte. Der Widerstand, der sich bald darauf gegen Kleomenes und Isagoras erhob, wurde von der Boulé organisiert. Hierunter ist der solonische Rat der Vierhundert zu verstehen, in dem nicht nur Fünfhundertscheffler und Hippeis, sondern auch Zeugiten (Hopliten) der dritten Klasse vertreten waren.[22]

Wir wissen allerdings nicht, wie der Machtkampf eskalierte. Nur soviel ist deutlich, daß Isagoras im Frühjahr 508/07 bei der Wahl für das höchste Polisamt – das eponyme Archontat – sich mit Hilfe jener Hetairien, die sich ihm angeschlossen hatten, in der Volksversammlung durchsetzen konnte. Kleisthenes wird nicht kandidiert haben, da er die begehrte Position – wie gesagt – wohl schon 525/24 bekleidet hatte. Wahrscheinlich war damals schon ebenso wie in der klassischen athenischen Demokratie eine Iteration des Amtes nicht möglich. Vermutlich favorisierte Kleisthenes einen seiner Anhänger. Die Konkurrenz um das Archontat war aber eher der äußere Anlaß für die offene Konfrontation. Der Konflikt betraf ein sehr viel komplexeres Problem. Seit der Vertreibung der Peisistratiden standen in Athen zweifellos Fragen einer Neuorganisation des Gemeinwesens zur Debatte. Peisistratos und seine Söhne hatten keine wesentlichen institutionellen Neuerungen vorgenommen und die solonische Ordnung formal nicht verändert, doch wurden natürlich die Belange der Polis unter den Tyrannen nicht von politisch aktiven Gruppen des Bürgerverbandes in freier Selbstbestimmung entschieden. So fanden zwar weiterhin Beamtenwahlen statt. Die Funktionsträger konnten aber im wesentlichen nur durch Ausübung ihrer Aufgaben in der Rechtspflege ihr Sozialprestige mehren.[23] Politischen Handlungsspielraum hatten sie in der von den Tyrannen dominierten Polis selbstverständlich nicht, während die Peisistratiden mannigfache Aktivitäten entfalteten, um ihren Führungsanspruch zu untermauern. Maßnahmen wie die Errichtung öffentlicher Bauten und die glanzvolle Ausgestaltung des Polisfestes der Großen Panathenäen sollten nicht nur die Überlegenheit des Tyrannenhauses über alle anderen Familien der Oberschicht demonstrieren, sondern auch die Leistungen der Peisistratiden für das Gemeinwesen unterstreichen. Nach den Machtkämpfen zwischen führenden Repräsentanten der Oberschicht um die Mitte des sechsten Jahrhunderts garantierten die Peisistratiden etwa drei Jahrzehnte Ruhe und inneren Frieden in Athen. Hierdurch schufen sie zweifellos günstige Rahmenbedingungen für Landwirtschaft und Gewerbe. Dies besagt aber nicht, daß die große Mehrheit der freien Bevölkerung in Athen und Attika im Tyrannenhaus einen festen Bezugspunkt ihrer Identifizierung mit dem Gemeinwesen sah, das ja durch die Adelsrivalitäten der nachsolonischen Zeit keineswegs zerfallen war, als Peisistratos um 546 aus dem Exil mit auswärtigen Gefolgschaften und Söldnern seine Heimatpolis angriff und einen Bürgerkrieg riskierte, um die Macht an sich zu reißen. Identitäts- und Gemeinschaftsbewußtsein der Athener waren nicht erst das Ergebnis seiner Herrschaft. Die Vorstellung von der gemeinsamen Abkunft der Athener hatte sich lange Zeit vor der Tyrannis herausgebildet, und die Einheit des Polisverbandes war bereits ein Leitgedanke der berühmten Eunomia-Elegie Solons.[24] Unter Peisistratos und seinen Söhnen war zwar die Teilnahme an dem großen Fest der Stadtgöttin Athena immer wieder ein nachhaltiges Gemeinschaftserlebnis. Gleichzeitig erfuhren aber die Festteilnehmer sinnfällig ihre faktische Unterordnung unter das Machtmonopol der Tyrannenfamilie, die sich während der Feierlichkeiten öffentlich mit ihren Trabanten umgab. Große Sympathien konnte sie auf diese Weise kaum gewinnen. Als die Spartaner 510 in Athen intervenierten, kam es zwar nicht zu einer allgemeinen Erhebung gegen die Tyrannis. Ebensowenig hat aber der Demos im Zentralort Athen und in den attischen Landgebieten die Peisistratiden unterstützt. Zu diesem Zeitpunkt hatte sich allerdings die Situation infolge der Ermordung des Hipparchos 514 und durch die folgenden Maßnahmen des Hippias zur Absicherung seiner Macht erheblich verschärft. Die Tyrannenfamilie hatte indes auch vorher nie auf den Schutz ihrer Leibwache verzichtet und von Anfang an ihre Herrschaft auf ein Söldnerkorps gestützt. So war jedem Mitglied des Polisverbandes bewußt, daß faktisch kein Bürgeraufgebot mehr existierte und die Söldnertruppe des Tyrannenhauses auch den äußeren Schutz des Gemeinwesens garantieren sollte.[25] Zweifellos war es den Machthabern nicht gelungen, die breite Masse der Freien dauerhaft an ihr Haus zu binden, und die Oberschicht beugte sich in ihrer Mehrheit ohnehin nur notgedrungen dem Primat der Peisistratiden, wenn auch diejenigen Aristokraten, die in die Ämter gelangten, zumindest zeitweise mit der Tyrannenfamilie kooperierten. Die persönlichen Kontakte zwischen Angehörigen der Oberschicht und dem Demos konnten Peisistratos und seine Söhne nach Lage der Dinge nicht effektiv unterbinden. Schon aus diesem Grunde wurde das Sozialprestige des Adels nicht geschmälert. Die gesellschaftliche Rangordnung blieb aber auch deshalb gewahrt, weil die solonische „Zensusordnung" bestehenblieb und die hohen Polisämter dementsprechend mit Fünfhundertscheffler n besetzt wurden, die nach damaligen Maßstäben als wohlhabend galten.

In Athen und Attika hatten sich freilich seit den „Dunklen Jahrhunderten" die mittleren und unteren Schichten der Freien in ihrer Gesamtheit wohl nie in völliger Abhängigkeit von mächtigen Aristokraten befunden. Jedenfalls existierten vor der Usurpation des Peisistratos innerhalb der Polisgemeinschaft keine permanenten Bindungen bestimmter Großgruppen an einzelne Adlige. Gruppenbildungen im Verlauf aristokratischer Rivalitäten basierten nicht auf durchorganisierten Kollektiven und hatten nicht über Generationen hinweg Bestand, sondern waren eher temporäre Interessengemeinschaften. Vor der Tyrannis des Peisistratos waren die Machtverhältnisse jedenfalls fluktuierend und durch eine gleichsam mehrstellige Dominanz einflußreicher Herren gekennzeichnet.

Nach dem Sturz der Peisistratiden stand – wie gesagt – die traditionelle gesellschaftliche Rangordnung nicht zur Disposition. Insofern hatte sich im Vergleich zu den Verhältnissen vor der Tyrannis nicht viel geändert. Da auch die Entwicklung der Institutionen unter den Peisistratiden stagniert hatte, schien sich das politische Kräftespiel wieder in den alten Bahnen der nachsolonischen Zeit zu vollziehen, als führende Aristokraten mit ihren Hetairien und Anhängerschaften Abstimmungen und Wahlen in der Volksversammlung zu steuern suchten. Vor allem bei der Wahl für das eponyme Archontat 508/07 konnte Isagoras mit dem Instrument der Hetairien offenbar recht geschickt operieren, ohne daß wir Einzelheiten seiner Taktik kennen. Seine Anhängerschaft war in dieser Phase des Kampfes vermutlich nicht größer als die Gefolgschaft des Kleisthenes, wenn die in den Quellen genannten Zahlen in etwa zutreffen. Isagoras konnte freilich im Rückgriff auf konventionelle Methoden des Machtkampfes nur einen Anfangserfolg erringen. Es wurde bald deutlich, daß sich eben doch ein Wandel vollzogen hatte,[26] denn es gelang Kleisthenes recht bald, breitere Kreise der Mittel- und Unterschichten, d. h. Bürger der dritten und der vierten Zensusklase (Zeugiten und Theten) zu gewinnen. Dies läßt auf eine überzeugende Propagierung neuer Pläne zur Reform der Polisordnung schließen. Die spätere Durchführung der Reformen wäre indes ohne Unterstützung durch Angehörige der Oberschicht, die sich nicht von Anfang an den Hetairien um Kleisthenes angeschlossen hatten, kaum möglich gewesen,[27] wie allein schon die Registrierung aller Bürger in den attischen Demen zeigt. Die Bauernschaften in den Landbezirken konnten hierfür schwerlich die erforderlichen „Schreibkräfte" stellen. Kleisthenes wird daher auch über den engeren Kreis der Hetairien in seiner Stasis hinaus noch weitere Anhänger in der Oberschicht gewonnen haben. Vermutlich hatten bereits vor der Eskalation des Konflikts Diskussionen über notwendige Reformen stattgefunden. Eine Neuordnung des Gemeinwesens kann nicht erst nach den Archontenwahlen 508/07 gleichsam aus dem Stand konzipiert worden sein. Ein drängendes Problem war vor allem der Verfall der athenischen Wehrordnung unter der Tyrannis, so daß Maßnahmen zur Neuorganisation des Aufgebotes zwingend erforderlich wurden.[28] Das bedeutendste Rekrutierungsreservoir stellte die Schicht der mittleren Bauern dar, die in der damals wichtigsten Waffengattung – der Phalanx der schwerbewaffneten Hopliten – dienten. Zahlreiche Athener hatten aber nach dem Ende der Tyrannis zweifellos keine Waffen mehr zur Verfügung. Bereits vier Jahre später konnte die Polis wieder ein schlagkräftiges Heer ins Feld schicken. Daher ist der Beginn einer „Wiederaufrüstung" wohl schon in die Zeit unmittelbar nach der Vertreibung der Peisistratiden zu datieren. Da sich die Bürger die Waffen selbst beschaffen mußten, konnte die Reorganisation des Heerwesens wohl kaum einfach über die Köpfe der Bürger hinweg dekretiert werden. Mehrere tausend Wehrfähige konnten sich auch nicht von heute auf morgen eine neue Hoplitenrüstung besorgen. Der militärische Erfolg der Athener über Boioter und Chalkidier 506 setzte somit eine gewisse Zeit der Aktivierung der Wehrfähigen voraus, so daß die führenden Kreise breiten Konsens in dieser Frage anstreben mußten. Daß jedenfalls nach dem Sturz der Tyrannis Übereinstimmungen über aktuelle politische Fragen erzielt werden konnten, zeigt der erwähnte Beschluß, eine Überprüfung des Bürgerrechts vorzunehmen. Die Jahre zwischen dem Tyrannofugium und den Reformen des Kleisthenes waren nicht nur von Faktionskämpfen erfüllt, sondern auch schon eine Zeit des Neuanfangs, von dem breitere Schichten des Demos nicht einfach ausgeschlossen werden konnten.[29]

Im übrigen waren die Grenzen zwischen den solonischen Zensusklassen vielfach fließend. Zahlreiche Zeugiten der dritten Klasse waren aufgrund der Besitzverhältnisse nicht durch eine tiefe soziale Kluft von vielen Fünfhundertschefflern und Hippeis getrennt, die zur Oberschicht zählten. Die Ressourcen der Repräsentanten einiger großer Häuser mit weitreichenden Verbindungen sind kein Maßstab für den Lebensstandard der großen Mehrzahl der Angehörigen der Oberschicht, die eher als Großbauern einzustufen sind. Hinzu kommt, daß die Hetairien zwar exklusive Clubs für Statuspersonen bildeten, in den älteren Personenverbänden der Phylen und Phratrien, die wichtige Aufgaben im öffentlichen Leben der Polisgemeinschaft erfüllten, aber Hoch und Niedrig vereint waren.[30] Die traditionellen Führungsstrukturen setzten selbstverständlich die politische und gesellschaftliche Vorrangstellung der amtsfähigen Statuspersonen voraus, doch bedeutete Führung nach gemeingriechischen Vorstellungen auch Leistung für das Gemeinwesen und damit für die gesamte Polisgemeinschaft. Bereits in den homerischen Epen wird erwartet, daß die Leiter der Gemeinschaften das Volk vortrefflich lenken (Od. 19,109–114) und ein Truppenaufgebot nicht ins Unglück führen (Il. 2,233 ff.). Die dominierenden großen Oikosbesitzer können sich nicht alles erlauben und müssen auf die „öffentliche Meinung" („das Gerede im Demos") Rücksicht nehmen (Od. 14,239). Für Solon haben vor allem die „Anführer des Demos" die Verantwortung für die schwere Krise Athens vor seiner Gesetzgebung.[31] In der unter dem Namen des Theognis von Megara überlieferten Gedichtsammlung, die überwiegend im sechsten Jahrhundert v. Chr. entstanden ist, wird verantwortungsloses Handeln mancher „Aristokraten" *(agathoi)* scharf kritisiert.[32] Xenophanes von Kolophon (ca. 570–475) fordert die Einbindung adliger Ruhmsucht in das Wohl der Polis. Gemeinschaftsbewußtsein des Polisverbandes, das letztlich auf der Vorstellung bzw. Fiktion gemeinsamer Abstammung basierte, und Anerkennung einer gesellschaftlichen Rangordnung, die von den Statuspersonen auch Leistung für das Gemeinwesen verlangte, waren gewissermaßen komplementäre Phänomene.

So ist es keineswegs überraschend, daß der wohl im späten sechsten Jahrhundert in Adelskreisen als programmatische Parole gegen Tyrannenherrschaft geprägte Isonomiebegriff in Athen recht bald die politische Gleichheit der Bürger in dem von den Peisistratiden befreiten Gemeinwesen bezeichnete.[33] Erstmals belegt ist „Isonomia" in der Schrift ›Über die Natur‹ des Arztes Alkmaion von Kroton, der den Terminus wohl aus der Sprache des politischen Lebens auf den menschlichen Organismus und den Kosmos insgesamt übertragen hat. Die adjektivische Variante *isonomos* („gleichberechtigt") erscheint in zwei Liedstrophen (Skolien) zu Ehren der Tyrannenmörder Harmodios und Aristogeiton.[34] Die Lieder wurden in aristokratischen Freundschaftsgruppen gesungen. Die Gleichberechtigung wird hier nicht nur für die Oberschicht, sondern für alle Athener, d. h. für den Polisverband der Bürger in Anspruch genommen. Da die Befreiung Athens von der Tyrannis den Tyrannenmördern zugesprochen wird, sind die betreffenden Strophen zweifellos nicht im Freundeskreis des Kleisthenes entstanden, der ja die eigentlich treibende Kraft bei den spartanischen Interventionen 511 und 510 war. Die Entstehung der Skolien läßt sich allerdings ebensowenig wie die genannte Schrift des Alkmaion exakt datieren. Gleichwohl ist zu vermuten, daß in Diskussionen über eine Neuordnung der Polis nach 510 „*Isonomia*“ als Komplementärbegriff zu der älteren Bezeichnung „*Eunomia*“, dem Inbegriff für geordnete Verhältnisse, in die Debatte gebracht wurde. Im Hinblick auf die genannten Skolien ist sogar nicht auszuschließen, daß nicht nur von Kleisthenes und seinem Kreis Reformvorschläge gemacht wurden.

Als Kleisthenes nach der Wahl des Isagoras zum Archon breitere Schichten zu gewinnen vermochte, gelang ihm dies offenbar in kurzer Zeit. Auch aus diesem Grund ist anzunehmen, daß schon vorher irgendwie über Reformen diskutiert worden war. Möglicherweise brachte Kleisthenes Vorschläge vor die Volksversammlung, die über bisherige Pläne und Erwartungen weit hinausgingen und sofort lebhafte Zustimmung fanden. Der Boden war aber – wie gesagt – wohl schon vorbereitet. Jedenfalls hatten die Gegner des Kleisthenes seiner Konzeption einer Neukonstituierung der gesamten Bürgerschaft nichts entgegenzusetzen.

Unklar ist freilich wieder die Chronologie der Ereignisse. Vielleicht hatte Isagoras sein Amt bereits angetreten, als Kleisthenes sein Reformprogramm als Privatmann ohne amtliche Funktionen einbrachte.[35] Um die geplanten Neuerungen in der Volksversammlung verständlich zu machen, konnte er seine Pläne vor diesem Publikum allerdings wohl nur in den Grundzügen vortragen. Er wäre allein auch gar nicht in der Lage gewesen, zu diesem Zeitpunkt etwa schon komplette Bürgerlisten aus den einzelnen Gemeinden (Demen) als Grundlage für eine Neukonstituierung der Phylen vorzulegen. Die Neuordnung erforderte weit umfangreichere Maßnahmen als die Gesetzgebung Solons. So ist zu vermuten, daß der Reformer nicht die Befugnisse eines bevollmächtigten Gesetzgebers erhielt, sondern eine Kommission zur Ausarbeitung einer beschlußfähigen Vorlage unter seiner Leitung eingesetzt wurde. Der erste Schritt mußte bei der Durchführung der Reformen die Konstituierung der Demen und die Anfertigung der Demenregister mit den Namen der Bürger in diesen Demen sein.[36] Erst dann konnten neue Phylen als größere Einheiten gebildet werden. Sicherlich wurden im Zuge dieser Maßnahmen keine neuen Grenzlinien für die Demen gezogen oder Vermessungen vorgenommen.[37] Die Demen waren keine Verwaltungseinheiten im eigentlichen Sinne, sondern bestanden aus athenischen Bürgern und ihren Familien, die in bestimmten Siedlungskomplexen oder Einzelgehöften lebten. Auf lokaler Ebene konnten die Demenmitglieder (Demoten) zweifellos zügig erfaßt werden. Längere Zeit wird hingegen die Formierung der neuen größeren Einheiten der Phylen und Trittyen („Drittel“) erfordert haben, zumal die Einzelheiten sorgfältig geplant werden mußten.[38] Nach einer sehr viel späteren Nachricht des Lexikographen Pollux (8,110) war die neue Phylenordnung erst im Archontat des Alkmaion abgeschlossen, der wohl ein Alkmeonide war und vermutlich als Nachfolger des Isagoras sein Amt ausübte.[39] Die Beschlußfassung, d. h. die Zustimmung der Ekklesia zu dem Reformprojekt erfolgte aber noch im Amtsjahr 508/07, das weiterhin als Archontat des Isagoras galt. Offenbar fungierte Isagoras zumindest nominell noch den größten Teil seiner Amtszeit als höchster Polisbeamter, bevor der Konflikt eskalierte.[40]

Um die Durchführung der geplanten Neuordnung mit allen Mitteln zu verhindern, wandte sich Isagoras an Kleomenes I. von Sparta, der durch einen Herold die Athener auffordern ließ, Kleisthenes und viele andere wegen des „Kylonischen Frevels" zu verbannen. Wahrscheinlich hatte ihm Isagoras geraten, diese Propagandawaffe gegen Kleisthenes ins Spiel zu bringen. Das Reformwerk schien in Frage gestellt, da Kleisthenes nunmehr Attika verließ. Offenbar sah er keine Möglichkeit, der zu erwartenden militärischen Intervention des spartanischen Königs erfolgreich Widerstand zu leisten. Kleomenes erschien indes nur mit einer kleinen Truppe in Athen, die wohl durchweg aus Spartiaten bestand, die ihm persönlich ergeben waren.[41] Gleichwohl handelte es sich wohl kaum um eine „Privatarmee",[42] da es wenig wahrscheinlich ist, daß Kleomenes den Kriegszug ohne offiziellen Beschluß der Apella, der spartanischen Volksversammlung, unternommen hat, wenn er auch damals einen bedeutenden Einfluß in Sparta ausübte und seine außenpolitischen Aktivitäten erkennen lassen, daß er vor allem außerhalb seiner Polis einen beachtlichen Handlungsspielraum besaß, der nicht zuletzt auch aus seiner Position als einer der beiden „Könige" des damals mächtigsten griechischen Gemeinwesens resultierte, so daß er in dieser Hinsicht größere Möglichkeiten als andere Repräsentanten großer Adelshäuser der spätarchaischen Zeit hatte.[43] Offenbar war es sein Ziel, durch Unterstützung des Isagoras ein von Sparta abhängiges Regime in Athen zu installieren. Kleomenes und Isagoras hatten freilich die Lage falsch eingeschätzt. Sie waren zwar kurze Zeit Herr der Lage. Etwa 700 athenische Familien wurden – wie schon erwähnt – unter dem Vorwand ihrer Verstrickung in den Kylonischen Frevel vertrieben. Als Isagoras dann unter dem Schutz der spartanischen Waffen den bestehenden Rat der Vierhundert auflöste und 300 seiner Anhänger zu „Herren der Stadt" zu machen suchte (d. h. einen neuen Rat bilden und die Ämter mit seinen Gefolgsleuten besetzen wollte), leistete der amtierende Rat Widerstand.[44] Dies war das Signal zu einer Erhebung einer größeren Zahl athenischer Bürger. Kleomenes und Isagoras zogen sich mit ihren Leuten auf die Akropolis zurück. Nach dreitägiger Belagerung boten sie die Kapitulation an. Der spartanische König erhielt mit seiner Truppe freien Abzug. Isagoras und wohl auch ein Teil seiner Gefolgsleute entkamen im Schutz der spartanischen Hopliten (Hdt. 5,74,1). Weitere Anhänger des Isagoras, denen offenbar während der Tumulte nicht die Flucht auf die Akropolis gelungen war, wurden ergriffen und getötet.[45] Kleisthenes und die von Kleomenes vertriebenen Athener kehrten zurück. Das Reformwerk konnte vollendet werden.

Die spontane Erhebung, die zunächst von den in der Stadt und in ihrer näheren Umgebung lebenden Bürgern ausgegangen war und dann auch in den attischen Landgebieten Unterstützung gefunden haben wird, richtete sich nicht nur gegen die militärische Intervention des Kleomenes. Der überraschend schnelle Erfolg des Aufstandes bestätigt, daß die breite Mehrheit der Athener die Reformen akzeptierte und die Obstruktion des Isagoras entschieden ablehnte.

b) Die politische Neuorganisation

Die von Kleisthenes konzipierte neue politische Organisation Attikas basierte auf einer regionalen Gliederung in die Gebiete Asty („Stadt“, Athen und das Umland im Umkreis von etwa 10 km mit der dortigen Küste), Mesogeia („Binnenland“, das im Norden an Boiotien grenzte) und Paralia („Küstenland“, die Regionen am Meer mit Ausnahme des Asty-Gebietes). Auf diese Weise entstand jedoch keine administrative Bezirkseinteilung. Die griechische Polis kannte keine Verwaltungseinheiten im modernen Sinne. Die verschiedenen Unterabteilungen der Polisgemeinschaft waren vielmehr im Prinzip Personenverbände, wie auch das Gemeinwesen selbst als Vereinigung von Bürgern verstanden wurde. Entsprechend waren die von Kleisthenes konstituierten zehn neuen Phylen personale Einheiten. Jede der drei genannten Regionen wurde in zehn „Drittel“ (Trittyes, Sing.: Trittys) unterteilt und jeweils die Bürger einer Trittys aus dem Asty-Gebiet, der Mesogeia und der Paralia zu einer Phyle zusammengeschlossen. Jede neue Phyle bestand somit aus drei Trittyes.[46] Trotz dieser eigentümlichen rationalen Gliederung der neuen Phylen hielt man an der alten Fiktion der Abstammungsgemeinschaften weiterhin fest, denn die neuen Verbände wurden wie die vier „alten“ (weiterhin existierenden) Phylen nach attischen Heroen benannt, die wie „Stammväter“ verehrt wurden.[47] Die Namen der neuen Phylen lauteten in der „amtlichen“ Reihenfolge: Erechtheis, Aigeis, Pandionis, Leontis, Akamantis, Oineis, Kekropis, Hippothontis, Aiantis, Antiochis.

Von dieser neuen Aufteilung nicht betroffen waren die fiktiven „Verwandtschaftsverbände“ der Phratrien, die keine Unterabteilungen der alten Phylen waren.[48]

Die Konstituierung der neuen Phylen soll nach der in der aristotelischen ›Athenaion Politeia‹ (21,4) vorliegenden Überlieferung sehr schematisch erfolgt sein. Angeblich wurden die einzelnen Trittyes durch Auslosung den neuen Phylen zugeordnet. Die neuere Trittyenforschung hat indes nachgewiesen, daß Unregelmäßigkeiten in diesem Gliederungssystem bestehen, die auf Abweichungen von dem Schema der ›Athenaion Politeia‹ schließen lassen und wohl mit einer sorgfältigen Planung bei der Zusammensetzung der Trittyen und Phylen zu erklären sind.[49] Da jede der 10 Phylen fortan 50 Bouleuten („Ratsmitglieder“) stellte und ihre wehrfähigen Hopliten jeweils eine Taxis („Regiment“) des Aufgebotes bildeten, sollten die Phylen offenbar jeweils aus einer annähernd gleichen Zahl von Bürgern oder zumindest von Hopliten bestehen.[50] Dies bedeutet nicht, daß alle Gebiete der einzelnen Phylen gleich groß waren. Nach Lage der Dinge mußte bereits auf der Ebene der Trittyen ein gewisser Ausgleich der Zahlenrelationen erreicht werden.[51] Die Zahl der Demen war in den einzelnen Trittyen verschieden groß, und in den Demen wiederum war die Zahl der Bürger sehr unterschiedlich. Als lokale Einheiten entsprachen die Demen im wesentlichen den bereits bestehenden Siedlungsgemeinschaften, doch wurden verschiedentlich auch mehrere kleine Siedlungsgemeinschaften zu einem neuen Demos vereinigt, der dann auch einen neuen Namen erhielt. Aus klassischer Zeit sind insgesamt 139 Demen bekannt.[52] Dies scheint aber der Zahl der kleisthenischen Demen nicht ganz zu entsprechen, da anzunehmen ist, daß nach Kleisthenes infolge von bestimmten Siedlungsaktivitäten und demographischen Entwicklungen einige Änderungen vorgenommen wurden. So scheint der Demos Atene im Südwesten Attikas im späten sechsten Jahrhundert noch gar nicht existiert zu haben.[53] Aus der unterschiedlichen Größe der kleisthenischen Demen resultierten aber zweifellos auch Probleme bei der Konstituierung der Trittyen. Legt man die im vierten Jahrhundert epigraphisch bezeugten Demengruppierungen zugrunde, so bildete nicht jede Trittys ein geschlossenes Territorium. Mehrfach lagen auch Demen ein und derselben Trittys in verschiedenen Regionen. Allerdings ist die neuere Forschung hier noch nicht zu übereinstimmenden Ergebnissen gelangt. So ist z. B. umstritten, ob der Demos Probalinthos, dessen Bewohner seit alters zur sogenannten marathonischen Tetrapolis gehörten, zusammen mit dem „städtischen" Demos Kydathenaion die Asty-Trittys der Phyle III (Pandionis) bildete[54] oder zusammen mit den Demen Myrrhinous, Angele, Kytherros, Prasia und Steiria dem „Küstendrittel" dieser Phyle zuzuordnen ist.[55] Ferner ist die Zuordnung des Demos Rhamnous an der Ostküste nördlich von Marathon kontrovers. Es fragt sich, ob dieser Demos mit dem „städtischen" Demos Phaleron zur Asty-Trittys der Phyle IX (Aiantis) oder mit den „Küstendritteln" (Marathon, Oinoe, Trikorynthos) dieser Phyle verbunden war. Ein weiteres Problem betrifft die Zuordnung der Demengruppen Ikarion/Plotheia und Eitea/Kolonai/Semachidai, die in einschlägigen neueren Untersuchungen entweder als Enklaven der Asty-Trittyen der Phylen II (Aigeis) und X (Antiochis) identifiziert oder aber den „Binnenlanddritteln" dieser Phylen zugerechnet werden. Ferner ist zu beachten, daß große Demen wie Acharnai und Aphidna zugleich eine eigene Trittys mit 22 bzw. 16 Ratsmitgliedern bildeten, während kleine Demen nur einen Bouleuten stellten oder im jährlichen Wechsel mit einem anderen kleinen Demos durch einen Demenangehörigen im Rat vertreten waren.

Ein offenes Problem bleibt auf jeden Fall die Frage, ob Kleisthenes selbst überhaupt Enklaven in den von ihm „konstituierten" drei Regionen Attikas eingerichtet hat. Selbst wenn die vermuteten Besonderheiten der Kombination einiger Demen des Asty-Bereiches mit weit entfernten Gemeinden zutreffend sein sollten, besagt dies noch nicht, daß solche Ausnahmen von der Regel bereits Bestandteil der kleisthenischen Ordnung waren. Die Zugehörigkeit der Bürger zu einem bestimmten Demos wurde zwar gewissermaßen erblich, da die im Zuge der Reformen des Kleisthenes vorgenommene Einschreibung der Bürger in die attischen Demen für alle Nachkommen jener Demenangehörigen (Demoten) verbindlich blieb, so daß auch bei einer Verlegung des Wohnsitzes in einen anderen attischen Demos keine Neueinschreibung bzw. Umschreibung erfolgte. Gleichwohl kann die demographische Entwicklung der Demengemeinschaften nicht überall gleichmäßig verlaufen sein. Der Peiraieus wurde erst im fünften Jahrhundert ein bedeutender Hafenplatz und stellte in der Zeit des Kleisthenes schwerlich schon acht Bouleuten, wie dies für das vierte Jahrhundert belegt ist.[56] Ferner war etwa das Gebiet des schon erwähnten Demos Atene um 500 noch kaum besiedelt. Insgesamt gesehen blieben die aus dem vierten Jahrhundert bekannten Bouleutenquoten zwar bis zum frühen dritten Jahrhundert nach dem vorliegenden epigraphischen Material trotz Bevölkerungsfluktuation und Abwanderung aus den ländlichen Gebieten in den Raum von Athen im ganzen konstant, doch ist in mehreren Fällen ein Abweichen von der ursprünglich von Kleisthenes und seinen Helfern festgelegten Zahl der Bouleuten aus den einzelnen Demen im Verlauf der Entwicklung bis zum vierten Jahrhundert sehr wahrscheinlich.[57] Wenn die Konstituierung des Demos Atene tatsächlich erst nach Kleisthenes erfolgte, sind innerhalb der Phyle bzw. der Trittys, der diese neue Gemeinde zugeordnet wurde, auch gewisse Änderungen in den Bouleutenquoten erforderlich gewesen. Aufgrund der demographischen Verschiebungen sind des weiteren auch Korrekturen in der Kombination von Demen im Rahmen des Systems der Trittyen denkbar. Die kleisthenische Ordnung insgesamt brauchte hierdurch nicht prinzipiell verändert zu werden. Sie war aber zweifellos einfacher, als sie sich nach den späteren epigraphischen Zeugnissen darstellt.

Einige Besonderheiten in Ostattika sind wohl schon auf Kleisthenes zurückzuführen. Die Küsten- und Binnenland-Trittyen einiger Phylen bildeten hier Blöcke, d. h. sie grenzten aneinander. Dies kann kaum ein Zufall gewesen sein, wenn Kleisthenes und seine Ratgeber Phylen von annähernd gleicher Bürgerzahl konstituieren wollten. Die Trittyen sind daher wohl kaum durch Losentscheid zu Phylen zusammengeschlossen worden.

Da die kleisthenische Ordnung noch nicht den Organisationsgrad der klassischen Demokratie besaß, sind natürlich Rückschlüsse aus den Quellen späterer Zeit problematisch. Als gesichert kann aber gelten, daß die Demen, die größtenteils aus gewachsenen lokalen Einheiten konstituiert wurden, gleichsam die Basis des gesamten Ordnungsgefüges bildeten. Die Organisation dieser Demen war zunächst sicherlich noch recht einfach. Immerhin waren aber bereits seit Kleisthenes wichtige lokale Aufgaben der Demenangehörigen mit Aufgaben der Polisgemeinschaft verklammert. Hierauf ist nicht zuletzt der langfristige Erfolg der Reformen zurückzuführen. Besondere Bedeutung für die Verbindung der lokalen Einheiten mit dem politischen Zentrum hatte der Demarchos („Gemeindevorsteher"), der bis zu einem gewissen Grade auch ein Funktionsträger der Polisgemeinschaft war.[58] Er führte die Bürgerliste seines Demos, in der jedes männliche „Gemeindemitglied" über 18 Jahre verzeichnet war.[59] Mit der Einschreibung in dieses Verzeichnis war das Vollbürgerrecht formal garantiert. Über die Aufnahme entschied die Versammlung der Demoten (Gemeindemitglieder) unter dem Vorsitz des Demarchos, der spätestens im vierten Jahrhundert aus den Demoten der betreffenden Gemeinde ausgelost wurde. Eine Ausnahme bildete der Demarchos im Peiraieus, der „aus allen Athenern" ausgelost wurde (Aristot. Ath. Pol. 54,8). Die im vierten Jahrhundert belegte Beschränkung der Amtszeit eines Demarchos auf ein Jahr war wohl schon Bestandteil der kleisthenischen Ordnung, doch ist zu vermuten, daß die Gemeindevorsteher in der Zeit nach Kleisthenes zunächst wie die anderen Polisbeamten noch gewählt wurden. Der Aufgabenbereich des Demarchos hat sich im Laufe der Zeit erweitert. So wurde es z. B. durch die Bevölkerungsfluktuation erforderlich, für zugezogene Athener aus anderen Demen Sonderlisten zu führen.

Die lokale gesellschaftliche Rangordnung wurde durch die Reformen nicht tangiert. Daher ist anzunehmen, daß in das Amt des Demarchos noch lange Zeit die „lokale Prominenz" gewählt wurde. In seiner Amtszeit konnte der Demarchos sein Prestige noch steigern, indem er sich durch geschickte Leitung der Gemeindeversammlung, durch Vertretung der Interessen der Demoten gegenüber der Polis oder als Repräsentant der Gemeinde bei Polisfesten profilierte und am Ende seines Amtsjahres nachzuweisen vermochte, daß er seine Funktionen ordnungsgemäß erfüllt hatte.[60] Auch in dem beschränkten Rahmen einer Gemeinde war Akzeptanz als Führungsinstanz nur durch Leistungen für die betreffende Gemeinschaft zu erreichen, die ihrerseits die Wahl ihres Vorstehers zu einem lokalen Politikum gestalten konnte.

Bedeutsam war für die künftige Entwicklung vor allem die Einbindung der Demosgemeinden in den Gesamtverband der Polis. Das wichtigste Bindeglied zwischen den lokalen Gemeinschaften und dem Polisverband wurde der neue Rat der Fünfhundert, in den jeder Demos eine bestimmte Zahl von Mitgliedern (Bouleuten) entsenden konnte, die in Relation zu seiner Bürgerzahl stand. Die Bouleuten konnten als Vertreter der Demen aller Regionen Attikas an der Vorbereitung der Beschlüsse der Ekklesia mitwirken und hierdurch zumindest indirekt als Gremium auch einen gewissen Einfluß auf politische Entscheidungen des Polisverbandes nehmen. Im Rahmen ihrer Möglichkeiten konnten sie aber zudem auch Anliegen und Wünsche ihrer Demengenossen vorbringen. Die Gefahr einer Dominanz lokaler oder regionaler Interessen bestand indes kaum. Ein Gegengewicht hiergegen bildete die Einrichtung der Trittyen, denn die 50 Bouleuten jeder Phyle setzten sich ja – wie gesagt – aus den Dritteln verschiedener Regionen zusammen, wenn auch in Ostattika eine auffällige Blockbildung mehrerer Phylen existierte.

Die Zahl der Tagungen der Boulé war zunächst noch wesentlich geringer als später in der klassischen Demokratie, doch bedeutete die Teilnahme an den Sitzungen vor allem für Bouleuten aus den vom politischen Zentrum weiter entfernten ländlichen Gegenden stets auch einen großen Zeitaufwand. Als Ratsmitglieder standen daher in den Landgebieten vor allem Grundbesitzer und Bauern zur Verfügung, die den ersten drei Zensusklassen angehörten und abkömmlich waren, wenn der Rat tagte. Theten, d. h. Kleinbauern, kleine Handwerker und besitzlose Bürger konnten nach Lage der Dinge schwerlich im Rat mitwirken, zumal für die Bouleutentätigkeit noch keine Tagegelder gezahlt wurden. Daß Theten durch Kleisthenes von der Boulé ausdrücklich ausgeschlossen wurden, ist nicht überliefert, im Hinblick auf die große Zustimmung, die Kleisthenes' Reformen fanden, im übrigen wenig wahrscheinlich.

Eine detaillierte Geschäftsordnung des Rates wurde von Kleisthenes vermutlich noch nicht eingeführt. In der klassischen Demokratie bildeten die 50 Bouleuten jeder Phyle jeweils für den zehnten Teil des attischen Amtsjahres als sogenannte Prytanen den geschäftsführenden Ausschuß (Prytanie) des Rates, wobei die Reihenfolge der Prytanien durch das Los bestimmt wurde. Die Institution der Prytanien ist erstmals für die fünfziger Jahre des fünften Jahrhunderts eindeutig belegt. Ihre Anfänge können nicht sicher datiert werden. Da diese Prytanien einen umfangreicheren Aufgabenbereich der Boulé voraussetzen, ist anzunehmen, daß sie im Verlauf des Aufstiegs Athens zur ägäischen Großmacht nach 480/79 konstituiert wurden. Zu beachten ist in diesem Zusammenhang, daß die Aufgaben der Boulé bei der Vorbereitung der Beschlüsse der Volksversammlung ständig zunahmen, als die athenische Ekklesia das wichtigste Entscheidungsorgan im gesamten Bereich des Delisch-Attischen Seebundes wurde.

Von der Einrichtung des geschäftsführenden Ausschusses zeitlich zu trennen ist zweifellos die erst in Inschriften des vierten und dritten Jahrhunderts für mehrere Phylen bezeugte Aufteilung der Mitglieder einer Prytanie in Dreiergruppen (17 + 17 + 16 Bouleuten). Wahrscheinlich repräsentierte jede dieser Gruppen jenes „Drittel der Prytanen", das in der klassischen Demokratie mit dem täglich wechselnden Ratsvorsitzenden Tag und Nacht im Amtsgebäude der Tholos anwesend sein mußte. Obwohl diese Prytanen-Drittel sicherlich nicht mit Kleisthenes in Verbindung gebracht werden können und möglicherweise auch nicht gleichsam deckungsgleich mit den von Kleisthenes eingerichteten quasi-regionalen Trittyen der Phylen sind, basieren sie letztlich auf kleisthenischen Organisationsprinzipien. Ebenso wie die durch unterschiedliche demographische Entwicklungen in den einzelnen Demen erforderlich gewordenen Modifikationen in den Bouleutenquoten waren die Dreiergruppen der Prytanen des vierten und dritten Jahrhunderts gewissermaßen systemimmanente Neuerungen. Im übrigen bestätigen gerade die Bouleutenquoten, daß man bestrebt war, trotz demographischer Veränderungen eine annähernd gleichmäßige Repräsentation der Bürgerschaft im Rat zu erreichen. Dies dürfte letztlich noch auf Intentionen des Kleisthenes zurückzuführen sein.

Unklar bleibt, ob die Hopliten der kleisthenischen Trittyen taktische Unterabteilungen des Aufgebotes (Taxis) einer Phyle bildeten und mit einem sogenannten Lochos („Bataillon") identisch waren.[61] Die militärischen Kommandostrukturen sind jedoch einigermaßen deutlich. Jede Taxis wurde von einem Phylarchen (Phylenbefehlshaber) geführt, bis einige Jahre später (wahrscheinlich 501/500) das Kollegium der zehn Strategen konstituiert wurde.

c) Ziele und Bedeutung der Reformen

Die von Kleisthenes initiierten und um die Wende vom sechsten zum fünften Jahrhundert weitergeführten Neuerungen in der militärischen Organisation waren eine wesentliche Voraussetzung für den Erfolg des athenischen Hoplitenaufgebotes bei Marathon. Die eigentliche Bedeutung der kleisthenischen Reformen liegt freilich im politischen Bereich. Die Neukonstituierung der gesamten Bürgerschaft hatte weitreichende Auswirkungen auf die Entwicklung der zentralen Organe des Rates und der Volksversammlung. Selbstverständlich ist zu differenzieren zwischen den Zielen der Reformen und ihren langfristigen Auswirkungen, die Kleisthenes nicht voraussehen konnte. Schwierigkeiten ergeben sich hier daraus, daß schon in der Zeit des Perikles Motive und Intentionen des Kleisthenes nicht mehr recht verstanden wurden. Herodot (6,131,1) will einerseits einen Zusammenhang zwischen der kleisthenischen Phylenreform und der Konstituierung der athenischen Demokratie erkennen, die erst im fünften Jahrhundert institutionell Gestalt gewonnen hat. Er behauptet aber auch andererseits (5,69), Kleisthenes habe nach dem Vorbild seines Großvaters mütterlicherseits, des Tyrannen Kleisthenes von Sikyon, die zehn neuen attischen Phylen geschaffen.[62] Für Aristoteles (Pol. 1319b 19ff.) stellt sich aus der Sicht des späten vierten Jahrhunderts die kleisthenische Reform einfach als Stärkung der Demokratie dar.[63] Der Autor der aristotelischen ›Athenaion Politeia‹ ordnet das Reformwerk in einen längeren historischen Prozeß ein, indem er bemerkt (22,1), daß durch Kleisthenes das athenische Gemeinwesen (Politeia) im Vergleich zu der Zeit Solons „viel demokratischer“ geworden sei. Im übrigen wird in dieser Schrift als Ziel der neuen Phylenordnung lediglich die „Vermischung“ der Bevölkerung innerhalb der Phylen genannt und hiermit die Aufnahme von Neubürgern in Verbindung gebracht, deren Abstammung angeblich verschleiert werden sollte durch die Einführung des sogenannten Demotikon, der Angabe der Herkunft aus einem bestimmten attischen Demos (= Gemeinde) als Zusatz zum Individualnamen. Zweifellos wurde aber nicht das athenische Bürgerrecht großzügig an Fremde verliehen, sondern die Ausbürgerung einer Reihe von Personen, die unter der Tyrannis das athenische Bürgerrecht erhalten hatten, gewissermaßen rückgängig gemacht.[64] Diese Form der Wiedergutmachung durch Wiedereingliederung in den Polisverband kann aber allenfalls ein Nebeneffekt der Konstituierung neuer Phylen gewesen sein, in die jene Personen natürlich aufgenommen wurden. Kleisthenes mag hierbei auch beabsichtigt haben, weitere Sympathisanten zu gewinnen. Dies kann aber nicht Sinn und Zweck der Phylenreform gewesen sein, die in diesem Fall schwerlich bei der großen Masse Bürger volle Zustimmung gefunden hätte. Entscheidend für die Akzeptanz, die das Reformwerk fand, wird vielmehr die Aussicht breiterer Kreise auf größere Mitbestimmung bei der Regelung der öffentlichen Angelegenheiten gewesen sein.

Mit Ausnahme der Konstituierung des Rates der 500 wurden freilich keine eigentlichen Neuerungen in den zentralen Polisorganen vorgenommen. Die Archonten behielten ihre Befugnisse und wurden weiterhin aus dem Kreis der Angehörigen der höchsten Zensusklasse gewählt. Die Funktionen des Areopags und des solonischen Volksgerichtes (Heliaia) blieben offensichtlich unverändert. Ebensowenig scheint die Volksversammlung neue Kompetenzen erhalten zu haben, und der neue Rat hat zunächst wohl im wesentlichen probouleutische Aufgaben ausgeübt, d. h., er hatte die Tagungen der Ekklesia vorzubereiten, indem er die Tagesordnung der Volksversammlung vorschlug, sie über die Agenda informierte und ihr gegebenenfalls Anträge zur Beschlußfassung vorlegte.[65] Die Versammlung der Bürger konnte zwar in der klassischen Demokratie die Vorbeschlüsse des Rates modifizieren oder ablehnen und eine inhaltlich neue eigene Entscheidung treffen. Gleichwohl war aber eine enge Kooperation zwischen Boulé und Ekklesia unabdingbar. Dies war zweifellos bereits im Prinzip seit den kleisthenischen Reformen der Fall. Die Volksversammlung wurde vermutlich zunächst weiterhin vom eponymen Archon einberufen und geleitet. Wenn sich aber fortan allem Anschein nach die Entscheidungsfindung in engem Zusammenwirken von Rat und Volksversammlung vollzog, so betraf dies nicht nur Formalitäten der Beschlußfassung. Durch die neue Phylenordnung waren die einzelnen Regionen Attikas in gleicher Weise mit dem Entscheidungszentrum verbunden, und durch das Medium des Rates wurden die Demen in Athen selbst repräsentiert. Zahlreiche Pentakosiomedimnoi und Hippeis, die keine Aussicht auf Bekleidung hoher Polisämter hatten, konnten nunmehr durch Mitgliedschaft im Rat an der Vorbereitung der Beschlüsse mitwirken. Darüber hinaus garantierte die jährliche Neuwahl der Bouleuten, daß auch viele einfache Bürger aus dem gesamten Polisgebiet an den Beratungen in der Boulé teilnehmen und damit letztlich schon im Vorfeld an den politischen Entscheidungsprozessen mitwirken konnten. Hingegen dürften aufgrund der sozialen Struktur des Rates und der Herkunft seiner Mitglieder aus allen Teilen Attikas adlige Hetairieführer kaum noch in der Lage gewesen sein, die Beschlußfassung in diesem Gremium mit ihren Zirkeln zu manipulieren. Wer bestimmte politische Pläne und Vorstellungen realisieren und entsprechende Beschlüsse durchsetzen wollte, mußte auf jeden Fall bei den in der Volksversammlung anwesenden Bürgern breite Zustimmung finden. Unter den veränderten politischen Rahmenbedingungen konnten auch die Archontenwahlen nicht mehr ohne weiteres durch Hetairien gelenkt und beeinflußt werden, wie dies noch bei der Kandidatur des Isagoras der Fall gewesen war.[66] Die neuen kleisthenischen Phylen bildeten zwar keine Stimmkörper, d. h., die Volksversammlung stimmte nicht nach Phylen gegliedert ab. Nur in Ausnahmefällen wie beim „Scherbengericht“ (Ostrakismos) erfolgte die Stimmabgabe phylenweise. Gleichwohl entstanden durch die Phylenreform zweifellos neue Identitäten und Loyalitäten. Die Zusammensetzung der Phylen aus Bürgern aus den verschiedensten Regionen Attikas vermittelte den Mitgliedern jener Verbände, die ja gleichsam jeweils Teile des gesamten Demos waren, ein neues, sozusagen höheres Gemeinschaftsbewußtsein, die Gewißheit, zusammen mit allen anderen in der Ekklesia anwesenden Athenern den Polisverband mit seinen gemeinsamen Interessen zu repräsentieren und partikularen Interessen einzelner Hetairieführer entgegenzutreten

Sicherlich traten in der Volksversammlung kaum einfache Bürger als Antragsteller und Redner auf. Das Wort führte hier zweifellos eine begrenzte Gruppe von Angehörigen der ersten (und eventuell auch der zweiten) solonischen Zensusklasse, die ohnehin im öffentlichen Leben eine prominente Rolle spielten und es verstehen mußten, vor einem großen Publikum sich in Szene zu setzen und mit Überzeugungskraft zu argumentieren. Auch blieb das soziale Gefälle innerhalb der Bürgerschaft bestehen, so daß nicht zuletzt aus diesem Grund auch die Mehrzahl der sogenannten „Besten“ *(aristoi)* die Reformen prinzipiell akzeptierte. „Isonomie“ als Inbegriff für formale Gleichberechtigung der neuen Ordnung bedeutete aber für die breite Masse in der Ekklesia die Möglichkeit, über Meinungsverschiedenheiten und Auseinandersetzungen in der Führungsschicht letztlich zu entscheiden. Aristokratische Rivalitäten mußten in Zukunft vor dem zentralen Entscheidungsorgan ausgetragen werden.

In der neueren althistorischen Forschung ist mehrfach versucht worden, Sinn und Zweck einer Neukonstituierung der Bürgerschaft durch Einrichtung neuer Phylen auf der Basis von Demen und Trittyen einfach aus Einzelproblemen wie der Frage der lokalen Bouleutenquoten oder aus der Kombination bestimmter Demengruppen zu erschließen. Hiernach soll Kleisthenes bestrebt gewesen sein, einerseits ältere Bindungen der Bevölkerung Attikas an führende Familien der Oberschicht zu lockern und hierdurch lokale Machtgrundlagen großer Adelshäuser zu unterminieren,[67] andererseits aber auch durch eine durchdachte Einordnung seiner eigenen Anhängerschaft in das neue Phylensystem den Einfluß seines Hauses auf die Polisinstitutionen langfristig zu garantieren und abzusichern. Diesbezügliche Thesen setzen voraus, daß in archaischer Zeit sogenannte Adelsgeschlechter in Form von festgefügten und weitverzweigten Verwandtschaftsverbänden mit gemeinsamen Kulten und umfangreichen, schichtenübergreifenden Gefolgschaftsverbänden bzw. Klientelen existierten. Im archaischen Griechenland bildete aber die Familie (bzw. die erweiterte Familie) als Oikosgemeinschaft die soziale Grundeinheit.[68] Für die gesellschaftliche Stellung und den politischen Führungsanspruch der Angehörigen der Oberschicht waren neben ihren individuellen Fähigkeiten jeweils die Ressourcen ihres Hauses (Oikos) von größter Bedeutung.[69] Wenn es in Attika tatsächlich eine dauerhafte Abhängigkeit größerer Bevölkerungsgruppen von einzelnen Adelshäusern gegeben hätte, wären solche Bindungen durch die kleisthenische Demen- und Phylenreform wohl kaum durchschnitten worden. Jedenfalls gewannen Repräsentanten großer Häuser durch Munifizenz weiterhin nicht nur allgemeine Reputation in der Bürgerschaft, sondern besaßen in ihren Demen und in der Umgebung ihrer Besitzungen auch lokale Anhängerschaften. Ein bekanntes Beispiel aus der Zeit nach der Abwehr der Perser ist Kimon, der bedürftige Demengenossen unterstützt haben soll.[70] Spenden unterschiedlicher Art hat es zweifellos längst vor Kimon gegeben. Sie dienten größeren Grundbesitzern nicht zuletzt zur Statusdemonstration.[71] Der erfolgreiche Stratege Kimon hatte freilich weit größere Mittel zur Verfügung als typische Angehörige der Oberschicht mit einem Grundbesitz von etwa 20 bis 30 Hektar. Er gewann aber durch euergetische Großzügigkeit im lokalen Bereich keine eigentliche Klientel, die dauerhaft seinem Hause verbunden und zu Gegenleistungen verpflichtet gewesen wäre.[72] Stimmen lokaler Anhängerschaften waren in der Ekklesia schwerlich ausschlaggebend, wenn es etwa galt, bestimmte Anträge durchzusetzen. Mit dieser Situation hatten generell alle ambitionierten Adligen zu rechnen. Im Umkehrschluß bedeutet dies, daß eine Beseitigung lokaler Abhängigkeitsverhältnisse kein geeignetes Mittel war, den Zusammenhalt der gesamten Bürgerschaft zu stärken. Daß auch keine kultischen Verbindungen aus politischen Gründen zur Schwächung lokaler Machtbasen durchschnitten werden sollten, zeigt das schon erwähnte Beispiel des Demos Probalinthos, der mit Marathon, Oinoe und Trikorynthos seit alters zum Kultverband der marathonischen Tetrapolis gehörte, in der klassischen politischen Organisation Attikas aber nicht mit den genannten drei anderen Demen eine Trittys bildete. Vermutlich hätte eine aus allen vier Demen der Tetrapolis bestehende Trittys eine allzu große Zahl von Bouleuten gestellt. Gleichwohl verblieb der Demos Probalinthos in seinem alten Kultverband.[73]

Da in der archaischen Polis Athen weder feudale Strukturen noch weiträumige Einflußbereiche einzelner „Adelsgeschlechter“ mit dauerhaften Klientelen nachzuweisen sind, erübrigen sich des weiteren alle Kombinationen, die davon ausgehen, daß Alkmeoniden in die drei Asty-Demen Agryle, Xypete und Alopeke eingeschrieben worden seien und Kleisthenes diese Demen drei verschiedenen Asty-Trittyen in den Phylen I (Erechtheis), VII (Kekropis) und X (Antiochis) zugeordnet habe, um im Südwesten Attikas, den die Alkmeoniden angeblich vor der Tyrannis des Peisistratos beherrscht hätten, alte Anhängerschaften seines Hauses möglichst geschlossen in die neue Organisation einzubringen und hierdurch die Möglichkeit zu haben, Beschlüsse des Rates und der Ekklesia zu manipulieren.[74] Die Nachrichten über Parteiungen in nachsolonischer Zeit erlauben nicht den Schluß, daß die Alkmeoniden damals den gesamten Südwesten des athenischen Polisgebietes gleichsam als territoriale Basis zu ihrem Einflußbereich zählen konnten und dort umfangreiche Ländereien besaßen. Träger jener Auseinandersetzungen vor der Machtergreifung des Peisistratos waren in erster Linie Hetairien, die natürlich nicht mit geschlossenen Bevölkerungsgruppen größerer Regionen gleichzusetzen sind. Umfang und Lage der Besitzungen der Familie des Kleisthenes, die kein Gentilverband mit gemeinsamem Besitz war, sind ungeklärt. Im übrigen wären Alkmeoniden durch eine Repräsentanz in verschiedenen Demen, Trittyen und Phylen ohnehin nicht in der Lage gewesen, die Beratungen in der Boulé dauerhaft zu beeinflussen, zumal es wahrscheinlich noch keinen geschäftsführenden Ausschuß zur Vorbereitung der Sitzungen gab. Selbst wenn bereits Kleisthenes diese Institution geschaffen haben sollte, hätten Alkmeoniden und deren Anhänger, die als Prytanen fungierten, in ihren eigenen Demen, Trittyen und Phylen bei der Behandlung strittiger Agenda mit dem Widerstand anderer Gruppierungen rechnen müssen und über den geschäftsführenden Ausschuß im Rat ohnehin nur einen zeitlich begrenzten Einfluß ausüben können, der mit dem Ablauf der Prytanie wieder in Frage gestellt worden wäre. Zudem wäre durch Manipulationen in der Boulé noch kein Erfolg im zentralen Entscheidungsorgan der Volksversammlung garantiert gewesen.

Als Ziel der von Kleisthenes konzipierten politischen Organisation Attikas zeichnet sich zunächst die Stärkung der Einheit von Stadt und Land ab. Hierzu war eine möglichst gleichmäßige Repräsentation der einzelnen Regionen in der Boulé unabdingbar. Durch die in den Demen alljährlich benannten Ratsmitglieder waren die verschiedenen Regionen des Polisgebietes enger mit dem politischen Zentrum in Athen verbunden, und durch die eigenartige Zusammensetzung der neuen Phylen konnten sich alle Mitglieder dieser Personenverbände zugleich auch mit der größeren Einheit der Polisgemeinschaft identifizieren, in deren Rahmen die Phylen politische Aufgaben zu erfüllen hatten. So wurde letztlich auch den Bürgern fernab vom Zentrum deutlich, daß die Einheit und Gemeinschaft des Gesamtverbandes der Polis eine höhere Ebene und Gemeinschaft darstellte als die lokalen oder regionalen Bereiche und daß jeder Bürger Teil einer Gesamtheit war, die in der Ekklesia letzte Entscheidungen zu treffen hatte. Aus der politischen Praxis ergab sich das Zusammenspiel von Boulé und Ekklesia. Im Verlauf der Entscheidungsfindung konnte der Bürger erfahren, daß die Mitgliedschaft im Rat die Möglichkeit bot, schon im Vorfeld der Beschlußfassung am Entscheidungsprozeß teilzunehmen, daß aber dennoch die Volksversammlung das wichtigste Forum für die Ausübung des Bürgerrechts bei Abstimmungen über das Wohl des Gemeinwesens darstellte und hier gewissermaßen das letzte Urteil über Kontroversen führender Angehöriger der Oberschicht gesprochen wurde, weil diese sogenannten Meinungsführer ihre Ziele nur erreichen konnten, wenn sie die Mehrheit der jeweils in der Ekklesia anwesenden Athener zu überzeugen vermochten. Wir wissen freilich nicht, ob Kleisthenes beabsichtigt hat, durch Schaffung dieser neuen Rahmenbedingungen das politische Selbstbewußtsein breiterer Schichten zu stärken. Durch seine Reformen wurde weder das gesellschaftliche Gefälle zwischen dem „Adel“ (oder besser: einer bestimmten Spitzengruppe von „Aristokraten“) und dem Demos beseitigt noch das Netz der

Adelsverbindungen zerrissen, das sich in Verwandtschaftsverbindungen, politischen „Freundschaften" (Philiai) und Hetairien als Klammern im sozialen Gefüge der Oberschicht manifestierte. Es ist ihm aber offensichtlich gelungen, sowohl breitere Kreise des Demos als auch größere Teile der Oberschicht für sein Reformwerk zu gewinnen. Das deutlich erkennbare Ziel, die zentralen Polisinstitutionen gegenüber den Einflußmöglichkeiten der Hetairien zu stabilisieren, setzt in der Bürgerschaft oder zumindest in ihren politisch aktiven Teilen ein erhebliches Interesse an den Maßnahmen des Kleisthenes voraus, der seine Reformpläne wohl kaum zu realisieren vermocht hätte, wenn er lediglich bestrebt gewesen wäre, seinem Hause dauerhaften politischen Einfluß zu sichern und Bindungen attischer Bürger an andere Adelsfamilien zu lösen. Wohl aber mag er gehofft haben, durch die von ihm initiierte Neuordnung des Gemeinwesens sein Prestige im gesamten Polisgebiet stärker zur Geltung zu bringen. In diesem System gab es aber auch generell für andere Angehörige der Oberschicht die Möglichkeit, durch bestimmte Vorschläge die Entscheidungen der Volksversammlung zu beeinflussen. Das Refomwerk in seiner Gesamtheit sollte offenbar ein Bollwerk gegen Umtriebe adliger Hetairieführer bilden, nachdem vor und nach der Tyrannis mehrfach aus partikularen Gruppeninteressen gefährliche Machtkämpfe entstanden waren, die den Zusammenhalt der Bürgerschaft zu zerreißen drohten.

In diesen Kontext ist wohl auch das Gesetz über das „Scherbengericht" (Ostrakismos) einzuordnen, dessen Datierung allerdings umstritten ist. Durch Ostrakismos konnte ein eigentümliches „Verbannungsurteil" nach einer besonderen Abstimmung (Ostrakophoria) mit Keramikscherben (Ostraka; Sing.: Ostrakon) verhängt werden. Wenn in der sechsten Prytanie (etwa Januar) in der Ekklesia die Mehrheit der Versammlungsteilnehmer einer Ostrakophoria zugestimmt hatte, fand in der achten Prytanie (etwa zwei Monate später) unter Aufsicht der neun Archonten und des Rates der 500 die eigentliche Abstimmung statt, die in diesem Fall phylenweise (d. h. nach Phylen geordnet) vorgenommen wurde und nur gültig war, wenn mindestens 6000 Stimmen abgegeben worden waren. Ostrakisiert war dann derjenige, auf den die meisten Stimmen entfielen.[75] Er mußte für zehn Jahre Attika verlassen und wurde nach Ablauf dieser Frist wieder mit allen Rechten und ohne Besitzverlust in die Polisgemeinschaft aufgenommen.[76] Erstmals durchgeführt wurde eine Ostrakophoria nach der Darstellung der aristotelischen ›Athenaion Politeia‹ (22,3) 488/87. In der Überlieferung wird allgemein Kleisthenes als Initiator dieses politischen Instrumentes bezeichnet. Lediglich der Atthidograph Androtion soll in seiner um 343 v. Chr. erschienenen attischen Lokalgeschichte (Atthis) nach den Angaben des Lexikographen Harpokration (2. Jh. n. Chr.) behauptet haben, daß die erste Ostrakophoria nach einem unmittelbar vorausgehenden Volksbeschluß über die Einführung dieser politischen Waffe erfolgt sei. Auch Androtion setzt aber in Übereinstimmung mit der übrigen atthidographischen Überlieferung voraus, daß die Abstimmung über eine Ostrakophoria von Anfang an in der Volksversammlung vorgenommen wurde. Demgegenüber heißt es in einer anonymen spätbyzantinischen Handschrift aus dem 15. Jahrhundert, daß Kleisthenes dem Rat die Kompetenz übertragen habe, gegebenenfalls eine Ostrakophoria durchzuführen. Angeblich sollen 200 Stimmen zur Ostrakisierung eines Bürgers ausgereicht haben.[77] Daß in dieser späten Notiz eine authentische Angabe vorliegt, ist indes zweifelhaft, zumal die Ostrakophoria eine weitreichende Entscheidung darstellte und bis zu den Perserkriegen sonst nur vorberatende Funktionen des Rates der 500 bekannt sind. Vor 488/87 wurde offensichtlich niemand ostrakisiert, und in der Folgezeit fanden die Ostrakophorien stets in der Ekklesia statt, wie die große Zahl der mit Namen beschriebenen Ostraka aus den achtziger Jahren des fünften Jahrhunderts zeigt. Die späteren Nachrichten zur Ostrakophoria setzen allerdings auch das System der Prytanien voraus, dessen Einführung – wie gesagt – nicht sicher zu datieren ist. So bleibt der formale Ablauf der frühen Ostrakophorien unklar. Immerhin ist aber deutlich, daß die Einrichtung des Ostrakismos politischen Streit entschärfen und Stasisbildungen entgegensteuern sollte. Letztlich bot das Instrument des Ostrakismos hochrangigen Statuspersonen sogar einen gewissen Schutz gegen brutale Gewaltakte politischer Gegner, denn die Machtkämpfe um die dominierende Position im Polisverband wurden durch eine Ostrakophoria sozusagen kanalisiert. Ob Kleisthenes diese Konsequenzen gesehen hat, mag dahingestellt bleiben. Da er zweifellos zu verhindern suchte, daß einflußreiche Repräsentanten der Oberschicht Vorbereitungen zur Errichtung einer persönlichen Machtstellung treffen konnten, könnte er aber selbst den Ostrakismos initiiert haben. Letzte Sicherheit ist hier allerdings nicht zu gewinnen.

Kleisthenes hat aber auf jeden Fall wesentliche Voraussetzungen für die Entstehung der ersten Polis-Demokratie in Griechenland geschaffen. Monumentaler Ausdruck der von seinen Reformen ausgehenden Impulse ist im übrigen die Ausgestaltung der Agora zu einem zentralen Ort politischer Aktivitäten.[78]

2. Innere Konsolidierung und äußere Gefahren nach den Reformen

Im Zusammenhang mit den Reformen des Kleisthenes stehen die Einführung des Eides der Ratsmitglieder („Bouleuteneid") und eine Neuregelung der militärischen Kommandobefugnisse um die Wende vom sechsten zum fünften Jahrhundert. Nach der aristotelischen ›Athenaion Politeia‹ (22,2) wurde erstmals im Archontat des Hermokreon im fünften Jahr nach der kleisthenischen Neuordnung der Bouleuteneid in der noch im vierten Jahrhundert üblichen Formulierung geschworen. Falls der Verfasser dieser Nachricht das Archontat des Isagoras (508/07) mit dem Jahr der Gesetze des Kleisthenes gleichgesetzt hat, wäre der Eid bei inklusiver Zählung 504/03 anzusetzen, doch war in diesem Jahr Akestorides eponymer Archon. Wahrscheinlich ist der Eid 503/02 oder erst ein Jahr später eingeführt worden.[79] Dies besagt aber nicht, daß der neue Rat der 500 erst einige Jahre nach der Phylenreform seine Tätigkeit aufnehmen konnte. Die neuen Phylen bestellten inzwischen ihrerseits ihre Phylarchen. Sie waren schon funktionsfähig und wohl auch in der Lage, die Sektionen des Rates zu stellen. Eine genaue inhaltliche Übereinstimmung der frühen Eidesformel mit dem Schwur der Bouleuten im vierten Jahrhundert ist indes auszuschließen, da die von späteren Autoren zitierten Formulierungen zum Teil Zusätze darstellen, die jeweils aus konkretem Anlaß eingeführt worden sind. Die ursprüngliche Formel dürfte die Bouleuten verpflichtet haben, ihre Tätigkeit rechtmäßig und in Übereinstimmung mit der Polisordnung zum Wohle des Demos auszuüben.[80] Dies bedeutet nicht, daß bei der Einführung des Bouleuteneides die Kompetenzen des Rates beschnitten wurden[81] und die Ekklesia[82] institutionell gegenüber dem vorberatenden Organ gestärkt werden sollte. Ebensowenig ist aus dem Bouleuteneid eine Präzisierung der Formalitäten der Entscheidungsfindung im Zusammenspiel von Rat und Ekklesia zu erschließen. Vermutlich sollte vor allem die neue Ordnung stärker abgesichert werden.[83]

Die Konstituierung des Strategenkollegiums, die wohl ins Archontenjahr 501/500 zu datieren ist, sollte zweifellos die Effizienz der militärischen Organisation des Bürgerverbandes erhöhen. Diese Neuerung erfolgte eindeutig auf der Basis der kleisthenischen Phylenreform. Die zehn Strategen traten an die Stelle der Phylarchen, die in den ersten Jahren nach den Reformen des Kleisthenes die Aufgebote der neuen Phylen geführt hatten. Mit der Einsetzung der neuen „Kommandeure" wurde vermutlich ein neuer Wahlmodus eingeführt. Die Einzelheiten sind allerdings umstritten. Wahrscheinlich benannte jede Phyle mehrere Kandidaten. Die Entscheidung wurde dann in der Ekklesia getroffen. Wer unter den Kandidaten seiner Phyle die meisten Stimmen erhielt, galt als gewählt,[84] so daß jede Phyle einen Strategos stellte. Iteration und Kontinuation des neuen Amtes waren vermutlich von Anfang an gestattet, so daß auch eine Wiederwahl ohne Intervall möglich war. Als Kandidaten kamen noch lange Zeit ambitionierte Angehörige der etablierten Oberschicht in Frage. Durch die Wahl in der Volksversammlung sollte aber garantiert werden, daß jeder Stratege auch das Vertrauen des gesamten Demos besaß. Deshalb konnte jeder Strategos gegebenenfalls nicht nur das „Regiment" (Taxis) seiner Phyle, sondern auch eine aus den Aufgeboten mehrerer Phylen bestehende Streitmacht befehligen. Ein solches Kommando besaß bereits der erste namentlich bekannte Strategos (Melanthios), der 498 ein aus Angehörigen verschiedener Phylen bestehendes Korps nach Kleinasien zur Unterstützung der Ionier in ihrem Kampf gegen Persien führte. Oberbefehlshaber im Fall eines Gesamtaufgebotes aller Wehrfähigen blieb aber zunächst weiterhin – zumindest nominell – der Polemarchos, einer der neun Archonten, dem erst nach der Schlacht bei Marathon (490) die militärischen Kompetenzen entzogen wurden.

Bei der Einführung der Strategie war noch nicht abzusehen, daß dieses Amt im fünften Jahrhundert die wichtigste Magistratur in Athen werden sollte. In der Neuregelung der Kommandobefugnisse um 500 manifestiert sich aber bereits die Integration der kleisthenischen Phylenordnung in die institutionelle Organisation des Bürgerverbandes. Die Strategen waren zwar Repräsentanten ihrer Phylen, hatten aber als gewählte Polisbeamte die Verantwortung für die Funktionsfähigkeit der Wehrordnung der gesamten Polisgemeinschaft. Obwohl ein athenisches Heeresaufgebot damals fast ausschließlich aus Hopliten bestand, erfolgte die Wahl der Strategen durch den gesamten Demos, zu dem natürlich auch die vierte Zensusklasse der Theten zählte. Dies unterstreicht die Bedeutung der Ekklesia in der sich konsolidierenden kleisthenischen Ordnung.[85]

Ausschlaggebend für die Einführung der Strategie waren vermutlich Erfahrungen aus der Zeit unmittelbar nach den Reformen des Kleisthenes. Athen war 506 durch eine Offensive der Spartaner und ihrer peloponnesischen Verbündeten sowie durch Angriffe der Boioter und Chalkidier bedroht. Offenbar erkannte man in Athen, daß in kritischen außenpolitischen Situationen mehrere Kommandeure mit ausreichenden Kompetenzen zur Durchführung militärischer Aktionen benötigt wurden. Diesen Anforderungen konnte die Institution der Phylarchie nicht mehr genügen.

Bereits nach dem Abzug des Kleomenes und des Isagoras 508/07 wurde in Athen eine neue spartanische Intervention erwartet. Dieser Bedrohung suchte man durch eine Allianz mit dem persischen Großreich zu begegnen. Wohl auf Beschluß der Volksversammlung sollten athenische Gesandte dem persischen Satrapen Artaphernes in Sardeis ein Bündnis anbieten.[86] Diese Sondierungen waren zweifellos Ausdruck einer überaus skeptischen Lagebeurteilung in Athen, wenn auch die Initiatoren der Aktion wohl kaum alle Konsequenzen ihrer „Offerte" bedacht haben. Nach der Darstellung Herodots sahen die Athener hierin keinen Unterwerfungsakt. Sie kannten offenbar nicht die persische Interpretation derartiger Kontakte und rechneten zudem nicht mit der Gefahr, daß der vertriebene frühere Tyrann Hippias, der im persischen Machtbereich Schutz gesucht hatte, von persischer Seite wieder ins Spiel gebracht werden könnte. Artaphernes stimmte dem athenischen Angebot zu, forderte aber die förmliche Unterwerfung Athens unter den Großkönig Dareios durch den symbolischen Akt der Übergabe von Erde und Wasser. Die athenischen Gesandten akzeptierten diese Bedingung, doch wurden ihnen nach ihrer Rückkehr nach Athen schwere Vorwürfe wegen Überschreitung ihrer Kompetenzen gemacht (Hdt. 5,73,3).[87] Es ist anzunehmen, daß die athenische Volksversammlung die von den Gesandten getroffenen Abmachungen nicht ratifizierte. Dies bedeutete eine Provokation des Artaphernes und seines Königs, denn aus ihrer Sicht hatten die Athener sich bereits den Persern unterworfen.[88] Die Folgen der Desavouierung der eigenen Gesandten wird man – wie gesagt – in Athen ebensowenig vorausgesehen haben wie die Tragweite des Hilfegesuchs an Artaphernes, da die persischen Herrschaftsvorstellungen und deren Implikationen schwerlich im einzelnen bekannt waren. Andererseits stellt sich die Frage, ob die Gefahr einer unmittelbaren Bedrohung Athens eventuell schon gebannt war, als die Gesandten aus Sardeis zurückkehrten. Herodot bietet keine exakte Chronologie. Nach seiner Darstellung (5,73,1) hat es den Anschein, daß die Athener noch vor dem Angriff der Spartaner, Boioter und Chalkidier die Forderung des Artaphernes zurückgewiesen haben. Es ist aber nicht auszuschließen, daß Herodot in Athen über die Abfolge der Ereignisse falsch informiert worden ist, so daß er den Eindruck gewinnen konnte, man habe seinerzeit in Athen in freier Entscheidung trotz anhaltender Bedrohung das Ansinnen des Artaphernes abgelehnt. In diesem Fall wäre eine Geschichtslegende zu vermuten, mit der man im fünften Jahrhundert die peinliche Gesandtschaft nach Sardeis zu verbrämen suchte. Möglicherweise wurden die Verhandlungen mit dem persischen Satrapen erst unmittelbar vor dem drohenden Zangenangriff auf Attika eingeleitet und von athenischer Seite dann Nachrichten über ein Bündnis mit Persien lanciert, als die beiden spartanischen Könige Kleomenes und Demaratos mit ihren Truppen bereits bis Eleusis vorgerückt waren. Hiermit ließe sich zweifellos das Geschehen im spartanischen Lager erklären, denn Demaratos und die Bundesgenossen der Spartaner weigerten sich plötzlich, den Feldzug gegen Athen fortzusetzen. Die Quellenlage erlaubt indes keine eindeutige Lösung dieses Problems.[89]

Herodots Darstellung (5,74,1–2) enthält freilich noch weitere Unstimmigkeiten. Angeblich soll Kleomenes ein Heer aus der gesamten Peloponnes aufgeboten haben, ohne sein eigentliches Ziel, an den Athenern Rache zu nehmen und Isagoras als Tyrannen einzusetzen, den Truppen bekanntzugeben. Ferner berichtet Herodot, daß Kleomenes mit seinem Heer nach Eleusis zog, während gleichzeitig die Boioter „verabredungsgemäß" aufgrund ihrer vorausgegangenen Verhandlungen mit dem spartanischen König die attischen Grenzorte Oinoe und Hysiai eroberten und die Chalkidier von Euboia aus nach Attika einfielen.[90] Erst als sich das attische Aufgebot bei Eleusis den Peloponnesiern entgegenstellte, sei den Korinthern klargeworden, daß sie ein Unrecht begingen, wenn sie einem Tyrannen in Athen zur Macht verhelfen würden. Sie hätten daraufhin Kleomenes verlassen, dem sich jetzt auch Demaratos widersetzt habe. Nach dem Abzug der Korinther und dem Streit der beiden Könige hätten auch die übrigen peloponnesischen Streitkräfte ihre Stellungen geräumt, so daß Kleomenes zum Rückzug gezwungen worden sei (Hdt. 5,75).

Der Feldzug gegen Athen ist zwar sicherlich von Kleomenes initiiert worden, der ebenso wie ein Jahrhundert später Agesilaos II. eine Ausnahmeerscheinung unter den Königen Spartas war. Das spartanische Doppelkönigtum mit erblicher „Thronfolge" in beiden Häusern war aber bereits seit langem eine Institution des Polisverbandes, so daß den Aktionsmöglichkeiten der Könige Grenzen gesetzt waren.[91] Kleomenes konnte schwerlich ein großes Heer in der Peloponnes eigenmächtig aufbieten. Sparta hatte etwa seit Mitte des sechsten Jahrhunderts durch Abschluß von Einzelverträgen zahlreiche peloponnesische Gemeinwesen zur Heeresfolge verpflichtet und konnte daher für seine eigenen Unternehmungen von seinen Bundesgenossen (Symmachoi) die Stellung von Truppen verlangen.[92] Ein entsprechendes Aufgebot setzte aber einen Beschluß der spartanischen Volksversammlung voraus. Daß es sich auch in diesem Fall um ein Unternehmen der Polis Sparta handelte, bestätigt nicht nur die Teilnahme des Demaratos, sondern auch die Reaktion der Spartaner auf das Fiasko in Eleusis. Nach dem Scheitern des Feldzuges wurde in Sparta ein Gesetz beschlossen, wonach in Zukunft die beiden Könige nicht mehr gemeinsam ein Heer befehligen durften. Es ist des weiteren wenig wahrscheinlich, daß die Allianz zwischen Sparta, Theben und Chalkis (Euboia) bis zum Beginn der Kampfhandlungen geheimgehalten werden konnte. In Athen wußte man jedenfalls die Kriegsvorbereitungen richtig einzuschätzen. Auch auf der Peloponnes konnte man sich ausrechnen, daß die aufgebotenen Truppen gegen Athen eingesetzt werden sollten. Ein diesbezüglicher Geheimhaltungsbeschluß der Spartaner dürfte keine allzu große Wirkung gehabt haben. Die Opposition der Korinther und anderer spartanischer Bundesgenossen ist wohl damit zu erklären, daß die Heerführer der einzelnen Truppenkontingente im Verlauf des Feldzuges ihre Kommunikation intensivieren konnten und bei ihren Gesprächen in weitgehender Übereinstimmung zu der Auffassung gelangten, daß für sie ein von Sparta abhängiges Regime des Isagoras in Athen nicht wünschenswert sei.[93] Aus ihrer Sicht konnte die Realisierung der Pläne des Kleomenes ein bedenklicher Präzedenzfall für weitere Interventionen dieser Art sein, die sich unter Umständen auch gegen peloponnesische Bundesgenossen Spartas richten konnten. Demaratos mag hingegen beabsichtigt haben, bei dieser Gelegenheit die Autorität des Kleomenes zu unterminieren.

Die Athener suchten der Umklammerung, die ihnen durch das Bündnis Spartas mit Theben und Chalkis drohte, zunächst durch eine Art Vorwärtsverteidigung zu begegnen, indem sie mit ihrem Hoplitenaufgebot den Vormarsch der bis Eleusis vorgedrungenen peloponnesischen Streitmacht blockierten. Nach dem Dissens im spartanischen Lager und dem Abzug der Peloponnesier planten die athenischen Truppenführer, sofort gegen die nach Ostattika eingefallenen Chalkidier vorzugehen. Kurzfristig entstand indes für die Athener noch einmal eine gefährliche Situation, als Boioter und Chalkidier sich zu vereinigen schienen. Es gelang aber den zahlenmäßig jetzt überlegenen athenischen Truppen, die heranziehende boiotische Streitmacht zu schlagen. Offenbar zogen daraufhin die Chalkidier sich fluchtartig zurück. Die Athener stießen nach und besiegten auch die Chalkidier, deren herrschende Schicht der großen Grundbesitzer (Hippobotai, „Rossezüchter“) Ländereien in der fruchtbaren Lelantinischen Ebene an zahlreiche athenische Siedler (Kleruchen, „Kolonisten“) abgeben mußten. Nach Herodot (5,77,2) sollen etwa 4000 Athener 506 v. Chr. Äcker in Chalkis erhalten haben. Diese Zahl erscheint auch im Bericht Herodots (6,100,1) über die persische Invasion 490. Hiernach erhielten jene Siedler aus Athen die Weisung, den bedrohten Bewohnern von Eretria auf Euboia gegen die Perser Hilfe zu leisten. Möglicherweise liegt der Nachricht über 4000 attische Siedler aber eine konventionelle Zahl für das ursprüngliche chalkidische Aufgebot zugrunde.[94] Jedenfalls ist die von Herodot genannte Zahl von 4000 athenischen Kleruchen zu hoch. Die athenische Polis, die 490 bei Marathon allenfalls 9000 bis 10000 Hopliten aufbieten konnte, war schwerlich in der Lage, 16 Jahre früher rund 4000 Bürger nach Chalkis zu schicken, um dort eine „Satellitensiedlung“ einzurichten. Die Zahl der Kleruchen war zweifellos geringer.[95] Vermutlich handelte es sich vornehmlich um Bauernsöhne ohne eigenen Besitz oder um Theten, die jetzt sozial in die Zensusklasse der Zeugiten aufstiegen. Sie blieben athenische Bürger, konnten aber in der Regel nicht am politischen Leben in Athen selbst teilnehmen. Im Jahre 490 sollten sie – wie gesagt – bei der Verteidigung Eretrias gegen die Perser mitwirken; sie sahen sich hierzu aber nicht in der Lage und zogen sich nach Oropos auf dem Festland zurück.[96] Ob sie nach dem Sieg der Athener bei Marathon auf ihre Besitzungen im Raum von Chalkis zurückkehrten, ist ungewiß. Unabhängig von dieser Frage bleibt jedoch festzuhalten, daß die Ansiedlung athenischer Kleruchen auf Euboia 506 v. Chr. oder wenig später weit über die früheren kolonisatorischen Aktivitäten des athenischen Olympioniken Phrynichos sowie der Peisistratiden in Sigeion am Eingang zum Hellespont und der athenischen Familie der Philaiden auf der thrakischen Chersones hinausging. Mit den Maßnahmen nach dem athenischen Erfolg über Chalkis kündigt sich bereits die Dynamik des Athenertums im fünften Jahrhundert an. Die Kolonisation auf Euboia stellte nicht nur athenischen Bürgern Landbesitz zur Verfügung, sondern zielte zweifellos auch darauf ab, Athen gegen die Gefahr einer erneuten Umklammerung in einem Mehrfrontenkrieg abzusichern. Während der Herrschaftsbereich der Philaiden auf der Chersones eine eigenständige Machtbildung dieser Familie neben der Polis Athen darstellte[97] und Sigeion in der Zeit der Peisistratiden sich in Abhängigkeit vom Tyrannenhause befand, wuchs der athenische Polisverband nunmehr über seine bisherigen räumlichen Grenzen hinaus, indem durch Mehrheitsbeschluß der Ekklesia ein Teil der Ländereien einer unterlegenen Polis für athenische Bürger in Anspruch genommen wurde.[98]

In die Jahre nach den Reformen des Kleisthenes ist auch der Volksbeschluß über die Ansiedlung athenischer Bürger auf Salamis zu datieren.[99] Möglicherweise ist diese Entscheidung gleichfalls mit der außenpolitischen Bedrohung Athens in dieser Zeit in Verbindung zu bringen. Wahrscheinlich haben die Athener mit den Maßnahmen auf Salamis nicht zuletzt das Ziel verfolgt, die Insel gegen Angriffe der damals wohl schon mit Sparta verbündeten Megarer abzusichern. Die auf Salamis angesiedelten Athener wurden verpflichtet, sich als Hopliten auszurüsten.[100] Ihre Waffen im Wert von 30 Drachmen sollten von dem als Archon bezeichneten athenischen Außenbeamten auf Salamis geprüft werden. Ferner hatten die Siedler, die ihr Land nicht verpachten durften,[101] Abgaben nach Athen zu zahlen und bei einem allgemeinen Aufgebot in den athenischen Streitkräften zu dienen.

Bildeten die Siedlungen athenischer Bürger in Chalkis und auf Salamis in gewisser Weise auch Sicherheitsbarrieren, so griff Athen mit der Gründung einer weiteren Kleruchie auf Lemnos weit über den damaligen eigenen Machtbereich hinaus und stieß bereits in persisches Interessengebiet vor. Miltiades der Jüngere, der um 516/15 als Nachfolger seines Bruders Stesagoras mit Zustimmung der Peisistratiden die von seinem Stiefonkel Miltiades dem Älteren gegründete Herrschaft über die thrakischen Dolonker und über athenische Siedler auf der Chersones übernommen hatte, war von Elaius aus nach Lemnos vorgestoßen und hatte nach der Darstellung Herodots (6,136,2.140) die dortige vorgriechische („pelasgische") Bevölkerung vertrieben und die Insel den Athenern übergeben, die daraufhin Kolonisten in den überraschend gewonnenen neuen Besitz entsandten.[102] Die Aktion des jüngeren Miltiades wird vielfach in die Zeit zwischen 510 und 506/05 datiert,[103] doch wird Miltiades die erforderliche Handlungsfreiheit eher nach dem zeitweiligen Zusammenbruch der persischen Herrschaft in Thrakien infolge des Ionischen Aufstandes gewonnen haben, so daß die athenische Kleruchiegründung auf Lemnos wohl in den frühen neunziger Jahren des fünften Jahrhunderts erfolgte.[104] Wahrscheinlich hat Miltiades damals auch Imbros erobert und den Athenern übergeben.[105]

Zuvor war Athen im späten sechsten Jahrhundert trotz des großen Erfolges über Boioter und Chalkidier erneut bedroht. In Sparta war man nach dem Fiasko von Eleusis 506 nach wie vor entschlossen, in Athen zu intervenieren. Nunmehr sollte der von Kleomenes vertriebene und nach Sigeion geflüchtete Peisistratide Hippias unter dem Schutz spartanischer Waffen wieder als Herrscher in Athen eingesetzt werden. Hierzu sollten noch vor Beginn des Feldzuges die Bundesgenossen Spartas ihre Zustimmung geben. Offenbar wurde damals zum ersten Mal in der Geschichte des Peloponnesischen Bundes ein Kongreß der Repräsentanten der Symmachoi nach Sparta einberufen.[106] Der korinthische Gesandte Sosikles verweigerte jedoch seine Einwilligung in die spartanische Interventionspolitik. Alle übrigen Symmachoi stimmten Sosikles zu. Damit war der spartanische Plan, auf die Machtverhältnisse in Athen Einfluß zu nehmen, erneut gescheitert.

Für die Athener war aber die Gefahr einer Rückkehr des Hippias noch keineswegs gebannt. Hippias ersuchte von Sigeion aus den Satrapen Artaphernes, ihn als Vasallen des Perserkönigs Dareios in Athen einzusetzen. Die Athener bemühten sich ihrerseits, Hippias' Sondierungen durch eine Gesandtschaft an Artaphernes zu durchkreuzen, doch verlangte der Satrap von ihnen kategorisch, den vertriebenen Tyrannen wieder aufzunehmen. Seine Forderung wurde entschieden zurückgewiesen (Hdt. 5,96). Dies bestätigt, daß die kleisthenische Ordnung breite Zustimmung in Athen gefunden hatte. Die Entscheidungsgewalt des in der Volksversammlung präsenten Demos war hier unbestritten. In der Einleitungsformel des erwähnten Salamisdekretes ist dieses Prinzip erstmals epigraphisch belegt.[107]

Aus der Sicht der perikleischen Zeit waren „die Athener“ nach Ablehnung des „Befehls“ des Satrapen sogar schon „zu offener Feindschaft gegen die Perser fest entschlossen“ (Hdt. 5,96,2). Diese Interpretation einer antipersischen Haltung der Athener noch vor dem Ionischen Aufstand ist zweifellos geprägt durch das Erlebnis der persischen Invasionen 490 und 480/79. In Wirklichkeit scheint die von Herodot apostrophierte Kampfbereitschaft der Athener aber nicht allzu groß gewesen zu sein. Sie erlahmte jedenfalls, als sich im Verlauf des Ionischen Aufstandes die Ereignisse überstürzten.

3. Der Ionische Aufstand

Herodot (5,96,2–97,1) bringt den athenischen Widerstand gegen die Forderung des Artaphernes und den Beginn der Erhebung der Ionier in einen engen zeitlichen Zusammenhang, bietet aber wiederum keine exakte Chronologie. Wahrscheinlich wurde der athenische Volksbeschluß, der die Aufnahme des Hippias verweigerte, noch vor dem gescheiterten persischen Feldzug gegen Naxos gefaßt, den Aristagoras, der damalige „Tyrann“ von Milet, zusammen mit Artaphernes durchgeführt hat (Hdt. 5,30–34).[108] Obwohl Aristagoras die treibende Kraft bei diesem Unternehmen war, wird man hierin in Athen unter dem Eindruck des Konflikts mit Artaphernes primär eine Aktion der Perser gesehen haben, die aber nunmehr auch bedrohlich in die Ägäis auszugreifen und sich gleichsam näher an Attika heranzuschieben schienen.[109] Gleichwohl wurde die athenische Polisgemeinschaft vom Beginn des Ionischen Aufstandes offensichtlich überrascht, wenn auch die Erhebung entgegen der Darstellung Herodots (5,35) nicht einfach auf rein persönliche Motive des Aristagoras zurückgeführt werden kann. Aristagoras mußte zwar nach seinem Mißerfolg auf Naxos die Strafe des Großkönigs und den Verlust seiner Herrschaft befürchten und mag daher durchaus seine eigene Rettung in einem allgemeinen Aufstand der Griechen in Kleinasien gesehen haben, als er – wie es Herodot formuliert (5,37,2) – zum Schein seine Alleinherrschaft niederlegte, in Milet die Isonomie herstellte und die anderen ionischen Städte aufrief, die „Tyrannen“ zu vertreiben und von Dareios abzufallen. Die eigentlichen politischen Ursachen der Erhebung sind aber in einer verbreiteten Opposition in den einzelnen Poleis gegen die von Persern gestützten „Tyrannen" zu sehen.[110] Ohne diese polisinternen Voraussetzungen hätte Aristagoras' Aufruf zur Erhebung kaum raschen Erfolg gehabt. Der Hinweis Herodots (5,36,1) auf „Parteigänger" *(Stasiotai)* des Aristagoras zeigt, daß die Verhältnisse in Milet trotz der persischen Oberherrschaft instabil waren und innerhalb der milesischen Oberschicht starke Rivalitäten bestanden.[111] Die sogenannten Tyrannen in den ionischen Poleis waren im Grunde nicht mehr als lokale Aristokraten, die sich in inneren Machtkämpfen durchgesetzt hatten und bestrebt waren, mit persischer Hilfe in ihren Poleis zu dominieren. Insofern war die Erhebung der Ionier auch eine Folge verfehlter Politik der persischen Großkönige, die sich auf Machtstrukturen stützten, die in den ionischen Gebieten weithin abgelehnt wurden. So war z. B. in Chios bereits vor Errichtung der persischen Herrschaft die Institutionalisierung der Polisorgane relativ weit fortgeschritten. Der dortige „Volksrat" konnte im zweiten Viertel des sechsten Jahrhunderts Berufungen gegen richterliche Entscheidungen entgegennehmen und hatte generell die „Angelegenheiten" des Demos zu regeln.[112] Nachdem in einer Reihe von Poleis des griechischen Siedlungsraumes die Entwicklung im sechsten Jahrhundert zu einer breiteren Lagerung der Macht geführt hatte, wurde auch in Kleinasien der Kontrast zwischen der Dominanz kleiner Gruppen oder einzelner Machthaber und den institutionalisierten politischen Organisationsformen freier Gemeinwesen von breiteren Schichten als scharfer Widerspruch empfunden, denn der Isonomiebegriff war offensichtlich eine zugkräftige Parole, als Aristagoras die Ionier zum Kampf gegen die „Tyrannen" und Perser aufrief. Die Unzufriedenheit mit dem Herrschaftssystem des Großkönigs hatte darüber hinaus zweifellos noch weitere Ursachen. Die kleinasiatischen Griechenstädte hatten anders als unter lydischer Herrschaft für die Feldzüge der Perser Streitkräfte zu stellen. Hinzu kamen hohe Tribute, denn die ionischen und aiolischen Poleis hatten zusammen mit den Karern, Lykiern und Pamphyliern jährlich 400 Silbertalente aufzubringen (Hdt. 3,90,1).[113] Dies bedeutete eine kontinuierliche Abschöpfung von Reichtum und Einkünften. Zu beachten ist ferner, daß ein erheblicher Teil der Ressourcen der Oberschicht aus wirtschaftlichen Aktivitäten außerhalb der eigenen Poleis stammte. Histiaios von Milet verfolgte z. B. beim Aufbau einer eigenen Herrschaft im thrakischen Myrkinos zweifellos auch private Handelsinteressen.[114] Als er auf Weisung des Dareios an den persischen Hof geholt wurde, werden Angehörige der ionischen Oberschicht diese Aktion des Großkönigs mit Mißtrauen beobachtet und als restriktive Beschränkung ihrer eigenen Handlungsmöglichkeiten gewertet haben, die aus ihrer Sicht eine wesentliche Voraussetzung für die Wahrung ihres sozialen Status waren. Des weiteren war der Großkönig offenbar bestrebt, den Zwischenhandel durch eigene Agenten tätigen zu lassen.[115] Eine gezielte Handelspolitik läßt sich zwar hieraus nicht erschließen, doch beeinträchtigten Aufbau und Entwicklung eines Karawanenhandels im Auftrag des Großkönigs zweifellos den Außenhandel kleinasiatischer Griechen, so daß auch hierdurch die allgemeine Mißstimmung gesteigert wurde,[116] die schließlich zum Verzweiflungsakt der Erhebung führte. Insgesamt gesehen hat die Vernetzung der alten wirtschaftlichen Zentren des Vorderen Orients und der rohstoffreichen Regionen Anatoliens unter der weiträumigen persischen Herrschaft dem Handel der ionischen Poleis offenbar keine neuen Impulse vermittelt. Andererseits wurde freilich der griechische Handel nicht generell durch die persische Herrschaft am Hellespont und am Bosporos sowie in Ägypten behindert. Nach dem archäologischen Befund dürfte die Ausfuhr attischer Vasen ins östliche Mittelmeer sogar gestiegen sein. Begehrt waren offenbar feine kleinere Meisterschalen. Dies ist ein Indiz für die Aufnahmefähigkeit der ostmediterranen Märkte für gewisse Luxusartikel. Der ionische Handel wird hierdurch kaum gelitten haben.

Im übrigen mochte sich Aristagoras von einem Erfolg der Erhebung den Gewinn einer eigenen beherrschenden Stellung in Ionien erhofft haben.[117] Es war ihm aber auch von vornherein klar, daß die kleinasiatischen Griechen dringend Bundesgenossen im Kampf gegen die Perser benötigten. So übernahm er persönlich die schwierige Aufgabe, im griechischen Mutterland Hilfe zu finden. Vermutlich im Winter 499/98 erschien er in Sparta, dessen Hoplitenstreitmacht eine effektive Verstärkung der Aufständischen bedeutet hätte. Er verhandelte mit König Kleomenes, der aber aus außenpolitischen Gründen eine Konfrontation mit Persien vermeiden wollte und zu verhindern wußte, daß Aristagoras sein Hilfegesuch in der spartanischen Volksversammlung vortragen konnte. Kleomenes hat die Persergefahr sicherlich nicht verkannt oder die Augen vor ihr verschlossen, sah aber vermutlich (auch im Blick auf die Spannungen zwischen Argos und Sparta) keine Möglichkeit, die wachsende Macht der Perser offensiv in Kleinasien zu bekämpfen. Es ist zwar fraglich, ob nach der erfolgreichen Abwehr des Xerxeszuges einflußreiche Kreise in Sparta der Auffassung waren, daß die kleinasiatischen Griechen nicht dauerhaft vor den Persern geschützt werden könnten. Offenbar sah aber Kleomenes I. hierin ein Problem. Hinzu kam, daß Spartas Prestige als Hegemon des Peloponnesischen Bundes durch den Fehlschlag der Aktionen gegen Athen zweifellos beeinträchtigt war.[118] In Athen erhielt Aristagoras demgegenüber die Erlaubnis, in der Ekklesia zu sprechen. Offenbar hatte er große Mühe, die Mehrheit der anwesenden Bürger für die Entsendung eines Kontingentes zu gewinnen. Die Erfolgsaussichten der Erhebung wurden zweifellos recht unterschiedlich beurteilt,[119] und der Beschluß, „den Ioniern 20 Schiffe unter Führung des Strategen Melanthios zu Hilfe zu schicken", war wohl ein Kompromiß. Das Kontingent bedeutete für die Aufständischen keine wesentliche Verstärkung, da sie vor allem Hopliten benötigten, auf den athenischen Kriegsschiffen aber nur eine begrenzte Zahl von Fußtruppen nach Kleinasien fahren konnte. Zu beachten ist freilich auch, daß jene Einheiten – wahrscheinlich Pentekonteren („Fünfzigruderer") – fast die Hälfte der damaligen athenischen Flotte bildeten und ihr Einsatz insofern schon eine beachtliche militärische Anstrengung der Polisgemeinschaft darstellte.[120]

Wir kennen nicht die Argumente, die letztlich den Ausschlag gaben, als die athenische Ekklesia den Interventionsbeschluß faßte. Möglicherweise spielte die politisch-strategische Gesamtlage eine wichtige Rolle. So könnten Debattenredner darauf hingewiesen haben, daß freie und von Persien unabhängige kleinasiatische Griechenstädte einen Schutzschild gegen persische Vorstöße in den Ägäisraum darstellten.[121] In diesem Kontext ist wohl auch das Bestreben der Athener zu sehen, nach der Erhebung der Ionier durch die Besiedlung von Lemnos einen entfernten Außenposten als zusätzliche Sicherheitsbarriere zu gewinnen.

Neben den Athenern schickten aus dem hellenischen Mutterland lediglich die Eretrier eine kleine Streitmacht von fünf Trieren nach Kleinasien. Die Mannschaften aus Athen und Eretria nahmen im Frühjahr 498 an dem spektakulären „Blitzfeldzug“ ionischer Fußtruppen nach Sardeis teil. Während der Satrap Artaphernes auf der dortigen Akropolis belagert wurde, ging die Stadt in Flammen auf. Ein Gegenangriff der auf dem Burgberg belagerten Perser und Lyder sowie Meldungen über den Anmarsch eines persischen Entsatzheeres veranlaßten die Griechen, sich fluchtartig zurückzuziehen. Sie wurden bei Ephesos von den nachstoßenden Persern zum Kampf gestellt und erlitten schwere Verluste. Die athenischen Mannschaften fuhren daraufhin nach Griechenland zurück. Hingegen nahmen die Eretrier an weiteren Kämpfen teil.[122]

In der Folgezeit wurden in Athen mehrere dringende Hilferufe des Aristagoras abgelehnt, obgleich der Aufstand nach dem Mißerfolg in Sardeis keineswegs schon gescheitert war. Die Gründe für diese Verweigerungspolitik der Athener sind nicht bekannt. Der Befehl zum Rückzug ihrer Streitmacht war zunächst eine Entscheidung des Melanthios und seiner Ratgeber, die vielleicht resignierten, nachdem sie das Führungschaos bei den Aufständischen gesehen hatten. Berichte der zurückgekehrten Mannschaften über den Verlauf des Feldzuges mögen viele Athener beeindruckt und in der Meinung bestärkt haben, daß athenische Kombattanten nicht mehr den Gefahren einer weiteren Expedition nach Kleinasien ausgesetzt werden sollten. Melanthios wurde bezeichnenderweise nicht für sein eigenmächtiges Handeln belangt. Dies besagt aber noch nicht, daß nunmehr Gegner einer strikt antipersischen Politik die Meinungsführer in Athen waren.[123] Die Insel Lemnos, die im persischen Interessengebiet lag und – wie gesagt – möglicherweise in der Anfangsphase des Ionischen Aufstandes von den Athenern besetzt worden war, wurde nach den Ereignissen in Sardeis nicht aufgegeben. Auch die Wahl des Hipparchos zum Archon eponymos des Amtsjahres 496/95 ist kein Indiz für eine athenische Appeasement-Politik gegenüber Persien.[124] Hipparchos, ein Verwandter der Peisistratiden, soll am Regime der Tyrannenfamilie nicht beteiligt gewesen sein und deshalb nach ihrem Sturz die Erlaubnis erhalten haben, in Athen zu bleiben. Seine spätere Ostrakisierung (488/87) ist allem Anschein nach mit innerathenischen Kontroversen der frühen achtziger Jahre zu erklären. Jedenfalls wurde er nach Ablauf seines Archontates oder in der Folgezeit nicht wegen Kollaboration mit den Persern während seiner Amtszeit vor Gericht gezogen. Es ist kaum anzunehmen, daß maßgebende, für uns aber nicht mehr faßbare Gruppen sich um 495 der Illusion hingaben, durch die Wahl des Hipparchos dem Großkönig Konzessionsbereitschaft signalisieren zu können, nachdem Dareios von der Polis die Anerkennung der persischen Oberhoheit und eine Restauration der Tyrannis verlangt hatte. Politische Gruppen, die in Athen eine Rückkehr der Tyrannenfamilie favorisiert hätten, wären nach den Ereignissen der zurückliegenden Jahre nicht mehrheitsfähig gewesen. Ebensowenig beweist die Verurteilung des Dichters Phrynichos nach dem Scheitern des Ionischen Aufstandes, daß bestimmte Kreise antipersische Ressentiments in der athenischen Bürgerschaft zu unterdrücken suchten. Phrynichos hatte mit seinem Drama „Die Einnahme Milets“ die Zuschauer tief erschüttert und erhielt deswegen eine hohe Geldstrafe (1000 Drachmen). Die Begründung lautete, daß er die Athener an ihr eigenes Unglück (d. h. an das

Schicksal ihrer ionischen Stammesvettern) erinnert habe (Hdt. 6,21,2). Wenn Herodots Bericht zutrifft, daß „die Athener" die Bestrafung vornahmen, fand das Verfahren entweder vor der Volksversammlung oder vor der Heliaia („Volksgericht") statt, die als Polisinstitution für den Demos richterliche Funktionen ausübte.[125] Einzelheiten sind nicht bekannt. Möglicherweise sollten nach der wohl unerwarteten Reaktion des Theaterpublikums in Zukunft Panik und Angstpsychosen in Athen verhindert werden.[126] Die Thematik des Dramas war zweifellos durch vorausgehende Proben bekannt. Insofern scheint es während der Vorbereitungszeit nicht beanstandet worden zu sein. Das Stück kann frühestens an den Großen oder Städtischen Dionysien (März/April) 493 aufgeführt worden sein.[127] Im Sommer 493 begann vermutlich das Archontat des Themistokles. In sein Amtsjahr (Juni/Juli 493 – Juni/Juli 492) wird der Bau von Befestigungsanlagen im Peiraieus datiert.[128] Möglicherweise sollten sie vornehmlich als Schutz gegen Raids aiginetischer Freibeuter dienen, die damals von den Athenern noch nicht wirksam bekämpft werden konnten. Ob Themistokles als Verfechter eines „harten Kurses" gegenüber Persien zum Archon eponymos gewählt wurde, läßt sich aufgrund der Quellenlage nicht klären. Zu beachten ist freilich, daß trotz des inzwischen mehrere Jahre zurückliegenden Rückzugs der Athener aus Kleinasien zumindest aus persischer Sicht immer noch Kriegszustand zwischen Athen und dem Großkönig bestand.

4. Marathon

Im Sommer 493 zeichnete sich deutlich ab, daß Dareios entschlossen war, auch in der Nordägäis seine Herrschaft in vollem Umfang wiederherzustellen und alle „Rebellen" zu bestrafen. Nach Unterwerfung der ionischen Küstengebiete und der Inseln Chios, Lesbos und Tenedos richteten sich weitere Operationen der im persischen Dienst stehenden Flotten phoinikischer Städte gegen die Chersones und die Propontis. Als die Kriegsschiffe die Höhe von Tenedos erreicht hatten, verließ Miltiades der Jüngere mit seiner Familie und seinen engsten Gefolgsleuten fluchtartig seine Herrschaft auf der Chersones und stach mit fünf Trieren in Richtung Athen in See. Er hatte sich durch eigenmächtiges Ausgreifen nach Lemnos (und Imbros?) faktisch aus der Abhängigkeit vom Großkönig gelöst und durch Übereignung der von ihm okkupierten Insel(n) an die Athener seine Bindung an seine Heimatpolis demonstriert, deren Bürger er offenbar auch als Herr der Chersones geblieben war.[129] Nach seiner Ankunft in Athen wurde er freilich wegen Errichtung einer Tyrannis auf der Chersones angeklagt. Die Anklage, über die vermutlich die Heliaia zu entscheiden hatte,[130] bezog sich auf seine Herrschaft über Kolonisten mit athenischem Bürgerrecht. Wahrscheinlich hatten prominente Angehörige der athenischen Oberschicht, die Miltiades als Rivalen in der Konkurrenz um Führungspositionen betrachteten,[131] den Prozeß angestrengt, der mit einem Freispruch endete. Der Ausgang des Verfahrens war für Athen und darüber hinaus für Griechenland von größter Tragweite, wenn auch niemand dies 493 bereits voraussehen konnte.

Im folgenden Jahr stellten starke persische Streitkräfte unter Mardonios trotz hoher Verluste der Flotte durch einen Sturm am Athos-Vorgebirge die Herrschaft des Großkönigs im thrakischen Küstengebiet wieder her. Zudem wurde der makedonische König Alexander I. wieder zur Anerkennung der persischen Oberhoheit gezwungen. Insofern hatte Mardonios den ihm von Dareios erteilten Auftrag erfolgreich durchgeführt. Herodot (6,43,4–44,1) nennt allerdings als Ziel des Mardonioszuges die Unterwerfung Athens und Eretrias und möglichst vieler anderer Griechenstädte. Er beurteilt hier indes die persischen Aktionen 492 in perspektivischer Verzerrung im Blick auf den sogenannten Datiszug 490 und die Invasion des Xerxes 480.[132]

Bereits 491 sollen dann nach Herodot (6,48–49) Herolde des Dareios in Griechenland erschienen sein und von den Hellenen Erde und Wasser als Zeichen der Unterwerfung gefordert haben. Alle Inselbewohner und viele andere Hellenen hätten sich damals gefügt.[133] Planung und Durchführung des sogenannten Datiszuges 490 lassen aber darauf schließen, daß das Ziel dieses Unternehmens begrenzt war.[134] Offensichtlich sollten Athen und Eretria für ihre Unterstützung der Ionier ihre „Strafe" erhalten und zugleich auch persische Positionen für spätere, weiter ausgreifende Operationen gewonnen werden. Gleichsam als Mittel zum Zweck diente der mittlerweile etwa 90 Jahre alte frühere Tyrann Hippias, der unter dem Schutz persischer Waffen wieder als Herrscher in Athen eingesetzt werden sollte.

Angeblich hatte Dareios schon nach den dramatischen Ereignissen in Sardeis 498 eine Aktion gegen Athen angekündigt. Unabhängig von der Frage, ob dies zutreffend ist, müssen in Griechenland spätestens im Sommer 491 die von Herodot (6,49,1) erwähnten umfangreichen Rüstungen in Seestädten des Perserreiches bekannt geworden sein. Wer diese Maßnahmen richtig einzuschätzen wußte, konnte hieraus schließen, daß ein persischer Kriegszug bevorstand, der sich auch gegen Athen richten würde. Um der drohenden Gefahr zu begegnen, nahm die athenische Polisgemeinschaft Verhandlungen mit Sparta auf. Herodot (6,49,2) spricht auch hier wieder generalisierend von „den" Athenern. Zweifellos wurde die Gesandtschaft nach Sparta in der athenischen Ekklesia nach vorausgehender Beratung in der Boulé beschlossen. Durch diese Mission wurde zunächst erreicht, daß die Spartaner auf den athenischen Wunsch eingingen, von den Aigineten die Stellung von Geiseln zu verlangen. Offenbar war man in Athen angesichts andauernder Feindschaft mit Aigina bestrebt, die damals aus athenischer Sicht noch seemächtige Insel zu isolieren, um zu verhindern, daß die Aigineten persischen Streitkräften einen Stützpunkt anbieten könnten. Aigina verfügte um 490 im Vergleich zu Athen über eine beachtliche Zahl von Kriegsschiffen. Es handelte sich allerdings überwiegend um Pentekonteren,[135] die einige Jahre später praktisch wertlos wurden, als Athen eine für griechische Verhältnisse einmalig große Trierenflotte in Dienst stellte.

Eine Isolierung der Aigineten konnte Athen nur mit Unterstützung durch die Spartaner erreichen, und Kleomenes I., damals immer noch die einflußreichste Persönlichkeit in Sparta, war entschlossen, Athen gegen Aigina im Fall eines persischen Angriffs abzuschirmen. Nach Lage der Dinge konnte Sparta als Führungsmacht des Peloponnesischen Bundes und als militärisch stärkste hellenische Polis eine Ausweitung des Machtbereichs des Großkönigs bis ins griechische Mutterland keinesfalls tolerieren, denn die Errichtung eines persischen Vasallenregimentes in Athen hätte die Hegemonie Spartas in Griechenland in Frage gestellt. Dies erklärt, daß Kleomenes trotz seiner

Ressentiments gegenüber den Athenern sofort bereit war, die Interessen Athens in Aigina zu vertreten und dort die Stellung von Geiseln zu fordern.[136] Allerdings erreichte er sein Ziel erst nach mannigfachen Verwicklungen und Intrigen, die letztlich dazu führten, daß König Demaratos, der erneut gegen Kleomenes opponierte, abgesetzt wurde und Leotychidas die vakante Königswürde erhielt und dann bereitwillig mit Kleomenes kooperierte. Die den Spartanern übergebenen aiginetischen Geiseln wurden wohl noch im Herbst 491 an Athen ausgeliefert.[137]

Im Verlauf der damaligen athenischen Verhandlungen mit Sparta wurden zweifellos auch Abmachungen über gegenseitige Unterstützung im Fall eines persischen Angriffs getroffen. In Athen selbst wurden aber offenbar keine speziellen Verteidigungsmaßnahmen vorbereitet, wenn man einmal davon absieht, daß Miltiades im Frühjahr 490 für das im Sommer beginnende neue Amtsjahr zum Strategos gewählt wurde. Zweifellos hatte er vor seiner Wahl schon für energischen Widerstand gegen eine persische Invasion plädiert, zumal er selbst gleichsam auf der „schwarzen Liste" der Perser stand. Daß er aufgrund von Erfahrungen mit persischer Taktik sein Amt erhielt, erscheint indes fraglich.[138] Es war zu erwarten, daß die athenischen Hopliten mit persischen Bogenschützen und Reitern konfrontiert wurden. Eine offene Feldschlacht zwischen den genannten Waffengattungen hatte Miltiades bis dahin zweifellos nicht persönlich erlebt.

Zu Beginn des Sommers 490 trafen persische Eliteeinheiten (Perser, Meder, Saken), die den Kern der Invasionsarmee bilden sollten, in Kilikien ein und wurden dort eingeschifft. Das Kommando führten der Meder Datis sowie Artaphernes, Sohn des Satrapen Artaphernes und Neffe des Dareios (vgl. Anm. 134). Auf der Höhe von Samos stießen die von den Persern aufgebotenen Kontingente kleinasiatischer Griechenstädte hinzu. Die Gesamtstärke der Kombattanten läßt sich nur schätzen. Sie mag sich auf etwa 15 000 Infanteristen und einige hundert Reiter belaufen haben.[139] Hinzu kamen Troßmannschaften, die aber aufgrund der Probleme des Seetransports wohl zahlenmäßig geringer als die kämpfende Truppe waren. Jeder Versuch, die Zahl der Kriegs- und Transportschiffe zu ermitteln, bleibt eine Rechnung mit mehreren Unbekannten.[140]

Erstes Angriffsziel der Perser war die Polis Naxos, die für ihren Widerstand gegen die persische Expedition unter Leitung des Satrapen Artaphernes und des Aristagoras „bestraft" werden sollte. Die meisten Bewohner der Stadt, die von den Persern in Brand gesetzt wurde, waren rechtzeitig in die Berge geflüchtet. Die nächste persische Aktion richtete sich gegen die Kykladen. Offenbar sollte hierdurch nicht nur die persische Nachschublinie abgesichert, sondern auch das persische Vorfeld in der Ägäis möglichst weit an das griechische Mutterland herangeschoben werden. Während Delos mit seinem berühmten Apollon-Heiligtum von Sanktionen verschont blieb (Hdt. 6,97), hatten andere Kykladenpoleis Truppen und Geiseln zu stellen. Auf Widerstand stießen die Perser erst vor Karystos im Süden Euboias. Die Stadt kapitulierte aber nach kurzer Belagerung. Inzwischen herrschte in Eretria Panik. Einem Hilfegesuch der Eretrier entsprachen die Athener insofern, als sie (wohl durch Volksbeschluß) ihre Kleruchen in Chalkis anwiesen, der bedrohten Polis im Abwehrkampf gegen die Perser Beistand zu leisten. In Eretria selbst hatte man noch kein Verteidigungskonzept entwickelt. Ein

Teil der Bürger wollte in die Berge fliehen, andere sollen von vornherein die Übergabe der Polis geplant haben. Die athenischen Siedler wurden durch einen prominenten Bürger der Stadt hierüber informiert und beschlossen daraufhin, sich auf das Festland nach Oropos zurückzuziehen.[141] Nach der Landung der Perser in der Nähe von Eretria war freilich die Mehrzahl ihrer Bürger entschlossen, die Polis zu verteidigen. Sechs Tage leisteten sie Widerstand, am siebten öffneten Verräter den Persern die Tore. Die Tempel wurden geplündert und in Brand gesteckt – zweifellos ein Racheakt für das Geschehen in Sardeis 498 v. Chr.; ein Teil der Polisbewohner wurde ins Perserreich deportiert.

In ihrer neuen Basis auf Euboia traf die persische Heeresleitung jetzt Vorbereitungen für den Angriff auf athenisches Gebiet. Nach wenigen Tagen nahmen die Perser Kurs nach Süden. Sie landeten in der Ebene von Marathon, um von dort nach Athen vorzustoßen. Der Landeplatz soll auf Vorschlag des Hippias gewählt worden sein, der aber wohl kaum damit rechnen konnte, daß es dort noch zahlreiche Anhänger der Peisistratiden gab, die nur darauf warteten, mit den Persern kollaborieren zu können, wie in der Forschungsliteratur verschiedentlich vermutet wurde.[142] Nach Herodot (6,102) bot sich die Ebene von Marathon für die Perser als Landekopf an, weil das dortige Gelände für den Einsatz ihrer Reiterei geeignet war und nicht weit von ihrer Nachschubbasis in Eretria entfernt lag. Kavallerie konnte aber ebenso in der Ebene von Phaleron wirkungsvoll eingesetzt werden, und eine Landung bei Oropos hätte die Nachschublinie sogar noch verkürzt. Zweifellos besaß Herodot keine authentischen Nachrichten über die strategische Konzeption der persischen Führung, die vermutlich hoffte, daß in der Ebene von Marathon Verpflegung, Trinkwasser und Tierfutter zur Verfügung standen und dort der Vormarsch nach Athen gut vorbereitet werden konnte.

Nach der Landung der Perser ging jedoch das Gesetz des Handelns an die Athener über, die sicherlich schon an den vorausgegangenen Tagen über Abwehrmaßnahmen beraten hatten, nachdem Miltiades als Mitglied des Strategenkollegiums die Initiative an sich gerissen hatte. Die Nachricht von der Invasion der Perser könnte in kurzer Zeit durch Feuersignale nach Athen übermittelt worden sein.[143] Das athenische Hoplitenaufgebot zog jedenfalls wenig später dem Feind entgegen und erreichte noch am Marschtag den Raum vor Marathon. Dies setzt voraus, daß der berühmte Volksbeschluß auf Antrag des Miltiades, daß das Heer der Athener Proviant nehmen und ausrücken sollte,[144] nicht erst unmittelbar vor dem Marsch nach Marathon gefaßt worden ist. Das Aufgebot war zweifellos bereits in Athen konzentriert, konnte aber natürlich erst den Marsch antreten, als bekannt wurde, wo die Perser gelandet waren. Des weiteren ist anzunehmen, daß Miltiades in Verbindung mit dem „Auszugsbeschluß" mit Erfolg beantragt hatte, eine begrenzte Zahl von Sklaven zu emanzipieren und zur Verstärkung der Phalanx als Hopliten auszurüsten.[145] Ferner hat das Strategenkollegium wohl noch vor der persischen Landung einen Distanzläufer nach Sparta geschickt, um dort Verstärkung im Kampf gegen die Perser anzufordern. Offenbar waren zuvor Absprachen zwischen Athen und Sparta getroffen worden. Nach Herodot (6,106) wurde dem Boten Hilfe zugesichert, gleichzeitig aber erklärt, daß die Spartaner nach altem Brauch (Nomos) nicht vor dem nächsten Vollmond ausrücken dürften. Ein spartanisches Hilfskorps in Stärke von 2000 Hopliten traf in der Tat erst zwei Tage nach jenem

Vollmond in Athen ein, doch war die Entscheidung zu diesem Zeitpunkt bereits gefallen.[146] Die Bemerkung Herodots, daß die Spartaner aus religiösen Bedenken nicht gegen jenen Nomos verstoßen „wollten", läßt freilich die Möglichkeit offen, daß Ausnahmen gemacht werden konnten, die spartanische Führung (Könige und Ephoren) hierzu in diesem Fall aber nicht bereit war.[147] Die Athener rechneten jedenfalls mit sofortiger Hilfe, und es ist kaum anzunehmen, daß ihnen jener Nomos der Spartaner unbekannt war. Eindeutige politische oder militärische Gründe für die Verzögerung der spartanischen Hilfeleistung sind nicht erkennbar. Zweifelhaft erscheint eine Andeutung Platons (Nom. 692 e, 698 d–e), wonach die Spartaner wegen eines Aufstandes messenischer Heloten nicht rechtzeitig den Athenern Hilfe leisten konnten. Eine Erhebung in Messenien konnten sie schwerlich in wenigen Tagen niederschlagen.[148]

Nachdem die athenischen Hopliten den Raum von Marathon erreicht hatten,[149] richteten sie als Hauptquartier das dortige Herakles-Heiligtum (Herakleion) ein, das vermutlich am südlichen Ausgang der Ebene in der Nähe des Meeres lag.[150] Die Ausläufer der Agrieliki-Berge reichten nahe an die über Pallene nach Athen führende „Straße" heran, die im Gegensatz zu dem Gebirgsweg über Kephisia für Reiter und Troß passierbar war und unbedingt gesperrt werden mußte, wenn die Athener den persischen Vormarsch stoppen wollten. Beim Herakleion stieß noch der Heerbann der Plataier mit 600 bis 800 Hopliten zu den Athenern, deren Streitmacht nunmehr etwa 9000 bis 10000 Schwerbewaffnete umfaßte.[151] Sie konnte den Fuß des Agrieliki bis zum Vrana-Tal bzw. zum Avlona-Tal sichern und war zudem in der Lage, von ihren Stellungen aus jene „Straße" zu blockieren, die zwischen dem Agrieliki und einem Küstensumpf (dem sogenannten Kleinen Sumpf) hindurchführte.[152] So ergab sich zunächst eine Pattsituation. Das persische Schiffslager befand sich auf dem als Schoinia bezeichneten Strand südlich eines jetzt trockengelegten sumpfigen Strandsees (des sogenannten Großen Sumpfes). Das persische Hauptlager scheint nördlich dieses Sumpfes bei der sogenannten Makaria-Quelle gelegen zu haben. Weitere persische Truppen lagerten wahrscheinlich in der Gegend des späteren sogenannten Soros, des gewaltigen Grabhügels, den die Athener nach der Schlacht für ihre Gefallenen aufschichteten. Welche Bedeutung ein in zwei Armen ins Meer mündender Wasserlauf (Charadra) für die Stellungen der Truppen beider Seiten und für den Verlauf des Kampfes hatte, ist nicht auszumachen. Er wird in den Quellen nicht erwähnt und war beim Aufmarsch offenbar kein Hindernis.[153]

Die Ereignisse zwischen dem Tag der persischen Landung und der Schlacht lassen sich kaum rekonstruieren. Vermutlich hatte die persische Führung es versäumt, die Verbindungslinien nach Athen über Pallene (zwischen Agrieliki und Kleinem Sumpf) und über Kephisia (durch das Avlona-Tal) an den Ausgängen aus der Ebene von Marathon genügend abzusichern. Sie stand jetzt unter Zugzwang und war zweifellos bestrebt, die operative Initiative zurückzugewinnen, während das athenische Strategenkollegium wohl die Entscheidung hinauszuzögern suchte, um die Ankunft des spartanischen Truppenkontingentes abzuwarten. Nach Herodot (6,109–110) war freilich die militärische Planung im athenischen Kriegsrat umstritten. Miltiades und vier andere Strategen sollen für eine Offensivschlacht plädiert haben, ihre fünf übrigen Amtsgenossen hätten sich dagegen ausgesprochen. Den Ausschlag habe dann die Stimme des Kallimachos gegeben, der sich als amtierender Polemarchos dem Vorschlag des Miltiades angeschlossen und damit den Streit entschieden habe. Des weiteren berichtet Herodot, daß die vier Strategen, die gleichfalls für eine Offensive eingetreten seien, die ihnen im täglichen Wechsel zukommende Befehlsgewalt jeweils an den betreffenden Tagen an Miltiades abgetreten hätten, dieser aber mit dem Angriff gewartet habe, bis ihm turnusmäßig das Kommando zustand. Wahrscheinlich hatte bei Marathon aber der Polemarchos zumindest nominell noch den Oberbefehl, da hier ein Gesamtaufgebot im Felde stand.[154] In der bei Herodot vorliegenden Tradition sind offenbar Diskussionen, die noch vor dem Auszugsbeschluß in Athen stattfanden, falsch plaziert und weiter ausgeschmückt worden, so daß einerseits Miltiades' Verdienste noch bedeutender erschienen, andererseits aber auch der Eindruck entstand, daß im Lager bei Marathon erst durch Kallimachos' Zustimmung zu einem athenischen Angriff der Sieg überhaupt möglich wurde.[155] Strategische Gründe für die Wahl des Kampftages nennt Herodot freilich nicht.[156] Zur Lösung dieses Problems ist in der neueren Forschung mehrfach auf eine Notiz in der Suda – einem byzantinischen Lexikon des späten zehnten Jahrhunderts n. Chr. – hingewiesen worden. Hiernach soll der persische Befehlshaber Datis vor dem Kampftag bereits das feindliche Lager verlassen haben. Daraufhin seien ionische Griechen (im Heer der Perser) auf die Bäume (vor dem athenischen Lager?) geklettert (oder bis zu den Bäumen herangekommen), um den Athenern zu signalisieren, daß die (persischen) Reiter sich entfernt hätten (oder nicht anwesend seien). Aufgrund dieser Nachricht soll dann Miltiades den Angriffsbefehl erteilt haben.[157] Diese singuläre Nachricht ist nicht nur deshalb verworren, weil sie voraussetzt, daß der persische Kommandeur aus unerfindlichen Gründen vor der Schlacht sich von seiner Truppe entfernt hatte. Es bleibt auch unklar, wie jene Ionier, die zum Dienst in der persischen Streitmacht gezwungen worden waren, von den Persern unbemerkt eine wichtige Nachricht übermitteln konnten. Zudem wird nicht deutlich, wie die Botschaft „ohne Reiter" bzw. „Reiter entfernt" (oder „Reiter an anderer Stelle") überhaupt zu verstehen ist. Die Suda-Notiz erlaubt schwerlich den Schluß, daß die persische Reiterei in der Nacht vor der Schlacht bereits eingeschifft worden war mit dem Auftrag, nach der Fahrt um Kap Sunion überraschend in der Nähe von Athen zu landen und die Stadt zu besetzen.[158] Möglicherweise hat der byzantinische Verfasser des Berichtes aus der Sicht seiner eigenen Zeit die Überlieferung verformt.[159] Aber selbst wenn er die vorliegende Tradition einigermaßen sinngemäß wiedergegeben hat, ist nicht auszuschließen, daß die Rolle der Ionier – d. h. ihr angeblicher Beitrag zur Niederlage der Perser – später aus politischen Motiven hochgespielt worden ist. Vor allem aber fragt es sich, ob die Perser überhaupt stärkere Kavallerieeinheiten, die gegebenenfalls kampfentscheidend sein konnten, auf ihrer Flotte mitgeführt haben. Der athenische Kriegsrat kannte zwar vermutlich nicht die genaue Zahl der persischen Reiter, konnte sich aber im Hinblick auf die Transport- und Versorgungsmöglichkeiten der Feinde ausrechnen, daß allenfalls einige hundert Kavalleristen mit ihren Pferden und Dienern von den Persern mitgeführt worden waren.[160] Jedenfalls konnte man auf athenischer Seite davon ausgehen, daß die eigene Streitmacht von annähernd 10000 Hopliten nicht von den bei Marathon gelandeten persischen Kavalleristen niedergeritten werden konnte, zumal man der Gefahr eines feindlichen Flankenangriffs zumindest auf dem eigenen rechten Flügel durch Ausdehnung der athenischen Schlachtreihe bis zum Meer begegnete. Daß persische Reiter an der Schlacht teilgenommen haben, deuten jedenfalls einige ältere literarische Quellen an.[161] Wahrscheinlich wurden auch auf dem Schlachtgemälde an der Stoa Poikile sowie auf dem Südfries des Niketempels auf der Akropolis Reiterkämpfe bei Marathon dargestellt.[162] Daß (angebliche) Meldungen über den Abzug bzw. die Abwesenheit persischer Reiter den Ausschlag für einen Angriffsbefehl auf athenischer Seite gegeben haben, ist auch deshalb wenig wahrscheinlich, weil vermutlich nicht die Athener, sondern die Perser schließlich die Initiative ergriffen haben, denn nur so konnten sie ihr Ziel – die Unterwerfung Athens – letztlich erreichen.[163] Hinzu kommt, daß das persische Heerlager wohl im Nordosten der Ebene von Marathon zu vermuten ist, während der Brennpunkt der Kämpfe offensichtlich am sogenannten Soros war. Allem Anschein nach hatten die Perser bereits eine beachtliche Strecke von ihrem Lager aus zurückgelegt, bevor die Griechen ihrerseits vorrückten. Wenn die Athener nach der Darstellung Herodots (6,111,3) die Länge ihrer eigenen Schlachtreihe gewissermaßen an die feindliche Aufstellung angeglichen haben, waren die Perser offensichtlich bereits aufmarschiert.

Zweifellos waren aber die Perser überrascht, als sich die athenischen Hopliten in relativ kurzer Zeit zur Schlachtreihe formierten. Um eine Überflügelung durch die Perser zu verhindern, staffelten die Athener ihr Zentrum nur wenige Reihen tief, verstärkten aber die Flügel und ließen ihre Truppen etwa eineinhalb Kilometer zügig vorrücken. Die effektive Reichweite der persischen Bogenschützen betrug etwa 150 bis 175 Meter, treffsicher waren sie noch bis etwa 60 Meter.[164] Zumindest die zuletzt genannte Distanz haben die Hopliten im sogenannten Geschwindschritt durchmessen,[165] da sie die größte Gefahrenzone darstellte. Im Nahkampf waren die Athener dank ihrer besseren Rüstung den leichtbewaffneten feindlichen Kombattanten überlegen. Im Zentrum wurde die athenische Phalanx allerdings von den dort postierten Eliteeinheiten der Perser und Saken abgewehrt, die daraufhin sogar ihrerseits die Athener landeinwärts zurücktreiben konnten. Auf den Flügeln gelang es aber den Athenern und Plataiern, die feindlichen Streitkräfte – wahrscheinlich Hilfstruppen aus verschiedenen Teilen des Perserreiches – zu schlagen. Offensichtlich haben die Perser und Saken das Zurückfluten ihrer eigenen Flügel bemerkt und sich dann auch ihrerseits zurückgezogen.[166] Hierbei stießen sie auf die erfolgreichen Flügel der Athener und Plataier. Nach schwerem Kampf flüchteten auch die Perser und Saken zum Strandlager und zu ihren Schiffen. Der schmale Zugang zum Schiffslager südlich des sogenannten Großen Sumpfes konnte aber von den Persern noch einige Zeit gehalten werden. Es gelang den Athenern nicht, die Einschiffung des Gros der feindlichen Streitmacht zu verhindern. Im Kampf um die letzten vom Strand ablegenden Schiffe konnten sie nur sieben Einheiten erbeuten. Die Verluste der Perser beziffert Herodot (6,117) auf 6400 Mann, doch ist diese Zahl wohl übertrieben.[167] Auf athenischer Seite fielen 192 Bürger, darunter der Polemarchos Kallimachos und ein Strategos. Beide fanden in der letzten Phase des Kampfes den Tod.[168]

Um nach der Abfahrt der persischen Flotte einem Angriff der Feinde auf Athen zuvorzukommen, marschierte das Gros des athenischen Heeres noch in der Nacht oder am frühen Morgen nach der Schlacht im Eilmarsch zurück.[169] Die Hopliten erreichten die Stadt, bevor die persische Flotte vor Phaleron erschien. Die Perser wagten keine Landung und nahmen nach einer gewissen Wartezeit (vermutlich am folgenden Tag) Kurs nach Kleinasien.

Im Anschluß an die Darstellung der Kämpfe berichtet Herodot (6,121) noch über ein merkwürdiges „Schildsignal", das die Alkmeoniden den Persern gegeben haben sollen, um die Athener „den Barbaren und dem Hippias" auszuliefern. Herodot bezweifelt die Richtigkeit dieses „Geredes" (Logos) über die Alkmeoniden und läßt insofern durchblicken, daß es sich seiner Auffassung nach um politisch motivierte Gerüchte handelte. Dies trifft wohl das Richtige, denn Beweise für jene Beschuldigung gab es nicht, und zu einer diesbezüglichen Anklage ist es nie gekommen.[170] In dem dramatischen Geschehen der Flucht und Einschiffung der Perser konnte von den Feinden ein „Schildsignal" eines Atheners wohl kaum erkannt werden, wenn sich am Ufer Tausende von Kombattanten befanden. Auch eine Art Spiegelreflex auf den Bergen konnte von den persischen Schiffen aus schwerlich als Signal gedeutet werden.[171] Wahrscheinlich ist die genannte Beschuldigung nicht unmittelbar nach dem Kampf erhoben worden. Da die Alkmeoniden 489 wieder eine relativ starke Position in Athen besaßen und Xanthippos, der mit ihnen verschwägert war, Anklage gegen den Marathonsieger Miltiades erheben konnte, liegt die Vermutung nahe, daß nach dem Prozeß gegen Miltiades dessen Freunde und Anhänger ihrerseits die Alkmeoniden beschuldigt haben.[172] Jedenfalls wird hier deutlich, mit welchen Mitteln damals in der Führungsschicht Athens politische Rivalitäten um Einfluß und Macht ausgetragen wurden.

Die Schlacht bei Marathon hatte aber eindrucksvoll demonstriert, daß griechische Hopliten in der Phalanx den für den Nahkampf nur mit leichten Schutzwaffen und kurzen Spießen und Dolchen ausgerüsteten medisch-persischen und sakischen Fußtruppen überlegen waren, wenn diese ihren gefürchteten Bogen nicht mehr benutzen konnten.[173] Marathon wurde zu einem Symbol des politischen Selbstverständnisses der Athener. Über dem Gemeinschaftsgrab (Polyandrion) der gefallenen Marathonkämpfer wurde der imposante sogenannte Soros – noch heute eine Landmarke auf dem ehemaligen Kampfplatz – aufgeschichtet. Auf dem Grabhügel wurden Gedenktafeln mit den Namen der später dort kultisch verehrten Toten angebracht (Paus. 1,32,3). Wahrscheinlich nach der Invasion des Xerxes wurden die Sieger von Marathon in einem dem zeitgenössischen Dichter Simonides zugeschriebenen Epigramm als Vorkämpfer von Hellas gefeiert.[174] Des weiteren wurde nach den griechischen Siegen über die Streitkräfte des Xerxes auf der Athener Agora ein zunächst für die Erfolge bei Salamis und Plataiai errichtetes Denkmal umgestaltet, indem man in das Monument ein weiteres Epigramm einmeißeln ließ, das vom unvergänglichen Ruhm der Marathonkämpfer kündete.[175] Kimon gab vermutlich auf dem Höhepunkt seines Ansehens nach dem Sieg der Athener und ihrer Bundesgenossen am Eurymedon in den frühen sechziger Jahren des fünften Jahrhunderts ein monumentales Gemälde der großen Schlacht des Jahres 490 zur Ausschmückung der sogenannten Bunten Halle (Stoa Poikile) in Auftrag[176] und ließ des weiteren ein von dem „Reiseschriftsteller" Pausanias (1,32,4) beschriebenes Denkmal für seinen Vater Miltiades in der Ebene von Marathon erstellen. Zudem wurde dort ein unmittelbar nach der Schlacht errichtetes einfaches Siegesdenkmal durch ein Tropaion aus weißem Marmor ersetzt.[177] Athenische Literaten wurden nicht müde, die Leistungen der Marathonkämpfer in speziellen „Tatenkatalogen" der Athener oder in der allgemeinen politischen Rhetorik zu feiern.[178]

5. Die Parosexpedition

Die persische Offensive des Jahres 490 war über die Kykladen vorgetragen worden. Wahrscheinlich hat man in Athen damit gerechnet, daß im Fall einer erneuten persischen Invasion die Inselwelt wieder als Aufmarschgebiet der Aggressoren dienen würde. Nach dem Sieg bei Marathon schienen sich in diesem Raum neue Handlungsmöglichkeiten den Athenern zu bieten. Etwa im Frühjahr 489 beschloß die Volksversammlung auf Antrag des Miltiades, der nunmehr einflußreichsten Persönlichkeit in Athen, ein großangelegtes Unternehmen durchzuführen, das Teile der Inselwelt der Kykladen unter athenische Kontrolle bringen sollte.[179] Allerdings ist dieser Plan nicht nur vor dem Hintergrund der Persergefahr zu sehen. Bereits vor Marathon hatte Athen durch sein Bündnis mit Plataiai – wahrscheinlich noch ein Erbe der Tyrannis der Peisistratiden –, ferner durch die Angliederung von Eleutherai und Oropos, durch die Siege über Boioter und Chalkidier sowie durch die Ansiedlung attischer Kolonisten in Chalkis den Rang einer regionalen Vormacht gewonnen. Diese Erfolge waren indes sicherlich nicht das Ergebnis einer zielgerichteten Expansionspolitik. Sie resultierten eher aus gelungenen Reaktionen auf militärische und außenpolitische Herausforderungen. Auch das Unternehmen gegen die Kykladen war offenbar eine Antwort auf die vorausgegangene Krise des Jahres 490. Es sprengte jedenfalls den bisherigen Rahmen militärischer Aktivitäten in grenznahen Räumen, zu denen natürlich auch Chalkis noch zu zählen ist. Ein Erfolg der Expedition 489 hätte den Einflußbereich Athens bis weit in die Ägäis ausgedehnt.

Miltiades erhielt als eigentlicher Initiator des Unternehmens das Kommando über 70 Schiffe und ein beachtliches Truppenkontingent. Vermutlich wurde ihm für die Planung und Durchführung des Zuges volle Entscheidungsfreiheit konzediert. Er scheint zunächst erfolgreich gegen die westliche Kykladenkette operiert zu haben,[180] da sich 480 Keos, Kythnos, Seriphos, Siphnos und Melos dem 481 gegründeten Hellenenbund anschlossen, während 490 die meisten Bewohner der Kykladen von Datis und Artaphernes unterworfen worden waren.[181] Offenbar gelang es Miltiades 489, in diesem Raum gleichsam ein strategisches Vorfeld der Athener abzusichern. Die Nachricht Herodots (6,132), daß Miltiades das Ziel des Zuges überhaupt nicht genannt habe, ist hingegen nicht glaubhaft. Paros, das Herodot letztlich in den Mittelpunkt seines Berichtes rückt, war nicht das einzige Operationsgebiet. Auf Paros konnte er allerdings sein Ziel nicht erreichen. Die Bürger dieser Polis weigerten sich, die von Miltiades geforderte Kontribution zu zahlen. Eine mehrwöchige Belagerung durch die athenische

Streitmacht führte nicht zum Erfolg, Miltiades mußte den Rückzug antreten. Er hatte sich verletzt und litt bereits an Wundbrand, als er nach seiner Rückkehr von Xanthippos, dem Vater des Perikles, wegen Täuschung der Athener angeklagt wurde. Vermutlich hatte Miltiades der Volksversammlung eine mühelose Unterwerfung der Insel Paros in Aussicht gestellt.[182] In dem Verfahren, das vor der Ekklesia stattfand, beantragte Xanthippos, der mit einer Nichte des Kleisthenes verheiratet war, die Todesstrafe. Die Volksversammlung verurteilte aber Miltiades unter Berücksichtigung seiner Verdienste „um die Athener" (durch die Eroberung von Lemnos und den Sieg bei Marathon) zu einer hohen Geldstrafe. Kurz darauf starb Miltiades, sein Sohn Kimon soll die Strafe – angeblich 50 Talente – gezahlt haben.

Xanthippos hat sicherlich nicht als Exponent einer festgefügten politischen Faktion mit bestimmten programmatischen Zielen die Anklage übernommen.[183] Andererseits waren aber Freundschafts- und Verwandtschaftsverhältnisse als personale Elemente wichtige Stützen in den Rivalitäten um Einfluß und Erfolg in der Öffentlichkeit.[184] So übernahmen „Freunde" des Miltiades in diesem Fall die Verteidigung. Entsprechenden Rückhalt wird auch der Ankläger besessen haben. Ähnliche Aktivitäten sind generell in der politischen Entscheidungsfindung jener Zeit anzunehmen. Ausschlaggebend war aber, daß im persönlichen Kontakt mit den in der Ekklesia versammelten Bürgern Stimmenmehrheiten gewonnen wurden. Das Verfahren gegen Miltiades war ein „politischer" Prozeß. Miltiades besaß im attischen Demos nach Marathon zunächst unbegrenztes Vertrauen, hatte aber durch das Fiasko auf Paros seinen Kredit verspielt. Seine Konkurrenten im Kampf um die Vorrangstellung in der Polis Athen sahen nunmehr die Chance, ihn durch das Instrument der Anklage auszuschalten. Da es in Athen keine öffentliche Anklagebehörde gab, bot sich einem Ankläger die Möglichkeit, nicht nur seinen Rivalen zu diskreditieren, sondern auch sich selbst vor dem Demos als Vertreter der Interessen der Polisgemeinschaft zu profilieren und an Einfluß zu gewinnen.[185] In diesem Sinne agierte auch Xanthippos. Der Prozeß bestätigt freilich auch, daß die kleisthenische Ordnung in Athen nicht nur allgemeine Anerkennung gefunden, sondern auch die politischen Rahmenbedingungen verändert hatte. Adelsrivalitäten betrafen nicht mehr in erster Linie die inneraristokratische Rangordnung. Die Polisgemeinschaft in ihrer Gesamtheit war ins politische Zentrum gerückt. Insofern mußten nicht nur prominente Polisbürger im Kampf um die führende Position (Prostasia) Zustimmung bei den in der Ekklesia anwesenden Teilen des Demos finden. Es bestand jetzt auch breiter Konsens darüber, daß dem Demos die Kontrolle über das Handeln der gewählten Funktionsträger und damit auch die Entscheidung über Freispruch oder Verurteilung im Fall einer Anklage zukomme.

Der Prozeß gegen Miltiades war allerdings noch kein Eisangelieverfahren im späteren Sinne, da die betreffenden Verfahrensweisen erst in der entwickelten Demokratie voll ausgebildet waren.[186] Bei der (späteren) Eisangelie handelte es sich um eine schriftlich einzureichende und zu begründende öffentliche Anklage wegen schwerer Verstöße gegen die Polis. Zwar hatte wahrscheinlich bereits Solon die Zuständigkeit des Areopags für die Bestrafung von Vergehen gegen die Polis gesetzlich geregelt, da entsprechende Bestimmungen Solons in der aristotelischen ›Athenaion Politeia‹ (8,4) erwähnt und als „Eisangeliegesetz" bezeichnet werden. Dieser Begriff ist hier aber zweifellos anachronistisch. Offenbar hat der Autor den späteren Terminus technicus für das genannte Strafverfahren auf die solonischen Regelungen übertragen. Auch Kleisthenes hat allem Anschein nach kein spezielles neues Eisangeliegesetz eingeführt. Es gibt keine Zeugnisse, die darauf schließen ließen, daß Kleisthenes die Kompetenz zur Ahndung von Verstößen gegen die Polisinteressen dem Areopag entzogen und dem Demos (d. h. der Volksversammlung) übertragen hat. Wohl aber hat die durch seine Reformen eingeleitete Entwicklung dazu geführt, daß in solchen Fällen das Verfahren vor der Volksversammlung oder der Heliaia stattfand.

6. Krieg mit Aigina

Während in der Ägäis durch die Expedition des Miltiades vermutlich der athenische Einflußbereich bis zur westlichen Kykladenkette ausgeweitet wurde, bildete die attische Küste am Saronischen Golf nach wie vor eine offene Flanke gegenüber der Polis Aigina, die damals noch zur See überlegen war, nach Marathon allerdings keine volle Handlungsfreiheit besaß, da jene Geiseln, die vor dem Datiszug den beiden spartanischen Königen Kleomenes I. und Leotychidas übergeben und von diesen an Athen ausgeliefert worden waren, sich weiterhin in athenischem Gewahrsam befanden. Nach dem Tod des Kleomenes I. und nach dem athenischen Mißerfolg auf Paros verlangten die Aigineten die Freilassung der Geiseln. Die Athener waren jedoch angesichts der weiterhin bestehenden Spannungen in ihren Beziehungen zu Aigina nicht bereit, ihr Faustpfand aus der Hand zu geben. Daraufhin kaperten aiginetische Kampfschiffe während der Poseidonfeier bei Sunion das athenische Festschiff (wahrscheinlich im athenischen Monat Mounichion, etwa März/April 488). Der Konflikt eskalierte, als die Athener ihre Flotte in Bereitschaft setzten und ein Angehöriger der aiginetischen Oberschicht bereit war, mit seiner Anhängerschaft auf Aigina gegen seine dort dominierenden Standesgenossen zu putschen und mit den Athenern zu konspirieren. Die athenische Flotte wurde durch 20 korinthische Einheiten verstärkt, die für den symbolischen Preis von fünf Drachmen je Schiff ausgeliehen und mit Athenern bemannt wurden. Die Rüstungen der Athener verzögerten sich jedoch. So mißglückte ihr Plan, sich mit ihren aiginetischen Parteigängern zu vereinen, die sich verabredungsgemäß erhoben, aber zu früh losschlugen und überwältigt wurden. Angeblich sollen die athenischen Streitkräfte erst einen Tag später nach einem erfolgreichen Seegefecht gegen die aiginetische Flotte auf der Insel gelandet sein. Die Aigineten erhielten ihrerseits Unterstützung durch Freiwillige aus Argos und konnten nach wechselvollen Kämpfen Flotte und Landungskorps der Athener zum Rückzug zwingen.[187]

Die Initiatoren des gescheiterten athenischen Unternehmens gegen Aigina sind nicht bekannt. Unklar bleibt auch, inwieweit dieser militärische Mißerfolg sich auf die athenische Innenpolitik ausgewirkt hat, die damals in Bewegung geriet.

7. Ostrakophorien und Reformen

Im Amtsjahr 488/87 wurde zum ersten Mal ein athenischer Bürger ostrakisiert. Opfer dieser Maßnahme war Hipparchos, zweifellos der eponyme Archon des Jahres 496/95. Ein unmittelbarer Zusammenhang zwischen den ersten Ostrakophorien und den athenischen Niederlagen der frühen achtziger Jahre ist nicht erkennbar. Für die Schlappe auf Paros wurde – wie gesagt – Miltiades durch eine präzise Anklage zur Verantwortung gezogen, während wir nicht wissen, ob die Befehlshaber der gegen Aigina eingesetzten Streitkräfte belangt worden sind. Ein Ostrakismos sollte jedenfalls eine Präventivmaßnahme sein und wäre demnach als „Strafe" für das Versagen eines Befehlshabers oder für eine falsche Lageeinschätzung durch einen Initiator einer Expedition ohnehin nicht in Frage gekommen.

Gleichwohl mögen die damaligen militärischen und politischen Probleme der Athener bei der Verbannung des Hipparchos eine Rolle gespielt haben. Verräterische Umtriebe während der Persergefahr 490 konnten ihm zwar nicht nachgewiesen werden. Andernfalls wäre er zweifellos gerichtlich belangt worden. Die persische Großmacht wurde aber in Athen selbstverständlich weiterhin als Bedrohung empfunden. Daher ist nicht auszuschließen, daß Hipparchos in Debatten über die zentrale Frage der athenischen Persienpolitik Auffassungen vertreten hat, die es athenischen Adligen und Meinungsführern ermöglichten, ihn als Verwandten der Peisistratiden ins Zwielicht zu rükken und beim Demos als Risikofaktor zu denunzieren. Die Rolle des inzwischen verstorbenen Hippias während des Datiszuges war natürlich noch nicht vergessen. Die Agitation, die der Ostrakisierung des Hippias zweifellos vorausging, kann daher unter anderem indirekt darauf abgezielt haben, eine angeblich tyrannenfreundliche Gruppe von Polisbürgern in Athen als „fünfte Kolonne" und Agenten der Perser zu denunzieren und durch Verbannung ihres vermeintlichen Anführers auszuschalten.

Vor allem aber ist das Problem der ersten Ostrakophorien eng verbunden mit der Frage der historischen Einordnung einer Verfassungsreform, die nur in der aristotelischen ›Athenaion Politeia‹ (22,5) erwähnt und hier in das Archontat des Telesinos (487/86) datiert wird. Es handelte sich bei dieser Neuerung im wesentlichen um die Einführung einer Kombination von Vorwahl und Auslosung bei der Einsetzung der Archonten. Angeblich sollen jährlich 500 Kandidaten (50 je Phyle) in den „Gemeinden" (Demen) vorgewählt worden und aus diesen dann die neun Archonten ausgelost worden sein, und zwar in der Weise, daß sie aus verschiedenen Phylen stammen mußten. Eine weitere, wahrscheinlich aber spätere Regelung sah vor, daß diejenige Phyle, aus der kein Mitglied des Archontates durch das Los ermittelt worden war, den „Sekretär der Thesmotheten" stellen sollte.[188] Die überlieferte Zahl von 500 „vorgewählten" Kandidaten und die Nachricht über die Rolle der Demen in dem neuen Verfahren beruhen aber vielleicht auf einer Verwechslung mit der jährlichen Neukonstituierung des Rates der 500. Es ist zwar anzunehmen, daß mit der Reform 487 v. Chr. die Zulassung der zweiten Zensusklasse der Hippeis („Reiter") verbunden war.[189] Aus den beiden ersten Zensusklassen standen aber schwerlich Jahr für Jahr genügend Bürger für eine Vorwahl von 500 Kandidaten zur Verfügung, die über 30 Jahre alt und bereit sowie auch in der

Lage waren, eines der neun hohen Polisämter zu übernehmen.[190] Zu beachten ist hierbei, daß alle Areopagiten, die ja das Archontat bereits ausgeübt hatten, für eine Kandidatur nicht mehr in Betracht kamen und andererseits für eine echte Vorwahl weit mehr als 500 Kandidaten zur Verfügung stehen mußten. So ist aus verschiedenen Gründen anzunehmen, daß vielleicht nur 100 Kandidaten vorgewählt wurden,[191] und zwar je 10 aus jeder Phyle. Anschließend wurden die neun Archonten (einschließlich der sechs Thesmotheten) ausgelost, die alle neun verschiedenen Phylen angehören mußten.[192]

Im Zuge dieser Reformen wurde vermutlich auch eine Neuordnung der militärischen Kommandostrukturen vorgenommen. Im Jahre 490 hatte der Polemarchos als einer der neun Archonten – wie gesagt – zumindest nominell noch das Oberkommando über ein Gesamtaufgebot und wohl auch noch den Vorsitz im Strategenrat. Während der Invasion des Xerxes trat er demgegenüber nicht mehr als Militärbefehlshaber in Erscheinung. Daß er in der Zwischenzeit seine militärischen Kommandobefugnisse verloren hat, ist wohl darauf zurückzuführen, daß man einem letztlich durch das Los ermittelten Polemarchos keinen Einfluß auf militärische Planung und Kriegführung mehr zugestehen wollte. Daher gewann fortan das Strategenamt größere Bedeutung, denn die Strategen wurden weiterhin gewählt und konnten auch ihr Amt iterieren und kontinuieren. So blieb das nunmehr höchste militärische Amt nicht dem Zufall der Auslosung überlassen und wurde nur denjenigen Bürgern anvertraut, die der Mehrheit in der Volksversammlung für die Ausübung der entsprechenden Funktionen kompetent zu sein schienen. Durch die Zulassung einer Wiederwahl in unmittelbarer Folge war zudem trotz der an sich einjährigen Amtsdauer der Strategen auch die Voraussetzung für Kontinuität in der militärischen Führung geschaffen. Da Jahr für Jahr zehn Strategen gewählt wurden, war es zudem möglich, unter Umständen auf verschiedenen Kriegsschauplätzen einen oder mehrere Funktionsträger mit den höchsten militärischen Kommandobefugnissen einzusetzen, die die Polisgemeinschaft zu vergeben hatte. In der Forschung ist umstritten, ob in Übereinstimmung mit dem Wortlaut der ›Athenaion Politeia‹ (22,5) die Änderung des Verfahrens zur Bestimmung der Archonten erst in der Amtszeit des Telesinos (487/86) beschlossen wurde oder Telesinos bereits der erste ausgeloste eponyme Archon war. Die Datierung in der ›Athenaion Politeia‹ ist dem Wortlaut nach eindeutig, doch ist andererseits zu beachten, daß der Autor an anderer Stelle (26,2) die spätere Zulassung der Zeugiten der dritten Zensusklasse zum Archontat und das erste eponyme Archontat eines Zeugiten in dasselbe Jahr datiert (457/56). Daher ist nicht auszuschließen, daß Telesinos als erster geloster Archon bekannt war und der Autor der ›Athenaion Politeia‹ den Reformbeschluß und die erste Anwendung des neuen Verfahrens gewissermaßen zeitlich ineinander übergehen läßt.[193] Sicherheit ist hier freilich nicht zu gewinnen.

Unabhängig von dieser Frage ist aber die zeitliche Nähe der Reform zu den ersten Ostrakophorien zu beachten. Wenn die Reform erst 487/86 beschlossen wurde, können durchaus längere Debatten vorausgegangen sein. Die Gründe, mit denen für die Verfassungsreform geworben wurde, lassen sich zwar nur vermuten. Sie mußten aber zweifellos dem Demos in der Volksversammlung überzeugend dargelegt werden, so daß

Sinn und Notwendigkeit der beabsichtigten Maßnahmen transparent wurden. Das eigentliche Ziel war sicherlich, die kleisthenische Phylenordnung und die zentralen Polisinstitutionen noch enger zu verklammern. So konnte etwa darauf hingewiesen werden, daß nach dem alten Modus immer nur die jeweiligen Teilnehmer der Wahlversammlungen bei der Besetzung der Archontenämter mitwirken konnten und hierbei die in Athen und in der Umgebung der Polis wohnenden Bürger gleichsam im Vorteil gewesen seien, während eine Vorwahl in den Phylen ähnlich wie bei der Bestellung der Bouleuten eher eine gleichmäßige Beteiligung der gesamten Bürgerschaft gewährleiste und eher dem Prinzip der politischen Gleichheit der Politen und damit auch den Interessen des Demos entspreche.[194] Da die Archonten nach einwandfreier Amtsführung in den Areopag aufgenommen wurden, könnte ein weiteres Argument gelautet haben, daß auch in diesem ehrwürdigen Gremium durch das neue Verfahren auf der Basis der Demen und Phylen nach einiger Zeit eine gleichmäßige Repräsentation der verschiedenen Regionen Attikas zu erreichen sei. Durch die Zulassung der zweiten Zensusklasse zum Archontat konnte zudem breiteren Kreisen der Oberschicht größere Chancengleichheit bei der Bewerbung um die betreffenden Ämter in Aussicht gestellt werden. Eine Abwertung des Archontats wurde in diesem Zusammenhang zweifellos nicht propagiert, wenn auch – wie gesagt – der Polemarchos wahrscheinlich seine militärischen Befugnisse verlor. Die Reformen 487/86 sprengten nicht den Rahmen der kleisthenischen Ordnung, sondern erweiterten ihn. In diesem System konnten sowohl Repräsentanten prominenter Familien als auch „aufstrebende Naturen“,[195] die nicht aus den „großen Häusern“ Athens stammten, gegebenenfalls die gleiche Methode wie Kleisthenes im Konkurrenzkampf um maßgebenden Einfluß auf die Entscheidungsfindung in der Volksversammlung anwenden, indem sie Reformvorschläge einbrachten, die der durch Kleisthenes eingeleiteten Entwicklung neue Impulse zu geben und zugleich die Ordnung der Polis zu stabilisieren schienen.

Die Ämter der neun Archonten waren nach den Reformen des Kleisthenes weiterhin prestigereich geblieben. Dies gilt insonderheit für den eponymen Archon als Leiter der Volksversammlung, ganz davon abgesehen, daß es eine hohe Ehre war, dem Amtsjahr seinen Namen zu geben. Insgesamt gesehen lag der Schwerpunkt der Amtstätigkeit aber im judikativen Bereich, und hier übten sie im wesentlichen routinemäßig „administrative“ Funktionen aus, wenn man einmal davon absieht, daß der Polemarchos gegebenenfalls (wie bei Marathon) den nominellen Oberbefehl über ein Gesamtaufgebot der Hopliten erhalten konnte. So konnten zwar alle Archonten durch korrekte Amtsführung Ansehen gewinnen bzw. ihr Sozialprestige erhöhen, zumal sie ihre Aufgaben stets in den zentralen Polisorganen vor einer breiteren Öffentlichkeit ausübten,[196] doch verlieh ihnen ihr Amt als solches keine eigentliche Macht über die Bürgerschaft und ihre Institutionen. Nach dem seit Solon geltenden Recht waren die Archonten bei der Leitung von Prozessen strikt an vorgegebene Verfahrensnormen gebunden, die detailliert die Zuständigkeit regelten. Die Archonten hatten zwar für die Anwendung des Rechts Sorge zu tragen und den Gesetzen Geltung zu verschaffen. Die eigentliche Rechtsprechung blieb aber weithin den gerichtlichen Kollektivorganen (Ephetengericht, Areopag, Heliaia) vorbehalten. Auch konnte inzwischen die Volksversammlung bei schweren Verstößen gegen die Polisinteressen gegebenenfalls selbst ein Urteil fällen. Im übrigen gab in der Ekklesia das allgemeine Antrags- und Rederecht einer größeren Zahl von politischen Rednern und Akteuren die Chance, auch gegen den Willen des vorsitzenden eponymen Archonten ihre Vorstellungen und Pläne durchzusetzen, wenn sie eine Mehrheit für einen bestimmten Antrag oder Gesetzesvorschlag fanden. Gleichwohl war die Erfüllung der Aufgaben und Pflichten eines Archonten ein Maßstab für Leistung und hieraus resultierendes Prestige, so daß eine Reihe von Adligen das eponyme Polisamt oder eine andere Archontenstelle anstrebte. Da natürlich nicht alle Kandidaten ihr Ziel erreichten, konnten nicht alle Erwartungen erfüllt werden. Wir kennen nur wenige bedeutende Persönlichkeiten der athenischen Geschichte des späten sechsten und des frühen fünften Jahrhunderts. Die Mehrzahl der namentlich bekannten eponymen Archonten zählt offenbar nicht zu diesen „Prominenten", und auf den über 11 000 Ostraka aus Athen[197] erscheinen verschiedene Namen, die in der literarischen Überlieferung nie erwähnt werden. Zweifellos gab es somit in der athenischen Oberschicht einen relativ breiten Kreis von politisch Handelnden. Die sogenannten Großen bildeten nur eine eng begrenzte Gruppe. Die Agitation für eine Reform der Einsetzung der Archonten dürfte daher auch in der Oberschicht weithin Akzeptanz gefunden haben.[198] Wahlabsprachen zwischen Repräsentanten führender Häuser erübrigten sich, wenn weitgehende Chancengleichheit der Bewerber gewährleistet war.[199]

Im Kontext des Berichtes über diese Reform weist der Autor der ›Athenaion Politeia‹ auf die ersten Ostrakophorien hin, ohne aber einen Zusammenhang zwischen diesen Maßnahmen zu erwähnen oder anzudeuten. Es heißt in dieser Schrift lediglich (22,4), daß als erster Athener 488/87 Hipparchos durch ein Scherbengericht verbannt wurde, weil er als Anführer (Hegemon) und Fürsprecher (Prostates) einer Gruppe von Anhängern der „Tyrannen", d. h. der Söhne des Peisistratos galt. Angeblich soll Hipparchos schon seit dem Sturz der Peisistratiden 510 der Exponent der „Tyrannenfreunde" gewesen sein, aber aufgrund der „Milde" des Demos die Erlaubnis erhalten haben, in Athen zu bleiben. Diese Erklärung vermag – wie schon angedeutet – nicht zu überzeugen, da Hipparchos 496/95 immerhin eponymer Archon war und demnach in dem Jahrzehnt nach den Reformen des Kleisthenes sich wohl kaum als „Freund der Tyrannen" geriert hat. Diffamierungen dieser Art richteten sich nicht nur gegen Hipparchos. Auch in den beiden Jahren nach seiner Verbannung sollen nach der ›Athenaion Politeia‹ (22,6) „Freunde der Tyrannen" ostrakisiert worden sein. Namentlich genannt wird als „Opfer" der Ostrakophorie des Jahres 487/86 Megakles, wahrscheinlich ein Neffe des Kleisthenes.[200] Die Ostrakophorien von 485/84 bis Ende der achtziger Jahre sollen sich demgegenüber nicht mehr gegen „Tyrannenfreunde" gerichtet haben. Genannt werden nur Xanthippos (485/84), der Vater des Perikles, und Aristeides (483/82), der spätere Organisator des Delisch-Attischen Seebundes. Manche Ostraka enthalten Beischriften und „Glossen", die Invektiven und politische Propaganda im Vorfeld der Ostrakophorien erkennen lassen. Zusätze zum Namen des Megakles zielten auf angebliche Verschwendungssucht, Arroganz und Mangel an Moral im Privatleben ab, während Kallias, Sohn des Kratios und vermutlich gleichfalls ein Alkmeonide,[201] auf elf Ostraka als „Meder" oder „Anhänger der Perser" diffamiert sowie auf einer weiteren

Scherbe in persischer Tracht dargestellt und damit als Verräter abgestempelt wird.[202] Der berühmte Aristeides erscheint sogar als „Bruder des Datis". Sieht man von den Invektiven gegen Megakles ab, so richteten sich die Angriffe gegen angebliche Kollaborateure mit den Persern. Ob dies noch mit der gegen die Alkmeoniden nach der Schlacht bei Marathon erhobenen Beschuldigung, sie hätten den Persern ein verräterisches Signal gegeben, zu verbinden ist, muß dahingestellt bleiben. Eine diesbezügliche gerichtliche Anklage gegen die Alkmeoniden oder einen ihrer Repräsentanten wurde nicht erhoben und konnte wohl auch gar nicht erhoben werden, da es offensichtlich an Beweisen fehlte. Es ist freilich kaum anzunehmen, daß Hipparchos und seine Anhänger zusammen mit den Alkmeoniden eine geschlossen agierende Gruppe bildeten, auch wenn die „Opfer" der drei ersten Ostrakophorien als Peisistratidenfreunde diffamiert und der Kollaboration mit den Persern bezichtigt wurden und Kallias ein Alkmeonide war und 486/85 als angeblicher „Tyrannenfreund" Attika verlassen mußte. Megakles, der damals vermutlich führender Repräsentant der Alkmeoniden war, wird kaum das Risiko einer „Koalition" mit Hipparchos eingegangen sein, wenn dieser tatsächlich als Tyrannenfreund verdächtigt wurde.[203]

Wenn der Ostrakismos 488/87 bereits in der gleichen Form wie in der klassischen Demokratie vorgenommen wurde, erfolgte die Abstimmung über die Durchführung eines entsprechenden Verfahrens nach heutigem Kalender erst Anfang 487. Die endgültige Entscheidung durch die Ostrakophorie fiel dann etwa zwei Monate später. Die Debatten über den ersten uns bekannten Ostrakismos sind somit zeitlich nicht zu trennen von Diskussionen über eine Neuregelung der Archontenwahl – gleichgültig, ob diese Reform schon im Amtsjahr 488/87 oder (nach der Datierung in der ›Athenaion Politeia‹) erst in der folgenden Amtsperiode durchgeführt wurde. Es ist durchaus möglich, daß Hipparchos sich als Gegner der Reform exponiert hat und aus diesem Grund als verstockter Anführer von „Tyrannenfreunden" denunziert worden ist. Eine Zuspitzung erfuhren die politischen Konflikte offenbar im Kontext der nächsten Ostrakophorie. Über 4600 Ostraka enthalten den Namen des Megakles, und von den rund 2280 Ostraka mit dem Namen des Themistokles gehören zahlreiche Scherben in die achtziger Jahre.[204] Viele Themistokles-Ostraka wurden zusammen mit Megakles-Ostraka gefunden, so daß Themistokles 486 wohl gleichfalls „Kandidat" eines Ostrakismos war. Seine Gegner haben sicherlich alle Anstrengungen unternommen, um ihn für zehn Jahre politisch auszuschalten.[205] Kontroversen über die Reform der Archontenwahl können in diesem Zusammenhang durchaus noch eine Rolle gespielt haben, wenn wir auch nicht wissen, ob Themistokles das neue Verfahren zur Besetzung des Archontats initiiert bzw. selbst den Antrag gestellt hat. Jedenfalls haben sich inneraristokratische Rivalitäten nach dem Tod des Miltiades wieder zugespitzt. Eine Appeasementpolitik ostrakisierter Alkmeoniden und ihrer Anhänger ist aber vor dem Hintergrund der Persergefahr trotz verschiedener diffamierender Beischriften auf mehreren Ostraka nicht erkennbar.[206] Die Amnestie der Verbannten einschließlich der angeblichen Tyrannenfreunde vor der Invasion des Xerxes läßt darauf schließen, daß die meisten Bürger die „Opfer" der Ostrakophorien zumindest Ende der achtziger Jahre nicht als reale Gefahr für die innere Ordnung und Autonomie ihrer Polis betrachteten.[207]

8. Das Flottenbauprogramm des Themistokles

Die Verbalinjurien auf den Ostraka und der Vorwurf des Medismos waren ein zentrales Thema innerathenischer Kontroversen. Sie sind aber – wie gesagt – kein Beweis für landesverräterische Umtriebe der Beschuldigten,[208] deren Rückberufung des weiteren zeigt, daß Grundsatzentscheidungen wie der Beschluß über das große Flottenbauprogramm des Themistokles, der zumindest seit Mitte der achtziger Jahre seine Position kontinuierlich auszubauen vermochte, nicht zu einer tiefgreifenden Polarisierung in der Oberschicht führten. Ebensowenig ist eine permanente Konfrontation zwischen „Adel" und Demos anzunehmen, wie dies in einer schematischen Gegenüberstellung politischer Gegner in der ›Athenaion Politeia‹ (Kap. 28) suggeriert wird, indem der Autor Verfassungstheorien seiner eigenen Zeit auf die athenische Geschichte seit Solon überträgt, so daß innenpolitische Gegensätze als kontinuierlicher Kampf zwischen Oberschicht und breiter Masse bzw. ihren Exponenten erscheinen. Auch das Bild des aristokratisch-konservativen Aristeides und des demokratisch-fortschrittlichen Themistokles in der bei Plutarch (Them. 3,1–3; Arist. 2–3) vorliegenden späteren Überlieferung entspricht nicht der Realität der achtziger Jahre des fünften Jahrhunderts. Diese Verzerrungen sind letztlich darauf zurückzuführen, daß rund 50 Jahre nach dem Flottenbauprogramm gewisse Zirkel in der athenischen Oberschicht bestrebt waren, die Flottenmannschaften aus der vierten Zensusklasse als eigentliche Stütze der athenischen Demokratie ihrer eigenen Zeit zu bezeichnen, um in simplifizierender und diffamierender Gleichsetzung der als Ruderer dienenden Theten mit dem „Volk" in der Ekklesia die Demokratie zu diskriminieren. Da unter diesem Blickwinkel die athenische Demokratie als unausweichliche Folge der maritimen Aufrüstung Athens galt, wurde Themistokles als Initiator des Flottenprogramms später ohne weiteres als „radikaler Demokrat" eingestuft. Themistokles hat aber mit dem Flottenbaugesetz zweifellos kein verfassungspolitisches Programm verfolgt, sondern aus militärischen Gründen zur Abwehr der zu erwartenden persischen Invasion die maritime Aufrüstung Athens beantragt. Im übrigen ist nicht bekannt, daß Aristeides das Flottenbaugesetz abgelehnt hat und aus diesem Grund 482 ostrakisiert worden ist.[209] Seine Diffamierung als „Bruder des Datis" bestätigt aber, daß die Persergefahr bereits im Mittelpunkt politischer Debatten in der Volksversammlung und in einer breiteren athenischen Öffentlichkeit stand. Vermutlich setzte Aristeides zumindest andere Akzente in der militärischen Planung als Themistokles. Einzelheiten lassen sich indes nicht mehr ermitteln.

Nach Herodot (7,144,1–2) soll Themistokles freilich beantragt haben, 200 neue Kriegsschiffe zum Kampf gegen Aigina zu bauen. Daß der noch nicht beigelegte Konflikt mit der Inselpolis ausschlaggebend für die Zustimmung der Ekklesia zum Flottenbaugesetz des Themistokles war, ist jedoch kaum anzunehmen. Es wäre Themistokles und den Rednern, die seinen Antrag unterstützten, schwerlich gelungen, die Mehrzahl der Versammlungsteilnehmer zu überzeugen, für einen Krieg mit Aigina 200 neue Kampfschiffe vom Typ der Triere zu bauen. Entscheidend war zweifellos das Argument der Persergefahr.

Die Finanzierung der Neubauten wurde durch größere Einkünfte aus den Silberminen der Polisgemeinschaft ermöglicht. Die Überlieferung ist allerdings widersprüchlich. Nach der Darstellung Herodots (7,144,1) hatten die Athener bereits „viel Geld im gemeinsamen Besitz“, das ihnen aus den „Gruben im Laureion“ zufloß und an die Bürger verteilt werden sollte, so daß jeder 10 Drachmen erhalten hätte. Themistokles habe aber die Bürger überredet, die Verteilung einzustellen und statt dessen 200 Kriegsschiffe zu bauen. Hingegen heißt es in der aristotelischen ›Athenaion Politeia‹ (22,7), daß im Archontat des Nikodemos (483/82, d. h. im Jahr des Flottengesetzes) die Silberminen in Maroneia entdeckt und die hierdurch erzielten Einnahmen in Höhe von 100 Talenten auf Antrag des Themistokles den einhundert reichsten Athenern als „Anleihe“ zur Verfügung gestellt worden seien, so daß jeder dieser Bürger ein Talent erhalten habe und für den Bau einer Triere verantwortlich gewesen sei. Angeblich konnte der betreffende Bürger das „Darlehen“ behalten, wenn er seinen Auftrag gut ausgeführt hatte. Andernfalls sollte er gezwungen werden, den Betrag zurückzuzahlen. Auf diese Weise seien die bei Salamis eingesetzten Kriegsschiffe erbaut worden.

Nach den wohl verläßlichen Angaben Herodots nahmen aber an den Seeschlachten bei Artemision und Salamis jeweils 180 athenische Trieren teil.[210] Weitere 20 Einheiten hatten die Athener den „Chalkidiern“ überlassen.[211] Da die Athener bei Artemision Verluste erlitten hatten und zweifellos nicht alle in diesem Kampf gerammten oder beschädigten Schiffe noch einsatzfähig waren, hatte die Polis Athen unmittelbar vor der persischen Invasion höchstwahrscheinlich mehr als 200 Trieren zur Verfügung. Hierzu zählten zwar auch ältere Einheiten, doch waren die weitaus meisten Trieren erst nach dem Beschluß des Flottengesetzes erstellt worden. Daß der von der Volksversammlung gebilligte Antrag des Themistokles zunächst nur den Bau von 100 Einheiten vorsah und nach deren Fertigstellung das „Programm“ erweitert werden sollte, ist wenig wahrscheinlich. Ein „zweites“ Flottengesetz ist nicht überliefert, und die unterschiedlichen Angaben über die Zahl der Neubauten lassen sich nicht ohne weiteres harmonisieren. Problematisch ist der Zahlenschematismus (100 Talente, 100 Trieren) in der ›Athenaion Politeia‹. Es ist kaum anzunehmen, daß bei der Verpachtung einer neuen Mine an private Konzessionäre auf Anhieb ein Gewinn von exakt 100 Talenten erzielt und hiermit der gesamte Flottenbau finanziert wurde. Die Angaben der ›Athenaion Politeia‹ werden auch durch die Nachricht Plutarchs (Them. 4), daß 100 Trieren mit den Gewinnen „aus Laureion“ erbaut worden seien, nicht gestützt. Der Name „Laureion“ diente einerseits im engeren Sinne zur Bezeichnung eines wohl zum Demos Thorikos gehörenden Reviers, bezog sich aber in der weiteren Bedeutung auf das gesamte Bergbaugebiet in Südattika.[212] Plutarch hat offenbar die Zahl von 100 Neubauten aus der auch in der ›Athenaion Politeia‹ vorliegenden Tradition übernommen, ohne zwischen Flözen in den Revieren „Laureion“ (im engeren Sinne) und „Maroneia“ zu differenzieren.[213] Wahrscheinlich waren in den Jahren vor dem Flottengesetz des Themistokles aus dem gesamten Bergbaugebiet in Südattika Überschüsse erzielt worden,[214] mit denen jene 200 Neubauten finanziert werden konnten. Jedenfalls besaß Athen am Vorabend der Invasion des Xerxes die größte Flotte im hellenischen Mutterland. Die historischen Voraussetzungen für diese bislang in Griechenland einmalige maritime Aufrüstung lagen in der Entwicklung Athens zur bevölkerungsreichsten Polis. Kein anderes hellenisches Gemeinwesen wäre damals in der Lage gewesen, eine Trierenflotte in dieser Größenordnung zu bemannen.[215]

Die Triere war weitaus leistungsfähiger als ihr Vorläufer, der sogenannte Fünfzigruderer (Pentekontere).[216] Ihre eigentliche Stärke lag in der Wucht des Rammstoßes, für den sie konzipiert war. Während auf der Pentekontere auf jeder Bordseite jeweils 25 Ruderer hintereinandersaßen, ermöglichte die Erfindung des Auslegers eine neue Anordnung des Riemenapparates, so daß die Ruderer auf beiden Seiten gestaffelt übereinander in drei Rängen sitzen konnten. Durch diese enorme Verstärkung der Rudermannschaft erreichte die mit einem starken Rammsporn ausgestattete, etwa 35 Meter lange Triere beim Angriff eine Höchstgeschwindigkeit von mehr als acht (wahrscheinlich bis zu zehn) Seemeilen.[217] Da sie vollbemannt wohl etwa 45 bis 50 Tonnen Wasserverdrängung hatte, erzielte sie beim Rammstoß eine entsprechende Wirkung. Im vierten Jahrhundert betrug nach den athenischen Marinelisten aus dieser Zeit die Sollstärke der Rudermannschaft einer Triere 170 Rojer.[218] Hinzu kamen zehn Hopliten (sogenannte Epibaten) für den Enterkampf, mehrere Bogenschützen (Toxoten) und natürlich das seemännische Personal einschließlich der Schiffsführung, so daß die gesamte Besatzung aus etwa 200 Mann bestand.[219] Die ausgereifte Konstruktion der athenischen Trieren in der Zeit nach etwa 450 v. Chr. sowie im vierten Jahrhundert ist freilich für die Kampfschiffe der Zeit der Perserkriege noch nicht vorauszusetzen. Möglicherweise betrug die Sollstärke der Rudermannschaften der „themistokleischen Triere“ nur etwa 150 Mann. Die Lösung des komplizierten Problems der „dreirangigen“ Anordnung des Riemenapparates erforderte natürlich längere Experimentierphasen. Die Trieren wurden zwar bereits im sechsten Jahrhundert in Griechenland verwendet, doch bestanden die Flotten der Athener und Aigineten noch in den frühen achtziger Jahren des fünften Jahrhunderts zu einem erheblichen Teil aus Pentekonteren. Es wäre aussichtslos gewesen, in größerer Zahl Pentekonteren gegen die Trierenflotten der kleinasiatisch-ionischen, phoinikischen und ägyptischen Seestreitkräfte im Dienst des Xerxes einzusetzen. So wurde im griechischen Mutterland angesichts der Persergefahr nicht nur in Athen die Umrüstung auf den modernen Schiffstyp forciert. Dies hatte zur Folge, daß Poleis wie Aigina, Korinth und Kerkyra, die zuvor große Pentekonterenflotten besaßen, die älteren (dem neuen Schiffstyp der Triere unterlegenen) Einheiten ausmustern und infolge des erhöhten Personalbedarfs zur Bemannung von Trieren die Zahl ihrer Kampfschiffe reduzieren mußten. Insgesamt gesehen leitete die Umrüstung auf Trieren ähnlich wie zu Beginn des 20. Jahrhunderts die Konstruktion von Schlachtschiffen des Dreadnought-Typs, die durch ihre höhere Geschwindigkeit, größere Tonnage und stärkere Armierung den älteren Linienschiffen weit überlegen waren, eine neue Epoche der Seekriegsgeschichte ein, wenn auch die schiffsbautechnische Entwicklung in Griechenland sich über einen längeren Zeitraum erstreckte.

Die maritime Aufrüstung in Athen erforderte eine Reihe von organisatorischen Maßnahmen. Für die Seekriegsführung wurden freilich keine neuen Magistraturen geschaffen. Ebensowenig scheinen die Kommandobefugnisse der Strategen durch diesbezügliche Beschlüsse der Ekklesia erweitert worden zu sein. Die Strategen konnten auch bisher schon sowohl Heeres- als auch Marineeinheiten oder eine aus beiden Waffengattungen gemischte Streitmacht befehligen, wie dies bei der Unterstützung der Ionier zu Beginn ihrer Erhebung gegen die Perser der Fall gewesen war. Faktisch wuchs aber die Bedeutung des Strategenamtes, dessen Inhaber fortan auch jederzeit mit dem Kommando über zahlreiche Trieren betraut werden konnten. Im Zusammenhang mit der Ausweitung des Aufgabenbereichs der Strategen und mit dem Ausbau der Flotte wurde offenbar die Führung der Hoplitenregimenter der kleisthenischen Phylen nunmehr den zehn Taxiarchen übertragen, die als militärische Befehlshaber ebenso wie die Strategen jährlich gewählt wurden und ihr Amt wiederholt, d. h. auch in ununterbrochener Folge bekleiden konnten. Möglicherweise wurde auch die Strategenwahl damals modifiziert, da anzunehmen ist, daß eine der zehn Phylen (die sogenannte Akamantis) im Amtsjahr 479/78 im Strategenkollegium doppelt repräsentiert war. Wenn damals eine Phyle bereits zwei Strategen stellen konnte, nominierten die einzelnen Phylen zwar vermutlich weiterhin ihre Kandidaten, über die in der Ekklesia abgestimmt wurde. Gewählt waren aber nunmehr wahrscheinlich nicht mehr diejenigen, die jeweils in der Volksversammlung mehr Stimmen als die anderen Bewerber aus ihrer eigenen Phyle erhielten, sondern jene zehn Kandidaten, denen insgesamt die meisten Teilnehmer an den Wahlen zustimmten.[220] Die Zahl der Wahlgänge entsprach jeweils immer der Gesamtzahl der Kandidaten. Wenn tatsächlich bei den Strategenwahlen für 479/78 bereits in dieser Weise verfahren wurde, ist anzunehmen, daß die betreffende Änderung in Verbindung mit dem Ausbau der Flotte getroffen wurde und durch die neue Regelung das Reservoir an Führungskräften optimal erfaßt werden sollte.

Die durch den Bau der großen athenischen Trierenflotte erforderlichen Neuerungen in der Organisation der Wehrordnung betrafen nicht nur die höhere Kommandoebene, sondern auch die Probleme der dauernden Unterhaltung der zahlreichen Neubauten sowie der Schiffsführung und der Einübung der Mannschaften. Die Naukrarien, d. h. „Genossenschaften", denen in archaischer Zeit im Bedarfsfall die Aufgabe oblag, geeignete Fahrzeuge privater Eigentümer als Kampfschiffe auszurüsten, konnten den neuen Aufgaben nicht mehr genügen. Für die auf Kosten der Polisgemeinschaft erstellten neuen Trieren wurde nunmehr das System der Trierarchie eingeführt. Es handelte sich um eine militärische Leiturgie, d. h. eine mit finanziellen Aufwendungen verbundene „Dienstleistung", die in diesem Fall darin bestand, daß ein zu den wohlhabenden Schichten zählender Bürger als sogenannter Trierarch („Befehlshaber" einer Triere, „Kapitän") jeweils für die Dauer eines Jahres für die Führung, Instandhaltung und Gefechtsbereitschaft einer Triere verantwortlich war. In der klassischen athenischen Demokratie wurde dieses System weiterentwickelt und modifiziert.

Der enorme Mannschaftsbedarf der neuen Trierenflotte hatte tiefgreifende Auswirkungen auf die gesamte athenische Wehrverfassung. Die als Theten bezeichneten Bürger der vierten solonischen Zensusklasse waren zwar seit jeher prinzipiell zum Kriegsdienst verpflichtet gewesen, wurden aber bislang praktisch kaum aufgeboten. Da sie nicht in der Lage waren, sich aus eigenen Mitteln als Hopliten auszurüsten, konnten sie nicht in der Phalanx der Schwerbewaffneten eingesetzt werden. Eine reguläre, aus Bürgern bestehende Truppe von Leichtbewaffneten existierte bis zur Schlacht bei Marathon offenbar nicht.[221] Erst in den achtziger Jahren wurde in Athen ein Bogenschützenkorps aufgestellt, das im übrigen auch für den Seekampf verwendet werden konnte. Als Waffen- und Proviantträger zur Entlastung der Hopliten auf dem Marsch wurden bereits vor Marathon zunehmend Sklaven eingesetzt, und der Bedarf an Ruderern, die wohl vor allem von der mit der See vertrauten Küstenbevölkerung gestellt worden waren, hielt sich vor dem Bauprogramm des Themistokles in Grenzen. Demgegenüber war für die Bemannung aller themistokleischen Trieren ein Massenaufgebot erforderlich, das prinzipiell alle seediensttauglichen Bürger erfaßte. In der politischen Selbstdarstellung der Athener galt der große Abwehrkampf gegen die Perser als Wendepunkt in der Einstellung des gesamten attischen Demos gegenüber dem Kriegsdienst zur See, der für die Bürger Athens fortan größte Bedeutung gewann.[222] Eine Totalmobilmachung war natürlich ein Sonderfall. In der Regel genügte eine Teilmobilisierung. Den Kern der Mannschaften bildeten hierbei die Theten. So wurde mit dem großen Flottenbau die vierte Zensusklasse ein integraler Bestandteil der athenischen Wehrordnung. Die seediensttauglichen Theten bestanden im Perserkrieg ihre große Bewährungsprobe und repräsentierten in der Zeit der Seeherrschaft Athens die nunmehr wichtigste Waffengattung ihrer Polis.

9. Die Invasion des Xerxes

a) Thermopylen und Salamis

Als Themistokles sein Flottengesetz in der athenischen Volksversammlung beantragte, hatten größere Bautrupps im Dienst des Xerxes bereits damit begonnen, einen für Trieren passierbaren Kanal durch den flachen Ansatz der Athoshalbinsel zu graben. Es war abzusehen, daß in naher Zukunft ein persischer Großangriff auf das hellenische Mutterland drohte, denn das Projekt am Athos ließ darauf schließen, daß der persische Führungsstab aufgrund der Erfahrungen des Mardonioszuges 492 eine erneute Katastrophe einer großen Offensivflotte an jenem sturmgepeitschten Vorgebirge zu vermeiden suchte. Die persischen Vorbereitungen zu einem großangelegten Vorstoß nach Griechenland traten 483 in eine entscheidende Phase. Den Entschluß zu diesem Unternehmen soll nach Herodot (7,1) bereits Dareios in seinem Zorn auf die Athener gefaßt haben, als er von der Niederlage seiner Truppen bei Marathon erfuhr. Herodot akzentuiert somit das Motiv der Rache und nennt hier und an einer anderen Stelle seines Werkes als eigentliches Angriffsziel Athen, setzt aber voraus, daß die Unterwerfung dieser Polis aus der Sicht des Großkönigs eine Einbeziehung Gesamtgriechenlands in den persischen Herrschaftsbereich erforderte.[223] Er beurteilt hierbei den Gang der Ereignisse freilich im Blick auf die Rolle Athens in der großen griechisch-persischen Auseinandersetzung. Authentische persische Primärquellen standen ihm für dieses Lagebild schwerlich zur Verfügung. Gleichwohl ist nicht zu bezweifeln, daß Dareios nach dem Scheitern des Datiszuges entschlossen war, das Unternehmen mit weit stärkeren Streitkräften und weiter gesteckten Zielen zu wiederholen. Die hiermit verbundenen langfristigen Vorbereitungen und Rüstungen mochten primär auf die Unterwerfung Athens abzielen, doch mußte man am persischen Königshof bereits das gesamte griechische Mutterland in die Planung einbeziehen. Diese Konzeption entsprach letztlich dem Herrschafts- und Selbstverständnis des Großkönigs, für den es keine gleichrangigen Mächte gab. Der Anspruch auf Anerkennung seiner Oberherrschaft stand für ihn außer Frage, wenn Völker und Gemeinwesen außerhalb seines Reiches in den Radius seiner Interessen gerieten.[224] Der Konflikt mit Athen ließ sich nach Marathon nicht mehr begrenzen und erforderte aus persischer Sicht nunmehr eine Intervention, die weit über die Zielsetzung des Datiszuges hinausging, zumal Sparta, die anerkannte Vormacht von Hellas, 490 bereit gewesen war, den Athenern Hilfe zu leisten.

Die persische Planung geriet indes ins Stocken durch eine Erhebung in Ägypten im Sommer 486.[225] Kurz vor dem 1. Dezember 486 starb Dareios. Sein Sohn und Nachfolger Xerxes, ein Enkel des Reichsgründers Kyros, leitete 485 persönlich den weiteren Kampf gegen die Rebellen. Nach dem Scheitern des Aufstandes erhielt Ägypten den Status einer persischen Satrapie. Weitere Erhebungen in Babylonien 484 und 482 scheinen die Vorbereitungen des persischen Angriffs auf Griechenland dann nicht mehr wesentlich verzögert zu haben.[226] Der Vorstoß sollte von Norden her von den unter persischer Oberhoheit stehenden Gebieten (Thrakien und Makedonien) durch sorgfältig aufeinander abgestimmte Operationen der Land- und Seestreitkräfte vorgetragen werden. Die Versorgung wollte man durch Bereitstellung des Proviants in großen Magazinen in Thrakien sichern. Vor Beginn des Feldzuges erhielt die dortige Bevölkerung Weisung, Verpflegung für die Truppen zu stapeln.

Die Angaben der griechischen Überlieferung zur Stärke des persischen Heeres enthalten phantastische Übertreibungen. Moderne Schätzungen sind durch eine Reihe von Unsicherheitsfaktoren gekennzeichnet. Im Hinblick auf die Versorgungsprobleme sind wohl kaum mehr als etwa 100000 Kombattanten der Aufgebote aus dem asiatischen Herrschaftsbereich der Perser anzunehmen, darunter vielleicht 10000–15000 Reiter und die sogenannten 10000 „Unsterblichen".[227] Hinzu kamen zahlreiche Troßmannschaften, die aber für einen Kampfeinsatz nicht in Frage kamen. Bis zum Einmarsch nach Thessalien wurde das persische Heer noch durch thrakische und makedonische Kontingente verstärkt. Die Zahl der Kriegsschiffe beziffert Aischylos in seinem bereits 472 aufgeführten Drama ›Die Perser‹ auf 1207 Einheiten (V. 341 ff.). Die gleiche Zahl erscheint im Bericht Herodots (7,89,1) über die Truppenschau des Xerxes in Doriskos am Hebros, d. h. bevor zahlreiche Trieren durch Stürme zerschellten. Herodots Ziffer ist vermutlich aus der genannten Angabe des Aischylos oder aus Schätzungen abgeleitet, die bereits Aischylos vorlagen. Diese Zahl ist indes schwerlich exakt; übertrieben ist auch eine weitere Nachricht Herodots (7,185,1), wonach die in Thrakien und auf den Inseln vor der thrakischen Küste siedelnden Griechen noch etwa 120 Einheiten für den Zug des Xerxes gestellt hätten. Nach Herodot 8,13 war die persische Flotte bei Salamis den griechischen Seestreitkräften, die nach seinen Angaben 378 Trieren (nach Aischylos aber nur 310 Einheiten) umfaßten, zahlenmäßig nicht mehr sehr überlegen. Andererseits berichtet Herodot aber auch (7,190; 8,7,1), daß die Perser vor den Kämpfen bei Artemision bereits 600 Kriegsschiffe durch Unwetter an der Küste von Magnesia sowie an der Ostküste von Euboia verloren hätten. Auch diese Zahl ist weit übertrieben. Nun sind zwar nach den großen Stürmen noch Einheiten zur persischen Flotte gestoßen, die von Griechen in Karystos und auf Andros und Tenos gestellt werden mußten. Hierdurch konnten aber die Verluste durch Unwetter bei weitem nicht ausgeglichen werden. Wahrscheinlich zählte die persische Flotte zu Beginn des Feldzuges ohne die zahlreichen Versorgungs- und Transportschiffe und abgesehen von einer begrenzten Zahl von Pentekonteren nicht mehr als 600 bis 700 Gefechtstrieren.[228]

Die Kampfkraft der persischen Streitkräfte war zweifellos sehr unterschiedlich. Die Elite der Armee bildeten die aus Persern, Medern und Elamitern bestehende Garde der 10000 „Unsterblichen" sowie die berühmten persischen Bogenschützen und die sakischen und baktrischen Reiterverbände. Hatte bereits die Schlacht bei Marathon erwiesen, daß die persischen Bogenschützen im Nahkampf einer griechischen Phalanx nicht gewachsen waren, so sollte sich bei den Thermopylen zeigen, daß auch die „Unsterblichen" mit ihren kurzen Speeren gegen diszipliniert kämpfende Hopliten wenig auszurichten vermochten.[229] Im übrigen war der operative Einsatz größerer Kavallerieeinheiten aufgrund der Geländegegebenheiten im griechischen Mutterland nur beschränkt möglich, und die Aufgebote der von den Persern unterworfenen und abhängigen Völker besaßen insgesamt gesehen keine achtunggebietende Schlagkraft. Die besten Einheiten der Flotte des Xerxes waren die schnellen Trieren der seetüchtigen und loyalen Phoiniker. Auch die übrigen Geschwader wurden von Städten und Völkern mit langer maritimer Tradition gestellt. Es blieb freilich abzuwarten, ob die Mannschaften aus Ionien, Kypros und Ägypten nach der Unterdrückung von Erhebungen in ihren Regionen mit dem erforderlichen Einsatz für die Sache der Perser kämpfen oder überhaupt verläßlich sein würden. Zweifellos hatte die persische Führung in dieser Hinsicht Befürchtungen, da sie verläßliche Truppen als Epibaten („Marineinfanterie") einsetzte, um Desertionen der Rudermannschaften zu verhindern.[230]

Obwohl die überlieferten Zahlenangaben drastisch zu reduzieren sind, bildeten Heer und Flotte des Xerxes eine für damalige Verhältnisse gewaltige Streitmacht. Das Unternehmen war eine der am besten vorbereiteten Operationen in der Antike. Über den Hellespont ließ Xerxes zwischen Abydos und Sestos zwei Schiffsbrücken aus 360 bzw. 340 Fahrzeugen bauen, die in ausgeklügelter Weise festgezurrt wurden. Hierdurch sollte ein zügiger Übergang des Heeres über die Meerengen gewährleistet werden. Für die Griechen war freilich die Brückenkonstruktion nichts anderes als Ausdruck eines vollendeten Hochmutes des Großkönigs, der sogar eine Unterwerfung des Meeres beabsichtigt habe. In Wirklichkeit läßt aber die sorgfältige Planung erkennen, daß die Ratgeber des Königs das Unternehmen keineswegs unterschätzt haben. Der persische Kriegsrat war sich darüber im klaren, daß die Landstreitkräfte im Vergleich zum Datiszug erheblich verstärkt werden mußten, Truppenmassen in dieser Größenordnung aber nicht mehr über die Ägäis transportiert werden konnten und in den europäischen Küstengebieten Flankenschutz durch starke Flottenverbände benötigten.

Als Xerxes im Frühjahr von Sardeis aus mit seinem Heer den Hellespont erreichte, war die Flotte dort bereits eingetroffen. Die Schiffsbrücken waren allerdings inzwischen durch Stürme zerstört. Sie wurden zügig wiederhergestellt. Nach längerem Marsch entlang der thrakischen Küste erreichte das Gros der Perser etwa im Juni

Therme in Makedonien.[231] Noch von Sardeis aus hatte Xerxes Gesandte nach Griechenland geschickt, die dort Erde und Wasser als Zeichen der Unterwerfung fordern sollten.[232] Ausgespart blieben bei dieser Aktion Athen und Sparta. Beide Poleis sollten als „Rebellen" gegen den Großkönig gewissermaßen ausgegrenzt werden. Die persische „Diplomatie" verfolgte somit das Ziel, eine Spaltung unter den Hellenen herbeizuführen. Die griechischen Gemeinwesen waren ohnehin nicht geschlossen zum Widerstand bereit. Für Spartaner und Athener gab es natürlich keine andere Wahl. Sparta hätte im Fall eines Erfolges der Perser nicht nur die Hegemonie in seinem nahezu die gesamte Peloponnes umfassenden Bündnissystem und damit auch seine Vormachtstellung im griechischen Mutterland eingebüßt. Darüber hinaus wäre wohl seine spezifische staatliche und gesellschaftliche Struktur und die Sonderstellung der Spartiaten als Herren der Heloten in Frage gestellt worden. Den Athenern hätte nicht nur der Verlust ihrer damals schon recht fortschrittlichen Polisordnung und die Errichtung einer neuen Tyrannis unter persischer Oberhoheit gedroht. Zweifellos wären auch viele athenische Bürger als Rebellen in das Innere des Riesenreiches der Perser deportiert worden.

So wurden die beiden antipersischen Zentren in Hellas Kristallisationspunkte eines neuartigen Bundes, der treffend als griechische Eidgenossenschaft bezeichnet worden ist.[233] Noch vor dem Erscheinen der Herolde des Xerxes versammelten sich im Herbst 481 an einem von Herodot nicht näher beschriebenen Ort auf dem Isthmos von Korinth Repräsentanten hellenischer Gemeinwesen, die sich durch Eidschwur verpflichteten, gemeinsam gegen die Perser zu kämpfen.[234] Ziel und Zweck des Zusammenschlusses wurden somit von Anfang an festgelegt. Feindschaften und Kriege zwischen griechischen Staaten sollten unterbleiben. Dies betraf vor allem den Konflikt zwischen Athen und Aigina (Hdt. 7,145,1). Sanktionen gegen Kollaborateure wurden auf dieser Gründungsversammlung aber wahrscheinlich noch nicht beschlossen. Im Bericht Herodots (7,132,2) heißt es zwar, die Mitglieder dieses Bundes hätten beabsichtigt, diejenigen Griechen (d. h. ihre Gemeinwesen), die sich ohne Zwang den Persern ergeben würden, zu „vernichten" und den zehnten Teil ihres Besitzes dem delphischen Apollon zu weihen.[235] Zu beachten ist jedoch, daß der Großkönig zu diesem Zeitpunkt von den Griechen noch nicht Erde und Wasser gefordert hatte. Dies spricht gegen einen Beschluß zur Bestrafung von „Perserfreunden" bei der Gründung der Eidgenossenschaft.

Die Initiatoren des Kongresses werden von Herodot nicht genannt. Entscheidende Impulse sind wahrscheinlich von Athen ausgegangen, doch wird die offizielle Einladung von den Spartanern ausgesprochen worden sein, denen von den Eidgenossen der Oberbefehl zu Lande und zu Wasser übertragen wurde. Der athenische Anspruch auf das Kommando zur See wurde abgelehnt. Die Hellenen waren nicht bereit, Athen als zweite Führungsmacht anzuerkennen.[236]

Da die persischen Angriffsvorbereitungen bereits seit längerem bekannt waren (Hdt. 7,138,1), ist es aus heutiger Sicht erstaunlich, daß sich die hellenischen Eidgenossen erst relativ spät zusammenschlossen. Im übrigen wurden vor Beginn der Kampfhandlungen keine gemeinsamen Manöver durchgeführt. Verbindliche strategische Pläne zur Abwehr der Perser sind offenbar in der Gründungsversammlung des Hellenenbundes 481 nicht gefaßt worden. Die Entsendung eines Heeres nach Thessalien zum Schutz der

Verbindungslinien am Olymp 480 erfolgte wohl erst nach einem thessalischen Hilfegesuch. Eine wichtige Rolle spielten aber bezeichnenderweise Anfragen bei dem berühmten Orakel in Delphi. Die Argiver erhielten die Empfehlung, neutral zu bleiben, während den Spartanern prophezeit wurde, daß entweder ihre Polis zerstört würde oder einer ihrer beiden Könige fallen müßte.[237] Berühmt sind die Orakel, die den Athenern zuteil wurden. Sie werden von Herodot chronologisch nicht klar eingeordnet, doch gehören sie wohl in die Zeit vor der Konstituierung des Hellenenbundes im Herbst 481.[238] Angeblich sollen die offiziellen athenischen Orakelbefrager erst aufgrund ihres Unwillens über den Rat der Pythia, „bis ans Ende der Erde zu fliehen", die bekannte Empfehlung erhalten haben, sich hinter der „Mauer aus Holz" zu verteidigen.[239] Gleichzeitig soll eine Warnung vor hohen Verlusten „beim göttlichen Salamis" ergangen sein. Im Streit über die Auslegung des Spruches hat angeblich Themistokles die dunklen Worte über Salamis überzeugend auf die Niederlage der Feinde bezogen und den „hölzernen Wall" als Hinweis auf die athenische Flotte interpretiert. Der Bericht Herodots (7,140–143) über die betreffenden Kontroversen in Athen enthält spätere Zusätze, die erst nach dem Ende der Kämpfe Bestandteil der Überlieferung geworden sind. Die Orakelbefragungen und die pessimistischen „Lageanalysen" in Delphi sowie die daraus sich ergebenden Diskussionen über militärische Konsequenzen sind indes wohl kaum Erfindungen. In der bei Herodot vorliegenden Überlieferung manifestiert sich die Bedeutung der Orakel für die Kriegführung. Ausschlaggebend für die Abwehrstrategie war aber letztlich kühle Argumentation, die freilich auch an die Gefühlswelt der abstimmungsberechtigten Bürger appellieren konnte, als es darum ging, den eigenen Lebensraum und die hierdurch mitbedingte Lebensweise und politische Seinsform nicht preiszugeben. Aber selbst Themistokles hatte zu diesem Zeitpunkt sicherlich keine strategische Gesamtkonzeption zur Abwehr der Perser entwickelt. Es kam zunächst alles darauf an, überhaupt erst die Abwehrbereitschaft in Griechenland zu stärken. Nur etwa 30 Gemeinwesen bildeten den Hellenenbund, von denen die meisten nach der Darstellung Plutarchs (Them. 20,3) recht unbedeutend waren. Plutarch nennt zwar insgesamt 31 Poleis. Auf der berühmten „Schlangensäule", einem von den griechischen Siegern nach der Schlacht bei Plataiai in Delphi aufgestellten Weihgeschenk, erscheinen ebenfalls 31 staatliche Gemeinschaften.[240] Hiervon können aber nicht alle an der Gründungsversammlung teilgenommen haben. Naxos und Tenos mußten zu diesem Zeitpunkt noch für den Xerxeszug Schiffe und Mannschaften bereithalten, und Poteidaia fiel erst nach der Schlacht bei Salamis von den Persern ab. Einige andere Gemeinwesen, die am Perserkampf teilnahmen, sind hingegen (wohl auf Druck Spartas) auf der Schlangensäule nicht verzeichnet.[241]

Unmittelbar nach Gründung der Eidgenossenschaft bemühten sich die Mitglieder um Verstärkung ihres Potentials, indem sie den Tyrannen Gelon von Syrakus sowie Argos, die kretischen Poleis und Kerkyra zum Anschluß an den Bund aufforderten. Die Aktion führte indes nicht zu einem greifbaren Erfolg. Gelon verlangte als Gegenleistung für eine Unterstützung der Eidgenossenschaft den Oberbefehl über alle Streitkräfte,[242] und die Argiver forderten Gleichberechtigung mit den Spartanern in der Führung des Bundes oder zumindest das Kommando über eine der beiden Waffengattungen. Diese Bedingungen waren für Sparta und Athen unannehmbar.[243] Allerdings hätte Gelon angesichts eines drohenden karthagischen Angriffs auf Sizilien ohnehin keine wirksame Hilfe zu Lande leisten können. Die Kerkyraier versprachen dem Bund zwar Unterstützung und stachen auch etwa Ende Juli 480 mit 60 Trieren in See, fuhren aber nur bis Kap Malea und warteten dort den Ausgang der Schlacht bei Salamis ab. Kretische Gemeinwesen verweigerten demgegenüber aufgrund der Warnungen des delphischen Orakels eine Teilnahme am Kampf.[244] Schwer zu durchschauen waren für die Mitglieder des Hellenenbundes die Verhältnisse in Thessalien, wo die mächtige Familie der Aleuaden von Larissa bereits seit längerem Kontakte mit den Persern hatte,[245] während ihre Gegner die griechische Eidgenossenschaft dringend um Unterstützung ersuchten, nachdem Xerxes mit seinem Heer den Hellespont überquert hatte. Verworren war auch die Lage in Theben, wo einflußreiche Kreise mit den Persern sympathisierten.

Unterdessen wurde in Athen der Flottenbau forciert fortgesetzt, und im Frühsommer 480 beschloß die athenische Volksversammlung eine Amnestie für Verbannte mit Ausnahme der Peisistratiden, der Anhänger des Isagoras und der vom Areopag, von den sogenannten Epheten und vom Prytaneion-Gericht Verurteilten.[246] Die Amnestie galt auch für ostrakisierte Bürger, deren Führungsqualitäten der Polis wieder zur Verfügung stehen sollten. Offenbar sollten auf diese Weise auch Eintracht und Geschlossenheit der Polisgemeinschaft demonstriert werden. Aristeides und Xanthippos kehrten nunmehr zurück und nahmen in führenden Positionen am Perserkampf teil.[247] Hingegen ist Hipparchos wahrscheinlich zu den Persern geflohen. Er wurde jedenfalls nach der Abwehr der Perser in Abwesenheit zum Tode verurteilt.[248]

Im Frühjahr oder Frühsommer 480 tagten auch die von Herodot (7,172,1) als Probouloi („Vorberater") bezeichneten Vertreter der Gemeinwesen des Hellenenbundes im Poseidonheiligtum auf dem Isthmos von Korinth. Dort erreichte sie der erwähnte Hilferuf der thessalischen Gegner der Aleuaden von Larissa. Der hellenische Kriegsrat beschloß daraufhin die Entsendung einer Streitmacht von 10000 Hopliten zur Sicherung der Pässe am Olymp. Das Kommando erhielt ein spartanischer sogenannter Lochagos, ein Kommandeur eines Lochos, der damals noch größten taktischen Einheit in der spartanischen Armee.[249] Befehlshaber des athenischen Kontingentes wurde Themistokles. Die Hopliten wurden auf Trieren nach Halos an der Bucht von Pagasai gebracht und marschierten dann weiter bis zum Tempe-Tal. Da sie dort aber leicht umgangen werden konnten, zogen sie sich nach wenigen Tagen wieder zum Schiffslager bei Halos zurück und fuhren von dort zum Isthmos (Hdt. 7,173). Der Plan, die Perser möglichst weit im Norden zu stellen und ihren Weitermarsch zu blockieren, war eher ein Provisorium. Eine klare strategische Gesamtkonzeption der Griechen und eine nüchterne Einschätzung der Kräfteverhältnisse sind nicht zu erkennen. Dennoch ist nicht zu übersehen, daß stärkere griechische Land- und Seestreitkräfte rechtzeitig einsatzbereit waren und es in Sparta keineswegs schon beschlossene Sache war, erst am Isthmos eine Verteidigungslinie aufzubauen.[250] Auch die Flotte sollte während dieser Kampagne eine wichtige Funktion erfüllen und das Heer gegen persische Landungsunternehmen absichern. Zum Transport von 10000 Kombattanten waren mindestens 250 Trieren erforderlich, die dann gegebenenfalls im Golf von Pagasai gegen Geschwader der Feinde eingesetzt werden konnten.

Die Räumung der Tempe-Stellung bedeutete die Freigabe Thessaliens. In Athen hat man hieraus offenbar die Konsequenzen gezogen und Maßnahmen eingeleitet, die im Fall eines persischen Durchbruchs nach Mittelgriechenland Panik und Chaos verhindern sollten. Die Datierung entsprechender Beschlüsse ist indes problematisch. Sie wird erschwert durch einen umstrittenen epigraphischen Fund. Es handelt sich um die im Sommer 1959 von M. H. Jameson entdeckte sogenannte Themistokles-Inschrift von Troizen,[251] die ihrem Wortlaut nach einen von Themistokles beantragten athenischen Volksbeschluß mit Anweisungen zur Räumung Attikas vor den Kämpfen bei Artemision enthält, von einem Teil der Forschung aber als Fälschung gewertet wird.[252] Hiernach sollten die athenischen Bürger und die in Athen und Attika lebenden freien Fremden (Xenoi) ihre Frauen und Kinder nach Troizen, die alten Leute und die bewegliche Habe aber nach Salamis bringen. Schatzmeister und Priesterinnen hatten auf der Akropolis den Besitz der Götter zu bewachen, die wehrfähigen Athener und Xenoi sollten die bereitstehenden 200 Kriegsschiffe bemannen und für ihre eigene Unabhängigkeit und die Freiheit der anderen Hellenen kämpfen und zusammen mit den Lakedaimoniern, Korinthern, Aigineten und allen anderen kampfbereiten Griechen die „Barbaren“ abwehren. Es folgen detaillierte Anweisungen zur Ausrüstung der Trieren, von denen 100 nach Artemision an der Nordspitze Euboias fahren, 100 weitere Salamis und die attischen Küsten sichern sollten. Ferner wird die Eintracht aller Athener beschworen und den Ostrakisierten auferlegt, nach Salamis zu kommen und dort weitere Beschlüsse des Demos abzuwarten.[253]

Die Themistokles-Inschrift ist in der vorliegenden Form erst im dritten Jahrhundert v. Chr. in den Stein eingemeißelt worden und Ausdruck der guten Beziehungen zwischen Athen und Troizen in hellenistischer Zeit.[254] Der Text enthält auf jeden Fall stilistische Modernisierungen, die keine originalen Formulierungen eines mehr als 200 Jahre alten athenischen Volksbeschlusses mehr bieten. Andererseits finden sich in der Inschrift Weisungen, die sachlich der Situation vor den Kämpfen bei Artemision und den Thermopylen entsprechen können, während Herodot (8,41) die Evakuierung Attikas zu spät datiert, da sie nach seiner Darstellung erst nach dem Fall der Thermopylen-Stellung erfolgt sein soll. Wenige Tage später standen aber die Perser bereits in Attika. Polis und Landgebiet der Athener können in dieser kurzen Zeit nicht evakuiert worden sein,[255] da wahrscheinlich weit mehr als 100000 Menschen in Sicherheit gebracht werden mußten.[256]

Als die griechischen Streitkräfte etwa Ende Juni sich aus Thessalien bis zum Isthmos von Korinth zurückzogen, kam es dort im Kriegsrat offenbar zu heftigen Diskussionen über die weitere Kriegführung.[257] Das Ergebnis war der Beschluß, ein Heer in den Thermopylen zu postieren und die Flotte nach Artemision an der Nordspitze Euboias zu entsenden. Strategisches Ziel dieser Maßnahme war, dem persischen Landheer den Durchmarsch durch die Thermopylen zu sperren und mit der eigenen Flotte zu verhindern, daß persische Geschwader weiter südlich landen und die Besatzung in den Thermopylen abschneiden konnten.[258] Die griechische Flotte hatte also zunächst eher

Schutzfunktionen für das Landheer zu erfüllen. Dem Bericht Herodots (7,175) ist freilich auch zu entnehmen, daß noch andere Abwehrpläne im Kriegsrat vorgetragen wurden. Offenbar sind damals schon Heerführer peloponnesischer Gemeinwesen für eine Räumung der gesamten Gebiete bis zum Isthmos eingetreten. Nach dem schwierigen Prozeß der Meinungsbildung im hellenischen Kriegsrat waren für die Athener wohl kaum die Zweifel an der Entschlossenheit der Peloponnesier, Mittelgriechenland zu verteidigen, völlig ausgeräumt. In dieser schwierigen Situation wird Themistokles nach seiner Rückkehr aus dem Kriegsrat auf dem Isthmos den Evakuierungsbeschluß beantragt haben,[259] der gleichwohl andererseits vermuten läßt, daß man in Athen eine erfolgreiche Verteidigung der Positionen in den Thermopylen und bei Artemision keineswegs für völlig ausgeschlossen hielt.[260] Es handelte sich in erster Linie um eine Vorsichtsmaßnahme für den Fall einer Niederlage in den Thermopylen.[261] Hätte in Athen nicht trotz allem eine gewisse Zuversicht geherrscht, wäre man wohl kaum bereit gewesen, nahezu die gesamte athenische Flotte – das wichtigste Kriegsinstrument in dieser Situation – einzusetzen. Hoffnungen wurden zweifellos geweckt durch die relative Stärke der Truppen des Leonidas, dem die Leitung der Operationen zu Lande übertragen worden war. Sein Heer umfaßte 4000 peloponnesische Hopliten, darunter 1000 lakedaimonische Perioiken und 300 ausgewählte Spartiaten. Hinzu kamen 700 Thespier und 400 Thebaner sowie 1000 Phoker und der gesamte Heerbann der opuntischen Lokrer und eine größere Anzahl Waffendiener, die für Hilfsdienste aller Art zur Verfügung standen. Von der See her sollte der Verteidigungskampf dieser Truppe durch 271 Trieren und 9 Pentekonteren unter Führung des Spartiaten Eurybiades abgesichert werden. Nach Beginn der Kämpfe wurde die Flotte noch durch 53 weitere athenische Trieren verstärkt. Insgesamt waren damit allein 180 von den Athenern bemannte Trieren bei Artemision eingesetzt. Weitere 20 Trieren hatten die Athener den Chalkidiern überlassen. Zur Verteidigung des Einfalltores nach Mittelgriechenland war also eine für hellenische Verhältnisse bedeutende Streitmacht aufgeboten, die natürlich nicht auf verlorenem Posten stehen sollte. Andererseits wurde die Strategie der Verteidigung Griechenlands südlich von Thessalien nicht konsequent genug verfolgt. Nach den Ausführungen Herodots (7,206) war die Truppe des Leonidas eine Vorausabteilung, die durch Verteidigung der Thermopylen zunächst einen Medismos griechischer Gemeinwesen an der Vormarschroute der Perser verhindern und nach dem Fest der Karneien durch das Gros des spartanischen Aufgebotes und nach dem Ende der etwa gleichzeitig stattfindenden Olympischen Spiele auch durch Streitkräfte der Bundesgenossen der Spartaner verstärkt werden sollte. Die von Herodot angedeuteten religiösen Skrupel sind nicht gänzlich auszuschließen und mögen keineswegs nur als Vorwand zur Verschleierung fehlender Entscheidungskraft des Kriegsrates gedient haben. Sie waren aber nicht ausschlaggebend für die strategische Planung, da die Verteidigungsmaßnahmen ja für die Zeit der Feste nicht eingestellt wurden. Ebensowenig zielten die Beschlüsse des hellenischen Kriegsrates lediglich darauf ab, ein Ausscheiden der Athener aus der Kampfgemeinschaft zu verhindern und die Mannschaften der Peloponnesier unterdessen am Isthmos zur Sicherung einer letzten Verteidigungslinie zu konzentrieren. Immerhin hatten die athenischen Strategen jene Entscheidung mitgetragen. Zudem wußte man im Kriegsrat, daß Flotte und Landstreitkräfte die Thermopylen-Artemision-Linie nur gemeinsam in enger Kooperation behaupten konnten (Hdt. 8,21). Entscheidend für die Planung der Griechen waren allem Anschein nach Nachschubprobleme. Auf der Flotte bei Artemision mußten etwa 45 000 Kombattanten, Seeleute und Ruderer versorgt werden. Da die Trieren auf ihrem beengten Raum nur begrenzte Proviantmengen mitführen konnten, mußte laufend für Nachschub gesorgt werden. Wohl aus diesem Grund hat man das Gros der Landstreitkräfte zurückgehalten und versucht, das Nachschubproblem hierdurch zu entschärfen. Jedenfalls glaubte man im griechischen Kriegsrat nach der Darstellung Herodots (7,206,2) nicht an eine rasche Entscheidung in den Thermopylen, d. h., man vertraute der Stärke des von Leonidas in den Thermopylen errichteten Riegels[262] und mag zudem gehofft haben, durch Operationen der eigenen Flotte den persischen Nachschub stören zu können, der nicht mehr wie in Thrakien z. T. aus vorher angelegten Depots entnommen werden konnte.

Mängel in der hellenischen Verteidigungsstrategie sind indes nicht zu übersehen. Nach der mißlungenen Tempe-Expedition hatte der griechische Kriegsrat zwei Monate Zeit, logistische Vorbereitungen für eine längerfristige Versorgung eines größeren Heeres in Mittelgriechenland zu treffen.[263] Diesen Anforderungen waren aber die Griechen damals offensichtlich nicht gewachsen. Griechische Heere waren es vielmehr gewohnt, in kleinräumigen Operationsgebieten in aller Regel nur für wenige Tage Proviant zu fassen. Ebensowenig kannte man Eingreifreserven, die im Fall einer Niederlage der griechischen Flotte in der Lage gewesen wären, Landungen der Perser im Rücken der Truppe des Leonidas zu verhindern. Auch Sparta als Hegemon des Hellenenbundes hatte seine militärischen Möglichkeiten noch nicht voll entwickelt. Seine Vollbürger waren zwar besser trainiert als andere Bürgerhopliten, erreichten aber ihren hohen militärischen Standard erst im weiteren Verlauf des fünften Jahrhunderts. Im übrigen hätten die Verteidiger der Thermopylen schon deshalb erheblich verstärkt werden müssen, weil die griechischen Hopliten angesichts der persischen Übermacht nicht dauernd im Einsatz stehen konnten und Ablösungen in gewissen Abständen erforderlich gewesen wären. Der entscheidende Fehler auf griechischer Seite war aber das Versäumnis, den sogenannten Anopeia-Paß ausreichend abzusichern, auf dem die Perser schließlich die Thermopylen-Stellung umgehen konnten.[264]

Als etwa in der zweiten Augustwoche[265] ein griechischer Vorposten auf der Insel Skiathos ein phönikisches Aufklärungsgeschwader sichtete und durch Feuerzeichen der eigenen Flottenleitung Meldung machte, wurde das Signal vermutlich falsch verstanden, indem man annahm, daß starke feindliche Seestreitkräfte Kurs auf Euboia nehmen würden, um die Insel östlich zu umfahren. Daraufhin zog sich die griechische Flotte nach Chalkis zur Sicherung der engen Durchfahrt durch den sogenannten Euripos zurück.[266] Fast zwei Wochen später erlitt das Gros der persischen Seestreitkräfte an den Stränden von Kap Sepias durch einen dreitägigen Sturm erhebliche Verluste, während die griechische Flotte wieder ihre Position bei Artemision einnahm. Einen Tag nach Abflauen des Unwetters ließ Xerxes, der mit dem persischen Landheer inzwischen Malis erreicht hatte, Verbände aus Medien und Kissia (Elam am unteren Tigris) gegen das von Leonidas und seinen Truppen besetzte sogenannte mittlere Tor der Thermopylen vorgehen. Die Angreifer hatten ebensowenig Erfolg wie die nachrückende Welle der Eliteeinheiten der sogenannten Unsterblichen. Am gleichen Tag begannen auch die Kämpfe zur See. Herodots Bericht hierüber enthält legendäre Züge und ist in einer Reihe von Punkten nicht glaubhaft. Unhistorisch ist zweifellos die von ihm erwähnte Entsendung eines persischen Umgehungsgeschwaders, das Euboia umfahren sollte und dann an der Ostküste der Insel angeblich spurlos von der Meeresfläche verschwunden ist (Hdt. 8,13–14).[267] Die persische Führung ist schwerlich nach den Stürmen an der Küste von Magnesia das Risiko einer weit ausgreifenden Operation mit 200 Kriegsschiffen eingegangen. Nur soviel ist deutlich, daß die persische Flotte schwere Unwetterschäden vor Beginn der Kämpfe hinnehmen mußte, an den drei Tagen der Schlacht in den Thermopylen nicht zum Malischen Golf durchbrechen konnte und weitere Verluste in den Seegefechten mit der griechischen Flotte erlitt, die auch ihrerseits erhebliche Ausfälle zu verzeichnen hatte. Es bleibt aber letztlich unklar, wie die griechischen Befehlshaber, Trierarchen und Steuerleute sowie das seemännische Personal und die Ruderer in relativ kurzer Zeit die notwendige Erfahrung und Geschicklichkeit im Manövrieren großer Trierenflotten gewonnen haben. Herodot berichtet von einer schwierigen Taktik am ersten Kampftag, mit der die Griechen einen sogenannten Diekplous der Feinde zu verhindern suchten. Beim Diekplous durchstoßen Trieren die Lücken in einer feindlichen Dwarslinie, um sofort scharf zu wenden und die dann schräg vor ihnen liegenden Feindschiffe überraschend zu rammen.[268] Gegen dieses Manöver der nautisch überlegenen Flotte der Perser hätten sich die Griechen durch eine besondere Aufstellung zu schützen versucht, in der jede Triere ihre Position mit dem Bug nach außen eingenommen habe. Aus dieser Aufstellung hätten sie dann den Feind überraschend angegriffen (Hdt. 8,9). Mit über 250 Trieren dürfte dies aber kaum möglich gewesen sein. Vermutlich bildeten die Griechen lediglich eine halbmondförmige Dwarslinie mit zurückhängenden Flügeln zum Schutz gegen einen befürchteten Diekplous.[269]

Unabhängig von diesem Problem besteht aber kein Zweifel, daß die Athener einen bedeutenden Anteil an dem erfolgreichen Widerstand der griechischen Flotte bei Artemision hatten. Auf den athenischen Trieren dienten nahezu alle seediensttauglichen Bürger sowie zahlreiche in Attika ansässige Nichtbürger und ein Teil der Sklaven. Athener und andere Griechen konnten im Großkampf zur See bei Artemision Erfahrungen sammeln, die für die Schlacht bei Salamis überaus wertvoll waren. An den beiden ersten Kampftagen waren jeweils nachmittags die Griechen die Angreifer. Dies ist damit zu erklären, daß die persische Flotte an mehreren voneinander getrennten Stränden an der Südküste von Magnesia stationiert werden mußte und die griechische Flottenleitung die einzelnen feindlichen Geschwader attackieren wollte, bevor die anderen persischen Formationen von ihren Liegeplätzen aus eingreifen konnten.[270] Erst am dritten Tag ging die persische Flotte gegen Mittag in breiter Front zum Angriff über, dem aber die Griechen bis zum Abend standhalten konnten.

Zu diesem Zeitpunkt war in den Thermopylen bereits der Widerstand erloschen. In der vorausgegangenen Nacht hatte eine persische Abteilung die Stellung des Leonidas an der Phokischen Mauer über den sogenannten Anopaia-Pfad umgangen und im Morgengrauen die phokische Wache auf der Paßhöhe überrumpelt. Dem größten Teil der Truppen des Leonidas gelang es noch, rechtzeitig aus der Riegelstellung in den Thermopylen abzurücken.[271] Leonidas hatte vor dem Endkampf noch etwa 1000 Hopliten (Spartiaten, Thebaner, Thespier) zur Verfügung. Hinzu kam eine Anzahl Heloten, die als Waffendiener der Spartiaten fungierten. Er mag gehofft haben, sich mit dieser „Nachhut" noch durchschlagen zu können.[272] Auch die Thebaner haben zunächst noch ausgeharrt. Sie kapitulierten erst, als die persischen Umgehungskolonnen sich der griechischen Stellung näherten. Daß Leonidas beabsichtigte, nach Erhalt der Meldung vom Umgehungsmarsch der Perser den Riegel in den Thermopylen so lange zu halten, bis das letzte griechische Schiff die enge, teilweise nur 15–20 Meter breite und leicht zu sperrende Fahrtrinne des Euripos passiert hatte, läßt sich nicht beweisen. Der Endkampf in den Thermopylen, der etwa gegen 10 Uhr begann, dauerte jedenfalls nicht bis zum Abend.[273] Im übrigen soll nach der Darstellung Herodots (8,18) die griechische Flottenleitung bereits vor der Meldung vom Fall der Riegelstellung des Leonidas den Rückzug beschlossen haben, während Leonidas angeblich schon im Morgengrauen, d. h. mehrere Stunden vor Beginn des letzten Kampfes, über die Aktion der persischen Umgehungskolonne informiert worden sei, ohne seinerseits die Flotte hiervon zu unterrichten, die aber dann doch noch in der Endphase des Kampfes durch einen bei den Thermopylen bereitliegenden Schnellsegler die Nachricht von der dramatischen Wende erhalten habe (Hdt. 8,21). In diesem Bericht bleibt eine Reihe von Fragen offen. Es wäre indes verfehlt, dem spartanischen König apodiktisch Unfähigkeit zu attestieren[274] oder andererseits sein Ausharren als sinnvollen Opfertod zur Rettung der Flotte zu werten.[275] Entscheidende Fehler, für die Leonidas nicht (bzw. nicht allein) verantwortlich zu machen ist, wurden bereits im griechischen Kriegsrat gemacht, und es ist schlechterdings nicht möglich, ein klares Bild von jener Situation zu gewinnen, in der Leonidas Entscheidungen von größter Tragweite zu treffen hatte, nachdem er es versäumt hatte, den Anopaia-Paß ausreichend zu sichern. Die Glorifizierung des Leonidas resultierte jedenfalls erst aus den späteren griechischen Siegen über die Invasionsstreitkräfte.[276] Strategisch waren die Kämpfe bei Artemision und den Thermopylen ein Erfolg des Xerxes, der jetzt ungehindert nach Mittelgriechenland vordringen konnte.

In Attika mußten vermutlich noch viele Nachzügler evakuiert werden.[277] Auf diese Situation bezieht sich allem Anschein nach die von Herodot (8,41) erwähnte Aufforderung athenischer „Behörden" an alle Bürger, ihre Kinder und „Hausgenossen", d. h. Frauen, Angehörige und Sklaven (soweit diese nicht als Ruderer auf der Flotte benötigt wurden) selbst zu evakuieren. Offenbar waren bis zu diesem Zeitpunkt noch nicht alle Athener bereit gewesen, Attika zu verlassen, und es mögen sich noch tragische Szenen abgespielt haben, wie spätere dramatisierende und pathetische Geschichten über die Räumungsaktion vermuten lassen.[278] Einige hundert Bürger in den ländlichen Gebieten blieben anscheinend zurück und gerieten in Gefangenschaft. Eine kleinere Gruppe verschanzte sich auf der Akropolis. Sie bestand angeblich aus den Schatzmeistern der Göttin Athena und ärmeren Athenern, die keine Mittel für die Flucht nach Salamis besessen hätten. Eher ist aber anzunehmen, daß eine reguläre Garnison freiwillig zum Schutz der Heiligtümer zurückblieb.[279] Sie hatte nach dem Fall der Riegelstellung in den Thermopylen bis zum Anmarsch der Perser noch etwa 8 bis 10 Tage Zeit, den Zugang zur Akropolis durch Holzbarrikaden zu sichern. Das Gros der persischen Armee erreichte vermutlich Ende der ersten Septemberwoche Attika.[280]

Die griechische Flotte hatte inzwischen Salamis angelaufen. Die athenischen Mannschaften sollen nach Herodot (8,40–41,1) darüber enttäuscht gewesen sein, daß die peloponnesischen Fußtruppen nicht in Boiotien abwehrbereit lagerten, sondern Schanzarbeiten am Isthmos durchführten. Offenbar handelt es sich bei dieser Version um eine Glorifizierung der Verdienste der Athener um die Siege der Hellenen. Es waren aber wohl nicht allein die Athener, die gegen einen Rückzug hinter den Isthmos votierten. Zweifellos plädierten auch die Aigineten und Megarer nicht erst im Kriegsrat auf Salamis unmittelbar vor der Schlacht für eine Entscheidung *vor* dieser letzten Rückzugslinie, um ihre Gebiete vor Plünderung und Brandschatzung zu schützen. Zudem hat Themistokles seinen Plan, die persische Flotte möglichst in den engen Gewässern zwischen der attischen Küste und Salamis zum Kampf zu zwingen, sicherlich nicht erst auf Salamis vorgetragen. Die Wahl der Insel als Stützpunkt beruhte vielmehr auf einer Strategie, zu der es nach dem Rückzug der griechischen Flotte aus dem Raum von Artemision kaum noch eine Alternative gab. Es ist bezeichnend, daß griechische Reservegeschwader, die sich im Hafen von Troizen gesammelt hatten, gleichfalls Salamis anliefen (Hdt. 8,42). Die Insel sollte schwerlich nur als Durchgangsstation für einen Rückzug hinter den Isthmos dienen.

Durch den Fall der Akropolis ist indes eine neue Situation eingetreten. Das Heer des Xerxes war nach dem Durchbruch durch die Thermopylen auf dem Marsch nach Attika nicht auf Widerstand gestoßen.[281] Die Einnahme Athens war der Höhepunkt einer persischen Erfolgsserie und gleichzeitig die Peripetie. Zunächst haben allerdings die Verteidiger der Akropolis die Operationen der persischen Flotte noch hinausgezögert. Die Eroberung des Burgberges von Athen gelang nur durch eine riskante nächtliche Kletteraktion einiger Perser, die über den unbewachten Steilhang beim Aglauros-Heiligtum[282] auf das Plateau gelangten und von innen den bereitstehenden Stoßtrupps den Weg freimachten. Der Fall der Akropolis soll nach Herodot (8,56) auf Mannschaften und Führung im griechischen Schiffslager geradezu schockierend gewirkt haben,[283] doch ist zu beachten, daß nur eine schwache Besatzung auf der Akropolis zurückgeblieben war, so daß die Nachricht von ihrer Überwindung den Kriegsrat der griechischen Befehlshaber unter dem Vorsitz des Spartaners Eurybiades kaum in Angst und Schrecken versetzt haben wird. Andererseits mußte man freilich nach dem Ende des Widerstandes in Athen mit einer baldigen Entscheidung rechnen. Insofern ist anzunehmen, daß bei Lagebesprechungen im Kriegsrat jetzt auch gewisse Zweifel an der bisherigen Strategie aufkamen und hieraus sich Diskussionen entwickelten, die Herodot in dramatisierender Weise darstellt.[284] Zum Verständnis der im einzelnen kaum zu rekonstruierenden Vorgänge auf Salamis ist erneut zu beachten, daß die Insel nach dem Verlust der Thermopylen-Artemision-Stellung zunächst der griechischen Flotte als neue Basis dienen sollte. Andernfalls wären kaum zahlreiche athenische Familien nach Salamis und Aigina gebracht worden. Ein Rückzug hinter den Isthmos hätte weitere Evakuierungen zur Folge gehabt. Wenn man die athenischen Flüchtlinge auf den genannten Inseln und damit auch die Aigineten sowie die Megarer ihrem Schicksal überlassen hätte, wäre dies praktisch einer Auflösung des Hellenenbundes gleichgekommen, da Athener, Aigineten und Megarer schwerlich noch weitergekämpft hätten und Widerstand zur See dann nicht mehr möglich gewesen wäre. Nach den bisherigen Erfahrungen mußte man nach dem Fall der Athener Akropolis natürlich im hellenischen Kriegsrat mit einem Vorstoß der feindlichen Land- und Seestreitkräfte bis zum Isthmos rechnen. In diesem Fall hätte aber die noch intakte griechische Flotte den persischen Nachschub zur See attackieren können. Entsprechende Überlegungen gab es offenbar auch im persischen Kriegsrat, der nach der Besetzung Athens einige Zeit keine Flottenoperationen durchführen ließ. Xerxes mußte seinerseits angesichts der vorgerückten Jahreszeit eine Entscheidung suchen, bevor Witterungsverhältnisse und Versorgungsprobleme seine Optionen einschränkten und neue Dispositionen erforderten. Diese Faktoren waren natürlich auch den Griechen vertraut, die mit fortschreitender Zeit nicht mehr ausschließen konnten, daß Xerxes sein Heer zum Isthmos vorrükken ließ, wenn ihm die Zeit davonlief. So mehrten sich im Schiffslager der Griechen die Stimmen, die einen Rückzug bis zum Isthmos verlangten. Dies aber hätte bedeutet, daß die griechische Flotte eventuell in offenen Gewässern zu einer Entscheidungsschlacht gezwungen werden konnte, und gerade dies wollte Themistokles aufgrund der Erfahrungen bei Artemision vermeiden. Offensichtlich hatte er größte Mühe, den Kriegsrat zu überzeugen, daß bei Salamis auch die Peloponnes verteidigt werde.[285] Eurybiades scheint zunächst bereit gewesen zu sein, sich dem Druck der peloponnesischen Bundesgenossen Spartas zu beugen, während Themistokles die nach der Schlacht bei Artemision entwickelte Konzeption konsequent zu realisieren suchte. Eurybiades ließ sich aber letztlich durch das Argument des Themistokles überzeugen, daß eine Aufgabe des Stützpunktes auf Salamis das Ende der Kooperation der Hellenen bedeuten würde. Nur hierdurch wurde – jedenfalls nach dem Bericht Herodots (8,63) – die anfängliche Zaudertaktik der peloponnesischen Befehlshaber der griechischen Eidgenossenschaft nicht zum Verhängnis. Der Erfolg der Griechen wurde schließlich dadurch möglich, daß sie nach dem Vormarsch der Perser bis Athen trotz aller Kontroversen die Kriegführung unter einheitlichem Oberkommando fortsetzten.

Die persische Führung war demgegenüber nicht flexibel genug, um sich für neue Optionen entscheiden zu können. Sie hielt strikt an ihrer Strategie der engen Kooperation ihrer Land- und Seestreitkräfte fest. Offensichtlich hoffte sie, die Hellenen noch vor der ungünstigen Jahreszeit entscheidend zu schlagen und volle Operationsfreiheit zu gewinnen, um nicht gezwungen zu sein, die eigenen Flottenmannschaften in Stärke von etwa 100000 Mann neben den Landstreitkräften und Troßmannschaften den Winter über in Attika versorgen zu müssen.[286] Jedenfalls entschloß sich Xerxes Ende September, die Entscheidung bei Salamis zu erzwingen. Die folgenden Aktionen zur See und die Schlacht bei Salamis gehören zu den meistbehandelten Kämpfen der Weltgeschichte. Unsere beiden Hauptquellen sind die Darstellung Herodots (8,75 ff.) und der berühmte Botenbericht in den bereits 8 Jahre nach der Schlacht aufgeführten ›Persern‹ des Aischylos (v. 249 ff.). Hinzu kommen spätere Nachrichten wie der auf Ephoros von Kyme zurückgehende Bericht Diodors (11,17–19), ein Fragment aus der ›Persergeschichte‹ des Ktesias von Knidos (FgrHist 688 F 13)[287] sowie verschiedene Passagen in Plutarchs Viten des Themistokles (14f.) und des Aristeides (9).

Problematisch sind zunächst die überlieferten Schiffszahlen. Die persische Flotte, deren Stärke von Aischylos – wie gesagt – weit übertrieben auf 1207 Einheiten beziffert wird, dürfte nach den Verlusten durch Stürme und durch die Kämpfe bei Artemision den etwa 380 griechischen Kampfschiffen[288] zahlenmäßig nicht mehr weit überlegen gewesen sein.[289] Gefährlicher für die griechische Flotte war die größere Schnelligkeit und Manövrierfähigkeit der Trieren in persischen Diensten (Hdt. 8,60 α). Dieser Nachteil konnte von den Griechen nicht durch Einsatz einer größeren Zahl von „Seesoldaten" (Epibaten) ausgeglichen werden, da hierdurch die eigenen Schiffe noch schwerfälliger geworden wären. Die Chance der Griechen lag eben in einer Schlacht in engen Gewässern, in denen die Geschwader der Perser nicht ihre überlegene Beweglichkeit kampfentscheidend entfalten konnten. So ist es nicht überraschend, daß die griechische Flottenleitung sich nicht aus der Reserve locken ließ, als Xerxes seine Geschwader bis zur Einfahrt in den Sund von Salamis vorstoßen und die Insel Psyttaleia – das heutige Lipsokoutali[290] – durch Landungstruppen besetzen ließ, die im Verlauf der geplanten Seeschlacht griechische Schiffbrüchige niedermachen oder gegebenenfalls Besatzungen versenkter eigener Einheiten retten sollten. Nach dem Zeitschema Herodots wurde dieses Manöver am Nachmittag vor der großen Schlacht durchgeführt, doch ist seine Darstellung der Vorgeschichte des Kampfes mit Legenden und Anekdoten angereichert. Die dramatischen Ereignisse im griechischen Kriegsrat, von denen Herodot im Kontext berichtet, lassen sich nicht widerspruchsfrei in seinen Bericht vom Aufmarsch der persischen Flotte vor dem Salamiskanal einordnen. Vollends unglaubwürdig ist sein Bericht über eine Mission des Sklaven Sikinnos, den Themistokles ins persische Hauptquartier geschickt haben soll, um der dortigen Führung melden zu lassen, daß die Griechen in der folgenden Nacht ihre Positionen verlassen wollten (8,75). Gerade dies wäre ja im Sinne des Großkönigs gewesen, der übrigens – wie Herodot selbst betont (8,69–70,1.76,1) – ohnehin zum Angriff entschlossen war.[291]

Nach Abschluß der persischen Vorbereitungen für den Entscheidungskampf erhielt die Flotte nach heutigem Kalender vermutlich um den 26. oder 27. September den Befehl zu einer riskanten nächtlichen Operation. Sie sollte im Schutz der Dunkelheit von Phaleron aus in See stechen und die im Sund von Salamis liegende griechische Flotte umzingeln und in der Morgendämmerung überraschend angreifen. Ein Teil der persischen Geschwader sollte an der attischen Küste vorbei in den Sund einfahren und an der Spitze einen westlichen Flügel am Aigaleos etwa in Höhe der Insel Hagios Georgios bilden. Nach Osten hin sollten weitere Geschwader zwischen „Keos und Kynosoura" Position beziehen. Als Kynosoura („Hundeschwanz") wurde die Landzunge bezeichnet, die bei der antiken Siedlung Salamis bis fast zur Insel Lipsokoutali vorspringt; „Keos" ist wohl mit Zea im Peiraieus identisch.[292] Der sogenannte Westflügel sollte offenbar eine Flucht der Griechen durch die Bucht von Eleusis, der „Ostflügel" ihren Durchbruch in den Saronischen Golf verhindern. Auf diese Positionen beziehen sich allem Anschein nach die Ausführungen des Aischylos (Pers. 368) über die Einkreisung der Insel des Aias (= Salamis). Vielfach wird diese Angabe allerdings als Hinweis auf die Entsendung eines persischen Umgehungsgeschwaders bis zur Bucht von Eleusis verstanden und mit dem Bericht Diodors (11,17,2) über die Sperrung der Gewässer bei Megara durch die Flottenabteilung der Ägypter verbunden.[293] In diesem Fall hätten aber die Ägypter überhaupt nicht an der Schlacht teilgenommen. Dies widerspricht den Angaben des Aischylos (Pers. 311 f.) sowie auch des Herodot (8,100), der kein Umgehungsgeschwader erwähnt und im übrigen seine athenischen Informanten so verstanden hat (8,76), daß die Schiffe des sogenannten Westflügels der Perser die Griechen im Schiffslager bei (der Siedlung) Salamis einschließen und die weiteren persischen Einheiten die Meerengen zwischen Munichia und der Landzunge von Kynosoura sperren sollten.[294]

Als die griechischen Flottenbefehlshaber nach Anbruch der Dämmerung ein ungefähres Bild der Lage gewinnen konnten, ließen sie sofort ihre Trieren gefechtsklar machen. Entsprechende Vorbereitungen waren sicherlich schon in den Nachtstunden getroffen worden, da im griechischen Lager wohl kaum unbemerkt blieb, daß eine große persische Aktion begonnen hatte, wenn auch noch keine Einzelheiten auszumachen waren.[295] Im frühen Morgenlicht verließen dann die griechischen Einheiten ihre Liegeplätze. Bei der Ausfahrt wurde eine bestimmte Reihenfolge eingehalten, wobei der rechte Flügel den Anfang machte. Die griechischen Linien erstreckten sich vermutlich über eine Länge von mehr als 5 Kilometern vom heutigen Kamatero (südlich der Insel Aygios Georgios) bis zur Spitze von Kap Varvari (Kynosoura). Auf dem rechten Flügel standen die Lakedaimonier, an die sich vermutlich die Korinther, Megarer und Aigineten anschlossen, während kleinere Kontingente anscheinend das Zentrum bildeten und die Athener auf dem linken Flügel auffuhren, denen auf persischer Seite (auf dem sogenannten Westflügel) die Phoiniker gegenüberstanden. Den linken (östlichen) Flügel der Perser bildeten Ionier. Die Positionen der übrigen Kontingente der Perserflotte sind nicht sicher zu ermitteln. Der Verlauf des etwa zwölfstündigen Kampfes bleibt im einzelnen unklar. Aus dem Vergleich der beiden Berichte des Aischylos und des Herodot ist aber zu schließen, daß die Athener nach einer kurzen Phase der Rückwärtsbewegung, mit der sie die Feinde noch weiter in den Sund zu locken suchten,[296] zum Angriff übergingen, offenbar einen Halbkreis um den persischen Westflügl bildeten und die ihnen gegenüberstehenden phoinikischen Einheiten z. T. an die attische Küste zurückdrängten, z. T. aber auch zum Rückzug auf die Einfahrt zum Sund zwangen, wo sie dann auf die ihnen ursprünglich folgenden und noch weiterhin vorwärtsrudernden persischen Formationen stießen, so daß auf persischer Seite größte Verwirrung entstand. Freischerende Einheiten vor allem der Phoiniker wurden auf dem Rückzug nach Phaleron insonderheit von den Aigineten attackiert, denen nach dem Kampf von den griechischen Eidgenossen sogar der erste Tapferkeitspreis zuerkannt wurde. Die Athener erscheinen in dieser Wertungsskala erst an zweiter Stelle, doch wurden in der athenischen Selbstdarstellung vor allem die Kombattanten hoch gerühmt, die unter Aristeides auf Psyttaleia landeten und die dort stationierte persische Truppe überwältigten.[297]

Am Abend des Kampftages hatten sich alle noch gefechtsfähigen Trieren im Dienst des Xerxes aus dem Sund von Salamis zurückgezogen. Die meisten Schiffsverluste entstanden auf beiden Seiten durch Rammstoß im „Duell“ Schiff gegen Schiff. Hinzu kamen auf persischer Seite aber auch Havarien im Gedränge der eigenen Schiffe (Hdt. 8,89,2). Zweifellos gelang es den Griechen aber auch, eine Reihe von bewegungsunfähigen feindlichen Trieren durch Rammstoß oder Entern endgültig auszuschalten.[298] Ansonsten scheint der Enterkampf nur eine untergeordnete Rolle gespielt zu haben. Insofern hat man mit Recht darauf hingewiesen, daß der Sieg der Griechen in erster Linie ein Erfolg des seemännischen Personals und der Ruderer war, die Stunde um Stunde gemäß den Anordnungen der Schiffsführer ihre Pflicht erfüllten.[299] Salamis war sicherlich kein Sieg einer brillanten Taktik, wie ja überhaupt im antiken Seekrieg die Flottenleitungen nach Beginn eines Kampfes kaum noch die Möglichkeit hatten, schwierige taktische Manöver durchführen zu lassen.[300] Allerdings waren die Griechen bei Salamis von Kampfbeginn an dadurch im Vorteil, daß es den Athenern gelang, die volle Wucht des ersten Angriffs auf die Phoiniker und die sich östlich anschließenden feindlichen Geschwader zu lenken, bevor die ionischen Kontingente eingreifen konnten. Dieser Vorteil ergab sich freilich primär aus der Situation unmittelbar nach dem riskanten nächtlichen Aufmarsch der persischen Seestreitkräfte, deren Ruderer zu Beginn der Schlacht z. T. schon ermüdet waren. Zu beachten ist freilich auch, daß Xerxes und seine Ratgeber sich zu jenem Manöver offenbar entschlossen hatten, weil die griechische Flotte sich nicht auf offener See zum Kampf stellte. Die griechische Defensivstrategie vor der Schlacht aber war eindeutig die Konzeption des Themistokles, der schon unmittelbar nach dem Kampf als Architekt des grandiosen Sieges gelten konnte (Hdt. 8,123 f.). Salamis hatte mit einem Schlag die strategische Lage grundlegend verändert. Der Siegeszug der Invasionsstreitkräfte war gestoppt, die hellenische Eidgenossenschaft hatte eines der beiden Kriegsinstrumente des Großkönigs weitgehend ausgeschaltet, die persische Strategie des kombinierten Einsatzes der Land- und Seestreitkräfte war gescheitert.

Am Abend des denkwürdigen Tages von Salamis scheinen die Sieger indes die Tragweite des Geschehens noch gar nicht begriffen zu haben. Sie erwarteten weitere Kämpfe mit der Flotte des Xerxes (Hdt. 8,96,1.108,1). Die noch einsatzfähigen persischen Einheiten und die Transportschiffe verließen jedoch bald ihre Liegeplätze bei Phaleron in Richtung Hellespont.[301] Daraufhin verfolgten die Hellenen die persische Flotte bis Andros, wo Themistokles gefordert haben soll, die Verfolgung bis zum Hellespont fortzusetzen und die persischen Schiffsbrücken zu zerstören. Er konnte sich jedoch im Kriegsrat nicht durchsetzen.[302]

Im Zuge der Verfolgung der persischen Seestreitkräfte wurden von den hellenischen Eidgenossen in Andros, Paros, Karystos und vermutlich auch in anderen Inselpoleis Zahlungen als „Strafe“ für den Medismos dieser Gemeinwesen verlangt. Treibende Kraft bei dieser Aktion war wieder Themistokles. Es ging hierbei in erster Linie darum, Beiträge zur Finanzierung der griechischen Flottenmannschaften zu erhalten. Hier kündigte sich bereits ein Problem an, mit dem die Athener in der Folgezeit permanent konfrontiert waren: die Bereitstellung der Mittel für die Unterhaltung einer für griechische Verhältnisse ungewöhnlich großen Flotte.[303] Die Andrier weigerten sich damals zu zahlen. Eine Belagerung verlief ergebnislos, während Paros und Karystos Kontributionen leisteten.[304] Es muß dahingestellt bleiben, ob im Verlauf dieser Aktionen sich Themistokles vor allem gegenüber Andros durch unbeugsame Härte in der Welt der ägäischen Inselpoleis derart kompromittiert hat, daß es die Mehrheit der Athener später nicht für opportun hielt, ihn bei der Organisation des Delisch-Attischen Seebundes zu beteiligen.[305]

In den Wochen nach Salamis konnte natürlich noch niemand die Gründung des Seebundes voraussehen oder ahnen, daß der Polis Athen hierdurch völlig neue Möglichkeiten einer Großmachtpolitik im Ägäisraum zuwachsen würden. Mit dem Beschluß des Eurybiades und der Mehrheit im griechischen Kriegsrat, entgegen den Vorschlägen des Themistokles die Meerengen nicht zu sperren, war freilich eine bedeutsame Entscheidung getroffen worden, die es Xerxes und seinen Ratgebern letztlich ermöglichte, an ihrem unmittelbar nach Salamis gefaßten Entschluß festzuhalten, einen Teilrückzug vorzunehmen und Mardonios mit der Führung einer in Nordgriechenland zurückbleibenden größeren Armee zu beauftragen. Die Ereignisse hätten einen anderen Verlauf genommen, wenn Xerxes gezwungen gewesen wäre, aufgrund weit ausgreifender Flottenoperationen der Griechen einen Rückzug aller persischen Streitkräfte aus Griechenland anzuordnen. Xerxes stand freilich vor einem Dilemma. Er war ohne Flotte nicht in der Lage, auf die Peloponnes vorzudringen, hätte aber durch einen Rückzug seiner gesamten Heeresmacht das Scheitern seines großen Kriegszuges offen eingestanden, so daß sich unabsehbare Folgen für sein Reich ergeben konnten.[306] Andererseits mußte er handeln. In ein bis zwei Monaten wäre er mit Beginn der kalten Jahreszeit in seinen Optionen noch mehr eingeschränkt worden. So bot sich ihm und seinen Räten der angedeutete Kompromiß an, daß Mardonios mit ausgewählten Truppen in Thessalien bleiben sollte. Zudem wurden in Boiotien sowie vor allem an den Thermopylen Besatzungen stationiert, so daß Mittelgriechenland einem persischen Zugriff erneut preisgegeben war, als Mardonios im Frühjahr 479 die Operationen wiederaufnahm.

b) Plataiai und Mykale

Größere Einsätze der persischen Flotte waren 479 offensichtlich nicht geplant. Mardonios muß hierüber informiert gewesen sein und wird erkannt haben, daß seine Lage recht prekär war, solange die Seestreitkräfte des Xerxes nicht aktionsfähig waren. Dies erklärt u. a. seine Sondierungen vor der Feldzugssaison 479, die darauf abzielten, die Athener für einen Pakt mit dem Großkönig zu gewinnen und hierdurch den Hellenenbund zu spalten. Er übertrug diese Mission dem Makedonenkönig Alexander I., der „Vasall" des Xerxes und zugleich Proxenos („Staatsgastfreund") der Athener war. Das Angebot schien aus der Sicht des Mardonios verlockend. Der Großkönig versprach den Athenern „Vergebung" für jeden Schaden, den sie ihm zugefügt hatten. Aus athenischer Sicht war dies natürlich Ausdruck ungeheuerlicher Hybris eines machtbesessenen Despoten, der unfähig ist, aus Rückschlägen und Niederlagen zu lernen, gleichwohl aber einen Köder bereithält, um sein Ziel doch noch zu erreichen, denn er versprach den Athenern, ihnen nicht nur Autonomie zu garantieren und ihnen ihr Land zurückzugeben, sondern auch zu gestatten, in Griechenland nach Belieben Gebiete anderer Poleis zu okkupieren. Zudem wollte er sich verpflichten, die von den Persern in Athen zerstörten Tempel wieder aufzubauen. Hieraus ist zu schließen, daß Mardonios signalisieren wollte, sein König sei bereit, einen hohen Preis für ein Bündnis zu zahlen und nicht darauf zu bestehen, Athen in eine persische Satrapie einzugliedern oder einem von ihm eingesetzten Tyrannen zu unterstellen.[307] In Athen wußte man freilich seit den Verhandlungen in Sardeis nach den Reformen des Kleisthenes sehr wohl, daß ein derartiges Abkommen mit dem Großkönig faktisch die Anerkennung seiner „Oberhoheit" bedeuten würde.[308] In Gegenwart einer spartanischen Gesandtschaft sollen die Athener das Angebot mit der berühmten, von Herodot (8,143,2) zweifellos stilisierten Begründung abgelehnt haben, daß sie nicht bereit seien, mit Xerxes zu paktieren, solange die Sonne ihre jetzige Bahn ziehe.[309] Herodot tradiert hier offenbar Elemente einer Version, die erst im Verlauf der Pentekontaëtie in die Überlieferung eingegangen und als Beitrag zur Rechtfertigung des athenischen Führungsanspruchs im Seebund zu werten ist.[310] Dies gilt wohl auch für die von Herodot (8,144,2) im Kontext betonte panhellenische Dimension des Kampfes der Athener für die Sache der Hellenen. Gleichwohl ist anzunehmen, daß die Athener bestrebt waren, im Beisein von Spartanern gewissermaßen ein klares Bekenntnis zu den gemeinsamen Zielen des Hellenenbundes abzulegen, denn sie waren ihrerseits dringend auf den vollen Einsatz ihrer Bundesgenossen angewiesen, um ein erneutes Vordringen der Perser nach Attika durch eine Art Vorwärtsverteidigung abzuwehren.

Es ist freilich schwierig, ein klares Bild von den strategischen Plänen auf griechischer Seite zu gewinnen. Daß Themistokles im Frühjahr 479 nicht wieder zum Strategos gewählt wurde[311] und in Sparta anstelle des Eurybiades, der sich nach Salamis einer Offensive zur See widersetzt hatte, König Leotychidas das Flottenkommando erhielt, erlaubt noch keine eindeutigen Schlüsse. Die Flotte des Hellenenbundes umfaßte 479 nur 110 Einheiten. Sie blieb längere Zeit passiv, so daß zumindest in einem frühen Stadium der Planung noch keine Offensiven zur See vorgesehen waren. Dies wird schon zu Beginn der „Feldzugsaison" geklärt worden sein. Andererseits kann man zu diesem Zeitpunkt keine detaillierte strategische Planung voraussetzen. Es gab natürlich aus der Sicht der politisch tonangebenden Spartaner und Athener und der Repräsentanten anderer Gemeinwesen eindeutige Prioritäten, denn es galt, die noch in Hellas stationierten Truppen des Perserkönigs zu schlagen und zu vertreiben. In dieser Situation schien der Seekrieg von untergeordneter Bedeutung zu sein, wenn auch verhindert werden mußte, daß die im Frühjahr 479 von Kyme in Kleinasien nach Samos verlegten Flottengeschwader der Perser in Stärke von 300 Trieren (Hdt. 8,130)[312] überraschend nach Griechenland vorstießen. Dieser Gefahr wollte man offenbar durch das erwähnte Aufgebot von 110 Trieren begegnen. Jedenfalls stand 479 für Spartaner und Athener und die anderen verbündeten Hellenen der Vorrang des Landkrieges außer Frage. Auf griechischer Seite kannte aber niemand die strategische Planung des Mardonios. Als das persische Heer nach dem Mißerfolg der Mission Alexanders I. nach Süden vorstieß, war man sowohl in Sparta als auch in Athen offensichtlich überrascht.[313]

Zehn Monate nach der Einnahme Athens durch die Truppen des Xerxes mußte die

Polis zum zweiten Mal verlassen werden. Die Evakuierung war jetzt weniger schwierig als im Vorjahr, da von der persischen Flotte keine Gefahr mehr ausging. Etwa im Juni 479 hatte die Armee des Mardonios Attika erreicht. Sie war inzwischen verstärkt worden durch Makedonen und Thessaler und Aufgebote jener Gemeinwesen, die im Durchgangsgebiet der Perser Kombattanten und Hilfskräfte (Troßknechte) stellen mußten. Insgesamt mag Mardonios etwa 60 000 Kombattanten, darunter 10 000 Reiter zur Verfügung gehabt haben.[314] Dies war natürlich aus griechischer Sicht wieder ein gewaltiges Aufgebot, doch schien den Befehlshabern der Kontingente des Hellenenbundes die Gefahr geringer zu sein als im Vorjahr, da die Bedrohung von der See her nicht mehr gegeben war. Für die nach Salamis geflüchteten Athener aber war dies kein Trost. Mardonios duldete allerdings zunächst keine Plünderungen in Athen und Attika, sondern ließ erneut sondieren, um die Athener doch noch für ein Bündnis zu gewinnen. Er kannte die Verhältnisse in Griechenland gut genug, um zu wissen, daß ein persischer Erfolg nur möglich war, wenn es gelang, Athen aus der Koalition mit Sparta zu lösen.[315] Sein Botschafter, ein griechischer Kollaborateur aus dem Raum der Dardanellen, wurde auf Salamis abgewiesen. Der athenische Widerstandswille war durch die Invasion des Mardonios, der nach Abweisung seines zweiten Angebotes Athen verheeren ließ, eher noch gestärkt worden.[316]

Inzwischen hatten die Athener, Megarer und Plataier ein dringendes Hilfegesuch an Sparta gerichtet und sofortiges Eingreifen der spartanischen Armee in den Kampf gefordert. Angeblich sollen die athenischen Gesandten auch die Möglichkeit eines Bündnisses ihrer Polis mit Persien angedeutet haben.[317] Wenn dies zutrifft, handelte es sich freilich um einen Bluff, der jedenfalls durch die Ablehnung des erneuten persischen Bündnisangebotes gegenstandslos wurde. In Sparta aber spielte man unter Ausnutzung der Zwangslage der Athener aus undurchsichtigen Gründen auf Zeit. Religiöse Bedenken der Spartaner wegen der Feier des Festes der Hyakinthien können allenfalls als Vorwand gedient haben, wie bereits Herodot (9,8) gesehen hat, der vermutet, daß die Ephoren vor dem Ausmarsch des spartanischen Heeres erst Gewißheit über die Vollendung der Befestigung des Isthmos haben wollten. Ob führende Spartiaten überhaupt mit einem Angriff der Perser auf die Peloponnes gerechnet haben, ist indes fraglich. Ein persischer Durchbruch durch die Isthmoslinie hätte nur gelingen können, wenn Mardonios die Verteidiger durch Scheinangriffe abgelenkt und dann mit dem Gros seiner Armee an einer günstigen Stelle zum Großangriff übergegangen wäre. Im übrigen waren die Verteidigungsanlagen am Isthmos zu diesem Zeitpunkt noch gar nicht besetzt, so daß es überhaupt nicht darum ging, diese in starrer Defensive zu halten. Die Befestigung konnte allenfalls eine zusätzliche Sicherung sein. Ob aber Mardonios einen Durchbruch versucht hätte, erscheint auch deshalb fraglich, weil er keine Flotte zur Absicherung seiner Nachschublinien zur Verfügung hatte.[318] Dieses Risiko bei einem weiteren Vormarsch nach Süden hat Mardonios sicherlich gesehen, als er nach der Besetzung Athens ein zweites Bündnisangebot an die Athener richtete. Die Spartaner hatten auch keine Schwierigkeiten auf ihrem eigenen Territorium oder auf der Peloponnes, als sie die Hilfe für Athen hinauszögerten. Die Helotengefahr galt zwar als permanentes Problem in Sparta, doch wurde sie damals sicherlich nicht überschätzt, da die spartanische Streitmacht während des folgenden Zuges nach Boiotien von starken helotischen Troßmannschaften begleitet wurde, denen man sogar selbständig durchzuführende Versorgungsaufgaben übertrug. Ebensowenig wird man in Sparta kriegerische Aktionen der Argiver befürchtet haben. Sympathisanten der Perser wagten zu diesem Zeitpunkt zweifellos nicht zu „medisieren". Wahrscheinlich veranlaßten militärische Gründe die Führung Spartas, den Ausmarsch ihres Heeres hinauszuzögern. Sie hatte es versäumt, rechtzeitig ein starkes Aufgebot ihrer peloponnesischen Bundesgenossen zusammenzuziehen. Um diese Truppen am Isthmos zu sammeln, bedurfte es einer gewissen Zeitspanne. Die Spartaner hätten zwar sofort ihre eigenen Eliteregimenter in Marsch setzen können, doch wären diese dann mit einer vielfachen Übermacht konfrontiert worden, der sie auch im Verein mit den Athenern nicht gewachsen gewesen wären. Als die Ephoren aber die Ablehnung des persischen Bündnisangebotes durch die Athener erfuhren und nunmehr mit neuen Initiativen des Mardonios rechnen mußten, handelten sie rasch und entschlossen.[319] Es ist anzunehmen, daß sie inzwischen auch alle erdenklichen Maßnahmen getroffen hatten, um die Aufgebote ihrer peloponnesischen Bundesgenossen zu sammeln.

Den Oberbefehl über das spartanische Aufgebot von 5000 Spartiaten und 5000 Hopliten der Perioiken erhielt Pausanias, der anstelle seines 480 verstorbenen Vaters Kleombrotos die Vormundschaft über Pleistarchos, den noch unmündigen Sohn des gefallenen Königs Leonidas übernommen hatte. Der damals erst 25 Jahre alte „Regent" Pausanias hatte als Befehlshaber der spartanischen Streitmacht selbstverständlich auch das Oberkommando über das gesamte Aufgebot der hellenischen Eidgenossenschaft, das nach Herodot (9,29) 38700 Hopliten (darunter 8000 Athener unter dem Befehl des Aristeides[320]) umfaßt haben soll, wahrscheinlich aber nur auf etwa 30000 Schwerbewaffnete zu veranschlagen ist. Als Mardonios Meldung vom Auszug der spartanischen Truppen erhielt, ließ er nach Verwüstung Athens Attika räumen,[321] um nicht von seiner Operationsbasis in Boiotien abgeschnitten zu werden (Hdt. 9,13,2). Das Gros seines Heeres bezog Lagerplätze nördlich des Asopos im Raum von Theben, während die Griechen etwa östlich des heutigen Ortes Kriekouki an den Ausläufern des Kithairon lagerten, bevor Pausanias seine Truppen weiter an den Asopos heranrücken ließ, weil dort günstigere Voraussetzungen für die Wasserversorgung waren. Eine gefährliche Lage entstand durch Raids persischer Kavallerie, die den Dryoskephalai-Paß besetzte und hierdurch die Griechen vom Nachschub abschnitt. Nach mehreren Tagen gelang persischen Reitern ein weiterer Schlag. Sie verschütteten die Gargaphia-Quelle (heute sogenannte Retsi-Quelle nördlich von Kriekouki), so daß sich Pausanias zum Rückzug entschließen mußte, der im Schutz der Dunkelheit erfolgen sollte.[322] Hierbei wäre es fast zu einer Katastrophe der griechischen Truppen gekommen, die mit Ausnahme der Spartaner, Athener und Tegeaten entgegen den Weisungen des Pausanias bis in die Nähe der Polis Plataiai zurückwichen. Ursachen des Wirrwarrs waren vermutlich die Schwierigkeiten eines ungewohnten Nachtmarsches einer Streitmacht, die aus Kontingenten von mehr als 20 Gemeinwesen bestand.[323] Der Rückzug der Spartaner[324] und Tegeaten auf dem rechten und der Athener auf dem linken Flügel verzögerte sich indes bis zum Morgengrauen. Während die Athener dann den Vorteil hatten, daß ihre

Marschbewegung vom Feinde nicht eingesehen werden konnte,[325] wurden die Spartaner und Tegeaten auf leichten Anhöhen nördlich von Kriekouki von persischen Bogenschützen und der von Mardonios selbst geführten Reiterei des linken persischen Flügels hart attackiert. Die spartanischen Hopliten hielten dem starken Druck mit äußerster Disziplin stand und gingen schließlich mit den Tegeaten zum Gegenangriff über. Im Nahkampf waren sie den Persern überlegen, die aber erst zurückwichen, als Mardonios gefallen war. Inzwischen hatte sich auch auf dem linken griechischen Flügel die Schlacht entwickelt, wo die Athener mit Unterstützung der Phliasier und Megarer zum Gegenangriff übergingen,[326] so daß sie noch in den Kampf um das befestigte persische Lager nördlich des Asopos eingreifen konnten.[327] Die im persischen Zentrum postierten Truppen des Artabazos, der nach dem Tod des Mardonios die Führung der Perser übernahm und ihren Rückzug nach Phokis sowie ihren Weitermarsch nach Byzantion leitete, hatten überhaupt nicht an der Schlacht teilgenommen. Zwanzig Tage nach seinem großen Sieg nahm der Hellenenbund die Kapitulation Thebens entgegen.

Nach Herodot (9,90.101) und Ephoros (bei Diodor 11,34,1) soll am Tag der Schlacht bei Plataiai auch die griechische Flotte am Vorgebirge Mykale gesiegt haben, doch handelt es sich hier zweifellos um einen falschen Synchronismus. Die Entscheidung bei Plataiai fiel etwa Anfang August, und erst danach stieß die griechische Flotte unter Leotychidas von Delos aus nach Kleinasien vor, nachdem sie ihren Auftrag erfüllt hatte, das griechische Mutterland gegen persische Überraschungsangriffe zur See abzuschirmen. Allerdings waren noch vor der Schlacht bei Plataiai in Delos samische Gesandte erschienen, die ohne Wissen des von Xerxes auf Samos eingesetzten Tyrannen eine Botschaft ihrer Mitbürger überbrachten und Leotychidas aufforderten, in Ionien zu intervenieren. Leotychidas, der im Frühjahr 479 auf Drängen einiger Griechen aus Chios sein Schiffslager von Aigina nach Delos vorverlegt hatte, akzeptierte das Hilfsgesuch[328] und ging hierbei ein erhebliches Risiko ein, da es keineswegs sicher war, ob die Ionier – wie die samischen Gesandten behaupteten – „schon beim bloßen Anblick der Hellenenflotte von den Persern abfallen würden" (Hdt. 9,90,2). Möglicherweise wurde der Entschluß des Leotychidas und seines Kriegsrates durch Informationen über die Detachierung der phoinikischen Geschwader erheblich erleichtert.[329] Jedenfalls war hierdurch die persische „Reichsflotte" bereits stark geschwächt, als die Trieren der Griechen Samos ansteuerten, so daß die persische Flottenleitung den sofortigen Rückzug ihrer Einheiten in den Schutz des eigenen Heeres auf der Mykale-Halbinsel beschloß (Hdt. 9,96,2).

Zweifellos verfolgte Leotychidas mit der Intervention auf Samos zunächst nur ein begrenztes Ziel, die endgültige Ausschaltung der persischen Reichsflotte. Die Aktion der Hellenenflotte läßt auch keinesfalls auf langfristiges athenisches Hegemoniestreben schließen. Xanthippos, der Befehlshaber des athenischen Kontingentes, wird ebensowenig wie Leotychidas die weitreichenden Konsequenzen des Engagements auf Samos erkannt haben,[330] das aus ihrer Sicht eher ein zeitlich und räumlich begrenztes Unternehmen sein sollte. Der Eid, den Leotychidas die samischen Gesandten schwören ließ (Hdt. 9,91–92), ist auch kein Beleg für eine förmliche Aufnahme der Samier in den Hellenenbund, die erst nach dem griechischen Sieg bei Mykale zur Debatte stand.[331]

Nach der Ankunft der griechischen Trieren in Samos fand dort eine „erste Flottenkonferenz“ statt, in der nach kontroverser Diskussion ein Vorstoß bis zum kleinasiatischen Festland beschlossen wurde. Unhistorisch sind zweifellos Angaben Herodots (9,98,1), wonach als Alternativen auch eine Fahrt zum Hellespont oder der Rückzug nach dem griechischen Mutterland zur Debatte standen. Durch eine Rückfahrt nach Griechenland wären die Samier der Rache der Perser ausgeliefert worden, während ein Vorstoß zum Hellespont ein erhebliches Risiko bedeutet hätte, da den Hellenen für eine Fahrt entlang der kleinasiatischen Küste noch keine Stützpunkte zur Verfügung standen und die persischen Geschwader eventuell noch in die Kämpfe eingreifen konnten.[332] Insofern war die Verfolgung der persischen Flotte durchaus konsequent. Die Entscheidung des griechischen Kriegsrates um Leotychidas bedeutete aber auch, daß die Interessen ionischer Griechen nunmehr bei künftigen militärischen und politischen Plänen und Aktionen des Hellenenbundes, die natürlich in Samos nicht im einzelnen vorausgesehen werden konnten, nicht mehr unberücksichtigt bleiben konnten. Mit der Vertreibung der Perser aus Samos wäre aber das primäre Ziel der Hellenenflotte noch nicht erreicht worden. Das eigentliche Motiv für die Weiterfahrt nach der Mykale-Halbinsel war daher sicherlich die Aussicht, durch geringe Ausweitung des Operationsgebietes einen entscheidenden Schlag gegen die Perser führen zu können. In Samos hat die griechische Flottenleitung vermutlich erfahren, daß die persischen Landstreitkräfte auf Mykale nicht allzu stark waren und ihrer Flotte, deren Einheiten an Land gezogen und dort mit einer Palisadenbefestigung umgeben worden waren, nur begrenzt Rückhalt bieten konnte.[333] Inwieweit der hellenische Kriegsrat mit der Unterstützung durch ionische Festlandgriechen rechnete, muß offenbleiben, zumal definitive Versprechungen des Leotychidas nicht bekannt sind. Wohl aber hat Leotychidas mit Freiheitsparolen die griechischen Streitkräfte im Dienst des Großkönigs zu verunsichern versucht und hiermit Erfolg gehabt (Hdt. 9,98). Beim Sturm auf das feindliche Lager wurden die Kombattanten des Hellenenbundes unterstützt durch Samier und Truppen der kleinasiatischen Ionier, die überliefen und sich am Kampf gegen die Perser beteiligten.[334]

Nach der Zerstörung des Perserlagers und der Rückfahrt der Hellenenflotte nach Samos fand dort eine weitere Konferenz statt, die zu wichtigen Beschlüssen über die Zukunft des Hellenenbundes, der Inselgriechen und der Festlandionier führte. Die Führer der Kontingente des Hellenenbundes hatten zwar vermutlich keine Vollmachten, politische Grundsatzentscheidungen zu treffen, sahen sich aber jetzt mit einer neuen Lage konfrontiert, da dringend Maßnahmen zum Schutz der Festlandionier zu treffen waren, die nach dem Seitenwechsel ihrer Aufgebote nicht der Rache der Perser preisgegeben werden konnten. Herodot (9,106,1–3) berichtet allerdings nur kurz über Evakuierungspläne, die auf Samos „von den Hellenen“ zum Schutz der ionischen Griechen erörtert worden seien.[335] Hiernach hat offenbar ein beträchtlicher Teil der Mitglieder des Kriegsrates eine Verteidigung der kleinasiatischen Festlandgriechen für unmöglich gehalten und eine Ansiedlung der Ionier im hellenischen Mutterland in Betracht gezogen. Die Befehlshaber der peloponnesischen Kontingente hätten daraufhin vorgeschlagen, die Ionier in den Gebieten jener Griechen in Hellas anzusiedeln, die mit den

Persern kollaboriert hätten. Es wird nicht deutlich, wer die Umsiedlungspläne zuerst zur Diskussion stellte, doch bemerkt Herodot (9,106,3), daß die Athener, d. h. Xanthippos und wohl auch die Trierarchen von Anfang an gegen die Umsiedlungspläne votierten und sich darauf beriefen, daß die Ionier attische Kolonisten seien.[336] Xanthippos und seine „Kapitäne" argumentierten hiernach also mit Gründungssagen, die für die Athener freilich historisches Geschehen wiedergaben. Die Umsiedlungspläne konnten zweifellos nicht realisiert werden, zumal eine allgemeine Zustimmung der Ionier kaum zu erwarten war und zudem auch die Führer der Kontingente des Hellenenbundes in ihren eigenen Poleis nicht mit einer problemlosen Bestätigung rechnen konnten. Wenn solche Pläne tatsächlich vorgebracht wurden, sind sie jedenfalls nicht weiter erörtert worden. Daß etwa die Spartaner im Kriegsrat auf Samos die Chance sahen, durch einen großen „Transfer" der Ionier nach dem griechischen Mutterland das Bündnissystem Spartas erheblich auszuweiten, geht aus dem Bericht Herodots nicht hervor. Derartige Absichten werden Xanthippos und seine Leute den Spartanern auch kaum unterstellt haben, zumal Leotychidas und seine Ratgeber nicht von sich aus eine gigantische Umsiedlungsaktion dekretieren konnten. Ebensowenig haben die Athener auf Samos mit einem Hinweis auf „attische Kolonisten" in Ionien bereits einen Hegemonieanspruch bei künftigen Aktionen gegen Persien angemeldet.

Das wichtigste Ergebnis der zweiten Konferenz auf Samos war die Aufnahme der Samier, Chier, Lesbier und der übrigen Inselbewohner, die bereits mit den Hellenen militärische Operationen unternommen hatten, in die 481 konstituierte Symmachie unter spartanischer Führung.[337] Daß hiermit eine Entscheidung von großer Tragweite getroffen wurde, wird aber den Konferenzteilnehmern wohl kaum bewußt gewesen sein. Sie werden das Bündnis mit den Inselgriechen eher als unzulängliche Maßnahme betrachtet haben, da die Festlandionier nach dem Wortlaut des Vertrages ohne Schutz blieben und zudem nicht abzusehen war, ob der Hellenenbund ihnen überhaupt Sicherheit vor persischen Strafaktionen bieten konnte. Auch Xanthippos war dem auf der Konferenz verkündeten Anspruch Athens auf eine Art Schirmherrschaft über die Ionier nicht gerecht geworden. Daher kann von einem Erfolg Athens auf der samischen Konferenz eigentlich keine Rede sein, zumal umfassende Umsiedlungspläne kaum realisierbar gewesen wären, selbst wenn Athen keinen Widerstand hiergegen geleistet hätte. Xanthippos und andere einflußreiche athenische Konferenzteilnehmer konnten freilich nicht ahnen, daß in naher Zukunft neben dem Hellenenbund von 481 eine neue Symmachie unter Führung Athens entstehen würde. Vordringlich aber waren auf der Konferenz in Samos zunächst Aktionen, die sich aus der militärisch-politischen Situation im Herbst 479 ergaben. Man war bestrebt, die derzeitige maritime Überlegenheit des Hellenenbundes zu einem Vorstoß gegen die Dardanellen zu nutzen. Da die von Xerxes angelegte Schiffsbrücke zweifellos nicht mehr existierte (vgl. Hdt. 8,1[illegible]4,1), schien es möglich, den noch in Europa stehenden persischen Truppen den Rückzug abzuschneiden. Daß die griechischen Strategen die Brücke noch für funktionsfähig hielten (wie Herodot 9,106,4 berichtet), ist wenig wahrscheinlich. Jedenfalls erhielt das Unternehmen für die weitere Kriegführung sofort eine neue Dimension, da an den Operationen neben den Inselgriechen erstmals auch Hellenen „aus Ionien und vom

Hellespont“ teilnahmen. Daß sich hierdurch den Athenern noch ganz neue Handlungsmöglichkeiten eröffnen und hieraus wiederum sich grundlegende Veränderungen der Machtverhältnisse ergeben sollten, war indes zu Beginn und auch im Verlauf der Aktionen noch nicht abzusehen.

Dennoch wurde der Wandel bereits im Herbst 479 eingeleitet, denn Leotychidas entschloß sich am Hellespont, mit den peloponnesischen Kontingenten nach Griechenland zurückzukehren. Demgegenüber operierten die Athener unter Xanthippos mit den genannten Hellenen „aus Ionien und vom Hellespont“ gegen persische Positionen auf der thrakischen Chersones.[338] Hauptziel war der persische Stützpunkt in der Polis Sestos, die längere Zeit belagert wurde.

Herodot (9,114,1) scheint angenommen zu haben, daß Leotychidas das Unternehmen abbrechen wollte, als er feststellte, daß die persischen Schiffsbrücken bereits zerstört waren. Es ist aber eher anzunehmen, daß die „Brücken“ nach ihrer Zerstörung durch Herbststürme 480 überhaupt nicht wieder erneuert worden waren und die griechischen Strategen – wie gesagt – dies auch wußten. Möglicherweise ging Leotychidas davon aus, daß nach der Entscheidungsschlacht bei Plataiai schwächere hellenische Streitkräfte zur Kontrolle der Meerengen genügten. Die verantwortlichen athenischen Befehlshaber hatten aber jetzt erstmals die Möglichkeit, ein gleichsam panhellenisches Unternehmen zu leiten, ohne daß sie freilich die Auswirkungen dieses ersten militärischen Führungswechsels ahnen konnten, wenn auch in Athen längerfristige Interessen auf der einst von den Philaiden beherrschten thrakischen Chersones wohl nie ganz aus dem Blick geraten waren. Als die Belagerung von Sestos sich bis weit in den Herbst hinzog, wurden indes die athenischen „Teilzeitsoldaten“ ungeduldig. Die Strategen beharrten aber auf der Fortsetzung des Kampfes und beriefen sich auf Weisungen der „Gemeinschaft der Athener“, d. h. der Volksversammlung (Hdt. 9,117). Offenbar hatten Xanthippos und seine Kollegen nach der Abfahrt des Leotychidas ihre weiteren Operationspläne mit der Ekklesia und dem Rat in Athen abgestimmt. Ein Vergleich der Darstellung dieser Situation bei Herodot (9,117) mit der Überlieferung über die eigenmächtige Rückkehr der athenischen Hilfstruppen während des Ionischen Aufstandes zeigt, daß die athenische Polis seit Beginn des fünften Jahrhunderts bereits eine beträchtliche Strecke auf dem Weg zur klassischen Demokratie, in der die Volksversammlung dominierte, zurückgelegt hatte.

Die Belagerung von Sestos, die sich bis Ende 479 oder Anfang 478 hinzog, sowie die Flucht der persischen Besatzung aus dieser Polis waren wichtige Stationen in der Vorgeschichte des Delisch-Attischen Seebundes. Hierdurch wurde aber nicht nur eine ganz neue Entwicklung eingeleitet. Die Einnahme dieser strategisch wichtigen Stadt hatte natürlich das dramatische Geschehen der Jahre 480 und 479 zur Voraussetzung und markiert insofern auch das Scheitern eines großangelegten persischen Unternehmens, das darauf abzielte, das griechische Mutterland in den Herrschaftsbereich des Großkönigs einzubeziehen. Es handelte sich hierbei nicht einfach um eine Wiederholung des Zuges von 490 mit größeren Mitteln. Vielmehr drohte allen Hellenen des Mutterlandes der Verlust der politischen Selbständigkeit. Aischylos hat 472 in seinem Drama ›Die Perser‹ Stimmungslage und Entschlossenheit der im Hellenenbund zusammengeschlossenen Griechen treffend wiedergegeben, wenn er die Flottenmannschaften vor Salamis überzeugt sein läßt, daß nunmehr „ein Kampf ums Ganze“ beginne. Gewiß war ein Teil der Hellenen bereit, sich dem Herrschaftsanspruch des Großkönigs zu unterwerfen, doch darf nicht übersehen werden, daß aus ihrer Sicht jeder Widerstand ein Kampf gegen eine erdrückende Übermacht bedeuten würde und eine Art Vorneverteidigung gegen die gewaltige persische Kriegsmaschine nicht möglich zu sein schien. Dennoch war der Abwehrerfolg jener Gemeinwesen, die ihre politische Freiheit nicht preisgeben wollten und sich 481 unter der militärischen Führung Spartas zusammenschlossen, kein bloßer Zufall. Kampfeswille, Opferbereitschaft und Tapferkeit von Zehntausenden von Hopliten, Ruderern und Seeleuten haben letztlich den Ausschlag gegeben. Marathon und Plataiai, Salamis und Mykale waren insofern Siege des einfachen griechischen Soldaten zu Lande und zu Wasser. Von einer überlegenen hellenischen Strategie kann überhaupt keine Rede sein. Es gab im Grunde kein anderes Rezept, als die persische Flotte in möglichst engen Gewässern zum Kampf zu stellen[339] und auf dem Lande den leichter bewaffneten persischen Kombattanten bei günstiger Gelegenheit den Nahkampf mit griechischen Hopliten aufzuzwingen. Daß die eigentliche Entscheidung zur See bei Salamis fiel, war indes in erster Linie dem Durchsetzungsvermögen des Themistokles im Kriegsrat des Hellenenbundes zu verdanken. Daß Themistokles einen Rückzug hinter den Isthmos verhindern konnte, war wiederum dadurch möglich, daß die athenischen Geschwader, deren Bau er initiiert hatte, das Rückgrat der hellenischen Flotte bildeten. Es leuchtete letztlich auch den Repräsentanten der peloponnesischen Gemeinwesen im hellenischen Schiffslager ein, daß die nach Salamis geflüchteten Angehörigen der athenischen Mannschaften nicht dem persischen Zugriff preisgegeben werden konnten, denn dies hätte ohne Zweifel zu einer Neuorientierung der athenischen Politik und Strategie mit schwersten Folgen für die Peloponnesier führen müssen. Nach den Thermopylen gab es keine Alternative mehr zu der gemeinsamen Kriegführung der hellenischen Symmachie unter der Führung Spartas. Es war aber nicht lediglich Kriegsglück, wenn die Hellenen bei Salamis der Perserflotte eine Falle stellen konnten. Xerxes mußte wegen der vorgerückten Jahreszeit alles auf eine Karte setzen, um sein Ziel zu erreichen.[340] Im folgenden Jahr war die Lage im Grunde ähnlich. Die Führung Spartas stand unter dem Druck der athenischen Forderung, die Entscheidung möglichst bald und möglichst nördlich von Attika zu suchen, und auf Mardonios lastete Handlungszwang, weil er seinem königlichen Herrn Erfolge vorweisen mußte.

Die vielberufene universalhistorische Bedeutung der großen hellenischen Siege liegt darin, daß erst hierdurch das Griechentum seinen unverlierbaren Rang in der Menschheitsgeschichte gewonnen hat. Für Athen bedeutete der gemeinsam mit anderen Gemeinwesen des Hellenenbundes errungene Abwehrsieg die Voraussetzung für die Entwicklung der klassischen Demokratie. Auf lange Sicht – d. h. weltgeschichtlich gesehen – war dies ein Durchbruch ohnegleichen, während zugleich im kulturellen Bereich, im attischen Drama und im klassischen Tempelbau, ein Höhepunkt geistiger Ausdrucksformen der Menschheit erreicht wurde.

Und dennoch begann für das Griechentum mit dem Triumph über die Streitkräfte des Großkönigs auch eine Tragödie, die Herausbildung eines machtpolitischen Dualismus zwischen Sparta und Athen, aus dem schließlich der Peloponnesische Krieg resultierte, nach den Worten des Thukydides „die größte Erschütterung Griechenlands" mit Auswirkungen im politischen Kräftefeld, die von den Hellenen selbst nicht mehr überwunden werden konnten. Mit dem Triumph über die Kriegsmaschine des Großkönigs ging zugleich eine Zeit zu Ende, in der Sparta allein die unbestrittene Vormacht des Griechentums war. Die folgende Epoche war gekennzeichnet durch die Seeherrschaft Athens, das zur ägäischen Großmacht aufgestiegen war. Athen schuf sich nunmehr mit der Gründung des Delisch-Attischen Seebundes ein Machtinstrument, das jahrzehntelang sehr viel wirksamer als der Peloponnesische Bund Spartas werden sollte.

Als der neue Bund unter athenischer Führung entstand, war Themistokles, der in dem innerathenischen Ringen um die bestmögliche politisch-militärische Konzeption angesichts der existentiellen Bedrohung durch die persische Großmacht zur dominierenden Figur in seiner Polis aufgestiegen war, bereits in geradezu tragischer Weise vereinsamt. Weil man während der Invasion des Xerxes jeden für Führungsaufgaben qualifizierten Bürger brauchte, hatte man ostrakisierte Rivalen und Gegner des Themistokles aus dem Exil zurückgeholt, so daß diese Gruppe wieder eine politische Plattform gewinnen konnte. Hingegen fand Themistokles nach Salamis offenbar viele Neider. In seinem berechtigten Stolz auf seine Leistungen bei der Abwehr der Perser erweckte er wohl auch den Eindruck abstoßender Arroganz, die der Demos, der nicht zuletzt durch die erstaunlichen Siege über die Macht des Großkönigs neues Selbstbewußtsein gewonnen hatte, sich allem Anschein nach nicht mehr bieten lassen wollte. Mißverständnisse mögen hierbei eine Rolle gespielt haben.[341] Jedenfalls muß fehlende Akzeptanz des Themistokles dazu geführt haben, daß er nicht mehr mit großen Führungsaufgaben betraut wurde, als die Athener die Offensive gegen Persien eröffneten. Statt dessen gewannen Aristeides, Xanthippos und dann vor allem Kimon das Vertrauen des Demos, so daß sie sich für die neuen Aufgaben athenischer Hegemonialpolitik zu empfehlen vermochten. Durch das Wirken des Themistokles aber hatte Athen eine Waffe erhalten, die als Schild des Hellenentums gegen Persien dienen konnte.

II. DIE SEEHERRSCHAFT IN DER ÄGÄIS

1. Die Gründung des Delisch-Attischen Seebundes

Zu den vordringlichen Aufgaben der athenischen Bürgerschaft nach der Verwüstung ihrer Polis durch die Perser gehörte die Errichtung eines großen Mauerringes um die Stadt. Bereits im Herbst bzw. im Winter 479/78 sollen die Spartaner versucht haben, die Bauarbeiten zu verhindern. Daraufhin seien Themistokles, Aristeides und Habronichos nach Sparta geschickt worden, wo es vor allem Themistokles verstanden habe, die dortigen „Behörden" (Ephoren) durch geschickte Verhandlungsführung hinzuhalten, bis die Mauer um Athen provisorisch wiederhergestellt war.[1] Diese bereits von Thukydides berichtete Version ist indes kaum glaubhaft, da die Spartaner unmittelbar nach Plataiai und Mykale schwerlich Gründe hatten, athenische Präventivmaßnahmen gegen weitere persische Angriffe, die zu diesem Zeitpunkt keineswegs auszuschließen waren, rigoros zu unterbinden.[2] Die Führung Spartas konnte an einer offenen Brüskierung Athens überhaupt nicht interessiert sein, denn auch aus ihrer Sicht war eine Fortsetzung des Kampfes gegen Persien nur in Kooperation mit Athen möglich. Daß man in Sparta trotz der Rückkehr des Leotychidas vom Hellespont mit weiteren Kämpfen rechnete, zeigen die Neuregelung der Kommandoverhältnisse und die militärische Planung 478 v. Chr. Die Operationen der Streitkräfte des Hellenenbundes wurden jetzt unter Führung des spartanischen „Regenten" Pausanias bis Kypros im Süden und Byzantion am Bosporos ausgeweitet. Offenbar sollte hierdurch der gesamte griechische Siedlungsraum im östlichen Ägäisgebiet gegen Vorstöße der Perser von der Levante oder vom Schwarzen Meer aus abgeschirmt werden. An dem Unternehmen nahmen 20 Trieren peloponnesischer Poleis sowie 30 athenische Einheiten und eine nicht genannte Zahl von Schiffen der „übrigen Bundesgenossen" teil (Thuk. 1,94). Trotz erfolgreicher Kriegführung unter dem Kommando des Pausanias, dessen Streitmacht auf Kypros Garnisonen der Perser zum Rückzug zwingen und die persische Besatzung in Byzantion überwinden konnte, leitete der Feldzug eine bedeutsame Veränderung der Kräfteverhältnisse in der griechischen Staatenwelt ein. Nach der bei Thukydides (1,95) vorliegenden athenischen Version fühlten sich die Hellenen, insonderheit die Ionier und „die kürzlich von der Herrschaft des Großkönigs Befreiten" (d. h. die Griechen am Hellespont) durch arrogantes Auftreten des Pausanias verletzt.[3] Sie hätten deswegen nach der Eroberung von Byzantion die (militärische) Führung den Athenern angeboten, die hierauf auch eingegangen seien. Offenbar handelte es sich aber um ein regelrechtes Komplott, bei dem Aristeides als Strategos der Athener seine Hand im Spiel hatte und hinter dem Rücken des Pausanias geschickt Verhandlungen mit den Ioniern und Inselgriechen führte.[4] Pausanias wurde nach Sparta beordert und mußte auf sein Kommando im Hellenenbund verzichten, obwohl er in Sparta vom Vorwurf des Medismos freigesprochen wurde. Seine Stelle als Befehlshaber der verbündeten Hellenen sollte nach dem Willen der spartanischen Führung der Spartiat Dorkis übernehmen, der im Frühjahr oder Frühsommer 477 in Byzanz eintraf.[5] Die maßgebenden Kreise in Sparta waren weiterhin entschlossen, die militärische Führung im Hellenenbund auszuüben und den Kampf gegen Persien offensiv fortzusetzen.[6] Ihre Lagebeurteilung war indes illusionär, da sie davon ausgingen, daß der neue Befehlshaber in der Lage sei, ohne Einsatz größerer peloponnesischer Streitkräfte das Kommando zu übernehmen. Ionier, Hellespontier und Athener waren aber nicht bereit, Dorkis zu akzeptieren, der daraufhin mit den Kontingenten der peloponnesischen Poleis die Rückfahrt antrat. Ein Nachfolger wurde in Sparta nicht ernannt. Offenbar erkannten Behörden und führende Kreise Spartas nunmehr, daß ein von ihnen eingesetzter Befehlshaber im Hauptquartier der Streitkräfte des Hellenenbundes und der neuen Symmachoi aus der östlichen Ägäis keine Chance mehr hatte, sich Autorität und Geltung zu verschaffen.[7]

Die Zusammensetzung dieser Streitmacht hatte sich in der Tat grundlegend verändert. Nachdem Dorkis und die peloponnesischen Kontingente Byzantion verlassen hatten, war von der Flotte des Hellenenbundes im bisherigen Sinne nur noch das athenische Geschwader präsent, während die Streitkräfte der seit der Konferenz von Samos hinzugekommenen Symmachoi sich eher den Athenern verpflichtet fühlten und bald den Eindruck gewinnen mußten, daß Sparta zumindest in der gegenwärtigen Phase des Krieges auf die aktive militärische Führung des Bundes verzichtete. Die Gründung einer neuen Symmachie unter athenischer Hegemonie war insofern die Konsequenz einer veränderten Konstellation im Hellenenbund von 481, denn die vom Großkönig abgefallenen Hellenen waren auf Hilfe aus dem griechischen Mutterland angewiesen, während für Athen sich die Chance bot, sein neues Machtinstrument – die Flotte – zur Ausweitung des eigenen Einflußbereichs einzusetzen und zugleich das strategische Vorfeld in der Ägäis gegen eventuelle persische Offensiven stärker abzusichern.

Die konstituierende Sitzung der neuen Symmachie fand zweifellos erst nach der Rückfahrt des Dorkis statt. Als Tagungsort wurde Delos gewählt, das mit seinem Apollontempel als Heiligtum eines alten Kultverbandes das symbolische Zentrum der neuen Vereinigung werden sollte.[8] Eine rege „diplomatische" Aktivität der Athener unter der Regie des Aristeides dürfte vorausgegangen sein. Einladungen zu der Versammlung scheinen den Gründungsmitgliedern aber schon vor der Ankunft des Dorkis in Byzantion vorgelegen zu haben. Andernfalls wäre Dorkis dort kaum derart schonungslos brüskiert worden.

Die Athener und ihre neuen Verbündeten verstanden sich sicherlich nicht als Kampfgemeinschaft innerhalb des bisherigen Hellenenbundes.[9] Es handelte sich um eine völlig neue Organisation, um einen „auf ewige Zeit" geschlossenen Waffenbund zwischen Athen und einer Anzahl von Gemeinwesen, die sich der militärischen Führung Athens freiwillig unterstellten. Als Repräsentant Athens leistete Aristeides im Namen seiner Polis den athenischen Bundesgenossen den Eid, „denselben Feind und denselben Freund" zu haben wie diese. Eine entsprechende Formel wurde von den Symmachoi der Athener beschworen, die sich zudem verpflichten mußten, nie von Athen abzufallen.[10] Athen garantierte Schutz und Sicherheit seiner Symmachoi, die sich ihrerseits zu strikter Bündnistreue verpflichteten, so daß die Eide der Schutzmacht und ihrer Bundesgenossen als Einheit zu sehen sind. Eine Liste der Gründungsmitglieder liegt nicht vor. Zweifellos zählten hierzu neben Athen die meisten sogenannten Hellespontier, zahlreiche Inselpoleis, d. h. Chios, Samos, Amorgos, die Poleis auf Lesbos mit ihren Besitzungen auf dem gegenüberliegenden Festland, Euboia (außer Karystos), Keos, Tenos, Naxos, Kythnos, Siphnos, Mykonos, Ios, Syros, Delos, Paros, Lemnos, Imbros, Ikaros, Nisyros, ferner aiolische und ionische Küstenstädte von Sigeion bis Teichioussa. Auch das dorische Byzantion gehörte vermutlich dazu.[11] Es wurde aber kein „Bund aller mit allen" geschlossen.[12] Vielmehr handelte es sich im Prinzip um ein Bündnissystem, in dem Athen mit jedem einzelnen Vertragspartner verbunden war. Die später belegte offizielle Bezeichnung dieser Vereinigung lautete: „Die Athener und die Bundesgenossen der Athener". Insofern entsprach der Aufbau des Bündnissystems der Organisation des sogenannten Peloponnesischen Bundes, der auf einer Vielzahl von Einzelverträgen der Hegemonialmacht Sparta mit ihren Symmachoi basierte. Aus späterer Sicht der perikleischen Zeit konnte es scheinen, daß die Athener gewissermaßen „gleichgestellte Führer" ihrer Symmachoi waren (Thuk. 3,10,4). Athen verzichtete offenbar auf die sogenannte Hegemonieklausel, die im übrigen wesentlicher Bestandteil der Verträge zwischen Sparta und seinen Bundesgenossen geworden war und diesen die Verpflichtung auferlegte, den Spartanern zu folgen, „wohin diese sie führen würden". Andererseits enthielt im Delisch-Attischen Seebund freilich die genannte „Freund-Feind-Formel" nicht nur die Verpflichtung zu gegenseitiger Hilfeleistung im Verteidigungsfall. Sie implizierte darüber hinaus u. a., daß Athen Kriege der Bundesgenossen unterbinden und den Symmachoi einen Austritt aus der Vereinigung untersagen sowie natürlich auch von ihnen jederzeit die Teilnahme an Offensiven des Bundes verlangen konnte. Letzteres entsprach durchaus der Hegemonieklausel des Peloponnesischen Bundes, die in die einzelnen Abmachungen Spartas mit seinen peloponnesischen Bundesgenossen aufgenommen wurde, aber offensichtlich nicht als gravierende Einschränkung der Autonomie der Mitgliedstaaten dieser Allianz empfunden wurde,[13] die ja in der Zeit der Invasion des Xerxes glänzend ihre Bewährungsprobe bestanden hatte. Auch die neuen Symmachoi der Athener haben ihre Verpflichtungen anfangs wohl kaum als Einschränkung ihrer Autonomie empfunden. Jedenfalls sind diesbezügliche Klagen nicht überliefert.

Während die Spartaner nicht von Anfang an Tagungen ihrer Bundesgenossen einberufen haben und sich hierzu erst nach dem Scheitern eines von Kleomenes I. initiierten Kriegszuges gegen Athen 506 veranlaßt sahen, wurden bei der Konstituierung des Delisch-Attischen Seebundes von vornherein Zusammenkünfte einer Bundesversammlung (Synhedrion) in Delos vereinbart, die unter dem Vorsitz eines Atheners über gemeinsame Aufgaben der Symmachoi beraten und beschließen sollten. Die Versammlungen tagten nicht regelmäßig, sondern fanden nur bei dringendem Handlungsbedarf statt. Dies bedeutete, daß Athen als Hegemonialmacht die Entscheidung über die Einladung zu einem Synhedrion traf. Jedes Mitglied des Bundes hatte nur *eine* Stimme, d. h., kleine Gemeinwesen mit geringer Bürgerzahl hatten das gleiche Stimmrecht wie größere Poleis.[14] Offenbar hatte auch Athen bei den Abstimmungsprozeduren rein formal nur eine „Einzelstimme", die von dem athenischen Vorsitzenden abgegeben wurde. Nach diesem Verfahren dürfte eine Bestätigung der Beschlüsse der Bundesversammlung durch die athenische Volksversammlung nicht mehr erforderlich gewesen sein, so daß es sich wohl nicht um ein sogenanntes Zweikammersystem handelte. Faktisch wurde natürlich das Synhedrion von der Hegemonialmacht dominiert, denn die zahlreichen kleinen und kleinsten Gemeinwesen, die eine vollgültige Stimme abgeben konnten, fielen militärisch überhaupt nicht ins Gewicht und waren aufgrund der Lagerung der Macht innerhalb der Symmachie von Anfang an völlig von Athen abhängig, so daß sie sich stets gezwungen sahen, dem Votum des athenischen Vorsitzenden zu folgen.

Als Führungsmacht stellte Athen nicht nur die Befehlshaber der Streitkräfte, sondern auch die Verwalter der Bundeskasse in Delos, deren anspruchsvolle Amtsbezeichnung „Hellenenschatzmeister" (Hellenotamiai) lautete. Hierdurch wurde zum Ausdruck gebracht, daß die Athener ihre militärische Hegemonie in der Symmachie als gesamthellenische Aufgabe verstanden wissen wollten.

Die Streitmacht bestand aus Kontingenten Athens und derjenigen Bundesgenossen, die gewillt und imstande waren, für gemeinsame militärische Unternehmungen Schiffe auszurüsten und Mannschaften aufzubieten. Hierzu gehörten Samos, Chios, Thasos, Naxos, die Poleis auf Lesbos sowie anfangs wohl noch eine Reihe anderer Gemeinwesen, deren Zahl aber nicht bekannt ist. Die Verpflichtung zur Stellung von Aufgeboten konnte durch Geldzahlungen abgelöst werden, die als Phoroi („Abgaben", „Beiträge") bezeichnet wurden und nicht als „Tribute", sondern als Ersatzleistungen verstanden werden sollten und an die Bundeskasse in Delos abzuführen waren. Die Festsetzung der „Abgaben" wurde dem Athener Aristeides übertragen, der offenbar die Veranlagung sehr geschickt nach dem Kriterium der wirtschaftlichen Leistungsfähigkeit der einzelnen Symmachoi vorgenommen und seine Aufgabe zur allgemeinen Zufriedenheit gelöst hat. Jener „erste Beitrag" wird von Thukydides (1,96,2) auf 460 Talente beziffert. Diese Summe erscheint freilich relativ hoch im Vergleich zu den späteren Abrechnungen der Hellenotamiai auf den sogenannten Tributquotenlisten, die nach Überführung der Bundeskasse von Delos nach Athen (454/53) jenen Prozentsatz (ein Sechzigstel) der Beiträge verzeichneten, der an den Schatz der Athena auf der Akropolis abgeführt wurde. Da die Tributquotenlisten nicht vollständig erhalten sind, lassen sich die einzelnen Summen der jährlichen Abrechnungen nicht exakt berechnen. Um 450 dürften die tatsächlich geleisteten Jahreszahlungen der Bundesgenossen durchschnittlich 400 Talente betragen haben, so daß sie wohl geringer als der von Thukydides (1,96,2) genannte „erste Beitrag" waren, obwohl in den zweieinhalb Jahrzehnten seit Gründung der Symmachie die Zahl der Mitglieder gestiegen war und zudem auch Bundesgenossen, die anfangs noch Schiffe und Mannschaften gestellt hatten, inzwischen Zahlungen leisteten.[15] Eine überzeugende Erklärung dieser Diskrepanz ist kaum möglich. Zu beachten ist aber auf jeden Fall, daß bei der ersten Erhebung noch kein Überblick über Kosten und Dauer der militärischen Operationen gewonnen werden konnte. Vielleicht wurde auch der „erste Beitrag" für einen Zeitraum angerechnet, der nicht exakt auf ein Jahr begrenzt war.

In seinem Kurzbericht über Gründung und Anfänge des Seebundes betont Thukydides (1,96,1) das Motiv der Rache für das Leid, das die Perser den Hellenen zugefügt hatten. Er sieht hierin aber einen Vorwand, d. h. eine propagandistische Rechtfertigung zur Verschleierung der eigentlichen Ziele der Vereinigung.[16] Offenbar nimmt er hier eine Wertung aus der Perspektive seiner eigenen Zeit vor, wenn auch das Vergeltungsmotiv seit langem ein allgemein anerkanntes Prinzip in der Außenpolitik war.[17] Sicherlich mußten die Repräsentanten der Symmachoi der Athener bei den Bürgern ihrer eigenen Gemeinwesen Akzeptanz für den Beitritt zu dem neuen Bund zu finden suchen, da mit den Bündnisverpflichtungen Kosten und Anstrengungen verbunden waren. Das Rachemotiv hätte zur Erklärung wohl kaum ausgereicht, denn die Verwüstungen waren von den Persern 490 und 480/79 nicht im gesamten Gebiet der neuen Symmachie, sondern im griechischen Mutterland, und zwar vor allem in Athen und Attika angerichtet worden. Auch für die athenische Bürgerschaft, der ja von den „Gründungsvätern" des Bundes ebenfalls plausible Argumente für die zu erwartende risikoreiche Kriegführung genannt werden mußten, wird das Vergeltungsmotiv als Rechtfertigung kaum ausgereicht haben. Bereits 479 war aber mit dem Vorstoß der Hellenenflotte nach Kleinasien das Ziel der Befreiung der unter persischer Herrschaft stehenden Griechen vorgegeben. Zwar wollten sicherlich nicht alle Hellenen sich „befreien" lassen, doch war der Schutz der inzwischen vom Perserkönig abgefallenen Hellenen die Vorbedingung für die Gründung des Seebundes, als sich abzeichnete, daß Sparta letztlich keine ausreichende Sicherheit gegen künftige persische Sanktionen, Racheakte und „Rekuperationen" bieten würde. Offenbar sind Schutzverpflichtungen der Hegemonialmacht bei den Sondierungen und Vorverhandlungen sowie beim Abschluß der Symmachie zur Sprache gekommen, wie Hinweise in der späteren Überlieferung auf das Ziel der Befreiung der Griechen vermuten lassen.[18] Schutz vor dem Großkönig war gleichbedeutend mit Befreiung von der Herrschaft der Großmacht im Osten.

Im Werk des Thukydides finden sich freilich auch Reflexe einer verbreiteten antiathenischen Einstellung in der Zeit des Perikles und des Peloponnesischen Krieges.[19] Hiernach haben die Athener den Kampf gegen Persien angeblich nur fortgesetzt, um ihre eigenen machtpolitischen Ziele zu erreichen und ihre Bundesgenossen zu unterwerfen. Dieses Urteil über die vermeintlich wirklichen Motive der Athener und ihrer Spitzenpolitiker[20] setzt freilich die Kenntnis der politischen Entwicklung und der zunehmenden Macht Athens in der Pentekontaëtie voraus und ist insofern anachronistisch.[21] Die Zielsetzung bei der Gründung des Seebundes ergab sich – wie gesagt – aus den Aufgaben, die sich bereits dem Hellenenbund von 481 nach der Abwehr der großen persischen Invasion stellten. Offensichtlich wurde in Hellas allgemein ein persischer Gegenschlag befürchtet, so daß schon die griechischen Offensiven 479 und 478 unter spartanischer Führung nicht zuletzt als Präventivschläge zu werten sind. Als die Athener die militärische Führung übernahmen, hatte sich die Lage noch nicht grundlegend geändert. Wichtig sind aber in diesem Zusammenhang auch bestimmte Elemente athenischer Politik, die aus Erfahrungen abzuleiten sind, die in Athen schon vor der Invasion des Xerxes durch die Konfrontation mit der persischen Großmacht gewonnen werden konnten. Seit dem Ionischen Aufstand wurde die Absicherung gegen persische

Expansionsbestrebungen ein Leitmotiv athenischer Außenpolitik. Diesem Ziel diente bereits das athenische Ausgreifen nach Lemnos (und Imbros?) sowie nach Paros. Nach 480/79 bot sich den Athenern die Chance, gewissermaßen weiter vorgeschobene Sicherheitsbarrieren zu errichten und die Poleis der kleinasiatischen Hellenen und der Inselgriechen in einen erweiterten Schutzgürtel einzubeziehen. Hierdurch übernahmen die Athener neue Verpflichtungen, gewannen aber auch neue Handlungsmöglichkeiten. Der athenische Demos und die führenden Kreise Athens haben diese Herausforderung angenommen.

Die ersten Jahre nach der Gründung des Seebundes waren für Athen eine kritische Zeit. Es war noch nicht abzusehen, ob und inwieweit künftige größere Operationen mit den Streitkräften der Symmachie Erfolge bringen würden, während in wirtschaftlicher Hinsicht die athenische Polisgemeinschaft durch die Kriegsjahre 480 und 479 schwerste Einbußen erlitten hatte. Die Ernten dieser beiden Jahre waren so gut wie verloren, Handelsverbindungen waren gestört oder unterbrochen, und es fehlte an Ressourcen für den Wiederaufbau.[22] Mancher politisch engagierte Athener mochte in dieser kritischen Phase auch einen Unsicherheitsfaktor in unkalkulierbaren Reaktionen der Spartaner gesehen haben. Sichere Aussagen über die Beurteilung der neuen Lage aus spartanischer Sicht sind indes nicht möglich. Der zügige Wiederaufbau der athenischen Stadtmauern scheint indes nicht zu ernsthafter Verstimmung in Sparta geführt zu haben.[23] Thukydides (1,92–95,7) weiß zwar – wie gesagt – von einer gewissen Verärgerung der Spartaner zu berichten, bemerkt aber des weiteren, daß sie diesen Ärger nicht gezeigt und auch nach der Konstituierung des Seebundes gute Beziehungen zu Athen unterhalten hätten. Hingegen deutet Plutarch Spannungen zwischen Athen und Sparta an (Them. 20,3–4), die entstanden seien, als Themistokles einen spartanischen Antrag, alle der Kollaboration mit den Persern überführten griechischen Gemeinwesen aus der pyläisch-delphischen Amphiktyonie (Kultgemeinschaft) auszuschließen, durchkreuzt habe, weil er bestrebt gewesen sei, eine Verschiebung der Stimmenverhältnisse im Amphiktyonenrat zu verhindern. Diese Version kann erst später in Umlauf gesetzt worden sein, als die Spartaner versuchten, auf innerathenische Führungskämpfe im Verlauf der endgültigen politischen Kaltstellung des Themistokles Einfluß zu nehmen.[24] Plutarchs Darstellung gewinnt jedenfalls keine größere Glaubwürdigkeit durch Nachrichten über einen gescheiterten, nicht sicher datierbaren thessalischen Feldzug des spartanischen Königs Leotychidas, gegen den in Sparta eine Bestechungsklage anhängig gemacht wurde,[25] nachdem es ihm nicht gelungen war, die propersische Familie der Aleuaden von Larissa zu entmachten. Die Ziele dieses historisch schwer einzuordnenden Unternehmens sind nicht klar zu erkennen.[26]

Eine Verformung der Überlieferung ist ferner im Bericht Diodors (11,50) über angebliche Präventivkriegsdiskussionen in Sparta um 475 zu vermuten. Die von Diodor genannten Inhalte und Argumente innerspartanischer Debatten nach der Gründung des Seebundes enthalten offenbar Wertungen und Urteile, die den machtpolitischen Dualismus der beiden Großpoleis Athen und Sparta auf die ersten Jahre der Pentekontaëtie zurückprojizieren.[27] Insgesamt gesehen haben die Spartaner in der Anfangsphase des Seebundes keine zielgerichteten Aktionen gegen diese Symmachie unternommen. Das Problem lag für die Athener eher in der Etablierung ihrer Polis als neue Führungsmacht in der Ägäis. Es war für sie ein Glücksfall, daß Kimon, der Sohn des Marathonsiegers Miltiades, sich als erfolgversprechende militärische Führungskraft empfahl, als Themistokles seinen maßgebenden Einfluß auf das politische Geschehen und die militärische Planung in seiner Polis verloren hatte.

2. Die Kimonische Ära

Nach dem Wiederaufbau ihrer Polis rückten für die Athener außenpolitische Ziele und Aufgaben in den Vordergrund, die sich an den gemeinsamen Interessen Athens und der Mitglieder des Seebundes orientieren mußten. Bereits seit den Unternehmungen des Hellenenbundes unter der Leitung des Pausanias war das Operationsgebiet der Athener und ihrer neuen Bundesgenossen im großen und ganzen abgesteckt. Es galt – wie bereits dargelegt – nicht nur den gesamten Ägäisraum, sondern darüber hinaus auch dessen südöstliches Vorfeld sowie die Gebiete am Marmarameer und am Bosporos gegen persische Vorstöße abzusichern. In dem Interessengebiet der Athener und ihrer Bundesgenossen befanden sich aber nach wie vor noch persische Stützpunkte, und zwar sogar noch auf europäischem Boden (Eïon am Strymon und Doriskos). So ist es keineswegs überraschend, daß Thukydides (1,98,1) als erstes Angriffsziel einer Streitmacht des Bundes unter Kimons Führung die persische Bastion Eïon nennt, die wahrscheinlich im Herbst 476 erobert wurde.[28] Vermutlich blieb auch Doriskos nicht mehr lange in persischer Hand, wenn auch hierüber keine Nachrichten vorliegen.[29] Die Aktion gegen Eïon lag aus der Sicht der athenischen Bundesgenossen zweifellos im allgemeinen Interesse der Symmachie. Den Gewinn aus dem Erfolg suchten indes die Athener zu ziehen, die nunmehr eigene Bürger als Neusiedler dorthin entsandten, deren Aufgabe die Sicherung der Strymon-Mündung war.[30] Welche Bedeutung die Athener den Ereignissen in Eïon beimaßen, demonstriert die ungewöhnliche und neuartige, der Rechtfertigung ihres Führungsanspruches im Seebund dienende Propagierung dieses Sieges. Auf Beschluß der Volksversammlung wurden drei mit Hermen versehene Stelen an der Zeushalle auf der Agora errichtet. Die erste Stele preist die Eroberung von Eïon, die zweite rühmt das Verdienst der Strategen der Athener (ohne namentliche Erwähnung Kimons), die dritte erinnert an den sagenhaften athenischen König Menestheus, der in der Ilias als bester Ordner im Kampf bezeichnet wird. Wir kennen nicht den Initiator dieser Siegesdarstellung, doch entsprach diese Form der Präsentation des Erfolges sicherlich den Intentionen Kimons. Der Oberbefehlshaber wird zwar aus der Führungsgruppe nicht eigens herausgehoben, so daß gleichsam indirekt seine Einbindung in die Gemeinschaft propagiert wird, die wiederum als beschlußfassendes Kollektiv erscheint. Andererseits wird aber eine Verbindungslinie zu einer vorbildlichen Sagengestalt gezogen, die für die Athener natürlich historische Realität besaß. Insofern wird eben doch die besondere Leistung des Kommandeurs der Streitmacht angedeutet. Das Ensemble der Stelen mit der Erinnerung an die heroische Vorzeit soll aber auch die Hegemonie der Gesamtheit der Athener im Seebund legitimieren.[31] So wird aus dem Tenor dieser monumentalen Siegerehrung deutlich, wie geschickt Kimon sich dem gesteigerten Selbstbewußtsein und dem Selbstverständnis des Athenertums im Hochgefühl des Sieges über die Perser anzupassen wußte.[32] Hiermit korrespondiert die von Kimon inszenierte Überführung der „Gebeine“ des Theseus von der Insel Skyros nach Athen. Hierin kommt der Gleichklang von athenischem Identitätsbewußtsein, herrschaftslegitimierender Rückerinnerung an den sagenhaften Staatsgründer Athens und Kimons prestigeträchtiger Präsentation persönlicher Erfolge noch prägnanter zum Ausdruck.[33] Die Skyrosexpedition Kimons, die wohl in die erste Hälfte des Jahres 475 zu datieren ist, sollte ebenso wie die athenische Okkupation der persischen Bastion an der Strymonmündung primär der Sicherung der Handelswege nach dem Hellespont und dem Schwarzmeergebiet dienen.[34] Die anschließende Translation der vermeintlichen Gebeine des Theseus, der auf Skyros den Tod gefunden haben soll, erfolgte nach Befragung des delphischen Orakels und hatte für den gesamten Seebund symbolische Bedeutung, denn Theseus galt als Stammesheros der Ionier.[35] Es war offenbar kein Problem, ein altes Waffengrab auf Skyros als Ruhestätte des athenischen Gründerkönigs zu reklamieren, der nunmehr in Athen selbst eine Gedenkstätte (Heroon) erhielt. Dieses neue Theseion wurde mit bedeutenden Sagenszenen aus dem Leben des Heros ausgestattet. Dargestellt wurden hier die Amazonenschlacht, der Kentaurenkampf und die Aufnahme des Theseus im Meerespalast seines göttlichen Vaters Poseidon, des „Stammesgottes“ der Ionier, der natürlich auch durch seinen Wettstreit mit Athena um das attische Land nach dem Glauben der Athener auf besondere Weise mit ihrer Polis verbunden war.[36] Die durch Theseus' Eingreifen entschiedenen Kämpfe gegen Kentauren und Amazonen symbolisieren den siegreichen Widerstand der Athener gegen fremde Invasorenhorden und dienen als mythische Vorbilder der großen Perserschlachten. Bei Marathon aber soll Theseus erneut mächtigen Anteil am Sieg der Athener gehabt haben, die generell mit ihren Leistungen im Perserkrieg ihren neuen Führungsanspruch zu begründen suchten. Da bei Marathon auch die Restauration der Tyrannis vereitelt wurde, erscheint Theseus' Intervention zudem als Kampf für die freiheitliche Ordnung der athenischen Polisgemeinschaft,[37] und die Darstellung des Theseus im Palast seines meerbeherrschenden Vaters war eine Aktualisierung mythischen Geschehens, die durch die athenische Seegeltung einen besonderen Bezug erhielt. Der Kreis schließt sich durch den Vollzug der Translation des Gründers Athens durch Kimon, der als Feldherr der großen neuen Symmachie noch über die Rolle seines eigenen Vaters, des von Theseus wirksam unterstützten Marathonsiegers Miltiades, hinauswächst. Zu beachten ist in diesem Zusammenhang, daß nach antikem Glauben von einem Heroon besondere Kräfte ausgehen, weil der Heros noch aus seinem Grab die Gemeinschaft, in der er einst lebte, weiterhin schützt.

Indem Kimon propagandistisch die Verbindung von Mythos, Geschichte und Gegenwart nutzt, um sich in der Tradition seines Hauses als Leistungsträger für die Polis darzustellen, scheinen sich in seinem Auftreten noch Züge einer altadligen, dynastisch orientierten Vorstellungswelt zu manifestieren. Dieser Eindruck trügt indes, denn Kimon hat keineswegs den seit Kleisthenes vorgezeichneten Weg politischen Wirkens verlassen. Er hat in dieser Hinsicht die Maßstäbe anerkannt, die inzwischen von einer

Bürgerschaft gesetzt worden waren, die sich als Gemeinschaft in freier Selbstbestimmung empfand. Bedeutung und Wirkung der Freiheitssymbolik in jener Zeit werden besonders deutlich in der Aufstellung der von Kritios und Nesiotes geschaffenen jüngeren Tyrannenmördergruppe, die um 477/76 ihren Platz an der Orchestra auf der Agora fand.[38]

Im Anschluß an seine Nachrichten über die Einnahme von Eïon und Skyros notiert Thukydides (1,98,3) die Aktion des Seebundes gegen die Polis Karystos und berichtet des weiteren über den Abfall und die Unterwerfung von Naxos sowie über die Schlachten am Eurymedon in Pamphylien. Er bietet hier eine relative Chronologie der wichtigsten militärischen Unternehmungen unter Führung Kimons vor dem Abfall von Thasos. Eine absolute Chronologie dieser Ereignisse läßt sich nicht rekonstruieren. Der Krieg gegen Karystos steht vermutlich als weitere Maßnahme zur Sicherung der Handelswege in die Nordägäis in einem gewissen Zusammenhang mit den vorausgehenden Aktionen gegen Eïon und Skyros. Karystos war bislang kein Mitglied des Seebundes und konnte offenbar nur durch militärischen Druck zum Beitritt gezwungen werden. Es war das erste Mal, daß Athen nicht vor militärischer Gewaltanwendung zur Ausweitung seines Bündnissystems zurückschreckte. Vermutlich waren auch athenische Symmachoi an diesem Unternehmen beteiligt, das primär den Interessen Athens diente und nicht mit der Persergefahr zu erklären ist. Karystos hätte schwerlich als potentieller feindlicher Stützpunkt dienen können, da ein Vorstoß der Perser an den Kykladen vorbei nach Südeuboia kaum zu befürchten war.[39]

Die nächste von Thukydides (1,98,4) erwähnte militärische Unternehmung der Athener war in anderer Hinsicht ein Präzedenzfall. Naxos war die erste Polis, die als Bündnispartner Athens aus dem Seebund auszutreten versuchte und aus diesem Grunde von den Athenern unterworfen wurde. Ein vager Hinweis auf die Chronologie scheint bei Thukydides 1,137,2 vorzuliegen, wonach Themistokles nach seiner Verurteilung wegen Medismos durch die Athener auf der Flucht von Griechenland nach Kleinasien in das Operationsgebiet athenischer Streitkräfte verschlagen wurde, die damals Naxos belagerten. Die Flucht des Themistokles läßt sich indes ihrerseits nicht datieren, und es ist nicht auszuschließen, daß Thukydides hier einen Fehler begangen hat.[40] Da zwischen dem Abfall der Naxier und der um 466/65 anzusetzenden Erhebung der Thasier gegen Athen ein weiterer, mit erheblichen Anstrengungen verbundener Feldzug des Seebundes gegen Persien unternommen wurde, ist Naxos wohl schon 470 oder in einem der beiden folgenden Jahre belagert worden.[41] Thukydides nennt keine Gründe für den Austritt der Naxier aus dem Seebund. Insofern bleibt ein gewisser Spielraum für Vermutungen. Im Blick auf athenische Interessenpolitik weist Thukydides 1,99,1–2 darauf hin, daß die Athener als Führungsmacht mehr und mehr an Akzeptanz verloren. Seine Bemerkung ist sicherlich ein Pauschalurteil, trifft aber in bestimmten Einzelfällen durchaus zu. Auf der relativ reichen Insel Naxos sah man offenbar schon die wachsende Macht der Athener als Gefahr für die eigene Entscheidungs- und Handlungsfreiheit.[42] Es bleibt aber offen, welche Kreise opponierten und wie es ihnen gelang, den offenen Widerstand zu organisieren.

Das spätere Vorgehen der Athener gegen andere rebellierende Bundesgenossen läßt vermuten, daß die Naxier nach dem Scheitern ihrer Erhebung ihre Flotte ausliefern bzw. weitgehend abrüsten mußten sowie die athenischen Kriegskosten zu erstatten und fortan „Beiträge“ für die Bundeskasse zu zahlen hatten.[43] Wenn dies zutrifft, waren freilich die Maßnahmen, die aus athenischer Sicht eine Art Bestrafung der Naxier für Vertragsbruch darstellten, eigentlich recht maßvoll. Die regelmäßigen Zahlungen an die Bundeskasse waren für die athenischen Symmachoi nicht unbedingt eine stärkere Belastung als die Stellung von Schiffen und Mannschaften. Andererseits scheinen aber neue, von den Athenern aufgezwungene Zahlungsverpflichtungen in den betroffenen Poleis als Zeichen einer neuen Abhängigkeit empfunden worden zu sein. Thukydides (1,98,4) hat unter diesem Aspekt in der athenischen Intervention auf Naxos einen Wendepunkt in der Geschichte des Seebundes gesehen, denn er betont, daß damals zum ersten Mal eine mit Athen verbündete Polis entgegen den allgemeinen, auf der Autonomie beruhenden Normen der zwischenstaatlichen Beziehungen in der hellenischen Welt (oder: im Widerspruch zu den bei der Gründung der Symmachie getroffenen Abmachungen) „geknechtet“ wurde. Als „Knechtung“ bezeichnet Thukydides hier keine Versklavung im wörtlichen Sinne, doch läßt er keinen Zweifel, daß die Athener durch die Unterwerfung der Naxier eine negative Entwicklung einleiteten, weil die Demonstration athenischer Macht fortan zentrifugale Kräfte im Seebund auf den Plan rief und diese Reaktion der Symmachoi wiederum dazu führte, daß Athen stärkeren Druck ausüben mußte, um einen Zerfall der Symmachie zu verhindern. Thukydides vermeidet aber eine eindeutige Schuldzuweisung, indem er im Kontext betont (1,99,2–3), daß die meisten Bundesgenossen keine Schiffe und Mannschaften stellen wollten, sondern die Zahlung von „Beiträgen“ vorzogen und infolgedessen kein eigenes Gegengewicht gegen das Machtpotential der Athener besaßen, wenn sie beabsichtigten, aus dem Seebund auszutreten. Seine Ausführungen sind freilich zu relativieren. Die Mehrzahl der Symmachoi fiel aus demographischen Gründen ohnehin militärisch kaum ins Gewicht, so daß der Aufstieg Athens zur ägäischen Großmacht eine Eigendynamik entfaltete, die kontinuierlich die föderativen Elemente der Symmachie schwächte.[44] Jeder fehlgeschlagene Austrittsversuch verschob die Gewichte weiter zugunsten der Athener, die natürlich ihrerseits bestrebt waren, eine Erosion des Bundes unter allen Umständen zu vereiteln. Diese Gefahr war bei einem Abfall eines Bundesgenossen stets gegeben. Athens Position als Hegemonialmacht und die Erfolge seiner Kriegführung gegen Persien beruhten auf seiner Flotte, die aber von der athenischen Polisgemeinschaft allein auf die Dauer nicht unterhalten werden konnte, weil dies die damalige Finanzkraft der Führungsmacht überfordert hätte. Die Athener waren somit auf Zahlungen ihrer Bundesgenossen angewiesen. Sie betrachteten jeden Austrittsversuch als Schmälerung ihrer eigenen Macht und mußten hierin die Gefahr einer Desintegration ihrer Symmachie sehen. Dies erklärt ihre militärischen Aktionen gegen Bundesgenossen, die sich ihrer Hegemonie zu entziehen suchten. Der Abfall von Naxos war somit ein Präzedenzfall, den die Athener aus den genannten Gründen nicht tolerierten. An der Unterwerfung abtrünniger Bundesgenossen hatten sich freilich unter der Führung Athens auch andere Symmachoi beteiligt. Insofern wurde der Seebund in der Tat zu einem athenischen Machtinstrument, das sich gegen einzelne Bündner richten konnte, während es einen Zusammenschluß aller Symmachoi gegen Athen nie gegeben hat. Dies ist nicht zuletzt darauf zurückzuführen, daß die einzelnen Gemeinwesen des Bundes ihrerseits entschieden ihre Eigeninteressen verfolgten und zweifellos nicht bereit waren, ihre Position gegenüber Athen oder gar ihre staatliche Existenz durch Solidarität mit abtrünnigen Bundesgenossen aufs Spiel zu setzen.[45] Kleine Poleis konnten dieses Risiko ohnehin nicht eingehen, und Vorbereitungen zu einem gemeinsamen Schlag hätten nicht geheimgehalten werden können. Ein starkes Motiv für die Bindung der weitaus meisten Symmachoi an die Hegemonialmacht war im übrigen nach wie vor ihr Schutzbedürfnis bzw. ihr gemeinsames Sicherheitsinteresse, und zwar unabhängig von der Frage, ob die Furcht vor einem neuen persischen Angriff berechtigt war oder nicht.

Die Athener konnten jedenfalls einige Zeit nach der Unterwerfung von Naxos mit einem beachtlichen Aufgebot ihrer zur Heeresfolge verpflichteten Bundesgenossen unter Führung Kimons einen großangelegten Feldzug bis zum Eurymedon an der kleinasiatischen Südküste unternehmen.[46] Dauer und Verlauf der Operationen sowie ihre historischen Voraussetzungen werden allerdings kontrovers beurteilt. Es ist umstritten, ob die Schlacht am Eurymedon das Ergebnis eines athenischen Präventivschlages gegen persische Angriffsvorbereitungen war oder die Perser damals ihrerseits ein weiteres Vordringen des Seebundes an der kleinasiatischen Südküste zu verhindern suchten. Wahrscheinlich waren die von Diodor und Plutarch geschilderten Siege der Athener und ihrer Bundesgenossen in Karien und Lykien sowie die Eurymedonschlacht Erfolge, die durch Operationen im Verlauf eines einzigen Feldzuges erzielt wurden, dessen Ziel die Ausweitung des Seebundes und damit zugleich eine Erweiterung des athenischen Macht- und Einflußbereichs war. Eine persische Offensive war damals eigentlich kaum zu erwarten. Eher ist anzunehmen, daß man in Athen nach der Unterwerfung von Naxos die Notwendigkeit gemeinsamer Aktivitäten der Symmachie erkannte und den Führungsanspruch der Hegemonialmacht gerade im Interesse des Zusammenhaltes der Symmachie zu demonstrieren und damit zugleich auch die athenische Macht zu stärken suchte.[47]

Die Operationen endeten mit einem vollen Erfolg. In Karien schlossen sich die Poleis mit einer überwiegend griechischen Bevölkerung der Symmachie an. Andere Städte mit persischen Garnisonen wurden durch militärische Aktionen zum Anschluß gezwungen. Ähnliche Erfolge konnten in Lykien erzielt werden, doch leistete hier die rhodische Kolonie Phaselis starken Widerstand, ehe die Polis durch Vermittlung der Chier dem Seebund beitrat, der nach Aufnahme der karischen und lykischen Gemeinwesen über 200 Poleis umfaßte. Inzwischen hatten sich an der Eurymedon-Mündung starke persische Land- und Seestreitkräfte gesammelt. Als die Anfahrt weiterer phönikischer Einheiten gemeldet wurde, entschloß sich Kimon zum Angriff auf die bereits am Eurymedon stationierten phönikischen Trieren. Die persische Führung konnte ihre Einheiten nicht früh genug in eine günstige Position bringen, so daß der Kampf rasch entschieden war.[48] Stärkeren Widerstand leisteten die persischen Landtruppen, die aber den doppelten Erfolg der Seebundstreitmacht zu Lande und zu Wasser nicht verhindern konnten. Auch das phönikische Reservegeschwader wurde abgefangen.

Dieses Unternehmen war der Höhepunkt der Erfolge Kimons. Am Eurymedon hatten die Athener und ihre Symmachoi einen entscheidenden Sieg errungen. Das Gebiet des Bundes war erheblich erweitert worden, die Persergefahr schien gebannt. Es gab indes keinen Frieden mit dem Großkönig,[49] der den Ägäisraum nicht aufgab, wenn auch die persische Großmacht faktisch aus diesem Gebiet herausgedrängt war.[50] Andererseits haben die Athener nach der Eurymedonschlacht offenbar nicht den Plan verfolgt, ihren Einfluß bereits auf den syrisch-phönikischen Raum auszuweiten. Die Operationen in Karien, Lykien und Pamphylien wurden vielmehr vorläufig abgeschlossen. Nur kleinere, nicht exakt datierbare Unternehmungen sollen noch vor 462 unter Führung des Ephialtes und vielleicht auch unter Perikles[51] über die Chelidonischen Inseln hinaus durchgeführt worden sein, ohne daß es zur Feindberührung kam. Eine neue Wetterzone sollte indes bald im Norden der Ägäis entstehen, als hier Interessengegensätze zwischen Athen und Thasos zu einer gefährlichen Krise führten.

Thasos fiel vermutlich 466/65 vom Seebund ab. Thukydides notiert hierzu (1,100,2), daß Streit um die von Thasos genutzten Handelsplätze und Metalladern auf dem der Insel gegenüberliegenden thrakischen Festland entstanden war. Hiernach hätte es sich um einen Konflikt gehandelt, der zunächst nicht den Seebund insgesamt bzw. das Verhältnis zwischen Athen und den Symmachoi betraf, sondern primär die Beziehungen zwischen Athen und Thasos tangierte. Bereits Herodot (6,46,2–3) hat darauf hingewiesen, daß die Thasier aus ihren Besitzungen auf dem thrakischen Festland alljährlich Einkünfte in Höhe von 200 (oder in guten Jahren sogar 300) Talenten bezogen und schon in der Zeit der persischen Herrschaft eine größere Flotte unterhalten sowie ihre Stadtmauern verstärkt hatten. Herodot nennt hier vor allem die Goldgruben, doch mußten die unter thasischer Herrschaft stehenden und z. T. wohl auch von Thasos neu besiedelten Plätze allem Anschein nach Bodenzins zahlen sowie Hafen-, Markt- und Durchgangszölle abführen.[52] Möglicherweise führte die Abgabenlast zu Spannungen zwischen Thasos und jenen Siedlungen auf dem Festland, die ihrerseits in dieser Situation Anlehnung an Athen suchten.[53] Interessengegensätze zwischen Thasos und Athen entstanden vermutlich schon seit der Gründung eines athenischen Stützpunktes in Eïon an der Strymonmündung. Sie scheinen eskaliert zu sein, als die Athener die Anlage einer großen Kolonie stromaufwärts vorbereiteten. An diesem Unternehmen sollten Bürger aus Athen und aus den Seebundstädten teilnehmen. Die Thasier waren nicht bereit, die athenischen Aktivitäten in ihrem eigenen Interessengebiet zu tolerieren. So gingen sie trotz der Lehren, die aus dem Abfall der Naxier gezogen werden konnten, das Risiko eines Kampfes gegen Athen ein. Hierdurch gewann der Konflikt auch Bedeutung für die strukturelle Entwicklung des athenischen Bündnissystems.

Das Kommando über die von Athen aufgebotenen Streitkräfte des Seebundes erhielt wieder Kimon, der unmittelbar vor dem thasischen Aufstand auf der thrakischen Chersones operiert hatte.[54] Er schaltete mit seiner überlegenen Flotte die Trieren der Thasier weitgehend aus und nahm dann die Belagerung ihrer Polis auf. Etwa gleichzeitig mit dem Beginn dieser Kämpfe sollte die Gründung der erwähnten Kolonie erfolgen, die angeblich für 10000 Bürger aus Athen und verschiedenen Seebundpoleis vorgesehen und bei der Edonensiedlung Enneahodoi („Neunwege“) angelegt werden sollte. Ausgangspunkt des Unternehmens war Eïon. Noch während der Belagerung von Thasos drang ein Teil der Kolonisten von Enneahodoi weiter ins Gebiet der Edonen vor und wurde von dem Aufgebot dieses thrakischen Stammes bei Drabeskos vernichtend geschlagen. Daß wohl nur eine zahlenmäßig begrenzte bewaffnete Einheit bis Drabeskos gelangt war, erhellt aus der athenischen Gefallenenliste des Jahres 464. Die Aufzeichnung der Namen der Gefallenen ergab sich aus der Bestattung der Kriegstoten auf dem sogenannten Staatsfriedhof im äußeren Kerameikos. Die Gefallenen, die auf dem 464 errichteten Grabmal unter der Rubrik „Drabeskos“ verzeichnet sind, können nur einen geringen Teil der Siedler in Enneahodoi ausgemacht haben.[55] Gleichwohl konnte diese Kolonie nicht behauptet werden. Wahrscheinlich wurden die Siedler auf dem Rückzug bis Eïon von den Edonen verfolgt, wie ein Fragment einer Inschrift vermuten läßt, das ebenfalls der Gedenktafel des Jahres 464 zuzuordnen ist (vgl. Anm. 55). Die Kämpfe fanden vermutlich bereits im Herbst oder zu Beginn des Winters 465/64 statt, so daß die dort gefallenen Bürger erst beim Staatsbegräbnis des folgenden Jahres geehrt werden konnten.

Inzwischen hatten die Spartaner den bedrängten Thasiern Hilfe zugesagt, doch konnten sie ihren Plan, nach Attika einzufallen, nicht mehr durchführen, als 464 ein furchtbares Erdbeben Sparta erschütterte und unmittelbar darauf Helotenunruhen, die wohl schon längere Zeit andauerten, eine akute Gefahr für die Spartaner wurden. Im folgenden Jahr mußte Thasos kapitulieren. Die Bürger hatten die Stadtmauern zu zerstören, die ihnen verbliebenen Kriegsschiffe auszuliefern und eine hohe Kriegsentschädigung an Athen zu zahlen sowie auf ihre Besitzungen auf dem Festland und die dortigen Bergwerke zu verzichten (Thuk. 1,101,3). Diese Bedingungen demonstrieren erneut die Entschlossenheit der Athener, eine Erosion des Seebundes um jeden Preis zu verhindern. Wiederum diente nicht nur die athenische Flotte, sondern auch die Streitmacht der Symmachie als Instrument der Hegemonialmacht, deren Konflikt mit einem bedeutenden Bundesgenossen bis zur bewaffneten Auseinandersetzung eskaliert war. Andererseits hatte es aber Athen in diesem Fall offenbar verstanden, seine Aktivitäten am Strymon geschickt als Aktionen zugunsten aller Mitglieder des Seebundes zu propagieren, indem die geplante Besiedlung des Raumes von Enneahodoi als Unternehmen der gesamten Symmachie inszeniert wurde. Insofern konnte der Abfall der Thasier von athenischer Seite als Verstoß gegen gemeinsame Ziele der Verbündeten verurteilt werden. Allem Anschein nach war die Hegemonialmacht bemüht, möglichst breite Akzeptanz zu finden. Thukydides sah dies anders, indem er andeutet, daß Athen im Kampf gegen Thasos lediglich eigene Ziele verfolgte (1,100,2). Seine Kritik ist indes vordergründig. Die Mitglieder des Seebundes mußten mit der Persergefahr rechnen, wenn die Hegemonialmacht durch den Austritt von Bundesgenossen aus der Symmachie geschwächt worden wäre. Nach dem Tod des Xerxes wäre zwar das Perserreich kaum in der Lage gewesen, Vorstöße in die Ägäis zu unternehmen. Die Zeitgenossen konnten die Entwicklung im Perserreich aber nicht voraussehen. Am Eurymedon hatten die Perser zwar eine empfindliche Niederlage erlitten, doch war die Existenz des Reiches hierdurch natürlich nicht in Frage gestellt. Durch den Zusammenhalt des Seebundes wurden letztlich die Interessen aller Symmachoi gewahrt. Prinzipiell lag das Vorgehen der Athener gegen Thasos auf der gleichen Linie wie die Aktionen gegen Skyros, Karystos und Naxos, die darauf abzielten, den Führungsanspruch Athens zu demonstrieren und den Seebund zu konsolidieren.

Und dennoch markiert der Konflikt zwischen Athen und Thasos eine Wende. Er leitete das Ende der Ära Kimons ein – nicht weil die Vormacht des Bundes fortan andere Ziele verfolgte oder neue Wege zur Behauptung ihrer Hegemonie ergriff, sondern weil sich in Athen selbst ein Wandel vollzog.

Als Kimon von Thasos zurückkehrte, wurde er beschuldigt, von dem makedonischen Herrscher Alexander I. bestochen worden zu sein und aus diesem Grund es versäumt zu haben, den König anzugreifen und Teile seines Gebietes zu okkupieren.[56] Es war zweifellos ein aufregendes Ereignis, als der populäre Flotten- und Heerführer, dessen Position unangreifbar zu sein schien,[57] im Zusammenhang mit seiner Rechenschaftsablegung nach erfolgreicher Durchführung des ihm übertragenen militärischen Auftrages wegen Pflichtverletzung in ein Verfahren verwickelt wurde. Unklar ist allerdings, ob ein Prozeß vor einem Gerichtshof des „Volksgerichtes" (Heliaia) oder vor dem Areopag stattfand. Nach Aristoteles (Ath. Pol. 27,1) könnte Kimon nach der Rechenschaftsablegung im Areopag von seinen Gegnern ohne Erfolg der Bestechung beschuldigt worden sein. Hieraus dürfte sich dann ein Verfahren wegen Mißachtung und Schädigung der Polisinteressen ergeben haben. Nach Plutarch (Kim. 10,5; 14,3) hat es nämlich den Anschein, daß auf Beschluß der Volksversammlung der Fall vor ein Dikasterion des Volksgerichtes kam. Letzte Sicherheit ist aber nicht zu gewinnen.[58] Vermutlich diente der Ausgang des Rechenschaftsverfahrens dann auch als Anlaß für scharfe Kritik an einer Reihe von Areopagiten. Die Vorwürfe scheint der spätere Reformer Ephialtes gleichsam gebündelt zu haben, doch suchte sich bereits auch Perikles als Ankläger Kimons zu profilieren. Es handelte sich bei diesen Auseinandersetzungen nicht primär um innen- oder außenpolitische Richtungskämpfe, wenn auch die Ergebnisse dieses Streites um Einfluß auf die Entscheidungsfindung in Athen letztlich die politische Bühne in der Polis grundlegend veränderten und die Basis für die weitere Entwicklung der klassischen Demokratie erheblich stabilisierten sowie auch veränderte Rahmenbedingungen für neue außenpolitische Aktivitäten schufen, wobei freilich kontingente Faktoren wie die Erhebung der Heloten in Sparta und später der Aufstand gegen die persische Herrschaft in Ägypten eine wichtige Rolle spielten. Zunächst aber resultierten die Konflikte innerhalb der Oberschicht aus persönlichen Rivalitäten um Prestige und Akzeptanz beim Demos, denn hieraus ergaben sich bedeutende Möglichkeiten der politischen Einflußnahme. Insofern entsprach die Situation noch einer bisher durchaus typischen Konstellation, die ihre Erklärung in den spezifischen Strukturen des sozialen und institutionellen Gefüges einer griechischen Polisgemeinschaft findet. Eine besondere Brisanz lag freilich darin, daß die relativ neue Großmachtstellung Athens gerade damals auch außenpolitische Entscheidungen von größter Tragweite erforderte. Vorbereitet wurde die neue Weichenstellung – wie gesagt – durch Attacken gegen die Position und Person Kimons, der jahrelang als Garant athenischer Macht gegolten hatte und hierdurch auch Bürge für Eintracht und Stabilität im Innern geworden war. Als Repräsentant einer sozial hochrangigen sozialen Gruppe, die seit den Anfängen der Polis Führungsfunktionen ausübte und infolgedessen für solche Aufgaben geradezu konditioniert zu sein schien, hatte Kimon immer wieder seine Fähigkeit bewiesen, den gemeinsamen Zielen der gesamten Polisgemeinschaft loyal zu dienen. Er hatte länger als jeder andere athenische Politiker vor ihm sowohl in der Oberschicht als auch bei der breiten Masse der Bürger Zustimmung gefunden.

3. Die Reformen des Ephialtes

Vor dem skizzierten Hintergrund der Rivalitäten einflußreicher Repräsentanten der athenischen Oberschicht vollzog sich der Aufstieg des Ephialtes.[59] Ein Auslöser weiterer innerathenischer Spannungen war ein ungewöhnliches Hilfegesuch der Spartaner, die Athen 462 um Unterstützung gegen aufständische Messenier auf dem Ithome-Berg baten, da ihnen trotz erheblicher militärischer Anstrengungen in längeren Kämpfen noch kein entscheidender Schlag gegen die Rebellen gelungen war.

In der athenischen Ekklesia kam es zu heftigen Debatten, in deren Verlauf Ephialtes entschieden von einer Hilfeleistung abriet. Es gelang jedoch Kimon, eine Mehrheit für seinen Antrag zu gewinnen, ihn mit einem Aufgebot von 4000 Hopliten nach Messenien zu entsenden. Er betrachtete nach wie vor eine athenisch-spartanische Entente als wesentliche Voraussetzung für eine erfolgreiche Sicherung der im Kampf gegen Persien gewonnenen Positionen Athens in der Ägäis sowie für ein friedenerhaltendes Gleichgewicht der Kräfte in Griechenland selbst. Kimon wurde aber dann von den Spartanern aufs schwerste brüskiert, als sie nach seiner Ankunft in Messenien unter fadenscheinigem Vorwand überraschend die athenische Hilfe ablehnten. Zweifellos fürchteten maßgebende spartanische Kreise eine Kollaboration zwischen Athenern und Messeniern.[60] Der Affront führte zu einem Wechsel der Allianzen in Griechenland. Athen kündigte das seit 481 bestehende Bündnis mit Sparta auf und schloß einen Waffenbund mit Argos, der großen Rivalin Spartas auf der Peloponnes.

Während Kimon sich wohl noch mit den athenischen Hopliten in Messenien befand, wurden in Athen Beschlüsse gefaßt, die für die weitere Vefassungsentwicklung von größter Bedeutung waren.[61] Die Überlieferung über diese Reformen, die nach dem damals aktivsten Antragsteller Ephialtes benannt werden, ist indes überaus dürftig. Die Autoren des vierten Jahrhunderts, denen Hinweise oder Nachrichten hierzu zu entnehmen sind, kannten offenbar kaum noch Einzelheiten, so daß es außerordentlich schwierig ist, Inhalte und Ziele der Gesetzesanträge zu ermitteln.[62] Im Bericht der aristotelischen ›Athenaion Politeia‹ (c. 25), unserer ausführlichsten Quelle zu den Reformen, heißt es lediglich, daß Ephialtes dem Areopag die „zusätzlichen Funktionen", durch die er Wächter der Verfassung geworden sei, genommen und diese Aufgaben dem Rat der 500, der Volksversammlung und den Dikasterien (Gerichtshöfen des Volksgerichtes) übertragen habe. Der Autor präzisiert diese Angaben indes nicht und geht zudem von der irrigen Vorstellung aus, daß es bereits vor 462 eine regelrechte „Gesetzeskontrolle" (Nomophylakie) gegeben habe, die vom Areopag ausgeübt worden sei. Erst nach 430 ist aber ein Verfahren eingeführt worden, das eine Klage wegen Gesetzwidrigkeit von Volksbeschlüssen ermöglichte.[63] Andererseits hatte freilich der Areopag bislang gewisse strafrechtliche Kompetenzen, durch die er z. B. unerlaubte Maßnahmen von Beamten oder andere Handlungen ahnden konnte, die gegen die Interessen der Polisgemeinschaft verstießen. In solchen Fällen hat zweifellos der Areopag Klagen oder Meldungen über Pflichtverletzungen der Magistrate entgegengenommen und gegebenenfalls Bußen verhängt. Seit dem frühen fünften Jahrhundert sind aber auch bereits „politische" Prozesse vor der Heliaia oder der Ekklesia belegt, die nach den Reformen des Kleisthenes erheblich an Bedeutung gewonnen hatten. Es ist indes nicht bekannt, wie die betreffenden Klagen eingeleitet wurden. Formal waren die Strafbefugnisse des Areopags damals wohl kaum aufgehoben worden. Es ist zudem nicht bekannt, daß entweder in der genannten Zeit oder durch Ephialtes bzw. einen seiner politischen Freunde ein neues Eisangeliegesetz eingeführt worden ist. Die Vielfalt der Eisangelieklagen, unter die alle Verfahren wegen Verletzung der Polisinteressen subsumiert werden konnten, hat sich erst nach Ephialtes entwickelt. Zu beachten ist, daß solche Klagen sowohl im Rat der Fünfhundert als auch in der Volksversammlung vorgebracht werden konnten und in der Regel an einen Gerichtshof des Volksgerichtes überwiesen wurden. Da verschiedene Klageformen nebeneinander bestanden, ist anzunehmen, daß sukzessiv mehrere Gesetze zum Verfahren in solchen Fällen beschlossen und jeweils ältere Regelungen nicht durch neue Gesetze einfach aufgehoben wurden. Der gesamte Komplex der Eisangelieklagen wurde daher sicherlich nicht durch die Reformen des Ephialtes geregelt.[64]

Ähnlich wie die Vielfalt der Eisangelieklagen ist auch das in der klassischen Demokratie praktizierte Verfahren der Rechenschaftsablegung der Beamten das Ergebnis einer längeren Entwicklung, die dazu führte, daß Prüfungen nicht nur in jeder Prytanie durch 10 jeweils aus dem Rat der Fünfhundert ausgeloste Logistai („Rechnungsprüfer") erfolgten, sondern auch am Ende des Amtsjahres durch 10 aus Versammlungsteilnehmern der Ekklesia ausgeloste Logistai und 10 ebenfalls in der Volksversammlung ausgeloste „Beisitzer" vorgenommen wurden. In Ergänzung hierzu wurde zumindest im vierten Jahrhundert ein zweites Verfahren durchgeführt, bei dem ein Ratsausschuß von 10 „Untersuchern" (Euthynoi) mit 20 Beisitzern Klagen über Pflichtverletzungen entgegennahm, die nicht den finanziellen Teil der Amtsführung betrafen und nicht durch ein Eisangelieverfahren verfolgt werden konnten.[65] Für die Entwicklung dieses Systems einer detaillierten Prüfung der Amtsführung der Magistrate mögen Gesetzesanträge des Ephialtes oder eines seiner Helfer (wie z. B. Archestratos) eine wichtige Rolle gespielt haben. Jedenfalls war der Areopag nach 462/61 an der Kontrolle der Beamten nicht mehr direkt beteiligt und insofern auch nicht mehr mit Klagen befaßt, die gegebenenfalls gegen die aus dem Amt ausscheidenden Archonten erhoben werden konnten. Die Areopagiten konnten somit nicht mehr allein über die Aufnahme ehemaliger Archonten in den Areopag entscheiden.

Ein weiteres Problem ist die sogenannte Dokimasie („Prüfung") der Amtsanwärter vor Aufnahme ihrer Tätigkeit. Durch diese gleichsam vorgeschaltete Kontrolle sollte die athenische Abstammung der künftigen Funktionsträger festgestellt und zudem bestätigt werden, daß die Anwärter auch bestimmte Kulte verrichteten und ihre familiären und bürgerlichen Pflichten erfüllten. Auch hier ist eine Entwicklung von einem einfachen Verfahren vor dem Rat der 500 zu einer doppelten „Prüfung“ vor der Boulé und einem Gerichtshof zu erkennen. Ob und in welcher Weise der Areopag vor 462 die Dokimasie der Archonten vorgenommen hatte, ist indes eine offene Frage.[66]

Die Reformen des Ephialtes bleiben somit aufgrund der Quellenlage schemenhaft. Nur soviel ist deutlich, daß der Areopag zwar weiterhin das zuständige Gericht bei vorsätzlichem Mord, Giftmischerei und Körperverletzung mit Tötungsabsicht sowie bei Brandstiftung war, während die Beamtenkontrolle und die hieraus resultierende Gerichtsbarkeit fortan von der Volksversammlung, den Gerichtshöfen der Heliaia und dem Rat der 500 (bzw. Ausschüssen der Boulé) ausgeübt wurden.

Trotz der skizzierten Unklarheiten besteht kein Zweifel, daß die von Ephialtes und Archestratos beantragten und von der Ekklesia beschlossenen Maßnahmen zukunftweisend waren und in hohem Maße dazu beitrugen, daß in der Folgezeit das institutionelle Gefüge Athens als Demokratie empfunden wurde, als eine Ordnung, in der die Verfügungsgewalt *(Kratos)* des in der Volksversammlung vertretenen und aus allen Schichten der Bürgerschaft bestehenden Demos ausschlaggebend war. Die wenigen Nachrichten über die Konfrontation der Protagonisten Kimon und Ephialtes und ihr weiteres Schicksal lassen zudem auf erregte Debatten schließen. Die Polarisierung der politisch aktiven Gruppen vor der Entsendung Kimons nach Messenien fand ihre Fortsetzung, als Kimon nach seiner Rückkehr versuchte, die Reformen rückgängig zu machen, hiermit aber keinen Erfolg hatte und letztlich einen weiteren schweren Prestigeverlust hinnehmen mußte, der dazu führte, daß er unterlag, als 461 ein Ostrakismosverfahren inszeniert wurde. Damit aber nicht genug! Ephialtes kam auf ungeklärte Weise ums Leben, und alles schien auf einen Mord hinzudeuten (Aristot. Ath. Pol. 25,4; Antiphon 5,68; Diod. 11,77,6). Diese Eskalation darf aber nicht darüber hinwegtäuschen, daß nicht etwa eine Programmatik einer Demokratieeinführung, sondern Sachfragen die Debatten bestimmt haben. Die Thematik ergab sich nicht zuletzt aus der Ausweitung des athenischen Einflußbereichs. Dieser Zusammenhang wird zwar erst in den fünfziger Jahren deutlicher erkennbar. So erscheinen in den 454/53 beginnenden Aufzeichnungen der Tributquotenlisten der athenischen Symmachoi erstmals 30 Logistai,[67] die den Auftrag hatten, die Abrechnungen der Schatzmeister des Seebundes (Hellenotamiai) entgegenzunehmen und ein Sechzigstel der eingehenden Beträge als Abgabe für den Schatz der Athena zu berechnen. Des weiteren ist aufschlußreich, daß nach einem athenischen Volksbeschluß über eine Neuordnung in der Polis Erythrai in Kleinasien um 453 die erste Auslosung eines neuen Rates nicht nur vom dortigen athenischen Besatzungskommandanten, sondern auch von „Aufsehern“ (Episkopoi) aus Athen überwacht wurde.[68] Allerdings ist nicht bekannt, seit wann im Seebund ein gewissermaßen kontinuierlich agierendes „Herrschaftspersonal“ Kontrollfunktionen ausübte. Entstehung und sukzessiver Ausbau eines Überwachungssystems, das der Sicherung der athenischen Hegemonie diente, sind jedenfalls nicht zu trennen vom Ausbau und von der Konsolidierung der Vorherrschaft Athens im Ägäisraum, die wiederum mannigfache militärische und politische Aktivitäten von Funktionsträgern zur Folge hatte, die schwerer als die üblichen Polisbeamten in Athen selbst zu kontrollieren waren. Daher ist zu vermuten, daß in den Debatten vor der Verabschiedung der Gesetze des Ephialtes (und des Archestratos?) die Forderung nach einer effektiveren Kontrolle der Beauftragten des athenischen Demos – insonderheit der Strategen – ein wichtiges Argument der Reformer war. Der Aufgabenbereich der Strategen hatte sich seit dem frühen fünften Jahrhundert erheblich erweitert. Ihnen oblag nunmehr gegebenenfalls die Leitung weiträumiger Operationen mit athenischen und bundesgenössischen Land- und Seestreitkräften.[69] Aber auch die gerichtlichen Funktionen der Archonten hatten sich aufgrund der veränderten außenpolitischen Konstellationen ausgeweitet. Athen entwikkelte sich nicht nur machtpolitisch, sondern auch wirtschaftlich zum Zentralort im Ägäisraum. Durch Handel und Wandel und den damit verbundenen Zustrom von Fremden wurden neue Anforderungen an die athenische Rechtspflege gestellt. Für eine Verlagerung der Kontrollbefugnisse ließen sich also aus verschiedenen Gründen plausible Argumente anführen. Der Demos aber hatte in der Volksversammlung alle Entscheidungsgewalt über die Polisangelegenheiten und war inzwischen trotz der Bundesversammlungen auf Delos auch das eigentliche Entscheidungsorgan für die gesamte Symmachie der Athener. So lag es nahe, aufgrund der längst vollzogenen Verlagerung der politischen Macht auf den Demos in seiner Gesamtheit auch die Kontrolle der für die Polisgemeinschaft agierenden Beamten durch die Volksversammlung sowie durch den Rat der Fünfhundert und die Dikasterien (Gerichtshöfe) zu fordern, die ja als spezifische Organe des Demos galten. Die Durchsetzung dieser Konzeption war nur möglich, weil die in Athen gegebenen Voraussetzungen für politische Auseinandersetzungen es gestatteten, durch Mehrheitsbeschlüsse der Ekklesie generell Neuregelungen mannigfacher Art durchzusetzen. Kimon stand auf verlorenem Posten, als er versuchte, die Reformen rückgängig zu machen. Die Mehrzahl der Teilnehmer an der Abstimmung über die Frage einer Annullierung der Gesetze des Ephialtes war nicht bereit, die gerade erst gewonnenen Kontrollbefugnisse wieder abzugeben. Daß Kimon unterlag und dann ostrakisiert wurde und Attika für zehn Jahre verlassen mußte, war insofern nicht nur eine Folge seines Prestigeverlustes nach seiner Brüskierung durch die Spartaner. Andererseits überlagerten aber auch persönliche Konflikte die Sachfragen. Der Areopag besaß zwar keine eigentliche politische Macht, da er kein beschließendes Organ des Demos war. Wohl aber hatte er bislang durch das Verfahren der Rechenschaftsabnahme die Möglichkeit, indirekt Einfluß auf politisches Geschehen zu nehmen. Eine Mehrheit von Areopagiten konnte unter Umständen ambitionierten Politikern die Aufnahme in den ehrwürdigen Rat verweigern oder zumindest erheblich erschweren, denn es war ja bisher immer noch damit zu rechnen, daß bestimmte Akteure auf der politischen Bühne sich die Chance nicht entgehen ließen, Rivalen durch Anzeige beim Areopag politisch auszuschalten oder Positionen ihrer Gegenspieler stark zu erschüttern. Ephialtes und sein Kreis entzogen dieser Variante des politischen Tageskampfes den Boden, öffneten aber durch die Verlagerung der Aufsichtsbefugnisse zugleich neue Wege der Auseinandersetzungen und Konkurrenzkämpfe, deren Ausmaß damals noch nicht zu erkennen war. Ephialtes intendierte freilich keine revolutionären Neuerungen in Form durchgreifender Änderungen der Machtverhältnisse. Eher war es sein Ziel, die Polisordnung Athens im Sinne der bereits realisierten Prinzipien der Isonomie zu stabilisieren. Jedenfalls forcierte er eine Entwicklung, die ihren Höhepunkt in der klassischen Demokratie der Zeit des Perikles finden sollte. Die starke Position der Volksversammlung in dieser Ordnung war indes nicht das Ergebnis der nach Ephialtes benannten Reformen, sondern ihre Voraussetzung. Wohl aber nutzten Ephialtes und seine Helfer die seit Kleisthenes bestehenden Möglichkeiten des politischen Kampfes, auf legalem Wege durch Mehrheitsbeschlüsse der Volksversammlung die Kontrolle der Funktionsträger auf eine breitere Basis zu stellen. Von einer „Entmachtung des Areopags" kann hier nicht die Rede sein. Die „Macht" *(Kratos)* lag ja bereits beim Demos, wenn auch dies erst später in der Prägung des Demokratiebegriffs als Bezeichnung für die Polisordnung Athens terminologisch zum Ausdruck kam. Daß die Entstehung dieses Verfassungsbegriffs in der Überlieferung nicht unmittelbar mit Ephialtes verbunden wurde und seine Reformen später nur höchst unzureichend bekannt waren, läßt vermuten, daß die von ihm durchgeführten Neuerungen weder im Politikverständnis seiner Zeitgenossen noch im Geschichtsbewußtsein der folgenden Generationen athenischer Bürger als tiefgreifender Einschnitt in der Verfassungsentwicklung Athens gesehen wurden. Sicherlich, die Auswirkungen dieser Reformen haben in einer der berühmtesten Theaterveranstaltungen aller Zeiten – in der Aufführung der ›Orestie‹ des Aischylos an den Großen Dionysien (etwa Ende März) 458 – ein gewisses Echo gefunden. Die Zuschauer haben aber wohl kaum die Trilogie als poetische Aktualisierung eines politischen Umsturzes empfunden. Die Mahnung zu bürgerlicher Eintracht in den ›Eumeniden‹ hat überzeitliche Gültigkeit, denn das dramatische Geschehen erhebt sich weit über den politischen Alltag und transponiert das Geschehen in den mythischen Bereich, in den dann allerdings die Konstituierung des Areopags verlegt wird, jenes Gremiums, das der Polis Athen Schutz und Heil gewährt und deshalb das Bollwerk des Landes darstellt (Eumeniden V. 701). Diese Schutzfunktion ist aber nicht gleichbedeutend mit einer vom Areopag wahrzunehmenden Interorgankontrolle. Sie resultiert vielmehr aus der Aufgabe des Areopags, als unbestechliches Gericht darüber zu wachen, daß keine Bluttat – das schwerste menschliche Verbrechen überhaupt – die Polisordnung in Frage stellt. Das Blutrecht, das der Areopag ausübt, erscheint als die eigentliche Grundlage von Recht und Ordnung. Eine unmittelbare Stellungnahme des Aischylos zu den Reformen des Ephialtes läßt sich indes aus den ›Eumeniden‹ kaum erschließen.[70] Zwar ist anzunehmen, daß Aischylos etwa 460 mit der Ausarbeitung der Orestie begonnen hat. Bereits damals standen aber schon neue politische Fragen und Entscheidungen im Mittelpunkt der Debatten im Rat der 500 und in der Volksversammlung. Zwei Jahre später waren die Reformen des Ephialtes zweifellos schon in eine gewisse Ferne gerückt. Die athenische Flotte operierte bereits in ägyptischen Gewässern, und in Griechenland waren mehrere neue Krisenherde entstanden und ein großer Wechsel der Allianzen erfolgt. Die Athener hatten bereits mit dem Bau der „Langen Mauern" begonnen und diskutierten zweifellos schon weitere Neuerungen wie die Zulassung der dritten solonischen Zensusklasse der Zeugiten zum Archontat, während Kimon bereits seit drei Jahren nicht mehr an politischen Entscheidungen beteiligt war.

4. Neue außenpolitische Ziele

Die Zeit der friedlichen Koexistenz der beiden griechischen Großpoleis Sparta und Athen war mit dem Ende der Kimonischen Ära vorüber. Bald drohte offene Konfrontation. Im Jahr der Ostrakisierung Kimons (461) lief ein dreißigjähriger Frieden zwischen Sparta und Argos ab. Damit wurde zugleich der Weg zu einer athenisch-argivischen Koalition frei. Angesichts der alten Rivalität zwischen Sparta und Argos war es aus argivischer Sicht wünschenswert, Unterstützung durch Athen und den Seebund zu finden, wenn es zu einem Krieg mit Sparta kommen sollte, während für Athen nach dem Bruch mit Sparta das starke argivische Hoplitenaufgebot gegebenenfalls eine bedeutende Verstärkung darstellte. Ähnliche Überlegungen gaben auf athenischer Seite wohl auch den Ausschlag beim Abschluß einer neuen Allianz mit den Thessalern, deren militärisches Potential vor allem in einer schlagkräftigen Reiterei bestand. Die Wertung dieser neuen athenischen Bündnisse ist in der Forschung kontrovers. Sie gelten einerseits als Ausdruck defensiver Absicherung gegen Sparta,[71] andererseits als Indiz für eine expansive athenische Außenpolitik.[72] Zu beachten ist jedoch, daß die Auswirkungen dieser Allianzen auf das politische Kraftfeld im griechischen Mutterland relativ gering waren. Obwohl die Spartaner offenbar weiterhin durch die Erhebung der Messenier in ihren Aktionsmöglichkeiten beeinträchtigt waren,[73] betrachtete man in Athen das Bündnis mit Argos sicherlich nicht als Instrument zu einer entscheidenden Schwächung Spartas. Ob etwa 460 eine militärische Kooperation regulärer Aufgebote der Athener und Argiver stattfand, ist zweifelhaft. Die Argiver wurden damals in ihrem Konflikt mit Sparta jedenfalls von den Athenern nicht energisch unterstützt. Dies spricht eher für den defensiven Charakter der athenisch-argivischen Allianz.

Ähnlich ist auch das athenische Bündnis mit Megara 461 oder 460 zu beurteilen. Anlaß dieser Allianz war nach Thukydides (1,103,4) ein Grenzstreit zwischen Megara und Korinth. Die Initiative zu dem athenisch-megarischen Abkommen ging von Megara aus, das vermutlich keine Unterstützung in Sparta gefunden hat.[74] Die athenische Volksversammlung hat offenbar das Bündnisangebot der Megarer bereitwillig akzeptiert, ohne von den Megarern einen Beitritt zum Seebund als Vorbedingung zu verlangen.[75] Verfassungspolitische Aspekte haben bei diesem Vertragsschluß wohl keine Rolle gespielt, da nicht zu erkennen ist, daß sich die Megarer in der Folgezeit an Paradigmen athenischer Polisinstitutionen orientierten. Hingegen waren die Athener entschlossen, Spannungen mit Korinth in Kauf zu nehmen. Aus ihrer Sicht schienen die Vorteile des Bündnisses mit Megara alle negativen Folgen bei weitem aufzuwiegen. Immerhin gewannen die Athener nicht nur mit dem megarischen Pagai einen Stützpunkt am Korinthischen Golf; sie waren zudem nunmehr gegen spartanische Überraschungsangriffe durch das Gebiet der Megarer bis zu einem gewissen Grade abgeschirmt und konnten darüber hinaus die Verbindungslinien zu ihrem neuen Verbündeten Argos wirksamer absichern.[76] Insgesamt gesehen waren die athenischen Allianzen mit Argos und Megara zwar letztlich eine Konsequenz des Scheiterns der Spartapolitik Kimons. Ein unmittelbarer Anlaß zu einem offenen Konflikt mit Sparta bestand indes nicht.[77]

Die in der altertumswissenschaftlichen Forschung als „erster Peloponnesischer

Krieg" bezeichneten militärischen Aktionen resultierten in erster Linie aus Spannungen zwischen Athen und Korinth nach dem athenisch-megarischen Bündnis (Thuk. 1,103,4). Die Kampfhandlungen begannen im Frühjahr oder Frühsommer 460 mit der Landung einer athenischen Streitmacht bei Halieis,[78] die bald darauf von den Korinthern und ihren Verbündeten aus Epidauros und Sikyon geschlagen wurde. Einige Zeit später siegten aber die Athener zur See bei Kekryphalaia.[79] Die Stoßrichtung der athenischen Operationen ließ erkennen, daß Athen am Westrand des Saronischen Golfes Stützpunkte zu gewinnen suchte. Hierdurch alarmiert griffen die Aigineten auf seiten der Gegner Athens in die Kämpfe ein.[80] Ihre Flotte wurde jedoch von einem athenischen Geschwader und Streitkräften des Seebundes ausgeschaltet, so daß die Athener auf Aigina landen konnten. Nach längerer Belagerung kapitulierten die Aigineten etwa im Juli 457.[81] Sie mußten ihre Stadtmauern niederreißen, auf ihre Flotte verzichten und dem Seebund beitreten. Ihre jährlichen Zahlungsverpflichtungen (Phoroi) beliefen sich auf 30 Talente.

Bereits nach Beginn der Belagerung Aiginas unternahmen korinthische Streitkräfte einen Entlastungsangriff ins Gebiet von Megara. Sie wurden von athenischen Truppen geschlagen, die gewissermaßen ein letztes Aufgebot darstellten (Thuk. 1,105,3–6). Die Athener hatten zu diesem Zeitpunkt bereits mit starken Verbänden in Ägypten interveniert und sahen sich hierdurch in einen Zweifrontenkrieg verwickelt, der langfristig ihre Kräfte zu übersteigen drohte (Thuk. 1,104). Waren ihre außenpolitischen Ziele zu hoch gesteckt?

Zu beachten ist zunächst, daß nach dem Scheitern der großen Invasion des Xerxes die Athener die Aufgabe übernommen hatten, die griechische Welt gegen weitere Aggressionen der persischen Großmacht abzuschirmen. Unter den politisch führenden Athenern scheint Einigkeit darüber bestanden zu haben, daß ihre Polis als Hegemon des Seebundes diese Schutzfunktion nicht nur rein defensiv erfüllen konnte. Nicht nur unter der Führung Kimons, sondern auch unter dem Kommando seines Rivalen Ephialtes waren in den sechziger Jahren athenische Offensiven aus dem Ägäisgebiet nach Süden vorgetragen worden.[82] Die Unternehmungen wurden nach der Ostrakisierung Kimons und der Ermordung des Ephialtes fortgesetzt. Dies ist u. a. damit zu erklären, daß die strategisch wichtige Insel Kypros auch nach dem großen Erfolg der Athener und ihrer Verbündeten am Eurymedon noch nicht dem Seebund angehörte[83] und den Persern gegebenenfalls als Stützpunkt für Vorstöße in griechische Gewässer dienen konnte. Vor diesem Hintergrund ist die Expedition einer aus 200 Trieren bestehenden Flotte des Seebundes nach Kypros 460/59 zu verstehen.[84] Ein Teil dieser Streitmacht scheint eine Art Ablenkungsmanöver nach Phoinikien unternommen zu haben. Noch während dieser Operationen richtete der libysche Fürst Inaros, der sich gegen die persische Herrschaft erhoben und in Ägypten bereits Erfolge errungen hatte, ein Hilfegesuch an die athenischen Flottenführer, die sofort Teile ihrer Geschwader nach Ägypten vorstoßen ließen.[85] Offensichtlich sahen sich die athenischen Strategen und ihr Kriegsrat gezwungen, eine rasche Entscheidung zu treffen. Daher kann diese Ägyptische Expedition nicht einfach als Indiz für eine „imperialistische" Politik gelten, die in der altertumswissenschaftlichen Forschung vielfach den Athenern zugeschrieben wurde.

Während der Planung und Vorbereitung der Expedition nach Kypros, deren Ziel die Errichtung vorgeschobener Sicherheitsbarrieren gegen Persien durch Eingliederung der Insel in den Seebund war, konnte man die neue Situation wohl kaum voraussehen, die sich erst durch den überraschenden Hilferuf des Inaros ergab. Nun aber schien sich der athenischen Flottenleitung die Chance zu bieten, gewissermaßen eine große Lösung für die seit langem verfolgte Politik der Zurückdrängung Persiens zu finden.[86] Im Hinblick auf die erfolgversprechende Aufstandsbewegung in Ägypten rechneten die Strategen vielleicht sogar mit der Möglichkeit, das Riesenreich des Großkönigs gänzlich vom Mittelmeer abdrängen und hierdurch zugleich die athenische Kriegführung dauerhaft entlasten zu können. Jedenfalls haben die damaligen Meinungsführer in Athen den Vorstoß der Seebundflotte nach Ägypten gebilligt.

Erste große Hoffnungen schienen sich zu bestätigen, als es den Athenern und ihren Verbündeten gelang, bis Memphis vorzustoßen, wo sich freilich in der Zitadelle – der sogenannten Weißen Festung – persische Streitkräfte und Ägypter, die sich nicht dem Aufstand angeschlossen hatten, verteidigen konnten (Thuk. 1,104,2). Der Beginn der Ägyptischen Expedition hatte demonstriert, daß Athen mit Unterstützung durch seine Symmachoi praktisch das östliche Mittelmeer zu beherrschen vermochte.[87] Trotz zeitgleicher Kämpfe in griechischen Gewässern konnte die Seebundflotte ungehindert in der Levante operieren und ihre Unternehmungen bis Ägypten ausweiten. Bei der Weiterfahrt ins Landesinnere zeigten sich indes bald die Grenzen, die der Seemacht Athen gesteckt waren. Aufgrund der Struktur ihres Bündnissystems waren die Athener auf derartige Unternehmungen in keiner Weise vorbereitet. Für einen erfolgreichen Abschluß der Expedition wäre auch eine starke Hopliten- und Leichtbewaffnetentruppe erforderlich gewesen, die aber nicht zur Verfügung stand. Der Hegemonieanspruch Athens und das System der Ablösung militärischer Verpflichtungen der Symmachoi durch Zahlungen (Phoroi) verhinderten eine effektive Ausschöpfung des militärischen Potentials des Seebundes im Kampf gegen Persien. Die in Ägypten eingesetzten Verbände reichten nicht aus, um einen entscheidenden Schlag gegen die den Persern dort verbliebenen Positionen zu führen. Zudem konnte die Seemacht Athen nicht die Mobilisierung persischer Eingreifreserven vereiteln, während zahlreiche Schiffsbesatzungen der Athener und ihrer Verbündeten in Ägypten gebunden waren und in einer entscheidenden Phase der Kämpfe in Griechenland selbst nicht zur Verfügung standen.[88] Dies hatte zur Folge, daß die Belagerung Aiginas sich bis 458/57 hinauszögerte. Hierdurch waren weitere Streitkräfte Athens gebunden, während inzwischen auch Sparta in den Krieg eingriff. Die Gründe für die späte spartanische Intervention sind im einzelnen nicht bekannt. Die Interpretation der damaligen spartanischen Politik hängt wiederum nicht zuletzt von Datierungsfragen ab. Es ist umstritten, ob sich damals immer noch rebellierende Messenier – insonderheit Heloten – auf dem Ithomeberg behaupten konnten. Nach Thukydides (1,103,1) sollen die Aufständischen erst im zehnten Jahr nach Beginn der Revolte kapituliert haben. Wenn die Erhebung erst nach dem großen Erdbeben in Lakonien 464 begann, müßten die Kämpfe noch bis 455/54 gedauert haben. Da aber die Heloten wohl kaum unvorbereitet und plötzlich in den Besitz von Waffen gelangt sind und in der späteren Tradition Hinweise auf verschiedene Vorstöße messenischer Heloten bis nach Lakonien vorliegen, ist zu vermuten, daß die Unruhen schon in den frühen sechziger Jahren begannen. Ihr Ende wäre dann etwa 459/58 anzusetzen. Dies würde ein relativ spätes Eingreifen der Spartaner in den sogenannten ersten Peloponnesischen Krieg zumindest zum Teil erklären.

Ein weiteres Problem sind Nachrichten des kaiserzeitlichen „Reiseschriftstellers" Pausanias (1,15,1; 10,10,4), der ein in der sogenannten Bunten Halle (Stoa poikile) in Athen seinerzeit noch erkennbares Bild einer Schlacht bei Oinoe (an der Straße von Argos nach Mantineia) erwähnt sowie ein Weihgeschenk in Delphi beschreibt, das die Argiver aus Anlaß ihres Sieges über die Spartaner bei Oinoe aufgestellt hätten. In seinem Hinweis auf das Gemälde nennt Pausanias aber nur die Athener als Sieger, während er sie in der Nachricht über das Weihgeschenk in Delphi als „Hilfstruppen" (Epikouroi) der Argiver bezeichnet. Wenn hierunter Freiwillige zu verstehen sind, bestand nach dieser zweiten Notiz zum Zeitpunkt der Schlacht, die von Thukydides gar nicht erwähnt und von Pausanias nicht datiert wird, kein Kriegszustand zwischen Sparta und Athen. Erstaunlich ist, daß sich eine Bilddarstellung jenes Kampfes in der „Bunten Halle" neben drei anderen Gemälden (Amazonomachie, Iliupersis, Marathonschlacht) befunden haben soll, die letztlich auch als Glorifizierung der Familie des „Spartafreundes" Kimon zu werten sind.[89] Als Darstellung eines für die Athener erfolgreichen Kampfes gegen Sparta kann das Oinoe-Gemälde eigentlich nur nach der Ostrakisierung Kimons angebracht worden sein. Eine bedeutende Schlacht hat indes bei Oinoe wohl kaum stattgefunden,[90] so daß dieses Ereignis für die Geschichte Athens nur von geringer Bedeutung gewesen sein kann.[91]

Entscheidend für die weitere Entwicklung in Griechenland war jedenfalls, daß die Spartaner nicht auf Dauer tatenlos zusehen konnten, wie die Korinther und Aigineten, die zu ihren wichtigsten Verbündeten zählten, von Athen militärisch niedergerungen wurden. Der spartanische Heerbann konnte indes nicht direkt nach Attika vorstoßen, da ihm – wie gesagt – der Durchzug durch die Megaris inzwischen versperrt war. Im übrigen hatten die Athener mit dem Bau der sogenannten Langen Mauern begonnen (Thuk. 1,107,1), die Athen mit dem Peiraieus und mit Phaleron verbinden und mit den Stadt- und Hafenbefestigungen ein nach dem damaligen Stand der Kriegstechnik unangreifbares Festungsdreieck bilden sollten.[92] Vermutlich wurde aufgrund der neuen Situation nach dem Bruch mit Sparta und der Ostrakisierung Kimons der Festungsbau konzipiert, der sich offenbar schon auf die Strategie der Spartaner ausgewirkt hat, als diese sich nach einigem Zögern wahrscheinlich 458 zur militärischen Intervention entschlossen. Sie eröffneten einen neuen Kriegsschauplatz, indem sie ein starkes Aufgebot von 1500 eigenen Hopliten und 10000 Schwerbewaffneten ihrer peloponnesischen Bundesgenossen unter Führung des „Regenten" Nikomedes (des Vormundes des jungen Königs Pleistoanax) nach Boiotien entsandten. Als Vorwand dienten Übergriffe der Phoker auf Siedlungen in der Landschaft Doris, die als Urheimat der Spartaner galt. Angeblich sollte das peloponnesische Heer, das über den Golf von Korinth in sein Einsatzgebiet gelangte, den offenen Krieg mit Athen vermeiden. Als die Streitmacht aber in der Nähe von Theben lagerte, wollte man in Athen einen spartanischen Vorstoß nach Attika nicht mehr ausschließen, so daß in aller Eile Gegenmaßnahmen getroffen und insgesamt 14000 Hopliten (einschließlich der aus Argos und den Seebundpoleis angeforderten Hilfstruppen) aufgeboten wurden. Hinzu kamen thessalische Reiter (Thuk. 1,107,2–7). Ein klares Bild vom Verlauf der Ereignisse ist indes wieder schwer zu gewinnen. Angeblich sollen athenische Bürger mit Sparta konspiriert haben, um die Demokratie in Athen zu beseitigen und den Mauerbau zu stoppen. Es kann sich aber allenfalls um eine kleine Gruppe gehandelt haben, wie den Angaben des Thukydides (1,107,4) zu entnehmen ist. Ein großer Bürgerkrieg drohte sicherlich nicht.

Als bei Tanagra dann erstmals athenische und spartanische Truppen in regulären Verbänden gegeneinanderkämpften, wurden die Athener zum Rückzug gezwungen. Nach athenischer Darstellung hat der Verrat thessalischer Reiter, die während des Kampfes zu den Spartanern überliefen, die Schlacht entschieden. Die Athener konnten sich freilich geordnet zurückziehen und waren dank ihrer maritimen Überlegenheit in der Lage, den Korinthischen Golf zu blockieren,[93] so daß die peloponnesischen Truppen sich nur mit größter Mühe über die Pässe der Geraneia-Berge zurückziehen konnten. Mittelgriechenland war wieder sich selbst überlassen, und die Athener konnten trotz ihrer Niederlage bei Tanagra den Feldzug als Erfolg buchen.[94] Sie stießen bereits zwei Monate später wieder nach Boiotien vor und besiegten unter Führung des Myronides bei Oinophyta das Aufgebot des Boiotischen Bundes, so daß sie Theben zu isolieren und Boiotien und Phokis unter ihre Kontrolle zu bekommen vermochten. Nachdem sie die sogenannten Opuntischen Lokrer zur Stellung von Geiseln gezwungen hatten, erstreckte sich ihr Einflußbereich von der Grenze zwischen Megara und Korinth bis zu den Thermopylen (Thuk. 1,108,1–3). Nach der Kapitulation der Aigineten beherrschten sie auch unangefochten den Saronischen Golf (Thuk. 1,108,4). In der Folgezeit mußten sich ihnen auch Troizen und Hermione anschließen. Allerdings scheinen die Athener 457 in Erwartung eines spartanischen Angriffs keine größeren militärischen Aktionen im griechischen Mutterland durchgeführt zu haben. Im Archontat des Kallias (456/55) – und zwar vermutlich nach Beginn des Frühjahrs 455 – unternahm dann Tolmides einen spektakulären Kriegszug, indem er mit einem starken Flottengeschwader die Peloponnes umfuhr[95] und hierbei die spartanischen Schiffswerften in Gytheion niederbrennen ließ, in Aitolien die korinthische Kolonie Chalkis am Nordufer des Korinthischen Golfes eroberte und des weiteren bei Sikyon landete und das Aufgebot der Sikyonier schlug (Thuk. 1,108,5). Nach Diodor (11,84,6–8) konnte Tolmides sogar noch weitere Aktionen unternehmen. Er soll auch Methone in Messenien erobert, allerdings aufgrund von Nachrichten über den Anmarsch spartanischer Truppen sofort wieder geräumt haben. Es sei ihm aber gelungen, die Inseln Zakynthos und Kephallenia im Ionischen Meer zu besetzen sowie Naupaktos zu erobern und dort die von Sparta zur Kapitulation gezwungenen Messenier anzusiedeln. Diodors Angaben sind indes teilweise verworren.[96] Daß Tolmides – wie Diodor behauptet – vor dem Überfall auf Gytheion die an der messenischen Westküste gelegene Polis Methone angegriffen hat, ist kaum anzunehmen. Ebenso unwahrscheinlich ist die Einnahme von Zakynthos und Kephallenia. Sie wird jedenfalls im Bericht des Thukydides über den Kriegszug des Tolmides nicht erwähnt. Daß damals die Übersiedlung der Messenier nach Naupaktos erfolgte, ist jedoch durchaus möglich.[97]

Insgesamt war das Unternehmen des Tolmides ein Höhepunkt athenischer Machtentfaltung im griechischen Mutterland. Tolmides hatte demonstriert, daß die athenische Flotte in der Lage war, jederzeit überraschende Angriffe auf die Küsten der Peloponnes zu unternehmen. Andererseits zeichneten sich aber auch die Grenzen derartiger Aktionen ab. Die zur Verfügung stehenden Streitkräfte der Athener waren außerstande, von den Landeköpfen aus tiefer ins Landesinnere vorzudringen und strategische Entscheidungen herbeizuführen. Noch deutlicher zeigt freilich der Verlauf der Kämpfe in Ägypten, daß man in Athen die eigenen militärischen Möglichkeiten weit überschätzt und die Ziele entschieden zu hoch gesteckt hatte. Bereits während der kühnen Operationen des Tolmides kündigte sich in Ägypten die Wende an.

5. Katastrophe und Konsolidierung

Die nach Ägypten detachierten Streitkräfte des Seebundes haben nach ihrem geglückten Vorstoß bis Memphis mit wechselndem Erfolg gekämpft. Durch diese Expedition waren – wie gesagt – Teile der athenischen Flotte jahrelang gebunden, wenn auch nicht permanent nahezu 200 Trieren in ägyptischen Gewässern operierten, wie verschiedentlich angenommen wurde. Den Angaben des Thukydides (1,110,4) über das Ende der Expedition ist jedenfalls zu entnehmen, daß die dort eingesetzten Streitkräfte jeweils nach einer gewissen Zeit abgelöst wurden. Die von Thukydides genannte Zahl von 50 Trieren, die das letzte Ablösungsgeschwader bildeten, bietet zugleich einen Hinweis auf die Stärke der jeweils in Ägypten im Verlauf der Expedition eingesetzten Streitmacht.

Die Gegenmaßnahmen der Perser liefen nur langsam an. Erst im Frühjahr 456 wurde ein großes Heer unter Führung des Megabyzos von Syrien aus nach Ägypten in Marsch gesetzt. Zur Unterstützung der Landtruppen standen angeblich 300 phoinikische, kilikische und kyprische Trieren zur Verfügung. Die Truppen des Seebundes und der aufständischen Ägypter waren den persischen Eingreifreserven nicht gewachsen und mußten Memphis räumen. Sie zogen sich auf die Nilinsel Prosopitis zurück und wurden dort 18 Monate belagert, bis es im Frühjahr 454 den Persern gelang, durch Ableiten des Wassers die athenischen Trieren manövrierunfähig zu machen und eine Landverbindung nach der Prosopitis herzustellen, so daß die Truppen des Megabyzos die Insel besetzen konnten (Thuk. 1,109–110). Offenbar haben die Athener und ihre Bundesgenossen kapituliert und freien Abzug nach Libyen erhalten. Nur „wenige von vielen" sollen in ihre Poleis zurückgekehrt sein. Kurz nach dem Ende der Kämpfe lief das schon erwähnte athenische Ablösungsgeschwader in einen der Nilarme ein, ohne von den Ereignissen auf der Prosopitis Kenntnis zu haben. Das Geschwader geriet in eine Falle und wurde größtenteils vernichtet. Das Ausmaß der athenischen Gesamtverluste läßt sich kaum ausmachen. Schätzungen, die von einem Dauereinsatz von 200 Trieren ausgehen und die Mannschaftsverluste auf etwa 30000 Ruderer und Kombattanten aus Athen und den Seebundstädten veranschlagen, sind sicherlich zu hoch. Mit etwa 15000 bis 20000 Gefallenen, Vermißten und Gefangenen ist aber zu rechnen. Die Ereignisse in Ägypten zwangen die Athener zu einem strategischen Umdenken. Der Seebund hatte erstmals im Kampf gegen Persien eine überaus verlustreiche Niederlage erlitten, die zweifellos die Athener völlig unerwartet traf, nachdem sie erst kurz zuvor jenes Ersatzgeschwader nach Ägypten entsandt hatten. An eine Fortsetzung des Offensivkrieges gegen Persien war nicht mehr zu denken. Vielmehr mußten jetzt persische Flottenoffensiven in der Ägäis befürchtet werden. Unter der Schockwirkung der Geschehnisse beschloß die Synode des Seebundes auf Antrag der Samier, die Bundeskasse von Delos nach Athen zu verlegen (Plut. Per. 12,1). Die langfristigen Folgen dieser Maßnahme sind damals weder von den Athenern noch von ihren Bundesgenossen erfaßt worden. Faktisch wurde hierdurch ein Transformationsprozeß in der Symmachie eingeleitet, der den Athenern ganz neue Handlungsmöglichkeiten eröffnete. Zunächst aber war man in Athen bestrebt, eine Atempause zu gewinnen und zugleich den Eindruck größter Entschlossenheit zu erwecken.

Wohl noch vor dem Eintreffen der Nachrichten über die Katastrophe in Ägypten hatte der Feldzug des Myronides nach Thessalien begonnen. Die Athener entsprachen damals dem Hilfegesuch des thessalischen Fürstensohnes Orestes aus Pharsalos, doch führte die Aktion zu keinem Erfolg, da große Teile der antiathenischen Oberschicht in Thessalien Reiter mobilisierten, die verhinderten, daß die athenischen Hopliten Operationsfreiheit gewinnen und Pharsalos besetzen konnten (Thuk. 1,111,1; Diod. 11,83). Einige Zeit später – wahrscheinlich im Frühjahr 454 – unternahmen die in Pagai am Korinthischen Golf stationierten athenischen Trieren unter Führung des Perikles einen Vorstoß nach Sikyon und setzten von dort nach einem erfolgreichen Gefecht gegen Truppen der Sikyonier nach Oiniadai in Akarnanien über, ohne aber den Platz zu besetzen (Thuk. 1,111,3). Die Operation war lediglich ein Demonstrationszug.

Die Athener mußten nunmehr ihre Kräfte auf den Ägäisraum konzentrieren. Daß sie entschlossen waren, auf jeden Fall eine Erosion des Seebundes zu verhindern, hatte bereits das Ende der Erhebungen der Naxier und Thasier gezeigt. Ernsthaft bedroht war die athenische Hegemonie nach der Katastrophe in Ägypten indes nicht. Die diesbezügliche Quellenbasis ist zwar außerordentlich schmal. Gleichwohl ist es bezeichnend, daß Thukydides in seinem Überblick über die Pentekontaëtie keinen Hinweis auf eine tiefgreifende Krise des Seebundes bietet. Mit einiger Sicherheit ist etwa zwischen 454/53 und 452 eine Erhebung in Erythrai an der kleinasiatischen Westküste anzunehmen. Hierüber informiert allerdings nur eine im 19. Jahrhundert angefertigte Kopie eines athenischen Volksbeschlusses (sogenanntes Erythraidekret) über Regelungen, die etwa 453/52 nach der Ausschaltung antiathenischer Kräfte in der genannten Polis getroffen wurden.[98] Die Gegner Athens werden hier als „Tyrannen" bezeichnet und insofern noch in das ältere Schema des Gegensatzes von Tyrannis und freiheitlicher Polisorganisation eingeordnet. Wichtig sind vor allem Bestimmungen über die Zusammensetzung eines durch Auslosung neu zu konstituierenden Rates mit 120 Mitgliedern, die mindestens 30 Jahre alt sein mußten und erst nach vier Jahren erneut für dieses Gremium kandidieren durften. Die erste Auslosung sollte von den in Erythrai anwesenden athenischen „Aufsehern" (Episkopoi) und dem Kommandanten einer dort stationierten athenischen Besatzung vorgenommen werden. Alle weiteren Auslosungen der Folgezeit sollten der jeweils abtretende Rat und der athenische Besatzungskommandant überwachen. Die Ratsherren mußten sich verpflichten, stets zum Wohle des „Volkes“ (d. h. der gesamten Bürgerschaft) von Erythrai und des „Volkes“ (Demos) der Athener ihre öffentlichen Funktionen auszuüben und nicht von den Athenern und den Bundesgenossen (Symmachoi) der Athener abzufallen.[99] Die Details des Dekrets zeigen, daß Athen im Begriff war, die Bundesgenossen stärker zu überwachen. Athenische Episkopoi („Aufseher“) mit einem größeren regionalen Zuständigkeitsbereich sind in diesem athenischen Volksbeschluß erstmals belegt. Sie hatten die Aufgabe, zusammen mit dem athenischen Besatzungskommandanten die Durchsetzung und Beachtung der athenischen Regelungen zu garantieren und zu kontrollieren. Sie brauchten sich aber nicht ständig in einer bestimmten Polis des Seebundes aufzuhalten, sondern führten im Auftrag des athenischen Demos (d. h. der Polisgemeinschaft der Athener) in gewisser Weise eine Oberaufsicht, d. h. in diesem Fall in Erythrai.[100] Ein schärfer greifendes Instrument war die Stationierung einer Besatzung in Erythrai mit ihrem Kommandanten (Phrourarchos), der auch gerichtliche Funktionen hatte.[101] Gleichwohl war die Intervention der Athener in Erythrai im ganzen recht maßvoll. Die dortige Neuregelung orientierte sich an athenischen Einrichtungen, wie vor allem das Losverfahren zur Einsetzung von Ratsmitgliedern zeigt. Es erfolgte aber kein Verfassungsoktroi im Sinne einer Einführung eines spezifisch demokratischen Systems. Auch läßt sich aus der Einsetzung eines Episkopos nicht entnehmen, daß gleichzeitig Aufstände weiterer Seebundstaaten von den Athenern bekämpft werden mußten. Die damalige Entsendung eines athenischen „Aufsehers“ war eher eine Präventivmaßnahme. Generell bieten die wenigen Belege für Phrourarchoi, Episkopoi und athenische „Archonten“ in den mit Athen verbündeten Poleis keine Aufschlüsse für die Entwicklung eines durchorganisierten athenischen Überwachungssystems im Seebund. Offenbar wurden jene Funktionsträger jeweils aus besonderen Gründen von den Athenern eingesetzt.

Scharfe athenische Kontrollmaßnahmen als Reaktion der Führungsmacht auf Erhebungen im Seebund nach dem Scheitern der Ägyptischen Expedition wurden vielfach auch aufgrund eines fragmentarisch erhaltenen und schwer zu datierenden athenischen Volksbeschlusses über Regelungen in Milet angenommen.[102] Das Psephisma ordnete u. a. an, daß in Athen fünf über 50 Jahre alte Bürger gewählt werden und in Milet als „Archonten“ eine Reihe von Funktionen im Interesse der Hegemonialmacht ausüben sollten, wobei sie Prozesse bis zu einem Streitwert von 100 Drachmen selbst entscheiden konnten.[103] Da zudem in Zeile 61 (und 86) dieses Dokumentes auch Regelungen im Archontat des Euthynos erwähnt sind, wurde vermutet, daß der Text auf ältere Maßnahmen Bezug nimmt, die dann in das Archontenjahr 450/49 zu datieren wären.[104] Als entscheidende Interpretationshilfe schien sich eine Notiz in der unter dem Namen des Xenophon überlieferten Flugschrift über den ›Staat der Athener‹ anzubieten (Ps.-Xen. Ath. Pol. 3,11). Hiernach sollten sich die Athener für die (Herrschaft der) „Besten“ (d. h. der Oberschicht) in Milet entschieden haben und nach kurzer Zeit schwer enttäuscht worden sein. Hierfür schien auch die Erwähnung von „Prytanen der Milesier“ (Z. 65) zu sprechen, denn hiermit sind offenbar nicht Mitglieder eines „demokratischen" Ratsausschusses nach athenischem Vorbild, sondern traditionelle milesische Oberbeamte gemeint.[105] Als Indiz für vorausgehende Unruhen wurde die erste Tributquotenliste des Jahres 454/53 gewertet,[106] der man entnommen hat, daß „Milesier in Leros, Teichioussa und Neopolitai auf dem Weißen Vorgebirge" als Emigranten aus Milet Phoroi („Abgaben") nach Athen abgeführt und die damals in Milet selbst herrschenden Kreise die Zahlungen verweigert hätten. Da zudem Angaben über Zahlungen der Milesier in mehreren Tributquotenlisten der vierziger Jahre fehlen, wurde aus dem gesamten Befund der Schluß gezogen, daß ein oligarchisches Regime in den späten fünfziger Jahren sich im Aufstand gegen Athen befand, nach der Niederwerfung der Erhebung jedoch von den Athenern wieder eine Oligarchie toleriert und nach erneuter Revolte gegen Athen schließlich eine Demokratie in Milet eingeführt wurde.[107] Eine weitere Interpretationsmöglichkeit schien die These zu sein, daß die Athener bereits 452 nach erfolgreichem Kampf gegen eine revoltierende Oligarchie in Milet ein demokratisches Regime einsetzten und 450/49 die Kontrolle verschärften, wenig später aber die Tribute reduzierten.[108] Eine Demokratieeinführung ist aber aus dem Miletdekret nicht eindeutig zu erschließen.[109] Wenn in dem Psephisma tatsächlich auf ältere Regelungen Bezug genommen wird, muß dies allerdings nicht bedeuten, daß zwei Aufstände gegen Athen stattgefunden und die Athener dementsprechend jeweils nach der Niederwerfung der Erhebungen bestimmte Maßnahmen getroffen haben. Ein zweiter Beschluß könnte auch gleichsam präventive „Nachbesserungen" zu einem älteren Dekret enthalten. Es kann sich jedenfalls an der fraglichen Stelle der ersten Tributliste auch um drei verschiedene Rubriken handeln, von denen die zweite auf Zahlungen aus Milet zu beziehen ist,[110] die im übrigen möglicherweise in der zweiten Liste in einem nicht erhaltenen Teil ergänzt werden können und in der dritten auf jeden Fall erscheinen, während in der vierten sie dann freilich fehlen (bzw. ihr Name nicht erhalten ist). Daß im Miletdekret Regelungen nach einer antiathenischen Revolte getroffen worden sind, ist freilich nicht zu bezweifeln, wie vor allem die Hinweise auf eine athenische Besatzung zeigen. Der Aufstand dürfte aber lokal begrenzt gewesen sein. Größere Erhebungen im Seebund nach 454 sind nicht bekannt. In den Tributquotenlisten der ersten Schatzungsperiode (454/53 – 451/50) fehlen zwar verschiedene Inselpoleis (Chalkis, Eretria, Hestiaia und Styra auf Euboia sowie Kythnos, Siphnos, Naxos, Paros, Tenos); zudem werden einige weitere Inseln erst in der letzten Liste dieser Periode genannt. Dies besagt aber nicht, daß jene Gemeinwesen von sich aus die Zahlungen eingestellt und sich gegen Athen erhoben haben. Zweifellos hätten in diesem Fall die Athener gerade im Inselbezirk sofort interveniert, um eine Erosion des Bundes im Keim zu ersticken. Von einer derartigen Gefahr kann indes keine Rede sein, zumal nach den Ereignissen in Ägypten nicht einmal in dem exponierten karisch-lykischen Raum die Hegemonie Athens ernsthaft bedroht war. Im übrigen hätten rebellierende Symmachoi der Athener von den Persern oder Spartanern zweifellos keine effektive Hilfe erwarten können. Beide Mächte blieben damals offensichtlich weitgehend inaktiv. Jedenfalls gewannen die Athener eine Atempause, die ihnen u. a. auch gewisse organisatorische Neuerungen im Seebund ermöglichte. Vor allem sind hier Maßnahmen zu nennen, die sich aus der Verlegung der Bundeskasse ergaben. Die in den Tributquotenlisten verzeichneten sogenannten Aparchai („Erstfrüchte“, d. h. ein Sechzigstel der Phoroi) wurden fortan laufend im Tempelschatz der Athena deponiert. Die Zahlungsanweisungen erfolgten durch die Hellenotamiai, die ihrerseits aber weder Entscheidungsbefugnisse besaßen noch die Eintreibung der Phoroi vornahmen, sondern diese lediglich in Empfang nahmen und registrierten sowie aus der ihnen anvertrauten Kasse auf Weisung hin Auszahlungen tätigten (etwa für militärische Zwecke). Die Berechnung des für Athena bestimmten Sechzigstels wurde von 30 Logistai vorgenommen, die offenbar auch zuvor schon generell Abrechnungen der Hellenotamiai entgegennahmen. Während die Bundesversammlung kaum noch Bedeutung besaß, verstärkten die Athener jedenfalls ihre Kontrolle der Symmachoi. Die Episkopoi, Besatzungskommandanten und Archonten wurden schon genannt. Offensichtlich wurden aber nur punktuell an strategisch wichtigen Punkten oder in abgefallenen und wieder zum Anschluß an den Seebund gezwungenen Poleis wie Erythrai und Milet athenische Besatzungen stationiert. Militärische Funktionen bzw. das Kommando über athenische Besatzungen hatten gegebenenfalls auch die als Archonten bezeichneten athenischen Funktionsträger, die selbstverständlich von den Archonten in Athen zu differenzieren sind.[111] Ihre Kompetenzen erstreckten sich aber nicht nur auf militärische Aufgaben. In Milet leiteten die von Athen entsandten fünf Archonten zusammen mit milesischen Beamten faktisch die öffentlichen Angelegenheiten. Hierzu gehörten auch gewisse Bereiche der Rechtspflege, wenn sie auch größere Fälle nach Athen zu überweisen hatten.[112]

Die mannigfachen Aufgaben der athenischen „Außenbeamten“ in Milet verdeutlichen, daß Athen nicht nur die Kontrolle über die Mitglieder seiner Symmachie verstärkte, sondern auch in bestimmten Fällen die Jurisdiktion beanspruchte und bestrebt war, die Verfolgung schwerer Straftaten zu monopolisieren. Hierdurch sollten vor allem Verstöße gegen Bündnisverpflichtungen in den Poleis der Symmachie vereitelt werden. Insgesamt gesehen hat Athen mit den skizzierten Maßnahmen das Ziel der Konsolidierung des Seebundes nach der Katastrophe in Ägypten durchaus erreicht.

Parallel hierzu ist auch eine Umorientierung der athenischen Politik gegenüber Sparta zu erkennen. Nach der Expedition des Perikles in den Korinthischen Golf hat Athen die Kampfhandlungen gegen den Peloponnesischen Bund praktisch eingestellt.[113] So war gleichsam der Boden vorbereitet für den Abschluß eines fünfjährigen Waffenstillstandes mit Sparta, den Kimon vermittelt hat (Plut. Kim. 18,1), als er nach Ablauf der beim Ostrakismos vorgesehenen Zehnjahresfrist nach Athen zurückkehrte. In Athen wollte man durch diesen Waffenstillstand offensichtlich Operationsfreiheit gegen Persien gewinnen, um künftige Gefahren durch persische Expansionsbestrebungen im Ägäisraum von vornherein auszuschalten. Aber auch Sparta hatte gute Gründe, einen Waffenstillstand zu schließen. Athen hatte demonstriert, daß es stärker war als seine Gegner; es schien geradezu unüberwindbar zu sein, und die politischen Meinungsführer in Sparta werteten weitere Kämpfe gegen Athen zweifellos als großes Risiko. Ausschlaggebend mag allerdings aus spartanischer Sicht letztlich die Chance gewesen sein, Druck auf Argos ausüben zu können, um die Argiver zu isolieren und hierdurch vertragliche Vereinbarungen mit ihnen zu erreichen. Jedenfalls wurde 451 ein dreißigjähriger Frieden zwischen Argos und Sparta geschlossen (Thuk. 5,14,4).[114]

Für Athen aber war nach dem Waffenstillstand mit Sparta die Bahn frei für eine neue Offensive gegen Persien, die von Kimon vorbereitet und geführt wurde und in der athenischen Bürgerschaft auf breite Zustimmung stieß. Der Konsens einer großen Mehrheit der Athener bei wichtigen Entscheidungen ist im übrigen auch daraus zu erschließen, daß Perikles unmittelbar vor oder nach Beginn der athenischen Offensive ein neues Bürgerrechtsgesetz durchbrachte, wonach nur Kinder athenischer Eltern das volle Bürgerrecht in Athen erhalten sollten (Aristot. Ath. Pol. 26,4). Perikles konnte sich als Antragsteller zweifellos ebenso wie die Initiatoren einer neuen Großoffensive gegen Persien auf eine breite Anhängerschaft stützen.

Das Unternehmen Kimons war indes wohl nicht nur eine Präventivmaßnahme.[115] Das Ziel war sicherlich weiter gesteckt, denn seit dem Desaster in Ägypten hatte Athen den Bundesgenossen keine überzeugende Rechtfertigung seines Führungsanspruches mehr geboten. Die Athener hatten freilich offenbar keine Schwierigkeiten, ihre Weisungen im Seebund durchzusetzen. Kimon hatte immerhin 200 Trieren der Athener und ihrer Symmachoi zur Verfügung, als er im Frühjahr 450 mit den militärischen Operationen begann (Thuk. 1,112,2–4). Strategisches Ziel war wiederum Kypros. Kimon detachierte aber auch 60 Trieren nach Ägypten, um die im Nildelta immer noch gegen Persien kämpfenden Rebellen unter Amyrtaios zu unterstützen. Eine Revision des Ergebnisses des Scheiterns der Athener auf Prosopitis war indes wohl kaum beabsichtigt. Nach den Erfahrungen von 454 war vorauszusehen, daß man mit 60 Trieren keine ausgreifenden Expansionspläne verfolgen konnte. Gelang es hingegen, die Kontrolle über Kypros zu gewinnen, konnte zugleich die Südflanke des athenischen Macht- und Einflußbereiches stärker abgesichert werden. So belagerte Kimon mit dem Gros seiner Streitmacht die Stadt Kition an der Südostküste von Kypros. Er starb jedoch im Verlauf der Kämpfe. Sein Tod sowie auch Versorgungsprobleme bestimmten die anderen Strategen, das Unternehmen abzubrechen. Auf der Rückfahrt stieß die Seebundflotte bei Salamis auf Kypros auf kyprische, phoinikische und kilikische See- und Landstreitkräfte, die in einer Doppelschlacht zu Lande und zu Wasser geschlagen wurden. Die siegreiche Flotte kehrte trotz dieses Erfolges in ihre Heimathäfen zurück, nachdem das nach Ägypten detachierte Geschwader sich dem Gros der Streitmacht angeschlossen hatte. Kypros blieb infolgedessen unter persischer Kontrolle. Insofern wurde das eigentliche Ziel des Unternehmens nicht erreicht. Gleichwohl begnügte man sich in Athen mit dem Erfolg beim kyprischen Salamis. Die Strategen, die nach dem Tod Kimons die Expedition abgebrochen hatten, brauchten sich für ihre Entscheidung nicht zu verantworten; die Operationen gegen Persien wurden völlig eingestellt. Daß diese Wende in der athenischen Außenpolitik als Preisgabe der Konzeption Kimons verstanden wurde, ist kaum anzunehmen. Kimons Expedition nach Kypros war keine bloße Fortsetzung seiner Politik der sechziger Jahre. Sie läßt sich auch nicht einfach durch die These erklären, daß sich Kimon nach seiner Rückkehr aus dem Exil einer angeblich expansionistischen Zielsetzung der damals führenden politischen Gruppen angeschlossen habe. Unternehmungen wie die Expedition nach Kypros konnten – wie gesagt – ohne breite Zustimmung in der athenischen Bürgerschaft nicht durchgeführt werden, und die Strategien orientierten sich an den jeweils gegebenen Möglichkeiten und Konstellationen. Als außenpolitische „Prinzipien“ können zwar Ausbau und Erweiterung des Seebundes sowie die konsequente Durchsetzung des athenischen Führungsanspruches gelten. Diese Politik wurde aber von allen Schichten der athenischen Bürgerschaft getragen. Alternative Konzeptionen wären nicht konsensfähig gewesen. Kontroversen im Rat und in der Volksversammlung betrafen bestimmte Methoden und Strategien, nicht aber die unverrückbaren Ziele athenischer Großmachtpolitik in der Ägäis. Die Einstellung der Operationen gegen Persien nach der Kypros-Expedition Kimons steht hierzu nicht im Widerspruch, wenn dieses Unternehmen keine Ausweitung des athenischen Machtbereiches bis in die Levante und nach Ägypten intendierte, sondern die Stabilisierung der Hegemonie Athens im Seebund zum Ziel hatte. Bestätigt wird dies sowohl durch den Verlauf der Operationen als auch durch das Ende der Kämpfe.[116]

Über einen Vertrag zwischen Athen und Persien, der nach dem athenischen Unterhändler allgemein als Frieden des Kallias bezeichnet wird, berichten indes erst Autoren des vierten Jahrhunderts sowie spätere Schriftsteller.[117] Folgende Vertragsbestimmungen werden in den betreffenden Quellen genannt: 1. Die griechischen Poleis in Kleinasien sollen autonom bleiben. 2. Persische Streitkräfte dürfen sich zu Lande der kleinasiatischen Küste nur bis auf einen Tagesritt (= drei Tagesmärsche) nähern. 3. Persische Kriegsschiffe dürfen im Süden nicht über die Chelidonischen Inseln hinaus nach Westen fahren; im Norden soll der Eingang zum Bosporos eine entsprechende Demarkationslinie bilden. 4. Die Athener verpflichten sich, keine Angriffe auf Gebiete des Großkönigs zu unternehmen.

Existenz und Datierung dieser Vereinbarungen sind in der neueren Forschung umstritten.[118] Vermutlich wurde aber zumindest ein informelles Abkommen getroffen.[119] Hierfür spricht nicht nur die Einstellung der Kämpfe. Thukydides deutet an anderen Stellen seines Werkes Ereignisse und Situationen an, die eigentlich nur unter der Voraussetzung verständlich sind, daß sich 450/49 die athenisch-persischen Beziehungen für längere Zeit grundlegend änderten.[120] Entsprechende Vereinbarungen wären dann in die Zeit zwischen dem Frühjahr 449 und dem Ablauf des Archontenjahres 450/49 (im Sommer 449) anzusetzen.[121] Ungeachtet aller Kontroversen über die Geschichtlichkeit des Kalliasfriedens kann man aber davon ausgehen, daß die Kämpfe des Seebundes gegen Persien nach der Doppelschlacht bei Salamis auf Kypros faktisch beendet wurden. Gleichwohl besteht kein Zweifel, daß auch in den folgenden Jahren die Polis Athen mit einer Reihe von Problemen konfrontiert war,[122] die immer wieder der Volksversammlung wichtige Entscheidungen abverlangten, so daß ihre Position als zentrales Entscheidungsorgan kontinuierlich gestärkt wurde. Dies war ein wichtiger Faktor der Verfassungsentwicklung in Athen.

6. Die athenische Demokratie um die Mitte des fünften Jahrhunderts v. Chr.

Die innere Entwicklung Athens nach den Reformen des Ephialtes ist gekennzeichnet durch eine kontinuierliche Ausgestaltung und Konsolidierung des institutionellen Gefüges der Polis. Die einzelnen Maßnahmen sind freilich nicht – wie schon mehrfach betont wurde – als Realisierung eines zielgerichteten demokratischen Programms zu verstehen.[123] Sie sollten vielmehr jeweils zur Lösung bestimmter Probleme beitragen, die sich aus dem politischen Alltag ergaben. Trotzdem wären sie ohne die systemimmanenten Prinzipien der athenischen Polisordnung, deren eigentliche Basis die Entscheidungsgewalt des Demos in der Volksversammlung war, nicht möglich gewesen. Die Einleitungsformel der athenischen Volksbeschlüsse lautete: „Demos und Rat (der 500) haben beschlossen". Hierin manifestiert sich der Grundkonsens in der entscheidenden Frage der politischen Willensbildung. Dies war bereits im späten sechsten Jahrhundert nach den Reformen des Kleisthenes der Fall. Damals war die Formel indes noch kürzer. Sie lautete lediglich: „Der Demos hat beschlossen". Hiernach galten die in der Ekklesia jeweils präsenten Bürger als gesamte Bürgerschaft und damit als Polisgemeinschaft. Die Willensbildung und Entscheidungsfindung im zentralen Organ der athenischen Polis wurde im offiziellen Sprachgebrauch nicht (wie in der späteren staatstheoretischen Kritik an der spezifischen Verfassungsform der Demokratie) als Herrschaft der breiten Masse bzw. der niederen Schichten des Demos verstanden. Offiziell galt vielmehr die Bürgerschaft aller Schichten als Demos. Für die überwältigende Mehrheit der Athener stand die Funktionsfähigkeit ihrer Polisordnung und ihrer wichtigsten Institution außer Frage. Daß im politischen Bewußtsein der athenischen Bürgerschaft die Vorstellung von der Entscheidungsgewalt der Volksversammlung integraler Bestandteil ihres Selbstverständnisses geworden war, zeigt der eindrucksvolle Hinweis auf die „vollgültigen Beschlüsse des Demos" in den wohl 463 aufgeführten ›Hiketiden‹ (V. 601) des Aischylos, der im gleichen Kontext (V. 604) mit der Formel von der „herrschenden Hand des Volkes" (δήμου κρατοῦσα χείρ) in gewisser Weise den Demokratiebegriff vorweggenommen hat. Dieser Terminus erhielt auf jeden Fall eine positive Konnotation, und dies entsprach wiederum der Erfahrungswelt der athenischen Bürgerschaft, deren politisch aktiver Teil in der Volksversammlung immer wieder erlebte, daß letztlich hier die bindenden Entscheidungen getroffen wurden. Die Ekklesia aber war eine Massenversammlung, in der jedes einzelne Mitglied der Bürgerschaft, die um die Jahrhundertmitte wohl schon weit mehr als 40000 Männer (über 18 Jahre) umfaßte, sich an der Entscheidungsfindung beteiligen konnte. Die Funktionsfähigkeit dieser Institution einer Großpolis, die infolge einer dramatisch beschleunigten historischen Entwicklung seit dem frühen fünften Jahrhundert nach damaligen Kriterien mit den Problemen und Aufgaben einer Weltpolitik konfrontiert war, konnte nur durch eine effektive Formalisierung des Tagungsablaufs gewährleistet werden. Die weitaus meisten abstimmungsberechtigten Bürger mußten ihrer Arbeit nachgehen und konnten weder endlose Debatten anhören noch zeitraubende Winkelzüge in Verfahrensfragen tolerieren. Die Tagesordnung mußte zügig erledigt werden, damit die Teilnehmer möglichst bald wieder ihre berufliche Tätigkeit aufnehmen konnten.[124] Ermöglicht wurde dies durch eine gut eingespielte Koordination der Tagungen der Volksversammlung und der Sitzungen des Rates, dessen geschäftsführender Ausschuß der 50 Prytanen unter dem Vorsitz des täglich wechselnden Epistates in der Zeit der voll entwickelten Demokratie die Tagesordnung der Ekklesia vorbereitete und vom Plenum der Boulé beschließen ließ. Die Ekklesia hatte keinen aus ihrer Mitte gewählten Präsidenten und konnte somit nur indirekt auf ihre eigene Tagesordnung Einfluß nehmen, wenn sie auf Antrag eines Versammlungsteilnehmers durch Mehrheitsbeschluß den Rat anwies, eine bestimmte Angelegenheit in der nächsten Volksversammlung zur Diskussion und zur Abstimmung zu stellen. Zu jedem Punkt der Tagesordnung einer Ekklesia mußte ein „Vorbeschluß“ (Probouleuma) der Boulé vorliegen, der eine beschlußreife Vorlage enthalten oder aber bestimmte Fragen offenlassen oder auch lediglich eine bestimmte Angelegenheit als Tagesordnungspunkt angeben konnte. Die endgültige Entscheidung traf dann in jedem Fall die Ekklesia, die befugt war, den Vorbeschluß des Rates entweder zu übernehmen oder zu modifizieren oder auch völlig zu verändern. Jeder Versammlungsteilnehmer hatte das Recht, Änderungen oder Zusätze zu einem Vorbeschluß zu beantragen, über die dann in der Ekklesia debattiert und entschieden wurde. Dies galt auch für Agenda, zu denen der Rat noch keine detaillierte eigene Stellungnahme vorgelegt hatte. Der Entscheidungsprozeß wurde somit immer erst in der Ekklesia endgültig abgeschlossen, deren Agenda nur ausnahmsweise vertagt werden konnten. Eine Wiederaufnahme einer bereits entschiedenen Sache war untersagt,[125] weil man bestrebt war, Obstruktion gegen die Ausführung von Volksbeschlüssen zu unterbinden.

Die probouleutische Funktion des Rates war ein gewisser Schutz gegen eine Flut von Anträgen inkompetenter Versammlungsteilnehmer. Alternativanträge oder Änderungsanträge zu einem Vorbeschluß des Rates mußten überzeugend vor mehreren tausend Zuhörern begründet werden. Hierzu war immer nur eine begrenzte Zahl von Versammlungsteilnehmern in der Lage. Gleichwohl sollten das politische Urteilsvermögen einer Reihe von Bürgern und ihre Vertrautheit mit den öffentlichen Angelegenheiten nicht unterschätzt werden. Viele von ihnen hatten als Mitglieder des Rates oder als Beamte in Athen und Attika sowie eventuell auch schon in dem weiten Bereich des Seebundes Erfahrungen gesammelt und Einblick in die athenische Herrschaftspraxis gewonnen. Auf solche Kenntnisse konnten sich Tausende von Versammlungsteilnehmern, die Hemmungen hatten, selbst auf den Rednerstein zu steigen, bei ihrer Urteilsbildung stützen. Neue Maßnahmen zur Ausgestaltung der institutionellen Ordnung der Polis und zur Verbesserung der Kontrollmechanismen sowie zur Konsolidierung der Hegemonie Athens im Seebund wurden zweifellos in aller Regel von athenischen Bürgern initiiert, die politisch besonders aktiv waren und sich zu profilieren suchten. Neuerungsvorschläge konnten dann aber nur durch Mehrheitsbeschlüsse der Ekklesia in die politische Praxis umgesetzt werden. Breite Schichten der athenischen Bürgerschaft haben insofern kontinuierlich an einer bis dahin beispiellosen Herrschaftsorganisation im Ägäisraum mitgewirkt und sich an einer neuen Art von Weltpolitik beteiligt.

Die wachsenden Aufgaben der Polis Athen als Hegemonialmacht des Seebundes bedeuteten nicht nur für die als Gesamtheit der Bürgerschaft geltende Volksversammlung eine enorme Herausforderung. Auch der Rat und die Gerichtshöfe (Dikasterien) der Heliaia hatten als Polisinstitutionen aufgrund der Großmachtstellung Athens zahlreiche neue Funktionen zu übernehmen. Für den Rat ergab sich diese Entwicklung schon aus seiner engen institutionellen Bindung an die Ekklesia, die ja ohne die Vorberatungen in der Boulé nicht funktionsfähig war. Die steigende Zahl der Volksbeschlüsse bedingte demnach auch zunehmende Aktivitäten des Rates. Eine wesentliche

Voraussetzung für die Bewältigung eines umfangreichen Arbeitsprogramms war die Gliederung der Boulé in die aus den jeweils 50 Ratsmitgliedern (Bouleuten) einer Phyle bestehenden Prytanien. Der früheste Beleg für die Existenz dieser geschäftsführenden Ausschüsse scheint aus den frühen fünfziger Jahren des fünften Jahrhunderts zu stammen.[126] Ob die Prytanien erst durch die Reformen des Ephialtes konstituiert wurden,[127] muß dahingestellt bleiben. Jedenfalls ermöglichten die Prytanien nicht nur eine effektive Vorbereitung der Tagungen der Volksversammlung, sondern zunehmend auch eine rationelle Koordinierung im Zuge der laufenden Erledigung der öffentlichen Aufgaben einer Großpolis, in der es keine eigentliche Regierung gab. Das Plenum des Rates wurde durch das System der Prytanien somit erheblich entlastet, doch führte der Rat in seiner Gesamtheit auch eine Art Oberaufsicht über die Prytanien und sonstige Unterausschüsse der Boulé. Dies entsprach dem gleichsam systemimmanenten Prinzip einer Zuweisung politischer Verantwortung an möglichst breite Kreise. Durch seine Zusammensetzung war der Rat kein Repräsentativorgan einer elitären Minderheit, sondern eine Institution, die im Prinzip die Interessen aller Schichten der Bürgerschaft vertrat. Durch das Verbot einer Kontinuierung der Mitgliedschaft im Rat war zudem garantiert, daß in der Polisgemeinschaft sich keine Funktionärselite mit einem bestimmten Herrschaftswissen etablieren konnte, um sich gewissermaßen unersetzlich zu machen. Auch im Rat selbst konnte sich durch den täglichen Wechsel des Vorsitzenden keine institutionalisierte Führungsrolle eines einzelnen Mitgliedes entwickeln.

Die Mitgliedschaft im Rat war trotz der Konstituierung der Prytanien für jeden Bürger natürlich eine große zeitliche Belastung. Da in zunehmendem Maß fast täglich Sitzungen stattfanden (außer an Jahresfesten und „verbotenen" Tagen), mußten im Verlauf eines Amtsjahres vor allem Bouleuten aus der Zensusklasse der Zeugiten, die den weitaus größten Teil der Ratsmitglieder bildeten, Arbeiten im handwerklichen oder landwirtschaftlichen Betrieb kontinuierlich Familienangehörigen oder Sklaven übertragen. Im Zuge dieser Entwicklung wurde die Zahlung von „Tagegeldern" eingeführt, deren Höhe im fünften Jahrhundert allerdings unbekannt ist. Um 325 betrug das „Bouleutengeld" 6 Obolen (1 Drachme) für Prytanen und 5 Obolen für alle anderen Ratsmitglieder (sofern sie an einer Sitzung an dem betreffenden Tag teilnahmen). Wahrscheinlich wurde im fünften Jahrhundert weniger gezahlt. Das Tagegeld war natürlich nur eine minimale Entschädigung für Leistungen für die Polis. Der Lebensunterhalt konnte hiervon keinesfalls bestritten werden. Der Zeitpunkt der Einführung dieser „Diäten" ist nicht überliefert. Sie sind vermutlich einige Zeit nach der von Perikles beantragten Zahlung von Tagegeldern an die Laienrichter der Dikasterien der Heliaia beschlossen worden. Allerdings ist auch der Beginn der Auszahlung der „Richtergelder" nicht exakt zu datieren. Sie wurden aber zweifellos nicht lange nach den Reformen des Ephialtes eingeführt, da die Dikasterien hierdurch größere Bedeutung im Rahmen der Interorgankontrolle gewonnen hatten, denn der Tätigkeitsbereich der „Gerichte" erweiterte sich ja durch die Neuregelung der Überprüfung der Beamten, so daß schon hierdurch die zeitliche Belastung der Geschworenen (Heliasten) größer wurde. Hinzu kamen etwa gleichzeitig auch wachsende Aufgaben der Dikasterien in der Rechtsprechung in Seebundangelegenheiten, die in Athen entschieden werden mußten. Daß dies bereits um 450 der Fall war, zeigt das schon erwähnte athenische Miletdekret, in dem Verfahrensregeln für Prozesse festgelegt wurden, die von Milet nach Athen überwiesen werden mußten.

Eine gewisse Entlastung der Gerichte wurde allerdings durch die Institution der 30 Demenrichter erreicht, die seit 453/52 alljährlich eingesetzt wurden. Sie übten ihre Tätigkeit nicht nur in Athen, sondern in ganz Attika aus. Nähere Informationen über ihre Aufgaben liegen indes erst für das vierte Jahrhundert vor. Ihre Zahl wurde nach dem Ende der „Dreißig Tyrannen" auf 40 erhöht, von denen dann jeweils vier Mitglieder einer bestimmten Phyle eine Abteilung bildeten, deren Aufgabenbereich sich im wesentlichen auf vermögensrechtliche Bagatellprozesse erstreckte, die aber jetzt nicht mehr am Wohnsitz der Betroffenen, sondern in Athen selbst entschieden wurden.[128] Fälle mit geringem Streitwert konnten sie selbst entscheiden; bei höherem Streitwert wurden die betreffenden Fälle seit 399 an sogenannte Schiedsrichter (Diaitetai) überwiesen. Des weiteren ist bekannt, daß „die Vierzig" im vierten Jahrhundert auch mit Körperverletzungen und Verbalinjurien befaßt waren, soweit es sich nicht um schwere Fälle handelte.

Der Ausbau der Institutionen erforderte aber auch eine klare Definition des Bürgerstatus, der ja die Voraussetzung für die Ausübung von Polisämtern und öffentlichen Funktionen war. Die Kriterien hierfür wurden im Bürgerrechtsgesetz des Perikles 451/50 festgelegt.[129] Hiernach sollten die Aufgaben in der Polis nur von Männern ausgeübt werden, die väter- und mütterlicherseits eindeutig aus athenischen Familien stammten.[130] Die im vierten Jahrhundert in der aristotelischen ›Athenaion Politeia‹ (26,4) gelieferte Begründung, daß eine Einschränkung der Bürgerzahl erreicht werden sollte, ist zweifellos unzutreffend und kann hier außer Betracht bleiben. Nach den zahlreichen Verlusten durch die Ägyptische Expedition und den sogenannten ersten Peloponnesischen Krieg bestand aus demographischen Gründen kein Anlaß, die Bürgerzahl gesetzlich einzuschränken, zumal durch die Ansiedlung von athenischen Bürgern im Bereich des Seebundes sich ganz andere Möglichkeiten anboten, gegebenenfalls einer Übervölkerung Attikas entgegenzuwirken. Letzteres wurde aber zweifellos gar nicht intendiert, denn eine Begrenzung der aus anderen Regionen stammenden Kaufsklaven oder der zuwandernden Fremden wurde – soweit wir wissen – überhaupt nicht in Erwägung gezogen.[131] In einem System, das kontinuierlich ein großes Engagement zahlreicher Bürger erforderte, mußte aber die Amtsfähigkeit der Kandidaten eindeutig definiert werden. Klare Regelungen waren zudem auch bei gerichtlichen Entscheidungen in Erbschaftsangelegenheiten, und zwar vor allem im Streit um Landbesitz wünschenswert, zumal nicht zuletzt infolge sogenannter Mischehen nicht immer deutlich sein mochte, ob Erben etwa Anspruch auf Landbesitz hatten, der den gebürtigen Athenern und ihren Nachkommen vorbehalten bleiben sollte.[132] Allerdings dürften derartige besitzrechtliche Gründe eher von sekundärer Bedeutung gewesen sein, da zu erwarten war, daß sich das Bürgerrechtsgesetz erst in der nächsten Generation auf die Regelung von Erbschaftsangelegenheiten voll auswirken würde. Fremdenfeindlichkeit oder Bestrebungen, durch Ausgrenzung von Fremden bzw. Zugewanderten die Einnahmen aus dem Seebund einem irgendwie noch überschaubaren Personenkreis zu sichern, waren schwerlich ausschlaggebende Motive bei der Abstimmung über die Gesetzesvorlage des Perikles, dessen Antrag nicht darauf abzielte, den abstimmenden Bürgern einen möglichst großen Anteil an „staatlichen" Einkünften zu sichern. Perikles wird aber bemüht gewesen sein, ihnen die Notwendigkeit des Gesetzes für die Funktionsfähigkeit des bestehenden Systems mit Hinweisen auf die Erfordernisse des Alltags zu erläutern.

Dies gilt selbstverständlich auch für eine weitere bedeutsame Neuerung, die Zulassung der Angehörigen der dritten Zensusklasse zum Archontat. Da seit der Zulassung der Hippeis der zweiten Zensusklasse und der gleichzeitigen Einführung der Auslosung der Archonten (in Kombination mit einer Vorwahl) wahrscheinlich alljährlich 100 Kandidaten zur Verfügung stehen mußten, dürfte es verschiedentlich schwierig gewesen sein, stets die erforderliche Zahl geeigneter Bewerber zu finden. Die Erweiterung des Kandidatenkreises wird eine notwendige Konsequenz des Bedarfs an Bewerbern gewesen sein, zumal auch die Zahl der „Außenbeamten" im weiten Gebiet des Seebundes zunahm. Es ging wohl auch in diesem Fall in erster Linie um die Funktionsfähigkeit des Systems. Gleichmacherei wird hingegen nicht das Motiv dieser Neuerung gewesen sein. Die solonischen Zensusklassen sind im übrigen nie offiziell beseitigt worden. Sie markierten weiterhin gewisse Statusunterschiede, waren aber in mancher Hinsicht längst ein Anachronismus, da in der zentralen Polisinstitution – der Ekklesia – ohnehin alle Bürger das gleiche Stimmrecht besaßen.

So ergab sich eine eigenartige Situation: Der Demos in seiner Gesamtheit (einschließlich der Theten) war in der nach heutigen Kriterien als „Sozialpolitik" zu bezeichnenden Daseinsfürsorge gewissermaßen für sich selbst zuständig und hätte insofern die Möglichkeit gehabt, sich selbst Wohltaten zu dekretieren. Andererseits konnten aber die Schichten der Zeugiten und Theten ihre Stimmenmehrheit und damit ihre Macht in der Volksversammlung nicht dazu benutzen, auf Kosten der Bundesgenossen und der in Athen ansässigen Fremden sowie der Sklaven eine Art Rentnerdasein zu führen. Hierzu fehlten die Voraussetzungen, denn die Ressourcen in Attika und im Seebundgebiet reichten einfach nicht aus, um eine Ausbeutung der Bundesgenossen zugunsten der breiten Masse der Bürger in Athen zu ermöglichen. Antiathenische Kritiker denunzierten den Kurs der athenischen Demokratie zu Unrecht als bloße Interessenpolitik der bürgerlichen Unterschichten in der hegemonialen Polis, wobei sie zudem die sogenannte Masse der Bürger mit dem *nautikos ochlos* – den Rudermannschaften aus der Schicht der Theten auf den athenischen Trieren – kurzerhand gleichsetzten.[133] Schon rein quantitativ hätte sich in Athen eine sogenannte Thetendemokratie, d. h. eine Polisordnung, in der die Theten der vierten solonischen Zensusklasse stets zahlenmäßig bei Abstimmungen überlegen gewesen wären, nicht realisieren lassen. Von den etwa 40000 – 50000 athenischen Bürgern in der Zeit des Perikles dürften nicht mehr als 20000 – 25000 Theten gewesen sein. Von einer Thetendemokratie kann aber auch deshalb keine Rede sein, weil die Grenzen zwischen Zeugiten und Theten vielfach schwer zu ziehen waren. Zwischen den Angehörigen dieser beiden Schichten bestanden zahlreiche soziale und verwandtschaftliche Bande, und die hieraus sich ergebenden Nahverhältnisse mannigfacher Art ließen weder ein ausgeprägtes Klassenbewußtsein noch schichtenspezifische Identitäten und Interessen aufkommen. Wohl aber bildete die sogenannte breite Masse der athenischen Bürger im Vergleich zu den Nichtbürgern in Athen und Attika und zu den Bürgern der Seebundpoleis politisch und rechtlich gesehen eine Schicht von Privilegierten. Dies bedeutete jedoch auch, daß alle Bürger Athens ihren Vorteil vor allem in der Stabilisierung ihrer eigenen Polisordnung und in der Ausübung ihrer Macht und in der Erhaltung ihrer Stärke sehen konnten. Eine rücksichtslose athenische Ausbeutungspolitik war zwar – wie gesagt – im Seebund nicht möglich. Dies schloß aber gleichwohl die Berücksichtigung bestimmter sozialer Interessen derjenigen Bürger Athens nicht aus, denen im Unterschied zu einer zahlenmäßig mehr oder weniger begrenzten Schicht Mittel und Möglichkeiten zu größeren bzw. ertragreichen wirtschaftlichen Aktivitäten fehlten. So wurde bei der Beschlußfassung über die Gründung einer „Kolonie" in Brea (Thrakien) durch einen Zusatzantrag entschieden, daß dort Zeugiten und Theten angesiedelt werden sollten.[134] Hiermit war sicherlich kein Affront gegen die athenische Oberschicht der „Fünfhundertscheffler" und Hippeis intendiert, die in aller Regel sich an Neugründungen beteiligen konnten.[135] Vermutlich ließen aber Bürger der beiden ersten solonischen Zensusklassen ihr Land in athenischen „Kolonien" vielfach durch Pächter aus der bereits ansässigen Bevölkerung bewirtschaften, während in Brea vor allem auch aus strategisch-militärischen Gründen eine Sicherung der Interessen Athens im thrakischen Raum durch Ansiedlung athenischer Bürger unbedingt garantiert sein sollte. Es war zu erwarten, daß Kolonisten aus den Reihen der Zeugiten und Theten das ihnen „in Übersee" zugewiesene Land selbst bebauen würden.[136] So sollten einerseits Bürger ohne Landbesitz eigenen Grund und Boden erhalten, zugleich aber auch machtpolitische Ziele der Polis im Bereich der wichtigen Handelsroute zum Schwarzmeergebiet verfolgt werden.

In den literarischen Quellen ist dieser doppelte Aspekt der athenischen Kolonisationspolitik mehrfach mißverständlich dargestellt worden. Es kann natürlich keine Rede davon sein, daß es darum ging, „aus jedem Theten einen Hopliten" zu machen oder gar durch ein Arbeitsbeschaffungsprogramm Athen von zahlreichen untätigen und deshalb angeblich unruhigen Elementen zu befreien und auf diese Weise eben auch die Not der Unterschichten des Demos zu lindern.[137] Plutarch, der diese Situationsschilderung in seiner Biographie des Perikles bietet, überträgt hier eigene Vorstellungen von vermeintlichem Müßiggang in den Großstädten des Römischen Reiches auf das klassische Athen, wobei er zugleich auch denunziatorische Wertungen der Politik des Perikles als Verführung der Masse zu Habgier und Faulheit referiert.[138]

Selbstverständlich brachte die Machtstellung Athens für viele Bürger dieser Polis wirtschaftlich und finanziell mannigfache Vorteile.[139] Dies galt freilich für Bürger aller Schichten. Antidemokratische Kreise in Athen und im Seebund unterstellten demgegenüber eine einseitige Begünstigung des niederen athenischen Demos. Im demokratischen Selbstverständnis der Athener standen jedoch der Gemeinschaftsgedanke und das gemeinsame Interesse der gesamten Bürgerschaft im Mittelpunkt, wie insonderheit das von Thukydides stilisierte Idealbild in der berühmten Rede des Perikles auf die gefallenen Bürger des ersten Jahres des Peloponnesischen Krieges demonstriert. Im Blick auf die demokratische Selbstdarstellung des Athenertums ist es unangemessen, führenden Kreisen in der klassischen Demokratie Athens und vor allem ihrem Exponenten Perikles die Etablierung einer „Parteiherrschaft“ der niederen Schichten des Demos zu unterstellen.[140] Ein demokratisches Programm in diesem Sinne hat es – wie bereits ausgeführt – nicht gegeben, wenn dies auch in der zeitgenössischen antidemokratischen Agitation und im Diskurs griechischer Staatstheorien immer wieder behauptet wurde. Möglich wurde diese Unterstellung nicht zuletzt dadurch, daß der Demosbegriff sowohl die breite Masse der freien bürgerlichen Unterschichten als auch die Bürgerschaft insgesamt bezeichnen konnte. Im offiziellen athenischen Sprachgebrauch aber ist „Demos“ (bzw. das Synonym „Plethos“) – wie gesagt – nicht als bürgerliche Unterschicht, sondern im rechtlichen Sinne als Bürgerschaft aller sozialen Schichten zu verstehen.

Als Herrschaftsträger konnte die athenische Polisgemeinschaft aus mehreren Gründen gar keine ungehemmte Politik der Ausbeutung der Seebundpoleis anstreben. Gerade in der relativ großen Bürgerzahl lagen – so erstaunlich dies auf den ersten Blick sein mag – gewisse system- und strukturbedingte Grenzen der Machtstellung Athens. Die gesamte Bürgerschaft dieser Großpolis konnte nicht ohne weiteres wie ein zahlenmäßig begrenzter Erzwingungsstab eines Monarchen von einer Gemeinschaft von Gemeinwesen versorgt werden, die immer noch als Bundesgenossen (Symmachoi) der Athener galten.

Unter diesem Aspekt kann auch die Kolonisationspolitik der athenischen Demokratie nicht ohne weiteres als „imperial“ klassifiziert werden. Sie wurde im übrigen nicht erst von Perikles initiiert. Wohl aber erreichte sie um und nach 450 ihren Höhepunkt. Bis zum Beginn des Peloponnesischen Krieges 431 dürften mehr als 10 000 Athener durch Koloniegründungen außerhalb Athens Land erhalten haben. In mehreren Fällen handelte es sich um konfiszierte Besitzungen auf den Territorien von Bundesgenossen, die sich ohne Erfolg gegen Athen erhoben hatten. Eine vollständige Liste aller Ansiedlungen athenischer Bürger „in Übersee“ liegt allerdings nicht vor. Plutarch (Per. 11,5–6) berichtet lediglich, daß Perikles je 1000 Siedler nach der thrakischen Chersones und ins Gebiet der Bisalten in Thrakien sowie 500 nach Naxos und 250 nach Andros geschickt habe.[141] Außerdem erwähnt er die Aussendung von Bürgern nach Thurioi in Unteritalien, wo aber eine panhellenische Kolonie gegründet wurde, an der nicht nur Athener beteiligt waren. Ein Sonderfall war natürlich auch die Gründung von Amphipolis als Kolonie des Seebundes. Sowohl Thurioi als auch Amphipolis bildeten rechtlich eigene Gemeinwesen. Anders war die Situation der athenischen Kolonisten in den eigentlichen Außensiedlungen Athens, die keine politische Selbständigkeit besaßen und durch gemeinsames Bürgerrecht mit der Mutterstadt eng verbunden blieben, so daß sie einen anderen Status als zahlreiche seit der „Großen Kolonisation der Griechen“ (etwa 750 – 550/500) gegründete hellenische Pflanzstädte hatten, die vielfach als eigene Poleis konstituiert wurden und im Unterschied zu den als Kleruchien bezeichneten abhängigen Außensiedlungen Athens als sogenannte Apoikien galten. Allerdings ist in bezug auf athenische Neugründungen des fünften Jahrhunderts die genannte Terminologie nicht völlig eindeutig.[142] So wird z. B. in dem inschriftlich erhaltenen athenischen Volksbeschluß über die Konstituierung einer Außensiedlung in Brea diese Neugründung als Apoikie bezeichnet.[143] Die Siedler waren aber an die Beschlüsse der athenischen Ekklesia gebunden und durften den Status ihrer Gemeinde nicht von sich aus ändern. Sie befanden sich eindeutig in Abhängigkeit von der Metropolis und hatten z. B. symbolische Leistungen für Kultfeiern (Große Panathenäen, Dionysien) in Athen zu erbringen.

Die athenische Kolonisation im Seebundgebiet und die Geschichte der athenischen Institutionen seit den Reformen des Ephialtes verdeutlichen, daß es problematisch ist, eine Trennungslinie zwischen der athenischen Polisordnung der fünfziger Jahre des fünften Jahrhunderts und dem weiteren Ausbau der Demokratie in der Folgezeit zu ziehen. Die Entwicklung verlief kontinuierlich und ohne „revolutionäre" Neuerungen. Der vorgegebene institutionelle Rahmen wurde vielmehr gleichsam stabilisiert. Auch die bestimmenden Faktoren im Verhältnis zwischen der Führungsschicht und der Mehrheit der Bürger haben sich nicht prinzipiell verändert, wenn auch Perikles nach der Ostrakisierung des Thukydides Melesiou (443 v. Chr.)[144] eine Ausnahmeerscheinung in der athenischen Demokratie war, weil es ihm gelang, immer wieder seine politischen Konzeptionen und Pläne in der Volksversammlung durchzusetzen. Dennoch war er auch auf der Höhe seiner Geltung nie der allein bestimmende Mann in Athen. Er war weder die einzige prominente Persönlichkeit noch der „Chef" einer Regierung, die es ja – wie gesagt – ohnehin in Athen nicht gab. So hatte er nach der Ausschaltung des Thukydides Melesiou weiterhin ebenso wie bereits in den fünfziger und frühen vierziger Jahren mit politischen Gegenspielern zu rechnen. Waren damals bekannte Truppenführer wie Leokrates, Myronides und Tolmides sowie 450 noch einmal Kimon und in den vierziger Jahren dann Thukydides Melesiou die Konkurrenten des Perikles, so formierte sich in den dreißiger Jahren eine im einzelnen schwer faßbare Gruppe, die durch Prozesse gegen Personen aus seiner nächsten Umgebung seine Autorität zu untergraben suchten, um ihn politisch zu schwächen. Insofern mußte er im Grunde in der gesamten Zeit seiner politischen Aktivitäten um Stimmenmehrheit in der Volksversammlung ringen. Hierbei fand er natürlich Unterstützung in den Kreisen seiner politischen Freunde, mit denen informelle Absprachen über politische Ziele und Strategien getroffen wurden. Niemand konnte aber die Stimmenverhältnisse in den unterschiedlich frequentierten Volksversammlungen eindeutig voraussagen, zumal die Tagungen nicht ständig von dem gleichen Personenkreis besucht wurden. Die Voraussetzungen und Formen der politischen Kommunikation, Willensbildung und Entscheidungsfindung sowie auch die vorgegebenen außenpolitischen Ziele Athens als Führungsmacht einer weiträumigen Symmachie zwischen dem Großreich der Achaimeniden und dem Bündnissystem der Spartaner haben sich freilich nicht prinzipiell geändert, und durch die Autorität, die Perikles zu gewinnen vermochte, war letztlich auch die athenische Politik vor allem nach der Ostrakisierung des Thukydides Melesiou durch eine gewisse Kontinuität und Konsequenz gekennzeichnet.

Bereits in den ›Hiketiden‹ des Aischylos wird erwartet, daß die Bürger besonnen ihre für die Gesamtheit bindenden Entscheidungen treffen (V. 601). Der Dichter setzt voraus, daß dem Demos überzeugende Argumente für weitreichende Entscheidungen vorgetragen werden, bevor die Abstimmung erfolgt. Eine möglichst ausführliche Information der Versammlungsteilnehmer durch politisch aktive Athener und Debatten über alternative Entscheidungsmöglichkeiten waren jeweils die wichtigste und letzte Phase der politischen Kommunikation vor der Beschlußfassung in der Ekklesia. Da aber die Volksversammlung ohne entsprechende Vorbereitung der Agenda durch den Rat der 500 nicht zusammentreten konnte, fanden in aller Regel bereits in der Boulé Diskussionen statt, die zumeist öffentlich waren. Gegebenenfalls konnten hierbei auf Antrag der Prytanen auch Bürger zu Wort kommen, die keinen Sitz im Rat hatten. Strategen waren berechtigt, jederzeit an Ratssitzungen teilzunehmen und Anträge zu stellen. Andere Beamte hatten zwar das Recht und die Pflicht, dem Rat wichtige Mitteilungen zu machen, konnten aber selbst keine Anträge stellen und mußten daher ein Ratsmitglied veranlassen, die Initiative zu ergreifen. Die politische Kommunikation und die Beratungen in den zur Entscheidung anstehenden Angelegenheiten begannen aber keineswegs erst in den Sitzungen des Rates. Häufig genug gingen persönliche Kontakte zwischen einzelnen politisch aktiven Athenern oder Gruppen von Bürgern voraus, die sich aufgrund ihres politischen Engagements mit der Materie schon befaßt hatten oder mit den Agenda besonders vertraut waren und versuchten, die Willensbildung im Rat und in der Ekklesia möglichst in ihrem Sinne zu beeinflussen. Inwieweit im einzelnen jeweils die Entscheidungen der Volksversammlung hierdurch gelenkt wurden, läßt sich indes nicht konkretisieren. Entscheidend blieben jedenfalls die Abstimmungsergebnisse in der Ekklesia, in der bereits seit Kleisthenes kaum Raum für Manipulationen durch Hetairien war, wenn man von den Extremsituationen während der oligarchischen Herrschaft der Vierhundert 411 und der sogenannten Dreißig 404/03 absieht. Hetairien und Freundesgruppen wurden zwar nicht bedeutungslos, seitdem Kleisthenes neue Rahmenbedingungen für politisches Handeln geschaffen hatte. Sie bildeten auch weiterhin Bindeglieder im Sozialgefüge der athenischen Oberschicht und waren zweifellos auch gewisse Stützen für die politischen Aktivitäten ihrer prominenten Mitglieder. Diese mußten aber die Bürger in den Volksversammlungen überzeugen, wenn sie öffentliche Zustimmung finden wollten. Voraussetzung hierfür waren rhetorische Fähigkeiten, die nicht jeder Angehörige der Oberschicht besaß. Andererseits war aber jedenfalls im vierten Jahrhundert eine nicht zu unterschätzende Zahl von Athenern durchaus in der Lage, in der Ekklesia gegebenenfalls Anträge zu stellen oder für oder gegen Anträge anderer Versammlungsteilnehmer Stellung zu nehmen. Die Zahl der Bürger, die sich zumindest gelegentlich auf den Rednerstein (Bema) wagten, dürfte sich im vierten Jahrhundert auf mehrere hundert belaufen haben.[145] Dies ist bemerkenswert, denn eine Reihe von Athenern ließ sich durch die Professionalisierung der Rhetorik offensichtlich nicht von öffentlichen Auftritten in der Ekklesia abbringen, obwohl untalentierte Redner von der Masse der Versammlungsteilnehmer keine Nachsicht zu erwarten hatten. Um und nach 450 ist bereits mit ähnlichen Verhältnissen in der Ekklesia zu rechnen. In der Regel bestand allerdings der Kreis der profilierten Redner, die Anträge stellten und begründeten, immer nur aus einigen Dutzend Bürgern. Sie wurden im engeren Sinne als Rhetoren bezeichnet und würden nach heutigen Kriterien als Politiker gelten, waren aber weder Entscheidungsträger einer Regierung noch Repräsentanten einer institutionalisierten Opposition, so daß der Begriff des Politikers in diesem Zusammenhang leicht falsche Assoziationen wecken könnte. Eher könnten die sogenannten Rhetoren in der athenischen Ekklesia als politische Protagonisten oder Meinungsführer klassifiziert werden, die freilich nicht im voraus wissen konnten, ob die Abstimmungen in ihrem Sinne ausfallen würden. Jede Abstimmung war im Grunde ein neuer Testfall für ihre politische Geltung und Autorität.

Im fünften Jahrhundert stammten bis in den Peloponnesischen Krieg die meisten politischen Protagonisten noch aus der traditionellen Oberschicht. Oft übernahmen aber auch sogenannte kleinere oder „geringere“ Redner die Aufgabe, anstelle von einflußreichen politischen Freunden Anträge in der Volksversammlung zu formulieren und zu begründen oder auf Gegenargumente anderer Redner einzugehen. Hierdurch ergab sich in Diskussionen über Fragen der großen Politik zweifellos vielfach eine lebhafte Interaktion zwischen Rednern und Zuhörern. Die Masse der Teilnehmer mußte den Sprechern aufmerksam zuhören, um Informationen und Argumente aufzunehmen und sich gegebenenfalls zwischen Alternativanträgen entscheiden zu können. Viele Athener waren natürlich durch ihr politisches Engagement auf die Entscheidungsfindung vorbereitet, wenn sie zum Beispiel als Bouleuten im Rat Erfahrungen gesammelt und auch einen gewissen Einblick in die politische Gesamtlage in Griechenland und im Ägäisraum oder in die Stimmungen und Verhältnisse in Athen und Attika gewonnen hatten. Ähnliche Bedeutung hatten die Tätigkeiten der Polisbeamten und der athenischen Außenbeamten im Seebund, während durch die zahlreichen Funktionen, die in den attischen Demen ausgeübt werden mußten, viele Bürger zumindest einen Grundstock an politischen Erfahrungen im lokalen Bereich gewinnen konnten.[146] Eine überaus hohe Zahl von ehemaligen Funktionsträgern ergab sich durch das Iterationsverbot für alle Beamte, die nach dem Losverfahren eingesetzt worden waren. Insgesamt gesehen waren die Tätigkeiten für die Polisgemeinschaft eine „politische Schule“ sondergleichen. Die athenische Demokratie lebte aus dem Engagement breiter Schichten der Bürgerschaft. Andererseits waren natürlich die weitaus meisten Funktionen der Beamten in der Polis eher Routinesache. Spezialwissen und eine besondere Ausbildung waren hierfür nicht erforderlich. Dieses Prinzip war weder programmatisch gefordert noch in politischen Konflikten durchgesetzt worden, sondern hatte sich aufgrund der Entstehungs- und Rahmenbedingungen des Polisstaates herausgebildet und allgemein Akzeptanz gefunden, ohne daß den Polisbürgern bewußt geworden wäre, daß auf diese Weise die Entstehung einer Funktionärselite verhindert wurde, die sich durch Herrschaftswissen unentbehrlich gemacht hätte. Erwachsen war das Prinzip, durch Auslosung eine möglichst große Zahl von Bürgern mit Aufgaben im Dienst der Gemeinschaft zu betrauen, vielmehr aus politischen Gleichheitsvorstellungen, die in Athen im Verlauf einer längeren Entwicklung der Demokratie ihre spezifische Ausprägung erfahren hatten. Unter den jeweils amtierenden Funktionsträgern hatten selbstverständlich die Strategen als höchste Repräsentanten Athens im Seebund in der Regel einen Informationsvorsprung in konkreten Entscheidungssituationen. Bis zu einem gewissen Grade gilt dies – wie gesagt – auch für amtierende Mitglieder des Rates, in dem ja stets zuerst wichtige Meldungen zur Kenntnis genommen und neu auftretende Probleme unterschiedlicher Art bekanntgemacht und zur Diskussion gestellt wurden. Vor allem aber ist hier jener schon erwähnte Kreis politischer Protagonisten zu nennen, die als Redner im engeren Sinne agierten und großen Einfluß auf das politische Geschehen zu gewinnen suchten. Sie stellten in der Tat eine Art von Elite dar, die für die Demokratie unentbehrlich war und gerade infolge der Großmachtstellung Athens besondere Bedeutung gewann. Wenn „Demokratie" als Herrschaft der Gesamtheit, d. h. aller Schichten der Bürgerschaft verstanden wurde, bedeutete dies zugleich, daß in dieser Polisordnung nur erklärte Gegner der Verfassung ausgegrenzt werden konnten, während die Entwicklung der Demokratie ohne die Führungsrolle einer politischen Elite, aus der Innovationen und Ideen zur Ausgestaltung der Verfassung gekommen waren und weiterhin kommen mußten, nicht möglich gewesen wäre. Politische Auseinandersetzungen betrafen häufig auch die Rangordnung innerhalb jener Elite, für deren Mitglieder sich wiederum gerade durch die Größe und hegemoniale Politik Athens immer wieder neue Möglichkeiten zur Profilierung ergaben. Auch unter diesem Aspekt muß die Interdependenz zwischen der Entwicklung Athens zur ägäischen Großmacht und der Entstehung und Vollendung der athenischen Demokratie gesehen werden. Vor diesem Hintergrund wird aber auch deutlich, daß gruppen- oder schichtenspezifische Interessen eigentlich nicht Gegenstand der Politik einer Gemeinschaft sein konnten, die sich auf Wahrung und Ausbau ihrer Macht konzentrierte. Soziale Unruhen konnten unter diesen Bedingungen kaum entstehen.

Von Bedeutung war in diesem Zusammenhang auch die Zusammensetzung der Dikasterien, in denen prinzipiell Bürger aller Schichten vertreten sein konnten, rein zahlenmäßig aber Zeugiten und Theten natürlich ein Übergewicht hatten. Antidemokratische Opposition sah hierin ein Wesensmerkmal der Demokratie und suchte dies mit der Behauptung zu begründen, daß der (niedere) Demos, der Herr über die Stimmsteine (bei der Urteilsfindung im Volksgericht) sei, auch die Polisordnung (Politeia) beherrsche (Aristot. Ath. Pol. 9,1). Demgegenüber ist zu beachten, daß das „Volksgericht" der Heliaia letztlich aus vorstaatlichen Formen der Streitschlichtung abzuleiten ist, bei der z. B. in der berühmten Darstellung einer Gerichtsszene in der Ilias (18,497–508) das „Volk" (als Zuschauer) eine Art von Öffentlichkeit repräsentiert.[147] Hinzu kommt, daß bei der Konstituierung der Heliaia durch Solon der Gedanke einer Volksherrschaft überhaupt keine Rolle gespielt hat, sondern das Bestreben ausschlaggebend war, schwere Straftaten (mit Ausnahme der Tötungsdelikte) durch ein Kollektivorgan aburteilen zu lassen, das in gewisser Weise den Mehrheitswillen in der Gemeinschaft widerspiegelt.[148] Zweifellos sollte die Heliaia aber auch ein Instrument gegen Fehden darstellen sowie verhindern, daß Racheakte gegen Einzelrichter neue Unruhe stifteten. Des weiteren zielte später die Neuregelung der Aufsichts- und Gerichtsbefugnisse durch die Reformen des Ephialtes nicht nur darauf ab, vor allem Funktionsträger aus exklusiven Zirkeln der Oberschicht einer wirksameren Kontrolle zu unterwerfen. Inzwischen hatte ja ein erweiterter Kreis von Bürgern Jahr für Jahr öffentliche Aufgaben übernommen. Ihre Bindung an die Polisgemeinschaft war hierdurch bereits generell sehr gefestigt worden, und dieser Effekt wurde zweifellos durch die Rechtspflege, an der sich bereits seit Solon auch Theten aktiv beteiligen konnten, noch erheblich gesteigert. Als Laienrichter lernten Bürger aller Schichten die Formalitäten der Urteilsfindung in der Rechtspflege. Dies bedeutete ebenso wie die Übernahme von Polismagistraturen oder die Tätigkeit im Rat für die einzelnen Bürger eine nicht zu unterschätzende politische Schulung, zumal auch immer wieder politische Eisangelieprozesse zu entscheiden waren. Alles in allem waren die Aktivitäten der Bürger in den Magistraturen und Gerichten und im Rat eine wesentliche Voraussetzung für die Tragfähigkeit des demokratischen Systems. Da die Masse der Bürger von ihrer Hände Arbeit lebte und dementsprechend ihre Beteiligung am öffentlichen Leben möglichst zeitsparend geregelt werden mußte, war es unabdingbar, daß sie den formalen Ablauf der Entscheidungs- und Urteilsfindung kannten und nicht immer wieder hierüber informiert werden mußten.

Die Volksversammlung hatte freilich auch eine Fülle von Entscheidungen zu treffen, die nach heutigen Vorstellungen einer kommunalen Verwaltung zu übertragen wären. So mußten zahlreiche Routineangelegenheiten in der Versammlung des Demos behandelt werden. Hierbei handelte es sich z. T. um bloße Bekanntmachungen wie z. B. Mitteilungen über konfiszierte Güter oder über Erbschaften. Dies wird einen Großteil der Bürger kaum interessiert haben, unterstreicht aber die Bedeutung der Ekklesia als Zentralorgan der Polis. Allerdings wurde auch hierdurch die Zahl der Tagungen erhöht. Genauere Informationen über die vorgeschriebene Mindestzahl der Versammlungen in einer Prytanie sind erst aus dem vierten Jahrhundert bekannt.[149] Die Differenzierung zwischen der „Hauptversammlung“ (kyria Ekklesia) und weiteren Tagungen in einer Prytanie war aber wohl schon um die Mitte des fünften Jahrhunderts üblich. Daß die Volksversammlungen trotz der vielen Agenda, die nicht sonderlich attraktiv waren, in der Regel relativ gut besucht wurden, bestätigt das politische Engagement zahlreicher Bürger sowie die Akzeptanz, die ihre Polisordnung gefunden hat. Jeder Athener mußte wissen, daß die Protagonisten ihre Pläne und Konzepte nur realisieren konnten, wenn sie die Mehrzahl der Versammlungsteilnehmer hierfür zu gewinnen vermochten, und die Masse der Ekklesiasten wird sich darüber im klaren gewesen sein, daß es im Interesse eines jeden einzelnen Bürgers lag, die Macht ihrer Polis zu erhalten und den Seebund zu stabilisieren. Wurden hierdurch in Athen selbst zweifellos gesellschaftliche Gegensätze weitgehend überwunden, so war die Kehrseite dieser inneren Geschlossenheit eine dynamische Außenpolitik, die auch nach dem Abschluß der Kämpfe gegen Persien immer wieder zu Konflikten führte, deren Risiken für Athen und sein Bündnissystem allerdings in der Forschungsdiskussion z. T. überschätzt worden sind.

7. Neue Gefahren und ihre Überwindung

Die Einstellung der Kämpfe gegen das Perserreich hat sich ohne Zweifel in mannigfacher Weise auf den Seebund und seine weitere Entwicklung ausgewirkt. Eine allgemeine Krise dieser Symmachie hat es freilich allem Anschein nach nicht gegeben. Vor allem die zahlreichen kleineren Poleis in der ägäischen Inselwelt hätten kaum die Chance gehabt, sich dauerhaft aus dem Seebund zu lösen. Erhebliche Schwierigkeiten bei der Beurteilung der Situation nach dem sogenannten Kalliasfrieden ergeben sich allerdings aus dem Befund der Tributquotenlisten der zweiten Schatzungsperiode

(450/49 - 447/46). Die erste Liste der neuen „Tributveranlagung“ (d. h. die fünfte Liste der fortlaufenden Zählung) nennt die im Frühjahr 449 abgeführten Beträge des Amtsjahres 450/49. Die Eintragungen beziehen sich wahrscheinlich auf über 160 Poleis.[150] Aufgrund gewisser Unregelmäßigkeiten und Nachträge in der Notierung der Zahlungen wurde vermutet, daß verschiedene Poleis ihre Beiträge in Raten abgeführt und in dieser Weise auf einen Frieden mit Persien reagiert hätten. Zweifellos standen aber im Frühjahr 449 Ergebnisse möglicher Verhandlungen zwischen Athen und Persien noch gar nicht fest.[151] Es ist nicht auszuschließen, daß bereits vorher aufgrund von Belastungen der Bundesgenossen infolge der Expedition Kimons von athenischer Seite Ratenzahlungen konzediert wurden. Aus den drei weiteren Jahren jener Schatzungsperiode liegen offenbar nur zwei Listen vor,[152] die sich auf zwei aufeinanderfolgende Jahre beziehen müssen. Sie enthalten entweder die Aufzeichnungen 449/48 und 448/47 oder 448/47 und 447/46 und weisen gleichfalls Unregelmäßigkeiten auf.[153] Auffällig sind vor allem geringere oder verspätete Zahlungen. Daß für 447/46 überhaupt keine Abrechnungen vorgenommen wurden, ist indes wenig wahrscheinlich. Die athenische Niederlage bei Koroneia 447/46 hat die athenische Seeherrschaft trotz der Erhebungen auf Euboia und Megara nicht erschüttert und schwerlich dazu geführt, daß Athen ein allgemeines Moratorium verkündet hat oder aber die Zahlungen von einem Großteil der Bundesgenossen eingestellt wurden.[154] Unwahrscheinlich ist aber auch ein Moratorium nach dem Ende der Perserkriege.[155] Da die Athener bestrebt waren, keinen Zweifel an der Existenzberechtigung des Seebundes und damit auch an der Notwendigkeit der Beiträge aufkommen zu lassen, wäre es aus ihrer Sicht ein Risiko gewesen, eine Zeitlang keine Zahlungen zu verlangen und dann nach Jahresfrist neue Beiträge einzufordern.[156] Eher ist zu vermuten, daß die Phoroi für das Amtsjahr 449/48 einschließlich des Sechzigstels der Aparchai für einen besonderen Zweck verwendet und aus *diesem* Grund keine Eintragungen gemacht wurden.[157] Letztlich läßt sich zwar die Frage einer fehlenden Liste in der zweiten Schatzungsperiode nicht entscheiden, doch sind in diesem Zusammenhang das sogenannte Kongreßdekret und das große Programm der Ausgestaltung der Akropolis sicherlich von einiger Bedeutung. Das Kongreßdekret – ein von Perikles beantragter und bei Plutarch (Per. 17) überlieferter Volksbeschluß – sah vor, alle griechischen Poleis „in Europa und Asien“ nach Athen einzuladen, wo sie über den Wiederaufbau der von den Persern zerstörten Tempel, über die Darbringung der seinerzeit gelobten und noch nicht vollzogenen Opfer sowie über die Sicherheit der Meere und über einen (dauerhaften) Frieden beraten sollten. Plutarchs Bericht enthält keine exakte Datierung dieses Dekrets. Es fügt sich aber durchaus in die Situation nach dem Ende der Kämpfe gegen Persien ein, denn der geplante Kongreß kann sozusagen als flankierende Maßnahme zur Einstellung der Perserkriege gewertet werden.[158] Athens Mittellage zwischen Persien und der hellenischen Großmacht Sparta war nach dem Sieg bei Salamis auf Kypros noch keineswegs endgültig gesichert. Niemand konnte in Athen damals die weitere Entwicklung nach dem Ablauf des fünfjährigen Waffenstillstandes mit Sparta voraussehen. Eine gesamthellenische Friedensordnung hätte insofern die Sicherheit Athens außerordentlich gestärkt. Wenn die Hellenen in ihrer Gesamtheit der von Athen ausgehenden Initiative gefolgt wären, hätte dies zugleich eine allgemeine Anerkennung des Führungsanspruches der Athener im Seebund und ihrer Funktion als Schutzmacht der Griechen gegenüber Persien bedeutet, zumal die Spartaner nicht konsultiert worden waren, als die Athener Gesandtschaften an „alle Hellenen“ schickten.[159] Diesen Aktivitäten entsprachen athenische Bemühungen um eine panhellenische Legitimierung des zu diesem Zeitpunkt wohl schon geplanten gewaltigen Bauprojektes auf der Akropolis.[160] Das Bildprogramm des Parthenon ist zweifellos als grandiose Selbstdarstellung der athenischen Polisgemeinschaft und ihrer Rolle in der griechischen Staatenwelt konzipiert und knüpft teilweise an die Symbolik der Kimonischen Ära an, weist aber auch darüber hinaus in eine vermeintlich glanzvolle Zukunft. Während in den Westmetopen offenbar Szenen der Perserkriege vor allem als Leistungen der Athener für die Gesamtheit der Hellenen geschildert werden, die Nordmetopen auf die Ilioupersis als Großtat der Griechen in der heroischen Vorzeit hinweisen und die Metopen an der Ostseite den Sieg der poliserhaltenden Götter über die Giganten feiern, ist in den Südmetopen der dem athenischen „Gründervater“ Theseus zu verdankende Sieg der Lapithen über die Kentauren wohl als Symbol für die Überlegenheit der Athener im innergriechischen Bereich zu verstehen. Der Panathenäenzug auf dem Cellafries ist ein Sinnbild des Friedens, den die athenische Demokratie als große Bürgergemeinschaft in dem weiten Rahmen des Seebundes garantiert, und die mythischen Ursprünge dieser Polisordnung finden sich auf den Giebeldarstellungen der Geburt der Athena im Osten und des Götterkampfes um das attische Land im Westen. Eine weitere Einbettung der Gegenwart in den als Geschichte empfundenen Mythos symbolisiert das von Phidias geschaffene Kultbild der Athena Parthenos aus Gold und Elfenbein im Hauptraum der Tempelcella. Zu beachten ist hier vor allem das bekannte Motiv der Amazonomachie als Sinnbild für eine gelungene Abwehr fremder Invasoren. So rechtfertigt das Gesamtprogramm der Parthenon-Plastik athenische Größe durch Großtaten in Vergangenheit und Gegenwart sowie durch den Ausblick auf eine friedvolle Zukunft in Freiheit und Ordnung.

Größe und Gestaltung des Bauprojektes legen die Vermutung nahe, daß die Phoroi des Amtsjahres 449/48 mit dem Sechzigstel der Aparchai zum Teil als Startfinanzierung für die Ausgestaltung der Akropolis und zum Teil (zumindest zunächst) für die Vorbereitung des geplanten panhellenischen Kongresses in Athen vorgesehen waren. Irreführend ist allerdings der Bericht Plutarchs (Per. 12–14) über Vorwürfe der Gegner des Perikles, die behauptet hätten, die Kosten für die Akropolisbauten seien insgesamt mit Geldern der athenischen Bundesgenossen bestritten worden und hätten den Führungsanspruch Athens diskreditiert. Der Bau des Parthenon, in dem sich monumentale Architektur und harmonische Proportionen in vollendeter Einheit verbinden, nahm etwa eineinhalb Jahrzehnte (448–434/33) in Anspruch und mag etwa 500 – 600 Talente gekostet haben, während für das Kultbild der Athena Parthenos vielleicht 700 bis 1000 Talente und für das gesamte Projekt einschließlich der Propyläen um 2000 Talente benötigt wurden.[161] Die Phoroi dürften sich vor 433 im Jahresdurchschnitt auf 400 Talente belaufen haben, und die Summe aller athenischen Einkünfte aus dem Seebundbereich betrug ungefähr 600 Talente. Es handelt sich bei diesen Zahlen zwar nur um Schätzungen, doch ist anzunehmen, daß die Gelder der Bundesgenossen in der Zeit des Perikles nicht ausschließlich für das Bauprojekt auf der Akropolis verbraucht worden sind. Plutarch verknüpft die Debatten über die Baukosten mit den Auseinandersetzungen zwischen Perikles und Thukydides Melesiou um die führende Position in Athen. Hierbei wird freilich auch deutlich, daß die Gegner des Perikles nicht etwa einen Verzicht auf die Hegemonie Athens im Seebund forderten. Ihre Angriffe waren innenpolitisch motiviert, wobei die Baukosten als Vorwand dienten. Im Kern ist dieser Konflikt aber sicherlich historisch, wenn auch Plutarch die Einzelheiten aus dem Blickwinkel seiner eigenen Zeit in kräftigen Farben ausmalt.

Jedenfalls sollte das gewaltige Bauprojekt auf der Akropolis mit seinem erhabenen Bildprogramm ebenso wie das von Perikles beantragte Kongreßdekret eine breite hellenische Öffentlichkeit ansprechen. Zweifel an der Geschichtlichkeit dieses Dekrets erscheinen unberechtigt.[162] Perikles wird die Chance gesehen haben, auf einer panhellenischen Tagung einen stabilen Frieden in der griechischen Staatenwelt zu erreichen und vielleicht auch zu einem längerfristigen Ausgleich mit Sparta zu gelangen. Wenige Jahre später suchte er dieses Ziel durch den sogenannten Dreißigjährigen Frieden mit Sparta zu erreichen. Der Gedanke, durch ein entsprechendes Abkommen in einem panhellenischen Rahmen nicht nur Athens Führungsrolle im Seebund zu bekräftigen, sondern auch propagandistisch wirkungsvoll den Wandel der Kräfteverhältnisse seit der Abwehr der Perser ins Blickfeld der griechischen Öffentlichkeit zu rücken und zugleich auch sein eigenes Prestige als Initiator einer Tagung aller Hellenen erheblich zu steigern, dürfte für Perikles naheliegend gewesen sein. Es muß natürlich dahingestellt bleiben, ob die spartanische Führung derartige Überlegungen und Intentionen auf athenischer Seite vermutete, als der Aufruf zu einem gemeinsamen Kongreß der Griechen erfolgte. Die Spartaner lehnten jedenfalls die Teilnahme an dem geplanten Projekt ab und brachten hierdurch das athenische Projekt zu Fall. Die von Sparta abhängigen Gemeinwesen schlossen sich dem Votum der peloponnesischen Führungsmacht an.

Spartas Verweigerungspolitik hatte in mehrfacher Hinsicht weitreichende Folgen. Die Spartaner eröffneten bald gewissermaßen einen Nebenkriegsschauplatz, indem sie den sogenannten zweiten Heiligen Krieg begannen, um den Phokern die Kontrolle über das Delphische Orakel zu entreißen. Ihre Aktion verstieß zwar nicht gegen den Buchstaben des athenisch-spartanischen Waffenstillstandsvertrages, war aber eindeutig ein gegen Athen gerichteter Schachzug, denn die Phoker waren Verbündete der Athener und hatten vermutlich nach dem athenischen Sieg bei Oinophyta Delphi in ihre Gewalt gebracht.[163] Sparta ging das Risiko einer militärischen Konfrontation mit Athen ein, doch nahm die spartanische Führung dies offensichtlich in Kauf, um Stärke und Handlungsfreiheit zu demonstrieren und den Prestigeverlust der eigenen Polis nach athenischen Erfolgen gegen Persien und vor allem auch nach dem nachhaltigen Eindruck, den die Friedensinitiative des Perikles in der griechischen Welt zweifellos hinterlassen hatte, irgendwie wettzumachen. Diese Kalkulation ging jedoch nicht auf. Sparta war nicht in der Lage, längere Zeit oder gar dauernd Truppen in Mittelgriechenland zu stationieren. Nach dem Abzug der Spartaner intervenierte ein athenischer Verband unter dem Kommando des Perikles in Delphi und übergab die Orakelstätte wieder den Phokern.[164] Perikles hatte in der athenischen Volksversammlung sich offenbar mit Erfolg darauf berufen, daß im Hinblick auf Athens Prestige als Führungsmacht kein Rückschlag in Mittelgriechenland hingenommen werden könne. Die Dinge nahmen jedoch etwa seit dem Winter 447/46 eine in Athen nicht vorausgesehene Wende. Exulanten aus verschiedenen boiotischen Poleis hatten sich in Orchomenos und Chaironeia sowie an einigen anderen Plätzen in Boiotien gesammelt und schürten gegen die Athener, die seit der Schlacht bei Oinophyta Boiotien unter Kontrolle zu halten suchten, indem sie dort ihre Parteigänger unterstützten und an die Macht brachten. Es handelte sich bei diesen proathenischen Gruppen offensichtlich um Angehörige der Oberschicht, die als ἄριστοι (die „Besten“) galten,[165] aber sicherlich nicht als Repräsentanten eines oligarchischen Systems von den Athenern favorisiert wurden, sondern als ihre Parteigänger Unterstützung fanden. Der vermutlich mit der Einsetzung dieser Leute verbundene Machtwechsel in boiotischen Poleis war zweifellos eine von den Athenern initiierte Auswechslung der dominierenden Personen, nicht aber eine Verfassungsänderung, die Athen schwerlich generell vornehmen konnte, zumal in Boiotien keine demokratischen Systeme im eigentlichen Sinne bestanden, die in etwa richtungweisend für politische Veränderungen in anderen Poleis der Region gewesen wären. Die Exulanten, die durch athenische Interventionen nach Oinophyta ihren Einfluß in den eigenen Poleis eingebüßt hatten, blieben indes ein erheblicher Unruhefaktor. Die hiervon ausgehende Gefahr für die damalige athenische Hegemonie in Boiotien wurde von einem Teil der athenischen Führungsschicht unterschätzt. Wortführer dieser Gruppe war Tolmides, der als Strategos mehrfach Fortune gehabt hatte. Während Perikles jetzt offenbar gegen einen Feldzug nach Boiotien opponierte, erhielt Tolmides das Kommando über 1000 athenische Hopliten und eine unbekannte Zahl von Kriegern aus verbündeten Poleis. Es gelang Tolmides im Frühjahr 446, Chaironeia zu erobern, doch wurde seine Truppe auf dem Rückmarsch bei Koroneia von Exulanten aus Orchomenos und Euboia und deren Parteigängern sowie von Lokrern zum Kampf gestellt und vernichtend geschlagen (Thuk. 1,113). Zahlreiche Athener fielen, unter ihnen der Befehlshaber Tolmides sowie Kleinias, der Vater des Alkibiades. Um ihre in Gefangenschaft geratenen Mitbürger auszulösen, erklärten sich die Athener bereit, Boiotien zu räumen. Die boiotischen Exulanten kehrten in ihre Poleis zurück und gewannen dort wieder den maßgebenden Einfluß.

Die athenische Niederlage bei Koroneia löste geradezu eine Kettenreaktion aus. Es war vor allem das Werk der Exulanten aus Euboia, daß die Erhebung gegen Athen sich erheblich ausweitete. Weite Teile der Insel revoltierten, nachdem die dortigen Poleis wohl noch im Frühjahr 446 ihre Phoroi nach Athen abgeführt hatten.[166] Eine wesentliche Ursache antiathenischer Ressentiments auf Euboia war vermutlich die Ansiedlung attischer Kleruchen.[167] Daß sich jedenfalls seit einiger Zeit erhebliche Unzufriedenheit angestaut hatte, ist aus der Nachricht des Thukydides (1,113,2) über die Teilnahme euboiischer Exulanten am Kampf bei Koroneia zu erschließen. Schreckliche antiathenische Exzesse werden aus Hestiaia berichtet, wo die Besatzung einer athenischen Triere niedergemacht wurde (Plut. Per. 23,4). Allerdings war dies ein Einzelfall. Wenn von athenischer Seite den Kleruchen auf Euboia die Aufgabe zugedacht war, die

Kontrolle Athens über die Insel zu intensivieren, so wurde durch diesen Auftrag gerade das Gegenteil bewirkt. Ein Verlust Euboias hätte natürlich die Position Athens im Seebund in den Grundfesten erschüttert. Entsprechend rasch und energisch war die athenische Reaktion. Unter dem Kommando des Perikles wurden 5000 athenische Hopliten und 50 Trieren nach Euboia entsandt.

Schon unmittelbar danach wurde den Athenern der Abfall der Megarer gemeldet, die mit Unterstützung durch Korinth, Sikyon und Epidauros die athenischen Besatzungen auf ihrem Territorium größtenteils töteten. Es gelang allerdings auch einer Reihe von Athenern, nach dem wichtigen megarischen Hafenplatz Nisaia zu flüchten. Auch der megarische Hafen in Pagai konnte von Athenern gehalten werden. Gleichwohl hatte sich die strategische Lage mit einem Schlag geändert. Der athenische Sperriegel gegen peloponnesische Vorstöße durch die Megaris nach Attika war aufgebrochen. Die noch zur Verfügung stehenden athenischen Milizen unter dem Befehl des Andokides (wohl des Großvaters des gleichnamigen berühmten Redners) reichten nicht aus, um den Vorstoß einer peloponnesischen Streitmacht unter dem nominellen Befehl des noch jugendlichen spartanischen Königs Pleistoanax, dessen „Berater“ Kleandridas faktisch das Unternehmen leitete, rechtzeitig zu stoppen. Andokides wurde abgeschnitten und zog sich nach Pagai zurück.[168] Auch Perikles, der mit dem Gros des athenischen Hoplitenaufgebotes sofort Euboia räumte, um zu retten, was noch zu retten war, konnte die Operationen des peloponnesischen Heeres nicht blockieren. Pleistoanax zog sich indes nach einem Vorstoß in die Thriasische Ebene überraschend wieder zurück. Diese Wende wurde in Sparta auf eine Bestechung des Pleistoanax und Kleandridas durch Perikles zurückgeführt (Plut. Per. 22–23). Offenbar hat aber Kleandridas als eigentlicher Leiter der Operationen erkannt, daß er militärische Erfolge über die von Perikles herangeführten Truppen nur durch schwere eigene Verluste erkaufen und letztlich die inzwischen zu einer Festung ausgebaute Polis ohnehin nicht zur Kapitulation zwingen konnte. Auf der anderen Seite wird Perikles nach Lage der Dinge keine Möglichkeit gesehen haben, den Verlust der Megaris rückgängig zu machen. Wichtiger war für Athen im Augenblick die Unterwerfung Euboias. Auf beiden Seiten haben die Befehlshaber die Situation zweifellos richtig eingeschätzt, als sie einen Entscheidungskampf vermeiden und den Status quo erhalten wollten.[169]

Perikles ließ in einer Blitzaktion das athenische Gros wieder nach Euboia übersetzen und gewann in kurzer Zeit die Kontrolle über die Insel zurück. Ein hartes Strafgericht traf die Hestiaier aufgrund der Ermordung athenischer Mannschaften zu Beginn des Aufstandes. Sie mußten ihre Polis räumen,[170] und ihr Gebiet wurde 1000 athenischen Kleruchen zugewiesen.[171] Mittelpunkt der neuen Kleruchensiedlungen wurde der Ort Oreos, der bislang eine Gemeinde (Demos) der Polis Hestiaia war. Chalkis und Eretria erhielten zwar formal neue Verträge mit Athen, mußten aber harte Bedingungen erfüllen.[172] Schwer bestraft wurden insonderheit die sogenannten Hippobotai in Chalkis, größere Grundbesitzer, von denen ein erheblicher Teil zu den Initiatoren der Erhebung zählte. Sie wurden enteignet und verbannt.[173] Dies bedeutete einen tiefen Eingriff in das Sozialgefüge der Polis Chalkis, deren bürgerliche Mittel- und Unterschicht im Rahmen des Handlungsspielraumes, den Athen den Chalkidiern noch gewährte, ein stärkeres

Gewicht als vor der Erhebung gewann. Diese athenische Maßnahme ist indes nicht einfach gleichzusetzen mit der Einführung einer demokratischen Verfassung in Chalkis. In den inschriftlich erhaltenen Bestimmungen des athenischen Volksbeschlusses, der das Vertragsverhältnis zwischen Athen und Chalkis neu regelte, werden keine neuen „demokratischen" Institutionen erwähnt. Chalkis behielt den Status eines eigenen Polisverbandes mit einem Rat (Boulé), der hier kein neues Organ darstellte, sondern bereits vor der Erhebung existierte, wenn er auch damals zweifellos von den Hippoboten dominiert wurde. Des weiteren wurde das Kriegsrecht für beendet erklärt. Ferner mußten alle Chalkidier im wehrfähigen Alter sich eidlich verpflichten, sich loyal gegenüber Athen zu verhalten, die Phoroi regelmäßig an Athen zu zahlen und Verschwörungen sofort anzuzeigen. Die Athener garantierten ihrerseits die Existenz der Polis Chalkis und gewährten ihren Bürgern eine gewisse Rechtssicherheit. Kein Chalkidier sollte ohne Urteil des athenischen Demos mit Atimie, Verbannung, Tod oder Enteignung bestraft werden. Chalkidische Gesandtschaften sollten innerhalb von 10 Tagen im Rat der 500 in Athen angehört werden. Durch einen Zusatzantrag zu diesem Beschluß wurde freilich die Gerichtsbarkeit der Chalkidier erheblich eingeschränkt. Alle schweren Straftaten sollten fortan in Athen abgeurteilt werden. Andererseits erhielten die Chalkidier die Erlaubnis, „Fremde" (Nichtbürger) auf ihrem Gebiet zu besteuern, soweit diese keine Abgaben an Athen zahlten oder nicht von den Athenern von Zahlungen befreit worden waren. Diese „Fremden" in Chalkis sind zweifellos keine dort angesiedelten athenischen Kleruchen, die in einem athenischen Volksbeschluß wohl kaum in dieser Form bezeichnet worden wären.[174] Allem Anschein nach handelte es sich vorwiegend um Metoiken aus Attika, die in Athen die Metoikensteuer zahlten, sowie um Bürger aus anderen Poleis, die mit Athen verbündet waren. Aus dem athenischen Volksbeschluß geht zwar nicht hervor, daß Ländereien enteigneter Hippoboten in den Besitz dieser Xenoi übergegangen waren oder noch übergehen sollten oder von ihnen gepachtet werden konnten. Es besteht aber kaum ein Zweifel, daß es den Xenoi ebenso wie athenischen Bürgern gegen Zahlung einer Pacht möglich war, enteigneten Grundbesitz der Exulanten zu nutzen. Ähnliche Vertragsbedingungen hatte Eretria zu erfüllen, das wie Chalkis nach der Erhebung 446 zur Kapitulation gezwungen worden war.

Daß es 446 überhaupt zu weitverzweigten antiathenischen Aktivitäten in Boiotien, auf Euboia und in Megara kommen konnte, war sicherlich nicht zuletzt ein Resultat spartanischer Zusicherungen, eine Erhebung gegen Athen durch militärische Operationen zu unterstützen. Pleistoanax und Kleandridas haben aber offenbar bei ihrem Vorstoß nach Attika nicht mit der entschlossenen Reaktion des Perikles gerechnet. Aber auch in Athen sind aufgrund von Fehleinschätzungen falsche Entscheidungen getroffen worden. Sogar nach der Niederlage des Tolmides scheint man nicht den Ernst der Lage erkannt zu haben. Beide Seiten haben dann aber aus dem Verlauf der Kampfhandlungen 446 ihre Lehren gezogen und gesehen, daß eine Pattsituation eingetreten war. Jedenfalls führten Verhandlungen zwischen Sparta und Athen zum Abschluß des sogenannten Dreißigjährigen Friedens.[175] Die Athener erklärten sich bereit, die megarischen Häfen Nisaia und Pagai zu räumen und auf ihren Einfluß in Troizen und Achaia zu verzichten.[176] Ansonsten bestätigten die beiden vertragschließenden Poleis sich gegenseitig die Anerkennung ihres damaligen Einflußbereiches und verpflichteten sich, nicht gegeneinander Krieg zu führen, wenn im Konfliktfall einer der beiden Vertragspartner ein Schiedsverfahren vorschlagen sollte.[177] Diese Klausel war zweifellos die wichtigste Abmachung[178] – zumindest sollte sie dies nach den Intentionen der Initiatoren des Friedens auf beiden Seiten sein.[179] Listen der Bundesgenossen beider Poleis wurden dem Vertragswerk beigefügt. Die hierin nicht genannten Gemeinwesen konnten sich in Zukunft einem der Vertragspartner anschließen (Thuk. 1,35,2.40,2).[180] Hiervon ausgenommen waren aber offenbar die Argiver, die 451/50 einen dreißigjährigen Frieden mit Sparta geschlossen hatten.

Die Spartaner konnten zufrieden sein. Die athenische Expansion schien in Gebieten, die zum Interessenbereich Spartas gehörten, gestoppt zu sein. Athen hatte auf weitere Interventionen in Mittelgriechenland verzichtet und hatte seinen Einfluß in Boiotien und in der Megaris verloren, so daß es seinerseits verwundbar war. Dennoch war auch aus athenischer Sicht ein vorteilhaftes Abkommen geschlossen worden. Die athenische Hegemonie im Seebund war nunmehr sowohl von Persien als auch von Sparta anerkannt worden. So konnte man in Athen die Gewißheit gewinnen, daß Sparta weder die Kraft noch den Willen besaß, irgendwie Einfluß auf die Verhältnisse im athenischen Machtbereich zu nehmen. Allerdings enthielt der Vertrag auch Unsicherheiten. Ein nicht zu unterschätzendes Risiko bestand darin, daß Gemeinwesen, die keinem der beiden großen griechischen Bündnissysteme angehörten, Anschluß an eine der beiden Hegemonialmächte zu gewinnen suchten und hierdurch die Interessen der anderen Großpolis oder ihrer Bundesgenossen tangiert wurden. Daß aus einem Konfliktfall dieser Art sich eineinhalb Jahrzehnte später eine Eskalation ergab, die zum großen Krieg führte, konnte allerdings damals nicht vorausgesehen werden. Wohl aber hatten die Erfahrungen des Jahres 446 gezeigt, daß Athen im Seebund nicht unverwundbar war, wenn die Konflikte eskalierten. Die Athener suchten in der Folgezeit mit einem Bündel von Maßnahmen ihre hegemonialen Kompetenzen auszuweiten und zu festigen und zugleich eine stärkere Bindung der Mitglieder ihrer Symmachie an die Vormacht zu erreichen.

8. Unsicherer Frieden – Kontinuität und Wandel in der athenischen Seebundpolitik

Der Dreißigjährige Frieden bedeutete keine scharfe Wende in der athenischen Seebundpolitik. Eine Reihe von Problemen im Netzwerk der Beziehungen zwischen der Hegemonialmacht und den Mitgliedstaaten des Seebundes war gleichsam ein Erbe der vorausgegangenen Jahre. Die Erörterung der Fragen athenischer Außenpolitik nach dem Frieden mit Sparta erfordert daher immer wieder einen Rückgriff auf die Zeit vor 446. Für die Beurteilung der Motive und Triebkräfte athenischer Maßnahmen im Seebund gewinnen freilich auch neue Probleme an Bedeutung. Hierzu zählt nicht zuletzt die griechische Terminologie zur Bezeichnung politischer Unterordnungs- und Abhängigkeitsverhältnisse.

Obgleich im offiziellen Sprachgebrauch der Athener die Mitglieder des Seebundes bekanntlich als Symmachoi („Bundesgenossen", eigentlich: „Mitkämpfer") der Hegemonialmacht galten, wurde in dem athenisch-argivischen Vertrag des Jahres 420 der Vorrang Athens in einer Weise zum Ausdruck gebracht, die nach modernen Vorstellungen ein Herrschaftsverhältnis (Arché) impliziert.[181] In ähnlicher Weise wurden bereits in verschiedenen Urkunden der zwanziger Jahre des fünften Jahrhunderts die Machtverhältnisse im Seebund bezeichnet, indem im Griechischen die Formulierungen „Gewalt haben" (κρατεῖν) und „herrschen" (ἄρχειν) scheinbar synonym verwendet werden. Diese seit etwa 430 verwendete Formel, die „offiziell" zu verkünden scheint, daß die „Athener über Poleis (im Seebund) Gewalt haben",[182] findet sich auch in einigen sogenannten Proxeniedekreten, d. h. in Volksbeschlüssen über die Ehrung eines Bürgers aus einem anderen Gemeinwesen durch Gewährung einer öffentlichen Gastfreundschaft, die natürlich auch zu Gegenleistungen verpflichtete.[183] Für die historische Einordnung dieser Dekrete ist eine fachspezifische Detailfrage von einiger Bedeutung. Viele Forscher gehen davon aus, daß der griechische Buchstabe Sigma etwa seit 445 in der Regel nicht mehr mit drei Balken (ϟ), sondern mit vier Strichen (Σ) geschrieben wurde. So nahm man aufgrund dieses vermeintlichen Kriteriums der Buchstabenform an, daß jene Proxeniedekrete bereits um 450/49 beschlossen und niedergeschrieben worden seien.[184] Die Prämisse dieser Datierung ist jedoch durch moderne Fototechniken in Frage gestellt worden,[185] so daß die seit langem von Harold B. Mattingly vertretene Auffassung, auch nach 445 sei das dreigestrichene Sigma noch verwendet worden, einen hohen Wahrscheinlichkeitsgrad gewinnt und die fraglichen Proxeniedekrete im Hinblick auf ihren gesamten Tenor eher in die zwanziger Jahre des fünften Jahrhunderts zu datieren sind. Ähnlich ist das Problem der Zeitstellung des sogenannten Münzdekrets[186] und des Kleiniasdekrets[187] zu beurteilen. Nach dem Münzdekret sollten die athenischen Bundesgenossen gezwungen werden, attische Münzen, Maße und Gewichte zu benutzen. Der von Kleinias beantragte Volksbeschluß enthielt strikte Regelungen für den Transfer der Phoroi der Seebundstaaten nach Athen. Hiernach wurde die Verantwortung für die Einsammlung der Beiträge und ihre Überstellung nach Athen den Ratsversammlungen und den Archonten in den einzelnen Poleis sowie athenischen „Aufsehern" (Episkopoi) übertragen. Zur Vermeidung von Diebstahl sollten die jeweiligen Sendungen versiegelt sowie getrennt hiervon Verzeichnisse über die Höhe der betreffenden Beträge nach Athen geschickt und dem athenischen Rat der 500 zusammen mit der Geldsendung übergeben werden. Nach der Feier der Dionysien, an denen die Zahlungen fällig waren, hatten die Hellenotamiai der athenischen Ekklesia mitzuteilen, welche Poleis die Beiträge korrekt gezahlt hatten. Zugleich sollte jeder Zahlungsverzug genannt werden. Des weiteren sollten vier in der Volksversammlung gewählte Athener den Poleis Quittungen über gezahlte Beiträge überbringen und gegebenenfalls noch ausstehende Abgaben einfordern. Zudem wurden auch Strafen für eine Unterlassung der von den Poleis zum Panathenäenfest zu übersendenden Gaben (Rind und Panhoplie) angedroht. Tenor und Intentionen des Münzdekrets und des Kleiniasdekrets lassen auf einen zeitlichen Zusammenhang der beiden Beschlüsse schließen. Für eine Datierung des Münzgesetzes in die Zeit nach dem sogenannten Kalliasfrieden schien u. a. das dreigestrichene Sigma auf einem Fragment aus Kos zu sprechen, und die gleiche Zeitstellung wurde dementsprechend für das Kleiniasdekret angenommen, zumal man den Antragsteller mit dem 446 bei Koroneia gefallenen Vater des Alkibiades zu identifizieren versuchte. Das dreigestrichene Sigma wurde aber – wie gesagt – auch später noch verwendet, und der Vater des Alkibiades war natürlich nicht der einzige Träger des Namens Kleinias in Attika. Die detaillierten Regelungen der fraglichen beiden Volksbeschlüsse sprechen eher für eine zeitliche Nähe zum sogenannten Thudipposdekret 425/24, das infolge des enormen Geldbedarfs der Athener im Peloponnesischen Krieg eine drastische Erhöhung der Phoroi anordnete.[188] Die Vorschriften über die Form der Abgabenerhebung wären insofern als „flankierende Maßnahmen" bzw. als notwendige Ergänzungen zu den Bestimmungen des Thudipposdekrets zu verstehen. Jedenfalls bieten Münzdekret und Kleiniasdekret keine sichere Stütze für die These, daß in den frühen vierziger Jahren imperialistische Ziele athenischer Seebundpolitik in der „Herrschaftsterminologie" ihren Ausdruck gefunden hätten.

Der Sprachgebrauch des Thukydides bestätigt vielmehr, daß nach dem sogenannten Kalliasfrieden keine neue, gegen die eigenen Symmachoi gerichtete imperialistische Orientierung der athenischen Politik erfolgte. Thukydides verwendet die Begriffe Hegemonia und Arché mehrfach ohne Bedeutungsunterschied zur Bezeichnung militärischer Führung.[189] Der Begriff der Arché kann daher nicht generell als „Herrschaft" oder rigorose „Herrschaftsausübung" verstanden werden. Das gleiche gilt in bezug auf das Verb ἄρχειν als Äquivalent. Der 420 v. Chr. geschlossene Vertrag zwischen Athen und dem peloponnesischen „Dreibund" der Argiver, Mantineier und Eleier bezeichnet die Bundesgenossen aller Vertragspartner als Symmachoi, über die sowohl die Athener als auch die Argiver, Mantineier und Eleier jeweils herrschen bzw. die militärische Führung innehaben. Es handelt sich hierbei um den offiziellen Vertragstext, in dem somit die gleichen Formeln auf die Bündnissysteme der Athener und des peloponnesischen Dreibundes der Argiver, Mantineier und Eleier angewendet werden.[190] Von einem „Imperium" oder von einer „imperialistischen" Politik der Vertragspartner der Athener kann zweifellos keine Rede sein. Ihre Repräsentanten, die dem Vertragstext zustimmten, hatten keine terminologischen Bedenken, d. h., sie brauchten nicht zu befürchten, aufgrund der fraglichen Wendungen als Vertreter einer brutalen Herrschaftsterminologie zu gelten. Allerdings konnte der Begriff der „Macht" (Kratos) in der politischen Terminologie natürlich auch zur Bezeichnung eines Verhältnisses der Über- und Unterordnung gebraucht werden. Wir wissen freilich nicht, ob hierbei die zunehmende Bedeutung des militärischen Potentials im Archidamischen Krieg eine Rolle gespielt hat. Zu beachten ist aber, daß *„Kratos"* in der politischen Terminologie nicht in jedem Fall von vornherein eine negative Konnotation besaß, wie gerade der Demokratiebegriff zeigt, der ja in Athen in perikleischer Zeit ein Identifikationssymbol der Polisgemeinschaft wurde. Thukydides betont zwar, daß sich ein Wandel von einer militärischen Führung (Hegemonie) der Athener in den Anfängen des Seebundes zu einer Herrschaft (Arché) vollzogen habe (1,96,1.97,2), die im Verlauf der Pentekontaëtie immer härter ausgeübt (1,118,1) und schließlich im Seebund als Tyrannis empfunden worden sei (2,63,1–2).[191] Aus seiner Sicht begann aber bereits mit der Unterwerfung der Naxier eine neue Phase der athenischen Seebundpolitik (1,96). Hingegen gewannen die Beziehungen zwischen Athen und seinen Symmachoi nach seiner Auffassung um die Jahrhundertmitte offenbar keine neue Qualität. In der Tat verfolgten die Athener mit ihren Maßnahmen nach den Erhebungen in Erythrai, Chalkis und Eretria und wohl auch in Milet und Kolophon das gleiche Ziel wie nach den Austrittsversuchen von Naxos und Thasos. Die Maxime, auf jeden Fall eine Erosion des Bundes zu verhindern, galt nach dem sogenannten Kalliasfrieden ebenso wie in der Zeit Kimons. Kernpunkte der athenischen Seebundpolitik standen insofern nach dem Ende der Perserkriege überhaupt nicht zur Disposition. Die Symmachie war und blieb ein integraler Bestandteil der Machtbasis Athens und garantierte, daß diese Polis ihre Interessen wirkungsvoll gegenüber Sparta und dem Peloponnesischen Bund sowie auch gegenüber dem „Weltreich" der Perser vertreten konnte. Da die Mittellage Athens zwischen Sparta und Persien ein bestimmender Faktor athenischer Außenpolitik geworden war, wollten und konnten die Athener nach dem Ende der Kämpfe gegen Persien auf das Machtinstrument ihrer großen Flotte nicht verzichten. Sie waren dementsprechend weiterhin auf die „Beiträge" ihrer Symmachoi angewiesen. Es mag sein, daß nach dem Kalliasfrieden diese Phoroi teilweise mit Verspätung oder recht unregelmäßig eingingen. Ein klares Bild der athenischen Seebundpolitik der ersten Jahre nach 450/49 kann aber aus den Tributquotenlisten jener Zeit nicht gewonnen werden. Eine antiathenische Erhebung in weiten Teilen der Ägäis läßt sich – wie bereits dargelegt – nicht beweisen. Andererseits ist aber nicht zu bestreiten, daß durch regionale Aufstände 446 der athenische Einflußbereich im griechischen Mutterland stark reduziert wurde. Dies erklärt die erneuten restriktiven Maßnahmen gegen jene Seebundstädte auf Euboia, die damals von Athen abgefallen waren. Zu beachten ist aber auch, daß die Tributquotenliste für das Amtsjahr 447/46 relativ kurz ist. Einige Poleis, die sonst größere Abgaben zu leisten hatten, erscheinen in diesem Verzeichnis nicht. Möglicherweise hat Athen damals in der Tributfrage einer Reihe von Seebundstädten gegenüber ein gewisses Entgegenkommen gezeigt, um hierdurch antiathenische Bestrebungen abzufangen. Jedenfalls waren die Athener durchaus bereit, gegebenenfalls Phoroi zu reduzieren.

Die schon vor 450 sich deutlich abzeichnenden athenischen Bestrebungen, eine straffere Organisation des Bundes zu erreichen und hierdurch auch die Kontrollmöglichkeiten Athens in den Seebundstädten zu optimieren, erhielten freilich jeweils neue Impulse durch jene Regelungen, die von der Hegemonialmacht nach gescheiterten Aufstandsbewegungen getroffen wurden. So hatten die Athener bereits vor 446 beschlossen, daß schwere Straftaten, die in Seebundpoleis verübt worden waren, in Athen abgeurteilt werden sollten.[192] Zudem war bereits im Erythraidekret allen mit der Verbannung bestraften Bürgern von Erythrai der Aufenthalt im gesamten Bereich des Seebundes verboten worden.[193] Alle Bundesgenossen Athens waren dementsprechend gehalten, dem genannten Beschluß der athenischen Ekklesia Folge zu leisten. Ferner sind im Miletdekret athenische Interventionen in die lokale milesische Rechtspflege vorgesehen. Verfahrens- und Prozeßrecht wurden mehr und mehr zu einem athenischen Instrumentarium, das geeignet war, die Effektivität athenischer Kontrollmechanismen in mehrfacher Weise zu steigern. Pflichten und Zuständigkeiten der einheimischen Behörden in den Seebundpoleis sowie der athenischen Funktionsträger und „Aufseher" im Seebundbereich wurden detaillierter geregelt. Dies alles kann nicht nur als zielgerichtete Entwicklung eines athenischen Herrschaftsapparates gewertet werden, sondern ist auch unter dem Aspekt organisatorischer Verbesserungen sowie auch einer verstärkten Legitimierung der Hegemonie Athens zu sehen. Eine gewisse Vereinheitlichung der Rechtspflege war zwar einerseits ein probates Mittel im Kontext der Bemühungen um eine Konsolidierung des Seebundes. Wenn die Hegemonialmacht durch Volksbeschlüsse nach der Unterwerfung abgefallener Symmachoi geregelte Gerichtsverfahren in den betreffenden Poleis garantierte, so manifestiert sich hierin jedoch nicht zuletzt auch das Bestreben, eine dem Recht bzw. einer geordneten Rechtspflege verpflichtete Hegemonie auszuüben und hierdurch Akzeptanz zu finden.[194] Im Grunde ist dieses Prinzip bereits in der Anfangsphase der Organisation des Systems der Phoroi erkennbar, die ja nicht dazu dienen sollten, den Bundesgenossen schwere finanzielle Lasten aufzuerlegen. Die Abgaben hielten sich durchaus in Grenzen und waren für die meisten Symmachoi eine geringere Bürde als die Verpflichtung, Schiffe und Mannschaften zu stellen. Die Tributquotenlisten lassen erkennen, daß die Athener – wie gesagt – auch immer wieder zu Konzessionen bereit waren. Andererseits waren hierdurch aber auch viele Regelungen erforderlich, die eine gewisse Eigendynamik in der Organisation des Abgabensystems entfalteten, indem Neuerungen oder intendierte Verbesserungen und ein gerechteres Verfahren in der Erfassung der Phoroi notwendigerweise eine Intensivierung von Verwaltungsfunktionen bedingten.

Entsprechende „Reformen“ erfolgten 443 in Verbindung mit einer Neuveranlagung der Phoroi, die damals ausnahmsweise außerhalb des üblichen vierjährigen Turnus vorgenommen wurde. Beachtliche organisatorische Maßnahmen sind aus der Tributquotenliste für 443/42 zu erschließen, in der erstmals verschiedene Distrikte im Seebund in folgender Reihenfolge genannt werden: Ionischer, Hellespontischer, Thrakischer, Karischer Bezirk und Inselgebiet.[195] Schon vorher war es üblich, bestimmte Gruppen von Seebundpoleis nach regionalen Gliederungsprinzipien in den Listen zu erfassen. Diese Form der Gebietseinteilung wurde 443 gewissermaßen systematisiert, so daß jetzt auch eine formale organisatorische Grundlage für die Aufgaben der Hellenotamiai geschaffen war. Eine geringfügige Korrektur des Schemas der Bezirke wurde 438/37 vorgenommen, indem der Karische Bezirk, der nur niedrige Phoroi zahlen konnte, mit dem Ionischen Bezirk zusammengefaßt wurde. Die organisatorischen Maßnahmen 443/42 resultierten sicherlich *nicht* aus dem Bestreben, finanzielle Reserven der Symmachoi rücksichtslos auszunutzen. Eher sind hier Bemühungen um eine adäquate Erhebung der Phoroi und um eine möglichst gerechte Verteilung der Lasten der Bundesgenossen vorauszusetzen, denn bei der außerplanmäßigen Neuveranlagung 443/42 wurden keine wesentlichen Änderungen gegenüber den Abgaben in den ersten Jahren der regulären dritten Schatzungsperiode vorgenommen, die 446 begann. In einigen Fällen wurden 443/42 die Phoroi sogar reduziert. Erst in den dreißiger Jahren wurden vielfach die Phoroi wieder auf den Stand der Zeit vor 446 gebracht. Allerdings wurden seit 439 auch zusätzliche Abgaben (Epiphorai) eingefordert. Die Gründe sind indes nicht bekannt. Ob es sich um Strafgelder für verspätete Phoroszahlungen handelte, muß offenbleiben. Wenn die Athener in verschiedenen Fällen höhere Abgaben verlangten, so waren dies aber sicherlich keine Willkürmaßnahmen. Daß die Athener vielmehr das Abgabensystem flexibel zu gestalten suchten, lassen bestimmte Sonderrubriken vermuten, unter denen seit Mitte der dreißiger Jahre kleinere Poleis verzeichnet wurden, die man offenbar nicht nach dem üblichen Verfahren veranlagte.[196] Möglicherweise konnten vor allem im thrakischen Raum neu in den Seebund eintretende Gemeinwesen ihren Phoros selbst festsetzen.

Wie bereits dargelegt, waren einer expansiven Großmachtpolitik in der griechischen Staatenwelt Grenzen gesetzt. Die zahlreichen Poleis waren ja aus überschaubaren Wehr- und Siedlungsgemeinschaften entstanden, deren Basis jeweils eine „Kleingesellschaft“ (face-to-face-society) gewesen war, die in der Abgrenzung gegen andere Gemeinwesen des gleichen mediterranen Typs ihre Identität gefunden und ihre eigene Staatlichkeit gewonnen hatte. In der sich formierenden Poliswelt wurde nicht eine abstrakte Staatsidee zum Integrationsfaktor, sondern die Entwicklung zur Staatlichkeit war von einzelnen Gemeinschaften ausgegangen, die als Personenverbände zusammengewachsen waren. Diese zahlreichen Gemeinwesen waren in ihrer wichtigen Entwicklungsphase vom achten bis zum sechsten Jahrhundert nicht von außen her ernsthaft bedroht worden. Sie waren gewissermaßen weitgehend mit sich selbst beschäftigt gewesen, was zur Folge hatte, daß die einzelnen Poleis sich nicht nur voneinander abgrenzten, sondern auch spezifische Eigenarten ihrer politischen und gesellschaftlichen Struktur entwickelten und insofern jeweils ein bestimmtes, gleichsam „individuelles“ Gepräge erhielten, wenn sie auch andererseits natürlich viele gemeinsame Züge hatten, denn diese Gemeinwesen waren z. B. generell gekennzeichnet durch eine strikte Dichotomie ihrer Gesellschaft in Freie und Unfreie. Ferner gab es bekanntlich überall typische politische Organe wie Magistraturen, Rats- und Volksversammlungen. Für die Athener bedeutete dies, daß sie sowohl die Rechtspflege und die Rechtsordnung als auch die gewachsenen politischen Strukturen in den Poleis des Seebundes respektieren mußten. Im übrigen waren sie gar nicht in der Lage, ihre gesamte Symmachie gewissermaßen lückenlos organisatorisch zu durchdringen. Schon aus personellen Gründen hätte die Polis Athen eine intensive administrative Erfassung ihres Einflußbereiches nicht realisieren können. Eine Reichsorganisation im eigentlichen Sinne konnte infolgedessen gar nicht angestrebt werden. Hierzu fehlten freilich auch die konzeptionellen Voraussetzungen. In der Regel waren die Athener durchaus bestrebt, die traditionelle Ordnung in den verbündeten Gemeinwesen bestehen zu lassen, sofern diese nicht aus dem Seebund auszutreten versuchten. Nach der Niederwerfung von antiathenischen Aufständen traf die Hegemonialmacht aber Maßnahmen, die durchweg auch Eingriffe in die politischen Strukturen der betreffenden Gemeinwesen darstellten. Interventionen dieser Art bedeuteten indes nicht in jedem Fall, daß Athen einen Verfassungsoktroi im Sinne einer Einführung einer Demokratie vornahm, seitdem die Athener selbst ihre eigene Verfassung als Demokratie verstanden. Zu beachten ist hier noch einmal, daß die Verfassungsbegriffe „Demokratie“ und „Oligarchie“ für die fünfziger Jahre nicht eindeutig nachweisbar sind und in den athenischen Volksbeschlüssen zur Regelung der Verhältnisse in abgefallenen und wieder zur Unterwerfung gezwungenen Seebundstädten die Begriffe „Demos“ und „Plethos“ nicht als Bezeichnungen für spezifische Systeme im Sinne der späteren griechischen Verfassungstypologie dienten. Im übrigen wurden durch athenische Interventionen in den betreffenden Poleis im allgemeinen keine völlig neuen Institutionen eingeführt. Eingriffe im institutionellen Bereich intendierten nicht unbedingt auch eine Konstituierung neuer politischer Organisationsformen. Vielmehr zeigen die inschriftlichen Zeugnisse, daß in den bestehenden Institutionen etwa durch genauere Regelungen für die Einsetzung von Ratsmitgliedern eine stärkere Formalisierung politischer Vorgänge erreicht und hierdurch eben auch eine größere Transparenz der politischen Maßnahmen ermöglicht werden sollte.[197]

Die athenischen Maßnahmen im Zuge einer Intervention in Samos 441 v. Chr. bezeichnet Thukydides (1,115,3) freilich ausdrücklich als Einführung einer Demokratie. Wir wissen indes nicht, ob und inwiefern damals institutionelle Neuerungen in Samos vorgenommen wurden. Der relativ ausführliche Bericht des Thukydides über die Geschehnisse in Samos erlaubt andererseits den Schluß, daß Machtkämpfe innerhalb der dortigen Oberschicht zum Eingreifen Athens führten. Die inneren Konflikte in Samos eskalierten infolge eines Krieges, den die Polis mit Milet „um Priene" führte (Thuk. 1,115,2).[198] Wahrscheinlich wollten die Milesier die Polis Priene okkupieren, die an das samische Territorium auf dem kleinasiatischen Festland grenzte. Als sie unterlagen, erhoben sie in Athen Klage gegen Samos. Ihre Gesandtschaft wurde von mehreren samischen Bürgern begleitet, die sich ihrerseits für das Anliegen der Milesier einsetzten und von Thukydides als „Privatleute" bezeichnet werden. Zweifellos handelte es sich um Angehörige der samischen Oberschicht, die damals keine Polisämter bekleideten und mit athenischer Unterstützung anstelle der amtierenden Magistrate an die Macht gelangen wollten. In Athen wollte man zunächst Zeit gewinnen. Die Samier wurden aufgefordert, die Kampfhandlungen gegen Milet einzustellen und die Entscheidung des Konflikts durch ein athenisches Schiedsgericht abzuwarten (Plut. Per. 25,1). Da diese Forderung abgelehnt wurde, besetzten athenische Streitkräfte Samos und entmachteten die dort dominierenden Kreise. Die Darstellung des Thukydides (1,115) läßt darauf schließen, daß die von ihm als Konstituierung einer Demokratie bezeichnete athenische Intervention lediglich Parteigänger der Vormacht des Seebundes ans Ruder brachte. Die breite Masse der samischen Bürger erhielt sicherlich keine neuen politischen Rechte, da der Demos im weiteren Verlauf des Konflikts die von den Athenern entmachteten Personen unterstützte, die vor der Ankunft der athenischen Streitkräfte größtenteils zum Festland geflüchtet waren und dort mit Hilfe des in Sardeis residierenden persischen Satrapen Pissuthnes etwa 700 Söldner anwarben, mit denen sie nach dem Abzug des Gros der Athener im Einverständnis mit ihren in Samos zurückgebliebenen Gesinnungsgenossen einen Überraschungsangriff auf ihre Polis unternahmen. Sie überwältigten die noch in Samos stationierte athenische Besatzung und vollzogen nunmehr den offenen Abfall von Athen und vom Seebund. Die gefangengenommenen athenischen Truppen und Funktionsträger wurden an Pissuthnes ausgeliefert. Für Athen entstand durch die Kontakte der antiathenischen Kräfte in Samos mit dem persischen Satrapen eine gefährliche Situation. Hinzu kam, daß etwa gleichzeitig mit Samos auch Byzantion von Athen abfiel und infolgedessen die athenischen Verbindungslinien zum Schwarzen Meer bedroht waren.[199] Dementsprechend wurde in Athen sofort eine beachtliche

Streitmacht aufgeboten, die durch Trieren aus Chios und Lesbos verstärkt wurde. Die erste athenische Angriffswelle fing überraschend die aus ihrem Einsatzgebiet bei Milet zurückfahrende samische Flotte ab und fügte ihr schwere Verluste zu. Nachdem sie sich weiter verstärkt hatten, konnten die Athener Samos einschließen. Die Nachricht von der Anfahrt eines phoinikischen Geschwaders zwang Perikles jedoch, 60 Trieren nach Karien zu detachieren und selbst das Kommando dieser Streitmacht zu übernehmen. In dieser Situation gelang es den Samiern, den athenischen Belagerungsring zu sprengen. Erst als Perikles zurückkehrte, konnten die Athener die Belagerung wiederaufnehmen. Obwohl sie bald weitere Verstärkungen aus ihrer eigenen Polis sowie aus Chios und Lesbos erhielten, benötigten die athenischen Streitkräfte neun Monate, um Samos zur Kapitulation zu zwingen. Die Samier hatten ihre Stadtmauern einzureißen, ihre Kriegsschiffe auszuliefern und die den Athenern entstandenen Kriegskosten zu ersetzen. Bald darauf mußte auch Byzantion kapitulieren.

Thukydides erwähnt in seinem Bericht über die Kapitulationsbedingungen, die Samos zu erfüllen hatte, keine institutionellen Neuerungen. Ebensowenig deutet er eine Wiedereinführung der Demokratie an. Auch ein fragmentarisch erhaltener Text eines athenischen Volksbeschlusses, durch den die Beziehungen zwischen Athen und Samos neu geregelt wurden, enthält keine Hinweise auf eine erneute Verfassungsänderung.[200] Aus dem erhaltenen Teil der Inschrift wird lediglich deutlich, daß jenes Psephisma noch konventionelle Formeln enthielt, wie sie auch in früheren Beschlüssen nach der Niederwerfung von Erhebungen abtrünniger athenischer Bundesgenossen verwendet wurden. Die samischen Ratsmitglieder hatten zu schwören, nach besten Kräften im Rat (von Samos) für den Demos der Athener zu agieren und nicht von den Athenern und den Bundesgenossen der Athener abzufallen.

Aus der Sicht der Athener war der Kern des Problems sicherlich nicht die Frage, ob sie in Samos durchgreifende institutionelle Neuerungen im Sinne einer Demokratieeinführung vornehmen sollten. Völlig neue Institutionen wurden offenbar nicht konstituiert. Vielmehr ist anzunehmen, daß nach harter Bestrafung der Initiatoren der Revolte in Samos dort wieder athenischen Parteigängern die Macht übertragen wurde. Sie sollten die Gewähr für künftige innere Stabilität in Samos bieten. Insofern wird im Grunde kaum sehr viel mehr als nach der ersten athenischen Intervention geschehen sein, d. h., jene innenpolitischen Kräfteverhältnisse, die Thukydides als „Demokratie" nach der ersten athenischen Intervention verstand, wurden wiederhergestellt. Dies suchten die Athener offenbar vor allem durch eine erneute Auswechslung der führenden Personen in Samos zu erreichen. Des weiteren mußte aus athenischer Sicht garantiert sein, daß im Rat und in der Volksversammlung in Samos die politische Willensbildung und Entscheidungsfindung in ähnlicher Form wie in Athen abliefen. Die Voraussetzung hierfür waren nicht unbedingt neue Institutionen, sondern offene Kommunikation und klare Mehrheitsbeschlüsse. Für die Athener bedeutete dies natürlich auch, daß die Transparenz der Entscheidungsprozesse und der Beamtenkontrolle in Samos durch Orientierung an der athenischen Praxis gewährleistet waren und antiathenische Kräfte niedergehalten wurden.

Thukydides hat allerdings wohl nicht von sich aus aufgrund seiner Erfahrungen während des Peloponnesischen Krieges die athenischen Maßnahmen in Samos als Etablierung einer Demokratie bezeichnet. Vielmehr ist anzunehmen, daß man von athenischer Seite „offiziell“ jene Intervention als Verfassungsänderung zugunsten des samischen Demos propagiert hat. Das Geschehen in Samos steht bereits in zeitlicher Nähe zu theoretischen Reflexionen über die Typologie politischer Ordnungen und über die Vorzüge und Defizite der drei Grundformen (Monarchie, Oligarchie, Demokratie). Diskussionen dieser Art in perikleischer bzw. spätperikleischer Zeit sind aus der sogenannten Verfassungsdebatte bei Herodot 3,80–82 und aus der fälschlich unter Xenophons Namen überlieferten Flugschrift über den ›Staat der Athener‹ zu erschließen. Daß die damals entstehende griechische Staats- und Verfassungstheorie sich auch auf die athenische Seebundpolitik ausgewirkt hat, zeigt die Gründung von Amphipolis (437 v. Chr.) wenige Jahre nach dem Samischen Aufstand. In Amphipolis wurden Kolonisten aus dem Seebund angesiedelt, die politisch die gleichen Rechte erhielten wie athenische Bürger, die sich in der neuen Gründung dauerhaft niederließen.[201] Offenbar wollte man in Athen im Rückgriff auf das ältere Gleichheitsideal der Isonomie Form und Gedanken der athenischen Demokratie propagieren.

Mit der Niederwerfung des Samischen Aufstandes hatte Athen eine gefährliche Krise überwunden, die nicht nur durch die Kontakte der Rädelsführer der Erhebung mit dem Satrapen Pissuthnes verschärft worden war. Hinzu kam die undurchsichtige Politik der 441/40 maßgebenden Kreise Spartas, die damals eine Versammlung von Repräsentanten der Gemeinwesen des Peloponnesischen Bundes einberiefen, um von ihnen Zustimmung zu einer militärischen Aktion gegen Athen zu erhalten. Der Plan scheiterte jedoch am Widerstand der korinthischen Gesandten, die sich (wohl im Auftrag ihrer Polis) weigerten, gegen Athen Krieg zu führen (Thuk. 1,40,5.41,2). Ohne Zustimmung der Korinther sahen sich die Spartaner nicht in der Lage, ihre Pläne weiterzuverfolgen. Die Vorgänge auf dem Kongreß in Sparta wurden zweifellos in Athen bekannt, da am Vorabend des Peloponnesischen Krieges Korinther auf jene Diskussion anspielten und sie als bekannt voraussetzten. Es ist anzunehmen, daß athenische Politiker – insonderheit Perikles und sein Freundeskreis – bei ihrer Einschätzung künftiger Entwicklungen und Gefahren aus den spartanischen Intentionen um 440 v. Chr. Konsequenzen zogen. Wenn Perikles in der Krise vor Ausbruch des Peloponnesischen Krieges eine bewaffnete Konfrontation für unausweichlich hielt, wird er in dieser Auffassung durch die Haltung Spartas während des Samischen Aufstandes bestärkt worden sein. Es ist wohl kaum ein Zufall, daß in der Folgezeit die Athener verschiedene Aktivitäten entwickelten, die der Stärkung ihrer Polis im Kräftefeld des griechischen Staatensystems dienten. Die erwähnte neue Kolonie Amphipolis lag auf dem Gebiet von Enneahodoi, wo fast drei Jahrzehnte früher ein großangelegtes athenisches Siedlungsunternehmen durch die schwere athenische Niederlage im Kampf gegen die Edonen gescheitert war. Amphipolis beherrschte bedeutende Handelsrouten sowie die Mündung des Strymon, und die gesamte Gegend war wegen der Gold- und Silberminen im Pangaiongebirge und auch wegen des dortigen Holzreichtums für die Athener wirtschaftlich außerordentlich interessant.[202] Athen mußte für seine große Flotte kontinuierlich Schiffsbauholz einführen. Die Leitung des Siedlerzuges wurde dem erfahrenen Strategen Hagnon anvertraut.

Der Anteil der Athener an diesem Unternehmen scheint allerdings relativ gering gewesen zu sein, wie aus einer beiläufigen Bemerkung des Thukydides (4,106,1) über die Zusammensetzung der Bürgerschaft von Amphipolis hervorgeht.[203] Vielleicht sollten aufgrund der Erfahrungen während des Samischen Aufstandes nicht allzu viele wehrfähige Bürger Athen und Attika verlassen, damit die Schlagkraft der Flotte und das für die Landesverteidigung zur Verfügung stehende Wehrpotential nicht spürbar geschwächt würden.[204]

Die athenischen Interessen im Norden des Ägäisgebietes werden bestätigt durch ein Bündnis mit dem Makedonenkönig Perdikkas. Der Vertrag, der Perdikkas verpflichtete, Holz für Schiffsruder nur nach Athen zu liefern, läßt sich zwar nicht genau datieren, dürfte aber in den dreißiger Jahren geschlossen worden sein.[205]

Zeitlich schwer einzuordnen ist die nur von Plutarch (Per. 20,1–2) erwähnte Pontosexpedition unter Leitung des Perikles. Zu vermuten ist, daß nach dem Abfall von Byzantion und der Kapitulation dieser Polis die Macht Athens im Schwarzmeergebiet demonstriert werden sollte,[206] zumal dieser Raum für die Getreideversorgung Athens zunehmend an Bedeutung gewann.[207] Das große Interesse der Athener an dieser Region wird später durch die Auflistung von mindestens 40 Städten des Schwarzmeergebietes bei der Neufestsetzung der Phoroi 425/24 v. Chr. bestätigt (sogenannte Kleon-Schatzung).[208] Im Verlauf der Pontosexpedition des Perikles traten allerdings wohl keine Poleis in den Seebund ein. Als „Erfolg" notiert Plutarch lediglich, daß Perikles „den dort wohnenden Barbaren und ihren Königen und Dynasten" die Macht Athens vor Augen führte und ein Geschwader nach Sinope detachierte, das unter Führung des Lamachos den Bürgern dieser Polis gegen den „Tyrannen" Timesilaos Hilfe leistete.[209] Nach der Vertreibung dieses Machthabers erhielten 600 athenische Bürger Ländereien aus seinem Besitz.[210] Die Ansiedlung jener Athener erfolgte wohl vor allem wegen der Lage der Polis Sinope, deren Hafen für die Überfahrt vom Südufer des Schwarzen Meeres zur Krim wichtig war.[211]

Vermutlich in der Zeit nach dem Samischen Aufstand griffen die Athener auch in Nordwestgriechenland in einen lokalen Konflikt zwischen der korinthischen Kolonie Ambrakia und den Akarnanen ein, indem sie unter Führung des Phormion 30 Kriegsschiffe in das Krisengebiet schickten. Es gelang dieser Streitmacht, die Akarnanen wirkungsvoll gegen Ambrakia zu unterstützen. Zwischen Athen und den meisten akarnanischen Gemeinwesen wurde ein Bündnis geschlossen.[212] Das athenische Engagement in Nordwestgriechenland hatte zweifellos wirtschaftliche und strategische Gründe. Von Ambrakia aus führten alte Handelswege ins Innere von Epeiros, und entlang der Küste von Akarnanien und Thesprotien verliefen wichtige Schiffahrtslinien über Kerkyra in die Adria und nach Italien. Die athenische Intervention tangierte freilich die Interessen der Korinther in diesem Raum. Nachdem sie während des Samischen Aufstandes noch spartanische Kriegspläne verhindert hatten, änderte sich nunmehr ihre Einstellung gegenüber der athenischen Machtentfaltung. Dies trug erheblich zur Verschärfung der Krise vor Beginn des Peloponnesischen Krieges bei. Die Eskalation resultierte freilich nicht zuletzt auch aus einer gewissen Verengung des Blickfeldes, die wohl auch ein Ergebnis bedenklicher Aspekte politischer Theorien waren, auf die Thukydides in seiner Darstellung der Vorgeschichte des Krieges mit allem Nachdruck hingewiesen hat, indem er eine Art Präfiguration der Grundsatzentscheidungen staatlicher Gemeinschaften durch die Entwicklung der politischen Großlage und den Ablauf bestimmter historischer Prozesse nachzuweisen sucht.

9. Politisches Denken und Selbstverständnis der Athener auf der Höhe ihrer Macht

Spätestens seit Mitte des fünften Jahrhunderts haben die Spannungen in der griechischen Welt zur Entstehung einer Theorie der Verfassungen beigetragen, die sich einerseits an charakteristischen Merkmalen bestimmter Polisordnungen orientierte, andererseits aber zweifellos auch politisches Handeln in einer Reihe von Gemeinwesen beeinflußt hat. Das politische Denken ist freilich nicht erst aus Reflexionen über Verfassungsprinzipien und Machtpolitik der Athener erwachsen, sondern war zunächst einmal ein integraler Bestandteil einer gemeingriechischen Vorstellungswelt, in der seit langem allgemein verpflichtende Verhaltensnormen als Grundlage und als Ausdruck eines geordneten Gemeinschaftslebens galten.[213]

Erste Anzeichen der Differenzierung und Bewertung von Herrschaftsformen begegnen bereits in der ›Ilias‹ (2,204f.) in Form einer Abwertung der „Vielherrschaft“ mehrerer großer Oikosbesitzer im Vergleich zur Dominanz eines einzelnen Herrn und Basileus, der freilich seinerseits sich an die richtigen Normen, die das Gemeinschaftsleben regeln, halten soll. In der ›Odyssee‹ (19,109–114) gilt dies als unabdingbare Voraussetzung für das Wohlergehen des „Volkes“, dessen Meinung der Basileus durchaus zu beachten hat (Od. 14,239). Antithetische Urteile wurden ein Charakteristikum kritischer Analysen der politischen Verhältnisse. Solon forderte bekanntlich die Überwindung der für alle Schichten der Gemeinschaft gefährlichen Dysnomia, d. h. der durch Mißachtung der tradierten Normen gestörten öffentlichen Ordnung. Dies kann nach Solons Vorstellungen nur durch Wiederherstellung der gottgewollten und gerechten Ordnung – der Eunomia – erreicht werden.[214] Um 500 erwartet Heraklit von breiteren Schichten, daß sie für den Nomos kämpfen wie für eine Mauer, d. h. für die Existenz der Polis,[215] und der Isonomiebegriff, der ein Schlüsselwort für politische Gleichheitsvorstellungen wurde, war damals zweifellos nicht nur in Athen ein Inbegriff für eine tyrannisfreie Polis. Die spezifische Entwicklung des institutionellen Gefüges im Gemeinwesen der Athener hat natürlich auf Kriterien politischen Denkens und der politischen Weltsicht in dieser Polis eingewirkt und durch die hierdurch mitbedingten besonderen Grundmuster politischer Urteilsbildung die Entscheidungsfindung maßgebend mitbestimmt. Eine bedeutsame Vermittlerrolle in diesem Prozeß der politischen Identitätsfindung kam vor allem den Tragödienaufführungen zu, bei denen die Zuschauer im Erlebnis der Zugehörigkeit zu einer auch im Kult und im religiösen Fest verbundenen Gemeinschaft mit Extremsituationen konfrontiert wurden, die ihnen an imaginierten Beispielen durchaus bekannter Mythen und Erzählungen die Normen für verantwortungsbewußtes Handeln im engeren Bereich der Nahverhältnisse sowie vor allem auch im größeren Rahmen des Polisverbandes vor Augen führten, aber auch das

Freiheitsbewußtsein der Bürger stärkten und ihnen die Gewißheit zu vermitteln vermochten, daß Freiheit das private und öffentliche Leben in Athen bestimmte, ja daß die Freiheit das eigentliche Lebenselement ihres durch die Schirmherrschaft der Göttin Athena geschützten Gemeinwesens sei. Höhepunkte des dramatischen Geschehens an den Großen Dionysien waren immer auch Spiegelbilder athenischer Selbstdarstellung und Antworten auf Herausforderungen durch die politische Großlage. Im Rückblick auf die schier unglaublichen Abwehrerfolge der Jahre 480/79 erklärte Aischylos 472 v. Chr. in den ›Persern‹ den Sieg der Griechen mit dem freiheitlichen Zuschnitt der hellenischen Lebenswelt und betonte insonderheit die Freiheit von jeglicher Form monarchischer Gewalt in der Polis Athen (Vers 241 f.), und im Kontext der Herausbildung der klassischen Demokratie sprach Aischylos in den ›Hiketiden‹ (wohl 463 v. Chr.) von den generell verbindlichen Entscheidungen des Demos (V. 601 ff.), während er in der ›Orestie‹ (458 v. Chr.) zu zeigen suchte, wie in Athen sich die Grundlagen staatlichen Seins durch den Sieg des Rechts und Ordnungsprinzips in der Konfliktbewältigung entwickelt haben und hierdurch der athenische Führungsanspruch in der griechischen Welt gerechtfertigt ist.[216] Aber auch Sensibilität gegenüber absoluten Normen konnte den Zuschauern vermittelt werden. Sophokles thematisierte dieses Problem in der (wohl 442 aufgeführten) ›Antigone‹ gerade in der großen Zeit der Dominanz der Führungskunst eines Perikles und mahnte insofern auch pragmatisches und maßvolles politisches Handeln an, das auch auf der Höhe athenischer Machtentfaltung nicht aus dem Blickfeld geraten sollte. Unterschwellige Warnungen sind auch ein Teilaspekt der politischen Botschaft der ›Hiketiden‹ des Euripides, die in einem der letzten Jahre des Archidamischen Krieges aufgeführt wurden. Die Vorwürfe, die der mythische athenische Gründerkönig Theseus gegen den argivischen Herrscher Adrastos erhebt, richten sich gegen kurzsichtige Machtpolitiker und Kriegstreiber, die ohne Rücksicht auf die Polisgemeinschaft ihre eigenen Interessen verfolgen wollen (V. 195–249). Dieser Zeitgebundenheit des Stückes entspricht freilich auch die gleichsam zeitversetzte Deutung des damaligen Kriegsgeschehens als Kampf zweier Systeme, der von Athen repräsentierten Demokratie und der Monarchie, die hier eine Chiffre für die im politischen Denken jener Zeit als Oligarchie verstandene Ordnung Spartas darstellt, da die poetische Fiktion der Heroenzeit die Imagination eines monarchischen Regimentes verlangt. Auch die athenische Polis wird natürlich in die Vorzeit transponiert, in der nach dem Selbstverständnis der Athener Monarchen in ihrer Stadt herrschten. Der Monarch (Theseus) kann aber nur auf Beschluß der Bürgerversammlung handeln, so daß die Zuschauer ohne weiteres den Bezug zur Demokratie ihrer Gegenwart erkennen und sich unmittelbar mit der vom Dichter gerühmten Gleichberechtigung bei politischen Entscheidungen (V. 352 f.), den Prinzipien des Wechsels bei der Bekleidung der Ämter und der gleichmäßigen Verteilung der Kompetenzen auf Arm und Reich (V. 404–408), der Gleichheit vor dem Recht (V. 422–437) und der Redefreiheit in der Ekklesia (V. 438–441) identifizieren konnten.[217]

Als Euripides einem breiteren Publikum die charakteristischen Merkmale der Demokratie und ihres monarchischen Gegenbildes an fiktiven Systemen der heroischen Vorzeit exemplifizierte, war im politischen Denken bereits eine Dreiverfassungstheorie entwickelt worden. Dieses Schema begegnet erstmals in dem als „Universalgeschichte" konzipierten Werk Herodots (3.80–82), das etwa 425 in der uns vorliegenden Form abgeschlossen war. Den drei Grundformen der Monarchie, der Herrschaft einer begrenzten Zahl von Privilegierten (Oligarchie) und der Macht des Volkes werden drei Zerrbilder dieser Typen gegenübergestellt, so daß die Dreiverfassungstheorie bereits zu einem Sechsverfassungsschema erweitert ist, indem jeweils eine positive und eine negative Ausprägung jeder einzelnen Verfassung skizziert wird. Herodot verwendet in dieser sogenannten Verfassungsdebatte zwar nicht den Demokratiebegriff, sondern nennt in der positiven Würdigung der demokratischen Polisordnung die Menge bzw. die Gesamtheit der Bürger *(Plethos)* als Träger des Systems, das hiernach alle Schichten der Bürgerschaft umfaßt und als System charakterisiert wird, in dem *Isonomia* (politische und rechtliche Gleichheit der Bürger) herrscht, die politischen Entscheidungen durch Mehrheitsbeschlüsse getroffen und die Ämter durch Auslosung besetzt werden sowie die Funktionsträger der Rechenschaftspflicht unterliegen (Hdt. 3,80,6). Geradezu der Inbegriff dieser Ordnung ist die *Isonomia*, denn bei Abstimmungen hat niemand mehr Macht als andere Bürger. Diese Bewertung des demokratischen Systems orientiert sich zweifellos an athenischer Verfassungspraxis und den athenischen Polisinstitutionen. Allerdings ist auch zeitgenössische Kritik an der Demokratie in das negative Gegenbild zur positiven Form der „Volksherrschaft" eingeflossen, indem Überheblichkeit, Zügellosigkeit und Unverstand der breiten Masse verurteilt und der Einfluß ihrer Anführer als Gefahr für die innere Ordnung gesehen werden. Tendenzielle Übereinstimmungen mit der Demokratiekritik in der wohl in den ersten Jahren des Archidamischen Krieges entstandenen pseudo-xenophontischen Flugschrift über den ›Staat der Athener‹ (›Athenaion Politeia‹) lassen vermuten, daß Herodot in der Verfassungsdebatte auch auf politische Vorstellungen und Werturteile oligarchischer Provenienz Bezug nimmt, ohne sich freilich hiermit zu identifizieren. Ob die unterschiedliche Bewertung der Grundformen politischer Organisation und ihrer negtiven Gegenbilder auf dialektische Argumentationsweisen zeitgenössischer Sophisten zurückgeht, muß dahingestellt bleiben. Die athenische Demokratie hat aber auf jeden Fall in diesen politisch-theoretischen Erörterungen eindeutig Modellcharakter gewonnen. Dies läßt darauf schließen, daß Kategorien und Gedanken der Verfassungsdebatte bei Herodot bereits in perikleischer Zeit in politisch interessierten und politisch aktiven athenischen Bürgerkreisen diskutiert worden sind. Die berühmte, von Thukydides (2,35–46) stilisierte Rede des Perikles auf die Gefallenen des Kriegsjahres 431 ordnet sich hier durchaus ein, freilich in der überhöhten Form des Idealbildes einer Demokratie, die an der Spitze des Fortschritts griechischer Verfassungsentwicklung steht und als vollendete Gemeinschaft ihrer Bürger ein Vorbild (Paradeigma) schlechthin darstellt (Thuk. 2,37,1). Ihre charakteristischen Grundzüge bestehen darin, daß diese Gemeinschaft vom Prinzip der Freiheit bestimmt wird, daß an der Entscheidungsfindung alle Bürger teilhaben können, daß jeder Bürger vor dem Gesetz gleich ist, daß Geltung und Ansehen nicht von der Herkunft und vom Besitz abhängig sind, sondern auf Tüchtigkeit und den Leistungen für die Gemeinschaft beruhen. Die Idealisierung der eigenen Polisgemeinschaft gipfelt in der These, daß die Athener das Schöne lieben, ohne eitler Prunkentfaltung zu erliegen, und nach Erkenntnis streben, ohne ihre Tatkraft zu verlieren (Thuk. 2,40,1). In dieser thukydideischen Darstellung des demokratischen Eliteprinzips erfolgt die Selektion der Führung aufgrund von menschlicher Qualität und politischem Ethos, das sich im Dienst der Gemeinschaft bewährt.[218] Die Betonung der Tatkraft soll freilich auch auf den politischen Aktivismus als Wesenszug des Athenertums hinweisen und eine Eigenschaft hervorheben, der die Athener nach ihrem Selbstverständnis ihren Aufstieg zur ägäischen Großmacht verdanken, deren Stärke zu wahren ihnen zugleich als Verpflichtung gegenüber den vor ihnen lebenden Generationen gilt. So manifestiert sich im politischen Denken und Geschichtsverständnis der Athener zugleich ein Spannungsverhältnis zwischen der Freiheit als Grundlage der eigenen Polisordnung und dem Zwang zur Erhaltung der machtpolitischen Basis ihrer Demokratie – ein Problem, das Thukydides in einer von ihm frei komponierten Rede einer athenischen Gesandtschaft erörtert (1,73–78), indem er sie kurz vor Ausbruch des Peloponnesischen Krieges in Sparta zur Herrschaft der Athener im Seebund Stellung nehmen läßt. Die Gesandtschaft (bzw. ihr Sprecher) rechtfertigt die Machtausübung der Athener mit der historischen Mission, die dem Athenertum zufiel, als nach der Abwehr der Invasion des Xerxes die Spartaner sich der Führungsaufgabe im weiteren Kampf gegen die Perser entzogen. Damals hatten die Athener nach ihrem eigenen Selbstverständnis bereits einen Weg beschritten, auf dem es für sie kein Zurück mehr gab, da Ehre, Furcht (vor gefährlichen Gegnern) und Vorteil (d. h. die eigene Sicherheit) ihnen die Wahrung und Steigerung ihrer Macht geboten und sie infolgedessen gezwungen waren, keine Erosion ihres Bündnissystems zu tolerieren. In diesem Sinne seien sie – so betonen die Athener – nur der menschlichen Natur gefolgt, wenn sie bestrebt waren, auf die ihnen von ihren Bundesgenossen angebotene und von ihnen maßvoll ausgeübte Führung nicht mehr zu verzichten und ihren Machtanspruch aufrechtzuerhalten. Immer schon hätten sich die Schwächeren den Stärkeren beugen müssen. Die Ambivalenz dieser Argumentation besteht darin, daß einerseits der athenische Führungsanspruch im Seebund mit historischen Leistungen (im Kampf gegen die Persergefahr) sowie mit Kriterien des politischen Ethos (d. h. der Wahrung des Rechtes im Verhältnis zu den Symmachoi) begründet wird, andererseits aber auch in Analogie zu sophistischen Thesen die Ausübung von Macht und Herrschaft als Recht des Stärkeren erscheint. Der dauernde Kampf um die Macht aber verstrickt hiernach die politischen Akteure und die von ihnen geführte Gemeinschaft in eine Zwangsläufigkeit des Geschehens, der sich die Gemeinwesen nicht zu entziehen vermögen.[219] Das seit langem vertraute Denken in politischen Kräfterelationen führte insofern in den Jahren vor Ausbruch des Peloponnesischen Krieges in eine Sackgasse, aus der die Athener letztlich nicht mehr herausfanden, als der Zwang zur Sicherung und Erhaltung der Macht die Entscheidungen in den beiden Großpoleis Athen und Sparta zu diktieren schien.

III. „DIE GRÖSSTE ERSCHÜTTERUNG GRIECHENLANDS“ – DER PELOPONNESISCHE KRIEG

1. Die Entstehung des Krieges

Als etwa 437 oder 436 v. Chr. weitab von den Zentren der hellenischen Welt in Epidamnos an der Adria ein Bürgerkrieg entstand, ahnte wohl kaum ein Zeitgenosse, daß dort eine Zündschnur angezündet wurde, die eine gewaltige Explosion – nach den Worten des Thukydides (1,1,2) „die größte Erschütterung für die Griechen und einen Teil der Barbaren“ – auslösen sollte. Epidamnos (Dyrrhachion, Durazzo) galt als „Kolonie“ der Kerkyraier und der Korinther. Die eigentlichen Initiatoren der Gründung waren aber Kerkyraier gewesen, die sich wichtige Küstenplätze an der Adria zu sichern suchten, als der Handel für ihre Polis zunehmend an Bedeutung gewann.[1] Kerkyra selbst war um 730 von Korinth aus kolonisiert worden und hatte um 660 im Kampf gegen die Metropolis die Unabhängigkeit behauptet, war aber (wohl noch im späten siebenten Jahrhundert) von dem Tyrannen Periander – dem Sohn des Usurpators Kypselos – unterworfen worden und konnte erst nach dem Ende der Kypselidenherrschaft (um 584) seine Selbständigkeit zurückgewinnen.[2] Bereits im späten siebenten Jahrhundert war von Kerkyra aus ein Kolonistenzug zur Gründung von Epidamnos organisiert worden,[3] an der auch Korinther und andere Siedler dorischer Herkunft teilnahmen. Wie es dem Brauch entsprach, hatte Kerkyra als Kolonie von Korinth aus der Metropolis einen Oikisten als Leiter des Unternehmens angefordert und auch erhalten.[4] Epidamnos entwickelte sich zu einer bevölkerungsreichen Polis, wurde aber um 440 von inneren Wirren erschüttert, bis 437 oder 436 die bislang dominierenden Kreise vertrieben wurden. Die Exulanten gewannen Unterstützung bei den illyrischen Taulantiern und fügten durch Raubzüge ihren Gegnern schweren Schaden zu, so daß diese in Kerkyra um Hilfe und Schlichtung des Streites baten. Als sie hiermit keinen Erfolg hatten,[5] wandten sie sich nach Konsultation des Delphischen Orakels[6] an die Korinther, die dem Hilfegesuch entsprachen und etwa im Frühjahr 435 v. Chr. Siedler (auf freiwilliger Basis) sowie eine durch Ambrakioten und Leukader verstärkte Besatzung unbemerkt auf dem Landweg durch Epeiros nach Epidamnos schickten (Thuk. 1,24–26,2). Ausschlaggebend für diese folgenreiche Maßnahme der Korinther war offenbar eine Art Bedrohtheitskomplex, denn der Aufstieg Kerkyras und die Einmischung Athens in Konflikte im Golf von Ambrakia bedeuteten aus korinthischer Sicht eine Beeinträchtigung der eigenen Handlungsfreiheit in einer Region, die man – wie bereits ausgeführt – als Interessensphäre Korinths betrachtete. Verfassungsbedingte Gegensätze scheinen bei der Eskalation des Konflikts keine Rolle gespielt zu haben, wenn auch Thukydides' Bezeichnung der Exulanten aus Epidamnos als „Mächtige“ *(Dynatoi)* vielfach als Hinweis auf „Adlige“ oder „Oligarchen“ verstanden und der von Thukydides verwendete

Demosbegriff (Thuk. 1,24,5) als Synonym für „Demokraten" als Gegner jener „Mächtigen" interpretiert wurde. Die terminologische Differenzierung zwischen Demokraten und Oligarchen war zwar zweifellos schon bekannt, doch kann man nur mit Vorbehalt die damalige Verfassung von Korinth als Oligarchie oder die Polisordnung von Kerkyra als Demokratie bezeichnen. Thukydides gebraucht in diesem Kontext die später im Peloponnesischen Krieg vielfach übliche und propagandistisch verwendete Terminologie. Es handelte sich aber in erster Linie um einen Machtkampf zwischen Gruppierungen innerhalb der Oberschicht. Die *Dynatoi* scheinen zwar in der Minderheit gewesen zu sein, konnten sich aber wohl ebenso wie ihre Gegner auf Anhängerschaften im Demos stützen, da sie andernfalls unterlegen gewesen wären. Die Anführer des Demos stammten zweifellos wie die *Dynatoi* aus der Oberschicht, gaben aber offenbar vor, für die Belange der breiten Masse einzutreten.[7] Jedenfalls hatte der sogenannte Demos von Epidamnos mit seinem Hilfegesuch nicht in Kerkyra, sondern in Korinth Erfolg.[8]

Die Kerkyraier nahmen die korinthische Intervention nicht hin, rüsteten zum Gegenschlag und belagerten Epidamnos, als dort ihre Forderung, die korinthischen Siedler und Wachttruppen auszuweisen, abgelehnt wurde (Thuk. 1,26,3–5). Der Konflikt eskalierte, als die Korinther die Entsendung umfangreicher Verstärkungen nach Epidamnos vorbereiteten und ein zunächst von den Kerkyraiern angestrebter Schiedsspruch des Delphischen Orakels oder einer peloponnesischen Polis an der mangelnden Kompromißbereitschaft beider Seiten scheiterte. Korinth erklärte im Sommer 435 den Kerkyraiern den Krieg und entsandte 75 Trieren und 2000 Hopliten nach Epidamnos. Bei der Landzunge von Leukimme auf Kerkyra wurde diese Streitmacht von der starken Flotte der Kerkyraier zum Kampf gestellt und zum Rückzug gezwungen. Am gleichen Tag kapitulierte Epidamnos (Thuk. 1,27–29). Bedenklich war nicht nur die offene Konfrontation der beiden bedeutenden Poleis Korinth und Kerkyra, die nach Athen die größten Trierenflotten in Griechenland unterhielten. Eine verhängnisvolle Mißachtung des geltenden Kriegsrechtes kündigte sich an, als die Kerkyraier nach der Schlacht bei Leukimme alle Kriegsgefangenen aus den mit Korinth verbündeten Poleis töteten (Thuk. 1,30,1).[9]

Nach ihren Niederlagen bei Leukimme und in Epidamnos verstärkten die Korinther ihre Rüstungen. Erst 433 scheinen die Kerkyraier die Gefahr eines korinthischen Großangriffs in vollem Umfang erkannt zu haben (Thuk. 1,31). Angesichts dieser Bedrohung entschied sich die Mehrzahl der Kerkyraier für eine Revision der bisherigen Politik der „splendid isolation". Erfolgversprechend schien in dieser Situation nur ein Bündnis mit Athen zu sein. Das Hilfegesuch der Kerkyraier, das die athenische Volksversammlung vor eine schwerwiegende Entscheidung stellte, sollte den weiteren Verlauf der griechischen Geschichte in verhängnisvoller Weise beeinflussen.

Die in der athenischen Ekklesia vorgetragenen Argumente sind uns zumindest inhaltlich durch den Bericht des Thukydides in den Hauptpunkten bekannt. Thukydides hat freilich nicht die wirklich gehaltenen Reden referiert, sondern eine eigene Disposition vorgenommen und insofern die Art der Beweisführung geändert (1,32–43). Er läßt zunächst ausführlich die Gesandten der Kerkyraier das Hilfegesuch ihrer Polis vor der athenischen Volksversammlung begründen. Eines ihrer wichtigsten Argumente war hiernach der Hinweis auf einen zu erwartenden großen Konflikt in Griechenland: Die Spartaner hätten aufgrund ihrer Furcht vor der wachsenden Macht Athens die Absicht, Krieg zu führen. Der Angriff der Korinther auf Kerkyra sei nur das Vorspiel eines größeren Kampfes. Ein Bündnis zwischen Athen und Kerkyra sei daher für beide Poleis wünschenswert und erforderlich. Das Argument der Furcht Spartas vor Athen und der daraus resultierenden Kriegsgefahr ist zweifellos 433 nicht erst von den Gesandten der Kerkyraier in die Diskussion gebracht worden. Es entsprach nach Thukydides (1,144,3–4) den Überlegungen des Perikles am Vorabend des Peloponnesischen Krieges, und Thukydides selbst hat diese Auffassung voll und ganz geteilt.[10] In jener Versammlung, in der die Kerkyraier ihr Hilfegesuch begründeten, fand sich indes keine Mehrheit für das kerkyraiische Bündnisangebot (Thuk. 1,44,1). Argumente jener Athener, die keineswegs von der Zwangsläufigkeit eines großen Krieges mit Sparta überzeugt waren, scheinen in die Rede eingegangen zu sein, die eine Gesandtschaft der Korinther nach dem Bericht des Thukydides unmittelbar nach dem Auftritt der Kerkyraier in der athenischen Ekklesia gehalten haben soll. Thukydides läßt hier wohl aus kompositorischen Gründen athenische Überlegungen durch Korinther vortragen, die in seiner Darstellung selbstverständlich die Kerkyraier zu widerlegen suchen, und die Athener beschwören, kein Bündnis mit Kerkyra einzugehen. Offenbar waren zu diesem Zeitpunkt tatsächlich zahlreiche Athener keineswegs bereit, die Korinther aufs schwerste zu brüskieren und durch einen Bruch mit Korinth das Risiko eines großen Krieges mit Sparta einzugehen. Die Ablehnung des Bündnisangebotes der Kerkyraier zeigt jedenfalls, daß die meisten Versammlungsteilnehmer einen Krieg noch für durchaus vermeidbar hielten.

Hierzu steht nicht im Widerspruch, daß in Athen allem Anschein nach bereits Maßnahmen getroffen worden waren, die darauf abzielten, die Polis für den Kriegsfall zu stärken. Vermutlich hatte 434/33 noch vor dem Hilfegesuch und Bündnisangebot der Kerkyraier die athenische Ekklesia auf Antrag des Kallias beschlossen, „sowohl von den zur Zeit bei den Hellenotamiai befindlichen Geldern als auch von den sonstigen (Beträgen), die zu diesen Geldern gehören, sowie von den aus dem (fälligen) Zehnten eingehenden Zahlungen die Schulden an die Götter zurückzuzahlen“ und nach der Tilgung der Schulden überschüssige Gelder für die Schiffswerften und den Mauerbau zu verwenden.[11] In dem Dekret wird darauf verwiesen, daß bereits 3000 Talente „für Athena“ auf die Akropolis gebracht worden seien. Ein weiteres Dekret, das offenbar ebenfalls von Kallias beantragt wurde und zeitlich und sachlich mit dem zuerst genannten Psephisma zu verbinden ist (IG I^3 52 B), ordnete an, die Ausgaben für die Bautätigkeit auf der Akropolis auf 10 Talente jährlich zu begrenzen, von den Geldern auf der Akropolis (d. h. von den Schätzen der Athena und der anderen Götter) jährlich nicht mehr als 10000 Drachmen zu entnehmen und nur in besonderen Fällen eine Ausnahmegenehmigung durch die Ekklesia zu erteilen.[12] Die beiden Volksbeschlüsse sollten zweifellos einen Reservefond für den Kriegsfall garantieren sowie gewährleisten, daß die vorhandenen Tempelschätze sicher auf der Akropolis deponiert wurden. Den Dekreten ist weiterhin zu entnehmen, daß sie in einem Amtsjahr gefaßt wurden, in dem man das Vierjahresfest der Großen Panathenäen feierte. Der Bau der Propyläen war bereits begonnen worden. Das neue Amt der „Tamiai" (Schatzmeister) der anderen Götter existierte zwar noch nicht, doch war diese neue Institution bereits beschlossen und des weiteren verfügt worden, daß die Kandidaten für diese Magistratur zusammen mit den übrigen Beamten ausgelost werden sollten. Aus diesen Angaben ist zu folgern, daß die von Kallias beantragten Beschlüsse nach dem Fest der Großen Panathenäen des Jahres 434 und vor der Auslosung der Beamten des folgenden Amtsjahres (Frühjahr 433) zu datieren sind. Zu diesem Zeitpunkt lag das Hilfegesuch und Bündnisangebot der Kerkyraier noch nicht vor. Die genannten Dekrete sind einzuordnen in verschiedene andere Maßnahmen, die dazu beitragen sollten, die Einkünfte der Polis zu erhöhen. Wenn die bereits erwähnten sogenannten zusätzlichen Zahlungen (Epiphorai), die seit 439 in den Tributquotenlisten verzeichnet sind, Strafgelder für verspätet abgelieferte Phoroi waren,[13] deutet dies darauf hin, daß der finanzielle Druck Athens auf die Seebundstaaten verschärft wurde. Des weiteren erscheinen in den Listen seit 434 spezielle Rubriken, die auf ein neues Verfahren der Veranlagung kleiner Poleis sowie auf den Anschluß weiterer Gemeinwesen (vor allem im thrakischen Raum) an den Seebund schließen lassen. Offenbar konnten die unter solchen Sonderrubriken aufgeführten Städte z. T. ihren Phoros selbst bestimmen.[14] Neue Mitglieder mögen freiwillig und im eigenen wirtschaftlichen Interesse der Symmachie beigetreten sein, doch wird Athen diese Entwicklung begrüßt und gefördert haben. Im übrigen waren die Athener in den dreißiger Jahren vor allem in Thrakien (insonderheit auf der Chalkidike) bestrebt, ihren Machtbereich zu konsolidieren und höhere Phoroi zu erhalten. Die Tributlisten aus dieser Zeit sind allerdings nur recht fragmentarisch erhalten Das Hauptproblem ist in diesem Zusammenhang die Stadt Poteidaia, eine korinthische Kolonie, die nach der Schlacht bei Salamis sich gegen die persische Herrschaft erhoben und sich nach der Abwehr der Invasion des Xerxes zum Schutz gegen Racheakte der Perser dem Seebund angeschlossen hatte. Offenbar besaß die Polis unter athenischer Hegemonie einen gewissen Freiraum, da Korinth weiterhin die Jahresbeamten (sogenannte Epidamiourgoi) nach Poteidaia entsandte[15] und diese Polis zudem erst 445/44 in den athenischen Tributquotenlisten erscheint. Vermutlich hatte Poteidaia bis dahin noch Schiffe für Unternehmungen des Seebundes gestellt. Nach Ausweis der Listen zahlte Poteidaia von 445/44 bis 440/39 und 435/34 jährlich 6 Talente. Angaben für die Zwischenzeit sowie für 434/33 sind nicht erhalten, während 15 Talente für 433/32 genannt werden. Die Erhöhung kann aufgrund dieses Befundes nicht exakt datiert werden, steht aber wohl im Zusammenhang mit ähnlichen athenischen Maßnahmen in anderen Poleis auf der thrakischen Chalkidike um 433.[16]

Sicherlich waren dies noch keine Kriegsvorbereitungen. Die Athener, die über das Bündnisangebot der Kerkyraier berieten, mußten aber damit rechnen, daß eine Symmachie mit der Inselpolis den Dreißigjährigen Frieden von 446 in Frage stellen würde, wie aus der Darstellung des Thukydides (1,44,1) zu erschließen ist. Dies erklärt, daß sich zunächst keine Mehrheit für das Anliegen Kerkyras fand.[17] Erst in einer weiteren Volksversammlung wurde eine Epimachie, ein Verteidigungsbündnis mit Kerkyra beschlossen,[18] weil sich nunmehr – wie Thukydides (1,44,2) ausführt – die Meinung durchsetzte, daß es ohnehin zum Krieg kommen werde und Kerkyra mit seiner beachtlichen

Trierenflotte nicht die Beute der Korinther werden dürfe. Verlustreiche Kämpfe zwischen Korinth und Kerkyra erschienen jetzt den Versammlungsteilnehmern sogar wünschenswert, weil dann bei einem großen Krieg die Seemacht der Korinther und anderer peloponnesischer Poleis bereits geschwächt sei. Dennoch waren die meisten Versammlungsteilnehmer auch jetzt nicht gewillt, das Risiko einer Symmachie einzugehen, die durch die sogenannte Freund-Feind-Klausel auch die Verpflichtung zur Unterstützung des Vertragspartners enthalten hätte, falls Kerkyra einen Angriffskrieg führen würde. Athen wäre durch eine regelrechte Symmachie mit dieser Polis unter Umständen automatisch in kurzer Zeit in einen Krieg mit Korinth und darüber hinaus mit dem gesamten Peloponnesischen Bund verwickelt worden.[19] Andererseits wollte man die Kerkyraier nicht einem korinthischen Angriff preisgeben. Durch eine Unterwerfung der Inselpolis durch die Korinther wäre eine für Athen unerwünschte und nachteilige Verschiebung der Kräfteverhältnisse in Griechenland eingetreten. Korinth hätte im Fall eines Sieges die Flotte der Kerkyraier übernehmen können. Sicherlich stand in diesem Zusammenhang in Athen aber auch das Problem der athenischen Verbindungen nach Unteritalien zur Diskussion.[20] So bot sich als Kompromiß ein Defensivbündnis (Epimachie) an, das einen Bruch des Vertrges von 446 vermied, weil Athen nur im Fall eines feindlichen Angriffs auf Kerkyra zur Hilfeleistung verpflichtet war. Die Gefahr einer großen militärischen Konfrontation war dadurch zunächst verringert. Daß überhaupt ein Defensivbündnis geschlossen wurde, ist wohl vor allem auf den Einfluß des Perikles zurückzuführen, der nach seinen eigenen Worten die Gefahr eines Krieges von der Peloponnes heraufziehen sah.[21] Er hatte freilich offensichtlich Mühe, die Zustimmung der Versammlung für eine Epimachie mit Kerkyra zu erhalten. Jedenfalls mußte er zurückstecken, als er keine regelrechte Symmachie durchzusetzen vermochte. Gleichwohl bedeutete das Bündnis mit Kerkyra eine Stärkung der strategischen Position Athens, dem sich nunmehr im Westen in erhöhtem Maße Interventionsmöglichkeiten boten. Sparta reagierte zunächst nicht auf die neue Lage. Die Führung Spartas blieb auch inaktiv, als Mytilene auf Lesbos zu einem uns nicht bekannten Zeitpunkt und aus unbekannten Gründen vor dem Peloponnesischen Krieg eine Erhebung gegen Athen plante und Sparta um Hilfe bat (Thuk. 3,2,1). Die Angaben des Thukydides deuten darauf hin, daß zwischen dem Hilfegesuch der Mytilenaier und dem Beginn der Kampfhandlungen kein größerer Zeitraum lag.[22] Vermutlich haben die Mytilenaier vor dem Winter 433/32 Kontakte mit Sparta aufgenommen, d. h. bevor die Polis Poteidaia in Sparta die Zusage erhielt, daß ein athenischer Angriff auf Poteidaia mit einem spartanischen Gegenschlag beantwortet werde (Thuk. 1,58,1).

Vorausgegangen war eine dramatische Wende infolge einer Seeschlacht bei den Sybota-Inseln (Ende August 433). Unbeirrt von dem Abschluß einer Epimachie zwischen Athen und Kerkyra hatten die Korinther ihre Vorbereitungen für den Kampf gegen Kerkyra fortgesetzt. In Athen wurden daraufhin zunächst 10 Trieren unter drei Strategen mit dem Auftrag nach Kerkyra gesandt, kein Seegefecht mit den Korinthern zu beginnen und in einen Kampf nur einzugreifen, wenn die Korinther auf Kerkyra landen sollten. Bald darauf stachen die Korinther mit 90 eigenen Trieren und 60 Einheiten ihrer Bundesgenossen in See und gingen an der thesprotischen Küste an Land. Die

Kerkyraier stellten sich mit 110 Trieren bei den Sybota-Inseln zum Kampf, während die 10 athenischen Einheiten zunächst eine Wartestellung einnahmen. Beide Flotten wandten nicht die inzwischen von den Athenern praktizierte „moderne" Taktik mit schnellen nautischen Manövern zur Überwindung des Feindes durch Rammstoß an, sondern setzten relativ viele Kombattanten (Hopliten, Bogenschützen, Speerwerfer) auf den Decks ihrer Schiffe ein, so daß der Kampf mehr einer Land- als einer Seeschlacht glich. Während die Kerkyraier auf ihrem linken Flügel die korinthischen Bundesgenossen zum Rückzug zwingen konnten, unterlagen sie auf ihrem Westflügel. In diesem Augenblick griffen die 10 athenischen Trieren, die bereits an verschiedenen Stellen den Kampf der Korinther behindert hatten, offen in die Schlacht ein, so daß die korinthische Flotte ihren Erfolg nicht voll ausnutzen konnte. Trotz schwerster Verluste stellten sich die Kerkyraier gegen Abend erneut zum Kampf. Die Korinther zogen sich jedoch zurück, als ein athenisches Reservegeschwader von 20 Trieren eintraf (Thuk. 1,45–54).

Athen hatte Korinth in die Schranken gewiesen, hierbei freilich vitale Interessen dieser Polis verletzt und vor allem dort antiathenische Ressentiments erzeugt. Dies sollte entscheidend zur Eskalation in der Folgezeit beitragen, zumal die Athener nichts unternahmen, um die Wogen wieder zu glätten. Vielmehr suchten sie ihre strategische Position für künftige Operationen an der peloponnesischen Küste und am Golf von Korinth durch ein Bündnis mit den Zakynthiern zu verbessern. Hinzu kam, daß die Athener ihr Interesse an der Ausweitung ihres Einflusses im Westen durch Defensivbündnisse mit Rhegion und Leontinoi demonstrierten (IG I^3 53 und 54).

Inzwischen suchte König Perdikkas von Makedonien den Konflikt zwischen Korinth und Athen auf seine Weise zu nutzen, denn die Athener hatten das mit ihm nach der Gründung von Amphipolis geschlossene Bündnis aus unbekannten Gründen aufgekündigt und seine innermakedonischen Gegner – darunter seinen Bruder Philippos – unterstützt.[23] Offenbar rechnete er im Spätsommer 433 bereits mit einer Erhebung Poteidaias gegen Athen und sah die Chance, nicht nur der für ihn bedrohlichen Einflußnahme der Athener in Makedonien entgegenzuwirken, sondern auch seine eigene Herrschaft auf das gesamte „Untere Makedonien" auszuweiten. Er ließ in Sparta sondieren, um dort die Stimmung gegen Athen zu schüren, versprach den Korinthern Hilfeleistung im Fall einer Erhebung ihrer Kolonie Poteidaia gegen Athen und suchte auch die Chalkidier und Bottiaier am Nordufer des Thermaischen Golfes für eine antiathenische Bewegung zu gewinnen. Den Athenern blieben diese Aktivitäten des Makedonen an neuralgischen Punkten ihres Einflußbereiches nicht verborgen.[24] Sie verlangten von Poteidaia, den südlichen Teil ihrer Stadtmauer niederzureißen, die korinthischen Beamten auszuweisen und in Zukunft keine Epidamiourgen aus Korinth zu tolerieren sowie Geiseln zu stellen (Thuk. 1,56). Ziel dieser Forderung war, die Poteidaiaten aus ihrer Bindung an Korinth zu lösen. Im Fall ihrer Unbotmäßigkeit sollte ihre Polis von Süden her besetzt werden. Die Poteidaiaten versuchten, die Athener umzustimmen, schickten aber gleichzeitig Gesandte nach Sparta, um dort gegebenenfalls Hilfe zu erhalten. Während sie trotz langer Verhandlungen in Athen keinen Erfolg hatten, erhielten sie in Sparta die gewünschten Zusagen. Offenbar wollte man dann in Poteidaia aber durch pünktliche Ablieferung des Phoros bis zum fälligen Termin an den Großen

Dionysien 432 noch den Schein der Loyalität wahren. Während ihre Gesandten immer noch in Athen verhandelten, fielen die Poteidaiaten dann aber ab und verbanden sich mit den thrakischen Chalkidiern und Bottiaiern, die im Vertrauen auf die Versprechungen des Perdikkas ihre Siedlungen am Meer verließen und sich um Olynth ansiedelten.[25] Es handelte sich hierbei zunächst noch um einen begrenzten Aufstand chalkidischer Küstenstädte, die außerstande waren, sich gegen athenische Gegenaktionen von der Seeseite her zur Wehr zu setzen. Eine athenische Streitmacht von 30 Trieren und 1000 Hopliten, die ursprünglich Perdikkas bekämpfen sollte, erhielt den Auftrag, zunächst die athenische Forderung in Poteidaia durchzusetzen. Dort war man aber schon vorbereitet, als das athenische Geschwader etwa Anfang April eintraf und das Ultimatum überbrachte. Die Poteidaiaten lehnten die Forderungen ab, und die athenischen Strategen erkannten an Ort und Stelle, daß sie mit der ihnen unterstellten Streitmacht nicht gleichzeitig Poteidaia belagern und Perdikkas bezwingen konnten. So beschlossen sie, zunächst gegen den Makedonenkönig vorzugehen (Thuk. 1,59). Infolgedessen verzögerte sich die athenische Intervention in Poteidaia. Die Athener schickten jetzt erhebliche Verstärkungen nach Norden, hielten aber Perdikkas für den gefährlicheren Gegner und glaubten, den Aufstand auf der Chalkidike schnell niederwerfen zu können, sobald der Makedonenkönig bezwungen sei. Eine Truppe von korinthischen Freiwilligen und peloponnesischen Söldnern unter Führung des Aristeus erreichte aber schneller als erwartet etwa Anfang Mai 432 das Krisengebiet (Thuk. 1,60). Die verantwortlichen athenischen Strategen mußten entgegen ihrer Operationsplanung Verhandlungen mit Perdikkas aufnehmen und versuchen, so schnell wie möglich Poteidaia zu erreichen. Es gelang ihnen, die Polis zu zernieren, doch mußten im September weitere Verstärkungen ins Gebiet von Poteidaia geschickt werden (Thuk. 1,61–65).

Die Situation auf der Chalkidike war in Athen zu Beginn der Krise falsch eingeschätzt worden. Offenbar war man anfangs überzeugt, daß sich Poteidaia den athenischen Drohungen beugen würde und hierdurch eine Ausweitung des Konfliktes mit Perdikkas verhindert werden könne. Dies erklärt, daß zunächst lediglich die athenischen Forderungen übermittelt und nicht sofort stärkere Streitkräfte nach Thrakien beordert wurden.[26] Vermutlich hoffte man in Athen zudem, durch ein Ultimatum an Poteidaia schon im Ansatz weitere antiathenische Aktivitäten eindämmen sowie Sparta, das nicht unmittelbar involviert war, aus dem Konflikt heraushalten zu können. Die fatalen Folgen dieser Fehlkalkulation wurden deutlich, als die Gesandten der Poteidaiaten in Sparta weitreichende Zusagen im Fall einer Erhebung gegen Athen erhielten und gerade hierdurch der Konflikt eskalierte. Die spartanischen Versprechungen erwiesen sich freilich als leeres Gerede. Offenbar hatten nur die Ephoren mit den Poteidaiaten verhandelt, ohne die spartanische Volksversammlung einzubeziehen.[27] Jedenfalls fielen spartanische Streitkräfte nicht nach Attika ein, als Poteidaia sich erhob. Wenn es zu diesem Zeitpunkt eine Kriegspartei in Sparta gegeben hat, war sie zweifellos noch in der Minderheit, allerdings auch entschlossen, Konflikte zwischen Athen und seinen Bundesgenossen zu nutzen, um der Führungsmacht des Seebundes Schwierigkeiten zu bereiten. Durch den Abfall Poteidaias waren zeitweilig etwa 4000 athenische Hopliten[28] sowie Kontingente der athenischen Symmachoi gebunden. Die Kosten der Belagerung dieser Polis und des Kampfes gegen abtrünnige Bundesgenossen waren erheblich und beeinträchtigten in starkem Maße die athenische Kriegführung in der Folgezeit. Verhängnisvoll wirkten sich die Zusagen der Spartaner an die Gesandten Poteidaias vor allem auch auf die weitere Lagebeurteilung in Athen aus. Perikles und sein Kreis dürften hiervon Meldung erhalten und hierin eine weitere Bestätigung ihrer Auffassung gesehen haben, daß ein großer Krieg unausweichlich sei. Diese Einschätzung aufgrund der Entwicklung in Poteidaia hat sicherlich mit dazu beigetragen, daß Perikles in der athenischen Ekklesia das sogenannte Megarische Psephisma durchsetzen konnte.

Die Datierung dieses Beschlusses und sein exakter Inhalt sowie die Gründe und Motive sind freilich unklar und kontrovers. Zudem ist umstritten, ob es sich lediglich um *ein* Psephisma oder um mehrere Beschlüsse gegen Megara gehandelt hat. Nach Thukydides (1,67,4) wurden die Megarer von den Häfen im athenischen Machtbereich und von der „attischen Agora" ausgeschlossen (vgl. Thuk. 1,139,1–4.140, 3–5.144,2). In der altertumswissenschaftlichen Forschung wird allgemein angenommen, daß die Athener eine strikte Handelssperre gegen Megara verhängt haben, die für den gesamten Bereich des Seebundes galt. Demgegenüber hat G. E. M. de Ste. Croix die Auffassung vertreten, daß es megarischen Bürgern lediglich verboten gewesen sei, Häfen in den mit Athen verbündeten Poleis anzulaufen.[29] Ansonsten hätten sie aber überall landen können, und in Athen selbst sei es ihnen nur untersagt gewesen, die Agora im topographischen Sinne, d. h. den klar umgrenzten öffentlichen Platz nördlich der Akropolis mit seinen Bauten für politische Institutionen und Poliskulte zu betreten. De Ste. Croix versteht „Agora" hier nicht als „Markt" oder „Handelsplatz", sondern als „politischen" Raum im Zentrum von Athen, von dem auch Bürger ausgeschlossen werden konnten, wenn sie bestimmte Verbrechen begangen hatten. Er beruft sich darauf, daß nach Thukydides 1,139,2 das Megarische Psephisma verhängt wurde, weil die Megarer entlaufene Sklaven der Athener aufgenommen sowie Ländereien von der (den eleusinischen) Göttinnen geweihten Flur an der athenisch-megarischen Grenze widerrechtlich bebaut hätten. Das Psephisma soll – wie de Ste. Croix annimmt – nur für die Bürger Megaras, nicht aber für die dort lebenden Fremden (bzw. Nichtbürger) gegolten und wirtschaftlich nur sehr geringe Auswirkungen gehabt haben. Diese Thesen vermögen jedoch nicht zu überzeugen.[30] Ohne Benutzung der Häfen waren die Handelsmöglichkeiten im Ägäisraum überaus beschränkt.[31] Zudem bezieht sich das Verbot der „attischen Agora" zweifellos auf den Handel, den die Megarer bis dahin ohne weiteres mit allen Regionen Attikas treiben konnten. In diesem Sinne ist auch eine strittige Szene in den im Jahre 424 aufgeführten ›Acharnern‹ des Aristophanes zu interpretieren, wo es in der üblichen Übertreibung des Komödienspottes heißt (V. 515 ff.), daß verbotene megarische Waren konfisziert worden seien und Perikles in seinem Zorn über die Entführung zweier Dirnen der Aspasia durch einige Megarer den Krieg vom Zaun gebrochen habe, indem er die Megarer „von Land und Meer, von allen Märkten und allen Häfen" ausschloß. Der „Dirnenraub" in diesem Bühnenstück ist nicht ernst zu nehmen[32] und wohl eine Erfindung des Dichters, der vielleicht einen besonderen komischen Effekt dadurch erzielte, daß in der Rückerinnerung vieler einfacher athenischer Bürger Perikles' Weigerung, die Handelssperre zurückzunehmen, als Hauptursache des verderblichen Krieges galt.[33] Im übrigen ist diese Szene verschiedentlich auch als Zeugnis für zwei verschiedene athenische Volksbeschlüsse gegen Megara gewertet worden, indem man annahm, daß eine zunächst beschlossene Sperrung der Märkte in Attika schließlich auf den gesamten Bereich des Seebundes ausgedehnt worden sei. Die auf Bühnenwirkung abzielende poetische Deutung der Entstehung des Krieges berechtigt indes nicht zu dem Schluß, daß in Athen schon geraume Zeit vor der Zuspitzung der Krise ein Einfuhrverbot megarischer Waren beschlossen wurde. Ein entscheidendes Argument gegen ein entsprechendes älteres Psephisma der Athener ist der Hinweis des Thukydides (1,67,4), daß die Megarer in Sparta (wohl im Spätsommer 432) ihren Ausschluß von den Häfen des Seebundes und den Märkten Attikas als Verstoß gegen den Dreißigjährigen Frieden (von 446) bezeichneten und hiermit den gewünschten Erfolg hatten. Die Handelssperre war demnach zweifellos ein aktuelles Ereignis, das die Spartaner und ihre Symmachoi zutiefst beunruhigte und erregte. Das „Embargo" zielte indes sicherlich nicht darauf ab, Megara regelrecht auszuhungern und hierdurch zum Anschluß an Athen zu zwingen. Perikles wird sich darüber im klaren gewesen sein, daß in Megara nicht in kurzer Zeit durch Unterbindung des Seehandels die Getreideversorgung zusammenbrechen würde.[34]

Gleichwohl wird die Erwartung eines großen Krieges ein wichtiges Motiv gewesen sein, als Perikles das Megarische Psephisma durchsetzte. Auf dem schon erwähnten Kongreß der peloponnesischen Bundesgenossen Spartas sollen die Korinther nach dem Bericht des Thukydides (1,120,2) vor der Gefahr einer Sperrung der Küsten (und damit auch der Häfen) durch die Athener gewarnt haben, und in der pseudo-xenophontischen Flugschrift über den ›Staat der Athener‹ (Ath. Pol. 2,11) heißt es, daß Athen in der Lage sei, dank seiner Seeherrschaft die für den Schiffsbau im griechischen Mutterland wichtigen Holzimporte zu monopolisieren. Wichtige Liefergebiete waren Illyrien sowie Makedonien und Thrakien. Durch ihre Allianz mit Kerkyra konnten die Athener das Ionische Meer für korinthische Holzimporte aus Illyrien sperren. Mit dem Megarischen Psephisma konnte darüber hinaus auch der megarische Zwischenhandel über die zum Seebund gehörenden Hafenstädte in der nördlichen Ägäis unterbunden werden, so daß der Transport von Schiffsbauholz nach der Peloponnes und insonderheit nach Korinth empfindlich getroffen werden konnte.[35] Es wäre somit möglich gewesen, bereits vor Beginn eines großen Krieges die Zufuhr wichtiger strategischer Ressourcen nach den peloponnesischen Küstenstädten in erheblichem Maße zu beeinträchtigen.

Noch ein weiterer Aspekt ist in diesem Zusammenhang zu beachten. Der Abfall Poteidaias hatte gezeigt, daß diese Seebundstadt, die eine Gründung einer zum Peloponnesischen Bund gehörenden Polis war und in einem strategisch bedeutsamen Raum lag, eine potentielle Gefahr für die Hegemonie Athens im Seebund darstellte. In den für Athen überaus wichtigen Gebieten im Hellespontischen Bezirk lagen aber auch die megarischen Kolonien Byzantion, Astakos, Chalkedon und Selymbria, von denen allerdings Astakos nach 443 nicht mehr in den Tributquotenlisten erscheint.[36] Daß eine megarische Kolonie mit starken Bindungen zur Metropolis den Athenern gefährlich werden konnte, hatte bereits der Abfall von Byzantion während des Samischen Aufstandes demonstriert.[37] Im Blick auf diese Erfahrung wollte Perikles mit dem Megarischen Psephisma allem Anschein nach auch die Kommunikation zwischen Megara und seinen Kolonien im athenischen Machtbereich einschränken bzw. behindern. Insgesamt gesehen sollten mit dem berüchtigten Embargo zweifellos in Erwartung künftiger Auseinandersetzungen weitreichende strategische und politische Absichten verfolgt werden. Es ging nicht nur darum, die Position der Athener zu stärken, sondern auch ihre vielfältigen Handlungsmöglichkeiten zu demonstrieren und nach der Zuspitzung der Krise durch den Abfall Poteidaias Sparta vor Interventionen zu warnen.

Tatsächlich wurde hierdurch aber die Situation erheblich verschärft. Im Bericht des Thukydides wird dies allerdings zunächst nicht deutlich. Thukydides erwähnt die Klagen der Megarer in Sparta (etwa im Spätsommer 432) eher beiläufig (1,67,4), während er in einer von ihm sorgfältig stilisierten Rede korinthische Gesandte dort ausführlich zu Wort kommen läßt (1,68–71). Die Korinther konstrastieren den Aufstieg Athens mit der angeblich zögerlichen Politik Spartas[38] und drohen, daß sich ihre Polis gegebenenfalls nach anderen Bundesgenossen umsehen werde. Hiermit wird die Möglichkeit einer korinthisch-argivischen Symmachie angedeutet. Erstaunlicherweise ergreift dann im Bericht des Thukydides in Gegenwart der spartanischen Bundesgenossen vor der Apella[39] nur noch eine athenische Gesandtschaft das Wort, die „zufällig" und mit anderen, von Thukydides (1,72) nicht genannten Aufträgen in Sparta weilte. Ihre Rede besteht im wesentlichen in einer Rechtfertigung der athenischen Macht und Hegemonie im Seebund. Nach den Ausführungen der Korinther und Athener finden dann in der Darstellung des Thukydides die weiteren Beratungen in der Apella in Abwesenheit der Delegationen anderer Gemeinwesen statt. Wiederum sucht der Historiker den Verlauf der Diskussionen durch ein Rededuell zu skizzieren, obgleich er betont, daß sich viele zu Wort meldeten, die überwiegend für baldigen Kriegsbeginn plädiert hätten, weil „das Recht" von den Athenern verletzt worden sei (1,79). Die Gegenposition bringt Thukydides durch eine längere Rede des spartanischen Königs Archidamos zum Ausdruck, der vor einem Krieg warnt, zu umfassenderen Vorbereitungen rät und vorschlägt, das athenische Angebot eines neutralen Schiedsgerichtes zu prüfen. Die entscheidende Rede hält indes der Ephor Sthenelaidas,[40] der unter Hinweis auf die Verletzung der Rechte spartanischer Bundesgenossen einen Kriegsbeschluß zur Eindämmung der Macht Athens fordert und sodann als Versammlungsleiter nicht in der üblichen Weise die Apella durch Zuruf abstimmen läßt, sondern die Spartiaten zwingt, sich offen und eindeutig für oder gegen seinen Antrag zu entscheiden, indem er sie nach zwei Seiten auseinandertreten läßt.[41] So gewinnt er durch psychologischen Druck die Mehrheit der Spartiaten für seinen Antrag, der aber entgegen seinen vorausgehenden Ausführungen noch keinen eigentlichen Kriegsbeschluß enthielt. Vielmehr sollten die Spartiaten „feststellen", daß die Athener den Vertrag des Dreißigjährigen Friedens gebrochen hätten. Die rechtliche Begründung dieser Entscheidung stand auf schwachen Füßen. Die athenische Epimachie mit Kerkyra war kein Verstoß gegen den genannten Vertrag, der den Vertragspartnern den Abschluß eines Defensivbündnisses mit einer „neutralen" Polis nicht untersagte.[42] Komplizierter waren freilich die rechtlichen Aspekte der athenischen Intervention in der Polis Poteidaia, deren Bindung an ihre Metropolis Korinth ebenso wie ihre Mitgliedschaft im Seebund als Bestandteil der von beiden Seiten im Vertrag von 446 anerkannten Rechtsverhältnisse gelten konnte.[43] Zweifellos tangiert wurden die Beziehungen zwischen einer „Mutterstadt“ außerhalb des Seebundes und ihren „Tochterstädten“, die Mitglieder dieser Symmachie waren, durch das Megarische Psephisma. Insofern konnten die Megarer das gegen sie gerichtete Psephisma als Vertragsbruch werten, während die Athener ihren Beschluß als Angelegenheit betrachteten, die nur ihre eigene Symmachie betraf und daher kein Verstoß gegen die mit Sparta 446 getroffenen Abmachungen war.[44]

Unklar bleibt des weiteren die rechtliche Begründung der Beschwerden, die von den Aigineten in Sparta vorgetragen wurden (Thuk. 1,67). Vermutlich bestand der von ihnen beklagte Verlust ihrer Autonomie primär in einer Verschärfung der athenischen Kontrolle, als der Konflikt sich nach der Schlacht bei den Sybota-Inseln ausweitete.[45] Ein Verstoß gegen den Vertrag von 446 lag nicht vor.

Der Entscheid der Apella, daß Athen den Frieden gebrochen habe, sollte erweitert werden zu einem regulären Kriegsbeschluß durch Zustimmung der Gemeinwesen des Peloponnesischen Bundes, die nunmehr von Sparta formal zu einer Bundesversammlung eingeladen wurden. Wieder kam es zu längeren Debatten, bevor der Krieg beschlossen wurde. Die Darstellung des Thukydides läßt vermuten, daß die Korinther erneut als Kriegstreiber auftraten, aber nicht alle spartanischen Bundesgenossen bereit waren, für die Interessen Spartas und Korinths das Wagnis eines großen Kriegs einzugehen. Der Kriegsbeschluß war indes noch keine Kriegserklärung. Thukydides (1,125) sucht die relativ lange Frist bis zum ersten Vorstoß peloponnesischer Streitkräfte nach Attika im folgenden Sommer mit den mangelhaften Kriegsvorbereitungen der Gemeinwesen der Symmachie der Spartaner zu erklären. Er hat hier allerdings einige Retuschen vorgenommen. Das Heer des Peloponnesischen Bundes hätte in kurzer Zeit aufgeboten werden können.[46] Hingegen konnten korinthische Vorschläge für eine maritime Aufrüstung nicht kurzfristig realisiert werden (Thuk. 1,121). Die betreffenden Vorstellungen der Korinther waren illusorisch. Ausschlaggebend für das Zögern Spartas, den Kampf zu beginnen, waren eher andere Gründe. Nach dem Kriegsbeschluß im Herbst 432 zogen sich die Verhandlungen im Winter 432/31 längere Zeit hin. Vermutlich wollten die führenden Kreise in Sparta doch noch gleichsam auf Umwegen athenische Konzessionen erreichen, wenn auch die erste spartanische Gesandtschaft nach Athen dieser Interpretation zu widersprechen scheint, da sie im Grunde Scheinverhandlungen führte, als sie von den Athenern forderte, „den Fluch des Gottes zu bannen“, d. h. die Alkmeoniden und damit auch Perikles (der mütterlicherseits von den Alkmeoniden abstammte) wegen des sogenannten Kylonischen Frevels aus Athen auszuweisen.[47] Auf dieser Basis konnte allerdings keine Einigung mit Athen erzielt werden. Offenbar wollte man dem „ersten Mann Athens“ zunächst einmal in seiner eigenen Stadt Schwierigkeiten bereiten.[48] Ein diskutables Angebot wurde von den Spartanern jedoch in einer zweiten Verhandlungsphase gemacht.[49] Sie verlangten zwar den Abzug des athenischen Heeres von Poteidaia, die Autonomie für Aigina sowie die Aufhebung des Megarischen Psephismas, kommentierten dies aber mit der Erklärung, durch Erfüllung der zuletzt genannten Forderung könne Athen den Krieg vermeiden. Dies sollte in Athen zweifellos als Andeutung einer spartanischen Kompromißbereitschaft verstanden werden.

Auch eine letzte spartanische Gesandtschaft hat noch einmal durchblicken lassen, daß Sparta bereit sei einzulenken, falls Athen das Embargo zurücknehme. Die Gesandten sollten zwar angeblich die faktisch unerfüllbare Forderung der Wiederherstellung der Autonomie *aller* Seebundstaaten verlangen. Hiervon ist dann aber in Thukydides' Schilderung der entscheidenden athenischen Volksversammlung nicht mehr die Rede. Im Streit der Meinungen in dieser Ekklesia[50] sollen vielmehr konzessionsbereite Athener die Auffassung vertreten haben, daß der Beschluß gegen Megara kein Kriegsgrund sein dürfe. Es gab also noch Verhandlungsspielraum. Nach der weiteren Darstellung des Thukydides hat sich aber letztlich Perikles durchgesetzt, indem er dem athenischen Demos zu suggerieren suchte, daß die Aufhebung des Megarischen Psephismas „keine Kleinigkeit" sei, ein Nachgeben in diesem Punkt nur neue spartanische Forderungen zur Folge haben werde und Athen einen Krieg durchaus erfolgreich beenden könne. Abschließend soll Perikles mit aller Entschiedenheit sogar behauptet haben, daß ein Krieg notwendig sei (Thuk. 1,144,3). Andererseits soll Perikles indes noch eine Reihe von Forderungen an die Spartaner gerichtet und erklärt haben, die Megarer würden wieder zu den attischen Märkten zugelassen, wenn die Spartaner bereit seien, die Ausweisung von Athenern und athenischen Bundesgenossen zu unterlassen. Ferner würde den athenischen Bundesgenossen Autonomie gewährt werden, wenn sie beim Abschluß ihrer Verträge mit Athen bereits autonom gewesen seien und auch Sparta die Autonomie seiner Symmachoi achte. Zudem bot Perikles noch ein neutrales Schiedsgericht zur Beilegung des Konflikts an. Praktisch waren aber auch diese athenischen Gegenforderungen unerfüllbar. Beide Seiten haben jetzt keinen echten Kompromiß mehr angestrebt. Wohl im Vorgriff auf das Ende der Verhandlungen hat Thukydides bereits in seiner Darstellung der Eskalation der Krise zum Ausdruck gebracht, daß Perikles in Athen zum Krieg trieb (1,127).

Nach dem Scheitern der Verhandlungen war der Beginn der Kämpfe nur noch eine Frage der Zeit. Der Krieg wurde indes weder von Sparta noch von Athen eröffnet. Als offenen Bruch des Dreißigjährigen Friedens bezeichnet Thukydides (2,7,1) den thebanischen Überfall auf die mit Athen verbündete boiotische Stadt Plataiai. Er deutet hiermit an, daß für ihn die Spartaner nur Vorwände suchten, als sie die Athener des Vertragsbruchs bezichtigten.

Der Überfall auf Plataiai hat eine eigene Vorgeschichte, die mit den Krisen in Kerkyra und Poteidaia sowie mit dem Megarischen Psephisma nicht in einem direkten Zusammenhang steht, andererseits aber durch die Zuspitzung des Konfliktes erst ermöglicht wurde, in dem antiathenische Kräfte in Theben und Boiotien nicht abseits stehen wollten. Als die Athener im Dreißigjährigen Frieden auf Einflußnahme in Boiotien verzichteten, blieb die damals schon seit mehr als einem halben Jahrhundert mit ihnen verbundene südboiotische Polis Plataiai weiterhin in ihrem Schutz. Diese enge Bindung war für Athen von großer strategischer Bedeutung, da Plataiai den Weg von Theben nach Athen über den Dryoskephalai-Paß sowie auch die Straße von Boiotien nach Megara kontrollierte.[51] Somit konnten die Athener von Plataiai aus im Kriegsfall gegebenenfalls konzertierten Operationen des Peloponnesischen und des Boiotischen Bundes entgegenwirken. In Erwartung eines baldigen Krieges wurde daher im Frühjahr

431 in Theben der Plan verfolgt, Plataiai zu überfallen und zum Anschluß an den Boiotischen Bund zu zwingen, um eine günstige Operationsbasis im Vorfeld von Attika zu gewinnen und athenische Vorstöße nach Mittelgriechenland möglichst zu verhindern. Der Anstoß zu dieser Aktion ging indes von einer kleinen Gruppe antiathenischer Plataier aus, die zur Oberschicht gehörten und mit thebanischer Hilfe die Herrschaft in der Polis an sich reißen wollten.[52] Es handelte sich in gewisser Weise um eine Präfiguration der Aktivitäten späterer „fünfter Kolonnen" im Verlauf des Peloponnesischen Krieges.[53] Organisiert wurde der Überfall dann von den damals amtierenden Boiotarchen, die selbst die Führung übernahmen und an der Spitze einer ausgewählten Truppe nachts in die Stadt eindrangen, von den Plataiern aber überwältigt wurden, bevor das Gros der thebanischen Streitmacht zur Stelle war. Wahrscheinlich wurde der Überfall auf Plataiai ohne Absprache mit der Führung Spartas geplant und durchgeführt. Er war jedenfalls ein klarer Friedensbruch, da zu diesem Zeitpunkt trotz des Kriegsbeschlusses der Spartaner und ihrer Symmachoi und trotz des Scheiterns der Verhandlungen zwischen Sparta und Athen noch keine offizielle Kriegserklärung vorlag.[54]

Eine eindeutige Zuweisung der Schuld am Ausbruch des Peloponnesischen Krieges verbietet sich aufgrund der komplexen Ereignisabläufe und der Vielzahl der Akteure während der Eskalation des Konfliktes. Die Vorgeschichte muß mindestens bis in die Zeit des Samischen Krieges zurückverfolgt werden. Nach dem Scheitern dieser Erhebung in Samos zeichnete sich als Grundzug der athenischen Politik die Tendenz einer verstärkten Sicherung und Ausweitung des eigenen Macht- und Einflußbereiches ab. Hierbei dürften spartanische Kriegspläne während des Samischen Krieges eine Rolle gespielt haben. Gleichwohl entsprach die athenische Volksversammlung noch 433 nicht in vollem Umfang den Wünschen der Kerkyraier, als sie – wie gesagt – ein Defensivbündnis anstelle einer regelrechten Symmachie mit dem Inselstaat beschloß. Eine glatte Ablehnung des Bündnisangebotes der Kerkyraier hätte freilich aus athenischer Sicht bedeutet, daß man das Risiko einer Verschiebung der Kräfteverhältnisse in Griechenland zu Lasten der eigenen Polis eingegangen wäre. Vielleicht hätte sich aber die Lage wieder beruhigt, wenn die Korinther darauf verzichtet hätten, ihre Rechnung mit Kerkyra zu begleichen. Auch nach der Schlacht bei den Sybota-Inseln wäre wohl eine weitere Zuspitzung der Krise zu verhindern gewesen, doch hat die schwer verständliche und in ihren Motiven für uns nicht mehr klar erkennbare Politik der Athener gegenüber Perdikkas von Makedonien zur Ausweitung des Konflikts auf eine neuralgische Zone des athenischen Einflußbereiches geführt. Das Ultimatum, das Athen an Poteidaia richtete, rief Korinth wieder auf den Plan, und Poteidaia erhielt dann in Sparta Zusagen, die gar nicht erfüllt werden konnten, aber letztlich entscheidend dazu beitrugen, daß Poteidaia von Athen abfiel. Die spartanischen „Behörden" (d. h. wohl die Ephoren), die jene Versprechungen gemacht hatten, konnten sich zweifellos nicht auf einen Mehrheitsbeschluß der spartanischen Volksversammlung berufen und handelten insofern in höchstem Maße verantwortungslos. Aber auch das athenische Ultimatum an Poteidaia war ein aggressiver Akt, wenn er auch aus athenischer Sicht ebenso begründet erscheinen mochte wie das Megarische Psephisma. In beiden Fällen ging es den Teilnehmern der beschließenden Volksversammlung unter dem Einfluß des Perikles um Stärkung der Position Athens, dessen Kriegspotential und finanzielle Ressourcen aber gerade durch die Auswirkungen des Ultimatums an Poteidaia geschwächt wurden, da die Polis lange Zeit belagert werden mußte. Eine Schwächung des athenischen Potentials durch die Erhebung Poteidaias war aber auch zweifellos ein Motiv für die erwähnten verantwortungslosen Zusagen spartanischer „Behörden" an Gesandte der Poteidaiaten. Das Megarische Psephisma war dann wiederum eine aggressive athenische Reaktion auf die hierdurch entstandene Situation. Dies war in Sparta bei den Verhandlungen mit Poteidaia natürlich nicht einkalkuliert worden. Das Megarische Psephisma war freilich noch kein kriegerischer Akt.[55] Es wurde aber für beide Hegemonialmächte eine Prestigefrage ersten Ranges, als die Megarer sich in dieser Sache mit Unterstützung durch die Korinther an Sparta wandten. Die „Falken" in Sparta wollten sich dem Gesuch der Megarer nicht versagen, während Perikles fest überzeugt war, daß athenische Konzessionsbereitschaft jetzt in der griechischen Welt als Schwäche ausgelegt werde und athenischer Machtverlust die unausweichliche Folge sei.[56] Dies war zweifellos eine Fehleinschätzung. Die Spartaner hatten in einer emotional geladenen Atmosphäre[57] in der Apella den Kriegsbeschluß gefaßt, doch hatten auch die Warnungen des Königs Archidamos vor einem großen Krieg ihre Wirkung in Sparta nicht verfehlt. So bestand noch Verhandlungsspielraum, der aber von athenischer Seite nicht genügend genutzt wurde. Perikles, die beherrschende Figur auf der politischen Bühne Athens, war von der Notwendigkeit eines Krieges zu einem für Athen günstigen Zeitpunkt fest überzeugt.[58] Gleichwohl zögerten beide Seiten, den Kampf zu eröffnen. Auch die „Falken" auf beiden Seiten waren sich des Risikos einer militärischen Entscheidung bewußt. In dieser Situation erfolgte überraschend der thebanische Überfall auf Plataiai. Bezeichnenderweise wurde jetzt erst in Sparta ein Konzept zur Verstärkung der Flotte des Peloponnesischen Bundes entwickelt.[59] Vermutlich hatten sich nicht zuletzt infolge des Pessimismus des Archidamos Zweifel eingestellt, ob es denn überhaupt möglich sei, durch Einfälle nach Attika die Athener zur Kapitulation zu zwingen. Nach den Ereignissen in Plataiai aber sah man weder in Sparta noch in Athen eine Chance, den Konflikt zu entschärfen.

2. Kriegspläne und Strategien

Der athenische Kriegsplan war nach Darstellung des Thukydides (1,143,3 – 144,1; 2,65,7) die Konzeption des Perikles. Es bleibt offen, ob und inwieweit andere amtierende oder ehemalige Strategen oder sonstige prominente Athener den „ersten Mann" der Polis beraten haben. Zweifellos war es aber Perikles, der in der Volksversammlung aufgrund seiner Autorität und seines langjährigen Einflusses den Bürgern die athenische Strategie erläuterte. Es war ein recht einfacher Plan, der vorsah, eine rangierte Feldschlacht mit dem überlegenen peloponnesischen Hoplitenaufgebot zu vermeiden und bei einer feindlichen Invasion die Bevölkerung in das von Athen, Phaleron und dem Peiraieus gebildete Festungsdreieck zu evakuieren, zur See aber die Offensive zu ergreifen und die Peloponnes „ringsum mit Krieg zu überziehen" (Thuk. 2,7,3).

Ein eigentliches Kriegsziel wird von Thukydides nicht erwähnt.[60] Nach seinen Angaben soll zwar Perikles gefordert haben (1,144,1; 2,65,7), während des Krieges keine Erweiterung der athenischen „Herrschaft" (Arché) anzustreben und keine riskanten Unternehmungen durchzuführen. Es geht in diesen Äußerungen indes um Fragen der Strategie, nicht aber um politische Ziele. Gleichwohl wird in der modernen Forschung vielfach angenommen, daß die athenischen Kriegsziele der von Perikles propagierten Defensivstrategie entsprachen und Perikles erreichen wollte, daß Sparta und seine Bundesgenossen den weiten Einflußbereich Athens anerkannten. Die Fragen der Strategie und das Problem der Kriegsziele sind aber voneinander zu trennen. Das Grundschema der Strategie des Perikles wird den Athenern leicht verständlich gewesen sein, da der Mauer- und Festungsbau der Jahrhundertmitte sich bereits an dem Konzept einer Defensive zu Lande orientierte. Die Kräfteverhältnisse sowie die Stärken und Schwächen des athenischen Wehrpotentials waren der Bürgerschaft in Athen zumindest in Umrissen bekannt. Insofern basierte der Kriegsplan des Perikles wohl kaum auf einer genialen strategischen Theorie.[61] Militärakademien und Generalstäbe gab es ohnehin nicht, und Perikles hat sicherlich nicht militärische und strategische Geheimnisse zurückgehalten, um dann nach Beginn des Krieges mit unerwarteten und überraschenden Schlägen den Feind niederzwingen zu können.[62] Auch war die Vermeidung rangierter Feldschlachten kein Novum. Die griechische Kriegführung bestand keineswegs nur in sogenannten agonalen Kämpfen, wie sie Herodot 7,9 β, 1–2 schematisch skizziert, indem er behauptet, die Griechen hätten ihre Kriege „wie ein Duell" ausgetragen.[63] Im Blick auf den üblichen Verlauf größerer Hoplitenschlachten konnte die perikleische Planung zwar als Abkehr von traditionellen Strategien interpretiert werden, doch ist zu beachten, daß man sich vor zahlenmäßig überlegenen Feinden immer schon hinter die eigenen Mauern zurückgezogen und zudem keineswegs Kriegslisten verschmäht hat. Die Athener selbst hatten bei Tanagra 446 erfahren müssen, was es bedeutete, in einen Hinterhalt zu geraten. Alles in allem sollte die von Thukydides gerühmte strategische Voraussicht des Perikles nicht überschätzt werden. Seine Strategie beruhte – wie gesagt – nicht auf generalstabsmäßiger Planung unter Berücksichtigung aller erdenklichen militärischen Möglichkeiten und Erfordernisse. Sie richtete sich vielmehr nach dem vorhandenen Kräftepotential und legte bisherige Erfahrungen zugrunde. Eine totale Berechnung der Zukunft war natürlich gar nicht möglich. Die Grundzüge seiner Planung wird Perikles freilich schon im Winter 432/31 seinen Mitbürgern bei den Beratungen über die spartanischen Forderungen vorgetragen haben. Die Athener haben jedenfalls in der Mehrheit diese Strategie akzeptiert. Enttäuschung und Ernüchterung folgten aber bald, als der Ernstfall eintrat und peloponnesische Streitkräfte nach Attika vorstießen.[64] Schon jetzt zeichnete sich ab, daß man in Athen nicht auf reiner Defensivstrategie beharren konnte. Perikles mußte auf den Stimmungswandel Rücksicht nehmen und konnte nicht tatenlos zusehen, wie die Landgebiete geplündert wurden. Als Gegenmittel bot sich der Einsatz athenischer Reiter an,[65] doch konnten nach Lage der Dinge allein mit der Kavallerie die Invasionen nicht verhindert oder abgewehrt werden. Reiterei konnte mit einiger Wirkung nur gegen Leichtbewaffnete eingesetzt werden. Ob Verteidigungsmaßnahmen durch operative Verwendung athenischer Kavallerie von vornherein eingeplant waren, muß im übrigen offenbleiben.[66] Es konnte auch nicht nur darum gehen, das Gebiet des Seebundes unter strikter Kontrolle zu halten. Die Strategie, „die Peloponnes von allen Seiten niederzukämpfen" (Thuk. 2,7,3), zielte von vornherein auch auf eine erhebliche Ausweitung des athenischen Einflußbereichs ab. So kann schwerlich die Rede davon sein, daß Perikles 431 lediglich den Status quo behaupten wollte. Offenbar sollte durch Handelsblockaden oder Raids auf Schiffahrtswege sowie durch Gewinnung von Stützpunkten an strategisch wichtigen Plätzen die Koalition der Feinde gesprengt und so der Weg zu weiterer Machtentfaltung Athens frei werden. Es ist kaum denkbar, daß Perikles bereit gewesen wäre, nach einem für Athen erfolgreichen Krieg auf neue Operationsbasen am Ionischen Meer und in Westgriechenland zu verzichten. Das Ausgreifen in diesen Raum konnte freilich anknüpfen an die athenische Politik der fünfziger Jahre. Das Unternehmen des Tolmides um 455 nimmt in gewisser Weise schon athenische Pläne im Jahre 431 vorweg. Auch in dieser Hinsicht kann der Kriegsplan des Perikles nicht als brillante neue Strategie bezeichnet werden.[67] Es ist zwar richtig, daß „alle einzelnen Unternehmungen" für die Athener „zu Instrumenten einer großen Strategie" wurden.[68] Dies war aber die Konsequenz einer bereits mit der Gründung des Seebundes inaugurierten ausgreifenden Ägäispolitik der Athener, die für sie aber auch zu einer schweren Bürde wurde, als der große Krieg mit Sparta infolge der Mechanismen der Bündnissysteme große Teile der griechischen Welt erfaßte. Aufgrund der Struktur des Seebundes hatte sich das militärische Gewicht innerhalb der Symmachie kontinuierlich zugunsten Athens verschoben, da die Bundesgenossen – wie gesagt – die Möglichkeit nutzten, die Stellung von Schiffen und Mannschaften durch Geldzahlungen abzulösen und zudem jeder Versuch einer Erhebung gegen Athen zu einer partiellen Entmilitarisierung der betreffenden Polis geführt hatte. Die negativen Auswirkungen für die Athener bestanden darin, daß nur noch die Poleis auf Lesbos sowie Chios und (aufgrund der 433 geschlossenen Epimachie) Kerkyra Trieren stellten und die Athener dementsprechend die Hauptlast des Kampfes zur See tragen mußten, der die Entscheidung bringen sollte.[69] Gefährlich wurde diese Situation nach dem überaus verlustreichen Scheitern der Sizilischen Expedition (415 bis 413). Diese Niederlage konnte Perikles gewiß nicht voraussehen, doch hatte bereits die Geschichte der Pentekontaëtie gezeigt, daß die Kalkulation, durch strikte Kontrolle der Symmachoi die Gefahr von Abfallbewegungen zu bannen oder zumindest weitgehend auszuschalten, eine Reihe von Unsicherheitsfaktoren enthielt. Die Erhebung Poteidaias verdeutlichte zudem unmittelbar vor dem Peloponnesischen Krieg, daß durch Revolten starke Kräfte Athens gebunden werden konnten. Andererseits scheint die Behauptung des Thukydides (2,8,5), daß zu Beginn des Krieges die meisten Hellenen im Streben nach außenpolitischer Unabhängigkeit oder aus Furcht vor Unterdrückung die Athener haßten, stark übertrieben zu sein. In den einzelnen Seebundstaaten war die Situation durchaus unterschiedlich. Thukydides betont zwar in seiner berühmten Analyse der großen Krise des Peloponnesischen Krieges (3,80–82), daß die breite Masse überall zu Athen hielt, die Oligarchen hingegen Sparta favorisierten. Auch dies ist freilich keine präzise Aussage, da für Thukydides hier nicht die Einzelheiten, sondern die allgemeinen Entwicklungslinien sowie die Ursachen und Begleiterscheinungen innerer Unruhen in griechischen Poleis im Spannungsfeld der Großmächte relevant sind. Die Wahl zwischen Sparta und Athen fiel in krisengeschüttelten Gemeinwesen nicht einfach nach bestimmten Mechanismen und Sympathien gesellschaftlicher und politischer Gruppen.[70] Im athenischen Herrschaftsbereich verhielten sich die Mittel- und Unterschichten und deren Wortführer keineswegs stets loyal gegenüber der Hegemonialmacht. Ebensowenig waren oligarchisch gesinnte Repräsentanten der Oberschicht generell spartafreundlich eingestellt. Insgesamt hatten freilich breite Kreise im Seebund vor dem Krieg gute Gründe, die Hegemonie Athens zu akzeptieren, da sie Sicherheit vor den Persern oder machthungrigen Parteigängern des Großkönigs sowie im großen und ganzen auch Schutz vor Seeräubern und Kriegsgefahr bot. Nicht überall wurden athenische Kleruchen angesiedelt oder Besatzungen stationiert und hierdurch Ressentiments geweckt. Niemand aber konnte wissen, wie sich die Dinge bei längerer Dauer des Krieges entwickeln würden. Die psychologischen Faktoren waren natürlich auch in bezug auf die athenische Bürgerschaft schwer einzuschätzen. Vor dem Krieg mochten die Athener das Konzept des Perikles für plausibel und erfolgversprechend gehalten haben. Als aber der Feind im Lande stand, sah die Sache ganz anders aus. Die Schwankungen des Stimmungsbarometers ließen sich nicht vorausberechnen.

Noch gravierender war Perikles' Fehleinschätzung der Situation in Sparta. Entgegen einer verbreiteten Forschungsthese hat Perikles schwerlich beabsichtigt, mit seiner Strategie der athenischen Bürgerschaft einen langen Kampf abzuverlangen. Nach Thukydides (1,141) soll er in seinen Äußerungen vor der athenischen Volksversammlung zwar einen längeren Krieg nicht grundsätzlich ausgeschlossen, gleichzeitig aber auch die Meinung vertreten haben, daß die Spartaner aufgrund ihrer Mentalität und ihrer fehlenden Ressourcen gar nicht in der Lage seien, den Kampf gegen Athen durchzustehen.[71] Wenn Perikles tatsächlich davon ausgegangen ist, daß die Spartaner nach einer gewissen Zeit friedensbereit sein würden, war dies zweifellos der größte Fehler in seinen „Berechnungen“, denen er das vorhandene Kräftepotential beider Seiten zugrunde gelegt hat, wobei er zur Erläuterung seiner Strategie auch Zahlen ins Spiel brachte. Mit einem Hinweis auf die von Thukydides 2,13,6 genannten 13000 felddiensttauglichen athenischen Hopliten[72] dürfte er wohl jedem Bürger klargemacht haben, daß es aussichtslos war, gegen eine Armee von 30000 peloponnesischen Hopliten eine offene Feldschlacht zu wagen. Schwerer zu interpretieren sind einige weitere Zahlen, die Thukydides zur Erläuterung des perikleischen Kriegsplanes nennt. Hiernach standen neben den genannten athenischen Hopliten und einer ungenannten Zahl von Wacht- und Besatzungstruppen in attischen Grenzfesten[73] und im Seebund noch weitere 16000 Mann für den Wachtdienst auf den Stadt- und Hafenbefestigungen von Athen zur Verfügung.[74] Diese Truppe bestand nach Thukydides 2,13,7 aus den Wehrpflichtigen der ältesten und der jüngsten Jahrgänge und aus jenen Metoiken, die sich als Hopliten auszurüsten vermochten. Wie M. H. Hansen wohl mit Recht vermutet, handelt es sich bei den „ältesten und jüngsten Jahrgängen“ um Bürger aller Zensusklassen im Alter von 50 – 59 und von 18 – 19 Jahren.[75] Diese Interpretation ist vor allem deshalb plausibel, weil auf jeden Fall die älteren wehrpflichtigen Jahrgänge für den schweren Ruderdienst auf den Trieren nicht in Frage kamen. Kaum zu ermitteln ist indes die Zahl der Theten. Aus dieser Schicht stammten vor allem die Ruderer. Thukydides (2,13,8) nennt die Zahl von 300 einsatzfähigen Trieren im Jahre 431.[76] Dies trifft sicherlich zu, doch wurden zu keinem Zeitpunkt alle vorhandenen Kriegsschiffe gleichzeitig eingesetzt, da in diesem Fall das Mannschaftsreservoir Athens nicht ausgereicht hätte, auch wenn in erheblichem Umfang Söldner als Ruderer eingesetzt worden wären.[77] Auch bei einem weit geringeren Einsatz von Trieren wurden die Ruderbänke nicht ausschließlich mit seediensttauglichen Theten besetzt, sondern auch Metoiken herangezogen und freie Bürger aus den Poleis des Seebundes angeworben. Hinzu kam in aller Regel eine geringere Zahl von Sklaven, die ihre Herren begleiteten, die als Schiffsoffiziere, Maate und Matrosen sowie als Seesoldaten und Bogenschützen auf den Trieren dienten. Eine größere Zahl von Sklaven wurden nur in der Not der Endphase des Krieges sowie vielleicht auch während der Sizilischen Expedition eingesetzt. Im übrigen mußten gegebenenfalls auch Bürgerhopliten als Ruderer dienen. Es fehlen indes konkrete Angaben über die Zahl der Theten. Bekannt sind hingegen die Zahlen der Reiter (1200 Wehrfähige einschließlich der 200 berittenen Bogenschützen) und der Bogenschützen (1600).[78] Ansonsten gab es neben den Bogenschützen keine reguläre athenische Truppe von Leichtbewaffneten. Für den Dienst im Train als Waffen- und Proviantträger der Hopliten standen Sklaven zur Verfügung, die generell in Griechenland als Troßknechte eingesetzt wurden.[79] Hervorzuheben ist noch, daß Athen nicht nur durch die Zahl der Trieren, sondern auch durch den hohen Ausbildungsstand des seemännischen Personals und der Rudermannschaften allen anderen hellenischen Seestädten weit überlegen war. Eine weitere Stärke Athens zu Beginn des Krieges waren die Finanzreserven und die Einkünfte der Polis. Nach den Angaben des Thukydides (2,13,3) belief sich der Reservefond auf der Akropolis auf 6000 Talente an gemünztem Silber. Die jährlichen Einkünfte, die Athen aus dem Seebundgebiet erhielt, betrugen 600 Talente. Hiermit sind zweifellos nicht nur die Phoroi der tributpflichtigen Bundesgenossen gemeint.[80] Hinzuzufügen sind des weiteren noch etwa 400 Talente, die auf dem Polisterritorium in Attika eingenommen wurden (Zölle, Metoikensteuern, Geldstrafen usw.), so daß die Einnahmen etwa 1000 Talente im Jahr betrugen.[81] Eine vergleichbare Finanzkraft besaß keine andere Polis.[82] Allerdings sollte sich im Krieg bald zeigen, daß die Reserven schnell dahinschmolzen.[83]

3. Der Archidamische Krieg

a) Pattsituation und neuer Führungsstil

Nach dem blutigen Auftakt des Krieges durch den mißlungenen thebanischen Überfall auf Plataiai (Thuk. 2,2–5) dauerte es geraume Zeit, ehe der in Athen erwartete Vorstoß starker peloponnesischer Streitkräfte nach Attika erfolgte. König Archidamos, der die Invasion leiten sollte,[84] rückte nur zögernd vor und bot unterdessen noch Friedensgespräche an, die aber in Athen abgelehnt wurden.[85] Erst etwa Ende Mai oder Anfang Juni erreichte Archidamos Eleusis und die Thriasische Ebene und zog dann von dort nach Acharnai, dem größten attischen Demos (Thuk. 2,18–20). Die Plünderungszüge seiner Truppen verfehlten nicht ihre Wirkung. Die weitaus meisten athenischen Bürger lebten noch außerhalb des Stadt- und Hafengebietes. Sie hatten zwar ihr Vieh auf Euboia und anderen Inseln in Sicherheit gebracht und nach Möglichkeit auch ihre bewegliche Habe nach Athen geschafft, erregten sich aber über die Verheerungen im Raum von Acharnai, da sie gehofft hatten, daß die Peloponnesier nicht über die Thriasische Ebene hinaus vorrücken würden. Auf den Straßen und Plätzen Athens bildeten sich erregt diskutierende Gruppen, die empört einen Auszug des athenischen Hoplitenaufgebotes forderten, freilich von anderen Bürgern heftigen Widerspruch erfuhren (Thuk. 2,21). Zu den Heißspornen, die eine Feldschlacht wagen wollten, zählte auch Kleon.[86] Perikles unterlief diese Opposition gegen seine Strategie, indem er während der feindlichen Invasion „keine Ekklesia und keinen Syllogos“ einberief, wie es Thukydides (2,22,1) formuliert. Das Problem dieser Nachricht besteht darin, daß reguläre Volksversammlungen vom Rat bzw. vom amtierenden Ratsausschuß der Prytanen einberufen wurden und Perikles als Stratege keine Sondervollmachten bzw. keine höheren Kompetenzen als seine Kollegen besaß.[87] Hinzu kommt, daß der Begriff „Syllogos“ hier nicht eindeutig ist, Thukydides die Dauer der Invasion nicht genau umschreibt und wir nicht wissen, wie viele Volksversammlungen in der Zeit des Perikles zwingend vorgeschrieben waren. Zweifellos mußte aber im fünften Jahrhundert bereits mindestens eine Versammlung des Demos in jeder Prytanie stattfinden.[88] Zudem ist zu beachten, daß nach der weiteren Darstellung des Thukydides (2,23,3) die peloponnesischen Truppen 431 so lange in Attika blieben, bis ihre mitgeführten Vorräte zur Neige gingen und nicht mehr durch Plünderungen hinreichend ergänzt werden konnten. Man kann davon ausgehen, daß die Invasion höchstens 40 Tage dauerte.[89] Setzt man nun voraus, daß in jeder Prytanie auf jeden Fall eine Ekklesia obligatorisch war, weitere Tagungen aber nicht unbedingt stattfinden mußten, ist nicht auszuschließen, daß zwischen zwei Versammlungen ein Intervall von 40 oder mehr Tagen bestanden haben kann. Eher bietet sich aber eine andere Interpretationsmöglichkeit an. Ausschlaggebend waren in dieser Situation für Perikles vermutlich militärische Gründe. Obwohl sich das feindliche Lager bei Acharnai befand und Athen nicht direkt belagert wurde, wäre es riskant gewesen, eine große Versammlung einzuberufen, weil ja die meisten Bürger auf den weitläufigen Befestigungsanlagen Wachtdienste versehen mußten.[90] An der Ekklesia hätte sicherlich nur ein relativ begrenzter Teil der Wehrfähigen teilnehmen können, und ihre Beschlüsse wären in einer höchst gefahrvollen Lage eine Verfälschung des Willens der Polisgemeinschaft gewesen. Wahrscheinlich hat Perikles seinen ganzen Einfluß geltend gemacht, um die Einberufung einer ordnungsgemäßen Ekklesia durch die Prytanen zu verhindern. Ob der Terminus „Syllogos“ an der genannten Thukydidesstelle auf eine Heeresversammlung zu beziehen ist,[91] muß dahingestellt bleiben. Wenn aber Perikles oder seine Kollegen im Strategenamt tatsächlich befugt waren, in der Polis selbst eine Heeresversammlung einzuberufen, wäre Perikles zweifellos in der Lage gewesen, durch seine Autorität seine Kollegen zu überzeugen, keine derartige Tagung durchzuführen. Er konnte jedenfalls die erste Krise des Krieges überwinden.[92] Daß er in dieser Zeit gleichzeitig durch die athenische Kavallerie, die durch thessalische

Reiter verstärkt worden war,[93] feindliche Bewegungen zu behindern suchte (Thuk. 2,22,2), war keine wesentliche Modifizierung seiner strategischen Gesamtkonzeption. Große Wirkung hatte der Einsatz der Kavallerie ohnehin nicht.[94] Daß es Perikles gelang, trotz heftiger Opposition seine Strategie konsequent durchzusetzen, unterstreicht, daß seine Autorität in den letzten 15 Jahren enorm gestiegen war.[95] Seine Position schien unangreifbar, zumal er sich auf eine Reihe von bekannten und bewährten Angehörigen der athenischen Führungsschicht wie Phormion und Hagnon stützen konnte, die seine Strategie zweifellos akzeptierten.[96] Allerdings stand ihm auch das Glück zur Seite, da Archidamos damals nicht die fruchtbare Ebene von Athen verheeren ließ. Der spartanische König glaubte offenbar immer noch an die Möglichkeit eines Kompromißfriedens und wollte möglicherweise den Athenern Verhandlungsbereitschaft signalisieren.[97]

Noch während das peloponnesische Heer in Attika stand, stachen 100 athenische Trieren mit 1000 Hopliten und 400 Bogenschützen in See (Thuk. 2,23,2). Verstärkt wurde diese Flotte noch durch 60 Trieren aus Kerkyra. Ziele ihrer amphibischen Operationen waren Küstengebiete der Peloponnes und an der Einfahrt zum Golf von Korinth. Der größte athenische Erfolg war hierbei der kampflose Gewinn der Insel Kephallenia mit ihren vier Poleis (Thuk. 2,25.30). Etwa gleichzeitig unternahmen athenische Streitkräfte eine Aktion zur Sicherung Euboias (Thuk. 2,26). Das spektakulärste athenische Unternehmen des ersten Kriegsjahres war jedoch die Besetzung Aiginas, deren Bewohner ausnahmslos vertrieben wurden (Thuk. 2,27,1). Durch Ansiedlung attischer Kolonisten sollte der Schiffahrtsweg nach dem Peiraieus gesichert und die Stationierung einer peloponnesischen Besatzung auf der Insel verhindert werden.[98] Zudem sollte Aigina als athenischer Stützpunkt für Raids gegen peloponnesische Küstengebiete dienen.

Ungefähr zur gleichen Zeit gelang den Athenern durch Abschluß eines Vertrages mit dem Odrysenherrscher Sitalkes ein beachtlicher diplomatischer Erfolg, der den Kampf gegen die antiathenische Bewegung auf der thrakischen Chalkidike erheblich erleichterte und zudem dazu führte, daß Athen ein neues Abkommen mit dem Makedonenkönig Perdikkas treffen konnte, der sich verpflichtete, den Athenern Truppen für die Belagerung Poteidaias zur Verfügung zu stellen (Thuk. 2,29).

Nach der Rückkehr der im Ionischen Meer eingesetzten Flotte unternahm Perikles noch im Spätherbst 431 mit 13 000 Hopliten (darunter 3000 Metoiken) und zahlreichen Leichtbewaffneten einen Vorstoß in die Megaris (Thuk. 2,31). Dieses Aufgebot umfaßte nahezu die gesamte athenische Feldarmee mit Ausnahme der nach Poteidaia entsandten Hopliten.[99] Zweifellos wollte Perikles den Athenern nach dem deprimierenden Erlebnis der peloponnesischen Invasion durch einen Plünderungszug gegen Megara die Schlagkraft der eigenen Infanterie demonstrieren.

Als die Feldzugsaison zu Ende ging, besaß Perikles wieder das Vertrauen der Mehrzahl seiner Mitbürger, denn der Demos übertrug ihm die ehrenvolle Aufgabe, auf der Staatsfeier für die Gefallenen des ersten Kriegsjahres zu Beginn des Winters die Gedenkrede (Epitaphios) zu halten.[100] Thukydides (2,35–46) hat nach der Kapitulation Athens (404 v. Chr.) die Ausführungen des Perikles zu der wohl glanzvollsten Rede des Altertums stilisiert, indem er – wie bereits ausgeführt (Kap. II 8) – ein idealisiertes Bild der athenischen Demokratie und ihrer Institutionen sowie der Staatsgesinnung und Zuversicht ihrer Bürgerschaft entwirft. Wahrscheinlich hat Thukydides als junger Mann diesen Epitaphios selbst gehört. Jedenfalls hat er genuin perikleische Gedanken zu einem politischen Modell ausgestaltet, um aus der Rückschau noch einmal den Glanz der Polis Athen auf dem Höhepunkt ihrer Macht aufleuchten zu lassen,[101] denn im folgenden Jahr leitete unvorhergesehenes Geschehen Ereignisketten ein, die nicht nur für die Geschichte Athens eine große Wende bedeuteten. Aus dem Vorderen Orient wurde in den Peiraieus eine Seuche eingeschleppt, die mehrere Jahre wütete. Die Beschreibung dieser Epidemie im Werk des Thukydides (2,48–54) zählt zu den eindrucksvollsten Darstellungen eines Krankheitsbildes in der Weltliteratur. Eine Diagnose dieser sogenannten Pest ist indes noch nicht gelungen[102] und dürfte auch kaum noch möglich sein, da die Entstehung von Viren und die Reaktionen des menschlichen Immunsystems Veränderungen unterworfen sind, die aus den von Thukydides beschriebenen Symptomen nicht mehr erschlossen werden können.[103] Mindestens vier Jahre wurden die Athener von der Angst vor Ansteckung gepeinigt, die natürlich während der peloponnesischen Invasionen infolge des dichten Zusammenlebens der evakuierten attischen Bevölkerung in Athen und hinter den Verbindungsmauern nach Phaleron und dem Peiraieus besonders groß war. Ärzte waren machtlos; sie kannten bis dahin weder die eigenartigen Symptome noch den Verlauf der Erkrankung, die zunächst mit starker Hitze im Kopf und Entzündungen der Mundschleimhäute und der Augen begann und dann allmählich den ganzen Körper mit widerlichen Pusteln und Geschwüren überzog, sofern nicht schon nach wenigen Tagen der Tod eingetreten war. Nie zuvor hatte das athenische Wehrpotential derartige Substanzverluste erlitten. Im athenischen Lager vor Poteidaia starben allein etwa 1050 Hopliten von den dort eingesetzten über 4000 Schwerbewaffneten (Thuk. 2,58,3). Insgesamt dürften die Verluste an Hopliten infolge der Pest etwa 4400 Mann betragen haben. Hinzu kamen vermutlich etwa 300 Wehrfähige der zweiten Zensusklasse der Hippeis (Thuk. 3,87,3). Die Verluste der Frauen und Kinder der Bürger sowie der Metoiken und Sklaven sind nicht bekannt. Es ist damit zu rechnen, daß bis zu einem Viertel der Bevölkerung Attikas dahingerafft wurde. Besonders schlimm waren die Jahre 430 und 429. Die Seuche klang dann zwar vorübergehend ab, brach aber 427 erneut aus und forderte wieder zahlreiche Opfer. Schwer abzuschätzen sind die hierdurch bedingten Auswirkungen auf die Bevölkerungs- und Wirtschaftsstruktur und auf die künftige demographische Entwicklung sowie der von Thukydides beschriebene dramatische Verfall der Moral, der Götterfurcht und der religiösen Bräuche und Bestattungsriten. Der Historiker beklagt auch die fehlende Humanität gegenüber Kranken und den Mangel an Pietät gegenüber Toten. Allerdings war Thukydides bestrebt, mit seiner Schilderung ein dunkles Kontrastbild zur Idealisierung der athenischen Demokratie in der Gefallenenrede des Perikles zu zeichnen.[104] Nach dem Abklingen der Seuche verloren zumindest die Extremformen der Auflösungstendenzen ihren Nährboden. Im Alltag der breiten Masse ist eine Rückkehr zu den traditionellen Verhaltensnormen unverkennbar. Religiosität, Glaube und Aberglaube fanden wieder ihren gewohnten Platz im Leben der Menschen. Die offiziellen

Kulte und religiösen Riten wurden durch den Einbruch der gewaltigen und unerhörten Schrecken und Ängste ohnehin nicht tangiert. Die gegenläufige Bewegung der Sophistik mit ihrer vorgeblichen Rationalität und ihrem Vernunftglauben und ihrem Streben nach Steigerung geistiger Möglichkeiten, aber auch mit ihrem Zweifel an den Göttern und an verläßlicher Erkenntnis und an der Beständigkeit einer stabilen Daseinsordnung steht freilich auf einem anderen Blatt. Rationalismus und Skeptizismus waren als komplementäre Phänomene eigenständige Potenzen in der geistigen Situation jener Jahre.

Durch die Pest entstand eine völlig neue Situation, nachdem bis zum Ausbruch der Krankheit der Krieg zunächst den auf beiden Seiten erwarteten Verlauf zu nehmen schien. Perikles war in der siebenten Prytanie des Amtsjahres 431/30 (etwa Februar/März 430) zusammen mit mehreren seiner Vertrauten und Weggenossen (Hagnon, Phormion, Xenophon, Sohn des Euripides, Kleopompos) erneut zum Strategen gewählt worden und hatte seine Mitbürger offensichtlich nach der zeitweiligen Depression des ersten Kriegsjahres wieder mit Zuversicht erfüllt.[105] Archidamos stieß Anfang Mai 430 wieder mit einem Zweidrittelaufgebot des Peloponnesischen Bundes nach Attika vor, bevor die Pest noch im weiteren Verlauf des Mai ihre ersten Opfer forderte (Thuk. 2,47,2–48,2). Er operierte jetzt weiträumig, indem er erstmals die Ebene von Athen plündern ließ und dann bis zum Distrikt der Silbergruben im Laureion vorrückte. Dieser zweite Einfall der Peloponnesier nach Attika war ihre längste Invasion. Noch während Archidamos im Raum von Athen stand, stach eine Flotte von 100 Trieren unter Führung von Perikles mit 4000 Hopliten und einer größeren Kavallerieeinheit in See (Thuk. 2,56). Die Stärke dieses Aufgebotes läßt darauf schließen, daß Perikles durch Operationen im peloponnesischen Küstengebiet größere Wirkung erzielen und greifbare Erfolge in Athen vorweisen wollte. Die hohen Erwartungen, die mit diesem Unternehmen verbunden worden waren, erfüllten sich indes nicht. Infolge des Ausbleibens militärischer Siege und unter dem Eindruck der zweiten Verwüstung attischer Landgebiete und des Wütens der Seuche zeichnete sich bald eine dramatische Wende ab. Perikles hatte das Heft zeitweilig nicht mehr in der Hand. Zahlreiche Athener waren verzweifelt über den Stand der Dinge und gaben ihm offen die Schuld am Ausbruch des Krieges und an der mißlichen Situation. Er konnte mit all seiner Überzeugungskraft nicht verhindern, daß die Volksversammlung beschloß, eine Friedensgesandtschaft nach Sparta zu schicken (Thuk. 2,59). Erreicht wurde hiermit indes nichts. Als die Mission in Sparta eintraf, wuchs dort die Siegeszuversicht. Es schienen sich die Hoffnungen derer zu erfüllen, die von Anfang an geglaubt hatten, Athen mit einigen kraftvollen Schlägen zum Frieden zwingen zu können.[106] Angesichts des Hochgefühls ihrer vermeintlichen Überlegenheit sah die Mehrzahl der Spartiaten keinen Grund, das athenische Friedensangebot zu akzeptieren.[107] Aus ihrer Sicht hatten die Athener jetzt ihre Karten aufgedeckt. Ein spartanischer Sieg schien in greifbare Nähe gerückt zu sein, während man in Athen erkennen mußte, daß aus einer Position der Schwäche kein Arrangement mit Sparta möglich war.

Es ist nicht auszuschließen, daß nunmehr in Athen bereits neue strategische Optionen in Erwägung gezogen wurden, während die Kritik an Perikles sich steigerte. Sein

Sympathieverlust ermöglichte es seinen Widersachern, ihn zeitweise von der politischen Bühne zu verdrängen. Als Hebel zu einem regelrechten Sturz der dominierenden Persönlichkeit in Athen bot sich der politische Prozeß an.[108] Die näheren Einzelheiten des Verfahrens sind indes nicht bekannt. Thukydides (2,65,3) berichtet nur von einer Geldstrafe. Offenbar wurde eine Anzeige (Eisangelie-Klage) vor die Volksversammlung gebracht,[109] die dann seine Amtsführung mißbilligte und durch diese für ihn negativ verlaufende Abstimmung (Apocheirotonia) seine Amtsenthebung verfügte. Im vierten Jahrhundert fand in jeder Prytanie eine allgemeine Abstimmung über die Amtsführung der Magistrate (Epicheirotonia) statt.[110] Die Ekklesia sollte in diesem Verfahren jeweils darüber befinden, ob die Magistrate ihre Funktionen pflichtgemäß ausübten. Die Abstimmung entschied darüber, ob die Beamten weiterhin im Amt bleiben konnten. Fiel die Entscheidung negativ aus, folgte in der Zeit der Abfassung der aristotelischen ›Athenaion Politeia‹ (330–325) offenbar automatisch ein Prozeß in einem Dikasterion unter dem Vorsitz eines Thesmotheten. Vor 362 konnte aber das Verfahren auch in der Boulé oder in der Ekklesia stattfinden. Diese detaillierten Vorschriften sind im fünften Jahrhundert freilich nicht vorauszusetzen. Eine Befragung über die Amtsführung betraf i. J. 430 natürlich nur Perikles.[111] Sie führte in diesem Fall – wie gesagt – zu sofortiger Absetzung. Daß die Anklage ähnlich wie im zweiten Prozeß gegen Miltiades auf „Täuschung des Demos“ lautete, ist wenig wahrscheinlich, da Perikles von vornherein den Athenern die Prinzipien seiner Strategie erklärt hatte. Daher ist anzunehmen, daß seine „Ausgabenpolitik“ zu seiner Verurteilung führte. Platon berichtet jedenfalls, daß die Anklage auf Unterschlagung lautete und Perikles deswegen verurteilt wurde.[112] Allem Anschein nach hat die Ekklesia ihn aufgefordert, über seine Amtsführung und Finanzverwaltung Rechenschaft abzulegen. Hierfür wird ihm dann wenig Zeit gewährt worden sein.[113]

Der Gegenstand der Klage war natürlich nur von untergeordneter Bedeutung. Ausschlaggebend für die Verurteilung des Perikles war verbreitete Unzufriedenheit über den bisherigen Verlauf des Krieges. Gegner der Kriegspolitik des Perikles und „Falken“, die eine defensive Kriegführung zu Lande mißbilligten, hatten sich zu einer eigenartigen Koalition zusammengefunden.

Bezeichnenderweise werden auf athenischer Seite in dieser Zeit auch erste Anzeichen einer Brutalisierung der Kriegführung bemerkbar, wie sie die Peloponnesier schon zu Beginn des Kampfes erkennen ließen, indem sie alle in ihre Gewalt geratenen Kauffahrer aus Athen, aus dem Gebiet des Seebundes und aus neutralen Städten töteten. Die Athener nahmen in barbarisch-grausamer Weise Rache durch Hinrichtung einer spartanisch-korinthischen Gesandtschaft, die in Persien um Subsidien nachsuchen sollte und im Spätsommer 430 am Hellespont gefangengenommen wurde (Thuk. 2,67).

Einige Zeit später erlahmte die Widerstandskraft der Poteidaiaten. Die dort kommandierenden athenischen Strategen nahmen angesichts der Erschöpfung ihres eigenen Heeres die Kapitulation der Polis an und gewährten den Bürgern und ihren Familien und den peloponnesischen Hilfstruppen freien Abzug (Thuk. 2,70).[114]

Die Ereignisse und Verhältnisse im Winter 430/29 sind weitgehend unbekannt. Immerhin wird deutlich, daß ein Stimmungsumschwung in der Einstellung der Bürger gegenüber Perikles eingetreten ist, der bei den regulären Wahlen im Frühling 429 wieder zum Strategos gewählt wurde[115] und im Juli sein Amt angetreten haben wird. Thukydides erklärt die Rehabilitierung des Perikles mit den wechselnden Empfindungen der Masse und betont, daß man wieder seinen Fähigkeiten zu vertrauen begann und die Erkenntnis sich durchsetzte, daß er der tüchtigste Bürger in der gesamten Polis sei. Die Allianz von „Falken" und „Tauben", die sich vermutlich vor seinem Sturz gebildet hatte, war nur ein ephemäres Phänomen. Es hatte sich rasch gezeigt, daß ein Verständigungsfrieden nicht zu erreichen war. Ein entscheidender Faktor bei seiner Wiederwahl war wohl ein unbestimmtes Gefühl zahlreicher Athener, durch sein Wirken wieder neue Sicherheit nach einem Vakuum der Kräfte gewinnen zu können. Es war gleichsam ein nachwirkender Zauber seiner charismatischen Persönlichkeit, nachdem er lange Jahre als kompetenter Spezialist in öffentlichen Angelegenheiten gegolten hatte.[116] Als er sein Amt antrat, war er aber bereits von einer Krankheit zum Tode gezeichnet. Er starb wenige Wochen später. Wahrscheinlich war es die Epidemie, die ihn nicht in einem akuten und heftigen Verlauf rasch dahinraffte, sondern seinen Körper allmählich auszehrte, wie Plutarch (Per. 38) berichtet, der noch hinzufügt, daß die Krankheit auch die Spannkraft seines Geistes untergrub. Sicherlich war seine Widerstandskraft auch durch den Schmerz über den Tod seiner beiden rechtmäßigen Söhne gebrochen, die vor ihm an der Pest gestorben waren.

Er hatte wie kein anderer das politische Geschehen in Athen etwa von der Mitte des fünften Jahrhunderts bis zum Beginn des Peloponnesischen Krieges beeinflußt. Insofern gelten jene Jahre mit Recht als „Zeitalter des Perikles". Es war der Höhepunkt eines „Jahrhunderts der Athener", deren „erster Mann" Perikles geworden war, nachdem er durch mannigfache Aktivitäten zur Gewinnung breiter Anhängerschaften in der Zeit seines politischen Aufstieges Reformen auf den Weg gebracht hatte, die der Verfassungsentwicklung neue Schubkraft verliehen. Bereits bei der Durchsetzung der Reformen des Ephialtes hatte sich Perikles profiliert. Nachdem dieser Durchbruch erreicht war, hat er seinerseits durch die Einführung der Tagegelder für die Geschworenen einen weiteren wichtigen Schritt unternommen, um breiteren Schichten über das Abstimmungs- und Wahlrecht in der Ekklesia hinaus zusätzliche Möglichkeiten zu bieten, auch im Rahmen der Interorgankontrolle aktiv mitzuwirken. Diese Maßnahme war für ihn sicherlich nicht zuletzt ein Mittel, seinen persönlichen Einfluß auf die Entscheidungsfindung zu steigern. Hierdurch gewann aber das institutionelle Gefüge Athens sowohl größere Stabilität als auch eine neue Feinstruktur. Eine Verfassungsform, die erstmals in der Weltgeschichte als Demokratie verstanden wurde, gewann schärfere Konturen. Es war aber eine Demokratie, die spätestens nach der Ostrakisierung des (Politikers) Thukydides Melesiou von Perikles in einer Weise dominiert wurde, daß der Historiker Thukydides später die politische Realität in Athen als Vorherrschaft des ersten Mannes bezeichnen konnte. Hierunter ist kein quasi-monarchisches Regime zu verstehen, sondern eine spezifische, in dieser Form nur in Athen als Zentrum eines relativ großen Herrschaftsraumes mögliche Position einer politischen Leitfigur, die es verstand, immer wieder bestimmend auf die politische Entscheidungsfindung in einem Gemeinwesen einzuwirken, das ebensowenig wie andere Polisgemeinschaften eine Regierung im eigentlichen Sinne besaß, aber selbstverständlich eine entwickelte staatliche Organisationsform darstellte. In der Zeit seines Wirkens empfand man in Athen selbst die eigene Polis als „hohe Schule von Hellas" (Thuk. 2,41,1). Die Entwicklung Athens zur „Hochburg geistigen Strebens" (Platon, Protagoras 337 d) wurde aber nicht zuletzt durch eine Machtpolitik ermöglicht, die günstige wirtschaftliche Rahmenbedingungen für eine wahrhaft monumentale Selbstdarstellung der athenischen Demokratie geschaffen hat. Die Machtpolitik Athens war freilich auch ein Phänomen, das die Polis als Staatstyp in Frage stellte. Sie drohte den Rahmen der Polis zu sprengen, die als politische Organisation an überschaubare Verhältnisse gebunden war, weil nur so das Prinzip der Beteiligung möglichst aller Bürger an der Entscheidungsfindung garantiert zu sein schien. Athenische Machtpolitik war natürlich nicht nur ein Charakteristikum der Zeit des Perikles. Durch die Organisationsform des Seebundes waren die Bahnen vorgegeben, in denen sich die athenische Außenpolitik bewegte, als Perikles die dominierende Persönlichkeit in Athen wurde. Er hat außenpolitisch im Grunde gar keine neue Konzeption entwickelt. Sein Ziel war vielmehr, die athenische Herrschaftsorganisation effizienter zu gestalten und die Position Athens im Kräftefeld der griechischen Welt unangreifbar zu machen. Daß er hierbei trotz konsequenter Orientierung an den Interessen Athens, die aus seiner Sicht eine straffe Führung der abhängigen Poleis und nach Möglichkeit auch eine Ausweitung des athenischen Machtbereichs geboten, bis zur Entstehung mehrerer Krisenherde nach Mitte der dreißiger Jahre insgesamt gesehen Augenmaß bewahrte, kann kaum bestritten werden. Er konnte aber jene große Krise nicht mehr meistern, weil er im Bann vager Vorstellungen von zwangsläufig sich entwickelnden Konflikten und Kriegen großer Gemeinwesen stand. Hierdurch hat sich seine Perspektive zweifellos verengt, so daß er den Konflikt nicht mehr unter allen Umständen durch einen auch für Sparta tragfähigen Kompromiß beizulegen versuchte. Bereits im Werk des Thukydides erscheint Perikles einerseits als idealer Polisbürger, der in seiner Person den Gemeinsinn der athenischen Bürgerschaft verkörperte und wie kein anderer seinen Mitbürgern auch neue Orientierungsmarken ihres Identitätsbewußtseins vermittelte. Andererseits skizziert Thukydides in seiner Darstellung der Vorgeschichte des großen Krieges diesen vermeintlich vollendeten Polisbürger aber auch als Repräsentanten athenischen Machtstrebens, der selbst die Herrschaft Athens im Seebund mit einer Tyrannis vergleicht, die zwar von den Beherrschten gehaßt, aber im Interesse der Herrschaftsträger – in diesem Fall einer gesamten Polisgemeinschaft – erhalten bleiben muß, wenn auch ihre Etablierung weithin als Unrecht empfunden wird (Thuk. 2,63,2). So beruft sich der ideale Bürger Perikles im Werk des Thukydides auf Thesen, die an den Fundamenten der Poliswelt rütteln. In der athenischen Innenpolitik aber war durch die Autorität seiner Person eine Ausnahmesituation entstanden, ohne daß hierdurch das demokratische System in Frage gestellt wurde. Das Gegenteil war der Fall. Die demokratische Ordnung und der dominierende Einfluß des Perikles waren kein Widerspruch, denn der „erste Mann" der Polis Athen identifizierte sich voll und ganz mit diesem System, so daß gerade durch sein Wirken die demokratische Organisationsform gefestigt wurde. Ihre Funktionsfähigkeit bewies diese Ordnung nach dem Tod des Perikles, der keinen Nachfolger aufzubauen vermochte, da es in der Ekklesia keine kohärenten Anhängerschaften gab, die von der politischen Leitfigur für eine Nachfolgeregelung in die Pflicht genommen oder auf einen bestimmten Kurs festgelegt werden konnten. So mußten in den folgenden Auseinandersetzungen um den dominierenden Einfluß auf die Entscheidungsfindung in Athen die Karten neu gemischt werden. Daß hierdurch in einer kritischen Phase des Krieges die Demokratie nicht unterminiert wurde, verdankte die Polisgemeinschaft der Athener nicht zuletzt ihrer Konsolidierung in der Ära des Perikles. Allerdings darf nicht übersehen werden, daß die Chancen für einen gleitenden Übergang in eine neue Phase einer gleichsam demokratischen „Normalität" auch dadurch gegeben waren, daß letztlich alle Schichten der Bürgerschaft die Herrschaft Athens im Seebund erhalten wollten.

Als Perikles im Sommer 429 zum letzten Mal das Strategenamt antrat, konnte er keinen Einfluß mehr auf das Kriegsgeschehen nehmen. Vermutlich wurden 429 infolge der großen Verluste durch die Seuche keine größeren Flottenoperationen gegen die peloponnesische Küste durchgeführt.[117] Hinzu kam, daß athenische Kräfte durch einen Feldzug gebunden waren, der etwa Ende Mai gegen die Chalkidier und Bottiaier begonnen wurde und das Ziel verfolgte, den Aufstand auf der Chalkidike endgültig niederzuwerfen. Die aus 2000 Hopliten und 200 Reitern bestehende Truppe erlitt jedoch bei Spartolos in einer Bewegungsschlacht gegen chalkidische Reiter und Leichtbewaffnete eine empfindliche Niederlage, die ein Indiz für den Wandel war, der sich in der Kriegführung anbahnte (Thuk. 2,79).[118] Die absolute Überlegenheit der Hopliten auf dem Schlachtfeld war nicht mehr in jedem Fall gegeben. So blieb die Chalkidike für Athen weiterhin ein Gefahrenherd. Hieran änderte sich auch durch den Feldzug des mit Athen verbündeten Odrysenkönigs Sitalkes nichts, der Ende 429 zwar mit einem großen Heer bis zur Chalkidike vorstieß, aber nach kurzer Zeit wieder abziehen mußte, da die Athener nicht mehr mit seinem Unternehmen rechneten und keine Kriegsschiffe zu seiner Unterstützung detachiert hatten (Thuk. 2,100–101; vgl. StV II^2 165).

Bereits im Mai oder Juni 429 war Archidamos mit Streitkräften des Peloponnesischen Bundes gegen Plataiai zu Felde gezogen, wo nur noch eine „Garnison" von 400 Plataiern und 80 Athenern stationiert war. Daß er ein großes Aufgebot der Spartaner und ihrer Symmachoi gegen eine boiotische Kleinstadt einsetzte, ist wohl nicht nur damit zu erklären, daß er wegen der Seuchengefahr nicht unbedingt bis Attika vorstoßen wollte. Vermutlich haben die Thebaner Druck auf Sparta ausgeübt, um Plataiai in Besitz nehmen zu können. Nachdem Archidamos die Garnison vergeblich zur Übergabe aufgefordert und die Polis ohne Erfolg angegriffen hatte, ließ er sie zernieren und zog mit dem Gros seines Heeres ab (Thuk. 2,71–78).

Auf dem westlichen Kriegsschauplatz engagierten sich die Athener 429 nur mit begrenzten Kräften, doch gelangen ihnen durch die Führungskunst des Strategen Phormion in den Gewässern um Naupaktos zwei eindrucksvolle Seesiege gegen stärkere peloponnesische Geschwader (Thuk. 2,83–92). Selbst zahlenmäßig überlegene peloponnesische Flotten vermochten in dieser Phase des Krieges gegen die im Seekampf geübten und glänzend geführten athenischen Einheiten nichts auszurichten. Der spartanische Nauarch (Flottenführer) Knemos und sein Ratgeber Brasidas gaben freilich noch nicht auf. Sie planten im Herbst 429 einen Angriff auf den damals unbewachten

Peiraieus, wagten aber schließlich doch nicht, das Risiko dieses Unternehmens einzugehen. Sie disponierten rasch um und überfielen Salamis, ohne aber nachhaltige Wirkung zu erzielen (Thuk. 2,93–94).

Die Feldzugsaison 428 begann mit einem Vorstoß peloponnesischer Truppen nach Attika unter Archidamos (etwa Mitte Mai).[119] Die Invasoren verwüsteten wieder das flache Land, während die athenische Kavallerie sie kaum zu stören vermochte (Thuk. 3,1). Als das peloponnesische Aufgebot nach einem Monat wieder abzog, schien vordergründig betrachtet das Kriegsgeschehen keinen neuen Verlauf zu nehmen, und doch bahnte sich eine Entwicklung an, deren Auswirkungen für Athen weitaus gefährlicher werden sollten als die peloponnesischen Vorstöße nach Attika.[120] Kurze Zeit nach dem Rückzug des Archidamos erhob sich die Insel Lesbos mit Ausnahme der Polis Methymna gegen die Athener, die nunmehr auch zur See in die Defensive zu geraten drohten. Die Situation war schon deshalb überaus kritisch, weil das Vakuum, das Perikles' Tod hinterlassen hatte, noch nicht wieder gefüllt werden konnte. Der erfolgreiche Flottenführer Phormion war im Frühjahr 428 durch ein unsinniges Rechenschaftsverfahren politisch kaltgestellt worden.[121] Seine Verurteilung ist symptomatisch für die Atmosphäre in Athen am Anfang des vierten Kriegsjahres (428). Obwohl er im Jahre 429 eine schwierige Lage gemeistert hatte und das von ihm angeforderte Reservegeschwader durch einen von der Volksversammlung auf Betreiben kurzsichtiger „Etappenpolitiker" erteilten Auftrag unnötigerweise in Kreta aufgehalten worden war (Thuk. 2,85,5–6.92,7), wurde ihm offenbar vorgeworfen, daß er die peloponnesische Flotte nicht endgültig ausgeschaltet und den Überfall auf Salamis nicht verhindert habe.[122]

Beschuldigungen und Prozesse dieser Art dienten politisch ambitionierten Neulingen und Männern aus dem zweiten Glied, die Einfluß auf die Entscheidungsfindung zu gewinnen suchten, als Instrumente zur eigenen Profilierung. Von den zweitrangigen Leuten, die nach dem Tod des Perikles nach vorn drängten, schieden Eukrates, Strategos 432/31, und Lysikles, Strategos 428/27, bald aus dem Kreis potentieller politischer Meinungsführer aus. Möglicherweise standen beide in ihren politischen Ansichten noch eher Perikles nahe,[123] wenn sie auch nach Herkunft und Profession jener Schicht zuzurechnen sind, deren Angehörige aus der Sicht athenischer Traditionsfamilien als Emporkömmlinge und "nouveaux riches" galten.[124] Eukrates scheint in einen Rechenschaftsprozeß verwickelt worden zu sein und sich aus der Politik zurückgezogen zu haben, während Lysikles im Herbst oder zu Beginn des Winters 428 gefallen ist. Von ganz anderem Schlage war der in der Komödie gleichfalls als Parvenu charakterisierte Gerbereibesitzer Kleon aus Kydathenaion, dessen Vater aber schon relativ wohlhabend war. Als Erbe einer einträglichen Werkstatt, in der eine Reihe von Sklaven die Arbeit verrichtete, war Kleon in der Lage, gewissermaßen halbprofessionell als Redner und Antragsteller in der Volksversammlung zu agieren, um sich der Masse der Versammlungsteilnehmer als „ihr" Mann zu präsentieren. Kleons Bild trägt nicht nur in der Komödie, sondern auch im Werk des Thukydides überaus negative Züge. Zweifellos war Kleon dem Historiker zutiefst verhaßt. Dies ist vor allem darauf zurückzuführen, daß Thukydides nach seinem Versagen als Stratege vor Amphipolis 424 auf Betreiben Kleons aus Athen und dem athenischen Machtbereich verbannt worden war. Auch

Aristophanes hatte persönliche Motive, um nicht lockerzulassen in seiner ironischen Kompromittierung Kleons, nachdem dieser dem Dichter schon nach seinem ersten Stück, den 426 aufgeführten ›Babylonioi‹, mit einer Klage zugesetzt hatte. Jeder athenische „Politiker“ mußte Komödienspott durchaus ernst nehmen, denn der Dichter erreichte durch Lacherfolge mit seinen Karikaturen im Theater ein sehr viel größeres Publikum als der politische Redner auf der Pnyx, der bemüht sein mußte, möglichst durch Argumente zu beeindrucken.[125] Noch andere Gründe mögen das negative Kleonbild bei Thukydides und Aristophanes bestimmt haben. Es war einerseits seine vulgäre Art, die auf viele Bürger, die sich nicht mit Leuten seines Schlages identifizieren mochten, abstoßend wirkte.[126] Ein krasserer Gegensatz zu der distinguierten Art, die die Bürger bei den öffentlichen Auftritten des Perikles kennengelernt hatten, war kaum denkbar. Vielleicht konnte Kleon gar nicht anders, wenn er auf der Rednerbühne tobte und drohte, gestikulierte und schrie. Es war wohl sein Naturell, das ihn derart polternd daherkommen ließ. Der Effekt scheint aber nicht gering gewesen zu sein, denn es gelang ihm in einer Reihe von Fällen, das Meinungsbild in seinem Sinne zu beeinflussen. Langfristige Voraussetzung für sein politisches Wirken war die aus der Machtstellung Athens in der Pentekontaëtie resultierende relative wirtschaftliche Prosperität, die es Gewerbetreibenden ermöglichte, durch Sklavenhaltung ihre Betriebe zu vergrößern, so daß sie selbst für politische Aktivitäten mehr Zeit erübrigen konnten und zumindest in dieser Hinsicht den Mitgliedern der traditionell führenden Familien kaum nachstanden, wenn sie auch von diesen nicht goutiert wurden. Bei allen Unterschieden in bezug auf materielle Ressourcen und gesellschaftliches Renommee darf aber nicht übersehen werden, daß der Zusammenhalt aller Schichten der Bürgerschaft durch ein gemeinsames Interesse am Erhalt der Seeherrschaft und der Macht ihrer Polis äußerst stark war. Alle Bürger waren sich darüber im klaren, daß die Macht und Größe Athens ihnen wirtschaftliche Vorteile boten, die natürlich von den einzelnen Athenern unterschiedlich genutzt wurden.[127] Gewiß, unter dem Schock der großen Seuche hatte sich in der Ekklesia eine Mehrheit für ein Verhandlungsangebot an Sparta gefunden. Dies aber gehörte bereits der Vergangenheit an, und es wäre verfehlt anzunehmen, daß nach dem Scheitern jener Sondierungen 430 noch eine ausgesprochene Friedenspartei in Athen bestanden hätte, wenn auch manche Bürger die Lage und die möglichen Gefahren der Zukunft anders beurteilen mochten als die große Mehrheit, die entschlossen war, für einen Siegfrieden zu kämpfen. Über die politischen Methoden zu diesem Ziel gab es aber selbstverständlich Meinungsverschiedenheiten, und hier lagen die Chancen für Männer von robustem Selbstbewußtsein wie Kleon, die glaubten, allein die Mittel zu kennen, die den Erfolg garantierten. Paradoxerweise profitierte Kleon in der Zeit seines politischen Aufstiegs von seinem eigenen militärischen Unvermögen. Erst als er den Mund zu voll nahm, wurde er 425 in einer schwierigen Lage mit einer riskanten Führungsaufgabe betraut – und er hatte Erfolg, aber nicht deshalb, weil er plötzlich ungeahnte Fähigkeiten entwickelte, sondern weil ihm der bewährte Strategos Demosthenes zur Seite stand. Bis dahin fand er vielfach Akzeptanz in der Ekklesia, weil er nach Art von Biertischstrategen durch Besserwisserei glänzte und den Truppenführern, die im Einsatz waren und sich nicht gegen seine Tiraden zur Wehr setzen konnte, Fehler und Versagen vorwarf. Daß er hiermit reüssierte, ermöglichten ihm gewisse systembedingte Defizite in den politischen Kontrollmechanismen, die an sich die Funktionsfähigkeit der Institutionen garantieren sollten. Initiiert oder beantragt wurden Volksbeschlüsse über die Durchführung und Ziele militärischer Operationen zwar vielfach von den Strategen, die die Unternehmungen geplant hatten und dann auch leiteten und für das Gelingen verantwortlich waren. Zwingend vorgeschrieben waren derartige Verfahren aber nicht, und wenn die Strategen selbst noch im Felde standen, konnten jederzeit daheim in der Volksversammlung neue Entscheidungen getroffen und neue Aufträge erteilt werden, für deren Durchführung dann nicht der Antragsteller die Verantwortung trug. Ein klassischer Fall ist jene von der Volksversammlung angeordnete Diversion eines Geschwaders, das die Streitmacht des Phormion verstärken sollte und nicht rechtzeitig eintraf, so daß Phormion keinen vollständigen Sieg über einen peloponnesischen Geleitzug erringen konnte und – wie schon erwähnt – nach seiner Rückkehr mit einer Klage konfrontiert wurde. Ob Kleon bei der Kaltstellung des Phormion seine Hand im Spiel hatte, muß allerdings dahingestellt bleiben. Die Methoden seiner politischen Einflußnahme und seiner Argumentationsweise lassen sich aber zumindest indirekt erschließen aus der von Thukydides stilisierten Rede, die Kleon 427 nach der Kapitulation Mytilenes gehalten hat, um die Volksversammlung für eine grausame Bestrafung der abgefallenen Polis zu gewinnen (Thuk. 3,37–40). Die besondere Raffinesse dieser Rede besteht darin, daß Kleon an eine kriegsbedingte Lagebeurteilung des Perikles anknüpft, wonach die Herrschaft der Athener im Seebund eine Art Tyrannis sei, die aus Gründen der Selbsterhaltung nicht aufgegeben werden könne. Mit diesem aus heutiger Sicht exotischen Argument appelliert Kleon an das Eigeninteresse der Bürger, denen er des weiteren schmeichelt, indem er ihnen politisches Urteilsvermögen zuschreibt und die „Klugen“ als rhetorische Schaumschläger diffamiert, womit er auf diejenigen abzielt, die in der Ekklesia in aller Regel Anträge stellen und dementsprechend auch begründen müssen. Auf diese oder ähnliche Weise wollte Kleon offensichtlich erreichen, daß seine Antagonisten suspekt erscheinen sollten, während er sich selbst als aufrichtigen und selbstlosen Ratgeber des Demos darstellte. Erfolgreich war seine sophistische Argumentation in diesem Fall, weil infolge der gefährlichen Situation, in die Athen durch den Abfall Mytilenes geraten war, sich in der athenischen Bürgerschaft erhebliche Aggressionen gegen die abtrünnige Polis angestaut hatten (Thuk. 3,2,1 ff.).

Schon vor 431 war in Mytilene eine Erhebung gegen Athen geplant worden (Thuk. 3,2,1), die aber angesichts der damaligen Machtverhältnisse völlig aussichtslos gewesen wäre, so daß damals das Projekt nicht weiterverfolgt wurde. Die Initiatoren waren seinerzeit zweifellos einflußreiche Kreise. Hierzu zählten wohl auch die treibenden Kräfte der Erhebung von 428, die wieder mit Sparta Kontakt aufgenommen hatten und von Thukydides mehrfach als Oligoi („Wenige“) bzw. Dynatoi („Mächtige“) bezeichnet werden.[128] Diese Terminologie besagt noch nicht, daß Mytilene damals eine ausgeprägte Oligarchie war. Die bereits in archaischer Zeit in Mytilene belegten Organe dürften inzwischen im Zuge der allgemeinen Verfassungsentwicklung in Griechenland an Bedeutung gewonnen haben. Das Gremium der von Thukydides (3,25) erwähnten „Vorsitzenden“ (Prohedroi) ist z. B. entweder mit dem bereits in archaischer Zeit belegten älteren und inzwischen wohl reformierten Rat (Bólla = Boulé) oder mit einer neu konstituierten jüngeren Ratsversammlung zu verbinden. Die sogenannten Prohedroi in Mytilene sind jedenfalls von anderen Funktionsträgern zu differenzieren, die von Thukydides (3,28,1) als „Inhaber der Macht" bezeichnet werden und wohl die höchsten Ämter in dieser Polis bekleideten. Das institutionelle Gefüge Mytilenes stellte freilich noch keine Demokratie im damaligen Sinne dar, wenn auch die bereits von dem Dichter Alkaios erwähnte Volksversammlung inzwischen zweifellos größere Kompetenzen erhalten hat.[129] Athen hatte bislang nicht in das dortige Verfassungsleben eingegriffen. Offenbar hatte hierzu aus athenischer Sicht auch gar kein Anlaß bestanden, weil in Mytilene keine Gruppierungen oder Parteiungen existierten, die als ernsthafte Bedrohung der Hegemonie Athens empfunden worden wären. Wir wissen nicht, ob die schon erwähnten Kontakte, die gewisse Mytilenaier vor 431 mit Sparta aufgenommen hatten, in Athen bekannt geworden waren. Im übrigen haben die „Staatsgastfreunde" (Proxenoi) der Athener in Mytilene allem Anschein nach in Athen nicht auf eine Demokratisierung ihrer Polis gedrängt. Sie gehörten sicherlich gleichfalls zur Oberschicht, verhielten sich aber sozusagen in Mytilene systemkonform, wenn sie dort auch die Interessen Athens vertraten. Daß sich die Athener auf ihre Proxenoi in Mytilene verlassen konnten, zeigte sich im Sommer 428, als auf Lesbos ein außenpolitischer Kurswechsel angestrebt wurde, der durch einen Zusammenschluß (Synoikismos) der fünf Poleis auf Lesbos zu einem gemeinsamen „Staat" mit Mytilene als Mittelpunkt vorbereitet werden sollte. Parteigänger Athens aus Tenedos und Methymna und die erwähnten Proxenoi in Mytilene meldeten diesen Plan, dessen Initiatoren in Olympia vor einer großen griechischen Öffentlichkeit proklamierten, daß es ihr Ziel sei, den Verlust der Autonomie Mytilenes zu verhindern (Thuk. 3,8–14). In Wirklichkeit intendierten sie die Bildung eines eigenen Machtzentrums in der östlichen Ägäis unter Ausnutzung der vor allem durch die große Seuche bedingten Schwierigkeiten der Athener. Nicht Furcht vor Unterwerfung, sondern scheinbar verlockende Aussichten für die Zukunft motivierten in Mytilene die Gegner der Athener, die ihrerseits zunächst zögerten, wirksame Gegenmaßnahmen zu treffen, so daß die Chance vertan wurde, den offenen Abfall Mytilenes zu verhindern (Thuk. 3,3). Einsatzbereit war zu diesem Zeitpunkt nur ein Geschwader, das die üblichen Raids gegen peloponnesische Küstengebiete durchführen sollte und schließlich Order erhielt, in Mytilene zu intervenieren. Es gelang den athenischen Einheiten indes nicht, die Polis überraschend zu besetzen, so daß sich die kommandierenden athenischen Strategen bereitfanden, einen Waffenstillstand zu schließen, den die Polisbehörden nutzten, um ein dringendes Hilfegesuch an Sparta zu richten. Die Athener mußten sich schließlich auf eine längere Belagerung einstellen. Sie waren jedoch nicht in der Lage, das Land außerhalb ihrer eigenen Stützpunkte zu kontrollieren (Thuk. 3,2–6). Gleichzeitig mußten die Athener 30 Trieren zur Verstärkung ihrer Positionen in Akarnanien ausrüsten. Das Kommando übertrugen sie auf Wunsch der Akarnanen Phormions Sohn Asopios, der aber sein strategisches Ziel – die Einnahme von Oiniadai – nicht erreichte und mit einem Teil seiner Mannschaften den Tod fand (Thuk. 3,7).

Inzwischen gelang es den Gesandten Mytilenes, während der Olympischen Spiele

428 die Aufnahme ihrer Polis in den Peloponnesischen Bund zu erreichen (Thuk. 3,15,1). Der Plan der spartanischen Führung, mit einem Zweidrittelaufgebot ihrer Symmachoi nach Attika einzufallen sowie gleichzeitig mit Flottengeschwadern der peloponnesischen Seestädte die attische Küste zu attackieren und hierdurch athenische Kräfte zu binden, scheiterte indes an den Eigeninteressen ihrer Bundesgenossen, die nicht bereit waren, für die aus ihrer Sicht „weit entfernte" Polis Mytilene zu kämpfen (Thuk. 3,15). Hingegen mobilisierte man in Athen alle noch zur Verfügung stehenden Kräfte für einen überraschenden Angriff auf peloponnesische Küstenstädte mit 100 Trieren (Thuk. 3,16). Hierdurch gewannen die Athener wieder Operationsfreiheit, so daß sie Verstärkungen unter dem Strategen Paches nach Mytilene entsenden und die Polis zernieren konnten (Thuk. 3,18,3–5).[130]

Im Jahre 428 dürfte den Athenern schockartig bewußt geworden sein, daß ihre Herrschaft im Ägäisraum nicht unverwundbar war. Zudem machten sich die hohen Kosten der ersten Kriegsjahre bemerkbar, die in dieser Höhe nicht erwartet worden waren. Der Mehrbedarf an Geld für die Belagerung Mytilenes erforderte außergewöhnliche Maßnahmen. In Athen mußte jetzt eine als „Eisphora" bezeichnete außerordentliche Vermögenssteuer erhoben werden, die den Bürgern der ersten drei Zensusklassen auferlegt wurde und die beachtliche Summe von 200 Talenten einbrachte. Offenbar wurde diese progressiv vom Besitz der Besteuerten abhängige Abgabe damals nicht erstmals eingeführt, sondern „zum ersten Mal" nach Beginn des Peloponnesischen Krieges den Bürgern auferlegt.[131] Für eine Reihe von steuerpflichtigen Athenern, die bereits Trierarchien und Leiturgien zu übernehmen hatten, war dies eine erhebliche Belastung, zumal das gesamte Wirtschaftsleben durch den Krieg in Mitleidenschaft gezogen wurde und infolgedessen die privaten Einkünfte geringer geworden waren.[132] Aus der Kritik an dieser Steuer im Komödienspott kann freilich nicht geschlossen werden, daß die Steuerpflichtigen generell und grundsätzlich die Abgaben ablehnten oder in dieser speziellen finanziellen Belastung eine Folge verfehlter Politik eines demokratischen Systems sahen. Natürlich wurde über Steuern geklagt und gestöhnt, doch war ökonomische Leistungsfähigkeit zum Nutzen des Gemeinwesens zugleich auch eine Demonstration eines bestimmten sozialen Status, der mit hohem Prestige verbunden war. Die Eisphora ist insofern vom Statussymbol der Übernahme einer Trierarchie oder Leiturgie kaum zu trennen. Die gesellschaftlichen Verhaltensnormen in der attischen Demokratie verlangten gewiß das Bekenntnis zur Gleichheit der Bürger, und gerade im letzten Drittel des fünften Jahrhunderts war die Verbeugung vor dem Demos als oberster Instanz die Voraussetzung für die Gewinnung von Einfluß und politischer Macht,[133] doch galten nach wie vor noch Spielregeln des archaischen Rituals der Demonstration von Wohlstand, die freilich nunmehr im demokratischen Gewand der Leistung für die Polis zu erfolgen hatte.[134]

Die Feldzugssaison 427 wurde durch einen erneuten Einfall peloponnesischer Truppen eröffnet, die schwere Verwüstungen anrichteten, sich wegen der üblichen Verpflegungsschwierigkeiten aber wieder zurückziehen mußten (Thuk. 3,26). Die Hoffnungen der spartanischen Führung, durch diese Invasion starke athenische Kräfte binden und zugleich mit 40 Trieren den belagerten Bewohnern von Mytilene Entsatz bringen zu können, erfüllten sich nicht. Bevor jenes Geschwader nach zögerlicher Fahrt unter dem Nauarchen Alkidas das vorgesehene Einsatzgebiet erreichte, mußte Mytilene kapitulieren. Zuvor hatte der Spartaner Salaithos, der nach abenteuerlicher Fahrt nach Mytilene gelangt war und dort das Kommando übernommen hatte, die Rettung in einer Verzweiflungsaktion gesucht, indem er die unteren Schichten der Bürgerschaft mit Hoplitenrüstungen ausstatten ließ, um den athenischen Belagerungsring zu durchbrechen. Im Besitz der neuen Waffen verweigerten die wehrfähigen Freien aus dem niederen Demos den Gehorsam. Sie drohten mit der Übergabe der Stadt, falls nicht die noch vorhandenen Getreidevorräte gerecht verteilt würden (Thuk. 3,27). Offenbar wären sie durchaus bereit gewesen, zu kämpfen, wenn man diese Bedingungen erfüllt hätte. Nach dem Abfall Mytilenes hatten jedenfalls die Ruderer der bürgerlichen Unterschicht sich ebensowenig wie die Hopliten der Mittelschicht dem antiathenischen Kurs der dominierenden Kreise in ihrer Polis widersetzt. Es handelte sich also nicht um eine demokratische Erhebung gegen athenfeindliche Oligarchen, sondern um eine Hungerrevolte. Da die Vorräte erschöpft waren, blieb den Polisbeamten nur noch die Übergabe der Stadt.

Nachdem es dem athenischen Strategen Paches gelungen war, unmittelbar nach der Kapitulation Mytilenes auch Antissa auf Lesbos einzunehmen, verfolgte er das peloponnesische Geschwader des Alkidas, der inzwischen den Raum von Erythrai erreicht hatte, dann aber nach Süden abdrehte und den Trieren des Paches entkommen konnte. Kurz darauf unterwarf Paches auch die beiden letzten abtrünnigen Poleis auf Lesbos, Pyrrha und Eresos (Thuk. 3,28,3.35,1–2).

Nach diesen Aktionen hatte die athenische Demokratie einen ihrer dunkelsten Tage. Die athenische Volksversammlung beschloß nach längeren erregten Debatten, als Strafe für den Abfall alle erwachsenen Bürger Mytilenes zu töten und die Frauen und Kinder zu versklaven. Kein anderer als Kleon hatte die Erregung in Athen über die Erhebung Mytilenes derart zu schüren verstanden, daß der gräßliche Antrag eine Mehrheit fand. Die Besatzung einer Triere sollte das Psephisma an Paches übermitteln mit dem Befehl, sofort die Exekution vornehmen zu lassen. Am nächsten Tag hatte sich freilich die Einstellung vieler Athener schon geändert. Der Beschluß wurde nunmehr als unmenschlich empfunden. Die in Athen anwesenden Gesandten aus Mytilene, die den Stimmungsumschwung bemerkten, wurden sofort aktiv und bestürmten befreundete athenische Bürger, sich für die Einberufung einer neuen Ekklesia durch die Prytanen einzusetzen (Thuk. 3,36). Dies gelang, und am selben Tag wurde in einer außerordentlichen Volksversammlung die Debatte wiederaufgenommen. Thukydides hat die erneuten Diskussionen auf ein Rededuell zwischen Kleon und einem sonst nicht mehr erwähnten Athener namens Diodotos reduziert (3,37–48). Ihre Ausführungen sind rhetorische Glanzpunkte im Werk des Thukydides, der hier aus unterschiedlicher Perspektive konträre politische Maximen und Argumente darlegt und zugleich eindrucksvoll die Atmosphäre demokratischer Entscheidungsfindung in einer Extremsituation zu beschreiben versucht, ohne dabei eine Wiedergabe der wirklich gehaltenen Reden anzustreben.[135] Kleon verlangt – wie bereits angedeutet – unnachgiebige Härte im Interesse der Erhaltung der Macht Athens und plädiert daher aus Gründen der Staatsraison (wie wir heute sagen würden) für die ausdrückliche Bestätigung des ersten Beschlusses, während Diodotos als Repräsentant einer gerechten und von vernünftiger Überlegung getragenen Politik erscheint: Den gesamten Demos von Mytilene treffe keine Schuld, so daß nur die für den Abfall der Polis Verantwortlichen zu bestrafen seien. Den Widersinn der Situation, in die sich die athenische Bürgerschaft als Entscheidungsträger durch einen Beschluß zur Bestrafung einer ganzen Stadt hineinmanövriert hat, verdeutlicht Thukydides mit dem Argument des Diodotos, daß Herrschaft nicht auf Brutalität gegründet werden könne und Athen durch Verbreiten von Schrecken keine Freunde gewinne. Vielen Athenern mochte Kleons These von der „Kollektivschuld" der Mytilenaier nicht einmal abwegig erschienen sein, doch schreckte die Mehrheit der Ekklesiasten letztlich doch vor den barbarischen Konsequenzen der Forderung Kleons zurück. Dennoch war der endgültige Beschluß grausam genug: Alle „Schuldigen" – angeblich mehr als tausend an der Zahl – sollten hingerichtet werden.[136] Die Trierenbesatzung, die diesen Beschluß dem Strategen Paches übermitteln sollte, ruderte ununterbrochen und mit letzter Kraft, um ihre Mission möglichst zeitgleich mit der todbringenden Botschaft des vorausgehenden athenischen Volksbeschlusses zu überbringen. Dies gelang gleichsam in letzter Minute (Thuk. 3,49–50,1). Gleichwohl: kollektive Brutalität schien sich zu verselbständigen. Die Ekklesiasten der demokratischen Volksversammlung Athens trugen keine Bedenken, die gesamte Oberschicht Mytilenes (und wohl auch der drei anderen von Athen abgefallenen Poleis auf Lesbos) wie „Kriegsverbrecher" hinrichten zu lassen und ihrerseits hierdurch ein verbrecherisches Urteil zu fällen. Etwa tausend Menschen mußten sterben, weil sie sich der athenischen Hegemonie entziehen und ihre eigenen politischen Ziele verfolgen wollten.

Die Bestrafung Mytilenes war im übrigen mit der Exekution der dortigen Oberschicht nicht abgeschlossen. Nachdem die Stadtmauern geschleift und die Kriegsschiffe der Polis ausgeliefert worden waren, wurden auf der gesamten Insel Lesbos (mit Ausnahme des Gebietes von Methymna) 2700 Grundstücke (Kleroi) an athenische Kleruchen vergeben, die diese Ländereien verpachten konnten. Weitere 300 Kleroi, die offenbar gleichfalls verpachtet wurden, sollten Besitz der Götter werden (Thuk. 3,50,2). Zweifellos wurde nicht der gesamte anbaufähige Boden der Insel konfisziert, da jene Kleruchen selbstverständlich keine Großgrundbesitzer wurden, sondern als Hopliten einzustufen sind.[137] Die von Thukydides genannte Zahl der athenischen Siedler läßt zudem darauf schließen, daß Ländereien der sogenannten Schuldigen eingezogen wurden, und zwar wohl auf der gesamten Insel, so daß es sich bei den „Schuldigen" allem Anschein nicht nur um Mytilenaier, sondern auch um antiathenische Kräfte aus den anderen von Athen abgefallenen Poleis auf Lesbos handelte. Die athenischen Kleruchen sind offensichtlich nach Lesbos übergesiedelt und erfüllten dort wohl auch die Funktion einer Garnison.[138] Nach einer gewissen Zeit kehrten sie offenbar nach Athen zurück, verpachteten aber vermutlich weiterhin ihren Besitz auf Lesbos.[139]

Im Kriegsjahr 427 standen Spartaner, Peloponnesier und Thebaner den Athenern an Brutalität gegenüber Unterlegenen nicht nach. In der Zeit der Kapitulation Mytilenes konnte auch die Besatzung Plataiais nicht länger standhalten, da die Vorräte in der Polis verbraucht waren. Der spartanische Befehlshaber der Belagerungstruppen[140] hatte Weisung, die Stadt nicht im Sturmangriff zu nehmen, damit Athen im Fall eines Friedensschlusses keinen Anspruch auf Rückgabe Plataiais erheben bzw. nicht auf einer entsprechenden Klausel bestehen könne. Führende spartanische Kreise schlossen somit zu diesem Zeitpunkt einen Verständigungsfrieden nicht mehr aus.[141] Der spartanische Kommandeur, der über den Nahrungsmangel in Plataiai informiert war, bot den belagerten Plataiern und Athenern im Fall einer Kapitulation an, nur die „Schuldigen" zur Rechenschaft zu ziehen und ein „gerechtes" Verfahren zu garantieren. Dies wurde akzeptiert, doch ließen die eilends herbeigeholten Spartiaten, die als „Richter" fungierten, alle überlebenden 200 Plataier und 25 Athener, die in der Stadt ausgeharrt hatten, auf Drängen der Thebaner hinrichten.[142]

Die Exzesse der Sieger nach dem Fall von Mytilene und Plataiai wurden noch übertroffen durch die Brutalität der Bürgerkriegsparteien in Kerkyra (Thuk. 3,69–81). Anlaß der Wirren waren Aktivitäten einer Gruppe von etwa 250 Kerkyraiern, die 428/27 aus jahrelanger korinthischer Kriegsgefangenschaft heimgekehrt waren und als Gegenleistung für ihre Entlassung zugesichert hatten, in Kerkyra den Abschluß eines Bündnisses ihrer Polis mit Korinth durchzusetzen. Ihre Kontroversen mit den Parteigängern Athens eskalierten, weil sich mit dem außenpolitischen Richtungskampf sofort Verfassungsfragen verbanden und latente soziale und ökonomische Gegensätze aktualisiert wurden. Thukydides bezeichnet die beiden Parteien als *Oligoi* und *Demos*. Eine eindeutige soziale Differenzierung ist indes problematisch. Die Parteigänger Korinths die als *Oligoi* galten bzw. als solche diffamiert wurden, hatten zweifellos auch in der breiten Masse Anhänger, während ihre Gegenspieler, die sogenannten Anführer *(Prostatai)* des Demos, ihrerseits zur Oberschicht gehörten und dort auch Anhänger besaßen. Beide Bürgerkriegsparteien suchten auch die auf dem Lande arbeitenden Unfreien zu gewinnen.[143] Die Sklaven schlossen sich dem proathenischen Demos an, während die prokorinthische Gruppe von einer 800 Mann starken Streitmacht vom Festland unterstützt wurde, die aber Kerkyra wieder verließ, als die Parteigänger Athens siegten (Thuk. 3,72). Nach weiteren Auseinandersetzungen konnte sich der sogenannte Demos endgültig mit Hilfe eines athenischen Trierengeschwaders von 60 Kriegsschiffen durchsetzen. Schreckliche Exzesse, bei denen private Rechnungen beglichen wurden, nahmen jetzt ihren Lauf, ehe etwa 600 „Oligarchen" der prokorinthischen Partei sich aufs Festland flüchteten, wo sie sich halten konnten, bis sie es wagten, wieder nach Kerkyra überzusetzen. Dort wurden sie nach weiteren Kämpfen von ihren Gegnern überwunden und niedergemetzelt. Fast die gesamte prokorinthische Oberschicht war damit regelrecht ausgerottet worden.[144]

Thukydides (3,82–83) hat im Anschluß an seine Darstellung der mörderischen Kämpfe in Kerkyra im Sommer 427 Ursachen und Folgen der Auflösung traditioneller menschlicher Bindungen und Normen im Verlauf des Peloponnesischen Krieges zu erläutern versucht. Seine Ausführungen über die Entfesselung selbstzerstörerischer Kräfte in vielen griechischen Gemeinwesen kann als Paradigma einer Krisenanalyse in der antiken Literatur gelten. Er zeigt, wie infolge des Kampfes der beiden großen hellenischen Symmachien sich in den Poleis Spannungen aufbauten, die Protagonisten in den politischen Konflikten jeweils Rückhalt bei einer der beiden hellenischen Führungsmächte suchten und die verschiedenen politischen Gruppen aus maßloser Machtgier und Rachsucht gegeneinander wüteten. Allerdings skizziert er in dieser sogenannten Pathologie des Krieges nur die allgemeinen Entwicklungslinien und Begleiterscheinungen revolutionärer Vorgänge, um zu erklären, wie infolge der Spaltung der griechischen Welt in zwei Machtblöcke in kleineren Poleis breitere Schichten des Demos und ihre jeweiligen Anführer Anschluß an Athen suchten und die Oligarchen Bündnisse mit Sparta anstrebten. Aus einer Reihe von Einzelberichten in seinem Werk ergibt sich aber ein überaus vielfältiges Bild. Die Wahl zwischen Athen und Sparta folgte keineswegs nur verfassungspolitischen Mechanismen und schichtenspezifischen Sympathien.

Die athenische Intervention in Kerkyra im Sommer 427 lag im übrigen noch durchaus im Rahmen der von Perikles empfohlenen Strategie, denn das Operationsfeld „um die Peloponnes“ zur Einschnürung Spartas und seiner Symmachoi war gleichsam erweiterungsfähig. Perikles war 433 auch im Blick auf athenische Interessen im Westen für ein Bündnis mit der strategisch günstig an der Route von Griechenland nach Unteritalien und Sizilien gelegenen Polis Kerkyra eingetreten. Kurze Zeit nach den Wirren in Kerkyra traf in Athen ein Hilfegesuch aus der Polis Leontinoi auf Sizilien ein, die Krieg gegen Syrakus führte. Ursache des Konflikts war die Expansion der Syrakusaner, die zu einer Polarisierung der sizilischen Griechen geführt hatte. Den Hellenen dorischer Herkunft unter Führung von Syrakus standen Griechen des ionischen Dialekts gegenüber, die im Hochsommer 427 zu unterliegen drohten, so daß sie in höchster Not eine Gesandtschaft unter Leitung des Sophisten Gorgias aus Leontinoi nach Athen schickten. Die Zusage der Athener, 20 Trieren unter den Strategen Laches und Charoiades zu entsenden, kommentiert Thukydides (3,86,4) mit der Bemerkung, daß dieses Geschwader die Getreidezufuhr von Sizilien nach der Peloponnes blockieren und zudem erkunden sollte, ob es möglich sei, Sizilien zu unterwerfen. Wahrscheinlich sollten Laches und Charoiades mit ihren Trieren die Aufgaben der in Naupaktos stationierten athenischen Blockadeflotte strategisch ergänzen. In diesem Fall wäre das athenische Ausgreifen nach Sizilien nicht als Abweichen von der Strategie des Perikles zu interpretieren. Allerdings operierte das athenische Geschwader ohne große Wirkung. Im Winter 427/26 unternahm es lediglich einen Vorstoß zu den mit Syrakus verbündeten Liparischen Inseln (Thuk. 3,88).

In diesem fünften Kriegsjahr hatte sich im übrigen Nikias als Strategos bewährt. Kurz nach der Kapitulation Mytilenes überwand er die megarischen Wachen auf der vor Megara liegenden Insel Minoa und stationierte dort eine athenische Besatzung (Thuk. 3,51). In der Folgezeit hatte sein Wort in schwierigen Entscheidungssituationen in Athen erhebliches Gewicht, wenn es ihm auch nicht gelang, kontinuierlich auf die Volksversammlung Einfluß zu nehmen. Dies ist nicht nur auf seine häufige Abwesenheit als Stratege[145] oder auf allgemeine politische Rahmenbedingungen in Athen zurückzuführen, wo in der Ekklesia praktisch für große Entscheidungen immer wieder eine Mehrheit der Versammlungsteilnehmer gewonnen werden mußte und die Stimmenverhältnisse nicht im voraus bestimmt werden konnten. Vor allem sind hier persönliche Gründe in Betracht zu ziehen. Nikias besaß nicht das Charisma eines Kimon oder gar eines Perikles. Er stammte zwar aus einer alten und durchaus angesehenen

Familie, doch gehörte sie nicht zu den „großen Häusern" Athens. In den Anfängen seiner politischen Aktivitäten zählte er zu den Anhängern des Perikles, an dessen Politik er anzuknüpfen suchte. Als Pächter von Silbergruben im Laureion und vor allem als Besitzer zahlreicher Sklaven, die er an andere Unternehmer auslieh, hatte er ein für damalige Verhältnisse ungewöhnlich großes Vermögen gewonnen.[146] In seinem Auftreten war er in krassem Unterschied zu Kleon zurückhaltend, in seiner außenpolitischen Zielsetzung maßvoll, als Strategos freilich aus Furcht vor Anklagen mehrfach allzu zaudernd.[147] Bei der Beurteilung seiner öffentlichen Tätigkeit ist aber ebenso wie bei der Beurteilung Kleons zu beachten, daß generell die politischen Hauptakteure nach dem Tod des Perikles ein schweres Erbe übernehmen mußten.[148] Das athenische Wehrpotential war durch die Seuche, die im übrigen im Winter 427/26 erneut aufflakkerte, erheblich geschwächt, und die Finanzreserven waren schneller als erwartet verbraucht. Frieden mit Sparta war nicht zu erwarten, und alle bisherigen militärischen Operationen hatten noch nicht zu einem durchschlagenden Erfolg geführt.

In der Pattsituation 426 waren beide Seiten bestrebt, durch neue und unerwartete Aktionen das Blatt zu wenden. In Sparta war wahrscheinlich Brasidas Initiator einer ausgreifenden Operation bis ins Gebiet der Trachinier, wo in der Nähe der Thermopylen die Kolonie Herakleia gegründet wurde (Thuk. 3,92–93). Von dort konnten gegebenenfalls Vorstöße nach Euboia unternommen werden. Zudem sollte Herakleia als Stützpunkt für weitere Unternehmungen bis nach Thrakien dienen. Die Gründung erfüllte jedoch nicht die Hoffnungen, die in sie gesetzt worden waren, da sie immer wieder von Wehrverbänden der näheren und weiteren Umgebung attackiert wurde und die von Sparta entsandten Beamten weitgehend versagten.

In ganz andere Richtungen zielten größere athenische Aktionen. Nikias erhielt den Auftrag, mit 60 Trieren und 2000 Hopliten die Insel Melos, die als Gründung Spartas galt, zum Anschluß an Athen zu zwingen (Thuk. 3,91,1). Melos und Thera, dessen Bewohner ebenso wie die Melier dorischen Dialekt sprachen, waren zu Beginn des Peloponnesischen Krieges die beiden einzigen Inseln, die nicht zum Seebund gehörten. Die Theraier zahlten freilich seit 430/29 Phoroi.[149] Die Melier beugten sich 426 indes nicht der starken athenischen Streitmacht. Da Nikias an Operationen der Athener in Boiotien teilnehmen sollte, konnte er die Polis Melos nicht belagern und fuhr zurück nach Oropos,[150] um sich dort mit dem inzwischen aufgebotenen athenischen Heerbann zu vereinen. Weiträumige Aktionen in Boiotien unterblieben indes. Lediglich der Raum von Tanagra wurde angegriffen.[151]

Wahrscheinlich ist der Mißerfolg des boiotischen Feldzuges der Athener im Zusammenhang mit einem risikoreichen athenischen Engagement in Aitolien und Akarnanien zu sehen (Thuk. 3,94–102). Initiator dieser neuen Aktivitäten in Nordwestgriechenland war der Strategos Demosthenes, den Thukydides 3,91,1 erstmals in seinem Bericht über das Kriegsjahr 426 erwähnt. Demosthenes befehligte damals zusammen mit dem Strategos Prokles ein Geschwader von 30 Trieren und stieß nach Kämpfen auf Leukas angeblich auf Drängen der mit Athen verbündeten Messenier in Naupaktos nach Aitolien vor, um dieses Gebiet unter Ausnutzung des Überraschungseffekts unter athenischen Einfluß zu bringen und von dort aus Druck auf Boiotien ausüben zu können.[152]

Sein Unternehmen stand nicht im Widerspruch zur Strategie des Perikles, da eine offene Feldschlacht mit qualitativ überlegenen peloponnesischen Hopliten in diesem Raum überhaupt nicht in Frage kam. In Verbindung mit dem athenischen Angriff auf Tanagra sollte offenbar ein Zangenangriff auf die boiotischen Bundesgenossen der Spartaner unternommen und hierdurch die antiathenische Allianz in Mittelgriechenland gesprengt werden. Vermutlich wurde hierüber kein Beschluß in der athenischen Volksversammlung gefaßt, da sonst die erforderliche Geheimhaltung der athenischen Strategie nicht gewährleistet worden wäre. Daher wurde wahrscheinlich nur in einem kleinen Kreis der Strategen und anderer Funktionsträger über diese Pläne gesprochen, die freilich aufgrund des damaligen Standes der Kommunikationstechnik schwer zu realisieren waren. Die notwendige zeitliche Abstimmung wäre jedenfalls auf erhebliche Schwierigkeiten gestoßen. Daß aber ein Zeitplan irgendwie im Gespräch gewesen ist, läßt der Verlauf der Aktion des Nikias gegen Melos (Thuk. 3,91,2–3) vermuten, die mit großem Aufwand begonnen und dann regelrecht abgebrochen wurde, als die Kapitulation der Melier nicht kurzfristig erreicht werden konnte. Allerdings verfehlten dann auch die athenischen Feldzüge in Boiotien und in Aitolien ihr Ziel. Der Fehlschlag des Demosthenes ist wohl auf unzureichende Vorbereitung und mangelhafte Aufklärung zurückzuführen.[153] Demosthenes hatte die Gefahren des Kampfes gegen Leichtbewaffnete in schwer zugänglichem Gelände unterschätzt. Vor allem aber waren für seinen ausgreifenden Plan, durch Aitolien, durch das ozolische Lokris und weiter durch die Doris und das Gebiet der Phoker nach Boiotien vorzustoßen, seine eigenen Kräfte entschieden zu schwach. Die Phoker leisteten unerwartet heftigen Widerstand. Nur unter schweren Verlusten gelang ihm schließlich der Rückzug aus den Kampfgebieten. Naupaktos konnte er nur mit Hilfe einer Truppe der Akarnanen vor dem Zugriff des Spartiaten Eurylochos sichern (Thuk. 3,100–102).

Im Winter 426/25 konnte Demosthenes aber seine Niederlage in Aitolien durch bedeutende Siege über peloponnesische und ambrakiotische Streitkräfte bei Olpai und Idomene wettmachen (Thuk. 3,105–114). Er hatte jetzt zuverlässige lokale Informanten und orts- und geländekundige Führer zur Verfügung.[154] Gemessen an den weitreichenden Plänen, die er 426 verfolgt hatte, waren seine Erfolge im Winter 426/25 indes recht bescheiden. Die von ihm intendierte Strategie, die eine Isolierung und möglichst auch eine Ausschaltung der Feinde Athens in Boiotien erreichen sollte, erwies sich schon deshalb als illusionär, weil die Athener es eigentlich gar nicht wagen konnten, mit ihrer Hoplitenstreitmacht tief nach Boiotien einzudringen, denn sie hätten dann damit rechnen müssen, daß der peloponnesische Heerbann zur Stelle war, bevor sie in Boiotien durchschlagende Erfolge zu erzielen vermochten.[155] Diese Konstellation sollte sich 425 schlagartig ändern.

Größere Aussichten schienen sich bereits 426 den Athenern in Sizilien zu eröffnen, wo sie in Messana eine neue Operationsbasis gewannen. Die Hoffnungen trogen jedoch, als ihnen im Sommer 425 Messana durch relativ schwache Streitkräfte aus Syrakus und Lokroi wieder entrissen wurde (Thuk. 4,1). Die Auswirkungen dieser Ereignisse auf die Situation in Griechenland waren jedoch ganz anders, als erwartet werden konnte. Zu Beginn der Feldzugsaison erhielten die athenischen Strategen Eurymedon und Sophokles den Auftrag, mit 40 Trieren nach Sizilien zu fahren (Thuk. 4,2). Zu diesem Zeitpunkt waren schon stärkere peloponnesische Streitkräfte unter dem spartanischen König Agis II. nach Attika vorgestoßen. Infolgedessen waren diese Truppen dort zeitweilig gebunden. Dies führte allem Anschein nach zu einer Überraschungsaktion des nach Sizilien fahrenden athenischen Geschwaders. Der Initiator war Demosthenes, der zwar in dieser Zeit offiziell keine Kommandogewalt hatte, von den amtierenden Strategen Eurymedon und Sophokles aber mit der Führung ihres Geschwaders betraut wurde.[156] Zweifellos hatten sie damals noch keine Kenntnis vom Fall Messanas, denn sie gewährten Demosthenes Handlungsfreiheit zu Unternehmungen gegen die Peloponnes, zogen indes ihre Zustimmung wieder zurück, als sie erfuhren, daß spartanische Kriegsschiffe in Kerkyra eingetroffen waren, wo sie selbst aufgrund von Weisungen aus Athen auf der Fahrt nach Sizilien zugunsten der proathenischen Partei intervenieren sollten. So schien Demosthenes seinen ursprünglichen Plan, am Vorgebirge Koryphasion bei Pylos in Messenien zu landen und dort ein Bollwerk zur Aufnahme flüchtiger messenischer Heloten zu errichten, nicht realisieren zu können.[157] Die athenischen Streitkräfte wurden jedoch durch einen Sturm gezwungen, eben an der von Demosthenes in Aussicht genommenen Stelle an Land zu gehen. Da sie bei anhaltend schlechtem Wetter dort zunächst bleiben mußten, wurde der Platz nunmehr doch befestigt. Nach Wetterbesserung fuhr das athenische Gros in Richtung Kerkyra weiter, während Demosthenes mit 5 Trieren in Pylos zurückblieb (Thuk. 4,3–5). In Sparta scheinen Ephoren, Geronten und andere ranghohe Spartiaten durch die athenische Aktion wenig beeindruckt gewesen zu sein.[158] Gegenmaßnahmen wurden jedenfalls nicht sofort eingeleitet. Demgegenüber war Agis durch die neue Situation alarmiert. Er zog sofort aus Attika ab, um das athenische Korps bei Pylos mit massiven Kräften bekämpfen zu können und einen Helotenaufstand zu verhindern (Thuk. 4,6). Zudem wurden weitere peloponnesische Truppen aufgeboten und die nach Kerkyra entsandten 60 peloponnesischen Trieren zurückbeordert. Um den Ring um die kleine athenische Streitmacht zu schließen, besetzten die Spartaner die der Bucht von Navarino vorgelagerte unbewohnte Insel Sphakteria (Thuk. 4,8). Die spartanische Führung war sich des Sieges über die athenische Truppe bereits sicher, doch scheiterten spartanische Landungsversuche in der Nähe des athenischen Bollwerks an dem von Demosthenes vorzüglich organisierten Widerstand der Athener, deren Streitmacht jetzt nur noch aus drei Trierenbesatzungen, d. h. etwa 600 Mann bestand. Zwei Trieren hatte Demosthenes inzwischen nach Zakynthos geschickt, um das athenische Geschwader unter Eurymedon und Sophokles herbeizuholen, die mit ihren Einheiten auch nach wenigen Tagen überraschend eintrafen und etwa 420 spartiatische und perioikische Hopliten mit ihren helotischen Begleitmannschaften auf Sphakteria abschnitten (Thuk. 4,13–14)[159] Mit einem Schlag hatte der Krieg eine neue Wende genommen. Um die eingeschlossenen Elitesoldaten nicht zu verlieren bzw. nicht in Gefangenschaft geraten zu lassen, bot die spartanische Führung (d. h. das Ephorenkollegium) den athenischen Strategen einen Waffenstillstand an, den diese unter der Bedingung akzeptierten, daß die eingeschlossenen Hopliten und Heloten nur minimale Tagesrationen erhalten und alle bei Pylos und den Küsten Lakoniens stationierten peloponnesischen Kriegsschiffe für die Dauer des Waffenstillstandes den Athenern übergeben werden sollten (Thuk. 4,15–16). Eine nach Athen entsandte spartanische Gesandtschaft erhielt den Auftrag, Frieden auf der Grundlage des beiderseitigen Besitzstandes sowie ein Bündnis zwischen Sparta und Athen vorzuschlagen. Die Spartaner setzten demnach Verhandlungsbereitschaft in Athen voraus (Thuk. 4,16,3–21,1). Sie rechneten offenbar vor allem aufgrund der schweren athenischen Verluste durch die Seuche und die zahlreichen Kämpfe auf verschiedenen Kriegsschauplätzen mit einer allgemeinen Kriegsmüdigkeit ihrer Gegner. Frieden um jeden Preis war aber in Athen nicht zu erlangen, wenn auch Aristophanes sicherlich einer Friedenssehnsucht Ausdruck verliehen hat, indem er in seinen an den Lenaien (etwa Mitte Februar) 425 aufgeführten ›Acharnern‹ die Idylle eines geruhsamen und friedlichen Dorflebens schilderte. Die Situation hatte sich inzwischen jedoch grundlegend zugunsten der Athener geändert,[160] die in ihrer Mehrheit nach der „Wende von Pylos" glaubten, mit den auf Sphakteria abgeschnittenen spartanischen Hopliten ein Faustpfand für einen für sie sehr vorteilhaften Vertrag zu besitzen. Es gab allerdings in der Volksversammlung auch Stimmen, die dafür plädierten, das spartanische Angebot anzunehmen.[161] Dennoch dürfte es Kleon angesichts der für Athen nunmehr überaus günstigen Ausgangslage keine allzu großen Schwierigkeiten bereitet haben, eine Mehrheit für seinen Antrag zu gewinnen, von den Spartanern die Kapitulation der Truppen auf Sphakteria zu fordern sowie des weiteren von ihnen zu verlangen, Nisaia, Pagai, Troizen und Achaia wieder an Athen zurückzugeben (Thuk. 4,21). Diese Bedingungen waren für Sparta unannehmbar. Thukydides (4,22) beurteilt in seinem Bericht über diese Verhandlungen die Rolle Kleons bei der Ablehnung des spartanischen Angebotes überaus negativ, läßt aber gleichwohl durchblicken, daß Kleons Antrag den Vorstellungen und Erwartungen der meisten Versammlungsteilnehmer durchaus entsprach. Der Wunsch der spartanischen Gesandten, mit „Vertrauensleuten" des athenischen Demos weiter zu verhandeln, wurde von Kleon mit dem Hinweis auf das demokratische Selbstverständnis der Athener abgelehnt (Thuk. 4,22).[162]

Die Belagerung Sphakterias zog sich indes in die Länge. Erhebliche Schwierigkeiten bereitete den Athenern nicht nur die Unterbindung des Nachschubs für die spartanische Truppe, sondern auch die kontinuierliche Versorgung der eigenen Mannschaften. Die Stimmung in Athen wandte sich gegen Kleon, dem nunmehr zum Vorwurf gemacht wurde, einen Verständigungsfrieden vereitelt zu haben. Um seinen Einfluß auf die Meinungsbildung in Athen zu wahren, trat Kleon gewissermaßen den Marsch nach vorn an, indem er die Strategen fehlerhafter Entscheidungen und unentschlossener Kriegführung bezichtigte und sich brüstete, daß er als Kommandeur in der Lage wäre, das spartanische Korps in kürzester Zeit zu überwältigen. Von dem amtierenden Strategen Nikias daraufhin beim Wort genommen, wurde er gezwungen, selbst das Kommando zu übernehmen. Thukydides skizziert mit bissiger Ironie das Verhalten seines persönlichen Gegners Kleon, der hiernach in jener Ekklesia in eine von ihm selbst gestellte Falle gelaufen ist. Motive und Ziele der beiden Hauptakteure Kleon und Nikias sind aus diesem sicherlich nicht vorurteilsfreien Bericht schwer zu eruieren. Es ist nicht auszuschließen, daß Kleon in Wirklichkeit doch das Kommando in Pylos anstrebte.[163] Kleon wird gewußt haben, daß er sich dort auf den erfahrenen Truppenführer Demosthenes verlassen konnte. Dies erklärt wohl das geringe Aufgebot, das Kleon zur Verstärkung der bereits bei Pylos stationierten athenischen Truppen forderte.[164] Das Aufgebot von Bogenschützen und sonstigen Leichtbewaffneten könnte darauf hindeuten, daß Kleon bereits bestimmte Vorstellungen von der Taktik hatte, die gegen die spartanischen Hopliten anzuwenden war.[165]

Als er in Pylos eintraf, hatte Demosthenes nach einem großen Brand auf Sphakteria, der das Gebüsch und damit die Deckung der Spartaner weitgehend zerstört hatte, schon Vorbereitungen zum Sturmangriff getroffen. Er leitete dann auch faktisch den athenischen Überraschungsangriff und die Überwältigung der spartanischen Eliteeinheit durch eine gewaltige Übermacht der Athener, die 292 Hopliten, darunter etwa 120 spartanische Vollbürger, gefangennehmen konnten. Kleon hatte sein Versprechen erfüllt, die spartanischen Soldaten auf Sphakteria innerhalb von 20 Tagen als Gefangene in Athen vorzuführen (Thuk. 4,26–39). Der eigentliche Sieger war freilich Demosthenes, der die Erfolgschancen eines taktisch geschickt geführten Masseneinsatzes von Bogenschützen und Leichtbewaffneten gegen Hopliten demonstriert hatte.[166] Gleichwohl galt Kleon in Athen als Mann der Stunde. Die Volksversammlung beschloß für ihn höchste Ehrungen.[167]

Für Thukydides (4,40) war der athenische Erfolg die größte Überraschung während des gesamten Krieges, weil niemand erwartet habe, daß spartanische Hopliten kapitulieren würden. In der Tat hatte sich die Kriegslage mit einem Schlage verändert. Die Athener konnten mit einem neuen spartanischen Friedensangebot rechnen und davon ausgehen, daß man in Sparta angesichts der seit Jahrzehnten rückläufigen Zahl der Vollbürger bereit sein werde, um einen hohen Preis die Gefangenen auszulösen. Peloponnesische Vorstöße nach Attika waren nicht mehr zu befürchten, da die Athener drohten, die Gefangenen zu töten, wenn erneut Invasionen erfolgen sollten. Demgegenüber hatte Athen jetzt durch den neuen Stützpunkt bei Pylos die Chance, den Krieg auf spartanisches Territorium auszuweiten. Die Athener stationierten eine Besatzung in Pylos, die aus Naupaktern messenischer Herkunft bestand und Vorstöße in das Land ihrer Väter unternahm. Die Folge war, daß immer wieder Heloten zu dieser Besatzung überliefen und in Sparta ein großer Aufstand der unterdrückten helotischen Bevölkerung befürchtet wurde (Thuk. 4,41). Weitere Anstrengungen wurden in Athen unternommen, um den scheinbar greifbar nahen Endsieg endgültig zu sichern.

Dringend erforderlich erschien eine erhebliche Steigerung der Einkünfte der Polis. Etwa zwei Monate nach dem Triumph von Pylos wurde auf Antrag eines gewissen Thudippos von der athenischen Volksversammlung ein wichtiges Psephisma beschlossen, das eine durchgreifende Neuerung der Veranlagung der Abgaben der damals fast 360 zahlungspflichtigen Bundesgenossen anordnete.[168] Die Einkünfte aus den Phoroi sollten hiernach erheblich gesteigert werden. Es ist allerdings wenig wahrscheinlich, daß sie – wie vielfach angenommen wurde – auf etwa 1460–1500 Talente im Jahr erhöht und damit praktisch verdreifacht wurden.[169] Gleichwohl wurde die aus der neuen Schatzung resultierende Belastung der Symmachoi letztlich für Athen selbst politisch eine schwere Hypothek, wenn auch nicht alle Bundesgenossen wesentlich höher veranlagt wurden.[170] Durch eine regelrechte Rationalisierung des Verfahrens der „Beitragserhebung“ sollte im übrigen eine größere Effizienz des Systems der Phoroszahlungen erreicht werden. Verantwortlich für die Neuveranlagung der Phoroi war hiernach der Rat der 500, der zunächst „Herolde“ (Kerykes) wählen mußte, die den einzelnen Poleis in den damals existierenden vier „Tributbezirken“ einen Termin (etwa Nov./Dez.) für die Entsendung von Gesandten nach Athen bekanntzugeben hatten. Außerdem mußte der Rat aus seiner Mitte sogenannte Taktai („Festsetzer“, „Anordner“) wählen, und zwar wahrscheinlich zehn, denen es oblag, die Route der „Herolde“ zu bestimmen und im Zusammenwirken mit der Boulé die Höhe der neuen Phoroi zu nennen, die von Mitgliedern des Seebundes zu leisten waren. Den Gesandten der phorospflichtigen Gemeinwesen sollte dies in Athen mitgeteilt werden. Sie hatten die Möglichkeit, gegen die Höhe der Abgaben Einspruch zu erheben. Nach einem Widerspruch kam es zunächst zu einem „Vorverfahren“. Dreißig vom Rat ausgeloste sogenannte Eisagogeis (ein für die „Einleitung des Verfahrens“ zuständiges Gremium) oder der Polemarchos hatten die Vorschläge der Gesandten der Symmachoi und der athenischen Taktai anzuhören und sodann offenbar einem Gerichtshof (Dikasterion) vorzulegen, der die Entscheidung zu treffen hatte. Weitere Bestimmungen betrafen die Regelungen der nachfolgenden Schatzungen. Jeweils vor den Großen Panathenäen (Juli/August) sollte den Poleis der Symmachie eine bevorstehende Neuveranlagung angekündigt werden. Für die Entrichtung der Phoroi sollten die Strategen unmittelbar nach der Festlegung der Beiträge sorgen.

Bemerkenswert ist einerseits die Konzession an die Symmachoi, gegebenenfalls Einspruch gegen die Höhe der Abgaben zu erheben. Die Entscheidung wurde dann freilich nicht von einer unabhängigen Behörde getroffen, sondern von einem aus athenischen Bürgern bestehenden „Gericht“, das in erster Linie im Interesse der eigenen Polis urteilte. Insofern hatte die „Verrechtlichung“ des Verfahrens durch die Prozeßmöglichkeiten ihre Grenzen.[171] Auffällig ist aber des weiteren auch die Strafandrohung gegen athenische Funktionsträger, die mit der Durchführung des Verfahrens beauftragt waren und ihrerseits im Fall von fehlerhafter Amtsführung strengen Sanktionen unterliegen sollten. Vor allem sollte hierdurch eine zügige und reibungslose Einziehung der Abgaben gewährleistet werden. Allerdings lassen die Strafandrohungen auch auf wachsendes Mißtrauen innerhalb des Demos gegenüber mutmaßlicher Korruption schließen. Möglicherweise manifestieren sich hier auch Auswirkungen politischer Agitation Kleons, der zweifellos mit dem Instrument der Verdächtigung und Verleumdung Angehörige der athenischen Oberschicht politisch kaltzustellen suchte. Aristophanes hat jedenfalls in der im Februar 424 aufgeführten Komödie ›Die Ritter‹ (Hippeis) in gewagter und scharfer Form die Denunzierung angeblicher Feinde der Demokratie als innenpolitisches Kampfmittel karikiert, indem er den „Gerber“ Kleon in Gestalt des schurkischen „Paphlagoniers“ durch Intrigen und Ränke den einfältigen und schwachen alten Herrn „Demos“ hinters Licht führen läßt, bis dieser nach der Entlarvung des betrügerischen paphlagonischen Obersklaven einer Art Verjüngungskur unterzogen wird und seine eigene blinde Vertrauensseligkeit erkennt. Das Stück wurde für den Dichter ein großartiger Erfolg, doch hatte dies keine Folgen für die Position Kleons. Die einfachen Bürger wußten zu differenzieren zwischen den Übertreibungen des Komödienspottes und kriegsbedingtem Zwang zur Steigerung der öffentlichen Einkünfte. Auch nach dem Erfolg bei Pylos durfte die Bürgergemeinschaft nicht in ihren Anstrengungen nachlassen. Daß dies den Bürgern klar war, resultierte wohl kaum nur aus der Demagogie des Kleon, dessen z. T. recht vulgäre Auftritte offensichtlich auf zahlreiche Versammlungsteilnehmer nicht unbedingt geschmacklos wirkten, weil er es verstand, sich als Mann des Volkes zu gerieren, der die Dinge beim Namen nennt. Seine Popularität mag durch die von ihm initiierte und in den ›Rittern‹ (V. 797–800) erwähnte Erhöhung der Tagegelder für die Geschworenen der Gerichtshöfe von zwei auf drei Obolen gestiegen sein, doch war diese Maßnahme aufgrund des sinkenden Realwertes des Geldes ebenso erforderlich wie die Neuveranlagung der Phoroi, die freilich auch realitätsferne Kalkulationen enthielt, wenn z. B. für die nicht zum Seebund gehörende Insel Melos 15 Talente angesetzt sowie auch etwa 40 Poleis am Schwarzen Meer genannt wurden, die wohl kaum ausnahmslos Zahlungen leisteten.[172]

Wenig später beschloß die athenische Volksversammlung (IG I[3] 71, Z. 55 ff.), daß alle phorospflichtigen Poleis zum Fest der Großen Panathenäen ein Rind als Opfertier und eine Hoplitenrüstung bringen und Repräsentanten dieser Städte wie athenische Apoikoi („Kolonisten“) an der Festprozession zu Ehren der Athena teilnehmen sollten. Das Fest sollte nunmehr als periodisch zu vollziehende symbolische Neukonstituierung der inneren Ordnung der Polis Athen zugleich eine „zentrale Feier“ für den gesamten athenischen Herrschaftsbereich sein.[173] Athen wurde in gewisser Weise zur Metropolis aller Mitglieder des Seebundes stilisiert und damit den Symmachoi eine neue Loyalitätsverpflichtung abverlangt.[174] Zu beachten ist, daß an der großen Prozession auch die attischen Demen („Gemeinden“) teilnahmen. Als Polisfest sind die Panathenäen somit auch eine Erinnerung an den „mythischen“ Synoikismos unter dem Gründerkönig Theseus und damit auch eine Vergegenwärtigung der Integration der Demen in den Gesamtverband der politischen Gemeinschaft der Athener. Die symbolische Gleichstellung der Bundesgenossen mit den athenischen Kolonisten war freilich nicht gleichbedeutend mit einer weiträumigen politischen Integration, die selbstverständlich den Rahmen der Polis gesprengt hätte. Auch die als alte Gründungen Athens geltenden ionischen Poleis in Kleinasien und in der Ägäis waren keineswegs in den athenischen Polisverband aufgenommen worden. Dennoch sollte durch die Verpflichtung der Bundesgenossen zur Teilnahme an den Großen Panathenäen gleichsam eine umfassende Abstammungsgemeinschaft der Hegemonialmacht des Seebundes und ihrer Symmachoi suggeriert werden. Ein derart fingiertes Identitätsgefühl hätte sich allerdings allenfalls langfristig entwickeln können. Offenbar war daher vor allem intendiert, die vertraglich-rechtlichen Verpflichtungen der athenischen Bundesgenossen durch Bindungen der Pietät, wie sie die Apoikien gegenüber der Mutterstadt schuldeten, zu verstärken und damit zugleich Erhebungen gegen Athen nicht nur als Vertragsbruch, sondern auch als Verstoß gegen die religiös fundierte Ordnung der Welt zu diskriminieren. Wenn dies Sinn und Zweck einer gewissermaßen zwangsweise verordneten Loyalitätsverpflichtung war, hat jener athenische Volksbeschluß natürlich sein Ziel nicht erreicht. Das Dekret ist gleichfalls von Thudippos beantragt worden, der in der Forschung mehrfach als Schwiegersohn Kleons bezeichnet wurde.[175] Sichere Belege gibt es hierfür allerdings nicht. Unabhängig von der Frage, ob Thudippos zu einem engeren Kreis von Beratern Kleons zählte[176] oder sogar verwandtschaftlich mit ihm verbunden war, ist aber nicht zu bezweifeln, daß politisch aktive athenische Bürger die Verhältnisse im Seebund bestens kannten und in der Lage waren, dem Zentralorgan der Polis Athen durchdachte Vorschläge zur Organisation des athenischen Machtbereichs vorzulegen sowie auch ideologisch-religiös verbrämte Herrschaftsmittel einzusetzen, die der damaligen Bewußtseinslage entsprachen. Die abgabenpflichtigen Bundesgenossen Athens sollten als eine möglichst einheitliche Kategorie von Gemeinwesen erscheinen, die ihre Existenz überhaupt nur einer traditionsreichen kolonisatorischen und staatsgründenden Dynamik der Hegemonialmacht zu verdanken hatten.

Zu beachten ist aber auch, daß die von Thudippos beantragten organisatorischen Maßnahmen zur Verbesserung des Phorossystems auf der Linie vergleichbarer früherer Regelungen lagen. Bereits 426/25 hatte die Ekklesia auf Antrag des Kleonymos die Einsetzung von sogenannten Tributeinziehern *(Eklogeis)* beschlossen, die in jeder phorospflichtigen Polis des Seebundes gewählt werden und den Athenern gegenüber für die Einziehung des Phoros in ihrer Stadt verantwortlich sein sollten.[177] Hierdurch sollte im Blick auf die Erfordernisse des Krieges das Verfahren vereinfacht werden.

Schwierig ist die zeitliche Einordnung des sogenannten Kleiniasdekrets (IG I^3 34), von dem vier Fragmente einer Stele aus pentelischem Marmor erhalten sind. Dieses Psephisma, das Einzelheiten der Zahlung und der Einziehung der Phoroi regelte, wurde vielfach in die vierziger Jahre des fünften Jahrhunderts datiert.[178] Eher wird man aber dem Vorschlag H. Mattinglys folgen können, der den Volksbeschluß in die zwanziger Jahre einzuordnen sucht und in einen zeitlichen Zusammenhang mit dem Kleonymosdekret und dem Thudipposdekret bringt.[179] Das für die Frühdatierung vorgebrachte prosopographische Argument ist nicht überzeugend.[180] Der Tenor des Kleiniasdekrets, das für alle Bundesgenossen galt, entspricht dem Bestreben der Athener um 425, ihre Einnahmen aus dem Seebund zu steigern und zu sichern, denn es heißt an erster Stelle, daß der athenische Rat der Fünfhundert und die von Athen in die einzelnen Poleis entsandten und als Archonten bezeichneten athenischen Funktionsträger sowie die jeweils für ein bestimmtes Gebiet zuständigen athenischen „Aufseher“ (Episkopoi) dafür sorgen sollten, daß die Phoroi der Bundesgenossen alljährlich eingesammelt und nach Athen gebracht werden. Unterschlagungen sollten durch Versiegelung der Geldsendungen sowie durch genaue Verzeichnisse der zu überführenden Summen verhindert werden. Ferner sollte die athenische Ekklesia über die ausstehenden Beträge informiert werden. In den einzelnen „Tributbezirken“ sollten durch eigens hierfür eingesetzte athenische Bürger die bereits erfolgten Zahlungen bestätigt oder gegebenenfalls Rückstände eingefordert werden. Verstöße der Symmachoi gegen das Verfahren der Einziehung sollten bestraft werden. Für diesbezügliche Prozesse waren detaillierte Vorschriften zu beachten. Unter Strafe gestellt wurde auch ein Versäumnis der Pflicht, ein Rind und eine Panhoplie zu den Panathenäen nach Athen zu schicken. Das Kleiniasdekret (IG I^3 34) verlangt allerdings nicht ausdrücklich (wie das sogenannte zweite Thudipposdekret IG I^3 71, 54ff.), daß alle phorospflichtigen Symmachoi wie die athenischen „Kolonisten“ (Apoikoi) in der Festprozession der Panathenäen mitziehen sollten. Es wird recht vage Strafe angekündigt, „falls jemand bei der Ablieferung des Opferrindes und der Panhoplie rechtswidrig handelt". Offenbar bezieht sich diese Formulierung auf Loyalitätsbeweise, wie sie Athen etwa schon bei der Koloniegründung in Brea um 445 von seinen Apoikoi verlangte,[181] d. h., es handelte sich um Verpflichtungen der Siedler in athenischen Neugründungen.[182] Daher ist das Kleiniasdekret auf jeden Fall früher als das zweite Thudipposdekret anzusetzen, das – wie gesagt – von *allen* phorospflichtigen Poleis eine symbolische Anerkennung Athens als Metropolis forderte.

Eine weitere Maßnahme, die darauf abzielte, die athenische Herrschaft und Kontrolle im Seebund zu intensivieren, war das sogenannte Münzgesetz zur Vereinheitlichung des Münzwesens.[183] Die Datierung dieses Volksbeschlusses ist freilich wiederum kontrovers. Bis vor einiger Zeit waren sieben (z. T. wieder verschollene) Bruchstücke von Kopien der athenischen Originalinschrift aus verschiedenen Orten bekannt. Sechs Fragmente waren in ionischer Schrift verfaßt, ein weiteres Bruchstück in attischer Schrift stammt aus Kos. Da in dieser Kopie das dreigestrichene Sigma verwendet wurde, hat man das Münzgesetz vielfach in die Zeit zwischen 450 und 446 datiert, doch hat die durch ein neues Fotoverfahren ermöglichte Spätdatierung des Vertrages zwischen Athen und Egesta (IG I^3 11 mit dreigestrichenem Sigma) – wie gesagt – eine neue Diskussionsgrundlage geschaffen. Hinzu kommt nunmehr ein im Jahre 1988 von E. Schwertheim veröffentlichtes neues Fragment in attischer Schrift aus Hamaxitos, das H. B. Mattingly einer weiteren Kopie des Münzgesetzes zuweist.[184] In diesem Fall hat der Steinmetz ein Sigma mit vier Hasten verwendet. Der genannte Ort in der Troas gehörte zum Festlandterritorium Mytilenes, das erst nach dem Ende der Erhebung dieser Polis in athenischen Besitz kam, so daß Hamaxitos kaum vor 425/24 zum Phoros veranlagt wurde.[185] Auch in diesem Fall ist die schon seit langem von Mattingly vorgeschlagene Spätdatierung in die zwanziger Jahre vorzuziehen.[186] Dementsprechend ist ein zeitlicher und politischer Zusammenhang mit der Erhöhung der Phoroi 425/24 anzunehmen. Das Münzdekret untersagte den Poleis des Seebundes das Prägen eigener Münzen und die Verwendung fremder (d. h. nichtathenischer) Münzen, Maße und Gewichte und schrieb ihnen die Benutzung athenischer Prägungen vor. Das bei den Bundesgenossen vorhandene eigene Silbergeld sollte gegen entsprechende athenische Münzen eingetauscht werden. Das Verbot der eigenen Prägungen galt aber offenbar nur in bezug auf Silbermünzen, und das Verbot der Verwendung nichtathenischer Münzen bezieht sich wohl nur auf den offiziellen Zahlungsverkehr mit Athen, während private Zahlungen mit Münzen der Seebundstaaten sicherlich erlaubt waren und die Mitglieder des Bundes im Verkehr untereinander und mit fremden Gemeinwesen ihre eigenen Münzen verwenden konnten.[187] Durch das Dekret sollte in erster Linie eine Standardisierung der Phoroszahlungen erreicht werden, die bis dahin auch mit lokalen Prägungen erfolgt waren. Die Verwendung eines einheitlichen Münztyps bedeutete natürlich eine erhebliche Erleichterung bei der Abrechnung der Zahlungen und insofern auch eine Vereinfachung der Kontrolle durch die zuständigen athenischen Funktionsträger.[188] Ausschlaggebend waren bei dieser Maßnahme ebenfalls kriegsbedingte Gründe. Angesichts des hohen Geldbedarfs infolge der permanenten Kämpfe sollte unter allen Umständen eine reibungslose Abwicklung der Zahlungen gesichert sein. Hierfür stand durch den Einsatz von athenischen Außenbeamten gewissermaßen ein rudimentärer Apparat zur Verfügung, doch konnte Athen auf die Aufgaben, die in diesem Zusammenhang auch die lokalen Behörden der einzelnen Poleis zu erfüllen hatten, auf keinen Fall verzichten.[189] Insofern blieben gleichsam partnerschaftliche Züge in der hegemonialen Symmachie des Seebundes durchaus gewahrt, wenn auch die athenischen Strafbestimmungen zu erheblichen Eingriffen in die Eigenstaatlichkeit der athenischen Symmachoi führen konnten. Bedeutende wirtschaftliche Vorteile für Athen hatte das Münzgesetz allem Anschein nach nicht.[190] Im übrigen gab es in Athen selbst offensichtlich keine effektive politische Opposition gegen die skizzierten organisatorischen Maßnahmen. Es schien damals aus athenischer Sicht keine Alternative zu einem militärischen Sieg im Krieg gegen Sparta zu geben. Die überwältigende Mehrheit der athenischen Bürger betrachtete die Steigerung und Sicherung der Einkünfte aus dem Seebund als zwingende Notwendigkeit, und die Voraussetzung hierfür war nach ihrer Auffassung durch den triumphalen Erfolg bei Pylos gegeben. Dies erklärt zweifellos die Zustimmung zu den von Thudippos und Kleonymos beantragten Volksbeschlüssen sowie wohl auch zum Dekret des Kleinias und zum Münzgesetz.

b) Neue athenische Offensiven und schwere Rückschläge

Als Kleon etwa in der zweiten Augustwoche 425 die Gefangenen von Sphakteria nach Athen führte,[191] brauchte man dort nach menschlichem Ermessen keine spartanischen Invasionen mehr zu fürchten. Die Athener hatten mit einem wertvollen Faustpfand zugleich eine überraschend große Operationsfreiheit gewonnen, die im folgenden Jahr für neue weiträumige Offensiven genutzt werden sollte. Nie zuvor hatten sich im bisherigen Verlauf des sogenannten Archidamischen Krieges derartige Erfolgsaussichten geboten. Die Feinde sollten jetzt entschieden in die Defensive gedrängt werden. Von einem Verständigungsfrieden dürfte kaum noch die Rede gewesen sein. Im Gegenteil, der Aufstieg Kleons zur dominierenden Figur auf der politischen Bühne in Athen hat nunmehr seine Rivalen um Rang und Einfluß stark motiviert, mit eigenen militärischen Erfolgen aufzuwarten.[192]

Demosthenes war freilich in Pylos geblieben, um den dort gewonnenen Stützpunkt weiter auszubauen und den Messeniern aus Naupaktos Überfälle auf spartanische Gebiete zu ermöglichen, während die athenische Flotte unter Eurymedon und Sophokles von Pylos aus nach Sizilien in See stach und auf der Fahrt weisungsgemäß in Kerkyra intervenierte, wo sie indes neue Exzesse der aufgeputschten Anhänger der sogenannten Anführer des Demos nicht verhindern konnte und der oligarchische Widerstand prokorinthischer Kreise endgültig zusammenbrach (Thuk. 4,46–48). Die Hoffnungen der Korinther auf den Gewinn von Kerkyra hatten sich als Illusion erwiesen. Wenig später mußten sie im Westen mit dem Verlust von Anaktorion im Kampf gegen Akarnanen und athenische Streitkräfte einen weiteren Rückschlag hinnehmen (Thuk. 4,49). Etwa gleichzeitig landeten Nikias und zwei weitere (namentlich nicht bekannte) athenische

Strategen mit stärkeren Streitkräften auf korinthischem Territorium im Raum von Kenchreai, um dort einen strategisch wichtigen Hügel zu besetzen und hierdurch Korinth unmittelbar zu bedrohen (Thuk. 4,42–45). Trotz bedeutender Anfangserfolge wurde aber infolge von Mißverständnissen in der Truppenführung das strategische Ziel der Operation nicht erreicht. Gleichwohl schien die Strategie der Gewinnung von Stützpunkten an der peloponnesischen Küste erfolgversprechend zu sein. Im folgenden Jahr wurde die spartanische Insel Kythera,[193] die den Zugang zum Lakonischen Golf von Osten her schützte, Ziel eines erfolgreichen Angriffs der Athener, die von dort aus amphibische Operationen gegen verschiedene lakonische Küstenplätze unternahmen.[194] Auf der Rückfahrt eroberten die Landungstruppen des athenischen Geschwaders die Stadt Thyrea (im Grenzgebiet zwischen Argos und Lakonien), wo die Spartaner die von den Athenern von ihrer Insel vertriebenen Aigineten angesiedelt hatten (Thuk. 4,53–57).[195]

Bald darauf erlitten die Athener schwere Rückschläge. Die Hoffnungen auf eine Erweiterung des athenischen Machtbereichs bis Sizilien erfüllten sich nicht. Das Scheitern der athenischen Pläne zeichnete sich dort bereits 425 ab, als die in Aussicht genommenen ausgreifenden Operationen unter Führung der Strategen Eurymedon und Sophokles durch die Bindung athenischer Streitkräfte infolge des Kampfes um Sphakteria verschoben werden mußten. Die Initiative ging in Sizilien auf die Syrakusaner und die mit ihnen verbündeten Lokrer über, nachdem es ihnen gelungen war, Messana zu erobern und hierdurch eine Operationsbasis gegen Rhegion auf dem gegenüberliegenden italischen Festland zu gewinnen. Die in diesem Raum stationierten athenischen Streitkräfte waren zu schwach, um durchschlagende Erfolge zu erzielen. Als Sophokles und Eurymedon nach weiterem Aufenthalt infolge ihrer Intervention in Kerkyra Ende des Sommers 425 Sizilien erreichten, vermochten sie keine Wende mehr zugunsten Athens herbeizuführen. Die dortigen athenischen Bundesgenossen waren kriegsmüde, und die Ankunft einer athenischen Flotte von 45 Trieren weckte auch bei diesen Symmachoi Athens Bedenken und Argwohn. Dies erklärt letztlich den Erfolg einer Friedensinitiative, die zunächst eingeleitet worden war durch Waffenstillstandsverhandlungen zwischen Gela und Kamarina und forciert wurde durch die Aktivitäten des Syrakusaners Hermokrates. Seinem diplomatischen Geschick war es zu verdanken, daß noch im Sommer 425 ein Friedenskongreß der Sikelioten in Gela stattfinden konnte. Als Vertreter von Syrakus gelang es ihm, durch eine mitreißende Rede die Vertreter der sizilischen Griechenstädte für seine Parole „Sizilien den Sikelioten" zu begeistern und einen Frieden zu erreichen, in dem den Vertragspartnern der damalige territoriale Besitzstand garantiert wurde. Lediglich die Stadt Morgantine wurde von Syrakus gegen eine symbolische Entschädigung an Kamarina abgetreten (Thuk. 4,58–65). Dies war kaum nur eine Geste des guten Willens der Syrakusaner. Hermokrates' Appell an die Sikelioten sollte zweifellos vor allem den hegemonialen Zielen seiner eigenen Polis dienen, die durch die Intervention der Athener in Frage gestellt waren.[196] Die Adressaten seiner Rede haben seine wahren Intentionen schwerlich durchschaut. Die athenischen Strategen wurden von ihren sizilischen Bundesgenossen über den neuen Stand der Dinge informiert und aufgefordert, dem Vertrag beizutreten. Sie hatten angesichts der Kriegsmüdigkeit ihrer Symmachoi und ihrer geringen eigenen Truppenzahl keine andere Wahl als zuzustimmen und zurückzufahren. In Athen wurde ihnen sofort der Prozeß gemacht. Eurymedon erhielt eine Geldstrafe, Pythodoros und Sophokles wurden verbannt. Die Anklage lautete, daß sie bestochen worden seien und die Chance vertan hätten, Sizilien zu erobern. Thukydides (4,65,4) bemerkt dazu, daß die Athener nach den vorausgegangenen Erfolgen ihre Aussichten allzu günstig beurteilt hätten. Zweifellos wurden in diesem Fall in der athenischen Volksversammlung die eigenen Möglichkeiten auf dem entfernten Kriegsschauplatz weit überschätzt. Hierzu hat sicher das Unternehmen der Strategen Laches und Charoiades beigetragen, die 426 mit nur 20 athenischen Schiffen beachtliche Erfolge im Kampf gegen Syrakus errungen hatten.[197] Inzwischen hatte sich aber die Lage auf Sizilien grundlegend geändert. Dies wurde von den Wortführern in der athenischen Volksversammlung verkannt, wenn auch die Besorgnis verständlich ist, daß ein Zusammenschluß der Sikelioten unter Führung der als korinthische Gründung geltenden Polis Syrakus eine Gefahr für Athen darstelle. Andererseits hatten freilich die verurteilten Strategen Fehler begangen. Es war ihnen nicht gelungen, auf der Fahrt nach Sizilien bei Kerkyra die peloponnesische Flotte abzufangen, die nach Pylos durchzubrechen vermochte, so daß das athenische Siziliengeschwader zunächst umkehren und in die Kämpfe um Sphakteria eingreifen mußte. So erreichte dieses Geschwader das ihm zugewiesene Einsatzgebiet in Sizilien nicht rechtzeitig genug, um dort noch eine Wende herbeiführen zu können.[198]

Schwerwiegender war indes das Scheitern athenischer Offensiven im griechischen Mutterland. Im Sommer 424 schien sich den Athenern die Chance zu bieten, Megara im Zusammenspiel mit einer dortigen fünften Kolonne im Handstreich zu besetzen (Thuk. 4,66). Nach inneren Wirren (etwa 427) dominierte in Megara eine Gruppe, die Thukydides (4,66,3) als „Anführer des Demos“ bezeichnet. Sie hatten ihre politischen Konkurrenten im Kampf um den bestimmenden Einfluß in der Polis vertrieben, aber keinen außenpolitischen Kurswechsel herbeigeführt und weiterhin an der Seite Spartas gegen Athen gekämpft. Ausgelöst wurden die inneren Machtkämpfe zweifellos durch Rivalitäten innerhalb der Führungsschicht.[199] Die Protagonisten bildeten jeweils nur kleine Gruppen.[200] Die Situation verschärfte sich, als die exilierten Megarer den Hafen Pagai am Korinthischen Golf besetzten und von dort aus Plünderungszüge in die Megaris unternahmen und hierdurch einflußreiche „Freunde“ in der megarischen Oberschicht veranlaßten, für eine Annullierung ihrer Verbannung zu plädieren. Die „Führer des Demos“ suchten dieses Vorhaben zu durchkreuzen und mit allen Mitteln eine Rückkehr der Vertriebenen zu verhindern, konnten sich aber der Zustimmung des Demos nicht mehr sicher sein, da die Mehrzahl der Bürger offensichtlich keine Minderung ihrer eigenen Rechte im Fall einer Rückkehr der Verbannten befürchtete und auch nicht für ein Bündnis mit Athen zur Verhinderung der Raids der Exulanten zu gewinnen war. In Megara hatte infolge alter Grenzstreitigkeiten, die weit in die Geschichte der athenisch-megarischen Beziehungen zurückreichten, sowie vor allem wegen der athenischen Seeblockade und der Vorstöße athenischer Landstreitkräfte in die Megaris eine offene proathenische Politik keine Chance. In dieser Situation entschlossen sich die sogenannten Führer des Demos, mit Athen zu kollaborieren und ihre Polis den Athenern auszuliefern.[201] Sie legten in Geheimverhandlungen mit den athenischen Strategen Demosthenes und Hippokrates den Operationsplan fest. Hiernach sollten athenische Streitkräfte die sogenannten Langen Mauern zwischen Megara und dem Hafen von Nisaia besetzen und die spartanische Hafenbesatzung abschneiden und dann mit Hilfe der Verschwörer in die Polis Megara eindringen. Der langjährige athenische Druck auf Megara schien sich nunmehr auszuzahlen. Der Überfall führte indes nur zu einem Teilerfolg. Die Athener konnten zwar die „Langen Mauern" besetzen, nicht aber in die Stadt eindringen, da der Plan von einem der Verschwörer verraten wurde. Die Strategen mußten rasch umdisponieren und besetzten Nisaia, vermochten aber ihr eigentliches Ziel – die Einnahme Megaras – nicht zu erreichen, da der Spartaner Brasidas, der sich zufällig im Raum von Sikyon und Korinth befand, um Söldner für einen Kriegszug nach Thrakien anzuwerben, durch wirksame Maßnahmen Megara vor dem Zugriff der Athener schützen konnte.[202]

Die Einnahme Nisaias war in gewisser Weise eine Peripetie. Die Serie athenischer Erfolge riß nunmehr ab. Niemand konnte freilich damals in Athen ahnen, daß sich durch die Aktivitäten des Brasidas eine Wende ganz anderer Art anbahnte. Brasidas plante, Nervenstränge der athenischen Seemachtstellung vom Lande aus zu treffen und die Peloponnes vom Druck athenischer Raids durch einen Angriff im Norden irgendwie zu entlasten.[203] Die Möglichkeit hierzu bot sich in Thrakien, wo keine spartanische Offensive erwartet wurde, so daß der Vorstoß des Brasidas in diesen Raum die Athener völlig unvorbereitet traf (Thuk. 4,78). Brasidas hatte sich entschieden für eine Unterstützung der Bottiaier und Chalkidier sowie des Makedonenkönigs Perdikkas II eingesetzt, die aus Furcht vor der wachsenden Macht Athens im nördlichen Ägäisgebiet ein Hilfegesuch an Sparta gerichtet hatten. Da er erkannt hatte, daß von Thrakien aus empfindliche Schläge gegen strategisch wichtige athenische Positionen geführt werden konnten, plädierte er für ausgreifende spartanische Operationen in diesem Raum. So erhielt er einen entsprechenden Auftrag, doch wurden ihm zunächst nur 700 Heloten unterstellt, die in Sparta mit Waffen ausgestattet wurden. Es war das erste Mal, daß Sparta Heloten als reguläre Kombattanten einsetzte.[204] Möglich war dies nur dadurch, daß Heloten kontinuierlich als Troßknechte der Spartiaten dienten und hierdurch bis zu einem gewissen Grade mit dem Soldatenleben vertraut waren. Im übrigen blieb den Spartanern in jener kritischen Phase des Krieges keine andere Wahl als die Verwendung helotischer Kombattanten, wenn man auf dem weit entfernten Kriegsschauplatz in Thrakien Erfolg haben wollte. Der Einsatz von Spartiaten hätte im Fall einer Niederlage katastrophale Folgen haben können. Zudem benötigte man zur Abwehr athenischer Angriffe auf peloponnesische Küstenplätze alle verfügbaren Eliteeinheiten der Spartiaten und Perioiken, und Bürgermilizen der peloponnesischen Bundesgenossen standen für langfristige Einsätze nicht zur Verfügung. So wagte man in der Krise nach der Niederlage bei Pylos erstmals den Einsatz einer Helotentruppe, die jedoch durch etwa eintausend von Brasidas selbst angeworbene Söldner verstärkt wurde (Thuk. 4,80,5). Nach der Abwehr des athenischen Angriffs auf Megara stieß Brasidas überraschend nach Norden vor. Er verband sich zunächst mit Perdikkas von Makedonien, doch entwickelte sich zwischen ihnen während eines kurzen gemeinsamen Unternehmens gegen den Lynkestenherrscher Arrhabaios bald ein scharfer Interessenkonflikt (Thuk. 4,82–83). So konzentrierte sich Brasidas nunmehr auf seine eigentlichen Operationsziele auf der Chalkidike und in Thrakien. Es gelang ihm, die Seebundstadt Akanthos zum Abfall von Athen zu veranlassen, wobei er geschickt antiathenische Freiheitsparolen und versteckte Drohungen zu kombinieren wußte. Des weiteren gewann er die Stadt Stagiros (Thuk. 4,84–88). Seinen größten Erfolg errang er etwa Anfang Dezember 424, als er die strategisch wichtige Polis Amphipolis zur Kapitulation zwang, bevor der für den thrakischen Raum damals verantwortliche Stratege Thukydides, der berühmte Historiker, dort eintraf und den Widerstand organisieren konnte. Nur den Hafenplatz Eïon konnte Thukydides noch sichern (Thuk. 4,102–107).

Inzwischen hatten die Athener auch im Mutterland schwere Rückschläge erlitten. Der athenische Angriff auf Megara sollte nach den Vorstellungen der Strategen Demosthenes und Hippokrates die Vorstufe zu einer weitaus größeren Operation bilden, die zu einem Zangenangriff auf Boiotien führen sollte. Die beiden Befehlshaber hielten an diesem Plan auch nach dem Mißerfolg vor Megara fest. Siphai am Golf von Krisa, Chaironeia und Delion sollten zeitgleich durch koordinierte Vorstöße besetzt werden (Thuk. 4,76–77). Demosthenes befehligte damals nach seinem Abzug aus dem megarischen Hafenplatz Nisaia ein größeres Trierengeschwader sowie Hilfstruppen aus Akarnanien und andere Bundesgenossen bei Naupaktos und hatte Kontakte mit einer Reihe von Boiotern aufgenommen, die in ihren Poleis mit athenischer Hilfe an die Macht gelangen wollten. Angeblich intendierten sie die Einführung von Demokratien, doch waren zweifellos nicht durchgreifende Reformen der Institutionen geplant, die nach einem erfolgreichen Umsturz zu einer stärkeren Beteiligung breiterer Schichten am politischen Leben geführt hätten. Es ging vielmehr um eine Entmachtung der damals führenden Kreise in mehreren Schritten.[205] Zunächst sollten Siphai und Chaironeia durch Verrat genommen werden, während gleichzeitig ein athenischer Entlastungsangriff unter Führung des Hippokrates auf Delion erfolgen sollte. Von diesen Plätzen sollten durch Raids boiotische Siedlungen terrorisiert und Kollaborateure in weiteren Poleis gewonnen werden. Die Offensive scheiterte indes vor allem an unzulänglichen Kommunikationsmöglichkeiten, so daß sich eine Koordination mehrerer Unternehmungen auf relativ weit voneinander entfernten Kriegsschauplätzen als undurchführbar erwies.[206] Demosthenes traf zu früh in Siphai ein. Gleichwohl war ihm das boiotische Gesamtaufgebot in Siphai sowie dann auch in Chaironeia zuvorgekommen, da sein Angriffsplan verraten worden war, so daß der Boiotische Bund rechtzeitig Gegenmaßnahmen getroffen hatte und Demosthenes wieder abziehen mußte (Thuk. 4,89). Die boiotischen Parteigänger der Athener wagten jetzt keine weiteren Aktionen mehr. Als dann Hippokrates mit einem athenischen Gesamtaufgebot nach Delion vorstieß, hatte sich die boiotische Hoplitenstreitmacht bereits bei Tanagra versammelt. Es gelang den Athenern zwar, Delion in zwei Tagen zu einem Stützpunkt auszubauen, doch wurde ihr Gros auf dem Rückmarsch von den Boiotern zum Kampf gestellt. Der rechte athenische Flügel warf zunächst den gegenüberstehenden Teil der boiotischen Streitmacht zurück, geriet dann aber durch einen überraschenden Gegenstoß feindlicher Reiter ins Wanken. Die thebanischen Truppen, die den Kern des boiotischen Heeres auf dem eigenen rechten Flügel bildeten, hatten inzwischen den linken athenischen Flügel zurückgedrängt, und die gesamte athenische Streitmacht ergriff jetzt die Flucht. Die Athener hatten eine ihrer schwersten Niederlagen erlitten (Thuk. 4,90–96). Etwa 1000 Hopliten sowie viele Leichtbewaffnete und Waffenträger waren gefallen, zahlreiche weitere Kombattanten in Gefangenschaft geraten. Damit nicht genug: Delion wurde nach 17 Tagen von den Boiotiern zurückerobert; auch Demosthenes hatte bei einem Landungsunternehmen im Gebiet von Sikyon keinen Erfolg (Thuk. 4,100–101).

Innerhalb weniger Monate hatte sich das Kriegsglück gewendet. Ein schwerer Schlag war für Athen vor allem der Verlust von Amphipolis. Brasidas, der jetzt einen wirtschaftlich und strategisch bedeutsamen Umschlagplatz für Metalle und Schiffsbauholz beherrschte, ließ auf dem Strymon Trieren bauen und traf im Winter 424/23 Vorbereitungen für weitere Operationen. Hierfür benötigte er Verstärkungen, die ihm aber nicht bewilligt wurden. Einflußreiche Spartiaten strebten eine Verständigung mit Athen an. Sie waren hieran jetzt nicht zuletzt wegen der Erfolge des Brasidas interessiert, denn in Sparta sahen die sogenannten ersten Männer in dem weitsichtigen und kühnen Kommandeur einen charismatischen Rivalen, dessen wachsendes Prestige eine ernste Gefahr für ihren eigenen politischen Einfluß darstellte. Aber auch in Athen zeichnete sich Verständigungsbereitschaft ab, da man den Verlust weiterer Positionen in Thrakien nicht ausschließen konnte. Allerdings waren auch bereits Gegenmaßnahmen getroffen worden. Durch Verstärkung der athenischen Besatzungen im thrakischen Raum sollte der Siegeszug des Brasidas gestoppt werden, und man war zudem fest entschlossen, weitere Maßnahmen zu ergreifen, um das verlorene Terrain zurückzugewinnen. Dies bedeutete freilich einen noch stärkeren Einsatz athenischer Kräfte im Norden, die an anderen Plätzen dringend benötigt wurden. Zweifellos war man freilich vor allem in Sparta nach wie vor bestrebt, einen Waffenstillstand zu schließen, weil man unter allen Umständen die Freilassung der auf Sphakteria in Gefangenschaft geratenen Vollbürger erreichen wollte. Hinzu kam, daß die athenischen Streitkräfte bei Pylos eine permanente Gefahr für Sparta darstellten, zumal hierdurch ein Helotenaufstand begünstigt werden konnte. Im Frühjahr 423 wurden die inzwischen eingeleiteten Waffenstillstandsverhandlungen durch einen Vertrag besiegelt, der eine einjährige Waffenruhe vorsah. In dieser Zeit sollte ein Friedensvertrag ausgehandelt werden (StV II^2 185). Der vorläufige Waffenstillstand enthielt Bestimmungen auf der Basis des damaligen „Besitzstandes“ der Vertragspartner. Demarkationslinien sollten die Aktionsradien athenischer Besatzungen bei Pylos sowie in Nisaia und auf Minoa und wohl auch auf Atalante einschränken.[207] Zwischen Kythera und der Peloponnes sollten keine Kontakte bestehen. Auf den Meeren war den Spartanern und ihren Bundesgenossen nur die Verwendung kleinerer Handelsschiffe erlaubt. Den Athenern sollte die Aufnahme flüchtiger Heloten verboten sein. Die Zusicherung eines ungehinderten Zugangs nach Delphi begünstigte hingegen die Athener, deren Verbindungslinien zu dem großen panhellenischen Heiligtum durch die Kriegsereignisse abgeschnitten waren.

Die Hoffnungen auf einen dauerhaften Frieden waren indes eine Illusion. Der strategische Vorteil des Waffenstillstandes lag auf seiten der Athener, die mit ihren Stützpunkten bei Pylos und auf Kythera sowie im Gebiet von Troizen wichtige Basen im gegnerischen Machtbereich besaßen. Gleichwohl fiel dies aufgrund der spartanischen Konzessionsbereitschaft weniger ins Gewicht als die Entwicklung im thrakischen Raum, wo Brasidas nicht nur infolge der Kommunikationsprobleme und der hierdurch bedingten verzögerten Benachrichtigung über die athenisch-spartanischen Verhandlungen unbeirrt seine Operationen fortsetzte. Er wollte seine Erfolge nicht aufs Spiel setzen und weitere Positionen hinzugewinnen. So weigerte er sich, den Weisungen der Ephoren Folge zu leisten, erlitt allerdings auch Rückschläge. Die athenischen Strategen Nikias und Nikostratos konnten Mende zurückgewinnen (Thuk. 4,120–123.129–130).

Der Waffenstillstand, der insgesamt gesehen beiden Seiten keinen großen Gewinn gebracht hatte, wurde im Frühjahr 422 nicht erneuert. Kleon übernahm nunmehr als Strategos das Kommando im Norden und führte auf 30 Trieren eine stattliche Streitmacht dorthin (Thuk. 5,2,1), die er durch Anwerbungen weiter verstärkte. Auch Brasidas füllte auf gleiche Weise seine Truppe auf, um nicht gezwungen zu sein, gegen numerisch überlegene Feinde zu kämpfen. Die Entscheidung fiel durch einen taktischen Fehler Kleons, der auf einem Erkundungszug gegen Amphipolis durch einen Überraschungsangriff des Brasidas eine vernichtende Niederlage erlitt und mit 600 Kombattanten den Tod fand. Auf der Gegenseite fielen nur sieben Soldaten. Zu ihnen zählte aber auch Brasidas (Thuk. 5,6–10). Sein Tod bedeutete das Ende der mit großen Anfangserfolgen begonnenen spartanischen Offensive gegen den athenischen Machtbereich im nördlichen Ägäisgebiet. Brasidas, der zum Symbol spartanischer Tapferkeit geworden war, hatte mit äußerster Konsequenz die Konzeption einer ausgreifenden spartanischen Macht- und Interessenpolitik vertreten, gerade hierdurch aber das Mißtrauen einflußreicher Spartiaten geweckt, die seine Pläne eher als Gefahr für den Bestand ihrer traditionellen Polisordnung empfanden und nach seinem Tod entschieden für eine Wiederaufnahme von Friedensverhandlungen eintraten. Thukydides (5,14,3–4) bemerkt zur damaligen Stimmungslage in Sparta, daß man sich dort keine Illusionen mehr über den Stand der Dinge machte, weil man die Hoffnung, durch Invasionen ins feindliche Gebiet die Macht Athens stürzen zu können, längst aufgegeben hatte. Die Niederlage bei Pylos sei von den Spartanern als größte Katastrophe ihrer Geschichte gewertet worden, und man habe auch bereits einen Zweifrontenkrieg befürchtet, weil ein mit Argos geschlossener dreißigjähriger Frieden nun zu Ende gegangen sei. In der damaligen Krise Spartas manifestierte sich für Thukydides die strukturelle Schwäche der Gesellschaftsordnung und des Bündnissystems dieser Polis. Der Historiker verweist auf die großen Gefahren einer Erhebung der Heloten infolge athenischer Stützpunkte auf Kythera und bei Pylos und auf die drohende Erosion der spartanischen Symmachie durch den Abfall peloponnesischer Bundesgenossen und den Ablauf des Friedens mit Argos. Aber auch in Athen traten seit der Niederlage bei Delion und dem Verlust von Amphipolis einflußreiche Kreise für einen Friedensschluß ein. Ihr Repräsentant war Nikias, der in den letzten Jahren als Strategos ein beachtliches Prestige gewonnen hatte und nunmehr durch eine zielgerichtete Friedenspolitik seinen Einfluß weiter festigte. Nach der Niederlage bei Amphipolis war für seinen Kurs der Boden bereitet. Hyperbolos suchte sich zwar als Nachfolger Kleons zu profilieren, indem er weiterhin für ausgreifende Machtpolitik plädierte und einen Kompromißfrieden ablehnte,[208] doch war auch in Athen die Hoffnung auf einen „Endsieg“ geschwunden. Auch hier befürchtete man einen Abfall der Bundesgenossen nach weiteren Mißerfolgen. Hinzu kam, daß die Finanzmisere trotz Erhöhung der Phoroi nicht überwunden werden konnte.[209] So konzentrierten sich die Hoffnungen auf Nikias, nachdem die Kampfhandlungen nach der Schlacht bei Amphipolis praktisch eingestellt worden waren.

Nikias wurde zusammen mit Laches beauftragt, Friedensverhandlungen zu führen. Auf der Gegenseite übernahm diese Aufgabe König Pleistoanax, der unter Erfolgsdruck stand, da er aus langjähriger Verbannung zurückberufen worden war und von einem Teil der Spartiaten abgelehnt wurde. Nach längeren Verhandlungen während des Winters 422/21 schien der Frieden zu Beginn des folgenden Frühjahrs noch einmal gefährdet, als die Spartaner durch Mobilisierung der Landstreitkräfte ihres Bundes Druck auf Athen auszuüben suchten. Sparta hätte allerdings wohl kaum einen Einfall nach Attika gewagt, da die Gefangenen von Sphakteria nach wie vor in athenischem Gewahrsam waren. Dennoch zeigte die Drohgebärde die gewünschte Wirkung. Hyperbolos’ Kampagne zur Fortsetzung des Kampfes hatte angesichts der allgemeinen Kriegsmüdigkeit keine Chance. Es kam danach schnell zu einer Einigung. Unmittelbar nach den Großen Dionysien (Mitte bis Ende März) 421 stimmte die athenische Volksversammlung dem ausgehandelten Vertrag zu, der insgesamt gesehen eine Anerkennung des beiderseitigen „Besitzstandes“ vor Beginn des Krieges vorsah.[210] Prinzipiell bedeutete dies die Verpflichtung beider Großpoleis und ihrer Bundesgenossen, ihre Eroberungen seit 431 wieder zu räumen. Von beiden Seiten wurden indes bemerkenswerte Konzessionen gemacht: Die Thebaner blieben im Besitz von Plataiai, während die Athener Nisaia nicht zu räumen brauchten. Im Grunde war dies ein Zugeständnis beider Seiten zugunsten Thebens auf Kosten von Megara, nachdem sich Theben geweigert hatte, auf Plataiai zu verzichten. Man einigte sich auf die Kompromißformel, daß Plataiai und Nisaia nicht mit Waffengewalt, sondern durch Kapitulation eingenommen worden seien. Beide Seiten verpflichteten sich, fünfzig Jahre Frieden zu wahren und Streitigkeiten durch Verhandlungen beizulegen oder durch ein Schiedsgericht seitens einer dritten Macht regeln zu lassen. In einem umfangreichen dritten Teil des Vertrages werden alle Orte genannt, die geräumt werden mußten. Hiernach mußten die Spartaner u. a. Amphipolis den Athenern übergeben und aus Skione abziehen, das sich noch im Aufstand gegen Athen befand. Für die Bürger von Skione bedeutete diese Klausel faktisch ein Todesurteil, da die athenische Volksversammlung noch auf Antrag Kleons 423 nach dem Abfall dieser Polis beschlossen hatte, die Stadt zu zerstören und alle „Skionaier“ (d. h. die Bürger) zu töten. An diesem brutalen Beschluß hielten die Athener auch nach dem Friedensschluß fest (Thuk. 5,32,1).

Des weiteren sollten die Athener die Grenzfestung Panakton zurückerhalten und ihrerseits Koryphasion (Pylos und Umgebung), Kythera, Pteleon[211] und Atalante zurückgeben. Eine Sonderbestimmung betraf mehrere Poleis in Thrakien, die sich gegen Athen erhoben und bis zum Friedensschluß ihre Unabhängigkeit gewahrt hatten. Es handelte sich um Argilos, Stagiros, Akanthos, Skolos, Olynthos und Spartolos. Die Athener verpflichteten sich, diese Poleis nicht anzugreifen, wenn sie sich bereit erklärten, „Phoroi wie in der Zeit des Aristeides zu zahlen“. Die Befreiungsparolen, mit denen Brasidas große Sympathien im thrakischen Raum gewonnen hatte, erwiesen sich somit als hohle Phrasen. – Ein weiterer wichtiger Punkt war natürlich die Freilassung der Kriegsgefangenen beider Seiten.

Im Eingangsformular sah das Vertragswerk vor, daß auch die Bundesgenossen der Spartaner und Athener den Frieden beschwören sollten. Die abschließende Klausel demonstriert freilich, daß die beiden Hegemonialmächte ihren Bundesgenossen die Bestimmungen vorgeschrieben haben.[212]

Zweifellos wurde nach den großen Verlusten und vielen Wechselfällen während des Krieges der Frieden von der überwältigenden Mehrheit der Athener und Spartaner mit Freude und Erleichterung aufgenommen (Plut. Nik. 9). Nikias stand auf der Höhe seines Ansehens. Das Vertragswerk wurde allgemein nach ihm benannt.

Der etwa im April 421 geschlossene Frieden war für Athen kein Sieg, wie man vielfach gemeint hat.[213] Sicher, Sparta hatte es nicht vermocht, das athenische Bündnissystem zu sprengen und Athen niederzuzwingen. Athen hatte aber weit weniger erreicht, als Perikles vorausgesagt hatte. Perikles hatte seinen Mitbürgern keinen Kompromißfrieden versprochen, für den allerhand Bestimmungen auszuhandeln und vertragsgemäß zu erfüllen waren, sondern einen Sieg vorausgesagt (Thuk. 2,65,7). Er hatte die Athener zu überzeugen versucht, daß ihr Machtbereich nicht nur unüberwindbar war, sondern nach der notwendigen Bewährungsprobe des Krieges noch erweitert werden könne. Demgegenüber hatten die Spartaner im Verlauf des Krieges entgegen den Thesen des Perikles durchaus die Überzeugung gewonnen, daß die Position Athens zu erschüttern war.[214] Es ging ihnen aber bei diesem Friedensschluß vor allem um die Heimkehr einer Reihe von Vollbürgern, die durch eine Verkettung unglücklicher Umstände in athenische Gefangenschaft geraten waren. Die zu Beginn des Krieges propagierte Befreiung der Hellenen von athenischer Herrschaft war den Spartanern zwar nicht gelungen, doch sollte die Zukunft zeigen, daß die verlogene Freiheitsparole der Spartaner ebenso eine Eigendynamik entwickelte wie die Hoffnungen, die Sparta bei seinen wichtigsten Bundesgenossen – den Korinthern und Thebanern – geweckt hatte. Gerade dadurch, daß die von Sparta in Aussicht gestellte entscheidende Veränderung der Kräfteverhältnisse nicht eingetreten war, ergab sich durch die Enttäuschung der spartanischen Symmachoi ein schwer kalkulierbarer Unsicherheitsfaktor in der griechischen Staatenwelt. Auf der anderen Seite hatte die Konzeption des Perikles dazu geführt, daß sich die Mehrzahl seiner Mitbürger Illusionen hingegeben hatte, die nicht alle Athener aufgeben mochten. Sollte sich nicht doch noch die Möglichkeit ergeben, den Macht- und Einflußbereich Athens erheblich auszuweiten? Sechs Jahre später sollte der Beschluß zur Durchführung der Sizilischen Expedition zeigen, daß jedenfalls ein erheblicher Teil der Athener nach wie vor empfänglich war für den Traum von einer weite Teile des Mittelmeeres umspannenden Herrschaft ihrer Polis. Viele Athener mochten sich sagen, daß ja nur unvorhersehbare Wechselfälle des Krieges und militärische Fehler durchschlagende Erfolge verhindert hätten. Sie wollten nicht wahrhaben, daß Perikles 431 wohl kaum mit einem zehnjährigen Krieg gerechnet hatte, der einen schweren Aderlaß für die athenische Bürgerschaft bedeutete. Natürlich konnte Perikles nicht die Pest voraussehen. Auch konnte die Niederlage bei Delion selbstverständlich nicht mehr ihm angelastet werden. Der Fehlschlag dieses Unternehmens in Boiotien demonstrierte aber noch einmal die Unwägbarkeiten eines großen Krieges. Das gleiche gilt in bezug auf den von Demosthenes und Hippokrates geplanten Coup in Megara. Die beiden Strategen konnten – wie gesagt – nicht ahnen, daß Brasidas in der Nähe war. Sie hatten sich aber ihrerseits nicht auf unerwartete Schwierigkeiten eingestellt und vor allem die Möglichkeiten einer fünften Kolonne in Megara überschätzt. Ob Perikles selbst im Verlauf des Krieges neue Strategien mit erheblich größeren Erfolgsaussichten entwickelt hätte, bleibt eine offene Frage. Er hatte jedenfalls die lange Dauer des Krieges und die hohen Verluste nicht vorausgesehen und war insofern von falschen Voraussetzungen ausgegangen. Hierin liegt seine Schuld vor der Geschichte seiner Polis. Seine Risikobereitschaft ging 431 einfach zu weit – zumal er wissen mußte, daß kein Athener das erforderliche Prestige besaß, um seinen Platz im Fall seines Todes ausfüllen zu können.

4. Der verfehlte Frieden

Schon unmittelbar nach Abschluß des „Nikiasfriedens" wurde deutlich, wie instabil die Situation geblieben war. Aufgrund der vertraglichen Vereinbarungen fiel den Spartanern durch Losentscheid die Aufgabe zu, mit der Erfüllung der Friedensbestimmungen zu beginnen. Sie übergaben alle in ihrer Hand befindlichen Kriegsgefangenen und erteilten Klearidas, ihrem Befehlshaber in Amphipolis, den Befehl, die Stadt den Athenern zu übergeben und die mit Sparta verbündeten thrakischen Poleis nötigenfalls zu zwingen, den Frieden zu akzeptieren. Klearidas führte diesen Auftrag indes nicht aus, weil er die Bewohner von Amphipolis nicht der Rache der Athener preisgeben wollte und die im Vertrag genannten thrakischen Städte sich weigerten, den Anordnungen Spartas Folge zu leisten (Thuk. 5,21). Aus athenischer Sicht war dies alles ein klarer Vertragsbruch. Gefährlich wurde aber für Sparta selbst die Weigerung seiner wichtigsten Bundesgenossen im griechischen Mutterland, dem Frieden beizutreten (Thuk. 5,22). Die Boioter verweigerten die Räumung der attischen Grenzfestung Panakton, die Eleier forderten als Preis für ihren Beitritt zum Vertrag die Anerkennung ihres Anspruches auf die ihnen von Sparta entrissene Gemeinde Lepreon, und die Megarer sahen ihre Sicherheit durch den Verlust von Nisaia bedroht. Wohl am meisten aber waren die Korinther über den Ausgang des Kampfes enttäuscht, denn sie waren nicht nur außerstande gewesen, ihre „Kolonien" Poteidaia und Kerkyra wieder an die Metropolis Korinth zu binden, sondern sie hatten im Nordwesten auch Sollion und Anaktorion an die Athener verloren und letztlich ihren Einfluß auf den gesamten akarnanischen Raum eingebüßt (Thuk. 5,30–31). Ein weiterer Unsicherheitsfaktor war für die Spartaner die schwer einzuschätzende Politik der Argiver, die nicht bereit zu sein schienen, den etwa 421 ablaufenden Frieden mit Sparta zu erneuern.

Angesichts dieser Zuspitzung der Lage unternahmen die Spartaner Sondierungen in Athen, die in kurzer Zeit dazu führten, daß beide Poleis etwa Anfang des Sommers 421 einen auf fünfzig Jahre befristeten Symmachievertrag schlossen.[215] Hierin verpflichteten sich die Vertragspartner zu gegenseitiger Hilfe im Fall von Gebietsverletzungen durch Dritte. Zusätzlich sagten die Athener Sparta bei einem Helotenaufstand Hilfe zu. Diese Klausel zeigt, daß die Spartaner die seit der Landung athenischer Truppen bei Pylos und auf Kythera wieder akut gewordene Helotengefahr als ernstes Problem betrachteten. Sieht man von dieser einseitigen und aus der besonderen Gesellschaftsstruktur Spartas sich ergebenden Verpflichtung der Athener ab, so handelte es sich prinzipiell um ein reines Defensivbündnis. Das unausgesprochene Ziel des Vertrages war freilich sehr viel weiter gesteckt. Es sollte selbstverständlich zunächst eine Garantie für die im Nikiasfrieden enthaltenen beiderseitigen Verpflichtungen bieten. Vordergründig betrachtet scheinen allerdings die Spartaner, von denen die Sondierungen ausgegangen waren, den größten Gewinn beim Abschluß der Symmachie erzielt zu haben. Sie erhielten die Gefangenen von Sphakteria zurück, ohne zuvor Amphipolis geräumt zu haben. Durch die athenische Zusage der Hilfeleistung gegen einen Helotenaufstand und gegen einen Angriff Dritter erhielt Sparta zudem auch neue Handlungsfreiheit.[216] Es brauchte nunmehr einen Krieg gegen Argos kaum noch zu fürchten und hatte infolgedessen die Chance, Druck auf seine gegen den Nikiasfrieden opponierenden Bundesgenossen auszuüben und sie zur Zustimmung zu diesem Frieden zu zwingen. Gerade dies lag aber auch im Interesse der Athener.[217] Insonderheit Nikias und seine politischen Freunde werden für die athenisch-spartanische Symmachie eingetreten sein. Nikias hatte bereits 425 für eine Verständigung mit Sparta plädiert und warnte später (416/15) vor dem Abenteuer der Sizilischen Expedition, wobei er entschieden dazu riet, statt dessen den weiteren Ausbau der athenischen Macht im Seebund anzustreben. Dieses Ziel war nach den bisherigen Erfahrungen nicht durch eine Konfrontation mit Sparta zu erreichen, sondern setzte geradezu eine Verständigung mit der peloponnesischen Vormacht voraus. Offenbar schien aus der Sicht des Nikias eine Rückkehr zu dem einst von Kimon vertretenen Kurs die beste Voraussetzung für die Wahrung der Interessen Athens zu sein. Zweifellos wäre ohne Kimons kontinuierliche Bemühungen um gute Beziehungen zu Sparta der Aufstieg Athens zur ägäischen Großmacht kaum möglich gewesen. So suchte Nikias irgendwie an diese Politik in der Frühzeit des Seebundes anzuknüpfen. Politik und Strategie des Nikias zwischen 425 und 415 lassen auf eine klare Linie in seiner Beurteilung der Verhältnisse in Griechenland schließen. Da er beim Friedensschluß 421 die treibende Kraft auf athenischer Seite war, ist anzunehmen, daß die Symmachie mit Sparta für ihn auch die Gewähr für eine Wiedereingliederung der Stadt Amphipolis in den athenischen Machtbereich zu bieten schien. Ein Scheitern des Friedens konnte demgegenüber zu unkalkulierbaren Risiken führen. Wenn Nikias aus diesen Gründen für den athenisch-spartanischen Symmachievertrag eingetreten ist, hatte er freilich die damaligen Handlungsmöglichkeiten der Athener allzu optimistisch eingeschätzt.

Unmittelbar nach Abschluß dieser Symmachie führten jene korinthischen Gesandten, die bereits im Auftrag ihrer Polis die Zustimmung zum Nikiasfrieden verweigert hatten, Sondierungsgespräche mit argivischen Magistraturen, um für einen gegen Sparta gerichteten Sonderbund zu werben, wobei sie auf die angebliche Gefahr hinwiesen, die nach ihrer Auffassung der Autonomie peloponnesischer Gemeinwesen durch das athenisch-spartanische Bündnis drohte (Thuk. 5,27,2). Zweifellos war dieses Argument aber nur ein Vorwand, denn Sparta hatte die Symmachie mit Athen vor allem in der Absicht geschlossen, eine argivisch-athenische Allianz zu verhindern.[218] Im übrigen waren die Korinther natürlich nicht gewillt, ihrerseits eine argivische Hegemonie anstelle der spartanischen Arché in der Peloponnes zu tolerieren. Sie wollten in erster Linie ihre verlorenen Positionen in Westgriechenland zurückgewinnen. Angesichts der bisher guten Beziehungen zwischen Argos und Athen wäre dies im Fahrwasser argivischer Interessenpolitik kaum möglich gewesen. Offenbar intendierten die Korinther, die Dinge wieder in Bewegung zu bringen, indem sie durch ein Bündnis mit Argos Druck auf Sparta auszuüben und hierdurch die Spartaner zu einem neuen Kurswechsel zu motivieren suchten, der letztlich wieder zu einem Krieg gegen die Athener führen sollte, deren Schwächung die Voraussetzung für die Wiedergewinnung von Sollion und Anaktorion durch Korinth und damit erstes Ziel der korinthischen Politik war. Jedenfalls beabsichtigten die Korinther nicht, Sparta dauerhaft zu destabilisieren. Sie verbanden sich nach einiger Zeit (420 v. Chr.) wieder mit den Spartanern, als dies aus ihrer Sicht erforderlich zu sein schien (Thuk. 5,48). Bereits vor Ausbruch des Peloponnesischen Krieges hatte sich die Drohung der Korinther, aus dem Peloponnesischen Bund auszutreten, als geeignetes Instrument erwiesen, auf die spartanische Politik Einfluß zu nehmen.[219] Auch damals bezog sich eine entsprechende Warnung an Sparta auf ein korinthisch-argivisches Bündnis. Es blieb aber diesmal nicht bei der Drohung. Die leitenden Beamten und die Volksversammlung in Argos akzeptierten die Vorschläge der korinthischen Gesandten, eine Kommission einzusetzen, die Vollmachten zu einer großen diplomatischen Offensive erhielt und ermächtigt wurde, mit jeder griechischen Polis ein Bündnis abzuschließen.[220] Die Argiver waren bereit, nach Ablauf ihres dreißigjährigen Friedens mit Sparta das Risiko eines großen Krieges einzugehen, um nicht nur das bereits im sechsten Jahrhundert an Sparta verlorene Grenzgebiet der Kynuria zurückzugewinnen, sondern darüber hinaus auch die Führungsmacht in der Peloponnes zu werden (Thuk. 5,28,2).

Einen ersten Erfolg hatte die argivische Gesandtschaft in Mantineia, dessen Bürger während des Archidamischen Krieges Teile Arkadiens unterworfen hatten und nunmehr eine spartanische „Strafaktion“ befürchteten. Mantineias Austritt aus der Symmachie mit Sparta bewirkte eine Kettenreaktion, da in einer Reihe von peloponnesischen Gemeinwesen vermutet wurde, daß die Bürgerschaft von Mantineia über Geheimpläne der Spartaner und Athener zur Aufteilung der gesamten Peloponnes informiert sei.[221] Entsprechende Gerüchte waren Anlaß zu neuen korinthischen Aktivitäten, die darauf abzielten, einen Kongreß aller Gemeinwesen, die den Nikiasfrieden ablehnten, nach Korinth einzuberufen. Eine spartanische Gesandtschaft versuchte vergeblich, die korinthische Initiative zu durchkreuzen, die letztlich zum Abschluß einer Reihe von Verträgen führte. Dem Bündnis der Argiver und Mantineier schlossen sich nunmehr die Eleier an, deren Hauptmotiv die Rückgewinnung der ihnen von den Spartanern entrissenen Gemeinde Lepreon in Triphylien war. Diesem neuen „Dreibund“ traten sodann nicht nur die Korinther, sondern auch die Chalkidier bei, die durch das athenisch-spartanische Bündnis ihre Autonomie bedroht sahen (Thuk. 5,29,1.31,1.31,6). Hingegen führten die Bemühungen der Argiver und Korinther, auch

Tegea für ihr Bündnis zu gewinnen und damit Sparta auf der Peloponnes gänzlich zu isolieren, nicht zum Erfolg (Thuk. 5,32,3–4). Um ein Scheitern ihrer Sonderbundpolitik zu verhindern, versuchten die Korinther jetzt, die Boioter zu gewinnen, um sie für ihre eigenen, gegen Athen gerichteten Interessen einzuspannen. Auch hiermit hatten sie aber keinen Erfolg (Thuk. 5,32,5–6). Inzwischen gelang es den Spartanern, einen erfolgreichen Schlag gegen die Mantineier zu führen und deren Herrschaft in der Landschaft Parrhasia zu beseitigen (Thuk. 5,33).[222] Im Winter 421/20 ließen sich dann die Boiotarchen durch ein erstaunliches Projekt der Ephoren Kleobulos und Xenares blenden, die seit Herbst 421 im Amt waren und das athenisch-spartanische Bündnis strikt ablehnten. Nach ergebnislos verlaufenen Verhandlungen der Spartaner mit den ihnen verbliebenen Mitgliedern des Peloponnesischen Bundes sowie mit Gesandtschaften der Athener, Boioter und Korinther[223] schlugen die beiden Ephoren ohne offiziellen Auftrag den abreisenden Boiotern und Korinthern gleichsam eine konzertierte Aktion vor, deren Ziel es war, den Boiotischen Bund zu einem Bündnis mit Argos zu bewegen (Thuk. 5,36). Hierdurch wollten sie erreichen, daß Argos unter Zustimmung der Korinther sich mit Sparta verbinde. Die Boioter sollten erkennen, daß dieser Plan in ihrem eigenen Interesse liege, weil Sparta dann wieder Krieg gegen Athen führen und der Boiotische Bund bzw. Theben hierdurch nur gewinnen könne. Das Nahziel der beiden Ephoren war natürlich die Rückgewinnung von Pylos. Um dies zu erreichen, sollten die Boioter zunächst Panakton den Athenern zurückgeben. Die Boiotarchen ließen sich von diesem Plan beeindrucken. Auch zwei Funktionsträger in Argos – zweifellos Mitglieder des ranghöchsten argivischen Beamtenkollegiums der sogenannten Artynoi („Anordner") – stimmten zu (Thuk. 5,37,2). Sie waren hierzu freilich ebensowenig wie die beiden spartanischen Ephoren offiziell durch Beschluß des zuständigen Entscheidungsorgans – der argivischen Volksversammlung (Aliaia) – befugt. Die Boiotarchen wagten indes nicht, den Plan in allen Einzelheiten offenzulegen, so daß sie in den vier Sektionen des Rates des Boiotischen Bundes keine Zustimmung fanden (Thuk. 5,37–38). Wohl aber erreichten sie Anfang März 420 ein Sonderbündnis zwischen Boiotien und Sparta, nachdem sich die Boioter bereit erklärt hatten, Panakton den Athenern zu übergeben (Thuk. 5,39,2–3.40,1). Hierdurch war wieder eine völlig neue Lage entstanden. Die Argiver befürchteten fälschlich eine Koalition der Spartaner, Boioter und Athener und machten jetzt Sparta ein Bündnisangebot (Thuk. 5,40,3). Die argivisch-spartanischen Verhandlungen schienen erfolgreich zu verlaufen, doch begannen die Boioter ohne Zustimmung der Spartaner, Panakton zu schleifen. Wahrscheinlich hatten hierbei Xenares und Kleobulos ihre Hand im Spiel. Als spartanische Gesandte das Fort übernehmen und den Athenern übergeben sollten, war das Zerstörungswerk bereits vollendet. Die verständliche Erregung der Athener steigerte sich noch, als der Abschluß eines Sonderbundes zwischen Boiotien und Sparta bekannt wurde. Diese Situation nutzte der junge Alkibiades zu einem einmaligen Schurkenstück (Thuk. 5,40–47).

Er hatte 421 in Athen den Frieden mit Sparta abgelehnt, weil die vorausgehenden Verhandlungen von Nikias und Laches geführt worden waren und vor allem Nikias hierdurch seinen Einfluß auf die athenische Politik erheblich steigern konnte. Innerathenische Opposition gegen das Bündnis mit Sparta war freilich bis zum Frühjahr 420 praktisch wirkungslos geblieben. Nach der Schleifung von Panakton erkannte Alkibiades seine Chance. Er motivierte die Argiver zu einem Bündnisangebot an die Athener, ohne von der Volksversammlung hierzu autorisiert zu sein. In Argos kam dieser Vorschlag gerade zur rechten Zeit, da dort zuvor ohnehin nur aufgrund einer falschen Lagebeurteilung Verhandlungen mit Sparta aufgenommen worden waren. Das Angebot des Alkibiades fand also bereitwillige Zustimmung, und eine aus Argivern, Eleiern und Mantineiern bestehende Mission sollte sofort die nötigen Schritte unternehmen, um Athen zu einer Symmachie mit der bereits bestehenden Tripelallianz (Argos, Mantineia, Elis) zu gewinnen (Thuk. 5,43). Sparta war nunmehr seinerseits alarmiert und schickte sofort Gesandte nach Athen, die ein argivisch-athenisches Bündnis verhindern sollten, aber durch einen perfiden Trick des Alkibiades in die Irre geführt wurden. Sie hatten nach ihrer Ankunft in Athen dem Rat der 500, der nach dem üblichen athenischen Verfahren zunächst die Botschaften auswärtiger Gemeinwesen entgegenahm, weisungsgemäß mitgeteilt, daß sie befugt seien, alle Streitfragen mit Athen zu regeln. Nach der Sitzung des Rates überredete Alkibiades die spartanischen Gesandten in konspirativer Weise durch verlockende Versprechungen, vor der athenischen Volksversammlung ihre Vollmachten zu bestreiten. Er gab Zusicherungen, die er gar nicht einhalten konnte, als er behauptete, die Rückgabe des Stützpunktes bei Pylos durchzusetzen. Sein Ziel war, die Spartaner dem Verdacht der Perfidie auszusetzen, um auf jeden Fall ein gegen Sparta gerichtetes athenisches Bündnis mit Argos, Elis und Mantineia zu erreichen und zugleich Nikias zu desavouieren. Der Coup gelang. Als die spartanischen Gesandten vor der Volksversammlung sich an ihre Abmachungen mit Alkibiades hielten, schlugen die Wogen der Erregung in dem zentralen athenischen Entscheidungsorgan hoch, so daß die Offerten der Spartaner abgewiesen und statt dessen die Boten der Argiver auf die Rednerbühne geholt wurden. Infolge eines kleineren Erdbebens wurde allerdings nicht sofort ein Bündnis Argos, Elis und Mantineia geschlossen, und am folgenden Tag konnte Nikias ein Psephisma durchsetzen, das neue Sondierungen in Sparta anordnete. Nikias selbst übernahm die Führung dieser Gesandtschaft, doch gelang es ihm nicht zu erreichen, daß die Spartaner ihr Bündnis mit Boiotien aufkündigten. Damit war die Bahn frei für das von Alkibiades intendierte einhundertjährige Defensivbündnis der Athener mit Argos, Elis und Mantineia.[224] Noch im Sommer 420 erfolgte der Abschluß der neuen Allianz. Das Intrigenspiel des Alkibiades hatte Erfolg, weil die spartanischen Gesandten keine schriftliche Vorlage für ihr Verhandlungsangebot vorweisen konnten und jene gezielte Fehlinformation durch den vorgeschriebenen Ablauf der Entscheidungsfindung in Athen erleichtert wurde. Nur so war es den spartanischen Boten möglich, vor der Volksversammlung andere Aussagen als bei den Vorberatungen in der Boulé zu machen.[225]

Alkibiades gewann nunmehr größeren Einfluß in Athen, während Nikias einen erheblichen Prestigeverlust hinnehmen mußte. Athen aber hatte die Chance vertan, durch ein Arrangement mit Sparta nach den Erschütterungen des Archidamischen Krieges sein eigenes Bündnissystem auf lange Sicht zu stabilisieren. Das auf fünfzig Jahre geschlossene Defensivbündnis zwischen Athen und Sparta wurde zwar von keiner Seite aufgekündigt, doch veränderte sich die Gesamtlage wieder einmal überraschend. Die

Korinther traten der neuen Quadrupelallianz von Athen, Argos, Elis und Mantineia nicht bei und ebneten sich damit den Weg zu einer Verständigung mit Sparta (Thuk. 5,48), das sich in der Folgezeit wieder aus seiner Isolierung lösen und die drohende Gefahr einer weiteren Erosion seines Bündnissystems auf der Peloponnes vermindern konnte. Die Situation spitzte sich weiter zu, als Alkibiades im Sommer 419 als amtierender Stratege Druck auf Korinth auszuüben suchte, indem er eine Verstärkung der Befestigungen von Patrai und den Bau von Bastionen in Rhion initiierte sowie erreichte, daß die Argiver Epidauros attackierten. Das Projekt in Rhion scheiterte aber ebenso wie der argivische Angriff auf Epidauros (Thuk. 5,52–55), und Alkibiades wurde im Frühjahr 418 nicht wieder zum Strategos gewählt. Seine Niederlage spiegelt allerdings keine langfristig wirksame Stimmungslage in Athen[226] und ist daher kein Indiz für die Existenz oder die Formierung einer ausgesprochenen Friedenspartei, die in der Lage gewesen wäre, eine völlig neue Weichenstellung vorzunehmen. Alkibiades agierte jedenfalls weiterhin gegen Sparta, dessen Führung energisch das eigene Bündnissystem zu festigen suchte. Ein erster Versuch der Spartaner, mit einem Gesamtaufgebot unter König Agis II. einen entscheidenden Schlag gegen Argos zu führen, scheiterte indes, da die militärischen Operationen der Spartaner und ihrer boiotischen Verbündeten nicht hinreichend aufeinander abgestimmt waren (Thuk. 5,57–60). Agis brachte zwar das argivische Heer in eine schwierige Lage, schloß dann aber einen viermonatigen Waffenstillstand ab.[227] Offenbar wollte er spartafreundliche Kreise in Argos gegen die dortigen Parteigänger Athens unterstützen, um die gegen Sparta gerichtete Quadrupelallianz zu spalten. Er wurde daraufhin freilich in Sparta zu einer hohen Geldstrafe verurteilt, die aber bald wiederaufgehoben wurde (Thuk. 5,63). Inzwischen waren athenische Verstärkungen in Argos eingetroffen, die Alkibiades als „Gesandter“ begleitete. Er erreichte dort, daß die Argiver den Waffenstillstand mit Sparta brachen und mit ihren Verbündeten Orchomenos besetzten. Alarmiert durch diese Ereignisse beauftragten die Spartaner Agis erneut mit der Führung eines Gesamtaufgebotes. Unterstützt von südarkadischen Truppen errang das spartanische Heer etwa Ende August 418 einen entscheidenden Sieg bei Mantineia (Thuk. 5,64–74). Es hatte sich gezeigt, daß Argos auch im Verein mit seinen Bundesgenossen nicht in der Lage war, Sparta zu überwinden. Die Hegemonie Spartas in der Peloponnes war wiederhergestellt, und die Schmach von Sphakteria schien getilgt, während Alkibiades' Politik der Provokation Spartas und der Stabilisierung der „Achse Athen–Argos“ zu einem Fiasko geführt hatte. Argos schloß einen auf 50 Jahre befristeten Waffenstillstand mit Sparta und trat ebenso wie Mantineia aus der Quadrupelallianz aus. Im Frühjahr 417 gewann Sparta sogar zeitweilig die Kontrolle über Argos, nachdem dort oligarchische Kräfte die Parteigänger Athens gestürzt hatten (Thuk. 5,81,2–82,2; Diod. 12,80,2–3).

Spartas Stellung in der Peloponnes schien jetzt stärker als je zuvor zu sein, doch wandte sich wieder das Blatt, als die Parteigänger Athens in Argos die spartafreundlichen Gruppen stürzten und die Macht zurückgewannen. Sie kündigten den Vertrag mit Sparta und suchten wieder Anschluß an Athen,[228] wo sich im Frühjahr 416 mit der sensationellen Verbannung des Hyperbolos durch ein Scherbengericht eine folgenreiche Verschiebung der innenpolitischen Kräfte vollzog.[229] Hyperbolos besaß zeitweise einen beachtlichen Einfluß in der Volksversammlung und beantragte Anfang 416 eine Ostrakophoria in der Hoffnung, hierdurch Alkibiades als Konkurrenten um die sogenannte Prostasia („Führung") des Demos ausschalten zu können. Alkibiades reagierte auf die ihm drohende Gefahr durch einen unerwarteten Schachzug, indem er ein „Bündnis" mit Nikias einging, so daß beide ihre Anhängerschaften (Staseis) vereint gegen Hyperbolos zu mobilisieren vermochten. Offenbar war durch das absurde Resultat eines Scherbengerichts, das zweifellos immer als Waffe im innenpolitischen Kampf gegolten hatte, der athenischen Bürgerschaft der Widersinn dieses Verfahrens vor Augen geführt worden. Fortan fand keine Ostrakophoria mehr statt, wenn auch weiterhin Jahr für Jahr in der sechsten Prytanie in Volksversammlung formal darüber abgestimmt wurde, ob ein Scherbengericht durchzuführen sei.

Die Abstimmung bei jenem letzten Scherbengericht, die Alkibiades in gewisser Weise „gewonnen" hatte, war zugleich ein Votum des athenischen Demos für einen härteren und damit auch risikoreicheren Kurs gegenüber Sparta. Dies setzt den gegen Sparta gerichteten „demokratischen" Umsturz in Argos sowie auch jene Sondierungen voraus, die einige Zeit später zur Erneuerung des bereits 420 geschlossenen athenisch-argivischen Defensivbündnisses führten.[230]

Bereits im Winter 417/16 war eine spartanische Intervention in Argos erfolgt, ohne daß von athenischer Seite Gegenmaßnahmen eingeleitet werden konnten. Spartanische Truppen unter Agis II. zerstörten damals die im Bau befindlichen Schenkelmauern, die Argos mit dem Meer verbinden sollten. Außerdem gelang es den Spartanern, den Ort Hysiai zu besetzen, wo sie in einem Akt barbarischer Grausamkeit alle freigeborenen Männer töten ließen (Thuk. 5,83, 1–3). Dieser Exzeß der Spartaner kann bei der Beurteilung der Auslöschung der Polis Melos durch die Athener 416 nicht außer acht gelassen werden.

Der spartanische Angriff auf Argos hatte zweifellos den Athenern den Ernst der Lage vor Augen geführt und dürfte auch in den öffentlichen Diskussionen vor der Ostrakisierung des Hyperbolos eine wichtige Rolle gespielt haben. Wahrscheinlich hat die Zuspitzung der Lage im Winter 417/16 auch mit dazu beigetragen, daß Alkibiades vor der Sizilischen Expedition die Athener mit seiner These von der Zwangsläufigkeit des neuen Krieges mit Sparta stark beeindrucken konnte. Athenische Aktionen gegen Perdikkas von Makedonien im Winter 417/16 sind zwar ein Indiz für die vor allem von Nikias geforderten Aktivitäten zur Stabilisierung des athenischen Einflusses im Ägäisbereich (Thuk. 5,83,4). Alkibiades' Ambitionen zielten indes in eine andere Richtung. Er wurde nach der Ostrakisierung des Hyperbolos erneut zum Strategos gewählt und intervenierte im Sommer 416 in Argos, um dort die Parteigänger Athens zu stärken (Thuk. 5,84,1). Möglicherweise zählte er aber nicht zu den Initiatoren der Entscheidung der Athener, die Insel Melos durch stärkere Streitkräfte unter Führung der Strategen Kleomedes und Teisias zum Anschluß an Athen und zur Zahlung von Tributen zu zwingen.[231] Thukydides hat die Verhandlungen der Beauftragten Athens bei der Übermittlung der Forderungen ihrer Polis mit den Beamten und dem Rat von Melos (und wohl auch mit anderen einflußreichen Meliern) zu einer der erregendsten Passagen der gesamten antiken Literatur stilisiert, um an der Argumentation der Athener das Wesen der Machtpolitik aus der Sicht seiner Polis in Form eines Dialogs zu exemplifizieren (5,85–111). Er hat hierbei selbstverständlich keine wortgetreue Wiedergabe der Ausführungen beider Seiten angestrebt, könnte aber nach dem Ende des Krieges durchaus zuverlässige Informationen über die damals vorgetragenen Standpunkte erhalten haben. Seine Argumentation orientiert sich jedenfalls an dem Ziel der Athener, eine ungleich schwächere Polis zur Unterwerfung zu zwingen. Aus athenischer Sicht steht eine Kapitulation der Melier von vornherein außer Frage. Die Athener gehen davon aus, daß diese Polis sich aus eigener Kraft gegen die athenische Übermacht nicht halten kann und insofern die Bürgerschaft der Insel gar keine andere Wahl hat. Das Problem reduziert sich für die Athener einfach auf eine reine Machtfrage. Sie wollen im Fall einer Unterwerfung der Polis Leben und Existenzgrundlagen der Bewohner garantieren, Widerstand aber mit Gewalt brechen, um in Übereinstimmung mit dem von ihnen selbst postulierten „Zwang der Natur" das ihnen nach ihrer Auffassung zustehende Recht des Stärkeren (und damit auch ihren eigenen Vorteil) zu ihrer eigenen Sicherheit wahrzunehmen. Für sie besteht kein Grund, von der vermeintlich seit jeher gültigen Maxime des Mächtigeren abzugehen, die eigene Herrschaft zu erweitern und zu stärken, wo immer dies möglich sei. Das Argument der Melier, daß in diesem Fall Respekt vor der Eigenstaatlichkeit einer Polis und der Abschluß eines Freundschaftsvertrages wahre Gerechtigkeit darstelle und für die Athener daher auf Dauer von Nutzen sei, wollen die athenischen Emissäre nicht gelten lassen. Thukydides will mit der Gestaltung dieses Dialogs, in den er selbstverständlich auch eigene Gedanken über die menschliche Natur und Handlungsweise einfließen läßt, schwerlich die Athener bzw. die Initiatoren der Operation gegen Melos einer skrupellosen Brutalität und Aggression beschuldigen oder zum Ausdruck bringen, daß unter dem Einfluß des Kriegsgeschehens die Gewaltbereitschaft im politischen Handeln der Athener zunahm.[232] Ebensowenig ist der Dialog aber eine Apologie athenischer Machtausübung. Thukydides will vielmehr Prinzipien damaliger athenischer Außen- und Machtpolitik und deren Kriterien aus der Sicht der Athener darstellen. Hiervon zu differenzieren ist das athenische Vorgehen nach dem Fall von Melos. Durch die längere Belagerung der Polis scheint sich der athenische Standpunkt noch sehr verhärtet zu haben. Als Melos Ende des Winters 416/15 bedingungslos kapitulierte, wurden alle erwachsenen Melier getötet und die Frauen und Kinder in die Sklaverei verkauft.[233] Wenig später wurden dort 500 Athener angesiedelt. Die Brutalität der Sieger sprengte in diesem Fall die üblichen Handlungsnormen. War ein ähnlicher Beschluß nach der Kapitulation Mytilenes noch von der athenischen Volksversammlung revidiert worden, so bedeuteten die Exzesse in Melos eine unglaubliche Steigerung der Grausamkeit, die sich allerdings schon 421 mit der Tötung der Bürger von Skione anbahnte (Thuk. 5,32,1).[234] Dennoch bestand ein Unterschied. Skione war als Mitglied des Seebundes von Athen abgefallen, so daß hier offensichtlich von athenischer Seite ein Exempel zur Warnung der Symmachoi statuiert werden sollte. Demgegenüber war Melos wahrscheinlich nicht mit Athen verbündet. Gleichwohl entschuldigt dies nichts.

Angeblich soll Alkibiades in der athenischen Volksversammlung den Antrag gestellt haben, die Melier in der genannten Weise zu bestrafen.[235] Dies ist indes wenig wahrscheinlich. Thukydides nennt jedenfalls den Antragsteller nicht. Offenbar wußte er von einer entsprechenden Initiative des Alkibiades nichts. Allerdings behauptet Plutarch (Alk. 16,5–6), daß Alkibiades sich für jenen Beschluß ausgesprochen habe. Dies ist nicht auszuschließen, bedeutet aber noch nicht, daß Alkibiades die Initiative ergriffen bzw. die Hauptverantwortung getragen hat. Offenbar befaßte sich Alkibiades zu diesem Zeitpunkt bereits mit sehr viel weitergehenden Plänen.

5. Die Sizilische Expedition

Im Winter 416/15 erreichte die Athener ein Hilfegesuch der westsizilischen Elymerstadt Egesta (Thuk. 6,6), die allem Anschein nach 418/17 ein Bündnis mit Athen abgeschlossen hatte.[236] Jedenfalls setzt die Gesandtschaft der Elymer Kontakte zwischen beiden Gemeinwesen voraus. Die nur fragmentarisch erhaltene inschriftliche Fassung des genannten Vertrages läßt allerdings die beiderseitigen Verpflichtungen nicht klar erkennen. Die Athener standen in jedem Fall vor einer schwierigen Entscheidung. Vermutlich schien einigen politischen Akteuren in Athen sowie auch einer Reihe von Bürgern schon im Hinblick auf das Prestige ihrer Polis als Hegemon des Seebundes eine glatte Ablehnung des Hilfegesuchs nicht opportun zu sein.[237] Entscheidend waren aber wohl andere Überlegungen. Probleme der zwanziger Jahre schienen sich in verschärfter Form zu wiederholen. Wenn die Macht der Syrakusaner weiter zunahm, drohte der unteritalisch-sizilische Raum dem athenischen Einfluß zu entgleiten. In diesem Fall konnten die athenischen Positionen am Ionischen Meer von Westen her durch den Aufstieg von Syrakus und von Osten her durch den Peloponnesischen Bund aufs stärkste gefährdet werden. Die Meinungen waren allerdings geteilt. Insonderheit Nikias warnte vor einer großen Intervention auf Sizilien. Zunächst sollte indes auf jeden Fall eine Gesandtschaft nach der Insel geschickt werden. Die Gesandten, die einen Lagebericht zu erstatten hatten, ließen sich aber von den Egestanern täuschen, so daß sie ein völlig falsches Bild von den Ressourcen jener Stadt vermittelten (Thuk. 6,8,1–2). Insofern lagen Fehlinformationen vor, als die athenische Volksversammlung den Beschluß faßte, in Sizilien mit einer starken und bestens ausgerüsteten Streitmacht zu intervenieren und Alkibiades, Nikias und Lamachos als bevollmächtigte Strategen mit der Durchführung der Expedition zu beauftragen (Thuk. 6,8,2; IG I^3 93; Meiggs-Lewis 78). Nach der Darstellung des Thukydides (6,8,3–25,2) sollen allerdings fünf Tage nach diesem Beschluß noch einmal heftige Debatten über Sinn und Zweck des Unternehmens geführt worden sein. Als Hauptredner für und gegen die Expedition treten Nikias und Alkibiades auf. Offenbar hat Thukydides aus kompositorischen Gründen die Anordnung der Reden in der vorliegenden Form vorgenommen. Schon vor der Beschlußfassung werden aber Nikias und Alkibiades ihre Auffassungen ausführlich dargelegt haben. Ihre wichtigsten Argumente sind in den von Thukydides stilisierten Reden zweifellos enthalten.[238] Alkibiades vertritt hier die These, daß ein neuer offener Machtkampf zwischen den beiden größten Poleis des griechischen Mutterlandes unausweichlich sei und eine Kräfteverschiebung zugunsten Spartas eintreten werde, wenn es den Athenern nicht gelinge, durch einen Präventivschlag eine Vereinigung ihrer Feinde auf Sizilien und in Griechenland zu verhindern. Daß Alkibiades seine Argumente bereits in Volksversammlungen vor der Beschlußfassung vorgetragen hat, ist indirekt aus den Ausführungen des Nikias zu erschließen. Obwohl Nikias in diesem thukydideischen Rededuell als erster das Wort ergreift, kennt er bereits die These des Alkibiades von der Zwangsläufigkeit des Konflikts großer Mächte. Nach der Darstellung des Thukydides zieht aber Nikias hieraus völlig andere Schlüsse, indem er sich für die Stärkung Athens in der nördlichen Ägäis einsetzt. So deuten die Formulierungen des Thukydides darauf hin, daß in den athenischen Volksversammlungen vor der Beschlußfassung über die Durchführung der Sizilischen Expedition die Frage zur Debatte stand, ob man angesichts des athenisch-spartanischen Dualismus den Aufstieg einer neuen Großmacht, die unter Umständen das Lager der Feinde Athens verstärken konnte, tolerieren oder aber einen Präventivschlag führen sollte. Während Nikias es für unwahrscheinlich hielt, daß die Syrakusaner nach Gewinnung der Herrschaft über die Sikelioten im Bunde mit Sparta eine Vernichtung Athens intendieren würden, soll Alkibiades nicht nur bestrebt gewesen sein, die Gefahr einer übermächtigen antiathenischen Koalition von vornherein auszuschließen, sondern auch darüber hinaus noch sehr viel weitergehende Pläne verfolgt haben. Thukydides nimmt an (6,15), daß Alkibiades auch noch Karthago unterwerfen wollte, und in anderem Zusammenhang führt er aus (6,90,2–3), Alkibiades habe nach seiner Flucht nach Sparta dort erklärt, es sei das Ziel der athenischen Intervention in Sizilien, zunächst die Sikelioten und dann die Griechen in Unteritalien zu unterwerfen, später das karthagische Herrschaftsgebiet auf Sizilien sowie Karthago selbst anzugreifen und nach einem Erfolg dieser Aktion mit der hierdurch gewonnenen Macht die Peloponnes zu überwinden und letztlich die Herrschaft über alle Griechen zu gewinnen. Es ist indes wenig wahrscheinlich, daß Alkibiades tatsächlich glaubte, Athen könne derartige Projekte realisieren. So ist nicht auszuschließen, daß Alkibiades in Sparta die athenischen Intentionen weit übertrieben hat, um die Spartaner zu schockieren und zum Handeln in Sizilien zu zwingen. Möglicherweise hat aber auch Thukydides gewissermaßen in freier Gestaltung der Rede des Alkibiades ein überzogenes Bild von den athenischen Plänen und den Zielen des Alkibiades gezeichnet. Offiziell war in dem athenischen Interventionsbeschluß nicht einmal von einem Angriff auf Syrakus die Rede. Die bevollmächtigten Strategen Alkibiades, Nikias und Lamachos erhielten vielmehr den vage umrissenen Auftrag, Egesta gegen Selinus zu unterstützen, gegebenenfalls helfend bei einer Neubesiedlung von Selinus einzugreifen und im übrigen in Sizilien so zu handeln, wie es ihnen „am günstigsten für Athen“ schiene (Thuk. 6,8,2). Sicherlich mag – wie gesagt – vielen Athenern eine Hilfeleistung für Egesta als blanke Notwendigkeit erschienen sein. Denn aus ihrer Sicht stand zweifellos das Prestige der Großpolis Athen auf dem Spiel, die einer verbündeten Stadt keinesfalls jegliche Unterstützung verweigern konnte. Andererseits hat aber vor allem Alkibiades' These von einem zwangsläufigen weiteren Kampf gegen Sparta den athenischen Demos stark beeindruckt. Unter diesem Aspekt schien es dringend erforderlich zu sein, Athens Position im Westen zu stärken. Zu diesem Zeitpunkt verfolgten indes führende spartanische Kreise schwerlich das Ziel, den Primat Spartas, wie er vor der großen Invasion des Xerxes bestanden hatte, in vollem Umfang wiederherzustellen. Sparta hatte um 415 überhaupt keine Möglichkeit, den bedeutendsten athenischen Machtfaktor – die Flotte – auszuschalten oder eine Auflösung des Seebundes zu erzwingen. Entsprechend vorsichtig reagierten die Spartaner auf athenische Provokationen. Sie hatten den athenischen Angriff auf Melos hingenommen, keine ernsthaften Maßnahmen zur Verhinderung des neuen athenisch-argivischen Bündnisses eingeleitet und Plünderungszüge der immer noch bei Pylos stationierten Besatzung lediglich mit der Freigabe privater Kaperfahrten nach Attika beantwortet. Offene Aggressionen waren 415 von seiten Spartas kaum zu erwarten. So hat die „Präventivkriegstheorie" sicherlich eine verhängnisvolle Rolle gespielt, als in Athen mit dem Beschluß zur Intervention in Sizilien eine überaus riskante Weichenstellung erfolgte. Offenbar fiel die Entscheidung in einem regelrechten Begeisterungstaumel zahlreicher Bürger. Thukydides deutet an (6,13), daß Athener, die Bedenken gegen ein großes Engagement im Westen hatten, es gar nicht wagten, bei der Abstimmung „die Hand gegen den Krieg zu erheben", weil sie nicht als Feiglinge gelten wollten. Opposition gegen die Argumente des Alkibiades hatte keine Chance. Nikias erreichte mit gewichtigen Einwänden gegen großangelegte Operationen im Westen das genaue Gegenteil. Der ursprüngliche Beschluß, 60 Trieren nach Sizilien zu schicken, wurde modifiziert, indem man das Aufgebot erheblich verstärkte, um auf jeden Fall einen Erfolg zu garantieren (Thuk. 6,25–26). Die Streitmacht umfaßte jetzt 134 Trieren und über 5000 Hopliten. Ungeachtet der Anordnung der Reden des Nikias und des Alkibiades im Werk des Thukydides ist anzunehmen, daß gerade die von Nikias geforderte Verstärkung der Expeditionstruppen den Optimismus der Mehrzahl der Athener noch entschieden gesteigert hat und schließlich größere Ziele als die Unterstützung der Egestaner in greifbare Nähe gerückt zu sein schienen. Unkenntnis über die Situation auf Sizilien dürfte jetzt kaum der Grund für die großen Erwartungen der Athener gewesen sein. Thukydides führt zwar aus (6,1,1), daß „die meisten Athener weder die Größe der Insel (Sizilien) noch die Zahl der dort lebenden Griechen" kannten und nicht ahnten, daß sie mit der Expedition „einen nicht viel geringeren Krieg" beginnen würden als eineinhalb Jahrzehnte früher gegen die Peloponnesier. Tausende von athenischen Bürgern hatten aber bereits an früheren Expeditionen nach Sizilien teilgenommen und konnten vor und nach der Beschlußfassung über Kenntnisse berichten, die sie dort gewonnen hatten (Plut. Nik. 12).[239] Natürlich waren Hopliten, Ruderer und Seeleute keine Berufsdiplomaten oder Generalstäbler, doch gab es ohne Frage in Athen auch Experten, denen die Verhältnisse in Sizilien gut bekannt waren.[240] Die Mehrzahl der Versammlungsteilnehmer stimmte in Überschätzung der Kräfte ihrer Polis und unter dem Eindruck der Argumentation des Alkibiades für ein Abenteuer, dessen Ausgang niemand voraussehen konnte.[241] Selbst wenn es gelungen wäre, die Griechenstädte in Sizilien als Bundesgenossen zu gewinnen oder mit Gewalt zu unterwerfen, hätte das militärische Potential der Athener nicht ausgereicht, einen Machtbereich vom Einflußgebiet der Karthager bis zu den Grenzen des Perserreiches dauerhaft zu behaupten. Athen konnte nicht in diesem Großraum in jede opponierende Polis eine Besatzung legen und zudem noch permanent eine gewaltige "fleet in being" unterhalten.

Die letzten Tage vor der Abfahrt der Flotte waren erfüllt von einer kaum zu überbietenden Dramatik (Thuk. 6,27–29). In einer einzigen Nacht wurden die überaus zahlreichen Hermenpfeiler in den Straßen Athens verstümmelt. Dies war kein Bubenstreich trunkener Nachtschwärmer, sondern eine sorgfältig geplante Aktion, die allem Anschein nach darauf abzielte, Alkibiades schwer zu belasten und zu diskriminieren, um seinen politischen Einfluß zu unterminieren. Insofern führte das Sakrileg der Täter zumindest zu einem Teilerfolg. Wenn freilich darüber hinaus auf diese Weise auch eine Revision des Expeditionsbeschlusses erreicht werden sollte, so ging die Rechnung nicht auf. Das Sakrileg wurde zwar von zahlreichen Bürgern als böses Omen gewertet, galt aber auch als Indiz für eine gegen die Demokratie gerichtete Verschwörung. Dies traf schwerlich zu, da ein antidemokratischer Putsch zu diesem Zeitpunkt keine Chance gehabt hätte.[242] Der Täterkreis bestand nur aus einigen Dutzend Personen, die bestimmten Hetairien angehörten[243] und es sicherlich nicht gewagt hätten, nach der Macht zu greifen, als in Athen die Expeditionstruppen einschließlich der zahlreichen prodemokratischen Rudermannschaften schon bereitstanden. Ließ sich aber durch den Hermenfrevel die Expedition verhindern oder auf unbestimmte Zeit verschieben? Wenn dies tatsächlich intendiert war, hatten die Täter ihren Plan unzureichend durchdacht. Gewaltige militärische Vorbereitungen waren praktisch abgeschlossen. Wie sollte dieses Machtpotential problemlos wieder „aufgelöst“ werden, zumal sich hiermit weitgespannte Hoffnungen und Machtträume sowie die (vermeintliche) Aussicht auf riesigen Gewinn und neuen Reichtum verbanden?

Gleichwohl war die Wirkung des Hemenfrevels enorm. Die Täter hatten sich unmittelbar vor einem großen militärischen Unternehmen an dem Gott des Geleites vergangen, dessen Huld für das Gelingen der Fahrt nach altem Glauben unabdingbar war. Zudem war der Gott in besonderer Weise mit der athenischen Demokratie verbunden. Wie konnte man da mit religiösen Frevlern in einem Boot sitzen, ohne selbst ins Unglück zu geraten?[244] Denunziationen blieben unter diesen Umständen nicht aus und stifteten neue Unruhe.[245] Nur der kleine Kreis von Tätern kannte Einzelheiten, doch waren alle – Bürger, Fremde, Sklaven – aufgerufen, auch über sonstige sakrale Vergehen Anzeige zu erstatten, sofern sie hiervon Kenntnis hatten (Thuk. 6,27). Besondere Brisanz hatte eine auf die Position des Alkibiades abzielende Denunziation. Alkibiades wurde beschuldigt, in seinem Hause an einer Profanierung der eleusinischen Mysterien teilgenommen zu haben.[246] Er wies die Anschuldigung entschieden zurück, doch zog die Affäre immer weitere Kreise, zumal „Demagogen“ und Wortführer in der Volksversammlung, Konkurrenten in den politischen Auseinandersetzungen um Einflußnahme auf die Entscheidungen des Demos, nunmehr die Chance witterten, Alkibiades auszuspielen, indem man ihm auch Mitwirkung an der Hermenverstümmelung unterstellte. Zwar bestand Alkibiades auf einer sofortigen gerichtlichen Untersuchung der gegen ihn erhobenen Beschuldigung, doch befürchteten seine Gegner einen Freispruch. Die von ihnen beauftragten Redner beantragten, von einer Anklage bis zur Rückkehr der Streitkräfte abzusehen. Ziel dieser Aktion war, das Verfahren in Abwesenheit des Alkibiades wiederaufzurollen. Die Rechnung schien aufzugehen. Die Volksversammlung billigte den Antrag, die Operationen in Sizilien planmäßig zu beginnen und Alkibiades nicht seines Amtes zu entheben.

Erst als die Streitmacht bereits bei Rhegion lagerte, begannen in Syrakus die Gegenrüstungen (Thuk. 6,45). Im athenischen Strategenrat kam es bald zu heftigen Kontroversen. Als bekannt wurde, daß die Egestaner die versprochenen finanziellen Zusagen nicht halten konnten, riet Nikias, die Operationen weisungsgemäß zu beschränken, d. h. lediglich die Selinuntiner zum Frieden mit Egesta zu zwingen und dann wieder die Rückfahrt nach Athen anzutreten. Alkibiades plädierte für eine diplomatische Offensive. Hierdurch sollten die sizilischen Griechenstädte (mit Ausnahme von Syrakus und Selinus) als Bundesgenossen gewonnen werden, um Syrakus zu isolieren. Demgegenüber drang Lamachos auf sofortige militärische Aktionen gegen Syrakus. Dies wäre zweifellos die beste Voraussetzung für einen athenischen Erfolg gewesen, doch konnte sich Lamachos nicht durchsetzen. Ausschlaggebend war zunächst Alkibiades' Einfluß im Strategenrat (Thuk. 6,46–49). Die von ihm empfohlenen und dann auch eingeleiteten Sondierungen in griechischen Poleis hatten indes geringe Wirkung und führten aus athenischer Sicht nur zu einem Zeitverlust, der im Grunde nicht mehr wettgemacht werden konnte. Der Überraschungseffekt, der durch den athenischen Vorstoß nach Sizilien zunächst gegeben war, wurde nicht genutzt. Lediglich in Katane und Naxos nördlich von Syrakus wurden Stützpunkte gewonnen. Bald darauf trat bereits eine entscheidende Wende ein (Thuk. 6,53). Den Anstoß gab ein athenischer Volksbeschluß, der Alkibiades und einige andere Expeditionsteilnehmer anwies, nach Athen zurückzukehren und sich wegen Profanierung der Mysterien bzw. Verstümmelung der Hermen zu verantworten. In Athen hatten inzwischen Anzeigen und Verdächtigungen den besten Nährboden gefunden. Die gesteigerte Nervosität angesichts der zu erwartenden militärischen Entscheidungen im Westen hatte geradezu eine Verfolgungswut ausgelöst. Die Ursachen sind nicht nur in der schon angesprochenen kultisch-religiösen Relevanz der Frevel zu sehen. Ein gewisser Diokleides tischte im Rat der 500 eine phantastische Geschichte auf, um 42 Personen zu beschuldigen (Andok. 1,37 ff.). Er nannte u. a. zwei Mitglieder des damaligen Rates, ferner Kritias, den späteren Führer der sogenannten „Dreißig Tyrannen", sowie einen Bruder des Nikias und andere relativ wohlhabende Athener. Die Lage wurde immer verworrener, die Wogen der Erregung schlugen hoch wie nie zuvor. Im Rat wurde sogar in Erwägung gezogen, ein nach dem Ende der Tyrannis beschlossenes Verbot der Folterung von Bürgern aufzuheben, doch wurde ein entsprechender Antrag abgelehnt. Ein neues Bild ergab sich durch die Aussagen des Redners Andokides, der am Hermenfrevel beteiligt war und sich Straffreiheit zusichern ließ. Er nannte als Hauptschuldige bei dieser Aktion 22 Hetairoi, d. h. die Mitglieder seiner eigenen Hetairie. Man schenkte ihm Glauben, während Diokleides der Falschaussage überführt und hingerichtet wurde.[247] Der eigentliche Initiator des Hermenfrevels könnte Euphiletos, führendes Mitglied jener Hetairie des Andokides, gewesen sein. Der Fall schien gelöst, der Panikstimmung folgte die Erleichterung. Aber die Mysterienparodie war noch nicht geklärt, und weitere „Enthüllungen" schienen dann auf Querverbindungen zwischen den an beiden Handlungen beteiligten Gruppen hinzudeuten. Es schien zudem kaum noch ein Zweifel zu bestehen, daß die Mysterien *wiederholt* profaniert worden waren und Alkibiades an dem Frevel teilgenommen hatte. Kein Geringerer als Thessalos, der Sohn des berühmten Kimon, übernahm es, im Rat der 500 die Anzeige zu formulieren und Alkibiades zu beschuldigen, im eigenen Hause ein Sakrileg gegen Demeter und Kore durch Parodie der Mysterien begangen zu haben. Die Person des Anklägers und die von ihm genannten Details schienen zu gewährleisten, daß die Anklage fundiert war. Aus größerer Distanz stellten sich die Dinge freilich anders dar. Thukydides bemerkt hierzu (6,60,2), daß die Wahrheit über die Täter weder damals noch später herausgefunden wurde. Allerdings waren – wie gesagt – die in Athen kursierenden Gerüchte über antidemokratische Putschpläne zweifellos haltlos. Jedenfalls standen in Athen nicht Oberschicht und breite Masse der Bürger in scharfer Konfrontation gegenüber. Thessalos war z. B. ein Repräsentant jener Kreise mit hohem Sozialprestige, die im Rahmen des bestehenden demokratischen Systems ihren Einfluß auf das politische Geschehen zu wahren suchten. Hierzu gehörte im Grunde auch Alkibiades, aber er war auch Angehöriger jener jeunesse dorée, die sich unter dem Einfluß sophistischer Thesen über gesellschaftliche Konventionen und Traditionen hinwegsetzte, sich dem „Normalbürger" turmhoch überlegen fühlte und dies arrogant zum Ausdruck brachte, gerade hierdurch aber auch dem „einfachen Mann" in der Volksversammlung suspekt war, zumal sich jene dünkelhaften Leute in ihren Freundeskreisen in Form von Hetairien – kleineren Zirkeln von 10 bis 30 Personen – deutlich von breiteren Schichten distanzierten und gewissermaßen als exklusive „Clubs" Symposien in Privathäusern veranstalteten und ihre eigenen Initiationsriten und gesellige Rituale entwickelt hatten. Die Mitglieder unterstützten sich bei Prozessen gegenseitig und debattierten selbstverständlich auch über politische Themen. Sie waren natürlich mit den damals aktuellen „staatstheoretischen" Reflexionen über Verfassungsformen vertraut und kannten die zeitgenössische Kritik an der Demokratie. Dies bedeutet aber nicht, daß sie 415 die ihnen unterstellten oligarchischen Machtgelüste zu realisieren suchten. Noch war Athen auf dem Höhepunkt seiner Macht. Die Situation entsprach in keiner Weise der Lage vor den oligarchischen Staatsstreichen 411 und 404. Im übrigen hatte der Hermenfrevel eine ganz andere politische Dimension als die Mysterienparodien, die eine Angelegenheit einiger weniger waren und nicht mit dem Termin der Ausfahrt der Streitkräfte nach Sizilien in einem unmittelbaren Zusammenhang standen. An der Verstümmelung der Hermen war zwar – wie gesagt – auch nur ein begrenzter Personenkreis beteiligt.[248] Diese Aktion setzte aber erhebliche Vorbereitungen voraus.[249] Sie läßt auf politische Motive schließen, die sich natürlich nur vermuten lassen, aber wahrscheinlich auf Kontroversen über den Beschluß zur Intervention in Sizilien zurückzuführen sind. Wenn dies zutrifft, war die Tat der Hermokopiden eher ein reiner Verzweiflungsakt, der aber immerhin zeigt, daß sogar in der Umgebung des Alkibiades die Sizilische Expedition keine ungeteilte Zustimmung fand. Drei Verdächtige (Meletos, Panaitios und Theodoros), die sowohl der Mysterienparodie als auch der Verstümmelung der Hermen beschuldigt wurden, könnten sowohl zum Kern der Hetairie des Alkibiades gehört haben als auch in der Gruppe um Euphiletos, des schon genannten mutmaßlichen Initiators der Aktion gegen die Hermen, aktiv gewesen sein.[250] Da aber Alkibiades nicht das geringste Interesse an der Hermenverstümmelung haben konnte, scheinen jene drei Beschuldigten wohl kaum zum Kreis der engsten Vertrauten des Alkibiades gezählt zu haben. Jedenfalls haben sie am Vorabend der Sizilischen Expedition dessen Pläne nicht vorbehaltlos unterstützt. Die am Hermenfrevel Beteiligten waren natürlich keine Pazifisten. Sie hatten ihrerseits von der Machtstellung Athens profitiert, wie die Inschriften mit der Auflistung ihres konfiszierten Besitzes zeigen.[251] Sie besaßen u. a. Ländereien außerhalb Attikas und hatten sich zudem andere Erwerbsquellen erschlossen. Hierzu zählten etwa Banken und Handwerksbetriebe sowie die Vermietung von Sklaven und Pachtzins von Minen. Das Risiko der Sizilischen Expedition erschien ihnen zweifellos sehr hoch, und im Fall eines Scheiterns mußten sie mit neuen Abgaben in Form von Eisphora zur Deckung finanzieller Verluste der Polis rechnen.[252] Alkibiades sah sich einer Front von Opponenten gegenüber, die aus höchst heterogenen Gruppen bestanden. Es handelte sich einerseits um Rivalen auf der Pnyx und Agora, andererseits um Mitglieder von Hetairien, die den Kampf aus dem Hinterhalt führten.

Als Alkibiades und mehrere andere Expeditionsteilnehmer die Aufforderung erhielten, nach Athen zurückzukehren, konnten sie nicht an offenen Widerstand denken. Hinter Alkibiades stand keine siegreiche, auf den Feldherrn eingeschworene Armee. Die große Mehrheit der Bürger in der Expeditionsstreitmacht verhielt sich loyal gegenüber ihrer Polisgemeinschaft und dachte gar nicht daran, die Entscheidung der Volksversammlung zu ignorieren. Zudem war Alkibiades nicht der alleinige Befehlshaber. Große Erfolge, die möglicherweise die Truppe für Alkibiades begeistert hätten, waren nicht aufzuweisen. Vor Syrakus waren die Athener noch keinen Schritt weitergekommen, und der Auftrag, den Egestanern wirksame Hilfe zu bringen, war erst noch zu erfüllen. Alkibiades hatte keine Wahl: er mußte zum Schein der Weisung aus Athen folgen. Zweifellos war er von Vertrauten über die Stimmung in Athen informiert, so daß er sich darüber im klaren war, was ihn dort erwartete. Auf der Überfahrt gelang ihm während eines Zwischenstopps in Thurioi die Flucht, die ihn schließlich nach Sparta führen sollte, während er in Athen in absentia zum Tode verurteilt wurde (Thuk. 6,61; Plut. Alk. 22).

Dominierender Kommandeur der Expeditionsstreitkräfte wurde Nikias, der aber mit seinen weiteren Operationen wenig Erfolg hatte. Zu Beginn des Winters vermochte er einen Überraschungssieg über syrakusanische Truppen nicht auszunutzen und unternahm dann bis zum Eintreffen einer neuen athenischen Kavallerieeinheit im Frühjahr 414 keine weiteren Aktionen gegen die belagerte Stadt (Thuk. 6,67–71). Damit war unwiederbringliche Zeit verloren,[253] die auch durch intensive Vorbereitung einer Zernierung, die im Frühjahr 414 beginnen sollte, nicht wieder aufgeholt werden konnte, während durch Sondierungen in Karthago, in etruskischen Städten und bei den Sikelern wenig erreicht wurde (Thuk. 6,88). Unterdessen gelang es im Winter Hermokrates in Syrakus, nicht nur eine effektive Neuordnung der Kommandostrukturen durchzuführen, sondern auch durch gezielte Rhetorik den Widerstandswillen seiner Mitbürger zu stärken. Noch immer aber zögerte Sparta, einem von Korinth unterstützten Hilfegesuch der Syrakusaner zu entsprechen. Die spartanische Führung (Könige, Ephoren, Geronten und weitere einflußreiche Spartiaten) schreckte vor einem massiven Kräfteeinsatz in Sizilien zurück, wurde aber offenbar hellhörig durch „Enthüllungen“ des Alkibiades, der unter Zusicherung freien Geleits in Sparta eingetroffen war und dort

– wie schon angedeutet – vor angeblich weit ausgreifenden athenischen Eroberungsplänen warnte.[254] Seine Ausführungen waren in mehrfacher Hinsicht ein Täuschungsmanöver. Er mußte wissen, daß Nikias auf keinen Fall derartige Okkupationsziele anstrebte.[255] Aber auch Alkibiades selbst hätte die von ihm genannten Pläne nicht realisieren können. Sein Auftritt in Sparta zielte darauf ab, durch einen großen Bluff einen Interventionsbeschluß zu erreichen. Vollen Erfolg hatte er indes nicht. Er soll die Spartaner aufgefordert haben, nicht nur ein Heer nach Syrakus zu entsenden, sondern auch in Griechenland Krieg zu führen und vor allem Dekeleia in Attika zu besetzen und als Stützpunkt auszubauen. Dies mag sein, doch gingen die Spartaner in keinem Punkt sofort auf Vorstellungen des Alkibiades ein. Sie erklärten erst im Spätsommer bzw. Herbst 414 athenische Raids von Pylos aus sowie Vorstöße der Athener gegen einige Küstenorte auf der Peloponnes als Friedensbruch und okkupierten erst im März 413 Dekeleia (Thuk. 6,105; 7,19,1). Allerdings beauftragten sie noch im Winter 415/14 Gylippos, das militärische Kommando in Syrakus zu übernehmen und dort den Widerstand neu zu organisieren (Thuk. 6,93,2–3). Dies schien auf den ersten Blick eine überaus geringe Hilfe zu sein, doch erwies sich die Wahl des Gylippos als glücklicher Griff. Durch seinen Vater Kleandridas, der sich an der Gründung von Thurioi beteiligt und sich dann als Heerführer dieser Polis bewährt hatte,[256] besaß Gylippos Kontakte nach Unteritalien, die er zu nutzen wußte. Allerdings konnte er erst im Juni 414 von Leukas aus mit wenigen Schiffen die Überfahrt nach Unteritalien antreten. Über Tarent, Rhegion und Messana gelangte er unter schwierigsten Bedingungen nach Himera, wo er in kurzer Zeit eine operationsfähige Truppe von etwa 3000 Mann sammelte (Thuk. 7,1).

Inzwischen hatten die Athener im Kampf um Syrakus beachtliche Erfolge erzielt. Sie hatten die strategisch wichtige Höhe Epipolai westlich der Stadt besetzt und konnten ihre Linien von dort bis zum sogenannten Großen Hafen erweitern, in den dann die athenische Flotte überraschend einlief. Lediglich im nördlichen Teil des Kampfgebietes war der Belagerungsring noch nicht geschlossen. Allerdings war auf athenischer Seite Lamachos gefallen, und Nikias war durch eine schwere Erkrankung in seiner Aktionsfähigkeit stark gehemmt. In Syrakus wurde bereits über ein Kapitulationsangebot diskutiert. Ein entsprechender Volksbeschluß wurde aber gleichsam in letzter Minute durch den Korinther Gongylos verhindert, dem es gelungen war, mit seinem Schiff nach Syrakus durchzubrechen. Auch Gylippos gelangte mit seinen Truppen noch rechtzeitig in die Stadt. Unter seiner Führung konnten die Syrakusaner und ihre Hilfstruppen Epipolai zurückgewinnen und hierdurch die Gefahr einer endgültigen Zernierung der Stadt beseitigen. Nachdem sie dann im Frühjahr 413 weitere Verstärkungen aus sizilischen Poleis sowie aus Boiotien und Sparta erhalten und die Landspitze Plemmyrion an der Einfahrt zum Großen Hafen zurückerobert hatten, zeichnete sich deutlich ab, daß die athenischen Streitkräfte in eine schwierige Lage geraten waren (Thuk. 7,2–7). Nikias hatte sich bereits im Herbst 414 für einen Rückzug ausgesprochen, wenn es nicht möglich sei, neue athenische Truppen nach Sizilien zu schicken. Die athenische Volksversammlung beschloß daraufhin, den von Nikias geforderten Entsatz unter Führung des bewährten Strategen Demosthenes in den Kampf zu werfen. Als weiterer Kommandeur sollte Eurymedon, der bereits auf Sizilien gekämpft hatte, Demosthenes unterstützen (Thuk. 7,16,1–17,1). Mit 73 Trieren, etwa 5000 Hopliten und zahlreichen Leichtbewaffneten erreichten beide im Hochsommer 413 das Kampfgebiet (Thuk. 7,42,1). Die Athener waren jetzt wieder in der Überzahl, doch mißlang ein nächtlicher Überraschungsangriff, der Epipolai wieder in athenischen Besitz bringen sollte. Demosthenes erkannte, daß jetzt ein weiterer Kampf um die belagerte Stadt sinnlos war. Auch Nikias soll dies eingesehen, aber im Kriegsrat nicht offen ausgesprochen und noch gehofft haben, Syrakus könne eventuell doch noch durch Verrat fallen. Vor allem aber habe er befürchtet, nach einem Rückzug in Athen zur Verantwortung gezogen und dann durch geschickte Agitation der derzeitigen Meinungsführer verurteilt zu werden, weil dann einerseits Bürger abstimmen würden, die nicht in der Lage seien, sich ein klares Urteil über die Aktionen in Sizilien zu bilden, andererseits aber auch die mit ihm zurückgekehrten Soldaten und Ruderer bei der Abstimmung das Geschehen vor Syrakus mit anderen Augen sehen könnten als in der jetzigen gefährlichen Situation (Thuk. 7,46–49). Es bleibt offen, ob diese Darstellung des Thukydides auf authentische Berichte zurückgeht. So ist nicht auszuschließen, daß Thukydides bemüht war, sich in die Lage der Feldherren zu versetzen und deren Erwägungen gewissermaßen frei zu rekonstruieren. Im übrigen deutet er hier an, daß aufgrund der institutionellen Strukturen der athenischen Demokratie und ihrer Mechanismen der politischen Meinungsbildung Bürgersoldaten gegebenenfalls nach Beendigung eines Feldzuges über ihre Kommandeure richten können. Natürlich waren Feldherrnprozesse für die athenische Polis potentiell eine schwere Belastung.[257] Dennoch kann man gegen Nikias nicht kurzerhand den Vorwurf erheben, er habe aus Furcht vor einer ungerechtfertigten Anklage und einem Willkürurteil der Laienrichter den Untergang einer großen Streitmacht verschuldet. Nikias trug nicht die Alleinverantwortung vor Syrakus. Den gescheiterten Nachtangriff auf den syrakusanischen Gegenwall auf Epipolai hatte Demosthenes initiiert, der nach seiner Ankunft in Sizilien alles auf eine Karte setzen wollte (Thuk. 7,42,3–5). Zudem gab Nikias nach dieser Niederlage offenbar noch nicht alles verloren, da er – wie gesagt – auf Aktionen einer fünften Kolonne in Syrakus hoffte. Dann trafen in der Stadt allerdings weitere Verstärkungen ein, und unter dem Eindruck dieser neuen Lage stimmte auch Nikias einem Rückzug der Athener zu, der unbemerkt vom Feinde am späten Abend des 27. August 413 bei Vollmond erfolgen sollte. Die Flotte lag schon zur Abfahrt bereit, als plötzlich eine totale Mondfinsternis zu beobachten war, deren natürliche Ursache damals niemand kannte. Da dieses Phänomen als unheilvolles Vorzeichen galt, waren die athenischen Mannschaften völlig demoralisiert und forderten von den Feldherren eine Verschiebung der Abfahrt (Thuk. 7,50,3–4). Die Befehlshaber hatten in diesem Augenblick schwerlich eine Chance sich durchzusetzen. Nikias scheint allerdings allzu bereitwillig den Truppen nachgegeben zu haben. Er bestand darauf, daß erst nach Ablauf eines Monats wieder über einen Rückzug beraten werden sollte. Das Verhängnis nahm seinen Lauf. Auf der Gegenseite erkannte man sofort die Tragweite des Geschehens. Der Rückzugsplan der Athener ließ darauf schließen, daß der Kampf um Syrakus entschieden war. Bereits Anfang September unternahm die syrakusanische Flotte einen Großangriff, der zu einer schweren Niederlage der Athener führte. Unter den Gefallenen war auch der Strategos Eurymedon.

Die Belagerungsstreitkräfte waren nunmehr ihrerseits praktisch von der See abgeschnitten. Ihr letzter Ausbruchsversuch scheiterte in einer Seeschlacht im Großen Hafen, in dem die athenischen Mannschaften infolge der Enge des Hafenbeckens ihre überlegene Manövriertechnik nicht mehr anwenden konnten und mit ihren leichteren, für den Schiffskampf auf hoher See konstruierten Trieren den schwereren Kampfschiffen der Syrakusaner nicht gewachsen waren (Thuk. 7,59–71). Demosthenes und Nikias wollten in der Morgendämmerung des folgenden Tages mit den noch einsatzfähigen 60 Trieren einen weiteren Ausbruchsversuch wagen, doch verweigerten die Mannschaften den Befehl (Thuk. 7,72). Jetzt blieb nur noch der Rückzug zu Lande nach Katane, der aber nach einem von Hermokrates inszenierten Täuschungsmanöver der Syrakusaner wieder hinausgezögert wurde. Zwei Tage nach der entscheidenden Seeschlacht begann dann der Abmarsch, den angeblich noch 40000 Soldaten und Ruderer in zwei Heeressäulen antreten konnten.[258] Nikias führte die erste Armeegruppe, Demosthenes die zweite. Kranke und Verwundete mußten indes zurückgelassen werden. Einem disziplinierten Heer in dieser Größe wäre möglicherweise noch ein geordneter Rückzug gelungen.[259] Die Strategen waren aber nicht mehr in der Lage, Disziplin zu halten. Zwischen den beiden Heeressäulen entstand eine „Frontlücke", die den Athenern zum Verhängnis wurde. Die Nachhut wurde abgeschnitten und vom feindlichen Gros umzingelt. Demosthenes streckte die Waffen, etwa 6000 Mann gerieten in Gefangenschaft. Wenig später unterlagen die Truppen des Nikias nach einer Serie feindlicher Angriffe, ohne daß eine förmliche Kapitulation erfolgte. Die Mehrzahl der Athener und ihrer Verbündeten gerieten in Gefangenschaft, doch konnten sich noch mehrere tausend Soldaten nach Katane retten (Thuk. 7,72–87).

Die Verluste der Athener in diesem Endkampf lassen sich nicht mehr im einzelnen auflisten. Ein erheblicher Teil der Mannschaften im Korps des Nikias wurde die „persönliche" Beute syrakusanischer Soldaten, die ihre „eigenen" Gefangenen möglichst schnell wieder verkauft haben. Insofern ist es nicht möglich, aus den Angaben des Thukydides die Gesamtzahl der Kriegsgefangenen und die Zahl der gefangengenommenen Athener zu ermitteln. Als weiterer Unsicherheitsfaktor kommt noch hinzu, daß sich in den athenischen Marschkolonnen auch zahlreiche unfreie Troßknechte befanden. Die von Thukydides genannten 7000 „offiziellen" Gefangenen wurden ohne Schutz vor der Sonnenglut des Tages und der empfindlichen Kälte der Herbstnächte bei geringster Verpflegung in den berüchtigten Steinbrüchen von Syrakus gefangengehalten. Die Überlebenden mit Ausnahme der Athener und der sizilischen und unteritalischen Griechen wurden nach einer Leidenszeit von mehr als zwei Monaten in die Sklaverei verkauft (Thuk. 7,87). Das Schicksal der in den Steinbrüchen weiterhin schutzlos der Witterung preisgegebenen Athener, Sikelioten und Italioten ist nicht bekannt.

Thukydides (7,87,5) wertet die Sizilische Expedition als größte militärische Operation der bisherigen griechischen Geschichte. Für die Athener wurde das Unternehmen die verlustreichste Niederlage. Die Expedition war vom Ansatz her verfehlt. Alkibiades hatte eine Kriegsgefahr an die Wand gemalt, die in dem von ihm postulierten Ausmaß überhaupt nicht bestand. Weder durch Sparta noch durch Syrakus war Athen 415 unmittelbar bedroht. Für die Erfüllung von Bündnispflichten gegenüber Egesta hätte eine weit geringere Streitmacht zweifellos genügt. In den Diskussionen über Annahme oder Ablehnung des Hilfegesuchs der Egestaner wurden aber von Alkibiades und wohl auch von anderen Rednern nicht nur angeblich notwendige Maßnahmen zur dauerhaften Sicherung athenischer Macht und Größe gefordert, sondern darüber hinaus Beute und künftiger materieller Gewinn in Aussicht gestellt, so daß Begehrlichkeiten geweckt wurden, die kaum noch zu dämpfen waren, und durch die Warnungen des Nikias vor den Gefahren des Unternehmens wurde der Kräfteeinsatz noch verstärkt und gerade hierdurch auch das Risiko erhöht, weil das athenische Machtpotential im Zielgebiet der Expedition als große Bedrohung empfunden wurde und entsprechende Reaktionen auslöste, die die Hoffnungen auf Gewinnung neuer Bundesgenossen in entscheidender Weise reduzierten. Trotz hochfliegender Pläne wurden aber die Ziele der Expedition nicht präzisiert. Die hieraus resultierenden Widersprüche wurden verstärkt durch die unklare Regelung der Kommandoverhältnisse. Dies ist wiederum damit zu erklären, daß in Athen Mißtrauen gegenüber Alkibiades bestand, so daß man ihm nicht den alleinigen Oberbefehl übertragen wollte. Diese Regelung widerspricht freilich auch der Annahme, daß athenischer „Mob" das große Wagnis beschlossen habe.[260] Die in der Volksversammlung präsenten Elemente des attischen Demos waren kein Janhagel. Es handelte sich überwiegend um Bauern, Handwerker der verschiedensten Berufe und Händler und Seeleute. Sie alle waren es gewohnt, an politischen Entscheidungen teilzunehmen, die für ihre eigene Polis und ihr Bündnissystem von großer Bedeutung waren. Zahlreiche Bürger, die mehr oder weniger regelmäßig an den Tagungen der Ekklesia teilnahmen, hatten bereits als Ratsherren einige Erfahrung gesammelt. Sie konnten sich vor dem Unternehmen informieren und sich ein eigenes Urteil über „Pro und Contra" bilden. Allerdings ließen sie sich letztlich durch die Rhetorik des Alkibiades täuschen. Daß sie seinen Illusionen Glauben schenkten, kann nicht ohne weiteres der demokratischen Verfassung Athens angelastet werden. Kein System ist gegen falsche Propheten gefeit. Im übrigen bleibt offen, wie Alkibiades das Unternehmen zu Ende geführt hätte, wenn er nicht abberufen worden wäre. Einen Überraschungssieg gegen Syrakus hätte er zweifellos nicht garantiert. Die Chance, die Lamachos hier zu sehen glaubte, wurde jedenfalls vertan. Wäre der Plan des Lamachos gelungen, hätte Athen aber noch nicht auf Dauer Sizilien in seinen Einfluß- und Machtbereich einbeziehen können. Sicherlich war Athen zu diesem Zeitpunkt die stärkste Macht im gesamten östlichen Mittelmeerraum. Die militärische Stärke Athens zeigt sich nicht zuletzt darin, daß das Desaster der Sizilischen Expedition noch nicht das Ende der Großmachtstellung dieser Polis bedeutete. Wohl aber haben die Athener die Kräfteverhältnisse und die Gesamtlage im Mittelmeer unter dem Eindruck des rhetorischen Blendwerks des Alkibiades falsch eingeschätzt. Eine neue Situation ergab sich jetzt nicht zuletzt auch dadurch, daß weitere gravierende Fehler athenischer Politik für die Führungsmacht des Seebundes und die gesamte Symmachie der Athener verheerende Folgen haben konnten. Athen hatte nicht nur hohe Mannschaftsverluste erlitten, sondern auch einen erheblichen Teil seiner Flotte eingebüßt. Etwa 160 Trieren waren verloren,[261] und die noch vorhandenen Kampfschiffe waren offenbar nicht mehr in bestem

Zustand. Für den Schiffskampf waren Trieren nur einige Jahre verwendbar. Aus verschiedenen Gründen hatte man zweifellos schon vor der Sizilischen Expedition die Zahl der Neubauten beschränkt. Größere feindliche Flotten brauchten die Athener vor diesem Unternehmen nicht mehr zu fürchten, und die finanziellen Ressourcen hatten sich bereits im Verlauf des Archidamischen Krieges stark reduziert. So mußte nach der Katastrophe in Sizilien mit recht geringen Reserven praktisch eine neue Kampfflotte erstellt werden. Das größte Problem war hierbei die Bereitstellung neuer Geldmittel, da der Silberbergbau infolge der Streifzüge peloponnesischer Truppen von ihrem neuen Stützpunkt in Dekeleia aus fast zum Erliegen gekommen war. Durch diese Plünderungszüge wurde natürlich auch die attische Landwirtschaft schwer beeinträchtigt, so daß der Bedarf an importierten Nahrungsmitteln erheblich stieg, während gleichzeitig die Gefahr einer weiteren Reduzierung der Einkünfte der Polis durch Erhebungen der Bundesgenossen bestand. Weitere Einbußen waren durch die zunehmende Flucht von Sklaven zu befürchten, die in der Hoffnung auf Freilassung zu den Spartanern in Dekeleia überliefen, so daß dem athenischen Wirtschaftsleben zahlreiche dringend benötigte Arbeitskräfte entzogen wurden. Insgesamt sollen über 20000 Sklaven der Athener im Verlauf des sogenannten Dekeleischen Krieges geflüchtet sein (Thuk. 7,27,5).

6. Neue Anstrengungen und Hoffnungen

Als die ersten Nachrichten von der Katastrophe in Sizilien in Athen eintrafen, wollten die Bürger die Berichte über das Geschehen zunächst nicht glauben. Nachdem man aber Gewißheit erlangt hatte, richtete sich der Zorn breiterer Schichten gegen jene Mitbürger, die sich 415 in der Volksversammlung für die Durchführung der Expedition eingesetzt hatten. Es war ja zweifellos nicht allein Alkibiades, der alle Register der Rhetorik gezogen hatte, um Zustimmung für das große Unternehmen zu finden. Erbitterung und Empörung waren aber auch eine Folge der falschen Versprechungen der „Seher“ und „Zukunftsdeuter“, die den Bürgern Hoffnungen auf die Gewinnung Siziliens gemacht hatten. Zweifel kamen auf an der von Menschen beanspruchten Fähigkeit, zukünftige Ereignisse durch Deutung göttlicher Zeichen im vorhinein zu erkennen und hieraus Handlungsmöglichkeiten abzuleiten (Thuk. 8,1,1).[262]

Noch aber war der Krieg nicht verloren. Verzweiflung und tiefe Niedergeschlagenheit waren bald überwunden. Trotzige Siegeszuversicht scheint die Mehrzahl der Bürger wieder erfüllt zu haben, als es galt, die erforderlichen Maßnahmen zu ergreifen (Thuk. 8,1,3–4). Eine wesentliche Neuerung, die auf die Erfahrungen im Zusammenhang mit dem Beschluß zur Intervention in Sizilien zurückzuführen ist, war eine bedeutsame Reform der politischen Entscheidungsfindung. Der Demos beschloß die Einsetzung einer aus zehn älteren Männern bestehenden Kommission, die jeweils nach den Erfordernissen der Stunde die anstehenden öffentlichen Entscheidungen vorberaten sollte. Da der Antrag zur Einsetzung dieser sogenannten Vorberater *(Probouloi)* offenbar ohne irgendwelche Manipulationen nach dem bisher üblichen Abstimmungsverfahren angenommen wurde, kann es sich schwerlich um eine gegen das System der Demokratie gerichtete Maßnahme gehandelt haben,[263] d. h., diese Neuerung war keineswegs schon ein erster Sieg oligarchischer Kräfte.[264] Thukydides interpretiert die Konstituierung der neuen Kommission als Akt der Selbstdisziplinierung der Polisgemeinschaft. Es war sicherlich ein Hauptziel dieser Maßnahme, durch eine gewisse Kontrolle der Wort- und Meinungsführer übereilte Beschlüsse und Möglichkeiten der Manipulierung der Ekklesia erheblich einzuschränken. Thukydides verweist in diesem Zusammenhang auf wichtige Entscheidungen, die umgehend zu treffen waren. Er nennt die Aufrüstung der Flotte, die Erschließung neuer Einnahmequellen, äußerst sparsamen Umgang mit den zur Verfügung stehenden Geldmitteln sowie die Verhinderung von Aufständen der Bundesgenossen und Maßnahmen zur Sicherung der Insel Euboia. Diese Beschlüsse, die offenbar nicht ohne die Initiative und Einflußnahme der *Probouloi* gefaßt worden sind, lassen darauf schließen, daß die Herrschaft Athens im Seebund ohne Preisgabe demokratischer Prinzipien in der politischen Organisation der Führungsmacht erhalten werden sollte. Im einzelnen sind allerdings die Kompetenzen der *Probouloi* nicht bekannt. Vermutlich konnten sie Anträge an die Volksversammlung stellen, doch ersetzten oder kontrollierten sie hierdurch zweifellos nicht den Rat der Fünfhundert[265] oder die Prytanen. Auch ist nicht belegt, daß sie einen Unterausschuß des Rates bildeten[266] oder etwa das Recht erhielten, Sitzungen des Rates einzuberufen oder den öffentlichen Etat (insonderheit Ausgaben für die Flotte) zu beaufsichtigen.[267] Ein tiefgreifender Wandel der Demokratie wurde jedenfalls durch die Wahl der Probouloi nicht bewirkt. Die beiden uns bekannten *Probouloi*, Hagnon und Sophokles, waren einst politisch mit Perikles verbunden und galten zweifellos als loyale und vertrauenswürdige Garanten der Demokratie.

Des weiteren wurde (wahrscheinlich noch im Herbst 413) eine neue Form der Finanzierung öffentlicher Ausgaben beschlossen. Anstelle der Tribute hatten alle Poleis des Seebundes fortan einen fünfprozentigen Zoll auf Importe und Exporte zu zahlen. Daß man sich hiervon in Athen wesentlich höhere Einnahmen versprach, erscheint zweifelhaft.[268] Wahrscheinlich sollten in den Seebundstaaten Ressentiments gegenüber Athen, die aus dem bisherigen Abgabensystem resultierten, abgebaut werden.[269] Letztlich ließen sich aber Aufstände gegen Athen auf diese Weise nicht verhindern. Die Erosion des athenischen Machtpotentials setzte sich durch Erhebungen der Bundesgenossen fort und verminderte infolgedessen weiter die Einkünfte der Hegemonialmacht. Die Einführung der neuen Zölle demonstriert aber auch, daß die Athener nicht bereit waren, ihr Führungs- und Herrschaftssystem prinzipiell zu ändern. Es gab weder ein neues Programm einer großzügigen Bürgerrechtspolitik zur Verbreiterung der Basis der athenischen Polisgemeinschaft noch erfolgversprechende Bestrebungen, die auf eine politische Union im Bereich des gesamten Seebundgebietes abzielten, wenn auch nicht auszuschließen ist, daß derartige Möglichkeiten außerhalb der zentralen Polisinstitutionen diskutiert wurden, wie einige Passagen in der im Februar 411 aufgeführten ›Lysistrate‹ des Aristophanes vermuten lassen, in denen Probleme der Einbindung von Fremden in die athenische Polis und der Kontrolle der halbprofessionellen politischen Meinungsführer angedeutet werden.[270]

Freilich bot auch die Gegenseite keine echte Alternative zur athenischen Hegemonie. Thukydides bemerkt dazu (8,2,4), daß die Spartaner hofften, nach einem Sieg über Athen die Vorherrschaft über ganz Hellas zu gewinnen.[271] Nach Lage der Dinge konnte aber jetzt die Entscheidung, ob Sparta oder Athen die erste Macht in der griechischen Welt werden sollte, nicht mehr unabhängig vom persischen Großreich fallen. Bot sich beiden griechischen Großpoleis die Chance, persische Subsidien zu erhalten? Voraussetzung hierfür wäre sowohl für Sparta als auch für Athen eine außenpolitische Kehrtwende gewesen. Der Attische Seebund war unter athenischer Hegemonie als „Kampfgemeinschaft“ gegen Persien gegründet worden, und Sparta hatte nicht nur 481 die Führung der Hellenen bei der Abwehr der Invasion des Xerxes übernommen, sondern 431 auch als Ziel des Kampfes gegen Athen die Freiheit der Griechen proklamiert. Um ein Bündnis mit Persien eingehen zu können, hätten sich die Spartaner entschließen müssen, die kleinasiatischen Griechen dem Zugriff des Großkönigs preiszugeben. Die Ereignisse sollten sich bald in vielfältiger Weise verflechten, so daß diese Konstellation möglich wurde.

Das spartanische Lager in Dekeleia – zugleich das Hauptquartier des Königs Agis II. – entwickelte sich fast zum Sitz einer „Nebenregierung“ der Spartaner. Im Winter 413/12 sondierten dort Gesandte aus Euboia und aus Lesbos, wo Erhebungen gegen Athen geplant wurden (Thuk. 8,5,1–3). Da Agis volle militärische Handlungsfreiheit besaß, leitete er Maßnahmen zur Unterstützung der betreffenden Hilfegesuche ein. Wenig später wandten sich die Inselpolis Chios sowie Erythrai in Kleinasien direkt an Sparta, um Hilfe bei einem Aufstand gegen Athen zu erhalten (Thuk. 8,5,4–5). Die Spartaner schlossen Bündnisse mit diesen Poleis, agierten dann aber in gewohnter Manier überaus langsam. Gleichzeitig mit den Boten aus Chios und Erythrai war auch ein Gesandter des Satrapen Tissaphernes von Sardeis in Sparta. Die persischen Könige hatten nie auf ihren Anspruch auf Herrschaft über die kleinasiatischen Griechen offiziell verzichtet. Nach dem Scheitern der Sizilischen Expedition der Athener befahl der damalige Perserkönig Dareios II. seinen Satrapen Tissaphernes und Pharnabazos, Tribute von den mit Athen verbündeten Hellenen in Kleinasien einzufordern und den Aufstand des Amorges niederzuwerfen, der den Kampf seines Vaters Pissuthnes weiterführte, der sich als ehemaliger Satrap von Sardeis gegen den Großkönig erhoben hatte und gescheitert war (Thuk. 8,5,5).

Eine größere Gefahr als die sich anbahnende spartanische Kollaboration mit Persien war aber für die Athener 412 v. Chr. zunächst die sorgfältig vorbereitete Erhebung der Polis Chios.[272] Die Initiatoren des Aufstandes waren zweifellos Polisbeamte, die ihren Plan erst bekanntgaben, als sie mit der Unterstützung durch peloponnesische Streitkräfte rechneten. Ein größeres korinthisches Entsatzgeschwader wurde jedoch von athenischen Schiffen blockiert. Daraufhin schickten die Spartaner lediglich fünf Trieren unter Führung des Chalkideus nach Chios, die in ionische Gewässer durchbrechen konnten, bevor dort die Nachricht von der Niederlage der korinthischen Flotte eintraf (Thuk. 8,6). Die Mehrzahl der Bürger von Chios wurde von den Ereignissen ebenso überrascht wie die meisten Mitglieder des dortigen Rates, der aber nach Aufdeckung der Karten durch den kleinen Kreis der antiathenischen Kräfte die Erhebung gegen Athen beschloß, ohne daß die Volksversammlung oder der Demos opponierte. Die

Verschwörer hatten es verstanden, durch Hinweise auf Unterstützung durch starke Streitkräfte des Peloponnesischen Bundes den Rat und die Volksversammlung unter Druck zu setzen (Thuk. 8,14). Es gelang dann Chalkideus und Alkibiades, der ihn nach Ionien begleitet hatte, auch Milet durch konspirative Kooperation mit den dortigen Polisbeamten zum Abfall von Athen zu bringen. Die breite Masse wurde in Milet ebenfalls von den „Behörden" vor vollendete Tatsachen gestellt, widersetzte sich allerdings nicht, als die Polisbeamten sofort nach der Ankunft des Alkibiades einem athenischen Geschwader den milesischen Hafen sperren ließen (Thuk. 8,17).

Die Athener reagierten auf diese alarmierenden Ereignisse mit energischen Gegenmaßnahmen. Die seit Beginn des Peloponnesischen Krieges konsequent für besondere Notsituationen zurückgehaltene eiserne Reserve von 1000 Talenten wurde jetzt zur Disposition gestellt und für neue Rüstungen und militärische Operationen verwendet (Thuk. 2,24,1; 8,15,1; Philochoros FgrHist 328 F 138). Insgesamt gesehen zeichnete sich im Sommer 412 ab, daß Sparta die Schauplätze des Kriegsgeschehens durch Unterstützung von Erhebungen gegen Athen auszuweiten suchte und Athen bemüht war, neue Gefahrenherde sofort einzudämmen.[273] Zwar vermochten die Athener nicht den Abschluß eines persisch-spartanischen Bündnisses durch Tissaphernes und Chalkideus zu verhindern (Thuk. 8,18; StV II^2 200). Sie konnten aber eine antiathenische Verschwörung in Samos unterbinden (Thuk. 8,21). Die Insel wurde im weiteren Verlauf des Krieges der wichtigste athenische Flottenstützpunkt. Des weiteren gelang es den athenischen Strategen Leon und Diomedon, die bereits abgefallenen Poleis Mytilene und Methymna auf Lesbos zurückzugewinnen (Thuk. 8,23). Nachdem im Spätsommer 412 in Samos 48 athenische Trieren und eine stärkere Hoplitentruppe unter den Strategen Phrynichos, Onomakles und Skironides eingetroffen waren, besaßen die Athener praktisch wieder volle Operationsfreiheit in Ionien. Nach einem Sieg über milesische Landstreitkräfte bot sich ihnen die Möglichkeit, eine aus 55 Trieren bestehende feindliche Flotte unter dem Befehl des Lakedaimoniers Therimenes abzufangen. Im athenischen Kriegsrat widersetzte sich aber Phrynichos dem Angriffsplan seiner Kollegen (Thuk. 8,25–27). Da die athenischen Flottenmannschaften aufgrund ihres Ausbildungsstandes noch immer den Besatzungen der peloponnesischen Einheiten überlegen waren, wurde die große Chance vertan, dem Krieg in Ionien eine entscheidende Wende zugunsten der Athener zu geben und weitere Erhebungen in der östlichen Ägäis zu unterbinden.[274] So aber konnte Therimenes nach Milet durchbrechen. Die Athener hatten zu diesem Zeitpunkt bereits die Blockade Milets aufgegeben, um ihre Flotte in Samos zu konzentrieren. Die Folgen ihres Rückzuges waren verheerend. Sie mußten nunmehr auf die kampfstarken Hopliten ihrer argivischen Hilfstruppen verzichten, deren Kommandeure empört über die athenische Zaudertaktik den Kriegsschauplatz verließen. Argos griff im weiteren Verlauf des Krieges nicht mehr in die Kämpfe ein. Ferner wurde der Perser Amorges von der peloponnesischen Flotte in Iasos überwältigt. Seine Söldner verstärkten fortan die peloponnesische Streitmacht (Thuk. 8,28). Athen hatte einen weiteren Bundesgenossen verloren. Milet konnte nicht mehr zurückgewonnen werden. Sparta besaß dort fortan eine starke Landbasis für die militärische Kooperation mit Persien. In der Folgezeit verloren die Athener fast ihren gesamten Einflußbereich an der kleinasiatischen Küste. Sparta konnte den Krieg auf die Gebiete am Hellespont ausweiten und damit die Nervenstränge der Macht Athens treffen. Durch das Zaudern des Phrynichos war der athenischen Demokratie, die nach der Katastrophe in Sizilien energische Maßnahmen zur Optimierung der Mechanismen ihrer Entscheidungsfindung ergriffen hatte, ein möglicherweise entscheidender Sieg aus den Händen geglitten.[275]

Daß im Kampf um Milet die Athener keine entscheidende Wende herbeigeführt hatten, sollte sich letztlich verhängnisvoll auf die innere Entwicklung in ihrer Polis auswirken. Dies war freilich unmittelbar nach den Ereignissen vor Milet noch nicht abzusehen. Zunächst konnten die Athener noch einmal die Initiative zurückgewinnen. Zu Beginn des Winters 412/11 verstärkten weitere 35 Trieren unter Strombichides und zwei anderen Strategen (Charminos und Euktemon) die athenischen Streitkräfte auf dem ionischen Kriegsschauplatz, so daß die Athener die Belagerung von Chios fortsetzen und von Samos aus die Seewege in der östlichen Ägäis weitgehend kontrollieren konnten (Thuk. 8,30). Inzwischen war Alkibiades den Spartanern suspekt geworden, obwohl er bei Milet in der Streitmacht des Tissaphernes und der Milesier erstmals am Kampf gegen seine Polis Athen teilgenommen hatte. Daß er keinen Einfluß mehr auf die spartanische Kriegführung auszuüben vermochte, ist sicherlich auch mit dem Ablauf des Ephorats des Endios zu erklären, der als „Freund“ des Alkibiades galt. Der spartanische Nauarch Astyochos soll sogar Weisung erhalten haben, Alkibiades töten zu lassen, doch ist die betreffende Nachricht des Thukydides (8,45,1) zweifelhaft. Jedenfalls verstand es Alkibiades, das Vertrauen des Tissaphernes zu gewinnen und an dessen Hof gegen die Spartaner zu intrigieren, indem er den Satrapen zu überzeugen suchte, daß für das Perserreich ein Gleichgewicht der Kräfte zwischen Sparta und Athen von größtem Interesse sei und daher die Subsidien für Sparta halbiert und nur unregelmäßig gezahlt werden sollten (Thuk. 8,45–46). Hierzu liegen allerdings zwei verschiedene Berichte des Thukydides vor. Es ist nicht auszuschließen, daß Tissaphernes auch ohne die Ratschläge des Alkibiades sich bereits etwa Anfang November 412 veranlaßt sah, eine Kürzung der Zahlungen an die peloponnesischen Flottenmannschaften anzukündigen.[276] Seine Hoffnungen auf einen raschen Zusammenbruch Athens hatten sich nicht erfüllt, und es war nicht abzusehen, in welchem Umfang er weiterhin Subsidien zahlen mußte, bevor überhaupt ein Sieg über die athenische Flotte zu erwarten war. Alkibiades mag ihn in seinen Erwägungen bestärkt haben, doch verfolgte der Athener natürlich jetzt ganz andere Ziele. Nach seinem Bruch mit Sparta war für Alkibiades eine Aussöhnung mit seiner Polis eine existentielle Frage. Er hoffte nach Lage der Dinge, mit Hilfe des Tissaphernes eine Rückkehr nach Athen erwirken zu können (Thuk. 8,47). Die Voraussetzung hierfür war freilich, daß Tissaphernes das Bündnis mit Sparta löste und eine Annäherung an Athen anstrebte. Dementsprechend empfahl Alkibiades dem Satrapen diesen Schritt mit dem Argument, daß die Athener zwar auf die Wahrung ihrer Seeherrschaft bedacht seien, im Gegensatz zu Sparta aber kein Interesse an einer Schutzherrschaft über die Hellenen auf dem kleinasiatischen Festland hätten (Thuk. 8,46).[277] Tissaphernes ließ sich indes durch Alkibiades’ Ausführungen über die angeblichen Ziele der Spartaner nicht täuschen und verfolgte seine eigenen Pläne.

Während er tolerierte, daß Alkibiades Kontakte mit den athenischen Flottenbefehlshabern aufnahm, schloß er ein zweites Abkommen mit Sparta, den sogenannten Vertrag des Therimenes (Thuk. 8,37). Die Initiative hierzu war von den Spartanern ausgegangen, die den ersten Vertrag für mangelhaft und unzureichend hielten (Thuk. 8,36) und nun nicht mehr ausdrücklich die persische Herrschaft über kleinasiatische Griechen anerkannten, sich aber verpflichteten, keine Länder oder Städte im persischen Machtbereich anzugreifen sowie dort keine Abgaben einzutreiben, während sie ihrerseits Unterhalt für ihre Streitkräfte erhalten sollten, die im Herrschaftsgebiet des Großkönigs stationiert waren. Die Vereinbarungen, die Therimenes und Tissaphernes getroffen haben, waren einerseits detaillierter als das erste, wohl im wesentlichen von dem Spartaner Chalkideus entworfene Abkommen.[278] Faktisch waren in dem neuen Vertrag keine Regelungen über Geldzahlungen an die Flottenmannschaften und Kombattanten im Dienst der Spartaner enthalten, d. h., in diesem Punkt war Tissaphernes keine bindenden Verpflichtungen eingegangen. In der Folgezeit leistete der Satrap unregelmäßig und in geringerem Umfang Zahlungen an die spartanischen Streitkräfte, die unter dem Kommando des Nauarchen Astyochos keine durchschlagenden Erfolge erzielten. Es gelang ihnen zwar Anfang 411, Rhodos zu gewinnen, doch stellte sich die dort konzentrierte peloponnesische Flotte den athenischen Geschwadern nicht zum Kampf und war bis etwa Anfang April 411 faktisch blockiert (Thuk. 8,60,2).

Inzwischen hatte Alkibiades die in Samos stationierten athenischen Mannschaften und ihre Befehlshaber durch seine Kontakte zu Tissaphernes zu beeindrucken vermocht (Thuk. 8,47). Er hatte wohl schon zu Beginn des Winters 412/11 mit einigen Trierarchen und anderen Angehörigen der athenischen Oberschicht, die auf der Flotte in Samos dienten, Verhandlungen aufgenommen und ihnen suggeriert, daß er nach einer Verfassungsänderung in Athen ein Bündnis mit Tissaphernes und dem Großkönig vermitteln könne (8,47 f.). In den genannten Kreisen waren offenbar bereits Umsturzpläne diskutiert, aber nicht weiterverfolgt worden. Aktuelle Ursachen ihrer Unzufriedenheit waren gewisse Spielregeln der athenischen Demokratie und die Kriegslage. Beides war aus ihrer Sicht nicht voneinander zu trennen. Das demokratische System garantierte ihnen nach eigener Auffassung nicht genügend Entfaltungsmöglichkeiten und Einfluß in den Rivalitäten mit Rednern und Meinungsführern in der Volksversammlung aus jenen Kreisen, die sie als Emporkömmlinge einstuften und gesellschaftlich nicht goutieren mochten. Der Kern der „Verschwörer" bestand offensichtlich aus dieser zahlenmäßig begrenzten Gruppe von Angehörigen einer relativ wohlhabenden Schicht, die zur Übernahme von Trierarchien verpflichtet waren und hierdurch einen nicht unerheblichen Teil der Kriegskosten zu tragen hatten. Sie verdankten ihren sozialen Status im wesentlichen dem alten Grundbesitz ihrer Familien und verachteten „Neureiche" vom Schlage eines Kleon.[279] Ihre Vorurteile gegenüber vermeintlich politisch nicht urteilsfähigen einfachen Bürgern[280] und ihre daraus resultierenden Ressentiments gegenüber der Demokratie sind somit wohl letztlich darauf zurückzuführen, daß nach ihrer Selbsteinschätzung ihr sozialer Rang im politischen Raum nicht gebührend Beachtung fand. Durch den Verlauf des Krieges sahen sie sich in dieser Haltung bestätigt. Sie wurden hierin zweifellos bestärkt, als die Hoffnung auf einen baldigen

Sieg nach den Kämpfen um Milet sich nicht erfüllte. Zu dieser Gruppe gesellten sich aber auch „Politiker", die im Rahmen des demokratischen Systems einigen Einfluß auf die Meinungsbildung in der Volksversammlung gewonnen hatten und ihre Positionen offenbar unter den veränderten Bedingungen in der schwierigen Situation zu wahren und möglichst noch auszubauen suchten. Ein konstruktives und ausgereiftes Programm, das der Kriegslage angemessen und zugleich geeignet gewesen wäre, vermeintliche Defizite der Demokratie (wie z. B. die Gefahr übereilter Beschlüsse) zu überwinden, besaß die sich formierende Verschwörergruppe freilich nicht. Allem Anschein nach gab es nicht einmal gemeinsame Vorstellungen und Pläne zur Bewältigung der drängenden Aufgaben. Das einigende Band war zweifellos eine diffuse Stimmungslage, die sich aus der Unzufriedenheit über die Entscheidungsgewalt einer durch „Diäten" begünstigten breiten Masse der Bürger und aus dem Verdruß über finanzielle Lasten (Leiturgien, Trierarchien) ergab. Außenpolitisch verfolgten diese Leute ohnehin keine prinzipiell anderen Ziele als die attische Demokratie. Auch sie wollten den Krieg siegreich beenden, um weiterhin die Vorteile wahren zu können, die ihnen die Hegemonie ihrer Polis im östlichen Mittelmeer bot. So fanden die Vorschläge des Alkibiades bei einer durchaus inhomogenen Gruppe, die er selbst als Instrument seines Intrigenspiels zu nutzen gedachte, offene Ohren. In dieser Situation kam für die Verschwörer alles darauf an, die Schiffsmannschaften zu gewinnen, die von tiefem Mißtrauen gegenüber oligarchischen Bestrebungen erfüllt waren, aber durch ein athenisch-persisches Bündnis sich Soldzahlungen vom Großkönig erhofften und hierdurch geködert wurden (Thuk. 8, 48,2–3). Nach konspirativer Absprache mit Alkibiades[281] wurden dessen Versprechungen und Vorschläge den athenischen Bürgersoldaten und Ruderern mitgeteilt. Die Verschwörer suggerierten den Mannschaften, daß persisches Geld fließen würde, falls eine Verfassungsänderung erreicht und die Rückkehr des Alkibiades durchgesetzt werden könne. Der Stand der Dinge erforderte jetzt aber Beratungen in einem größeren Kreis, in dem der Stratege Phrynichos, ein Intimfeind des Alkibiades,[282] nach dem Bericht des Thukydides (8,48) mit guten Argumenten gegen die Umsturzpläne opponierte und mit größtem Nachdruck darauf hinwies, daß Alkibiades gar nicht prinzipiell an einer Oligarchie in Athen interessiert sei, sondern lediglich die Erlaubnis zur Rückkehr zu erwirken suche, während der Großkönig keinen Grund habe, ein Bündnis mit Athen der bereits perfekten Allianz mit Sparta vorzuziehen. Auch sei nicht einzusehen, daß die athenische Hegemonie im Seebund durch Beseitigung der Demokratie und Errichtung einer Oligarchie in Athen stabilisiert werden könne. Im Grunde wolle die Bevölkerung in den Seebundstädten weder einem demokratischen noch einem oligarchischen Regime in Athen dienen. Sie strebe vielmehr nach Autonomie und halte es nicht für wichtig, ob diese Unabhängigkeit in den einzelnen Poleis von einer Demokratie oder von einer Oligarchie garantiert werde. Der Demos in diesen Poleis befürchte sogar von einem als Aristokratie verbrämten oligarchischen System in Athen eine härtere Unterdrückung als von der athenischen Demokratie, die ja gegebenenfalls auch Schutz (gegen die Willkür von Oligarchen) biete. Daher lehne die breite Masse im Seebund zweifellos ein von wenigen Leuten aus der athenischen Oberschicht gestütztes oligarchisches System in ihren eigenen Poleis ab. Dieser Passus des Thukydides (8,48,5–6) hat in der altertumswissenschaftlichen Diskussion über das Problem, ob die Hegemonie Athens im Seebund Akzeptanz gefunden hat oder nicht, eine wichtige Rolle gespielt.[283] Ob Phrynichos selbst die Einstellung zahlreicher Bürger in den Seebundstaaten in dieser Weise exakt beschrieben hat, muß dahingestellt bleiben. Sicherlich hat diese Stelle eine ähnliche Funktion wie eine Reihe weiterer Abschnitte in den von Thukydides stilisierten Reden politischer Akteure. Daher ist anzunehmen, daß die dem Strategen Phrynichos zugeschriebenen Äußerungen im wesentlichen der Einschätzung der damaligen Situation durch Thukydides selbst entsprechen, der hierdurch freilich zugleich die Probleme skizziert, vor die sich die Verschwörergruppe gestellt sah. Im Kontext wird jedenfalls die Lage durchaus zutreffend beschrieben, wie spätere Ereignisse etwa in Thasos oder Samos zeigen.[284]

Zum Verständnis der kontroversen Diskussion im athenischen Lager auf Samos, die etwa im Dezember 412 stattgefunden hat, ist zu beachten, daß Phrynichos als Strategos zweifellos umstritten war, seitdem er in der Seeschlacht vor Samos die Chance verpaßt hatte, die Erhebungen gegen Athen in Ionien niederzuwerfen. Er mußte unter Umständen mit einer Anklage rechnen und hatte insofern persönliches Interesse an einer Verfassungsänderung in Athen, fürchtete aber auch Alkibiades als übermächtigen Rivalen und war daher entschieden gegen dessen Rückberufung.[285] Ins vorderste Glied der Verschwörer rückte er erst auf, als Alkibiades sich bereits von ihnen distanziert hatte. Er war als Strategos ein Repräsentant des demokratischen Systems und kann in dieses Amt nur gelangt sein, weil er als loyaler Bürger und dementsprechend (im modernen Sinne) als „verfassungstreu" galt. Zweifellos wechselte er aus Opportunismus ins Lager der „Oligarchen", in dem sich zunächst Peisandros nach vorn spielte, der vier Jahre vorher als Mitglied der zur Untersuchung des Hermen- und Mysterienfrevels eingesetzten Kommission sich als eifriger Verfechter der Interessen des Demos profiliert hatte, jetzt aber nach den Worten des Thukydides (8,68,1) mit größter Energie den Sturz der Demokratie betrieb. Nach der bereits erwähnten konspirativen „Beratung" der Verschwörer in Samos wurde Peisandros wohl noch im Dezember 412 an der Spitze einer Delegation nach Athen entsandt, die dort die Rückberufung des Alkibiades und eine Verfassungsänderung sowie die Zustimmung zu einem Bündnis mit Persien erreichen sollte (Thuk. 8,49). Im Gegenzug informierte Phrynichos den spartanischen Nauarchen Astyochos, der sich zu diesem Zeitpunkt noch in Milet befand, über die Kontakte der Verschwörer mit Alkibiades und Tissaphernes, die dann ihrerseits von Astyochos über die Aktion des Phrynichos unterrichtet wurden. Die Intrigen gingen weiter, und Phrynichos soll sogar bereit gewesen sein, Hochverrrat zu begehen und Samos und die dort stationierten athenischen Streitkräfte den Spartanern zu übergeben, bevor er in seiner Eigenschaft als Strategos mit dem Hinweis auf feindliche Angriffspläne Samos stark befestigen ließ, um seinen Kopf zu retten. Jedenfalls unterstellte Astyochos dies in weiteren „Informationen" an Alkibiades,[286] der hierüber wieder die Verschwörer in Samos unterrichtete. Jedoch verstand es Phrynichos, in diesem Kreis glaubwürdiger als Alkibiades zu erscheinen (Thuk. 8,50–51).

Spätestens Anfang Januar 411 wird Peisandros in Athen eingetroffen sein. Offenbar hat er die Verfassungsfrage nicht sofort vor die Volksversammlung gebracht. In der wohl an den Lenaien (Anfang Februar) 411 aufgeführten ›Lysistrate‹ des Aristophanes ist hiervon nicht die Rede.[287] Wahrscheinlich hat Peisandros zunächst nur mit Sympathisanten oder Leuten, die er zu gewinnen hoffte, Strategiepläne ausgeheckt, bevor er der Volksversammlung klarzumachen suchte, daß ein Sieg Athens nur durch ein von Alkibiades vermitteltes Bündnis mit dem Großkönig zu erreichen sei, so daß man Alkibiades zurückholen müsse und die öffentlichen Angelegenheiten nicht mehr nach der bisherigen demokratischen Weise regeln könne (Thuk. 8,53,1). Die Konstituierung einer Oligarchie wurde hierbei von Peisandros und seinen Genossen offenbar nicht gefordert. Widerstand gegen seinen Plan wußte Peisandros durch geschicktes Taktieren zu überwinden, indem er Opponenten durch Suggestivfragen zum Schweigen brachte (Thuk. 8,53,2–3). So nutzte er infam das Vertrauen, das ihm eine Mehrheit von Versammlungsteilnehmern aufgrund seiner früheren Aktivitäten für die Demokratie entgegenbrachte, um die Dinge in seinem Sinne zu lenken. Als Leiter einer speziellen Gesandtschaft erhielt er Vollmachten für Verhandlungen mit Alkibiades und Tissaphernes. Des weiteren erreichte er die Abberufung des Phrynichos und des Skironides, die durch Leon und Diomedon ersetzt werden sollten (Thuk. 8,54). Vor seiner Abreise gelang es ihm noch, Hetairien, deren Mitglieder in der Demokratie politisch nur in Prozessen oder als „Wahlhelfer" für ihre Genossen aktiv geworden waren, für gemeinsame Aktionen zum Sturz des demokratischen Systems zu gewinnen. Allerdings wagten diese Clubs zumindest bis zur Aufführung der ›Thesmophoriazousai‹ des Aristophanes etwa Mitte April wohl noch keinen offenen Terror, wenn auch in dem Stück bereits die Gefahr von Unruhen angedeutet wird und der Plan eines Bündnisse mit Persien auf scharfe Kritik stößt.[288] Nicht viel später begann aber die von Thukydides (8,65–66) eindrucksvoll beschriebene Einschüchterung und Terrorisierung der Bürgerschaft durch Aktivisten der Hetairien, die vor Mord und Totschlag nicht zurückschreckten.[289] Ein erstes prominentes Opfer war ein gewisser Androkles, der als Redner in der Volksversammlung hervorgetreten war und für die Verbannung des Alkibiades agitiert hatte.

Inzwischen bahnten sich auf dem ionischen Kriegsschauplatz Veränderungen an. Der Spartiat Derkylidas brach mit einer nicht allzu starken Truppe von Milet aus auf dem Landweg nach dem Hellespont durch und erreichte, daß die Poleis Abydos und Lampsakos von Athen abfielen. Der athenische Stratege Strombichides konnte zwar Lampsakos zurückgewinnen und in Sestos eine starke athenische Basis errichten (Thuk. 8,62), doch gewann der spartanische Nauarch Astyochos nach gelungener Rückfahrt von Rhodos nach Milet wieder Operationsfreiheit, ohne daß die athenische Flotte dem Aufmarsch seiner Geschwader vor Samos entgegenzutreten wagte (Thuk. 8,63,1–2).

Von der Situation auf Samos konnten sich Peisandros und seine Genossen aus eigener Anschauung ein Bild machen, als sie dort nach dem Scheitern ihrer Verhandlungen mit Tissaphernes und Alkibiades eintrafen. Der persische Satrap war nicht zu einem Bündnis mit Athen bereit, weil er einerseits Plünderungszüge peloponnesischer Truppen in seiner Satrapie befürchtete, andererseits vermeiden wollte, daß die Athener dank seiner Subsidien den Krieg zu entscheiden vermochten. Er schraubte die Bedingungen für ein Abkommen mit Athen derart hoch, daß die athenische Gesandtschaft die Verhandlungen abbrach. Damit war nicht nur das Konzept des Alkibiades gescheitert. Auch

Peisandros und die übrigen Gesandten waren kompromittiert. Schlimmer noch war, daß Tissaphernes einen dritten Vertrag mit Sparta etwa Ende Februar aushandelte, der sowohl detaillierte Bestimmungen über Subsidien für die peloponnesische Flotte als auch die Anerkennung der persischen Herrschaft über kleinasiatische Griechenstädte durch Sparta enthielt (Thuk. 8,58; StV II² 202). Für die athenischen Gesandten um Peisandros aber gab es kein Zurück mehr. Sie waren gleichwohl noch entschlossen, den Krieg gegen Sparta fortzusetzen. Eine Zeitlang blieben sie noch in der athenischen Flottenbasis in Samos, um dort ihren Anhang zu stärken und zugleich einen oligarchischen Putsch in der Polis Samos vorzubereiten (Thuk. 8,63,3–4). Nach Lage der Dinge mußte Peisandros bestrebt sein, eine größere Gruppe von einflußreichen Angehörigen der samischen Oberschicht zu gewinnen, die als „radikale" Demokraten galten, nachdem sie 412 einen Aufstand gegen die zu diesem Zeitpunkt dominierende Führungsgruppe in ihrer Polis unternommen hatten. Die damals entmachteten Samier waren freilich keine Oligarchen gewesen. Sie beherrschten vielmehr im Rahmen der Verfassung von Samos, die seit dem Ende des athenisch-samischen Krieges (439) als Demokratie verstanden wurde, die dortigen Polisinstitutionen und wurden von ihren Konkurrenten im Machtkampf um die Führungspositionen gestürzt und wohl auch größtenteils in grauenvollen Exzessen beseitigt (Thuk. 8,21), ohne daß eine Verfassungsänderung erfolgte,[290] wenn man einmal davon absieht, daß die entmachteten Kreise keine Ämter mehr bekleiden durften. Die neuen Machthaber planten unter dem Einfluß des Peisandros aus reinem Opportunismus einen weiteren Putsch, der sich nunmehr gegen ihre bisherigen Anhängerschaften innerhalb des demokratischen Systems richtete und zur Konstituierung einer Oligarchie unter ihrer eigenen Leitung führen sollte. Ihr Ziel war also Machterhalt unter vermeintlich veränderten Bedingungen nach einem zu erwartenden oligarchischen Staatsstreich in Athen. Sie hatten sich indes gründlich verrechnet und wurden ihrerseits von der Dramatik der Ereignisse überholt, als sie glaubten, zur Tat schreiten zu können. Die athenischen Flottenmannschaften und die Sympathisanten der athenischen Demokratie in Samos konnten den geplanten Putsch vereiteln (Thuk. 8,73).

Im übrigen sind die Machenschaften des Peisandros in Samos in eine umfassende Strategie einzuordnen. Peisandros und seine Genossen bereiteten nicht nur einen Staatsstreich in Athen vor, sondern setzten auch alle Hebel in Bewegung, um den geplanten Putsch in Athen vorab durch Konstituierung oligarchischer Systeme in Seebundpoleis abzusichern. Die Hälfte der Gesandten, die vergeblich mit Tissaphernes und Alkibiades verhandelt hatten, sollte unter der Leitung des Peisandros auf der Fahrt nach Athen Oligarchien einrichten, die übrigen Mitglieder dieser Mission übernahmen die gleiche Aufgabe in anderen Gebieten des Seebundes. Eine Sonderrolle war dem Strategen Dieitrephes zugedacht, der sich der Verschwörergruppe angeschlossen hatte und von seinem Operationsgebiet aus den Thrakischen Bezirk unter die Kontrolle der Putschisten bringen sollte. Es gelang ihm, in Thasos die Demokratie zu stürzen, doch schloß sich die von ihm dort installierte Oligarchie zwei Monate später (etwa in der zweiten Julihälfte) bereits den Spartanern an, so daß sich jedenfalls in Thasos die Warnungen des Phrynichos vor der Einrichtung oligarchischer Systeme im Seebund zu bestätigen schienen (Thuk. 8,64). Zweifellos konnten sich zumindest Teile der Oberschichten in den Seebundpoleis nicht einfach mit vergleichbaren athenischen Gesellschaftskreisen identifizieren, da sie nach den bisherigen Erfahrungen wohl davon ausgehen mußten, daß Angehörige der athenischen Oberschicht auch als Oligarchen in erster Linie die Interessen ihrer eigenen Polis vertreten würden.[291]

Unterdessen konnten Peisandros und seine Helfer auf der Fahrt nach Athen aus ihrer Sicht durchaus Anfangserfolge verbuchen. Sie etablierten nicht nur eine Reihe von Oligarchien, sondern konnten an einigen Orten auch Hopliten anwerben, mit denen sie dann nach ihrer Ankunft in Athen den ohnehin schon von den Hetairien verbreiteten Schrecken noch verstärkten, als sie die entscheidenden Schritte zum Sturz der Demokratie unternahmen. Durch ausgeklügelte Täuschungsmanöver hatten sie bislang die Bürger über ihre Absichten im unklaren gelassen. Offenbar waren längere Zeit sogar die Hetairien, die gleichsam die Instrumente der Kerngruppe der Verschwörer darstellten, über das Scheitern der Verhandlungen mit Tissaphernes und Alkibiades nicht informiert worden. Jedenfalls propagierten die Aktivisten in Athen im Auftrag der Putschisten eine Neukonstituierung der Bürgerschaft, die fortan aus 5000 wirtschaftlich leistungsfähigen Hopliten bestehen sollte (Thuk. 8,65,3). Dies schien zunächst noch nicht auf ein oligarchisches Regime hinzudeuten, zumal Peisandros und andere Verschwörer – wie gesagt – bislang als loyale Anhänger der Demokratie galten, denen man einen Putsch nicht zutrauen mochte. Die Lage wurde freilich für die Masse der Bürger undurchschaubar. Rat und Volksversammlung tagten weiterhin, doch redeten in diesen Organen fast nur noch Mitglieder der Hetairien. Widersprach jemand, der nicht zu diesen „Insidern" gehörte, wurde er kurzerhand bei der ersten besten Gelegenheit „eliminiert", ohne daß die Mörder bestraft wurden. Niemand wußte, wer zu den Drahtziehern des Geschehens zählte bzw. von diesen ins Vertrauen gezogen war, so daß praktisch die gesamte Bürgerschaft verunsichert war und Argwohn und gegenseitige Verdächtigungen überhandnahmen (Thuk. 8,66). Diese Situation fanden Peisandros und seine Leute vor, als sie wieder in Athen eintrafen. Ihr Plan war, auf möglichst „legale" Weise die Macht an sich zu reißen. Hierauf zielte ein erster Antrag in der Volksversammlung ab, der die Einsetzung einer Kommission von Syngrapheis („Aufschreibern") vorsah. Nach Thukydides (8,67,1) bestand das Gremium aus zehn Bürgern, doch sind in diesem Fall wohl die Angaben der aristotelischen ›Athenaion Politeia‹ (29,2) zutreffend, wonach die Kommission aus den zehn bereits 413 v. Chr. eingesetzten „Vorberatern" *(Probouloi)* und zwanzig neu hinzugewählten Bürgern über 40 Jahre bestehen und Vorschläge für eine optimale Verfassung vorlegen sollte. Weitere Vorschläge aus der Bürgerschaft sollten willkommen sein. Ein geschickter Schachzug war bei dieser Aktion die Einbeziehung der zehn Probouloi, die zweifellos als loyale und zuverlässige Bürger galten, aber gegen den offenen und versteckten Terror der Verschwörer sich nicht zu wehren wagten (Aristot. Rhet. 1419 a 25–30). Am festgesetzten Abstimmungstag, an dem über die Vorschläge der Syngrapheis entschieden werden sollte, tagte die Volksversammlung nicht an der üblichen Stätte auf der Pnyx, sondern auf dem Kolonos etwa 2 km außerhalb der Stadt auf einem Gelände, das nur einer relativ begrenzten Zahl von Teilnehmern Platz bot. Offenbar sollte die ungewohnte

Umgebung einschüchternd auf die Ekklesiasten wirken, so daß die Versammlung leichter zu manipulieren war.

Die Syngrapheis ließen zunächst nur darüber abstimmen, daß jeder Bürger straffrei Anträge stellen könne, ohne ein Verfahren wegen Rechtswidrigkeit seiner Vorlage befürchten zu müssen (Thuk. 8,67,2). Mit ihrer Zustimmung hob die Volksversammlung selbst die sogenannte *Graphé Paranómon* auf, d. h., Verfahren wegen verfassungswidriger Volksbeschlüsse und Gesetze bzw. Beschlußvorlagen waren nicht mehr möglich.[292] Die Putschisten konnten jetzt „legal" Verfassungsänderungen durchsetzen. Weitere Anträge haben die Syngrapheis nach der Darstellung des Thukydides (8,67,2) nicht gestellt. Wenn dies zutrifft, hat die Kommission der Syngrapheis offenbar keine Übereinstimmung über die weitere Prozedur erzielen können.[293] Den entscheidenden Antrag soll dann Peisandros gestellt haben. Hiernach sollten für die Dauer des Krieges keine Zahlungen mehr an Beamte für öffentliche Dienste erfolgen. Lediglich die neun Archonten und die Prytanen sollten täglich drei Obolen (als minimale Entschädigung) erhalten. Der wichtigste Teil des von Peisandros gestellten Antrages betraf die Neukonstituierung des Rates, der alle Vollmachten haben und auf ungewöhnliche Weise eingesetzt werden sollte. Die Volksversammlung sollte fünf von den Verschwörern bezeichnete „Vorsitzende" (Prohedroi) wählen, die ihrerseits 100 Mitglieder des neuen Rates bestimmen sollten. Letztere sollten dann 300 Bürger hinzuwählen und damit den Rat komplettieren, der dementsprechend nicht mehr 500, sondern nur noch 400 Mitglieder umfaßte. Die „Vierhundert" sollten nach eigenem Ermessen eine Bürgerschaft von höchstens 5000 Athenern mit Hoplitenzensus konstituieren (Thuk. 8,67,3).

Nach dem Bericht des Thukydides sollten aufgrund des Antrages des Peisandros die „Vierhundert" bis zu der in Aussicht gestellten Einberufung der „Fünftausend" alle Machtbefugnisse in der Polis erhalten. Nach der Version der aristotelischen ›Athenaion Politeia‹ (29,5–30,1) soll hingegen die Konstituierung der „Fünftausend" bereits von den Syngrapheis veranlaßt worden sein. Die Ziffer 5000 erscheint in dieser Schrift aber nicht als Höchst-, sondern als Mindestzahl. Für die Dauer des Krieges sollten hiernach die „Fünftausend" zum Abschluß von Verträgen mit anderen Staaten ermächtigt sein. Zunächst aber sollte die Auswahl der „Fünftausend" einer Kommission von 100 Männern übertragen werden, die über vierzig Jahre alt waren. Jede Phyle sollte 10 Bürger für das „Wahlgremium" stellen. Die von den Wahlmännern benannten „Fünftausend" sollten wiederum aus ihren eigenen Reihen 100 Männer wählen, die nach den Angaben der ›Athenaion Politeia‹ (31,1) eine „Verfassung für die Zukunft" fixieren und einen weiteren Verfassungsentwurf „für den gegenwärtigen Zeitpunkt" (d. h. für die Kriegszeit) vorlegen sollten. In diesem Bericht erscheint der Rat der Vierhundert erst in der zuletzt genannten Verfassung „für die Gegenwart". Nach dieser Version sollte somit der neue Rat erst nach der Konstituierung der „Fünftausend" eingesetzt werden. Es kann sich bei den in der ›Athenaion Politeia‹ (30–31) genannten Verfassungen nur um Entwürfe gehandelt haben. In dieser kritischen Kriegssituation sind lange Prozeduren zur Neukonstituierung der Bürgerschaft und ihrer Verfassung auszuschließen. Der entscheidende Coup gelang den Putschisten zweifellos schon in der Volksversammlung auf dem Kolonos, wie aus dem Bericht des Thukydides zu erschließen ist. Im übrigen nennt

Thukydides (8,68) hier auch als eigentliche „Theoretiker“ der damaligen „Revolution“ den bekannten Redner Antiphon sowie Theramenes, den Sohn jenes Hagnon, der zur Kommission der 413 eingesetzten zehn Probouloi gehörte. Nachdem die Volksversammlung ohne Widerspruch ihre eigene „Entmachtung“ bestätigt hatte, gab es auch im Rat der 500 keinen Widerspruch gegen den sorgfältig vorbereiteten Putsch. Der alte Rat beugte sich dem Druck der „Vierhundert“ und ihrer bewaffneten Gefolgsleute (Thuk. 8,69).

Nach der Ermordung oder Gefangennahme bzw. Vertreibung weiterer Bürger, die als entschiedene Gegner des neuen Regimes galten, nahmen die neuen Machthaber entgegen ihren bisherigen Beteuerungen Kontakt mit dem spartanischen König Agis II. in Dekeleia auf, der jedoch Verhandlungen ablehnte und überraschend nach Athen vorstieß, um die Mannschaften auf den Stadtmauern zu überrumpeln. Nach dem Scheitern dieser Aktion gab er dann einer zweiten athenischen Friedensgesandtschaft freies Geleit nach Sparta. Die Gesandtschaft wurde jedoch von der athenischen Schiffsbesatzung, die sie nach der Peloponnes bringen sollte, an die Argiver ausgeliefert und schließlich nach Samos gebracht (Thuk. 8,70,2 - 71,3.86,8-9).

Etwa gleichzeitig sollte eine Zehnerkommission im Auftrag der „Vierhundert“ die in Samos stationierten Mannschaften für das neue oligarchische Regime gewinnen. In der Polis Samos waren aber noch vor der Konstituierung der Herrschaft der „Vierhundert“ in Athen jene Samier, die Peisandros für die Errichtung einer Oligarchie gewonnen hatte, durch eine gemeinsame Aktion der athenischen Streitkräfte und der von Thukydides als Demos (d. h. als Sympathisanten der athenischen Demokratie) bezeichneten samischen Bürger wieder entmachtet worden (Thuk. 8,72-73). Innerhalb der athenischen Streitkräfte hatte sich inzwischen eine neue Front gebildet. Von den dort amtierenden Strategen war nur Charminos oligarchisch gesinnt, während Leon und Diomedon entschieden für die Demokratie eintraten und von dem damaligen Trierarchen Thrasybulos sowie des weiteren von Thrasyllos, der bereits politisch hervorgetreten war, jetzt aber zufällig als einfacher Hoplit in Samos diente, starke Unterstützung erhielten. In Thrasybulos und Thrasyllos erwuchsen der athenischen Demokratie neue dynamische Führer.[294] Ohne Kenntnis des Putsches der „Vierhundert“ beschlossen die athenischen Mannschaften, die Avisotriere Paralos nach Athen zu entsenden mit dem Auftrag, dort über die Vorgänge in Samos zu berichten. In Athen wurden jedoch einige Besatzungsmitglieder verhaftet, andere entkamen nach Samos und berichteten – offenbar mit starker Übertreibung – über Terrorakte in Athen. Daraufhin ließen Thrasybulos und Thrasyllos alle Mannschaften in Samos (einschließlich der waffenfähigen Samier) schwören, die „Vierhundert“ als Feinde zu betrachten und den Krieg gegen Sparta fortzusetzen. Die verdächtigen Strategen wurden in einer weiteren Versammlung abgesetzt und durch Thrasybulos und Thrasyllos ersetzt (Thuk. 8,74-77).

Es war ein Glück für die athenischen Streitkräfte, daß während dieser dramatischen Ereignisfolge die Spartaner und ihre Verbündeten vor allem infolge der Inaktivität des Nauarchen Astyochos nicht die Initiative auf dem ionischen Kriegsschauplatz an sich reißen konnten. Behindert wurde Astyochos' Planung allerdings durch undurchsichtige Manöver des Tissaphernes, der seine Schaukelpolitik auch nach dem dritten spartanisch-persischen Vertrag fortsetzte. Ein Teil der peloponnesischen Streitmacht konnte freilich einen beachtlichen Erfolg verbuchen, als es zehn Trieren gelang, nach Byzantion durchzubrechen und die Bürgerschaft dieser strategisch wichtigen Polis zum Abfall von Athen zu bewegen (Thuk. 8,80,3). In der Folgezeit schlossen sich Kalchedon, Kyzikos und Selymbria dem Aufstand an. Die Ereignisse am Bosporos hatten weitreichende Konsequenzen. Die athenische Heeresversammlung in Samos beschloß auf Initiative des Thrasybulos, Alkibiades Straffreiheit zu gewähren und die Möglichkeit zur Rückkehr nach Athen zu bieten. Alkibiades akzeptierte und wurde in Samos von den Mannschaften zum Strategos gewählt, nachdem er ihnen vorgegaukelt hatte, daß er weiterhin großen Einfluß auf Tissaphernes ausübe und der Satrap den Athenern Subsidien zahlen und ihnen die phoinikische Flotte zur Verfügung stellen werde, sofern sie ihn – Alkibiades – zurückholen würden (Thuk. 8,81–82). Nach seiner Wahl widersetzte sich Alkibiades entschieden dem Willen der Truppen, mit der Flotte nach Athen zu fahren und dort das oligarchische Regime zu stürzen (Thuk. 7,82,2). Er reiste zunächst wieder zu Tissaphernes und erzielte mit diesem Schachzug insofern einen vollen Erfolg, als die peloponnesischen Mannschaften sich in ihrem Mißtrauen gegen Tissaphernes bestärkt sahen, so daß Astyochos während seiner restlichen Amtszeit sich keinen Respekt mehr bei seiner Truppe verschaffen konnte. Sein Nachfolger Mindaros, der etwa im August Astyochos ablöste, entschloß sich, das Gros seiner Streitmacht nach dem Hellespont zu verlegen. Der dortige Großraum war in den folgenden Jahren der Hauptkriegsschauplatz (Thuk. 8,83–85.99).

Zunächst aber fielen die wichtigsten Entscheidungen in Samos. Bald nach der Rückkehr des Alkibiades vom „Hofe“ des Tissaphernes trafen in Samos auch Gesandte der „Vierhundert“ ein, die den Stand der Dringe in Athen zu vertuschen suchten und dreist behaupteten, in Athen existiere bereits das System der „Fünftausend“. Wiederum mußte Alkibiades verhindern, daß die empörten und verbitterten Mannschaften den östlichen Kriegsschauplatz verließen, um das Regime der „Vierhundert“ zu beseitigen Er forderte den Rücktritt der „Vierhundert“ und die Wiedereinsetzung des Rates der 500 und erklärte sich bereit, unter dieser Voraussetzung ein Regime der „Fünftausend“ anzuerkennen (Thuk. 8,86).

Seine Botschaft leitete das Ende der „Vierhundert“ ein, von denen inzwischen eine Gruppe von „Gemäßigten“ unter Führung des Theramenes und des Aristokrates eine Wende vollzogen hatten, indem sie eine breitere Basis für eine Oligarchie forderten. Die extremen Oligarchen reagierten in Panik und waren bestrebt, unter allen Umständen einen Frieden mit Sparta zu erreichen, während sie gleichzeitig die Befestigung der felsigen Halbinsel Eetioneia forcieren wollten, um diese Landzunge des Peiraieus als Fluchtburg zu benutzen und von dort aus die Hafeneinfahrt zu kontrollieren. Bewegungen eines peloponnesischen Geschwaders schienen den Verdacht der zwangsweise zur Arbeit abkommandierten Bürger zu bestätigen, daß die „Vierhundert“ den feindlichen Trieren die wichtigste athenische Flottenbasis öffnen wollten. Es kam zu einer von Theramenes geschürten Meuterei, in deren Verlauf die Befestigungen der Eetioneia niedergerissen wurden. Als Parole wurde die Konstituierung der „Fünftausend“ ausgegeben, obgleich niemand die Zusammensetzung dieses fiktiven Verbandes kannte.

Es war nicht einmal bekannt, ob überhaupt irgendeine geheime Namenliste für eine derartige Körperschaft existierte (Thuk. 8,89–92).

Am folgenden Tag zogen die rebellierenden Bürgerhopliten vom Peiraieus nach Athen und rückten bis zu dem üblichen militärischen Sammelplatz am Nordhang der Akropolis vor. Nach Verhandlungen mit Abgeordneten der „Vierhundert" schien ein Ausgleich möglich. Die „Vierhundert" sicherten zu, eine Liste der „Fünftausend" zu veröffentlichen, die fortan im Wechsel die 400 Mitglieder des Rates bestellen sollten (Thuk. 8,93). Diese Konzession hatte freilich nicht zur Folge, daß die in Athen versammelten Bürgerhopliten im Unterschied zu den Mannschaften in Samos bereit waren, die Konstituierung einer Bürgerschaft von 5000 Vollberechtigten auf Dauer zu akzeptieren. Es dürfte sich um eine situationsbedingte Kompromißbereitschaft jener Hopliten gehandelt haben, denn es gab in Athen immer noch weit mehr als 5000 Bürger mit Hoplitenzensus, so daß auch ein Teil der rebellierenden Hopliten gezwungen gewesen wäre, im Fall einer Konstituierung der „Fünftausend" auf die Ausübung der vollen Bürgerrechte zu verzichten. Man einigte sich zunächst auf die Einberufung einer Ekklesia, in der die „Eintracht" *(Homonoia)* wiederhergestellt werden sollte. Da die „Vierhundert" trotz ihrer Versprechungen noch keine Liste der „Fünftausend" vorgelegt hatten, konnte man die Machthaber jetzt propagandistisch mit ihren eigenen Waffen schlagen und die angekündigte „Verfassung" einfordern. Es handelte sich zweifellos nicht um eine bloße Frage der Taktik. Die Hopliten, die diese Forderung stellten, konnten sich darauf berufen, daß Alkibiades, von dem sie die Rettung erwarteten, die Einführung der „Verfassung der Fünftausend" und die Restituierung des Rates der Fünfhundert verlangt hatte. Es war freilich geradezu absurd, daß sich auch die „Vierhundert" auf die „Fünftausend" beriefen. Sie wollten hierdurch natürlich ihr Terrorregime kaschieren und die Polisgemeinschaft unterdrücken. Daß dies noch fast bis zu ihrem Sturz gelang, zeigt die Bemerkung des Thukydides (8,92,11), daß die Initiatoren der Erhebung gegen die „Vierhundert" nicht ausdrücklich die Wiederherstellung der Demokratie gefordert hätten, weil man befürchtet habe, es gebe die „Fünftausend" tatsächlich und man könne sich durch ein unvorsichtiges Wort (d. h. „Demos" bzw. „Demokratie") unabsichtlich oder unwissentlich selbst ins Unglück stürzen. Da der Widerstand gegen die „Vierhundert" bei den Bürgern mit Hoplitenzensus breite Zustimmung fand, wird aus dieser Nachricht des Thukydides zudem deutlich, daß die Hopliten selbstverständlich eine „staatstragende Schicht" in der Demokratie waren. Die alten solonischen Zensusklassen waren in der politischen Praxis der Demokratie kaum noch von Bedeutung.

Die Ereignisse überstürzten sich jetzt. An dem für die Tagung der Volksversammlung anberaumten Termin wurde eine erneute feindliche Flottenbewegung gemeldet, so daß sofort Gegenmaßnahmen eingeleitet werden mußten. Das peloponnesische Geschwader umfuhr Sunion und stieß bis Oropos vor, das im letzten Winter von Boiotern besetzt worden war. Durch ein Überraschungsmanöver gelang es den peloponnesischen Einheiten im Zusammenwirken mit Verrätern in Eretria, die Besatzungen der athenischen Trieren, die den Angriff abwehren sollten, zu überrumpeln und zu schlagen. Die Folge war der Abfall der gesamten Insel Euboia mit Ausnahme der athenischen Siedlung

(Kleruchie) in Oreos. Dies war eine geradezu fatale Niederlage für die Athener, da ihre Versorgung mehr denn je von der Beherrschung Euboias abhing, seitdem eine peloponnesische Besatzung in Dekeleia lag (Thuk. 8,94–95).

Nach dem Verlust Euboias tagte erstmals wieder eine Volksversammlung auf dem üblichen Platz auf der Pnyx. Sie beschloß die Absetzung der „Vierhundert". Zudem griff sie wieder auf die schemenhafte Konzeption einer „Verfassung der Fünftausend" zurück. Nach der Formulierung des Thukydides (8,97,1–2) haben in dieser Ekklesia „die Athener" den „Fünftausend" die „Macht" bzw. die „Staatsgeschäfte" übergeben. Es muß sich hiernach um eine Volksversammlung im alten Sinne gehandelt haben, in der Bürger aus allen Schichten, d. h. auch Theten, sich zusammenfanden.[295] Dennoch berief sich die Bürgerschaft wie die Träger der vorausgehenden Erhebung im Peiraieus auf die „Fünftausend", obwohl auch während der Versammlung auf der Pnyx niemand wissen konnte, wer zu dieser Großgruppe gehörte oder gehören sollte. Insofern war also die Übertragung der „Macht" an die im wörtlichen Sinne überhaupt nicht existierende Körperschaft der „Fünftausend" eine Fiktion, an der man in den nächsten Monaten wahrscheinlich auch im Blick auf Alkibiades festhielt. Thukydides wertet die „Verfassung der Fünftausend" als maßvolle Mischung zwischen einer Herrschaft der Masse und einem Regime einiger weniger und betont (8,97,2), daß jedenfalls in der ersten Zeit dieses Systems die Athener eine besonders gute Leitung gehabt hätten, soweit er dies aus eigener Anschauung beurteilen könne.[296] Es bleibt aber auch hier offen, ob und wie überhaupt der Verband der „Fünftausend" konstituiert wurde. Nach der Entmachtung der „Vierhundert" fanden in dichter Folge Volksversammlungen statt, die zweifellos von einem Rat einberufen und wieder von Bürgern aller Schichten besucht worden sind. Der Personenkreis, aus dem jener Rat bestand, wird aber nicht greifbar. Es mag sein, daß es sich im wesentlichen um die von den „Vierhundert" abgesetzten Bouleuten handelte. In diesem Fall wäre die Angabe des Thukydides verständlich (8,97,1), daß in der „Verfassung der Fünftausend" alle Ämter ohne Entschädigung ausgeübt werden sollten. Die „Vierhundert" hatten den von ihnen abgesetzten Mitgliedern des Rates der 500 das Bouleutengeld bereits bis zum Ende der regulären Amtszeit gezahlt. Im übrigen standen für andere Funktionsträger kaum noch öffentliche Mittel zur Verfügung, so daß für die Ämter ohnehin nur noch ein mehr oder weniger begrenzter Personenkreis in Frage kam. Insofern war die politische Ordnung nach dem Sturz der „Vierhundert" sicherlich nicht mit dem gewohnten demokratischen System in Athen identisch. Andererseits ist kaum vorstellbar, daß ein erheblicher Teil der in Athen und Attika lebenden und mit demokratischen Prinzipien vertrauten Bürger freiwillig auf ihr Abstimmungsrecht in der Volksversammlung verzichteten. Thukydides bezieht sich offensichtlich in seinem Lob der „Fünftausend" nicht auf Formalitäten der Verfassung, sondern generell auf Entscheidungen, die nach dem Ende der Herrschaft der „Vierhundert" getroffen wurden.

Die Kriegslage schien sich indes für die Athener wieder zu verschlechtern. Am Hellespont verschärfte sich die Krise, als der spartanische Nauarch Mindaros etwa Mitte September in einer kühnen Aktion von Milet aus bis Elaius nahe der Südspitze der thrakischen Chersonnes durchstieß. Er unterlag jedoch Ende September/Anfang Oktober 411 in einer Seeschlacht im Raum von Kynossema einer zahlenmäßig schwächeren athenischen Flotte unter Führung des erfahrenen Strategen Thrasybulos (Thuk. 8,99–107). Die Athener hatten seit der Katastrophe in Sizilien erstmals in einer Seeschlacht wieder einen Achtungserfolg erzielt und schöpften nach dem demoralisierenden Verlust von Euboia jetzt wieder Siegeshoffnungen, die sich im März oder April 410 zu erfüllen schienen. Das Gros der athenischen Flotte näherte sich damals unter Alkibiades, Thrasybulos und Theramenes unbemerkt den bei Kyzikos konzentrierten Geschwadern des Nauarchen Mindaros. Durch geschickte Manöver errangen die Athener einen glänzenden Sieg. Die peloponnesische Flotte wurde vernichtet, Mindaros fiel, Kyzikos kam wieder in athenischen Besitz.[297] Etwa gleichzeitig mißglückte eine Überraschungsaktion des Königs Agis, der versucht hatte, Athen im Handstreich zu nehmen. Keinen Erfolg hatte hingegen der athenische Stratege Konon, der mit einer kleineren Streitmacht in Naupaktos stationiert war und in Kerkyra proathenische Kreise und ihre Anhängerschaften im Demos gegen die dortigen Oligarchen, die Anschluß an Sparta suchten, unterstützen sollte (Xen. Hell. 1,1,11–18; Diod. 13, 49–51).

Die Schlacht bei Kyzikos veränderte wieder mit einem Schlage die Situation. Athen beherrschte erneut die See, und die athenische Bürgerschaft wurde von der Hoffnung erfüllt, ihren ehemaligen Machtbereich im Seebund in vollem Umfang wiederherstellen zu können. Zwar war Dekeleia weiterhin in spartanischem Besitz, so daß Agis nach wie vor von dort aus das flache Land in Attika verwüsten lassen konnte. Eine Entscheidung konnte hierdurch aber nicht herbeigeführt werden, während die persische Hilfe letztlich für Sparta wenig effektiv war. Auch die Hoffnungen der Spartaner, durch Syrakus wirksame Hilfe zu erhalten, hatten sich nicht erfüllt.

Angesichts dieser Lage beschloß man in Sparta, ein Friedensangebot an Athen zu richten, das Endios übermitteln sollte.[298] Der spartanische Vorschlag lautete, daß Sparta und Athen ihren Macht- und Herrschaftsbereich wahren, aber ihre Besatzungen aus den Territorien der Kriegsgegner herausziehen sollten (Diod. 13,52,3). Außerdem sollte jede Seite eine gleich große Zahl von Kriegsgefangenen zurückgeben („einen Lakonier für einen Athener"). Aus athenischer Sicht war dies nur scheinbar ein verlockendes Angebot. Natürlich wäre es für die Athener von größter Bedeutung gewesen, Dekeleia im Tausch gegen Pylos zurückzuerhalten und zumindest einen Teil der in Gefangenschaft geratenen Mitbürger wieder in der Polis empfangen zu können. Andererseits forderten die Spartaner einen hohen Preis. Sie kontrollierten immer noch Rhodos, Milet, Ephesos, Chios, Thasos, Euboia, eine Reihe von kleineren Küstenplätzen sowie Abydos, Byzantion und Chalkedon. Sie wollten und konnten diese Poleis nicht einfach zurückgeben, denn sie waren sich zweifellos darüber im klaren, daß sie jeden Kredit in der griechischen Welt verloren hätten, wenn sie bereit gewesen wären, ihre Parteigänger in den genannten Orten dem Zugriff der Athener preiszugeben und damit ihrem Schicksal zu überlassen.[299] Konnten aber die Athener ihrerseits mit einem offiziellen Verzicht auf ihre Positionen in jenen Städten weite Teile ihrer Symmachie endgültig aufgeben, ohne eine weitere Erosion und letztlich sogar einen Zusammenbruch ihres gesamten Bündnissystems zu riskieren? Beide Seiten hätten erhebliche Konzessionen machen müssen, um zu einem Verständigungsfrieden zu gelangen. Dies wäre allenfalls nach langwierigen Verhandlungen und durch Verzichtbereitschaft auf beiden Seiten möglich gewesen. Hierzu fehlten jedoch die Voraussetzungen. Selbst in der schweren Krise unmittelbar nach dem Sturz der „Vierhundert" wäre ein Verzichtfrieden für die Athener nicht verhandlungsfähig gewesen. Es gab keine moderne „Reisediplomatie" mit Friedensvermittlern, die ständig zwischen den Kontrahenten hin- und herreisen, um Schritt für Schritt einen Frieden auszuhandeln (der sich dann freilich oft genug als wenig tragfähig erweist). Es wäre sicherlich verfehlt, im Sinne der Überlieferung die Schuld am Scheitern der spartanischen Friedensmission der angeblichen Demagogie des Atheners Kleophon zuzuweisen, der in den Quellen als „Leiermacher" von niederer Herkunft und geringer Bildung diffamiert wird und als radikaler Demokrat gilt.[300] Diese Klassifizierung ist freilich keine klare Statusbeschreibung. Kleophon war weder ein unbemittelter Handwerker noch ein Repräsentant niederer Schichten der Theten. Sein Vater Kleippides war 429/28 athenischer Strategos,[301] und möglicherweise hatte auch Kleophon selbst dieses Amt ausgeübt. Jedenfalls war er Mitglied der im Peloponnesischen Krieg konstituierten außerordentlichen Finanzkommission der Poristai („Beschaffer"), deren Kompetenzen nach der Katastrophe in Sizilien erweitert worden waren, indem man ihnen die Aufgabe übertrug, Geldmittel zur Deckung der öffentlichen Ausgaben zu beschaffen. Sein Handwerksbetrieb mit einer Reihe von unfreien Arbeitern dürfte ihm die erforderliche wirtschaftliche Basis für seine politischen Aktivitäten geboten haben, so daß er nicht der bürgerlichen Unterschicht zuzuordnen ist, ganz davon abgesehen, daß der moderne Begriff des politischen Radikalismus der Mentalität und der politischen Vorstellungswelt athenischer Theten nicht adäquat erscheint. Der verschwommene Begriff der sogenannten radikalen Demokratie ist als Chiffre für die klassische athenische Polisordnung jedenfalls ungeeignet.

Im übrigen hat nach der Darstellung Diodors (13,53,1) nicht nur Kleophon die Ablehnung des spartanischen Friedensangebotes befürwortet. Die Opponenten Kleophons bezeichnet Diodor zwar als die vortrefflichsten (bzw. angesehensten und vernünftigsten) Bürger, doch wird hiermit keine bestimmte politische Richtung oder soziologisch exakt zu definierende Schicht innerhalb der athenischen Polisgemeinschaft bezeichnet. Zu beachten ist, daß Diodors Urteil auf dem Werk des Ephoros basiert, der jene Ereignisse aus der Sicht des vierten Jahrhunderts geschildert hat. Daß das spartanische Angebot in Athen unterschiedlich bewertet wurde, ist nicht zu bezweifeln. Wir kennen aber nicht die Repräsentanten einer damaligen „Friedensströmung" in Athen. Andererseits lassen sich diejenigen Athener, die das spartanische Angebot von vornherein ablehnten bzw. in den Diskussionen für eine Ablehnung gewonnen werden konnten, nicht ohne weiteres den unteren Schichten der Bürgerschaft zuordnen. Auch in den schweren Krisen vor und während des sogenannten oligarchischen Putsches 411 plädierten – wie gesagt – Repräsentanten der athenischen Oberschicht entschieden für die Fortsetzung des Kampfes zur Wahrung der uneingeschränkten athenischen Herrschaft im Seebund, und eben dieses Ziel wäre auf der Grundlage des spartanischen Angebotes nach der Schlacht bei Kyzikos aus athenischer Sicht nicht erreicht worden. Es bestand vor allem auch tiefes Mißtrauen gegenüber den Spartanern.[302] Ein neuer Krieg konnte nicht ausgeschlossen werden, in den dann die Athener unter ungünstigsten Bedingungen eingetreten wären, wenn sie nach Kyzikos den von Sparta vorgeschlagenen Vertrag akzeptiert und auf wichtige Teile ihres alten Machtbereichs verzichtet hätten. Kleophon hat zweifellos in den Diskussionen über diese Fragen nicht nur in der bürgerlichen Unterschicht der Theten Zustimmung gefunden. Breitere Kreise der Bürgerschaft waren damals mit neuer Siegeszuversicht erfüllt und vertrauten auf Alkibiades, von dem damals offensichtlich große Führungskraft erwartet wurde (Diod. 13,53,4).

Das spartanische Angebot wurde etwa im Mai 410 abgelehnt. Zu Beginn des neuen Amtsjahres Anfang Juni bestand wieder die alte Ordnung, gegen die sich der Putsch der „Vierhundert" gerichtet hatte. Trotz der skizzierten Bedenken gegen Diodors Darstellung der innerathenischen Kontroversen in den Diskussionen über den spartanischen Vorschlag ist anzunehmen, daß jene Debatten nicht nur vor Angehörigen der ersten drei solonischen Zensusklassen oder gar nur vor Repräsentanten einer Großgruppe von 5000 ausdrücklich als Vollbürger anerkannten Athenern stattgefunden haben. Falls der Bericht Diodors Rückschlüsse auf die Zusammensetzung der damaligen Ekklesia erlaubt, kann es sich nur um eine Vollversammlung des gesamten Demos gehandelt haben. Zweifellos ist den Theten der Zugang nicht verwehrt und das Recht der Abstimmung in der Ekklesia nicht auf die sogenannten Waffenfähigen beschränkt worden.[303]

Ein regelrechter Beschluß zur Wiederherstellung der Demokratie ist nicht eindeutig überliefert.[304] Es gab aber im Juli 410 wieder einen durch Auslosung konstituierten Rat der Fünfhundert[305] sowie Gerichtshöfe der Heliaia, von denen in der Folgezeit Repräsentanten des Regimes der Vierhundert verurteilt wurden.[306] Bereits in der ersten Prytanie des neuen Amtsjahres wurde durch Volksbeschluß bestimmt, daß alle künftigen Feinde der Demokratie vogelfrei seien und ihr Besitz konfisziert werden sollte.[307] Eine in die Zukunft weisende Maßnahme war die Wahl einer Kommission von „Gesetzesaufzeichnern" *(Anagrapheis)*, die alle geltenden Bestimmungen des privaten, öffentlichen und sakralen Rechtes sammeln und neu publizieren sollten.[308] Ein bedeutendes Dokument ihrer Tätigkeit liegt in einer fragmentarisch erhaltenen inschriftlichen Aufzeichnung des drakontischen Gesetzes zur Ahndung von Tötungsdelikten vor.[309] Der Text wurde in der redigierten Fassung 409/08 publiziert. Die Arbeit der *Anagrapheis* war bis zum Ende des Kriegs noch nicht abgeschlossen und wurde nach dem Sturz der „Dreißig" fortgesetzt und zu Ende geführt. Von diesen *Anagrapheis* sind die *Syngrapheis* („Verfasser von Gesetzesvorschlägen") zu differenzieren, die Vorlagen für neue Gesetze ausarbeiten sollten und insonderheit mit dieser Aufgabe betraut wurden, wenn es sich um eine diffizile Materie handelte. So wurde z. B. das Gesetz zur Bestrafung von Feinden der Demokratie von einem Syngrapheus vorbereitet. Des weiteren wurden nach Wiederherstellung der traditionellen Demokratie die Kompetenzen des Rates neu geregelt. Seine Befugnisse im Fall von Geldstrafen wurden offenbar auf die Verhängung von Bußen bis 500 Drachmen beschränkt.[310] Insgesamt gesehen wurde das 411 außer Kraft gesetzte Prinzip der Unterordnung der Boulé unter die Ekklesia wieder zur Geltung gebracht. In den großen Rahmen der Absicherung des demokratischen Systems gehören auch Bestimmungen über eine neue Sitzordnung im Rat, durch die Gruppenbildungen und Manipulationen der Meinungsbildung in diesem Gremium unterbunden werden sollten (Philochoros FgrHist 328 F 140). Jedem Ratsmitglied wurde fortan zu Beginn des Amtsjahres ein bestimmter Sitz durch Auslosung zugewiesen.

Die athenische Demokratie befand sich mit diesen Maßnahmen in gewisser Weise schon auf dem Weg ins vierte Jahrhundert, in dem sie ihre eigentliche Vollendung durch Perfektionierung der Kontrollmechanismen und eine breite Lagerung der Verantwortung erfahren hat. Unter den Bedingungen des Krieges gewannen aber die Bemühungen um eine stärkere Sicherung der Demokratie nach dem Regime der „Vierhundert" eine spezifische Eigendynamik, die verschiedene Maßnahmen zur Optimierung des demokratischen Systems ins Gegenteil umschlagen und die späte Abrechnung mit den „Vierhundert" und ihren Anhängern zu einem schweren innenpolitischen Erbe werden ließ. In der Zeit der „Fünftausend" waren nur die Hauptakteure des oligarchischen Regimes abgeurteilt worden, soweit sie sich nicht in Sicherheit gebracht hatten. Nach dem Ende des Systems der „Fünftausend" aber gab es eine regelrechte Prozeßflut.[311] Auch zahlreiche Mitläufer der „Vierhundert" waren Verfolgungen durch übles Denunziantentum der sogenannten Sykophanten ausgesetzt, so daß in Athen gespottet wurde, das Regime der „Vierhundert" habe offenbar aus 1000 Herrschaftsträgern bestanden. Jener Verfolgungseifer erklärt sich primär aus einem verbreiteten Mißtrauen gegen innere Gegner oder auch vermeintliche Feinde der Demokratie. Manche Kläger, die glaubten, bestimmten Oligarchen das Handwerk legen zu müssen, wollten nicht zuletzt auch sich selbst als vertrauenswürdig erweisen. Der Redner Lysias (25,25) trifft sicherlich das Richtige, wenn er darauf hinweist, daß Ankläger die kritische Lage des Gemeinwesens zu ihrem eigenen Vorteil auszunutzen wußten. Er klagt hiermit Figuren an, wie sie bei jeder politischen Wende in Erscheinung treten. Dennoch war im Vergleich mit der Vertreibung und Tötung politischer Gegner nach Bürgerkriegen in anderen Poleis die Reaktion der restaurierten athenischen Demokratie auf den Terror der „Vierhundert" nicht maßlos. Es gab keine Kollektivstrafen, sondern jeweils Prozesse aufgrund bestimmter Vergehen.

Eine schwere Hypothek für die wiederhergestellte Demokratie waren die anhaltenden finanziellen Belastungen des Gemeinwesens und der Bürger. Die Staatskasse war praktisch leer. Inschriftlich erhaltene Abrechnungen der Schatzmeister der Athena 410/09 lassen darauf schließen, daß nur noch laufende Einnahmen zur Verfügung standen.[312] Hiervon mußten nach Wiederherstellung der Demokratie die Zahlungen an Bouleuten, Geschworene und andere Funktionsträger bestritten werden, damit alle öffentlichen Aufgaben erfüllt werden konnten. Schwer getroffen war vor allem die Landbevölkerung. Infolge der weiterhin von der spartanischen Besatzung in Dekeleia ausgehenden Bedrohung war zweifellos eine Reihe von Bürgern gezwungen, Grundstücke auf dem Lande aufzugeben und Schutz in der „Festung Athen" zu suchen. Dies führte zu zunehmender Verarmung vieler Bürger. Zur Linderung ihrer Not wurde vermutlich die sogenannte Diobelie 410 eingeführt, eine Zahlung von zwei Obolen täglich als Existenzminimum für Bürger, die durch das Kriegsgeschehen in Not geraten waren.[313] Um die leeren Kassen für die Zahlung der Diobelie und für militärische Ausgaben zu füllen, wurde 410 vermutlich auch wieder Tribut von athenischer Seite eingefordert.[314] Hiermit ist offenbar die Verdoppelung der Zahl der Hellenotamiai (von zehn auf zwanzig) zu verbinden. Sie übernahmen nunmehr auch die Aufgaben der Kolakretai, die bislang als „Kassenverwalter" fungiert hatten. Des weiteren wurden allem Anschein nach die oberen Schichten der Bürgerschaft je nach Vermögenslage wieder zu einer direkten Kriegssteuer (Eisphora) herangezogen.[315] Daß generell die Belastung für Teile der Oberschicht erheblich war, ist aus der Einführung der Syntrierarchie in der Anfangsphase der restaurierten Demokratie zu erschließen. Die Kosten, die den relativ wohlhabenden Bürgern durch die Pflicht zur Instandhaltung einer Triere jeweils für den Zeitraum eines Jahres erwuchsen, wurden nunmehr auf zwei Personen verteilt.

Hingegen war die Wiederaufnahme und Vollendung der Arbeiten am Erechtheion 409–406 v. Chr. weder ein Sozialprogramm noch eine Arbeitsbeschaffungsmaßnahme. Im Jahre 408/07 hatten nach den inschriftlich erhaltenen Abrechnungen von etwa 100 namentlich genannten Arbeitern und Handwerkern, die dort beschäftigt waren, nur 20 das athenische Bürgerrecht.[316] Die übrigen waren Metoiken und Sklaven. Die Kosten für die Bauarbeiten hielten sich dementsprechend in Grenzen. Soziale Not konnte auf diese Weise nicht auf breiter Basis gelindert werden, zumal vor allem Spezialisten benötigt wurden. Ein Teil des Erechtheion war für die Verehrung der Athena Polias bestimmt, der Schutzgöttin Athens, deren Gunst die Bürgerschaft der wiederhergestellten Demokratie sich mit einem Akt der Pietät gegenüber ihrem Kultraum nach den Wechselfällen des Krieges sichern wollte.[317] Vermutlich war dies aus der Sicht einer großen Mehrheit der Bürger nicht zuletzt eine notwendige Konsequenz der Ablehnung des spartanischen Friedensangebotes nach der Schlacht bei Kyzikos.

Die Aussichten auf einen Siegfrieden schienen im Sommer 410 keineswegs schlecht zu sein. Im Juli war ein neuer Vorstoß des Agis vor den Mauern von Athen gescheitert, nachdem Thrasyllos in rascher Gegenaktion eine athenische Eingreiftruppe am Lykeion postiert hatte. Die weiteren militärischen Anstrengungen der Athener mußten nach Lage der Dinge der vollen Wiederherstellung der Herrschaft über Ionien und über die Seewege gelten. Die Aktionen liefen indes nur allmählich an. Erst 409 begann eine größere Operation in Ionien unter Führung des Thrasyllos. Bis dahin mußten die Athener mehrere Rückschläge hinnehmen. Bereits vor der Wiederherstellung der Demokratie in Athen hatten sich im Winter 411/10 oligarchische Parteigänger Spartas in Kerkyra gegen die dortigen Anführer des Demos erhoben, die als Garanten des Bündnisses mit Athen galten (Diod. 13,48). Trotz der Intervention des athenischen Strategen Konon von seinem Stützpunkt in Naupaktos aus kam es zum Vergleich zwischen den beiden Bürgerkriegsparteien. Dies hatte zur Folge, daß Kerkyra fortan neutral blieb und Athen hierdurch einen wichtigen Stützpunkt im Westen an der Route nach Unteritalien verlor. Im Winter 410/09 büßten die Athener einen weiteren strategisch wichtigen Stützpunkt im Westen ein, als die Besatzung in Pylos kapitulieren mußte (Diod. 13,64,5–7). Härter noch war für Athen der Verlust des Hafens Nisaia am Saronischen Golf durch eine überraschende Aktion der Megarer im Sommer 409 (Diod. 13,65,1–2).

Noch weitreichendere Folgen hatte aber zweifellos die längere athenische Inaktivität in den für die Polis strategisch wichtigsten Gebieten an den Meerengen und in Ionien nach der Schlacht bei Kyzikos. Dies ist sicherlich vor allem mit der schwierigen Finanzlage zu erklären.[318] Für die genannte Expedition des Thrasyllos nach Ionien 409 v. Chr.

wurde jedenfalls eine längere Anlaufzeit benötigt. Thrasyllos sollte dort mit einer starken Streitmacht[319] eine Vorentscheidung des Krieges erzwingen und sodann die Verbände am Hellespont unter Alkibiades und Theramenes verstärken. Er konnte zwar Kolophon zurückgewinnen und beträchtliche Beute machen, scheiterte aber vor Ephesos und verfehlte damit das Hauptziel der Unternehmung. Zudem verlor er etwa 400 Hopliten. Dennoch führte er der athenischen Streitmacht am Hellespont ein beträchtliches neues Kontingent zu, als er im November oder Dezember die Dardanellen erreichte (Xen. Hell. 1,2,6–13).

Im folgenden Jahr (408 v. Chr.) konnten die Athener Kalchedon, Selymbria und Byzantion einnehmen. Abydos befand sich zwar noch im Besitz peloponnesischer Streitkräfte, doch eröffnete sich nunmehr für Alkibiades, der an den Erfolgen am Bosporos maßgeblichen Anteil hatte, die Möglichkeit der Rückkehr nach Athen. Am Plynterienfest im Juni 407 hielt er dort einen triumphalen Einzug (Xen. Hell. 1,4,8–20). Er erhielt Straffreiheit, wurde voll rehabilitiert und wurde zum bevollmächtigten Strategen ernannt. Der überschwengliche Empfang eines Landesverräters durch große Teile der athenischen Bürgerschaft ist schwer nachzuvollziehen und nur mit der damaligen Kriegslage zu erklären, weil man ihm – wie gesagt – durchschlagende militärische Erfolge zutraute.[320] Er wurde aber wie kein anderer seiner Zeitgenossen maßlos überschätzt. Allerdings schien er zunächst die Erwartungen erfüllen zu können, als er dafür sorgte, daß erstmals nach der Stationierung peloponnesischer Truppen bei Dekeleia die Prozession am großen Mysterienfest im September (etwa Mitte des attischen Monats Boedromion) unter dem Schutz von Truppen nach traditioneller Weise auf der „heiligen Straße" nach Eleusis ziehen konnte. Die Aktion war freilich nicht zuletzt auch ein Akt der Selbstdarstellung des Alkibiades, der hierdurch in spektakulärer Weise Wiedergutmachung leisten wollte, nachdem er 415 wegen Verhöhnung der Mysterien angeklagt worden war. Insofern erreichte Alkibiades mit der Prozession nach Eleusis durchaus sein Ziel (Xen. Hell. 1,4,20; Diod. 13,69,3). Sie war zugleich eine militärisch gelungene Aktion, erweckte gerade hierdurch aber auch übertriebene Hoffnungen und Erwartungen, die Alkibiades gar nicht erfüllen konnte. Seine Stärke war die Rhetorik, nicht aber die militärische Planung.

Nach Lage der Dinge waren die damaligen strategischen Ziele freilich vorgegeben. Die Verbindungslinien zum Schwarzmeergebiet waren zwar insgesamt gesehen wieder unter athenischer Kontrolle, doch befanden sich bedeutende Teile der kleinasiatischen Westküste und einige wichtige Ägäisinseln nach wie vor im Machtbereich der Gegenseite.[321] Alkibiades verließ erst etwa im Oktober 407 mit 100 Trieren sowie 1500 Hopliten und 150 Reitern Athen (Xen. Hell. 1,4,21), um von Samos und später von Notion aus die inzwischen in Ephesos stationierte peloponnesische Flotte (Xen. Hell. 1,5,1) zum Kampf zu stellen. Der amtierende spartanische Nauarch Lysander ging jedoch das Risiko einer Seeschlacht gegen die qualitativ und quantitativ überlegene athenische Streitmacht nicht ein (Hell. Xen. 1,5,10; Diod. 13,70,2).[322]

Inzwischen hatte sich die politische Großlage erneut verändert. Bereits im Frühjahr 407 war eine athenische Gesandtschaft in Begleitung und damit auch unter dem Schutz des Pharnabazos auf dem Weg zum Großkönig einer spartanischen Mission begegnet, die sich auf dem Rückweg vom persischen Königshof zur Küste befand und im Gespräch mit den Athenern behauptete, Dareios habe die Wünsche der Spartaner in allen Punkten erfüllt (Xen. Hell. 1,4,2). Die spartanischen Gesandten wurden damals begleitet von dem Prinzen Kyros, dem jüngeren der beiden persischen Königssöhne, den Dareios zum Karanos (Oberbefehlshaber) der gesamten persischen Truppen an der kleinasiatischen Westküste sowie zum Satrapen von Lydien, Großphrygien und Kappadokien ernannt hatte mit der Weisung, Sparta im Krieg gegen Athen kräftig zu unterstützen und drei Obolen täglich (eine halbe Drachme) an jeden Ruderer der peloponnesischen Flotte auszahlen zu lassen, ohne daß die Zahl der Trieren von vornherein vertraglich begrenzt sein sollte.[323] Hierfür wurden ihm 500 Talente zur Verfügung gestellt (Xen. Hell. 1,5,3). Damalige Abmachungen zwischen Sparta und dem Großkönig über kleinasiatische Griechenstädte sind nicht überliefert. Nachrichten über spätere Verhandlungen lassen vermuten, daß jene Poleis „autonom" sein, aber gewisse finanzielle Verpflichtungen gegenüber dem Perserkönig erfüllen sollten.[324] Kyros verlangte von Pharnabazos die Auslieferung der athenischen Gesandten, um zu verhindern, daß Informationen über den neuen Kurs der persischen Politik nach Athen gelangten. Pharnabazos widersetzte sich dem Auslieferungsbefehl, sah sich aber gezwungen, die Gesandten drei Jahre zu internieren (Xen. Hell. 1,4,5–7). Die Entscheidung am persischen Hof, einen Kurswechsel vorzunehmen, ist zweifellos aufgrund der Wiedererstarkung Athens nach der Schlacht bei Kyzikos gefallen. Die Konzeption des Tissaphernes, ein Gleichgewicht zwischen Sparta und Persien herzustellen, war damit erledigt. Lysander erkannte die Gunst der Stunde und suchte Kyros im Winter 407/06 in dessen Residenz in Sardeis auf. Er überredete ihn mit großem Geschick, für jeden Ruderer der peloponnesischen Flotte den Sold von drei auf vier Obolen zu erhöhen (Xen. Hell. 1,5,1–7; Diod. 13,70,3). Durch höheren Sold sollten Ruderer von den Trieren der Athener abgeworben werden, die inzwischen zahlreiche Söldner einsetzen mußten und nur drei Obolen Tagessold zahlen konnten.

Etwa Anfang 406 (spätestens im Februar) traf Alkibiades eine folgenschwere Fehlentscheidung. Er übertrug das Kommando über die Flotte in Notion seinem Kybernetes („Steuermann") Antiochos, um selbst Thrasybulos unterstützen zu können, der bei der Belagerung von Phokaia bis dahin keine Erfolge aufzuweisen hatte. Alkibiades entschloß sich zu dieser Maßnahme, um den damaligen Stillstand in der Kriegführung zu überwinden und das Gesetz des Handelns an sich zu reißen. Antiochos war kein einfacher Steuermann, sondern Vertrauter des Alkibiades, der offenbar aufgrund der Vollmachten, die er als Strategos erhalten hatte, das Recht in Anspruch nahm, nach eigenem Ermessen einen Stellvertreter zu ernennen.[325] In Athen beurteilte man freilich später die „Rechtslage" anders und sah in dieser Maßnahme des Alkibiades eine Überschreitung seiner Kompetenzen. Alkibiades hatte allerdings seinem „Stellvertreter" Weisung erteilt, auf keinen Fall kampfbereit mit der eigenen Flotte an die feindlichen Geschwader heranzufahren. Lysander sollte also regelrecht blockiert und in die Defensive gedrängt werden, während Alkibiades weitere Poleis nördlich von Ephesos zu gewinnen hoffte. Antiochos hielt sich aber nicht an diese Order und wollte durch ein Täuschungsmanöver mit zwei Trieren einige peloponnesische Schiffe aus dem Hafen von Ephesos herauslocken, um sie dann mit acht eigenen Einheiten, die er außerhalb des Hafens postiert hatte, zum Kampf zu stellen und zu vernichten. Lysander griff jedoch mit drei Einheiten überraschend schnell an. Als daraufhin jene acht athenischen Trieren in den Kampf eingriffen, ließ Lysander seine gesamte Flotte auslaufen. Das athenische Gros in Notion war nicht gefechtsbereit, wurde aber dennoch in aller Eile seeklar gemacht. Die Athener verloren in dem sich entwickelnden Kampf insgesamt 22 Trieren und mußten sich nach Notion zurückziehen.[326] Wahrscheinlich fuhren sie von dort aus einige Tage später nach Samos. Alkibiades versuchte zu retten, was zu retten war, als er bald darauf gleichfalls in Samos eintraf und seiner Flotte einen Teil des Geschwaders des Thrasybulos zuführte. Er wollte eine neue Seeschlacht erzwingen, doch ließ sich Lysander durch den Aufmarsch der athenischen Einheiten vor Ephesos nicht provozieren.

Militärisch gesehen war die Schlacht bei Notion keine Katastrophe für die Athener, die weiterhin die Seeherrschaft ausübten, doch wog der Verlust von 22 Trieren mit ihren Besatzungen in dieser entscheidenden Phase des Krieges überaus schwer. So gaben wohl kaum nur enttäuschte Erwartungen, sondern auch Schmerz und Trauer den Ausschlag, als die Wogen der Empörung in Athen hochschlugen. Alkibiades wurde entweder bei der nächsten Strategenwahl nicht wiedergewählt oder aber unmittelbar nach der Schlacht bei Notion seines Amtes enthoben und durch Konon ersetzt.[327] Jedenfalls war in Athen eine breite Mehrheit der an Volksversammlungen mehr oder weniger regelmäßig teilnehmenden Bürger der Auffassung, daß Alkibiades nicht pflichtgemäß handelte, weil er die Flotte nicht verlassen durfte.[328]

Konon sah sich mit großen Schwierigkeiten konfrontiert, als er das Kommando in Samos übernahm. Viele angeworbene Ruderer waren aus Protest gegen den geringen Sold bereits desertiert, so daß Konon gezwungen war, den Bestand seiner Flotte von 115 auf 70 Trieren zu reduzieren und durch Beutezüge im feindlichen Machtbereich Mittel für den Unterhalt seiner Mannschaften zu beschaffen (Xen. Hell. 1,5,18–20). In dieser Zeit vermied Lysander weiterhin größere Kämpfe mit athenischen Geschwadern, festigte aber die von ihm schon früher organisierte spartafreundliche „oligarchische“ Anhängerschaft in ionischen Poleis, die von Athen abgefallen waren.[329] Diese Gefolgsleute bildeten für ihn eine wichtige Stütze für seine eigenen politischen Ziele, als er noch im Frühjahr 406 das Kommando als Nauarch, das turnusmäßig bereits im Herbst 407 abgelaufen war, seinem Nachfolger Kallikratidas übergeben mußte. Lysander war bestrebt, langfristig eine starke Position in Sparta zu gewinnen. Seine Pläne zielten wohl damals schon darauf ab, im Fall eines Sieges über Athen eine hegemoniale Symmachie seiner Polis über weite Teile der griechischen Welt zu errichten und ein derartiges System durch Parteigänger Spartas abzusichern, die ihm selbst persönlich verpflichtet sein sollten. Das Nahziel war freilich, durch dieses Netz persönlicher Beziehungen eine optimale Koordinierung seiner Maßnahmen zur Stärkung der Kampfkraft der ihm unterstellten Verbände zu erreichen. Aufgrund der spartanischen Praxis mußte er allerdings damit rechnen, nach dem regulären Ende seiner Amtszeit als Nauarch abgelöst zu werden. Daß er sich hiermit nur schwer abfinden konnte, zeigen seine an Hochverrat grenzenden Intrigen gegen seinen Nachfolger Kallikratidas,[330] der sich indes hierdurch nicht beeindrucken ließ, sich rasch Autorität verschaffte und sofort die

Initiative an sich riß.[331] Es gelang ihm, bis Lesbos vorzustoßen, wo er mit seiner zahlenmäßig weit überlegenen Flotte von 140 Trieren vor Mytilene die 70 Trieren Konons zum Kampf stellte. Nach Verlust von 30 Trieren wurde Konon mit den restlichen 40 Einheiten in Mytilene eingeschlossen. Ein weiteres athenisches Geschwader wurde bei dem Versuch, den Blockadering zu durchbrechen, nahezu vollständig vernichtet. Nur mit Mühe konnte Konon noch Meldung nach Athen absetzen (Xen. Hell. 1,6,12–23; Diod. 13,76,1–79,7). Dort mußten nunmehr ungewöhnliche Maßnahmen ergriffen werden. Auf Volksbeschluß wurden 110 Trieren ausgerüstet, die als Reserve noch zur Verfügung standen. Zur Bemannung dieser Einheiten wurden wehrfähige Bürger aller Zensusklassen und Metoiken aufgeboten. Darüber hinaus mußten auch Sklaven, denen die Freilassung in Aussicht gestellt wurde, in größerer Zahl zum Ruderdienst herangezogen werden.[332] Die Rudermannschaften waren zum Teil unerfahren und entsprachen nicht dem üblichen Standard des athenischen Flottenpersonals. Ihre Leistungsfähigkeit wurde aber auf der Fahrt ins Einsatzgebiet in der zweiten Julihälfte durch konsequentes Training erheblich gesteigert. Nicht weniger als acht Strategen befehligten dieses letzte Aufgebot der Athener, das in Samos durch 10 samische Trieren sowie durch mehr als 30 weitere Einheiten verstärkt wurde. Es handelte sich um Schiffe verbündeter Poleis sowie um athenische Trieren, die von anderen Kriegsschauplätzen abgezogen worden waren. Kallikratidas konnte dieser Streitmacht nur 120 Trieren entgegenstellen, da er 50 Einheiten unter Eteonikos zur Blockade Konons vor Mytilene zurücklassen mußte (Xen. Hell. 1,6,25–26). Er erwartete etwa Anfang August die athenische Flotte bei Kap Malea an der Südostspitze von Lesbos, während die Athener 15 km entfernt bei den Arginusen-Inseln vor dem kleinasiatischen Festland gegenüber von Lesbos vor Anker gingen. Der Plan des Kallikratidas, die athenische Flotte noch vor Tagesanbruch überraschend anzugreifen, scheiterte infolge aufkommender Sturmböen. Als das Unwetter nachließ, suchten beide Seiten noch am selben Tag die Entscheidung. Kallikratidas fiel im Verlauf des Kampfes, der sich bis zum Nachmittag hinzog und mit einem athenischen Sieg – dem letzten in diesem Krieg – endete. Über 70 peloponnesische Schiffe waren gesunken. Aber auch die Athener hatten 25 Trieren verloren, deren Besatzungen zum Teil noch auf den Wracks oder auf Schiffstrümmern im Meer trieben (Xen. Hell. 1,6,27–34; Diod. 13,97–100,4). Nach der Schlacht kam es im athenischen Strategenrat zu Diskussionen über die nunmehr erforderlichen Maßnahmen. Während Diomedon vorschlug, mit der gesamten Flotte die Schiffbrüchigen zu suchen und aufzunehmen, empfahl sein Kollege Erasinides, sofort Mytilene anzusteuern und dort die Geschwader des Eteonikos zu überraschen. Man einigte sich auf den Vorschlag des Thrasyllos, die Flotte zu teilen und sowohl die Schiffbrüchigen zu retten als auch die feindliche Flotte in Mytilene anzugreifen. Erneut aufkommender Sturm verhinderte aber die beiden geplanten Aktionen. Eteonikos entkam mit seinen Einheiten, Konon konnte nach Aufhebung der Blockade die siegreiche „Arginusenflotte" verstärken (Xen. Hell. 1,6,35–38).

Der große athenische Erfolg hatte ein tragisches Nachspiel. Die Siegesfreude in Athen wurde überschattet von der Trauer über die hohen eigenen Verluste. Empörung kam auf über das Verhalten der Strategen nach der Schlacht. Man warf ihnen vor, nicht die notwendigen Maßnahmen zur Rettung der Schiffbrüchigen ergriffen zu haben. In dieser Stimmungslage entstand eine emotionsgeladene politische Atmosphäre in Athen, die zum sogenannten Arginusenprozeß führte, in dem die Ekklesia als Gericht fungierte und alle acht Strategen der siegreichen Flotte zum Tode verurteilte.[333] Dieser Prozeß gilt vielfach als Musterbeispiel eines Justizskandals mit großen Verfahrensmängeln, an denen man exemplarisch Defizite demokratischer Praxis im antiken Athen und die hieraus resultierenden Möglichkeiten der Manipulierung von Entscheidungen in Massenversammlungen aufzuzeigen sucht. Das Verfahren wurde freilich zögernd eröffnet. Die acht Strategen suchten einer Anklage zu entgehen, indem sie planten, in einem Schreiben an den Rat und an den Demos alle Schuld auf die damaligen Trierarchen Thrasybulos und Theramenes abzuwälzen, die den Auftrag zur Rettung der Schiffbrüchigen erhalten hatten, wegen des erwähnten Sturmes aber nicht ausgelaufen waren. Der Brief wurde jedoch nicht abgeschickt, als zwei Strategen (Perikles und Diomedon) Einspruch erhoben, weil sie heftige Reaktionen der beiden beschuldigten einflußreichen Männer befürchteten. Theramenes und Thrasybulos agierten trotzdem im Verein mit anderen Rednern gegen die Strategen und erreichten, daß sie mit Ausnahme Konons abgesetzt wurden. Als neue Strategen wurden zunächst nur Adeimantos und Philokles nachgewählt. Zwei der abgesetzten Strategen flüchteten, die übrigen sechs kehrten nach Athen zurück. Von ihnen wurde zunächst Erasinides, der für kompromißlose Verfolgung der geschlagenen Feindflotte eingetreten war, wegen angeblicher Veruntreuung öffentlicher Gelder und dann auch wegen seiner Amtsführung vor und während der Arginusenschlacht angeklagt und inhaftiert. Bald darauf wurden auch die anderen Strategen, die sich vor dem Rat zu rechtfertigen suchten, beschuldigt und in Haft genommen. Wahrscheinlich handelte es sich um eine Eisangelieklage, die in diesem Fall wegen fehlerhafter Amtsführung angestrengt wurde.[334] Obwohl in dem Verfahren vor der Ekklesia den Angeklagten nicht die gesetzlich vorgeschriebene Redezeit zur Verteidigung zugestanden wurde, konnten sie die Versammlungsteilnehmer mit dem Argument überzeugen, daß eine Rettung der Schiffbrüchigen unmöglich gewesen sei. Infolge einbrechender Dunkelheit konnte jedoch eine Abstimmung durch Handzeichen nicht mehr stattfinden. Bis zum nächsten Termin vor der Ekklesia sollte der Rat einen Vorschlag zum Ablauf des Verfahrens vorlegen, das aber erst nach der Apaturienfeier weitergeführt werden konnte. An diesem dreitägigen großen Fest der Phratrien trafen sich nach attischem Brauch stets zahlreiche Athener mit ihren Verwandten. Theramenes und seine Anhänger nutzten die Möglichkeit, eine Reihe von Bürgern zu überreden, an den Tagen der diesjährigen Feier in Trauerkleidung aufzutreten und vorzugeben, Angehörige der nach der Arginusenschlacht ertrunkenen Schiffbrüchigen zu sein. Sie setzten ihre Intrigen fort, indem sie einen gewissen Kallixenos veranlaßten, im Rat den Antrag zu stellen, die Bürger sollten in der Ekklesia nach Phylen geordnet mit dem Stimmstein über Schuld oder Unschuld der Strategen urteilen. Hierfür sollten zwei Urnen aufgestellt werden, so daß jeder Bürger sichtbar sein Urteil abzugeben habe. Im Fall eines Schuldspruchs sollten die Angeklagten sofort hingerichtet und ihr Besitz konfisziert werden. Der Antrag wurde vom Rat angenommen und in dieser Form als Probouleuma (Vorbeschluß des Rates) vor die Volksversammlung gebracht. Als dann vor der entscheidenden Abstimmung in der Ekklesia ein gewisser Euryptolemos und einige andere Versammlungsteilnehmer auf die fehlende gesetzliche Grundlage des Antrages hinwiesen und eine Klage wegen Gesetzwidrigkeit *(Graphè Paranómon)* gegen Kallixenos beantragten, wurde diese neue Wende von einer Minderheit begrüßt, doch schrie die Mehrheit unter Berufung auf die Entscheidungsfreiheit des Demos Euryptolemos und seine Anhänger nieder und zwang sie unter Androhung der Todesstrafe, kein Verfahren gegen Kallixenos einzuleiten. In dieser Situation weigerten sich einige Prytanen, den Antrag des Kallixenos zur Abstimmung zu bringen. Sie wurden aber ebenfalls durch Strafandrohung gezwungen, das „Verfahren" gegen die Strategen fortzusetzen. Nur Sokrates, der in dieser Zeit zufällig Prytane war, wich nicht zurück und erklärte, er werde sich an die Gesetze halten. Daraufhin soll nach der Darstellung Xenophons Hell. 1,7,34 Euryptolemos unter Berufung auf einen früher von einem gewissen Kannonos beantragten Volksbeschluß einen neuen Antrag auf Durchführung eines ordnungsgemäßen Prozesses gestellt haben. Nach diesem Psephisma des Kannonos mußte über die Schuld eines jeden Angeklagten jeweils in einem gesonderten Verfahren entschieden werden. Hierbei waren die bestehenden Bestimmungen für die Verfahrensregeln zu beachten und dementsprechend auch die vorgeschriebenen Zeiten für die Anklage und die Verteidigung einzuhalten. Euryptolemos erhielt für seinen Antrag nunmehr eine Mehrheit, doch scheint dann wiederum von anderer Seite eine Verfahrensklage erhoben worden zu sein. Es gab jedenfalls noch eine zweite Klage, die dazu führte, daß die Strategen zum Tode verurteilt und (soweit sie in Athen waren) hingerichtet wurden.

Ob der von Euryptolemos angeführte Volksbeschluß des Kannonos in diesem Fall anwendbar war, bleibt indes dahingestellt, da die Strategen einen gemeinsamen Beschluß zur Teilung der Flotte gefaßt und dies auch in ihrer kurzen Verteidigungsrede beim ersten Prozeßtermin zum Ausdruck gebracht hatten.[335] Nicht weniger schwierig ist das von Euryptolemos stark akzentuierte Problem der Ungesetzlichkeit des Verfahrens. Euryptolemos forderte nach Xenophon, den Prozeß „nach dem Gesetz" zu führen. Athen besaß aber bekanntlich weder eine geschriebene Verfassung noch ein schriftlich fixiertes Strafrecht, das alle Straftatbestände erfaßt hätte. Zudem konnten Delikte, die in die Strafgesetze der Polis Athen irgendwann Aufnahme gefunden hatten, strafrechtlich durchaus unterschiedlich behandelt werden, da es unterschiedliche Klageformen zur Ahnung gleichartiger Straftaten gab.[336] Unklarheiten ergaben sich nicht zuletzt aus der Praxis, neue Prozeßformen und Strafen zu beschließen, ohne daß damit ältere Normen und Verfahrensweisen ausdrücklich für ungültig erklärt worden wären. Die Unterschiede im Verfahren und im Strafmaß sind sicherlich letztlich darauf zurückzuführen, daß keine lückenlose Kodifikation und Verfahrensregelung existierten. Anzuerkennen ist aber, daß die athenische Demokratie durchaus bestrebt war, den Dikasterien und der Volksversammlung ein brauchbares Instrumentarium zur routinemäßigen Überprüfung der Magistrate und zur Verhinderung von Amtsmißbrauch zur Verfügung zu stellen. Dies führte allerdings auch im Laufe der Zeit – wie gesagt – zu unterschiedlichen Regelungen zur Verfolgung und Bestrafung gleichartiger Strafbestände, ohne daß eine Systematisierung der Rechtsmaterie angestrebt worden wäre. Die skizzierten

Defizite wurden durch die Verpflichtung der Geschworenen zu einer gerechten Urteilsfindung nur unzureichend überdeckt oder abgemildert. Hinzu kam, daß in Athen kein Berufsjuristentum existierte und nicht zuletzt hierdurch sich große Möglichkeiten zur Beeinflussung der Urteilsbildung durch subjektive Meinungen und Emotionen ergaben. Dies war insonderheit beim Arginusenprozeß der Fall, zumal hierbei die gesamte Volksversammlung als Gericht fungierte. Ein Präzedenzfall für einen Prozeß wegen Unterlassung der Rettung von Schiffbrüchigen nach einer siegreichen Seeschlacht lag nicht vor. So bestand offenbar nur die Möglichkeit, nach dem Typus der Eisangelieklage vorzugehen.[337] Auch hierbei gab es freilich verschiedene prozessuale Verfahrensweisen, doch war in jedem Fall nach einer Vorverhandlung im Rat eine Hauptverhandlung und Urteilsfindung in der Volksversammlung möglich. Problematisch war freilich die Zuordnung des Tatbestandes, der offensichtlich unter die Rubrik „Verrat" subsumiert wurde und insofern zur Todesstrafe führen konnte, ohne daß die Willensrichtung der Angeklagten (d. h. vorsätzliche oder fahrlässige Handlung) gebührend berücksichtigt wurde. Hier lag zweifellos das Hauptproblem des gesamten Verfahrens, das als solches nicht eindeutig illegal war, denn es verstieß rein formal nicht gegen ein bereits fixiertes Gesetz, während andererseits infolge der Erregung nicht alle Umstände, die zugunsten der Angeklagten sprechen konnten, berücksichtigt worden waren und die tiefere Ursache hierfür im damaligen Entwicklungsstand der Rechtspflege zu sehen ist. Diese Sachlage kann nicht einfach der athenischen Demokratie und einer angeblich unberechenbaren „typischen" Massenreaktion des entscheidungsberechtigten Demos angelastet werden. Natürlich herrschten Empörung und Trauer über die große Zahl der Toten, und die Emotionen wurden noch geschürt durch die fatale Unterbrechung des Prozesses während der Apaturien, in deren Verlauf die entstandenen Lücken in den einzelnen Verwandtschaftsgruppen und in den Phratrien besonders deutlich in Erscheinung traten.[338] Wesentlich gesteigert wurde die Erregung aber auch durch das Verhalten des Theramenes und des Thrasybulos, die belastende Vorwürfe gegen die Strategen erhoben, um ihren Kopf aus der Schlinge zu ziehen. Beide sollten später noch die Antipathie zu spüren bekommen, die ihr Verhalten letztlich evozierte. Die emotional gesteuerte Urteilsfindung wurde bald von einer großen Mehrheit der Bürger bedauert, als ihnen die Folgen des Prozesses klarwurden.[339] Sie hatten sich dazu hinreißen lassen, die Höchststrafe gegen erfahrene Strategen zu verhängen, die zwar nicht alle Möglichkeiten zur Rettung der Schiffbrüchigen ausgeschöpft hatten, in der entscheidenden Schlußphase des Krieges aber unersetzlich waren. Verhängnisvoll waren aber zudem die Auswirkungen des Prozesses auf die Stimmungslage der Bürgerschaft, die sich verunsichert fühlte durch gegenseitiges Mißtrauen, als wenig später die Hinrichtung der Strategen weithin als Unrecht empfunden wurde, weil kaum zu bestreiten war, daß kollektiv eine eklatante Fehlentscheidung getroffen worden war. Zorn und Empörung richteten sich jetzt gegen die vermeintlich Schuldigen am Ausgang des Verfahrens, denen Täuschung des Demos vorgeworfen wurde. Kallixenos und vier andere wurden wegen dieses Vergehens für schuldig befunden. Sie konnten jedoch fliehen. Der Hauptakteur Theramenes hatte freilich selbst keinen Antrag auf Schuldspruch gestellt und wurde nicht belangt. Er konnte sich sogar im Frühjahr 405 um das Strategenamt bewerben und wurde auch tatsächlich gewählt, doch wurde dann bei der Dokimasie seine Wahl annulliert (Lys. 13,10). Seine politischen Feinde haben vermutlich verbreiteten Zorn über sein Verhalten im Arginusenprozeß in einer Kampagne gegen ihn zu aktualisieren vermocht. Thrasybulos wurde 405 gar nicht erst zum Strategen gewählt. Nach ihrer Niederlage bei den Arginusen sollen die Spartaner noch einmal den Athenern ein Friedensangebot übermittelt haben. Hierüber berichtet indes lediglich der Verfasser der ›Athenaion Politeia‹ (34,1), der behauptet, daß Kleophon die Aufnahme von Verhandlungen verhindert habe.[340] Während spartanische Friedensfühler nach der Schlacht bei Kyzikos nicht zu bezweifeln sind, ist ein entsprechendes Angebot nach der Arginusenschlacht wenig wahrscheinlich, zumal die Athener das „Faustpfand" Pylos nicht mehr in der Hand hatten.[341]

7. *Militärisches Versagen und vergebliches Aufbäumen*

Die Entscheidung des Krieges fiel völlig unerwartet. Nach der Arginusenschlacht schien es zunächst, daß Sparta außerstande sei, den Krieg fortzusetzen. Die Athener hatten erreicht, daß Konon mit seiner Flotte wieder Operationsfreiheit gewinnen und sich mit dem Gros vereinen konnte, während die von Lysander mühsam aufgebaute Streitmacht stark dezimiert war. Ihre zeitweilige Seeherrschaft war gebrochen. Als in Sparta dringende Hilferufe aus ionischen Poleis eintrafen, die von den Athenern abgefallen waren und nunmehr deren Rache fürchteten, wurde die Kommandostruktur in der spartanischen Flotte völlig neu geregelt. Da Lysander nach spartanischer Praxis nicht ein zweites Mal die Nauarchie bekleiden konnte, wurde er formal zum Stellvertreter (Epistoleus) des neuen Nauarchen Arakos ernannt, faktisch aber als Oberbefehlshaber eingesetzt. Nachdem er im Frühjahr 405 von seinem Hauptquartier in Ephesos aus Kyros aufgesucht hatte, erhielt er Subsidien zur Wiederherstellung der Schlagkraft seiner Flotte, die freilich den größten Teil des Sommers noch nicht in der Lage war, den Kampf mit athenischen Seestreitkräften aufzunehmen. Im Hochsommer 405 hatte Lysander aber wieder etwa 200 Trieren zur Verfügung und konnte strategische Entscheidungen treffen. Sein Ziel war, Athen möglichst an der wichtigsten Versorgungslinie (durch den Hellespont zum Schwarzen Meer) zu treffen und die im August zu erwartenden Getreidetransporte aus dem Schwarzmeergebiet abzufangen. Nach einer Diversion von Ephesos aus nach Süden bis Rhodos gelang ihm der Durchbruch nach Abydos und die Eroberung der Polis Lampsakos. Die athenische Flotte hatte zwar sofort die Verfolgung aufgenommen, konnte aber den Fall von Lampsakos nicht mehr verhindern und bezog daraufhin auf Weisung der Strategen an dem offenen Strand bei der Ortschaft Aigospotamoi („Ziegenflüsse") und der Mündung des gleichnamigen Flusses gegenüber von Lampsakos Stellung. Die Taktik der athenischen Flottenführer an vier aufeinanderfolgenden Tagen, Lysander zur Seeschlacht zu provozieren, ging nicht auf. Sie handelten mit beispielloser Nachlässigkeit, indem sie an jenen Tagen nach vergeblichem Warten auf Aktionen Lysanders, der seine Flotte nicht in Marsch setzte, gewissermaßen unter den Augen des Feindes die athenischen Mannschaften Proviant nehmen ließen. Am fünften Tag schlug Lysander zu. Als die Athener nach ihrem üblichen Aufmarsch wiederum sorglos an Land gingen, gab er seiner im Hafen von Lampsakos in Bereitschaft stehenden Flotte den Einsatzbefehl. Die schmale Meerenge wurde von seinen Trieren derart schnell durchquert, daß die Mehrzahl der athenischen Mannschaften ihre Schiffe nicht mehr erreichen und flottmachen konnten. Lediglich der Stratege Konon konnte mit acht Trieren und der „Paralos", dem athenischen „Staatsschiff", in letzter Minute entkommen. Alle übrigen Schiffe wurden von den Streitkräften Lysanders am Strand erbeutet. Die Besatzungsmitglieder flohen in alle Richtungen, viele gerieten in Gefangenschaft. Auf Beschluß einer Versammlung der Verbündeten Spartas wurden die gefangengenommenen athenischen Bürger – vermutlich etwa 3000[342] – getötet. Diese unglaubliche Brutalität wurde als „Bestrafung" der Athener für einen vorausgegangenen Beschluß der athenischen Ekklesia deklariert, nach einem Sieg in der bevorstehenden Seeschlacht allen gefangengenommenen Feinden die rechte Hand abzuschlagen. Nur der Stratege Adeimantos wurde begnadigt, weil er sich gegen den erwähnten Beschluß gewandt hatte.[343]

Der Krieg war praktisch ohne Schlacht entschieden, die athenische Seeherrschaft endgültig gebrochen. Athen war nicht mehr in der Lage, eine neue Flotte zu bauen und zu bemannen. Schlag auf Schlag verlor die Polis ihren maritimen Herrschaftsbereich mit Ausnahme von Samos. Lysander zwang zunächst die athenischen Truppen in Byzantion und Kalchedon zur Kapitulation. Er entließ sie zur Rückfahrt in den Peiraieus, um zu erreichen, daß sich möglichst viele Menschen in Athen sammelten und die hierdurch entstehenden Versorgungsprobleme die Übergabe der Stadt beschleunigten. Auf Widerstand trafen die Spartaner nirgendwo am Bosporos. Dann steuerte Lysander Lesbos an, wo ihm Mytilene und die anderen Poleis die Tore öffneten. Zur Unterwerfung des thrakischen Bezirks genügte die Detachierung eines kleineren Geschwaders, vor dem praktisch alle Poleis in diesem Raum kapitulierten. In rascher Folge verloren die Athener auch die übrigen Bundesgenossen bis auf die Samier, die entschlossen Widerstand leisteten. Führende Kräfte der dortigen Demokratie hielten loyal zu Athen in dem irrigen Glauben, hierdurch an der Macht bleiben zu können. Nach einem neuerlichen Blutbad unter den spartafreundlichen Kreisen in Samos (405 v. Chr.) hatten die dortigen Parteigänger Athens ohnehin vom Sieger Lysander bzw. von den Spartanern keine Schonung zu erwarten (Xen. Hell. 2,2,6). Zahlreiche Samier scheinen schon unmittelbar nach der Schlacht bei Aigospotamoi die Flucht nach Athen vorbereitet zu haben. Eine samische Gesandtschaft sollte in Athen klären, ob rechtliche und organisatorische Voraussetzungen für eine Aufnahme von Samiern in den athenischen Polisverband geschaffen werden konnten. Die athenische Ekklesia beschloß daraufhin auf Antrag des Kleisophos und aller Prytanen eine Reihe von Maßnahmen, die gegebenenfalls eine entsprechende Integration samischer Flüchtlinge ermöglichte.[344] Nach diesem Psephisma sollten die Samier Athener sein (d. h. athenische Bürger werden können), aber ihr Bürgerrecht nach eigenem Willen wahrnehmen. Diese zunächst verblüffende Formulierung ist damit zu erklären, daß die (meisten) Samier sich natürlich noch in Samos befanden. Daher sollten erst nach einem Friedensschluß (mit Sparta) – wie es weiter heißt – gemeinsame Beratungen der Athener und der Samier stattfinden. Falls aber noch während des Krieges sich dringender Handlungsbedarf ergeben sollte, konnten die Samier so handeln, wie sie es für richtig halten würden. Für den Verteidigungsfall sollten den Samiern die noch bei der Insel stationierten athenischen Trieren zur Verfügung gestellt werden. In einem Zusatzantrag wurde des weiteren die Aufnahme der bereits in Athen weilenden Samier in die zehn attischen Phylen beschlossen. Von einer Aufnahme in die attischen Phratrien ist indes nicht die Rede. Dies hatten die Phratrien selbst zu beschließen. Das athenische Psephisma war in gewisser Weise ein Provisorium. Für die zu diesem Zeitpunkt in Athen anwesenden Samier konnten zwar bereits dauerhafte Regelungen getroffen werden, doch konnte man allen übrigen athentreuen Samiern die bürgerliche Gleichstellung mit den Athenern erst nach Kriegsende in Aussicht stellen.[345]

Zur Unterwerfung der Insel Samos mußte Lysander insgesamt 40 Trieren detachieren. Er nahm dann etwa Anfang Oktober mit 150 Trieren Kurs auf Athen. Auf der Überfahrt ließ er die athenischen Kolonisten aus Melos und Aigina vertreiben und dort die Reste der ehemaligen Bewohner wieder ansiedeln. Inzwischen marschierte eine große peloponnesische Armee unter König Pausanias nach Attika ein, während König Agis mit seiner Truppe offenbar in Dekeleia blieb. Athen war jetzt von allen Außenbesitzungen abgeschnitten und wurde zu Wasser und zu Lande blockiert (Xen. Hell. 2,2,9–10).

Allerdings hatten auch die Belagerungstruppen erhebliche Probleme. Der athenische Widerstandswille war in den ersten Wochen noch ungebrochen. Die Bürger wußten, daß eine Kapitulation die Preisgabe der nach 480/79 gewonnenen Positionen in der Ägäiswelt und damit den Verlust aller materiellen Vorteile der Thalassokratie bedeutete. Sie befürchteten zudem einen Umsturz, der ihr demokratisches System beseitigen würde, dessen Stütze bisher die Seeherrschaft war. Dies erklärt den Widerstandswillen einer großen Mehrheit der Athener, die nicht von fanatisierten sogenannten radikalen Demokraten aufgeputscht wurden, sondern nach dem Mord an den athenischen Kriegsgefangenen nach der Schlacht bei Aigospotamoi glauben mußten, durch Widerstand nichts mehr zu verlieren. Infolgedessen hatten auch die Belagerungstruppen bald Proviantierungsprobleme. Die große Armee des Pausanias konnte nicht allzu lange versorgt werden und mußte sich zurückziehen.[346] Möglicherweise wurden hierdurch in Athen Hoffnungen auf einen für die Polisgemeinschaft akzeptablen Frieden geweckt, als etwa im November 405 die Vorräte bereits erheblich reduziert waren. Eine athenische Gesandtschaft bot auf Volksbeschluß zunächst König Agis in Dekeleia einen Bündnisvertrag mit Sparta unter der Bedingung an, daß Athen im Besitz der sogenannten Langen Mauern und der Hafenbefestigungen im Peiraieus bleiben konnte (Xen. Hell. 2,2,11).

Natürlich hätte dies eine klare Unterordnung unter die Hegemonie Spartas bedeutet, und von einer Besitzstandswahrung im Bereich der verlorenen Herrschaft in der Ägäis konnte schon gar keine Rede mehr sein. Gleichwohl war das Angebot an Agis eine Illusion. Der König war zudem gar nicht befugt, ein derartiges Angebot zu akzeptieren. Er verwies die Gesandten an die Ephoren, die aber bereits bei Sellasia nördlich von Sparta die athenische Mission zurückwiesen und als unerläßliche Vorbedingung für einen Friedensschluß die Zerstörung der Langen Mauern auf einer Strecke von 10 Stadien (etwa 1800 Meter) forderten. Hierzu war aber die Mehrzahl der Athener noch nicht bereit, da ein Vordringen der spartanischen Truppen durch die Mauerlücke in die Stadt und eine folgende Massenversklavung der Bürger befürchtet wurde. Die von einem Ratsmitglied empfohlene Annahme der spartanischen Forderung wurde verworfen und in der folgenden Volksversammlung der Antrag des Kleophon auf Ablehnung der genannten Friedensbedingungen angenommen sowie jede weitere Diskussion hierüber unter Strafe gestellt.[347] Die Kapitulation war indes nur noch eine Frage der Zeit. Unterstützung durch eine andere Macht hatten die Athener nicht zu erwarten, und die Hungersnot forderte täglich neue Opfer. Im Dezember durchbrach Theramenes endlich in der Volksversammlung die von den Athenern selbst errichtete „Schweigemauer" mit dem Vorschlag, ihn zu Lysander zu schicken, der in Ionien die Belagerung von Samos in Angriff nahm. Theramenes versprach zu sondieren, welche Absichten die Spartaner mit ihren Forderungen verfolgten. Es bleibt unklar, welches Ziel Theramenes seinerseits damals eigentlich verfolgte, denn auch er wird sich darüber im klaren gewesen sein, daß er keine günstigeren Bedingungen aushandeln konnte und die Widerstandskraft seiner Mitbürger bald erlahmen würde. Daß sein Vorschlag überhaupt angenommen wurde, deutet freilich darauf hin, daß der Einfluß der Durchhaltepolitiker um Kleophon bereits erheblich eingeschränkt war. Eine eindeutige Antwort konnte Theramenes indes nicht von Lysander erwarten, der als Epistoleus ebensowenig wie König Agis befugt war, Friedensbedingungen festzulegen oder den Gesandten fremder Gemeinwesen die politischen Ziele Spartas darzulegen. Daß unter diesen Umständen die Volksversammlung Theramenes nicht nach Sparta, sondern zu Lysander entsandte, verdeutlicht das Ausmaß der Verzweiflung der Athener, die sich an jede vage Hoffnung klammerten, sich aber von Theramenes erneut gründlich täuschen ließen. Er blieb mehr als drei Monate bei Lysander und behauptete nach seiner Rückkehr, von dem Spartaner festgehalten und zuletzt an die Ephoren verwiesen worden zu sein. Es ist anzunehmen, daß diese Entschuldigung mit Lysander abgesprochen war und Theramenes das Erlahmen des Widerstandswillens in Athen und die Ausschaltung der dortigen „Falken" abwarten wollte.[348] Ob bereits in dieser Zeit oder im Verlauf der folgenden Mission des Theramenes nach Sparta Kleophon des Verrates bezichtigt und von einem Sondergericht zum Tode verurteilt und unmittelbar darauf hingerichtet wurde, bleibt unklar.[349] Vermutlich fällt aber dieser erneute Justizmord in die Zeit des Aufenthaltes des Theramenes bei Lysander. Anzunehmen ist auch, daß Theramenes bereits damals mit Billigung Lysanders Kontakte mit exilierten Athenern aufnahm, die am Regime der „Vierhundert" beteiligt waren und sich jetzt im Gefolge Lysanders befanden.[350] Die Rolle, die Theramenes nach der Kapitulation Athens im Regime der „Dreißig" spielte, deutet darauf hin, daß er sich zuvor mit seinen alten Feinden unter den athenischen Oligarchen aussöhnen konnte. Unabhängig von der Frage der Datierung der Verurteilung Kleophons ist zu vermuten, daß zumindest die Hauptakteure in diesem Prozeß schon einige Zeit vorher ihre Pläne und Ziele besprochen haben. Als Mitglieder des Rates fungierten damals u. a. Satyros und Chremon, die das Verfahren gegen Kleophon inszenierten und nach dem Fall Athens zu den „Dreißig" gehörten.

Als Theramenes von Lysander zurückkehrte, war an weiteren Widerstand nicht mehr zu denken. Theramenes wurde sofort zum bevollmächtigten Unterhändler ernannt und mit neun anderen gewählten Gesandten nach Sparta geschickt (Xen. Hell. 2,2,17). Aufgrund ihrer Vollmachten wurde die athenische Mission nunmehr in Sparta empfangen. Das größte Hindernis für einen für Athen erträglichen Frieden waren jetzt die Bundesgenossen Spartas, insonderheit die Korinther und Thebaner, die von den Spartanern verlangten, Athen zu vernichten und seine Bürger in die Sklaverei zu verkaufen (Xen. Hell. 2,2,19–20). Diese Forderung resultierte wohl nicht nur aus tiefem Haß auf Athen, sondern auch aus einer gewissen Furcht vor einem übermächtigen Sparta, denn es war nicht auszuschließen, daß Lysander als mächtiger Mann in Sparta beabsichtigte, in Athen ein spartanisches Satellitensystem zu installieren.[351] Gleichwohl wäre eine Realisierung der Forderung der korinthischen und thebanischen Gesandten ein in der griechischen Welt unerhörter und nicht mehr zu überbietender Akt der Barbarei gewesen. Die Spartaner widersetzten sich diesem Plan mit dem Hinweis auf die Verdienste Athens im Kampf um die Freiheit der Hellenen in den Perserkriegen und diktierten als Friedensbedingungen die Zerstörung der Langen Mauern und der Befestigungen des Peiraieus, die Auslieferung der Flotte bis auf zwölf Trieren, die Aufnahme aller verbannten athenischen Bürger, die Räumung aller auswärtigen Besitzungen und die Verpflichtung, „dieselben Feinde und Freunde zu haben wie die Lakedaimonier (Spartaner) und diesen Heeresfolge zu leisten“, d. h. die Hegemonie Spartas anzuerkennen. Wahrscheinlich bedeutete dies auch den Beitritt zum Peloponnesischen Bund.[352] Daß die Spartaner den brutalen Plan der Korinther und Thebaner ablehnten, war allerdings nicht Ausdruck reiner Humanität. Aus ihrer Sicht konnte die Eliminierung Athens schon deshalb nicht in ihrem Interesse liegen, weil hierdurch ein machtleerer Raum in Attika entstanden wäre, den Korinther und Thebaner mehr und mehr ausgefüllt hätten.[353] Hierdurch wären den Spartanern nur neue, unübersehbare Probleme entstanden. Zudem hätten die Zerstörung Athens und die Versklavung seiner Bürger einen erheblichen Imageverlust der neuen Hegemonialmacht Sparta vor allem im Ägäisbereich bedeutet.[354]

Bereits am Tag nach der Rückkehr des Theramenes aus Sparta wurden die spartanischen Bedingungen von der athenischen Ekklesia akzeptiert (Xen. Hell. 2,2,22). Trotz der großen Hungersnot gab es in Athen allerdings noch Widerstand gegen den Frieden. Einige Strategen und Taxiarchen sowie verschiedene andere Bürger – unter ihnen Strombichides, Dionysodoros und Eukrates – suchten Theramenes unmittelbar nach seiner Ankunft auf, um gegen die Bedingungen zu protestieren. Von ihnen ging wahrscheinlich auch Widerspruch gegen die Ratifizierung des Vertrages in der Ekklesia aus, doch entschied sich die Mehrheit der Versammelten – wie gesagt – für die Annahme.[355] Am 16. Munichion (April) 404 lief Lysander mit seiner Flotte in den Peiraieus ein. Bevor er mit einem Teil seiner Streitmacht wieder Samos ansteuerte, um dort die Belagerung zu Ende zu führen, ließen die Sieger in Athen ein großes Spektakel inszenieren. Unter der Begleitmusik von Flötenspielerinnen wurden Teile der Langen Mauern niedergerissen. Eine große Zeit der hellenischen Geschichte – das Jahrhundert Athens – ging zu Ende. Viele Griechen aber wähnten nach dem Zeugnis des Xenophon (Hell. 2,2,23), dieser Tag sei für die Hellenen der Anfang der Freiheit.

Xenophon skizziert hier ein Kontrastbild zum athenischen Politik- und Geschichtsverständnis der klassischen Zeit. Seine Darstellung weist zurück auf das demokratische Freiheitsideal in der von Thukydides (2,41,1) in seiner Stilisierung der berühmten Gefallenenrede des Perikles als „Schule von Hellas" bezeichneten Polis Athen sowie auch auf die Ausführungen Herodots (7,139 und 8,144) über die historische Bedeutung der Abwehrbereitschaft der Athener 480/79, die damals die Retter der Hellenen geworden seien, weil sie die Freiheit Griechenlands erhalten wollten und um keinen Preis der Welt bereit gewesen wären, Hellas in die Sklaverei zu bringen. Nach Auffassung zahlreicher Zeitgenossen aber hatten die Athener in der Zeit von der Abwehr der Perser bis zum Peloponnesischen Krieg eine tyrannische Herrschaft errichtet, so daß antiathenische Propaganda das von Thukydides als „größte Erschütterung Griechenlands" bezeichnete Kriegsgeschehen zwischen 431 und 404 zu einem Kampf für die Freiheit der Hellenen deklarieren konnte. Der Krieg zwischen Athen und Sparta um die Hegemonie in der griechischen Welt wurde insofern begleitet von einem propagandistischen Wettkampf der Systeme, in dem die Athener letztlich vergebens ihr demokratisches Ideal der Bürgerfreiheit auszuspielen suchten, weil sie aus Gründen des Machterhaltes und um der eigenen Sicherheit willen nicht auf ihr in der Pentekontaëtie entwickeltes Instrumentarium zur politischen und militärischen Durchdringung und Beherrschung großer Räume verzichten konnten. Mentalitätsgeschichtlich gesehen war die Zeit noch nicht reif für eine großflächige politische Vereinigung freier Gemeinwesen auf der Basis der Gleichberechtigung. Dies trifft natürlich mutatis mutandis auch auf den Peloponnesischen Bund zu, doch waren die angedeuteten Probleme vor allem für die Athener ein schweres Hindernis, weil sie in der Weite ihres an den persischen Machtbereich grenzenden Bündnissystems in besonderem Maße auf vorbehaltlose Zustimmung ihrer Bundesgenossen (Symmachoi) angewiesen waren, um zwischen den beiden Machtblöcken des Perserreiches und des Peloponnesischen Bundes ihren Führungs- und Ordnungsfunktionen dauerhaft gerecht werden zu können. Ohne Berücksichtigung dieser historischen Großlage läßt sich das Scheitern der Athener im Peloponnesischen Krieg kaum verstehen. Ihre Niederlage kann nicht ohne weiteres auf Defizite in ihrem demokratischen System zurückgeführt werden. Ebensowenig waren lediglich Fehlentscheidungen in kritischen Situationen ausschlaggebend. Sicher, in dem System einer gleichsam offenen politischen Gesellschaft, in der wichtige Entscheidungen in Massenversammlungen unter freiem Himmel getroffen wurden, war eine Geheimhaltung überraschender militärischer Aktionen oder Strategien außerordentlich schwierig. Demosthenes hat aber im Archidamischen Krieg als Truppenführer zumindest ansatzweise das Überraschungsmoment ins Spiel gebracht. Koordinierte großräumige Operationen der Streitkräfte hatten allerdings vor allem infolge der Kommunikationsschwierigkeiten wenig Aussicht auf Erfolg. Noch gravierender war das Kommunikationsproblem freilich im politischen Bereich. Infolge der weiten Verbindungswege war es nicht möglich, auf der Basis der Gleichberechtigung einen weiträumigen Bund mit einem beschluß- und jederzeit aktionsfähigen zentralen Entscheidungsorgan zu schaffen, in dem alle Mitglieder des Seebundes bei der Willensbildung mitwirken konnten. Eine Alternative zur Konstituierung der hegemonialen Symmachie der Athener als Schild gegen künftige persische Großangriffe nach dem Scheitern der Invasion des Xerxes war eigentlich gar nicht denkbar. Als Paradigma für den Schutz der Griechen in der Ägäis und in Kleinasien konnte jedenfalls die Symmachie der Spartaner nicht dienen, da die Aufgaben der Athener bei der Gründung des Seebundes in ganz andere Dimensionen hineinreichten. Die Schwierigkeiten steigerten sich, weil den Athenern neben den Schutzfunktionen gegenüber Persien zunehmend auch der politische Balanceakt einer Minimierung der sich zwangsläufig ergebenden Konflikte in ihren Beziehungen zur Vormacht des Peloponnesischen Bundes abverlangt wurde. In diesem politischen Kontext entstand letztlich die in den Peloponnesischen Krieg führende und vor allem von Perikles vertretene Auffassung von einer zwangsläufigen bewaffneten Konfrontation der beiden hellenischen Führungsmächte, während andererseits die weiträumigen Ordnungsaufgaben der Athener die Entwicklung ihrer Polis zu einem demokratischen System beschleunigten und diese Verfassungsform zunehmend stabilisierten, weil gerade die Weiträumigkeit des athenischen Einflußbereichs eine breite Lagerung der Macht im Herrschaftszentrum verlangte, das keinen spezialisierten Erzwingungsstab und eingespielten Verwaltungsapparat besaß. Die Erhaltung der Machtstellung Athens erforderte freilich auch, daß aus athenischer Sicht jede Gefahr einer Erosion des Bündnisses von vornherein verhindert werden mußte. Durch den Einsatz eines entsprechenden Instrumentariums wuchsen aber auch die Probleme der Athener, da jede Unterwerfung einer abgefallenen Seebundpolis einen Verlust an Akzeptanz der Hegemonialmacht in diesem Bündnissystem zur Folge hatte. Hier lag die Chance der Spartaner in ihrer Rivalität mit den Athenern. Aber auch die Entstehungsbedingungen der griechischen Poliswelt verhinderten eine langfristige Konsolidierung der Symmachie der Athener im Verlauf des fünften Jahrhunderts. Das in den zahlreichen Polisgemeinschaften bereits stark ausgeprägte Identitätsbewußtsein der Bürger blieb eine kaum zu überschreitende Barriere für die Konstituierung einer weiträumigen Union von gleichberechtigten Gemeinwesen, in der zudem nach Lage der Dinge vor allem infolge starker Machtgefälle eine satzungsmäßig alternierende Führung durch andere Poleis des Seebundes ohnehin nicht möglich war. Für die hegemonialen Aufgaben besaßen eben nur die Athener die erforderlichen Ressourcen. Hinzu kam noch das damals unüberwindliche Problem der Dichotomie der Gesellschaft in Freie und Unfreie. Eine sinnvolle Heranführung eines großen Menschenreservoirs an gemeinschaftsbezogene Aufgaben wurde hierdurch unmöglich. Eine weitere ungelöste Frage war natürlich die Ausgrenzung der Frauen aus dem politischen Leben. Politisches Denken und politische Handlungsmöglichkeiten stießen insofern an Grenzen, die von der athenischen Demokratie nicht überwunden werden konnten. Im Grunde waren die athenische Polisgemeinschaft und ihre politischen Akteure von der geradezu welthistorischen Aufgabe überfordert, die ihnen nach den grandiosen Abwehrerfolgen gegen die Perser zugewachsen war.

8. Oligarchisches Intermezzo: Das Regime der „Dreißig"

Die spartanischen Friedensbestimmungen enthielten – wie gesagt – keinen Passus über die künftige Verfassung Athens. Die erneute Beseitigung der Demokratie war wiederum das Werk einer kleinen Gruppe von Putschisten, die ihren Coup erst mehrere Wochen oder gar Monate nach der Kapitulation Athens inszenierten.[356]

Als Lysander nach Beginn der Schleifung eines Teiles der Langen Mauern Kurs auf Samos nahm, war es keineswegs schon ausgemacht, daß nach einiger Zeit ein blutiges Intermezzo oligarchischer Tyrannei in Athen beginnen sollte. Allerdings war für die Repräsentanten der Demokratie und ihre breite Anhängerschaft im Demos von vornherein Vorsicht geboten, da mit Lysander Emigranten und Exulanten heimgekehrt waren, darunter auch ehemalige Mitglieder des längst wieder beseitigten oligarchischen Rates der „Vierhundert", die nach der Herrschaft der „Fünftausend" als Landesverräter gebrandmarkt worden waren und nunmehr auf Rache sannen. Insofern spielten gleichsam Spätfolgen harter, aber verständlicher Maßnahmen zur Sicherung des restaurierten demokratischen Systems eine erhebliche Rolle, als die Demokratie zum zweiten Mal beseitigt wurde. Akute Gefahr drohte der Demokratie nicht zuletzt auch durch Hetairien, die politisch reaktiviert wurden und ähnlich wie bei der Machtergreifung der „Vierhundert" durch ihre undurchsichtigen und unkontrollierbaren Machenschaften Schrecken und Panik verbreiteten. Die zurückgekehrten ehemaligen Mitglieder des Rates der „Vierhundert" wurden aber ebenso wie andere oligarchische Kräfte überspielt durch den Intellektuellen und vielseitigen Schriftsteller Kritias, der ein Freund und Altersgenosse des Alkibiades war und wie dieser zum Schülerkreis des Sokrates gehört hatte, freilich in seiner persönlichen Einstellung zu seinem Gemeinwesen und in seiner Lebensweise nicht die Prinzipien seines großen Lehrers adaptiert hatte und für sophistische Lehren vom Recht des Stärkeren sowie für die Staatsordnung Spartas und die dort konsequent praktizierte Unterdrückung der in Unfreiheit gehaltenen Heloten schwärmte. Nach dem Sturz der „Vierhundert" hatte er sich an den Prozessen gegen Mitglieder dieses Rates beteiligt, obwohl sein Vater in diesem Gremium beträchtlichen Einfluß ausgeübt hatte. Verbannt wurde er vermutlich im Zusammenhang mit dem zweiten Sturz des Alkibiades, für dessen Rehabilitierung er sich zuvor energisch eingesetzt hatte. Nach dem Frieden mit Sparta war Kritias nicht im Gefolge Lysanders, sondern aus seinem Exil in Thessalien nach Athen zurückgekehrt. Zunächst schien freilich Theramenes bei der Vorbereitung des oligarchischen Umsturzes das Heft in der Hand zu haben.[357] Aber auch die Gegenkräfte, deren Träger die offiziell noch bestehende Demokratie und die Autonomie Athens zu erhalten suchten, blieben nicht untätig. Widerstand gegen die nach der Macht greifenden „Oligarchen"[358] formierte sich im Kreise der Strategen, Taxiarchen und anderer Bürger von hohem Sozialstatus, die schon unmittelbar nach der Rückkehr des Theramenes aus Sparta gegen das Friedensdiktat opponiert hatten und keineswegs als Radikale gelten können.[359] Ihre Aktivitäten wurden jedoch denunziert, so daß der schon von Oligarchen dominierte Rat der 500 einen willkommenen Vorwand zum Einschreiten erhielt und die Führer dieser demokratischen Kräfte verhaften ließ.[360]

Diese Aktion wurde wahrscheinlich kurz vor der Rückkehr Lysanders aus Samos inszeniert, der einige Wochen nach der Kapitulation Athens auch die Samier zur Übergabe gezwungen hatte.[361] Das Geschehen hinter den Kulissen in Athen bleibt undurchschaubar, doch ist nach der Darstellung des Lysias nicht zu bezweifeln, daß Lysander von Theramenes um Unterstützung ersucht worden war.[362] Theramenes und seine engsten Gefolgsleute (Archinos, Anytos, Kleitophon, Phormisios) waren freilich auf Zusammenarbeit mit den Hetairien angewiesen, die inzwischen eine aus fünf Mitgliedern bestehende Aktionsgruppe konstituiert hatten, die nach spartanischem Vorbild als Ephoren bezeichnet wurden und die geheimen Aktivitäten der zurückgekehrten und nach der Macht strebenden Exulanten koordinieren sowie auch Abstimmungen und Wahlen manipulieren sollten.[363] Als Lysander wieder in Athen eintraf, waren die innerathenischen Auseinandersetzungen noch keineswegs entschieden. Die politisch aktiven Anhänger der Demokratie waren zwar bereits weitgehend isoliert bzw. politisch ausgeschaltet, doch bedurfte es noch der Drohungen Lysanders, um in einer angeblich zur Regelung der Verfassungsfrage einberufenen Ekklesia die Gefolgschaften dieser „Demokraten“ einzuschüchtern, denen vorgeworfen wurde, die Zerstörung der Mauern verzögert zu haben.[364] Zwischen den Vertretern der oligarchischen Flügel bestand selbstverständlich auch eine Art Interessengemeinschaft, zumal zweifellos schon während der Abwesenheit Lysanders mancherlei Absprachen getroffen worden waren. Hierzu zählte z. B. die schon erwähnte Inhaftierung der Strategen, Taxiarchen und anderer angesehener Bürger. Darüber hinaus war aber wohl auch schon die Konstituierung des berüchtigten Regimes der „Dreißig“ vorbereitet worden, wie die nach der Rückkehr Lysanders eilig einberufene Volksversammlung zeigt.[365] In dieser Ekklesia wurde auf Empfehlung des Theramenes jener von Drakontides beantragte Beschluß gefaßt, „eine Behörde von dreißig Bevollmächtigten“ einzusetzen, die als Syngrapheis („Aufzeichner“) eine Neufassung der von den Vätern ererbten Gesetze ausarbeiten und nach diesen Nomoi dann das Gemeinwesen leiten sollten (Xen. Hell. 2,3,2.11). Von einer Konstituierung einer neuen Verfassung ist weder bei Lysias noch bei Xenophon ausdrücklich die Rede.[366] Die Drahtzieher des Umsturzes gaben sich zweifellos nicht als „Oligarchen“ zu erkennen, sondern versuchten offensichtlich, die Mehrheit mit Schlagwörtern zu täuschen, indem sie vorgaben, die 410 v. Chr. auf den Weg gebrachte, aber noch nicht zum Abschluß gekommene Gesetzesrevision fortsetzen zu wollen, um eine Grundlage für eine neue politische Ordnung zu schaffen. Tatsächlich aber sind die beiden Gruppen „oligarchischer“ Akteure – Theramenes und sein Gefolge auf der einen und die fünf Ephoren und ihre Hintermänner auf der anderen Seite – einen Kompromiß eingegangen. Theramenes ernannte 10 Syngrapheis, die „Ephoren“ bestellten 10 weitere, und die übrigen 10 wurden durch eine Scheinwahl aus den Reihen der Teilnehmer jener Volksversammlung ermittelt, die unter dem massiven Druck Lysanders dem Antrag des Drakontides auf Einsetzung von 30 Bevollmächtigten zugestimmt hatte (Lys. 12,76). Natürlich handelte es sich bei der „Auswahl“ der Dreißig um ein abgekartetes Spiel, denn die Hauptakteure – Theramenes und Kritias – lancierten sich selbst in dieses Gremium. Die Nachricht Xenophons (Hell. 2,3,11), daß die zur „Neufassung der Gesetze“ konstituierte Kommission der Syngrapheis die öffentlichen Angelegenheiten nach diesen Gesetzen (Nomoi) regeln sollte, könnte zwar als Hinweis auf einen Versuch der Dreißig verstanden werden, ihre Befugnisse langfristig in der Weise zu legalisieren, daß sie als neue Behörde alle Macht in der Polis ausüben konnten.[367] Dies ist aber nicht sicher. Zwar wurden die Institutionen formal nicht verändert, doch wurden neue Ratsmitglieder aus den Reihen der Gesinnungsgenossen der Dreißig gewählt. Die Boulé wurde anstelle der Ekklesia, die gar nicht mehr einberufen wurde, das politische Entscheidungsorgan, das freilich nur dazu diente, den Willen der Dreißig zum Beschluß zu erheben,[368] indem diese als präsidierende Behörde offen abstimmen ließen und dementsprechend die Entscheidungsfindung nach Belieben lenken konnten. Dies wirkte sich vor allem dadurch verhängnisvoll aus, daß die Dreißig die Boulé als Gericht mißbrauchten.[369] So wurden die schon vor ihrer Herrschaft inhaftierten Strategen und Taxiarchen hingerichtet. Als Instrument ihrer Machtausübung diente eine von den Dreißig sofort angeworbene Leibgarde, die aus 300 sogenannten Peitschenträgern bestand und im Verein mit der gleichfalls neu formierten Exekutivkommission der „Elf", die zugleich als spezielle Sicherheits- und Henkertruppe fungierte, Terror und Schrecken verbreitet. Als „Unterbehörde" wurde ferner eine Zehnerkommission für den Peiraieus eingesetzt. Die Dreißig diktierten nicht nur die Zusammensetzung des Rates, sondern bestimmten auch nach eigenem Ermessen die Besetzung der Ämter.[370] Vollmachten für die genannten Maßnahmen sind ihnen bei der Konstituierung ihrer Kommission nicht erteilt worden. Von Anfang an hätte aber eigentlich jeder athenische Bürger wissen müssen, daß mit den Dreißig faktisch ein neues System installiert wurde, das ein großes Jahrhundert athenischer Verfassungsgeschichte in Frage stellte und im Grunde nichts anderes als ein von Sparta bzw. von Lysander abhängiges Satellitenregime war. Um so erstaunlicher ist die Zustimmung, die dieses Regiment zunächst bei jüngeren und relativ wohlhabenden Intellektuellen gefunden hat. Kein Geringerer als Platon erhoffte als junger Mann kurze Zeit eine gerechte und ethisch fundierte Leitung der Polis durch die neuen Machthaber (Plat. Ep. 7,324 d).

Wahrscheinlich hat Lysander den Dreißig von vornherein freie Hand bei der Verfolgung politischer Gegner gelassen. Sie bedienten sich hierbei infamer Methoden, indem sie zunächst gegen berüchtigte Sykophanten vorgingen, weil sie hierdurch eine gewisse Akzeptanz bei breiteren Schichten zu finden hofften.[371] Sykophanten waren allgemein verhaßt, weil sie Bestimmungen des attischen Rechtes, die eine allgemeine Anklagebefugnis enthielten, sowohl zur Denunzierung persönlicher oder politischer Gegner als auch zur eigenen Bereicherung nutzten. Das Vorgehen der Dreißig gegen Sykophanten war indes der Auftakt zu einer blutigen Verfolgung zahlreicher Bürger. Ein weiteres Täuschungsmanöver der Dreißig, das mit dem angeblichen Kampf gegen das Denunziantum in Verbindung zu bringen ist, war der Anspruch, das Rechtswesen verbessern und Widersprüche beseitigen zu wollen. Unter dem Deckmantel einer Garantie völliger Testierfreiheit beim Abfassen von Testamenten suchten sie potentielle Einsprüche von Erbberechtigten zu verhindern, um die Funktionen der spezifisch demokratischen Institution der Geschworenengerichte einzuschränken bzw. dieses Organ auszuhebeln und durch den von ihnen beherrschten Rat zu ersetzen.[372]

Die Machthaber waren sich zweifellos bald darüber im klaren, daß sie nur mit spartanischer Unterstützung eine Chance hatten, ihre Herrschaft zu behaupten. Etwa im Spätsommer richteten sie ein Gesuch an Lysander, um mit seiner Unterstützung die Stationierung einer spartanischen Garnison auf der Akropolis zu erreichen.[373] Der Coup gelang, doch wurden die Dreißig nunmehr Gefangene ihres hierdurch entstehenden enormen Geldbedarfs, denn sie mußten sich verpflichten, die Kosten für die 700 Mann starke Besatzungstruppe unter Führung des Harmosten Kallibios zu übernehmen. Sie leiteten insofern selbst das Ende ihres Regimes ein. Innerhalb der herrschenden Clique wurden die gegensätzlichen Auffassungen über die Absicherung ihrer Macht bald unüberbrückbar, und infolge der fatalen Finanzlage weiteten sich die von den Dreißig inszenierten „Säuberungen" rapide aus. Verfolgungen und Hinrichtungen trafen nicht mehr nur Sykophanten und angebliche Regimegegner, sondern richteten sich auch gegen gut situierte Bürger und Metoiken, deren Besitz zur Finanzierung des Regimes konfisziert wurde. Die unausweichliche Folge war eine Massenflucht aus Athen. In dieser Situation kam es zum Machtkampf zwischen Kritias und Theramenes. Die einzelnen Schachzüge sind schwer zu durchschauen. Der Anlaß war offenbar das Ausmaß der Verfolgungen, denen Theramenes vermutlich nicht aus Gründen der politischen Moral, sondern eher aus taktischen Gründen Grenzen zu setzen suchte. Kritias konterte offenbar, indem er Theramenes der Effekthascherei bezichtigte und ihm vorwarf, sich als Führer und Patron (Prostates) des Demos gerieren zu wollen. Dieses Argument zielte darauf ab, Theramenes innerhalb der herrschenden Clique als Anhänger der Demokratie zu diffamieren und damit auch zu isolieren. Kritias konnte derartige Behauptungen wohl nur deshalb gegen Theramenes ins Feld führen, weil dieser zur Herrschaftssicherung der Dreißig bestrebt war, das Regime zumindest pro forma auf eine breitere Basis zu stellen. In dieser für die Dreißig überaus schwierigen und undurchsichtigen Situation sah sich Kritias zu einem Kompromiß gezwungen, denn er konnte nicht ausschließen, daß Theramenes sich Popularität verschaffen und hierdurch den harten Kern der herrschenden kriminellen und auf bloße Machtausübung fixierten politischen Hasardeure auszuspielen suchte.[374] So schlug Kritias vor, 3000 Athener an der Polis teilhaben zu lassen, d. h. als Vollbürger anzuerkennen. Theramenes bestand aber auf einer größeren Zahl und forderte, alle Angehörigen der ersten drei solonischen Zensusklassen auf diese Weise zu privilegieren und dementsprechend die Bürgerschaft neu zu konstituieren. Hiernach sollten also alle, die sich als Reiter oder als Hopliten ausrüsten konnten, als vollberechtigt gelten (Xen. Hell. 2,3,48). Diese Kontroverse betraf zweifellos keine unterschiedlichen Verfassungskonzeptionen.[375] Ebensowenig versuchten die Kontrahenten, das Regime durch institutionelle Neuerungen irgendwie zu legitimieren. Eher ging es um die Formierung und Mobilisierung von Gefolgschaften für die beiden Gruppierungen innerhalb der Dreißig. Während Theramenes zweifellos in der Zensusklasse der Zeugiten (Hopliten) Anhang zu finden suchte, war Kritias offensichtlich bestrebt, die Zahl der Athener, die an den Verbrechen des Regimes beteiligt werden sollten, nach Möglichkeit überschaubar zu halten, um das Instrumentarium des Schreckens überhaupt noch beherrschen zu können. Jedenfalls wurden die Gegensätze zwischen Kritias und Theramenes unüberbrückbar. Entscheidend war jetzt, wer den ersten Schlag führte. Es war Kritias, der seinen Vorschlag, eine „Liste der

Dreitausend" zu erstellen, durchzusetzen vermochte. Die Athener, die hierfür in Betracht kamen, bildeten zweifellos keine homogene Großgruppe. Zahlreiche gutsituierte Bürger waren bereits geflüchtet, so daß auch Zeugiten in jene Liste aufgenommen werden mußten. Dementsprechend kann die Auswahl nicht nach sozio-ökonomischen Maßstäben getroffen worden sein. Als Kriterium galt vermutlich vermeintliche Verläßlichkeit oder besser: Hörigkeit gegenüber dem Regime. Der Terror der „Säuberungen" erreichte seinen Höhepunkt, nachdem nunmehr alle Bürger und Metoiken, die nicht zu den „Dreitausend" zählten, praktisch schutzlos geworden waren. Wer nicht dazu gehörte, mußte außerhalb der Stadt bleiben. Theramenes selbst wurde schließlich durch einen an Skrupellosigkeit schwer zu überbietenden Trick von der faktisch zum willenlosen Werkzeug des Kritias degradierten Boulé zum Tode verurteilt und sofort hingerichtet.[376] Kritias ist aber möglicherweise nur einem von Theramenes geplanten Coup zuvorgekommen.[377] Der interne Machtkampf in der herrschenden Clique war jedenfalls entschieden. Das Ende des Regimes kündigte sich freilich schon an, als Theramenes gestürzt wurde.

In dieser Zeit bereiteten athenische Exulanten um Thrasybulos und Anytos in Boiotien bereits den Sturz der Dreißig vor. Im Winter 404/03 errichteten siebzig Verbannte auf dem Terrain der späteren Bastion Phyle im östlichen Parnes im attisch-boiotischen Grenzgebiet nur etwa 20 Kilometer Luftlinie nördlich der Akropolis ein festes Lager.[378] Ohne Unterstützung durch einflußreiche Kreise in Theben, Argos, Megara und anderen Poleis wäre diese Aktion nicht möglich gewesen.[379] Insonderheit in Theben, wo weniger als ein Jahr vorher noch die Zerstörung Athens gefordert worden war, hatte sich ein bemerkenswerter Sinneswandel vollzogen, der vor allem darauf zurückzuführen ist, daß man mit äußerster Besorgnis die wachsende Macht Spartas betrachtete und in Athen ein Satellitenregime der Spartaner nicht länger tolerieren wollte.[380]

Nach der Einnahme Phyles durch die Freiheitskämpfer um Thrasybulos scheiterten sofort eingeleitete Gegenmaßnahmen der Dreißig infolge eines überraschenden Schneesturmes. Während sich das Gros des Aufgebotes der Dreißig zurückziehen mußte, erhielt Thrasybulos laufend Verstärkung, so daß er bald etwa 700 Kombattanten zur Verfügung hatte, die das Lager der Wachttruppe der Dreißig erobern und einige Zeit später zum Peiraieus durchbrechen und den Munichia-Hügel besetzen konnten, nachdem ihre Schar bereits auf etwa 1000 Mann angewachsen war (Xen. Hell. 2,4,5–7.10). Unterdessen hatte sich der Terror der Dreißig in ungeahnter Weise gesteigert. Um eine unangreifbare Position in Eleusis aufzubauen, ließen sie dort sowie in Salamis alle wehrfähigen Männer inhaftieren und nach einem Schauprozeß in Athen hinrichten.[381] Nach dieser Greueltat (etwa Anfang bis Mitte März 403)[382] unterlag das Aufgebot der Dreißig im Kampf um Munichia. Hierbei fand Kritias den Tod. Bereits am folgenden Tag wurden die Dreißig von den sogenannten Dreitausend abgesetzt und zum Abzug nach Eleusis gezwungen. Der athenische Bürgerkrieg war damit aber keineswegs beendet. Anstelle der Dreißig wurde von den Dreitausend ein neues Gremium der sogenannten Zehn eingesetzt, die nach dem Willen der Mehrheit ihrer Wähler offenbar Frieden mit den Freiheitskämpfern schließen sollten, jedoch eigenmächtig den Kampf mit Zustimmung einer Reihe von athenischen Reitern und Hopliten fortsetzten. Zunächst ergab sich eine Pattsituation, da die Freiheitskämpfer die „Festung" Athen nicht nehmen konnten. Die Lage in der Polis wurde freilich immer schwieriger, so daß die Zehn schließlich Unterstützung in Sparta anforderten, indem sie sich darauf beriefen, daß der athenische Demos von den Spartanern abgefallen sei.[383] Etwa gleichzeitig wandten sich die Dreißig in Eleusis an Sparta. Sie begründeten ihren Hilferuf mit dem gleichen Argument wie die neuen Machthaber in Athen (Xen. Hell. 2,4,28).

Es schien zunächst, daß Lysander noch die Fäden in Sparta in der Hand hatte. Er erreichte, daß das Gremium der Zehn als rechtmäßige „Behörde" in Athen anerkannt und ihnen eine Anleihe von 100 Talenten gewährt wurde. Sodann wurde er (wohl auf Beschluß der spartanischen Volksversammlung) zum Harmosten ernannt und an der Spitze einer Interventionstruppe mit seinem Bruder, der als Nauarch das Flottenkommando innehatte, nach Athen entsandt. Die athenischen Freiheitskämpfer schienen gegen diese Übermacht keine Chance zu haben,[384] doch bahnte sich eine unerwartete Wende durch einen innerspartanischen Machtkampf an. König Pausanias war nicht gewillt, Lysanders dominierende Rolle in Sparta länger hinzunehmen. Ohne diesen Konflikt, in dem eine einflußreiche Gruppe um Pausanias die persönliche Autorität Lysanders zu untergraben suchte, wäre die Wiederherstellung der Demokratie in Athen kaum möglich gewesen. Offenbar handelten Pausanias und seine Anhänger in Übereinstimmung mit König Agis (Plut. Lys. 21). Jedenfalls sind in dieser Auseinandersetzung persönliche und sachliche Motive der Akteure kaum zu trennen.[385] Lysander hatte nach der Kapitulation Athens in der griechischen Welt ein spartanisches Herrschaftssystem neuer Art organisiert, das sich auf spartanische Besatzungen und sogenannte Dekarchien – spartafreundliche oligarchische Zehnerausschüsse – stützte. Da die öffentliche Meinung im griechischen Siedlungsraum dieses Zerrbild einer Hegemonie scharf verurteilte, glaubte Pausanias zweifellos, auch im Interesse seiner Polis zu handeln, als er drei der fünf Ephoren für sein Konzept einer Neubestimmung der Ziele der spartanischen Politik gewann und erreichte, daß er selbst autorisiert wurde, den Konflikt in Athen beizulegen und hierzu ein reguläres Aufgebot Spartas und des Peloponnesischen Bundes zu mobilisieren.[386]

Wie stark freilich das Mißtrauen der spartanischen Symmachoi gewachsen war, demonstriert die Weigerung der Thebaner und Korinther, Truppen in ihren Poleis aufzubieten. Sie kannten nicht die Motive und Ziele des Pausanias und nahmen an, die Spartaner wollten das Territorium Athens annektieren. In der Tat schienen die ersten Aktionen des Pausanias nicht darauf hinzudeuten, daß er bereit war, eine Wiederherstellung der Demokratie in Athen zu tolerieren.[387] Entschlossener Widerstand der Freiheitskämpfer zwang ihn zunächst zu einer größeren militärischen Intervention, die dazu führte, daß Thrasybulos und seine Truppe das Verhandlungsangebot des Pausanias akzeptierten. Gleichzeitig forderte er die Zehn und ihre Anhänger auf, zu Verhandlungen in seinem Lager zu erscheinen, wo er ihnen ebenso wie den Freiheitskämpfern seine eigene Konzeption einer in Sparta erfolgversprechenden Verhandlungstaktik vortrug und beide Seiten zwang, die Vermittlungsvorschläge der Spartaner vorbehaltlos anzuerkennen. Auf Beschluß der Ephoren und der spartanischen Volksversammlung wurde daraufhin eine Kommission von 15 Spartiaten bestimmt, die in Athen im Zusammenwirken mit Pausanias im Spätsommer 403 eine Einigung der Bürgerkriegsparteien erreichte.[388] Wichtig für die Zukunft war eine allgemeine Amnestie. Hiervon ausgenommen waren nur die Dreißig und jene elf „Exekutivkommissare“, die unter dem Regime der Dreißig die Hinrichtungen vornehmen ließen, ferner die Zehn, die als „Verwalter“ im Peiraieus geherrscht hatten, sowie die Zehn, an die nach dem Terror der Dreißig die Macht in Athen übergegangen war.[389] Sie alle sollten aber nicht verfolgt werden, wenn sie bereit seien, Rechenschaft abzulegen, und zwar nach dem üblichen Verfahren, dem sich Polisbeamte nach Ablauf ihrer Amtszeit zu unterziehen hatten. Wenn sie für schuldig befunden wurden, sollte für sie die Amnestie nicht gelten, die im übrigen generell nur für sogenannte politische Vergehen ausgesprochen wurde. Tötungsdelikte und Körperverletzungen wurden ausdrücklich ausgeschlossen.[390] Allen Athenern, die politisch belastet waren oder einer neuen demokratischen Ordnung nicht trauen mochten, sollte es gestattet sein, mit ihrem beweglichen Besitz nach Eleusis überzusiedeln sowie ihren Grundbesitz in Athen und Attika weiter zu nutzen. Eine Liste der Emigranten sollte in 10 Tagen erstellt werden, und in 20 Tagen sollte die Aussiedlung abgeschlossen sein. Dann aber sollten die Emigranten weder Athen noch die „Athener“ (d. h. die große Masse der Bürger) Eleusis betreten dürfen.[391] Dies bedeutete eine Teilung der Bürgerschaft der Athener. Eleusis sollte fortan neben Athen ein eigenes Gemeinwesen bilden und ebenso wie die Polis der Athener Abgaben an die Spartaner zahlen.[392]

Die athenische Bürgerschaft hatte somit für die von Sparta oktroyierte Aussöhnung einen schweren Preis zu zahlen. Sie existierte nicht mehr in ihrer traditionellen Form, wie sie sich seit den Anfängen der Staatswerdung in Attika herausgebildet hatte. Dies war vielleicht das schwerste Erbe, das die Schreckensherrschaft der Dreißig hinterlassen hatte. Die Identität der Bürgerschaft selbst war hiervon betroffen. Die unmittelbaren Auswirkungen auf die neue Situation in Athen ergaben sich indes primär aus den schmerzlichen Erinnerungen an Exzesse in der jüngeren Geschichte der Polis. Hierzu zählten freilich auch die Verfolgung von Mitgliedern des oligarchischen Rates der Vierhundert nach dem Ende des Systems der Fünftausend sowie Justizmorde in der Schlußphase des Peloponnesischen Krieges. Thrasybulos selbst hat als Anführer der siegreichen Bürgerkriegspartei nach seinem Einzug in Athen im Blick auf die Befürchtungen der Unterlegenen gefordert, auf Rache zu verzichten und die Amnestieregelung zu beachten. Gleichwohl wollten die Anhänger der Dreißig und deren Sympathisanten scharenweise in Eleusis Zuflucht suchen, bis Archinos – neben Thrasybulos die dominierende Figur in der siegreichen „Partei“ – die Frist für die Übersiedlung nach Eleusis aus eigener Initiative verkürzte, um weitere Abwanderungen zu unterbinden.[393] Zweifellos war das Motiv für diesen Massenexodus nicht primär die Ablehnung demokratischer Organisationsformen, sondern blanke Furcht. Im übrigen ist zu beachten, daß auf der Gegenseite keineswegs nur überzeugte Anhänger der traditionellen athenischen Demokratie gekämpft haben.[394] Immerhin hat Phormisios, ein prominenter Repräsentant der siegreichen Bürgerkriegspartei, der seit dem Vorstoß des Thrasybulos nach dem Peiraieus an den Kämpfen beteiligt war,[395] nach der Aussöhnung den Antrag gestellt, das athenische Bürgerrecht auf die Haus- und Grundbesitzer zu beschränken.[396] Der Antrag wurde abgelehnt. Hätte Phormisios Erfolg gehabt, wären etwa 5000 Athener aus der Polisgemeinschaft ausgeschlossen worden. Die Geschichte Athens und Griechenlands hätte einen anderen Verlauf genommen. Die Motive des Antragstellers sind allerdings schwer zu durchschauen. Phormisios' Argument, daß sein Vorschlag auch im Sinne der Spartaner sei, war wohl nur ein Vorwand. Phormisios hatte gleichzeitig beantragt, „Flüchtlingen" die Rückkehr nach Athen zu gestatten. Vermutlich sind hiermit die nach dem Ende des Bürgerkrieges nach Eleusis übergesiedelten Athener gemeint. So ist nicht auszuschließen, daß der Antrag ein „patriotisch gedachter Versuch" war, die Basis für eine Wiedervereinigung mit dem „Teilstaat" in Eleusis zu schaffen.[397] Offen zur Sprache gekommen ist dieser Aspekt aber wohl kaum. Die Mehrheit der Versammlungsteilnehmer, die an der Abstimmung über den Antrag des Phormisios teilgenommen haben, war jedenfalls nicht bereit, das wiedergewonnene Recht der Teilhabe an der Polisgemeinschaft den Bürgern ohne Grundbesitz zu versagen. Andererseits fand aber auch das Projekt einer „Öffnung" der Bürgerschaft keine Zustimmung. Thrasybulos beantragte, „allen das Bürgerrecht zu verleihen, die für die Wiederherstellung der Demokratie gekämpft hatten". Er hatte nach der Besetzung des Peiraieus zunächst allen Metoiken und sonstigen freien Nichtbürgern, die sich auf der Seite seiner Bürgerkriegspartei an den Kämpfen gegen die Dreißig beteiligen wollten die Isotelie, d. h. eine Gleichstellung mit den Bürgern in bezug auf Abgaben und Wehrdienst, versprochen (Xen. Hell. 2,4,25). Sein neuer Antrag, der über seine frühere Zusage vor der Entscheidung im Bürgerkrieg weit hinausging, wurde nach der Darstellung der aristotelischen ›Athenaion Politeia‹ (40,2) durch eine Klage des Archinos auf Gesetzwidrigkeit (Paranomia) zu Fall gebracht, ohne daß erkennbar wird, inwiefern das Psephisma illegal gewesen wäre. Der Autor der Athenaion Politeia behauptet zwar, daß zu den Personen, die privilegiert werden sollten, auch „einige Sklaven" gezählt hätten, doch ist es wenig wahrscheinlich, daß Thrasybulos Unfreie, die als Diener oder Waffenträger an der Seite der Freiheitskämpfer am Bürgerkrieg teilgenommen hatten, verdienten Metoiken in seiner Truppe gleichstellen wollte.[398] Jedenfalls hat Archinos mit seinem Widerstand gegen die Verleihung des Bürgerrechts an bestimmte Metoiken Zustimmung bei zahlreichen Athenern gefunden, die nicht bereit waren, die durch Krieg, Bürgerkrieg und Konstituierung eines Sonderstaates in Eleusis entstandenen Lücken in der Polisgemeinschaft durch großzügige Handhabung des Instrumentes der Bürgerrechtsverleihung aufzufüllen. Die Bedingungen für die Erlangung des Bürgerrechts wurden sogar in der restaurierten Demokratie wieder verschärft, indem die Bestimmungen des Bürgerrechtsgesetzes des Perikles aus dem Jahre 451 wieder zur Geltung gebracht wurden, wonach nur diejenigen Personen, deren Eltern bereits Athener waren, die vollen Privilegien des athenischen Bürgerrechtes besitzen sollten.[399] In der Schlußphase des Peloponnesischen Krieges war das perikleische Bürgerrechtsgesetz zweifellos nicht mehr restriktiv angewendet worden. Insofern war unter dem Aspekt der bürgerrechtlichen Voraussetzungen für die Teilhabe am Gemeinwesen die athenische Polisgemeinschaft im vierten Jahrhundert sogar noch homogener als vor dem Ende des Peloponnesischen Krieges.[400] Gegenüber dem Kriterium der bürgerlichen Abstammung waren soziale Unterschiede innerhalb der Bürgerschaft gewissermaßen zweitrangig.

Wenn auch die Bürgerrechtspolitik der 403 v. Chr. restaurierten Demokratie sich – wie gesagt – wohl kaum an dem Ziel einer Wiedervereinigung mit dem „Sonderstaat“ in Eleusis orientierte, war die versöhnliche Haltung und die Entschlossenheit der Sieger, den Bürgerfrieden auch unter den schwierigen Bedingungen einer Existenz zweier Gemeinwesen auf dem Gebiet einer in Jahrhunderten zusammengewachsenen Polisgemeinschaft weiterhin zu wahren, eine große Leistung, die allen Beteiligten Opfer und Verzicht abverlangte. Nicht nur die unterlegene, sondern auch die siegreiche Bürgerkriegspartei erklärte sich bereit, die „Kriegsanleihe“ an Sparta zurückzuzahlen. Überaus schwierig war zudem die Regelung der privatrechtlichen Besitzansprüche.[401]

Fernziel der politischen Akteure in Athen und ihrer breiten Anhängerschaften war die Wiedervereinigung der beiden Teilstaaten. Eine Realisierung entsprechender Pläne wurde durch ein Zusammenwirken mehrerer Faktoren 401 v. Chr. ermöglicht. Die im ganzen versöhnliche Haltung der Bürgerschaft in der wiederhergestellten Demokratie und der Rückgriff auf die traditionelle demokratische Freiheit (Eleutheria) in Athen sowie auch die dort trotz aller Schwierigkeiten nach der Auflösung des Seebundes sich allmählich vollziehende wirtschaftliche Erholung[402] übten offensichtlich starke Anziehungskraft auf jene Athener aus, die zunächst für Eleusis optiert hatten und dorthin übergesiedelt waren, sich aber im Laufe der Zeit mehr und mehr isoliert und ausgegrenzt fühlten und sich zudem darüber im klaren waren, daß die Existenz ihres Sonderstaates auf die Dauer nur mit spartanischer Rückendeckung gesichert werden konnte. Wohl am stärksten wirkten sich aber die Bindungskräfte zahlreicher Verwandtschaftsverhältnisse zwischen den Athenern in Eleusis und dem übrigen Polisgebiet aus. Jedenfalls siedelte eine nicht unbeträchtliche Zahl der in Eleusis lebenden Athener wieder in ihr altes Wohngebiet über,[403] so daß die Basis der in Eleusis dominierenden Oligarchen kontinuierlich geschwächt wurde. Ob sie aus diesem Grund Söldner anwarben und eventuell beabsichtigten, den Bürgerkrieg wiederaufzunehmen, muß dahingestellt bleiben. Jedenfalls wurde in Athen jene „Aufrüstung“ in Eleusis zum Anlaß genommen, das Bürgeraufgebot in voller Stärke zu mobilisieren. Die Aktion wurde begünstigt durch die außenpolitischen Probleme der Spartaner, nachdem sie die gescheiterte Erhebung des persischen Prinzen Kyros gegen seinen eigenen Bruder, den Großkönig Artaxerxes II., unterstützt hatten. Hinzu kam, daß spartanische Kräfte durch Kämpfe gegen das aufstrebende Gemeinwesen der Eleier gebunden waren. So sahen sich die Spartaner zweifellos infolge eigener Schwierigkeiten gezwungen zu tolerieren, daß ihr kleiner Satellitenstaat in Eleusis durch eine seltsame Mischung von Täuschung, militärischem Druck und Überredung eliminiert wurde. Die oligarchischen Befehlshaber des Sonderstaates, die sich einer großen Übermacht gegenübersahen und zu Verhandlungen in das Lager der athenischen Bürgerarmee gekommen waren, wurden hinterrücks getötet. Daraufhin wurden Freunde und Verwandte der in Eleusis lebenden Athener in den Oligarchenstaat geschickt, die den Boden für die Wiedervereinigung vorbereiteten. Die Versöhnung und eine erneute Amnestie wurden wiederum durch beiderseitigen Eid beschworen.[404] Innenpolitisch war damit die Bahn für einen Neubeginn endgültig frei.

Die Erinnerung an den Terror der Dreißig war freilich eine unterschwellig weiterwirkende, langfristige Folge des athenischen Bürgerkrieges. Hieraus resultierende Haßgefühle gegen Gegner oder vermeintliche Feinde der Demokratie ließen sich durch Aussöhnung und Amnestie nicht problemlos überdecken. Ressentiments richteten sich gewissermaßen kollektiv gegen eine Großgruppe von Bürgern, die unter den Dreißig gedient hatten. Als der spartanische Harmost, der zum Befehlshaber einer Expeditionstruppe zur Unterstützung ionischer Poleis im Kampf gegen Persien ernannt worden war, 400/399 v. Chr. von den Athenern aufgrund ihrer Verpflichtung zur Heeresfolge 300 Reiter anforderte, wurden für dieses Kontingent Kavalleristen aus der ehemaligen Streitmacht der Dreißig ausgewählt, weil man in Athen – wie es Xenophon formulierte (Hell. 3,1,4) – die Auffassung vertrat, es könne nur ein Vorteil für die Demokratie sein, wenn jene Leute die Polis verlassen und in der Fremde aufgerieben würden.[405] Die Repräsentanten der erneuerten Demokratie hatten freilich keinen Grund, einem makabren Zynismus dieser Art zu frönen. Auch sie hatten keine sauberen Westen in den innenpolitischen Konflikten behalten, seitdem sie Mitglieder des oligarchischen Rates der „Vierhundert" des Jahres 411 verfolgt und letzthin noch die führenden Repräsentanten des oligarchischen Sonderstaates in Eleusis in eine Todesfalle gelockt hatten.[406] Auch ihnen gegenüber bestand berechtigtes Mißtrauen, das nicht nur das Mißtrauen ehemaliger Anhänger und Gefolgsleute der Dreißig, sondern auch die Skepsis breiterer Kreise im zeitgenössischen Hellas zu bestätigen schien[407] und zudem letztlich historisch folgenschwere Mißverständnisse gefördert sowie zu Fehlurteilen über die athenische Demokratie geführt hat, die für die europäische Bildungsgeschichte von erheblicher Bedeutung geworden sind.

Als vier Jahre nach dem Ende der Dreißig in Athen Sokrates zum Tode verurteilt und hingerichtet wurde, war dies ohne Zweifel ein Justizmord durch jene Laienrichter, die kein Verständnis für die Dialektik des Philosophen besaßen sowie seinen Kampf gegen sophistische Trugschlüsse und seine spezifische Auslegung einer Verwirklichung der höchsten Seinsweise (Areté) in der Polis als Wesensstätte des Menschen gar nicht zu begreifen vermochten. Indem Platon aber den Gegensatz zwischen der Vorstellungswelt der von ihren täglichen Geschäften im privaten und im öffentlichen Bereich in Anspruch genommenen Mehrheit der Bürger und den sublimen Gedanken des seinem Gewissen folgenden und von der Masse nicht verstandenen Philosophen geradezu als Kriterium für eine Diskreditierung der Demokratie seiner Vaterstadt gewertet und insofern polemisch instrumentalisiert hat, attestiert er seiner Polis ein Versagen vor der großen politischen Aufgabe einer dauerhaften Systemstabilisierung, für die er in seinem Hauptwerk über das „Gemeinwesen" – der ›Politeia‹ – mit seinem Ideal einer Philosophenherrschaft ein Modell entwarf, das nicht zu verwirklichen war und für alle Zeit auch unrealisierbar bleibt. Zudem löst Platon den Sokrates-Prozeß aus seinem politisch-historischen Kontext, da er in seiner ›Apologie des Sokrates‹ auf einen entscheidenden Aspekt der generell gegen den Angeklagten erhobenen Vorwürfe gar nicht eingeht.[408] Nach der Darstellung Xenophons (Memorabilien 1,2,9) hatte der Ankläger Anytos betont, Sokrates verführe seine Freunde zur Verachtung der Gesetze, wenn er behaupte, es sei töricht, die Polisbeamten durch Auslosung einzusetzen; niemand habe die Absicht, etwa jemanden durch Auslosung zu einem Steuer- oder zu einem Zimmermann oder zum Flötenspieler zu machen, obschon diese Leute bei der Ausübung ihrer Tätigkeiten viel weniger Schaden anrichten könnten als Polisbeamte. Anytos unterstellte, daß Sokrates gewissermaßen eine subversive Lehrtätigkeit ausübe. Dieser haltlose Vorwurf zeigt, daß Sokrates' Kritik an der Besetzung der Ämter durch das Losverfahren als Frontalangriff gegen Prinzipien der athenischen Demokratie ausgelegt und somit auch als eine Attacke gegen den Grundsatz der Entscheidungsfindung durch Mehrheitsbeschluß des gesamten Demos gewertet werden konnte, während nach dem politischen Selbstverständnis der Athener jeder Bürger ohne Ansehen der Person und unabhängig von seinen beruflichen Qualitäten das gleiche Rede- und Stimmrecht hatte. Im politischen Raum galten Führungsfunktionen nicht als Beruf mit fachspezifischer Qualifikation, sondern als Leistung im Dienst der Polis. Die Entscheidungsfindung wiederum war eine Angelegenheit aller Bürger, nicht aber lediglich Sache eines engen Kreises von Berufspolitikern. Bis zum Sturz der Demokratie mochte man in den Thesen des Sokrates, der ja selbst wie kaum ein anderer sich in die Polisordnung einfügte, eher Ermahnungen eines lästigen Querulanten gesehen haben, den man gewähren lassen konnte. Nach den Erlebnissen und Erfahrungen unter den Dreißig hingegen wollte die Bürgerschaft nicht tolerieren, daß man Strukturelemente und Prinzipien der Demokratie in Zweifel zog. Daß man gerade einem Sokrates, der ja nicht erst nach dem Peloponnesischen Krieg seine bohrenden Fragen stellte, systemgefährdende antidemokratische Argumentation vorwarf, war aber gewiß kein Zufall. Zu den eifrigen Zuhörern des Sokrates hatten Alkibiades und Kritias gehört, und der Ankläger versäumte nicht, dies in Erinnerung zu rufen und die Richter darauf hinzuweisen, daß diese beiden der Polis den größten Schaden zugefügt hätten, und zwar sei Kritias – wie Anytos es formulierte – der habsüchtigste, gewalttätigste und mordlustigste Oligarch und Alkibiades der zügelloseste, arroganteste und rücksichtsloseste Demokrat gewesen. Noch mehr als ein halbes Jahrhundert später fand Aischines (1,173) zweifellos kaum Widerspruch, als er Sokrates als einen Sophisten bezeichnete, der zum Tode verurteilt worden sei, weil er Kritias unterrichtet habe, den Haupttäter im Kreise der Dreißig, jener antidemokratischen Putschisten.[409] Im politischen Bewußtsein des vierten Jahrhunderts v. Chr. figurieren die Dreißig als Mörderbande, und der einstige Lehrer ihres Anführers konnte einer Reihe von Laienrichtern, die über die Anklage gegen Sokrates zu entscheiden hatten,[410] durchaus als Sicherheitsrisiko erscheinen, vor dem die Demokratie zu schützen war.[411] In Platons ›Verteidigungsrede des Sokrates‹ scheint dieser politisch-historische Hintergrund nicht auf. Das athenische Demokratieverständnis wird in dieser Schrift in ein diffuses Licht gerückt. Es scheint, als hätten die Dreißig noch im Scheitern ihrer Schreckensherrschaft der Demokratie eine Hypothek aufgebürdet, an der sie noch nach zweieinhalb Jahrtausenden zu tragen hat, weil mit der von ihnen verursachten politischen Katastrophe auch ein Sokrates fälschlich in Verbindung gebracht wurde und Platon dieses Mißverständnis durch seine Interpretation des demokratischen Systems als Herrschaft einer inkompetenten und emotional reagierenden Masse noch gesteigert hat.

IV. ERNEUERUNG, WIEDERAUFSTIEG UND DER WEG NACH CHAIRONEIA

1. Demokratischer Neubeginn

Die Erneuerung der Demokratie erfolgte nicht von einem Nullpunkt aus. Nur acht Monate dauerte die Unterbrechung durch das Regime der Dreißig. Die athenische Verfassung nach der Beseitigung jener oligarchischen Tyrannis basiert somit auf den bereits im fünften Jahrhundert geschaffenen Fundamenten. Sie ist in der Folgezeit kontinuierlich weiterentwickelt, aber auch neuen Verhältnissen und den sich wandelnden politischen und gesellschaftlichen Rahmenbedingungen angepaßt worden. Diese mannigfachen Neuerungen sind weder Indizien für einen selbstläufigen Prozeß noch als Realisierung theoretischer Konzepte und Vorgaben zu verstehen, sondern Ausdruck einer vielschichtigen Entwicklung, in deren Verlauf größere und kleinere Reformen zur Optimierung und Stabilisierung eines Systems vorgenommen wurden, das insgesamt nicht mehr in Frage gestellt war.

Vor allem sind hier die Einführung neuer Gesetzgebungsverfahren sowie neue Regelungen zur Leitung der Volksversammlung und zur Verhinderung von Korruption bei der Besetzung und Urteilungsfindung der Gerichtshöfe zu nennen. Zweifellos sollte hierdurch eine möglichst breite Lagerung der Verantwortung in Verbindung mit einer Perfektionierung der Kontrollmechanismen erreicht werden. Als „Vollendung der Demokratie“ sind solche Maßnahmen indes schwerlich initiiert worden, da es ein ausgeklügeltes Modell eines perfekten demokratischen Systems gar nicht gab. Im übrigen stellt der Begriff der „Vollendung“ einer bestimmten Entwicklung keine historische Kategorie dar, da dieser Terminus die Vorstellung impliziert, daß im Leben von Staaten und Völkern bestimmte Prozesse sich zielgerichtet vollziehen, und zwar in dem Sinne, daß das Telos durch irgendwelche natürlichen oder überindividuellen Wirkungszusammenhänge vorgegeben oder aber infolge einer Art „Machbarkeit der Geschichte“ durch menschliche Steuerungskunst erreichbar wäre.

Formal gesehen hatte Athen – wie P. J. Rhodes mit Recht betont hat – nach 403 wieder die gleiche Verfassung wie im fünften Jahrhundert.[1] Die einst von Kleisthenes geschaffene Phylenordnung bildete weiterhin ein tragendes Gerüst des gesamten Systems. Nicht nur für den Rat der 500, sondern auch für eine Reihe von Kommissionen und Kollegien von Funktionsträgern („Beamten“) bildeten die Phylen die organisatorische Grundlage, indem jeweils aus den Phylen die Mitglieder des Rates (Bouleuten) und der meisten Gremien der Beamten für ein Jahr ausgelost wurden. Aufgrund der hohen Zahl der jährlich benötigten Bouleuten war eine zweite Mitgliedschaft im Rat nach einem gewissen Intervall gestattet, d. h., es gab für Bouleuten nach wie vor die Möglichkeit der Iteration, nicht aber der Kontinuation der Funktionen. Ansonsten konnte ein Bürger ein bestimmtes Polisamt nur einmal in seinem Leben für ein Jahr ausüben. Ausnahmen bildeten natürlich weiterhin militärische Funktionen. Unbestrittenes Prinzip blieb somit die routinemäßige Rotation von Funktionsträgern, so daß diejenigen Bürger, die entsprechende Aufgaben im institutionellen Gefüge der Polis übernahmen, die unterschiedlichsten Ämter im Laufe der Zeit bekleiden konnten, ohne daß sie spezielles Herrschaftswissen für einzelne Funktionen zu erwerben brauchten oder durch kontinuierliche Dienste in einem bestimmten Ressort sich dort unentbehrlich machen konnten. Möglich war dies dadurch, daß die zahlreichen öffentlichen Funktionen jeweils auf bestimmte Aufgabenbereiche und Routinetätigkeiten beschränkt wurden bzw. beschränkt blieben. Erwachsen war diese Praxis aus dem Bestreben, demokratische Chancengleichheit zu wahren. Daher konnten die meisten Magistraturen durch Auslosung besetzt werden, so daß kein Spezialistentum in der Verwaltungstechnik entstehen konnte. Allerdings vollzog sich im Laufe des vierten Jahrhunderts in dieser Hinsicht partiell ein Wandel. Infolge des hohen Geldbedarfs der Polis und des Zwangs zur Rationalisierung entstand in der Finanzverwaltung ein Spezialistentum besonderer Art. Ein ähnlicher Trend ist im Militärwesen zu erkennen. Hier entstanden regelrechte „Ressorts“ für militärische Fachleute in der Funktion von Strategen. Diese Entwicklung zeichnete sich freilich erst später deutlich ab.

Durch die Organisation des Ämterwesens war ein erheblicher Teil der Bürger sukzessiv gleichsam im „öffentlichen Dienst“ tätig. Selbstverständlich konnten nicht alle Bürger gleichzeitig derartige Funktionen ausüben, doch war ein turnusmäßiger Wechsel in den zahlreichen Gremien und Ämtern eine Voraussetzung für die Einheit von Bürgern und demokratischer Organisationsform des institutionellen Gefüges der Polis.[2] Im öffentlichen Leben konnte sich der Bürger nach wie vor als Teil eines großen Ganzen fühlen und eben deshalb auch Verantwortungsbewußtsein für den politisch-rechtlichen Gesamtverband des Gemeinwesens empfinden. Schon aus demographischen Gründen wurde von allen politisch aktiven Bürgern ein großes Engagement verlangt, da die Zahl der Bürger nach dem Peloponnesischen Krieg geringer war als in der Zeit des Perikles.[3]

Da der Rat – wie gesagt – wieder aus 500 Bouleuten bestand, veränderte sich natürlich infolge der demographischen Entwicklung die Relation der Zahl der Bouleuten zur Gesamtzahl der Bürger nicht unerheblich, so daß prinzipiell vergleichsweise mehr Athener bereit sein mußten, sich für die fast täglich zusammentretende Boulé zur Verfügung zu stellen. Zudem wuchs mit zunehmender Regulierung der Aufgaben des Rates auch die Inanspruchnahme der einzelnen Bouleuten. Dies gilt natürlich vor allem für die jeweiligen Prytanen, die täglich bereitstehen sowie die Tagesordnungen für Volksversammlungen vorbereiten mußten. Nach wie vor wurden alle Agenda der Ekklesia vom jeweiligen geschäftsführenden Ausschuß der 50 Prytanen einer Phyle vorbereitet und vom Plenum des Rates beschlossen, der darüber hinaus auch laufende „Staatsgeschäfte“ zu koordinieren und viele Kontrollfunktionen zu übernehmen hatte.

Auch die vielen Bürger, die mehr oder weniger regelmäßig an Volksversammlungen teilnahmen, mußten sich in erheblichem Maße engagieren, zumal die Ekklesia im vierten Jahrhundert offenbar regulär vierzigmal im Jahr tagen mußte.[4] Sie hatte dabei noch mehr Routineaufgaben zu erfüllen als im fünften Jahrhundert, doch mußten die Teilnehmer natürlich auch immer wieder bei politischen Entscheidungen mitwirken, die von den abstimmenden Bürgern ein gewisses Maß an politischer Aktivität und Erfahrung verlangten oder zumindest einiges Interesse für die Angelegenheiten des öffentlichen Lebens voraussetzten, wenn z. B. Entscheidungen für oder gegen einen bestimmten Antrag von erheblicher außenpolitischer Bedeutung überhaupt sinnvoll sein sollten. Hierüber dürften sich diejenigen Athener, die zu den Tagungen der Ekklesia gingen, durchaus im klaren gewesen sein, denn sie nahmen es auf sich, ihre privaten Interessen zurückzustellen, um von ihrem Stimmrecht in der Ekklesia Gebrauch zu machen. Es wäre zweifellos verfehlt, die breite Masse der Versammlungsteilnehmer etwa als bloßes „Stimmvieh“ zu bezeichnen. Die Bürger in der Volksversammlung waren durchaus kritisch, wie inkompetente Redner erfahren mußten, wenn man sie niederschrie oder auslachte.[5] Zahlreiche Versammlungsteilnehmer, die schon öffentliche Funktionen als Ratsmitglieder oder Polisbeamte ausgeübt hatten, waren durch diese Tätigkeit in ein Netzwerk unmittelbarer politischer Kommunikation eingebunden worden und kannten sich nicht nur in Routineaufgaben wie z. B. der Beamtenkontrolle aus, sondern verstanden sich auch auf Sachfragen, die politisches Urteilsvermögen voraussetzten. Sicherlich mußten wie schon im fünften Jahrhundert die Abstimmungsberechtigten Entscheidungshilfe durch „halbprofessionelle“ politische Akteure erhalten, die als Sprecher (Rhetores) in der Volksversammlung auftraten.[6] Da es ebensowenig wie im fünften Jahrhundert eine eigentliche Regierung oder eine institutionalisierte Opposition gab, waren diese Redner nach wie vor keine Entscheidungsträger oder Repräsentanten einer nach der Macht strebenden Partei, sondern Bürger, die es sich aufgrund ihrer finanziellen Verhältnisse leisten konnten, einen beträchtlichen Teil ihrer Zeit sich mit Fragen des öffentlichen Lebens zu beschäftigen, so daß sie als „Ratgeber“ (Symbouloi) des Demos auftreten konnten. Sie mußten sich darauf verstehen, allgemein anerkannte Prinzipien der athenischen Demokratie wie die Verpflichtung der Bürger gegenüber den Polisgesetzen mit traditionellen moralischen Wertvorstellungen zu verbinden sowie beschlußfähige und realisierbare Anträge zu formulieren und zu begründen.[7] Bekleidung eines Amtes war keine Voraussetzung für die genannten Aktivitäten in der Ekklesia, wenn auch Symbouloi und Rhetores vielfach öffentliche Funktionen übernahmen.[8]

„Redner“ und „Ratgeber“ hatten – wie gesagt – keine offiziellen Leitungsfunktionen in der Ekklesia, die weder im fünften noch im vierten Jahrhundert einen Vorsitzenden aus ihrer Mitte bestimmen konnte. Während aber die Tagesordnung der Ekklesia im vierten Jahrhundert weiterhin auf Vorschlag der Prytanen vom Rat beschlossen und die Volksversammlung dann von den Prytanen einberufen wurde, änderte sich die Bestellung der Vorsitzenden. Der jeweils am Tage einer Versammlung des Demos amtierende Epistates („Vorsteher“) des Rates der 500 übernahm nicht mehr automatisch den Vorsitz der betreffenden Ekklesia. Es oblag ihm vielmehr etwa seit 380 v. Chr. am Versammlungstag, neun sogenannte Prohedroi (Vorsitzende) für die Ekklesia aus dem Rat auszulosen, und zwar je einen aus jeder Phyle mit Ausnahme derjenigen, die gerade den geschäftsführenden Ausschuß der Boulé stellte.[9] Aus den neun ausgelosten Prohedroi hatte dann der Epistates des Rates des weiteren den Vorsteher der Volksversammlung auszulosen, der somit nur für die betreffende Tagung bestimmt wurde und sich strikt an die vom Rat vorgelegte Tagesordnung zu halten hatte. Durch diese neue Regelung sollte offensichtlich verhindert werden, daß der Ablauf einer Volksversammlung in irgendeiner Weise durch geschickte Regie manipuliert werden konnte. Das Problem war allerdings aus damaliger Sicht wohl kaum der Vorsitzende des Rates, der ja – wie gesagt – täglich wechselte, sondern die Geschäftsführung der Boulé durch jeweils 50 Prytanen, die stets mehr als einen Kalendermonat amtierten. Da in dieser Periode einer Prytanie im vierten Jahrhundert wohl mindestens vier Volksversammlungen stattfanden, wollte man zweifellos nicht tolerieren, daß die Gruppe der Prytanen in ihrer Amtsperiode über die Tagesordnung die Durchführung der Volksversammlungen beeinflussen konnte, denn der Epistates des Rates war ja immer einer der Prytanen. Offenbar war mit der neuen Regelung eine Stärkung der Volksversammlung intendiert. An ihrer Stellung als Zentralorgan der Demokratie gab es keinen Zweifel. Die Volksgerichte erhielten in der restaurierten Demokratie kein stärkeres Gewicht im institutionellen Gefüge der Polis Athen als die Ekklesia.[10]

Die schon erwähnte Einführung neuer Gesetzgebungsverfahren (Nomothesie) steht vermutlich in einem engen Zusammenhang mit der Weiterführung der Revision der bestehenden Gesetze, die 399 zum Abschluß gebracht wurde und dazu diente, die rechtliche Basis der Demokratie zu stabilisieren. Das gültige Recht sollte möglichst widerspruchsfrei sein.[11] Die Gesetzesrevision und die neuen Formen der Gesetzgebung setzen eine Differenzierung zwischen Nomos (Plur.: Nomoi) und Psephisma (Plur.: Psephismata) voraus. Als Nomoi galten die generell und auf Dauer geltenden Gesetze, als Psephismata hingegen sowohl situationsbedingte Dekrete als auch sonstige Beschlüsse oder Willenskundgebungen des Demos in der Volksversammlung.[12] Die Nomoi, die im vierten Jahrhundert von Nomotheten („Gesetzgebern") verabschiedet wurden, konnten Psephismata aufheben. Es war möglich, gegen Nomoi Klagen wegen Verabschiedung eines unzweckmäßigen Gesetzes einzubringen. Durch dieses Verfahren sollte eine möglichst widerspruchsfreie Weiterentwicklung des Rechtes garantiert sein.[13] Gegen Psephismata gab es die schon seit 415 nachweisbare Klage wegen Gesetzwidrigkeit (Graphè Paranómon). Insofern bestanden in der restaurierten Demokratie für Psephismata und Nomoi entwickelte Kontrollverfahren.[14]

Zum Verständnis der Volksversammlung und der Gerichtshöfe im institutionellen Gefüge der Polis ist des weiteren die Unterscheidung zwischen der als Gesamtheit des Demos geltenden Ekklesia und den Dikasterien als Organen des Demos von Bedeutung. Ein Gerichtshof konnte schon deshalb nicht als Demos verstanden werden, weil die Geschworenen stets eine Auswahl bildeten, die für ihre einjährigen Funktionen ausgelost worden waren und mindestens 30 Jahre alt sein mußten. Zur Volksversammlung hatten demgegenüber alle Bürger über 20 Jahre Zutritt. Wenn die „Laienrichter" immer wieder als „Männer von Athen" angeredet wurden, so darf dies nicht darüber hinwegtäuschen, daß sie als Mitglieder einer Institution bestimmte Aufgaben *für* die Gesamtheit des Demos erfüllten, nicht aber „das Volk von Athen" waren.[15] Ferner ist zu beachten, daß in dem neuen Nomothesieverfahren diejenigen Bürger, die über bestimmte Gesetzesvorlagen zu beraten und zu entscheiden hatten, zwar ihrerseits aus den Richterlisten ausgelost wurden, aber dann im Verlauf des Verfahrens nicht als „Richter“ im eigentlichen Sinne fungierten. Bereits die abschließende Bestätigung der Revision der geltenden athenischen Gesetze war nicht mehr von der Volksversammlung, sondern vom Rat und von einem Gremium von 500 in den Demen gewählten „Nomotheten“ beschlossen worden. Fortan sollten alle Nomoi von Nomotheten, nicht aber vom Plenum der Volksversammlung endgültig verabschiedet werden. Darüber hinaus sollte in der Folgezeit jeder ersten Volksversammlung eines Amtsjahres das gesamte Gesetzescorpus nach Sachgruppen geordnet zur Billigung vorgelegt werden. Falls ein Gesetz nicht mehr die Zustimmung der Versammlungsteilnehmer fand, konnte jeder Bürger einen Änderungsantrag stellen.[16] Die Versammlung hatte dann fünf Bürger zur Verteidigung des betreffenden Gesetzes zu wählen. In der dritten Ekklesia des Amtsjahres wurde die Sache erneut behandelt. Wenn die Mehrheit einer Revision zustimmte, wurde ein Beschluß zur Auslosung und Einsetzung eines Gremiums von 501 (in schwierigen Fällen 1001) Nomotheten gefaßt. Bevor die Nomotheten entschieden, konnte jeder Bürger Revisionsvorschläge machen, die öffentlich angeschlagen wurden. Die Nomotheten hatten dann die Argumente des Befürworters der Änderung und die Einwände der Verteidiger anzuhören und die Sache endgültig zu entscheiden. Ein von den Nomotheten akzeptierter Vorschlag bedurfte nicht mehr der Zustimmung durch die Volksversammlung. Nach ähnlichen Grundsätzen wurde bei der Verabschiedung völlig neuer Gesetze verfahren, die in mehreren aufeinanderfolgenden Volksversammlungen verlesen wurden und dann abschließend vom Gremium der Nomotheten gebilligt werden mußten.

In gewisser Weise sollte das neue Nomothesieverfahren eine kontinuierliche Überprüfung der Gesetze garantieren. Ob eine Revision stattfinden sollte, entschied immer die Volksversammlung. Die aus der Gesamtheit der jeweiligen Laienrichter ausgelosten Nomotheten bestimmten aber dann das Ergebnis einer Revision. Die Form des Verfahrens ließ genügend Zeit zur Kenntnisnahme und zur Vorbereitung einer geplanten Änderung,[17] die verfahrensmäßig sich im übrigen nicht nur aus einer Zusammenarbeit von Volksversammlung und Nomotheten ergab. Auch der Rat der 500 war bis zu einem gewissen Grade beteiligt, da es ihm oblag, die Volksversammlung einzuberufen und die Tagesordnung festzusetzen sowie den Vorsitzenden zu stellen.

Das gesamte Verfahren war sicherlich geeignet, übereilte Gesetzesbeschlüsse zu verhindern.[18] Dies bedeutet natürlich nicht, daß die Gesetzgebung nunmehr Juristen anvertraut wurde, die es in Athen ohnehin nicht gab. Auch war keineswegs garantiert, daß fortan Erfahrung und Einsicht sich bei der Gesetzgebung durchsetzten.[19] Die Nomotheten aus dem Kreis der Geschworenen waren natürlich Laien, die aber im Prinzip einen repräsentativen Querschnitt aus der Zahl der über dreißig Jahre alten Athener darstellen sollten. Durch diese Reform, die dem System Dauer und Sicherheit verleihen sollte, scheint die Gesetzgebung indes keine neue Schubkraft erhalten zu haben. Im frühen vierten Jahrhundert wurden allem Anschein nach nicht viele neue Gesetze in der beschriebenen Weise verabschiedet. Das Verfahren war zweifellos zu umständlich und wurde vermutlich noch vor 370 vereinfacht, so daß nicht nur jederzeit neue Vorschläge gemacht werden konnten, sondern auch die Prüfung von Änderungs- bzw. Verbesserungsvorschlägen abgekürzt wurde. Auch brauchten die Nomotheten jetzt nicht mehr Geschworene zu sein. Die routinemäßige Prüfung wurde aber beibehalten. Vor 354/53 hatten die Nomotheten auch zeitweise die Gesetze auf Widersprüche zu prüfen. Um die Jahrhundertmitte übernahmen die Thesmotheten die Aufgabe, gewissermaßen für die Kontrolle und Weiterentwicklung des Rechtes Sorge zu tragen. Sie hatten ungültig gewordene oder widersprüchliche Gesetze „aufzuspüren" und der Volksversammlung vorzulegen, die dann durch ein Nomothetengremium die Sache entscheiden ließ.

Im übrigen waren die Kompetenzen der Nomotheten dadurch eingeschränkt, daß ein Geschworenengericht für Klagen wegen „Unzweckmäßigkeit eines Nomos" zuständig war. Da die Dikasterien auch die Entscheidung über eine Paranomieklage gegen ein Psephisma fällten, konnten die Gerichte sowohl Entscheidungen der Ekklesia als auch Beschlüsse der Nomotheten kassieren. Dies war nach zeitgenössischen Vorstellungen aber offensichtlich keine Einschränkung der Macht des Demos, sondern ein Zeichen für die Herrschaft der Gesetze, die zu den Wesenszügen eines demokratischen Systems gezählt wurde. Paranomieklagen und Klagen gegen ungeeignete Gesetze waren integrale Bestandteile eines Verfahrens, das dazu diente, das Recht von Unklarheiten und Widersprüchen freizuhalten. Das Nomothetengremium bildete zudem ein Instrument der Interorgankontrolle. Es war aber ebensowenig wie die Dikasterien eine eigenständige Gewalt im Gemeinwesen der Athener. Aufgabe der Gerichtshöfe (Dikasterien) des sogenannten Volksgerichtes war selbstverständlich in erster Linie die Aburteilung von Verbrechen und die Entscheidung von privaten und öffentlichen Prozessen. Sogenannte private Verfahren betrafen nach wie vor Rechtsverletzungen gegen Privatpersonen, während öffentliche Verfahren bei Verletzung der Polisinteressen angestrengt wurden. Darüber hinaus übten die Dikasterien aber auch eine Kontrolle über die Institutionen und Funktionsträger (Beamte) der Polis aus. Diese politischen Kontrollfunktionen konnten die Dikasterien weiterhin nur wahrnehmen, wenn Prozesse gegen Beamte sowie gegen Redner oder Antragsteller im Rat und in der Volksversammlung angestrengt wurden.[20]

Neu geregelt wurde die Besetzung der Dikasterien.[21] Während im fünften Jahrhundert die Geschworenen nach Ableistung ihres Richtereides einem der zehn Dikasterien zugelost wurden und jeder Gerichtshof während eines Amtsjahres stets unter demselben Vorsitzenden tagte sowie jeweils für bestimmte Verfahren zuständig war, wurden etwa seit Beginn des vierten Jahrhunderts die „Richter" in zehn ungefähr gleich große und mit den Buchstaben A bis K (Alpha bis Kappa) bezeichnete Abteilungen eingeteilt und erst an den Gerichtstagen die Dikasterien für anstehende Prozesse ausgelost, so daß jede „Richterabteilung" prinzipiell für alle Verfahren zuständig werden konnte. Hierdurch sollten Bestechungsmöglichkeiten und Einflußnahme auf die Dikasterien ausgeschaltet werden. Nach Mitte der achtziger Jahre wurde eine weitere Neuerung vorgenommen. Jeder Geschworene erhielt eine eigene Marke mit seinem Namen und einem der zehn Buchstaben A bis K. An den Gerichtstagen wurden fortan in einem komplizierten Verfahren zunächst die benötigten Richter ausgelost und aus diesen Heliasten anschließend die zu bildenden Gerichtshöfe ebenfalls durch Auslosung konstituiert. Hinzu kam etwa nach 340 noch die Auslosung der vorsitzenden Magistrate an den Gerichtstagen. Die Verfeinerung des Verfahrens wurde offenbar aus verschiedenen Gründen für notwendig erachtet. Einerseits sollte wohl noch effektiver als nach der im frühen vierten Jahrhundert vorgenommenen Reform jede Möglichkeit einer Korruption vereitelt werden. Hierbei sollte auf möglichst demokratische Weise allen Athenern – d. h. auch armen Bürgern – die Chance geboten werden, als Richter zu fungieren und dementsprechend „Richtergeld“ zu erhalten. Die Intention, Bestechung auszuschalten, ist zudem wohl auch darauf zurückzuführen, daß man sich der großen Kompetenzen der Gerichte, deren Urteile nicht anfechtbar waren, bewußtgeworden ist. Zweifellos wurde die Reform aber auch deshalb als notwendig empfunden, weil Prozesse und Klagen ein Instrument des politischen Machtkampfes in der Führungsschicht geworden waren und infolgedessen die Gefahr einer Destabilisierung des Systems nie auszuschließen war. Hinzu kamen die Probleme des aus dem System selbst sich entwickelnden Denunziantentums. Historischer Hintergrund dieses Phänomens ist letztlich die von Solon einst eingeführte Popularklage. Ihr ursprünglicher Sinn war Pflege und Stärkung der Solidarität der Polisgemeinschaft. Die genannte Anklageform erlaubte jedem Bürger, als Ankläger im Interesse anderer Bürger und der Gemeinschaft zu fungieren. Oft genug richtete sich die Anklage freilich gegen Unschuldige, und dies führte wiederum zu Korruptionen, denn Angeklagte suchten begreiflicherweise Prozesse mit ungewissem Ausgang durch Bestechung derjenigen zu vermeiden, die das allgemeine Recht zu einer öffentlichen Klage eigensüchtig zur eigenen Bereicherung auszunutzen suchten.[22] Dies war natürlich eine völlige Verkehrung der ursprünglichen Intention des Gesetzgebers, alle Bürger zur Wahrung der öffentlichen Interessen zu verpflichten. Es handelte sich um eine gewisse systemimmanente Schwäche, die sich aus den Entstehungsbedingungen der Polis ergeben hatte. Auch eine Großpolis wie Athen läßt sich letztlich auf Organisationsformen einer Kleingesellschaft zurückführen, in der Nachbarschaftshilfe gegen Unrecht und Verbrechen unabdingbar gewesen war. Auf derartige Elemente eines öffentlichen Engagements konnte auch das entwickelte demokratische System Athens nicht verzichten, das ja nicht die Mittel besaß, eine bürokratische Anklagebehörde, wie sie die moderne Staatsanwaltschaft darstellt, zu konstituieren. Natürlich war das Sykophantentum eine Quelle gegenseitigen Mißtrauens. Dennoch wurde hierdurch nicht die Demokratie destabilisiert.

2. Der Weg aus der außenpolitischen Isolation

In der Zeit von der Kapitulation Athens bis zur Wiedervereinigung der beiden athenischen Teilstaaten hatte sich die Situation in der griechischen Welt grundlegend verändert. Die Polis Athen hatte durch die ihr auferlegten Friedensbedingungen nicht nur ihre außenpolitische Handlungsfreiheit, ihre Besitzungen außerhalb Attikas und ihre Flotte verloren. Sie mußte zudem auch auf ihr weitgespanntes Bündnissystem verzichten und schien politisch völlig isoliert zu sein. Die athenische Machtpolitik der vorausgegangenen Jahrzehnte warf noch einmal ihre langen Schatten. Das Mißtrauen, das die

Herrschaft der Athener im Seebund und generell der athenische Hegemonieanspruch weithin erzeugt hatten, wirkte nachhaltig weiter. Weitsichtige und verantwortungsbewußte Akteure auf der politischen Bühne erkannten, daß ihre Polis auch nach der Befreiung vom Joch der „Dreißig" selbstverständlich in der Außenpolitik auch weiterhin überaus vorsichtig taktieren mußte. Langfristiges Ziel war freilich die Lösung aus der Abhängigkeit von Sparta,[23] und eine große Chance lag für Athen darin, daß die Spartaner als Sieger in dem großen Krieg gegen Athen den Bogen ihrer eigenen ausufernden Machtpolitik überspannten. Die tiefere Ursache dieser neuen Entwicklung lag in der Fehleinschätzung der Gesamtlage im östlichen Mittelmeer durch einflußreiche Spartiaten, die ihre eigenen außenpolitischen Handlungsmöglichkeiten überschätzten. Nach der Niederlage Athens gab es im griechischen Mutterland und in der Ägäis zunächst kein machtpolitisches Gegengewicht gegen Sparta.[24] Offenbar ließen sich die spartanischen Führungskräfte hierdurch zu einer folgenreichen Unterstützung des Aufstandes des jüngeren Kyros gegen dessen Bruder Artaxerxes verleiten, ohne daß hiermit schon von spartanischer Seite bewußt eine Konfrontation mit Persien intendiert worden wäre. Im Gegenteil, man erwartete in Sparta selbstverständlich einen Sieg des Kyros und versprach sich hiervon auch eine weitere Konsolidierung der spartanischen Hegemonie. Niederlage und Tod des Kyros 401 v. Chr. veränderten indes die Konstellation im gesamten östlichen Mittelmeerraum mit unabsehbaren Folgen für die Politik der Spartaner, an die nunmehr die ionischen Städte, die Kyros unterstützt hatten, ein dringendes Hilfegesuch richteten, nachdem Tissaphernes vom siegreichen Großkönig zum Karanos (Statthalter) über einige westliche Satrapien des Perserreiches eingesetzt worden war (Xen. Hell. 3,1,3). Sparta suchte zunächst ohne Erfolg seine oligarchischen Parteigänger in Ionien durch Verhandlungen vor den zu erwartenden Sanktionen des Tissaphernes zu schützen und entsandte dann 400 v. Chr. Thibron mit einer unzureichenden Streitmacht nach Kleinasien. Die Athener sahen sich gezwungen, für diese Expedition sowie auch 399 für den Krieg der Spartaner gegen Elis ein kleines Truppenkontingent zur Verfügung zu stellen (Xen. Hell. 3,1,4). Demgegenüber versagten sich Theben und Korinth einer entsprechenden Aufforderung der Spartaner.[25]

Dieser Widerstand gegen die spartanische Hegemonialpolitik war bereits ein Indiz für die Entstehung einer antispartanischen Koalition in Griechenland, der sich Athen aber erst mehrere Jahre später anschloß, nachdem 397 ein erster Versuch der Athener, die Abhängigkeit von Sparta zu lockern, gescheitert war. Wahrscheinlich Anfang 397 war der ehemalige athenische Stratege Konon, der 405 mit wenigen Trieren bei Aigospotamoi entkommen und nach Kypros flüchten konnte, zum Befehlshaber einer neuen persischen Flotte ernannt worden. Wenig später unterstützten ihn die Athener durch Entsendung von Schiffsmannschaften und Waffenlieferungen. Gleichzeitig schickten sie eine Gesandtschaft zum Großkönig, die aber (wohl auf der Rückreise) von spartanischen Streitkräften abgefangen und auf Weisung des damaligen Nauarchen Pharax hingerichtet wurde.[26] Von athenischer Seite wurde hiergegen nicht protestiert. Zweifellos wagte damals niemand in Athen, die Spartaner erneut zu provozieren. Als dann 396 König Agesilaos das Kommando über die Truppen Spartas in Kleinasien übernahm und den Kampf gegen Persien zu einem panhellenischen Krieg zu stilisieren suchte, verweigerte Athen zwar ebenso wie Argos, Korinth und Theben die Teilnahme an dem großangelegten Unternehmen, doch suchten die Athener wieder eine offene Provokation der Spartaner zu vermeiden. Auch im Frühjahr 395 optierte eine Mehrheit in der Volksversammlung (und wohl auch in der Boulé der 500) auf Anraten einflußreicher Politiker für einen vorsichtigen Kurs gegenüber Sparta. Es gab damals nach der Darstellung des unbekannten Verfassers einer fragmentarisch überlieferten Geschichte Athens und Griechenlands im späten fünften und frühen vierten Jahrhundert (sogenannte Hellenica Oxyrhynchia) heftige Diskussionen über eigenmächtiges Handeln des Atheners Demainetos, der ohne Genehmigung der Volksversammlung, aber mit Billigung des Rates eine Triere ausgerüstet hatte und zu Konon gefahren war, unter dessen Kommando bereits persische Einheiten in kleinasiatischen Gewässern operierten.[27] Angeblich sollen sich Repräsentanten der Oberschicht (sogenannte „Angesehene und Vornehme" bzw. „Tüchtige und Reiche") über die Aktion des Demainetos empört haben, weil hierdurch der Frieden mit Sparta gefährdet worden sei, während eine kleine Gruppe von Anhängern des Epikrates und des Kephalos von Kollytos für eine Unterstützung des Demainetos plädiert habe, um Sparta zum Krieg zu provozieren und sich dann selbst an öffentlichen Geldern bereichern zu können. Ausschlaggebend soll aber die Lagebeurteilung durch eine Gruppe um Thrasybulos, Aisimos und Anytos gewesen sein, die der breiten Masse des Demos zu einer Bestrafung des Demainetos geraten und hiermit Zustimmung gefunden habe. Der Verfasser der ›Hellenica Oxyrhynchia‹ orientiert sich hier an einem Schematismus einer politischen und sozialen Differenzierung, die in dieser Form kaum bestanden haben dürfte.[28] Es mag zwar zutreffen, daß nicht die gesamte Bürgerschaft spartafeindlich eingestellt war, und es ist nicht auszuschließen, daß gewisse Gruppierungen in Athen in der Abhängigkeit von Sparta eine Garantie für die Durchsetzung ihrer eigenen Interessen sahen. Generell können aber Repräsentanten unterschiedlicher außenpolitischer Konzeptionen und ihre Anhängerschaften nicht nach ihrem sozialen Status differenziert werden.[29] Thrasybulos, Aisimos und Anytos und ihre Anhänger haben in der Volksversammlung offensichtlich vor militärischen Risiken gewarnt und hierdurch zu überzeugen vermocht.[30] Möglicherweise haben sie aber eine Art Hinhaltepolitik verfolgt, um einen günstigeren Zeitpunkt für eine endgültige Lösung aus dem Schlepptau Spartas abzuwarten. Jedenfalls wurde bereits im Sommer 395 faktisch der Bruch mit Sparta vollzogen, als der athenische Demos mit großer Mehrheit eine Defensivallianz mit dem Boiotischen Bund beschloß.[31] Vor allem Thrasybulos ist entschieden für dieses Bündnis eingetreten, obwohl das militärische Potential Athens im Sommer 395 nicht stärker war als im Frühling des gleichen Jahres.[32] Zweifellos waren für die unterschiedlichen Optionen, die Thrasybulos und seine Anhänger im Frühjahr und im Sommer 395 vertraten, einerseits innenpolitische Überlegungen von Bedeutung. In der Demainetos-Affäre ging es auch um die Frage der dominierenden Position in der athenischen Ekklesia,[33] in der Thrasybulos durch seine Mahnung zur Vorsicht nach der Aktion des Demainetos eine deutliche Mehrheit gewinnen konnte. Hierdurch konnte er offenbar seinen Einfluß erheblich stärken, so daß er sich erneut durchzusetzen vermochte, als sich neue Zwänge, aber auch neue Möglichkeiten athenischer Außenpolitik abzeichneten, da der Boiotische Bund unter dem Einfluß führender Repräsentanten der thebanischen Oberschicht (Ismenias und Androkleidas) auf einen Krieg mit Sparta zusteuerte.[34] Anlaß hierzu bot ein längerer Grenzstreit zwischen den Phokern und den opuntischen oder ozolischen Lokrern, den die Thebaner Ismenias und Androkleidas mit abgefeimter Perfidie zu schüren wußten, um sodann zugunsten der Lokrer einzugreifen und hierdurch Sparta zur Intervention zu provozieren (Xen. Hell. 3,5,3–6), deren Folgen die damaligen politischen Meinungsführer in Sparta allerdings nicht voraussehen konnten. Den Kriegstreibern in Theben war freilich klar, daß sie in dem bevorstehenden Kampf gegen Sparta Verbündete benötigten, und ihr Symmachieangebot an Athen fand jetzt Gehör, weil Thrasybulos und die ihn stützenden Gruppen aus verschiedenen Gründen in Zugzwang gerieten.[35] Die von Epikrates und Kephalos dominierte antispartanische Richtung drohte Thrasybulos zu überflügeln, wenn dieser sich dem thebanischen Angebot versagte. Thrasybulos war seinerseits einer Reihe von Thebanern zu Dank verpflichtet, die ihn 404/03 im Kampf gegen die Dreißig unterstützt hatten. Andererseits war zu erwarten, daß Sparta wieder die Athener auffordern würde, Heeresfolge zu leisten. Eine erneute Weigerung mußte zu offenem Konflikt mit Sparta führen, während andererseits abzusehen war, daß eine Beteiligung am Kampf *gegen* Theben und den Boiotischen Bund die Suprematie Spartas auf lange Zeit sichern würde. Insgesamt ergab sich somit aus athenischer Sicht eine Zwangslage, die zugleich neue Perspektiven zu eröffnen schien, wenn es gelang, nach Abschluß der Symmachie mit Theben und Boiotien weitere Verbündete in Griechenland zu gewinnen und zudem noch persische Unterstützung zu erhalten. Die Rechnung schien aufzugehen, doch waren die Athener zunächst noch auf sich allein gestellt, als sie die Verpflichtungen ihrer neuen Defensivallianz mit dem Boiotischen Bund erfüllen mußten, denn spartanische Truppen unter Lysander standen bereits in Boiotien.

Eine Vorentscheidung fiel bei Haliartos, als Lysander in einem an sich unbedeutenden Treffen tödlich verletzt wurde, bevor König Pausanias mit dem Aufgebot des Peloponnesischen Bundes den Kampfplatz erreichte (Xen. Hell. 3,5,18–20; Diod. 14,81 1–2; Plut. Lys. 27–29). Der spartanische Zangenangriff gegen Boiotien war gescheitert. Wenig später gründeten Boioter und Athener mit den Korinthern und Argivern einen Bund mit einem gemeinsamen Rat (Synhedrion) in Korinth. In rascher Folge trat eine Reihe weiterer Gemeinwesen, darunter Euboier, Akarnanen und chalkidische Poleis der Symmachie bei,[36] die sich indes den Spartanern und dem Peloponnesischen Bund nicht gewachsen zeigte. König Agesilaos wurde aus Kleinasien zurückbeordert, und Sparta siegte im Juli 394 am Nemeabach in der Ebene zwischen Korinth und Sikyon und im August bei Koroneia in Boiotien.[37] Die Entscheidung fiel jedoch an ganz anderer Stelle. Anfang August hatten sich die von Konon befehligten, größtenteils aus kyprischen Einheiten bestehenden Geschwader des Großkönigs mit der phoinikischen Flotte unter Pharnabazos vereinigt und bei Knidos die nunmehr zahlenmäßig weit unterlegenen spartanischen Seestreitkräfte vernichtend geschlagen.[38] Die spartanischen Positionen in der Ägäis waren verloren. Lediglich am Hellespont hatte die spartanische Herrschaft Bestand.

Athenische Trieren waren an der Schlacht bei Knidos nicht beteiligt, und Hoffnungen auf eine Erneuerung athenischer Seegeltung[39] blieben unter den gegebenen Umständen zunächst ein Traum. Zwar waren vielleicht schon im Jahre 395 Befestigungsarbeiten an den Langen Mauern aufgenommen worden. Die athenische Kriegsflotte bestand aber nach wie vor aus den nach der Kapitulation 404 den Athenern konzedierten 12 Einheiten, und ein neues Flottenbauprogramm war zu Beginn des Korinthischen Krieges offensichtlich nicht in Angriff genommen worden.[40] Nach Lage der Dinge mußten sich die Athener vorerst auf den Landkrieg beschränken. Vorrangig blieb die Absicherung Attikas gegen spartanische Vorstöße über den Isthmos sowie gegen Angriffe von Aigina aus.

Neue Erwartungen und Hoffnungen erwuchsen in Athen aber aus maritimen Operationen Konons, der im Frühjahr 393 über die Kykladen bis Melos vorstieß, des weiteren den strategisch wichtigen spartanischen Stützpunkt auf der Insel Kythera einnahm und dann zusammen mit Pharnabazos im Rat (Synhedrion) des Korinthischen Bundes erschien. Mit den umfangreichen Subsidien, die Pharnabazos der antispartanischen Koalition zur Verfügung stellte, wurde u. a. in Athen der Wiederaufbau der Langen Mauern und der Befestigungen im Peiraieus forciert. Im Hochsommer 393 lief Konon mit 80 Trieren in den Peiraieus ein.[41] Athen bereitete ihm einen triumphalen Empfang. Er wurde als Befreier der Bundesgenossen der Athener gefeiert[42] und war gleichsam der Mann der Stunde. Reflexe der Rückkehr Konons in der literarischen Überlieferung dürfen freilich nicht überbewertet werden. Konon befehligte weiterhin Geschwader in persischen Diensten. Der Mauerbau, an dem übrigens ein Teil der Mannschaften Konons mitgewirkt hat, wurde von der großen Mehrheit der Athener wohl kaum schon als Vorstufe zur Erneuerung der athenischen Seeherrschaft gewertet.[43] Nach Lage der Dinge mußten die Athener ihre militärischen Anstrengungen auf den Landkrieg im Raum von Korinth konzentrieren, in dem Iphikrates aus Rhamnus mit einer zum Teil von Konon finanzierten Truppe von Leichtbewaffneten (Peltasten) erfolgreich operierte.[44] Eine nennenswerte Flotte konnte Athen noch nicht aufrüsten, da die persischen Subsidien vor allem für die genannten Befestigungsarbeiten zur Absicherung gegen spartanische Angriffe benötigt wurden.

Im Jahre 392 kontrollierten die Athener freilich bereits wieder die Inseln Lemnos, Imbros und Skyros, die zu den ältesten athenischen Außenbesitzungen gehörten und für die Sicherung der Getreiderouten vom Schwarzmeergebiet nach Griechenland von größter Bedeutung geworden waren. Die Gewinnung dieser Inseln gelang offenbar ohne größeren militärischen Einsatz. Die dortigen athenischen Kleruchen waren 404 nicht ausgesiedelt worden und setzten einem Wiederanschluß an Athen natürlich keinen Widerstand entgegen.[45]

Die Führung Spartas reagierte geschickt auf die Aktivitäten Konons, indem sie den Spartiaten Antalkidas als Gesandten zu dem Satrapen Tiribazos (dem Nachfolger des Tithraustes) nach Sardeis schickte mit dem Auftrag, ein Friedensangebot zu unterbreiten, einen Verzicht Spartas auf jegliche Kontrolle der griechischen Poleis auf den Ägäisinseln und an der kleinasiatischen Küste anzubieten sowie Konon zu beschuldigen, mit den ihm als Befehlshaber der persischen Flotte zur Verfügung stehenden Mitteln eine Hegemonie Athens im Ägäisraum anzustreben.[46] Ziel der Mission war, die antispartanische Koalition zu sprengen.[47] In Athen wurde die Gefahr sofort erkannt und beschlossen, eine eigene Gesandtschaft zu Tiribazos zu schicken. Konon selbst übernahm es, den Standpunkt seiner athenischen Mitbürger vor Tiribazos zu vertreten. Auch die athenischen Bundesgenossen (Boioter, Argiver, Korinther) schickten Gesandtschaften. Offizielle Friedensverhandlungen wurden freilich nicht in Sardeis geführt, da Tiribazos hierzu nicht ermächtigt war. Er war indes beeindruckt von den Ausführungen des Antalkidas und stellte ihm Geldmittel zur Wiederaufrüstung der spartanischen Flotte zur Verfügung. Gravierender für Athen war, daß Tiribazos Konon des Verrates bezichtigte und ihn gefangennehmen ließ.[48]

Im übrigen führten die Gespräche in Sardeis zu keinem befriedigenden Ergebnis. Für die Gesandten Athens und der athenischen Verbündeten waren die spartanischen Friedensvorschläge unannehmbar. Antalkidas verlangte von den griechischen Klein- und Mittelstaaten faktisch die Anerkennung der spartanischen Hegemonie im hellenischen Mutterland (Xen. Hell. 4,8,14). Allerdings schien sich 392 im Kriegsgeschehen eine Wende zugunsten Spartas abzuzeichnen. Gleichzeitig setzte die spartanische Führung ihre diplomatischen Aktivitäten fort, um nach dem Scheitern der Gespräche in Sardeis doch noch die Koalition der Gegner Spartas zu spalten. Die Spartaner hatten insofern Erfolg, als die Athener und ihre Verbündeten einer Friedenskonferenz zustimmten, die im Herbst und Winter 392/91 in Sparta stattfand. Als bevollmächtigte athenische Gesandte erschienen dort Andokides, Epikrates, Kratinos und Eubulides (Andok. 3,33–34; Philochoros FGrHist 328 F 149), die aber trotz ihrer Vollmacht einem Frieden mit Sparta nicht endgültig zustimmten und so eine Bedenkzeit erwirkten, um die Entscheidung der athenischen Volksversammlung zu überlassen. Um auf jeden Fall den Zweifrontenkrieg zu beenden, hatte die Führung Spartas erhebliche Konzessionen gemacht, indem sie den athenischen Anspruch auf Lemnos, Imbros und Skyros anerkannte und bereit war, den Wiederaufbau der Langen Mauern und neue maritime Rüstungen der Athener zu tolerieren. In einer bizarren Rede, die sowohl die Vorteile der athenischen Seebundpolitik des fünften Jahrhunderts als auch die Segnungen des Friedens pries, empfahl Andokides der athenischen Ekklesia die Annahme des in Sparta ausgehandelten Vertrages. Seine Argumentation läßt ansatzweise auch den Standpunkt jener Kreise erkennen, die für eine Fortsetzung des Krieges plädierten und die Mehrheit der in jener Volksversammlung anwesenden Bürger zu gewinnen vermochten. Die Polemik des Andokides richtete sich gegen bestimmte Gruppen und deren Meinungsführer, die der Auffassung waren, daß zum gegenwärtigen Zeitpunkt ein Frieden nicht im Interesse Athens liegen könne, da durch den Mauer- und Flottenbau die Versorgung der Athener noch keineswegs gesichert sei. Hauptziele der athenischen Politik müßten die Wiedergewinnung der thrakischen Chersones sowie auch die Durchsetzung von Besitzansprüchen an auswärtigen Ländereien sein, auf die man nach der Kapitulation 404 verzichtet habe.[49] Die Friedensgegner hatten zweifellos geschickt auf den aus ihrer Sicht bestehenden engen Zusammenhang von privaten und öffentlichen Interessen hingewiesen und zudem behauptet, daß die Demokratie durch einen Frieden mit Sparta aufs höchste gefährdet sei. Mißtrauen gegenüber Sparta und allzu optimistisches Vertrauen auf eigene Stärke gaben den Ausschlag, als sich die Friedensgegner schließlich durchsetzten. Sie waren freilich keine Traumtänzer, die sich „imperialistischen“

Illusionen hingaben,[50] sondern stellten realpolitische Überlegungen zur Diskussion, denn sie wiesen auch darauf hin, daß Pharnabazos und der Großkönig entgegen den Hoffnungen des Tiribazos weiterhin gegen Sparta kämpfte, Korinth schon im Blick auf die aus athenischer Sicht unabdingbare Sicherung Attikas gegen spartanische Invasionen nicht sich selbst überlassen werden dürfe und der Boiotische Bund auch dann den Krieg gegen Sparta fortsetzen werde, wenn die Friedensverhandlungen scheitern sollten.[51] Letztlich werden vor allem Sicherheitsfragen den Ausschlag gegeben haben, als der Frieden von der athenischen Ekklesia abgelehnt wurde, denn der Vertragsvorschlag schien den meisten Versammlungsteilnehmern keine Garantie gegen spartanische Machtpolitik zu bieten. Der springende Punkt war zweifellos Korinth. Als Bundesgenosse war die Polis sowohl für Sparta als auch für Athen von entscheidender Bedeutung für die Zukunft, so daß beide Mächte in dieser Frage keine Kompromisse schließen wollten. Hingegen war Sparta gegenüber den Boiotern zu größeren Kompromissen bereit, indem es die Integrität des Bundes unter der Führung Thebens anerkennen wollte und lediglich auf der Autonomie von Orchomenos bestand.[52] Die spartanischen Bemühungen um eine Verständigung mit dem Boiotischen Bund haben zweifellos dazu beigetragen, daß Thrasybulos, der Initiator der athenisch-boiotischen Allianz, gegen einen Frieden mit Sparta opponierte. Er stand seit der Schlacht bei Knidos lange Zeit im Schatten Konons, rückte aber nach dessen Gefangennahme durch Tiribazos wieder ins politische Rampenlicht.[53]

Gegen die von Andokides und den anderen athenischen Gesandten ausgehandelten Vereinbarungen opponierten aber nicht nur Thrasybulos und seine politischen Freunde. Zu den Gegnern des Friedens zählte u. a. auch Kallistratos von Aphidnai, der sich offenbar politisch zu profilieren suchte und die Gesandten auf Pflichtverletzung verklagte, so daß sie sich nur durch Flucht der Todesstrafe entziehen konnten.[54]

Die Debatten über den Friedensvertrag belegen natürlich nicht, daß hier stabile Parteiungen mit bestimmten politischen und ökonomischen Programmen agierten. Vielmehr suchten einzelne Redner („Politiker") ihre Vorstellungen von zweckmäßigem außenpolitischen Handeln in der Volksversammlung durchzusetzen. Hierbei wurden sie von kleineren Gruppen ähnlich argumentierender Mitbürger lebhaft unterstützt.

Das Scheitern der Friedensverhandlungen 392/91 bedingte keine völlige Neuorientierung der athenischen Außenpolitik. Vorrangiges Ziel blieb nach wie vor die Wiedergewinnung der vollen außenpolitischen Handlungsfreiheit. Dies konnte nur durch Erfolge im Kampf gegen Sparta erreicht werden. Voraussetzung hierfür war Kooperation mit Repräsentanten der persischen Großmacht. Insofern wäre es zu diesem Zeitpunkt reine Illusion gewesen, die Erneuerung der athenischen Thalassokratie des fünften Jahrhunderts anzustreben. Eine Wiederherstellung der Hegemonie Athens in der Ägäis hätte in dieser Situation zu einem Zweifrontenkrieg geführt, für den in Athen die Ressourcen einfach nicht vorhanden waren. In dieser Hinsicht gaben sich die Meinungsführer und ihre Anhängerschaften in den verschiedenen politisch aktiven Gruppierungen zweifellos keiner Täuschung hin. Auf der anderen Seite war die Erinnerung an Glanz und Größe Athens im fünften Jahrhundert selbstverständlich nicht verblaßt. Die Großlage im östlichen Mittelmeer, die derzeit durch das Ringen Spartas und Persiens um die Vorherrschaft in der Ägäis gekennzeichnet war, schien die Chance zu bieten, daß Athen sich hier doch wieder als dritte Kraft etablieren konnte. Erst die Zukunft konnte aber zeigen, ob sich hier tatsächlich neue Möglichkeiten eröffneten.

Vorerst lag jedoch nach dem Abbruch der Friedensgespräche mit Sparta der Schwerpunkt der Kampfhandlungen weiterhin im Raum von Korinth,[55] wo die Spartaner 391 einige Erfolge errangen, bevor 390 Iphikrates mit seinen Söldner-Peltasten im Zusammenwirken mit athenischen Hopliten unter Kallias bei Lechaion eine sogenannte Mora der Spartaner vernichtend schlug (Xen. Hell. 4,5,11–18; Diod. 14,91,2–3). Es handelte sich um eine fast 600 Mann starke Einheit, die immerhin den sechsten Teil der Elitetruppen der spartanischen Bürgerarmee bildete. Iphikrates nutzte seinen spektakulären Erfolg, der den Mythos der Unbesiegbarkeit spartanischer Elitetruppen im offenen Kampf zerstörte, zu weiteren Aktionen gegen spartanische Bastionen auf dem genannten Kriegsschauplatz, so daß die Spartaner dort nur noch Lechaion behaupten konnten und die Gefahr spartanischer Invasionen über den Isthmos von Korinth weitgehend ausgeschaltet war. Es gelang Iphikrates indes nicht, in Korinth den athenischen Einfluß zu stärken und die Entstehung eines korinthisch-argivischen Doppelstaates zu verhindern. Er wurde durch den Strategen Chabrias abgelöst und später auf dem hellespontischen Kriegsschauplatz eingesetzt. Dort waren die Athener nach dem Sieg bei Lechaion zur Offensive übergegangen,[56] da angesichts der spartanischen Präsens an den Meerengen die Sicherung der Handelswege nach dem Schwarzmeergebiet vorrangig war, nachdem die Lage am Isthmos sich stabilisiert zu haben schien. Die Leitung der Operationen in der nördlichen Ägäis und im hellespontisch-pontischen Raum erhielt zunächst Thrasybulos, dem 40 Trieren unterstellt wurden (Xen. Hell. 4,8,25). Es war die größte Flotte, die Athen seit dem Ende des Peloponnesischen Krieges ausgerüstet hatte. Zeichnete sich jetzt erstmals ein umfassendes Konzept einer neuen maritimen Machtpolitik der Athener ab?

Die Mobilisierung eines größeren athenischen Flottenverbandes ist zunächst als Reaktion auf spartanische Aktivitäten in der östlichen Ägäis zu verstehen. Xenophon (Hell. 4,8,25) begründet den Einsatz der Flotte unter Thrasybulos mit maritimen Rüstungen der Spartaner, denen die Athener entgegenzuwirken suchten. Dieser Hinweis ist zweifellos zutreffend. Die spartanischen Initiativen in der Ägäis müssen im größeren Zusammenhang des spartanisch-persischen Verhältnisses gesehen werden. Tiribazos hatte sich 392 am persischen Königshof mit seinem Plan einer Unterstützung Spartas nicht durchgesetzt. Er verlor das Vertrauen des Großkönigs und wurde als Satrap in Sardeis durch Struthas ersetzt, der 391 erfolgreich ein spartanisches Expeditionsheer unter Thibron in der Maiander-Ebene bekämpfte. Dies führte allerdings zu neuen spartanischen Aktivitäten in der Ägäis. Es gelang Teleutias, dem Bruder des Agesilaos II., im Jahre 390 zwischen Knidos und Rhodos 10 athenische Trieren unter dem Befehl des Philokrates zu kapern, die den Auftrag hatten, dem Stadtkönig Euagoras von Salamis auf Kypros, der sich gegen den Großkönig erhoben hatte, Waffenhilfe zu leisten. Xenophon (Hell. 4,8,24) bietet keine Erläuterung zu dieser scheinbar paradoxen athenischen Unterstützung eines Feindes des Großkönigs, dessen Streitkräfte wieder im Kampf gegen Sparta standen. Möglicherweise besteht ein Zusammenhang mit der

Flucht Konons nach Kypros zu Euagoras. Große Expansionspläne der Athener sind aus der geplanten Intervention der Athener auf Kypros aber nicht zu erschließen. Das Geschwader des Philokrates war bereits in See gestochen, bevor die Athener durch den Sieg des Iphikrates eine gewisse Handlungsfreiheit gewonnen hatten. Im übrigen gab es auch nach dem Erfolg des Iphikrates weiterhin ein nicht zu unterschätzendes Hindernis für größere Operationen: die attische Küste war immer noch durch den feindlichen Stützpunkt auf Aigina bedroht.

Auch die Ziele der genannten Expedition des Thrasybulos waren zweifellos zunächst begrenzt.[57] Überraschende Siege führten dann aber offenbar zu einer erheblichen Ausweitung des Unternehmens. Thrasybulos operierte zunächst erfolgreich gegen spartanische Stützpunkte auf der thrakischen Chersones und am Hellespont. Ferner gelang es ihm, die thrakischen Fürsten Amadokos und Seuthes auszusöhnen und mit beiden im Namen Athens ein Bündnis zu schließen. Des weiteren gewann er Thasos und wohl auch Samothrake.[58] In Thasos ließ er wieder den fünfprozentigen Hafenzoll erheben,[59] der 413 zeitweise die Phoroi („Tribute") des ersten Attischen Seebundes ersetzt hatte. Allerdings konnte er nicht die starke spartanische Garnison in Abydos überwinden. Hierzu fehlten ihm die erforderlichen Truppen. Er konnte daher lediglich die dortige Besatzung blockieren und hierdurch Angriffe auf athenische Handelsschiffe unterbinden.[60] In der Folgezeit griff Thrasybulos dann bis zum Bosporos aus, wo er Byzantion und Kalchedon für Athen gewinnen konnte. Mit der Wiedereinführung des zuerst 410 erhobenen zehnprozentigen Sundzolles, dessen Erhebung er in Byzantion verpachten ließ (Xen. Hell. 4,8,31), finanzierte er offenbar die Kosten für seine Flotte. Zudem soll er – wie Xenophon (Hell. 4,8,27) berichtet – in Byzantion anstelle der dortigen Oligarchie wieder eine Demokratie eingerichtet haben. Wahrscheinlich bestand der von Xenophon als Verfassungsänderung bezeichnete „Umsturz" im wesentlichen in der Entmachtung der bis dahin dominierenden Kreise, an deren Stelle nunmehr proathenische Kräfte die Führung in der Polis übernahmen.[61] Dies entsprach zwar scheinbar der athenischen Seebundpolitik des fünften Jahrhunderts, diente aber 390/89 zweifellos primär der Sicherung der neu gewonnenen Position am Bosporos. Der weitere Verlauf der Expedition des Thrasybulos bestätigt, daß er wohl kaum schon die Voraussetzungen für eine neue athenische Thalassokratie schaffen konnte.[62] Ob er durch seine Erfolge diesbezügliche Hoffnungen in Athen geweckt hat, muß dahingestellt bleiben.[63] Die von ihm eingetriebenen Gelder wurden jedenfalls in Athen nicht als neu erschlossene Finanzmittel aus einem restituierten Herrschaftsbereich betrachtet. Bevor Thrasybulos sein Operationsgebiet in den östlichen und südlichen Teil der Ägäis verlegte, wurden seine Amtskollegen zur Rechenschaftsablegung nach Athen zurückbeordert (Lys. 28,5). Die Anklage lautete auf persönliche Bereicherung. Den hierzu vorliegenden Nachrichten ist zu entnehmen, daß wohlhabende Athener zwar eine Erstattung der von ihnen gezahlten Eisphora erhofften (Lys. 28,4), nicht aber von vornherein eine Restituierung der entwickelten hegemonialen Organisation und der Herrschaftsmittel der Athener im Seebund des fünften Jahrhunderts erwarten konnten. Vermutlich war für die Athener selbst die Erhebung der fünfprozentigen Hafenzölle und des Sundzolles eine positive Überraschung, mit der nicht von vornherein zu rechnen war, als die nicht allzu große Flotte des Thrasybulos in See stach. Da die Geldmittel der Athener begrenzt waren, sollte die Flotte wahrscheinlich durch Requisitionen gleichsam kostendeckend operieren. Diese Form der Finanzierung des Krieges war im vierten Jahrhundert kein Einzelfall.[64] Die Amtskollegen des Thrasybulos wurden angeklagt, weil sie in Verdacht gerieten, die neu erschlossenen Geldmittel nicht ausschließlich zur Finanzierung des Unternehmens verwendet zu haben. Thrasybulos wurde demgegenüber nicht belangt. Im übrigen scheinen die angeklagten Befehlshaber mit Ausnahme des Ergokles freigesprochen worden zu sein.[65] Diese Prozesse zeigen, daß in Athen keineswegs volle Übereinstimmung über Strategie und Außenpolitik bestand.

Die Ausweitung des Kriegsschauplatzes hatte natürlich auch neue Kosten zur Folge. Iphikrates mußte mit 8 Trieren und 1200 Söldner-Peltasten in den hellespontischen Bereich mit dem Auftrag geschickt werden, dort die von Thrasybulos gewonnene Position abzusichern und zu erweitern (Xen. Hell. 4,8,34 ff.). Thrasybulos selbst hatte etwa im Frühjahr 389 sein bisheriges Einsatzgebiet verlassen und Kurs nach Süden genommen,[66] obwohl an den Meerengen – wie gesagt – keineswegs schon eine neue stabile Herrschaft der Athener entstanden war. Sein Wechsel des Operationsgebietes und seine weiteren Maßnahmen zeigen, daß für ihn der Kampf gegen Sparta und die Finanzierung dieses Krieges den Vorrang besaßen. Auf Lesbos griff er in die Auseinandersetzungen zwischen den dortigen Poleis ein und schlug mit Unterstützung der proathenischen Mytilenaier und den nach Mytilene geflüchteten Verbannten aus anderen Städten der Insel die spartanische Besatzung von Methymna und zwang Eresos und Antissa zum Anschluß an Athen. In der Folgezeit dehnte er seine Operationen bis Pamphylien aus, um weitere Geldquellen zu erschließen. Bedenklich war hierbei sein Ausgreifen in den persischen Interessenbereich an der kleinasiatischen Küste. Hierzu sah sich Thrasybulos offenbar aus Mangel an Sold für seine Mannschaften gezwungen, ohne daß er einen Bruch des Bündnisses zwischen Athen und Pharnabazos riskieren bzw. den Großkönig bewußt provozieren wollte.[67] Seine Raids nahmen für ihn ein fatales Ende. In Aspendos wurde er von empörten Bürgern dieser Polis erschlagen (Xen. Hell. 4,8,25.30).

Thrasybulos war seit dem Ende Konons die zentrale Figur in der athenischen Politik und Kriegführung gewesen. Nach seinem Tod mußten in den Auseinandersetzungen um den dominierenden Einfluß auf außenpolitische Entscheidungen die Karten neu gemischt werden. Aufgrund der Quellenlage ist allerdings kein klares Bild von den damaligen innerathenischen Rivalitäten zu gewinnen. Ein abrupter Kurswechsel erfolgte aber zweifellos nicht. Die Trierarchen der Flotte des Thrasybulos liefen mit ihren Einheiten Rhodos an, um die dortigen proathenischen („demokratischen") Kreise zu unterstützen und spartanische Kräfte zu binden. Zum Nachfolger des Thrasybulos wurde Agyrrhios ernannt (Xen. Hell. 4,8,31; Diod. 14,99,5), der schwerlich bis dahin ein Gegner des Thrasybulos gewesen war, wie verschiedentlich angenommen wurde.[68] Von den militärischen Aktionen des Agyrrhios wissen wir indes nichts. Zweifellos war er aber damals sehr populär in Athen, nachdem er hier etwa 392 eine Erhöhung der Zahlungen für die Teilnahme an Volksversammlungen auf drei Obolen durchgesetzt hatte (Aristot. Ath. Pol. 41,3).

Besser bekannt sind die Operationen und Erfolge des Iphikrates 389 an den Meerengen (Xen. Hell. 4,8,35–39). Im selben Jahr gerieten die Athener indes gleichsam vor ihrer Haustür unter Druck, als ein spartanisches Flottengeschwader von Aigina aus durch Raids die attische Küste bedrohte. Athenische Gegenmaßnahmen konnten diese Gefahr nicht ohne weiteres beseitigen, und im Sommer 388 errangen die Spartaner in einem Nachtgefecht am Kap Zoster einen bedeutenden Prestigeerfolg (Xen. Hell. 5,1,5–9), bevor dann (noch im selben Jahr) ein athenisches Geschwader unter Chabrias auf der Fahrt nach Kypros überraschend auf Aigina landete und den Truppen des spartanischen Befehlshabers Gorgopas und der Aigineten schwere Verluste zufügte, so daß die Athener zeitweise wieder den Saronischen Golf beherrschten, bis der Spartaner Teleutias das Kommando auf Aigina übernahm. Der dortige spartanische Stützpunkt war durch den Sieg des Chabrias nicht beseitigt worden. So konnte Teleutias im Frühjahr 387 sogar bis in den Peiraieus vorstoßen (Xen. Hell. 5,1,10–24).

3. Der Königsfrieden bzw. Frieden des Antalkidas

Noch vor der spektakulären Aktion des Teleutias hatte der Spartiat Antalkidas eine bedeutsame Weichenstellung vorgenommen. Er hatte 388 als Nauarch in Sardeis sondiert und suchte anschließend den Großkönig Artaxerxes in Susa auf, wo er ihm spartanische Verständigungsbereitschaft signalisierte.[69] Zweifellos hatte man in Sparta erkannt, daß die eigenen Streitkräfte auf die Dauer nicht für einen Zweifrontenkrieg ausreichten. Einen schweren Schlag für Sparta bedeutete der Sieg des Iphikrates bei Abydos über den spartanischen Harmosten Anaxibios (Xen. Hell. 4,8,37–39). Die Verhandlungen des Antalkidas in Sardeis und Susa zielten nach Lage der Dinge primär darauf ab, ein weiteres Erstarken Athens unter allen Umständen zu verhindern. Zwar ist der Verlauf der Verhandlungen nicht bekannt, doch besteht kein Zweifel, daß Antalkidas sehr geschickt taktierte, um eine Übereinkunft mit dem Großkönig zu erreichen, der freilich seinerseits daran interessiert war, sowohl Sparta als auch Athen aus Kleinasien und möglichst auch aus weiten Teilen des Ägäisbereichs abzudrängen. Artaxerxes befand sich in der stärkeren Position, da keine der beiden griechischen Großpoleis damals in der Lage war, im Kampf um die Hegemonie in Griechenland ohne Unterstützung durch Persien zu dominieren. Die Chance für den Großkönig lag darin, zum Garanten einer von ihm seit langem anvisierten Konstellation zu werden und zugleich freie Hand zur Bekämpfung von Rebellionen in seinem eigenen Herrschaftsbereich (auf Kypros und in Klazomenai) zu gewinnen. Angesichts dieser Großlage ist Artaxerxes schwerlich primär im Blick auf eine vermeintliche Wiederaufnahme athenischer Expansionspolitik auf das spartanische Friedensangebot eingegangen. Auf die Aktivitäten des Thrasybulos war keine direkte persische Reaktion erfolgt. Im hellespontischen Raum befand sich Abydos nach wie vor im Besitz der Spartaner, gegen die gleichzeitig auch der persische Satrap Pharnabazos kämpfte, so daß die Aktionen des Thrasybulos gegebenenfalls auch als Unternehmungen im Interesse der Perser interpretiert werden konnten.[70] Ähnliche Rechtfertigungen dürften auch für die athenischen

Interventionen in Halikarnassos und Klazomenai möglich gewesen sein, zumal nicht auszuschließen ist, daß Thrasybulos dort bereits auf der Fahrt zum hellespontischen Kriegsschauplatz eingegriffen hatte.[71] In der südlichen Ägäis operierten jedenfalls zu diesem Zeitpunkt beachtliche Streitkräfte der Spartaner.

Das Ehrendekret der athenischen Ekklesia für Klazomenai (IG II^2 28) ist freilich im Archontat des Theodotos 387/86 beschlossen worden, und zwar in der ersten Hälfte seines Amtsjahres, d. h. im Sommer 387. Es ist daher erst nach den Verhandlungen des Antalkidas in Susa anzusetzen, denn der spartanische Unterhändler kehrte – wie gesagt – im Frühjahr 387 in Begleitung des Tiribazos nach Kleinasien zurück. Das athenische Abkommen mit Klazomenai war vermutlich eine Reaktion auf die Mission des Antalkidas, die nicht geheimgehalten werden konnte, wenn auch Tiribazos erst im Herbst 387 in Sardeis den Vertretern griechischer Gemeinwesen gleichsam offiziell verkündete, daß alle Hellenenstädte in Kleinasien sowie die Inseln Klazomenai und Kypros Besitz des Großkönigs seien (StV II^2 242). Daß Artaxerxes ausdrücklich Anspruch auf Klazomenai erhob, war allerdings wohl nicht zuletzt eine Antwort auf die Intervention des Thrasybulos in dieser Polis (vgl. unten S. 416, Anm. 77).

Ein Sonderfall war natürlich Kypros, wo Euagoras sein Ziel, unabhängig von Persien Herr der gesamten Insel zu werden, fast erreicht zu haben schien. Etwa im Frühjahr 387 verließ Chabrias den Peiraieus in Richtung Kypros (Xen. Hell. 5,1,10; Diod. 14,110,5). Eine Provokation des Großkönigs war hiermit von athenischer Seite wohl ebensowenig intendiert wie zuvor (im Sommer 390) mit der Entsendung des Philokrates nach Kypros,[72] der auf der Fahrt dorthin in spartanische Gefangenschaft geraten war. Wir kennen allerdings nicht die Argumentationslinien der Debattenredner in der athenischen Volksversammlung, in der beschlossen wurde, Euagoras zu unterstützen. Jedenfalls war man in Athen zur Dankbarkeit dem Herrscher gegenüber verpflichtet, der zu Beginn des Korinthischen Krieges entscheidend dazu beigetragen hatte, daß Konon Befehlshaber der persischen Flotte geworden war. Im übrigen hat man in Athen die Ereignisse auf Kypros zweifellos in die gewohnten Spannungsfelder zwischen rivalisierenden Satrapen bzw. zwischen den Satrapen und dem Großkönig eingeordnet. Als Euagoras die Poleis Amathus, Kition und Soloi 390 bedrohte, um seine Herrschaft zu erweitern, wandten sich diese Städte an Artaxerxes um Hilfe, doch intervenierte zunächst nur Hekatomnos, der Satrap von Karien.[73] So war man in Athen sicherlich überzeugt, daß Euagoras nicht den Großkönig herausfordern wollte.

Ein anderes Problem ist eine schwer verständliche Wendung in dem Anfang 388 aufgeführten ›Plutos‹ des Aristophanes, der in einer gleichsam rhetorischen Frage ein durch die Komödienfigur des Sklaven Karion bewirktes Bündnis zwischen Athen und Ägypten erwähnt. Hiermit sowie mit der eher als Autoschediasmus zu wertenden Erklärung eines Scholiasten läßt sich nicht die Hypothese stützen, daß eine 390 oder 389 beschlossene Symmachie der Athener mit dem damaligen ägyptischen Herrscher Akoris ein Indiz einer Neuorientierung der athenischen Politik gegenüber Persien sei.[74] Eine offizielle Unterstützung des Akoris durch athenische Streitkräfte ist nirgendwo belegt.[75]

Die Verhandlungen des Antalkidas in Susa leiteten in mehrfacher Hinsicht eine

Wende im Kriegsgeschehen ein. Nachdem Antalkidas an die kleinasiatische Küste zurückgekehrt war, bewährte er sich als Flottenbefehlshaber im Kampf um Abydos.[76] Er erhielt Verstärkung durch Flotteneinheiten aus Syrakus und durch Schiffe des Tiribazos sowie durch Ruderer aus der Satrapie des Ariobarzanes und konnte nach Ausschaltung einer athenischen Flotille unter Thrasybulos aus Kollytos weitere athenische Einheiten im Marmarameer blockieren. Infolge der Sperrung der Meerengen (Xen. Hell. 5,1,28) drohte nunmehr in Athen eine Hungersnot. Hinzu kam die Gefahr neuer spartanischer Raids von Aigina aus. Daß eine Wende eingetreten war, erfuhren die Athener wohl erst durch die Konfrontation mit Schiffen und Mannschaften des Tiribazos und Ariobarzanes. Aus athenischer Sicht schien sich jetzt die Konstellation gegen Ende des Peloponnesischen Krieges zu wiederholen, wie Xenophon betont (Hell. 5,1,29), der freilich im Kontext darauf hinweist, daß nicht nur die Athener, sondern auch die Spartaner und Argiver kriegsmüde geworden waren. In dieser Situation trafen die Boten des Tiribazos auf Friedensbereitschaft, als er die kriegführenden griechischen Gemeinwesen zu der schon erwähnten Konferenz in Sardeis (Herbst 387) einlud, um ihnen die Bedingungen oder besser: die Forderungen des Großkönigs zu übermitteln, der – wie gesagt – alle Poleis in Kleinasien sowie Klazomenai und Kypros beanspruchte.[77] Alle anderen Poleis sollten volle Autonomie erhalten mit Ausnahme von Lemnos, Imbros und Skyros, die „wie früher" den Athenern gehören sollten. Zudem ließ der Großkönig verkünden, daß er diejenigen Gemeinwesen, die den Frieden nicht akzeptieren wollten, zusammen mit den friedensbereiten Staaten bekämpfen werde.[78]

Artaxerxes verlangte somit von allen griechischen Gemeinwesen des Mutterlandes und des Ägäisraumes die Anerkennung seiner Bedingungen. Seine Sanktionsklausel bedeutete auch für Sparta eine Androhung der Gewalt im Fall einer Verweigerung des Friedens. Mußten die Athener auf Klazomenai und Positionen an den Meerengen verzichten, so hatten die Spartaner alle von ihnen noch besetzten Gebiete in der östlichen Ägäis zu räumen.[79]

Die Eidesleistung der griechischen Gemeinwesen auf den Frieden erfolgte im Frühjahr 386 in Sparta. Widerstand der Thebaner, die im Namen aller Boioter die Bestimmungen beschwören wollten, sowie der Korinther, die nicht bereit waren, ihre Union mit Argos ohne weiteres aufzugeben, überwand König Agesilaos durch Androhung von Gewaltanwendung (Plut. Ages. 23,3). Zu beachten ist hierbei, daß die Spartaner keineswegs vom Großkönig als „Schirmherren" des Friedens anerkannt worden waren, wie Xenophon (Hell. 5,1,36) fälschlich behauptet. Sparta hatte sich ebenso wie die anderen griechischen Gemeinwesen dem „Befehl" des Großkönigs zu beugen, wie einige Jahre später Isokrates (4,175 f.) das Friedensinstrument deutete.[80] Wohl aber konnten sich die Spartaner auf den Willen des Persers berufen, wenn sie in der Folgezeit ihre alte Hegemonialpolitik im griechischen Mutterland weiterverfolgten. Weitergehende Machtansprüche vermochten sie aber nicht mehr durchzusetzen. Aus der ägäischen Inselwelt und aus Kleinasien waren sie abgedrängt, so daß sie faktisch alle seit der Schlußphase des Peloponnesischen Krieges gewonnenen Positionen verloren hatten. Zwar war ihr Einfluß in diesem Großraum infolge ihrer Verbindungen zu bestimmten prospartanischen Kräften nicht schlagartig völlig beseitigt, doch hatten sie insgesamt gesehen ihr von Lysander gewonnenes Herrschaftsgebiet keine zwei Jahrzehnte behaupten können.[81] Der durch ihren Rückzug aus der Ägäis bedingte Macht- und Prestigeverlust der Spartaner hatte aber auch sehr viel weitergehende Folgen. Der Perserkönig konnte aufgrund der Rebellionen und vielfältigen Probleme an den Rändern seines Reiches weder das in der Ägäis entstandene Machtvakuum ausfüllen noch Einfluß auf das Geschehen im griechischen Mutterland nehmen,[82] wo die Handlungsmöglichkeiten der Spartaner keineswegs ihren ehrgeizigen politischen Zielen entsprachen. Athen hatte sich ihrer Kontrolle entzogen. Dies war eigentlich das wichtigste und in die Zukunft weisende Ergebnis des Korinthischen Krieges. Zwar hatten sich nicht alle Hoffnungen der Athener erfüllt, doch war der Wiederaufstieg ihrer Polis gemessen an der Ausgangslage 395 beachtlich. Bis dahin hatte sich machtpolitisch gesehen seit dem Ende des Peloponnesischen Krieges für Athen nicht viel geändert. Die Polis war bis zum Beginn des Korinthischen Krieges formal den Spartanern zur Heeresfolge verpflichtet. Sie konnte infolge der Niederlegung eines Teiles der Langen Mauern jederzeit von außen bedroht werden, besaß außerhalb Attikas keine Positionen und verfügte nicht mehr über eine nennenswerte Flotte. Im Königsfrieden war den Athenern demgegenüber wieder der Besitz von Lemnos, Imbros und Skyros zugesprochen worden. Sie hatten nicht nur ihre Stadtbefestigungen wiederhergestellt, sondern besaßen auch wieder eine aktionsfähige Flotte. Der territoriale Außenbesitz war zwar noch bescheiden, und weitergehende Einflußmöglichkeiten blieben begrenzt. Immerhin unterhielten die Athener aber gute Beziehungen zu Chios, Mytilene, Methymna, Rhodos und Byzantion.[83] Insgesamt verfügten sie wieder über eine Basis, von der aus langfristig eine ausgreifende Außenpolitik möglich werden konnte. Das große Ziel der Wiedererrichtung der im Peloponnesischen Krieg verlorenen maritimen Macht und Größe war nicht aus dem Auge verloren. Eine neue Arché konnte nach Lage der Dinge freilich im Korinthischen Krieg noch nicht angestrebt werden, wenn auch politische Heißsporne, Scharfmacher oder Traumtänzer sich Illusionen hingeben mochten. So hatten die Athener in diesem Krieg ihre Ziele keineswegs verfehlt. Die Mehrheiten im zentralen Entscheidungsorgan der Ekklesia waren jenen Wortführern gefolgt, die realistische Ziele in Aussicht gestellt hatten. Im Vergleich zur Ausgangslage hatten die Athener ein optimales Ergebnis erreicht,[84] wenn auch die antispartanische Allianz nicht mehr bestand und die Eigenständigkeit der boiotischen Poleis[85] sowie die Auflösung des argivisch-korinthischen „Doppelstaates" von Sparta durchgesetzt worden waren. Athenische Hoffnungen auf Wiedergewinnung neuer Macht in der Ägäis waren nicht endgültig zerstört. Allerdings war nach dem Korinthischen Krieg vorsichtiges Taktieren geboten. In Athen verstand man die Zeichen der Zeit.

4. Athen nach dem Königsfrieden

Ein wesentlicher Faktor athenischer Außenpolitik nach dem Königsfrieden war zunächst noch die gebotene Respektierung der damals wiedererstarkten Macht der Spartaner, die bestrebt waren, ihre Bundesgenossen zu disziplinieren, die sich im Korinthischen Krieg als unzuverlässig erwiesen hatten. Die erste spartanische Aktion dieser Art richtete sich gegen Mantineia, deren Bürger 385 ultimativ aufgefordert wurden, ihre Stadtbefestigungen niederzureißen (Xen. Hell. 5,2,1–7). Ein Hilfegesuch der Mantineier an Athen hatte keinen Erfolg (Diod. 15,5,5). Die Athener lehnten eine Intervention ab und tolerierten, daß die Spartaner eine Umsiedlung bzw. Rücksiedlung der Stadtbewohner in die vier ursprünglichen Dörfer erzwangen,[86] aus denen die Polis Mantineia einst entstanden war. Ebensowenig reagierten die Athener, als die Spartaner 384 Verbannte nach Phleius in der nordöstlichen Peloponnes zurückführten und 381 – 379 diese Stadt belagerten, um dort die inneren Auseinandersetzungen zugunsten der spartafreundlichen Kräfte zu entscheiden.[87] In Athen wurde dieser Konflikt offenbar als innere Angelegenheit des Peloponnesischen Bundes gewertet. Jedenfalls sah man keinen Grund, eine Konfrontation mit Sparta zu provozieren. Ob die Athener demgegenüber Bündnisverhandlungen mit der 382 von Sparta angegriffenen Polis Olynth geführt haben (Xen. Hell. 5,2,8 ff.; Diod. 15,20,2 ff.), muß dahingestellt bleiben. Angeblich sollen athenische und boiotische (bzw. thebanische) Gesandte in Olynth gesehen worden sein (Xen. Hell. 5,2,15), doch ist der Abschluß eines Bündnisses nicht überliefert. Die Spartaner hatten in diesem Fall immerhin weit außerhalb der Peloponnes interveniert. Die Athener sahen sich aber letztlich gezwungen, ihnen auf der Chalkidike freie Hand zu lassen und 379 die Zerschlagung des Chalkidischen Bundes durch Sparta hinzunehmen. Andererseits schien sich aber bereits 382 eine Wende anzukündigen, nachdem der Spartaner Phoibidas, der den Belagerungstruppen vor Olynth Verstärkungen zuführen sollte, auf dem Weg in sein Einsatzgebiet mit thebanischen Oligarchen konspiriert und überraschend die Kadmeia besetzt hatte. Das Geschehen entfachte in Griechenland einen Sturm der Entrüstung,[88] so daß die Athener es wagen konnten, der aus Theben geflüchteten antispartanischen Gruppe um Androkleidas Asyl zu gewähren und die spartanische Forderung nach Auslieferung der Exulanten abzulehnen.[89] Diese Reaktion der Athener bedeutete aber noch nicht, daß sie jetzt auf Konfrontationskurs zu Sparta gingen. Einflußreiche Redner in der Ekklesia schätzten die damaligen Kräfteverhältnisse im griechischen Mutterland und die eigenen Handlungsmöglichkeiten durchaus richtig ein, wie das erwähnte athenische Stillhalten im Krieg um Olynth zeigt. Die Athener nahmen sogar hin, daß in ihrer Polis Androkleides durch einen von thebanischen Oligarchen inszenierten Terrorakt ermordet wurde.

Differenzierter ist die athenische Politik im Ägäisraum zu beurteilen. Sie ist zwar ebenso wie die athenische Griechenlandpolitik durch das Bestreben gekennzeichnet, Verstöße gegen den Königsfrieden zu vermeiden. Andererseits haben es die Athener verstanden, Beziehungen zu ehemaligen Bundesgenossen wiederaufleben zu lassen und ältere Bündnisse zu erneuern.[90] Bereits 384 schlossen sie eine Symmachie mit Chios, die den athenischen Einfluß in der östlichen Ägäis wieder stärker zur Geltung bringen sollte.[91] Der Königsfrieden wird in den erhaltenen Teilen der Urkunde als Grundlage für die Bestimmungen des Vertrages genannt, Eleutheria („Freiheit“) und Autonomie der Chier sind ausdrücklich anerkannt. Aktiv beteiligt an der Stipulierung des Vertrages war Kephalos aus dem Demos Kollytos, der die athenische Gesandtschaft nach Chios leitete und aufgrund der Darstellung der ›Hellenica Oxyrhynchia‹ vielfach als radikaler Demokrat und Verfechter athenischer Machtpolitik eingestuft wird,[92] offensichtlich aber in seinem politischen Handeln durchaus Augenmaß besaß und realistisch zu urteilen vermochte. Weitere Verträge schloß Athen noch vor der Konstituierung des sogenannten zweiten Attischen Seebundes mit Methymna sowie mit Mytilene und Byzantion.[93] Die athenische Ägäispolitik um 380 schuf insofern wesentliche Voraussetzungen für die Entstehung einer neuen großen Symmachie der Athener.

Ermöglicht wurde die Gründung des zweiten Seebundes freilich erst durch einen Umsturz in Theben im Winter 379/78. Thebanische Verbannte inszenierten von Athen aus einen Coup, der zur Entmachtung der prospartanischen Gruppe um Leontiades und zur Vertreibung der etwa 1500 Mann starken spartanischen Besatzung auf der Kadmeia führte. In die Vorbereitungen der thebanischen Exulanten waren offensichtlich zwei athenische Strategen eingeweiht, die Truppen an der attisch-boiotischen Grenze bereitgestellt hatten. Ein vorausgehender athenischer Volksbeschluß zur Unterstützung der thebanischen Verschwörergruppe ist indes auszuschließen, da der Coup nur durch strengste Geheimhaltung des Komplotts Erfolg haben konnte.[94] Als der spartanische Harmost auf der Kadmeia sich nicht nur mit dem eilends mobilisierten thebanischen Aufgebot, sondern auch mit der herbeigeeilten Streitmacht jener beiden athenischen Strategen konfrontiert sah, zog er gegen Zusicherung freien Geleites ab (Xen. Hell. 5,4,1–12; Diod. 15,25–27; Plut. Pelop. 7–13).

Die Athener waren somit auch ohne öffentliche Beschlußfassung in das Geschehen in Theben involviert und traten nunmehr aus der Reserve heraus. Sie entsprachen vermutlich einem Hilfegesuch der Thebaner, als sie Chabrias den Auftrag erteilten, mit einer Peltastentruppe einem spartanischen Heer unter König Kleombrotos die über Eleutherai führende Straße nach Theben zu sperren. Kleombrotos wollte eine offene Konfrontation vermeiden und zog über Plataiai nach Boiotien, wo er sich dann auf eine bloße Demonstration der Macht beschränkte und nach einiger Zeit wieder abzog, nachdem er in Thespiai eine Besatzung unter dem Spartiaten Sphodrias stationiert hatte (Xen. Hell. 5,4,14–18). Der Zug des Kleombrotos hat vermutlich bewirkt, daß in Athen zur Beschwichtigung der Spartaner Prozesse gegen jene beiden Strategen angestrengt wurden, die in entscheidender Weise zum Gelingen der antispartanischen Erhebung in Theben beigetragen hatten. Eine spektakuläre Aktion des Sphodrias führte indes einen radikalen Stimmungsumschwung in Athen herbei. Sphodrias inszenierte von Thespiai aus einen Überfall auf den Peiraieus, der immer noch keine Tore hatte.[95] Der Coup mißlang allerdings, und es bleibt eine offene Frage, ob Sphodrias eigenmächtig gehandelt oder – wie man in Athen annahm – Weisung aus Sparta erhalten hat. Da zur Zeit seiner Aktion spartanische Gesandte in Athen waren, könnte der Harmost aus eigener Entscheidung den Überfall gewagt haben. Andererseits wurde er freigesprochen, als er in Sparta wegen seines Zuges nach Attika angeklagt wurde. Dies läßt auf einen Scheinprozeß schließen.

Bis zu diesem Zeitpunkt waren zahlreiche Athener noch bereit, Frieden mit Sparta zu wahren. Man erwartete natürlich eine Bestrafung des Harmosten.[96] Die Gründung des zweiten Seebundes war dennoch keine unmittelbare Reaktion auf den mißglückten Handstreich des Sphodrias.[97] Nach seinem Freispruch führte die Agitation einer prothebanischen Gruppe zwar zu einer folgenschweren Entscheidung, als die Volksversammlung die Einsetzung von Toren im Peiraieus, den Bau von Schiffen[98] sowie die Unterstützung der Thebaner beschloß. Hilfeleistung für Theben bedeutete natürlich eine offene Konfrontation mit Sparta. Hierzu benötigte Athen aber weitere Bundesgenossen. Erst die Bemühungen um eine Ausweitung und Festigung der seit 384 geschlossenen Bündnisse mündeten ein in die Gründung eines neuen Seebundes.

5. Der zweite Attische Seebund

Die Konstituierung des zweiten Seebundes nahm längere Zeit in Anspruch. Zunächst wurden von den Athenern die bereits mit ihnen verbündeten Gemeinwesen zu einer Konferenz in Athen eingeladen, die noch im Jahre 378 stattfand. Auf der Tagesordnung standen Strukturfragen einer erweiterten Symmachie sowie die Vorbereitung einer allgemeinen Einladung zum Beitritt (Diod. 15,28,2–3). Gründungsmitglieder waren neben Athen auf jeden Fall Chios, Byzantion, Rhodos und Mytilene. Zu diesen Poleis kamen bis zum Frühjahr 377 noch Theben und Methymna hinzu.[99] Bereits im Februar oder März 377 beschloß auf der Basis der Beschlüsse der genannten Gründungsmitglieder die athenische Volksversammlung auf Antrag des Aristoteles von Marathon einen allgemeinen Aufruf zum Beitritt zu dieser Symmachie.[100] Nach dem Wortlaut des Textes werden zunächst die Lakedaimonier (Spartaner) aufgefordert, den Griechen Freiheit, Autonomie, Frieden und ungestörten Besitz ihrer Territorien zu gewähren (Z. 9–15).[101] Es folgt eine Einladung an alle Griechen- und Barbarenstädte auf dem Festland und den Inseln, in den Bund einzutreten. Ausdrücklich ausgenommen werden hierbei die zum Machtbereich des Großkönigs gehörenden Gebiete (Z. 15–19). Den künftigen Bundesgenossen wird Freiheit und freie Wahl ihrer Verfassung garantiert. Sie sollen keine athenischen Besatzungen und Gouverneure (Archonten) aufnehmen und frei von Tributen sein und unter gleichen Bedingungen sich mit Athen verbünden wie früher die Chier, Thebaner und die anderen (athenischen) Symmachoi (Z. 19–25). Die athenischen Bürger verzichten auf Landbesitz im Gebiet der Bundesgenossen (25–46), versprechen aber, jedes angegriffene Mitglied des Bundes zu unterstützen (46–51). Athenischen Bürgern, die diesem Beschluß zuwiderhandeln, werden Strafen angedroht. Außerdem wird beschlossen, auf einer Tafel die Namen der schon beigetretenen und der künftigen Mitglieder des Bundes zu verzeichnen.

Das Psephisma zeigt, daß die Symmachie als Instrument zur Eindämmung spartanischer Machtpolitik propagiert wurde, allerdings in vorsichtiger Formulierung der Zielsetzung, so daß eine Verständigungsmöglichkeit mit Sparta nicht ausgeschlossen blieb. Da als Grundlage einer akzeptablen Ordnung in Griechenland und in der Ägäis der Königsfrieden genannt wird, sollte des weiteren von vornherein die Möglichkeit eines Konfliktes mit Persien ausgeschlossen und zugleich versucht werden, gegenüber dem Großkönig das Bündnissystem gleichsam als innergriechische Angelegenheit zu proklamieren. Zweifellos haben die Initiatoren dieser Erweiterung der bereits bestehenden athenischen Bündnisverpflichtungen zu kaschieren versucht, daß die Symmachie eben auch athenischer Interessenpolitik dienen sollte. Selbstverständlich erkannten damals die politischen Akteure der verschiedensten Gruppierungen in Athen, daß eine athenisch-thebanische Symmachie allein dem militärischen Potential der Spartaner und des Peloponnesischen Bundes nicht gewachsen war. Die Lehre des Korinthischen Krieges war nicht vergessen. Die im Psephisma des Aristoteles angesprochenen Inselgriechen standen freilich nicht mehr unter spartanischer Herrschaft. Hier lag für die Athener die Chance, als Garanten der Polisautonomie aufzutreten. Sie haben den Königsfrieden nicht aufgekündigt, sondern sich ausdrücklich auf die Bestimmungen dieses Vertrages berufen,[102] um möglichen Widerstand am Hof des Großkönigs gegen den Aufbau eines neuen athenischen Bündnissystems auf jeden Fall zu unterlaufen.

Selbstverständlich sollten auch eventuelle Bedenken beitrittswilliger Gemeinwesen zerstreut werden, die befürchten mochten, Athen werde wieder auf Organisationsformen zurückgreifen, die im fünften Jahrhundert entwickelt und praktiziert worden waren. Dieser Aspekt würde vor allem die explizit proklamierte Bereitschaft der Athener erklären, auf Stationierung von Besatzungen und Erwerb von Grundbesitz (und damit auch auf die Gründung von Kleruchien) in den Gebieten der Symmachoi zu verzichten sowie im Fall von Zuwiderhandlungen gegen die zuletzt genannte Bestimmung den Geschädigten bzw. Betroffenen zu erlauben, das Synhedrion des Bundes anzurufen. Andererseits dürfen freilich antiathenische Ressentiments und Befürchtungen in der griechischen Welt, die noch aus der Zeit der athenischen Seebundpolitik des fünften Jahrhunderts resultieren mochten, nicht überschätzt werden. In den griechischen Poleis wird aber den Beobachtern des politischen Lebens klar gewesen sein, daß Athen nicht mehr das Machtpotential des fünften Jahrhunderts zur Verfügung hatte und daher athenischer Machtpolitik Grenzen gesetzt waren. Des weiteren ist der antispartanische Aspekt der athenischen Propaganda bei der Gründung des zweiten Seebundes zu beachten, denn die von Athen garantierten Klauseln müssen auch vor dem Hintergrund der Erfahrungen gesehen werden, die griechische Gemeinwesen mit dem von Lysander organisierten spartanischen Herrschaftssystem nach dem Peloponnesischen Krieg gemacht haben. Zweifellos sollten auch nicht zuletzt antiathenische Kreise diskreditiert werden, soweit sie noch existent waren und unter Umständen den athenischen Ambitionen gefährlich werden konnten.

Das Psephisma des Aristoteles vom Frühjahr 377 läßt aber auch eine Reihe von Fragen offen. Der Beschluß sah vor, die gegenwärtigen und künftigen Mitglieder der Symmachie aufzuzeichnen. Allem Anschein nach sind höchstens 58–60 Namen dem Dekret hinzugefügt worden, während die Gesamtzahl der Mitglieder von Diodor (15,30,2) auf 70 und von Aischines (2,70) auf 75 beziffert wird. Es ist umstritten, ob die Athener nur die bis 375 oder 373 neu hinzukommenden Mitglieder nachgetragen haben. Möglicherweise sind die Angaben der literarischen Überlieferung übertrieben.[103] Im übrigen waren nicht alle Verbündeten der Athener zugleich auch Mitglieder des zweiten Seebundes.

Des weiteren ist der Zeitpunkt der Einführung der sogenannten Beiträge (Syntaxeis) der Bundesgenossen Athens umstritten. Im Dekret des Aristoteles war – wie gesagt – vorgesehen, daß die Mitglieder der Symmachie keine Phoroi („Abgaben“) zu leisten hatten, wie die Zahlungen der Symmachoi des ersten Seebundes, die keine Schiffe und Mannschaften stellten, bezeichnet wurden. Natürlich waren aber auch für Unternehmungen in der Zeit des zweiten Seebundes erhebliche Aufwendungen erforderlich, so daß Zahlungen der athenischen Bundesgenossen unumgänglich waren. Die Bezeichnung dieser Abgaben als Syntaxeis sollte darüber hinwegtäuschen, daß es sich im Grunde ebenso wie bei den verhaßten Phoroi des ersten Seebundes um Zahlungen handelte, die das athenische Machtpotential verstärkten. Während in der älteren Forschung die Anfänge der Erhebung der Syntaxeis in die Gründungszeit des zweiten Seebundes datiert wurden, hat G. L. Cawkwell als Einführungszeit 373[104] oder einen nicht näher zu bestimmenden Termin nach 375[105] vorgeschlagen und hiermit mehrfach Zustimmung gefunden.[106] Demgegenüber weist jetzt M. Dreher darauf hin, daß in der Zeit von 378 bis zum Frieden des Philokrates (346) nahezu permanent Kriegszustand herrschte, der faktisch nur vom Herbst 375 bis zum Frühjahr 373 und vom Friedensschluß 371 bis zum Winter 370/69 durch kurze Friedensperioden unterbrochen wurde, so daß kontinuierlich Anlaß zur Zahlung von Syntaxeis bestand und diese Abgaben daher wohl schon seit Gründung des zweiten Seebundes an Athen zu zahlen waren.[107] Diese Annahme wird dadurch gestützt, daß die athenischen Bundesgenossen offensichtlich keine Schiffe zu stellen brauchten.[108] Vermutlich zahlten die Mitglieder des Bundes gleichbleibende Beiträge,[109] die (wohl unter Mitwirkung Athens) durch das Synhedrion der Symmachie festgelegt wurden und von den Bundesgenossen selbst nach Athen überführt wurden, d. h., sie wurden nicht in eine Bundeskasse eingezahlt, sondern standen faktisch den Athenern zur Verfügung, so daß diese auch über die Verwendung der Syntaxeis bestimmen konnten. Zuständig für die Verwaltung der Gelder waren sogenannte Synhedroi („Berater"), die athenische Bürger waren und athenischen Institutionen Rechenschaft über ihre Amtstätigkeit ablegen mußten.[110] Das Synhedrion („Rat") des Bundes, in dem jedes Mitglied der Symmachie mit einem Abgeordneten repräsentiert war, wurde mit der Kontrolle der Kassenführung nicht befaßt. Zu den Aktivitäten dieses Rates, der in Athen tagte und nur geringen Handlungsspielraum besaß, liegen nur wenige Nachrichten vor.[111] Beschlüsse der im Synhedrion vertretenen Mitgliedstaaten bedurften der Zustimmung durch die athenische Volksversammlung. Athen war im Synhedrion nicht vertreten. Wie die Vorsitzenden bestimmt wurden und wie lange ihre Amtsperioden dauerten, ist nicht bekannt.

Der Beitritt zahlreicher Gemeinwesen nach dem „Appell" des Aristotelesdekretes läßt erkennen, daß der antispartanische Tenor in diesem Psephisma Wirkung zeigte. Allerdings provozierte die Gründung der neuen Symmachie auch spartanische Gegenmaßnahmen, die eine erhebliche Ausweitung der Kriegsschauplätze bewirkten. Für die jetzt notwendigen maritimen Operationen waren die Athener nicht unvorbereitet, da sie auch in den achtziger Jahren den Bau von Trieren nicht unterbrochen hatten.[112] Bereits im Frühjahr 377 wiederholte König Agesilaos seinen Einfall nach Boiotien, um durch erneute Verwüstung der Felder die Thebaner zum Einlenken zu zwingen.[113] Seine Strategie führte in der Tat zu Versorgungsengpässen der Thebaner, die aber mit Unterstützung durch Athen energische Gegenmaßnahmen ergriffen. Nach dem Abzug des Agesilaos erhielt Chabrias, der in Boiotien mit Peltasten erfolgreich gegen die spartanischen Invasoren operiert hatte, das Kommando über athenische Seestreitkräfte, mit denen er zunächst Euboia ansteuerte, um dort die neuen Bundesgenossen Athens gegen die spartanische Garnison in Oreos (Hestiaia) abzusichern, bevor er dann im Seegebiet der Kykladen einige noch von Sparta abhängige Inseln gewinnen konnte (Diod. 15,30,5). In dieser Zeit gelang den Thebanern die Einnahme von Oreos, so daß sie wieder störungsfrei Getreide importieren konnten (Xen. Hell. 5,4,56–57). Im Gegenzug rüsteten die Spartaner wieder eine größere Flotte von 60 Trieren aus und blockierten ihrerseits 376 Athen. Ein größerer athenischer Geleitzug mit Getreideschiffen konnte jedoch die Blockade durchbrechen, und im September 376 nahm Chabrias die Belagerung der Insel Naxos auf, in deren Gewässern es ihm im Herbst 376 gelang, eine spartanische Entsatzflotte zum Rückzug zu zwingen.[114]

Durch diesen Sieg bei Naxos wurde die Position Athens entscheidend gestärkt. Die Athener besaßen nunmehr faktisch die Seeherrschaft in der Ägäis und gewannen weitere Bundesgenossen.[115] Im nächsten Jahr (375) errang Chabrias weitere Erfolge in thrakischen Gewässern und an den Meerengen (Diod. 15,36,4; Demosth. 20,77), während Timotheos mit 60 Trieren im Ionischen Meer operierte, wo er eine spartanische Flotte bei Alyzeia besiegte (Xen. Hell. 5,4,62–66). Im Spätsommer 375 beantragten die Kerkyraier, die Timotheos' Flotte bereits bei Alyzeia mit mehreren Einheiten verstärkt hatten, sowie die Akarnanen und die Kephallenier die Aufnahme in den Seebund.[116]

Die Kehrseite der großen Erfolge des Chabrias und des Timotheos waren hohe finanzielle Belastungen der Athener, die ebenso wie die Spartaner Frieden wünschten.[117] In Athen hatte sich offenbar die Erkenntnis durchgesetzt, daß von einer Fortsetzung des Krieges nur Theben profitieren würde.[118] Jedenfalls wollte man in Athen das Erreichte sichern und stimmte einer durch den Perserkönig vermittelten Friedenskonferenz in Sparta zu (375/74),[119] deren Ergebnisse keineswegs nur eine Erneuerung des Königsfriedens darstellten.[120] Athen erreichte faktisch die volle Anerkennung seines Seebundes durch Persien und Sparta und war damit wieder als griechische Hegemonialmacht neben Sparta etabliert.[121] Während Sparta seine maritimen Ambitionen nach den Schlachten bei Naxos und Alyzeia aufgeben mußte, hatte Athen die Dominanz zur See zurückgewonnen. Daß dieser Frieden in Athen als großer Erfolg gefeiert wurde, zeigt die Errichtung eines Altares und die Einführung jährlicher Opfer für die Friedensgöttin Eirene. Wenn der an Kephisodotos vergebene Auftrag zur Schaffung einer Eirene-Statue mit dem Plutosknaben im Arm mit dem Frieden 375 zu verbinden ist, erhofften sich die Athener nach den schweren finanziellen Belastungen der letzten Kriegsjahre offenbar neuen Wohlstand.[122]

Bemerkenswert sind in diesem Friedensvertrag die Vereinbarungen über die Räumung aller Garnisonen in fremden Gemeinwesen und über die Einsetzung von Beobachtern, die diese Bestimmungen überwachen sollten (Diod. 15,38,2). Das Abkommen hatte indes nicht lange Bestand. Auf der Rückfahrt aus seinem Einsatzgebiet ließ Timotheos verbannte „Demokraten" aus Zakynthos, die auf seiner Flotte gedient hatten, in der Nähe ihrer Polis an Land gehen und gestattete ihnen den Bau einer Festung, so daß sie von dort aus ihre Heimatstadt bedrohten.[123] Die Aktion zielte darauf ab, antispartanische Kräfte zu unterstützen. Die prospartanische Faktion erhielt daraufhin militärische Hilfe durch die Spartaner, die nicht nur 25 Trieren nach Zakynthos in See gehen ließen, sondern im Sommer 374 auch versuchten, in die damaligen Unruhen in Kerkyra einzugreifen und die Polis im Handstreich zu gewinnen.[124] Der Überfall mißlang. Athen konnte aber infolge seiner fatalen Finanzlage nicht sofort mit einem effektiven Gegenschlag antworten. Zwar wurde sofort ein kleineres Peltastenkorps in die unruhige Region entsandt, doch sollte erst im nächsten Jahr (373) eine größere Flotte unter Timotheos folgen, der aber seine Schiffe nicht ausreichend bemannen konnte und nach seiner Ausfahrt (Frühsommer 373) auf den Kykladen und vielleicht auch in Thrakien Rekrutierungen vornehmen ließ,[125] so daß Sparta inzwischen (Sommer 373) eine beachtliche Flotte nach Kerkyra detachieren und die Belagerung dieser Polis aufnehmen konnte. Noch im Frühherbst 373 befand sich Timotheos in Kalauria. Er wurde dann zurückberufen und angeklagt (Diod. 15,47,3; Ps.-Demosth. 49,9), in einem sensationellen Prozeß, in dem Kallistratos und Iphikrates als Ankläger fungierten, aber freigesprochen.[126] Sein Nachfolger als Flottenbefehlshaber wurde Iphikrates, dem es 372 rasch gelang, die Vorherrschaft Athens im Ionischen Meer zurückzugewinnen (Xen. Hell. 6,2,27–39).

6. *Eine neue Kräftekonstellation*

Der Konflikt, in den die beiden Großpoleis Athen und Sparta durch die Stasis in Kerkyra hineingezogen wurden, sollte bald überschattet werden durch Ereignisse in Boiotien, wo die Thebaner im Sommer 373 Tanagra und Thespiai gewinnen konnten (Isokr. 14,9) und dann auch Plataiai besetzten, dessen Bürger vergeblich athenische Hilfe zu erlangen hofften (Diod. 15,46,4–6; Isokr. 14,7; Paus. 9,1,7–8). Das weitere Ausgreifen der Thebaner nach Phokis wurde zunächst durch eine massive militärische Intervention der Spartaner gestoppt, die entgegen den Bestimmungen des Friedens von 375 wieder eine Garnison in Phokis stationierten (Xen. Hell. 6,4,2.17). Die Athener befanden sich in einem Dilemma. Sollten sie die Kämpfe gegen Sparta fortsetzen oder den Aggressionen ihres Bundesgenossen Theben entgegentreten? Es hatte sich gezeigt, daß sie zur See weit überlegen waren, die finanziellen Belastungen des Seekrieges aber langfristig zu stark wurden und zudem athenische Erfolge letztlich die Expansion der Thebaner begünstigten, die aber als Bundesgenossen Athens nicht offen bekämpft oder ultimativ aufgefordert werden sollten, ihre jüngsten Gewinne wieder aufzugeben. So beschloß die athenische Volksversammlung im Sommer 371, den Thebanern eine gemeinsame Friedensgesandtschaft nach Sparta vorzuschlagen.[127] Offenbar führte aber dann Athen als Hegemon des Seebundes die von Sparta akzeptierten Verhandlungen allein.[128] Es wurde zweifellos erwartet, daß die athenischen Bundesgenossen (und damit auch Theben) den Ergebnissen zustimmen würden. Das Vertragskonzept sah die Abschaffung aller noch bestehenden (spartanischen) Harmostenherrschaften, eine allgemeine Abrüstung und eine Garantie der Autonomie der bestehenden griechischen Gemeinwesen vor. Eine Auflösung des Peloponnesischen Bundes oder des Seebundes stand selbstverständlich nicht zur Debatte. Wohl aber wurde eine bis dahin unbekannte Bestimmung in das Abkommen aufgenommen, die es den Vertragspartnern selbst überließ, sich an militärischen Aktionen zur Ahndung von Vertragsverletzungen zu beteiligen. Hierdurch wurde im Grunde das Konzept eines allgemeinen Friedens unterlaufen.[129] Der wunde Punkt war die boiotische Frage. Die Gesandten der Thebaner, die im Vertragstext als athenische Bundesgenossen aufgeführt waren, hatten das Abkommen zunächst beschworen, verlangten aber am nächsten Tag, anstelle des Namens der Thebaner die Bezeichnung „Boioter“ in die Liste der Unterzeichneten einzusetzen.[130] Die Gründe für diese Forderung sind schwer zu erkennen.[131] Vermutlich handelte es sich um einen bereits in Theben mit dem thebanischen Delegationsleiter Epameinondas abgesprochenen Coup, durch den führende Thebaner gleichsam durch die Hintertür die Anerkennung der Hegemonie ihrer Polis in Boiotien durchsetzen wollten. Es wäre dann der Anschein erweckt worden, daß die Thebaner im Namen der Boioter den Schwur geleistet hätten. Agesilaos von Sparta durchkreuzte jedoch den Schachzug und erreichte, daß Theben von diesem neuen „allgemeinen Frieden“ (Koinè Eiréne) ausgeschlossen wurde. Wenn die Thebaner erwartet hatten, durch ihren nachträglichen Einspruch ihre Führungsrolle in Boiotien zu dokumentieren, gleichzeitig aber auch Mitglied des zweiten Seebundes bleiben zu können und auf diese Weise eine breite Basis für eine eigenständige Machtpolitik als dritte Kraft in Griechenland zu gewinnen, so sahen sie sich plötzlich durch den Gegenzug des Agesilaos isoliert. Die athenischen Gesandten haben nichts unternommen, um ihrem bedeutendsten Bundesgenossen die von Agesilaos zweifellos intendierte diplomatische Demütigung zu ersparen. Im nachhinein scheint sich in Athen die Auffassung durchgesetzt zu haben, daß Theben zu Recht in die Schranken gewiesen worden sei (Xen. Hell. 6,3,20). Offenbar hatten auch die thebanischen Gesandten den Eindruck, daß ihre Polis jetzt mit dem Rücken zur Wand stehe. Alle Beteiligten hatten die Situation indes falsch eingeschätzt.[132] Die Auswirkungen waren für die griechische Welt verheerend. Wenige Wochen nach dem Eklat während jener Konferenz im Juli 371 endete der Versuch der Spartaner, Theben mit Waffengewalt zur Anerkennung des Friedens zu zwingen, mit der Katastrophe des spartanischen Heeres in der Schlacht bei Leuktra, in der 400 der dort eingesetzten Spartiaten den Tod fanden – ein unersetzlicher Verlust für die durch Geburtenrückgang und dauernde militärische Aktionen schon ohnehin stark dezimierte spartanische Vollbürgerschaft.[133] Leuktra bedeutete das Ende einer Epoche, nicht nur die Zerstörung des Nimbus der Unbesiegbarkeit des spartanischen Feldheeres in offener Schlacht. Durch diese Katastrophe verloren die Spartaner endgültig ihre Vormachtstellung, die sie 404 durch den Sieg über Athen in der griechischen Staatenwelt gewonnen hatten. Unerreichbar für alle Zeit blieb aber jetzt auch die einstige Vision Kimons von der gemeinsamen Aufgabe der Spartaner und Athener, die nach seinen Vorstellungen gemeinsam und in Eintracht das Griechentum in eine große Zukunft führen sollten.

Die Athener, die bereits mit der Ausführung der Friedensbestimmungen begonnen und ihre Garnisonen aus verschiedenen Poleis abgezogen hatten (Xen. Hell. 6,4,1), waren von den Ereignissen regelrecht überrollt worden, begriffen aber sofort, daß sich eine entscheidende Machtverschiebung vollzogen hatte, die keineswegs ihren Vorstellungen und Wünschen entsprach. Dies hat Xenophon (Hell. 6,4,19–20) klar zum Ausdruck gebracht, indem er von dem kühlen Empfang berichtet, den der athenische Rat dem thebanischen Herold bereitete, der die Nachricht vom Ausgang der Schlacht überbrachte. Nicht nur in Sparta, sondern auch in Athen wirkte die Nachricht von der Schlacht bei Leuktra zweifellos wie ein Schock. Wenn auch hier und da ein Gefühl der Genugtuung über die Niederlage Spartas aufkommen mochte und auch weiterhin gewisse Zweifel an der Berechenbarkeit und Verläßlichkeit des Kurses der spartanischen Führung nicht überwunden werden konnten,[134] so hielt jetzt doch eine große Mehrheit der an Volksversammlungen teilnehmenden athenischen Bürger eine Politik der Eindämmung der Expansion Thebens für unabdingbar, denn die Ekklesia beschloß, alle griechischen Gemeinwesen zu einer Konferenz nach Athen einzuladen (Xen. Hell. 6,5,1–3). Verhandlungsbasis sollte wiederum der Königsfrieden sein, doch hofften die Athener, selbst als Garanten des auszuhandelnden Abkommens anerkannt zu werden und damit in der griechischen Staatenwelt jene Position einzunehmen, die Sparta 375 in Anspruch genommen hatte, aber nicht mehr ausfüllen konnte. Das wichtigste Ergebnis der Verhandlungen in Athen (371), an denen Theben nicht teilnahm, war die Verpflichtung zu gemeinsamen Aktionen der Vertragspartner gegen Aggressoren.[135] Damit wurde nicht nur ein fatales Defizit des vorausgegangenen Friedens von Sparta 371 beseitigt, sondern erstmals auch eine klare Trennung zwischen den Unterzeichnern des Abkommens und denjenigen Griechen gezogen, die dem Vertrag nicht beigetreten waren. Nur die Unterzeichner waren durch die genannte Klausel (Hilfe gegen Aggressoren) geschützt. Die Thebaner waren somit ausgegrenzt, doch war der Frieden von Athen 371 kein Freibrief für Angriffe auf Theben, das im übrigen sich gewissermaßen formlos aus dem zweiten Seebund zurückgezogen hatte.[136] Das Hauptziel der Athener, die Eindämmung thebanischer Expansion, wurde indes nicht erreicht. Theben gewann nach Leuktra in rascher Folge eine Reihe von Bundesgenossen in Mittelgriechenland. Das Gesetz des Handelns lag jetzt bei den Thebanern, deren Polis in kürzester Zeit die militärisch dominierende Macht in der Staatenwelt des griechischen Mutterlandes wurde. Ihr Handlungsspielraum wurde noch erheblich erweitert durch die Ermordung des „Tyrannen“ Jason von Pherai (370 v. Chr.). Sein Tod hinterließ plötzlich nördlich von Boiotien ein Machtvakuum, in das Theben hineinzustoßen suchte, so daß Athens Interessen im Großraum der nördlichen Ägäis tangiert waren. Etwa gleichzeitig vollzogen sich tiefgreifende Veränderungen auf der Peloponnes, wo 370 unter der Führung von Mantineia der Arkadische Bund entstand,[137] der noch im selben Jahr ein Bündnis mit Theben schloß[138] und schon bald ein Hilfegesuch an den neuen Partner richtete. Hierdurch erweiterte sich der Aktionsradius der Thebaner bis auf die Peloponnes. Im Winter 370/69 stieß Epameinondas mit dem boiotischen Heer bis an den Siedlungsrand von Sparta und weiter nach Südlakonien vor. Eine unmittelbare Folge war die Erhebung der Messenier, die mit thebanischer Rückendeckung erstmals nach jahrhundertelanger Unterdrückung durch Sparta einen eigenen Staat bilden konnten. Hierdurch wurde das Gemeinwesen der Spartaner dauerhaft entscheidend geschwächt.[139] Die ökonomische Basis des Spartiatentums war bekanntlich das System der Helotie in Messenien und Südlakonien. Gleichsam zerborsten war nunmehr die „messenische Säule“ dieser eigentümlichen politischen und wirtschaftlichen Organisationsform Spartas.

Die dramatische Veränderung der Machtverhältnisse führte Sparta und Athen zusammen. Die Athener entsprachen Ende des Winters 370/69 einem spartanischen Hilfegesuch durch Entsendung des gesamten Bürgeraufgebotes nach Korinth und Arkadien unter Führung des Iphikrates, der allerdings glücklos operierte[140] und den Rückzug des boiotischen Heeres nach Boiotien nicht zu verhindern vermochte. Im Frühjahr 369 schlossen Sparta und Athen ein förmliches Bündnis auf der Basis der Gleichberechtigung (Xen. Hell. 7,1,1–2.14; Diod. 15,67,1; StV II^2 274). Hiernach sollte zwischen beiden Poleis der Oberbefehl zu Lande und zu Wasser alle fünf Tage wechseln. In das Bündnis einbezogen waren die beiderseitigen Bundesgenossen. Den Frieden vermochte diese neue Allianz allerdings nicht zu sichern.[141] Sie brachte für Athen infolge der Schwächung Spartas keine Vorteile und führte daher zu einer Verzettelung der Kräfte der Athener, die in den folgenden Jahren Truppen auf der Peloponnes einsetzen mußten, während sie ihrerseits nicht verhindern konnten, daß Oropos von Verbannten dieser Siedlung überraschend besetzt und den Thebanern in die Hände gespielt wurde. Ein Gegenschlag der Athener blieb erfolglos, da sie von ihren Bundesgenossen nicht unterstützt wurden.[142] Die Folge war eine verwirrende athenische Bündnispolitik. Lykomedes, der führende arkadische Politiker, sah in der tiefen Enttäuschung der Athener über das Verhalten ihrer Symmachoi die Chance, Athen für ein Bündnis mit Arkadien zu gewinnen. Da Athen bereits seit 369 mit Sparta verbündet war, bedeutete der Abschluß der von Lykomedes vorgeschlagenen Defensivallianz nicht nur, daß die Athener sowohl den Arkadern gegen Sparta als auch den Spartanern zur Hilfeleistung verpflichtet waren, wenn eines dieser Gemeinwesen angegriffen wurde (StV II^2 284). Hinzu kam, daß die Arkader ihrerseits noch Bündnisverpflichtungen gegenüber den Thebanern hatten, deren Verhältnis zu Athen seit den Ereignissen in Oropos geradezu vergiftet war. Eigentliches Ziel der arkadisch-athenischen Allianz war aus athenischer Sicht eine Schwächung Thebens. Das Gegenteil wurde erreicht. Theben wußte seine Interessen auf der Peloponnes zu wahren, während die Athener hier letztlich glücklos taktierten. So wurden im Zuge ihrer Verhandlungen mit dem Arkadischen Bund ihre eigenen Bemühungen, durch ihre seit dem athenisch-spartanischen Bündnis in Korinth stationierte Besatzung diese Polis langfristig in Besitz zu nehmen, von den Korinthern geschickt unterlaufen. Die athenische Garnison mußte sich schließlich aus Korinth zurückziehen.[143] Die komplexe Situation, die sich aus dem athenisch-arkadischen Bündnis ergab, ist nicht zuletzt ein Symptom einer allgemeinen Erschöpfung in der griechischen Staatenwelt, in der die nahezu ununterbrochenen Machtkämpfe zwischen den dominierenden Gemeinwesen und ihren Bundesgenossen im Grunde ein immerwährender Bürgerkrieg waren. Ansätze zu einer Friedenssicherung brachten auch nach der Schlacht bei Leuktra keine dauerhafte Stabilisierung.[144]

Allerdings gingen die Impulse zu den zahlreichen Konflikten nicht nur von innergriechischen Streitigkeiten aus. Nachdem Ariobarzanes, Satrap im hellespontischen Phrygien, sich gegen Artaxerxes II. erhoben hatte,[145] richtete er 366 Hilfegesuche an Sparta und Athen und durchkreuzte damit den Versuch der Thebaner, mit persischer Unterstützung einen für sie vorteilhaften „allgemeinen Frieden“ (Koine Eirene) durchzusetzen.[146] Sowohl Sparta als auch Athen versprachen dem rebellierenden Satrapen Unterstützung Sparta entsandte König Agesilaos,[147] während in Athen Timotheos, dem nach längerer

Abwesenheit wieder ein Kommando übertragen wurde, Weisung erhielt, „Ariobarzanes Hilfe zu leisten, aber nicht den Vertrag mit dem Großkönig (d. h. den Königsfrieden) zu brechen" (Demosth. 15,9). Hauptziel der athenischen Aktion war zweifellos, diese willkommene Gelegenheit zu einer maritimen Offensive zu nutzen, nachdem schon 368 v. Chr. durch Expeditionen des Iphikrates nach Makedonien (Demosth. 23,149) und des Autokles nach Thessalien (Diod. 15,71) militärische Anstrengungen zur Bekämpfung des thebanischen Einflusses im Norden unternommen worden waren.[148] Nunmehr erhielt Timotheos weitgehende Handlungsfreiheit. Er lief mit 30 Trieren und einer starken Söldnertruppe zunächst Samos an und belagerte diese Polis zehn Monate.[149] Dieses Unternehmen ist ohne Billigung durch die athenische Volksversammlung undenkbar. Nach der Einnahme der Polis Samos wurden ihre Bürger vertrieben und noch im gleichen Jahr (365) auf der Insel erstmals seit Gründung des zweiten Seebundes wieder eine athenische Außensiedlung (Kleruchie) angelegt.[150] Auf Lemnos, Imbros und Skyros waren bereits spätestens seit 387/86 alle Bewohner und wohl auch hinzukommende Neusiedler aus Athen durch Beschluß der Ekklesia attische Kleruchen geworden,[151] die formal dem athenischen Bürgerverband angehörten und demnach Mitglieder attischer Phylen und Phratrien sowie steuer- und wehrdienstpflichtig waren. Sie übten zwar eine gewisse „kommunale" Selbstverwaltung aus, hatten aber Weisungen der athenischen Ekklesia zu befolgen und standen insofern unter athenischer Kontrolle.[152]

Samos hatte nicht zum zweiten Seebund gehört und war nicht durch den Königsfrieden geschützt, in dem – wie gesagt – ausdrücklich nur das kleinasiatische Festland sowie Kypros und Klazomenai als „Besitz des Großkönigs" deklariert worden waren. Inzwischen war aber durch den Satrapen Tigranes auf Samos eine persische Garnison stationiert worden (Demosth. 15,9). Dies war zweifellos ein Verstoß gegen die vom Großkönig selbst 387/86 „diktierten" Friedensbedingungen. Andererseits hatte aber der Königsfrieden den Athenern lediglich den Besitz von Lemnos, Imbros und Skyros zugesprochen. Insofern war das militärische Unternehmen des Timotheos ebenso ein Akt der Aggression wie die vorausgehende Stationierung einer persischen Garnison auf Samos. Die Gründung einer Kleruchie verstieß zudem formal gegen das Autonomieprinzip des Königsfriedens.[153] Die athenische Aktion zielte offenbar von vornherein darauf ab, unter Ausnutzung der damaligen Schwächung des Perserreiches durch den Satrapenaufstand[154] Samos zu annektieren. Es ist wenig wahrscheinlich, daß ehemalige Samier, die 404 nach Athen geflüchtet waren und dort das athenische Bürgerrecht erhalten hatten, dazu beigetragen haben, daß der Angriff auf Samos unternommen wurde.[155] Die meisten von ihnen werden nicht mehr sonderlich politisch aktiv gewesen sein, und ihre Nachkommen dürften Samos kaum noch als ihre Heimat betrachtet haben. Die Verantwortung trugen jene Ekklesiasten, die das Unternehmen des Timotheos tolerierten und 365 für die Einrichtung einer Kleruchie auf Samos stimmten.[156] Es gab allerdings auch kritische Einwände. Der „Redner" Kydias soll dringend von dieser Maßnahme abgeraten haben (Aristot. Rhet. 1384 b 32 ff.). Seine „Opposition" richtete sich aber vielleicht primär gegen den Strategen Timotheos,[157] weil Auswirkungen auf das athenisch-persische Verhältnis zu befürchten waren. Besorgnisse über weitere persische Aggressionen nach der von Tigranes vorgenommenen Stationierung einer Besatzung auf Samos erklären freilich auch die athenische Gegenmaßnahme. Ein weiteres Problem ist die Ansiedlung athenischer Kleruchen in Poteidaia 362/61. Formal handelte es sich nicht um einen Verstoß gegen die Prinzipien, die von den Athenern in der Gründungszeit des zweiten Seebundes verkündet worden waren. Die Bürger von Poteidaia hatten selbst eine athenische Kleruchie erbeten. Etwa drei Jahre früher hatte aber Timotheos die Stadt besetzt, die nicht zum zweiten Seebund gehörte und im übrigen nach jener Aktion des Timotheos rechtlich gesehen ihre Selbständigkeit behielt. Aus athenischer Sicht sollte der Zugriff auf Poteidaia natürlich vor allem zur Sicherung der Handelswege nach dem Schwarzen Meer dienen, während auf Samos ein Gegengewicht gegen persische Expansion gebildet werden sollte.[158] Beide Aktionen sind Ausdruck athenischer Interessenpolitik, die sich gegebenenfalls über Prinzipien hinwegsetzte. Unter diesem Aspekt ist auch die Ansiedlung weiterer Kleruchen in den Jahren 361/60 und 352/51 auf der Insel Samos zu beurteilen,[159] die 323 völlig im Besitz athenischer Kolonisten gewesen sein soll.[160]

Obwohl die Athener mit jener ersten Kleruchiegründung auf Samos 365 sicherlich keine außenpolitische Kehrtwende intendiert hatten, begann hiermit eine neue Phase ihrer Seebundpolitik. Nach Abschluß der Kämpfe auf Samos übernahm Timotheos das Kommando über die athenischen Streitkräfte, die auf der thrakischen Chersones und gegen die Polis Amphipolis Krieg führten, gegen die Iphikrates seit 368 ohne größeren Erfolg operiert hatte. Die Ablösung des Iphikrates durch Timotheos ist ein Indiz für innerathenische Rivalitäten. Timotheos konnte sich damals gegen einen bedeutenden Konkurrenten durchsetzen. Chabrias und Kallistratos hatten bereits 366 infolge des Verlustes von Oropos einen schweren politischen Rückschlag hinnehmen müssen. Es handelte sich bei diesen Auseinandersetzungen freilich nicht um außenpolitische Richtungskämpfe (etwa zwischen prospartanischen und prothebanischen Gruppen).[161] Zwischen den damaligen politischen Meinungsführern und Hauptakteuren auf den Kriegsschauplätzen gab es schwerlich eine völlig unterschiedliche Gewichtung in der außenpolitischen Zielsetzung. Timotheos setzte im Großraum der nördlichen Ägäis sozusagen die Operationen des Iphikrates fort. Im einzelnen lassen sich Ereignisablauf und Chronologie der dortigen Unternehmungen des Timotheos schwer rekonstruieren.[162] Timotheos griff jedenfalls vergeblich Amphipolis an und suchte diesen Rückschlag durch Operationen auf der thrakischen Chersones wieder wettzumachen. Es gelang ihm dort u. a., Sestos und Krithote zu gewinnen und damit strategisch wichtigen Besitz für Athen zu sichern.[163] Während Sestos nach dem Königsfrieden nicht vom Großkönig beansprucht worden war, verletzte Timotheos mit seinen weiteren Aktionen im Raum von Kyzikos und seinem Vorstoß ins Schwarze Meer zweifellos persische Interessen, ohne die Erhebung des Ariobarzanes gegen den Großkönig effektiv zu unterstützen. Die Erhebung des Ariobarzanes diente vielmehr als Vorwand für seine ausgreifenden Unternehmungen. Im folgenden Jahr operierte er wieder gegen chalkidische Städte. Er besetzte damals – wie schon erwähnt – Poteidaia und konnte des weiteren Torone gewinnen und zudem erreichen, daß Pydna und Methone sich mit Athen verbündeten. Sein Ziel war zweifellos, die Voraussetzungen für eine stabile athenische Herrschaft im nördlichen Ägäisraum zu schaffen. Enorme Kraftanstrengungen der Thebaner, diese Intentionen zu durchkreuzen, führten zu Teilerfolgen, als Epameinondas 364 mit einer zum Teil mit persischen Subsidien neu erbauten thebanischen Flotte bis Byzantion durchbrach und dort offenbar begeistert empfangen wurde. Epameinondas war jedoch nicht in der Lage, ein größeres antiathenisches Bündnissystem auf maritimer Basis zu organisieren.[164] Lediglich Unruhen auf der gegen athenische Interventionen wehrlosen Kykladeninsel Keos wurden wahrscheinlich durch die Flottenexpedition des Epameinondas ausgelöst.[165] Immerhin hatte sich aber gezeigt, daß die athenischen Handelsrouten ins Schwarzmeergebiet verwundbar waren. Die Byzantier sind damals zweifellos von Athen abgefallen. Sie hinderten im Spätsommer 362 mit Unterstützung durch Mannschaften aus Chalkedon und Kyzikos und im Sommer 361 im Zusammenwirken mit Chalkedon athenische Getreideschiffe an der Weiterfahrt, so daß die Athener damals und in den folgenden Jahren Trieren zum Schutz der Getreideflotten detachieren mußten. Trotz der beachtlichen Erfolge des Timotheos wurde einmal mehr deutlich, daß die damaligen demographischen und ökonomischen Ressourcen Athens begrenzt waren. Um seine militärischen Operationen zu finanzieren, mußte Timotheos nach dem fragwürdigen Prinzip „Krieg ernährt den Krieg“ Beute gewinnbringend verkaufen und Requisitionen durchführen. Seine wichtigsten Ziele – die Einnahme von Amphipolis und Olynth – erreichte er indes nicht (Demosth. 23,149 f.). Dieser Fehlschlag wurde zu einer schweren Hypothek für die Folgezeit. Amphipolis blieb weiterhin das begehrte Objekt athenischer Machtpolitik. Dies zehrte in den nächsten Jahren enorm an den Kräften Athens, ohne daß Redner und Meinungsführer in der Volksversammlung sich eingestanden, daß die auf athenischer Seite eingesetzten Machtmittel noch nicht ausreichten, diese strategisch bedeutsame Stadt zu gewinnen, bevor sie schließlich von Philipp II. von Makedonien eingenommen wurde.[166] Die Athener begründeten ihre Angriffe auf Amphipolis und auf die Chersones mit der angeblichen Anerkennung ihrer Ansprüche durch den Großkönig und die Hellenen.[167] Die verschiedenen athenischen Versionen enthalten freilich keine eindeutigen Angaben über den exakten Zeitpunkt jener vermeintlichen Konzessionen. Es wird nicht deutlich, wann es der athenischen „Diplomatie“ gelungen sein soll, die fraglichen Besitzansprüche durchzusetzen. Offensichtlich handelte es sich hierbei um eine einseitige propagandistische Rechtfertigung athenischer Forderungen, mit denen angebliche Ausnahmen von Autonomievorschriften in den Friedensschlüssen und Bündnisverträgen der Zeit vor den militärischen Operationen des Timotheos postuliert wurden.[168] Zweifellos hat Timotheos in Übereinstimmung mit der Mehrheit der Athener mit seinen Unternehmungen 365 und in den nächsten Jahren reine Interessenpolitik verfolgt. Seine Angriffe richteten sich gegen Ziele, die erreichbar zu sein schienen, als durch den Aufstand des Ariobarzanes sich eine vermeintlich günstige Situation für athenisches Ausgreifen bot.[169]

7. Mantineia und die Folgen der Katastrophe Spartas

Während Timotheos in der Ägäis vergeblich eine neue breite Basis für eine unangreifbare maritime Dominanz Athens zu schaffen suchte, leitete auf der Peloponnes eine in etwa zeitgleiche dichte Folge von Ereignissen den Niedergang der Machtstellung Thebens ein. Insofern gewannen Geschehnisse, die auf den ersten Blick nur von regionalgeschichtlichem Interesse zu sein scheinen, geradezu universalhistorische Bedeutung, da sie letztlich dazu beitrugen, daß dem Makedonentum der Weg nach Griechenland geöffnet wurde.

Der Abschluß eines athenisch-arkadischen Bündnisses 366 stellte sich aus athenischer Sicht als gelungener Schachzug dar und verlockte die athenische Volksversammlung, einem Antrag auf Annexion von Korinth zuzustimmen. Die Korinther durchkreuzten diesen Plan durch Ausweisung der in ihrer Polis stationierten athenischen Truppen und schlugen zur Wahrung ihrer Autonomie dem Boiotischen Bund einen Sonderfrieden vor (Xen. Hell. 7,4,4–7), den sie 365 gemeinsam mit Phleius und wohl auch mit Epidauros in Theben mit Zustimmung der Spartaner schlossen (Xen. Hell. 7,4,10; StV II^2 285). Sparta selbst trat dem Frieden nicht bei, erkannte aber die Selbständigkeit Messeniens und das allgemeine Autonomieprinzip an. Praktisch war damit das Ende des Peloponnesischen Bundes besiegelt.

Der Krieg zwischen Sparta und den Arkadern – Bundesgenossen der Thebaner – wurde freilich nicht beendet, sondern weitete sich sogar noch aus durch einen Seitenwechsel der Eleier, die mit Unterstützung durch Sparta und Achaia die Arkader bekämpften.[170] Als Bundesgenossen der Arkader werteten die Athener die Aktion der Eleier offenbar als Aggression. Sie wurden jedenfalls in die innerpeloponnesischen Angelegenheiten hineingezogen, die eskalierten, als der Bund der Arkader infolge alter Gegensätze zwischen Mantineia und Tegea und aktueller Kontroversen über die Pläne zur Aneignung der Tempelschätze in Olympia sich spaltete und nur noch Tegea und Megalopolis mit den Thebanern (bzw. mit dem Boiotischen Bund) verbündet blieben, während die antithebanischen Kräfte, die ihr Zentrum in Mantineia hatten, sich um Unterstützung in Elis, Achaia, Athen und Sparta bemühten.[171] Athen gewährte militärische Hilfe aufgrund jenes älteren Vertrages von 366 (Xen. Hell. 7,4,6; 7,5,1–3). Zum Kampf gegen diese bedeutende Koalition boten die Thebaner das Aufgebot des Boiotischen Bundes und Kontingente der von ihnen abhängigen Thessaler, Lokrer und Euboier auf. Unter Führung des Epameinondas erhielt diese Streitmacht nach dem Einmarsch in die Peloponnes noch weiteren Zuzug durch Sikyonier, Argiver und Messenier sowie durch die südlichen Arkader. Fast wäre es Epameinondas gelungen, überraschend Sparta zu erobern (Xen. Hell. 7,5,7–14). Eine militärische Entscheidung konnte er indes nicht mehr herbeiführen. In der Schlacht bei Mantineia 362 v. Chr. durchbrachen zwar die Thebaner die feindlichen Linien, doch fiel in diesem Kampf Epameinondas, die treibende Kraft auf thebanischer Seite (Xen. Hell. 7,5,21–25). Epameinondas war unersetzlich für die Thebaner, deren Ziel, die dauerhafte Gewinnung einer hegemonialen Position im griechischen Mutterland, nunmehr unerreichbar wurde. Als Zeitgenosse des Geschehens hat bereits Xenophon (Hell. 7,5,27) die Tragweite dieser Schlacht außerordentlich pessimistisch beurteilt, wenn er am Schluß seines Geschichtswerkes ausführt, daß man damals allgemein eine Entscheidung über die Herrschaft in Hellas erwartete, daß aber weder die eine noch die andere Seite aus dieser Schlacht Gewinn zu erzielen vermochte und Unordnung und Verwirrung in Griechenland nach dem Kampf noch größer waren als vorher. Xenophon will mit dieser Wertung offenbar anknüpfen an das berühmte Wort des Thukydides, daß mit dem Peloponnesischen Krieg die größte Erschütterung der griechischen Geschichte begann. Die Fragen nach der Schlacht bei Mantineia lauteten, ob in dem allgemeinen Erschöpfungszustand nach einem gleichsam innergriechischen Bürgerkrieg von sieben Jahrzehnten endlich Ruhe in Hellas einkehren und die Zeit reif sein würde für einen wirklichen Neubeginn, für eine radikale Absage an eine haßerfüllte Atmosphäre der Konflikte in der griechischen Staatenwelt, ob ohne äußeren Druck ein Weg in eine gemeinsame Zukunft gefunden werden konnte, ohne daß das politische Lebenselixier der Hellenen – die Polisorganisation – preisgegeben wurde. Daß dies durchaus möglich gewesen wäre, lehren die Zusammenschlüsse griechischer Poleis auf bundesstaatlicher Basis in der hellenistischen Zeit.

Nach Mantineia wurde erneut ein „allgemeiner Frieden" geschlossen, an dem Sparta wiederum nicht beteiligt war.[172] Positive Ansätze zu einer weitgehend gemeinsamen Gestaltung der Zukunft waren vorhanden. In einem fragmentarischen, nur in einer Abschrift erhaltenen Text einer inschriftlich fixierten Antwort griechischer Gemeinwesen an persische Satrapen wird darauf hingewiesen, daß die Griechen einen allgemeinen Frieden in dem Bestreben geschlossen hätten, ihre Poleis möglichst groß und glücklich zu machen und zudem machtvoll zu bleiben.[173] Dies ist zweifellos auf eine Koine Eirene des Jahres 362 zu beziehen, in der auch Bestimmungen zur Abwehr von Aktionen enthalten waren, die möglicherweise auf eine Aufhebung dieses Friedens abzielten. Jener Text wurde zweifellos im Namen der Gemeinwesen formuliert, die an dem Frieden nach der Schlacht bei Mantineia beteiligt waren. Es gab offensichtlich Instanzen oder Gremien, die befugt waren, das Schreiben an die Satrapen zu entwerfen. Allerdings bleibt offen, welcher Art diese „Instanzen" waren. Ein Vorbild für das Synhedrion des von Philipp II. gegründeten Korinthischen Bundes waren sie indes wohl nicht. Gemessen an der im Zusammenhang mit dem Friedensschluß 362 zum Ausdruck gebrachten Intention erscheint das Urteil, das Xenophon vielleicht im Blick auf die frühere Funktion Spartas als Ordnungsmacht auf der Peloponnes gefällt hat,[174] allzu negativ. Andererseits ist festzuhalten, daß auch in der Folgezeit die Konflikte nicht abgerissen sind.

Bereits ein Jahr nach der Schlacht bei Mantineia intervenierten die Thebaner erneut in Megalopolis, um dort einen Bürgerkrieg zu verhindern (Diod. 15,94,1–3). Ihr Kräfteeinsatz war aber weit geringer als im Vorjahr. Die große Zeit der thebanischen Einflußnahme auf der Peloponnes war vorbei.[175] Gemessen an den damaligen Kräfteverhältnissen im griechischen Mutterland war Theben zwar noch eine beachtliche Macht. Der Rückzug Thebens von der Flottenpolitik des Epameinondas demonstriert aber, daß die Ressourcen der boiotischen Metropole zu gering waren, um langfristig das Machtvakuum zu füllen, das Spartas Niederlage auf der Peloponnes hinterlassen hatte. Eine Konsequenz dieses Sachverhaltes war des weiteren der Verlust des thebanischen Einflusses auf Thessalien und Makedonien. Die Kräfte der Thebaner waren durch die von ihnen erkämpfte Schwächung Spartas weitgehend erschöpft. Sparta aber blieb noch in seinem machtpolitischen Niedergang fixiert auf das nunmehr unerreichbare Ziel,

Messenien zurückzugewinnen und die Neugründung Megalopolis wieder von der Landkarte zu streichen.[176] Aber auch in Athen hielt man an einer Fiktion fest, indem man nach wie vor glaubte, nicht nur den vermeintlichen Anspruch auf Amphipolis durchsetzen zu können, sondern darüber hinaus auch in der Lage zu sein, die gesamte Ägäis wieder mit einer eigenen Herrschaftsorganisation zu durchdringen. Trotz der Destabilisierung der traditionellen Machtfaktoren Sparta und Athen und des Scheiterns der Machtentfaltung Thebens war freilich die Zukunft der griechischen Poliswelt noch durchaus offen. Nach der Schlacht bei Mantineia konnte niemand ahnen, daß sich schon wenige Jahre später der Schatten Makedoniens auf Hellas legen würde.

8. Der Bundesgenossenkrieg

Ein Indiz für wachsende Probleme im zweiten Athenischen Seebund sind Unruhen auf der nordwestlichsten Kykladeninsel Keos, die wahrscheinlich mit den maritimen Plänen des Epameinondas 364/63 in Verbindung zu bringen sind.[177] Nach einer ersten, von Chabrias niedergeworfenen antiathenischen Erhebung fiel die Polis Iulis kurze Zeit später nach Aktionen der Parteigänger Thebens wieder von Athen ab, so daß eine athenische Streitmacht erneut intervenierte, ohne daß die Thebaner reagierten. Durch den Frieden von 362 waren die Schwierigkeiten der Athener in ihrem Interessengebiet keineswegs beseitigt. Im Gegenteil, die Bürgerschaft kam auch in der Folgezeit nicht zur Ruhe. Kurze Zeit nach der Rückkehr des Timotheos nach Athen im Sommer 362 schloß König Perdikkas von Makedonien erneut ein Bündnis mit Amphipolis[178] und stationierte dort eine Garnison, so daß die Chancen der Athener, diese Polis wiederzugewinnen, erheblich zu sinken schienen. Zudem wurde die Chersones durch den thrakischen Herrscher Kotys bedroht, der Anspruch auf Sestos erhob. Die Byzantier behinderten – wie bereits erwähnt – im Zusammenwirken mit Mannschaften aus Chalkedon und Kyzikos die Versorgung Athens mit pontischem Getreide. Geradezu blamabel für Athen waren die von Alexander von Pherai inszenierten Raids thessalischer Raubfahrer nach den Kykladen und sogar bis in den Peiraieus 362 v. Chr. Im folgenden Jahr operierte Alexander erfolgreich gegen ein athenisches Geschwader bei Peparethos. Die Athener reagierten hierauf mit einer Symmachie mit dem Thessalischen Bund, ohne aber hierdurch wirksame Unterstützung zu finden (361/60).[179] Sie waren bereits in den sechziger Jahren durch ihre überaus aktive Außen- und Flottenpolitik in ein Dilemma geraten.[180] Die Befehlshaber der Streitkräfte waren nicht nur gezwungen, aus Geldmangel auch schlecht ausgebildete Ruderer einzustellen, sondern mußten gegebenenfalls regelrechte Plünderungszüge unternehmen oder Geld von Bundesgenossen eintreiben, um überhaupt militärische Operationen durchführen zu können.[181] Gerade die Zeit der sogenannten Hegemonie Thebens hatte – wie bereits ausgeführt – deutlich gezeigt, wie verwundbar Athen in seinem Interessengebiet in der Nordägäis war, so daß die Athener bzw. die politisch interessierten Bürger Athens sensibilisiert waren für die Bedeutung dieses Raumes, und die organisierten Plünderungszüge eines Alexander von Pherai und die Bedrohung der Kornschiffe durch die Kyzikener hatten erneut demonstriert, daß auch nach der Einstellung der maritimen Aktivitäten der Thebaner der Norden weiterhin eine Gefahrenzone für Athen darstellte.[182] Zudem konnte sich die Polis Athen ihren Ordnungsaufgaben als Hegemon des zweiten Seebundes nicht versagen, wenn die Symmachoi von Piraten heimgesucht wurden oder thebanische Interventionen, die keineswegs von allen Bürgern der betroffenen Städte stürmisch begrüßt wurden, den athenischen Führungsanspruch in Frage stellten. Andererseits trugen athenische Maßnahmen wie Raids und Requisitionen zur Finanzierung militärischer Operationen sicherlich nicht dazu bei, das Bündnissystem Athens zu stabilisieren.[183] Negative Auswirkungen auf die Beziehungen der Symmachoi zur Hegemonialmacht hatte des weiteren auch das ungeschickte Verhalten des athenischen Strategen Chares, der sich als Befehlshaber einer Besatzung auf Kerkyra 361/60 auf eine Konspiration der dortigen Oligarchen einließ, die mit seiner Duldung in einer überraschend einberufenen Volksversammlung demokratische Parteigänger Athens überfielen und eine Oligarchie installierten.[184] Chares war in hohem Maße mitverantwortlich für die Destabilisierung der athenischen Symmachie im Westen.

Insgesamt gesehen waren um 360 die Möglichkeiten und Aussichten der Außenpolitik Athens in den einzelnen Interessenzonen der Polis recht unterschiedlich. Auf der Peloponnes waren die Athener noch zur militärischen Hilfeleistung gegenüber Arkadern, Achaiern, Eleiern und Phliasiern verpflichtet, mit denen sie (wahrscheinlich bald nach der Schlacht bei Mantineia) ein Bündnis geschlossen hatten.[185] Im Bündnisfall sollte der Oberbefehl demjenigen Gemeinwesen zustehen, in dem die Operationen stattfinden würden. Zu beachten ist in dem betreffenden Vertrag die gegenseitige Verpflichtung, eine Verfassungsänderung bei den Bündnispartnern zu verhindern, falls ein diesbezügliches Hilfegesuch ausgesprochen werden sollte. Langfristigen Gewinn konnten die Athener indes aus diesem Bündnis nicht ziehen. Zentralgriechenland lag weiterhin im Einflußbereich Thebens, das erst nach dem sogenannten dritten Heiligen Krieg seine Bedeutung als gewichtiger Machtfaktor in der griechischen Staatenwelt verlor.[186] In Thessalien konnten die Athener mit ihrer bereits erwähnten Symmachie mit dem schwachen Thessalischen Bund kein Gegengewicht gegen Alexander von Pherai bilden.[187]

Eine ganz neue Entwicklung, deren Verlauf und Bedeutung damals kein Zeitgenosse erkennen konnte, zeichnete sich 360/59 in Makedonien ab, als der makedonische Heerbann von den Illyrern vernichtend geschlagen wurde (Diod. 16,2,4–6). König Perdikkas III. fand in diesem Kampf den Tod und hinterließ einen minderjährigen Sohn. Die Regentschaft übernahm sofort Perdikkas' Bruder Philipp, doch war der Kampf um die Nachfolge damit noch keineswegs entschieden. Die Athener setzten auf die falsche Karte, indem sie zunächst Argaios, einen anderen Angehörigen des Königshauses, zu unterstützen suchten. Argaios unterlag den Truppen Philipps.[188] Dennoch schienen sich die athenischen Hoffnungen, Amphipolis zu gewinnen, zu erfüllen. Philipp zog die makedonische Besatzung aus der Stadt zurück und schloß Frieden mit Athen. Angeblich versprach er in einer geheimen Zusatzklausel zu diesem Vertrag, die Polis im Austausch mit Pydna den Athenern zu übergeben.[189] Falls der Sachverhalt nicht in der Überlieferung verfälscht worden ist, dürfte es sich eher um ein von vornherein intendiertes Täuschungsmanöver Philipps als um eine schon bald widerrufene Konzession des Herrschers an die Seemacht Athen handeln.[190] Jedenfalls haben die Athener nach dem Abzug der makedonischen Besatzung jene wichtige Schlüsselposition am Strymon nicht gewinnen können. Nach dem Untergang des Argaios hatte es für die Athener zwar gar keine andere Wahl als eine Verständigung mit Philipp gegeben. Als dies durch den genannten Vertrag erreicht zu sein schien, haben die Athener aber zweifellos zunächst andere Prioritäten gesetzt, denn im Jahre 358 wiesen sie ein Friedensangebot der Olynthier zurück, mit denen sie sich seit den Unternehmungen des Timotheos im Kriege befanden.[191] Da später Isokrates (7,9) konstatieren mußte, daß Athen „in Thrakien" (d. h. auf der Chalkidike) alle Poleis verloren habe, war nunmehr die Rückgewinnung der Positionen auf der thrakischen Chersones wegen der Sicherung der Korntransporte aus athenischer Sicht vordringlich. Die Störung der Zufuhr durch Kyzikos 362 und in der Zeit einer großen Dürre 361 war eine eindringliche Lehre gewesen, und zumindest bis 357/56 blieb das Getreide weiterhin knapp,[192] so daß wieder Streitkräfte an die Meerengen beordert werden mußten. Dieses Problem hat vor allem in den Jahren 359 und 358 große Aufmerksamkeit in Athen gefunden, während man in der Amphipolisfrage nach dem Vertrag mit Philipp wohl eher noch Hoffnungen auf eine Kooperation mit dem neuen makedonischen Herrscher hegte. Im Jahre 357 stand aber vor dem Beginn des Bundesgenossenkrieges zunächst noch die Wiedergewinnung Euboias im Vordergrund der athenischen Sicherheitspolitik, weil hierdurch zugleich auch der thebanische Einflußbereich eingedämmt bzw. zurückgedrängt werden sollte.[193] Die Entwicklung auf Euboia erforderte damals rasches Eingreifen der Athener, die sich hier einer für sie gefährlichen Situation gewachsen zeigten. Innere Auseinandersetzungen in den euboiischen Städten führten dazu, daß die verschiedenen Gruppierungen sich teils an Theben, teils an Athen wandten und die Thebaner sofort intervenierten. Die Athener reagierten ihrerseits schnell, indem sie auf Antrag des Timotheos in kürzester Zeit mobil machten. Etwa einen Monat später hatten sie die Thebaner zum Abzug gezwungen.[194] Die Poleis auf Euboia schlossen wieder Symmachien mit Athen.[195] Daß sie in irgendeiner (für uns nicht mehr erkennbaren) Form einen früher schon bestehenden Bund bewahren bzw. wiederbeleben konnten,[196] ist wenig wahrscheinlich. Unmittelbar nach der athenischen Intervention in Euboia war Chares an der Spitze einer Söldnerstreitmacht durch Volksbeschluß zur Chersones entsandt worden. Er hatte Vollmacht zum Abschluß jenes merkwürdigen Vertrages, der den Athenern die Zugehörigkeit der Poleis der Chersones zum Seebund und den thrakischen Fürsten Berisades, Amadokos und Kersobleptes die Abgaben dieser Städte garantieren sollte.[197] Die Expedition des Chares war gleichsam eine flankierende Maßnahme zur Sicherung Euboias, dürfte aber auch zeitlich bereits mit dem Beginn des Bundesgenossenkrieges zusammenfallen, so daß sie auch den Abfall weiterer Bundesgenossen Athens verhindern sollte. Angesichts der vielfältigen Probleme, mit denen Athen damals konfrontiert war, ist es verständlich, daß aus athenischer Sicht die Frage einer Intervention in Amphipolis zunächst zurücktreten mußte. Vor der Aktion in Euboia konnte in Athen schwerlich die große Krise vorausgesehen werden, die wenig später durch den Bundesgenossenkrieg ausgelöst werden sollte. Ebensowenig konnte man in Athen ahnen, daß Philipp diese Situation nutzen würde, um überraschend Amphipolis zu besetzen.

Das ganze Ausmaß der neuen großen Krise kündigte sich keineswegs schon seit langer Zeit an. In der jüngeren althistorischen Forschung sind mit Recht neue Akzente in der Bewertung und Beurteilung des zweiten Seebundes gesetzt worden. J. Cargill hat vor allem die Schutzfunktionen Athens hervorgehoben,[198] und M. Dreher hat darauf hingewiesen, daß die Piratenplage für eine Reihe kleinerer Poleis auch nach Mantineia ein wichtiges Motiv für ihre Bindung an Athen blieb, die Höhe der „Beiträge" (Syntaxeis), die offenbar nicht in athenischer Währung gezahlt werden mußten, für die Mitglieder des Bundes keine übermäßige Belastung darstellte und Ausmaß und Zuschnitt der athenischen Eingriffe in die inneren Angelegenheiten der Bundesgenossen nicht unbedingt ein Schlüssel zum Verständnis der 357 überraschend einsetzenden Austrittswelle sind. Ebensowenig habe es eine zentralisierte Rechtsprechung oder allgemeinverbindliche, von der athenischen Volksversammlung beschlossene Bundesgesetze gegeben.[199] Es wäre somit sicherlich verfehlt, die athenische Seebundpolitik in den Jahren vor Ausbruch des Bundesgenossenkrieges generell als „imperialistisch" zu bezeichnen.[200] Athen hatte – wie bereits ausgeführt – im vierten Jahrhundert gar keine Möglichkeit, die straffere Organisation des ersten Seebundes wieder einzuführen. Bereits bei der Konstituierung der neuen Symmachie zeichnete sich dies ab. Da die Syntaxeis der Mitglieder keinen Ersatz für Heeresfolge darstellten und zudem vom Synhedrion der Vereinigung festgelegt wurden, hatten die Symmachoi der Athener von vornherein eine sehr viel selbständigere Stellung gegenüber dem Hegemon als im ersten Seebund.[201] Interventionen der Athener in Mitgliedstaaten ihrer Symmachie des vierten Jahrhunderts erfolgten nicht nach einem starren Schema. Sie waren relativ selten und orientierten sich primär an dem politischen Ziel der Stabilisierung und Konsolidierung des Bundes. Die Aktionen des Chares in Kerkyra 361/60 entsprachen demgegenüber schwerlich den Intentionen der in der athenischen Volksversammlung beschlossenen Politik, und die Interventionen in Samos sowie die Ansiedlung athenischer Kleruchen auf der Insel waren aus der Sicht der Athener zweifellos Präventivmaßnahmen, weil persische Expansionsbestrebungen nach der Wende der Politik des Großkönigs, der 367 den Wünschen der Thebaner entsprochen hatte,[202] nicht ausgeschlossen werden konnten. Ebenso war für die Athener eine Intervention auf Keos aus Sicherheitsgründen dringend geboten, als es dort gleichsam vor ihrer Haustür antiathenische Unruhen gab.

Selbst wenn die Ereignisse in Kerkyra 361/60 – wie Diodor (15,95,3) behauptet – in der griechischen Welt weithin Empörung erregt haben, wird man hier schwerlich eine Verbindung zu den Konflikten in der Ägäis im Jahre 357 ziehen können. Der Aufstand gegen Athen 357 hatte einerseits lokale bzw. regional begrenzte Ursachen in Chios und Rhodos, war andererseits aber wohl nur möglich aufgrund einer bestimmten Kräftekonstellation in der östlichen Mittelmeerwelt. Hinter der Erhebung stand vermutlich als treibende Kraft Maussolos, der persische Satrap von Karien,[203] der eigene politische Ambitionen hatte und mit seinen Bestrebungen, griechische Gemeinwesen aus dem Seebund herauszulösen, vielleicht in gewisser Weise auch den Interessen des Großkönigs entsprach, dessen Verhältnis zu Athen seit seinem Kurswechsel zugunsten Thebens 367 v. Chr. und vor allem seit der athenischen Intervention in Samos gespannt war. Die lokalen Gründe der Erhebungen in Chios und Rhodos sind freilich schwer erkennbar. Soweit die Ausführungen des Demosthenes (15,15) über den „Neid“ der Rhodier Rückschlüsse erlauben, mögen die damals dominierenden Kreise in dieser Polis sowie wohl auch die Meinungsführer in Chios bestrebt gewesen sein, sich aus der außenpolitischen Abhängigkeit von Athen zu lösen, um selbst größeren Handlungsspielraum zu gewinnen. Dies war freilich ein Trugschluß in doppelter Hinsicht. Die Initiatoren des Austritts aus dem Seebund in Rhodos und Chios, die mit Maussolos kollaborierten und in Byzantion und Kos Genossen fanden,[204] galten bis zu diesem Zeitpunkt nicht nur als Parteigänger Athens, sondern auch als Demokraten. Nach dem Ende des Bundesgenossenkrieges (355) hat Maussolos einem Putsch ihrer innenpolitischen Gegner, die als Oligarchen eingestuft wurden, zum Erfolg verholfen, da er offenbar glaubte, diese Leute stärker für seine eigenen Ziele einspannen zu können. Ähnlich war vermutlich die Situation in Chios. Auch dort wurde wohl erst nach dem Krieg ein oligarchisches Regime konstituiert und eine karische Besatzung des Maussolos stationiert.[205]

Durch die Koalition der Poleis Rhodos, Chios, Byzantion und Kos mit dem Dynasten Maussolos war die ägäische Großmachtposition Athens bedroht. Die Athener reagierten entschlossen. Sie dirigierten 60 Trieren unter dem Befehl des Chares vom Hellespont nach Chios und verstärkten diese Flotte durch ein weiteres Geschwader unter Chabrias. Im Frühjahr 356 scheiterte ein Vorstoß athenischer Einheiten in den Hafen von Chios. Chabrias fiel in diesem Kampf, und die athenische Streitmacht mußte die Belagerung der Stadt aufgeben, so daß die antiathenische Koalition Operationsfreiheit gewann (Demosth. 20,81; Diod. 16,7,3–4; Nep. Chabr. 4). Die Athener suchten im Gegenzug verschiedene kleine Inseln durch Besatzungen zu sichern[206] und mobilisierten ein weiteres Geschwader von 60 Trieren unter Timotheos und Iphikrates und dessen Sohn Menestheus, konnten aber Überfälle auf Lemnos, Imbros und andere Inseln sowie eine Belagerung von Samos nicht verhindern. Im Herbst 356 trafen die Flotten beider Seiten auf der Höhe von Embata vor dem Küstengebiet der Polis Erythrai aufeinander. Chares wollte trotz eines aufkommenden Sturmes die Entscheidung erzwingen, mußte aber nach erheblichen Verlusten den Kampf abbrechen[207] und schob die Schuld an dem Mißerfolg auf seine Mitfeldherren, die daraufhin angeklagt wurden, so daß Chares nunmehr alleiniger Befehlshaber war.[208] Wirrwarr in den Kommandoverhältnissen hatte den militärischen Rückschlag mitverursacht.

Der Mangel an Ressourcen zwang Chares, den Seekrieg weitgehend einzuschränken und mit zahlreichen griechischen Söldnern, die auf Befehl des neuen Großkönigs Artaxerxes III. Ochos von den Satrapen in Kleinasien entlassen werden mußten, in den Dienst des Artabazos (des Satrapen von Phrygien am Hellespont) zu treten, der sich gegen Artaxerxes erhoben und Chares um Hilfe ersucht hatte.[209] Chares konnte große Erfolge gegen zahlenmäßig überlegene persische Truppen erringen. Artaxerxes zog daraufhin noch stärkere Verbände in Syrien und Kilikien zusammen und forderte von Athen ultimativ den Abzug der Söldner des Chares. Die Athener, deren Finanzen weitgehend erschöpft waren, hatten nach den mißlungenen Unternehmungen gegen die abtrünnigen Bundesgenossen keine Wahl. Sie beugten sich den Drohungen des Großkönigs und gaben Chares den Befehl zum Rückzug, da sie sich außerstande sahen, einen Mehrfrontenkrieg zu führen. Zudem erkannten sie die Unabhängigkeit von Rhodos, Chios, Byzantion und Kos an.[210]

Dies bedeutete aber keineswegs das Ende des zweiten Seebundes.[211] Ebensowenig wurde die Allianz faktisch bedeutungslos,[212] wenn sie auch nach dem Ende des Krieges durch den Austritt von Kerkyra und Kephallenia weiter geschwächt wurde.[213] Wir wissen allerdings nicht, ob weitere Mitglieder des Bundes sich an den Kämpfen gegen Athen beteiligt haben oder nach Kriegsende aus der Symmachie ausgetreten sind. Wenn dies der Fall war, dürfte aber die Zahl der ausscheidenden Mitglieder nicht allzu groß gewesen sein. Isokrates sprach ein bis zwei Jahre nach Kriegsende in seiner nach dem Verfahren des sogenannten Vermögenstausches (›Antidosis‹) benannten Schrift (15,63–64) lediglich vom Frieden mit Chios, Rhodos und Byzantion. Er sah hierin sogar einen Vorteil für Athen und betonte, daß expansive maritime Politik den Athenern Nachteile gebracht habe. Dies hatte er bereits in der ›Friedensrede‹ (or. 8) zum Ausdruck gebracht. Die ›Friedensrede‹ scheint freilich noch während der Friedensverhandlungen konzipiert worden zu sein, so daß Isokrates in der ›Antidosis‹ wohl kaum athenischer Hegemonialpolitik eine endgültige Absage erteilen wollte, zumal er in dieser Schrift seinen Schüler Timotheos rühmt, dessen militärische Aktivitäten den Athenern den Gewinn von Samos gebracht hatten. Jedenfalls hat Isokrates die Anerkennung der Unabhängigkeit von Chios, Rhodos und Byzantion im Blick auf die den Athenern verbleibenden Bundesgenossen nicht als schweren Verlust gewertet.[214] Sein Urteil berücksichtigt hier allerdings nicht das gesamte Spektrum der Kriterien. Offenbar hatte er in dem genannten Kontext weniger an die finanziellen Auswirkungen des Bundesgenossenkrieges gedacht. Die öffentlichen Jahreseinnahmen Athens befanden sich damals auf dem Tiefpunkt. Sie beliefen sich nur auf etwa 130 Talente. Sie stiegen aber im nächsten Jahrzehnt auf etwa 400 Talente.[215] Diese erstaunliche Entwicklung ist größtenteils das Ergebnis wesentlicher Verbesserungen in der Finanzierung durch eine Reihe von effizienten Maßnahmen in der Einziehung und Verwaltung der Gelder unter der Regie des Eubulos.[216] Als nach den Prozessen gegen Timotheos und Iphikrates und nach der Schlacht bei Embata und dem Tod des Chabrias für Eubulos der Weg zu größerem Einfluß im öffentlichen Leben frei geworden war, gelang es ihm, langfristig eine gewisse Stabilität in der Berechnung der Einnahmen und einer entsprechenden „Politik“ der Ausgaben zu erreichen.[217]

Eine wesentliche Voraussetzung für diese Entwicklung ist darin zu sehen, daß Athen die bedeutendste Macht im griechischen Mutterland blieb und der Seebund sich nicht auflöste. Der Gesamtertrag der Syntaxeis, mit denen die Kriegskosten bestritten wurden, verringerte sich freilich durch das Ausscheiden rebellierender Mitglieder. Athen forderte aber von den verbliebenen Bundesgenossen keine höheren finanziellen Leistungen.[218] Für die einzelnen Mitglieder trat somit keine Änderung im Zahlungssystem ein. Die Höhe der Verluste der athenischen Einnahmen aus den Syntaxeis ist allerdings nicht bekannt. Das Problem der Athener war freilich die Belastung durch die Erfordernisse weiterer militärischer Unternehmungen, während in der Folgezeit aufgrund der Expansion Philipps die Zahl der Mitglieder des Seebundes rückläufig war.

9. Der Beginn der makedonischen Expansion

Als die athenischen Operationen im Sommer 357 auf Euboia abgeschlossen waren, trafen in Athen Gesandte aus Amphipolis ein, die in der Ekklesia militärische Unterstützung gegen Philipp erbaten und als Gegenleistung eine Übergabe ihrer Polis an die Vormacht des Seebundes anboten (Demosth. 1,8). Ob Philipp zu diesem Zeitpunkt bereits den Kampf gegen Amphipolis eröffnet hatte, ist unklar. Ebenso bleibt offen, ob die Athener nicht sofort intervenierten, weil Philipp zugesagt hatte, die Stadt ihnen zu übergeben.[219] Die Belagerung dauerte jedenfalls einige Monate.[220] Inzwischen waren die Kräfte Athens durch den Bundesgenossenkrieg gebunden. Sollte tatsächlich in irgendeiner Form ein Abkommen über Amphipolis zwischen Athen und Philipp getroffen worden sein, haben sich athenische Unterhändler einer folgenreichen Selbsttäuschung hingegeben. Philipps Aktion gegen Amphipolis war ohne Zweifel ein schwerer Schlag für Athen (Demosth. 1,8; 2,6; Ps.-Demosth. 7,27–28). Es ging hier nicht nur um eine Prestigefrage. Die Athener hatten zwar bereits 424 die Stadt aufgeben müssen, doch konnten sie zweifellos im vierten Jahrhundert über Amphipolis Schiffsbauholz aus dem thrakischen Hinterland importieren. Jetzt aber konnte Philipp den für Athen außerordentlich wichtigen Handel mit diesem Rohstoff jederzeit unterbinden oder aber hohe Zölle verlangen.[221]

Nach der Eroberung von Amphipolis nahm Philipp auch Pydna in Besitz (Demosth. 1,5; Diod. 16,8,3). Offensichtlich ging er davon aus, daß zu diesem Zeitpunkt von Athen nichts zu befürchten war. Die Athener aber konnten sich in bezug auf Philipp keinen Illusionen mehr hingeben. Die Bedeutung des Geschehens kommt darin zum Ausdruck, daß fortan Kriegszustand zwischen ihnen und dem König herrschte, der sich seinerseits zur größten Überraschung der Athener noch im Herbst 357 durch einen Symmachievertrag mit dem Chalkidischen Bund abzusichern suchte (StV II^2 308) und etwa im Sommer 356 Poteidaia erobern konnte, ohne daß die Athener zum Schutz ihrer dortigen Kleruchen einzugreifen vermochten. Philipp zwang die Kleruchen zum Abzug, versklavte die übrigen Bewohner und übergab die Stadt dem Chalkidischen Bund (Demosth. 1,12; Diod. 16,8,3–5). Kurz darauf erreichte ihn ein Hilfegesuch aus Krenides, einer von Thasos erst 460 gegründeten Kolonie in dem an Edelmetallen reichen Gebiet am Nordosthang des Pangaion. Die dortigen Bewohner baten um Unterstützung gegen Kersobleptes, der bei der Teilung des Reiches seines Vaters Kotys den Ostteil Thrakiens erhalten hatte. Sie sahen zweifellos in einer Abhängigkeit von Makedonien ein geringeres Übel als in einer Unterwerfung durch den Thraker, während von den Athenern, die mit Neapolis 15 Kilometer südlich von Krenides verbündet waren, in dieser Zeit keine Hilfe zu erwarten war. Philipp nahm in einer Blitzaktion Krenides in Besitz und gab dort einer neuen Siedlung den neuen Namen Philippoi. Er siedelte zahlreiche Makedonen an und bezog fortan aus dem dortigen Bergbaugebiet bedeutende Einkünfte, die zur Finanzierung seiner weiteren politischen und militärischen Aktionen verwendet werden konnten (Diod. 16,8,6–7).

Obwohl die Athener durch die Beendigung des Bundesgenossenkrieges 355 wieder Handlungsfreiheit zu haben schienen, konnten sie im selben Jahr neue Aggressionen

Philipps nicht verhindern. Noch im Herbst 355 begann Philipp mit der Belagerung der zum Seebund gehörenden Polis Methone nördlich von Pydna. Die Kämpfe dauerten bis zum Frühjahr oder Frühsommer 354. Die Athener reagierten sehr zögerlich, und Methone mußte schließlich kapitulieren (Diod. 16,31,6.34,5). Zweifellos hat Philipps neuer Erfolg einen tiefen Eindruck auf die Zeitgenossen gemacht.[222] Die Kriegführung zwischen 359 und 355 war für die Athener eine Kette von Enttäuschungen. Es war deutlich geworden, daß athenische Landstreitkräfte die Expansion Philipps im kontinentalen Bereich nicht aufhalten konnten. Der Fall von Methone aber hatte auch demonstriert, daß die Seemacht Athen auch Küstenstädte im athenischen Interessengebiet nicht mehr ausreichend zu schützen vermochte.

Demgegenüber hatte Philipp in fünf Jahren an mehreren Stellen Barrieren überwunden, die zuvor den Makedonen den freien Zugang zur Ägäis verwehrt hatten. Er hatte Amphipolis unterworfen und die Athener aus Pydna, Poteidaia und Methone verdrängt und konnte nicht nur den für die Erhaltung der Kampfkraft der athenischen Flotte äußerst wichtigen Holzexport aus dem Balkanraum sowie die Gold- und Silberminen am Pangaiongebirge kontrollieren,[223] sondern besaß in seinen neuen Positionen jetzt seinerseits Barrieren gegen mögliche feindliche Vorstöße von der See her. Während Athen durch den Bundesgenossenkrieg wirtschaftlich und finanziell geschwächt worden war, hatte Philipp durch rücksichtslose Kriegführung die Ressourcen für eine zuvor kaum für möglich gehaltene Stärkung des militärischen Potentials der Makedonen gewonnen.

Als Herrscher einer Landmacht konnte er freilich nur über Thessalien Einfluß auf Griechenland selbst ausüben. Die Möglichkeit hierzu bot sich ihm durch den sogenannten dritten Heiligen Krieg, der ein Kampf um die Vorherrschaft in der großen Kultgemeinschaft der Delphischen Amphiktyonie und letztlich um die Hegemonie in Mittelgriechenland war. Führende Phoker waren wegen angeblicher Tempelfrevel auf Betreiben Thebens von den Amphiktyonen zu einer gewaltigen Geldbuße verurteilt worden. Daraufhin eigneten sich die Phoker, die in diesem Streit von Athen und Sparta unterstützt wurden, die Tempelschätze in Delphi an und finanzierten hiermit eine große Söldnertruppe, mit der sie ihr eigenes Aufgebot erheblich verstärkten, so daß sie faktisch die Herrschaft über Mittelgriechenland gewinnen und unter dem bevollmächtigten Strategen Onomarchos bis Thessalien ausgreifen konnten, um dort die Herrscher von Pherai in ihren Auseinandersetzungen mit den Aleuaden von Larissa zu unterstützen. Ein Hilfegesuch der Aleuaden bot Philipp die Möglichkeit, nach Thessalien vorzustoßen (353). Nach wechselvollen Kämpfen[224] fiel die Entscheidung in der Schlacht auf dem Krokosfeld (in der Ebene von Pagasai), wo die Streitmacht des Onomarchos im Frühjahr 352 vernichtend geschlagen wurde.[225] Wahrscheinlich im selben Jahr wählten die Thessaler König Philipp zum Tagos („Herzog") ihres Bundes.[226] Wenige Monate nach der Entscheidungsschlacht scheiterte sein Versuch, nach Mittelgriechenland vorzustoßen und die Macht der Phoker endgültig auszuschalten. Truppen aus Sparta, Achaia und Athen sowie Söldner der aus Pherai vertriebenen Tyrannen sperrten die Thermopylen.[227] Im November 352 stand Philipp bereits wieder an der Küste des Marmarameeres, um den Thraker Kersobleptes zu bekämpfen, der mit athenischer Rükkendeckung seinen Herrschaftsbereich nach Mittelthrakien auszuweiten suchte. Große Gefahr drohte den athenischen Interessen im Meerengenbereich, als Philipp Heraion Teichos östlich von Kardia belagerte und den Zugang zur Chersones abzuriegeln schien. Die athenische Ekklesia beschloß, 40 Trieren zu bemannen, um den Fall von Heraion Teichos zu verhindern.[228] Die Finanzierung des Unternehmens sollte durch eine Sondersteuer (Eisphora) von 60 Talenten gesichert werden. Die Vorbereitungen nahmen jedoch längere Zeit als geplant in Anspruch. Als schließlich die Nachricht von einer lebensgefährlichen Erkrankung Philipps in Athen eintraf, wurden lediglich 10 Trieren mit relativ geringer Besatzung unter Charidemos mobilisiert, deren Einsatz ohne Wirkung blieb. Kersobleptes wurde 351 von Philipp zur Unterwerfung gezwungen, und Heraion Teichos mußte im August oder September dieses Jahres kapitulieren.[229] Philipp konnte in dieser Zeit durch Intensivierung seiner Beziehungen zu Perinthos am Marmarameer und zu Byzantion seinen Einflußbereich bis zum Schwarzen Meer ausweiten. Die athenischen Positionen auf der thrakischen Chersones schienen bedeutungslos zu werden, wenn Philipp gegebenenfalls vom Bosporos aus die Handelswege zum Schwarzen Meer sperren ließ.

10. Die athenische Demokratie Mitte des vierten Jahrhunderts

a) Demokratische Praxis

Es bleibt offen, ob in Athen die Chance einer raschen und effektiven Aktion gegen Philipp vertan wurde, als die Ausführung der im November 352 beschlossenen Expedition zum Entsatz von Heraion Teichos sich verzögerte. Aus dem Ablauf der Ereignisse kann jedoch nicht geschlossen werden, daß die athenische Demokratie zu schwerfällig auf Krisen reagierte. Demosthenes (3,4) berichtet über lebhafte Diskussionen in der Volksversammlung. Es ist durchaus möglich, daß sofort der genannte Beschluß gefaßt wurde, dann aber falsche Informationen über die Erkrankung des Königs dazu geführt haben, daß der ursprüngliche Plan geändert wurde. In diesem Fall dürften Informationsprobleme oder Kommunikationsschwierigkeiten die fragliche Verzögerung eher verursacht haben als Entschlußlosigkeit oder Handlungsunfähigkeit der athenischen Demokratie, die jedenfalls zuvor keine Kosten gescheut hatte, um die Thermopylen zu sperren und Sestos zu besetzen. Im übrigen ist nicht auszuschließen, daß die Meldung von einer Erkrankung Philipps zunächst zu einem Aufschub der geplanten Aktion führte und im Frühjahr 351 sich ein Nachlassen des Drucks auf Heraion Teichos sowie eine Verlagerung der Interessen des Königs abzuzeichnen schien, so daß man in Athen die Gefahr eine Zeitlang geringer einschätzte, bis es zu spät war und Heraion Teichos nicht mehr gehalten werden konnte. Da die Kosten für die Sperrung der Thermopylen sich auf etwa 200 Talente belaufen hatten, bestanden in Athen zweifellos finanzielle Engpässe, wie die erwähnte Erhebung einer außerordentlichen Kriegssteuer von 60 Talenten zur Rettung von Heraion Teichos im November 352 zeigt. Dennoch dürfte Geldnot bei der Verzögerung der Hilfeleistung kaum den Ausschlag gegeben haben, wenn man tatsächlich nach der Aufregung im November 352 noch im Winter oder sogar bis zum nächsten Frühjahr den Eindruck einer anhaltenden existentiellen Bedrohung der Polis gehabt hätte. Auch die These, daß prinzipiell unterschiedliche außenpolitische Konzeptionen in Athen vertreten wurden,[230] führt nicht weiter. In der ›Friedensrede‹ des Isokrates werden zwar „Politiker" (d. h. Redner in der Volksversammlung), die den Demos zur Kriegführung auffordern, scharf kritisiert, doch bezieht sich dies auf Kontroversen über die Beendigung des Bundesgenossenkrieges 355. Ein konstantes Programm einer als „Kriegspartei" zu klassifizierenden Personengruppe ist hieraus aber nicht abzuleiten, zumal die Debattenredner in der Ekklesia in aller Regel zu aktuellen Fragen Stellung nehmen und dementsprechend im Wechsel der Situationen gegebenenfalls ihre Lagebeurteilung überdenken und ihre Meinung ändern mußten. Konkrete Entscheidungshilfen für die aktuelle Politik konnte Isokrates in der genannten Schrift nicht bieten. Dies gilt auch für seine Warnungen vor außenpolitischen Abenteuern in seinem ›Areopagitikos‹.[231] Andererseits beweisen Prozesse gegen die Strategen Iphikrates, Timotheos und Iphikrates' Sohn Menestheus nach der athenischen Niederlage bei Embata nicht,[232] daß damals Protagonisten einer „Kriegspartei" durch eine „Friedenspartei" ausgeschaltet werden sollten. Die Anklage wurde mit dem persönlichen Versagen der genannten Kommandeure begründet. Bezeichnenderweise wurde damals Chares, der größte Entschlossenheit im Kampf gegen „abtrünnige" Bundesgenossen bewiesen hatte und von dem einflußreichen Aristophon Unterstützung erhielt, nicht verurteilt. Auch Xenophon repräsentiert in seiner wohl gegen Ende des Bundesgenossenkrieges verfaßten Schrift über öffentliche Einkünfte (›Poroi‹) mit seiner Warnung vor einer athenischen Beteiligung am Krieg gegen die Phoker wohl kaum die Position einer regelrechten „Friedenspartei".[233] Allerdings sind aus dem gesamten Tenor dieser Schrift gewisse Berührungspunkte mit der auf Steigerung der öffentlichen Einkünfte abzielenden Politik des Eubulos zu erschließen.[234]

Im Mittelpunkt der Finanzplanung des Eubulos standen im übrigen nicht gesamtökonomische Überlegungen mit dem Ziel einer programmatischen Handelspolitik und Wirtschaftsförderung. Vordringlich waren vielmehr Sicherung und langfristige Stabilisierung der bestehenden Rahmenbedingungen zur Versorgung des Demos und zur Wahrung seiner Privilegien. Dementsprechend war für diese „Finanzpolitik" die Erhaltung der athenischen Machtbasis von entscheidender Bedeutung und insofern auch das eigentliche politische Leitmotiv.[235] Es bleibt indes offen, in welcher Eigenschaft oder in welcher amtlichen Stellung Eubulos den entscheidenden Einfluß auf das athenische Finanzwesen ausübte. Daß er gleichsam als „Finanzminister" fungierte, ist keineswegs sicher.[236] Wohl aber hat er mit seinen Helfern nach dem Bundesgenossenkrieg die Kasse für die Verwaltung der sogenannten Schaugelder (Theorika; Sing.: Theorikon) eingerichtet oder neu organisiert.[237] Die Theorika sollten ärmeren Bürgern den Besuch der dreitägigen Dionysien ermöglichen. Zunächst handelte es sich um einen Betrag von einer Drachme, doch wurde der Zuschuß bald auch für andere Feste gewährt und dementsprechend das Theorikon erhöht.[238] Zuständig für die Verwaltung und Auszahlung der Gelder waren besondere Verwalter, die wohl jährlich gewählt wurden.[239] Wenn Eubulos die Theorika eingeführt hat, ist anzunehmen, daß er auch das Gremium der

Verwalter konstituiert hat. Er gewann jedenfalls in dieser neuen Behörde großen Einfluß,[240] den er auch nach seinem Ausscheiden aus dem Amt mit Hilfe loyaler Anhänger weiterhin auszuüben vermochte. Alle Überschüsse, die von den anderen Schatzmeistern erzielt worden waren, wurden in die Theorikon-Kasse überwiesen, aus der wiederum die Schaugelder sowie Beträge zur Stützung des Getreidepreises gezahlt wurden. Mit den weiteren noch zur Verfügung stehenden Geldern wurden große Bauprojekte finanziert[241] sowie Ausgaben zur Instandhaltung und zum Ausbau der Flotte bestritten.[242] Daß Eubulos ein Gesetz durchsetzte, das bei Todesstrafe einen Antrag auf Überweisung von Theorikon-Geldern in die Kriegskasse untersagte,[243] ist freilich nicht glaubhaft.[244] Im übrigen scheinen sich durch die Konstituierung der Institution der Theorikon-Kasse nicht sofort nach dem Bundesgenossenkrieg größere Überschüsse angesammelt zu haben. Um 353/52 waren sie zweifellos noch recht gering.[245] Als Demosthenes 351 nicht weniger als 92 Talente für eine dauernd verfügbare Truppe für den Krieg um Olynth bewilligen lassen wollte, waren offensichtlich ebenfalls noch keine größeren Reserven aus dem Theorikon-Fond vorhanden.[246] Zwei Jahre später hatte sich aber die Situation schon wesentlich verbessert.[247]

Die Steigerung der öffentlichen Einkünfte war sicherlich auch ein Ergebnis verbesserter Rahmenbedingungen für wirtschaftliche Aktivitäten. Hierzu zählten etwa neue Vorschriften zur Beschleunigung des Verfahrens in Handelsprozessen, die innerhalb eines Monats entschieden werden sollten.[248] Hierdurch sollte erreicht werden, daß Kaufleute nicht allzu viel Zeit zu verlieren brauchten, wenn sie in Prozesse verwickelt wurden, die größtenteils Darlehen betrafen. Zu beachten ist aber auch, daß der Bundesgenossenkrieg keinen scharfen Einschnitt in der wirtschaftlichen Entwicklung darstellt. Isokrates bedauert zwar in der ›Friedensrede‹ (8,19–21), daß die Athener durch diesen Krieg ärmer geworden seien und Kaufleute, fremde Nichtbürger und Metoiken die Stadt verlassen und dadurch auch die Einkünfte der Polis sich verringert hätten. Zweifellos handelt es sich hier aber um eine gezielte Verzeichnung der Verhältnisse.[249] Es ist bezeichnend, daß Xenophon in den ›Poroi‹ fordert (2,1–7), die Stadt möglichst noch attraktiver für Fremde zu machen.[250] Er verweist auf die ausgezeichneten Voraussetzungen für eine Erweiterung des athenischen Handels und betont z. B., daß fremde Händler, die keine Rückfracht mitnehmen, sich ihre Waren mit den überall begehrten attischen Silbermünzen bezahlen lassen können.[251]

Zweifellos war im vierten Jahrhundert der Silberbergbau eine Quelle des Wohlstands in Athen. Generell läßt die durch Pachturkunden bezeugte Zunahme der Grubenkonzessionen nach 367/66 auf eine kontinuierliche Steigerung der Erträge aus dem Bergbau schließen.[252] Dies wird durch archäologische Untersuchungen bestätigt, die darauf hindeuten, daß entgegen älteren Vermutungen[253] der Silberbergbau im Laureion vor oder um die Mitte des vierten Jahrhunderts eine bedeutende Steigerung erfuhr.[254]

Auch in der Landwirtschaft kann nach dem heutigen Stand der Forschung von einer allgemeinen Krise vor dem Ende des vierten Jahrhunderts keine Rede sein. Im Gegensatz zu älteren Thesen von einem kontinuierlichen Niedergang in den ländlichen Gebieten Attikas ist vielmehr jetzt deutlich geworden, daß das Land im vierten Jahrhundert relativ dicht besiedelt war. Zudem war die Infrastruktur schon recht differenziert.[255] J. Engels zählt die Landwirtschaft mit Recht zu den Stützen „des politisch-sozialen Systems der Demokratie".[256] Insgesamt gesehen resultieren die Finanzprobleme der Polis Athen nach dem Bundesgenossenkrieg nicht aus einer tiefgreifenden ökonomischen Strukturkrise, sondern aus den Kosten des Krieges. Athen war selbstverständlich weiterhin das Zentrum einer vielfachen wirtschaftlichen Vernetzung im östlichen Mittelmeerraum. Daß die ökonomische Basis Athens stabil und konstant blieb, sicherte den finanzpolitischen Maßnahmen des Eubulos überhaupt erst den Erfolg. Die Wirkung, die durch die neue Finanzplanung erreicht wurde, darf freilich nicht dazu verleiten, die Position des Eubulos und die „Macht" der Theorikon-Kommission zu überschätzen. Sicherlich hatten die Funktionäre des Theorikon beachtliche Kompetenzen und Kontrollfunktionen, da ihnen – wie gesagt – auch die jährlichen Überschüsse anderer Kassen überwiesen wurden. Andererseits hatten sich aber die Verwalter des Theorikon zweifellos den üblichen Interorgankontrollen der athenischen Demokratie zu stellen, so daß ihre Überprüfung durch Rechnungsbeamte (Logistai) in hohem Maße wahrscheinlich ist, zumal die Ekklesia jeweils die Höhe der auszuzahlenden Theorika zu beschließen hatte.[257] Zu beachten ist auch, daß neben dem Theorikon-Fond eine spezielle Kasse für die Kosten militärischer Aktionen (Stratiotika) bestand und diesem Fond je nach Lage der Dinge gleichfalls Überschüsse zugewiesen werden konnten, so daß diese beiden Institutionen in gewisser Weise miteinander konkurrierten.[258] Insofern ist die in der Forschung häufig vertretene These zu relativieren, daß Eubulos um 350 einen überragenden Einfluß besessen habe.[259] Aus den militärischen Maßnahmen der Athener und ihrer Finanzverwaltung läßt sich im übrigen kein eng begrenztes außenpolitisches Konzept des Eubulos ableiten. Es ist nicht erkennbar, daß er lediglich das Ziel verfolgte, die athenischen Interessen südlich der Thermopylen konsequent zu verfolgen und ansonsten nur die wichtigsten Getreiderouten zu sichern.[260] Ebensowenig läßt sich Eubulos einfach als Exponent einer Friedenspartei einstufen.[261] Er konnte nicht eigenmächtig gleichsam die Richtlinien der Außenpolitik diktieren, sondern mußte in dem offenen politischen System der athenischen Demokratie immer wieder für bestimmte Vorschläge und Pläne Mehrheiten in der Volksversammlung gewinnen.[262] Hierbei mußte er wie alle Debattenredner auf die Stimmungen der Bürger eingehen und sich vor allem an den realen Problemen orientieren, die in aller Regel von breiten Kreisen der politisch interessierten und in der Ekklesia erscheinenden Athener durchaus verstanden wurden. Sicherlich führten Fehlinformationen oder falsche Hoffnungen und Illusionen auch zu Fehlurteilen.[263] Insgesamt gesehen bestand aber ein breiter Konsens über außenpolitische Sicherheitsbedürfnisse[264] und die Wahrung des sozialen Friedens im Inneren.[265] Beide Grundprobleme athenischer Politik waren untrennbar miteinander verknüpft. Unverrückbares außenpolitisches Ziel blieb die Sicherung der Zufuhren und damit auch die Sicherheit des Handels, die von der athenischen Flotte garantiert werden sollte. Hierauf basierte aber auch der soziale Frieden in Athen selbst. So hatten nach wie vor im Grunde alle Schichten der Bürgerschaft größtes Interesse an der Erhaltung eines möglichst umfassenden athenischen Macht- und Einflußbereiches, der freilich nicht mehr mit dem Instrumentarium des fünften Jahrhunderts behauptet werden konnte. Fehlende Ressourcen und neue Kräftekonstellationen im östlichen Mittelmeerraum verlangten neue Methoden, die aber im Einklang mit den allgemein akzeptierten Prinzipien in der bürgerlichen Lebenswelt der Polisstaaten stehen mußten. Bei der Erschließung neuer Einnahmequellen für die Erhaltung des Wehrpotentials mußte beachtet werden, daß sogenannte Kopfsteuern als degradierend empfunden wurden.[266] Dies galt aber nicht in bezug auf indirekte Steuern, Zölle, staatliche Verpachtungen aller Art und Gerichtsgebühren. Erhebung und Verwaltung der hieraus resultierenden Einnahmen waren natürlich längst geregelt. Zuständig waren hierfür ausgeloste Magistrate,[267] und zwar im Polisbereich insonderheit Apodekten („Einnehmer") und Poleten („Verkäufer"). Die Einnahmen mußten freilich gegebenenfalls durch die von zahlungsfähigen Bürgern erhobenen „Beiträge" (Eisphora, „Sondersteuer") ergänzt werden. Eine durchgreifende Reform des Eisphora-Systems war 378/77 durchgeführt worden, als 1200 oder mehr Steuerpflichtige, die als die Reichsten in der Polis eingestuft wurden, in sogenannte Symmorien („Steuergruppen") eingeteilt worden waren,[268] in denen jedes „Mitglied" nach dem Prinzip der Proportionalität aus seinem eigenen Vermögen einen bestimmten Bruchteil des 378/77 festgesetzten attischen Gesamtvermögens als Steuern abführen mußte.[269] Dieses Prinzip wurde nach einiger Zeit (bis spätestens 362)[270] modifiziert durch Einführung der sogenannten Proeisphora. Die 300 reichsten Bürger, die man wohl jeweils von Fall zu Fall neu benannte, wurden verpflichtet, bei einer Erhebung von Eisphora den gesamten Betrag, den ihre Symmorie zu leisten hatte, im voraus zu zahlen. Sie konnten dann jeweils von den übrigen Mitgliedern ihrer Symmorie die Beträge anteilmäßig zurückfordern. Im Jahre 357 oder kurz vorher wurde das Prinzip der Symmorien auch für die Aufwendungen zur Unterhaltung der Trieren eingeführt. Es ist umstritten, ob die Symmorien für die Eisphora und für die Flotte identisch waren. Faktisch kam freilich derselbe Personenkreis für beide Verpflichtungen in Frage. Etwa 1200 Personen wurden offenbar sowohl für die Eisphora im eigentlichen Sinne als auch für die Bestreitung der Kosten für die Unterhaltung der Trieren herangezogen, so daß fortan schwerlich verschiedene Formen von Symmorien existierten, d. h., Eisphora- und Marine-Symmorien bestanden jeweils aus demselben Personenkreis.[271] Die von den zuständigen Strategen benannten Trierarchen gehörten zweifellos zu einer relativ reichen Oberschicht. Sie standen daher sicherlich auch in den Listen der Symmorien, wenn sie auch während ihrer Trierarchie, die ja formal eine Leiturgie darstellte, eine spezielle Art der Verpflichtung übernahmen. Zweck der Ausweitung der Symmorien auf die Bestreitung der Kosten für die Marine war offensichtlich eine Entlastung der jeweiligen Trierarchen, die nunmehr nicht mehr allein die gesamte Last ihrer Trierarchie zu tragen hatten.[272] Es konnte selbstverständlich nicht im Interesse der Polisgemeinschaft liegen, ihre leiturgiepflichtigen Bürger zu ruinieren. Wohl aber manifestiert sich in den genannten Maßnahmen ein Trend zur Optimierung des athenischen Finanzsystems. Dies hatte sich schon mit der Einführung des sogenannten Merismos im ersten Viertel des vierten Jahrhunderts angekündigt, als die Einkünfte der Polis auf die einzelnen Magistraturen in der Weise aufgeteilt wurden, daß jedes Kollegium mit dem ihm zugewiesenen Betrag auskommen mußte. Das Abgabensystem (Eisphora, Symmorien, Trierarchien) fügte sich durchaus in den allgemeinen Rahmen der Demokratie ein, in der die Bürger nicht nur am öffentlichen Leben partizipierten, sondern auch weiterhin im Wechsel Funktionen für die Allgemeinheit übernahmen, so daß sich der Aufbau eines Erzwingungsstabes und umfangreichen bürokratischen Apparates erübrigte, der zweifellos höhere Kosten als das in Athen praktizierte System verursacht und damit wohl auch eine gewisse „Staatsverdrossenheit" evoziert hätte. Eisphora und Trierarchie blieben für die hierzu Verpflichteten überschaubare Größen. Indem jene Bürger in geregelter Form ihre Beiträge zu den Kosten des demokratischen Systems leisteten, konnten sie mit hoher Wahrscheinlichkeit vor ruinöser Ausbeutung sicher sein[273] und darauf vertrauen, daß ihnen keine Konfiszierungen[274] oder gar gewalttätige Ausschreitungen (wie z. B. in Argos 370 v. Chr.) drohten.[275] Für ärmere Bürger wiederum konnten Zuteilungen aus dem Theorikon-Fond eine sehr erwünschte „Beihilfe" sein. Hingegen sollte der bekannte Ausspruch des Demades, die Theorika seien der „Kitt der Demokratie" (Plut. Mor. 1011 b), nicht überbewertet werden. Eine unverantwortliche Verteilungspolitik hat es nicht gegeben.[276] Immerhin konnten im Laufe der Zeit beträchtliche Summen angesammelt werden. Dies war natürlich vor allem auch ein Ergebnis langfristiger Planung durch die bereits erwähnte, für damalige Verhältnisse effektive Organisation der Theorikon-Kasse in Form einer Zentralisierung der Zuständigkeiten in der sogenannten Finanzverwaltung und Ausgabenpolitik. Anstelle jener Beamten und Gremien, die vorher unter der Oberaufsicht der Boulé recht eigenständig ihre Funktionen wahrgenommen hatten, übten nunmehr die Verwalter der neuen Institution ihrerseits Aufsichts- und Kontrollfunktionen über andere Kassenverwalter aus. Eine gute Voraussetzung für die Bildung eines Finanzpolsters war freilich die ebenfalls schon genannte relativ günstige wirtschaftliche Entwicklung in Athen und in der attischen Chora nach dem Bundesgenossenkrieg. Hatte die Polisgemeinschaft der Athener in der Pentekontaëtie den Großraum des Delisch-Attischen Seebundes machtpolitisch auszufüllen vermocht, so zeigten sich jetzt die athenische Demokratie und ihre Führungselite auf kleinerem Raum ganz anderen organisatorischen Erfordernissen durchaus gewachsen. Die neuen Organisationsformen in der Finanzverwaltung stärkten freilich auch den Trend zur Professionalisierung. Gut überschaubare Funktionen von Magistraten mit beschränktem Aufgabenbereich konnten jeweils von Laien ohne Spezialkenntnisse wahrgenommen werden. Für die Verwaltung der Theorikon-Kasse aber waren Erfahrungen und Fähigkeiten ganz anderer Art erforderlich. Dennoch hat das neue Amt des Verwalters der Theorikon-Kasse – wie gesagt – den Rahmen des demokratischen Systems ebensowenig gesprengt wie der Trend zur Spezialisierung in der militärischen Führung, in der etwa seit Mitte des vierten Jahrhunderts mehreren der zehn Strategen besondere Aufgabenbereiche zugewiesen wurden.[277]

So entstand vor der Entscheidung im Kampf gegen Makedonien keine qualitativ andere Demokratie in Athen. Die Volksversammlung verlor keine entscheidenden Funktionen. Nur sie beschloß Kompetenzverlagerungen, ohne daß sie – modern gesprochen – auf ihre Macht verzichtete. Die bereits im Zuge der Restauration der Demokratie nach dem Sturz der Dreißig eingeführten und in der Folgezeit modifizierten neuen Nomothesieverfahren hatten keineswegs zu einem Machtverlust der Ekklesie geführt. Sie sollten eindeutig das Gesetzgebungsverfahren verbessern. Ebensowenig traten die Geschworenengerichte als ein zweites höchstes „staatliches" Organ neben die Volksversammlung. Vielmehr erfüllten die Dikasterien nach wie vor ihre Funktionen gewissermaßen im Auftrag des Demos, d. h. für die Bürgerschaft in ihrer Gesamtheit. Daß gerade in den Dikasterien das demokratische Prinzip der Bestellung der Funktionsträger durch das Los gewahrt werden sollte und entschiedene Maßnahmen zur Verhinderung von Korruption ergriffen wurden, demonstriert das ausgeklügelte Verfahren der Auslosung der Richter, das noch optimiert wurde durch die Auslosung des zuständigen Gerichtshofes am Morgen des Prozesses.[278] So wurde an den Gerichtstagen nicht nur die Gesamtzahl der benötigten Richter ausgelost, sondern in einem zweiten komplizierten Verfahren auch die Aufteilung der Heliasten auf die Dikasterien vorgenommen.

Den demokratischen Organen erwuchs auch keine Konkurrenz in der alten und traditionell als ehrwürdig geltenden Institution des Areopags, wenn auch in den fünfziger Jahren offenbar gewisse Kreise eine Aufwertung dieses Rates anstrebten und Isokrates in seinem ›Areopagitikos‹ das Modell einer Verfassung mit einem starken Areopag propagierte und sein „Paradigma" sogar noch als stabiles und gerechtes demokratisches System zu rechtfertigen suchte (Isokr. 7,15–27). Verschiedene Neuerungen, die in der Folgezeit auch den Areopag betrafen, sind sicherlich nicht durch eine gleichsam ideologische Stilisierung der Position dieses Organs in der Staatstheorie initiiert worden. Nun war freilich die Demokratie ihrerseits schon längst eine „Verfassung der Vorfahren" (patrios Politeia) geworden, die sich aber auch nach dem tiefen Einschnitt der Jahre 404 und 403 weiterentwickelt hatte.[279] Nach dem Sturz der Dreißig waren immer wieder Regelungen getroffen worden, die in Anpassung an sich wandelnde Verhältnisse erforderlich wurden bzw. zur Bewältigung der anfallenden Aufgaben notwendig zu sein schienen. Dieser Prozeß, der natürlich auch die Interaktion der öffentlichen Organe betraf, kam eigentlich nie zum Abschluß. Vor allem ist hier auf die Entwicklung in der Strafverfolgung zu verweisen. Während noch in den ersten Jahrzehnten des vierten Jahrhunderts Eisangelieklagen gegen Politiker oder Befehlshaber athenischer Streitkräfte von der Ekklesia abgeurteilt wurden, sind derartige Verfahren vor der Volksversammlung nach 362 nicht mehr belegt.[280] Die betreffenden Prozesse wurden in der Folgezeit von Geschworenengerichten entschieden. Eine Reduzierung der Macht der Volksversammlung war mit dieser Änderung zweifellos nicht beabsichtigt. Eisangelieprozesse konnten sich über einen ganzen Tag erstrecken, so daß in der Regel eine größere Zahl von Bürgern entsprechend lange von ihrer gewerblichen Tätigkeit ferngehalten wurde, wenn die Volksversammlung als Gericht tagte. Entsprechend hoch waren die Kosten für ein solches Verfahren. Somit konnten erhebliche Summen eingespart werden, wenn der Prozeß vor einem Dikasterion geführt wurde. Daher ist zu vermuten, daß vor allem aus Kostengründen die Verhandlungen im Fall einer Eisangelieklage nicht mehr vor der Volksversammlung stattfanden.

In diesem Prozeß, der das institutionelle Gefüge – wie gesagt – nicht tiefgreifend veränderte, war bis zu einem gewissen Grade auch der Areopag einbezogen. Ein Beschluß der athenischen Volksversammlung 352/51, dem Areopag zusammen mit dem Rat der 500 und einigen anderen Gremien die Aufsicht über alle Heiligtümer in Athen und Attika zu erteilen,[281] war freilich nach heutigen Maßstäben eher eine verwaltungstechnische Maßnahme. Weitreichender war demgegenüber eine nach der Darstellung des Deinarchos (1,62–63) von Demosthenes offenbar in den vierziger Jahren beantragte Neuerung in der Strafverfolgung, die Einführung der sogenannten Apophasis zur Ahndung von Verrat, Bestechung und Putschversuchen.[282] Das Verfahren wurde entweder durch den Areopag oder durch die Volksversammlung eingeleitet.[283] In beiden Fällen mußten zunächst von den genannten Institutionen öffentliche Ankläger bestellt werden. Die Voruntersuchung wurde sodann vom Areopag vorgenommen, der hierüber Bericht zu erstatten und ein vorläufiges Urteil (Dein. 1,54–58) zu verkünden hatte. Hierüber wurde in einem weiteren Schritt des Verfahrens in der Volksversammlung diskutiert. Der Fall war dann abgeschlossen, wenn der Areopag für einen Freispruch plädiert hatte. Andernfalls konnte die Ekklesia entweder einen Schuldspruch des Areopags bestätigen oder aber eine Anzahl von Anklägern wählen und das Verfahren an ein Dikasterion überweisen, das den Schuldspruch des Areopags entweder bestätigen oder aufheben konnte. Das neue Verfahren bedeutete eine gewisse Vereinfachung, da in den genannten Strafsachen für die eigentliche Untersuchung nicht mehr in jedem Fall eine große Zahl von Versammlungsteilnehmern oder Heliasten in Anspruch genommen wurde, während andererseits in der Apophasis der Areopag im Grunde nur vorbereitende Aufgaben hatte und ein Schuldspruch durch die Ekklesia oder durch ein Dikasterion bestätigt werden mußte. Daß der Areopag überhaupt in das Verfahren eingeschaltet wurde, zeigt freilich auch, daß man ihn nicht als „Fremdkörper" in der Demokratie empfand.[284] Der Areopag, der in der Demokratie stets der zuständige Gerichtshof für vorsätzliche Tötung geblieben war, galt also keineswegs als obsolet und erhielt neue Aufgaben, als dies – aus welchen Gründen auch immer – erforderlich zu sein schien. Die athenische Demokratie zeigte sich nach wie vor sehr flexibel in einer Zeit, in der sie bald vor ihre größte Herausforderung gestellt wurde.

b) Die Demokratie in der politischen Theorie

Während die große Mehrheit der Bürgerschaft Athens sich nach wie vor mit ihrer Polisverfassung identifizierte, wurde diese demokratische Ordnung, die nach dem Sturz der Dreißig immerhin eine beachtliche Stabilität aufwies, in der politischen Theorie des vierten Jahrhunderts schärfer als jede andere politische Organisationsform kritisiert, wenn man einmal von der Tyrannis absieht. In einem Paradigma unberechtigter Demokratieschelte verurteilt Platon in seiner berühmten Schrift über den Staat (›Politeia‹) den unstillbaren Durst der Masse nach Freiheit, den verantwortungslose Demagogen noch weiter verstärken, so daß die Bürger völlig hemmungslos werden, bereits auf den geringsten Zwang wütend reagieren, sich nicht mehr beherrschen können und die Gesetze zu verachten beginnen, bis die Freiheit selbst jenes allzu freie Volk in die Knechtschaft treibt und eine Tyrannis entsteht (Pol. 562 a–563 e). Die Demokratie erscheint hier als eine unkontrollierte und im Grund auch unkontrollierbare Herrschaft der von hemmungslosen politischen Akteuren aufgehetzten bürgerlichen Unterschichten. Platons Gegenbild war bekanntlich die Herrschaft der wahrhaft Besten, der Philosophen, deren Fertigkeiten sich nicht auf begrenztes Fachwissen der sogenannten Politiker beschränkt. Sie sind vielmehr auf einem langen und mühevollen Bildungsweg zur Erkenntnis der Idee des Guten gelangt und besitzen hierdurch die Voraussetzung zur Leitung eines Bürgerstaates ganz anderer Art als die herkömmlichen Polisordnungen.[285] An zentraler Stelle seiner ›Politeia‹ (505 a–511 d) vergleicht Platon die Idee des Guten mit der Sonne, die nicht nur bewirkt, daß die sichtbaren Dinge in der Natur überhaupt wahrgenommen werden können, sondern ihnen auch Entstehung und Wachstum ermöglicht, ohne daß die Sonne selbst dem Prozeß des Werdens unterworfen ist (509 b). Ebenso wird den nur im Denken erkennbaren Objekten (d. h. den Ideen) vom Guten an sich nicht nur das Erkanntwerden ermöglicht, sondern auch das Sein (τὸ εἶναι) und die Wesenheit (οὐσία), d. h. das Wassein, das Beständige ihres Seins gegeben. Das Gute an sich ist das höchste Erkennbare, es ist die Idee des Guten selbst, die dem erkennenden Menschen die Fähigkeit (Dynamis) des Erkennens verleiht.[286] Sie ist somit die Ursache sowohl der Vernunfterkenntnis als auch der Wahrheit (der Wesenheit), und die Wahrheit (Aletheia) wiederum ist das eigentliche, nicht der Veränderung unterworfene Sein, das Beständige, d. h. das nur im Lichte der Ideen erkennbare noetische Wesen (das Wassein) des je Einzelnen, das sich Gleichbleibende (508 d – e). Die Idee ist daher auch die „Sicht", in der das Seiende in seiner Wesenheit (d. h. in seiner Beständigkeit, im Gegensatz zu den sich dauernd verändernden, mit den Sinnen wahrnehmbaren Dingen) erscheint, so daß nur im Licht der Ideen dem geistigen Schauen (d. h. dem Erkennen) die Wahrheit als das Gleichbleibende und daher auch als das an sich Seiende und das dem vielen Gleichnamigen eine Gemeinsame (ἓν ἐπὶ πολλῶν) sich darstellt.[287] Als das Ermöglichende schlechthin ist das Gute selbst das Wesen des noetischen Seins, denn es ist ja das Bestandgebende, das überhaupt erst Erkenntnis gewährt und bewirkt, daß diese Erkenntnis als „Sicht" (ἰδέα) des Wasseins „wahr" sein kann. So bezeichnet Platon die Idee des Guten als höchste Idee (517 b 8 – c 1). Da die Ideen selbst die Wahrheit und damit auch die Wesenheit (das Eigentliche) des jeweils Seienden sind und das Gute als höchste Idee eben die Wesenheit (οὐσία), die Wahrheit und die Vernehmbarkeit des noetisch erfaßbaren Seienden ermöglicht, ragt diese Idee des Guten noch über die οὐσία der einzelnen Ideen hinaus. Sie befindet sich aber nicht jenseits des Seins, auch nicht jenseits des Reiches der Ideen, d. h., sie ist nicht etwa ein Symbol für ein jenseitiges Sein. Vielmehr übertrifft sie das Wassein (οὐσία) der noetischen Gegenstände noch an Würde und Vermögen, weil sie erst das Sein und die Wahrheit der Ideen ermöglicht.

Für diejenigen, die aufgrund ihrer philosophisch-theoretischen Befähigung zum Herrschen berufen sind und das Wesen der Idee des Guten zu erfassen vermögen, ist ein geistiges Leben selbstverständlich der höchste Wert und die Ausübung der Herrschaft eigentlich nur von zweitrangiger Bedeutung. Weil sie aus diesem Grunde nicht um die Herrschaft streiten, ist die von ihnen geleitete Politeia das beste und friedlichste Gemeinwesen (Pol. 520 d). Platon will mit diesem Modell des „Staates der Philosophen", d. h. der vom Wissen um das höchste Gut geleiteten Herrscher erreichen, daß der von ihm postulierte verhängnisvolle Verfall der Verfassungen, der mit der Dekadenz der Demokratie die vorletzte Stufe erreicht und in der Errichtung einer Tyrannis endet, endgültig unterbrochen wird, so daß dauerhafte politische Stabilität das eigentliche Ziel konstruktiver Politik sein kann. Der Preis ist freilich hoch, denn auch die Herrschaft der Philosophen ist ja im Grunde eine Art Diktatur, weil es einfach keinen Wechsel in der politischen Führung und damit in der Gestaltung der Politik geben kann. Das demokratische Prinzip „Herrschen und Beherrschtwerden", d. h. die alternierende Ausübung politischer Funktionen im Gemeinwesen, ist im „Philosophenstaat" aufgehoben.[288] Für Platons athenische Mitbürger blieb demgegenüber das Regime der Dreißig als Gegenbild zur Demokratie ein Trauma, die Manifestation der Tyrannis. Auch Platon hatte freilich die Dreißig erlebt und war zutiefst enttäuscht von dem Fiasko der Herrschaft dieser „Tyrannen", die er anfangs als positives Gegenbild zu der von ihm abgelehnten demokratischen Praxis in Athen während der Schlußphase des Peloponnesischen Krieges gewertet hatte. Er räumt allerdings ein, daß die nach dem Terrorregime der Dreißig nach Athen zurückgekehrten Träger der Demokratie „noch sehr viel Mäßigung" (ἐπιείκεια) zeigten (Plat. ep. 7, 325 b). Ein traumatisches Erlebnis wurde für *ihn* dann der Sokratesprozeß in der wiederhergestellten Demokratie. In der Folgezeit hat Platon seine Ressentiments gegen die Polisordnung seiner Vaterstadt nie mehr überwunden und in seiner politischen Theorie geradezu ein Zerrbild der Demokratie gezeichnet und einen deterministischen, durch Verfall gekennzeichneten Verlauf angenommen, während er in seinem Paradigma des Philosophenstaates den Demos, der in der Realität der athenischen Demokratie durch seine Partizipation an der Politik überhaupt erst die Funktionsfähigkeit der Polis mit der größten Bürgerzahl in Griechenland ermöglichte, aller politischen Rechte berauben und im Prinzip sogar wehrlos einer neuen Herrenschicht von Philosophen ausliefern will, denn in seinem Idealstaat sollen Bauern und Gewerbetreibende bekanntlich keine Möglichkeit haben, Waffen zu besitzen.[289] Platons Modell wird der Wirklichkeit weit entrückt, indem er den politischen Raum der autonomen Bürgergemeinde praktisch eliminiert. Es wäre daher verfehlt, Platons „Botschaft" nur oder in erster Linie als Warnung vor einer eigennützigen Verfolgung rein persönlicher Interessen auf Kosten der Allgemeinheit zu verstehen.[290] Die athenische Demokratie war auf keinen Fall ein Selbstbedienungsladen eines depravierten Sozialsystems. Hierzu fehlten in Athen alle Voraussetzungen. Hingegen sind realisierbare Ratschläge der Utopie Platons nicht zu entnehmen.[291] Ob sein Modell nur ein Gedankenexperiment darstellen sollte, ist im Grunde irrelevant. Praktische Wirkung ist hiervon nicht ausgegangen. Bereits Platons Zeitgenosse Isokrates hatte – allerdings aus der Sicht einer mit Platons Akademie konkurrierenden Bildungskonzeption – solche Staatsentwürfe mit Hohn und Spott bedacht und als unbrauchbare Theorien abgewertet (Isokr. 5,12).[292] Isokrates fordert realisierbare Vorschläge, liefert freilich selbst auch kein brauchbares Konzept für die politische Praxis, obwohl er Ratgeber der Athener und vor allem der hervorragenden Bürger in seiner Polis sein wollte (Isokr. 5,82). In der Volksversammlung ist er freilich nach eigenem Bekunden nie als Redner aufgetreten. Ebensowenig fungierte er jemals als Mitglied der Boulé oder als Geschworener. Andererseits hat er freilich bestimmte Pflichten wie die Übernahme von Trierarchien erfüllt und als wohlhabender Bürger die Eisphora als Sondersteuer für Kriegskosten klaglos gezahlt. Dennoch hatte er ein gebrochenes Verhältnis zur athenischen Demokratie. Wenn er sich häufig zu demokratischen Grundsätzen bekannte (7,57.60.70), so geschah dies nicht zuletzt in Reaktion auf den Vorwurf oligarchischer Gesinnung.[293] Seine eigenen Vorstellungen vom Wesen der wahren Demokratie entsprachen nicht der Realität in Athen. Sie waren gleichsam rückwärtsgewandt, wenn er z. B. vorschlug, die vermeintlich einst von Solon eingeführte und angeblich von Kleisthenes erneuerte Demokratie zu restaurieren (7,16). Es entsprach diesem verklärten und in einer bemerkenswerten historischen Verzerrung dargebotenen Bild einer angeblich echten Demokratie und ihrer frühen Anfänge, wenn Isokrates in völliger Verkennung des geschichtlichen Sachverhaltes in der Verfassung seiner Polis auf dem Höhepunkt ihrer Macht im fünften Jahrhundert die Verfallserscheinung einer zur „radikalen" Demokratie bereits entarteten Ordnung sah (8,64.79) und behauptete, daß in seiner eigenen Zeit die Degeneration sich immerfort verstärke (7,48; vgl. 15,287). Ein Grundübel war für ihn die in Athen praktizierte demokratische Gleichheit, der Eckpfeiler der Verfassung dieser Polis im Selbstverständnis ihrer Bürger. Er forderte statt dessen, daß politische Rechte nach Würde, Fähigkeiten und Leistung zugewiesen werden, damit durch diese Kriterien der soziale und politische Rang in der Gemeinschaft bestimmt werde und niemals der Schlechtere über den Besseren herrschen könne.[294] Hieraus resultierte des weiteren Isokrates' Forderung nach strikter Anwendung des Prinzips der Besetzung der Ämter durch das Wahlverfahren (7,22). In Athen wurden freilich auch damals nicht alle Magistrate ausgelost. Mehr als einhundert Ämter, darunter die militärischen Kommandostellen und die bedeutendsten Finanzmagistraturen, wurden nach wie vor durch Wahlen besetzt, während die jährliche Auslosung der etwa 500 bis 600 weiteren Magistraturen und der 500 Ratsmitglieder[295] eine notwendige Voraussetzung für die Funktionsfähigkeit des auf einer möglichst breiten Partizipation basierenden Systems war und im übrigen ermöglicht wurde durch einen weitgehenden Abbau älterer Herrschaftsfunktionen und die damit verbundene kontinuierliche Ausfächerung und Differenzierung von Kompetenzen, so daß die Beamten, die ja keine eigentlichen Herrschaftsträger, sondern ausführende Organe des Bürgerverbandes waren, zu einem erheblichen Teil Routineaufgaben zu erfüllen hatten, die ohne systematische Schulung der jeweiligen Funktionsträger übernommen werden konnten.

Isokrates kann freilich nicht einfach als antidemokratisch eingestuft werden.[296] Er engagierte sich auf seine Weise, indem er Frieden und Eintracht (Homonoia) als Voraussetzungen für den Fortbestand der griechischen Staatenwelt propagierte. In seinem ›Panathenaikos‹, den er 339 v. Chr. im Alter von 97 Jahren abgeschlossen hatte, verlangte er, daß nur die fähigsten und gerechtesten Bürger öffentliche Ämter bekleiden sollten (12,132). Letztlich glaubte er aber, daß dies in den „real existierenden" Demokratien oder Oligarchien nicht mehr möglich sei. Resignation mag ihn inspiriert haben, das Bild eines wahrhaft königlichen Mannes zu zeichnen, der den Aufgaben eines Staatslenkers zu genügen vermag, aber nicht unbedingt ein Monarch zu sein braucht.[297] Der wahre Politiker leitet gewissermaßen ein Gemeinwesen, das nach den Kategorien der griechischen Staatstheorie als Aristokratie im wörtlichen Sinne, d. h. als „Herrschaft der Besten" zu bezeichnen wäre.

Ähnlichen Vorstellungen ist im Grund auch das Herrscherideal Xenophons zuzuordnen, der nach einem bewegten Leben in den fünfziger Jahren des vierten Jahrhunderts aus dem Exil nach Athen zurückkehren konnte. Obgleich er durch seine ›Kyroupädie‹ – eine fiktive Darstellung der Taten des persischen Gründerkönigs Kyros – die Vorzüge eines guten und tüchtigen Herrschers aufzuzeigen und im ›Hieron‹ – einem gleichfalls fingierten Dialog zwischen Hieron von Syrakus und Simonides von Keos – Anweisungen zum Machterhalt zu formulieren suchte,[298] sind seine ›Memorabilien‹ durch die Charakterzeichnung des Sokrates letztlich ein Bekenntnis zur Loyalität gegenüber seiner Heimatpolis,[299] der er in seinem wohl letzten Werk, den ›Poroi‹, Ratschläge zur Verbesserung ihrer öffentlichen Einkünfte und zur Sicherung der materiellen Existenz ihrer Bürger geben wollte,[300] um durch Linderung von Armut und Not dauerhafte Stabilität zu erreichen und damit auch Besitz und Ordnung zu garantieren. Insofern handelt es sich selbstverständlich nicht um ein „radikaldemokratisches Programm". Allerdings sind gerade in den ›Memorabilien‹ auch Vorbehalte gegen die demokratische Praxis in Athen nicht zu übersehen, während er seine oligarchischen Präferenzen sowohl in einer Idealisierung Spartas als auch im Lob des Areopags (Mem. 3,5,20) zu erkennen gibt.

Politische Theorien und Reformvorschläge waren freilich nicht nur Antworten auf politische Krisen. In Platons ›Politeia‹ und Xenophons ›Poroi‹ werden z. B. auch Grundprobleme der Politik und der wirtschaftlichen Bedingungen der menschlichen Existenz thematisiert. In besonderem Maße gilt dies des weiteren für die politische Theorie des Aristoteles,[301] für den der Mensch nur in der Polis und in der Polisgemeinschaft das Höchstmaß an ethischer Vollkommenheit erreichen kann.[302] In seiner Verfassungstheorie, die generalisierend Erkenntnisse aus dem Vergleich einer Reihe von Gemeinwesen und ihrer wechselvollen Geschichte auszuwerten sucht, finden sich bemerkenswerte Beiträge zu einer ausgewogenen Wertung demokratischer Systeme. Hierbei nimmt Aristoteles auch gewisse Korrekturen an kritischen Ausführungen über die demokratische Praxis im staatstheoretischen Schrifttum vor, indem er davon ausgeht, daß die Menge in ihrer Gesamtheit bei der politischen Beschlußfassung unter Umständen besser urteilen könne als sogenannte Oligarchen oder ein Monarch.[303] Die höheren Ämter sollen freilich den besonders qualifizierten Bürgern vorbehalten bleiben. Die Beamten sollen aber durch Volkswahl eingesetzt werden und über ihre Amtsführung Rechenschaft ablegen. Der Versuch des Aristoteles, die von Platon sowie von Oligarchen vorgetragenen Argumente gegen die Demokratie zu widerlegen,[304] ist allerdings kein Beweis für eine positive Einstellung des Autors gegenüber der athenischen Demokratie. Aristoteles' Ziel ist vielmehr, den Rahmen für die Funktionsfähigkeit einer positiv zu bewertenden Demokratie aufzuzeigen und diese Ordnung von extremen Formen demokratischer Systeme abzugrenzen. In Athen war freilich die von Aristoteles postulierte strikte Beamtenkontrolle längst politische Realität, und die wichtigsten Magistraturen waren – wie gesagt – stets Wahlämter geblieben.

11. Olynth und der Frieden des Philokrates

Um 350 hatten zweifellos zahlreiche Athener längst erkannt, daß die politischen Aktivitäten und militärischen Operationen Philipps schwer kalkulierbar waren. Die Sperrung der Thermopylen 352 hatte freilich auch gezeigt, daß die Athener im Verein mit anderen griechischen Gemeinwesen der makedonischen Expansion nach Süden durchaus Paroli bieten konnten. Generell verschärfte sich für Athen natürlich die Situation im Zuge der Expansion Philipps, der aus der Position der inneren Linien operieren konnte und von der See her kaum zu fassen war. Insofern blieben die Handlungsmöglichkeiten Athens begrenzt, wenn auch in der Ära des Eubulos die Zahl der Kampfschiffe erheblich erhöht werden konnte und sich 353/52 v. Chr. auf ca. 350 Trieren belief.[305] Im küstennahen Bereich konnten die Athener zwar gegebenenfalls durchaus wirkungsvoll intervenieren, wenn sie mit der erforderlichen Entschlossenheit handelten. Das eigentliche makedonische Kerngebiet lag für viele Athener demgegenüber in weiter Ferne. Demosthenes dürfte in den frühen Jahren seiner politischen Tätigkeit Philipp unterschätzt haben, wenn er 352/51 in der Gerichtsrede gegen Aristokrates und in der in der Volksversammlung gehaltenen Rede ›Für die Rhodier‹ zwar mit Nachdruck auf die von Philipp ausgehende Gefahr hinwies, aber zugleich auch den Eindruck erweckte, daß Athen dieser Bedrohung gewachsen sei.[306] Mit seinem utopischen Vorschlag Anfang 351, Philipp in seinem eigenen Land entscheidend zu schlagen, fand er keine Zustimmung (Demosth. 4,16ff.). Entscheidend geprägt wurde die athenische Politik dieser Zeit durch Eubulos und seine engeren Ratgeber, die sich stärker auf die Realität einzustellen suchten. Ein Vorstoß athenischer Streitkräfte ins Innere Makedoniens war nach Auffassung des Eubulos zweifellos ein Hasardspiel mit unzulänglichen Mitteln. Das Ausmaß der Bedrohung durch die Expansion Philipps vermochte Eubulos damals aber ebensowenig wie Demosthenes zu erkennen. Bereits 349 hielt Demosthenes indes einen Kompromiß mit Philipp für ausgeschlossen. Etwa Mitte dieses Jahres oder wenig später richtete die Polis Olynth ein Hilfegesuch an Athen, nachdem Philipp in das Gebiet des Chalkidischen Bundes eingerückt war.[307] Athen reagierte auf diese neuerliche Aggression des Makedonen mit dem Abschluß eines Bündnisses mit Olynth.[308] Der Strategos Chares, der offenbar bereits mit 30 Trieren auf See war, erhielt Weisung, sofort Olynth anzulaufen. Zusätzlich wurden 2000 Peltasten aufgeboten und acht weitere Trieren mit Freiwilligen bemannt. Einige Zeit später führte Charidemos 18 Trieren und 4000 Peltasten in das bedrohte Gebiet, und nach dringendem Ersuchen der Chalkidier hat Athen noch weitere 2000 Hopliten, 300 Reiter und 17 Trieren geschickt, doch erreichte diese Streitmacht nicht mehr rechtzeitig das ihr zugewiesene Einsatzgebiet.[309] Demosthenes war zu diesem Zeitpunkt noch nicht die beherrschende Figur auf der politischen Bühne in Athen und konnte sich mit seinen weitergehenden Vorschlägen, einen Entscheidungskampf gegen Philipp zu wagen und hierfür die Kräfte Athens zu konzentrieren, nicht durchsetzen. Er trug diesen Plan in der Ekklesia vor und hatte keine Bedenken, unter Berufung auf einen ungenannten Zuträger ein denunziatorisch-verfälschtes Bild vom Treiben am makedonischen Königshof zu zeichnen. Vermutlich setzte Demosthenes voraus, daß seine mit demagogischem Geschick vorgetragenen Ausführungen über die Schwächen eines aus der Sicht der Polisbürger despotischen Regimes des Makedonenkönigs Glauben finden würden.[310] In Athen setzte sich jedoch eine realistische Lagebeurteilung und Einschätzung der eigenen Handlungsmöglichkeiten durch. Ein Vorstoß nach Innermakedonien wäre undurchführbar gewesen, zumal Athen in einen „Zweifrontenkrieg" verwickelt wurde, als Philipp antiathenische Kräfte auf Euboia unterstützte und die Athener im Winter 349/48 einen Hilferuf aus Eretria erhielten, wo der lokale Machthaber, ein gewisser Plutarchos, der Protagonist der proathenischen Partei, durch makedonenfreundliche Gruppen bedroht wurde. Daß die Pazifizierung Euboias wegen der Bedeutung dieser Insel für die Sicherheit Athens nunmehr unbedingte Priorität erhielt, zeigt der athenische Volksbeschluß, noch im selben Winter ein überwiegend aus Bürgern bestehendes Aufgebot[311] unter Phokion ins Gebiet von Eretria zu entsenden. Die athenischen Pläne scheiterten jedoch, als sich auch Chalkis und Oreos gegen Athen erhoben, Philipp die Aufständischen unterstützte und Plutarchos die Seiten wechselte.[312] Die gesamte Insel bis auf Karystos im Süden war für die Athener verloren, die sich im Sommer 348 gezwungen sahen, die Unabhängigkeit Euboias anzuerkennen.[313]

Aber auch Philipp war in Schwierigkeiten geraten. Seine Probleme waren vor allem durch Erfolge der Phoker 349 in dem immer noch andauernden „Heiligen Krieg" bedingt. In Thessalien herrschte offene Unzufriedenheit mit Philipp, dem Tagos („Herzog") des Thessalischen Bundes.[314] Auf den Ausgang des Olynthischen Krieges wirkte sich die Entwicklung in Thessalien allerdings nicht mehr aus. Im Spätsommer 348 wurde Olynth durch Verrat genommen. Philipp ließ die Stadt zerstören und zahlreiche Einwohner versklaven.[315] Damit war die Entscheidung auf der Chalkidike gefallen. Das Gebiet von Olynth wurde an ranghohe makedonische „Gefährten" (Hetairoi) Philipps verteilt, den Städtebund der Chalkidier löste der König nach der Eroberung oder der Kapitulation der übrigen Poleis auf. Die Chalkidike war jetzt ein Teil Makedoniens.

Bereits vor dem Fall Olynths ließ Philipp den Athenern Friedensvorschläge übermitteln. Es lag nicht in seiner Absicht, einen Entscheidungskampf mit Athen zu riskieren. Er hatte zwar die Kontrolle über die gesamte Nordküste der Ägäis gewonnen,[316] besaß aber nicht die Mittel, die athenische Flotte auszuschalten. Ob er bereits weiter gesteckte Ziele jenseits der Meerengen verfolgte und in die reichen Gebiete Kleinasiens ausgreifen wollte, um dort weiteres Siedlungsland für makedonische Gefolgsleute zu gewinnen und regelmäßig Tribute zu erhalten, muß offenbleiben.[317] Die Athener hatten zwar Philipps Expansion an der ägäischen Nordküste nicht aufzuhalten vermocht, wären aber in dieser Zeit in der Lage gewesen, einen Übergang über die Meerengen zu verhindern oder bereits nach Asien vorgedrungene makedonische Truppen abzuschneiden. Auch der Weg nach Mittelgriechenland blieb dem König weiterhin versperrt, und die Macht der Phoker war noch ungebrochen. Daß aber seine Stoßrichtung nach der Annexion der Chalkidike vor allem nach Süden zielte, zeigt die Fortführung seiner überaus variablen Griechenlandpolitik.

Seine Sondierungen in Athen vor dem Fall Olynths waren zwar gescheitert, doch waren seine damaligen Friedensfühler in der Volksversammlung nicht brüsk zurückgewiesen worden. Im Gegenteil: Philokrates hatte einen Volksbeschluß durchgesetzt, der dem König die Möglichkeit bot, eine offizielle Gesandtschaft nach Athen zu schicken (Aischin. 2,12–14). Die Friedensbereitschaft einer großen Zahl athenischer Bürger ist nicht zu bezweifeln, da eine Paranomieklage gegen Philokrates scheiterte. Auch Demosthenes war damals vehement für Philokrates eingetreten. Philipp hatte indes seine Aggressionspolitik auf der Chalkidike unbeirrt bis zum Fall Olynths fortgesetzt. Der Untergang dieser Polis hatte dann zu einem Stimmungsumschwung in Athen geführt. Auch Eubulos plante offensichtlich jetzt eine Fortsetzung des Krieges und beantragte mit Erfolg einen Volksbeschluß, der darauf abzielte, eine panhellenische Koalition gegen Philipp zu bilden.[318] Dieser Plan ließ sich aber nicht realisieren. Athenische Gesandte erhielten (im Winter 348/47 oder im Verlauf des Jahres 347?) in Griechenland eine Abfuhr. Philipp verstärkte inzwischen durch Übergriffe auf Lemnos, Imbros und Skyros den Druck auf Athen (Aischin. 2,72–73), signalisierte aber gleichzeitig den Athenern erneut Friedensbereitschaft.

Von größter Bedeutung für den weiteren Ablauf der Ereignisse wurde 347 ein Machtwechsel in Phokis, wo der bislang dominierende bevollmächtigte Strategos Phalaikos durch ein Kollegium von drei Strategen abgelöst wurde. Da sich nunmehr deutlich das Ende der athenisch-phokischen Kooperation abzeichnete, wuchs in Athen wieder die Friedensbereitschaft, so daß etwa Februar/März 346 offizielle Friedensverhandlungen aufgenommen werden konnten, die Philipp aus einer Position der Stärke führte. Er beharrte auf der gegenseitigen Anerkennung des derzeitigen Besitzstandes. Von einer Rückgabe der Poleis Amphipolis und Poteidaia konnte somit keine Rede mehr sein.[319] Andererseits schien dies aber auch eine Garantie für die athenischen Positionen auf der thrakischen Chersones (mit Ausnahme der mit Philipp verbündeten Polis Kardia) zu bedeuten. Noch während der Verhandlungen ließ Philipp indes etwa seit März 346 an der Nordküste der Ägäis im Herrschaftsbereich des Kersobleptes Schlüsselpositionen besetzen, so daß der makedonische König erneut athenische Sicherheitsinteressen an den Meerengen empfindlich beeinträchtigte. Offensichtlich wollte er in dem genannten Gebiet die Athener vor vollendete Tatsachen stellen.

Im Augenblick noch bedrohlicher für die Athener war aber Philipps Weigerung, ihnen in der Phokerfrage entgegenzukommen. Die Mehrheit der Athener war entschlossen, die Phoker nicht dem Zugriff Philipps preiszugeben und zudem auch die südthessalische Siedlung Halos (eine kleine proathenische Stadt am Golf von Pagasai) gegen Pharsalos und damit auch vor Philipp zu schützen. Am 18. Elaphebolion (etwa Mitte April) 346 v. Chr. sollte über Philipps Vorschläge in Athen beraten werden, während man noch Gesandtschaften griechischer Gemeinwesen erwartete, die offenbar erneut (im Winter 347/46?) nach Athen eingeladen worden waren.[320] Aus athenischer Sicht ging es nicht mehr nur um den Schutz der Phoker, sondern darüber hinaus um die Frage, ob und in welcher Weise Philipps Expansion aufgehalten werden konnte. In der Volksversammlung zeichnete sich ab, daß ein Vorschlag des Synhedrions des zweiten Seebundes Zustimmung finden würde. Die athenischen Bundesgenossen empfahlen, nur über einen Friedensvertrag, nicht aber über ein Bündnis mit Philipp zu beraten und vor einer Entscheidung über ein Bündnis die Ankunft der erwähnten griechischen Gesandten abzuwarten.[321] Hingegen sah der von Philokrates in Übereinstimmung mit den Vorstellungen Philipps konzipierte und vom athenischen Rat bereits akzeptierte Entwurf einen Friedens- *und* Bündnisvertrag unter Einschluß der beiderseitigen Bundesgenossen mit Ausnahme der Phoker und der Polis Halos vor. Demosthenes und Aischines, die beide an den Verhandlungen in Pella teilgenommen und am 18. Elaphebolion noch im Sinne der Empfehlung der athenischen Bundesgenossen gesprochen hatten, schwenkten am nächsten Tag vor der Abstimmung um, nachdem der hochrangige makedonische Gesandte Antipater auf Befragen vor der Ekklesia erklärt hatte, daß Athen ohne Abschluß eines Bündnisses mit Philipp keinen Frieden habe könne und die Entscheidung nicht bis zur Rückkehr der athenischen Gesandtschaften an die griechischen Staaten aufgeschoben werden dürfe.[322] Mehr Spielraum hatte Philipp seinen Gesandten (Antipater, Parmenion, Eurylochos) nicht gelassen.[323] Aischines sprach nunmehr im Sinne der Forderungen Philipps und behauptete, der König könne die Phoker derzeit noch nicht als Bundesgenossen akzeptieren. Später werde der König dies auf Bitten der Athener nachholen. Es war deutlich genug, daß die einzige Alternative zur Annahme der Bedingungen Philipps die Fortsetzung des Krieges war und dies jedem einzelnen schwere Opfer abverlangen würde. Auf diesen Aspekt hat nach der Erklärung des Antipater offenbar Eubulos in der Versammlung am 19. Elaphebolion mit Nachdruck hingewiesen (Demosth. 19,291). Dennoch stimmte die Volksversammlung nur unter der Bedingung zu, daß die Klausel „ohne die Phoker und Halier" aus dem Entwurf des Philokrates, nach dem dieser Frieden allgemein benannt wird (StV II^2 329), gestrichen wurde.[324]

Die Skepsis zahlreicher Versammlungsteilnehmer am 19. Elaphebolion gegenüber den Versprechungen Philipps war völlig berechtigt, wie sich bald zeigen sollte. Als zwei Wochen nach der Annahme des Vertrages durch die athenische Ekklesia dieselben Gesandten, die bereits die Vorverhandlungen geführt hatten, erneut nach Makedonien aufbrachen, hatte Philipp bereits Kersobleptes entscheidend geschlagen und seine damaligen Okkupationsziele in Thrakien erreicht (Aischin. 2,90–92; Demosth. 19,156–158). Kersobleptes war jetzt „Vasall" des Makedonen. Erst etwa zwei Monate nach Ankunft der athenischen Gesandten traf Philipp wieder in seiner Residenz in Pella ein, wo er die Athener nach allen Regeln der Kunst zu täuschen wußte, indem er vorgab, auf den Vorschlag des Aischines einzugehen, in der Phokerfrage eine friedliche Lösung anzustreben.[325] Offizielle Zusagen gab er indes nicht. Er behielt zudem athenische Kriegsgefangene zurück, um Druck auf Athen auszuüben. Ziel seiner Finessen war es, die Verhandlungen hinauszuzögern, um durch einen Vorstoß bis zu den Thermopylen erneut vollendete Tatsachen zu schaffen. Als die athenischen Gesandten endlich zurückkehrten und Bericht erstatten mußten, befanden sich die makedonischen Truppen bereits auf dem Weg nach Süden. Trotzdem glaubten jetzt die meisten Teilnehmer an der Volksversammlung wenige Tage nach der Rückkehr der Gesandten der Darstellung des Aischines, der versicherte, Philipps Beteuerungen in der Phokerfrage seien glaubwürdig.[326] Demosthenes drang mit seinen Warnungen vor den wahren Absichten des Königs nicht durch. Wenig später traf in Athen eine Botschaft Philipps ein, der die Athener auffordern ließ, in Erfüllung ihrer Vertragsverpflichtungen ihm gegenüber Truppen zu den Thermopylen zu schicken und seinen Vorstoß nach Mittelgriechenland aktiv zu unterstützen.[327] Dieses Ansinnen kam einem Ultimatum gleich und führte schlagartig zu einem Stimmungsumschwung in Athen,[328] denn es war jetzt klar, daß Philipp in den vorausgehenden Verhandlungen nur Zeit gewinnen wollte, um ungehindert nach Mittelgriechenland vordringen zu können. Kurz darauf gab Phalaikos, der wieder das Kommando über die phokischen Truppen übernommen hatte, endgültig auf.[329] Für Philipp war der Weg durch die Thermopylen frei, Phokis stand seinem Zugriff offen.

Die Athener sahen sich politisch isoliert und fürchteten bereits einen Angriff auf Attika. Die Polis sollte umgehend in Verteidigungsbereitschaft gesetzt werden.[330] Gerade hierdurch gewann aber Philipp den Eindruck, daß er keine offensiven Operationen der Athener zu befürchten hatte.[331] Er konnte ungehindert nach Phokis durchstoßen, wo er nicht mehr auf Widerstand traf und „auf Beschluß" der Amphiktyonen den Phokern schwere Strafen auferlegte.[332] Sie sollten die geraubten Tempelschätze in halbjährigen Raten von 30 Talenten zurückzahlen, wurden faktisch entwaffnet und durften nur noch in Dörfern leben. Die Amphiktyonen übertrugen die beiden Stimmen der Phoker in ihrem Rat auf die Person Philipps, der fortan zwei Vertreter in dieses Gremium entsenden konnte und damit auch offiziell als „Grieche" anerkannt war. Er war nunmehr in der Lage, jederzeit südlich der Thermopylen zu intervenieren. Den Athenern aber ersparte er nicht die Demütigung, nachträglich die Zustimmung zu seiner Aufnahme in den Amphiktyonenrat zu geben. Seine diesbezüglichen Forderungen führten zu heftigen Debatten in der athenischen Ekklesia, in der sogar die Aufkündigung des Vertrages mit Philipp verlangt wurde (Demost. 19,112–113). Aischines wurde ausgepfiffen, als er sich für das Ansinnen des Königs einsetzte. Die meisten Redner lehnten Philipps Forderung strikt ab. Demosthenes konnte die Wogen glätten, als er mit Nachdruck auf die Gefahr eines Krieges gegen Philipp und die vereinten Streitkräfte der Amphiktyonen hinwies.[333]

Philipp war am Ziel einer wichtigen und großen Etappe seiner Expansion. Er war nach dem Ende des dritten Heiligen Krieges der einzige Sieger. Die Athener waren fortan der wichtigste Faktor in seinen weiteren machtpolitischen Kalkulationen.[334] Durch seine Erfolge waren die athenischen Sicherheitsinteressen an den sensibelsten Stellen tangiert. Die Erfolge, die Timotheos für Athen errungen hatte, waren zunichte gemacht. Der Frieden des Philokrates und das Ende des Krieges bedeuteten für die Vormacht des Seebundes schwere Rückschläge. Athen war zwar nach wie vor eine gewaltige Festung, und im maritimen Vorfeld besaßen die Athener als Schutzschild noch die verbliebenen Mitglieder des Seebundes und ihre große Flotte, doch überwog jetzt das Gefühl der Unsicherheit. Die Ursachen für die athenischen Mißerfolge und Niederlagen sind nicht in Strukturdefiziten der athenischen Demokratie zu sehen, sondern auf verfehlte außenpolitische Entscheidungen und strategische Fehler zurückzuführen.[335] Es war versäumt worden, langfristig im Seebund eine tragfähige Verbindung von Hegemonie und Polisautonomie anzustreben, und die athenische Außenpolitik war zu sehr auf die Sicherung der Getreiderouten fixiert gewesen, ohne daß ein verläßlicher Schutz der von der Landseite her gefährdeten athenischen Positionen in der nördlichen Ägäis, an den Meerengen und in der Propontis erreicht werden konnte.[336] Gravierend waren vor allem die Versäumnisse im Krieg um Olynth, als es nicht gelang, der bedrängten Polis rechtzeitig wirksame Unterstützung zu gewähren. Weder die Skrupellosigkeit noch die Ressourcen des makedonischen Königs waren in Athen richtig eingeschätzt worden. Unerwartete Aktionen Philipps konnten aber auch weiterhin jederzeit die im Frieden des Philokrates erzielte Übereinkunft in Frage stellen. Mit diesem Frieden aber mochten sich gerade jene politisch aktiven Kräfte um Demosthenes nicht abfinden, die jetzt mehr und mehr die Szene in Athen dominierten. Die entscheidende Frage in der athenischen Außenpolitik war nunmehr, ob es gegebenenfalls gelingen könnte, die neue Position Philipps bzw. seiner thessalischen Bundesgenossen in Nikaia bei den Thermopylen zu eliminieren.[337] Daß diese Barriere durch den Rückzug des Phalaikos verlorengegangen war, hatte man allerdings in Athen nicht voraussehen können. Der Fehler der Athener lag indes darin, daß sie viel zu lange auf die phokischen Abenteurer gesetzt hatten. Hinzu kam, daß die Athener vielfach nur mangelhaft über die Makedonen und die Intentionen und die Maßnahmen Philipps zur Stärkung seiner Macht informiert waren, während Philipp offenbar in aller Regel recht genaue Kenntnisse über Vorgänge in Athen erhielt.[338]

Auch Demosthenes hatte in seinen frühen Reden Philipp unterschätzt und den König mit der griechischen Tyrannentopik als Potentaten in einem unbedeutenden barbarischen Land abzuwerten versucht, während er in seinen außenpolitischen Vorstellungen sich primär an den traditionellen griechischen Kraftfeldern mit den Gravitationszentren Athen, Sparta und Theben orientierte und natürlich auch Persien einbezog. Das Urteil des Demosthenes entsprach damals im großen und ganzen der gängigen Einschätzung der politischen Großlage. Auch die erste Philippika (351/50), in der sich Demosthenes als überzeugter Vertreter athenischer Großmachtpolitik entschieden für einen Kampf gegen Philipp aussprach, ist noch durch unrealistische Vorstellungen von Defiziten im makedonischen Machtpotential geprägt. In der dritten Olynthischen Rede (349) hat Demosthenes seine Lagebeurteilung aber gründlich revidiert, und nach dem dritten Heiligen Krieg sah er die Gefahr einer Unterwerfung Griechenlands durch Philipp. In der zweiten Philippika (344/43) warnte er eindringlich vor dieser Bedrohung. Tiefes Mißtrauen gegenüber dem Makedonenkönig war jetzt die Grundstimmung in Athen, wo man freilich auch das Risiko der Verweigerung jeder Kooperation mit Philipp erkannte,[339] während ein Isokrates von der Gemeinsamkeit der Interessen Philipps und der Hellenen träumte und seine Utopien noch 346 in seinem ›Philippos‹ zum Ausdruck brachte.[340] Politische Wirkung hat diese Schrift indes nicht entfaltet. Auch Sympathisanten des Königs haben von dieser intellektuellen Verirrung offenbar kaum Notiz genommen.

12. Die Entscheidung

Die Chancen einer dauerhaften Friedensordnung waren gering, da die politische Atmosphäre nach dem Philokratesfrieden von gegenseitigem Mißtrauen erfüllt war. Philipp verfolgte weiterhin das Ziel einer Erweiterung und Stabilisierung seines Machtbereiches,[341] während die großen Poleis Athen, Sparta und Theben sich nicht mit dem Verlust ihrer führenden Positionen in der griechischen Staatenwelt abfinden konnten. In Athen scheint der Begriff der „Verbesserung" (Epanorthosis) der Situation geradezu ein politisches Schlagwort geworden zu sein (Demosth. 6,4–5.34).[342] Der makedonische König hat diese Parole offenbar aufgegriffen, um mit diplomatischen Mitteln seine Ziele zu erreichen. Vermutlich im Spätsommer 344 erschien Python von Byzantion an der Spitze einer Gesandtschaft makedonischer Bundesgenossen (darunter Argiver und Messenier) in Athen, um im Auftrag des makedonischen Königs Vorschläge „zur Verbesserung" des Friedens entgegenzunehmen.[343] Eigene Vorschläge ließ Philipp nicht vorbringen. Die athenische Volksversammlung stimmte dem Angebot im Prinzip zu, forderte aber, daß alle Griechen, die nicht an dem Frieden des Philokrates beteiligt waren, von den Unterzeichnern dieses Friedensvertrages für autonom und frei erklärt und im Fall eines feindlichen Angriffs geschützt werden sollten. Zudem sollte jedem Gemeinwesen der territoriale Besitz garantiert werden, auf den es rechtmäßigen Anspruch erheben könne. Der zuerst genannten „Korrektur" des Friedens von 346 stimmte Philipp zu, die zweite von Hegesippos beantragte Klausel lehnte er ab (Ps.-Demosth. 7,23–25). Damit gestand er selbst das Scheitern seiner diplomatischen Bemühungen ein. Die von ihm zurückgewiesene Forderung hätte besagt, daß Eroberungen die älteren Besitzrechte nicht beseitigt hätten. Von athenischer Seite sollten natürlich vor allem Ansprüche auf Amphipolis und Poteidaia angemeldet werden.[344] Diese Klausel war freilich eine Illusion; sie ist aber nicht zu trennen von der zuerst genannten Forderung, daß die nicht am Philokratesfrieden beteiligten Griechen in die Schutzgarantien des Vertrages einbezogen werden sollten.[345] Der Frieden war ein bilaterales Abkommen, so daß die Vertragspartner durch die von Hegesippos geforderte „Korrektur" eine Garantie für Freiheit und Autonomie derjenigen Hellenen übernommen hätten,[346] die dem Vertrag nicht beigetreten waren. Faktisch wäre hiermit von Philipp die hegemoniale Position Athens im griechischen Mutterland südlich der Thermopylen anerkannt worden. Wenn der König bereit gewesen wäre, dies zu akzeptieren, so hätte dies wohl noch nicht bedeutet, daß er diese Konzession als endgültige Lösung gewertet hätte. Durch die von Hegesippos vorgetragene athenische Forderung, ältere Besitzansprüche anzuerkennen, sah sich Philipp allerdings außerstande, einer Änderung des Vertrages von 346 zuzustimmen, wenn auch die immer noch beachtliche Macht Athens ihn zur Vorsicht mahnen mußte. Daß die athenische Volksversammlung ihrerseits dem Antrag des Hegesippos zustimmte und die diesbezügliche Klausel mit der Forderung nach Anerkennung der Machtstellung Athens verband, demonstriert die hohe Selbsteinschätzung, die noch in breiten Kreisen der athenischen Bürgerschaft vorherrschte. Der Demos Athens bzw. der in jener Ekklesia präsente Teil des Demos war nicht bereit, auf den alten athenischen Führungsanspruch endgültig zu verzichten.[347] Es ist umstritten, ob die Athener damals einen Vorteil aus der Hand gaben, indem sie sich nicht mit dem makedonischen König arrangierten. Geschickte Agitation einer antimakedonischen Gruppe wird hierbei kaum den Ausschlag gegeben haben. In Athen sahen zweifellos nicht nur strikt antimakedonische Kreise die Rückzugspositionen im athenischen Interessengebiet bedroht, während Philipp keineswegs schon seiner Dominanz sicher war oder sicher sein konnte. Die Entwicklung lief jetzt auf eine machtpolitische Entscheidung hinaus.

Bereits im Sommer 344 war Demosthenes von den Athenern nach Messenien und Argos mit dem Auftrag entsandt worden, diese Gemeinwesen auf die Gefahr ihrer Bindung an Philipp hinzuweisen, der seinerseits durch die Aktivitäten des Demosthenes alarmiert war. Konflikte in Elis und auf Euboia zwischen proathenischen Gruppen und den von Philipp unterstützten promakedonischen Kräften verschärften 343 die Spannungen,[348] und im Herbst desselben Jahres wurde von Demosthenes eine Parapresbeia-Klage gegen Aischines wegen pflichtwidrigen Verhaltens als Mitglied jener Gesandtschaft angestrengt, die vor dem Philokratesfrieden 346 mit Philipp verhandelt hatte. Nur mit einer knappen Mehrheit von 30 Stimmen wurde der Angeklagte von einem Gerichtshof mit 1501 Mitgliedern freigesprochen. Das Verfahren als solches war für Philipp ein klares Signal, das an der in Athen herrschenden Unzufriedenheit über den Frieden des Philokrates keinen Zweifel ließ. Hinzu kam, daß der athenische Stratege Diopeithes, der 343/42 Athens Position auf der Chersones durch Kleruchien stärken sollte, den Versuch unternahm, auch in der mit Philipp verbündeten Polis Kardia Kleruchen anzusiedeln.[349] Damit griffen die Athener ihrerseits unmittelbar in das makedonische Interessengebiet über.

Eine folgenschwere athenische Reaktion löste dann 343/42 eine Intervention Philipps in Epeiros aus.[350] Die Athener sahen hierin eine Bedrohung Ambrakias und schickten Streitkräfte nach Akarnanien.[351] Philipp sah sich offensichtlich hierdurch genötigt, den Rückzug anzutreten.[352] Da er nur eine kleinere Streitmacht aufgeboten hatte, vermied er eine Belagerung Ambrakias. Als er Epiros verließ, versprach er aber den Aitolern, ihnen den damals in der Hand der Achaier befindlichen Hafen Naupaktos zu übergeben.[353] Dies war freilich ein Warnsignal für die Athener, die nunmehr Bündnisverträge mit Achaia, Arkadien, Argos, Megalopolis und Messenien schlossen.[354] Das beiderseitige Mißtrauen wuchs, und es waren schwerlich nur bornierte Beschimpfungen oder gar verbohrte Kriegstreiberei makedonenfeindlicher Gruppen in Athen, die das Klima weiter aufheizten. Philipp setzte unbeirrt seinen Kurs fort, ohne die Auswirkungen seiner Expansionspolitik auf die Stimmungslage im griechischen Mutterland zu berücksichtigen. Allerdings kam in Griechenland selbst die Erblast der Vergangenheit seinen Ambitionen sehr entgegen. Nach dem Ende der thebanischen Hegemonie schien einer Reihe von politischen Akteuren in kleineren Gemeinwesen zweifellos generell Vorsicht gegenüber Athen geboten zu sein.[355] Für Philipp selbst aber war 342 v. Chr. Thrakien vorrangiges Ziel seiner Aktivitäten. Wohl im Blick auf seine Interessen im thrakischen Raum scheint er bestrebt gewesen zu sein, zunächst noch Beschwichtigungspolitik gegenüber den Athenern zu verfolgen, indem er (etwa im Februar 342) anbot, ihnen die von ihm eroberten Inseln Halonnesos, Lemnos und Skyros zu übergeben, die nach dem Frieden des Philokrates von Piraten besetzt worden waren, sich zuvor aber in athenischem Besitz befunden hatten. Des weiteren schlug er ein Schiedsgericht zur Regelung territorialer Konflikte in Thrakien und auf der Chersones vor.[356] Er empfahl seine „Vorschläge" wieder als „Nachbesserung" des Philokratesfriedens und erklärte seine Bereitschaft, jenen Vertrag zu einer Koine Eirene auszuweiten.[357]

Das Angebot schien auf den ersten Blick verlockend zu sein, doch war nicht zu verkennen, daß der König auch in den vorausliegenden Monaten versucht hatte, seine

Position in Griechenland weiter auszubauen. Zudem war aus athenischer Sicht sein Zugriff auf Halonnesos eine eindeutige Aggression. Hinzu kam die schwierige Situation auf der Chersones, die Philipp im Frieden des Philokrates als athenischen Herrschaftsbereich anerkannt hatte. Der König war aber nunmehr mit Kardia verbündet, das als Teil der Chersones gelten konnte. Eine Lösung dieser Frage hätte von beiden Seiten Konzessionsbereitschaft verlangt.[358] Philipps Offerte war dennoch gut lanciert. Er wollte zweifellos den Eindruck politischer Aufrichtigkeit erwecken, ohne die entscheidenden Vorteile preiszugeben, die er 346 gewonnen hatte. Halonnesos war für ihn von untergeordneter Bedeutung, und es blieb gegebenenfalls abzuwarten, wie ein unabhängiges Gericht entscheiden würde, wenn die Athener hierzu ihre Zustimmung geben sollten. Dies hätte aber nichts daran geändert, daß er nach wie vor im Ernstfall nach Mittelgriechenland durchstoßen konnte. In Athen dürfte man sich hierüber im klaren gewesen sein, und Philipp mußte einkalkulieren, daß die antimakedonischen Kräfte in Athen die Willensbildung in der Volksversammlung in ihrem Sinne beeinflussen konnten. Gleichwohl versuchte er, durch sein Angebot an Athen Handlungsfreiheit für die für ihn vorrangigen Operationen in Thrakien zu gewinnen. Er setzte sicherlich Hoffnungen auf seine Parteigänger in Athen und rechnete wohl auch mit einer gewissen Kriegsmüdigkeit in dieser Polis, zumal sich einflußreiche Kreise um Eubulos und Phokion 343 in dem Verfahren gegen Aischines wegen Verletzung seiner Gesandtschaftspflichten (Parapresbeia) für den Angeklagten eingesetzt hatten.[359] Philipps Rechnung ging indes nicht auf. Aus der Gruppe um Demosthenes konnte Hegesippos die athenische Volksversammlung wieder mit einer Reihe von Argumenten beeindrucken und die Ablehnung der Vorschläge Philipps durchsetzen. Neue Kämpfe waren jetzt nicht mehr auszuschließen, doch schien man in Athen noch nicht eine akute Kriegsgefahr zu befürchten.

Philipp mag erkannt haben, daß die geographischen Namen Amphipolis, Kardia, Chersonesos und Halonnesos gleichsam Chiffren für unüberbrückbare Gegensätze geworden waren. Er sah offenbar im Augenblick keine Möglichkeit, eine friedliche Übereinkunft zu erreichen.[360] Jedenfalls nahm er keine Rücksicht mehr auf athenische Interessen. Im griechischen Mutterland hatte sich vermutlich nach seiner Rückkehr aus Epeiros für ihn dringender Handlungsbedarf ergeben. Jedenfalls brachte er 342 Maßnahmen zur Festigung seiner Stellung als Archon (Tagos) der Thessaler zum Abschluß.[361] Möglicherweise wurde damals auch die 346 von ihm zur Absicherung der Thermopylen in Nikaia stationierte thessalische Garnison durch eine makedonische Truppe abgelöst.[362]

Alarmierender war für die Athener jedoch die makedonische Intervention auf Euboia, wo bereits seit längerem Konflikte schwelten. Philipp suchte dort 342 die Herrschaft makedonenfreundlicher Machthaber in Eretria und Oreos zu festigen.[363] Seine Hoffnungen sollten sich aber nicht erfüllen, und durch ein Zusammenwirken mehrerer Faktoren entstand auf Euboia eine gefährliche Krise.

Philipp selbst sah 342 aber seine vordringlichste Aufgabe weiterhin in der Arrondierung seines Herrschafts- und Einflußbereiches in Thrakien, zumal der Großkönig Artaxerxes III. Ochos 343/42 Ägypten unterworfen und wieder in sein Reich eingegliedert hatte. Philipp konnte trotz seines 343 mit Artaxerxes geschlossenen Freundschafts- und Nichtangriffspaktes[364] nicht sicher voraussehen, wie sich das Verhältnis zu einem wiedererstarkenden Persien gestalten würde, wenn der Großkönig freie Hand hatte, seine Interessen in Kleinasien energisch zu verfolgen. Daß hier eine Konfrontation nicht auszuschließen war, zeigt das Vorgehen des fähigen rhodischen Söldnerführers Mentor, der im Auftrag des Großkönigs in Kleinasien gegen aufständische Dynasten operierte. Rein formal hatte sich Philipp durch den genannten Vertrag mit Artaxerxes zwar abgesichert. Persien hatte aber nach der Unterwerfung Ägyptens und weiterer Erhebungen in Phoinikien und auf Kypros neuen Handlungsspielraum im maritimen Bereich gewonnen.[365] Dies konnte Rückwirkungen auf Philipps Beziehungen zu griechischen Gemeinwesen haben. Welche Möglichkeiten sich hier ergaben, hatte sich bereits gezeigt, als Artaxerxes Unterstützung durch Hilfstruppen aus Argos und Theben erhielt. Als Warnung hatte Philipp zweifellos auch die Aktivitäten der schon erwähnten athenischen Gesandtschaft unter Leitung des Demosthenes 344 v. Chr. auf der Peloponnes gewertet. Vor diesem Hintergrund der Entstehung neuer Konfliktherde in Griechenland und der Wiedererstarkung des Perserreiches ist Philipps Wendung nach Thrakien 342 zu sehen. Der König war nunmehr zweifellos gewillt, dort die Gebiete bis zu den Meerengen zu okkupieren. Als Vorwand dienten Gefahren für die Griechenstädte am Hellespont (Diod. 16,71,2). Die betreffenden Vorwürfe richteten sich vor allem gegen Kersobleptes, der ebenso wie der Thraker Teres endgültig unterworfen und abgesetzt wurde. Philipp ließ in den eroberten Räumen verschiedene Städte gründen und begann mit dem Aufbau einer neuen makedonischen Herrschaftsorganisation, die vermutlich schon damals einem Strategos („Militärgouverneur“) unterstellt wurde (vgl. Diod. 17,62,5).

Die Erfolge Philipps in Thrakien hatten indes Auswirkungen, die der König schwerlich in vollem Umfang einkalkulieren konnte, als er seine neue Expansion einleitete. War Philipp zweifellos bestrebt gewesen, am Hellespont, am Marmarameer und am Bosporos freien Zugang zum Meer zu gewinnen, um eine mögliche Einflußnahme des Großkönigs bzw. der persischen Satrapen auf makedonisches Okkupationsgebiet in Thrakien auszuschalten, so sah dies aus persischer Perspektive natürlich ganz anders aus.[366] Am persischen Königshof erkannte man recht bald, daß durch die neue Nachbarschaft des unberechenbaren und machthungrigen Makedonen eine völlig neue und langfristig höchst gefährliche Situation entstanden war. Der Großkönig gab den Satrapen in den kleinasiatischen Küstengebieten und insonderheit dem Statthalter im hellespontischen Phrygien 340 Weisung, der bislang mit Philipp verbündeten, jetzt aber von ihm attackierten Polis Perinthos am Nordufer des Marmarameeres Waffenhilfe zu leisten. Es handelte sich nicht um die einzige Unterstützung, die Perinthos gewährt wurde und dazu beitrug, daß die Bürgerschaft Philipp erfolgreich Widerstand zu leisten vermochte. In dieser Zeit schienen sich zudem die Anzeichen einer Zurückdrängung Makedoniens und des Beginns eines Mehrfrontenkrieges zu mehren.[367] Philipp schien jetzt nicht nur im Westen vor Ambrakia und Naupaktos, sondern auch an der Handelsroute zum Schwarzen Meer an seine Grenze gestoßen zu sein. Zwar konnten sich kleinere Städte im nördlichen Ägäisbereich der makedonischen Expansion nicht widersetzen,[368] doch sahen Ende der vierziger Jahre nicht nur die Perinther, sondern auch die bislang gleichfalls mit Philipp verbündeten Byzantier in der Eroberungspolitik des makedonischen Königs eine weit größere Gefahr als in verschiedenen Aktionen der Athener, die bereits 343/42 – wie gesagt – zur Verstärkung ihrer Positionen an der genannten Getreideroute unter Leitung des Strategen Diopeithes Kleruchen auf die Chersones geschickt hatten.[369] Inwieweit Diopeithes bei dieser Aktion seine Kompetenzen überschritt, ist schwer zu entscheiden. Jedenfalls versuchte er nicht nur, die mit Philipp verbündete Polis Kardia zu gewinnen, sondern erhob darüber hinaus auch einen Durchgangszoll am Hellespont, um ein Söldnerkorps aufstellen zu können, mit dem er während des Thrakerfeldzuges Philipps makedonische Positionen angriff und hierdurch die Spannungen zwischen Athen und Philipp erheblich verschärfte. Proteste Philipps wurden in Athen unter dem Eindruck der Argumentation des Demosthenes zurückgewiesen, der im April 341 durchsetzte, daß Diopeithes' Operationen von der Volksversammlung gebilligt wurden. In dieser Zeit zeichnete sich bereits der Konflikt zwischen Philipp und den Byzantiern ab, die sich geweigert hatten, den König in den Kämpfen in Thrakien zu unterstützen (Ps.-Demosth. 12,2–3).

Noch dramatischer waren die Ereignisse auf Euboia, die gleichsam eine Lawine ins Rollen brachten. Schwelende lokale Konflikte und die Zuspitzung der Gesamtlage infolge der Schwierigkeiten, in die sich Philipp selbst durch seine weiträumige Expansion manövriert hatte, wirkten zusammen, als Parteigänger des Makedonen auf Euboia eine radikale Schwenkung vollzogen. Kallias von Chalkis, der in dieser bedeutendsten Polis Euboias den maßgebenden Einfluß ausübte, verfolgte mit seinem Bruder Taurosthenes seit Anfang der vierziger Jahre das ehrgeizige Projekt, einen Bund euboiischer Städte unter Führung seiner eigenen Polis zu gründen. Die Bemühungen der Brüder, hierfür Rückendeckung durch Philipp zu erhalten, waren jedoch gescheitert. Zweifellos war der König nach dem Frieden des Philokrates nicht daran interessiert, daß auf Euboia eine nach Unabhängigkeit und Selbständigkeit strebende neue Mittelmacht entstand.[370] Nachdem Kallias auch in Theben keine Unterstützung erhalten hatte, wandte er sich an Athen, wo sich Demosthenes mit Nachdruck für eine Symmachie mit Chalkis einsetzte.[371] Wahrscheinlich im Frühjahr 341 v. Chr.[372] wurde ein Bündnis auf der Basis völliger Gleichberechtigung geschlossen.[373] Dies implizierte, daß Chalkis fortan nicht mehr Syntaxeis an Athen abzuführen sowie nicht mehr an dem Synhedrion des zweiten Seebundes teilzunehmen brauchte, dem die Polis ebenso wie die übrigen Städte auf Euboia bis dahin noch formal angehörte.[374] Durch das Bündnis mit Chalkis setzten die Athener ihre Politik der Absicherung ihres unmittelbaren strategischen Vorfeldes fort, eine Politik, die sie durch ihre Intervention in Megara (wohl 344/43) mit einigem Erfolg eingeleitet hatten, als sie dort durch eine überraschend eingeleitete Operation mit Bürgertruppen unter der Führung des Phokion ihre Parteigänger unterstützten und hierdurch verhinderten, daß makedonenfreundliche „oligarchische" Kreise sich in der Polis durchsetzen konnten.[375] Diese Aktivitäten fanden ihre Fortsetzung in den Aktionen auf Euboia im Sommer und im Frühherbst 341 v. Chr., als es gelang, durch Unternehmungen unter Leitung des Kephisophon und des Phokion den makedonenfreundlichen „Tyrannen" Philistides von Oreos zu überwinden sowie die Herrschaft des Kleitarchos in Eretria zu beseitigen und dort ein demokratisches System einzurichten.[376] Bald darauf schlossen Athen und Eretria ein Bündnis.[377]

Durch die Symmachien der Athener mit Chalkis und Eretria waren wichtige Voraussetzungen für die Konstituierung des Euboiischen Bundes gegeben, der im Frühjahr 340 gegründet wurde.[378] Die Poleis der Insel Euboia, die Mitglieder des Seebundes geblieben waren, schlossen nunmehr ihrerseits neue Bündnisse mit Athen und wurden damit faktisch aus dem Seebund entlassen. Athen verzichtete nicht nur auf die „Beiträge“ (Syntaxeis) in Höhe von zehn Talente, die von Chalkis, Oreos und Eretria gezahlt wurden, sondern konzedierte dem neuen Bund auch ein eigenes Synhedrion, das in Chalkis tagte. Der Gewinn der Athener bestand darin, daß sie nunmehr wieder ein „Vorwerk“ vor der attischen Ostküste an ihrer wichtigsten Handelsstraße besaßen. Makedonische Gegenmaßnahmen erfolgten nicht. Hierdurch offenbar ermutigt, unternahm Kallias, der eigentliche Initiator des Euboiischen Bundes, Beutezüge gegen kleinere Siedlungen am Golf von Pagasai (Ps.-Demosth. 12,5). Die Trieren hierzu hatten die Athener geliefert, allerdings ohne die erforderlichen Mannschaften zu stellen, da sie die Form wahren und nicht den Anschein erwecken wollten, die Kriegshandlungen eröffnet zu haben. Wenig später erfolgte von der Insel Peparethos aus die schon erwähnte Aktion gegen Halonnesos, wo die dortige makedonische Besatzung gefangengenommen wurde (Ps.-Demosth. 12,12). Während formal noch Frieden herrschte, hatte faktisch der Krieg begonnen.

Auf diese Situation wies Philipp in einer Botschaft an die Athener mit allem Nachdruck hin, indem er aus seiner Sicht die athenischen „Aggressionen“ aufzählte.[379] Hatte Philipp 340 bereits die Hoffnung aufgegeben, durch Verhandlungen mit Athen letztlich doch seine Ziele erreichen zu können?[380] Er griff jedenfalls – wie schon erwähnt – im Hochsommer 340 Perinthos und einige Wochen später auch Byzantion an, das ebenso wie der persische Satrap von Phrygien am Hellespont die Perinther unterstützte. Byzantion war inzwischen mit Athen verbündet, und zwischen Athen und Repräsentanten der Großmacht Persien fanden damals offenbar Verhandlungen statt.[381] Philipps Strategie war klar erkennbar. Sein Hauptziel war Byzantion. Von dort aus konnte er gegebenenfalls die Getreideroute nach Griechenland sperren und auf Athen und andere Polis stärksten Druck ausüben. Eine wichtige Station auf dem Weg nach Byzantion war aber Perinthos, dessen Einnahme dem König vordringlich erschien.[382] Um dies zu erreichen, benötigte er freilich Kriegsschiffe. Die Athener, die selbst noch nicht in den Kampf um Perinthos eingriffen, hatten jedoch am Hellespont zum Schutz der Chersones ein Geschwader unter dem Kommando von Chares stationiert (Plut. Phok. 14,2) und verstärkten diese Streitmacht durch Entsendung weiterer Trieren unter Kephisophon.[383] Chares verhinderte die Durchfahrt makedonischer Schiffe durch die Dardanellen. Philipp ließ daraufhin makedonische Truppen in die Chersones einmarschieren und ermöglichte hierdurch seinen eigenen Schiffen die Fahrt ins Marmarameer. Dies war ohne Zweifel ein aggressiver Akt, den Philipp freilich in der erwähnten Botschaft an die Athener zu bemänteln suchte, indem er seine eigenen Aktionen als politisch und militärisch notwendige Maßnahmen darstellte und zugleich scharfe Vorwürfe an die Adresse der Athener richtete. Faktisch kam sein Schreiben einem Ultimatum gleich, das indes keine Wirkung zeigte.

Um Perinthos zu bezwingen, wollte Philipp den Abzug der Hilfstruppen der Byzantier durch ein Ablenkungsmanöver erreichen. Er griff überraschend Byzantion an, konnte aber auch diese Polis nicht erobern. Allerdings hatte er immerhin durch den Einmarsch makedonischer Truppen in die Chersones seinen Trieren die Fahrt zum Bosporos ermöglicht. Dort gab er Weisung, an der nördlichen Einfahrt in die Meerenge einen großen Getreidekonvoi zu kapern. Dies gelang schließlich durch einen Überfall vom Lande aus, als der athenische Befehlshaber Chares zu Verhandlungen mit persischen Funktionären abgerufen worden war.[384] Der Verkauf der Beute soll 700 Talente betragen haben. Als die athenische Streitmacht Verstärkungen erhielt, mußte sich die makedonische Flotte ins Schwarze Meer zurückziehen. Wahrscheinlich erfolgte nach dem Angriff Philipps auf jenen Geleitzug (September 340) auf Antrag des Demosthenes die formelle athenische Kriegserklärung an Philipp.[385]

Philipps Motive für seinen Befehl zum Angriff auf die Getreideschiffe lassen sich nur vermuten. Daß er lediglich auf diese Weise die Versorgung seiner Truppen sichern oder den Athenern zumindest den Ernst der Lage vor Augen führen und sie zum Einlenken zwingen wollte, ist kaum anzunehmen. Sicher, die Athener hatten 404 und 387 den Kampf nicht fortgesetzt, als sie die Kontrolle über die Getreideroute verloren hatten, doch besaß Athen jetzt im Unterschied zur Situation in den genannten Jahren ganz andere Möglichkeiten, da es noch über eine intakte große Flotte verfügte und die Versorgung der attischen Bevölkerung im Winter 340/39 nicht zusammenbrach, zumal die Handelswege nach Ägypten offenblieben.[386] Hatte Philipp das Risiko im Herbst 340 falsch eingeschätzt?[387] Er hätte mit einer scharfen Reaktion der Athener rechnen müssen, die keineswegs unvorbereitet in einen großen Krieg schlitterten. Wenn die Mehrheit der Teilnehmer an einer Volksversammlung im Herbst 340 dem Antrag des Demosthenes auf eine Kriegserklärung zugestimmt hat, dürfte dies der Einstellung der meisten Bürger Athens durchaus entsprochen haben. Die Entschlossenheit dieser Bürgermehrheit, die nunmehr einen Krieg für unvermeidbar hielt, kann nicht einfach auf eine langjährige Agitation des Demosthenes und seines Kreises zurückgeführt werden. Demosthenes hatte natürlich immer wieder auf die Gefahren hingewiesen, die den Hellenen durch Philipp drohen konnten. Daß seine Argumente aber von zahlreichen athenischen Bürgern und anderen Griechen ernstgenommen wurden, demonstrieren die Erfolge seiner Aktivitäten, deren Höhepunkt die Gründung eines nach ihm benannten Hellenenbundes war, der vermutlich am 16. Anthesterion (Februar/März) 340 konstituiert worden war.[388]

Die Grundlage dieser Vereinigung war die gegenseitige Verpflichtung zur Hilfeleistung bei einem feindlichen Angriff. Die Führung des Bundes wurde den Athenern übertragen (Aischin. 3,98). Athen wurde auch Sitz eines Synhedrions der Mitglieder, die im übrigen Syntaxeis („Beiträge") zu zahlen hatten. Neben der Führungsmacht gehörten zu dieser Symmachie, die keine Fortsetzung des Seebundes darstellte, Euboia, Korinth und Byzantion sowie die Achaier, Lokrer und Messenier. Ob Korinth sowie Leukas und Kerkyra schon im Frühjahr 340 oder später dem Bund beigetreten sind, bleibt offen.[389] Es handelte sich freilich um eine Symmachie, die nur einen Teil der Hellenen umfaßte. Immerhin zählten aber zu den Mitgliedern nicht nur Poleis, sondern auch landschaftliche Vereinigungen bzw. Ethne.[390] Eine Bundesflotte von 100 Trieren sollte neben der athenischen Seemacht ausgerüstet werden (Aischin. 3,97). Des weiteren sollte eine Umlage von 100 Talenten die Anwerbung von Söldnern ermöglichen.

Im Aufbau und in der Zusammensetzung des Bundes kommt der große Wandel im Vergleich zum fünften Jahrhundert zum Ausdruck. Damals konnte Athen gesamthellenischen Führungsanspruch gegen die von Persien her drohende „Barbarengefahr" erheben. Nunmehr handelte es sich um eine antimakedonische Koalition, für die Athen auf Betreiben des Demosthenes um Rückendeckung und Subsidien seitens des Großkönigs bemüht war, ohne daß aber ein regelrechtes Bündnis mit Persien von einer von Demosthenes initiierten athenischen Gesandtschaft erreicht werden konnte.[391] Die Gründung des Hellenenbundes signalisiert somit auf keinen Fall die Wiederaufnahme einer panhellenischen Hegemonialpolitik der Athener. Hierfür fehlten angesichts der Stärke Makedoniens die Voraussetzungen. Die Besitzungen der Athener außerhalb Attikas waren inzwischen zu sehr reduziert.[392] Sie umfaßten im Kern nur noch Lemnos, Imbros und Skyros sowie Samos und die athenischen Kleruchien auf der thrakischen Chersones. Der Seebund konnte nach Lage der Dinge den Athenern im Kampf gegen Makedonien keinen entscheidenden Rückhalt bieten. Vor allem aber benötigte Athen im Kriegsfall dringend Verstärkung zu Lande. Diese Unterstützung schien 339 durch ein Sonderbündnis mit Theben gewährleistet zu sein. Zur See war Athen bereits gerüstet. Wohl im Spätherbst 340 erhielt Demosthenes die Position eines „Vorstehers über das Flottenwesen" (ἐπιστάτης τοῦ ναυτικοῦ). Hierdurch wurde ihm die politische Aufsicht über die stärkste Waffengattung Athens übertragen. Seine bedeutendste Leistung in diesem Bereich war ein von ihm initiiertes Gesetz zur Reform des Trierarchiesystems. Die 300 reichsten Athener hatten nunmehr die volle Verantwortung für die Funktionsfähigkeit dieses Systems zu übernehmen und den größten Teil der Kosten selbst zu tragen.[393] Nach dieser Neuerung konnte die athenische Flotte bis 338 v. Chr. auf insgesamt 400 Einheiten verstärkt werden, die freilich nicht gleichzeitig eingesetzt werden konnten. Für den Flottenbau waren Einsparungen und neue Dispositionen in der Zuteilung der öffentlichen Gelder – dem sogenannten Merismos – erforderlich. Große öffentliche Bauprojekte wie der Bau der Skeuothek (eines Magazins für Schiffsausrüstungen) und der Schiffshäuser sollten vorläufig aufgegeben werden. Zudem ließ Demosthenes 339 ein Psephisma beschließen, das zeitweilige Überweisungen vom Theorikon-Fond auf die Militärkasse (Stratiotikon) ermöglichte. Alle verfügbaren Gelder sollten für die Dauer des Krieges in die Militärkasse fließen.[394]

Nach dem makedonischen Überfall auf die Getreideflotte am Bosporos blieb den Athenern eine militärische Konfrontation zunächst noch erspart, da Philipp nach seinen erfolglosen Angriffen auf Perinthos und Byzantion gegen den Skythenkönig Atheas an der unteren Donau operierte. Offenbar suchte er hierdurch den Prestigeverlust wettzumachen, den er vor Perinthos und Byzantion erlitten hatte. Als er nach einer schweren Verwundung, die er im Kampf gegen Triballer erhalten hatte, im Herbst 339 in seine Residenz in Pella zurückkehrte, hatte sich eine neue Situation in Griechenland ergeben.

Aus kaum durchschaubaren Gründen hatten sich die Lokrer von Amphissa in ein Intrigenspiel gegen die Athener einspannen lassen, dessen Urheber nicht bekannt sind.[395] Sie sollten auf einer der routinemäßigen Versammlungen der Amphiktyonen (wahrscheinlich im Frühjahr 339) gegen die Athener wegen frevelhafter Aufstellung von goldenen Schilden während des dritten Heiligen Krieges in dem noch nicht geweihten neuen Tempel in Delphi Klage erheben (Aischin. 3,115–130). Die geplante Aktion zielte offenbar darauf ab, die Athener politisch zu isolieren, da zu erwarten war, daß sie im Fall einer Verurteilung durch die Amphiktyonen die Zahlung einer Buße verweigern würden. Durch geschickte Argumentation verstand es aber Aischines, der als athenischer Gesandter nach Delphi abgeordnet worden war, die Lokrer in die Rolle von Angeklagten zu manövrieren, indem er alte Vorwürfe wegen Bebauung des Tempellandes vor 150 Jahren aktualisierte. Die Situation spitzte sich offenbar durch Rivalitäten zwischen Thebanern und Thessalern um den dominierenden Einfluß auf die Amphiktyonie im Verlauf der Abwesenheit Philipps zu, während die Athener auf Drängen des Demosthenes sich aus dem Konflikt heraushielten, um sich nicht an Sanktionen gegen die Bürger von Amphissa, die Verbündeten Thebens, beteiligen zu müssen. Für Demosthenes war es vorrangiges Ziel der Athener, in einem Krieg mit Philipp die Thebaner als Symmachoi zu gewinnen. Nach seiner Einschätzung der Lage wäre es ein verhängnisvoller Fehler der Athener, im benachbarten Theben weiterhin einen „Erbfeind“ zu sehen, da zu erwarten war, daß die makedonische Expansion sich wieder nach Süden richten würde, sobald dem König die Situation hierfür günstig erscheine.[396] Demosthenes sprach sich mit Erfolg gegen eine athenische Teilnahme an einer außerordentlichen Sitzung des Amphiktyonenrates aus, weil dort Kontroversen über Sanktionen gegen Amphissa zu erwarten seien (Aischin. 3, 126–127). Er hatte die Situation richtig eingeschätzt. Auch Theben schickte keine Repräsentanten in jene außerordentliche Amphiktyonenversammlung, die dann zwar für einen Heiligen Krieg stimmte, aber keine allzu harte Bestrafung der Amphissäer beschloß und offenbar davon ausging, diese Angelegenheit auch ohne Philipp regeln zu können, der in dieser Zeit – wie gesagt – noch gegen die Skythen kämpfte[397] und bemüht war, nach den militärischen Rückschlägen des Vorjahres vor Perinthos und Byzantion neuen Waffenruhm zu gewinnen. Währenddessen konnte er aber nicht verhindern, daß die Thebaner überraschend seine Besatzung aus Nikaia an den Thermopylen vertrieben und ihm hierdurch an dieser Stelle den Weg nach Mittelgriechenland versperrten. Sein Gegenzug ließ nicht lange auf sich warten. Auf der regulären Herbstversammlung der Amphiktyonen 339 ließ er sich zum Feldherrn eines Exekutionsheeres gegen Amphissa ernennen. Damit bot sich ihm die Chance, in Zentralgriechenland zu intervenieren. Völlig überraschend eröffnete er (wohl im November 339) den Entscheidungskampf.

Zwischen 352 und 346 hatte die Sperrung der Thermopylen ein wirksames Hindernis gegen die Ausweitung des makedonischen Machtbereiches nach Mittel- und Südgriechenland gebildet. Nach der Wiedergewinnung von Nikaia fühlte man sich in Athen und Theben wieder sicher, ohne ernsthaft in Rechnung zu stellen, daß es auch noch andere Mittel und Wege für Philipp gab. Daß ihm Ende 339 ein Überraschungserfolg gelang, ist indes kaum auf Versäumnisse des Demosthenes zurückzuführen, der kein Militär war, sondern als Politiker alle Hebel in Bewegung gesetzt hatte, um in Hellas eine Einheitsfront gegen Philipp zu errichten und den makedonischen Einfluß in Griechenland möglichst auszuschalten oder zumindest zu begrenzen. Demgegenüber hatten aber die gewissermaßen professionell als Heer- und Flottenführer agierenden Athener sowie auch ranghohe Thebaner die Möglichkeit eines makedonischen Täuschungsmanövers zur Umgehung der Thermopylensperre nicht einkalkuliert. Philipp stieß in die Landschaft Doris vor und erreichte von dort aus Elateia in Phokis am Ausgang der Straße von den Thermopylen in das Kephisostal. Damit stand ihm der Weg durch Phokis nach Boiotien bis Parapotamioi am Kephisos an der Enge zwischen dem Parnaß und dem Hadyliongebirge offen.

Die Nachricht von seinem Vorstoß schlug nach der späteren Darstellung des Demosthenes in Athen wie eine Bombe ein und löste eine regelrechte Panik aus (Demosth. 18,169 ff.; Diod. 16,84,2 ff.). Retter in der Not sollte nach Auffassung der Athener jetzt Demosthenes selbst sein, der den Antrag stellte, sofort den Thebanern ein Bündnisangebot gegen Philipp zu offerieren. Die Leitung der Gesandtschaft erhielt selbstverständlich Demosthenes, der eine außerordentlich schwierige Situation zu meistern hatte, denn vor ihm waren bereits Gesandte Philipps eingetroffen, die erklärten, der König sei bereit, auf Nikaia zu verzichten, fordere aber von den Thebanern, dieses Sperrfort zu räumen und den Lokrern zu übergeben. Zudem ersuche er die Thebaner, ihm den Durchmarsch durch Boiotien zu erlauben. Die Thebaner entschieden sich für Athen. Bereits durch ihre Aktion gegen Nikaia hatten sie demonstriert, daß sie Philipps Expansion nach Süden als Bedrohung empfanden. Die Athener kamen ihnen nunmehr dank der Initiative des Demosthenes in vielen Punkten in bemerkenswertem Ausmaß entgegen.[398] Athen erkannte den Boiotischen Bund in vollem Umfang an und erklärte sich bereit, den Thebanern Hilfe zu leisten, falls eine boiotische Polis von diesem Bund abfallen sollte. Ferner waren die Athener bereit, zwei Drittel der Kriegskosten zu Lande zu übernehmen. Das restliche Drittel sollte von Theben getragen werden, während die Athener alle Kosten des Seekrieges übernehmen wollten. Diese Aufteilung entsprach den unterschiedlichen Finanzressourcen der beiden Poleis. Auch die Befehlsgewalt über die Landstreitkräfte war sinnvoll geregelt, denn die Thebaner sollten aufgrund ihrer schlagkräftigen Hoplitentruppe das Kommando auf diesem Sektor erhalten. Zudem war ohnehin zu erwarten, daß Boiotien der Hauptkriegsschauplatz sein werde. Erstaunlich ist aber die Regelung, daß beiden Vertragspartnern bei Seeoperationen die gleiche Befehlsgewalt zukommen sollte. Es handelte sich hierbei eindeutig um eine athenische Konzession, die demonstriert, wie ernst man in Athen die Situation eingeschätzt hat. Es war klar, daß ohne ein Bündnis mit Theben die Athener und ihre Symmachoi zu diesem Zeitpunkt nicht mehr in der Lage sein würden, einen Vorstoß Philipps nach Attika zu unterbinden.

Für Philipp aber hatte sich nach seinem Anfangserfolg die Situation wieder grundlegend geändert. Der König hat dies zweifellos erkannt, da er nunmehr Verhandlungen anbot.[399] Offensichtlich wollte er nicht alles auf eine Karte setzen, denn durch einen Mißerfolg hätte er alle bisherigen Gewinne wieder verlieren können. Sein Angebot wurde abgelehnt. Siegeszuversicht herrschte in Athen und Theben. Philipp scheint die neue Lage sehr kritisch beurteilt zu haben. Er setzte von Elateia aus seinen Vormarsch nach Süden zunächst nicht fort.

Das Gros der thebanischen und athenischen Fußtruppen wurde bei Parapotamioi postiert, ein Söldnerheer von etwa 10 000 Mann unter Chares und dem Thebaner Proxenos sperrte den Gravia-Paß nördlich von Amphissa.[400] In zwei Wintergefechten wurden makedonische Durchbruchsversuche abgewehrt.[401] Philipp schien bereits die Initiative verloren zu haben. Da ermöglichte grenzenlose Nachlässigkeit der beiden Söldnerführer dem König und seinem Feldherrn Parmenion, die aus dem oberen Kephisostal in die lokrische Ebene führenden Pässe, die nicht gesperrt worden waren, überraschend zu besetzen, nach Amphissa vorzustoßen und die Söldnertruppe vernichtend zu schlagen.[402] Nach neun Monaten hatte Philipp die erste Verteidigungslinie der Athener und Thebaner überwunden. Die griechischen Verbündeten hielten zwar immer noch Parapotamioi, mußten sich aber jetzt auf eine neue Linie zurückziehen, die von Chaironeia bis Lebada verlief. Erneut fanden längere Zeit keine militärischen Operationen statt. Die Verbündeten hatten den Vorteil der inneren Linie und konnten hoffen, bis zum Eintritt des Winters Philipp hinhalten zu können. Es kam jedoch etwa Anfang August 338 aus nicht klar erkennbaren Gründen zur Entscheidungsschlacht. Die thebanischen Befehlshaber mögen die Ebene von Chaironeia als günstiges Gelände für eine Hoplitenschlacht gewertet und hierin eine Chance für eine siegreiche Beendigung des Krieges gesehen haben, der zweifellos infolge des großen Aufgebotes auf die Dauer erhebliche Kosten verursachte.[403] Philipp wird seinerseits nach der Pattsituation in einem längeren Stellungskrieg und vergeblichen Sondierungen in Athen und Theben keine Alternative zu einer Entscheidungsschlacht gesehen und vor allem auf die Schlagkraft seiner Reiterei vertraut haben, die er auf seinem linken Flügel massierte und dem erst achtzehnjährigen Kronprinzen Alexander unterstellte. Dem Angriffsflügel der makedonischen Reiterei stand die Elitetruppe der sogenannten Heiligen Schar der Thebaner gegenüber. Hieran schlossen sich zum griechischen Zentrum hin boiotische Verbände an. Im Zentrum selbst standen Korinther, Achaier und weitere Kontingente der mit Athen verbündeten kleineren Gemeinwesen, während den linken griechischen Flügel die Athener einnahmen, die von Philipp (auf seinem eigenen rechten Flügel) durch einen fingierten makedonischen Rückzug getäuscht und zu einem ungestümen Vormarsch verleitet werden konnten und dann durch einen überraschenden Gegenangriff der Makedonen geschlagen wurden.[404] Wahrscheinlich war infolge des Vorrückens der Athener eine Lücke in der griechischen Schlachtreihe entstanden, die nicht schnell genug geschlossen werden konnte. Dieser Gegenstoß der makedonischen Infanterie erfolgte aber wohl erst nach der Attacke der makedonischen Kavallerie, der ein Einbruch in eine weitere Lücke gelungen war, die sich zwischen dem Zentrum und dem rechten Flügel der Griechen gebildet hatte.[405] Jedenfalls löste sich die griechische Schlachtreihe auf, das Zentrum der Griechen wich zurück, die Athener wurden auch im Rücken umfaßt und zogen fluchtartig über den Kerata-Paß ab. Vergebens suchte die Heilige Schar der Thebaner standzuhalten. Sie erlitt die schwersten Verluste. Auf athenischer Seite waren etwa 1000 Gefallene zu beklagen, 2000 athenische Bürger waren in Gefangenschaft geraten. Unbekannt sind die Verluste der Boioter und der Kontingente der kleineren Gemeinwesen, die auf seiten der Athener und Thebaner gekämpft hatten.

Eine weltgeschichtliche Entscheidung war gefallen. Der Hellenenbund löste sich auf. Die Athener hatten von ihren bisherigen Bundesgenossen keine Hilfe mehr zu erwarten. Sie gaben aber keineswegs schon auf. In fieberhafter Eile wurden in der Polis Vorbereitungen zur Abwehr des erwarteten Angriffs getroffen. Die gesamte Landbevölkerung sollte hinter den Mauern in Sicherheit gebracht werden. Alle noch wehrfähigen über fünfzig Jahre alten Bürger sollten zur Unterstützung der jüngeren Jahrgänge dem Mobilmachungsbefehl Folge leisten. Wehrfähige Metoiken sollten aufgeboten werden und das Bürgerrecht erhalten.[406] Zudem sollten alle Bedenken gegen die Bewaffnung von Unfreien überwunden und die einsatzfähigen Sklaven in der Stunde höchster Not emanzipiert und zu den Waffen gerufen werden.[407] Hypereides, der diesen Antrag gestellt hatte, verteidigte sich später mit den Worten, daß die Sklaven frei sein sollten, damit die Freien nicht versklavt würden.

Die geplante "levée en masse" erübrigte sich jedoch. Philipp wollte offenbar nach seinen Erfahrungen vor Perinthos und Byzantion das Risiko eines Kampfes gegen die Festung Athen und die noch intakte athenische Flotte nicht eingehen. Unter den athenischen Gefangenen in seinem Lager befand sich u. a. Demades, der ein Friedensangebot nach Athen übermittelte. Seine Mission hatte Erfolg. In Athen war inzwischen Charidemos, der zunächst als unversöhnlicher Gegner Philipps die Leitung der Verteidigung übernehmen sollte, durch Phokion auf Empfehlung des Areopags ersetzt worden. Phokion erhielt zusammen mit Aischines und Demades den Auftrag, mit dem siegreichen König zu verhandeln. Es kam rasch (wohl noch im August 338) zu einer Einigung, da Philipp überaus günstige Friedensbedingungen konzedierte. Die Athener mußte zwar ihren zweiten Seebund auflösen (Paus. 1,25,3) und auf die Chersones verzichten, sollten aber hierfür Oropos erhalten (Paus. 1,34,1) und im Besitz ihrer Klerucheninseln Samos, Lemnos, Imbros und Skyros bleiben.[408] Darüber hinaus sicherte Philipp den Athenern die Integrität ihres Polisterritoriums zu und versprach, die Kriegsgefangenen ohne Lösegeld freizulassen sowie nicht nach Attika einzurücken. Die athenische Flotte sollte in voller Stärke erhalten bleiben.

Diese günstigen Bedingungen waren in Athen zweifellos nicht erwartet worden. Sie sind nur zu verstehen im Zusammenhang mit der Gesamtkonzeption Philipps, der realistisch das nach wie vor beachtliche maritime Potential der Athener zu beurteilen vermochte und diesem Machtfaktor eine wichtige Rolle im Rahmen seiner Politik zuzuweisen gedachte. Harte Sanktionen konnten nicht im Sinne des makedonischen Königs sein, der durch die Erhaltung der Flotte der besiegten Athener sein eigenes militärisches Potential in einem künftigen Kampf gegen Persien zu stärken suchte. Faktisch gehörte aber Athen nunmehr zum makedonischen Einflußbereich. Bestätigt wurde dieses bedeutsame Ergebnis der Schlacht bei Chaironeia durch die Konstituierung des Korinthischen Bundes 338/37 unter der Hegemonie Philipps.

EPILOG

Die Schuldzuweisungen an die militärische Führung nach der Entscheidungsschlacht bei Chaironeia sind zwar auch als „Entlastungsangriffe“ der politischen Akteure in Athen selbst zu interpretieren,[409] doch war die Kritik an der Heeresleitung sicherlich nicht gänzlich unbegründet. Jedenfalls gehen die Fehler der Truppenbefehlshaber im Verlauf des Feldzuges nicht auf das Konto des Systems der Entscheidungsfindung in Athen. Das Ergebnis des Krieges der Athener gegen Philipp von Makedonien kann daher nicht das alleinige Kriterium für ein historisches Urteil über Demosthenes und die damaligen Beschlüsse der in den Volksversammlungen jeweils abstimmenden Bürger Athens sein. Der Kampf der Athener und ihrer Verbündeten war nicht von vornherein völlig aussichtslos. Philipp selbst hat das Risiko, das er mit diesem Krieg einging, keineswegs unterschätzt.[410] Nur so erklärt sich sein Bemühen, den entscheidenden Waffengang nach Möglichkeit zu vermeiden. Seine Bedenken waren sicherlich nicht unbegründet, denn er verlor zeitweise die strategische Initiative, als die Verbündeten den Gravia-Paß sperrten. Auch nachdem ihm der Weg nach Boiotien offenstand, zögerte er noch mehrere Monate, bis er die Entscheidungsschlacht wagte. Insofern wäre es verfehlt, die Bürgerschaft der Athener für die Niederlage bei Chaironeia mit der Begründung verantwortlich zu machen, daß sie den Ratschlägen eines Demosthenes gefolgt sei.[411] Auch wenn aus der Rückschau der Eindruck entstehen konnte, daß der Krieg gegen Makedonien eine „sinnlose, gefährliche Kräfteverschwendung“ gewesen sei,[412] bleibt zu beachten, daß sich aus der Sicht der Mehrheit der Athener die Frage ganz anders stellte. Demosthenes hat zweifellos die Stimmungslage in Athen vor dem Entscheidungskampf zutreffend charakterisiert, wenn er seine Mitbürger später in der ›Kranzrede‹ (66–69) daran erinnerte, daß es damals galt, Philipps Expansion einzudämmen und einen König in die Schranken zu weisen, der nach der Herrschaft über ganz Hellas strebte. Für Demosthenes und die meisten Athener bestand kein Zweifel, daß es ihren politischen Traditionen entsprach, Demokratie und Freiheit ihrer Polis und damit zugleich die Interessen der Hellenen gegen monarchische Zwangsherrschaft zu verteidigen. Diese Form politischer Selbstdarstellung und propagandistischer Rechtfertigung eines panhellenischen Führungsanspruches der Athener orientierte sich noch am Glanz der Machtentfaltung ihrer Polis in der Pentekontaëtie, und die Wechselfälle des vierten Jahrhunderts – der Machtverlust Spartas und die eher ephemere Hegemonie Thebens – schienen aus der Sicht der Athener zu bestätigen, daß ihnen nach wie vor die Führungsrolle in Griechenland zukomme. Wie für Livius der populus Romanus als eigentlicher „Held“ in seiner Darstellung der Geschichte Roms figuriert, so erscheinen im athenischen Geschichtsbild die Bürger selbst als Träger des Geschehens, weil sie als Demos die verbindlichen Entscheidungen in ihrer Ekklesia treffen und hierdurch seit dem Sturz der Peisistratiden Freiheit und Macht ihrer Polis gewährleistet sind. Redner wie Demosthenes und Lysias thematisieren die Rückerinnerung und das Selbstverständnis der Athener, wenn sie den athenischen Führungsanspruch mit dem Freiheitswillen und den Leistungen ihrer Polis begründen wollen. Für Lysias (2,20) haben die Athener in den Perserkriegen alle früheren menschlichen Leistungen überboten und durch Erhaltung der Freiheit aller Hellenen sich als Schirmherren Griechenlands bewährt (2,47), so daß hieraus ihr Recht auf politische und militärische Hegemonie abzuleiten ist.[413] Demosthenes und Lysias stehen in einer langen Tradition theoretischer und propagandistischer Rechtfertigung athenischer Macht und Machtausübung, die sich selbstverständlich auch und vor allem an den Sicherheitsinteressen Athens orientierte, wie dies bereits Thukydides klar formuliert hat. In der politischen Vorstellungswelt der klassischen Zeit wurde freilich von Polisbürgern auch höchster Einsatz für alle Vorteile erwartet, die ihnen aus der Zugehörigkeit zur Polisgemeinschaft erwuchsen. In besonderem Maße galt dies nach dem von politischen Meinungsführern und Rednern entscheidend geprägten Selbstverständnis der Großpolis Athen, in der in spezifischer Weise individuelle und kollektive Sicherheitsinteressen mit ökonomischen Chancen für den Gesamtverband und die einzelnen Bürger verflochten waren. Hinzu kam in der Vorstellungswelt der Athener natürlich auch das schon häufig genannte Argument des demokratischen Systems als Legitimationsbasis für hegemoniale Politik. In der Beurteilung dieser Grundlage der Größe Athens – ihrer von breiteren Kreisen getragenen Ordnung und der Leistungen ihrer Gemeinschaft für die Gesamtheit der Hellenen – bestand in Athen letztlich eine Kontinuität, die sich von den Anfängen der Lobpreisung der Marathonomachen bis zu Demosthenes' Aufrufen zur Verteidigung der Werteordnung und Sicherheitsinteressen Athens gegen die Expansion Philipps II. verfolgen läßt. Vor dem Hintergrund des Geschichtsbildes der Athener und ihres Identitätsbewußtseins war es schwerlich politisches oder militärisches Hasardieren, wenn die Bürgerschaft einer nach damaligen Kriterien demokratischen politischen Organisationsform einem auf die Dauer schwer kalkulierbaren Alleinherrscher Einhalt zu gebieten suchte. Unter diesem Aspekt ist die athenische Demokratie jedenfalls nicht an den Formen ihrer außenpolitischen Entscheidungsfindung gescheitert. Ihr institutionelles Instrumentarium war im Vergleich zu einer monarchischen Herrschaft nicht unzulänglich. Vielmehr gewann die athenische Politik gerade durch die zentrale Position der Ekklesia ihre Konstanz und Kontinuität, da sie nicht von wechselnden Regierungen und ihren Programmen bestimmt wurde,[414] sondern Meinungsführer und Redner immer wieder ihre Vorschläge und Anträge an den gemeinsamen Interessen aller Bürger orientieren und sich um möglichst breiten Konsens bemühen mußten. Langfristig wirksame Meinungsdiktate wurden durch die Konkurrenz der rivalisierenden politischen Akteure, die unter dem Druck permanenter Bewährungsproben in der Volksversammlung standen, weitgehend verhindert.

Selbstverständlich sind auch die Schattenseiten nicht zu übersehen. Für führende athenische Bürger waren politische Prozesse geradezu ein Damoklesschwert. Dennoch waren die Auswüchse des hieraus resultierenden Instrumentariums der Verbannungsurteile, Vermögens- oder Todesstrafen und Amtsenthebungen nicht eine notwendige Folge des athenischen Systems, denn die Volksversammlung konnte durch ihr Abstimmungsverhalten jederzeit selbst eine Entscheidung über unterschiedliche politische Konzeptionen treffen. Natürlich diente es nicht der Stabilisierung der Demokratie, wenn politische oder militärische Fehlentscheidungen oder vermeintliches Versagen von Truppenführern mit diffamierenden schwersten Strafen geahndet wurden. Negative Auswirkungen hatte diese Praxis zweifellos vor allem auf den Handlungsspielraum der Befehlshaber größerer Expeditionsstreitkräfte. Auf die Dauer verhängnisvoller für die athenische Polisgemeinschaft waren indes bestimmte Folgeerscheinungen der Seebundpolitik, die aus athenischer Sicht zwangsläufig eine Eigendynamik in den Methoden der Machterhaltung entfaltete, weil die Polis Athen – wie es Thukydides (1,75,4) formuliert hat – die Herrschaft über den Seebund schon aus Sicherheitsgründen nicht mehr aufgeben konnte, denn es habe die Gefahr bestanden, daß abtrünnige Symmachoi zu den Spartanern übergingen. Die zwangsläufige Folge athenischer Machtpolitik war ein Herrschaftsinstrumentarium, das nach griechischen Kriterien eine Unterdrückung freier Gemeinwesen bedeutete und auf jeden Fall einen scharfen Gegensatz zu dem Postulat einer schonenden Behandlung besiegter Feinde darstellte, wie dies etwa im ›Agamemnon‹ des Aischylos (V. 1335 ff.) anklingt. Als Beispiele seien hier bestimmte Strafaktionen in Form von Verbannungen, Enteignungen und Vertreibungen nach niedergeschlagenen Aufständen athenischer Bundesgenossen genannt. So konnte die Herrschaft Athens im Seebund mit einer Tyrannis verglichen werden, weil es schien, daß hierdurch die Grundlage der griechischen Staatenwelt – das freie Nebeneinander autonomer Gemeinwesen – in Frage gestellt war. Eine weitere Folge war nach der Darstellung des Thukydides der Erfolg antiathenischer Propaganda nach Beginn des Peloponnesischen Krieges. Thukydides (2,8,4–5) führt dies auf den Haß vieler Hellenen auf die Führungsmacht des Seebundes zurück. Zu beachten ist in diesem Kontext aber auch die kriegsbedingte Eskalation der Gewalt, die keineswegs nur auf das Konto der Athener geht. Gleichwohl zählen etwa die berüchtigten Aktionen der Athener in Mytilene, Skione und Melos zu den dunkelsten Seiten der athenischen Demokratie, in der in diesen Fällen die Entscheidungsfindung von dem Irrglauben geleitet wurde, daß Härte zur Stabilisierung der Demokratie beitrage.[415] Das Gegenteil ist eingetreten, wie Thukydides (8,2,1–2) mit Recht betont, indem er die Aufstandsbewegungen athenischer Bundesgenossen nach dem Scheitern der Sizilischen Expedition und die Bereitschaft verschiedener, bis dahin neutraler Poleis, an der Seite der Spartaner am Krieg gegen Athen teilzunehmen, auf die allgemeine Verurteilung des athenischen Herrschaftssystems zurückführt sowie mit der Furcht vor weiteren Expansionsbestrebungen der Athener in Verbindung bringt. Die Kriegslage nach der Sizilischen Expedition und die durch den spartanischen Zugriff auf Dekeleia sich verschärfende Krise Athens hat die Eskalation der Gewalt zweifellos beschleunigt. Als z. B. in Chios nach den ersten Mißerfolgen der Initiatoren der Erhebung gegen Athen einige Bürger ihre Polis vor einer Katastrophe bewahren und den Athenern wieder in die Hände spielen wollten, ließ der inzwischen in Chios kommandierende spartanische Truppenführer die Parteigänger Athens hinrichten. Dennoch konnte ein Gesamtaufgebot der Chier gegen die athenischen Belagerungsstreitkräfte ins Feld geschickt werden, weil die breite Masse offenbar aus Furcht vor athenischen Strafaktionen bereit war, den Kampf fortzusetzen

(Thuk. 8,55,3.61,3). Insofern waren die Methoden athenischer Herrschaftssicherung ihrerseits durchaus risikoreich.

Hinzu kam in der Pentekontaëtie als destabilisierender Faktor in der griechischen Staatenwelt die schon mehrfach angesprochene Vorstellung, daß große Mächte zwangsläufig über kurz oder lang gegeneinander Krieg führen. Diese „Theorie" hat ohne Zweifel entscheidend dazu beigetragen, daß nicht alle Möglichkeiten der Überwindung der Krise vor der „größten Erschütterung Griechenlands" ausgeschöpft wurden und der Peloponnesische Krieg nicht nur Athen, sondern letztlich alle hellenischen Poleis geschwächt hat. Insofern müssen die Gründe für die Niederlagen der Athener und Thebaner im Kampf gegen Philipp II. bis ins fünfte Jahrhundert zurückverfolgt werden. Das Machtvakuum, das 404 infolge der Kapitulation Athens im Ägäisraum entstanden ist, konnte weder durch Sparta noch durch Theben dauerhaft ausgefüllt werden. Die spartanische Gesellschaft mit ihrem System der Helotie und dem Ausschluß der Perioiken vom Vollbürgerrecht entsprach um 400 bereits seit langem nicht mehr den Anforderungen, die an eine hellenische Führungsmacht zu stellen waren, und die Ressourcen Thebens reichten für hegemoniale Aufgaben von vornherein nicht aus. Athen konnte zwar nach dem Sturz der Dreißig durch überaus vorsichtiges Agieren, das weitgehend durch die vorgegebenen Handlungsmöglichkeiten bestimmt war, seine außenpolitische Isolierung allmählich überwinden und eine Basis für die Gründung des zweiten Seebundes schaffen, um zumindest in Teilen seines traditionellen maritimen Einflußbereiches wieder die bestimmende Kraft zu werden. Eine dauerhafte Stabilisierung ist auf diese Weise aber nicht erreicht worden. Nach dem sogenannten Bundesgenossenkrieg (357–355) konnte die vordringlichste außenpolitische Aufgabe eigentlich nur noch in der Behauptung des verbliebenen, im wesentlichen auf die Kykladen und Euboia sowie auf wichtige nordägäische Inseln und einige Poleis im thrakischen Küstengebiet beschränkten athenischen Einflußgebietes bestehen, um die wichtige Handelsroute nach dem Schwarzen Meer zu sichern. Es gelang indes nicht mehr, die Expansion Philipps rechtzeitig einzudämmen.

Philipps Sieg bei Chaironeia bedeutete freilich noch nicht das endgültige Ende der athenischen Demokratie oder gar der Polisautonomie. Wohl aber mußten sich die Athener verabschieden von einer Epoche, die geprägt war von der Partizipation breiter Schichten an der politischen Entscheidungsfindung einer autonomen und machtvollen Bürgerschaft, in der trotz divergierender Auffassungen über bestimmte Handlungsmöglichkeiten und Handlungsgrenzen ein weitgehender Konsens über die Ziele der Außenpolitik und über die Prinzipien des demokratischen Systems bestand. Nach Lage der Dinge war die Machtentfaltung Athens überhaupt erst durch ein Engagement einer Vielzahl von Bürgern ermöglicht worden.

Die griechische Polis hat bis zum Aufstieg Makedoniens durch die Entwicklung ihres spezifischen institutionellen Gefüges eine erstaunliche Stabilität bewiesen. Dies sicherte ihr noch für Jahrhunderte eine politische Existenz als staatliches Gemeinwesen im Zeitalter des Hellenismus sowie auch als kommunales Gebilde in der mediterranen Weltkultur im Rahmen des Imperium Romanum. Daß die Polis als politische Organisationsform diese historische Bedeutung zu gewinnen vermochte, verdankte das Hellenentum nicht zuletzt dem Demos der Athener.

ANMERKUNGEN

I. Der Aufstieg zur Großmacht

[1] Nach Aristot. Ath. Pol. 19,2 erfolgte die Vertreibung der Peisistratiden aus Athen durch Kleomenes I. von Sparta „etwa" im 4. Jahr nach der Ermordung des Hipparchos. Die Intervention des Kleomenes wird allgemein in das Jahr 510 datiert. Einen früheren Ansatz vertritt ohne überzeugende Begründung V. Parker, Zur griechischen und vorderasiatischen Chronologie des 6. Jh. v. Chr. unter besonderer Berücksichtigung der Kypselidenchronologie, Historia 42 (1993) 414. Er geht davon aus, daß Sardeis 547 von den Persern erobert wurde, Peisistratos aber noch vor Kroisos' Angriff auf das Perserreich die Herrschaft in Athen gewann und die Tyrannis der Peisistratiden erst nach 36 Jahren beseitigt werden konnte (Hdt. 5,65,3). Eine exakte Datierung des Endes des Lyderreiches ist indes nicht möglich (vgl. Chambers, Aristoteles 201). Wahrscheinlich ist der Fall von Sardeis 546 anzusetzen, so daß die Vertreibung der Peisistratiden aus Athen wohl 510 erfolgte.

[2] Zur Frage der Datierung der Entstehung des Demokratiebegriffs vgl. etwa D. Lotze, Zum Begriff der Demokratie in Aischylos' ›Hiketiden‹, in: E. G. Schmidt (Hrsg.), Aischylos und Pindar, Berlin 1981, 207–216. Zum Problem der Entstehung der Demokratie vgl. generell folgende Abhandlungen in dem von I. Morris und K. A. Raaflaub herausgegebenen Sammelband ›Democracy 2500‹: K. A. Raaflaub, Power in the Hands of the People: Foundations of Athenian Democracy, 31–66; J. Ober, Revolution Matters: Democracy as Demotic Action (A Response to Kurt A. Raaflaub), 67–86; K. A. Raaflaub, The Thetes and Democracy (A Response to Josiah Ober), 87–103; W. Eder, Aristocrats and the Coming of Athenian Democracy 105–140.

[3] Die Hauptquelle der aristotelischen ›Athenaion Politeia‹ ist hier wohl eine „kleisthenesfreundliche" Atthis. Vgl. E. David, A Preliminary Stage of Cleisthenes' Reform, ClAnt 5 (1986) 7. Das aus Herodot stammende Material und die „nichtherodoteischen" Nachrichten sind in der ›Athenaion Politeia‹ aber nicht ineinander gearbeitet, sondern werden getrennt präsentiert (Ath. Pol. 20,1–3 nach Hdt. 5,66.69–73,1). Vgl. Rhodes, Commentary Ath. Pol. 240.

[4] Unwahrscheinlich ist die These von D. McCargar, Isagoras, Son of Teisandros, and Isagoras, Eponymous Archon of 508/7. A Case of Mistaken Identity, Phoenix 28 (1974) 275–281, wonach zwischen Kleisthenes' Gegenspieler Isagoras und einem Archon gleichen Namens zu unterscheiden sei. Das Argument, ein eponymer Archon wäre in der Lage gewesen, Reformanträge zu verhindern, ist nicht überzeugend, da in jener unruhigen Zeit nicht unbedingt ein „normaler" Gang der Entscheidungsfindung vorauszusetzen ist. Vgl. A. Andrewes, Kleisthenes' Reform Bill, CQ 71 (1977) 241 f.; Chambers, Aristoteles 220.

[5] Vgl. M. Ostwald, CAH IV (^{2}1988) 303–305.

[6] Vgl. Manville, Citizenship 155 ff.; Walter, Bürgerstaat 201 ff.

[7] Aufgrund der Quellenlage besteht kein Anlaß, die Maßnahmen gegen Anhänger der Peisistratiden mit Manville, a. a. O. 184, als „Terror" zu bezeichnen. Vgl. Walter, a. a. O. 204.

[8] Ostwald, CAH IV (^{2}1988) 304 f.

[9] Herodot (5,66,1) umschreibt mit der Verbform ἐδυνάστευον das Phänomen der sog. Dynasteia. Hierunter ist die überragende politische Macht einiger Einzelpersonen zu verstehen, die

nach Thuk. 3,62,3–4 fast einer Tyrannis gleichkommt. Vgl. Aristot. Pol. 1292 b 5–10; 1293 a 32; dazu J. Maitland, CQ 86 (1992) 26 ff. Umfassend behandelt das Problem J. Martin, Dynasteia. Eine begriffs-, verfassungs- und sozialgeschichtliche Skizze, in: R. Koselleck (Hrsg.), Historische Semantik und Begriffsgeschichte, Stuttgart 1978, 228–241. – Bemerkenswert ist Herodots Unkenntnis in bezug auf die Vorfahren des Isagoras. Er kannte nur den Namen seines Vaters und wußte, daß seine συγγενέες den Zeus Karios verehrten. Dies spricht gegen die ältere Forschungsthese, daß familienübergreifende Geschlechterverbände ein Strukturelement des „Adels" im antiken Griechenland waren. Als συγγενέες werden hier zwar die Mitglieder des Genos bezeichnet, dessen Mitglied Isagoras war. Zweifellos handelte es sich bei diesem Genos aber um eine kultische Gemeinschaft. Vgl. Bourriot, Genos II 1184 mit Anm. 264; Roussel, Tribu et cité 78, Anm. 63.

[10] Dies ist aufgrund einer fragmentarisch erhaltenen Archontenliste aus dem späten 5. Jh. zu vermuten (Meiggs–Lewis 6). Die betr. Bruchstücke enthalten die Namen der eponymen Archonten von 527/26 bis 522/21. Auf dem Bruchstück c ist Z. 3 zweifellos [K]λεισθέν[ες] zu lesen. Es dürfte sich um den späteren Reformer handeln.

[11] Vgl. im einzelnen M. Zahrnt, Delphi, Sparta und die Rückführung der Alkmeoniden, ZPE 76 (1989) 297–307, der mit Recht die Kämpfe um Leipsydrion vor 514 datiert. Zur Darstellung der damaligen Aktivitäten des Kleisthenes in der Überlieferung sowie zum zeitgenössischen Kontext der Adelsrivalitäten vgl. Stahl, Aristokraten 121–133; R. Thomas, Oral Tradition and Written Record in Classical Athens, Cambridge 1989, 241–282; E. W. Robinson, Reexamining the Alcmeonid Role in the Liberation of Athens, Historia 43 (1994) 363–369.

[12] Stein-Hölkeskamp, Adelskultur 157.

[13] Gehrke, Stasis 331 ff., der 332 darauf hinweist, daß die Hetairien des 5. und des 4. Jh. „keineswegs eine genuin oder primär oligarchische Ausrichtung" hatten.

[14] Vgl. K.-W. Welwei, Polisbildung, Hetairosgruppen und Hetairien, Gymnasium 99 (1992) 481–500.

[15] Aus Aristot. Ath. Pol. 13,1–2 wird deutlich, daß die Protagonisten in den Machtkämpfen der nachsolonischen Zeit in Athen Einfluß auf die Institutionen durch Bekleidung des eponymen Archontats auszuüben suchten. Vgl. zusammenfassend Stein-Hölkeskamp, Adelskultur 99.

[16] Aristot. Ath. Pol. 20,1.

[17] Hdt. 5,66,2: τὸν δῆμον προσεταιρίζεται. Zu dieser Formulierung vgl. etwa Ostwald, Nomos 142 f., der aber in anderem Zusammenhang (Sovereignty 16) zu weit geht, wenn er annimmt, die breite Masse sei von Kleisthenes in ähnlicher Weise politisch instrumentalisiert worden wie früher die ἑταῖροι aristokratischer Protagonisten. Nach dem Kontext scheint Herodot lediglich anzudeuten, daß Kleisthenes seine Anhängerschaft durch Gewinnung des Demos entscheidend verstärkte (vgl. Hdt. 5,69,2).

[18] Hdt. 5,70,2.72,1–2; Aristot. Ath. Pol. 20,3. Zur Bedeutung der genannten Begriffe vgl. F. Ghinatti, I gruppi politici Ateniesi fino alle guerre Persiane, Rom 1970, 90 ff.; Stein-Hölkeskamp, Adelskultur 157.

[19] Wahrscheinlich sind derartige Erinnerungen vor allem bei geselligen Zusammenkünften bestimmter „Adelskreise" weitergegeben worden. Zur Funktion solcher Symposien als Orte der Vermittlung von Tradition vor Beginn der Historiographie vgl. Stahl, Aristokraten 25 ff.

[20] Bei den von Hdt. 5,72,1 und Aristot. Ath. Pol. 20,3 genannten 700 Familien bzw. „Häusern" kann es sich nicht ausschließlich um Alkmeoniden und deren Angehörige handeln, wie Roussel, Tribu et cité 63, annimmt. Vgl. dazu die Richtigstellung von Stein-Hölkeskamp, a. a. O. 167, Anm. 58. – K.-E. Petzold, Zur Entstehungsphase der athenischen Demokratie, RFIC 118 (1990) 161, überschätzt m. E. das Reservoir der Hetairien in Athen, wenn er die Zahl 700 als Kriterium für die „Größe der Hetairien" in archaischer Zeit betrachtet.

[21] Dies sind freilich nur grobe Schätzungen, da keine exakten demographischen Angaben existierten. Hdt. 5,97,2 nennt die Zahl von 30000 athenischen Bürgern um 500 v. Chr. Dies erscheint zwar nicht unrealistisch, doch lag hierzu natürlich kein statistisches Material vor.

[22] Die Existenz eines von Solon eingerichteten Rates der 400 ist allerdings umstritten. Vgl. dazu de Laix, Probouleusis 13 ff., Rhodes, Boule 208 f., und dens., Commentary Ath. Pol. 153 f., mit guten Argumenten für die Konstituierung dieses Gremiums durch Solon.

[23] Die Bedeutung der Tyrannis für die Konsolidierung staatlicher Strukturen in Athen wird freilich in der Forschung vielfach positiv beurteilt. Vgl. etwa Stahl, Aristokraten 181 ff.; J. A. Smith, Athens under the Tyrants, Bristol 1989, passim; Stein-Hölkeskamp, a. a. O. 153; W. Eder, Polis und Politai. Die Auflösung des Adelsstaates und die Entwicklung des Polisbürgers, in: Euphronios 28 ff.; Walter, Bürgerstaat 200 f. Zweifellos wurde aber das Machtmonopol der Tyrannen nicht nur von ihren adligen Standesgenossen als übersteigerter Geltungsanspruch gewertet. Daß Isonomie und Demokratie keine zwangsläufige Folge von Tyrannenherrschaften war, betont mit Recht de Libero, Tyrannis 412.

[24] Solon, Frgm. 3 Diehl (= 3 Gentili-Prato), verbindet den Gedanken der kollektiven Verantwortung aller Athener mit dem Glauben an die Zukunft Athens, das er in Frgm. 4 als älteste Polis der Ionier bezeichnet. Die Athener erscheinen hier somit als autochthone und originäre Polisgemeinschaft. Vgl. V. J. Rosivach, Autochthony and the Athenians, CQ 81 (1987) 294 ff.

[25] Demgegenüber sucht Lavelle, Sorrow and Pity 109 ff., zu zeigen, daß die Peisistratiden keine fremden Leibwächter und Söldner benötigten, weil ihnen genügend athenische Bürger Gefolgschaft geleistet hätten. Sicherlich mögen auch Athener als Trabanten und Söldner der Tyrannen fungiert haben. Aus der Nachricht über die Bewilligung einer Leibwache für Peisistratos um 560 (Hdt. 1,59,4; Aristot. Ath. Pol. 14,1) kann aber nicht geschlossen werden, daß nach der Etablierung der Tyrannis ca. 546 die sogenannten „Speerträger" des Peisistratos ausschließlich aus athenischen Bürgern bestanden. Des weiteren ist zu beachten, daß die Peisistratiden offensichtlich kein größeres Aufgebot zur Verfügung hatten, als die Spartaner 511 und 510 intervenierten.

[26] Daß Isagoras zum Archon gewählt wurde, besagt an sich noch nicht viel, da auch die Konflikte der nachsolonischen Zeit nicht nur außerhalb der Institutionen ausgetragen wurden. Die Archontenwahlen, die mehrfach umstritten waren, fanden auf jeden Fall in der Volksversammlung statt, wie immer die erfolgreichen Kandidaten die Abstimmungen beeinflußt haben mögen (Aristot. Ath. Pol. 13,1–2). Die Adelsrivalitäten in der Zeit von Solon bis zur Tyrannis des Peisistratos werden eingehend analysiert von Stahl, Aristokraten 56 ff., und Stein-Hölkeskamp, Adelskultur 139 f. Zu beachten ist, daß in dem genannten Zeitraum keineswegs ununterbrochen Machtkämpfe tobten. Vgl. Welwei, Athen 214 ff.

[27] Dies hat mit Recht hervorgehoben K. H. Kinzl, Athens: Between Tyranny and Democracy, in: Kinzl (Ed.), Studies Schachermeyr 201. Vgl. auch A. Andrewes, Kleisthenes' Reform Bill, CQ 71 (1977) 243; Meier, Entstehung des Politischen 114, und B. Develin – M. Kilmer, What Kleisthenes Did, Historia 46 (1997) 5.

[28] Als zentrales Problem der kleisthenischen Reformen betrachten H. van Effenterre, Clisthène et les mesures de mobilisation, REG 89 (1976) 1–17, und P. Siewert, Trittyen, passim, die Notwendigkeit einer Reorganisation der athenischen Aufgebotsordnung nach dem Sturz der Peisistratiden. Die politischen Aspekte dürfen freilich gegenüber den militärischen keinesfalls unterbewertet werden.

[29] Die eigentlichen Reformen sind aber in die Zeit nach der Wahl des Isagoras bzw. in dessen Archontat zu datieren. Im einzelnen ist die Chronologie umstritten. Vgl. dazu etwa D. J. McCargar, The Relative Date of Kleisthenes' Legislation, Historia 25 (1976) 385–393; Andrewes, CQ 71 (1977) 246 f. (S. 335, Anm. 4); Rhodes, Commentary Ath. Pol. 249; Chambers, Aristoteles 22[illegible] f. –

E. David, ClAnt 5 (1986) 1–13, bezieht die Skizze der kleisthenischen Neuerungen bei Hdt. 5,66 und 69 und die Darstellung der Maßnahmen des Kleisthenes in der aristotelischen Ath. Pol. 21 auf verschiedene Phasen der Reformen vor und nach der Intervention des Kleomenes von Sparta. Weitergehende Vermutungen dieser Art äußert K. H. Kinzl, On the Consequences of Following AP 21,3 (on the Phylai of Attika), Chiron 19 (1989) 347–365, der annimmt, daß zunächst beabsichtigt gewesen sei, fünf Phylen anstelle der vier alten zu konstituieren und gleichzeitig den „solonischen" Rat der 400 auf 500 Mitglieder zu erweitern. In einem zweiten Stadium der Reformen seien dann die fünf neuen Phylen verdoppelt worden. Mit den vorliegenden Nachrichten lassen sich aber m. E. die Kombinationen Davids und Kinzls nicht hinreichend stützen.

[30] Nach der Gesetzgebung Drakons fungierten im Fall eines Tötungsdeliktes z. B. Phratriegenossen gewissermaßen als „Verwandte" des Getöteten, wenn dieser keine männlichen Angehörigen mehr gehabt hatte (Meiggs – Lewis 86 = IG I^3 104). – In Sparta bildeten die drei Phylen der Dymanen, Hylleer und Pamphyler nach Tyrtaios Frgm. 1 Diehl integrale Bestandteile der Aufgebotsordnung. In Athen wird dies im Prinzip nicht anders gewesen sein, und die neuen kleisthenischen Phylen führten offenbar ältere Traditionen fort.

[31] Solon Frgm. 3 Diehl (= 3 Gentili – Prato).

[32] Dazu ausführlich Stein-Hölkeskamp, Adelskultur 86 ff.

[33] Zur Entstehung und Bedeutung des Begriffs Isonomia vgl. G. Vlastos, Isonomia, AJPh 74 (1953) 337 ff.; V. Ehrenberg, Das Harmodioslied, WS 69 (1956) 57–69 = ders., Polis u. Imperium 253–264; Ostwald, Nomos 122 ff.; H. W. Pleket, Isonomia and Cleisthenes: A Note, Talanta 4 (1972) 63 ff.; P. Frei, Isonomia. Politik im Spiegel griechischer Wortbildungslehre, MH 38 (1981) 205–219; Ch. Triebel-Schubert, Der Begriff der Isonomie bei Alkmaion, Klio 66 (1984) 40–50; Raaflaub, Entdeckung der Freiheit 115 ff.; Touloumakos, Demokratie 19 ff.; K.-E. Petzold, RFIC 118 (1990) 145 ff.; Fornara–Samons, Athens 166 f.; Y. Nakategawa, Liberty and Justice in Ancient Greece, Tokyo 1998, 32 ff. – Wie Touloumakos, a. a. O. 22, mit Recht betont, manifestiert sich Isonomia darin, daß bei den Entscheidungen in der Ekklesia alle Bürger die gleichen Rechte haben und niemand mehr Macht (κράτος) als die anderen Teilnehmer besitzt. Touloumakos verweist darauf, daß bei Hdt. 5,92 α 1 Isokratia die gleiche Bedeutung wie Isonomia hat.

[34] Athenaios 15, 695 a–b.

[35] Hignett, Athenian Constitution 127 f.; A. Andrewes, CQ 71 (1977) 241, der darauf hinweist, daß wir nicht wissen, inwieweit sich das damalige Verfahren von den Formalitäten der Entscheidungsfindung etwa seit Mitte des 5. Jh. unterschied. Zweifellos gab es aber erhebliche Unterschiede, die allein schon daraus resultierten, daß die Tagesordnung im 5. Jh. durch die Einbindung des neuen Rates der 500 strenger geregelt war.

[36] Vermutlich haben Kleisthenes' Vorschläge zu einer Demenordnung erheblich zu dem Erfolg seiner Reformen beigetragen, da die Bedeutung und Tragweite von Neuerungen im lokalen Bereich den Polisbürgern wohl ohne weiteres einsichtig war. Vgl. P. Spahn, Mittelschicht und Polisbildung, Frankfurt a. M.–Bern–Las Vegas 1977, 165 ff. – Nicht zu überzeugen vermag die These von K. K. Kinzl, Demokratia. Studien zur Frühgeschichte des Begriffs, Gymnasium 85 (1978) 117–127 und 312–326, daß der Demokratiebegriff in der Zeit der „kleisthenischen Reformbewegung" zur Charakterisierung der neuen Lage geprägt worden sei und sowohl das Prinzip der Majorität in der Volksversammlung als auch den Aspekt der Selbstverwaltung in den Dorfgemeinden (Demen) zum Ausdruck gebracht habe. Der Demokratiebegriff ist erst bei Herodot und in der im Corpus des Xenophon überlieferten Flugschrift über den ›Staat der Athener‹ belegt.

[37] Kleisthenes und seine Helfer konnten bei der Konstituierung der Demen von den gegebenen Siedlungsverhältnissen ausgehen, und zwar unabhängig von der Frage, ob er bestimmten Dörfern den Status eines Demos zuerkennen konnte oder gezwungen war, unter Umständen einen Demos

erst aus mehreren kleinen Weilern bzw. aus Einzelgehöften zu konstituieren. Die Grenzen der Fluren und Besitzungen waren den Bewohnern größerer oder kleinerer Siedlungen zweifellos bekannt, doch ging es nicht darum, die Demen nach einem Katastersystem zu organisieren. Vielmehr sollte durch die Demen eine primäre Gliederung der Bürger erreicht werden. Durch die Zuordnung der Bürger und ihrer Grundstücke zu den lokalen Einheiten ergaben sich vielfach von selbst klar definierte Grenzen, während Streitfälle ohnehin nicht ad hoc erledigt werden konnten. Im übrigen brachten auch die bestehenden Siedlungen ihre öffentlichen Besitzungen (z. B. Weideflächen) gleichsam in die „neuen“ Demen ein. Von den Verhältnissen in den attischen Landgebieten ist freilich die Situation im Gewirr der Gassen in Athen selbst zu differenzieren. Das Problem der Demengrenzen ist durch W. E. Thompson, The Deme in Kleisthenes' Reforms, SO 46 (1971) 72–79, neu zur Diskussion gestellt worden. Er bestreitet zwar, daß formelle Demengrenzen bei den kleisthenischen Reformen von Bedeutung waren, setzt aber mit Recht voraus, daß eine rasche Konstituierung der Demen vor allem eine rasche Registrierung der Bürger in ihrem „Heimatort“ erforderte (vgl. auch Whitehead, Demes 29f.). Hingegen nimmt Manville, Citizenship 206, an, daß erst einige Zeit nach der Konstituierung der kleisthenischen Demen kontinuierlich Bürgerlisten geführt worden seien. – Im übrigen bestanden in klassischer Zeit zweifellos Demengrenzen mit Markierungen, d. h. sog. Horos-Inschriften (Horos = Grenze). Die erhaltenen Exemplare reichen allerdings nicht bis in die Zeit der Reformen des Kleisthenes zurück. Dazu im einzelnen M. K. Langdon, SO 60 (1985) 5–15; dies., Chiron 18 (1988) 43–54; dies., GRBS 29 (1988) 75–81; Traill, Demos and Trittys 118ff.; H. Lauter, AA 1982, 299–315; ders., Attische Landgemeinden in klassischer Zeit (Attische Forschungen 4), Marburger Winckelmann-Programm 1991, 63–65; Whitehead, Demes 27–30; H. Lohmann, Atene 54ff. (mit erschöpfender Erörterung der Detailfragen); ders., Zur Prosopographie und Demographie der attischen Landgemeinde Atene (Ατήνη), in: E. Olshausen – H. Sonnabend (Hrsg.), Stuttgarter Kolloquium zur Historischen Geographie des Altertums 2, 1984 und 3, 1987, Bonn 1991, 203–258 (hier 213–215).

38 A. Andrewes, CQ 71 (1977) 245; ders., CAH IV (^{2}1988) 312ff.

39 Zu diesem Archon Alkmaion vgl. Davies, APF 382; Chambers, Aristoteles 221.

40 A. Andrewes, CQ 71 (1977) 246.

41 Hdt. 5,72,1; Aristot. Ath. Pol. 20,3.

42 Vgl. Wickert, Peloponnesischer Bund 22f.

43 Zur Position der spartanischen „Könige“ vgl. generell de Ste. Croix, Origins 138ff.; P. Carlier, La royauté en Grèce avant Alexandre, Straßburg 1984, 274ff.; P. Barceló, Basileia, Monarchia, Tyrannis. Untersuchungen zu Entwicklung und Beurteilung von Alleinherrschaft im vorhellenistischen Griechenland, Stuttgart 1993, 235ff.; Link, Kosmos Sparta 54ff. – Speziell zu Kleomenes I.: Berve, Tyrannis I 176ff.; P. Carlier. Ktema 2 (1977) 65–84.

44 Es kann sich hier noch nicht um den neuen „kleisthenischen“ Rat der 500 gehandelt haben; gemeint ist zweifellos der Rat der 400. Dazu überzeugend Rhodes, Commentary Ath. Pol. 246; vgl. S. 337, Anm. 22.

45 Schol. Aristoph. Lys. 273; vgl. Andrewes, CAH IV (^{2}1988) 307.

46 „Trittys“ ist in diesem Zusammenhang nicht als exaktes arithmetisches Drittel zu verstehen, sondern bedeutet hier „Teil einer Gruppe von drei Gegenständen“ (bzw. in diesem Fall von drei Personenverbänden). Vgl. Chambers, Aristoteles 227.

47 Nach Aristot. Ath. Pol. 21,6 soll die Pythia in Delphi aus einer Liste von 100 „vorgewählten“ attischen Mythenhelden (Archegetai) 10 Heroen ausgewählt haben. Skeptisch beurteilt diese Nachricht U. Kron, Die zehn attischen Phylenheroen: Geschichte, Mythos, Kult und Darstellungen. Ath. Mitt. Beih. 5, Berlin 1976, 29–31. Für glaubwürdig hält die Notiz demgegenüber Chambers, Aristoteles 233f. Die neuen Phylen sollten jedenfalls ebenso wie die alten, die nach den

Söhnen des attisch-ionischen „Stammvaters“ Ion benannt waren, einen „Stammheros“ erhalten. Das Delphische Orakel sollte vermutlich die neue Ordnung gleichsam sanktionieren (Stanton, Athenian Politics 155). Es fragt sich aber, ob der Pythia eine derart umfangreiche Liste zur Auswahl der eponymen Heroen vorgelegt wurde.

[48] Dazu jetzt S. D. Lambert, The Phratries of Attica, Ann Arbor 1993, 245 ff.

[49] Grundlegend hierzu Eliot, Coastal Demes; Traill, Political Organisation; ders., Demos and Trittys. Vgl. den kurzgefaßten Forschungsbericht von Siewert, Trittyen 6 ff.; ferner Hansen, Ecclesia II 85 ff.

[50] Dies wird bereits seit längerem angenommen (Hignett, Athenian Constitution 137; Eliot, Coastal Demes 141; ders., Phoenix 22, 1968, 3) und ist jetzt weitgehend akzeptiert. Vgl. etwa W. Schuller, GGA 236 (1984) 11–21 (Rez.: Siewert, Trittyen); Rhodes, Commentary Ath. Pol. 253; Chambers, Aristoteles 227 f.; Stanton, Athenian Politics 154.

[51] Dies gilt unabhängig von der Bewertung der Entdeckung W. E. Thompsons, Τριττὺς τῶν πρυτάνεων, Historia 15 (1966) 1–10, daß in einem Teil der Bouleuteninschriften des 5. und 4. Jh. die 50 Mitglieder (Prytanen) des geschäftsführenden Ausschusses des Rates (Boulé) annähernd nach Dreiergruppen (17,17,16) gegliedert waren und die Demen dieser Bouleuten überwiegend jeweils einer bestimmten regionalen Trittys des Asty-, Mesogeia- oder Paraliagebietes zugeordnet sind. Daß diese Einteilung bereits von Kleisthenes vorgenommen wurde, ist freilich wenig wahrscheinlich. Umstritten ist zudem, ob die betreffenden Dreiergruppen jeweils mit jenen „Dritteln der Prytanen“ identisch sind, die nach Aristot. Ath. Pol 44,1 alternierend jeweils mit dem nur eine Nacht und einen Tag amtierenden Ratsvorsitzenden 24 Stunden im Amtsgebäude der Tholos anwesend sein mußten. (Der Amtstag begann und endete mit dem Sonnenuntergang.) Zur Diskussion hierzu u. a.: C. W. J. Eliot, Phoenix 22 (1968) 3–17; Rhodes, Historia 20 (1971) 385–404; ders., Boule 24 f.; ders., Commentary Ath. Pol. 251–254, 533; Traill, Hesperia 47 (1978) 109; Siewert, Trittyen 16 ff., 122 ff. (dazu die Rezension Schullers, GGA 226, 1984, 13 ff.); Chambers, Aristoteles 226 f., 353 f.; Hansen, Ecclesia II 85 ff. Unbewiesen bleibt die Annahme Siewerts, a. a. O. 146, daß die Trittyen „primär Wehrbezirke zur Aufstellung eines Lochos von 300 Hopliten“ gewesen seien. Dennoch besteht kaum ein Zweifel, daß annähernde Größengleichheit der Trittyen angestrebt wurde, weil alle Regionen einigermaßen gleichmäßig im Rat vertreten sein sollten. Ediert sind die Bouleuteninschriften von B. B. Meritt – J. S. Traill, The Athenian Agora XV: Inscriptions: The Athenian Councellors, Princeton 1974. Dazu die Addenda: Traill, Hesperia 47 (1978) 269–331; ders., ebd. 89–109; ders., Demos and Trittys 27 ff. – Im übrigen ist zu beachten, daß zwei verschiedene Kategorien von Bouleuteninschriften existierten. Seit Ende des 5. Jh. stellten Prytanen einer bestimmten Phyle, die für ihre „Amtsführung“ geehrt worden war, Weihgeschenke auf und ließen ihre Namen auf der Basis aufzeichnen. Darüber hinaus wurde seit etwa 350 Inschriften mit Listen der Bouleuten mehrerer oder sogar aller Phylen angefertigt. Vgl. Siewert, a. a. O. 17.

[52] Traill, Political Organisation 76 (mit 109–112: Liste mit drei späten Demen). Strabon 9,1,16 nennt allerdings 170 oder 174 Demen, doch bezieht er sich vermutlich auf Dörfer (als Siedlungen), nicht aber auf „Gemeinden“ der kleisthenischen Ordnung (Traill, a. a. O. 97).

[53] Diese wichtige Entdeckung ist der eindringenden Untersuchung einer geschlossenen Landschaftskammer durch H. Lohmann zu verdanken. Vgl. dens., Atene 289 f.

[54] Nach der von Traill, Hesperia 47 (1978) 101, und dems., Demos und Trittys 43, 85–87, 129 vorgeschlagenen Zuordnung.

[55] Dazu jetzt G. R. Stanton, The Trittyes of Kleisthenes, Chiron 24 (1994) 175–180, 203.

[56] Vgl. Lohmann, Stuttgarter Kolloquium 240–241 (vgl. S. 339, Anm. 37). Die Bouleutenzahl des Demos Peiraieus könnte im 4. Jh. auch 9 bis 10 betragen haben.

[57] Vgl. Hansen, Ecclesia II 85 ff., der ebd. 88 f. die von Osborne, Demos 42 ff., und Whitehead,

Demes 352 ff., geäußerte Vermutung zurückweist, daß zumindest bis zum Ende der klassischen Zeit die Athener geneigt gewesen seien, in ihren angestammten Demen wohnen zu bleiben. Daß eine massive Abwanderung aus den attischen Landgebieten in das urbane Zentrum stattgefunden habe, bestreitet V. J. Rosivach, The Distribution of Population in Attica, GRBS 34 (1993) 391–407.

58 Die Organisation der Demen und die Stellung und Funktionen des Demarchos erläutert ausführlich Whitehead, Demes 67 ff., 121 ff. Vgl. auch ebd. 255 ff. zur Interaktion von politischem Zentrum in Athen-Stadt und der Peripherie der Demen. Eine konzise Zusammenfassung der Aufgaben des Demarchos bietet Stein-Hölkeskamp, Adelskultur 168 ff.

59 Für das dritte Viertel des 5. Jh. sind erstmals sog. *lexiarchika grammateia* bezeugt (IG I^3 138). Obwohl die Einführung dieser Verzeichnisse nicht exakt zu datieren ist, werden sie vielfach mit den Bürgerlisten der Demen identifiziert. Unabhängig von dieser Frage ist aber kaum zu bezweifeln, daß seit den Reformen des Kleisthenes Bürgerverzeichnisse angelegt und auch Theten eingetragen wurden. Die Bürgerlisten in den Demen waren eine wesentliche Voraussetzung für das System der Bouleutenquoten. Zum Problem vgl. etwa H. van Effenterre, REG 89 (1976) 7 ff.; Whitehead, Demes 35 mit Anm. 130.

60 Vgl. Stein-Hölkeskamp, Adelskultur 170.

61 Diese Auffassung vertreten Bicknell, Studies 20 f., und insonderheit Siewert, Trittyen 141 ff., der zu zeigen sucht, daß die Phylenreform eine rasche und reibungslose Mobilisierung des Hoplitenaufgebotes erreichen sollte. Zur Kritik vgl. etwa H. Lauter, AA 1982, 299 ff.; G. R. Stanton, The Tribal Reform of Kleisthenes the Alkmeonid, Chiron 14 (1984) 1–41. Bicknell und Siewert setzen voraus, daß die Überlieferung über ein athenisches Aufgebot von 9000 Hopliten bei Marathon i. J. 490 zutreffend ist und hieraus zu schließen sei, daß taktische Unterabteilungen (Lochoi) von 300 Hopliten pro Trittys bestanden. Die Zahl von 9000 Hopliten stammt indes aus später Tradition (Plut. Mor. 305 B; Paus. 10,20,2; Schol. Aristoph. Eq. 781) und ist nicht unbedingt verläßlich. Selbst wenn sie zutreffend sein sollte, besagt dies noch nicht, daß jede Trittys einen Lochos zu stellen hatte. Vgl. D. M. Lewis, Gnomon 55 (1983) 435.

62 Daß die kleisthenische Phylenorganisation in den größeren Kontext weiterer Phylenreformen im griechischen Siedlungsraum gehört (Lewis, Gnomon 55, 1983, 436), hat Herodot nicht erkannt. Die von ihm angeführten Motive für die Umbenennung der Phylennamen in Sikyon sind absurd (K. H. Kinzl, AJAH 4 (1979) 28, und ders. in dem von ihm edierten Sammelband ›Die ältere Tyrannis bis zu den Perserkriegen‹, Darmstadt 1979, 304 f.). Entsprechend sind Herodots Ausführungen über die Namen der neuen attischen Phylen zu werten.

63 Als vermeintlichen „Beweis" führt Aristoteles im Kontext an, daß Kleisthenes die Zahl der Phylen und Phratrien erhöht habe. Demgegenüber heißt es freilich bei Aristot. Ath. Pol. 21,6, daß Kultvereinigungen und Phratrien von den Reformen nicht betroffen waren. Vgl. dazu Roussel, Tribu et cité 139 ff., der darauf hinweist, daß Kleisthenes die ursprünglich wohl in nachbarschaftlichem Kontext entstandenen Phratrien nicht zur Grundlage seiner Neuordnung machen konnte, da ihre Mitglieder vielfach infolge der Bevölkerungsfluktuation in den verschiedensten Gebieten Attikas lebten, während die Siedlungen, deren lokale Angelegenheiten Bestandteil des öffentlichen Lebens der Bürgergemeinschaft bildeten, sozusagen Einheiten mit einem regen Eigenleben geworden waren. – Im übrigen beruht die Frühdatierung der Anfänge der athenischen Demokratie auf einer zeitgenössischen Überschätzung der Partizipation der Bürger an den politischen Ereignissen im 6. Jh.

64 Vgl. Aristot. Ath. Pol. 13,5. Dazu im einzelnen K.-W. Welwei, Der Diapsephismos nach dem Sturz der Peisistratiden, Gymnasium 74 (1967) 423–437; P. J. Bicknell, Whom Did Kleisthenes Enfranchise?, PP 24 (1969) 24–37; Rhodes, Commentary Ath. Pol. 188, 255 f.; Stanton, Athenian Politics 166 f., Walter, Bürgerstaat, 205 f.

[65] Der skizzierte „Katalog“ von Aufgaben des Rates der 500 in der Zeit nach den Reformen des Kleisthenes ist allerdings nur aus Rückschlüssen aus seinem späteren Aufgabenkreis zu erschließen. Seine probouleutischen Funktionen ergeben sich aus Hdt. 9,5 über ein Verhandlungsangebot des persischen Feldherrn Mardonios an die Athener 479 v. Chr. Hiernach wurde zunächst im Rat darüber diskutiert, ob die Angelegenheit vor die Volksversammlung gebracht werden sollte.

[66] Bei Hdt. 5,69,2 heißt es, Kleisthenes habe das früher von ihm zurückgewiesene Volk (der Athener) auf seine Seite gebracht. K.-E. Petzold, RFIC 118 (1990) 162, schließt hieraus, „daß nach dem Willen des Kleisthenes der Demos in Zukunft die Stelle und Funktionen der adligen Hetairien einnehmen sollte“. Offenbar handelt es sich aber um eine subjektive Vermutung Herodots, die keine Rückschlüsse auf die Motive des Reformers erlaubt. Im übrigen hätte der Demos ohnehin nicht einfach an die Stelle der Hetairien treten können. Demos und Hetairien waren inkommensurable Größen. Die Hetairien hatten in politischen Auseinandersetzungen selbstverständlich eine andere Funktion. Sie waren im Unterschied zur Volksversammlung nie ein offizielles Entscheidungsorgan. Richtig ist demgegenüber Petzolds Bemerkung a. a. O., daß der Demos (d. h. die Ekklesia) letztlich über politische Führungsansprüche der Adelshäuser entschied.

[67] Die These von der Zerschlagung traditioneller Gefolgschaftsverhältnisse und damit auch der Machtgrundlagen führender attischer „Geschlechter“ ist von einer Reihe von Forschern vertreten worden. Als Beispiele seien genannt: D. Kienast, Die innenpolitische Entwicklung Athens im 6. Jh. und die Reformen von 508, HZ 200 (1965) 265 ff.; Ostwald, Nomos 152; Bicknell, Studies 35 ff.; J. Martin, Von Kleisthenes zu Ephialtes. Zur Entstehung der athenischen Demokratie, Chiron 4 (1974) 7 ff. Vgl. aber demgegenüber K. A. Raaflaub, Einleitung und Bilanz: Kleisthenes, Ephialtes und die Begründung der Demokratie, in: Kinzl, Demokratia 28, der es mit Recht für verfehlt hält, „Kleisthenes eine adelsfeindliche Tendenz zuzuschreiben“. Raaflaub vermutet eine „hochentwikkelte Fähigkeit“ des Kleisthenes, „im Volk verbreitete Tendenzen zu erspüren“ (29). Dies bedeutet aber nicht, daß Kleisthenes sich selbst generell von der Oberschicht abgrenzte, wie Fornara – Samons, Athens 57, offenbar annehmen. Weiterführend ist J. Obers Erklärungsmodell der “politics of consensus” (Ober, Mass and Elite 69 ff.; vgl. Raaflaub, a. a. O. 17).

[68] Vgl. Bourriot, Genos II 1381 ff.; zum Haus der Alkmeoniden ebd. I 549 ff. – Zur Bedeutung dieser Erkenntnisse für die Interpretation der kleisthenischen Reformen vgl. Roussel, Tribu et cité 269 ff.

[69] Vgl. Stein-Hölkeskamp, Adelskultur 159 ff.

[70] Aristot. Ath. Pol. 27,3; Theopomp FgrHist 115 F 89; Plut. Kim 10,1–3. Vgl. Sinclair, Participation 35.

[71] Vgl. Stein-Hölkeskamp, a. a. O. 213 mit Anm. 27.

[72] J. K. Davies, Wealth and the Power of Wealth in Classical Athens, New York 1984, 97, nimmt demgegenüber an, daß mit Kimons Großzügigkeit gegen Demengenossen in seiner „Gemeinde“ Lakiadai sich die Entwicklung von Abhängigkeitsverhältnissen abzeichne, die mit der römischen Klientel vergleichbar sei. Die Dimensionen sind indes fundamental verschieden. Auf der Basis eines Demos in der Chora konnte keine Anhängerschaft gewonnen werden, die der clientela einer prominenten Familie der römischen Führungsschicht entsprochen hätte. Zur Problematik vgl. auch Connor, New Politicians 22; Whitehead, Demes 305 ff.

[73] Strab. 8,7,1; IG II^2 2933; zur Forschungsdiskussion vgl. Meier, Entstehung des Politischen 135; Siewert, Trittyen 119; Stanton, Chiron 14 (1984) 10 f., der aber in seiner Polemik gegen Siewert von unsicheren Voraussetzungen ausgeht, da seine Einordnung des Demos Probalinthos in die neue Organisation strittig ist. Vgl. Traill, Demos und Trittys 138.

[74] Daß Kleisthenes durch die neue Phylenordnung die Position der Alkmeoniden gegenüber

ihren Rivalen im Kampf um Einfluß und Macht zu stärken suchte, betonen mit unterschiedlicher Gewichtung der Folgen und Ergebnisse der Aufteilung der Demen und Trittyen u. a.: D. M. Lewis, Cleisthenes and Attica, Historia 12 (1963) 22–40; Bicknell, Studies 1–45; Ruschenbusch, Athenische Innenpolitik 52 f.; G. R. Stanton, Chiron 14 (1984) 1 ff.; ders., Athenian Politics 156 ff. (mit gewissen Einschränkungen); ders., The Rural Demes and Athenian Politics, in: Coulson et alii (Eds.), Archaeology 219; demgegenüber weist K. H. Kinzl, Chiron 19 (1989) 354 f., mit Recht darauf hin, daß eine Privilegierung der Alkmeoniden durch gezielte Gruppierung von Demen und Trittyen von anderen Adelshäusern zweifellos bemerkt und nicht ohne weiteres hingenommen worden wäre. Die Forschungsthesen über die Lokalisierung der Alkmeoniden analysiert und kritisiert Bourriot, Genos II 811 ff.

75 Die Formalitäten der Prozedur überliefern Philochoros FgrHist 328 F 30 und Plutarch Arist. 7,5–6. Nach Philochoros war ein Athener erst dann ostrakisiert, wenn 6000 Bürger gegen ihn gestimmt hatten. Bei Plutarch heißt es, daß insgesamt 6000 Stimmen abgegeben werden mußten, wenn die Ostrakophoria („Abstimmung") gültig sein sollte. In der Forschung hat überwiegend Plutarch Zustimmung gefunden. Seine Nachricht ist in der Tat glaubwürdiger. Wäre die Angabe des Philochoros zutreffend, hätte sich jeweils eine ungewöhnlich große Zahl von Bürgern an der Entscheidung beteiligen müssen, da zu erwarten wäre, daß Athener, denen ein Ostrakismos drohte, zahlreiche Bürger zu gewinnen und zu mobilisieren suchten, um zu erreichen, daß mehr Stimmen auf ihre „Rivalen" fielen, die aber in solchen Fällen dann ebenfalls entsprechende Anstrengungen unternommen hätten.

76 Dies verdeutlicht, daß der Ostrakismos keine „Strafe" war. Das Verfahren ist klar zu differenzieren von den Maßnahmen, die gegen die Peisistratiden nach dem Sturz der Tyrannis ergriffen wurden. Zu beachten ist zudem, daß durch einen Ostrakismos nicht unbedingt der jeweils „Mächtigste" aus der Polis entfernt wurde, da anzunehmen ist, daß der „Mächtigste" in der Regel erreichen konnte, daß potentielle Rivalen auf diese Weise ausgeschaltet wurden. Ein probates Mittel zur Verhinderung einer Tyrannis war der Ostrakismos wohl kaum, selbst wenn er ursprünglich als Barriere gegen die Gefahren von Umsturzversuchen eingeführt worden war. Vgl. J. Martin, Chiron 4 (1974) 25; P. Spahn, Mittelschicht und Polisbildung, Frankfurt a. M. 1977, 171 f.; Meier, Entstehung des Politischen 264; Stein-Hölkeskamp, Adelskultur 195. – Bleicken, Demokratie 51, ist demgegenüber der Ansicht, daß der Ostrakismos „die jeweils bestimmte mächtige Persönlichkeit des politischen Lebens für die nächsten zehn Jahre aus dem Weg" räumte. Auf den möglichen Zusammenhang zwischen dem Hetairienproblem und der Einführung des Ostrakismos hat K.-E. Petzold, RFIC 118 (1990) 164 f., hingewiesen. Vgl. dazu auch W. Eder, in: Morris – Raaflaub, Democracy 2500, 118, der betont, daß der „Sieger" in einer Ostrakophoria (d. h. derjenige, der die Verbannung eines Rivalen erreichte) nahezu ein Monopol in der politischen Information gewann und der Demos im Grunde nicht mehr frei zwischen Alternativen entscheiden konnte. Wenn Kleisthenes tatsächlich der Initiator des Ostrakismosgesetzes war, kann jedenfalls das damals akute Problem der Konflikte der Hetairien in diesem Zusammenhang nicht außer acht gelassen werden. – Einen Eindruck vom Umfang der Forschungsdiskussion über den Ostrakismos vermittelt der Literaturüberblick von A. Martin, L'ostracisme athénien, REG 102 (1989) 125–143. Vgl. auch Chambers, Aristoteles 239 ff.; Schubert, Macht des Volkes 20 ff., und vor allem Thomsen, Ostracism, passim.

77 Es handelt sich um eine Notiz in der Sammelhandschrift Vaticanus Graecus 1144, fol. 222^{r-v}. Der betr. Text ist neu publiziert worden von J. J. Keaney und A. E. Raubitschek (A Late Byzantine Account of Ostracism, AJPh 93, 1972, 87–91), die auf die historische Dimension dieser Nachricht aufmerksam gemacht haben. Sie verstehen die Zahl von 200 Stimmen als Hinweis auf den solonischen Rat. Ch. Longo, La boulé e la procedura dell'ostracismo: Considerazioni su Vat. Gr. 1144,

Historia 29 (1980) 257–281, nimmt an, daß Kleisthenes ein Gesetz über den Ostrakismos dem (solonischen) Rat der 400 noch vor der Phylenreform und der Konstituierung des Rates der 500 eingebracht habe. R. Develin, Cleisthenes and Ostracism, Antichthon 11 (1977) 10–21, vermutet unter Hinweis auf zwei Ostraka mit den Namen des Peisistratos und des Aristion (der um 560 eine Leibwache für Peisistratos beantragt hatte), daß Vat. Gr. 1144 auf ein älteres Verfahren Bezug nimmt, wonach Ostraka bei Verbannungsurteilen durch den Areopag benutzt worden seien. Kleisthenes habe diese Prozedur tiefgreifend verändert und den Ostrakismos-Entscheid dem Demos übertragen. Demgegenüber beziehen D. J. McCargar, New Evidence for the Kleisthenic Boulé, CPh 71 (1976) 248–252, und G. A. Lehmann, Der Ostrakismos-Entscheid in Athen: Von Kleisthenes zur Ära des Themistokles, ZPE 41 (1981) 85–99, die fragliche Nachricht auf den kleisthenischen Rat. Vgl. aber demgegenüber Rhodes, Commentary Ath. Pol. 268. Chambers, Aristoteles 240, nimmt an, daß die Notiz Vat. Gr. 1144 den Ostrakismos mit der Ekphyllophoria verwechselt, die es dem Rat ermöglichte, gegebenenfalls eigene Mitglieder auszuschließen.

[78] Vgl. T. L. Shear, Jr., 'Ισονόμους τ' 'Αθήνας ἐποιησάτην: The Agora and the Democracy, in: Coulson et alii (Eds.), Archaeology 225–248; D. Castriota, Democracy and Art in Late Sixth- and Fifth Century B.C. Athens, in: Morris - Raaflaub (Eds.), Democracy 2500, 197–216.

[79] Möglicherweise ist in der Überlieferung das Zeichen für die Ordinalzahl ὀγδόῳ mißverstanden und statt ὀγδόῳ ἔτει (im achten Jahr) ἔτει πέμπτῳ (= im fünften Jahr) geschrieben worden; Rhodes, Commentary Ath. Pol. 263; Chambers, Aristoteles 235.

[80] Zur Rekonstruktion des Bouleuteneides und zu seiner ursprünglichen Fassung vgl. Rhodes, Boule 194f.

[81] Eine Beschränkung der Handlungsmöglichkeiten des Rates vermutete J. A. O. Larsen, Representative Government in Greek and Roman Government, Berkeley–Los Angeles 1955, 15.

[82] Die Inschrift IG I^3 105 (ca. 410/09) aus der Zeit der Wiederherstellung der Demokratie nach der oligarchischen Herrschaft der Vierhundert enthält neben dem Eid der Bouleuten auch Regelungen zur Beschränkung der Befugnisse des Rates. Letzteres ist wohl mit den Erfahrungen während der Herrschaft der Vierhundert zu erklären und entgegen der Auffassung von M. Ostwald, CAH IV (^{2}1988) 329f. vermutlich nicht als Wiederholung älterer Formeln aus der Zeit um 500 zu verstehen.

[83] Stein-Hölkeskamp, Adelskultur 179.

[84] E. Ruschenbusch, Die Wahl der Strategen im 5. und 4. Jh. v. Chr. in Athen, Historia 24 (1975) 112ff. – Die Bezeichnung „Strategos" war möglicherweise nicht völlig neu (Hammond, Studies 346–351; Rhodes, Commentary Ath. Pol. 264 mit weiterer Literatur), doch diente er als Terminus technicus zweifellos erst seit 501/500 zur Bezeichnung eines neu eingerichteten Amtes, das nach Hdt. 5,69,2 an die Stelle der Institution der Phylarchen trat. Vgl. Chambers, Aristoteles 237f., der allerdings im Widerspruch zur communis opinio (dazu Rhodes, Commentary Ath. Pol. a. a. O.) mit Fornara, Generals 9f., annimmt, daß „die Strategen in getrennten Phylenversammlungen gewählt wurden".

[85] Stein-Hölkeskamp, Adelskultur 180f., weist darauf hin, daß durch die Modalitäten der Strategenwahl die Kandidaten auf das Votum ihrer Phyle angewiesen waren und insofern in besonderer Weise in diese Großgruppe eingebunden wurden, während der Demos in der für die Wahl letztlich zuständigen Volksversammlungen aufgewertet wurde.

[86] Da nach Hdt. 5,73,1–2 die Gesandtschaft die Sorgen der Athener vor spartanischen Sanktionen vortrugen, lag es nahe zu vermuten, daß Kleisthenes der Initiator der Mission war. Vgl. etwa Schachermeyr, Frühe Klassik 66; Ostwald CAH IV (^{2}1988) 308; G. M. E. Williams, Athenian Politics 508/7–480 B. C.: A Reappraisal, Athenaeum 70 (1982) 524; Fornara–Samons, Athens 19f. – G. H. R. Horsley, Kleisthenes and the Abortive Athenian Embassy to Sardis, MPhL 7 (1986)

99–105, sucht darüber hinaus zu zeigen, daß Kleisthenes nicht nur die Entsendung der Gesandtschaft beantragt habe, sondern auch zu ihren Mitgliedern zählte. Die Argumentation ist rein spekulativ. Sie stützt sich auf Cic. leg. 2,41, wonach Kleisthenes im Samischen Heratempel die Mitgift für seine Töchter hinterlegt haben soll. Nachrichten über öffentliche Aktionen des Kleisthenes nach seinen Reformen liegen nicht vor. Daß er noch weitere politische Aufgaben wie die Ansiedlung athenischer Kleruchen („Kolonisten") in der Lelantinischen Ebene auf Euboia übernahm (R. D. Cromey, Kleisthenes' Fate, Historia 18, 1979, 129–147, hier 146), ist zwar möglich, läßt sich aber nicht belegen. Ob er bald nach seinen Reformen verstarb (Davies, APF 375; Rhodes, Commentary Ath. Pol. 260), muß dahingestellt bleiben.

[87] In der älteren Forschung wurde dies allgemein als Desavouierung der Gesandten verstanden. Vgl. die von M. Zahrnt, Der Mardonioszug des Jahres 492 v. Chr. und seine historische Einordnung, Chiron 22 (1992) 256, Anm. 53, genannte Literatur. Demgegenüber suchte F. Schachermeyr, Athen als Stadt des Großkönigs, GB 1 (1973) 211 ff., zu zeigen, daß der Unterwerfungsakt der athenischen Gesandten in Geltung blieb. Hdt. 5,96,2 erweckt indes den Eindruck, daß für die Athener das Symmachieangebot sich inzwischen erledigt hatte. Sie verstanden sich jedenfalls nicht als „Untertanen" des Großkönigs, da sie sich der Forderung des Satrapen widersetzten, Hippias wieder aufzunehmen. Allerdings ist nicht auszuschließen, daß Herodot hier eine erst im 5. Jh. entstandene Version überliefert. Daß die Gesandten in Athen gerichtlich belangt wurden, ist dem Bericht Herodots aber nicht zu entnehmen. Das formale Verfahren zur Aburteilung des Tatbestandes der Parapresbeia (Nichterfüllung der Aufgaben einer Gesandtschaft) existierte sicherlich noch nicht (Mosley, Envoys 40). Ebensowenig kann eine Verurteilung wegen Medismos erfolgt sein, da die Gesandtschaft in offiziellem Auftrag nach Sardeis geschickt worden war. Vgl. J. Holladay, Medism in Athens 508–480 BC, G&R 25 (1978) 174–191 (hier 178 f.), der mit Recht betont, daß die Athener unmittelbar nach den Reformen des Kleisthenes in Hellas keine Verbündeten finden konnten, die in der Lage gewesen wären, zusammen mit ihnen den Kampf gegen Spartaner, Boioter und Chalkidier aufzunehmen.

[88] Schachermeyr, Frühe Klassik 67; ders., GB 1, 211 ff. (oben Anm. 87); Klees, Entstehung der Perserkriege 30 f.; Zahrnt, Chiron 22, 256 ff. (oben Anm. 87); Lazenby, Defence 42.

[89] Entgegen der Annahme Schachermeyrs (GB 1, 211 ff.; vgl. auch Zahrnt, Chiron 22, 273 ff.) bleibt es offen, ob man im peloponnesischen Lager vor Eleusis bereits den Stand der athenisch-persischen Verhandlungen kannte. Daß die Korinther vor Eleusis das eigentliche Ziel des Kleomenes erkannten, vermutet wohl mit Recht Bauslaugh, Neutrality 66.

[90] Hdt. 5,74,2 bezeichnet Oinoë und Hysiai als „äußerste Demen" Attikas. Nur Oinoë (nicht zu verwechseln mit dem gleichnamigen Demos der marathonischen Tetrapolis) war indes ein kleisthenischer Demos (Whitehead, Demes 48, Anm. 39). Herodot äußert sich nicht zu den Motiven des Angriffs der Boioter und Chalkidier. Er geht aber wohl davon aus, daß damals Plataiai sich den Athenern bereits angeschlossen hatte. Vgl. Badian, Studies 117 (zuerst in: Beister–Buckler (Hrsg.), Boiotika 104). Nach Thuk. 3,68,5 wäre die Allianz zwischen Plataiai und Athen etwa 519 v. Chr. geschlossen worden („im 93. Jahr" vor der Kapitulation Plataiais vor den Spartanern 427 v. Chr.). Da aber weder hier noch bei Hdt. 6, 108 darauf verwiesen wird, daß zur Zeit der Einbeziehung Plataiais in den athenischen Einflußbereich noch die Peisistratiden in Athen herrschten, ist das von Thukydides genannte „Abstandsdatum" angezweifelt und eine Verschreibung (93 statt 83) angenommen worden. Vgl. Figueira, Athens and Aigina 149 f.: nicht 519, sondern 509 v. Chr. – G. Shrimpton, When Did Plataea Join Athens?, CPh 79 (1984) 295–303 geht einen Schritt weiter und vermutet, daß die neue Demenorganisation des Kleisthenes zum Konflikt zwischen Athen und Theben führte und Plataiai sich 506 den Athenern anschloß. Zur Diskussion über den gesamten Fragenkomplex vgl. ausführlich D. Hennig, Herodot 6,108: Athen und Plataiai, Chiron 22

(1992) 13–24. Hdt. 5,74,2 geht offenbar davon aus, daß Plataiai sich 506 bereits im athenischen Einflußbereich befand. Vgl. auch Larsen, Federal States 30f., und Tausend, Amphiktyonie 119, 180–186, der des weiteren die Gründe der Chalkidier für ihren Anschluß an die antiathenische Symmachie zu analysieren sucht und vermutet, daß hierbei die engen Beziehungen zwischen Athen und Eretria, der alten Rivalin der Polis Chalkis, eine Rolle gespielt haben könnten. Zur damaligen Situation im attisch-boiotischen Grenzgebiet vgl. auch L. Prandi, Platea: momenti e problemi della storia di una polis, Padua 1988, 27ff.; dies., Problemi del confine attico-beotico, CISA 13 (1987) 57ff.; N. G. L. Hammond, JHS 112 (1992) 144.

91 Vgl. S. 339, Anm. 43.

92 Zur Organisation der in der Forschung als Peloponnesischer Bund bezeichneten Symmachie unter spartanischer Hegemonie *(„hoi Lakedaimonioi kai hoi Symmachoi")* vgl. Wickert, Peloponnesischer Bund; De Ste. Croix, Origins, 101 ff., 333 ff., F. Gschnitzer, Ein neuer spartanischer Staatsvertrag und die Verfassung des Peloponnesischen Bundes, Meisenheim 1978; Tausend, Amphiktyonie 167ff. Nicht zu überzeugen vermag die These von G. L. Cawkwell, Sparta and her Allies in the Sixth Century, CQ 87 (1993) 364–376, daß in damaliger Zeit die Spartaner keine „volle Symmachie", sondern lediglich Defensivbündnisse mit ihren Bundesgenossen geschlossen hätten. Immerhin galt Sparta am Vorabend der Invasion des Xerxes als Vormacht von Hellas.

93 L. A. Tritle, Kleomenes at Eleusis, Historia 37 (1988) 457–460, will einem Aristophanesscholion (Lys. 273) entnehmen, daß Eleusis von Anhängern des Isagoras besetzt gewesen sei und Kleomenes sein Unternehmen als Hilfeleistung für jene Gruppe gerechtfertigt habe. Inzwischen hätten aber innerathenische Gegner des Isagoras Eleusis besetzt. Daraufhin hätten sich die Kontingente der spartanischen Bundesgenossen geweigert, das Unternehmen fortzusetzen. Der Scholientext bietet indes keine sichere Grundlage für diese Kombinationen.

94 Hierzu und zum Folgenden Figueira, Athens and Aigina 256f.

95 Für zutreffend halten Herodots Ziffer F. J. Frost, Historia 33 (1984) 293, der „Landhunger" auf athenischer Seite vermutet, und Manville, Citizenship 208. Vgl. aber M. Manfredini, SCO 17 (1968) 211. – Allerdings läßt sich die Zahl nicht durch Ailianos var. 6,1 korrigieren, wonach die Athener das Land der sog. Hippoboten in 2000 Grundstücke (Kleroi) aufteilten (κατεκληρούχησαν), in der Lelantinischen Ebene für die Göttin Athena „heiliges Land" reservierten und das übrige Land verpachteten. Da Ailianos die Wendung κατεκληρούχησαν offenbar nicht im technischen Sinne verwendet, läßt sich die Nachricht entgegen der jetzt wieder von St. Link, Landverteilung und sozialer Frieden im archaischen Griechenland, Stuttgart 1991, 47, vertretenen Interpretation nicht auf die Ansiedlung von Kleruchen im eigentlichen Sinne beziehen. Bei Herodot bedeutet *„Kleruchoi"* natürlich nicht im Sinne des 4. Jh. „Siedler einer Kleruchie", die aus athenischen Bürgern bestand, die in Demen und Phylen eingeschrieben waren, in den athenischen Streitkräften dienten und Abgaben nach Athen zu zahlen hatten, aber ein gewisses Maß an Selbstverwaltung besaßen. Der Status der Kleruchen des 4. Jh. unterschied sich von den Bürgern einer Apoikia („Kolonie", „Neugründung") erheblich. Die athenischen Siedler in Chalkis galten hingegen nach dem Sprachgebrauch Herodots als sogenannte *Klerouchoi*, weil sie dort Land erhalten hatten. Als Athener außerhalb ihrer Polis waren sie zugleich *Apoikoi* (Siedler in der Fremde). Vgl. Brunt, Athenian Settlements 73; Meiggs, Athenian Empire 565ff.; Schuller, Herrschaft 14ff.; Balcer, Chalkis 21ff.; Cargill, Athenian Settlements 4.

96 Mit einer Rückkehr der Siedler nach Euboia rechnet indes Bicknell, Studies 52ff.

97 Berve, Tyrannis I 80. Vgl. Graham, Colony 33; R. Werner, Chiron 1 (1971) 68, Anm. 164. Die Bindung an Athen wurde aber nicht aufgegeben. Nach Hdt. 6,104,2 galten Miltiades und seine Kolonisten weiterhin als Athener. Vgl. Ehrenberg, Polis und Imperium 225f.

98 Stahl, Aristokraten 227, vermutet, daß die Ansiedlung von Athenern in Chalkis „auch als

Prävention gegen mögliche weitere Tyrannisaspiranten" verstanden werden könne, weil Peisistratos große Unterstützung auf Euboia erhalten habe. Peisistratos bereitete seine Usurpation in Athen freilich in Eretria vor (Hdt. 1,61), das aber im späten 6. Jh. enge Beziehungen zu Athen hatte. Wie schon erwähnt, waren eher diese Bindungen sowie die Rivalität zwischen Chalkis und Eretria ausschlaggebend für den Anschluß der Chalkidier an die antiathenische Koalition.

99 IG I³ 1; Meiggs – Lewis 14.

100 Graham, Colony 168, Anm. 6, vermutet entgegen der communis opinio, daß sich das Dekret nicht auf athenische „Kleruchen", sondern auf einheimische Bewohner der Insel bezieht. Vgl. aber Meiggs – Lewis, S. 26 zu Nr. 14. Das entscheidende Wort in der ersten Zeile der Inschrift lautete zweifellos κλερόχος (= κληρούχους) oder 'Αθεναίος (= 'Αθηναίους), nicht aber οἰκõντας (= οἰκοῦντας), „Einheimische". Vgl. A. Matthaiou, Horos 8/9 (1990/91) 10–13. Wenn es κλερόχος geheißen hat, ist der Begriff auf „Siedler" im weiteren Sinne des Wortes zu beziehen (vgl. S. 346, Anm. 95). In die kleisthenische Demenordnung wurde Salamis nicht einbezogen. Vgl. Manville, Citizenship 187, Anm. 95, 208, Anm. 158. Zum Forschungsstand vgl. nunmehr Cargill, Athenian Settlements 2; M. C. Taylor, Salamis and the Salaminioi, Amsterdam 1997.

101 Eine Ausnahmeregelung galt vermutlich für die Verpachtung an Verwandte der athenischen Landbesitzer.

102 Ob die „Einheimischen" ausnahmslos vertrieben wurden, bleibt freilich dahingestellt. Vgl. Figueira, Athens and Aigina 146 f.; Cargill, Athenian Settlements 4 ff.

103 Vgl. etwa Berve, Miltiades 49 f.; Manville, Citizenship 159, Anm. 3, 208; E. Ruschenbusch, Eine schriftliche Quelle im Werk Herodots, in: M. Weinmann-Walser (Hrsg.), Historische Interpretationen. Gerold Walser zum 75. Geburtstag dargebracht von Freunden, Kollegen und Schülern, Stuttgart 1995, 144. Demgegenüber ist zu beachten, daß die Perser nach dem Desaster des Skythenfeldzuges um 510 ihre Herrschaft an der ägäischen Nordküste wieder stabilisieren konnten. Vgl. Zahrnt, Chiron 22 (1992) 255.

104 Dazu ausführlich Bengtson, Einzelpersönlichkeit 137 ff. Mit einer Militäraktion des Miltiades oder der Athener in jener Zeit ist möglicherweise eine Liste mit athenischen Kriegsgefallenen aus Lemnos in Verbindung zu bringen. Vgl. IG XII Supplem., Nr. 337; L. H. Jeffery – A. W. Johnston, The Local Scripts of Archaic Greece, Oxford ²1990, 299 f., 307. Athenische Siedler aus Rhamnus sind in Lemnos aus Helmweihungen zu erschließen: IG I³ 522 bis; 1466; vgl. Touchais, BCH 109 (1985) 768 f.; SEG XXXV 24; XXXVI 43; XXXVIII 25.

105 Figueira, Athens and Aigina 253, nimmt demgegenüber an, daß Miltiades Imbros behielt.

106 P. Cartledge, Sparta and Lakonia. A Regional History 1300 – 362 B. C., London–Boston–Henley 1979, 147, versteht diese Aktion m. E. zu Unrecht als Geburtsstunde des Peloponnesischen Bundes. Allerdings war jene Sitzung von weitreichender Bedeutung, da die Einberufung der Bundesgenossen eine gewisse Modifizierung der Hegemonieklausel war, die Sparta ermächtigte, von den Bundesgenossen die Gestellung von Truppen zu verlangen. Unbegründet ist m. E. die Vermutung von Schachermeyr, Forschungen 77, Anm. 2, daß Herodots Bericht (5,91–93) über den „Bundestag" in Sparta eine Dittographie zu Hdt. 5,75,1 über die Weigerung der Korinther in Eleusis sei.

107 IG I³ 1, Z. 1. M. Zahrnt, Chiron 22 (1992) 258, Anm. 59, vermutet, daß die Ablehnung der persischen Forderung zur Einführung des Bouleuteneides (Aristot. Ath. Pol. 22,2) geführt haben könnte, weil der ursprüngliche Eid bereits – wie Busolt – Swoboda, Staatskunde II 1023, Anm. 1, annahmen – einen Satz enthalten habe, „der zur Ächtung und straflosen Tötung derjenigen verpflichtete, welche die Demokratie stürzen und eine Tyrannis aufrichten würden". Diese Formel zählt aber schwerlich zu den ältesten Bestandteilen des Eides. Vgl. Rhodes, Boule 194 f.

108 Aristagoras hatte die Herrschaft über Milet anstelle seines Onkels und Schwiegervaters

Histiaios übernommen, der wohl nicht nur aufgrund von Intrigen des mißtrauischen persischen Heerführers Megabazos (Berve, Tyrannis I 102f.), sondern aus verschiedenen Gründen an den Hof des Dareios in Susa berufen worden war (G. A. H. Chapman, Historia 21, 1972, 556ff.). Während Histiaios sich die Gunst des Dareios zu erhalten vermochte, suchte Aristagoras Naxos mit persischer Hilfe in seine Herrschaft einzubeziehen. Da er vom Großkönig abhängig war, hätte die Eroberung der Insel zugleich zu einer erheblichen Ausweitung des persischen Einflusses in der Ägäis geführt. Dieser Plan soll aber von dem Perser Megabates den Naxiern verraten worden sein (Hdt. 5,33). Inwieweit dies zutrifft, bleibt dahingestellt. Abwegig ist die These von A. Keaveney, The Attack on Naxos: A ‚Forgotten Cause' of the Ionian Revolt, CQ 82 (1988) 76–81, daß Megabates den Histiaios zum Aufstand treiben und ihn dann ausschalten wollte. Vgl. dazu U. Walter, Herodot und die Ursachen des Ionischen Aufstandes, Historia 42 (1993) 262, Anm. 20, der ebd. 258ff. das Problem der Quellen zum Ionischen Aufstand in ausgewogener Weise erörtert. Vgl. hierzu etwa auch J. A. S. Evans, Herodotus and the Ionian Revolt, Historia 25 (1976) 31ff.; D. Lateiner, The Failure of the Ionian Revolt, Historia 31 (1982) 129ff.; O. Murray, CAH IV (^{2}1988) 466ff.

109 Vgl. Klees, Entstehung der Perserkriege 31.

110 Vgl. zusammenfassend Raaflaub, Entdeckung der Freiheit 98. Zur Bedeutung griechischer Tyrannen als Stützen persischer Herrschaft vgl. auch M. M. Austin, Greek Tyrants and the Persians, 546–479 B. C., CQ 84 (1990) 289–306.

111 Vgl. U. Walter, Historia 42 (1993) 273ff., der mit Recht auf die Aspekte der Konkurrenz innerhalb des Adels hinweist, aber zu pointiert urteilt, wenn er im Anschluß an Stahl, Aristokraten 56ff., 256ff., ständige „Parteikämpfe" (Staseis) als „Merkmale der Politik in archaischer Zeit auch in Ionien" annimmt und zum Vergleich auf Athen vor der Tyrannis des Peisistratos verweist. Das Phänomen der Stasis ist sicherlich wichtig zum Verständnis der archaischen Zeit, doch darf hierbei nicht der Prozeß einer kontinuierlichen Entwicklung der Polisinstitutionen aus dem Blickfeld geraten. – Zu den Staseis in Ionien vgl. auch G. Walser, Hellas und Iran, Darmstadt 1984, 27ff.; Balcer, Sparda 227–281.

112 Meiggs – Lewis 8 C, Z. 1ff.

113 D. Lateiner, Historia 31 (1982) 132, weist darauf hin, daß dies in etwa den Phoroi im ersten Attischen Seebund vor 433 entsprochen haben dürfte.

114 Dareios hatte Histiaios als „Lohn" für Verdienste während des Skythenfeldzuges Myrkinos übertragen (Hdt. 5,11). Vgl. D. Kienast, Historia 43 (1994) 387f.

115 Dazu ausführlich und überzeugend Högemann, Vorderasien 290ff., der einen wichtigen Grund für den Ionischen Aufstand darin sieht, „daß der Großkönig den Handel nicht mehr durch die Griechen, sondern größtenteils durch staatliche Entrepreneure abwickeln ließ" (290). Er vermutet (294f.), daß erst in achämenidischer Zeit sich die spezifische Form des Karawanenverkehrs herausbildete, der unter dem „Schutz des Staates" (d. h. des Großkönigs) stand. Zum Problem der wirtschaftlichen Faktoren beim Ionischen Aufstand vgl. etwa auch Lateiner, Historia 31 (1982) 131ff.; Murray, CAH IV (^{2}1988) 477ff. Hingegen bezeichnet U. Walter, Historia 42 (1993) 278, in diesem Zusammenhang den Begriff „Handelsinteressen" als „unzulässige Kategorie".

116 Zur Frage einer Intensivierung persischer Herrschaft in Sparda (der Satrapie Lydien mit den ionischen Poleis) vgl. generell J. M. Balcer, The Greeks and the Persians: The Process of Acculturation, Historia 32 (1983) 264f., und dens., Persian Conquest 75ff., 125ff.

117 Berve, Tyrannis I 103.

118 Vgl. Klees, Entstehung der Perserkriege 30. Demgegenüber nimmt Tozzi, Rivolta ionica 165, an, daß 499 nur die Athener die Gefahr begriffen hätten.

119 Vgl. Burn, Persia and the Greeks 199.

[120] Vgl. Lateiner, Historia 31 (1982) 141 f., der wohl mit Recht darauf hinweist, daß die führenden Kreise in Athen nicht an persischer Oberhoheit interessiert waren. Einen Tatbestand des Medismos (der Zusammenarbeit mit den Persern) hat es freilich vor Beginn der Ionischen Erhebung nicht gegeben. Vgl. Fine, Ancient Greeks 242 f.; M. Zahrnt, Chiron 22 (1992) 256, Anm. 53. Tozzi, Rivolta ionica 161, der die Entsendung jener 20 Schiffe gleichfalls als beachtliche athenische Hilfeleistung bezeichnet, vermutet, daß die Entscheidung hierüber nicht aufgrund eines einmütigen Beschlusses der Volksversammlung erfolgte. Dies ist in der Tat anzunehmen, doch lassen sich eventuelle Gruppierungen für oder gegen die Hilfeleistung nicht eruieren und dementsprechend auch nicht mit bestimmten Personengruppen oder Familien verbinden. Zweifellos existierten keine festen politischen Blöcke in Athen (vgl. u. a. J. Holladay, Medism in Athens 508–480 B. C., G&R 25, 1978, 180. Gegen die These, daß die Alkmeoniden nach den Reformen etwa ein Jahrzehnt die athenische Politik beherrscht hätten (vgl. etwa Thomsen, Ostracism 125), wendet sich überzeugend G. M. E. Williams, Athenian Politics 508/7–480 B. C.: A Reappraisal, Athenaeum 60 (1982) 524 f. Andererseits ist schwer vorstellbar, daß der Entschluß zur Unterstützung der Ionier lediglich auf ephemere Begeisterung zurückzuführen ist, wie P. Karavites, Cleisthenes and Ostracism again, Athenaeum 52 (1974), 329, vermutet.

[121] Vgl. Lateiner, Historia 31 (1982), 140.

[122] Demgegenüber vermutet Tozzi, Rivolta ionica 176 f., daß sich damals auch das Kontingent Eretrias zurückgezogen habe.

[123] Alle Versuche, die sprunghaft erscheinende athenische „Persienpolitik“ jener Jahre mit der wechselnden Dominanz pro- und antipersischer Führungsgruppen zu erklären, scheitern an der unzureichenden Quellenlage. Vgl. hierzu Klees, Entstehung der Perserkriege 32.

[124] Als Zeichen eines Einlenkens der Athener werten dieses Archontat u. a. Busolt, GG II 565; Beloch, GG II^2 1,13; II^2 2, 133 f.; F. Schachermeyr, Marathon und die persische Politik, HZ 172 (1951), 6 f.; Burn, Persia and the Greeks 201; P. J. Karavites, Realities and Appearances, 490–480 B. C., Historia 26 (1977) 136 f.; Fine, Ancient Greeks 274; Ostwald, CAH IV (^{2}1988) 339. Daß der Großkönig über die Bedeutung von Personalfragen bei der Besetzung des Archontats informiert war oder sich hierfür überhaupt interessierte, bezweifeln (wohl mit Recht) u. a. Knight, Studies 25 ff.; E. Badian, Archons and Strategoi, Antichthon 5 (1971) 11; J. Holladay, G&R 25 (1978) 182 f.; M. Zahrnt, Chiron 22 (1992) 260.

[125] Nach Auffassung einer Reihe von Forschern stellte die solonische Heliaia die Tagung einer Volksversammlung als Gerichtshof dar (vgl. u. a. P. J. Rhodes, Eisangelia at Athens, JHS 79, 1979, 103 ff.; Ostwald, Sovereignty 10 ff.; F. X. Ryan, JHS 114 (1994) 120–134). Wahrscheinlich bildete die Heliaia aber bereits seit Solon eine eigene Institution (dazu vor allem Hansen, Athenian Ecclesia 139–160; ders., Ecclesia II 219–262). Umstritten sind auch die im einzelnen nicht belegten Prozeduren der politischen Prozesse des frühen 5. Jh. Dazu etwa Rhodes, Boule 199 f.; ders., JHS 99 (1979) 104 ff.; Hansen, Eisangelia 19, 69–71; ders., JHS 100 (1980) 91; Ostwald, a. a. O. 28 f.; ders., CAH IV (^{2}1988) 330 f.; Bauman, Political Trials 12 ff., 16 ff.; Schubert, Macht des Volkes 32 ff. – Es bleibt offen, ob die Klagen in den Prozessen gegen Phrynichos und gegen Miltiades durch Anzeigen beim Areopag eingeleitet wurden. Zweifellos gab es noch nicht die Vielfalt der später möglichen Formen der Eisangelia („Anzeige“), die von jedem Athener im Rat der 500 oder in der Volksversammlung erhoben werden konnte und zumeist an ein Dikasterion des Volksgerichtes überwiesen wurde. Möglicherweise wurden Anordnungen Solons hinsichtlich der Anzeigen beim Areopag nicht aufgehoben, doch führte die Entwicklung nach Kleisthenes zur Einschaltung der Ekklesia bzw. der Heliaia bei schweren Verstößen gegen die Polis, ohne daß ein spezielles Eisangeliegesetz im Zuge der kleisthenischen Reformen eingeführt wurde.

[126] Die Verurteilung des Phrynichos wurde mehrfach als Werk einer propersischen Gruppe in

Athen gewertet. Vgl. Burn, Persia and the Greeks 224; G. M. E. Williams, Athenaeum 60 (1982), 530; R. v. Haehling, Klio 75 (1993) 86, Anm. 9. Diesbezügliche Kombinationen bleiben aber hypothetisch. Vgl. J. Holladay, G&R 25 (1978) 182. Ob Phrynichos damals von Themistokles gestützt wurde (so Bengtson, GG^5 161), ist ebenfalls unsicher.

[127] Milet fiel 494. Ob das Drama des Phrynichos bereits im Frühjahr aufgeführt wurde, hängt letztlich von der nicht lösbaren Frage der Abfassungszeit ab. Wir wissen nicht, in welcher Zeit der Dichter das Stück schrieb. Vgl. G. Freymuth, Philologus 99 (1955) 51. Hinzu kommt, daß auch für die Proben einige Zeit zu veranschlagen ist. A. Lesky, Gesch. d. griech. Literatur, Bern–München ^{2}1963, 258, vermutet, daß Phrynichos erst beim Archonten d. J. 493/92 (Themistokles) das Stück eingereicht hat. Ein noch späteres Aufführungsjahr vermuten E. Badian, Antichthon 5 (1971) 15, Anm. 44, und Lenardon, Themistocles 105 f. Vgl. aber Ostwald, Sovereignty 28 mit Anm. 106; Stein-Hölkeskamp, Adelskultur 192 mit Anm. 53; Bauman, Political Trials 12 ff.

[128] Thuk. 1,93,3. Das Amtsjahr ist aus Dion. Hal. ant. Rom. 6,34,1 zu erschließen. Allerdings ist jenes Archontat des Themistokles umstritten, da er nach Hdt. 7,143,1 angeblich 480 v. Chr. „erst seit kurzem" zu großem Ansehen gekommen war. Vgl. Gomme, HCT 261 f. Zur Forschungsdiskussion vgl. A. A. Mosshammer, Themistocles' Archonship in the Chronographic Tradition, Hermes 103 (1975) 222–234.

[129] Damals dachte er freilich wohl noch nicht an eine Art Rückversicherung in Athen. Vgl. Bengtson, Einzelpersönlichkeit 41.

[130] Hdt. 6,104,2. Vgl. Hansen, Eisangelia 69 (s. auch S. 349, Anm. 125). Herodots Terminus „Dikasterion" ist entgegen der These von Bauman, Political Trials 16 f., schwerlich auf den Areopag zu beziehen, wenn auch der Begriff nicht im technischen Sinne als Bezeichnung für einen Gerichtshof als Teil der Heliaia zu verstehen ist, sondern 493 das Volksgericht noch als Gesamtheit der Heliasten tagte.

[131] Vgl. Stein-Hölkeskamp, Adelskultur 190 f., die betont, daß der Gegenstand der Anklage den politischen Gegnern die Möglichkeit bot, sich selbst als loyale Träger der kleisthenischen Ordnung zu präsentieren. Wir kennen allerdings nicht den oder die Ankläger. An zahlreichen Vermutungen über Familienbeziehungen und Bündnisse im Kontext der Prozesse im frühen 5. Jh. hat es nicht gefehlt. Vgl. die von Stein-Hölkeskamp a. a. O. 290, Anm. 47 genannte Literatur.

[132] Dazu im einzelnen M. Zahrnt, Chiron 22 (1992) 238 f.

[133] Die Glaubwürdigkeit dieses Berichtes ist umstritten. Für historisch halten jene Mission u. a. K. Kraft, Hermes 92 (1964) 144 ff. = Kraft, Gesammelte Aufsätze zur antiken Geschichte und Militärgeschichte, Darmstadt 1973, 1 ff.; R. Sealey, CJ 72 (1976/77) 13 ff.; J. Holladay, G&R 25 (1978) 175; Klees, Entstehung der Perserkriege 32; Lazenby, Defence 45. Die Argumente für die Geschichtlichkeit überzeugen indes nicht, da durch die Expedition des Jahres 490 wohl kaum Hellas insgesamt unterworfen werden sollte (Hignett, Xerxes' Invasion 87). Zur Forschungsdiskussion im einzelnen M. Zahrnt, Chiron 22 (1992) 276 ff.

[134] Datis war der eigentliche Kommandeur dieser Expedition, die aber häufig auch als Zug des Datis und des Artaphernes bezeichnet wird. Letzterer hatte nominell gleiche Befugnisse wie Datis.

[135] Dies ergibt sich aus Hdt. 6,89, wonach die Athener einige Zeit nach Marathon sich 20 Schiffe von den Korinthern „ausliehen", um mit 70 Einheiten gegen Aigina operieren zu können. Die Aigineten besaßen damals vermutlich eine ebenso große Zahl von Pentekonteren, während sie 480 bei Salamis nur 30 Schiffe einsetzten, allerdings auch noch einige weitere als Eingreifreserve zurückhielten. Sie konnten 480 weniger Schiffe bemannen, da sie inzwischen auf Trieren umgerüstet hatten, die eine weit größere Zahl von Ruderern erforderten. Vgl. Lazenby, Defence 34.

[136] Aus der Darstellung Herodots 6,49–50.73 (vgl. 6,85–86) geht nicht hervor, daß Aigina

Mitglied des Peloponnesischen Bundes war und Sparta Heeresfolge leisten mußte. Daß Kleomenes von den Aigineten Geiseln fordern konnte, wurde aber vielfach als Argument für eine Mitgliedschaft Aiginas im spartanischen Bündnissystem gewertet. Wickert, Peloponnesischer Bund 23–26, betont demgegenüber, daß nirgendwo der Abschluß eines entsprechenden Vertrages bezeugt ist, und Th. J. Figueira, CPh 76 (1981) 1–24, vertritt die Auffassung, aus Herodots Bericht über persische Herolde in Hellas 491 sei zu entnehmen, daß die Aigineten nicht Sparta zu konsultieren brauchten, als sie sich damals den Persern unterworfen hätten. Da 491 wohl kaum persische Gesandte in Aigina erschienen sind (s. S. 350, Anm. 133), ist Figueiras Prämisse allerdings fragwürdig. Vgl. de Ste. Croix, Origins 334.

[137] Die Abfolge dieser Ereignisse und ihre zeitliche Einordnung sind schwer zu rekonstruieren. Vgl. im einzelnen M. Amit, Great and Small Poleis, Brüssel 1973, 23 ff.; Th. J. Figueira, Herodotus on the Early Hostilities between Aegina and Athens, AJPh 106 (1985) 49–74.

[138] Vgl. Lazenby, Defence 37.

[139] Spätere antike Angaben sind aufgrund der Übertreibungen wertlos (Plat. Menex. 240 a: 500 000 Mann; Lys. 2,21: 500 000; Paus. 4,25,4: 300 000 gefallene Perser). Die persischen Fußtruppen waren wohl nicht einmal doppelt so stark wie das Aufgebot der Athener und Plataier (9000–10 000 Hopliten, falls die Zahl Herodots (9,28,6) von 8000 athenischen Hopliten 479 bei Plataiai zutreffend ist). Die Athener haben jedenfalls nicht eine zahlenmäßig mehrfach überlegene persische Armee bei Marathon besiegt (vgl. aber R. T. Ridley, AC 48, 1979, 522). Unterschiedliche Forschungsthesen über die Zahl der persischen Reiter sind damit zu erklären, daß keine Klarheit über Größe und Typen der Transportschiffe besteht. J. A. S. Evans, Cavalry about the Time of the Persian Wars: A Speculative Essay, CJ 82 (1986/87) 101 f.; ders., Herodotus and the Battle of Marathon, Historia 42 (1993) 293 ff., vermutet relativ kleine Transporter und dementsprechend nur 200 Reiter. Dies erscheint realistischer als die Schätzung von Lazenby, Defence 46, der vermutet, daß etwa 1000 persische Kavalleristen eingesetzt wurden.

[140] Hdt. 6,95,2 nennt 600 Trieren, doch ist dies eine topische Zahl für persische Flotten (vgl. Hdt. 4,87,1; 6,9,1). Lazenby, Defence 46, hält sie für zutreffend. Seine Prämisse, daß auf jeder Triere nur 40 Kombattanten mitfuhren, bleibt aber unbewiesen. Zum Zahlenproblem vgl. auch Balcer, Persian Conquest 210.

[141] Ob sie von dort aus nach Marathon beordert wurden, ist unbekannt. Zum Problem der Zahl jener Kleruchen vgl. S. 346, Anm. 95.

[142] Vgl. etwa Burn, Persia and the Greeks 238 f.; H. Y. Culloch, SO 57 (1982) 38; Lazenby, Defence 48; Evans, Historia 42 (1993) 282 f., dessen Erörterungen über „Hippias' strategic talents" abwegig erscheinen. – Daß die Hoplitenarmee ausrückte, weil man mit Verrätern in der Stadt rechnete, ist wenig wahrscheinlich. Hätte man ernsthaft einen Verrat befürchtet, wäre der Auszug des Aufgebotes nach Marathon wohl das größere Risiko gewesen. Anders urteilt R. M. Berthold, Which Way to Marathon?, REA 78/79 (1976/77) 87, der zwar eine größere propersische Gruppe in Athen für unwahrscheinlich hält, aber betont, daß Verrat auch von einigen wenigen ausgeübt werden konnte.

[143] Um 460 galt offenbar die Übermittlung von Feuersignalen als große Errungenschaft. Vgl. Aischyl. Ag. 22 f.; dazu Meier, Athen 249. Natürlich konnte man auf diese Weise nur Signale übermitteln, deren Bedeutung vorher abgesprochen worden war. Wenn dies 490 geschah, wurden auch entsprechende Vorbereitungen getroffen und eine persische Landung bei Marathon nicht ausgeschlossen.

[144] Zum Inhalt des Beschlusses vgl. Aristot. Rhet. 1411 a 10–11; Demosth. 19,303; Plut. Mor. 628. Zur Echtheitsfrage: Berve, Themistokles-Inschrift 6 (gegen Chr. Habicht, Hermes 89, 1961, 17 und 20, der eine Fälschung für möglich hält).

[145] Der Einsatz jener Sklaven ist nur bei Pausanias (1,32,3; 7,15,7; 10,20,2) überliefert. Zur Problematik dieser Tradition vgl. Welwei, Unfreie I 22 ff.

[146] Nach heutigem Kalender wohl im August 490. Vgl. Burn, Persia and the Greeks 240 f.; Evans, Historia 42 (1993) 284, Anm. 20.

[147] W. K. Pritchett, Ancient Greek Military Practices, I, Berkeley–Los Angeles–London 1971, 119. Vgl. auch W. G. Forrest, Herodotus and Athens, Phoenix 38 (1984) 8, der die bei Hdt. 6,106 und 120 genannten religiösen Bedenken nicht für einen Vorwand hält. Ähnlich etwa auch Balcer, Persian Conquest 217.

[148] F. Kiechle, Messenische Studien, Kallmünz 1959, 106 ff., hielt demgegenüber einen Messenieraufstand zur Zeit der Schlacht für möglich. Vgl. aber die Gegenargumente von V. Parker, The Dates of the Messenian Wars, Chiron 21 (1991) 43.

[149] Vermutlich nicht auf der Kephisia-Route über das Gebirge, sondern via Pallene. Vgl. R. M. Berthold, REA 78/79 (1976/77) 84 f.

[150] Zur Lokalisierung und zur diesbezüglichen Forschungsdiskussion J. A. G. van der Veer, Met kleio te velde, Lampas 7 (1974) 101–103; ders., The Battle of Marathon. A Topographical Survey, Mnemosyne 35 (1982) 292–297; Lazenby, Defence 54 f.; ferner E. Vanderpool, The Deme of Marathon and the Herakleion, AJA 70 (1966) 319–323; A. R. Burn, Thermopylai Revisited and Some Topographical Notes on Marathon and Plataiai, in: Kinzl (Hrsg.), Studies Schachermeyr 90 f. Zur umstrittenen Lage des antiken Demos Marathon: W. K. Pritchett, Marathon, Univ. of Calif. Publications in Class. Arch. IV 2 (1960) 137 ff.; ders., Topography I, 83–93.

[151] Vgl. S. 351, Anm. 139. Bei Marathon wird die Zahl der athenischen Hopliten etwas höher gewesen sein als bei Plataiai. Vgl. D. Stockton, The Classical Athenian Democracy, Oxford 1990, 15.

[152] Diesen Sumpf gab es allerdings 490 wohl noch nicht.

[153] J. A. G. van der Veer, Mnemosyne 35 (1982) 305 f.

[154] Herodot betont in seinem Bericht (6,105 ff.) über die Ereignisse vor und nach dem Auszug des athenischen Heeres die Rolle der Strategen und behauptet (6,109,2), daß der Polemarchos durch das „Bohnenlos" in sein Amt gelangt sei und (im Kriegsrat) „ehemals das gleiche Stimmrecht wie die Strategen" gehabt habe. In dieser Form ist seine Angabe kaum zutreffend, da 490 die Archonten, zu denen der Polemarchos zählte, noch nicht nach einer „Vorwahl" ausgelost, sondern noch gewählt wurden. Nach Aristot. Ath. Pol. 22,5 wurde das kombinierte Vorwahl- und Losverfahren zur Besetzung der Archontenstellen erst 487/86 eingeführt. Vgl. Rhodes, Commentary Ath. Pol. 273, der aber ebd. 264 f. vermutet, daß 490 schon die Strategen die wirklichen Kommandeure waren. Eine ähnliche Auffassung vertritt Hammond, Studies 229–233 und 358–365. Vgl. auch E. Badian, Antichthon 5 (1971) 21 ff., der davon ausgeht, daß 490 bei dem ersten großen Gesamtaufgebot der Athener die Befehlskompetenzen noch nicht eindeutig festgelegt gewesen seien. Aristot. Ath. Pol. 22,2 sagt aber, daß nach Einführung der Strategie der Polemarchos zunächst weiter Befehlshaber des gesamten Heeres war. Vgl. Chambers, Aristoteles 237; Lazenby, Defence 58. Daß der Befehl täglich wechselte, bestreitet m. E. mit Recht G. Shrimpton, Phoenix 34 (1980) 25.

[155] Ob bereits unmittelbar nach der Schlacht darüber gestritten wurde, wem der Sieg zu verdanken sei (Lazenby, Defence 58), muß dahingestellt bleiben. Die Glorifizierung der Schlacht als Kampf für die Freiheit und damit zugleich auch als Widerstand gegen die Tyrannis hat freilich im Bericht Herodots 6,109,2–3 ihren Niederschlag gefunden. Hiernach soll Miltiades vor dem Kampf auf die Gefahr der Restituierung der Tyrannis hingewiesen haben. Vgl. Lavelle, Sorrow and Pity 43.

[156] Vgl. J. A. S. Evans, Historia 42 (1993) 286.

[157] Suda s. v. χωρὶς ἱππεῖς.

[158] Dies vermuten z. B. Schachermeyr, HZ 172 (1951) 21 ff. und Meier, Athen 251. Hammond, Studies 214 f., 246–248 (vgl. CAH IV, ^{2}1988, 511 f.), nimmt an, daß Stallknechte die Pferde nachts zur Tränke geführt hätten und in der Morgendämmerung vor der Schlacht nicht rechtzeitig zurückgekehrt seien. Hierfür findet sich in der Überlieferung keine Stütze.

[159] Die Quelle der Suda-Notiz ist indes nicht bekannt. Es bleibt offen, ob eine Tradition zugrunde liegt, in der (ähnlich wie Hdt. 9,32,2 zur Schlacht bei Plataiai) erwähnt wurde, daß Fußtruppen und Reiter der Perser getrennt aufgestellt waren. Die These G. Shrimptons, Phoenix 34 (1980) 37, daß die persischen Reiter bei Marathon zuerst die Flucht ergriffen hätten, ist eine bloße Vermutung. Das gleiche gilt in bezug auf die Annahme von Evans, CJ 82 (1986) 104, daß die Reiter sich entfernt hätten, um die Straße nach Athen zu sichern. Wie sollten Perser auf eine von den Athenern blockierte „Straße" gelangt sein?

[160] Vgl. S. 351, Anm. 139.

[161] Hdt. 6,95.101,1.102 erwähnt Reiterei im Expeditionsheer des Datis und scheint 6,112,2 ihren Einsatz bei Marathon vorauszusetzen. Vgl. Nep. Milt. 4,1; Diod. 11,3,9; Paus. 1,32,4. Dazu G. Shrimpton, Phoenix 34 (1980) 27 ff.; H. Y. Culloch, SO 57 (1982) 35 ff.; J. A. S. Evans, CJ 82 (1986) 97 ff.; ders., Historia 42 (1993) 293 ff.; Bugh, Horsemen 10 f.; Lazenby, Defence 60.

[162] Vgl. E. Vanderpool, A Monument to the Battle of Marathon, Hesperia 35 (1966) 105; E. G. Pemberton, The East and the West Friezes of the Temple of Athena Nike, AJA 76 (1972) 303–310; E. B. Harrison, The South Frieze of the Nike Temple and the Marathon Painting in the Painted Stoa, ebd. 353–378; Hölscher, Historienbilder 92 ff. Allerdings ist umstritten, ob auf dem Fries des Nike-Tempels Marathon oder Plataiai dargestellt wird. Die Wahrscheinlichkeit spricht für Marathon, da die Athener diesen Sieg für sich selbst in Anspruch nehmen konnten. Vgl. Evans, Historia 42 (1993) 294, Anm. 68.

[163] Vgl. hierzu und zum Folgenden Lazenby, Defence 61 f.

[164] W. McLeod, The Range of the Ancient Bow, Phoenix 19 (1965) 1 ff.; ders., The Bowshot and Marathon, JHS 90 (1970) 197 f.; ders., The Range of the Ancient Bow: Addenda, Phoenix 26 (1972) 78 ff.

[165] Hdt. 6,112,3. Es kann sich nur um ein schnelle Gangart gehandelt haben. Andernfalls hätte die Phalanx nicht ihren Zusammenhalt wahren können.

[166] Ob der Verlauf des Kampfes von der athenischen Führung in dieser Form geplant war, ist umstritten. Vgl. Lazenby, Defence 64, der die in der Forschung mehrfach vertretene These zurückweist, daß die Schwächung des athenischen Zentrums Ausdruck einer brillanten Taktik gewesen sei. Daß mit den beiden athenischen Flügeln durch massiven Druck die erste Phase der Schlacht entschieden wurde, ist freilich nicht zu bezweifeln. Vgl. Hdt. 6,111 und 6,113. Dazu R. D. Luginbill, Othismos: The Importance of Mass-Shove in Hoplite Warfare, Phoenix 48 (1994) 51.

[167] H. C. Avery, Historia 22 (1973) 757, und W. F. Wyatt, ebd. 25 (1976) 483 f., weisen darauf hin, daß nach Herodot die athenischen Verluste genau drei Prozent der persischen betragen hätten. Ob die überlieferte Zahl der persischen Toten das Ergebnis entsprechender Berechnungen war, muß dahingestellt bleiben.

[168] Die gefallenen Sklaven, die vor dem Kampf freigelassen worden waren, wurden zusammen mit den gefallenen Plataiern in einem zweiten Polyandrion in der Nähe des monumentalen Grabhügels (Soros) der gefallenen Athener bestattet (Paus. 1,32,3; 7,15,7; 10,20,2). Zweifel an der Identifizierung des Soros als „Grab der Athener" äußert A. Mersch, Klio 77 (1995) 55–64. Er vermutet, daß es sich „um den äußerst prominenten Tumulus eines aristokratischen Genos" (61) handelt, berücksichtigt aber nicht die Ergebnisse von Bourriot, Genos (1976), und Roussel, Tribu et cité (1976), die gezeigt haben, daß die älteren Thesen von größeren, familienübergreifenden

aristokratischen Géne nicht verifizierbar sind. Ein im Jahre 1970 in einer Entfernung von etwa 2,5 km vom Soros im Vranatal von Sp. Marinatos entdecktes Grab ist entgegen den Vermutungen des Ausgräbers und F. Schachermeyrs, JHS 112 (1992) 143 ff., schwerlich das von Pausanias erwähnte Polyandrion der Plataier und Sklaven. Vgl. Welwei, Unfreie I 22 ff., und Historia 28 (1979) 101–106. Auch Mersch, a. a. O., will indes nicht ausschließlich, daß der Tumulus im Vranatal „das Grab der Plataier oder der Sklaven" war.

169 Nach Plut. Arist. 5,5 blieb das Aufgebot (Taxis) der Phyle Antiochis zur Bewachung der Gefangenen und der Beute im Raum von Marathon. Ob für diese Aufgabe eine gesamte Taxis benötigt wurde, ist indes fraglich.

170 Zur Diskussion über die Geschichtlichkeit des „Schildsignals" vgl. u. a. Gillis, Collaboration 45 ff.

171 Vgl. Lazenby, Defence 72 f. mit Anm. 65.

172 Vgl. P. Karavites, Historia 26 (1977) 143 f.; H. Y. McCulloch, SO 57 (1982) 45. – Daß Herodot selbständig das angebliche Schildsignal beurteilt hat, betont R. Develin, Herodotus and the Alkmeonides, in: Eadie – Ober (Eds.), Ancient Historian 130 ff.

173 Entgegen einer verbreiteten Ansicht trugen die Hopliten allerdings keinen Brustpanzer aus Bronze, sondern eine Art Leder- oder Leinenweste (z. T. mit Bronzeblechen verstärkt). Vgl. P. Connolly, Greece and Rome at War, London 1981, 54 ff.; Lazenby, Defence 79; Schäfer, Andres Agathoi 30.

174 Frgm. 88 a Diehl. Vgl. Kierdorf, Perserkriege 17. In Wirklichkeit wird man sich freilich in Athen nach der Schlacht sehr wohl darüber im klaren gewesen sein, daß die Gefahr eines neuen persischen Angriffs drohte. Vgl. N. A. Doenges, The Campaign and Battle of Marathon, Historia 47 (1998) 16 f.

175 Vgl. K.-W. Welwei, Die „Marathon"-Epigramme von der athenischen Agora, Historia 19 (1970) 295–305. – Ein weiterer, zu diesem Monument gehörender Block ist im Jahre 1987 identifiziert worden. Vgl. A. Matthaiou, Horos 6 (1988) 118–122; IG I^3 503/04 (Block C). Die fragmentarisch erhaltene Inschrift rühmt offensichtlich den Schutzwall, den die athenischen Hopliten gebildet hätten. – Ein Heroisierung der gefallenen Marathonkämpfer ist allerdings erst für die hellenistische Zeit nachweisbar (IG II^2 1006, Z. 26); vgl. Aristeid. 46; Paus. 1,32,4. Dazu E. Kearns, The Heroes of Attica, London 1989, 54 f. Die relativ späte „offizielle" Heroisierung schließt aber nicht aus, daß die Aufschichtung des gewaltigen Grabhügels an die Bestattung epischer Heroen erinnern sollte. Vgl. J. Whitley, The Monuments that Stood before Marathon: Tomb Cult and Hero Cult in Archaic Attica, AJA 98 (1994) 213–230. – Zum Problem der umstrittenen Datierung der gemeinsamen Bestattung von Gefallenen vgl. Ch. Clairmont, Patrios Nomos, I, London 1983, 106 ff.

176 Die Datierung der Stoa Poikile ist zwar umstritten. Der Bau wurde aber zweifellos begonnen, als Kimon nach der Eurymedon-Schlacht dominierenden Einfluß in Athen gewonnen hatte. Zu den Datierungsfragen vgl. E. D. Francis–M. Vickers, The Oinoe Painting in the Stoa Poikile, and Herodot's Account of Marathon, BSA 80 (1985) 100 mit Amn. 5; C. Calame, Thesée et l'imaginaire Athénien, Lausanne 1990, 408–410.

177 Zur Ehrung des gefallenen Polemarchos Kallimachos vgl. O. Hansen, Hermes 116 (1988) 482 f., mit neuer Restituierung der fragmentarischen Inschrift. Zum Hintergrund vgl. Balcer, After Marathon 34 f.

178 Kierdorf, Perserkriege 99 f.; Evans, Historia 42 (1993) 303 ff.; Prinz, Epitaphios Logos 44 ff.

179 Vgl. bereits Burn, Persia and the Greeks 259, sowie N. G. L. Hammond, CAH IV (^{2}1988) 518 f.; Heinrichs, Ionien 15, und Bauman, Political Trials 19 f. Daß entgegen der Darstellung Herodots 6, 132 Miltiades den Athenern nicht „Gold in Fülle" aus Paros versprechen konnte oder

jedenfalls nicht in erster Linie in Paros Gold erbeuten wollte, betont R. Develin, Miltiades and the Parian Expedition, AC 46 (1977) 573 ff., der darauf hinweist, daß die Insel damals noch nicht so reich wie in späterer Zeit war und nicht das einzige Ziel der Expedition gewesen sein kann. Gegen die ältere These von Berve, Miltiades 97 ff., daß der Angriff auf Paros noch „ein Feldzug aristokratischen Stils“ gewesen sei, vgl. bereits Bengtson, Einzelpersönlichkeit 50 ff. – Herodots Angaben (6,132 f.) über Versprechungen des Miltiades vor der Expedition sind sicherlich unzureichend. Andererseits kann aus diesem Bericht nicht generell Voreingenommenheit Herodots gegen den „Sieger von Marathon“ erschlossen werden. Vgl. K. H. Waters, Herodotus on Tyrants and Despots, Historia-Einzelschr. 15, Wiesbaden 1971, 10, Anm. 23; McCulloch, SO 57 (1982) 47 f.

[180] Ephoros FGrHist 70 F 63; Nep. Milt. 7,1.

[181] Vgl. Hdt. 6,49,1; 8,46,4.66,2.

[182] Th. J. Figueira, Athens and Aigina 159, der das Unternehmen als Mischung aus überholter aristokratischer Eigenmächtigkeit und einer noch nicht klar definierten ägäischen Politik betrachtet, vermutet, daß dem Demos der Sinn des Ausgreifens in die zentrale Ägäis nicht hinreichend verständlich gemacht worden sei. Er scheint hier allerdings die Urteilsbildung und Kommunikation in der Volksversammlung zu unterschätzen. Herodot hat seinerseits den Gegenstand der gegen Miltiades erhobenen Anklage offenbar in stark verkürzter Form und insofern verzerrt wiedergegeben. Ch. Schubert, Macht des Volkes 37, scheint hingegen in ihrer Analyse des zweiten Miltiades-Prozesses Herodot Glauben zu schenken.

[183] Balcer, After Marathon 39, bezeichnet irreführend die damalige Anhängerschaft des Themistocles als “liberal faction”. Zur Diskussion über die Struktur der Gruppierungen jener Zeit vgl. P. Karavites, Historia 26 (1977) 129–147; G. M. E. Williams, Athenaeum 60 (1982) 521–544.

[184] Dazu ausführlich H.-J. Gehrke, Zwischen Freundschaft und Programm. Politische Parteiungen im Athen des 5. Jh. v. Chr., HZ 239 (1984), 529–564, dessen Kategorie „Alkmeoniden-Demokraten“ allerdings problematisch ist.

[185] Vgl. Stein-Hölkeskamp, Adelskultur 190 f.

[186] Zur Diskussion über die Form des Prozesses: Hansen, Eisangelia 69; ders., JHS 100 (1980), 89–95 (hier S. 91); P. J. Rhodes, JHS 99 (1979) 103–114 (hier S. 105); vgl. auch Ostwald, Sovereignty 30 ff.

[187] Der Tod des Kleomenes I. läßt sich nicht genau datieren, ist aber entgegen der Auffassung N. G. L. Hammonds, Historia 4 (1955) 409–411 (vgl. dens., CAH IV ^{2}1988, 501 f.), zweifellos erst nach Marathon anzusetzen. Hammond sucht die von Herodot 6,49,2–93 geschilderten diplomatischen und militärischen Aktionen gegen Aigina und die von Herodot gleichfalls dargestellten innerspartanischen Machtkämpfe in den relativ kurzen Zeitraum vom Sommer 491 bis zum Frühjahr 490 einzuordnen. Hiernach hätten die Kämpfe zwischen Athen und Aigina, die mit einer empfindlichen Niederlage der Athener endeten, etwa von Januar bis März 490 stattgefunden. Eher ist aber aufgrund eines von Hdt. 5,89 erwähnten Orakels anzunehmen, daß der Konflikt etwa 488/87 eskalierte. Jenes Orakel enthält ein vaticinium ex eventu, das den Athenern geraten haben soll, 30 Jahre mit dem Rachefeldzug gegen Aigina zu warten. Bezugspunkt ist hierbei die Unterwerfung Aiginas 458/57. Dazu Welwei, Unfreie I 38 ff.; T. J. Figueira, The Chronology of the Conflict between Athens and Aigina in Herodotus Bk. 6, QUCC 28 (1988), 49–89; ders., Aegina and Athens in the Archaic and Classical Periods: A Socio-Political Investigation, Diss. Pennsylvania Univ. 1977, 258 ff. Generell zu athenisch-aiginetischen Beziehungen A. J. Podlecki, Athens and Aegina, Historia 25 (1976) 396–413.

[188] Zur Frage der Datierung der Konstituierung des Amtes des „Sekretärs der Thesmotheten“ vgl. Rhodes, Commentary Ath. Pol. 613–615, der wohl mit Recht ein späteres Einführungsdatum annimmt.

[189] Völlig sicher ist dies indes nicht. Wir wissen aber, daß 457 die dritte Zensusklasse der Zeugiten zum Archontat zugelassen wurde. Die vorausgehende Zulassung der Hippeis läßt sich plausibel mit der Erweiterung des Kandidatenkreises durch Einführung der Kombination von Vorwahl und Auslosung erklären. Der Verfasser der Athenaion Politeia behauptet allerdings (8,1), daß bereits Solon die Vorwahl der Archonten aus den damals hierfür in Frage kommenden vier altattischen Phylen eingeführt habe. Dem stehen aber die Angaben Aristot. Pol. 1273 b 35 ff.; 1274 a 16–19; 1281 b 32–34 gegenüber, wonach Solon das Prinzip der Wahl der Beamten nicht geändert habe. Vgl. Welwei, Athen 184 f.

[190] Vgl. E. Badian, Archons and Strategoi, Antichthon 5 (1971) 17 ff., der vermutet, daß höchstens 800 geeignete und wählbare Kandidaten für die „Vorwahl" zur Verfügung standen.

[191] Eine entsprechende Textemendation hat bereits F. G. Kenyon 1891 in seiner editio princeps vorgenommen.

[192] Vgl. die Kommentare von Rhodes, Commentary Ath. Pol. 272 ff., und Chambers, Aristoteles 241 ff., ferner Hignett, Athenian Constitution 173 ff.; E. S. Staveley, Greek and Roman Voting and Elections, London 1972, 37 ff., 46 ff. – E. Badian, Antichthon 5 (1971) 1–34, vertritt die These, daß das Archontat von 508/07 bis 487/86 relativ unbedeutend war und Herodots Nachricht 6,109,2 über die Auslosung des Polemarchos im Jahre 490 zutreffend ist. Er schließt sich denjenigen Forschern an, die annehmen, daß schon vor 487 Vorwahlen und anschließende Auslosungen stattgefunden hätten. Vgl. dazu aber die berechtigte Kritik von D. Kelly, Antichthon 12 (1978) 1–17, gegen eine Art „Abwertung" des Archontats in der genannten Zeit. Andererseits vermutet Develin, AC 48 (1979) 455–468, daß 487/86 ein bereits von Solon eingeführtes Vorwahl- und Losverfahren erneuert und den „kleisthenischen Idealen" angeglichen worden sei. Die Nachricht Aristot. Ath. Pol. 8,1 über eine Vorwahl seit Solon ist indes schwerlich zutreffend. Vgl. oben Anm. 189.

[193] Vgl. Chambers, Aristoteles 242.

[194] Vgl. Kinzl, in: ders. (Ed.), Studies Schachermeyr 218.

[195] H. Berve, Fürstliche Herren zur Zeit der Perserkriege, Die Antike 12 (1936) 13, der allerdings m. E. unzutreffend davon ausging, daß schon vor den Reformen für die einflußreichsten Bürger (die er generalisierend als „fürstliche Herren" bezeichnet) das Archontat nicht attraktiv gewesen sei.

[196] Vgl. Stahl, Aristokraten 177.

[197] Vgl. Lang, Athenian Agora 7.

[198] Der Initiator bzw. Antragsteller ist nicht bekannt. Ob Themistokles – wie vielfach angenommen wird – die treibende Kraft war, muß dahingestellt bleiben. Vgl. etwa Lenardon, Themistocles 51.

[199] Daß das Los „zunächst nichts mit Demokratie, sondern nur etwas mit Gleichheit" zu tun hat, bemerkt mit Recht J. Martin, Von Kleisthenes zu Ephialtes, Chiron 4 (1974), 26 f., der zu dem überzeugenden Schluß kommt, daß die Reform 487/86 nicht auf ein demokratisches Programm zurückzuführen ist. Ähnlich Kinzl, a. a. O. 222.

[200] Die Diffamierung politischer Gegner als „Tyrannenfreunde" war in jener Zeit zweifellos ein probates Kampfinstrument. Vgl. H.-J. Gehrke, HZ 239 (1984) 547; Stein-Hölkeskamp, Adelskultur 202 mit Anm. 90; Lavelle, Sorrow and Pity 36 ff. Zur Diskussion über potentielle politische Gruppierungen vgl. P. Karavites, Historia 36 (1977) 129–147, dessen Schlußfolgerungen allerdings in verschiedenen Punkten zu pointiert und hypothetisch sind. Seine These, daß Themistokles 483 fast eine diktatorgleiche Position gewonnen habe, ist unbeweisbar. Die Bedeutung von Verwandtschaftsbeziehungen wird überschätzt von G. M. E. Williams, Athenian Politics 508/07–480 B. C.: A Reappraisal, Athenaeum 70 (1982) 533 ff., und R. J. Littman, Kinship and Politics in Athens 600–400 B. C., New York–Bern–Frankfurt a. M.–Paris 1990, 178. Vgl. demgegenüber J. Holladay,

Medism in Athens 508–480 B. C., G&R 25 (1978) 181, der annimmt, daß ein „Aufmarsch" von Verwandten eines Politikers in der Volksversammlung auch kontraproduktiv sein konnte. Zum Begriff des Medismos: Gillis, Collaboration 39 ff.; D. F. Graf, JHS 104 (1984) 15–30.

201 Bicknell, Studies 64 ff.

202 Thomsen, Ostracism 97.

203 Vgl. P. Karavites, Historia 26 (1977) 141 ff.

204 Lang, Athenian Agora 93 und 102, zählt 4662 Ostraka für Megakles und 2279 für Themistokles.

205 Aufschlußreich ist ein Fund von 140 Ostraka mit dem Namen des Themistokles. Da nur 14 verschiedene Handschriften erkennbar sind, dürfte es sich um präparierte „Scherben" handeln, die von Gegnern des Themistokles verteilt und vermutlich ungebraucht zum Abfall geworfen wurden. Vgl. Stein-Hölkeskamp, Adelskultur 199. Bezeichnend ist auch, daß ein Kallixenos, der nur durch Ostraka bekannt ist und wohl zu den Alkmeoniden zählte (Lang, Athenian Agora 66), als *Prodotes* („Verräter") und der berühmte Aristeides als „Bruder des Datis" denunziert wurden (Thomsen, Ostracism 97, Anm. 270). Große Mühe hat sich ein Bürger mit einem Distichon gemacht, das sich auf einem Ostrakon gegen Xanthippos fand und diesen wohl als größten Übeltäter unter den verwünschten Prytanen („Größen" in der Politik) bezeichnen wollte. Vgl. Meiggs – Lewis Nr. 21, p. 42., und die von R. Merkelbach, Nochmals das Xanthippos-Ostrakon, ZPE 62 (1986) 57–62, diskutierten unterschiedlichen Interpretationsversuche.

206 M. Rehbinder, Ostrakismos als Schritt auf dem Weg in die Demokratie, in: O. Gigon – M. W. Fischer (Hrsg.), Antike Rechts- und Sozialphilosophie, Frankfurt a. M. 1988, 63, hat dies nicht erkannt, wenn er annimmt, daß es bei einer Ostrakophoria „lediglich ... um eine Abstimmung über parteipolitische Grundsatzfragen" ging. Im übrigen ist der ursprüngliche Sinn des Ostrakismos wohl darin zu sehen, daß gefährliche Staseis in der Bürgerschaft durch Neutralisierung einer der dominierenden Personen verhindert werden sollten. Vgl. K. A. Raaflaub, Einleitung und Bilanz: Kleisthenes, Ephialtes und die Begründung der Demokratie, in: Kinzl (Hrsg.), Demokratia 29. Demgegenüber betont St. Brenne, Die Kerameikos-Ostraka als Quelle für Geschichte, Sprache und Gesellschaft des 5. Jh. v. Chr. (Vortrag in Köln am 9. 6. 1998) stärker die Disziplinierung des herausragenden Einzelnen als Zweck der Ostrakophoria. Vgl. dens., Ostraka and the Process of Ostrakophoria, in: Coulsen et alii (Eds.), Archaeology 13–24, zu den persönlichen Schmähungen auf erhaltenen Ostraka.

207 Die Verurteilung des Hipparchos aufgrund seiner Weigerung, nach Athen zurückzukehren, steht natürlich auf einem anderen Blatt.

208 Vgl. Stein-Hölkeskamp, Adelskultur 202 mit Anm. 89.

209 Vgl. Rhodes, Commentary Ath. Pol. 280.

210 Vgl. Welwei, Unfreie I 74 f.

211 Hdt. 8,1,2.46,2. Diese „Chalkidier" sind nicht mit attischen Kleruchen gleichzusetzen, wie in der älteren Forschung verschiedentlich angenommen wurde (Hammond, History of Greece 231; Burn, Persia and the Greeks 384). Bei Hdt. 6,100 werden die attischen Siedler eindeutig von den alteingesessenen Chalkidiern differenziert. Vgl. Labarbe, Loi navale 178; J. Lazenby, Hermes 92 (1964) 273, Anm. 2; M. Manfredini, SCO 17 (1968) 211, Anm. 57; H. Beister, Κληροῦχος 405; Figueira, Athens and Aigina 257, der allerdings annimmt, daß die Zahl 4000 sowohl „Alteingesessene" als auch attische Kleruchen umfaßte.

212 Zur Bezeichnung der Reviere bei Herodot, Aristoteles und Plutarch vgl. Labarbe, Loi navale 25 f. Zur Topographie vgl. jetzt Lohmann, Atene 98 ff.

213 Vgl. Chambers, Aristoteles 246 f.

214 Ob dies durch eine neue Abbautechnik (Erschließung des sog. dritten Kontaktes) erreicht

wurde (R. Hopper, BSA 63, 1968, 299f., 313, 316; vgl. Rhodes, Commentary Ath. Pol. 278), bleibt fraglich. Montanarchäologische Beweise liegen nicht vor (mündliche Mitteilung von H. Lohmann). Labarbe, Loi navale 21–51, vermutet, daß die beiden Reviere Laureion und Maroneia je 100 Talente für insgesamt 200 Schiffe lieferten.

215 Daß Gelon von Syrakus – wie er angeblich behauptet haben soll (Hdt. 7,158,4) – in der Lage gewesen wäre, den Griechen 481/80 zur Abwehr der Perser gegebenenfalls 200 Trieren, 20000 Hopliten, 2000 Reiter und 6000 Leichtbewaffnete zur Verfügung zu stellen, ist nicht glaubhaft.

216 Zur Entwicklung und Bedeutung der Triere vgl. jetzt Morrison – Coates, Triere 19ff., 43ff. Vgl. auch die Diskussion zwischen A. B. Lloyd und M. Basch, The Trireme Controversy, JHS 100 (1980), 195–199.

217 Die Höchstgeschwindigkeit der nachgebauten Triere „Olympia" betrug bei ihren Probefahrten im Saronischen Golf im August 1987 etwa 6,95 Knoten. Vgl. Morrison – Coates, Triere 276f., die aber zu bedenken geben, daß die Leistungen ihrer Ruderer „im Vergleich mit der Antike" kaum beeindrucken konnten.

218 Die betr. Listen sind publiziert IG II/III^2 1604–1632. Vgl. Morrison – Williams, Greek Oared Ships 268ff.

219 Als Sammelbegriff für „Schiffsoffiziere", „Maate" und seemännisches Personal diente offensichtlich der Terminus *Hyperesia*. Unzutreffend ist die These von B. Jordan, The Athenian Navy in the Classical Period, Berkeley–Los Angeles 1972, 240ff., wonach hiermit „Rudersklaven" bezeichnet worden seien. Abzulehnen ist auch die Annahme von N. G. L. Hammond, JHS 102 (1982) 88ff., daß unter „Hyperesia" die Ruderer insgesamt verstanden worden seien. Vgl. Welwei, Unfreie I 67ff.; J. S. Morrison, JHS 104 (1984) 48ff.; A. J. Graham, TAPA 122 (1992) 257–270. – H. T. Wallenga, The Trireme and its Crew, in: J. den Boeft – A. H. M. Kessels (Eds.), Actus. Studies in Honor of H. L. W. Nelson, Utrecht 1982, 463–482 (überarbeitete Fassung: Wallenga, Ships and Sea-Power Before the Great Persian War. The Ancestry of Ancient Trireme, Leiden 1993, 169–185), vermutet, daß eine Triere auch dann gefechtsfähig gewesen sei, wenn die Rudermannschaft nicht ihre Sollstärke erreicht habe. Dies bleibt aber zweifelhaft.

220 Vgl. E. Ruschenbusch, Die Wahl der Strategen im 5. und 4. Jh. v. Chr., Historia 24 (1975) 112ff.

221 Zur Ausrüstung der Leichtbewaffneten vgl. Snodgrass, Arms and Armour 78ff.; Schäfer, Andres Agathoi 39ff. – Die von Herodot mehrfach als „Leichte" bezeichneten Waffen- und Proviantträger, die zumeist Sklaven waren, sind von den regulären leichtbewaffneten Kombattanten zu differenzieren.

222 Ps.-Xen. Ath. Pol. 1,20; Thuk. 1,142,5.9; Xen. Hell. 7,1,4; Plut. Per. 11,4.

223 Bereits in den 472 aufgeführten ›Persern‹ des Aischylos wird der Feldzug des Xerxes als großangelegte Rache für Marathon mit dem Ziel der völligen Unterwerfung Griechenlands verstanden. Vgl. Raaflaub, Entdeckung der Freiheit 74f.

224 Der universale Herrschaftsanspruch manifestiert sich u. a. in der Königstitulatur: „... Großkönig, König der Könige, König von Persien, König der Länder/Völker ..." Vgl. zu dieser Selbstbezeichnung der Perserkönige J. Wiesehöfer, Persien 53ff. Zum persischen Anspruch auf Weltherrschaft aus griechischer Sicht vgl. R. Bichler, Die „Reichsträume" bei Herodot, Chiron 15 (1985) 125–147.

225 Hdt. 7,1,3. Vgl. Cook, Persian Empire 99f.; J. M. Balcer, The Persian Wars against Greece: A Reassessment, Historia 28 (1989) 132f.

226 Unhistorisch sind sicherlich die erst in Quellen des 4. Jh. faßbaren Nachrichten über ein angebliches persisch-karthagisches Bündnis zur Unterwerfung der Griechen in Ost und West. Vgl. M. Zahrnt, Die Schlacht bei Himera und die sizilische Historiographie, Chiron 23 (1993) 356f.;

W. Ameling, Karthago 15 ff., 21 ff., 33 f. – Zu den Motiven karthagischer Politik um 480 vgl. auch L.-M. Günther, Die karthagische Aristokratie und ihre Überseepolitik im 6. und 5. Jh. v. Chr., Klio 75 (1993) 81 ff., die Hamilkars Feldzug gegen Himera als „eine halb private, halb staatliche Affäre, vergleichbar etwa mit den Unternehmungen des Jüngeren Miltiades" wertet. Dieser These widerspricht aber m. E. das große Heer Hamilkars.

227 Diese Zahlen, die sich nur auf die asiatischen Kontingente beziehen, basieren auf den Schätzungen Hignetts, Xerxes' Invasion 355. Höhere Ansätze sind m. E. wegen der Versorgungsschwierigkeiten unrealistisch. Die nach dem Übergang des Xerxes nach Europa hinzugestoßenen Kontingente sind hier nicht berücksichtigt. Es muß dahingestellt bleiben, wie die maßlosen Übertreibungen (Hdt. 7,184,4.228,1; Diod. 11,3,7; Isokr. 6,100; 12,49) zu erklären sind. Green, Salamis 61 ff., führt sie auf falsche Informationen griechischer Spione zurück, die angeblich in Sardeis gefangengenommen wurden, aber die persischen Truppen inspizieren und nach Hause zurückkehren durften und ihre Landsleute mit ihren Berichten beeindruckt haben. Diese Erklärung ist aber unzureichend, da auch die Zahl der europäischen Truppen des Xerxes stark übertrieben ist. Högemann, Vorderasien 308, hat gezeigt, daß dem Zug des Xerxes keine Generalmobilmachung im Perserreich vorausgegangen ist. – Die Bezeichnung der 10 000 „Unsterblichen" beruht vermutlich auf einem Irrtum (Verwechslung von anušiya = „Gefolgsleute" mit anauša = „Unsterbliche"). Vgl. Högemann, a. a. O. 306, der bemerkt, daß ihre Beziehungen zum Herrscher weniger auf einer persönlichen Bindung beruhten, sondern eine Art Dienstverhältnis darstellten und ein Teil dieser Kombattanten „Dienstlehen" hatte. Vgl. auch Wiesehöfer, Persien 136. – Die Bedeutung der enormen Versorgungsprobleme der Perser verdeutlichen die von T. Cuyler Young Jr., Iranica Antiqua 15 (1980) 213–239, geschätzten Zahlen: täglich pro Mann $1^1/_2$ kg Getreide und 2 Liter Wasser, für jedes Lasttier 5 kg Getreide, 5 kg Stroh oder Futter, 8 Liter Wasser. Vgl. auch Balcer, Persian Conquest 239 f.

228 Vgl. Hignett, Xerxes' Invasion 350.

229 Hignett, a. a. O. 93.

230 Nach Hdt. 7,184,2 sollen auf jeder Triere generell zusätzlich je 30 Perser, Meder oder Saken eingesetzt worden sein. Hignett, Xerxes' Invasion 92, Anm. 4, weist darauf hin, daß hierdurch die Manövrierfähigkeit der Kriegsschiffe stark beeinträchtigt worden wäre. Ob die persische Führung dies in Kauf nahm, läßt sich natürlich nicht entscheiden.

231 Zur Marschroute vgl. D. Müller, Von Doriskos nach Therme. Der Weg des Xerxes-Heeres durch Thrakien und Ostmakedonien, Chiron 5 (1975) 1–11. – Zur Konstruktion der Schiffsbrücken über den Hellespont vgl. N. G. L. Hammond – L. J. Roseman, JHS 116 (1996) 88–107.

232 Die persischen Herolde mögen etwa Sept./Okt. 481 von Sardeis aufgebrochen sein und etwa im November in Thessalien und Boiotien ihre Mission erfüllt haben. Vgl. N. G. L. Hammond, The Narrative of Herodotus VII and the Decree of Themistocles at Troezen, JHS 102 (1982) 81.

233 Vgl. Wickert, Peloponnesischer Bund 36, der darauf hinweist, daß ältere Thesen (U. Kahrstedt, Sparta und seine Symmachie, Göttingen 1922, 27; V. Ehrenberg, RE III A 2, Sp. 1385), wonach sich die kampfbereiten griechischen Gemeinwesen im Peloponnesischen Bund zusammengeschlossen hätten, nicht zutreffend sind. Anders neuerdings wieder A. Tronson, The Hellenic League of 480 B. C. – Fact or Ideological Fiction?, AClass 34 (1991) 93 ff., der die Eidgenossenschaft als „Spartaner und ihre Bundesgenossen" klassifiziert.

234 Aus Hdt. 7,145,2 ist zu entnehmen, daß die Tagung einige Zeit nach der Ankunft des Xerxes in Sardeis stattfand.

235 Zum Begriff δεκατεύειν („zehnten", d. h. vernichten und den zehnten Teil des Besitzes der als Beute betrachteten Polis dem delphischen Gott weihen) vgl. F. Bömer, Untersuchungen über

die Religion der Sklaven in Griechenland und Rom, III: Die wichtigsten Kulte der griechischen Welt, 2., erw. Aufl. Stuttgart 1990, 33ff.; P. Siewert, Der Eid von Plataiai, München 1972, 68.

236 In diesem Sinne ist wohl Hdt. 8,2,2–3,1 zu verstehen, wonach es nicht nur bei Artemision (vgl. Plut. Them. 7,2–3), sondern bereits vor dem Hilfegesuch der Eidgenossen an Gelon Streit um das Kommando zur See gab und die Bundesgenossen Einspruch gegen eine athenische Hegemonie („Führung") erhoben. Vgl. H. D. Meyer, Vorgeschichte und Begründung des Delisch-Attischen Seebundes, Historia 12 (1963) 405. Anders K.-E. Petzold, Die Gründung des Delisch-Attischen Seebundes: Element einer ‚imperialistischen' Politik Athens?, Historia 42 (1993) 421ff., der zu dem Schluß kommt, daß es nur bei der Gründung der Eidgenossenschaft eine Debatte über den Oberbefehl gegeben habe.

237 Herodot (7,220,3) datiert diesen Orakelspruch in die Zeit „gleich zu Beginn" des Krieges. Wahrscheinlich erfolgte die Anfrage noch vor Gründung der Eidgenossenschaft. Vgl. Lazenby, Defence 98.

238 Lazenby, Defence 99. Vgl. N. G. L. Hammond, JHS 102 (1982) 75ff.

239 Zur Diskussion über Realität oder Fiktionalität der „hölzernen Mauer" vgl. etwa Hignett, Xerxes' Invasion 439ff.; Hammond, CAH IV (^{2}1988) 540ff.; Lazenby, Defence 99ff. – Unwahrscheinlich ist die These von N. Robertson, The True Meaning of the „Wooden Wall", CPh 82 (1987) 1ff., wonach das Orakel eine von den Spartanern 481 geplante Befestigung auf dem Isthmos von Korinth gemeint und den Athenern geraten habe, sich hinter diesen Wall zurückzuziehen. Zum Zeitpunkt der Orakelbefragung gab es zweifellos noch keine detaillierte strategische Planung auf griechischer Seite.

240 StV II^2 130; Meiggs – Lewis 27.

241 Dies gilt vor allem für die Mantineier, die ebenso wie die auf der Schlangensäule verzeichneten Eleier 479 zu spät zum griechischen Heer bei Plataiai stießen. Die Eleier wurden vermutlich genannt, weil sie Olympia beherrschten. Vgl. Meiggs – Lewis, S. 60.

242 Vgl. Ameling, Karthago 15ff.

243 Eine weitere Bedingung der Argiver – die Garantie eines dreißigjährigen Friedens mit Sparta – wäre im Fall ihres Beitritts wohl erfüllt worden, da die Eidgenossen ohnehin alle innergriechischen Konflikte beilegen wollten. Vgl. Lazenby, Defence 106.

244 Lazenby, a. a. O. 108, verweist darauf, daß offenbar vor allem kretische Bogenschützen als Hilfstruppen der griechischen Eidgenossenschaft erwünscht waren.

245 Vgl. Burn, Persia and the Greeks 269, 341.

246 Der Areopag war bekanntlich für Mordfälle, das Ephetengericht für unvorsätzliche Tötung zuständig, während das Prytaneiongericht, das aus dem Archon Basileus und den vier Vorstehern (Phylobasileis) der altattischen Phylen bestand, in einem zeremoniellen Verfahren über unbekannte Mörder (und über Tiere und Sachen, die den Tod eines Menschen verursacht hatten) urteilte. Zu beachten ist, daß zunächst unbekannte Mörder später möglicherweise identifiziert, aber nicht gefaßt worden waren.

247 Aristot. Ath. Pol. 22,8. Unklar ist, ob gleichzeitig beschlossen wurde, daß in Zukunft die Ostrakisierten sich innerhalb oder außerhalb einer Linie aufhalten sollten, die durch die Südspitze Euboias und den östlichsten Punkt der Argolis (Kap Skyllaion) begrenzt wird (Chambers, Aristoteles 247).

248 Lykurg. c. Leokr. 117. Daß der Prozeß entgegen der Angabe Lykurgs nicht vor dem Demos, sondern vor dem Areopag stattfand (vgl. etwa Bauman, Political Trials 22, 178, Anm. 35), ist wenig wahrscheinlich. Vgl. Schubert, Macht des Volkes 33f. – Hansen, Eisangelia 69f., vermutet, daß Hipparchos zunächst zurückgekommen ist, vor dem Prozeß aber flüchtete.

249 In der Pentekonaëtie wurde der Begriff der „Mora" als Terminus technicus für die größte

Einheit eingeführt, während „Lochos" fortan als Bezeichnung für die beiden Unterabteilungen einer Mora diente.

250 Lazenby, Defence 110f.

251 Die editio princeps des Entdeckers erschien bereits 1960 in der Zeitschrift Hesperia 29, S. 198ff. Vgl. auch Meiggs – Lewis 23 (mit kurzem Kommentar).

252 Die Literatur zu dieser Inschrift ist nahezu unübersehbar. Genannt seien: Chr. Habicht, Hermes 89 (1961) 1–35 (hält das Dekret nicht für authentisch); Berve, Themistokles-Inschrift (sucht Echtheit zu erweisen); M. H. Jameson, Historia 12 (1963) 385–404 (entnimmt dem Text Hinweise auf mögliche Rekrutierung von Sklaven); F. Schachermeyr, JÖAI 46 (1963) 158–175 (hält das Dekret für echt und nimmt an, daß Themistokles Delphi zu überreden suchte, Salamis als Schlachtort zu bestimmen); M. Chambers, Philologus 111 (1967) 157–169 (Fälschung); Hignett, Xerxes' Invasion 458–468 (Fälschung); Burn, Persia and the Greeks 364–377 (Text vermittelt kein überzeugendes Bild von der Planung 480); N. Robertson, Phoenix 36 (1982) 1–44 (Dekret bietet keine Aufschlüsse über die Planung 480 v. Chr.); N. G. L. Hammond, JHS 102 (1982) 75–93 (keine Fälschung, sondern abzuleiten aus originärem Volksbeschluß im September 481); vgl. Hammond, Phoenix 40 (1986) 143–148; CAH IV (^{2}1988) 541; J. F. Lazenby, Hermes 92 (1964) 244–264 (Echtheit zweifelhaft, aber Entschluß zur Räumung Attikas wurde bereits vor Kämpfen bei den Thermopylen und bei Artemision gefaßt); vgl. Lazenby, Defence 102ff., 153f.

253 In dem nicht erhaltenen Schluß der Inschrift waren wohl Bestimmungen über sog. Atimoi genannt, die (im Unterschied zu den Ostrakisierten) unter Verlust des Bürgerrechts verbannt worden waren. Nach Andok. 1,77 durften sie zurückkehren, doch wurden Mörder und Totschläger sowie Anhänger des Isagoras und der Peisistratiden zweifellos nicht amnestiert.

254 Berve, Themistokles-Inschrift 29.

255 A. J. Holladay, The Forethought of Themistocles, JHS 107 (1987) 182ff.; vgl. Lazenby, Defence 112, der vermutet, daß die bei Hdt. 8,41,1 erwähnte „Bekanntmachung" sich auf eine letzte Warnung an die Säumigen nach einer bereits weitgehend abgeschlossenen Evakuierung bezieht.

256 Schätzungen sind sehr schwierig. Für die Flotte wurden annähernd 40000 seediensttaugliche Männer gebraucht. Hierzu zählten zweifellos auch Sklaven und freie Nichtbürger. Die Zahl der evakuierten älteren Bürger und der Frauen und Kinder der Bürger dürfte kaum unter 80000 betragen haben. Hinzu kamen die Angehörigen der Metoiken sowie die Sklavinnen und die nicht seediensttauglichen Sklaven.

257 Herodot erwähnt die Probouloi des ursprünglichen Kriegsrates nicht mehr, während bei Diod. 11,4,1 (nach Ephoros) die weiteren Entscheidungen sogenannten Synhedroi zugeschrieben werden. Vermutlich bildeten nach Beginn der militärischen Operationen die Anführer der einzelnen griechischen Kontingente die Mitglieder des Kriegsrates. Vgl. aber Hignett, Xerxes' Invasion 113f., der annimmt, daß die Probouloi weiterhin noch Beschlüsse gefaßt haben.

258 Wenig glaubhaft ist die Nachricht bei Hdt. 7,175,2, daß die griechischen Streitkräfte erst in der Nähe der Thermopylen erfahren haben, daß es dort jenen Saumpfad gab, auf dem persische Elitetruppen die Thermopylenstellung umgingen. Eine umfassende Analyse der Probleme der Kämpfe an den Thermopylen 480 bieten Szemler – Cherf – Kraft, Thermopylai, Chicago 1996.

259 M. H. Jameson, Hesperia 29 (1960) 203; ders., Historia 12 (1963) 402f. – Daß Themistokles bereits nach dem Rückzug der Griechen aus der Tempestellung in der Volksversammlung die Räumung Attikas beantragt hat (Green, Salamis 101), ist unwahrscheinlich, da zu diesem Zeitpunkt noch keine Klarheit über die weitere Strategie des Kriegsrates auf dem Isthmos bestand. Frost, Plutarch's Themistocles 103f., nimmt an, daß ein entsprechender Beschluß der athenischen Volksversammlung dem Kriegsrat vorgelegt worden sei, der den Plan dann modifiziert habe.

[260] Vgl. Lazenby, Defence 112. Ein Evakuierungsbeschluß konnte ohnehin nicht umgehend realisiert werden, da z. B. die Details zwischen Athen und Aigina abgesprochen werden mußten. Dazu bereits M. Treu, Historia 12 (1963) 54; vgl. auch Meier, Athen 13. – Hammond, CAH IV (^{2}1988) 550, nimmt an, man habe im griechischen Kriegsrat nicht ausschließen können, daß Xerxes über Phokis nach Boiotien zu gelangen suchte. Zu beachten ist jedoch, daß die persische Flotte für die Versorgung der nach Griechenland vorrückenden Heeresmassen von größter Bedeutung war und die persischen Waffengattungen ihre Operationen aufeinander abstimmen mußten.

[261] J. H. Thiel, The Inscription from Troezen, Med. d. Koningl. Akad. van Wetenschappen, Afd. Letterkunde, N. S. 25, Nr. 8 (1962) 1 ff., vermutet einen entsprechenden Zusatzantrag des ursprünglichen Beschlusses.

[262] Vgl. Hdt. 7,176; 8,,4; 8,18. Dazu G. B. Philipp, Wie das Gesetz es befahl?, Gymnasium 75 (1968) 15. Green, Salamis 113, geht freilich zu weit, wenn er das sog. mittlere Tor in den Thermopylen als "perfect defensive position" bezeichnet. Cook, Persian Empire 119, glaubt sogar an die Möglichkeit einer zeitlich unbegrenzten Verteidigung der Thermopylen. Demgegenüber suchen Szemler – Cherf – Kraft, Thermopylai, passim, zu zeigen, daß die Thermopylen für große Heere mit ihrem umfangreichen Train damals keinen natürlichen Zugang vom Malischen Golf nach Griechenland bildeten. Die geeignete Route sei vielmehr der sog. Dhema-Paß in der Nähe des heutigen Dorfes Kato Dhio Vouna (am Oite-Gebirge) gewesen. Das Fiasko an den Thermopylen war nach ihrer Auffassung (S. 97) "the direct result of hazy and ill-defined orders from above, a lack of military staff experience during a major combat situation, the lack of logistical support, and – hardly least – the unconscionable reluctance of the allies to send reinforcements in a timely fashion". Ähnlich bereits E. W. Kase – G. J. Szemler, Klio 64 (1982) 353–366. Daß der Endkampf in den Thermopylen für den Rückzug der griechischen Flotte keine Bedeutung mehr hatte, betont N. G. L. Hammond, Sparta at Thermopylae, Historia 45 (1996) 17 f.

[263] Zu den strategischen und taktischen Fragen vgl. im einzelnen Lazenby, Defence 117 ff. Auf die Versorgungsprobleme der Perser, die nicht längere Zeit eine Art Stellungskrieg führen konnten, hat A. Ferrill, AHR 72 (1966/67) 109, mit Recht hingewiesen.

[264] Den möglichen Verlauf des dortigen Pfades hat P. W. Wallace, AJA 84 (1980) 15–23, zu rekonstruieren versucht. Vgl. jetzt Szemler – Cherf – Kraft, Thermopylai 105–112.

[265] Zur Chronologie vgl. Lazenby, Defence 118 ff.

[266] Vgl. H. Hörhager, Zu den Flottenoperationen am Kap Artemision, Chiron 3 (1973) 43 ff., mit guten Argumenten für die Historizität des zeitweiligen Rückzuges der griechischen Flotte.

[267] Vgl. Hignett, Xerxes' Invasion 173 f.

[268] Vgl. die Beschreibung dieses Manövers bei Sosylos von Sparta FgrHist 176 F 1; dazu Morrison – Williams, Greek Oared Ships 138 f.

[269] Vgl. Lazenby, Defence 139 f., gegen How – Wells, Commentary II 238, Green, Salamis 134, Morrison – Coates, Triere 70 f., und Hammond, CAH IV (^{2}1988) 553 ff., die Herodots Darstellung des Kampfes für zutreffend halten.

[270] Vgl. How – Wells, Commentary II 375; Pritchett, Topography II 17.

[271] Hdt. 7,219,2–220,2. Ob der Rückzug in Panik oder auf ausdrückliche Weisung des Leonidas erfolgte, bleibt offen. Daß diese Truppen die persische Umgehungskolonne bekämpfen und aufhalten sollten, ist freilich wenig wahrscheinlich. Zur Diskussion hierüber vgl. Lazenby, Defence 144.

[272] Vgl. Lazenby, a. a. O. 146, der darauf hinweist, daß die Spartiaten zu Beginn des dritten Kampftages noch einen Ausfall machten (Hdt. 7,223,2). Sollte hierdurch Zeit für einen Rückzug gewonnen werden? Wir wissen indes nicht, wieviel Spartiaten noch kampffähig waren. Unzutreffend ist wohl Herodots Behauptung (7,222.233,1), daß Leonidas die 400 Thebaner als „Geiseln“

zurückbehalten habe. Vermutlich waren im Heer des Leonidas durchweg antipersisch gesinnte Thebaner. Die Thespier sollen freiwillig geblieben sein. Die Gründe hierfür sind unbekannt.

273 A. Dascalakis, Problèmes historiques autour de la bataille des Thermopyles, Paris 1962, 166, vermutet sogar, daß der Kampf bereits bis zum Mittag beendet war.

274 Vgl. etwa das harte Urteil Belochs, GG II 2^2, 105. Vgl. auch Szemler – Cherf – Kraft, Thermopylai 97, die Leonidas Ignoranz im Kriegswesen zuschreiben, wollen aber andererseits annehmen (S. 71), daß Leonidas nicht zu Unrecht den Wachen der Phoker vertraute.

275 Da wir die Motive des Leonidas nicht kennen, führen die Versuche von H. Schäfer, Probleme der Alten Geschichte, Göttingen 1963, 153–166, und G. B. Philipp, Gymnasium 75 (1968) 1–45, das Ausharren des Königs auf eine Einschränkung seiner Entscheidungsfreiheit nach längerem Machtkampf mit dem Ephorat zurückzuführen, über Spekulationen nicht hinaus. Im übrigen hatte Leonidas einen bestimmten Auftrag des griechischen Kriegsrates, den er nicht einfach nach einem „Ehrenkodex seiner Kaste“ (Philipp) erfüllen konnte.

276 Völlig aus dem Blick geraten ist bereits in der griechischen Verherrlichung der Thermopylenkämpfer das Schicksal der unfreien Heloten, die als Diener und Waffenträger der Spartiaten fungierten.

277 Vgl. S. 361, Anm. 259.

278 Plut. Them. 10 (dazu Frost, Plutarch's Themistocles zu der Stelle); Aristeid. 46, p. 257 Dindorf. Vgl. Lazenby, Defence 154 f. Auch die zweifellos unhistorische Nachricht (Aristot. Ath. Pol. 23,1) über die Panik der Strategen und die entschlossene Haltung des Areopags vor der Schlacht bei Salamis gehört in diesen Kontext. Vor Mitte des 4. Jh. war diese Version, die einer politischen Aufwertung des Areopags Vorschub leisten sollte, wohl gar nicht bekannt. Vgl. F. Kiechle, HZ 204 (1967) 278 ff.; zur Forschungsdiskussion vgl. Rhodes, Commentary Ath. Pol. 287 ff.

279 Burn, Persia and the Greeks 431.

280 Vgl. Lazenby, Defence 153.

281 Der Bericht Herodots (8,35) über einen gescheiterten persischen Angriff auf Delphi ist zweifellos legendär.

282 Zur Lokalisierung der Kultstätte durch eine neue Inschrift vgl. G. Dontas, The True Aglaureion, Hesperia 52 (1983) 48–63. Zur Frage einer archaischen Stadtbefestigung, die gegen einen Großangriff keinen ausreichenden Schutz bot, vgl. R. G. A. Weir, The Lost Archaic Wall around Athens, Phoenix 49 (1995) 247–258.

283 Die Dauer der Belagerung ist nicht bekannt. Sicherlich sind mehrere Tage anzusetzen.

284 Dies gilt insonderheit in bezug auf die Erzählung über die Rolle des Mnesiphilos (Hdt. 8,57), der Themistokles erst über die Auswirkungen eines Rückzuges bis zum Isthmos aufgeklärt haben soll.

285 Hdt. 8,60. Lazenby, Defence 161, hält freilich das Argument des Themistokles für verfehlt, daß die Perser sich zum Angriff auf die griechische Flotte gezwungen sähen, wenn die Griechen in ihrem Lager auf Salamis bleiben würden. Natürlich konnte Themistokles nicht mit absoluter Sicherheit die persischen Aktionen voraussehen. Aufgrund der Gesamtlage sah aber Themistokles zumindest eine große Chance in seiner Konzeption. Daß er seine Vorstellungen letztlich durchzusetzen vermochte, wurde von den Griechen nach ihrem Sieg als Schlüssel zum Erfolg gewertet. – Unhistorisch ist zweifellos die angebliche Drohung des Themistokles, daß die Athener im Fall eines Rückzuges der Griechen nach Unteritalien auswandern würden (Hdt. 8,61,2–62,2). Mit einer solchen Drohung hätte Themistokles schwerlich den Kriegsrat beeindrucken können, denn jeder wußte, daß nicht die gesamte Bevölkerung Attikas auf 200 athenischen Trieren evakuiert werden konnte. Zudem enthält die von Herodot erwähnte Argumentation des Themistokles Vorstellungen der perikleischen Zeit, wenn es heißt, daß kein griechisches Gemeinwesen einem Angriff der athenischen Flotte standhalten könne.

286 Lazenby, Defence 167, vermutet, daß etwa 140000 bis 160000 Mann zu versorgen gewesen wären, verdeutlicht aber nicht, wie er zu dieser Schätzung gelangt ist.

287 Ktesias, Leibarzt der persischen Königin Parysatis, schrieb die ›Persika‹ Anfang des 4. Jh.

288 Nach Hdt. 8,48 handelte es sich um 378 Trieren und einige Pentekonteren (vgl. Hdt. 8,82,2). Bei einer Addition der von Herodot genannten einzelnen griechischen Kontingente ergeben sich aber nur 366 Trieren. Ob in der diesbezüglichen Aufzählung Hdt. 8,46,2 eine Zahlenangabe ausgefallen oder falsch ist (Busolt, GG II 693, Anm. 3), muß dahingestellt bleiben. Aischylos wollte offenbar durch einen niedrigen Ansatz in den auch vor zahlreichen Teilnehmern an der Schlacht aufgeführten ›Persern‹ (v. 338ff.: 300 bzw. 310 Schiffe) den Ruhm der Athener noch heller erstrahlen lassen. Unbrauchbar ist die Angabe des Ktesias, Persika 26 (110 athenische Einheiten). In der Überlieferung galten offenbar die Zahlen Herodots als in etwa zutreffend. Thuk. 1,74,1 nennt die abgerundete Zahl von 400 griechischen Schiffen, darunter „fast zwei Drittel" Einheiten der Athener. Vgl. Lazenby, Defence 172f. mit Anm. 30.

289 Hignett, Xerxes' Invasion 210, der aber annimmt, daß die persische Flotte nicht stark genug war, um gleichzeitig noch amphibische Operationen auf der Peloponnes durchzuführen. Während einer erfolgreichen Blockade der Griechenflotte hätten die Perser durchaus Landungen hinter der Isthmoslinie ohne großen Geleitschutz unternehmen können.

290 Zur Lokalisierung der Insel vgl. Pritchett, Topography I, 101f.

291 Eine Variante dieser Geschichte bietet bereits Aischylos Pers. 355ff. Hier ist es allerdings „ein Mann aus Hellas, aus der Streitmacht der Athener", der die Botschaft übermittelt, und zwar nicht den persischen Feldherren, sondern dem Großkönig selbst. Von einem Auftrag des Themistokles ist nicht die Rede. Die Legendenbildung hat offenbar bald nach der Abwehr der Perser eingesetzt. Überzeugende Argumente gegen die Mission des Sikinnos hat Hignett, Xerxes' Invasion 403ff., zusammengestellt, der auch ebd. 408ff. die Erzählung, daß Aristeides auf der Rückfahrt aus seinem Verbannungsort Aigina die nächtlichen Flottenbewegungen der Perser bemerkt und die Griechen hierüber informiert habe, bezweifelt. Hingegen scheint Balcer, Persian Conquest 264, wieder an die Mission des Sikinnos zu glauben.

292 Lazenby, Defence 177.

293 Mit der Blockade der Straße von Megara durch ägyptische Kontingente rechnen u. a.: Morrison – Williams, Greek Oared Ships 141, 152; Green, Salamis 181; Hammond, Studies 274f.; ders., CAH IV (^{2}1988) 573. Vgl. auch Bengtson, Kl. Schr. 135–140; Morrison – Coates, Triere 74.

294 Vgl. Hignett, Xerxes' Invasion 221; Lazenby, Defence 179f.

295 Lazenby, Defence 181. – Noch in der Nacht war allerdings eine im Dienst des Xerxes stehende Trierenbesatzung aus Tenos desertiert (Hdt. 8,82,1), die der griechischen Flottenleitung Informationen über die persischen Bewegungen übermitteln konnte. Die hellenischen Strategen konnten jedoch keinen Nachtkampf wagen, sondern mußten bessere Sichtverhältnisse abwarten. Ihre Mannschaften setzten sie indes in Bereitschaft. Als es dann zum Kampf kam, waren die Ruderer auf der persischen Flotte von der Nachtfahrt wohl schon z. T. erschöpft. Vgl. auch Hignett, Xerxes' Invasion 226f.

296 Zum griechischen Aufmarsch vgl. Lazenby, Defence 186 (zu Aischyl. Pers. 399f.). – Daß „die anderen Griechen" beim Angriff der Perser schon wieder zurückrudern und an Land gehen wollten – wie Hdt. 8,84,1 behauptet –, ist unwahrscheinlich. Vermutlich handelt es sich um eine falsche Version eines taktischen Manövers, das aber nicht von allen Griechen, sondern vornehmlich von den auf dem westlichen griechischen Flügel auffahrenden Athenern vollzogen wurde. – Nicht glaubhaft ist die erst bei Plutarch Them. 14,3 überlieferte Geschichte, daß Themistokles in Kenntnis der Windverhältnisse den Beginn der Schlacht hinausgezögert habe, bis von der offenen See her die übliche Brise einsetzte, die die Wellen in den Sund hineintrieb und den schwerfälligen persischen Schiffen schwer zu schaffen machte. Die Nachricht widerspricht den Angaben Hero-

dots (8,10.60) von den besseren Manövrierfähigkit der persischen Einheiten. Vgl. Frost, Plutarch's Themistocles 154; Lazenby, Defence 186. Für glaubwürdig hält die Geschichte u. a. Hammond, Studies 287 und CAH IV (^{2}1988) 575.

297 Aischyl. Pers. 447 ff. – Nach Hdt. 8,95 sollen dort Hopliten gelandet sein, die an der Küste von Salamis stationiert waren, um griechischen Schiffbrüchigen zu helfen. C. W. Fornara, JHS 86 (1966) 51–53, hat aber wahrscheinlich gemacht, daß jenes Detachement aus „Seesoldaten" (Epibaten) und Bogenschützen der athenischen Trieren bestand.

298 Hohe Verluste der Perser ergaben sich dadurch, daß zahlreiche Schiffbrüchige nicht schwimmen konnten. Zu beachten ist auch, daß auf Psyttaleia persische Elitetruppen vernichtet wurden (Cook, Persian Empire 121). Hinzu kam der Tod hochrangiger Perser (Hdt. 8,89).

299 Lazenby, Defence 196 f.

300 Gefechtskehrtwendungen etwa, wie sie Admiral Scheer in der Skagerrakschlacht durchführen ließ, um dem "Crossing the T" durch die englische Schlachtflotte unter Jellicoe zu entgehen, setzen Nachrichtenübermittlung durch Funk voraus.

301 Die Flotte ist nicht schon in der Nacht nach dem Kampf abgefahren, wie Hdt. 8, 107–108 behauptet. Die erschöpften Mannschaften brauchten zweifellos einige Tage, um die nötigen Vorbereitungen zu treffen. Vgl. Burn, Persia and the Greeks 467; Lazenby, Defence 199.

302 Unhistorisch ist die Erzählung von einer zweiten Botschaft des Sikinnos im Auftrag des Themistokles an Xerxes: Hdt. 8,110. Vgl. die Versionen Plut. Them. 16; Diod. 11,19,5; Iustin. 2,13,5; Polyain. 1,30,4. Es handelt sich wohl um eine Dublette zur ersten Mission mit dem Ziel, Themistokles zu diskreditieren. Vgl. etwa Burn, Persia and the Greeks 468 ff.; Green, Salamis 205 ff.; A. J. Podlecki, The Life of Themistocles, Montreal–London 1975, 25 ff.; Lenardon, Themistocles 83 f. Nicht zu überzeugen vermag die These von Lazenby, Defence 199 ff., daß Themistokles sich eine Option für ein Arrangement der Athener mit Xerxes offenhalten wollte.

303 Vgl. F. Kiechle, Athens Politik nach der Abwehr der Perser, HZ 204 (1967) 271 f.

304 Die Parier blieben von Plünderungen verschont, während das Gebiet von Karystos geplündert wurde, obwohl die Bewohner gezahlt hatten (Hdt. 8,112). Zu den Abgaben anderer Inselbewohner äußert Herodot nur Vermutungen.

305 Lenardon, Themistocles 86. – Nach Plut. Them. 21 galt Themistokles bei den Bundesgenossen Athens (d. h. bei den späteren Mitgliedern des Seebundes) wegen der bei Hdt. 8,111–113 geschilderten Vorgänge als „belastet". Plutarch rückt indes Aktionen in einen falschen Zusammenhang. Vgl. Frost, Plutarch's Themistocles 180 ff.

306 Cook, Persian Empire 121 f.

307 Hdt. 8,140. Es bleibt freilich offen, welche Begriffe Alexander I. als Überbringer der Botschaft verwendet hat. Herodot läßt Alexander auch einen Kommentar zu dem persischen Angebot übermitteln. Hiernach wurde die in Aussicht gestellte Autonomia als Eleutheria („Freiheit") interpretiert. Dies sollte wohl als Gegensatz zu Douleia („Untertanenschaft") verstanden werden. Vgl. Raaflaub, Entdeckung der Freiheit 199 f.

308 Vgl. Hdt. 9,7 über die Verhandlungen einer athenischen Gesandtschaft in Sparta, die den Ausmarsch des spartanischen Heeres 479 zur Verteidigung Athens verlangte. Hiernach gaben die Gesandten vor, daß sie im Fall weiterer Passivität der Spartaner mit den Persern ein Bündnis schließen und sich ihnen dementsprechend unterordnen könnten.

309 Die Version Plutarchs (Arist. 10), daß Aristeides diese Worte gefunden habe, ist wohl eine Erfindung. Vgl. How – Wells, Commentary II 286.

310 Dazu generell Kierdorf, Perserkriege 95 ff.; Raaflaub, Entdeckung der Freiheit 218 ff. Speziell zu Hdt. 8,144,2: H. Diller, Die Hellenen-Barbaren-Antithese im Zeitalter der Perserkriege, in: Fondation Hardt, Entretiens 8, 1961, 54 f.; R. Klein, RAC 14 (1988) 382 s. v. Hellenen.

[311] Die Annahme von Lazenby, Defence 210, die Präsenz eines persischen Heeres in Thessalien habe das Vertrauen in die Konzeption des Themistokles erschüttert, bleibt eine bloße Vermutung.

[312] Möglicherweise ist Herodots Zahl aber übertrieben. Vgl. Barron, CAH IV (^{2}1988) 392.

[313] Im Widerspruch hierzu steht indes Herodots Angabe (8,142,4), daß die Spartaner den Athenern während ihrer Verhandlungen mit Alexander versprochen hätten, alle Familienangehörigen und „Hausgenossen" (d. h. auch Sklaven) der Bürger für die Dauer des Krieges aufzunehmen. Hiernach wäre von spartanischer Seite von vornherein eine Räumung Attikas eingeplant gewesen. Es ist aber nicht sicher, ob diese Nachricht zutrifft, da in den Kontext auch spätere Versionen des Geschehens eingeflossen sind. – Lazenby, Defence 204 f., vermutet, daß man in Sparta sogar mit einem Abzug der Perser rechnete. Da der Hellenenbund 479 aber nur eine kleinere Flotte einsetzte, ist eher anzunehmen, daß man die von Mardonios ausgehende Gefahr in Sparta keineswegs unterschätzte.

[314] Schätzungen sind wieder sehr problematisch. Neuere Ansätze (z. B. Burn, Persia and the Greeks 511; Hignett, Xerxes' Invasion 355; Cook, Persian Empire 122 f.; Lazenby, Defence 228) erscheinen durchweg zu hoch.

[315] Vgl. Gillis, Collaboration 73.

[316] Vgl. J. B. Barron, CAH IV (^{2}1988) 596, der andererseits ebd. 594 behauptet, daß Aristeides und Xanthippos 479 zu Strategen gewählt worden seien, weil man von ihnen den Abschluß eines Vertrages mit Mardonios erhofft habe. Hierfür gibt es in der Überlieferung keine Stütze.

[317] In der Version bei Hdt. 9,7 ist die Botschaft an die Spartaner freilich wieder zu einem panhellenischen Bekenntnis ausgestaltet worden.

[318] Eine absurde Version bietet Hdt. 9,9,2–10,1. Hiernach soll erst ein Tegeate die spartanischen Ephoren darauf hingewiesen haben, daß im Fall eines persisch-athenischen Bündnisses die Perser mit Hilfe der athenischen Flotte auf der Peloponnes landen könnten. Vgl. Hignett, Xerxes' Invasion 481.

[319] Vgl. Hignett, a. a. O. 285, der Herodots Bericht auf antispartanische Ressentiments zurückführt, die in Athen entstanden seien, als die erwartete rasche spartanische Hilfe zunächst ausblieb.

[320] Plut. Arist. 11,1 bezeichnet Aristeides als „bevollmächtigten Feldherrn" (Strategos autokrator). Dies ist zweifellos ein Anachronismus, da die Stellung eines Strategos autokrator erst im späten 5. Jh. eingeführt wurde.

[321] Diese Taktik der verbrannten Erde spricht gegen die von Lazenby, Defence 218 f., vertretene These, daß Mardonios überhaupt keine Entscheidungsschlacht gesucht habe, sondern bestrebt gewesen sei, durch Bestechung und Verhandlungen Griechenland der persischen Herrschaft zu unterwerfen. Unzutreffend ist aber wohl auch die Vermutung von A. Ferrill, AHR 72 (1966) 111, daß die griechischen Heerführer gehofft hätten, Mardonios werde Athen räumen, wenn sich die Hellenen nicht zur Schlacht stellen würden. Die Mitglieder des Hellenenbundes konnten nicht auf unbestimmte Zeit ein Heer unterhalten und auf einen „freiwilligen" Rückzug der Perser warten.

[322] Die Topographie ist umstritten. Dazu im einzelnen Pritchett, Topography I, 103–121; ders., Topography V, 92–137; Wallace, Plataia 183–192.

[323] Herodot 9,52 schildert den Rückzug des griechischen Zentrums als regelrechte Flucht. Ein Teil der griechischen Kombattanten mag in der Tat den Abmarsch als Flucht verstanden haben und entsprechende Versionen in Umlauf gesetzt haben. Herodots spätere Informanten könnten hierdurch getäuscht worden sein. Vgl. Barron, CAH IV (^{2}1988) 607; Lazenby, Defence 235.

[324] Die Verzögerung auf dem rechten Flügel erklärt Herodot 9,53–55 mit der Befehlsverweigerung des spartanischen Lochagos Amompharetos. Eher ist anzunehmen, daß Pausanias mit seinem rechten Flügel den Abmarsch des griechischen Zentrums absichern wollte. Lazenby, De-

fence 237, will sogar nicht ausschließen, daß Amompharetos freiwillig die Führung der Nachhut übernommen habe.

325 Zum Marsch der Athener vgl. Wallace, Plataia 189 f. (mit Skizze), der wohl mit Recht betont, daß sie nicht in Richtung auf die Perser vorrückten, sondern nach Hdt. 9, 56 „einen anderen Weg als die Spartaner nahmen". Vgl. aber Pritchett, Topography V, 128, der zu dem Schluß kommt, daß die topographischen Daten bei Herodot keine definitive Antwort auf das Problem des Zuges der Athener erlauben.

326 Sie hatten den Auftrag, einen Angriff der auf der Gegenseite kämpfenden Boioter auf die Spartaner zu verhindern. Dies gelang ihnen nicht zuletzt dadurch, daß boiotische Reitertruppen durch ihren Kampf gegen die aus dem Raum von Plataiai anrückenden Megarer und Phliasier gebunden waren. Vgl. Hdt. 9,67.69, wo allerdings nur von thebanischen Reitern die Rede ist. Zweifellos handelte es sich aber um ein Kavallerieaufgebot aus mehreren boiotischen Poleis. Vgl. I. G. Spence, The Cavalry of Classical Greece. A Social and Military History with Particular Reference to Athens, Oxford 1993, 19 f.

327 Wenig glaubhaft ist Hdt. 9,70,1–2, wonach die Athener den Kampf um das Lager entschieden haben sollen, weil die Spartaner vom „Mauerkampf" keine Ahnung gehabt hätten. Auch die Athener hatten damals noch wenig Erfahrung in Belagerungskämpfen. Vgl. Lazenby, Defence 244. Im übrigen betont Hdt. 9,71,1, daß die Lakedaimonier bei Plataiai alle Griechen „an Tapferkeit übertrafen". Dies hat bereits Aischyl. Pers. 817 gewürdigt, wenn er den Sieg bei Plataiai „dem dorischen Speer" zuspricht.

328 Nach Hdt. 9,90–92,1 hat es den Anschein, daß Leotychidas in eigener Verantwortung den Entschluß zur Intervention faßte. K.-E. Petzold, Historia 42 (1993) 428, hält dies für richtig, doch wird Leotychidas wohl kaum ohne Zustimmung seines Kriegsrates, in dem sich natürlich auch athenische Befehlshaber befanden, gehandelt haben.

329 Vermutlich hatten die phoinikischen Einheiten schon die Basis in Samos verlassen, als samische Gesandte die griechische Flottenleitung in Delos aufsuchten. Vgl. How – Wells, Commentary II 329 zu Hdt. 9,96,1; H. T. Wallinga, The Ionian Revolt, Mnemosyne 37 (1984) 415 f.; Heinrichs, Ionien 51 ff. – Die Gründe für die Detachierung bzw. Entlassung der phoinikischen Kontingente sind nicht bekannt.

330 H. D. Meyer, Historia 12 (1963) 414, nimmt demgegenüber an, daß Athen zwar „nicht der Urheber dieser Entwicklung" war, daß aber die „leitenden Männer auf athenischer Seite ihre Bedeutung sofort erkannt" hätten. Eine „längerfristige Konzeption" athenischer Machtpolitik bei der Gründung des Seebundes vermutet Steinbrecher, Seebund 75 (vgl. ebd. 115, 124). Ähnlich Balcer, Gnomon 58 (1986) 552 f. Vgl. aber die kritischen Stellungnahmen hierzu von K. Raaflaub, Expansion und Machtbildung in frühen Polis-Systemen, in: W. Eder (Hrsg.), Staat und Staatlichkeit in der frühen römischen Republik, Stuttgart 1990, 542 ff., und von Petzold, Historia 42 (1993) 419.

331 So mit Recht Heinrichs, Ionien 55 f. u. a. gegen Busolt, GG II 743; Burn, Persia and the Greeks 548; H. D. Meyer, a. a. O. 414; Green, Salamis 284. – Das Abkommen mit den Samiern beschränkte sich auf eine bloße Kampfgemeinschaft (Symmachie) zur Vertreibung der Perser aus Samos. Diese Zielsetzung entsprach durchaus dem militärischen Auftrag der Hellenenflotte, den persischen Geschwadern keine Möglichkeit zur Intervention in Griechenland zu geben. Auch aus diesem Grund wird Leotychidas den Entschluß zur Fahrt nach Samos mit Zustimmung seines Kriegsrates gefaßt haben.

332 Vgl. Hignett, Xerxes' Invasion 254; Heinrichs, Ionien 57 f.

333 Unzutreffend ist zweifellos Herodots Angabe (9,96,6), daß die Perser 60 000 Kombattanten zur Verfügung hatten. Die Truppenstärke wird weniger als 10 000 Mann betragen haben (Hignett, Xerxes' Invasion 254).

[334] Heinrichs, Ionien 63, sieht in der Darstellung dieses Kampfes bei Herodot 9,103 den Versuch einer Rehabilitierung der auf persischer Seite kämpfenden Ionier, die erst desertiert seien, als die Entscheidung bereits gefallen sei. Herodot berichtet indes, daß die Samier begannen, die Truppen des Hellenenbundes zu unterstützen, als der Kampf noch unentschieden war. Daraufhin hätten auch die übrigen Ionier die Seiten gewechselt. Daher kann auch Herodots Bericht (9,99,3.104) über die Milesier bei Mykale kaum als tendenziös klassifiziert werden. Zweifel an Herodots Darstellung äußern indes u. a. Hignett, Xerxes' Invasion 257; Sealey, History 226 f.; Balcer, Sparda 274; Heinrichs a. a. O. 60 ff.

[335] Als „Hellenen" bezeichnet Herodot hier offensichtlich nur die Befehlshaber der einzelnen Kontingente in einem vielleicht durch die Trierarchen erweiterten Kriegsrat. Vor den Mannschaften der 110 Trieren haben die Beratungen wohl kaum stattgefunden.

[336] H. D. Meyer, Historia 12 (1963) 416, vertritt unter Hinweis auf Diod. 11,37,1–3, die These, daß die Athener zunächst der Umsiedlung der Ionier zugestimmt, dies aber schließlich kategorisch abgelehnt hätten. In der auf Ephoros basierenden Version Diodors heißt es u. a., daß die Aioler und Ionier mit der Umsiedlung einverstanden und bereit gewesen seien, mit der griechischen Flotte zum hellenischen Mutterland zu fahren. Diese absurde Darstellung diskreditiert natürlich Herodots Bericht nicht, der andeutet, daß die Athener von Anfang an eine Evakuierung der Ionier ablehnten. Vgl. Petzold, Historia 42 (1993) 431 f. Demgegenüber entnimmt Heinrichs, Ionien 69 ff., den Ausführungen Herodots eine unklare Haltung der Athener.

[337] Möglicherweise war während der Konferenz bereits der griechische Erfolg bei Plataiai bekannt, so daß hierdurch der Entscheidungsspielraum des Flottenrates erweitert wurde (Heinrichs, Ionien 73).

[338] Thuk. 1,89,2; vgl. Diod. 11,37,4. Vgl. Hignett, Xerxes' Invasion 261.

[339] Lazenby, Defence 258.

[340] J. M. Balcer, Historia 38 (1989) 139, kommt zu dem Schluß, daß Xerxes versagt habe, weil er bei Salamis in die Offensive gegangen sei und zuvor nicht die Versorgung seiner Truppen sichergestellt habe. Das Problem lag aber zweifellos darin, daß seine Kombattanten, Ruderer und Troßmannschaften in dem besetzten Attika nicht genügend Proviant zur Verfügung hatten. Im übrigen unterschätzt Balcer, Persian Conquest 298, die Abwehrleistungen der Griechen, wenn er den Fehlschlag der Invasion des Xerxes vor allem auf militärische Fehler der Perser zurückzuführen sucht.

[341] Bei Plut. Kim. 5,5 heißt es lediglich, daß der Demos Themistokles „satt" hatte. Dies ist natürlich allzu vage. Vgl. Frost, Plutarch's Themistocles 186.

II. Die Seeherrschaft in der Ägäis

[1] Thuk. 1,90,3–91; Diod. 11,39,1–40,4; Plut. Them. 19,1–2; Nep. Them. 6,5. Obgleich Themistokles – wie gesagt – keine größeren militärischen Aufgaben mehr erhielt, wurden ihm zweifellos bedeutende Kompetenzen im Zusammenhang mit dem Wiederaufbau der Stadtbefestigungen übertragen. Wenig glaubhaft sind indes die Berichte über seine arglistige Täuschung der Spartaner. Im übrigen erhielt Themistokles wohl die Aufgabe, für die Befestigung des Peiraieus Sorge zu tragen. Vgl. R. Garland, The Piraeus, Ithaca 1987, 163 ff., 322, Anm. 163. Smarczyk, Untersuchungen 432, Anm. 101, der allerdings ebd. 432 auch vermutet, daß Themistokles „größeren und unmittelbareren Anteil" an der Gründung der Symmachie bzw. an der athenischen Seebundpolitik der siebziger Jahre besaß, als vielfach angenommen wird. Smarczyk räumt aber S. 431 ein, daß Themistokles die herausragende Führungsposition, die er Ende der achtziger Jahre innehatte, nicht wiedergewinnen konnte.

[2] Vgl. A. Heuß, Hellas, in: Propyläen Weltgeschichte III (1962) 242. Zu beachten ist insonderheit, daß im Fall eines neuen persischen Angriffs auch die Isthmoslinie wieder bedroht gewesen wäre, wenn man Athen nicht hinreichend schützen konnte.

[3] Aus der Fülle der Literatur zu Pausanias und zur spartanischen Politik nach der Abwehr der Perser seien hier folgende wichtige Arbeiten genannt: D. Lotze, Selbstbewußtsein und Machtpolitik: Bemerkungen zur machtpolitischen Interpretation spartanischen Verhaltens in den Jahren 479–477 v. Chr., Klio 52 (1970) 255–275; J. F. Lazenby, Pausanias, Son of Kleombrotos, Hermes 103 (1975), 235–251; F. Bourriot, Pausanias, fils de Cléombrotos, vainqueur de Platées, L'information historique 44 (1982) 1–16; L. Schumacher, Themistokles und Pausanias: Die Katastrophe der Sieger, Gymnasium 94 (1987) 218–246; W. T. Loomis, Pausanias, Byzantion and the Formation of the Delian League. A Chronological Note, Historia 39 (1990) 487–492 (mit neuen Datierungsvorschlägen, wonach Byzantion eventuell erst im Juni 477 erobert und der Delisch-Attische Seebund demnach erst nach diesem Zeitpunkt gegründet worden sei). Eine Neubewertung der Aktionen der griechischen Streitkräfte unter Leitung des Pausanias versucht J. M. Balcer, The Liberation of Ionia: 478 B. C., Historia 46 (1997) 374–376. Er kommt zu dem Schluß, daß Pausanias zwar die Gefahr persischer Gegenangriffe von Kypros aus zu eliminieren vermochte, die Perser aber weiterhin die Insel kontrollierten und auch an der kleinasiatischen Westküste eine Reihe von Positionen behaupten konnten.

[4] Nach Thuk. 1,95,1 scheint zwar die Initiative von den Ioniern ausgegangen zu sein, doch deutet Hdt. 8,3,2 an, daß die Athener die angebliche Hybris des Pausanias zum Vorwand nahmen, um den Spartanern die militärische Führung zu entreißen. Vgl. Aristot. Ath. Pol. 23,4; Diod. 11,44,6; Plut. Arist. 23,1. Petzold, Historia 42 (1993) 438 f., zweifelt an dieser Wertung jener Vorgänge. Vgl. aber Steinbrecher, Seebund 74 ff.; Balcer, Sparda 336.

[5] Zur unstrittigen Datierung vgl. die oben Anm. 3 genannte Arbeit von Loomis.

[6] Dies lag natürlich auch im Interesse der Ionier, wie Heinrichs, Ionien 88, betont.

[7] Dies besagt noch nicht, daß die Spartaner an der Weiterführung des Krieges kein Interesse mehr hatten, wie Petzold, Historia 42 (1993) 440, annimmt. Eher ist Resignation zu vermuten.

[8] Vgl. Tausend, Amphiktyonie 47 ff.

[9] Die von A. Giovannini – G. Gottlieb, Thukydides und die Anfänge der athenischen Arche, SAHW 1980, 7. Abh., vertretene These, daß die neue Symmachie „eine Erfindung der neueren Forschung“ (S. 44) sei, hat mit Recht keine Zustimmung gefunden. Im Geschichtsverständnis der Athener resultierte die Gründung des Seebundes aus dem „Abfall der Ionier von ihrer nach der Konferenz in Samos geschlossenen Symmachie mit den Lakedaimoniern“ (d. h. mit Sparta): Aristot. Ath. Pol. 23,4; Plut. Arist. 23,4; Kim. 6; Aristodemos FgrHist 104 F 7. Unter den Ioniern sind hier die dem neuen Bund beigetretenen Poleis insgesamt zu verstehen. Vgl. Smarczyk, Untersuchungen 441, Anm. 118.

[10] Aristot. Ath. Pol. 23,5; Plut. Arist. 25,1. Meiggs, Athenian Empire 45, bestreitet zu Unrecht, daß der Bund auf einer „Freund-Feind-Klausel“ beruhte. Vgl. Steinbrecher, Seebund 52 ff.

[11] Vgl. P. J. Rhodes, CAH V (^{2}1992) 36. – Einen kleinen „Kern“ von Mitgliedern in der Anfangsphase vermutet A. French, Antichthon 22 (1988) 14. Vgl. aber Petzold, Historia 42 (1993) 442, Anm. 170.

[12] Vgl. Thuk. 3,10,2 und 6, wonach sich die Mytilenaier auf einen Einzelvertrag mit Athen beriefen. Dazu Schuller, Herrschaft 143 mit Anm. 19.

[13] Vgl. P. Bonk, Defensiv- und Offensivklauseln in griechischen Symmachieverträgen, Diss. Bonn 1974, 82 f.; F. Gschnitzer, Ein neuer spartanischer Staatsvertrag und die Verfassung des Peloponnesischen Bundes, Meisenheim 1978, 33 ff. Zur Frage der Autonomie der neuen athenischen Bundesgenossen in der Anfangsphase der Symmachie vgl. M. Ostwald, Autonomia 23 ff. Zur

Vorsicht bei der Anwendung des Autonomiebegriffs mahnt M. H. Hansen, in: M. H. Hansen – K. Raaflaub (Eds.), Studies in the Ancient Greek Polis, Stuttgart 1995, 21–43. Er schlägt vor, zwischen abhängigen und unabhängigen Poleis terminologisch klarer zu differenzieren.

[14] Demgegenüber sucht N. D. Robertson, The True Nature of the "Delian League", AJAH 5 (1980) 110ff., 119f., zu zeigen, daß in der Synode auf Delos nur diejenigen Symmachoi vertreten waren, die ebenso wie die Athener bei militärischen Operationen Schiffe und Mannschaften stellten. In den Quellen findet dies keine Stütze. Vgl. Balcer, Sparda 349; Petzold, Historia 43 (1994) 13f. mit Anm. 107.

[15] Die Herausgeber der Tributquotenlisten haben vermutet (ATL III 236ff.), daß die Zahl von 460 Talenten nur für den Fall galt, daß alle Symmachoi der Athener sich zu Zahlungen verpflichteten und keine Mannschaften und Schiffe stellten. Thukydides spricht aber eindeutig vom „ersten Beitrag", so daß er sich zweifellos nicht auf eine theoretische Summe, sondern eine reale Zahlung bezieht. Vgl. auch R. K. Unz, The Surplus of the Athenian Phoros, GRBS 26 (1985) 21ff. – N. D. Robertson, AJAH 5 (1980) 68, bietet einen kurzen Überblick über verschiedene Lösungsvorschläge und vermutet eine gefälschte Ziffer bei Thukydides. Er geht aber – wie gesagt (oben Anm. 14) – von einer zu geringen Zahl von Gründungsmitgliedern aus.

[16] Vgl. Petzold, Historia 43 (1994) 1ff.

[17] Vgl. H. Bellen, Der Rachegedanke in der griechisch-persischen Auseinandersetzung, Chiron 4 (1974) 43–67, hier 45ff. Zum Einfluß zeitgenössischer Vorstellungen auf die Darstellung der Anfänge des Bundes bei Herodot und Thukydides vgl. K. Raaflaub, Beute, Vergeltung, Freiheit? Zur Zielsetzung des Delisch-Attischen Seebundes, Chiron 9 (1979) 1ff.

[18] Vgl. etwa Thuk. 1,96,1–2; 3,10,2–3.

[19] Vgl. Thuk. 6,76 (Rede des Hermokrates in Syrakus), wonach die Freiheitsparole für die Athener Mittel zum Zweck gewesen sei. Der Vorwurf wird Thuk. 6,83 von dem Athener Euphemos aufgegriffen.

[20] Daß in der Überlieferung zumindest ansatzweise zwischen Plänen und Auffassungen führender Bürger und der Masse des Demos differenziert wird, zeigt die Anekdote Plut. Them. 20, wonach Themistokles durch einen Trick die Erhaltung der athenischen Flotte nach dem Abzug der Perser erreicht haben soll.

[21] In der neueren Forschung ist demgegenüber mehrfach die These vertreten worden, daß diese Motivation tatsächlich der Schlüssel zum Verständnis der athenischen Politik nach der Abwehr der Perser sei. Vgl. etwa F. Kiechle, HZ 204 (1967) 281; H. R. Rawlings, Phoenix 31 (1977) 6; Quinn, Athens 65; Steinbrecher, Seebund 72ff. Gegen die Annahme eines kontinuierlichen athenischen Strebens nach Vorherrschaft vgl. Smarczyk, Untersuchungen 441ff.; Petzold, Historia 43 (1994) 1ff.

[22] Vgl. A. French, Athenian Ambitions and the Delian Alliance, Phoenix 33 (1979) 134–141, der allerdings annimmt, daß Athen unter dem Druck der wirtschaftlichen Probleme nach der Invasion des Xerxes die ersten Schritte auf dem Weg zu einem Imperialismus unternommen habe.

[23] Die angebliche Verschleierungstaktik des Themistokles, von der Thuk. 1,90–92 berichtet, ist wohl unhistorisch (s. S. 368, Anm. 1). Thukydides' Darstellung setzt eine geradezu unglaubliche Naivität und Ignoranz der Ephoren und der gesamten spartanischen Führungsschicht voraus.

[24] Der Plutarchtext wird überinterpretiert von H. Bengtson, Kl. Schr. 155, der annimmt, daß Sparta die Amphiktyonie „in ihrer alten Form" zerstören wollte. Vgl. demgegenüber D. Lotze, Klio 52 (1970) 262, der betont, daß Sparta eine stärkere Position in der Amphiktyonie gewinnen wollte.

[25] Hdt. 6,72; Plut. Mor. 859 D; Paus. 3,7,9–10; dazu K. L. Noethlichs, Historia 36 (1987) 143, der

darauf hinweist, daß bei einer Frühdatierung des Thessalienzuges des Leotychidas (478 v. Chr.) der Vorwurf der Bestechlichkeit „nicht ohne weiteres" glaubwürdig ist.

[26] Hdt. 6,72. Vgl. D. M. Lewis, CAH V (^{2}1992) 99.

[27] Gleichwohl wird der Bericht Diodors vielfach für glaubwürdig gehalten. Vgl. Link, Kosmos Sparta 74, 140.

[28] Hdt. 7,107; vgl. Aischin. 3,183–185; Plut. Kim. 7.

[29] Nach Hdt. 7,106,2 konnte der persische Kommandant in Doriskos nach dem Scheitern der Invasion des Xerxes nicht zur Kapitulation gezwungen werden. Dies besagt aber nicht, daß er sich noch lange Zeit halten konnte. Vgl. Gomme, HCT I 281.

[30] Allerdings berichtet nur Plut. Kim. 8,2 über die Entsendung von Kolonisten. Dies dürfte aber zutreffend sein, da die (nichtgriechischen) Einwohner von Eïon nach der Einnahme des Platzes von den Athenern versklavt worden waren und die Athener jenes Gebiet zum Schutz der Handelswege nach den Dardanellen zweifellos sichern wollten. Ob sie damals auch flußaufwärts eine weitere Kolonie gründen wollten (Rhodes, CAH V, ^{2}1992, 41 f. aufgrund von Schol. Aischin. 2,31), bleibt ungewiß.

[31] Vgl. F. Kiechle, HZ 204 (1967) 297.

[32] Vgl. Stein-Hölkeskamp, Adelskultur 216 f.

[33] Vgl. J. von Ungern-Sternberg, Das Grab des Theseus und andere Gräber, in: W. Schuller (Hrsg.), Antike in der Moderne, Konstanzer Althistorische Vorträge und Forschungen 15, 1985, 321–329; K. Tausend, Theseus und der Delisch-Attische Seebund, RhM 132 (1989) 225–235; Walker, Theseus 55 f., der allerdings zu einseitig Kimon als Verfechter seines „eigenen konservativen Programms" charakterisiert. Zum Verhältnis Kimons zum Demos vgl. demgegenüber E. Stein-Hölkeskamp, Kimon und die athenische Demokratie, erscheint in: Hermes 1998 oder 1999 (die Kenntnis des Manuskriptes verdanke ich der Freundlichkeit der Verfasserin).

[34] Zur Datierung und Zielsetzung des Unternehmens: Steinbrecher, Seebund 89 f., 92 f. Die auf Skyros lebenden vorgriechischen Doloper, die als Seeräuber galten (Plut. Kim. 8,3), wurden versklavt. Auf der Insel wurden Athener angesiedelt (Thuk. 1,98,2). Zum Status der neuen Siedler, die zweifellos athenische Bürger blieben, vgl. Cargill, Athenian Settlements 12 f.; Salomon, Cleruchie 42 f.

[35] Dazu bereits H. Herter, Theseus der Ionier, RhM 85 (1936) 177–239; ders., Theseus der Athener, ebd. 88 (1939) 244–286 u. 289–326; ders., RE Supplem. XIII (1973) s. v. Theseus; vgl. auch Lavelle, Sorrow and Pity 47.

[36] Vgl. Tausend, RhM 132 (1989) 227 f.

[37] Zur Symbolfigur der politischen Einigung Attikas ist Theseus wohl erst nach den Reformen des Kleisthenes geworden. Vgl. J. Neils, The Youthful Deeds of Theseus, Rom 1987, 11; K. Hitzl, Gnomon 61 (1989) 148; Walker, Theseus 50 ff.; W. R. Connor, Theseus and His City, in: P. Hellström – B. Alroth (Eds.), Religion and Power in the Ancient World. Proceedings of the Uppsala Symposium 1993, Uppsala 1996, 115–120; Prinz, Epitaphios Logos 156 ff.; Schäfer, Andres Agathoi 150 f.; J. Engels, Funerum sepulcrorumque magnificentia. Begräbnis- und Grabluxusgesetze in der griechisch-römischen Welt mit einigen Ausblicken auf Einschränkungen des funeralen und sepulkralen Luxus im Mittelalter und in der Neuzeit, Stuttgart 1998, 108 f.

[38] Zur Datierung der Tyrannenmördergruppe und ihrer Bedeutung für die Chronologie einer Reihe von spätarchaischen und frühklassischen Denkmälern vgl. R. Tölle-Kastenbein, AA 1983, 578.

[39] Der Krieg gegen Karystos ist wohl nicht allzu lange nach der Unternehmung gegen Skyros anzusetzen. Eine andere Datierung (etwa 470–469) schlägt Steinbrecher, Seebund 40 ff., vor, der im übrigen zu stark betont, daß Athen bereits mit den ersten Aktionen des Seebundes den Weg

zur Arché („Herrschaft“) beschritten habe. Vgl. dazu die korrigierenden Ausführungen von Petzold, Historia 43 (1994) 31.

[40] R. Flacelière, REA 55 (1953) 5–14; P. Rhodes, Historia 19 (1970) 395–400; L. Schumacher, Gymnasium 94 (1987) 242 mit Anm. 101. Vgl. aber Frost, Plutarch's Themistocles 208. Im übrigen wird in der sog. Seitenstetter Handschrift der Themistokles-Vita des Plutarch Thasos statt Naxos genannt. Vgl. Gomme, HCT I 398f. Zum Ende des Themistokles, der zweifellos eines natürlichen Todes gestorben ist, vgl. J. Marr, The Death of Themistocles, G&R 42 (1995) 159–167.

[41] Eine Herabdatierung in die Mitte der sechziger Jahre, wie sie etwa Steinbrecher, Seebund 28f., Ph. Dean, Thucydides' Dates 465–431 B. C., Ontario 1972, 9ff., R. K. Unz, The Chronology of the Pentekontaetia, CQ 80 (1986) 68ff., und M. P. Milton, The Date of Thucydides' Synchronism of the Siege of Naxos with Themistocles' Flight, Historia 29 (1979) 257ff., vorschlagen, ist kaum möglich. Vgl. ATL III 160.

[42] Steinbrecher, Seebund 98, vermutet, daß die Bereitschaft der Seebundpoleis zum Abfall von Athen aus Unzufriedenheit über die Vernachlässigung ihrer Sicherheitsbedürfnisse durch die Hegemonialmacht resultierte. Er läßt sich hier offenbar zu sehr durch spätere antiathenische Propaganda täuschen. Andererseits war der Seebund natürlich von Anfang an eine Vereinigung, die einerseits für die Sicherheit der Hellenen im Fall einer neuen persischen Invasion kämpfte, andererseits auch ein Machtinstrument der Athener darstellte. Vgl. Rhodes, CAH V (^{2}1992) 48.

[43] In der ersten Tributquotenliste (454/53) fehlt Naxos allerdings. – Ostwald, Autonomia 38f., vermutet, daß Naxos auch die Kontrolle über seine innere „Verwaltung“ verlor. Diese These weist Rhodes, CAH V (^{2}1992) 43, mit Recht zurück.

[44] Zahlreiche Bundesgenossen haben sich wegen ihrer geringen Bürgerzahl von vornherein entschlossen, Geldbeiträge zu leisten. Vgl. E. Ruschenbusch, ZPE 53 (1983) 144–148.

[45] Vgl. Quinn, Athens 24ff.; Steinbrecher, Seebund 98 mit Anm. 198.

[46] Thuk. 1,100,1; Diod. 11,60–62; Plut. Kim. 12–13. Eine sichere Datierung ist wiederum nicht möglich. Die erheblichen Anstrengungen, die der Seebund zur Durchführung dieser Operationen unternehmen mußte, lassen vermuten, daß der Feldzug nicht im gleichen Jahr wie der Kampf der Athener gegen Naxos stattfand. Wahrscheinlich ist die Eurymedon-Schlacht um 468 anzusetzen.

[47] Vgl. Steinbrecher, Seebund 106, der mit Recht betont, daß es sich um einen Angriffskrieg der Athener und ihrer Symmachoi handelte (gegen Meiggs, Empire 74ff., Ed. Will, Le Monde Grec et l'Orient, I, Paris 1972, 137f., Bengtson, GG^5 194 und andere).

[48] Nach Plut. Kim. 12,2 sollen die athenischen Trieren umgebaut worden sein, so daß mehr Hopliten als Epibaten („Seesoldaten“) eingesetzt werden konnten. Diese Angabe wird aber anderweitig nicht bestätigt. Zum Problem vgl. Blamire, Plutarch, Kimon 139f.

[49] Meister, Kalliasfrieden 6ff., der m. E. die Nachricht bei Plut. Kim. 13,4 überbewertet, nimmt an, daß über einen Frieden verhandelt wurde, ohne daß es zu einem regelrechten Abschluß kam. Ihm folgt in diesem Punkt Steinbrecher, Seebund 147. Hiergegen ausführlich E. Badian, The Peace of Callias, JHS 107 (1987) 1–39 (= Studies 1ff.), der ein athenisch-persisches Abkommen nach der Eurymedon-Schlacht annimmt, das nach dem Tod des Xerxes erneuert und nach der Ostrakisierung Kimons von athenischer Seite ignoriert worden sei. An dem bei Diod. 12,4,4 erwähnten Abkommen des Jahres 449 sei aber nicht zu zweifeln. Es sei 424 in dem sog. Epilykos-Vertrag (Andok. 3,28–29; vgl. IG I^3 227; Meiggs–Lewis 70; StV II^2 183) bestätigt worden. Daß diese Hypothese eines erneuerten Vertrages in der Überlieferung keine Stütze findet, betont L. J. Samons II, Kimon, Kallias and Peace with Persia, Historia 47 (1998) 129–140.

[50] Ob der Großkönig sofort neue Trieren bauen ließ (Diod. 11,62,2; vgl. Kagan, Outbreak 47) muß dahingestellt bleiben.

[51] Plut. Kim. 13,4. Dazu Blamire, Plutarch, Kimon 147. Vgl. auch Rhodes, CAH V (^{2}1992) 46,

der nicht ausschließt, daß hier eine Verwechslung mit einem Unternehmen des Perikles 440 während des Aufstandes der Samier vorliegt.

52 Vgl. Gschnitzer, Abhängige Orte 29. Zur Bedeutung der Metalladern für Thasos vgl. Treister, Metals 184f.

53 Vgl. De Ste. Croix, Origins 42f., mit Hinweis auf die Feindschaft zwischen Thasos und der thasischen „Apoikie" Neapolis ein halbes Jahrhundert später.

54 Plut. Kim. 14,1. Bestätigt wird diese Nachricht durch Fragmente einer athenischen Verlustliste mit Angabe der Kampfplätze (IG I^3 1144). Vgl. Rhodes, CAH V (^{2}1992) 46, der allerdings annimmt, daß der Widerstand gegen den Seebund am Hellespont darauf schließen läßt, daß Pausanias sich noch längere Zeit in Byzantion halten konnte. Dies ist indes unwahrscheinlich. Vgl. Schumacher, Gymnasium 94 (1987) 225.

55 Gomme, HCT I 297; Welwei, Unfreie I 42ff.

56 Plut. Kim. 14,3–5.

57 Vgl. Stein-Hölkeskamp, Adelskultur 218.

58 Zur Forschungsdiskussion vgl. im einzelnen Hansen, Eisangelia 46, 71, der annimmt, daß in der Ekklesia Anzeige erstattet wurde und dann ein Verfahren vor einem Gerichtshof (Dikasterion) des Volksgerichtes stattfand; P. J. Rhodes, Eisangelia in Athens, JHS 99 (1979) 105; ders., Commentary Ath. Pol. 317, 335f.; ders., Boule 200; Ostwald, Sovereignty 40f., E. M. Carawan, Eisangelia and Euthyna: The Trials of Miltiades, Themistocles, and Cimon, GRBS 28 (1987) 202ff.; Stadter, Plutarch's Pericles 127f.; Chambers, Aristoteles 266.

59 Unzutreffend erscheint die These von L. Piccirilli, Efialte, Genua 1988, 47ff., daß „demokratische Kontinuität" zwischen Themistokles und Ephialtes bestanden habe. Piccirilli beruft sich auf konfuse Angaben über gemeinsame Aktivitäten der beiden bei Aristot. Ath. Pol. 25,3–4. Vgl. dazu u. a. E. M. Carawan, Apophasis and Eisangelia: The Rôle of the Areopagus in Athenian Political Trials, GRBS 26 (1985) 120ff.

60 Dies deutet Thuk. 1,102,3 an. Er bemerkt dazu, daß damals zuerst die Spannungen zwischen Athenern und Spartanern sichtbar wurden (vgl. Plut. Kim. 17,3). Bei den Aufständischen handelte es sich vor allem um Heloten, doch hatten sich auch die messenischen Perioikenstädte Thouria und Aithaia angeschlossen (Thuk. 1,101,2; vgl. Hornblower, Commentary I, 157).

61 E. Badian, Studies 96, will die Reform in die Zeit nach Kimons Rückkehr aus Messenien oder sogar erst nach dessen Ostrakisierung datieren. Sein Argument, daß umstrittene Gesetze zumeist nach einem Ostrakismos beschlossen würden, vermag aber in diesem Fall nicht zu überzeugen.

62 Zur Quellenlage und den daraus sich ergebenden Problemen vgl. Ruschenbusch, Ephialtes, Historia 15 (1966) 369–376; Fornara – Samons II, Athens 61f.; E. F. Bloedow, Pericles and Ephialtes in the Reforms of 462 B. C., Scholia 1 (1992) 85ff., der zu dem Schluß kommt, daß die Reformen eher Perikles als Ephialtes zuzuschreiben sind. Ephialtes als Thema späterer Propaganda erörtert J. L. Marr, Ephialtes the Moderate?, G&R 40 (1993) 11–19.

63 Wolff, Normenkontrolle 22; H.-J. Gehrke, HZ 239 (1984) 555.

64 Zweifellos unzutreffend behauptet Philochoros FgrHist 328 F 64 b, daß Ephialtes sog. Nomophylakes eingesetzt habe. Vgl. dazu H.-J. Gehrke, Das Verhältnis von Politik und Philosophie im Wirken des Demetrios von Phaleron, Chiron 8 (1978) 149ff.; Rhodes, Boule 201ff. Demgegenüber geht G. L. Cawkwell, Nomophylakia and the Areopagus, JHS 108 (1988) 3, davon aus, daß 462 tatsächlich *Nomophylakes* eingesetzt wurden. Ihre Funktionen seien aber bald nach 462 durch das Paranomieverfahren ersetzt worden. Letzteres ist aber erst 415 belegt. Vgl. Wolff, Normenkontrolle 15.

65 Vgl. zusammenfassend Ostwald, Sovereignty 56ff.

[66] Zur Dokimasie vgl. G. Adeleye, The Purpose of the Dokimasia, GRBS 24 (1983) 295–306; V. Hunter, Gossip and the Politics of Reputation in Classical Athens, Phoenix 44 (1990) 311ff., die auf die Bedeutung der Dokimasie für die Widerlegung von übler Nachrede hinweist. Hypothetisch aufgrund der unsicheren Quellenlage ist die Argumentation von T. E. Rihll, Democracy Denied: Why Ephialtes Attacked the Areiopagus, JHS 115 (1995) 87–98, der annimmt, daß Ephialtes vor allem intendiert habe, die Dokimasie dem Areopag zu entziehen, um das Verfahren „demokratischer" zu gestalten. F. X. Ryan, Areopagite Domination and Prytanies, AC 63 (1994) 251 f., vertritt die Auffassung, daß eine „Entmachtung des Areopags" im Zusammenhang mit der Einführung der Prytanien erfolgt sei. Die „Herrschaft" des Areopags bis zu den Reformen des Ephialtes habe darauf beruht, daß bis zu diesem Zeitpunkt die Archonten den Vorsitz in der Boulé, der Ekklesia und der Heliaia innegehabt und die Areopagiten die Dokimasie der Archonten durchgeführt hätten. Da wir die Entstehung und die ursprünglichen Formalitäten der Dokimasie nicht kennen, beruht diese These auf unsicheren Prämissen. Im übrigen ist die von Ryan aufgrund von Aristot. Ath. Pol. 23,1 postulierte „Herrschaft" des Areopags von 479 bis 462 zweifellos unhistorisch.

[67] IG I^3 259; ATL I u. II 1; Meiggs – Lewis 39.

[68] IG I^3 14; StV II^2 134; Meiggs – Lewis 40.

[69] Vgl. W. Schuller, Wirkungen des Ersten Attischen Seebunds auf die Herausbildung der athenischen Demokratie, in: Balcer et alii, Seebund 91 f.

[70] Auf „politische" Aspekte in den ›Eumeniden‹ hat vor allem Chr. Meier mehrfach hingewiesen (vgl. etwa dens., Athen 368ff.). Zur Forschungsdiskussion vgl. Wallace, Areopagos 87ff., der die Auffassung vertritt, Aischylos habe mit der Tragödie nicht die Debatte über eine inzwischen vier Jahre zurückliegende Reform wieder eröffnen wollen. Vgl. auch B. M. W. Knox, CAH V (^{2}1992) 275, der u. a. betont, daß Aischylos die Anfänge von Polisinstitutionen in eine mythische Vergangenheit verlegt. A. J. Podlecki, The Political Background of Aeschylean Tragedy, Ann Arbor 1966, 96–100, sucht demgegenüber zu zeigen, daß die angebliche Nomophylakia dem Areopag nicht durch Ephialtes genommen wurde, sondern 457 Objekt heftiger Attacken des Perikles gewesen sei, den Aischylos als zu radikal abgelehnt habe. Vgl. aber J. L. Marr, G&R 40 (1993) 11–19 (s. S. 373, Anm. 62), der mit Recht betont, daß diese Hypothese in den Quellen keine Stütze findet. Andererseits vermutet Marr indes, jeder Zuschauer habe 458 erkennen können, daß Aischylos die Aufmerksamkeit auf die Neuregelungen von 462 lenken wollte. Zu beachten ist übrigens Aischylos' wohlwollende Wertung der Verhältnisse in Argos, das nach 462 ein Bündnis mit Athen geschlossen hatte. Vgl. C. W. MacLeod, Politics and the Oresteia, JHS 102 (1982) 126 f. Ähnlich positiv wird Argos bereits in den wohl 463 aufgeführten ›Hiketiden‹ beurteilt (W. G. Forrest, CQ 54, 1960, 239 f.). Nicht zu bezweifeln ist freilich, daß in der ›Orestie‹ die Polis Athen als „geistige Führerin des Griechentums" erscheint, wie J. Latacz, Einführung in die griechische Tragödie, Göttingen 1993, 131, hervorhebt. Zur politischen Aussage der Trilogie vgl. etwa auch W. Nicolai, Zum doppelten Wirkungsziel der Aischyleischen Orestie, Heidelberg 1988; H. Flashar, Orest vor Gericht, in: Eder – Hölkeskamp (Hrsg.), Volk und Verfassung 99–111.

[71] De Ste. Croix, Origins 182 f.

[72] D. M. Lewis, CAH V (^{2}1992) 111.

[73] Vgl. Gomme, HCT I 302.

[74] Vgl. u. a. Legon, Megara 183, der annimmt, daß Spartas fehlende Bereitschaft zu einer Intervention zugunsten der Megarer ausschlaggebend war, als diese sich an Athen wandten.

[75] Vgl. Wickert, Peloponnesischer Bund 60.

[76] Der megarische Hafen Nisaia am Saronischen Golf wurde durch athenische Initiative mit der Polis Megara durch sog. Lange Mauern verbunden (Thuk. 1,103,4).

77 D. M. Lewis, The Origins of the First Peloponnesian War, in: Shrimpton – McCargar (Eds.), Classical Contributions 77.

78 Die Chronologie ist strittig, doch ist die Datierung des Kriegsbeginns in das Jahr 460 (vgl. ATL III 174, 177; Bayer – Heideking, Chronologie 136) einem späteren Ansatz (459) vorzuziehen.

79 Vgl. Lewis, in: Classical Contributions 75 mit Anm. 26. – Zum Kampfgeschehen vgl. Thuk. 1,105,1–2. Diod. 11,78,1–2 läßt die Athener in beiden Schlachten gewinnen, doch ist Thukydides' Darstellung sicherlich zutreffend.

80 Kagan, Outbreak 84.

81 Thuk. 1,105,2–3; Diod. 11, 78,3–4. Aigineten und Athener wurden jeweils von ihren Bundesgenossen unterstützt. Auf athenischer Seite handelte es sich somit um eine Streitmacht des Seebundes.

82 Ephialtes war über die Chelidonischen Inseln hinaus vorgestoßen.

83 P. J. Rhodes, CAH V (^{2}1992) 50.

84 Die Datierung ergibt sich aus den Fragmenten der Gefallenenliste IG I^3 1147 (vgl. IG I^3 1147 bis; Meiggs–Lewis 33; SEG XXXIV 45). Hiernach haben Mitglieder der Phyle Erechtheis damals auf Kypros, in Phoinikien und Ägypten sowie bei Halieis, auf Aigina und bei Megara gekämpft.

85 Daß sich Inaros an die Flottenführung wandte, ist aus Thuk. 1,104,1–2 zu erschließen. Demgegenüber nimmt Diod. 11,71,4–6 offenbar an, daß Inaros Gesandte nach Athen geschickt habe.

86 Auf Pläne dieser Art deutet die Aufnahme des phoinikischen Hafens Doros bzw. Dor oder (später) Dora (modern Tantura) in den Seebund hin. Vgl. ATL I 483; III 9 f.; Schachermeyr, Perikles 35.

87 Schachermeyr, a. a. O. 35, sprach mit Recht von einer „Art von maritimem Machtmonopol".

88 Es bleibt allerdings offen, wie groß die Zahl der nach Ägypten entsandten athenischen Trieren war. Auch ist unbekannt, ob diese Einheiten dann in der Folgezeit ausnahmslos auf dem Nil operierten. Ruschenbusch, Athenische Innenpolitik 153–156, zieht aus den Angaben des Thukydides (1,104,1–2. 109,4.110,1 u. 4) den Schluß, daß die Athener und ihre Verbündeten letztlich etwa 250 Trieren mit 50000 Mann (darunter 8000 Athener) verloren hätten. Die Annahme, daß die Athener jahrelang das Gros ihrer Flotte auf dem Nil eingesetzt haben, ist indes unrealistisch.

89 J. Bollansée, The Battle of Oinoe in the Stoa Poikile. A Fake Jewel in the Fifth-Century Athenian Crown?, AncSoc 22 (1991) 91–126 (hier 94), weist darauf hin, daß auch die Darstellung des Theseus in der Amazonenschlacht den Intentionen Kimons entsprochen haben wird, an den athenischen Gründerkönig anzuknüpfen, dessen Gebeine er auf Skyros gefunden haben wollte.

90 Daß es dort gar nicht zu Kämpfen gekommen ist, vermutete H. E. Stier, Eine Großtat der attischen Geschichte. Die sog. Schlacht bei Oinoe, Stuttgart 1934, der die Nachricht des Pausanias auf Oinophyta bezog. Vgl. auch R. K. Unz, The Chronology of the Pentekontaëtie, CQ 80 (1986), 68–85; Schubert, Perikles 35. – E. D. Francis – M. Vickers, The Oenoe Painting in the Stoa Poikile, and Herodotus' Account of Marathon, BSA 80 (1985) 99–113, beziehen die Angabe auf 490 und bringen sie mit der Schlacht bei Marathon in Verbindung, L. H. Jeffery, BSA 60 (1965) 41–57, nimmt an, daß das Gemälde Erfolge des Tolmides 457 verherrlichen soll, und J. H. Schreiner, The Battle of Oinoe: A Totally Intractable Problem?, EMC 37 (1993) 25–28, bemüht sich ohne Erfolg um eine Datierung in das Jahr 465. Vgl dens., Hellanikos, Thukydides and the Era of Kimon, Aarhus 1997, 21–37. Überaus skeptisch in der Datierungsfrage ist Badian, Studies 97. – Daß die athenischen Hilfstruppen Freiwillige waren, vermutete Schachermeyr, Perikles 241, Anm. 25.

91 Vgl. Meiggs, Athenian Empire 469 ff.

92 Später (wahrscheinlich etwa 444–442) wurde eine weitere Mauer parallel zu der Mauer zwischen Athen und dem Peiraieus errichtet.

93 Vgl. im einzelnen T. T. B. Ryder, Thucydides and Athenian Strategy in the Early 450s: A Consensus of Mistranslations, G&R 25 (1978) 121 ff., zu den Operationen der athenischen Flotte bei der Blockade des peloponnesischen Heeres. Unzutreffend ist die Überlieferung (Theopomp FgrHist 115 F 88) über die Rückberufung Kimons vor der Schlacht bei Tanagra. Vgl. W. Scheidel – P. Siewert, Tyche 3 (1988) 163–170. Zur Gesamtlage vgl. I. M. Plant, The Battle of Tanagra: A Spartan Initiative?, Historia 43 (1994) 259 ff., der die Schlacht bei Tanagra als Pyrrhossieg der Spartaner wertet.

94 Vgl. bereits Beloch, GG II^{2}1, 169 f.

95 Diod. 11,84,6 nennt 50 Trieren und 4000 Hopliten.

96 Schol. Aischin. 2,75 und Paus. 1,27,5 erwähnen darüber hinaus die Einnahme von Boiai an der lakonischen Westküste und von Kythera. – Zur Situation in Gytheion vgl. C. Falkner, A Note on Sparta and Gytheum in the Fifth Century, Historia 43 (1994), 495–501, die zu dem Schluß kommt, daß dieser Hafen damals keine große Bedeutung hatte.

97 Vgl. Badian, Studies 163 ff.

98 IG I^3 14; Meiggs – Lewis 40; StV II^2 134. Vgl. Koch, Volksbeschlüsse 61 ff. – Das Original existiert nicht mehr.

99 Der Demosbegriff bezeichnet in dem Dekret nicht etwa nur die niederen Schichten der Bürgerschaften von Erythrai und Athen. Vgl. K.-W. Welwei, „Demos" und „Plethos" in athenischen Volksbeschlüssen um 450 v. Chr., Historia 35 (1986) 177–191.

100 Vgl. Schuller, Herrschaft 40 ff.; H. Leppin, Die ἄρχοντες ἐν ταῖς πόλεσι des Delisch-Attischen Seebundes, Historia 41 (1992) 257–271.

101 Vgl. IG I^3 15; Schuller, a. a. O. 41.

102 IG I^3 21; ATL II D 11; StV II^2 151. Vgl. Koch, Volksbeschlüsse 86 ff.

103 In diesem Sinne ist wohl Z. 46 der Inschrift zu ergänzen. Die prozeßrechtlichen Details erörtert Koch, Volksbeschlüsse 101 ff.

104 Dazu jetzt J. Cobet, Milet 1994–1995. Die Mauern sind die Stadt. Zur Stadtbefestigung des antiken Milet, AA 1997, 264 (im Anschluß an V. B. Gorman, A History of Miletos from 500 to 432 BC, Diss. Philadelphia 1993). Vgl. Ch. Fornara, AJPh 92 (1971) 473 ff. Es fehlen indes neue Beschlußformeln. – Um eine Spätdatierung des Miletdekrets (426/25 oder wenig später) hat sich H. B. Mattingly bemüht, der u. a. vermutet, daß 426/25 eine athenische Streitmacht in Ionien von Erythrai und Milet oder Myous finanziert wurde. Vgl. jetzt den Sammelband seiner Aufsätze: Athenian Empire 309 f.; 321, 329, 456–459. Sicherlich wurden die Milesier zur militärischen Unterstützung Athens verpflichtet (Z. 10–15). Vgl. dazu aber die ausführliche Kritik von D. W. Bradeen – M. F. McGregor, Studies in Fifth-Century Attic Epigraphy, Oklahoma 1973, 65–70.

105 Vgl. N. Robertson, Government and Society at Miletus, 525–442 B. C., Phoenix 41 (1987) 387; Koch, Volksbeschlüsse 504 f., Anm. 60 und 61.

106 IG I^3 259 VI 19 f. 21 f.; III 18–20 (ATL II 1). Vgl. W. Schuller, Poleis im Ersten Attischen Seebund, in: Hansen (Ed.), Sources 167; A. Avram, Poleis und Nicht-Poleis im Ersten und Zweiten Attischen Seebund, in: Hansen – Raaflaub (Eds.), Studies 191 f.

107 Vgl. Meiggs, Athenian Empire 115 f., 188, 562 ff. im Widerspruch zu älteren Thesen, wonach eine Unterwerfung Milets durch Athen etwa 450 erfolgt sei.

108 Vgl. H.-J. Gehrke, Zur Geschichte Milets in der Mitte des 5. Jahrhunderts v. Chr., Historia 29 (1980) 17–31. Zustimmend J. M. Balcer, Miletos (IG I^2 22 [I^3 21]) and the Structures of Alliances, in: Balcer et alii, Seebund 22, 27 f.

109 Ob in dem Dekret (Z. 8) sechs milesische Strategen genannt sind, diese Ziffer mit der Zahl der milesischen Phylen zu verbinden und eine partielle Übernahme der athenischen Phylenordnung anzunehmen ist (Smarczyk, Untersuchungen 148, Anm. 290), muß offenbleiben.

[110] M. Piérart, Milet dans la première liste de tributs, ZPE 15 (1974) 163–167; ders., Athènes et Milet, II. L'organisation du territoire, MH 42 (1985) 287 ff.; vgl. Rhodes, CAH V (^{2}1992) 58 f.; Avram, in: Hansen – Raaflaub (Eds.), Studies 192.

[111] Vgl. im einzelnen Schuller, Herrschaft 42 ff.

[112] Vgl. S. 376, Anm. 103. Dazu Meiggs, Athenian Empire 222.

[113] Thuk. 1,112,1. Nach Diod. 11,86,1 sollen hingegen die Athener im Archontat des Ariston 454/53 durch Vermittlung Kimons einen fünfjährigen Waffenstillstand mit Sparta geschlossen haben. Bengtson, GG^{5} 212, Anm. 2, übernimmt Diodors Datierung, doch sind sonst keine politischen Aktivitäten Kimons vor 451 bekannt. Vgl. Gomme, HCT I 326; Badian, Studies 18 f. Eine Verwechslung liegt auch bei Theopomp FgrHist 115 F 88 vor, wonach Kimon nach der Schlacht bei Tanagra aus dem Exil zurückberufen worden sei (hiernach Plut. Kim. 17,8; Per. 10,4). Nach Tanagra wurde lediglich ein viermonatiger Waffenstillstand geschlossen. Vgl. auch Hornblower, Commentary I 168.

[114] Dies bedeutet nicht, daß Athen – wie Kagan, Outbreak 105, annimmt – als Preis für den fünfjährigen Waffenstillstand mit Sparta die eigene Allianz mit Argos kündigen mußte. Vgl. auch Th. Kelly, Argive Foreign Policy in the Fifth Century B. C., CPh 69 (1974) 86, der betont, daß wir die Gründe für den Vertrag zwischen Argos und Sparta nicht kennen, andererseits aber vermutet, daß die Argiver mit diesem Abkommen den Fehlschlag ihrer Allianz mit Athen eingestanden hätten.

[115] Der Bericht Diodors 12,3,2, daß damals starke persische Land- und Seestreitkräfte in Bereitschaft standen, ist zwar verworren und übertrieben, doch ist andererseits zu beachten, daß persische Kräfte relativ rasch mobilisiert werden konnten, wie die Doppelschlacht zu Lande und zu Wasser bei Salamis auf Kypros zeigt. Ob tatsächlich zuvor schon persische Aktionen in der Ägäis geplant waren, bleibt jedoch zweifelhaft.

[116] Weit übertrieben sind zweifellos die Angaben über die Verluste der Seebundstreitkräfte bei Isokr. 8,86 und Ail. var. 5,10. D. Blackman, GRBS 10 (1969) 198 spricht zu Unrecht von einem Pyrrhossieg. Das Unternehmen wurde nicht aufgrund hoher Verluste aufgegeben. Als es zur Schlacht kam, befanden sich die Streitkräfte des Seebundes bereits auf dem Rückmarsch.

[117] Isokr. 4,117 ff.; 7,80; 12,59; Demosth. 19,273; Theopomp FgrHist 115 F 154; Lykurg. c. Leokr. 73; Diod. 12,4,4. Vgl. StV II^{2} 152 sowie die Zusammenstellung und Übersetzung der Quellen von K. Meister, Kalliasfrieden 6 ff., der einen Vertrag zwischen Athen und Persien nach dem Unternehmen Kimons für unhistorisch hält. Vgl. etwa auch Sealey, History 278–282, 295 f. – Bestritten wurde der Vertrag bereits im 4. Jh. von Theopomp FgrHist 115 F 153–155, der zwar eine Stele mit einem entsprechenden Vertrag sah, aber erkannte, daß der Text im ionischen Alphabet geschrieben war, das erst ab 403/02 allgemein in Athen verwendet wurde.

[118] Zu der umfangreichen Forschungsdiskussion vgl. Meister, Kalliasfrieden 22 ff., 124 ff.; Heinrichs, Ionien 155 f.; Schubert, Perikles 19 ff., 26 ff. – Vgl. auch die ausgewogene Stellungnahme zum Quellenproblem von J. Walsh, The Authenticity and the Dates of the Peace of Callias and the Congress Decree, Chiron 11 (1981) 31–63.

[119] Vgl. A. J. Holladay, The Détente of Kallias, Historia 35 (1986) 503 ff., der mündliche Absprachen als Ergebnis einer Mission des Kallias nach dem Tode Kimons vermutet. Skeptisch gegenüber dieser Annahme ist A. B. Bosworth, Plutarch, Callisthenes and the Peace of Callias, JHS 110 (1990) 1–13. – Ein förmlicher Friedensvertrag kam aus persischer Sicht wohl kaum in Frage. J. Heinrichs, „Asiens König". Die Inschriften des Kyrosgrabes und das achämenidische Reichsverständnis, in: Will – Heinrichs (Hrsg.), Festschrift G. Wirth 525, hat mit Recht auf das „universale Herrschaftsverständnis" des Großkönigs hingewiesen. Vgl. auch Schubert, Perikles 27 f.

[120] Vgl. Hornblower, Commentary I 180 f. mit Hinweis auf Thuk. 8,56,4 und 58,2. Daß Thuky-

dides den Vertrag nicht erwähnt, ist noch kein Argument gegen die Geschichtlichkeit eines Abkommens etwa 449, da der Historiker die athenisch-spartanischen Beziehungen in den Mittelpunkt seiner Darstellung der Pentekontaëtie gestellt hat. Vgl. Ph. A. Stadter, The Form and Content of Thucydides' Pentecontaetia (1.89–117), GRBS 34 (1993) 66f.

121 Zur Diskussion über die m. E. nicht glaubhafte Nachricht Plut. Kim. 13,4 über einen Frieden nach der Schlacht am Eurymedon vgl. S. 372, Anm. 49.

122 Dies zeigt allein schon der Befund der Tributquotenlisten, der freilich wohl kaum auf eine allgemeine Abfallbewegung der athenischen Bundesgenossen schließen läßt. Vgl. im einzelnen Kap. II 7 (S. 119ff.).

123 Vgl. J. Martin, Chiron 4 (1974) 5–42; Bleicken, Athenische Demokratie 47ff., 54ff.

124 Wir wissen allerdings nicht, wie oft die Ekklesia in der Zeit des Perikles tagte. Zweifellos gab es aber in jeder Prytanie bereits eine „Haupttagung" (Ekklesia kyria) und weitere Versammlungen nach Bedarf. Vgl. Hansen, Athenische Demokratie 137. Im 4. Jh. existierten strengere Regelungen. Es ist indes umstritten, ob in jeder Prytanie damals drei oder vier reguläre Tagungen stattfinden mußten. Vgl. im einzelnen E. M. Harris, When Did the Athenian Assembly Meet? Some new Evidence, AJPh 112 (1991) 325–341. Zur Dauer der Sitzungen im 4. Jh. vgl. M. H. Hansen, CPh 74 (1979) 43–49 (= ders., Athenian Ecclesia 131–138), dessen Überlegungen cum grano salis auch in bezug auf die Länge der Tagungen im 5. Jh. gelten.

125 Ausnahmen gab es nur aus besonderen Gründen: Thuk. 3,36,6.37,3; 6,14.

126 IG I^3 10 = Meiggs – Lewis 31 (Vertrag mit Phaselis). Vielfach wurde auch der Vertrag Athens mit Egesta (IG I^3 11 = Meiggs – Lewis 37) als Beleg angeführt, doch wurde dieses Abkommen wohl erst 418 getroffen. Vgl. H. B. Mattingly, Historia 41 (1992) 129–138.

127 Dies vermutet Rhodes, Boule 17f., der davon ausgeht, daß die sog. Tholos, der für die Prytanen bestimmte Bau beim sog. Alten Bouleuterion auf der Agora, um 465 errichtet wurde.

128 Vgl. Rhodes, Commentary Ath. Pol. 331.

129 Aristot. Ath. Pol. 26,4; Plut. Per. 37,3; Ail. var. 6,10; 13,24; fr. 68 = Suda s. v. δημοποίητος.

130 Vgl. C. Patterson, Pericles' Citizenship Law of 451–50 B. C., Salem, New Hampshire 1981, 104; A. L. Boegehold, Perikles' Citizenship Law of 451/0 B. C., in: Boegehold – Scafuro (Eds.), Athenian Identity 57ff.

131 Insofern ist kaum anzunehmen, daß man in der Verbindung athenischer Frauen mit Metoiken eine Gefahr sah, wie Ruschenbusch, Athenische Innenpolitik 83ff., vermutet. Vgl. auch Rhodes, Commentary Ath. Pol. 334.

132 Vgl. Boegehold, a. a. O. (oben Anm. 130) 64f.

133 Vgl. Ps.-Xen. Ath. Pol. 1,2–9.

134 IG I^3 46; Meiggs – Lewis 49 (um 445 v. Chr.).

135 Vgl. Schmitz, Seebundpolitik 93.

136 Vgl. Schuller, Seebund 13ff.

137 Plut. Per. 11,4, wo im Kontext allerdings auch die machtpolitischen Intentionen der athenischen Siedlungspolitik beleuchtet werden.

138 Vgl. Stadter, Plutarch's Pericles 142f. – H. Graßl, Sozialökonomische Vorstellungen in der kaiserzeitlichen griechischen Literatur (1.–3. Jh. n. Chr.), Wiesbaden 1982, 97, hält offenbar Plutarchs Darstellung für zutreffend. Vgl. aber demgegenüber F. J. Frost, Historia 13 (1964) 390ff.; G. Bodei-Giglioni, Lavori pubblici e occupazione nell'antichità classica, Bologna 1974, 42ff.; W. Ameling, Plutarch, Perikles 12–14, Historia 34 (1985) 47ff. – Zu beachten ist in diesem Zusammenhang, daß ein großer Teil der Siedler aus den attischen Landgebieten stammte und schwerlich zuvor eine unbeschäftigte städtische Masse bildete. Ruschenbusch, Athenische Innenpolitik 73ff., vermutet, daß Plutarch fälschlich Verhältnisse des 4. Jh. auf das 5. Jh. übertragen habe.

Ältere Vorstellungen von einer tiefgreifenden Krise im 4. Jh. in Attika sind freilich inzwischen durch neuere archäologische Ergebnisse korrigiert worden. Vgl. Lohmann, Atene I 292f.

139 Vgl. hierzu Figueira, Athens and Aigina 53ff., 176ff.

140 Vgl. aber Schubert, Perikles 165f., die vermutet, es sei das Kernstück demokratischer Politik gewesen, die Herrschaft des Demos „als Herrschaft der Partei des Demos" zu institutionalisieren.

141 Vgl. Salomon, Cleruchie 52.

142 Vgl. Lewis, CAH V (^{2}1992) 128f. In der Inschrift IG I^3 237 werden zwar sowohl *Kleruchiai* als auch *Apoikiai* erwähnt (Cargill, Athenian Settlements 206). Ein Bedeutungsunterschied ist nicht erkennbar. Generell waren die Grenzen offenbar fließend. Daß Kleruchen als Angehörige einer Besatzung Inhaber eines Landloses waren, ist möglich, aber nicht sicher (vgl. Schuller, Herrschaft 15 mit Anm. 37).

143 IG I^3 46; Meiggs – Lewis 49. Die Siedler werden als Apoikoi bezeichnet.

144 Voraussetzungen, Rahmenbedingungen und Inhalte der Auseinandersetzungen zwischen Thukydides Melesiou und Perikles erörtert jetzt ausführlich K.-J. Hölkeskamp, Parteiungen und politische Willensbildung im demokratischen Athen: Perikles und Thukydides, Sohn des Melesias, HZ 267 (1998) 1–27. Die Kenntnis des Manuskriptes verdanke ich der Freundlichkeit des Verfassers.

145 Vgl. M. H. Hansen, The Number of Rhetores in the Athenian Ecclesia, 355–322 B. C., GRBS 25 (1984) 123–155 (= ders., Ecclesia II, 93–125, mit Addenda 126f.).

146 Nach Aristot. Ath. Pol. 24,3 fungierten 700 Athener als Beamte in der Polis und 700 „im Außendienst". Die Zahl ist umstritten, erscheint aber für den „Außenbereich" jedenfalls zu hoch. Vgl. M. H. Hansen, Seven Hundred Archai in Classical Athens, GRBS 21 (1980) 151–173; Rhodes, Commentary Ath. Pol. 305; Chambers, Aristoteles 254f. – Zur Bedeutung der Demen im Kontext athenischer Politik vgl. G. R. Stanton, The Rural Demes and Athenian Politics, in: Coulson et alii (Eds.), Archaeology 217–224. Vgl. auch generell zur politischen Partizipation in Athen: D. Lotze, Il cittadino e la partecipazione al governo della polis, in: S. Settis (Ed.), I Greci. Storia, cultura, arte, società, II 2, Turin 1997, 374ff.

147 Stahl, Aristokraten 173.

148 Stahl, a. a. O. 175.

149 Aristot. Ath. Pol. 43,4–6.

150 ATL III 30f.; Lewis, CAH V (^{2}1992) 123.

151 Meister, Kalliasfrieden 105.

152 W. K. Pritchett, Historia 13 (1964) 129–134, GRBS 7 (1966) 123–129, und GRBS 8 (1967) 113–119, suchte zu zeigen, daß auf der Rückseite eines verlorenen Blocks noch Platz für eine 8. Liste (der fortlaufenden Zählung) gewesen sein müsse und es daher zweifelhaft sei, daß eine Liste aus der zweiten Schatzungsperiode fehle (vgl. auch Meister, Kalliasfrieden 104). Ein neues Fragment hat diese Annahme jedoch widerlegt: B. D. Meritt, The Tribute Quota List of 454/3 B. C., Hesperia 41 (1972) 403–405. Vgl. Lewis, CAH V (^{2}1992) 123, Anm. 15.

153 Zu diesen Alternativen vgl. Lewis, CAH V (^{2}1992) 124f.; Schubert, Perikles 29.

154 Dies vermutete S. Accame, RFIC 66 (1938) 413.

155 Ein Moratorium im Hinblick auf einen von Perikles geplanten panhellenischen Kongreß vermuteten die Editoren der ATL III 278f., 281.

156 Dazu bereits V. Ehrenberg, Sophocles and Pericles, Oxford 1954, 126, Anm. 1; Kagan, Outbreak 115; Meiggs, Athenian Empire 154; De Ste. Croix, Origins 312.

157 Vgl. Meiggs, a. a. O. 154. Die von Meiggs in Betracht gezogene Möglichkeit, daß mit jenen Geldern die Errichtung des Nike-Tempels auf der Akropolis finanziert werden sollte, ist freilich aus chronologischen Gründen wenig wahrscheinlich (vgl. Meister, Kalliasfrieden 104 mit

Anm. 278, 118), da der z. T. erhaltene Beschluß über den Bau des Nike-Tempels (IG I^3 35; Meiggs – Lewis 44) eher in die zwanziger Jahre zu datieren ist. Zur Datierungsfrage vgl. Mattingly, Historia 10 (1961) 169–171 (= Mattingly Athenian Empire 30–32).

158 Die Geschichtlichkeit des betreffenden athenischen Volksbeschlusses wurde freilich mehrfach bezweifelt. So vermutet R. Seager, The Congress Decree: Some Doubts and an Hypothesis, Historia 18 (1969) 129–141, eine antimakedonische Fälschung aus der Zeit des Friedens des Philokrates (346 v. Chr.), während A. B. Bosworth, The Congress Decree: Another Hypothesis, Historia 20 (1971) 600–616, eine promakedonische Fälschung nach der Schlacht bei Chaironeia annimmt. Zur Forschungsdiskussion vgl. Stadter, Plutarch's Pericles 201 ff., der davon ausgeht, daß Plutarch den Inhalt des Dekrets der Sammlung des Krateros entnommen hat.

159 Vgl. Schachermeyr, Perikles 136; Kagan, Outbreak 111 f.

160 Vgl. jetzt zusammenfassend R. E. Wycherley, CAH V (^{2}1992) 215 ff.; H. Th. Grütter, Die athenische Demokratie als Denkmal und Monument: Überlegungen zur politischen Ikonographie im 5. Jahrhundert v. Chr., in: Eder – Hölkeskamp (Hrsg.), Volk und Verfassung 113–132 (hier 121–128), mit ausführlichen Literaturangaben. Speziell zum Parthenonfries: R. Osborne, Democracy and Imperialism in the Panathenaic Procession: The Parthenon Frieze in its Contexts, in: Coulson et alii (Eds.), Archaeology 143–150. – Zahlreiche Einzelprobleme werden behandelt in dem Sammelband: W. Hoepfner (Hrsg.), Kult und Kultbauten auf der Akropolis. Internationales Symposion vom 7. bis 9. Juli 1995 in Berlin, Berlin 1997 (hierin u. a.: W. Schuller, Zur Bauplanung der athenischen Demokratie des 5. Jahrhunderts, 184–194).

161 Zur Forschungsdiskussion über das Problem der Finanzierung der Bauten vgl. A. Wittenburg, Griechische Baukommissionen des 5. und 4. Jahrhunderts, Diss. München 1978, 37 f.; W. Ameling, Historia 34 (1985) 51 f.; L. Kallet-Marx, Did Tribute Fund the Parthenon? ClAnt 8 (1989) 252–266; A. Giovannini, Le Parthénon, le trésor d'Athéna et le tribut des alliés, Historia 39 (1990) 129–148 (mit Hinweis auf Demosth. 22,13, wonach mit der Beute aus den Kämpfen gegen die Perser die Propyläen und der Parthenon finanziert worden seien); L. J. Samons II, Athenian Finance and the Treasury of Athena, Historia 42 (1993) 129–138 (gegen Kallet-Marx, wonach nur in geringem Maße „Tribute“ für den Bau des Parthenon und der Propyläen verwendet worden seien, aber auch gegen die Annahme, daß der Parthenon Ausdruck eines athenischen Imperialismus gewesen sei); Schubert, Perikles 55 ff.; Hölkeskamp, HZ 267 (1998) 1 ff.

162 Vgl. oben Anm. 158.

163 IG I^3 9; vgl. G. Roux, L'Amphictionie, Delphes et le Temple d'Apollon au IVe siècle, Lyon 1979, 45 f., 239 f.; D. M. Lewis, CAH V (^{2}1992) 116 mit Anm. 72. Ob die Athener ihrerseits bestrebt waren, Delphi unter phokische Kontrolle zu stellen, um selbst günstigere Orakel zu erhalten (R. C. T. Parker, Greek States and Greek Oracles, in: Cartledge – Harvey [Eds.], Crux 325), muß dahingestellt bleiben. Vgl. Hornblower, Commentary I 182.

164 Thuk. 1,112,5. Nach Plut. Per. 21,2 war Perikles Kommandeur jener athenischen Eingreiftruppe. Philochoros 328 F 34 b datiert die athenische Aktion zwei Jahre nach dem genannten spartanischen Feldzug. Zutreffend ist aber zweifellos Thukydides' Hinweis auf eine unmittelbare athenische Reaktion auf den spartanischen Vorstoß. Vgl. Hornblower, Commentary I 183, der allerdings in Übereinstimmung mit ATL III 178 und Kagan, Origins 120 ff., den Beginn des zweiten Heiligen Krieges auf 449 ansetzt. Wahrscheinlicher ist aber 448 v. Chr.

165 Ps.-Xen. Ath. Pol. 3,11, der sich hier sicherlich auf die Zeit zwischen den Schlachten bei Oinophyta und Koroneia bezieht. Vgl. Meiggs, Athenian Empire 176 f.; Kagan, Origins 122 ff.; Buck, Boeotia 148, der aber die Nachricht bei Ps.-Xenophon sehr willkürlich interpretiert, wenn er annimmt, daß die Athener nach Oinophyta je nach Lage der Dinge in den boiotischen Poleis teils Oligarchien, teils Demokratien eingeführt hätten.

166 Vgl. Lewis, CAH V (^{2}1992) 133.

167 Vgl. Diod. 11,88,3. Dazu Meiggs, Athenian Empire 121 f.; Hornblower, Commentary I 184 f.; Rhodes, CAH V (^{2}1992) 60; Salomon, Cleruchie 209 f. Daß in Chalkis durch Initiative des Perikles bzw. des Tolmides eine Kleruchie konstituiert wurde, bezweifelt Figueira, Athens and Aigina 258. Lediglich eine einzelne Ansiedlung von Athenern in Eretria würde aber die allgemeine Unzufriedenheit auf Euboia kaum erklären.

168 Auf diese Operation bezieht sich allem Anschein nach eine undatierte Grabinschrift aus Athen, wonach ein gewisser Pythion aus Megara 2000 Athener aus den Phylen Pandionis, Kekropis und Antiochis von Pagai durch Boiotien nach Athen führte (Meiggs – Lewis 51; vgl. auch Diod. 12,5). Pythion war offenbar ein megarischer Parteigänger der Athener.

169 Vgl. Kagan, Outbreak 124–126, der mit Recht darauf hinweist, daß in Sparta allerdings tonangebende Gruppen sich mit dieser Lösung nicht zufriedengaben. Pleistoanax und Kleandridas mußten ins Exil. Daß der gegen sie erhobene Vorwurf der passiven Bestechung auf Mutmaßungen beruhte, betont Thuk. 2,21,1 und 5,16,3. Vgl. K. L. Noethlichs, Historia 36 (1987) 144 ff.

170 Nach Theopomp FgrHist 115 F 387 siedelten sie sich in Makedonien an. Vgl. auch Philochoros FgrHist 328 F 118.

171 Diese Zahl nennt Diod. 12,22,2. Die bei Theopomp (vgl. die vorige Anm.) genannte Ziffer (2000) ist schwerlich zutreffend. Vgl. Meiggs, Athenian Empire 178, Anm. 4.

172 IG I^3 39 und 40. Zu den Regelungen in Chalkis vgl. im einzelnen Balcer, Chalkis, passim.; Koch, Seebundangelegenheiten 135 ff.

173 Vgl. Plut. Per. 23,4; dazu Balcer, a. a. O. 20 ff. Daß die Ländereien an athenische Kleruchen vergeben wurden (vgl. etwa E. Erxleben, Klio 57, 1975, 83 ff.), ist umstritten. Ail. var. 6,1 bezieht sich wohl auf 506 v. Chr.

174 Zur Forschungsdiskussion über den Status dieser Xenoi vgl. Balcer, a. a. O. 65 ff. Vgl. ferner Meiggs, Athenian Empire 180; Figueira, Athens and Aigina 258.

175 Thuk. 1,115,1; Diod. 12,7; Plut. Per. 24,1; Paus. 5,23,4; vgl. StV II^2 156.

176 Unklar ist, ob Athen auch die Autonomie von Aigina anerkannte, wie die Aigineten nach Thuk. 1,67,2 in Sparta 432 v. Chr. behaupteten. Vgl. Lewis, CAH V (^{2}1992) 137.

177 Thuk. 1,78,4; 7,18,2; vgl. Thuk. 1,140,2.

178 Möglicherweise war dies aber keine Stipulation des Vertrages, sondern eine hiervon zu trennende Abmachung. Vgl. Lewis, CAH V (^{2}1992) 137, der darauf verweist, daß in keiner antiken Quelle ausdrücklich von der Anerkennung der Herrschaft Athens im Seebund die Rede ist. De facto implizieren dies freilich die Vertragspunkte. – Badian, Studies 141, vermutet eine Autonomieklausel in dem Friedensvertrag (Autonomie der Seebundpoleis durch Athen).

179 Neben Perikles ist hier vor allem Kallias zu nennen, der auf athenischer Seite der Hauptverhandlungsführer war.

180 Vgl. De Ste. Croix, Origins 293 f. Bauslaugh, Neutrality 103, weist darauf hin, daß sich Spartaner und Athener hiermit die Möglichkeit offenhalten wollten, gegebenenfalls „neutrale" Gemeinwesen als Bundesgenossen zu gewinnen. Es ging zweifellos nicht primär um den Schutz der Neutralität. Daß neutrale Gemeinwesen faktisch nur zwischen Athen und Sparta wählen konnten, betont A. Graeber, Friedensvorstellung und Friedensbegriff bei den Griechen bis zum Peloponnesischen Krieg, ZRG 109 (1992) 158.

181 Thuk. 5,47,2.

182 Vgl. Schuller, Herrschaft 121, Anm. 233.

183 Zur Proxenie vgl. generell F. Gschnitzer, RE Supplem. XIII (1973) 669–730; Chr. Marek, Die Proxenie, Frankfurt a. M.–Bern–New York 1984.

184 Es handelt sich um die Inschriften IG I^3 19 und 27. Die betreffende Formel ist in diesen

Dekreten selbst allerdings nicht erhalten. Sie läßt sich aber aufgrund gleichlautender Formeln in anderen bekannten Inschriften ergänzen. Vgl. auch M. B. Walbank, Athenian Proxenies of the Fifth Century B. C., Toronto–Sardosa 1978, 98 ff., 102 ff., der die betreffenden Dekrete allerdings vor 445 datiert. Dazu aber H. B. Mattingly, Athenian Empire 94 ff.

185 H. B. Mattingly, Epigraphy and the Athenian Empire, Historia 41 (1992) 129–138.

186 Meiggs – Lewis 45; vgl. E. Erxleben, Das Münzgesetz des delisch-attischen Seebundes, I., APF 19 (1969) 91–137; II., APF 20 (1970) 66–132; III., APF 21 (1971) 145–162. Vgl. Mattingly, Athenian Empire 5–52.

187 IG I^3 34 (= IG I^2 66); Meiggs – Lewis 46.

188 IG I^3 71 (= IG I^2 63); Meiggs – Lewis 69.

189 R. J. Winton, Thukydides, 1,97,2: The 'Arche of the Athenians' and the 'Athenian Empire', MH 38 (1981) 147–152; K.-E. Petzold, Historia 43 (1994) 13, Anm. 106.

190 Der Vertragstext bei Thuk. 5,47 entspricht weitgehend dem Text auf dem Fragment einer in der Nähe des Dionysostheaters in Athen gefundenen Stele, deren linke Seite abgebrochen ist: IG I^3 83; vgl. Gomme (– Andrewes), HCT IV 54 ff.; StV II^2 193.

191 Vgl. K. Raaflaub, Polis Tyrannos, in: Arktouros. Hellenic Studies Presented to B. M. W. Knox, Berlin–New York 1979, 237–252. Der Topos entspricht antiathenischer Kritik.

192 Die Überweisung solcher Fälle nach Athen wurde hierdurch geltendes Recht. Vgl. Koch, Volksbeschlüsse 148 ff., 473 ff.

193 Koch, a. a. O. 80 f.

194 Koch, a. a. O. 475, sieht hierin zu Recht eine Tendenz zur Selbstbeschränkung der Athener.

195 IG I^3 269; ATL I 12 und II 12.

196 Schuller, Herrschaft 76 f., 133.

197 So wird im Erythraidekret IG I^3 14 die Existenz eines Rates in Erythrai vorausgesetzt. Vgl. K.-W. Welwei, Historia 35 (1986) 181.

198 Zum Ablauf der Ereignisse vgl. Shipley, Samos 113 ff.

199 Thuk. 1,115,5. Daß ein Zusammenhang mit dem Aufstand der Samier bestand, bestreiten C. W. Fornara, On the Chronology of the Samian War, JHS 99 (1979) 7 f., und Shipley, a. a. O. 113. Hornblower, Commentary I 190, läßt die Frage offen. D. M. Lewis, CAH V (^{2}1992) 145, vermutet, daß Megara, die „Mutterstadt" von Byzantion, die treibende Kraft bei der Erhebung war. Hierfür gibt es indes keine Belege.

200 Vgl. Welwei, Historia 35 (1986) 187 f.

201 Vgl. Thuk. 4,106,1 zur Gleichberechtigung der Bürger i. J. 424.

202 Vgl. Treister, Metals 136 ff., 185 f.

203 Die meisten Siedler stammten vermutlich aus den mit Athen verbündeten Gemeinwesen in Thrakien und auf der thrakischen Chalkidike. Vgl. Meiggs, Athenian Empire, 196; D. M. Lewis, CAH V (^{2}1992) 145.

204 Meiggs, a. a. O. 196, vermutet, daß bei der Gründung von Amphipolis die in den vierziger Jahren angelegte Kolonie in Brea aufgegeben wurde, so daß die dort lebenden Athener nach Amphipolis übersiedelten.

205 IG I^3 89. Zur Datierung in die Zeit vor 433 vgl. ATL III 313, Anm. 61, mit Hinweis auf Thuk. 1,57,2, wonach der Makedonenkönig vor 433 mit Athen verbündet war. Vgl. auch Meiggs, Athenian Empire 197, 428 ff., der mit gewissen Bedenken zustimmt. Anders etwa Gomme, HCT III 621 f., Bengtson, StV II^2 186, und Mattingly, BCH 92 (1968) 473 f. (= Athenian Empire 242 f.), die die übliche Datierung (423/22) vorziehen.

206 Zur Datierung vgl. Stadter, Plutarch's Pericles 216 f., der auf die Teilnahme des Lamachos an diesem Unternehmen verweist. Die ATL III 114–117 vorgeschlagene Datierung auf 450 ist

wenig wahrscheinlich, weil es zweifelhaft ist, ob Lamachos, der damals noch recht jung war, bereits das Strategenamt bekleiden konnte. Für die dreißiger Jahre spricht ein zur Gefallenenliste IG I² 944 = IG I³ 1180 gehörendes Fragment, das als Kampfplatz ἐν [Σιν]όπει angibt. Vgl. C. Clairmont, ZPE 36 (1979) 123ff.

207 Vgl. Stadter, a. a. O. 217.

208 ATL II A 9; Meiggs – Lewis 69; IG I³ 71.

209 Plut. Per. 20,1. Es besteht kein Grund, mit P. Ferrarese, La spedizione di Pericle nel Ponto Eusino, CISA 2 (1972) 7–19, die Nachrichten zu diesem Untrernehmen als Fabrikat antimakedonischer Propaganda zu werten.

210 Vgl. auch Plut. Luc. 19,7; Theopomp FGrHist 115 F 389. Dazu Stadter, Plutarch's Pericles 217.

211 Vgl. Th. J. Figueira, Athens and Aigina 164.

212 Thuk. 2,68,7–9.

213 Dazu im einzelnen K. Raaflaub, Die Anfänge des politischen Denkens bei den Griechen, in: I. Fetscher – H. Münkler (Hrsg.), Pipers Handbuch der politischen Ideen, I, München–Zürich 1988, 189–270.

214 Solon, Frgm. 3 Gentili – Prato = 3 Diehl.

215 Heraklit 22 B 4 Diels – Kranz. Zudem deutet Heraklit B 114 an, daß die eigentliche Stärke einer Polis auf dem Nomos beruht.

216 Vgl. J. Latacz, Einführung in die griechische Tragödie, Göttingen 1993, 130f., der hier andererseits (130, Anm. 21) m. E. zu Unrecht die Orestie als „eine schneidende Abrechnung mit der Entmachtung des Areopags durch Ephialtes“ interpretiert.

217 Ein offenbar verbreitetes Argument der Gegner der Demokratie war die Unterstellung, daß den „Vielen“ die erforderliche Intelligenz für politisches Handeln fehle. Vgl. D. Battisti, GRBS 31 (1990) 15.

218 N. Loraux, L'invention d'Athènes. Histoire de l'oraison funèbre dans la «cité classique». Paris–La Haye–New York 1981, 188f., betont die Tradition „aristokratischer“ Prinzipien in dem auf politischer Gleichheit basierenden Eliteideal des thukydideischen Perikles. Dazu bemerkt D. Braund, The Luxuries of Athenian Democracy, G&R 41 (1994) 46f., unter Hinweis auf Ps.-Xen. Ath. Pol. 1,11 mit Recht, daß dieses Selbstverständnis aufgrund der athenischen Seeherrschaft auch eine Teilhabe der Bürgerschaft an einem (für damalige Verhältnisse) durchaus gehobenen Lebensstandard impliziert. Dies ist natürlich nicht gleichbedeutend mit der Entfaltung aristokratischer Megaloprepeia. Vgl. V. J. Rosivach, Some Athenian Presuppositions about “the Poor”, G&R 38 (1991) 189–198.

219 Dazu generell M. Ostwald, *Ananke* in Thucydides, Atlanta 1988. Vgl. P. Weber-Schäfer, Einführung in die antike politische Theorie. Erster Teil: Die Frühzeit, Darmstadt 1976, 144f.

III. „Die größte Erschütterung Griechenlands“

1 Zur Entwicklung und Bedeutung des Adriahandels vgl. F. Kiechle, Korkyra und der Handelsweg durch das Adriatische Meer im 5. Jh. v. Chr., Historia 28 (1979) 173–191. – Die Verfassung und die Machtverhältnisse in Epidamnos erläutert Gehrke, Stasis 60f.

2 Vgl. de Libero, Tyrannis 155f., 161ff.

3 A. J. Graham, Colony 30f.

4 Vgl. I. Malkin, Religion and Colonization in Ancient Greece, Leiden 1987, 132f.

5 Das Motiv für die Ablehnung des Hilfegesuchs war wohl vor allem das Bestreben der Ker-

kyraier, die eigene außenpolitische Handlungsfreiheit nicht durch Bündnisse mit anderen Poleis aufs Spiel zu setzen. Vgl. Thuk. 1,32,4; dazu J. Wilson, Athens and Corcyra. Strategy and Tactics in the Peloponnesian War, Bristol 1987, 25 f.

[6] Vgl. R. C. T. Parker, Greek States and Greek Oracles, in: Cartledge – Harvey (Eds.), Crux 298 ff., hier 310. S. auch M. Goodman – A. J. Holladay, Religious Scruples in Ancient Warfare, CQ 80 (1986) 151 ff.

[7] Irreführend ist m. E. die These von Hornblower, Commentary I 68, daß ein „Klassenkampf" in Epidamnos entstand.

[8] Bezeichnend ist zudem, daß die Gesandten der Epidamnier in Kerkyra nicht um Parteinahme zugunsten des sog. Demos in ihrer Polis baten, sondern um ein Schiedsgericht und um Unterstützung gegen die Illyrier (Kagan, Outbreak 207).

[9] Die in der Seeschlacht gefangengenommenen Korinther behielten die Kerkyraier gewissermaßen als Faustpfand in Gewahrsam. Sonstige Ansiedler in Epidamnos wurden versklavt.

[10] Thuk. 1,23,6.88; dazu Lewis, CAH V ([2]1992) 371. Die Fragwürdigkeit der Auffassung, daß Sparta auf einen Krieg mit Athen hinarbeite, wird durch eine eher beiläufige Bemerkung des Thukydides 1,28,1 deutlich. Hieraus geht hervor, daß Sparta sich um Vermittlung in dem Konflikt zwischen Kerkyra und Korinth bemüht hatte. Der Kontext zeigt aber auch, daß Korinth sich nicht vom Hegemon des Peloponnesischen Bundes unter Druck setzen ließ. Vgl. Badian, Studies 129. Zur Funktion der Reden der Kerkyraier und Korinther vgl. auch J. Ober, Thucydides' Criticism of Democratic Knowledge, in: Rosen–Farell (Eds.), Nomodeiktes 86 ff.; R. S. Stroud, Thucydides and Corinth, Chiron 24 (1994) 276 f.

[11] IG I[3] 52 A; Meiggs – Lewis 58; HGIÜ 92 A. – Eine spätere Datierung vertreten u. a. Pritchett, CSCA 4 (1971) 219 ff., sowie (mit großem Nachdruck) L. Kallet-Marx, The Callias Decree, Thucydides, and the Outbreak of the Peloponnesian War, CQ 83 (1989) 94–113, die zu zeigen sucht, daß dieses Dekret erst 431 beschlossen wurde und die Athener 434/33 den Krieg noch nicht für unausweichlich hielten. Vgl. hiergegen L. J. Samons II, Athenian Finance and the Treasury of Athena, Historia 42 (1993) 132 f., die aus Thuk. 2,13,3–5 schließt, daß die Athener bestrebt waren, Finanzreserven anzulegen. Wäre die historische Einordnung des Dekrets von Frau Kallet-Marx zutreffend, so hätte freilich Thukydides ein falsches Bild von der Beurteilung der Kriegsgefahr durch Perikles vor 431 vermittelt. Zu beachten ist natürlich, daß hierüber in Athen unterschiedliche Auffassungen bestanden, die Thukydides im Kern zweifellos richtig darstellt. – Vgl. generell zur Datierung des fraglichen Dekrets Schubert, Perikles 77 ff.

[12] Es sei freilich ausdrücklich darauf hingewiesen, daß die Frage des Antragstellers von IG I[3] 52 B nicht mit Sicherheit zu klären ist. Die Annahme, daß es sich um Kallias gehandelt hat, basiert auf einer Konjektur im Präskript (Z. 2) der hier stark beschädigten Inschrift. Zu diesem Problem sowie zur diesbezüglichen Forschungsdiskussion vgl. L. J. Samons II, The ‚Kallias Decrees' (IG I[3] 52) and the Inventories of Athena's Treasure in the Parthenon, CQ 90 (1996) 91–113; dies., A Note on the Parthenon Inventories and the Date of IG I[3] 52B, ZPE 118 (1997), 179–182.

[13] ATL I 450–453; Meiggs – Lewis, S. 86; Meiggs, Athenian Empire 432 f. Dagegen S. K. Eddy, AJPh 89 (1968) 129–143. Vgl. Schuller, Herrschaft 56 mit Anm. 316.

[14] Schuller, Herrschaft 76 f., 133.

[15] Thuk. 1,56,2. Wir wissen allerdings nicht, ob das Präfix *epi-* in „Epidamiourgoi" auf „Oberbeamte" hinweist oder lediglich „zusätzliche Beamte" bedeutet. Gleichwohl ist das genannte Privileg ein Indiz für eine Sonderstellung der Polis im Seebund. Vgl. Badian, Studies 139.

[16] Zur Forschungsdiskussion über diese Frage vgl. ATL III 64 f.; Kagan, Outbreak 275; Meiggs, Athenian Empire 528 f.; de Ste. Croix, Origins 330; Salmon, Corinth 292, Anm. 26; Hornblower, Commentary I 98.

[17] Vgl. de Ste. Croix, a. a. O. 72; Salmon, a. a. O. 287; Hornblower, a. a. O. I 87.

[18] Hansen, Volksversammlung 90 (= The Athenian Assembly in the Age of Demosthenes, Oxford 1987, 88), nimmt an, daß für bestimmte Volksbeschlüsse, zu denen auch der Abschluß von Friedensverträgen und Allianzen zu zählen sei, Debatten an zwei aufeinanderfolgenden Tagen erforderlich waren und der bindende Beschluß erst in der zweiten Ekklesia gefaßt werden konnte. Derartige Vorschriften sind aber dem betreffenden Thukydidestext nicht zu entnehmen.

[19] Vgl. P. Bonk, Defensiv- und Offensivklauseln in griechischen Symmachieverträgen, Diss. Bonn 1974, 18ff. Mögliche „realpolitische“ Überlegungen, die beim Abschluß der Epimachie mit Kerkyra in Athen den Ausschlag gegeben haben könnten, analysiert Ph. A. Stadter, The Motives for Athens' Alliance with Corcyra (Thuc. 1,44), GRBS 24 (1983) 131–136.

[20] Thuk. 1,44,3. Ob die Athener 435 oder 434 ihre Aktivitäten im Westen verstärkt hatten, bleibt allerdings unklar. Flottenbewegungen in den genannten Jahren sind aber belegt (IG I^3 464, Z. 105–107, IG I^3 465, Z. 128f.). Daß athenische Einheiten bis Neapel fuhren, ist möglich, aber nicht sicher. Vgl. Timaios FgrHist 566 F 98; dazu Lewis, CAH V (^{2}1992) 373.

[21] Plut. Per. 8,7. Hiernach soll es sich um ein authentisches Zitat handeln. Ob Perikles während der Diskussion über das Bündnisangebot der Kerkyraier sich in dieser Weise geäußert hat, bleibt allerdings dahingestellt.

[22] Hornblower, Commentary I 382.

[23] Thuk. 1,57. Errington, Makedonien 24f., vermutet, daß Perdikkas zeitweilig die Kontrolle über die bisaltischen Silberadern verloren hatte und Athen unter Ausnutzung seiner Schwierigkeiten versuchte, unmittelbaren Einfluß in Makedonien zu gewinnen. Ziel des Perdikkas war natürlich die Festigung seiner Herrschaft, während Athen an einer Destabilisierung Makedoniens interessiert war.

[24] Vgl. C. A. Powell, Athens' Difficulty, Sparta's Opportunity: Causation and the Peloponnesian War, AC 49 (1980) 99f.

[25] Thuk. 1,58. Vgl. M. Zahrnt, Olynth 49ff.

[26] Kagan, Outbreak 278f.

[27] Nach Thuk. 1,58,1 empfingen τὰ τέλη der Spartaner die Gesandten aus Poteidaia. Der Terminus kann zwar gegebenenfalls Ephoren und Volksversammlung in Sparta oder Ephoren und Gerousia bezeichnen (Busolt–Swoboda, Staatskunde II 687 mit Anm. 4). Da aber die Volksversammlung die Zustimmung zu einem Offensivkrieg geben mußte, sind in diesem Fall wohl nur die Ephoren gemeint (Kagan, Outbreak 279, Anm. 19).

[28] In diesem Korps dienten auch Sokrates und der junge Alkibiades.

[29] De Ste. Croix, Origins 267ff.

[30] Vgl. D. Lotze, Gnomon 48 (1976) 48; P. J. Rhodes, Thucydides on the Causes of the Peloponnesian War, Hermes 115 (1987) 154ff.; Hornblower, Commentary I 111. Nicht zu belegen ist die Annahme von A. Graeber, ZRG 109 (1992) 158, daß die Handelssperre die Antwort Athens „auf die Beteiligung Megaras an dem korinthischen Seekrieg gegen Kerkyra“ gewesen sein könnte.

[31] Vgl. Schuller, Herrschaft 78f.

[32] J. Schwarze, Die Beurteilung des Perikles durch die attische Komödie und ihre historische und historiographische Bedeutung, München 1971, 135ff.

[33] Legon, Megara 224. Daß es sich hier um ein populäres Thema handelt, zeigt die Wiederholung dieser Kriegsursache in dem 421 aufgeführten ›Frieden‹ des Aristophanes (V. 605ff.). Vgl. Schwarze, a. a. O. 139.

[34] B. R. MacDonald, The Megarian Decree, Historia 32 (1983) 385–410, hier 393–395. Vgl. R. Sealey, An Athenian Decree about the Megarians, in: Flower – Toher (Eds.), Georgica 152–158,

der betont, daß die Megarer durch das fragliche Psephisma faktisch schutzlos im athenischen Herrschaftsbereich wurden.

[35] Vgl. Legon, Megara 217 ff.

[36] Vgl. ATL I 238 und 471 f., III 288, Anm. 68; B. R. MacDonald, a. a. O. 401–403.

[37] Vgl. MacDonald, a. a. O. 402, der vermutet, daß Megara während des Aufstandes der Samier für eine Intervention des Peloponnesischen Bundes plädierte.

[38] Vgl. G. Crane, The Fear and Pursuit of the Risk: Corinth on Athens, Sparta and the Peloponnesians (Thucydides 1.68–71, 120–121), TAPA 122 (1992) 227–256.

[39] Daß die Gesandten aus Korinth und Athen vor der spartanischen Volksversammlung auftraten, geht aus Thuk. 1,67,3 klar hervor. Zuvor hatten – wie gesagt – nach Thuk. 1,67 vor allem Gesandte der Korinther und Megarer bereits auf einer auf Drängen der Korinther von Sparta einberufenen Versammlung der Symmachoi der Spartaner über Athen Beschwerde geführt. Vgl. Hornblower, Commentary I 108 und 110.

[40] Zu den von Thukydides stilisierten Reden in jener Apella vgl. E. F. Bloedow, The Speeches of Archidamus and Sthenelaidas at Sparta in 432, Historia 30 (1981) 129–143; dens., Sthenelaidas the Persuasive Spartan, Hermes 115 (1987) 60–66; J. W. Allison, Sthenelaidas' Speech: Thukydides 1.86, Hermes 112 (1984) 9–16; D. P. Tompkins, Archidamus and the Question of Characterization in Thucydides, in: Rosen–Farrell (Eds.), Nomodeiktes 102 ff.

[41] Zum Verlauf dieser Versammlung vgl. E. Flaig, Historia 42 (1993) 139–160. Daß Sparta auch auf Tagungen seiner Bundesgenossen in ähnlicher Weise durch öffentliche Abstimmungen Druck auszuüben vermochte, vermutet J. E. Lendon, Thucydides and the "Constitution" of the Peloponnesian League, GRBS 35 (1994) 173. Wenn dies zutrifft, würde Sparta in der Frage der Kriegsschuld freilich in erheblichem Maße „belastet".

[42] Vgl. Baltrusch, Symmachie 208 ff.

[43] Vgl. D. Lotze, Gnomon 48 (1976) 45 (Rez. von de Ste. Croix, Origins). Anders Baltrusch, a. a. O. 219, der zu dem Schluß kommt, daß die athenischen Maßnahmen gegen Poteidaia legitim waren.

[44] Baltrusch, a. a. O. 224.

[45] Hornblower, Commentary I 109 f. – Zur Diskussion dieser Frage vgl. A. G. Woodhead, Before the Storm, in: Mélanges helléniques offerts à George Daux, Paris 1974, 375–388, hier 378–380; Ostwald, Autonomia 23 und 58, Anm. 110; E. Lévy, Autonomia et Eleuthéria aux Ve siècle, RPh 57 (1983) 250 f. Baltrusch, a. a. O. 226; Th. J. Figueira, Aeginetan Membership in the Peloponnesian League, CPh 76 (1981) 21 f.

[46] Busolt, GG III 2, 844. – Badian, Studies 149 ff. nimmt an, daß Thukydides über den von ihm 1,125,1 erwähnten Beschluß schlecht informiert war. In der damaligen Versammlung der Symmachoi sei lediglich die von der spartanischen Volksversammlung getroffene Entscheidung bestätigt worden, daß Athen den Dreißigjährigen Frieden gebrochen habe (vgl. auch Hornblower, Commentary I 201 f.). Insofern wertet Badian den betr. Bericht des Thukydides als Verdrehung der Tatsachen. Thukydides spricht aber 1,125,1 nicht expressis verbis von einer Kriegserklärung.

[47] Nach dem Scheitern eines Putschversuchs des athenischen Olympioniken Kylon um 630 v. Chr. hatte der Alkmeonide Megakles als Archon unter Mißachtung des Asylrechts und entgegen seiner Zusicherungen die Tötung der Anhänger des Rädelsführers toleriert. Eine Generation später war es Gegnern der Alkmeoniden gelungen, die Angehörigen dieses bedeutenden Adelshauses der Blutschuld zu bezichtigen und ihre Verbannung zu erreichen, die dann von Solon wieder rückgängig gemacht wurde. Die alte Waffe des „Kylon-Fluches" war – wie bereits ausgeführt – schon gegen den Alkmeoniden Kleisthenes eingesetzt worden. Sie richtete sich 432/31 eindeutig gegen Perikles.

48 Die Athener antworteten (wohl nach dem Vorschlag des Perikles) mit der Gegenforderung, daß die Spartaner den Frevel an der Athena Chalkioikos sühnen und den „Fluch vom Tainaron“ bannen sollten. Im Asyl des genannten Tempels der Athena war der Regent Pausanias regelrecht eingemauert worden, nachdem man ihn der Konspiration mit Heloten beschuldigt hatte, und am Kap Tainaron waren schutzflehende Heloten aus dem Poseidontempel heraus zum Tode geführt worden.

49 Vgl. Lewis, CAH V (^{2}1992) 379.

50 Aus der Bemerkung des Thukydides 1,139,4, daß die Athener in einer Volksversammlung die ganze Sache ein für allemal entscheiden wollten, schließt Badian, Studies 157 f., daß die vorausgehende spartanische Gesandtschaft lediglich in der Boulé Gelegenheit gehabt habe, ihren Auftrag zu erfüllen. Dies wäre freilich recht ungewöhnlich. Thukydides scheint eher anzudeuten, daß die Athener eine definitive Antwort geben wollten.

51 Vgl. J. Ober, Fortress Attica 118 (mit weiterer Literatur in Anm. 20).

52 Durch die enge Verbindung mit Athen war es demgegenüber den proathenischen Kräften im boiotischen Plataiai gelungen, die Unabhängigkeit ihrer Polis vom Boiotischen Bund zu wahren. Vgl. I. A. Bruce, Plataea and the Fifth Century Boiotian Confederacy, Phoenix 22 (1968) 190 ff.; Buck, Boeotia 153 f.

53 Zu den Verlaufsmustern des „Seitenwechsels“ einer Reihe von Poleis im Peloponnesischen Krieg vgl. im einzelnen Losada, Fifth Column, passim.

54 Kagan, Outbreak 341 f.

55 Als solchen (“an act of war”) bezeichnet das Psephisma allerdings P. J. Rhodes, Hermes 115 (1987) 164.

56 Hieraus kann freilich nicht mit H. Braunert, Der Ausbruch des Kampfes zwischen Athen und Sparta, GWU 20 (1969) 38 ff., gefolgert werden, daß die beiden griechischen Hegemonialmächte *gegen* ihren Willen infolge eines ausgeprägten Prestigegedenkens in den Krieg gezogen worden seien.

57 Vgl. E. F. Bloedow, Hermes 115 (1987) 61.

58 Vgl. F. Kiechle, Ursprung und Wirkung der machtpolitischen Theorien im Geschichtswerk des Thukydides, Gymnasium 70 (1963) 289 ff., der zu zeigen versuchte, daß die thukydideische Auffassung von der Zwangsläufigkeit der Konflikte großer Mächte aus der Schule der Sophistik stammt und diese Theorie auch die Politik des Perikles vor dem Peloponnesischen Krieg entscheidend bestimmt habe. Demgegenüber bestreitet K.-H. Volkmann-Schluck, Politische Philosophie. Thukydides, Kant, Tocqueville, Frankfurt a. M. 1974, 21 mit Anm. 2, Kiechles These mit dem Hinweis, daß sich hierfür im Werk des Thukydides „nicht eine Belegstelle“ findet. Plutarch (Per. 8,7) führt freilich unter den wenigen ihm bekannten Äußerungen des Perikles den Ausspruch an, er (Perikles) sehe den Krieg von der Peloponnes heraufziehen. Des weiteren weist Plutarch (Per. 36,4) bekanntlich auf die zahllosen Gespräche des Perikles mit Sophisten hin. Vgl. G. B. Kerferd, The Sophistic Movement, Cambridge etc. 1981, 19 f., sowie J. de Romilly, The Great Sophists in Periclean Athens (transl. by J. Lloyd), Oxford 1992, S. VIII, zu Beziehungen des Thukydides zu Gorgias, Prodikos und Antiphon. Generell zur neueren Forschungsdiskussion über den Ausbruch des Peloponnesischen Krieges E. A. Meyer, The Outbreak of the Peloponnesian War after 25 Years, in: Hamilton – Krentz (Eds.), Polis and Polemos 23–54.

59 Thuk. 2,7. Vgl. Andrewes, HCT V 10.

60 Vgl. Lewis, CAH V (^{2}1992) 381 f.

61 Vgl. I. G. Spence, Perikles and the Defence of Attika during the Peloponnesian War, JHS 110 (1990) 106 f.

62 Vgl. A. J. Holladay, Athenian Strategy in the Archidamian War, Historia 27 (1978) 399.

[63] Dazu Meier, Rolle des Krieges 15. Vgl. auch Ober, Fortress Attica 52; K.-J. Hölkeskamp, La guerra e la pace, in: I Greci. Storia, cultura, arte, società, a cura di S. Settis, Vol. 2: Una storia greca, P. II, Turin 1997, 494 ff.

[64] Perikles hat die vielfachen Möglichkeiten der spartanischen Kriegführung offenbar nicht hinreichend bedacht. Vgl. Th. Kelly, Thucydides and Spartan Strategy in the Archidamian War, AHR 87 (1982) 25–54. Zur spartanischen Strategie vgl. ferner P. A. Brunt, Spartan Policy and Strategy in the Archidamian War, Phoenix 19 (1965) 255–280; I. Moxon, Thucydides' Account of Spartan Strategy and Foreign Policy in the Archidamian War, RSA 8 (1978) 7–26.

[65] Vgl. J. Ober, Thucydides, Pericles, and the Strategy of Defence, in: Eadie – Ober (Eds.), Ancient Historian 171–189.

[66] Spence, JHS 110 (1990) 98 ff.

[67] Dies gegen Ober, Fortress Attica 51: "Pericles was a brilliant military innovator, perhaps the first Greek general who thought in terms of grand strategy."

[68] Meier, Rolle des Krieges 33.

[69] Truppen aus tributpflichtigen Poleis des Seebundes werden erst Thuk. 4,7 im Bericht über Aktionen des Jahres 425 erwähnt.

[70] Vgl. K.-W. Welwei, Die Darstellung politischer Krisen im Geschichtswerk des Thukydides, in: G. Alföldy (Hrsg.), Krisen in der Antike – Bewußtsein und Bewältigung, Düsseldorf 1975, 9 ff.

[71] Nach Plut. Per. 34,4 soll Perikles vorausgesagt haben, daß die Spartaner den Krieg rasch aufgeben werden. Stadter, Plutarch's Pericles 316, sieht in dieser Nachricht einen Widerspruch zu Thuk. 1,141,5. Plutarch hat aber allem Anschein nach seinem Bericht hier die betr. Thukydidesstelle zugrunde gelegt und in dem genannten Sinne interpretiert.

[72] Diese Ziffer bietet allerdings keine sichere Grundlage für eine Berechnung der Gesamtzahl der athenischen Bürger vor Kriegsbeginn. Diesbezügliche Forschungsthesen differieren erheblich. Etwa 47 000 vermutet A. W. Gomme, The Athenian Hoplite Force in 431 B. C., CQ 21 (1927) 142–150; ders., The Population of Athens in the Fifth and Fourth Centuries B. C., Oxford 1933, 5; ders., HCT II 35 f., sowie JHS 79 (1959) 61; ca. 40 000: Patterson, Pericles' Citizenship Law 66–68; ca. 60 000: Hansen, Three Studies 14–28; zwischen 45 000 bis 60 000: Rhodes, Thucydides II, 275.

[73] „Garnisonen" sind im Peloponnesischen Krieg in Oinoe (Thuk. 2,18, 1–2), Panakton (Thuk. 5,3,5) und Oropos (Thuk. 8,60,1) belegt. Sie sollten gegen Raubzüge kleinerer Abteilungen von Feinden Schutz bieten, konnten aber keine größeren Verbände aufhalten. Vgl. Gomme, HCT II 34, der im übrigen wohl mit Recht vermutet, daß die Zahl der „Besatzungen" im Seebund nicht allzu hoch zu veranschlagen ist. Sie standen freilich mit Sicherheit an strategisch wichtigen Punkten wie Sestos und Byzantion.

[74] Athenische Kleruchen sind vermutlich bei den von Thukydides genannten Ziffern 13 000 und 16 000 mitgezählt.

[75] M. H. Hansen, The Number of Athenian Hoplites in 431 B. C., SO 56 (1981) 19–32; ders., Three Studies 24. Er bestreitet im übrigen die Existenz eines zentralen Hoplitenkatalogs. Vgl. dens., Demography and Democracy. The Number of Athenian Citizens in the Fourth Century B. C., Herning 1985, 83 ff.

[76] Zu jenen 300 Einheiten zählten wohl auch die zu Hoplitentransportern umgerüsteten älteren Trieren.

[77] Der Prozentsatz der auf den athenischen Trieren dienenden Ruderer aus den Seebundstädten ist nicht bekannt. Zweifellos wurden solche „Söldner" auch schon in Friedenszeiten verwendet. Vgl. Hornblower, Commentary I 199.

[78] Thuk. 2,13,8. Zur athenischen Kavallerie zu Beginn des Krieges vgl. Worley, Hippeis 70 ff., der annimmt, daß die Vergrößerung dieser Waffengattung nach der Schlacht bei Koroneia erfolgte.

[79] Vgl. Welwei, Unfreie I 57 ff.

[80] Die Phoroi waren nach den Tributquotenlisten bis dahin geringer. Vgl. ATL III 239–243; Meiggs, Athenian Empire 234 ff., 524 ff.

[81] Vgl. Xen. an. 7,1,27. Eine zusammenfassende kurze Diskussion dieser Problematik bietet Schubert, Perikles 62–64. Vgl. auch Rhodes, Thucydides II 193 f.; Hornblower, Commentary I 252 f.

[82] Als „stille Reserve" nennt Thuk. 2,13,4 noch Gold und Silber in Weihgeschenken, in heiligen Geräten und in der Perserbeute in Höhe von 500 Talenten (die wohl zum Schatz der Athena gehörten) sowie „in sonstigen Tempelschätzen" (gemeint sind wohl die seit 434/33 im „Schatz der anderen Götter" auf der Akropolis aufbewahrten Werte) und 40 Talente Gold an dem berühmten Standbild der Athena.

[83] Allein die Belagerung von Poteidaia von 432 bis zur Kapitulation dieser Polis 429 v. Chr. kostete rund 2000 Talente (Thuk. 2,70). Wir wissen aber nicht, wieviel hiervon bis zum Beginn des großen Krieges verbraucht waren (Hornblower, Commentary I 254 f.).

[84] Nach spartanischem Brauch wurden größere Aufgebote möglichst von einem der beiden Könige befehligt. Archidamos, nach dem allgemein die erste (zehnjährige) Phase des Peloponnesischen Krieges benannt wird, war infolge des Exils des Pleistoanax der einzige Basileus, der als Heerführer zur Verfügung stand, da Pausanias, der Sohn des 446 wegen Bestechung angeklagten und verurteilten Pleistoanax, noch zu jung war, um einen Feldzug zu leiten.

[85] Thuk. 2,12, 1–4. Perikles hatte zuvor einen Volksbeschluß durchgesetzt, wonach spartanische Gesandte nicht mehr empfangen werden sollten.

[86] Plut. Per. 33,8 (Hermippos F 47 Kassel-Austin). Wir wissen indes nicht, wo und in welcher Form Kleon entsprechende Forderungen stellte.

[87] Vgl. K. J. Dover, JHS 80 (1960) 61 ff.; Fornara, Generals 32–35.

[88] Diese Tagung war freilich wohl nicht identisch mit der im 4. Jh. vorgeschriebenen sog. Hauptversammlung *(kyria Ekklesia)* in jeder Prytanie, wenn sie auch vielleicht schon als Ekklesia kyria galt bzw. bezeichnet wurde. Vgl. Rhodes, Commentary Ath. Pol. 521 und dens., Ekklesia Kyria and the Schedule of Assemblies in Athens, Chiron 25 (1995) 188–198 (im wesentlichen eine Auseinandersetzung mit R. M. Errington, Chiron 24, 1994, 135–160), hier S. 191.

[89] W. K. Pritchett, Ancient Greek Military Practices, Part I, Berkeley–Los Angeles 1971, 38 f. zu Thuk. 4,6,2 und 2,57,2, wo die Dauer der kürzesten Invasion mit zwei Wochen und die längste mit 40 Tagen angegeben wird.

[90] Vgl. Kagan, Archidamian War 56.

[91] Dies vermutet Hornblower, Commentary I 275, während Gomme, HCT II 76, Syllogos hier als "informal meeting of citizens" interpretiert. Gegen Gommes These wendet sich E. F. Bloedow, Pericles' Powers in the Counter-Strategy of 431, Historia 36 (1987) 9 ff., der annimmt, daß Syllogos hier "a formal meeting" bedeute, aber im Unterschied zu *Ekklesia* eine sog. außerordentliche Versammlung des Demos bezeichne und Perikles die Durchführung beider Formen einer Tagung des Demos verhindert habe. Vgl. hierzu aber J. Christensen – M. H. Hansen, What is a Syllogos at Thukydides 2.22.1?, C&M 34 (1983) 17 ff. = Hansen, Ecclesia II 195 ff. mit den Addenda ebd. 210 f., in denen Hansen Bloedows These zurückweist und betont (210): "Syllogos is not a technical term for an extraordinary meeting of the assembly." Zweifellos kann sich der Begriff auf verschiedene Formen öffentlicher Versammlungen beziehen. Hansen weist auch mit Recht Bloedows Annahme zurück, daß Perikles ein Stratege mit besonderen Vollmachten gewesen sei. – Im übrigen ist das hier skizzierte Problem der Zahl der Volksversammlungen im 5. Jh. zu unterscheiden von der Frage der turnusmäßigen Tagungen des Demos im 4. Jh.; vgl. zu Hansens These E. M. Harris, How Often Did the Athenian Assembly Meet?, CQ 80 (1986) 363–377, und dens., When Did the Athenian Assembly Meet? Some New Evidence, AJPh 112 (1991) 325–341, der aus Schol.

Demosth. 24, 20f. und aus Präskripten zu athenischen Volksbeschlüssen schließt, daß spätestens seit etwa 360 drei reguläre Volksversammlungen sowie notfalls noch eine weitere Tagung in jeder Prytanie stattfanden. Gegen Harris vgl. wiederum Hansen, How Often Did the Athenian Ekklesia Meet? A Reply, GRBS 28 (1987) 1–16 = Hansen, Ecclesia II 177ff., der hier seine oben skizzierte Position verteidigt. Vgl. ferner S. V. Tracy, ZPE 75 (1988) 186–188.

[92] Vgl. Th. Kelly, Spartan Strategy in the Archidamian War, AHR 87 (1982) 36f.

[93] IG I^3 55.

[94] Vgl. Bugh, Horsemen 81f.; I. G. Spence, Perikles and the Defence of Attika During the Peloponnesian War, JHS 110 (1990) 91–109; demgegenüber wertet Worley, Hippeis 84ff., die Aktionen der athenischen Reiter als vollen Erfolg.

[95] Vgl. Kagan, Archidamian War 54, der allerdings zu Unrecht annimmt, daß Perikles bei der Invasion der Spartaner 446 noch nicht in der Lage gewesen sei, derart konsequent eine bestimmte Strategie zu verfolgen. Die Situation war 446 anders und erforderte rasches Handeln auf seiten der Athener.

[96] Vgl. Fornara, Generals 52f.; Kagan, a. a. O. 54f.

[97] Kagan, a. a. O. 57, gegen Busolt, GG III 2, 930, der annahm, daß die Peloponnesier die athenische Reiterei fürchteten.

[98] Dazu Th. J. Figueira, Athens and Aigina 7f., 11, 14, 25; ders., Aigina and the Naval Strategy in the Late Fifth and Early Fourth Centuries, RhM 133 (1990) 15ff. – Die Aigineten wurden von den Spartanern in der Landschaft Thyrea angesiedelt (Thuk. 2,27,2).

[99] Zu den von Thuk. 2,31,2 genannten 10000 athenischen Hopliten zählten auch jene 1000 Epibaten („Seesoldaten"), die zuvor auf der Flotte gedient hatten. Die 3000 Metoiken wurden anstelle der vor Poteidaia eingesetzten athenischen Belagerungstruppen aufgeboten (Rhodes, Thucydides II 215). Als „Leichtbewaffnete" bezeichnet Thukydides wohl vor allem Bogenschützen, nicht aber die zumeist unfreien Waffen- und Proviantträger.

[100] Nach Thuk. 2,34,1 handelt es sich um einen sog. *patrios Nomos*. Der Terminus bezeichnet einen traditionellen Brauch (Ostwald, Nomos 175), der in einer längeren Entwicklung seine klassische Form gewonnen hat. Dazu C. Clairmont, Patrios Nomos, I, Oxford 1983, 9ff. Vgl. auch (mit weiteren Literaturangaben) Hornblower, Commentary I 292f.

[101] Vgl. H. Flashar, Der Epitaphios des Perikles. Seine Funktion im Geschichtswerk des Thukydides, SHAW 1969, 1.

[102] Vgl. J. Seibert, Heeresseuchen und Kriegsverlauf, in: H. Heinen (Hrsg.), Althistorische Studien H. Bengtson zum 70. Geburtstag dargebracht, Wiesbaden 1983, 79, und vor allem Hornblower, Commentary I 316ff. mit ausführlichen Literaturangaben. S. auch Rhodes, Thucydides II 228.

[103] A. J. Holladay – J. C. F. Poole, Thucydides and the Plague of Athens, CQ 73 (1979) 282–300, mit Ergänzungen ebd. 76 (1982) 235f. und 78 (1984) 483–485. Vgl. Rhodes, Thucydides II 229. J. Wylie – H. Stubbs, The Plague of Athens: 430–428 B. C. Epidemic and Epizoötic, CQ 77 (1983) 6–11, vermuten, daß die Krankheit nicht nur epidemisch war, sondern auch durch tierische Außenschmarotzer beeinflußt wurde.

[104] Rhodes, Thucydides II 231f.

[105] Kagan, Archidamian War 70.

[106] Th. Kelly, AHR 87 (1982) 40.

[107] Thukydides hatte offenbar kein sonderliches Interesse an einer exakten Beschreibung der Ereignisse in den Institutionen und nennt nicht das Organ, in dem die Entscheidung fiel. Vermutlich erfolgte die Ablehnung in der spartanischen Volksversammlung.

[108] Thuk. 2,65,3; Diod. 12,45,4–5; Plut. Per. 35,4.

[109] Vgl. Stadter, Plutarch's Pericles 323.

[110] Aristot. Ath. Pol. 43,4; 61,2. Vgl. Rhodes, Commentary Ath. Pol. 682 f.; Chambers, Aristoteles 409.

[111] Das Verfahren setzte in diesem Fall keine regelrechte Epicheirotonia in einer Hauptversammlung *(Ekklesia kyria)* voraus. Selbstverständlich konnten Strategen auch nach militärischen Rückschlägen oder Katastrophen zur Rechenschaft gezogen werden. Das Verfahren fand dann nach einer Debatte im Rat der 500 statt, wenn dieser die Ekklesia zu einer Abstimmung über Strategen aufforderte. Dazu Rhodes, Eisangelia in Athens, JHS 99 (1979) 110 mit Anm. 69 und 70. Vgl. Hansen, Eisangelia 41 f.; Harrison, Law of Athens II 50–59; Tolbert Roberts, Accountability 14 ff.

[112] Plat. Gorg. 516 a 1 ff. Schubert, Perikles 139, hält demgegenüber diese Nachricht Platons für unzutreffend und vergleicht das Verfahren gegen Perikles mit dem sog. zweiten Miltiades-Prozeß. Frau Schubert verweist auf die von Thuk. 2,65,8 vertretene Auffassung, daß Perikles in Geldangelegenheiten integer gewesen sei. Die Anklage gegen Perikles steht natürlich auf einem anderen Blatt als das Periklesbild des Thukydides.

[113] Im Anschluß an K. J. Beloch, Die attische Politik seit Perikles, Leipzig 1884, 330 ff., wurde in der althistorischen Forschung aufgrund eines Berichtes des Plutarch Per. 32,4 mehrfach angenommen, in derselben Ekklesia sei auf Antrag des Drakontides beschlossen worden, daß Perikles vor den Prytanen Rechenschaft ablegen sollte, die dann gehalten gewesen wären, „die Stimmsteine von den Altären zu nehmen“. Nach dieser Interpretation hätte dieses „feierliche Verfahren“ dazu führen können, daß in einem Prozeß, der nach Feststellung von Unregelmäßigkeiten vor einem Dikasterion der Heliaia stattgefunden hätte, Perikles im Fall eines Schuldspruches möglicherweise zum Tode verurteilt worden wäre. Um dies zu verhindern, soll Hagnon einen Zusatzantrag gestellt haben, wonach anstelle der Prytanen ein Gerichtshof von 1500 Dikasten (Richtern) die Sache prüfen sollte, gleichgültig, ob jemand auf Bestechung, Unterschlagung oder Amtsmißbrauch klagen wolle. Diese drei Klagepunkte werden aber bei Aristot. Ath. Pol. 54,2 im Bericht über das übliche Rechenschaftsverfahren genannt, dem sich die Beamten des 4. Jh. zu unterziehen hatten. Vgl. Stadter, Plutarch's Pericles 302 f. Es kann sich daher schwerlich um diese Prüfung gehandelt haben. Plutarch berichtet Per. 32 sicherlich nicht über das Verfahren nach einer Apocheirotonia. Zur Diskussion hierüber sowie zu den diesbezüglichen Datierungsproblemen vgl. Hansen, Eisangelia 72.

[114] Aus Thuk. 2,70,4 ist zu entnehmen, daß den vor Poteidaia agierenden Strategen in Athen schwere Vorwürfe gemacht wurden, weil sie an den Poteidaiaten kein Exempel statuiert hätten. Eine Verurteilung der Strategen erfolgte jedoch nicht, da Xenophon, einer der Befehlshaber vor Poteidaia, weiterhin Dienst leistete (Thuk. 2,79,1 u. 7). Er fiel dann im Sommer 429 vor Spartolos.

[115] Es ist allerdings umstritten, ob Perikles bald nach seiner Apocheirotonia wiedereingesetzt oder 429 zum üblichen Termin in einem ordentlichen Verfahren gewählt wurde. Thukydides' Formulierung 2,65,4 (στρατηγὸν εἵλοντο) spricht für die zweite Alternative. Vgl. Fornara, Generals 55; R. Develin, Athenian Officials 684–321 B. C., Cambridge etc. 1989, 119, 121; Hornblower, Commentary I 341.

[116] Sondervollmachten gab es damals ebensowenig wie das Amt eines Oberstrategen. Die Nachricht bei Thuk. 2,65,4, daß man Perikles alle Dinge übertrug, bezieht sich daher zweifellos auf das große Vertrauen, das man ihm wieder entgegenbrachte.

[117] Kagan, Archidamian War 106, vermutet, daß in diesem Jahr niemand ein klares strategisches Konzept in Athen durchsetzen konnte. Der Kriegsplan war aber immer noch durch Perikles vorgegeben. Nur verhinderten die Auswirkungen der Pest athenische Offensiven gegen die Peloponnes.

[118] Vgl. Zahrnt, Olynth 58.

[119] Archidamos führte in diesem Jahr zum letzten Mal das peloponnesische Heer nach Attika. Er starb entweder zwischen dem Ende der Invasion von 428 und der Invasion des Jahres 426, oder er war 426 nicht mehr in der Lage, das Kommando zu übernehmen.

[120] Vgl. Kagan, Archidamian War 132.

[121] Vgl. Androtion FgrHist 324 F 8 (Schol. Aristoph. Pax 347) und den Kommentar Jacobys ad locum (FgrHist III b, Supplem., Vol. I, Text, 132 ff.).

[122] Eine Verbindung zwischen diesen Ereignissen konnte insofern konstruiert werden, als ein Teil der bei Naupaktos eingesetzten peloponnesischen Flottenmannschaften nach ihrer Rückkehr nach Korinth von dort aus nach dem megarischen Hafen am Saronischen Golf marschieren mußten und dann auf den dort stationierten Trieren eingesetzt wurden und am Angriff auf Salamis teilnehmen konnten.

[123] Vgl. Kagan, Archidamian War 126 f., der darauf hinweist, daß sie in der Liste „radikaler" Demagogen bei Aristot. Ath. Pol. 28 nicht erscheinen.

[124] Hierfür spricht ihre Klassifizierung als „Werghändler" (Eukrates) bzw. als „Schafhändler" (Lysikles) in den ›Rittern‹ (V. 128–137) des Aristophanes.

[125] Vgl. M. Heath, Political Comedy in Aristophanes, Göttingen 1987, 13.

[126] Nippel, Mischverfassung 71.

[127] Harding, Polypragmatist 50, urteilt hierüber pointiert, aber im Grunde treffend, wenn er zu dem Schluß kommt: "The Athenians were all polypragmatists."

[128] Hornblower, Commentary I 193, weist mit Recht darauf hin, daß δυνατοί nicht einfach mit „Oligarchen" wiedergegeben werden kann, sondern hierunter allgemein "powerful men" zu verstehen sind. Er übersetzt a. a. O. 410 den Begriff bei Thuk. 3,27,3 mit "those in power". Hiermit sind sicherlich nicht nur die „Behörden" in Mytilene gemeint, die Thuk. 3,28,1 als οἱ ἐν τοῖς πράγμασιν bezeichnet.

[129] Alkaios Frgm. 130 b Voigt. An gleicher Stelle erwähnt der Dichter auch die Bólla.

[130] Vgl. Kagan, Archidamian War 143.

[131] Es ist umstritten, ob die Nachricht des Thuk. 3,19,1, daß die Steuer damals (428) „zum ersten Mal" erhoben wurde, als Hinweis auf eine erstmalige Einführung der Abgabe zu verstehen ist oder als erstmalige Erhebung der Eisphora im Peloponnesischen Krieg interpretiert werden muß oder aber Thukydides sagen will, daß 428 erstmals 200 Talente zusammenkamen. Zur älteren Forschungsdiskussion vgl. Thomsen, Eisphora 14 f., 105, 139–146, der vor allem 144–146 die dritte Möglichkeit in Betracht zieht. Vgl. auch dens., War Taxes in Classical Athens, in: Armées et fiscalité dans le monde antique, Paris 1977, 137 f.; J. G. Griffith, A Note of the First Eisphora at Athens, AJAH 2 (1977) 3 ff.; Hornblower, Commentary I 404. Zur Problematik vgl. auch C. Mossé, Les symmories athéniennes, in: H. van Effenterre (Ed.), Points de vue sur la fiscalité antique, Paris 1979, 33 f.; Schmitz, Prosperität 136 f. Die Verwendung des Begriffs Eisphora im Kalliasdekret (Meiggs – Lewis 58 B, 17–19) läßt darauf schließen, daß diese Steuer nicht erst 428 „erfunden" wurde. Rhodes, Thucydides III 193, verweist darauf, daß Aristoph. Eq. 773 ff. und 923 ff. Kleon mit der Eisphora in Verbindung bringt. Er schließt nicht aus, daß das Verfahren bereits 434/33 „kreiert" wurde, die erste Erhebung aber 428 erfolgte.

[132] Schmitz, Prosperität 136.

[133] Vgl. Connor, New Politicians 91; I. Morris, Every Man's Grave, in: Boegehold – Scafuro (Eds.), Athenian Identity 85 f.

[134] Schmitz, Prosperität 138 f., verweist darauf, daß verschiedene Athener in Prozessen sich rühmten, für die Polis höhere finanzielle Leistungen erbracht zu haben, als gefordert war.

[135] F. M. Wassermann, Post-Periclean Democracy in Action: The Mytilenean Debate, TAPA 87 (1956) 27 = H. Herter (Hrsg.), Thukydides, Wege der Forschung 98, Darmstadt 1968, 477.

[136] Die bei Thuk. 3,50,1 genannte Zahl von etwa 1000 Hingerichteten wurde in der Forschung mehrfach bezweifelt. Vgl. demgegenüber J. Wilson, Strategy and Tactics in the Mytilene Campaign, Historia 30 (1981) 144–163 (hier 146–149), der diese Zahl für annähernd zutreffend hält. Seine weitere Annahme, daß die Hingerichteten alle oder fast alle aus Mytilene stammten, vermag aber trotz der diesbezüglichen Angabe des Thukydides nicht zu überzeugen. Etwa 1000 antiathenische sog. Oligoi (d. h. im wesentlichen Angehörige einer begüterten Oberschicht) allein in Mytilene sind schwer vorstellbar. Die Gesamtzahl der männlichen erwachsenen Bürger auf der gesamten Insel Lesbos dürfte sich auf etwa 22 500 belaufen haben. Vgl. E. Ruschenbusch, ZPE 53 (1983) 136.

[137] Zu beachten ist, daß die Kleruchen eine Pachtsumme von 2 Minen im Jahr erhielten. Für einen Großgrundbesitzer wäre diese Summe lächerlich gering gewesen. Wohl aber entsprachen 2 Minen (= 200 Drachmen) in etwa den Zahlungen, die für den Unterhalt eines Hopliten auf Feldzügen anzusetzen sind. Vgl. Thuk. 3,17,3. Dazu Ph. Gauthier, Les clérouques de Lesbos et la colonisation athénienne au Ve siècle, REG 79 (1966) 64 ff.; ders., A Propos des clérouquies athéniennes du Ve siècle, in: M. I. Finley (Ed.), Problèmes de la terre en Grèce ancienne, Paris–La Haye 1973, 163; Hornblower, Commentary I 440 f.; Figueira, Athens and Aigina 252; Salomon, Cleruchie 197.

[138] Die Angaben des Thuk. 3,50,2 über jene athenischen Kleruchen sind freilich unklar, so daß praktisch alle Details umstritten sind. Zur Forschungsdiskussion über die Frage, ob die Kleruchen tatsächlich nach Lesbos übersiedelten und dort eine zeitlang als „Besatzung“ dienten, vgl. die von Schmitz, Prosperität 103 Anm. 112, genannte Literatur, ferner Rhodes, Thucydides III 214; Hornblower, Commentary I 441; Figueira, Athens and Aigina 8–11, 251–253 und passim, der im übrigen der Auffassung ist, daß bereits im 5. Jh. der Begriff des *Klerouchos* klar umrissen war.

[139] Es bleibt offen, wann die Kleruchen zurückkehrten. Ob die Inschrift IG I[3] 66 hiermit zu verbinden ist, ist gleichfalls unklar. Energisch bestritten wird der Abzug der Kleruchen von E. Erxleben, Die Kleruchien auf Euböa und Lesbos und die Methoden der attischen Herrschaft im 5. Jh., Klio 57 (1975) 92–100.

[140] Thuk. 3,52 ff. nennt in seinem Bericht über den Fall und die Vernichtung von Plataiai nicht den Namen des spartanischen Kommandeurs. Vgl. dazu G. Herman, CQ 83 (1989) 92 f.

[141] Kagan, Archidamian War 172, vertritt demgegenüber die These, daß die Spartaner weiterhin hofften, den Frieden diktieren und die athenische Herrschaft (“the Athenian Empire”) beseitigen zu können. Hiergegen spricht aber Thuk. 3,52,2, wonach die Spartaner Plataiai als Faustpfand im Fall eines Vertragsschlusses mit Athen gewinnen wollten. Richtig ist natürlich Kagans Hinweis, daß die Spartaner nach dem Scheitern der Erhebung auf Lesbos kein Friedensangebot machten.

[142] Im Winter 428/27 war einem Teil der Belagerten (212 Personen) in einer stürmischen Nacht der Ausbruch gelungen. Alle überlebenden Plataier erhielten durch athenischen Volksbeschluß das Bürgerrecht in Athen. Sie wurden in die Demen und Phylen (allerdings nicht in die Phratrien) aufgenommen, ohne daß sie Priesterämter und das Archontat bekleiden konnten. Vgl. Osborne, Naturalization II 11 ff.; speziell zum Ausschluß aus den Phratrien: K. Kapparis, The Athenian Decree for the Naturalization of the Plataeans, GRBS 36 (1995) 367 ff.

[143] Zum Beginn des Kampfes vgl. Wilson, Athens and Corcyra 87. Zur Bewaffnung der Sklaven: Welwei, Unfreie II 146 ff. Zur Analyse des Geschehens im einzelnen: Gehrke, Stasis 88 ff.

[144] Bemerkenswert ist die Passivität des athenischen Strategos Eurymedon während des andauernden Massakers. Eurymedon befehligte jene 60 Trieren, die das peloponnesische Geschwader zur Flucht zwangen. Offenbar gehörte er bereits zu dem Strategenkollegium des Amtsjahres 427/26. Da man in Athen nicht über den aktuellen Stand der Dinge in Kerkyra informiert sein konnte, hatte Eurymedon wohl nur die nicht näher spezifizierte Order erhalten, um jeden Preis

zu verhindern, daß Kerkyra die Epimachie mit Athen kündigte und die Insel als künftige Flottenbasis den Athenern verlorenging. Er unternahm nichts, um dem Morden Einhalt zu gebieten. Kagan, Archidamian War 181, vermutet, daß Eurymedon Kleons Auffassung teilte, Milde werde nur weitere Erhebungen gegen Athen provozieren. Wilson, Athens and Corcyra 105, nimmt an, daß Eurymedon auf keinen Fall zur Rettung korkyräischer Oligarchen das Leben athenischer Bürgersoldaten aufs Spiel setzen wollte. Beide Interpretationen bleiben hypothetisch. Eurymedon konnte jedenfalls die Lage in Kerkyra nicht dauerhaft konsolidieren. Die aufs Festland geflüchteten Oligarchen blieben ein Unruheherd, der für die Parteigänger Athens noch etwa zwei Jahre eine ernste Gefahr darstellte. Vgl. Lewis, CAH V (^{2}1992) 408.

145 Vgl. Nippel, Mischverfassung 71.

146 Xen. Vect. 4,14; Plut. Nik. 2,2; 4. Vgl. Connor, New Politicians 153, Anm. 38.

147 Vgl. Nippel, a. a. O. 71, Anm. 34.

148 Kagan, Archidamian War 102.

149 IG I^3 281, col. II Z. 54, wo zweifellos *Theraioi* zu ergänzen ist.

150 In der Neufassung der Phoroi im sog. Thudipposdekret 425 v. Chr. wird Melos allerdings aufgeführt (IG I^3 71, col. I Z. 65). Die Insel hat aber sicherlich nicht gezahlt. Ein erst 1987 gefundenes neues Fragment einer ursprünglich wohl im Tempel der Athena Chalkioikos aufbewahrten Inschrift mit Aufzeichnungen über Zahlungen an die spartanische „Kriegskasse" (IG V 1,1 = Meiggs – Lewis 67) läßt vermuten, daß die Melier 427 „Beiträge" an Sparta abgeführt hatten. Vgl. W. T. Loomis, The Spartan War Fund. IG V 1,1 and a New Fragment, Stuttgart 1992, 53, 74, der darauf hinweist, daß der spartanische Nauarch 427 die Melier zu Zahlungen gezwungen haben könnte und die Expedition des Nikias möglicherweise eine Reaktion hierauf war. Vgl. Rhodes, Thucydides III 246. Allerdings schließt Loomis nicht aus, daß die Melier eventuell erst nach dem Angriff des Nikias an Sparta zahlten, um dort gegebenenfalls Unterstützung gegen Athen zu finden. M. G. Seaman, Historia 46 (1997) 387, Anm. 11, hält "pure imperialism" als Motiv des athenischen Angriffs für möglich.

151 Thuk. 3,91. Vgl. Bauslaugh, Neutrality 114. – Nikias fuhr dann weiter nach Lokris, ließ dort Küstenstreifen verheeren und kehrte bald nach Athen zurück.

152 Thuk. 3,95. – Zur taktischen und strategischen Planung des Demosthenes vgl. generell Roisman, Demosthenes, passim, der allerdings die Führungsqualitäten dieses Strategen zu relativieren sucht. Daß Demosthenes Defizite der traditionellen Phalanxtaktik zu überwinden suchte, betont m. E. mit Recht G. Wylie, Demosthenes the General – Protagonist in a Greek Tragedy, G&R 40 (1993) 20–30.

153 Roisman, a. a. O. 26.

154 Roisman, a. a. O. 29.

155 Vgl. Kagan, Archidamian War 200.

156 Vermutlich war Demosthenes aber für das Amtsjahr 425/24 bereits zum Strategen gewählt worden. Gomme, HCT III 437 f., nimmt demgegenüber an, daß Demosthenes im Frühjahr 425 gar nicht kandidiert hatte.

157 Offenbar hatte Demosthenes aus Sicherheitsgründen seine Pläne geheimgehalten. Vgl. Kagan, Archidamian War 221; S. van de Maele, Démosthène et Cléon à Pylos (425 av. J.-C.), in: Mélanges d'études anciennes offerts à Maurice Lebel, Quebec 1980, 122; R. B. Strassler, The Opening of the Pylos Campaign, JHS 110 (1990) 110 ff. Anders Roisman, Demosthenes 34 mit Anm. 59, der annimmt, daß Geheimhaltung in der Kriegführung der Antike generell keine große Rolle gespielt habe. Demosthenes habe vielmehr verhindern wollen, daß die Athener seine Angriffspläne nicht akzeptierten. Hiergegen spricht indes die allgemeine Kriegslage, die aus athenischer Sicht neue Initiativen und Strategien erforderte.

158 Vgl. Lewis, CAH V (^{2}1992) 414.

159 Die Heloten hatten wohl nicht nur Versorgungsaufgaben zu erfüllen, sondern fungierten im Ernstfall vermutlich auch als Leichtbewaffnete. Aus den Angaben des Thuk. 4,8,9.16,1 wird indes nicht deutlich, ob jedem der auf Sphakteria eingesetzten Hopliten ein helotischer Diener zur Verfügung stand. Die dort stationierten Hopliten waren „aus allen Lochoi“ ausgelost, d. h., unter ihnen befanden sich auch Perioiken, die damals bereits keine eigenen Verbände mehr bildeten und in den gleichen Regimentern wie die Spartiaten dienten. Vgl. Welwei, Unfreie I 125, 130. Zum Verlauf der Kämpfe vgl. im einzelnen J. B. Wilson, Pylos 425 B. C. A Historical and Topographical Study of Thucydides' Account of the Campaign, Warminster 1979. Zu den topographischen Verhältnissen vgl. auch Pritchett, Topography I 6–29; R. B. Strassler, The Harbor of Pylos, 425 B. C., JHS 108 (1988) 198–203.

160 Vgl. Harding, Polypragmatist 45f.

161 Vgl. Philochoros FgrHist 328 F 128 (Schol. Aristoph. Pax 665). Die Diskussionen in jener Volksversammlung analysiert H. Flower, Thucydides and the Pylos Debate (4.27–29), Historia 41 (1992) 40–57.

162 Die Spartaner wollten mit dieser Taktik offensichtlich einen Beschluß der Volksversammlung unterlaufen. Kleon hat wohl kaum in der Boulé, sondern zweifellos in der Ekklesia in der genannten Weise agiert. Vgl. Hornblower, Commentary II 179f.

163 Vgl. Lewis, CAH V (^{2}1992) 417.

164 Nach Thuk. 4,28,4 forderte Kleon lediglich den Einsatz der damals in Athen anwesenden Kombattanten aus Lemnos und Imbros sowie der zur Verfügung stehenden Leichtbewaffneten aus Ainos und einer Truppe von 400 Bogenschützen, deren Herkunft nicht genannt wird. Der Status der Truppen aus Lemnos und Imbros ist umstritten. Gomme, HCT III 469, vermutete attische Kleruchen mit athenischem Bürgerrecht. Wahrscheinlich handelte es sich sowohl um Nachfahren der noch vor der Gründung des Seebundes auf den genannten Inseln angesiedelten Kolonisten als auch um Kleruchen der perikleischen Zeit. Vgl. ATL III 292f. Ob jene Lemnier und Imbrier um 425 als Söldner dienten (Figueira, Athens and Aigina 13 mit Anm. 20), muß dahingestellt bleiben. Thukydides betont zwar ausdrücklich, daß Kleon „niemanden aus der Polis“ aufbieten wollte, doch sagt dies über den Status der Kombattanten aus Lemnos und Imbros nichts aus. Zum Problem vgl. auch Salomon, Cleruchie 57, sowie Hornblower, Commentary II 187.

165 Gomme, HCT III 469.

166 Roisman, Demosthenes 40, sucht die militärische Leistung des Demosthenes zu Unrecht abzuwerten, wenn er bemerkt, daß ein großes Heer gegen eine relativ kleine Truppe kämpfte. Die spartanische Eliteeinheit in Stärke von 420 Hopliten hat sich mit Bravour verteidigt. Der Erfolg der auf athenischer Seite eingesetzten 8000 Ruderer, 800 Hopliten, 800 Bogenschützen und weiteren 2000 Leichtbewaffneten beruhte in erster Linie auf der geschickten Taktik des Demosthenes. Hinzu kam freilich, daß Demosthenes und Kleon von einem Messenier in athenischen Diensten gut beraten wurden.

167 Vgl. Aristoph. Eq. 280, 709, 766, 1404: Speisung im Prytaneion auf Kosten der Polis und Sitz in der ersten Reihe im Theater.

168 IG I^3 71. Übersetzungen: Koch, Volksbeschlüsse S. 316ff.; HGIÜ Nr. 113.

169 Die Gesamtsumme ist allerdings nicht gesichert, da die erste Zahl der in der Inschrift IG I^3 71, Z. 181 angegebenen Summe nicht mehr erhalten ist. Statt 1460 können auch 960 Talente in Betracht kommen. Athen war selbstverständlich infolge der Kriegskosten auf höhere Einkünfte angewiesen. Während der Realwert der Zahlungen der Bundesgenossen durch eine gewisse Geldentwertung geringer geworden war, scheinen insgesamt die Phoroi seit Gründung des Seebundes

nicht allzu sehr gestiegen zu sein. Ob die bei Plut. Arist. 24,5 erhaltene Nachricht über eine „allmähliche" Erhöhung der Phoroi auf 1300 Talente nach dem Tod des Perikles u. a. auf eine gewisse Steigerung in den Jahren vor dem Dekret des Thudippos bezogen werden kann, bleibt ebenso unsicher wie die von Andokides (3,9; vgl. Aischin. 2,175) genannte Zahl von 1200 Talenten nach dem Nikiasfrieden.

170 Zu der gesamten Problematik dieser Neuveranlagung vgl. jetzt W. Gawantka, Zur Seebundschatzung des Jahres 425/4 v. Chr., in: Th. Hantos - G. A. Lehmann (Hrsg.), Althistorisches Kolloquium aus Anlaß des 70. Geburtstages von Jochen Bleicken, Stuttgart 1998, 43–80. Gawantka zeigt u. a. durch Vergleiche verschiedener Phoroi (z. B. der Polis Karystos, die 450/449 - 432/431 und 425/424 jeweils 5 Talente zahlte), „daß auch die Sätze der Schatzung des Jahres 425/4 nicht gleichsam aus der Luft gegriffen waren bzw. daß auch damals die Athener nicht etwa durchweg hemmungslos und rücksichtslos nach oben griffen" (S. 67).

171 Koch, Volksbeschlüsse 368.

172 Lewis, CAH V (^{2}1992) 420.

173 Bis dahin hatten offenbar nur athenische Neugründungen und einzelne Poleis (aufgrund bestimmter Abmachungen mit Athen) an dem Fest teilgenommen. Vgl. Smarczyk, Untersuchungen 548ff., der darauf hinweist, daß auf dem neuen Gewand (Peplos), das der Athena Polias nach dem feierlichen Zug zur Akropolis (am angeblichen „Geburtstag" der Göttin am 28. Hekatombaion) übergeben wurde, die Gigantomachie als Sinnbild für die kriegerische Bewährung der Polisordnung dargestellt war.

174 Smarczyk, a. a. O. 549 sieht hierin ein Symbol für die Ausgestaltung der Panathenäen „zur zentralen Feier für den ganzen Herrschaftsbereich Athens". Allerdings gilt diese These nur, wenn IG I^3 71, 58 [ἄποι]κ[οι richtig ergänzt ist. Erhalten ist von dem fraglichen Wort (Apoikoi) nur der Buchstabe κ.

175 Diese Annahme stützt sich darauf, daß Thudippos einen Sohn namens Kleon hatte. Vgl. aber demgegenüber F. Bourriot, La famille et le milieu social de Cléon, Historia 31 (1982) 404ff. Vgl. auch Traill, Demos and Trittys 41.

176 Daß Kleon sich auf „Helfer" und Ratgeber stützen konnte, ist aus einer Reihe von Äußerungen des Aristophanes zu erschließen: Eq. 473, 608, 852–857; Vesp. 42ff., 417ff., 599ff., 1033, 1219ff., 1236ff., Pax 755f.; vgl. Meiggs, Athenian Empire 317.

177 IG I^3 68. Der Antragsteller Kleonymos, der dem Kreis um Kleon zuzurechnen ist, ist höchstwahrscheinlich identisch mit dem Bürger gleichen Namens, der auch ein Psephisma mit Privilegien für Methone (eine Kolonie von Eretria an der Westküste des Thermaischen Golfes) beantragte. Vgl. IG I^3 61, Z. 32–56; dazu Meiggs–Lewis, 65, S. 180, 68, S. 188; Koch, Volksbeschlüsse 287. Zur Datierung vgl. auch Meiggs, Athenian Empire 166, 323.

178 Vgl. etwa ATL II 50; Meiggs, Athenian Empire 165; Meiggs - Lewis, 46, S. 120f.; Schuller, Herrschaft 213; Koch, Volksbeschlüsse 250; Lewis, CAH V (^{2}1992) 130; Ostwald, ebd. 312.

179 Mattingly hat hierzu in einer Serie von Artikeln Stellung genommen. Die Aufsätze sind jetzt mit notwendigen Korrekturen in dem Sammelband Mattingly, Athenian Empire, zusammengefaßt; vgl. zu IG I^3 34 vor allem ebd. 8–30, 140–142, 163, 176f., 257, 281–287, 316–318, 321–331, 351, 401, 412, 478f., 486.

180 Es läßt sich nicht verifizieren, daß der Antragsteller der bei Koroneia gefallene Vater des Alkibiades gewesen sein könnte.

181 IG I^3 46, Z. 15, wo allerdings diesbezüglich nur der Buchstabe π in dem zu ergänzenden Wort π[ανοπλίαν] zu vermuten ist. Außerdem hatten die Apoikoi zu den Großen Dionysien einen Phallos nach Athen zu schicken. Vgl. P. Krentz, Athens' Allies and the Phallophoria, AHB 7,1 (1993) 12–16.

[182] Smarczyk, Untersuchungen 525 ff., 548 ff.; Koch, Volksbeschlüsse 573, Anm. 38.

[183] IG I[3] 1453.

[184] Vgl. SEG XXXVIII (1988) 9 und 1251; dazu H. B. Mattingly, New Light on the Athenian Standards Decree (ATL II, D 14), Klio 75 (1993) 99–102.

[185] Vgl. Mattingly, Athenian Empire 2.

[186] Zur Forschungsdiskussion über die Datierung des Münzgesetzes vgl. Koch, Volksbeschlüsse 370 ff., der sich nicht festlegen möchte („ca. 449 oder 425–415"), aber annimmt, daß eher der frühe Ansatz in Frage kommt. Für eine Frühdatierung plädieren u. a.: ATL II D 14, III 299; Meiggs, Athenian Empire 167 ff.; Meiggs – Lewis Nr. 45, S. 111 ff.; Schuller, Herrschaft 211 ff.; Gomme, HCT I 383 ff. E. S. G. Robinson, The Athenian Currency Decree and the Coinages of the Allies, Hesperia Supplem. 8 (1949) 324–340. Grundlegend für die Spätdatierung: H. B. Mattingly, The Athenian Coinage Decree, Historia 10 (1961) 148–188 = ders., Athenian Empire 5–52; vgl. dens., ebd. 147 ff., 477 ff.; ferner: E. Erxleben, APF 21 (1971) 145 ff.; Meister, Kalliasfrieden 109–115; G. A. Lehmann, HZ 226 (1978) 669; Smarczyk, Untersuchungen 543 f. mit Anm. 138; M. Vickers, Fifth Century Chronology and the Coinage Decree, JHS 116 (1996) 171–174. Umstritten ist des weiteren, ob das Dekret auf ein früheres, von Klearchos beantragtes Psephisma Bezug nimmt. Vgl. D. Whitehead, The Athenian Standards Decree (IG I[3] 1453): 'The (?) Preceding Decree which Klearchos Proposed', ZPE 118 (1997) 169–173.

[187] Vgl. Koch, Volksbeschlüsse 250.

[188] Vgl. Schuller, Herrschaft 216. Dazu auch Ch. G. Starr, Athenian Coinage 480–449 B. C., Oxford 1970, 69 f.; E. Will, Le monde grec et l'Orient, I, Paris 1972, 207 f., 209 f. Die zuständigen Polisbeamten in den Seebundstaaten hatten freilich zusätzliche Aufgaben zu erfüllen, um pünktlich und ordnungsgemäß die fälligen Zahlungen in der von Athen verlangten Währung vornehmen zu können.

[189] Smarczyk, Untersuchungen 291, Anm. 375, verweist darauf, daß im Münzdekret nur dann in den Poleis der Bundesgenossen einheimische Archonten eingeschaltet werden sollten, wenn keine Außenbeamte aus Athen (sog. Archontes) zur Verfügung standen. Er vermißt eine regelmäßige Heranziehung „lokaler Funktionäre". Athenische Außenbeamte konnten indes auch dort, wo sie als Archontes tätig waren, sich nicht um alle Einzelheiten kümmern, wenn sie auch gegenüber Athen die Verantwortung trugen.

[190] M. I. Finley, Trade and Politics in the Ancient World: Classical Greece, in: Deuxième conférence internationale d'histoire économique Aix-en-Provence, Vol. 2, Paris 1965, 21 ff. Zur Frage der Auswirkungen auf die Prägungen der Bundesgenossen vgl. H. B. Mattingly, The Second Athenian Coinage Decree, Klio 59 (1977) 83–100 = ders., Athenian Empire 403–426; ders., Coins and Amphoras – Chios, Samos and Thasos in the Fifth Century B. C., JHS 101 (1981) 78–86 = Athenian Empire 435–451, der Unterbrechungen in den eigenen Prägungen einiger Poleis um 425 zu erkennen glaubt. Demgegenüber sieht Erxleben, APF 20 (1970) 131 f., keine Möglichkeit, allein aus dem Münzbefund eine Datierung in die zwanziger Jahre zu beweisen. Zum Befund der vierziger Jahre in Samos vgl. J. P. Barron, The Silver Coins of Samos, London 1966, 80 ff., der betont, daß Samos damals eigene Silbermünzen prägte. Anders C. M. Kraay, JHS 87 (1967) 196.

[191] Zur Datierung vgl. Gomme, HCT III 478.

[192] Zur Situation vgl. Kagan, Archidamian War 248 f.

[193] Busolt, GG III 2, 1126 mit Anm. 4., vermutete, daß die Spartaner nach dem Fiasko auf Sphakteria ihre Besatzung aus Kythera zurückgezogen hatten. Thuk. 4,53–54 erwähnt in der Tat keine Spartiaten im Bericht über die Abwehrkämpfe gegen die Athener auf Kythera, betont aber 4,53,2, daß die Spartaner jährlich einen Kytherodiken (als „Gouverneur") zu der Insel entsandten und auch regelmäßig eine Besatzung dorthin schickten. Es bleibt indes unklar, ob die spartanische

Besatzung damals abgezogen worden war. Vgl. Kagan, Archidamian War 261 f. Zur Stellung des Kytherodikes vgl. Hornblower, Commentary II 215.

194 Thuk. 4,54,4–57,4. Die Spartaner reagierten auf diese Invasionen mit der Aufstellung einer Reiter- und Bogenschützentruppe, die sie bis dahin noch nicht besaßen.

195 Die in Gefangenschaft geratenen Aigineten wurden getötet (Thuk. 4,57,4). Die zunehmende Brutalisierung in der Kriegführung geht freilich nicht allein auf das Konto der Athener.

196 Kagan, Archidamian War 267 f., der mit Recht darauf hinweist, daß es auch später Hermokrates nicht um die Gemeinschaft des Griechentums auf Sizilien, sondern um die Interessen der Syrakusaner ging, als er 415 die Karthager um Hilfe gegen Athen ersuchte.

197 Thuk. 3,86 und 90; vgl. Kagan, a. a. O. 269.

198 Kagan, a. a. O. 270.

199 Vgl. die ausführlichen Analysen des Geschehens durch Legon, Megara 237 ff., Losada, Fifth Column 49 ff., und Gehrke, Stasis 106 ff.

200 Vgl. A. Lintott, Violence, Civil Strife and Revolution in the Classical City 750–330 B. C., London–Canberra 1982, 111.

201 Thuk. 4,66,3–4. Die *Prostatai* des Demos hatten nur eine Chance, wenn sie auf konspirative Weise ihre Ziele zu erreichen suchten. Kagan, Archidamian War 272 f., weist mit Recht darauf hin, daß eine offene Diskussion über ein neues Bündnis mit Athen in der megarischen Volksversammlung angesichts der alten Feindschaft zwischen Megarern und Athenern unmöglich gewesen wäre. Dieser Sachverhalt zeigt zugleich, daß der Begriff des „Vorstehers" *(Prostates)* des Demos erheblich zu relativieren ist. Auch für Akteure ihres Schlages gab es in der Politik Tabus, die es zu beachten galt.

202 Thuk. 4,67–73. Roisman, Demosthenes 45 f., sucht den Entschluß der Strategen Demosthenes und Hippokrates, eine Feldschlacht gegen die peloponnesischen Hopliten zu vermeiden, damit zu erklären, daß sie auf keinen Fall den Verlust von Nisaia riskieren wollten, um nicht in Athen belangt zu werden. Eher ist zu vermuten, daß den beiden Befehlshabern aus militärischen Gründen das Wagnis einer Schlacht gegen die jetzt überlegenen Feinde zu hoch erschien. Zur Darstellung des Brasidas durch Thukydides vgl. im einzelnen Hornblower, Commentary II 38–61.

203 Vgl. Lewis, CAH V (^{2}1992) 426.

204 Vgl. Welwei, Unfreie I 142 ff.

205 Rädelsführer der proathenischen Kreise war ein gewisser Ptoiodoros. Es ist unklar, ob er aus Theben oder aus Thespiai stammte. Da Siphai, das erste Angriffsziel, auf dem Gebiet von Thespis lag, könnte er eher Thespier als Thebaner gewesen sein. Vgl. Gomme, HCT III 537; Losada, Fifth Column 63 mit Anm. 1.

206 Vgl. Roisman, Demosthenes 46 ff., der vermutet, daß Demosthenes den Operationsplan entworfen hat. Thukydides sagt dies allerdings nicht expressis verbis.

207 Vgl. Kagan, Archidamian War 306 mit Anm. 7.

208 Hyperbolos war zweifellos ebenso wie Kleon überzeugt, daß ein Frieden mit Sparta derzeit nicht im Interesse Athens liege und durch Fortsetzung des Kampfes seine Polis sehr viel günstigere Bedingungen erreichen werde.

209 Die Finanzen Athens waren freilich noch nicht derart erschöpft, daß die Polis außerstande war, den Krieg fortzusetzen. Vgl. Kagan, Archidamian War 337.

210 Thuk. 5,18,1–20,1; Diod. 12,74,5; Plut. Nik. 9,8; Alk. 14,2. Vgl. StV II^2 188.

211 Die Einnahme von Pteleon ist zuvor von Thukydides nicht erwähnt worden.

212 Kagan, Archidamian War 344.

213 Vgl. Ed. Meyer, GdA IV 2, 132 f.; Busolt, GG III 2, 1197; Lewis, CAH V (^{2}1992) 432; Andrewes, ebd. 433.

[214] Vgl. Kagan, Archidamian War 347.

[215] Thuk. 5,23; Diod. 12,75,2. Vgl. StV II^2 189.

[216] Das Problem der „Helotenfurcht" wird in der neueren Forschung unterschiedlich beurteilt. Vgl. etwa R. J. A. Talbert, The Role of the Helots in the Class Struggle of Sparta, Historia 38 (1989) 22–40, der zu dem Schluß kommt, daß die Helotengefahr nach der Niederwerfung der großen Erhebung in den sechziger Jahren geringer geworden sei. Demgegenüber warnt P. Cartledge, Richard Talberts Revision of the Spartan Helot Struggle: A Reply, ebd. 40 (1991) 379–381, vor einer Unterschätzung des Helotenproblems. Vgl. ferner H. Klees, Laverna 2 (1991) 27–52; ebd. 3 (1992) 1–31; E. Herrmann-Otto, Historia 47 (1998) 22 ff.

[217] Vgl. bereits Busolt, GG III 2, 1205. Demgegenüber verweist allerdings Kagan, Peace of Nicias 27, auf die Angaben des Thuk. 5,26,2.32,5, daß die Boioter einen Waffenstillstand mit Athen jeweils alle zehn Tage schlossen und die Korinther unter den gleichen Bedingungen Vereinbarungen mit Athen zu treffen suchten. Kagan schließt hieraus, daß Korinther und Boioter eher einen athenischen Angriff als die Athener eine Invasion der Boioter und Korinther befürchteten. Zu beachten ist jedoch, daß die Boioter ihren Waffenstillstand kündigten, als man den Korinthern in Athen die gleichen Bedingungen verweigerte, während nach dem Nikiasfrieden zwischen Athen und Korinth auch ohne einen förmlichen Vertrag Waffenstillstand bestand. Die Formalitäten bei den Verlängerungen des zehntägigen Waffenstillstandes zwischen Athen und Theben wurden offenbar jeweils von den sog. Staatsgastfreunden *(Proxenoi)* der Vertragspartner vorgenommen. Vgl. M. Arnush, Ten-Day Armistices in Thucydides, GRBS 33 (1992) 329–353.

[218] Vgl. Kagan, Peace of Nicias 33.

[219] Thuk. 1,71,4; vgl. Kagan, a. a. O. 35.

[220] Thuk. 5,28,1; StV II^2 190. Ausnahmen sollten Athen und Sparta bilden, mit denen nur nach Zustimmung der argivischen Volksversammlung Bündnisse geschlossen werden sollten.

[221] Thuk. 5,29,2. Vgl. Kagan, a. a. O. 40.

[222] Gleichzeitig trafen die Spartaner Sicherheitsmaßnahmen gegen die Eleier, indem sie in Lepreon freigelassene Heloten stationierten, die vier Jahre früher zum Militärdienst herangezogen worden waren und unter Brasidas im thrakischen Raum gedient hatten.

[223] Wahrscheinlich sollte durch diese Synode ursprünglich erreicht werden, daß der Nikiasfrieden allgemein Zustimmung fand. Vgl. Kagan, a. a. O. 57.

[224] Thuk. 5,46–47; StV II^2 193. Vgl. K.-W. Welwei, Zur „Herrschaftsterminologie" in der Quadrupelallianz von 420 v. Chr., ZPE 111 (1996) 88–92.

[225] Allzu wohlwollend ist die Wertung des Täuschungsmanövers des Alkibiades als "master strategem" durch Ellis, Alcibiades 37. Dazu K.-W. Welwei, Gnomon 64 (1992) 451 f. – Zur Beurteilung der politischen Anfänge des Alkibiades vgl. E. F. Bloedow, On "Nurturing Lions in the State": Alcibiades' Entry on the Political Stage in Athens, Klio 73 (1991) 49 ff., und dens., Alcibiades "Brillant" or "Intelligent"?, Historia 41 (1992) 142 ff.

[226] Vgl. Andrewes, CAH V (^{2}1992) 440.

[227] Das Abkommen war von einem der argivischen Heerführer und einem anderen ranghohen argivischen Bürger ohne Zustimmung der zuständigen Gremien in Argos vorgeschlagen worden.

[228] IG I^3 86; StV II^2 196. Der Vertragstext ist nur sehr fragmentarisch erhalten, doch besteht kein Zweifel, daß die Athener sich nicht nur zur Zahlung einer bestimmten Geldsumme an die Argiver verpflichteten, sondern diesen auch militärische Unterstützung im Fall eines spartanischen Angriffs zusicherten. Vgl. Andrewes, CAH V (^{2}1992) 442.

[229] Vgl. zur Datierung dieser Ostrakophoria (416, nicht 417) Kagan, Peace of Nicias 144 f. mit Anm. 28; Andrewes, CAH V (^{2}1992) 442. Anders etwa G. A. Lehmann, ZPE 69 (1987) 45 (417).

[230] Vgl. oben Anm. 228.

[231] Es ist nicht auszuschließen, daß Alkibiades sich noch in Argos befand, als die athenische Streitmacht nach Melos fuhr. Andererseits ist unsicher, ob Nikias in der Endphase der Belagerung von Melos die athenischen Operationen leitete, wie ein Scholion zu Aristoph. Av. 186 vermuten lassen könnte. Vgl. Andrewes, HCT IV 190; Ellis, Alcibiades 50. Das Unternehmen gegen Melos war im übrigen noch kein Auftakt zur Sizilischen Expedition, die sich im Sommer 416 zwar schon abzeichnete. Vielmehr zielte der Schlag gegen Melos auf eine Abrundung und Sicherung des athenischen Herrschaftsbereichs in der Ägäis ab (vgl. Thuk. 5,91). Zur Forschungsdiskussion über das Problem der Neutralität der Melier vgl. Bauslaugh, Neutrality 142ff., sowie vor allem M. G. Seaman, The Athenian Expedition to Melos in 416 B. C., Historia 46 (1997) 385–418, der zu zeigen sucht, daß Thukydides im Melierdialog die Kernprobleme der athenischen Aktion treffend dargelegt hat (mit ausführlicher Bibliographie).

[232] Vgl. J. L. Creed, Moral Values in the Age of Thucydides, CQ 67 (1973) 225; Andrewes, HCT IV 184f.

[233] Thuk. 5,116; Plut. Alk. 16,5.

[234] Vgl. Xen. Hell. 2,2,3, wonach sich die Athener in ihrem Unglück 405 nicht nur an die „Bestrafung" von Skione, sondern auch an die harte Behandlung von Hestiaia, Torone und Aigina erinnerten, während Isokr. 4,100–102 das Vorgehen der Athener gegen Skione und Melos als Maßnahmen gegen Feinde zu entschuldigen sucht und 12,62–66 den Spartanern weit größere Vergehen vorwirft. Vgl. Andrewes, HCT IV 191.

[235] Ps.-Andok. 4,22–23. Der Aussagewert dieser Quelle ist gering. Vgl. bereits A. R. Burn, CQ 48 (1954) 138–142.

[236] IG I^3 11; StV II^2 139. Zur neuen Datierung (statt vor 450) vgl. jetzt H. B. Mattingly, Historia 41 (1992) 129ff.

[237] Nach dem Friedenskongreß von Gela (424) hatten die Athener die Unterwerfung der mit ihnen verbündeten Polis Leontinoi durch Syrakus hingenommen (Thuk. 5,4). Damals waren aber die athenischen Kräfte durch das Kriegsgeschehen in Griechenland stark in Anspruch genommen, während 416 Athen ganz andere Handlungsmöglichkeiten zu haben schien.

[238] Vgl. K.-W. Welwei, Gymnasium 79 (1972) 289–305, sowie zur Analyse der Reden des Alkibiades und des Nikias auch J. Ober, Civic Ideology and Counterhegemonic Discourse: Thucydides on the Sicilian Debate, in: Boegehold – Scafuro (Eds.), Athenian Identity 102–126, sowie vor allem E. F. Bloedow, "Not the Son of Achilles, but Achilles himself": Alcibiades' Entry on the Political Stage at Athens II, Historia 39 (1990) 1ff.

[239] Vgl. Kagan, Peace of Nicias 165.

[240] Finley, Democracy, Ancient and Modern, London 1973, 21.

[241] Kagan, Peace of Nicias 191, kommt demgegenüber zu dem Schluß, daß gerade die Intervention des Nikias letztlich den Weg in die große Katastrophe öffnete. Der erste Beschluß, 60 Trieren zu entsenden, hätte nach Kagans These zwar möglicherweise zu einer Niederlage geführt, nicht aber das athenische Kriegspotential entscheidend geschwächt. Erst Nikias, dem man voll und ganz vertraute, habe den Ausschlag gegeben, als man die Ausrüstung einer sehr viel größeren Flotte beschloß. Natürlich hatte der Untergang dieser Streitmacht und weiterer Truppen, die später noch nach Sizilien geschickt wurden, katastrophale Folgen für die Athener. Die Hauptverantwortung für den athenischen Expeditionsbeschluß trägt aber Alkibiades, der eigentliche Initiator der Expedition.

[242] Der Demos (d. h. die Masse der einfachen Bürger) betrachtete freilich nicht von vornherein Hetairien als „feindliche Gruppen". Vgl. O. Murray, The Affair of the Mysteries and the Drinking Group, in: O. Murray (Ed.), Sympotica. A Symposium on the "Symposion", Oxford 1990, 149–161, hier 150.

[243] Zur Zusammensetzung dieser Gruppen vgl. Aurenche, Groupes d'Alcibiade etc., passim.

[244] Vgl. C. A. Powell, Religion and the Sicilian Expedition, Historia 28 (1979) 21.

[245] Mitwissern wurde Straffreiheit zugesichert. Allerdings erstatteten zunächst nur Metoiken und Sklaven einige wenige Anzeigen, die sich auf frühere Verstümmelungen von Büsten bezogen. Die Situation änderte sich, als nach dem Amtsantritt des neuen Rates (ausnahmsweise noch im Targelion, d. h. vor dem 9. Juni) eine Untersuchungskommission eingesetzt wurde.

[246] Die Denunziation erfolgte durch einen gewissen Pythonikos in einer Tagung der Volksversammlung, wie aus der späteren Verteidigungsrede des Mitangeklagten Andokides (1,11 ff.) hervorgeht. Die betreffende Rede (›Über die Mysterien‹) ist neben dem Bericht des Thukydides (6,27–29) unsere wichtigste Quelle für die fatalen Ereignisse.

[247] Die Liste des Andokides stimmte im wesentlichen mit den zuvor von dem Metoiken Teukros genannten Namen überein, der sich selbst und elf weitere Beteiligte der Profanierung der Mysterien sowie achtzehn Personen des Hermenfrevels bezichtigt hat, ohne Alkibiades zu erwähnen (Andok. 1,14–15.34–35.61–66; vgl. Plut. Alk. 20,6–21,6).

[248] Vgl. E. Herrmann-Otto, Das andere Athen: Theorie und politische Realisation eines „antidemokratischen“ Oligarchenstaates, in: Eder – Hölkeskamp (Hrsg.), Volk und Verfassung 146 mit Anm. 43.

[249] R. Osborne, The Erection and Mutilation of the Hermai, PCPhS 31 (1985) 47–73.

[250] Aurenche, Groupes d'Alcibiade etc. 62 ff.

[251] Grundlegend hierzu: W. K. Pritchett, The Attic Stelai, I. Hesperia 22 (1953) 225–299; II., ebd. 25 (1956) 178–328. Vgl. D. A. Amyx, The Attic Stelai, III., ebd. 27 (1958) 163–310; D. Lewis, After the Profanation of the Mysteries, in: Studies Ehrenberg 177–191; Aurenche, a. a. O. 123–153; Schmitz, Prosperität 99 f., 105.

[252] Vgl. Kagan, Peace of Nicias 209 mit Anm. 70 und 71.

[253] Kagan, a. a. O. 239 ff., verweist darauf, daß die Athener nur eine kleine Reitertruppe zur Verfügung hatten, die seiner Meinung nach nicht vereiteln konnte, daß die zahlenmäßig überlegene syrakusanische Kavallerie die athenischen Zernierungsarbeiten behinderte. Zweifellos hätten die Athener aber Bogenschützen gegen die Reiter der Syrakusaner einsetzen können. Kagan ist zwar der Auffassung (241 f.), daß Nikias das Unternehmen im Felde ausgezeichnet geleitet habe, sieht aber einen entscheidenden strategischen Fehler darin, daß er bei der Vorbereitung der Expedition nicht von vornherein eine Verstärkung der Kavallerie gefordert habe. Ob er die Möglichkeit gehabt hätte, durch den Einsatz von Reitern nach dem ersten athenischen Sieg den Krieg zu entscheiden, bleibt indes offen.

[254] Thuk. 6,88,5 – 93,1. Ob er von führenden spartanischen Kreisen, die an einer Wiederaufnahme des Krieges gegen Athen interessiert gewesen sein könnten, eingeladen wurde (Kagan, a. a. O. 251), muß dahingestellt bleiben.

[255] Vgl. Kagan, a. a. O. 254.

[256] Gylippos wird von Ail. var. 12,43 als Mothax bezeichnet. Hieraus kann aber nicht geschlossen werden, daß er kein vollbürtiger Spartiat war. Als Mothakes galten auch sog. Syntrophoi („Miterzogene“), die als „Begleiter“ von Söhnen wohlhabender Spartiaten an der Agogé teilgenommen hatten und ihrerseits durchaus vollbürtige Spartiatenkinder sein konnten. Vgl. D. Lotze, Mothakes, Historia 11 (1962) 427–435.

[257] Vgl. im einzelnen R. A. Knox, "So Mischievous a Beast"? The Athenian Demos and its Treatment of its Politicians, G&R 32 (1985) 132–161.

[258] Diese Zahl nennt Thuk. 7,75,5, während Isokr. 8,86 die Verluste der Athener auf insgesamt 40 000 Mann beziffert. Zur Problematik dieser Angaben vgl. K. J. Dover, HCT IV 452.

[259] Nikias konnte zu diesem Zeitpunkt wohl nicht zu Unrecht darauf verweisen, daß die

Athener immer noch Sympathien bei den Sikulern besäßen, die Syrakus fürchteten (Thuk. 7,77,6). Vgl. K. Rutter, Sicily and South Italy: The Background to Thucydides Books 6 and 7, G&R 33 (1986) 153.

[260] Dies behauptet Kagan, Peace of Nicias 371: "The mob decided to attack Sicily and add it to the Athenian Empire so that the people could profit from it."

[261] Hierzu zählten auch etwa 50 Truppentransporter (40 ältere Schiffe der zuerst entsandten Streitmacht sowie wohl auch mehrere gleichfalls als Transporter verwendete Einheiten der von Demosthenes befehligten Flotte). Insgesamt dürften auf den damals in sizilischen Gewässern eingesetzten athenischen Trieren etwa 8000 Bürger Athens gedient haben. Hinzu kamen vermutlich etwa 3000 Athener in den Landungstruppen. Vgl. Hansen, Three Studies 15f.

[262] Es war natürlich allgemein bekannt, daß Orakel zweideutig sein konnten. Vgl. N. Marinatos, Thucydides and Oracles, JHS 101 (1981) 138. Sophokles hatte im ›Oidipus Tyrannos‹ den Kontrast von göttlichem Walten und menschlichem Denken den Bürgern Athens als dramatisches Geschehen vor Augen geführt. Dazu jetzt E. Flaig, „Oidipus". Tragischer Vatermord im klassischen Athen, München 1998.

[263] Vgl. Nippel, Mischverfassungstheorie 76.

[264] Diese neue Institution im Rahmen des demokratischen Systems Athens ist nicht zu verwechseln mit den von Aristot. Pol. 1323a 8–9 als oligarchische Organe bezeichneten Probouloi in einigen (dort nicht namentlich genannten) Poleis. Vgl. H.-J. Gehrke, Chiron 8 (1978) 155ff. Zu pointiert urteilt Andrewes, HCT V 7: "... the democracy's efforts for self-restraint inevitably have a quasi-oligarchic flavour." – Zweifellos bezieht sich Aristoteles a. a. O. auch auf die nach dem Sturz der Kypseliden konstituierte Institution der Probouloi in Korinth (Nikolaos von Damaskos FgrHist 90 F 60,2). Vgl. dazu Ed. Will, Korinthiaka. Recherches sur l'histoire et la civilisation de Corinthe des origines aux guerres médiques, Paris 1955, 609ff.; Salmon, Corinth 205ff. In diesem Fall wäre freilich die Assoziation mit einem oligarchischen Organ ein Anachronismus, da es den Oligarchiebegriff im 6. Jh. noch nicht gab.

[265] Vgl. Kagan, Fall of the Athenian Empire 5f.

[266] Dies vermutet de Laix, Probouleusis 32.

[267] Derartige Kompetenzen vermutete allerdings Busolt, GG III 2, 1409f. aufgrund von Aristoph. Lys. 421f.

[268] Thuk. 7,28,4. Wenn nach der Erhöhung der Phoroi die Tribute zwischen 418 und 414 jährlich tatsächlich etwa 900 Talente betrugen, hätte das Gesamtvolumen des Seehandels im Attischen Seebund sich auf über 18000 Talente jährlich belaufen müssen, sofern durch Erhebung von Zöllen die gleichen Einnahmen wie durch das bisherige Tributsystem erzielt werden sollte. Vgl. Dover, HCT IV 408; Kagan, Fall of the Athenian Empire 8.

[269] Kagan, a. a. O. 8, nimmt an, daß durch die Phoroi vor allem Grundbesitzer belastet worden seien, während die neuen Zölle in erster Linie die Händler tangierten, die aber aufgrund der Vorteile, den ihnen der Seebund geboten habe, eher positiv gegenüber der Hegemonialmacht eingestellt gewesen seien. Sicherlich waren größere Grundbesitzer in den Seebundpoleis durchweg politisch einflußreich, so daß es für die Athener gerade in der Zeit nach der Katastrophe auf Sizilien von Bedeutung war, sich die Loyalität dieser Schicht zu sichern. Kagans Rechnung erscheint indes zu einfach, denn die Zölle wurden zweifellos an die Verbraucher weitergegeben. Dies traf vor allem die ärmeren Schichten der Stadtbevölkerung im Seebund.

[270] Aristoph. Lys. 573ff. Dazu Kagan, a. a. O. 9f.

[271] Auf innerspartanische Kontroversen geht Thukydides hier nicht ein. Nicht alle führenden Spartaner plädierten in der Folgezeit für ein Bündnis mit Persien.

[272] Vgl. Quinn, Athens 43ff.; Gehrke, Stasis 43ff.

273 Vgl. Andrewes, CAH V (^{2}1992) 467.

274 Vgl. Andrewes, a. a. O. 468, und Kagan, Fall of the Athenian Empire 64ff., die mit Recht die positive Bewertung der Entscheidung des Phrynichos durch Thuk. 8,27,5 kritisieren, dessen Urteil in diesem Punkt u. a. Ed. Meyer, GdA IV 2, 272, und Busolt, GG III 2, 1434f., beeinflußt hat.

275 Vgl. Kagan, a. a. O. 68.

276 Vgl. Thuk. 8,29,1. Als der Syrakusaner Hermokrates Einspruch erhob, konzedierte Tissaphernes einen geringfügig höheren Sold. Vgl. Kagan, a. a. O. 70, 74f.; Andrewes, a. a. O. 469.

277 Vermutlich hat Thucydides von Alkbiades selbst Einzelheiten über dessen Gespräche mit Tissaphernes erfahren. Vgl. bereits P. A. Brunt, Thucydides and Alcibiades, REG 65 (1952) 72ff.

278 Die beiden Verträge sind übersichtlich aufgeführt StV II^{2} 200 (Thuk. 8,18, Sommer 412) und 201 (Thuk. 8,37, Herbst 412). Vgl. den Kommentar ebd. S. 142 und Kagan, Fall of the Athenian Empire 80f. Ein dritter Vertrag zwischen Sparta und Persien wurde im Frühjahr 411 von dem spartanischen Nauarchen Astyochos unterzeichnet (Thuk. 8,58 = StV II^{2} 202).

279 Vgl. Nippel, Mischverfassungstheorie 87–89.

280 Vgl. etwa Aristoph. Lys. 511, 518, 650ff.

281 Einige prominente Verschwörer waren mit Alkibiades auf dem Festland zusammengetroffen.

282 Die Ursachen dieser Feindschaft lassen sich nur vermuten. Daß Phrynichos im Zusammenhang mit dem Hermenfrevel und der Profanierung der Mysterien gegen Alkibiades agiert hatte und 412/11 dessen Rache fürchtete (Kagan, Fall of the Athenian Empire 123; Ellis, Alcibiades 75), ist nicht zu belegen. Der nach dem Hermokopidenfrevel inhaftierte und von Andokides entlastete Phrynichos (And. 1,47.68) ist nicht mit dem Strategen Phrynichos 412/11 identisch. Vgl. Aurenche, Groupes d'Alcibiade etc. 74–76. Sealey, Essays 111ff., vermutet eine rein persönliche Feindschaft des Phrynichos, während H. D. Westlake, Individuals in Thucydides, Cambridge 1968, 242f., annimmt, daß nach Phrynichos' Auffassung Alkibiades für Athen eine ernste Gefahr darstellte. Dies dürfte das Richtige treffen.

283 Vgl. im einzelnen C. H. Grayson, Two Passages in Thucydides, CQ 66 (1972) 65; I. Plant, Historia 41 (1992) 249f. Umstritten ist im Kontext vor allem die Wendung τοὺς καλοὺς καγαθοὺς ὀνομαζομένους (Thuk. 8,48,6), die sich zweifellos nicht nur auf die gesellschaftliche Oberschicht in Athen (Andrewes, HCT V 110), sondern auch generell auf führende Kreise in den Poleis des Seebundes bezieht. Vgl. dazu jetzt (mit ausführlicher Diskussion der Forschungsliteratur) F. Bourriot, Kalos Kagathos – Kalokagathia. D'un terme de propagande de sophistes à une notion sociale et philosophique, Vol. I, Hildesheim-Zürich-New York 1995, 114f., 178–181 und die Anmerkungen ebd. Vol. II, 86f., 163–166.

284 Die Gruppierungen in Samos 412/11 erörtert Shipley, Samos 124ff. Vgl. auch M. Ostwald, SCI 12 (1993) 64ff.

285 Vgl. Kagan, Fall of the Athenian Empire 119.

286 Es ist freilich schwer zu glauben, daß sich Phrynichos ein zweites Mal an Astyochos gewandt haben soll, nachdem dieser bereits Alkibiades über die ersten Kontakte informiert hatte. Demgegenüber vermutet Kagan, Fall of the Athenian Empire 128, daß Phrynichos in seiner Verzweiflung gehofft habe, Astyochos werde das verlockende Angebot einer Übergabe der athenischen Flotte akzeptieren.

287 Andrewes, HCT V 184ff.; ders., CAH V (^{2}1992) 472. Vgl. Aristoph. Lys. 490f.

288 Aristoph. Thesm. 352ff.; vgl. Andrewes, CAH (^{2}1992) 472.

289 Zur Analyse des Geschehens vgl. D. Flach, Der oligarchische Staatsstreich in Athen vom Jahre 411, Chiron 7 (1977) 9–33; Nippel, Mischverfassungstheorie 64ff. Dazu auch generell die Wertungen von G. A. Lehmann, Überlegungen zur Krise der attischen Demokratie im Pelopon-

nesischen Krieg: Vom Ostrakismos des Hyperbolos zum Thargelion 411 v. Chr., ZPE 69 (1987) 33–73 (hier 68 ff.), sowie von E. Herrmann-Otto, Das andere Athen 146.

[290] Vgl. H.-J. Gehrke, Abfall und Stasis. Zur Interdependenz von innerer und äußerer Politik in einigen Seebundstaaten, in: Balcer et alii, Seebund 38 f.

[291] Thuk. 8,48,6; dazu Kagan, Fall of the Athenian Empire 141.

[292] Zur Funktion der *Graphé Paranómon* vgl. Wolff, Normenkontrolle 12 ff.

[293] In der Darstellung der weiteren Ereignisse auf dem Kolonos vermitteln unsere beiden Hauptquellen (Thuk. 8,67,3 ff.; Aristot. Ath. Pol. 29,5–30,1) ein unterschiedliches Bild. Thukydides beschränkt sich auf den für ihn wesentlichen Punkt der Konstituierung des Rates der 400 (nach dem Antrag des Peisandros). Vgl. Rhodes, Commentary Ath. Pol. 379 ff.; Chambers, Aristoteles 278 ff.; Andrewes, HCT 5, 165 ff., 184 ff.; CAH V ([2]1992) 475. Unklar bleibt in beiden Quellen die Rolle des Theramenes, der nach Lys. 12,65 überzeugend für die Einführung der sog. Verfassung der Vierhundert plädiert haben soll. Vgl. E. David, Theramenes' Speech at Colonus, AC 64 (1995) 15–25. Zu pointiert wertet m. E. Lehmann, Oligarchische Herrschaft 44, das Geschehen (insonderheit das Verhalten des Rates der 500) als „symptomatisch für die Systemkrise der athenischen Demokratie".

[294] Die Rolle des Thrasybulos in der Zeit der „Vierhundert" erläutert ausführlich Buck, Thrasybulus 21–31, der hervorhebt, daß Thrasybulos 411 zweifellos bereits eine prominente Persönlichkeit auf der politischen Bühne in Athen geworden war.

[295] Vgl. D. Flach, Chiron 7 (1977) 21 mit Anm. 71. Schmitz, Prosperität 156, weist mit Recht darauf hin, daß in der ›Lysistrate‹ des Aristophanes 411 keine Thematisierung eines Gegensatzes von Ruderern und Hopliten oder Stadt- und Landbevölkerung erkennbar ist.

[296] Vgl. G. M. Kirkwood, Thucydides' Judgement of the Constitution of the Five Thousand (VIII 97,2), AJPh 93 (1972) 92–103.

[297] Dazu im einzelnen B. Bleckmann, Athens Weg in die Niederlage 56 ff. Dank der Freundlichkeit des Verfassers konnte ich bereits das druckfertige Manuskript benutzen. – Daß der athenische Sieg vor allem ein Verdienst des Thrasybulos war, betont Buck, Thrasybulus 39. Vgl. auch Kagan, Fall of the Athenian Empire 323 f.

[298] Wahrscheinlich wurde Endios, Ephor des Amtsjahres 413/12, wegen seiner „Freundschaft" mit Alkibiades zum Delegationsleiter ernannt, doch konnte Alkibiades vom Kriegsschauplatz aus keinen Einfluß auf die Verhandlungen nehmen. Vgl. Kagan, Fall of the Empire 248; Bleckmann, a. a. O. 393 ff.

[299] Kagan, a. a. O. 248 f.

[300] Aristot. Ath. Pol. 28,3; Andok. 1,146; Aischin. 2,76; Schol. Aristoph. Thesm. 805; Ran. 681.

[301] Thuk. 3,3,2. Vgl. E. Vanderpool, Hesperia 21 (1952) 114 f.; ebd. 37 (1968) 120; ebd. 43 (1974) 192.

[302] Philochoros FgrHist 328 F 139 (Schol. Eurip. Orest. 371). Die Unberechenbarkeit spartanischer Politik sucht de Ste. Croix, Origins 151 ff., an einer Reihe von Beispielen zu exemplifizieren.

[303] Vgl. oben, Anm. 295, sowie G. E. M. de Ste. Croix, The Constitution of the Five Thousand, Historia 5 (1956) 1–23, der annimmt, daß unter den sog. Fünftausend (bzw. unter dem Regime, das als „Verfassung der Fünftausend" figuriert) auch Theten an der Ekklesia teilnehmen und als Dikasten fungieren konnten, während sie allerdings vom Rat und von den Magistraturen ausgeschlossen waren. Im wesentlichen zustimmend Sealey, Essays 123 ff. Diese Interpretation hat indes vielfach Widerspruch erfahren. So hält P. J. Rhodes, The Five Thousand in the Athenian Revolutions of 411 B. C., JHS 92 (1972) 115–127 (vgl. dens., Commentary Ath. Pol. 412), an der älteren These fest, daß die Teilnahme an der Ekklesia auf die drei oberen Zensusklassen beschränkt war. Vgl. des weiteren etwa Andrewes, HCT V 325; G. A. Lehmann, ZPE 69 (1987) 39 mit Anm. 13;

Ostwald, Sovereignty 397ff.; K. Raaflaub, Politisches Denken und Krise der Polis. Athen im Verfassungskonflikt des späten 5. Jahrhunderts v. Chr., München 1992, 38f. (mit weiterer Literatur Anm. 90), der zu dem Schluß kommt, daß es sich „trotz der Restauration demokratischer Elemente" bei der Verfassung der Fünftausend „um eine Oligarchie" gehandelt habe, weil „die unterste Zensusklasse der Theten ... zumindest de facto vom Aktivbürgerrecht ausgeschlossen" gewesen sei. Thukydides 8,97,2 sah dies zweifellos anders („Mischung von Oligarchie und Demokratie"); vgl. auch Chambers, Aristoteles 297f.

304 Aristot. Ath. Pol. 34,1 ist auf den Sturz der Vierhundert zu beziehen.

305 Die Mitglieder waren vermutlich noch in der Zeit der Fünftausend eingesetzt worden wie der ausdrückliche Hinweis auf die Konstituierung des Rates „durch das Bohnenlos" im Dekret des Demophantos (Andok. 1,96) zum Schutz der Demokratie zeigt (vgl. unten Anm. 307). Hierdurch sollte zweifellos eine klare Differenzierung zwischen dem inzwischen beseitigten Rat der Vierhundert und dem wiederhergestellten Rat der Fünfhundert erfolgen. Vgl. Hignett, Athenian Constitution 378; Andrewes, HCT V 288 ad Thuk. 8,86,6.

306 Hignett, a. a. O. 280.

307 Andok. 1,96–98.

308 Vgl. Hansen, Athenische Demokratie 168f.

309 IG I^3 104.

310 IG I^3 105, 31f. Vermutlich konnte aber Berufung gegen eine von der Boulé verhängte Buße bis 500 Drachmen eingelegt werden. Vgl. Hansen, Eisangelia 24f., und dens., Athenische Demokratie 267, sowie Chambers, Aristoteles 356, zu Ps.-Demosth. 47,43 und Aristot. Ath. Pol. 45,1–2 (gegen Rhodes, Boule 147).

311 Verhängnisvoll war in dieser Hinsicht das erwähnte Psephisma des Demophantos (Andok. 1,96–98), das eine geradezu gnadenlose Verfolgung von „Feinden" der Demokratie vorsah. Vgl. in den Einzelheiten Bleckmann, Athens Weg in die Niederlage 433ff., der darauf verweist, daß in diesem Dekret nicht nur ein Gefühl „subjektiver Bedrohung", sondern auch „ein durch die Flottensiege von 411/10 gestärktes Selbstbewußtsein des Demos" zum Ausdruck kam (438).

312 IG I^3 375 (Meiggs – Lewis 84). Dazu u. a. Andrewes, CAH V (^{2}1992) 485.

313 Vgl. Aristot. Ath. Pol. 28,3. Zu den Kontroversen über das Problem der Diobelie vgl. Rhodes, Commentary Ath. Pol. 355f.; Bleckmann, Athens Weg in die Niederlage 410ff., der die betr. Zahlungen m. E. mit Recht „als eine befristete Subsistenzsicherung der im Krieg notleidenden Bevölkerung" versteht (gegen St. Podes, Zur Problematik der Diobelie und Obolos-Zahlungen, GB 18 (1992) 35–45).

314 Neue athenische Tributforderungen sind zu vermuten aufgrund der fragmentarischen Liste ATL II A 13 (vgl. ebd. III 91f., 363; Meiggs – Lewis, S. 258f.; Meiggs, Athenian Empire 438f.). Jedenfalls wurden wieder Rückzahlungen von Staatsschulden an Athena (d. h. die Bildung von Kapitalreserven) in Erwägung gezogen (ATL II D 9; IG I^3 99). Zur Frage einer möglichen Wiedereinführung der Phoroi vgl. auch Kagan, Fall of the Athenian Empire 259; Andrewes, CAH V (^{2}1992) 485. Demgegenüber bezieht H. B. Mattingly, Two Notes on Athenian Financial Documents, BSA 62 (1967) 14–17 (= Athenian Empire 205ff.) ATL II A 13 auf die Schatzung 418 v. Chr.

315 Die Annahme, daß die restaurierte Demokratie 410 eine „Kriegssteuer" erhob, stützt sich auf eine Rede des Lysias (21,2–3) für einen wohlhabenden Athener, der in den letzten sieben Jahren des Peloponnesischen Krieges zweimal eine erhebliche Eisphora zahlen mußte. Es ist anzunehmen, daß außer diesen beiden „Sondersteuern" zwischen 411/10 und 404 keine weitere Eisphora erhoben wurde. Daß die letzte Eisphora im Peloponnesischen Krieg 406 vor der Schlacht bei den Arginusen gezahlt wurde, kann als gesichert gelten. Da 410 zweifellos die öffentlichen

Kassen leer waren, wird damals gleichfalls eine Eisphora erhoben worden sein. Vgl. Thomsen, Eisphora 176f.

316 IG I^3 474. Einige weitere Arbeitskräfte wurden für die Herstellung der Ballustraden des Niketempels benötigt. Die Datierung ist aber nicht sicher. Daß die genannten Aktivitäten nur geringe Auswirkung auf den Arbeitsmarkt hatten, betont mit Recht Kagan, Fall of the Athenian Empire 260.

317 Vgl. Kagan, a. a. O. 259ff.; J. J. Pollit, Art and Experience in Classical Greece, Cambridge 1972, 132f.

318 Vgl. Kagan, a. a. O. 266. Demgegenüber vermutet Andrewes, JHS 73 (1953) 2–5, und CAH V (^{2}1992) 485, daß Rivalitäten innerhalb der athenischen Führung dazu geführt hätten, daß Thrasyllos nicht sofort zum Hellespont, sondern nach Ionien entsandt wurde. Ein wichtiger Aspekt diesbezüglicher Kontroversen ist das Problem der Chronologie der Jahre 410 bis 406. Die Unsicherheit basiert darauf, daß Xenophon in der Zeit zwischen den Schlachten bei Kyzikos im Frühjahr 410 und bei den Arginusen im Sommer 406 nur an drei Stellen den Beginn eines neuen Feldzugsjahres notiert (Hell. 1,2,1.3,1.4,2). Nach Diod. 13,64,7 hielten die Athener Pylos 15 Jahre besetzt. Wenn diese Angabe richtig ist, erfolgte die Kapitulation der dortigen Besatzung – wie gesagt – im Winter 410/09. Gegen diesen Ansatz scheint zwar die längere athenische Inaktivität am Hellespont zu sprechen, doch ist zu beachten, daß für einen großen athenischen Gegenschlag umfangreiche Vorbereitungen zu treffen waren. Politisch motivierte innerathenische Dispute über die Strategie zur Stabilisierung der Lage sind wenig wahrscheinlich. Zu den chronologischen Fragen vgl. im einzelnen Lotze, Lysander 72ff., N. Robertson, The Sequence of Events in the Aegean in 408 und 407 B. C., Historia 29 (1980) 282–301; Bommelaer, Lysandre 61–65; Andrewes, CAH V (^{2}1992) 503–505, und vor allem Bleckmann, Athens Weg in die Niederlage 267ff.

319 Die Streitmacht bestand nach Xenophon aus 50 Trieren. Von den Ruderern wurden allein 5000 mit leichten Waffen ausgestattet. Hinzu kamen 1000 Hopliten und 100 Reiter: Xen. Hell. 1,1,34.2,1. – Diod. 13,64,1 gibt nur 30 Trieren an, doch ist die Nachricht Xenophons wohl zutreffend.

320 Der Tag des Hauptfestes der Plynterien galt in Athen als unheilvoller Termin, so daß alle Geschäfte ruhten (25. Targelion, etwa Mitte Juni). Insofern ist es erstaunlich, daß Alkibiades gerade an diesem Tag in den Peiraieus einfuhr. B. Nagy, Alcibiades' Second "Profanation", Historia 43 (1994) 275–285, vermutet, daß Gegner des Alkibiades durch Manipulation des Kalenders (Verschiebung des Termins der Plynterien) den Eindruck zu erwecken suchten, daß er nach wie vor keine rituellen und religiösen Skrupel kannte. Schlüssig beweisen läßt sich dies indes nicht. Das Jahr der Rückkehr des Alkibiades ist freilich umstritten (408 oder 407 v. Chr.). Die Kontroversen sind im Kontext der oben, Anm. 318, angedeuteten chronologischen Probleme zu sehen. Vgl. Bleckmann, a. a. O. 293ff.

321 Vor allem sind hier Milet, Ephesos, Chios, Andros und Tenos zu nennen. Vgl. Kagan, Fall of the Athenian Empire 293f.

322 Vgl. Lotze, Lysander 19f.

323 Vgl. Lewis, Sparta and Persia 124.

324 Dazu Lewis, a. a. O. 119ff., der darauf hinweist, daß mit der Einsetzung des Kyros eine grundlegende Änderung der Machtverhältnisse in Kleinasien verbunden war. Der Kommandobereich des Tissaphernes wurde offenbar auf Karien beschränkt. Vgl. Andrewes, Phoenix 25 (1971) 208, und CAH V (^{2}1992) 489.

325 Vgl. Kagan, Fall of the Athenian Empire 314f.

326 Zur Rekonstruktion der Schlacht durch Vergleich der vorliegenden Quellen (Xen. Hell. 1,5,12–14; Diod. 13,71,2–4; Plut. Lys. 5,1–4; Alk. 35,6–8; Hell. Oxy. IV 1–4 Bartoletti = 8,1–4

Chambers) s. Lotze, Lysander 21–23; H. R. Breitenbach, Die Seeschlacht bei Notion (407/06), Historia 20 (1971) 152–171; Bommelaer, Lysandre 90–95.

[327] Vgl. Lotze, a. a. O. 76 f.

[328] Ellis, Alcibiades 93.

[329] Lotze a. a. O. 17 ff.

[330] Lysander hatte nicht nur den Rest der persischen Subsidien wieder an Kyros zurückgezahlt, sondern den Prinzen auch derart beeinflußt, daß er keine Zahlungen an Kallikratidas anwies. Nach dessen Sieg bei Mytilene nahm Kyros die Zahlungen aber wieder auf (Xen. Hell. 1,6,18).

[331] Xenophon charakterisiert Kallikratidas in den ›Hellenika‹ als Repräsentanten einer traditionellen spartanischen Grundhaltung, aber auch als Persönlichkeit mit einer in die Zukunft weisenden gesamthellenischen Vision. Vgl. J. L. Moles, Xenophon and Callicratidas, JHS 114 (1994) 70–84.

[332] Xen. Hell. 1,6,24; Aristoph. Ran. 33, 693 f., 720 mit Schol.; Hellanikos FgrHist 323 a F 25–26; Philochoros FgrHist 328 F 141. Vgl. Welwei, Unfreie I 95 ff.

[333] Xen. Hell. 1,7,1–35; Diod. 13, 101–102. Vgl. Kagan, Fall of the Athenian Empire 354–375.

[334] Vgl. Hansen, Eisangelia 23, 84 f. – Zur Rolle des Thrasybulos in diesem Stadium des Verfahrens vgl. Buck, Thrasybulus 57 ff. Buck sucht Thrasybulos in gewisser Weise zu entlasten.

[335] A. Mehl, Für eine neue Bewertung eines Justizskandals. Der Arginusenprozeß und seine Überlieferung vor dem Hintergrund von Recht und Weltanschauung im Athen des ausgehenden 5. Jh. v. Chr., ZRG 99 (1982) 42 ff.

[336] Mehl, a. a. O. 53.

[337] Mehl, a. a. O. 57.

[338] Dies spricht gegen die Annahme A. Mehls, daß vor allem die von Diodor 13,101,6 erwähnte Unterlassung der Bergung der Toten den Ausgang des Prozesses beeinflußt habe.

[339] Vgl. Kagan, Fall of the Athenian Empire 374. Eine umfassende und eindringende Analyse des Arginusenprozesses hat jetzt Bleckmann, Athens Weg in die Niederlage 509 ff. vorgelegt. Er wertet das Verfahren als Auseinandersetzung „zweier temporär gebildeter Faktionen“.

[340] Hiernach vermutlich auch Schol. Aristoph. Ran. 1532. Nach Lys. 13,5–12 und 30,10–13 hat sich Kleophon freilich während der Belagerung Athens Friedensverhandlungen widersetzt (etwa November 405). Hierauf ist wohl auch Aischin. 2,76 zu beziehen, doch fragt es sich, ob die Spartaner damals den Athenern noch den Erhalt der Demokratie und den Besitz von Lemnos, Imbros und Skyros ausdrücklich garantiert haben, wie Aischines behauptet.

[341] Zur Beurteilung der Nachricht Aristot. Ath. Pol. 34,1 über die Rolle Kleophons nach der Arginusenschlacht in der Forschungsdiskussion vgl. Rhodes, Commentary Ath. Pol. 424 f., und Chambers, Aristoteles 301. Abweichend von der hier vertretenen Auffassung hält Kagan, Fall of the Athenian Empire 376 ff., es für durchaus möglich, daß die Athener aus Mißtrauen gegenüber Sparta 406 ein Friedensangebot abgelehnt haben. Auch Bleckmann, Athens Weg in die Niederlage 396 f., schließt ein spartanisches Angebot nach der Arginusenschlacht unter Hinweis auf Aristoph. Ran. 1532 und Fragmente einer 405 aufgeführten Komödie des Dichters Platon nicht aus. Die Zeugnisse sind aber für eine Rekonstruktion spartanischer Verhandlungsbereitschaft 406 m. E. zu schwach.

[342] Vgl. Lotze, Lysander 35 f.

[343] Xen. Hell. 2,1,7–32; Diod. 13,105–106,7; Plut. Lys. 10–11. Bleckmann, a. a. O. 594 ff., erklärt die athenische Niederlage als Folge innenpolitischer Auseinandersetzungen. Die athenischen Strategen hätten die Warnungen des Alkibiades, der sich im athenischen Lager eingefunden und dringend den Rückzug aus dem Raum von Aigospotamoi empfohlen hatte, in den Wind geschlagen, um den Eindruck zu vermeiden, den in Athen erwarteten neuen Sieg nicht durch ein eigenes

Konzept erringen zu können. Dies mag eine gewisse Rolle gespielt haben, doch erklärt dies m. E. nicht allein die völlig verfehlte Planung der athenischen Flottenführung, die die feindliche Streitmacht in Stärke von 200 Schiffen und etwa 40000 Mann in unverantwortlicher Weise unterschätzte.

344 IG I^3 127 (II^2 1 cum add. p. 655); Meiggs – Lewis 94.

345 Vgl. B. Smarczyk, Bündnerautonomie und athenische Seebundpolitik im Dekeleischen Krieg, Frankfurt a. M. 1986, 22 ff.; Osborne, Naturalization II 25, der im übrigen im Anschluß an W. Gawantka, Isopolitie, München 1975, 143 ff., 178 ff., das athenische Psephisma als Beschluß einer Isopolitie für Athener und Samier interpretiert, allerdings auch einräumt, daß der Isopolitiebegriff in dem Psephisma nicht erwähnt wird. – D. Whitehead, Samian Autonomy, in: Rosen – Farrell (Eds.), Nomodeiktes 321–329, weist mit Recht darauf hin, daß die Athener zum Zeitpunkt des Dekretes militärisch gar nicht mehr in der Lage waren, ihre Zusagen auch zu erfüllen. Dies wird bei der Interpretation des Dekretes vielfach nicht beachtet (vgl. etwa Quinn, Athens 23). Chr. Koch, Integration unter Vorbehalt – der athenische Volksbeschluß über die Samier von 405/04 v. Chr., Tyche 8 (1993) 63–75, vermutet, daß das Psephisma auf eine befristete und begrenzte Integration samischer Flüchtlinge abzielte. Er nimmt an, daß die athenischen Trieren in Samos für einen erwarteten Massenexodus bereitgestellt wurden. Etwa 20 athenische Schiffe konnten aber zusätzlich zu den Besatzungen allenfalls einige hundert Samier aufnehmen, ganz davon abgesehen, daß angesichts der Kriegslage eine Massenflucht von Samos nach Athen ein enormes Risiko gewesen wäre.

346 Kagan, Fall of the Athenian Empire 400. Zur Chronologie vgl. Lotze, Lysander 42.

347 Xen. Hell. 2,2,15; Lys. 13,8. Vgl. S. 407, Anm. 340. Daß Kleophon in der Versammlung jeden Athener, der von Frieden sprechen würde, mit dem Tode bedroht habe (Aischin. 2,76), ist indes schwer glaubhaft. Vgl. Kagan, a. a. O. 401, Anm. 98.

348 Vgl. hierzu Lehmann, Machtergreifung der Dreißig 206.

349 Lys. 13,7–12; 30,1–14; vgl. Xen. Hell. 1,7,35. Zur Chronologie vgl. Krentz, The Thirty 36, Anm. 23. Die Verurteilung erfolgte vermutlich aufgrund einer Eisangelieklage wegen Vernachlässigung des Wachdienstes. Der Vorwurf war natürlich nur ein Vorwand. Die Erweiterung des Gerichtes durch Hinzuziehung des Rates unter Berufung auf ein angeblich diesbezügliches Gesetz war zweifellos irregulär.

350 Vgl. Xen. Hell. 2,2,18, wo ein gewisser Aristoteles, ein verbannter Athener, als „Sendbote" Lysanders erwähnt wird. Dazu Lehmann, Machtergreifung der Dreißig 206.

351 De Ste. Croix, Origins 343.

352 Vgl. StV II^2 211. Nicht enthalten war in dem spartanischen Friedensdiktat die Forderung, eine (angebliche) „Verfassung der Vorväter" (Patrios Politeia) wiederherzustellen. Lehmann, Machtergreifung der Dreißig 208. Zur Forschungsdiskussion über diese Frage vgl. J. Witte, Demosthenes und die Patrios Politeia. Von der imaginären Verfassung zur politischen Idee, Bonn 1995, 24 ff.

353 Vgl. A. Powell, Constructing Greek Political and Social History from 478 B. C., London 1988, 198.

354 Zur Vielschichtigkeit der spartanischen Motive vgl. Lotze, Lysander 45 f.

355 Daß jene Strategen und Taxiarchen noch vor der Abstimmung eine Verschwörung gebildet haben und sofort inhaftiert worden sind, ist trotz Lys. 13,17 und 34 wenig wahrscheinlich. Kagan, Fall of the Athenian Empire 411, vermutet allerdings, daß der Widerstand jener Gruppe noch in der Nacht vor der Volksversammlung gebrochen worden sei. Es fragt sich aber, wie derart kurzfristig eine Verschwörung organisiert, aufgedeckt und unterdrückt werden konnte. Vgl. Lehmann, Machtergreifung der Dreißig 209, Anm. 21.

[356] Einen Überblick über die Chronologie bietet Chambers, Aristoteles 304 f.

[357] Gegensätze zwischen Theramenes und bestimmten Hetairien deutet Aristot. Ath. Pol. 34,3 an. Vgl. Buck AHB 9 (1995) 21 f.

[358] Daß der nach Herrschaft strebende Kritias nur mit Vorbehalt als Repräsentant einer oligarchischen Richtung bezeichnet werden kann, betont mit Recht Lotze, Lysander 43, Anm. 3.

[359] Vgl. Lehmann, Machtergreifung der Dreißig 211. Im übrigen ist es problematisch, die Maßstäbe eines modernen Verständnisses politischer Gruppierungen anzulegen, zumal es keine Kontinuität politischer Programme gab und auch die soziale Herkunft in diesem Fall eine untergeordnete Rolle spielte. Vgl. Nippel, Mischverfassungstheorie 85, 87.

[360] Vgl. S. 408, Anm. 355.

[361] Vgl. Lotze, a. a. O. 47 f., 92, 98; Lehmann, a. a. O. 212 f.

[362] Lys. 12,71–72; 13,34. Dazu Lehmann, a. a. O. 212. Vgl. Chambers, Aristoteles 303.

[363] Allerdings soll nach Lys. 12,71–76 Theramenes dafür gesorgt haben, daß keine Volksversammlung einberufen wurde. Ob dies für die gesamte Zeit der Abwesenheit des Lysander gilt, erscheint indes zweifelhaft. Der Rat hat weiterhin getagt, so daß die Hetairien sicherlich bestrebt waren, die Willensbildung in diesem Gremium zu beeinflussen.

[364] Vgl. Lys. 12,71–72.74; Plut. Lys. 15,1–2; Diod. 14,3,6. Dazu Lehmann, a. a. O. 211 f.

[365] Vgl. R. J. Buck, The Character of Theramenes, AHB 9, 1995, 22.

[366] Vgl. Nippel, Mischverfassungstheorie 82, 85 ff.

[367] Krentz, The Thirty 50, vermutet, daß die Dreißig als „Regierung“ (government) gewählt worden seien. Aus Xenophon Hell. 2,3,2 ist dies nicht zu entnehmen. Hiernach wurden sie vielmehr mit der Neufassung der von den Vorfahren übernommenen Gesetze beauftragt (vgl. Nippel, a. a. O. 82, 85, Anm. 3). Krentz nimmt zwar unter Berufung auf Lys. 12,72–73 an, daß Drakontides eine „Verfassung“ beantragt habe, doch kann sich dies dem Autor aus der Rückschau so dargestellt haben. Diodor 14,3,7–4,1 berichtet ähnlich wie Xenophon, daß die Dreißig als Syngrapheis die Nomoi abzufassen hatten, nach denen sie das Gemeinwesen leiten sollten.

[368] Lys. 13,20–21.36–37.

[369] Xen. Hell. 2,3,12.23–56; Lys. 13,35–38; Aristot. Ath. Pol. 37,1; vgl. Rhodes, Boule 181; Nippel, a. a. O. 82.

[370] Die Tamiai der Athena und der anderen Götter verrichteten aber offenbar ihre üblichen Aufgaben. Vgl. SEG XXIII 81; IG I^3 380; dazu Krentz, The Thirty 59.

[371] Aristot. Ath. Pol. 35,2. Zum Denunziantentum vgl. generell D. M. MacDowell, The Law in Classical Athens, London 1978, 62–66. Abzuschwächen versucht die negativen Auswirkungen dieses Phänomens R. Osborne, Vexatious Litigation in Classical Athens: Sykophancy and the Sykophant, in: Cartledge – Millett – Todd (Eds.), Nomos 83–102. Vgl. aber demgegenüber die nüchterne Bilanz von D. Harvey, The Sykophant and Sykophancy: Vexatious Redifinition?, ebd. 103–121, sowie D. M. Lewis, Oligarchic Thinking in the Late Fifth Century, in: Rosen – Farrell (Eds.), Nomodeiktes 210, der darauf hinweist, daß bereits in den zwanziger Jahren des 5. Jh. in den ›Acharnern‹ und in den ›Wespen‹ des Aristophanes die negative Bewertung des Sykophantentums klar zu erkennen ist.

[372] Des weiteren sollen die Dreißig nach Aristot. Ath. Pol. 35,2 die Gesetze des Ephialtes und des Archestratos (wohl eines Gefährten des Ephialtes) „über die Areopagiten“ sowie Nomoi Solons, die Widersprüche enthielten, aufgehoben haben. Eine regelrechte Annullierung bestimmter solonischer Gesetze wird indes wohl kaum erfolgt sein. Vgl. Rhodes Commentary Ath. Pol. 442; Chambers, Aristoteles 306 f. Inwieweit die Ausführungen der Athenaion Politeia über eine Restitution politischer Rechte des Areopags zutreffend sind, ist kaum zu entscheiden. Während des Regimes der Dreißig wird der Areopag aber keine politischen Funktionen ausgeübt haben.

Vgl. O. de Bruyn, Aréopage 156. Die Dreißig waren entgegen der These von G. L. Cawkwell, Nomophylakia and the Areopagus, JHS 108 (1988) 3, sicherlich nicht bestrebt, dem Areopag alle Kompetenzen, die er angeblich vor 462 v. Chr. besaß, zurückzugeben. Vgl. G. L. Hall, Ephialtes, the Areopagus and the Thirty, CQ 84 (1990) 319 ff. mit Hinweisen auf die einschlägige Forschungsliteratur ebd. Anm. 22.

[373] Xen. Hell. 2,3,13–14; Aristot. Ath. Pol. 37,2; Lys. 12,94; Diod. 14,4,4; Plut. Lys. 15; Iustin. 5,8,11. Die Datierung dieser Aktion ist unsicher, doch ist anzunehmen, daß die spartanische Besatzung noch vor der Hinrichtung des Theramenes in Athen stationiert wurde. Vgl. Lewis, CAH VI (^{2}1994) 35. Die Spätdatierung durch Krentz, The Thirty 87, und Ostwald, Popular Sovereignty 481 ff., ist schwerlich zutreffend.

[374] Vgl. Xen. Hell. 2,3,31. – Nippel, Mischverfassungstheorie 83, Anm. 42, bezeichnet mit Recht die Dreißig als „Gangsterbande". Er weist hierzu im Anschluß an Lehmann, Machtergreifung der Dreißig 217, auf die von Kritias instrumentalisierten Integrationsmechanismen der Dreißig hin.

[375] Verfehlt erscheint die theoretische Zahlenspielerei, mit der Krentz, The Thirty 64 f. und 74, zu zeigen versucht, daß die Ziffern sich an der Bürgerzahl Spartas orientierten.

[376] Wohl im Spätherbst 404 oder zu Beginn des Winters.

[377] Vgl. Buck, The Character of Theramenes, AHB 9,1 (1995) 1–24, hier 24, der Theramenes als skrupel- und prinzipienlose Figur charakterisiert und ihn in dieser Hinsicht mit Alkibiades vergleicht. Buck bestreitet mit Recht, daß Theramenes ein moderater Politiker oder Theoretiker der Politik war.

[378] Die dortige antike Festung ist wohl erst im ersten Drittel des 4. Jahrhunderts entstanden. Vgl. Ober, Fortess Attica 145–147. Zur Vorbereitung und zum Verlauf der Aktion des Thrasybulos und seiner Anhänger vgl. jetzt Buck, Thrasybulus 71 ff.

[379] Vgl. Funke, Homonoia 46 f.

[380] Funke, a. a. O. 46; Lewis CAH VI (^{2}1994) 36.

[381] Xen. Hell. 2,4,8–10; Lys. 12,52; 13,44; Diod. 14,32,4.

[382] Zur Chronologie vgl. Lehmann, Machtergreifung der Dreißig 219.

[383] Lehmann, a. a. O. 221, weist mit Recht darauf hin, daß das kollektiv schlechte Gewissen der „Leute in der Stadt" (Athen) aufgrund „ihrer gewaltigen Schuldhypothek an Verbrechen und Bluttaten" letztlich eine Aussöhnung verhindert hat. Vgl. dens., Überlegungen zu den oligarchischen Machtergreifungen im Athen des 4. Jahrhunderts v. Chr., in: Eder (Hrsg.), Athenische Demokratie 145, wo Lehmann die Auffassung vertritt, daß der Widerstand der Dreißig und ihrer Anhänger nicht nur eine Folge der Teilhabe vieler Bürger an jenen Gewalttaten war, sondern auch auf Auswirkungen sophistischer Lehren auf Angehörige der jüngeren Generation zurückzuführen ist, die bestrebt gewesen seien, das athenische System nach dem Vorbild der Siegermacht umzugestalten.

[384] Vgl. Krentz, The Thirty 97 f.

[385] Vgl. Funke, Homonoia 29, der aber wohl zu pointiert urteilt, wenn er betont, daß Lysanders Stellung nicht nur zu einer Gefahr für die Existenz des institutionell im Gemeinwesen verankerten Doppelkönigtums, sondern für den Bestand des spartanischen Staates insgesamt werden konnte.

[386] Xen. Hell. 2,4,29–30.

[387] Krentz, The Thirty 98 f., vermutet, daß Pausanias und Agis irgendeine Form der gemäßigten Oligarchie in Athen wünschten, doch liegen hierüber keine Nachrichten vor.

[388] Zur Chronologie vgl. Rhodes, Commentary Ath. Pol. 462 f.

[389] Aristot. Ath. Pol. 39,6; vgl. Xen. Hell. 2,4,38 (ohne Erwähnung der Zehn als Nachfolger der Dreißig); Andok. 1,90 (ohne Erwähnung der genannten Zehn und der Zehn im Peiraieus). Dazu Rhodes, a. a. O. 469, der den betreffenden Angaben der Ath. Pol. den Vorzug gibt.

390 Chambers, Aristoteles 318; vgl. Rhodes, a. a. O. 470 f., sowie generell: W. Nippel, Bürgerkrieg und Amnestie: Athen 410–403, in: G. Smith – A. Margalit (Hrsg.), Amnestie oder die Politik der Erinnerung in der Demokratie, Frankfurt a. M. 1997, 103–119.

391 Eine Ausnahmeregelung wurde nur für die Mysterienfeier konzediert.

392 Lotze, Lysander 63 f., weist darauf hin, daß es sich nicht um Tribute für eine Bundeskasse gehandelt haben kann, da es in der Symmachie der Spartaner keine regulären Bundesorgane gab. Ferner hätten die Spartaner den Ausdruck „Phoros“ vermieden, der als „Tribut“ verstanden worden sei.

393 Lehmann, Machtergreifung der Dreißig 224.

394 Vgl. Lewis, CAH VI (^{2}1994) 37.

395 Zweifellos unzutreffend zählt Aristot. Ath. Pol. 34,3 Phormisios zu den Vertrauten des Theramenes. Vgl. Lehmann, a. a. O. 213, Anm. 33, 227 f.

396 Vgl. Lys. or. 34 mit Hypothesis.

397 Lehmann, a. a. O. 230; ders., Oligarchische Herrschaft 50 mit Anm. 59. Vgl. Krentz, The Thirty 109, dessen Annahme, daß Phormisios beabsichtigt habe, eine Art „Rechtsruck“ herbeizuführen, sich aber an modernen Vorstellungen orientiert und daher irreführend ist.

398 Vgl. Welwei, Unfreie I 106 f. – Nicht zu bezweifeln ist freilich, daß unter den Helfern der „Freiheitskämpfer“ viele Metoikoi und Xenoi waren (vgl. IG II/III^2 10; Tod, GHI II 100; D. Herward, BSA 47, 1952, 102 ff.). Im einzelnen hat Osborne, Naturalization II 26–43, das Problem ausführlich analysiert. Vgl. ferner etwa D. Whitehead, The Ideology of the Athenian Metic, Cambridge 1977, 154 ff.; P. Krentz, Phoenix 34 (1980) 298 ff.; Rhodes, Commentary Ath. Pol. 474 ff.; Strauss, Athens 96 ff.; Ph. Harding, Metics, Foreigners or Slaves? The Recipients of Honours in IG II^2 10, ZPE 67 (1987) 176–182; Buck, Thrasybulus 84 f.

399 Athen. 13, 577 b–c; Schol. Aischin. 1,39; Demosth. 43,51; 57,30 ff.; Isaios 6,47; 8,43. Vgl. Lehmann, Machtergreifung der Dreißig 225; Funke, Homonoia 19 f. mit Anm. 9.

400 Vgl. Lewis, CAH VI (^{2}1994) 38.

401 Grundsätzlich sollten alle ihre Besitzungen zurückerhalten mit Ausnahme der Dreißig, der Elfmänner und der Zehn, die im Peiraieus geherrscht hatten (Xen. Hell. 2,4,38; dazu Th. C. Loening, Reconciliation Agreement 52–54). Kaufverträge, die unter den Dreißig abgeschlossen worden waren, sollten nicht widerrufen werden, doch sollte das von den Dreißig konfiszierte, aber noch nicht verkaufte bewegliche Eigentum an die alten Besitzer zurückgegeben werden: POxy XIII, London 1919, Nr. 1606 frgm. 1–6 (= L. Gernet – M. Bizos, Lysias: discours II frgm. 1 (Paris 1967). Dazu Loening, a. a. O. 88 ff.; vgl. auch Krentz, The Thirty 105; Lehmann, a. a. O. 225 mit Anm. 63.

402 Die Erträge an Einfuhrzöllen der Athener stiegen gerade in der Zeit der Beseitigung der oligarchischen Bastionen in Eleusis in beachtlichem Maße: Andok. 1,133–134; dazu Lewis, CAH VI (^{2}1994) 40. Generell zur wirtschaftlichen Erholung Athens: A. French, Economic Conditions in Fourth-Century Athens, G&R 38 (1991) 24 ff.

403 Lys. 25,9; vgl. Lehmann, a. a. O. 232.

404 Xen. Hell. 2,4,43; vgl. Aristot. Ath. Pol. 40,4. Dazu Loening, Reconciliation Agreement 59 ff.

405 Dazu Bugh, Horsemen 130, der darauf hinweist, daß jene Reiter später nicht mehr erwähnt werden. Vgl. auch Loening, a. a. O. 131; Burckhardt, Bürger und Soldaten 88 f. mit Anm. 55.

406 Vgl. Krentz, The Thirty 130.

407 Vgl. Lehmann, a. a. O. 233 mit Hinweis auf Lys. 25,30.

408 U. Walter, Gymnasium 103 (1996) 556 (Rezension von: M. H. Hansen, The Trial of Sokrates – from the Athenian Point of View, Kopenhagen 1995). Vgl. auch K. Trampedach, Platons „Politeia“: die Alternative zum Bürgerstaat?, GWU 47 (1996) 427 f.

[409] Vgl. etwa Buck, Thrasybulus 90 f., sowie W. R. Connor, The other 399: Religion and the Trial of Socrates, in: Flower – Toher (Eds.), Georgica 49 ff., mit ausführlicher Stellungnahme zu der These von I. F. Stone, The Trial of Socrates, Boston 1988 (deutsch 1990), daß Sokrates aus politischen Gründen verurteilt worden sei. Zu Stones Monographie s. auch die kritische Stellungnahme von J. Klowski, Ein neuer Zugang zu Sokrates, AU 36,3 (1993) 27–36.

[410] Zum Verlauf des Prozesses vgl. Hansen, a. a. O. 16 ff.

[411] Vgl. Walter, a. a. O. 557.

IV. Erneuerung, Wiederaufstieg und der Weg nach Chaironeia

[1] P. J. Rhodes, Athenian Democracy after 403 B. C., CJ 75 (1979/80) 305–323. Daß die weitere Entwicklung der athenischen Polisordnung von Kontinuität und innerer Stabilität gekennzeichnet war, betont u. a. J. Bleicken, Die Einheit der athenischen Demokratie in klassischer Zeit, Hermes 115 (1987) 257–283. Demgegenüber hat M. H. Hansens pointierte Differenzierung zwischen der Demokratie des Perikles und der Demokratie des Demosthenes keine allgemeine Anerkennung gefunden. Vgl. M. Dreher, GGA 245 (1993) 160 ff.: Rez. von M. H. Hansen, The Athenian Democracy in the Age of Demosthenes, Oxford 1991.

[2] Vgl. W. Eder, in: Eder (Hrsg.), Athenische Demokratie 21, der darauf hinweist, daß diese Einheit „sich nicht in Volkssouveränität und Gesetzessouveränität bzw. Herrschaft des Volkes und Herrschaft der Gesetze aufspalten läßt“. Kontinuität bestand auch in den Formen politischer Meinungsbildung. Vgl. P. J. Rhodes, Political Activity in Classical Athens, JHS 106 (1986) 132–144.

[3] Allerdings war der Rückgang der Bürgerzahl nicht so drastisch, wie vielfach angenommen wird. Dazu M. H. Hansen, Three Studies, passim. Vgl. auch Rhodes, CAH VI (^{2}1994) 567.

[4] Nach Aristot. Ath. Pol. 43,3 hatten die Prytanen viermal in jeder Prytanie die Ekklesia einzuberufen. Dies besagt nicht, daß nur vier Tagungen in jeder Prytanie stattfinden konnten. Gegebenenfalls konnten noch weitere Versammlungen einberufen werden. Zur Forschungsdiskussion über dieses Problem vgl. Hansen, Ecclesia II 177–194 und 195–211; E. M. Harris, CQ 80 (1986) 363–377; ders., AJPh 112 (1991) 325–341; S. V. Tracy, ZPE 75 (1988) 186–188; Rhodes, Commentary Ath. Pol. 521 f.; Rhodes – Lewis, Decrees 13 f.; Chambers, Aristoteles 349.

[5] Selbst ein erfahrener politischer Akteur wie Kleon erntete Hohn und Spott, als er nach Auffassung der Versammlungsteilnehmer zu weit ging, indem er sich brüstete, die bei Pylos belagerten spartanischen Hopliten in zwanzig Tagen in Athen vorführen zu können (Thuk. 4,29). Vgl. H. Flower, Thucydides and the Pylos Debate (4.27–29), Historia 41 (1992) 40–57.

[6] Dieses Stadium der Meinungsbildung vor der Entscheidungsfindung hat H. Yunis, How Do the People Decide? Thucydides on Periclean Rhetoric and Civic Instruction, AJPh 112 (1991) 179–200, vor einigen Jahren thematisiert. Generell zu Fragen der politischen Kommunikation in der athenischen Demokratie vgl. eine Reihe von Beiträgen in der Zeitschrift Philologus 135 (1991), darunter u. a. D. Lotze, Zur Funktion des Redners in der Polis-Demokratie, ebd. 116–123; K. Treu, Rede als Kommunikation: Der attische Redner und sein Publikum, ebd. 124–130.

[7] Vgl. Ober, Mass and Elite 123 ff.

[8] Vgl. J. Tolbert Roberts, Athens' So-Called Unofficial Politicians, Hermes 110 (1982) 354 ff.

[9] Aristot. Ath. Pol. 44,2–3. Bezeugt sind die Prohedroi seit 378/77. Vgl. D. M. Lewis, BSA 49 (1954) 31 ff.; Rhodes, Athenian Boule 26 f.; ders., Commentary Ath. Pol. 533 ff.

[10] Vgl. G. Thür, Die athenischen Geschworenengerichte – eine Sackgasse?, in: Eder (Hrsg.), Athenische Demokratie 321 ff., gegen die These Hansens, daß die Volksversammlung im 4. Jh. im Vergleich zum 5. Jh. Kompetenzen eingebüßt habe. Hansen hatte in älteren Untersuchungen

den Dikasterien des 4. Jh. „Souveränität" zugesprochen (The Sovereignty of the People's Court in Athens in the Fourth Century B. C. and the Public Action against Unconstitutional Proposals, Odense 1974; Eisangelia 1975), während er nunmehr die Auffassung vertritt, daß die Dikasterien als zweites höchstes Organ neben die Ekklesia getreten seien (Die athenische Volksversammlung im Zeitalter des Demosthenes, Konstanz 1984, 95 ff.; Athenische Demokratie, 1995; engl. Ausgabe Oxford–Cambridge/Mass. 1991). Vgl. zu Hansens Thesen auch M. Dreher, GGA 245 (1993) 160 ff.

11 Vgl. J. Bleicken, Hermes 115 (1987) 269.

12 Vgl. F. Quass, Nomos und Psephisma. Untersuchungen zum griechischen Staatsrecht, München 1971; M. H. Hansen, Nomos and Psephisma in Fourth-Century Athens, GRBS 19 (1978) 315–330 = Hansen, Ecclesia 161–177; ders., Athenische Demokratie 167, der im übrigen darauf hinweist, daß beide Wörter auch für dieselbe Norm benutzt werden konnten, wenn auch zu beachten ist, daß „Nomos" vor allem verwendet wurde, wenn der Inhalt der Gesetze hervorgehoben wurde, während bei der Verwendung des Begriffs Psephisma das konkrete Verfahren akzentuiert werden sollte. Dazu auch J. Bleicken, Hermes 115 (1987) 266 ff. Rhodes, CAH VI (^{2}1994) 567, macht darauf aufmerksam, daß die Beschlüsse über auswärtige Angelegenheiten (d. h. auch über Staatsverträge von langer Dauer) generell als Psephismata bezeichnet wurden. Vgl. Rhodes – Lewis, Decrees 17.

13 Wolff, Normenkontrolle 41.

14 P. J. Rhodes, Judicial Procedures in Fourth-Century Athens: Improvement or Simply Change?, in Eder (Hrsg.), Athenische Demokratie 304 ff.

15 Vgl. aber H.-J. Gehrke, Der Nomosbegriff der Polis, in: O. Behrends – W. Sellert (Hrsg.), Nomos und Gesetz. Ursprünge und Wirkungen des griechischen Gesetzesdenkens, 6. Symposion der Kommission „Die Funktion der Gesetze in Geschichte und Gegenwart", Göttingen 1995, 26, der darauf hinweist, daß die Richter „als Herren über alles schlechthin" gelten konnten. Im Kontext (Demosth. 24, 118) wird die „Macht" der Richter freilich aus dem Auftrag der Gesetze abgeleitet. Bei Demosth. 59,88 heißt es, daß der Demos „Herr über alles" sei.

16 Zum athenischen Gesetzgebungsverfahren im 4. Jh. vgl. im einzelnen Hansen, Athenische Demokratie 172 ff. mit ausführlichen Quellenangaben.

17 Einen Überblick über den Ablauf des Verfahrens bietet Hansen, a. a. O. 174 f.

18 Vgl. Thür, a. a. O. (oben Anm. 10) 322, der vermutet, der Grund für die Einführung der neuen Verfahrensformen sei darin zu sehen, „daß die langwierige Beratung von Nomoi in der Volksversammlung als zu aufwendig betrachtet wurde". Auch die Durchführung des neuen Verfahrens nahm freilich stets einige Zeit in Anspruch.

19 Dies vermutet indes Bleicken, a. a. O. 269.

20 Vgl. Hansen, Athenische Demokratie 210 ff.

21 Zum Verfahren vgl. W. Schuller, Neue Prinzipien der athenischen Demokratie, Der Staat 26 (1987) 527–538.

22 Vgl. Hansen, a. a. O. 201 f.

23 Seager, CAH VI (^{2}1994) 99.

24 Urban, Königsfrieden 26 f.

25 Noch deutlicher manifestierte sich der Widerstand der Thebaner gegen die spartanische Hegemonialpolitik, als König Agesilaos II., der nach den glücklos operierenden spartanischen Befehlshabern Thibron und Derkylidas 396 das Kommando in Kleinasien übernahm, den Kampf gegen Persien zu einem panhellenischen Unternehmen zu deklarieren suchte und dies auf spektakuläre Weise durch ein feierliches Opfer in Aulis in Boiotien demonstrieren wollte, um sich selbst gleichsam als Nachfolger Agamemnons darstellen zu können. Sein Plan wurde durch Inter-

vention der damaligen Boiotarchen durchkreuzt. Vgl. Xen. Hell. 3,3,3–4; 3,5,5; Plut. Ages. 6,4 ff.; Lys. 27,1. Dazu Hamilton, Agesilaus 30–32.

[26] Hell. Oxy. VII (II) 1 (= 10,1 Chambers); Isaios 11,8; FgrHist 324 F 18 = Philochoros 328 F 147. Vgl. Funke, Homonoia 44, Anm. 61; 63 ff.; Schmitz, Prosperität 216; Urban, a. a. O. 33.

[27] Hell. Oxy. VI (I) 1–3 (= 9,1–3 Chambers); Vgl. Funke, a. a. O. 66; Schmitz, a. a. O. 209 ff.; Urban, a. a. O. 35 ff. – Strauss, Athens 107, 111 f., vermutet, daß in Athen Bedenken bestanden, mit dem persischen „Erbfeind" zu paktieren. Diese These läßt sich aber durch Hell. Oxy. a. a. O. nicht hinreichend verifizieren.

[28] Vgl. I. A. F. Bruce, An Historical Commentary on the "Hellenica Oxyrhynchia", Cambridge 1967, 50 ff.; Schmitz, a. a. O. 210 f.; Buck, Thrasybulus 90.

[29] Vgl. Seager, CAH VI (^{2}1994) 98 f.

[30] Urban, a. a. O. 40, nimmt an, daß Thrasybulos, Aisimos und Anytos dem Demos „jede Lust auf ein militärisches Abenteuer" nahmen. Dies würde voraussetzen, daß eine entsprechende „Lust" in der Bürgerschaft existierte. Hiergegen spricht aber, daß Demainetos ohne Kenntnis der Volksversammlung handelte. Urban räumt selbst ein, daß die „Bereitschaft breiter Kreise zum Krieg gegen Sparta ... damals so groß kaum gewesen sein" kann. Zu pointiert urteilt auf jeden Fall Buck, Thrasybulus 92: "Thrasybulus was also, like Pericles, an imperialist ..."

[31] StV II^2 223; vgl. Xen. Hell. 3,5,16; Andok. 3,25; Lys. 16,13; Philochoros FgrHist 328 F 148.

[32] Vgl. Funke, Homonoia 67 ff. – Nach Xen. Hell. 3,5,16 hat Thrasybulos noch im Sommer 395 darauf hingewiesen, daß der Peiraieus noch nicht befestigt war.

[33] Urban, a. a. O. 41. Strauss, Athens 106 ff., akzentuiert zu pointiert die Gegnerschaft des Thrasybulos zu Konon.

[34] Xen. Hell. 3,5,3 ff.; Hell. Oxy. XVII (XII) 1–2 (= 13,1–2 Chambers); Paus. 3,9,9 ff.

[35] Dies hat Urban, a. a. O. 49 f., überzeugend dargelegt. Buck, Thrasybulus 97 f., sieht Thrasybulos demgegenüber als politischen Erben des Perikles: "Clearly his guiding principle was to continue the Periclean policy of paid democracy and of funding the democracy through the Empire." Diese Interpretation erscheint schon im Ansatz unzutreffend, da von einer „bezahlten Demokratie" in der Zeit des Perikles schwerlich expressis verbis die Rede sein kann.

[36] StV II^2 325 (Diod. 14,82,1).

[37] Vgl. Cartledge, Agesilaos 220–222.

[38] Xen. Hell. 4,3,11–12; Diod. 14,83,5–7.

[39] Vgl. Schmitz, Prosperität 228.

[40] Urban, a. a. O. 55.

[41] Xen. Hell. 4,8,7 - 10; Diod. 14,84,3–5.85,2–3.

[42] Demosth. 20,69–70. Seager, CAH VI (^{2}1994) 105 bezieht dies wohl mit Recht auf die athenische Fiktion, daß die früheren Symmachoi der Athener (d. h. die ehemaligen Mitglieder des Seebundes) auch nach dem Ende des Peloponnesischen Krieges weiterhin im athenischen Selbstverständnis als Bundesgenossen galten.

[43] Diese Einschätzung gilt zweifellos nicht nur in bezug auf die Zeit vor der Schlacht bei Knidos (Urban, a. a. O. 58 f.), sondern auch die Situation nach dem Sieg Konons, der selbst offenbar eine Politik der kleinen Schritte für angezeigt hielt und 393 versuchte, Dionysios von Syrakus zu gewinnen. Er erreichte aber lediglich, daß der Machthaber ein kleineres Geschwader zurückhielt, das er damals den Spartanern zu Hilfe schicken wollte (Lys. 19,19 ff.).

[44] Burckhardt, Bürger und Soldaten 89 ff.; ders., Söldner und Bürger als Soldaten für Athen, in: Eder (Hrsg.), Athenische Demokratie 111 f.

[45] Xen. Hell. 4,8,15; Andok. 3,12. Es ist allerdings umstritten, ob die athenischen Kleruchen 404 ihre Besitzungen auf den genannten Inseln behalten konnten. Möglicherweise hat Lysander ihnen

eine Art Wohnrecht zugebilligt. Dazu im einzelnen Cargill, Athenian Settlements 12 ff. Vgl. auch Strauss, Athens 129 f. – Ob die Athener 392 wieder die Kontrolle über Delos gewinnen konnten, muß dahingestellt bleiben.

[46] Xen. Hell. 4,8,12 ff. – Zur Frage eines spartanischen Angebotes, die kleinasiatischen Griechen dem Herrschaftsanspruch des Großkönigs preiszugeben, vgl. R. Seager – Chr. Tuplin, The Freedom of the Greeks of Asia: On the Origins of a Concept and the Creation of a Slogan, JHS 100 (1980) 145 f. Eine ausführliche Analyse der Friedensverhandlungen 392 v. Chr. bietet Hamilton, Bitter Victories 233 ff.

[47] Urban, Königsfrieden 61. Von einer athenischen Vorherrschaft zur See kann in dieser Zeit noch keine Rede sein (Funke, Homonoia 135). Demgegenüber vertritt Badian, Ghost of Empire 84, die Auffassung, daß Athen damals bereits wieder eine große Macht war. Er beruft sich u. a. darauf (Anm. 17), daß wenig später in Inschriften "a system of Athenian alliances" dokumentiert werde. Die Zeitstellung des von ihm als Beispiel angeführten Karpathosdekretes (Tod, GHI II 110) ist indes fraglich. Es ist nicht auszuschließen, daß das Dekret noch ins 5. Jh. gehört. Vgl. Strauss, Athens 145, Anm. 29.

[48] Konon entkam wenig später nach Kypros, wo er bald darauf verstarb (Lys. 19,39–41). Vgl. im einzelnen Buck, Thrasybulus 109 f.

[49] Andok. 3,15 u. 35–36. Dazu Schmitz, Prosperität 235; Urban, a. a. O. 71; F. S. Pownall, Presbeis Autokratores: Andocides' De pace, Phoenix 49 (1995) 140–149. – Wir wissen im übrigen nicht, welche Kreise in Sparta für das Angebot an Athen eingetreten waren. Vgl. Hamilton, Bitter Victories 255.

[50] Badian, Ghost of Empire 84, berücksichtigt diesen Aspekt offenbar nicht, wenn er zu dem Schluß kommt: "The lobby of the hopeful depossessed ... prevailed." Mit den Stimmen enteigneter ehemaliger Kleruchen ist die Abstimmung schwerlich entschieden worden. Auszuschließen ist auch, daß die Rücksichtnahme auf die kleinasiatischen Griechen die athenische Entscheidung bestimmt hat. Vgl. Urban, Königsfrieden 77 f.

[51] Vgl. Funke, Homonoia 144 f. – Der politische Zusammenschluß der Korinther und Argiver zu einem „Doppelstaat" war zu diesem Zeitpunkt wohl noch nicht erfolgt. Vgl. Hamilton, Bitter Victories 260 ff.; M. Whitby, The Union of Corinth and Argos: A Reconsideration, Historia 33 (1984) 295–308.

[52] Andok. 3,13 u. 20. Vgl. Seager, CAH VI (^{2}1994) 108.

[53] Seager, a. a. O. 108; Buck, Thrasybulus 110, 113 ff.

[54] Philochoros FgrHist 328 F 149 a. Vgl. Funke, Homonoia 145 f.; A. G. Keen, A "Confused" Passage of Philochoros (F 149 a) and the Peace of 392/1 B. C., Historia 44 (1995) 1 ff.

[55] Vgl. Urban, Königsfrieden 79; Burckhardt, Bürger und Soldaten 92 f.

[56] Vgl. Urban, a. a. O. 82 ff.

[57] Xen. Hell. 4,8,25 erweckt den Eindruck, daß Thrasybulos zuerst nach Rhodos fahren sollte (oder wollte), diesen Plan aber aufgab und sofort zum Hellespont fuhr. Möglicherweise hat Thrasybulos ein Täuschungsmanöver durchgeführt, das Xenophon nicht recht verstanden hat. Bei Diod. 14,94,2 ff. ist Rhodos als Ziel des Unternehmens nicht erwähnt. Die Operationen des Thrasybulos lassen jedenfalls darauf schließen, daß die Meerengen und die Propontis das eigentliche Ziel des Thrasybulos waren. Vgl. Urban, a. a. O. 84 ff.

[58] Xen. Hell. 4,8,25 ff.; 5,1,7; Demosth. 20,59–60; Diod. 14,94,2.

[59] Eine fünfprozentige Abgabe ist auch aus der Polis Klazomenai bekannt, die Thrasybulos 390 oder 389 anlief (Tod GHI II 114; Harding, Nr. 26). Vgl. Seager, CAH VI (^{2}1992) 114.

[60] Dauerhafte Erfolge hatte er hier allerdings nicht. Im Sommer 387 hinderte Antalkidas athenische Schiffe an der Durchfahrt durch die Dardanellen (Xen. Hell. 5,1,28).

[61] Nach Xen. Hell. 4,8,27 wünschte in Byzantion der Demos (d. h. die „Führer“ des Demos und deren Anhängerschaften), daß möglichst viele Athener in ihrer Polis blieben. Jene Gruppen sahen hierin eine Garantie für die Sicherheit ihrer eigenen Herrschaft.

[62] Vgl. zu dieser Frage im einzelnen G. T. Griffith, Athens in the Fourth Century, in: P. D. A. Garnsey – C. R. Whittaker (Eds.), Imperialism in the Ancient World, Cambridge etc. 1978, 127 ff.; Sealey, History 394 f.; Urban, a. a. O. 88 ff.; Buck, Thrasybulus 114, der indes an unrealistische Ziele der genannten Expedition glaubt: "Thrasybulus, then, was a supporter of funding from Persia and of recovering the Empire, contradictory positions in the long run."

[63] Urban, a. a. O. 88 mit Anm. 332, weist darauf hin, daß als Indiz für solche Träume vielfach der ›Ploutos‹ des Aristophanes gewertet wird, konkrete Angaben hierzu aber in diesem Stück fehlen.

[64] Vgl. dazu auch Strauss, Athens 153: "... the restoration of empire was only Thrasyboulos' ultimate aim; his immidiate purpose was to win the war against Sparta." Demgegenüber kommt allerdings Badian, Ghost of Empire 85, zu dem Schluß, daß Thrasybulos die Realität nicht mehr wahrgenommen habe.

[65] Verluste in Thrakien gaben nach Demosth. 19, 180 und Lys. 29,2 den Ausschlag für das Todesurteil, das gegen Ergokles verhängt wurde. Zu dem Verfahren vgl. Hansen, Eisangelia 88.

[66] Möglicherweise ließ er einen Teil seiner Einheiten am Hellespont bzw. in der Propontis zurück. Vgl. Urban, a. a. O. 91.

[67] Vgl. Strauss, Athens 154.

[68] Vgl. dazu Strauss, a. a. O. 155.

[69] Vgl. Xen. Hell. 5,1,6.25; Diod. 14,110,2. Im Frühjahr 387 kehrte Antalkidas mit Tiribazos zurück. Ob sich beide zusammen nach Susa begeben hatten, muß offenbleiben. Vgl. Urban, a. a. O. 98.

[70] Urban, a. a. O. 98 f.

[71] Zur Forschungsdiskussion vgl. Funke, Homonoia 155, Anm. 83; Urban, a. a. O. 98.

[72] Urban, a. a. O. 97 mit Anm. 379, weist mit Recht darauf hin, daß die Athener nach Xen. Hell. 4,8,24 damals glaubten, gute Beziehungen zum Großkönig zu unterhalten.

[73] Ephoros FgrHist 70 F 76; Diod. 14,98,2–3. Vgl. E. A. Costa Jr., Evagoras I and the Persians, ca. 411 to 391 B. C., Historia 23 (1974) 40 ff.; F. G. Maier, CAH VI (^{2}1994) 314.

[74] Dies vermutet freilich Bengtson, StV II^2, S. 184. Zur Situation vgl. etwa auch Cartledge, Agesilaos 366; P. J. Stylianou, Historia 37 (1988) 470. Lewis, Sparta and Persia 147, Anm. 73, bezeichnet die Ausführungen Schol. Rav. Aristoph. Plut. 178 wohl mit Recht als "wild guessing", glaubt aber gleichwohl an ein athenisch-ägyptisches Bündnis. Vgl. demgegenüber die besonnene Analyse von Urban, a. a. O. 95 f. – Zu der Frage, ob und inwieweit Aristophanes' ›Plutos‹ als historische Quelle verwendbar ist, verweist Bichler, Utopie, 105 – 109, mit Recht auf den utopischen Charakter des genannten Stückes, in dem sicherlich neue Hoffnungen auf maritime Geltung Athens zum Ausdruck kommen. Zugleich wird dort aber ebenso wie in den ›Ekklesiazusen‹ deutlich, wie begrenzt die Ressourcen der Polis waren.

[75] Nach dem Königsfrieden betätigte sich Chabrias zwar als Söldnerführer in Ägypten, doch handelte er damals zweifellos nicht in offiziellem Auftrag, nachdem Athen den Königsfrieden akzeptiert hatte.

[76] Xen. Hell. 5,1,25 ff.

[77] Daß Artaxerxes und seine Ratgeber auf der Erwähnung der an sich unbedeutenden Polis Klazomenai bestanden, ist wohl vor allem auf die enge Bindung der Stadt an Athen zurückzuführen. Vgl. Jehne, Koine Eirene 36, Anm. 30. S. Ruzicka, Clazomenae and Persian Foreign Policy, 387/6 B. C., Phoenix 37 (1983) 104–108, vermutet freilich, daß Klazomenai als Sammelplatz für

die gegen Kypros und Ägypten eingesetzten Truppen diente. Vgl. auch G. Shrimpton, Persian Strategy against Egypt and the Date for the Battle of Citium, Phoenix 45 (1991) 14.

[78] Xen. Hell. 5,1,31.35–36; Diod. 14,110,3; Iustin. 6,6,1; vgl. StV II^2 242 mit weiteren Stellen.

[79] Urban, a. a. O. 107f. Vgl. Hamilton, Bitter Victories 301–325; Cartledge, Agesilaos 198ff.; Hamilton, Agesilaus 117–119; Jehne, Koine Eirene 36ff.

[80] Vgl. Seager, CAH VI (^{2}1994) 118f.

[81] Vgl. Urban, a. a. O. 120.

[82] M. Zahrnt, Hellas unter persischem Druck?, AKG 65 (1983) 257ff.

[83] Vgl. Urban, a. a. O. 122, der darauf hinweist, daß die in der Forschung wiederholt vertretene These, in der Ägäis hätten bereits wieder „imperialistische Ambitionen" der Athener Erinnerungen an eine Wiederaufrichtung der athenischen Arché des 5. Jh. geweckt, in den Quellen keine hinreichende Stütze findet. Zu pointiert erscheinen demgegenüber Badians Ausführungen über athenische Hoffnungen "for a resurgence of the old Empire", die er mit Hoffnungen von Flüchtlingen aus den ehemaligen deutschen Ostgebieten in den fünfziger Jahren vergleicht: E. Badian, The King's Peace, in: Flower – Toher (Eds.), Georgica 34.

[84] Vgl. andererseits Badian, Ghost of Empire 86: "... the ghost of the Athenian Empire was reburied, with no apparent chance of ressurrection."

[85] Vgl. M. H. Hansen, Boiotian Poleis – a Test Case, in: Hansen (Ed.), Sources 25–29. Die Situation sollte sich in Boiotien aber wieder grundlegend ändern, als nach der Befreiung Thebens von spartanischer Besatzung 379/78 ein für das 4. Jh. untypisches „Modell" in Form eines von der hegemonialen Polis Theben dominierten Koinon entstand. Vgl. S. C. Bakhuizen, Thebens and Boeotia in the Fourth Century B. C. Phoenix 48 (1994) 307–330.

[86] Flüchtlingen aus Mantineia wurde allerdings in Athen in gleicher Weise wie wenig später vertriebenen Byzantiern und Thasiern Aufnahme und Ateleia gewährt. Vgl. IG II^3 33,7f. Dazu Gehrke, Stasis 104f.; Seager, CAH VI (^{2}1994) 163.

[87] Xen. Hell. 5,2,8–10; 5,3,10–25. Vgl. Gehrke, a. a. O. 129f.

[88] Xen. Hell. 5,2,24ff.; Diod. 15,20,1ff.; Polyb. 4,27,4. Phoibidas wurde aufgrund der Empörung in Griechenland zwar in Sparta zu einer hohen Geldstrafe verurteilt, doch distanzierten sich die Ephoren und die führenden Kreise der Spartaner nicht von seiner Aktion, so daß die Kadmeia weiterhin besetzt blieb. Möglicherweise hatte die politische Führung in Sparta sogar Phoibidas mit jener Intervention beauftragt, nachdem die Thebaner sich geweigert hatten, Truppen zur Belagerung von Olynth aufzubieten. Vgl. bereits Beloch, GG III 1^2, 104f.

[89] IG II^2 37; Dein. 1,39; Plut. Pelop. 6.

[90] Vgl. Urban, Königsfrieden 140; Seager, CAH VI (^{2}1994) 163.

[91] StV II^2 248.

[92] Hell. Oxy. VII (II) 2 (10,2 Chambers).

[93] StV II^2 258,5 (Methymna) und 256 (Byzantion); Isokr. 14,28, wo außer Mytilene und Byzantion auch Chios erwähnt wird.

[94] Daß die beiden Strategen aus eigener Entscheidung handelten, wird durch die Anklage bestätigt, die später gegen sie erhoben wurde (Xen. Hell. 5,4,19; Plut. Pelop. 14,1). Daß sie lediglich ihren defensiven Auftrag zu großzügig ausgelegt haben (Ober, Fortress Attica 210f.), ist wenig wahrscheinlich.

[95] Xen. Hell. 5,4,20–24; Diod. 15,29,5–6. Xenophon geht davon aus, daß Thebaner ihre Hand im Spiel hatten. Sie hätten Sphodrias bestochen, um eine athenische Kriegserklärung an Sparta zu provozieren. Möglicherweise kolportiert Xenophon hier bloße Gerüchte. – Cawkwell, CQ 67 (1973) 54, vermutet, daß die Perser beim Abschluß des sog. Königsfriedens auf Zerstörung der Tore bestanden hatten. Dies läßt sich indes nicht beweisen, wenn auch Cawkwell darauf verweisen kann,

daß Dareios nach der Eroberung Babylons u. a. die Stadttore abreißen ließ (Hdt. 3,159,1) und im Buch Jesaja 45,1–5 mit der Ankunft der Perser die Zerstörung der Stadttore verkündet wird. Athen war freilich keine „Stadt des Großkönigs", so daß Cawkwells Argumente nicht überzeugen.

96 Vgl. Xen. Hell. 5,4,24 ff.; dazu Seager, CAH VI (^{2}1994) 167 f.

97 Mehrfach wurde aufgrund der Darstellung Diodors 15,28,2 ff. eine frühere Gründungsphase noch vor dem Raid des Sphodrias angenommen (so z. B. Sealey, History, 410 f.; Cargill, Second Athenian League 57 ff.; R. M. Kallet-Marx, ClAnt 4, 1985, 127 ff., 147 ff.). Vgl. aber demgegenüber Urban, Königsfrieden 166, Anm. 654.

98 Wahrscheinlich ist Xen. Hell. 5,4,34 als Hinweis auf eine Forcierung der Indienstnahme neuer Trieren zu verstehen.

99 Zur Reihenfolge der Bündnisse vgl. M. Dreher, Zum Eintritt Thebens und Methymnas in den Zweiten Athenischen Seebund, LCM 15 (1990) 51–53, und dens., Poleis und Nicht-Poleis im Zweiten Athenischen Seebund, in: Hansen (Ed.), Sources 171. Allgemein zu den chronologischen Problemen: Sealey, Demosthenes 53 ff. Irreführend ist Diodors (15,28,1–2) Einordnung der Gründung des Bundes in das attische Archontenjahr 377/76. – Ein spezielles Problem ist der athenische Vertrag mit Methymna, der erst nach dem von Aristoteles beantragten Dekret geschlossen wurde. Methymna hatte bereits ein „bilaterales" Bündnis mit Athen (s. S. 417, Anm. 93), bat aber offenbar 377 zusätzlich noch um Aufnahme in den neuen Bund. Vgl. Cargill, Second Athenian League, 100–103.

100 StV II^2 257. Vgl. auch die Edition der Inschrift (mit englischer Übersetzung) von Cargill, Second Athenian League 16 ff.

101 Drei Zeilen dieses Aufrufs (12–14) wurden später ausgemeißelt, und zwar wahrscheinlich 369 nach Abschluß eines Bündnisses der Athener und Spartaner. Vgl. H.-D. Zimmermann, in: E. Ch. Welskopf (Hrsg.), Hellenische Poleis I, Berlin 1974, 190.

102 Vgl. Seager, CAH VI (^{2}1994) 169, der allerdings annimmt, daß zahlreiche Griechen immer noch den Athenern mißtrauten.

103 Vgl. Cargill, Second Athenian League 45–47; Seager a. a. O. 170.

104 G. L. Cawkwell. Notes on the Peace of 375/4, Historia 12 (1963) 91–93. – Syntaxeis sind erstmals für 373 eindeutig belegt (Demosth. 49,49).

105 Cawkwell, Notes on the Failure of the Second Athenian Confederacy, JHS 101 (1981) 48 mit Anm. 3.

106 Vgl. etwa C. H. Wilson, Athenian Military Finances, 378/7 to the Peace of 375, Athenaeum 48 (1970) 302–326; P. Brun, Eisphora, Syntaxis, Stratiotika. Recherches sur les finances militaires d'Athènes au IVe siècle av. J.-C., Paris 1983, 91–93. Cargill, Second Athenian League 126, Anm. 32, läßt die Frage offen. Vgl. zur Forschungsdiskussion Dreher, Hegemon und Symmachoi 81 ff.

107 Dreher, a. a. O. 87 f.

108 Dreher, a. a. O. 11 ff. Zum Folgenden ebd. 88.

109 Eine Ausnahme bildeten die Thebaner, die aufgrund ihrer Belastungen im Landkrieg abgabenfrei blieben.

110 Vgl. zu diesem „Gremium" die Interpretation der Nachrichten Demosth. 24,127 u. 150 sowie IG II^2 42, Z. 20 durch M. Dreher, Ein athenischer Synhedros im Zweiten Athenischen Seebund, in: Symposion 1988. Akten des VII. Internationalen Kolloquiums der Gesellschaft für Griechische und Hellenistische Rechtsgeschichte, hrsg. von G. Nenci – G. Thür, Köln–Weimar–Wien 1990, 149–172, und dens., Hegemon und Symmachoi 69 f.

111 Vgl. G. L. Cawkwell, JHS 101 (1981) 48 ff.; Seager, a. a. O. 171. – Auf einem Schreibfehler beruht wohl die Angabe IG II^2 107 (= Tod, GHI II 131; Harding Nr. 53), wonach Mytilene mehrere Synhedroi in das Synhedrion entsandt hätte. Vgl. Seager, CAH VI (^{2}1994) 171.

112 Vgl. M. Clarke, The Date of IG II^2 1604, BSA 85 (1990) 47–67.

113 Xen. Hell. 5,4,35–41; Plut. Ages. 26. Dazu M. H. Munn, Agesilaos' Boiotian Campaigns and the Theban Stockade of 378–377, ClAnt 6 (1987) 121 ff.; ders., The Defence of Attica. The Dema Wall and the Boiotian War of 378–375 B. C., Berkeley–Los Angeles–Oxford 1993, 162 ff.; Cartledge, Agesilaos 229 ff.; Hamilton, Agesilaus 174 ff.

114 Xen. Hell. 5,4,60–61; Diod. 15,34,3–35,2. Die maritimen Anstrengungen der Spartaner waren nicht zuletzt auch eine Folge ihres gescheiterten Vorstoßes nach Boiotien unter König Kleombrotos (Frühjahr 376). Der erfahrene König Agesilaos war schwer erkrankt und konnte das Unternehmen nicht leiten. Er war praktisch bis zum Sommer 371 nicht mehr voll aktionsfähig.

115 Es besteht allerdings erhebliche Unsicherheit in der Datierung des Beitritts einer Reihe von Poleis zum Seebund. Vgl. Cargill, Second Athenian League 38 f.; Dreher, Hegemon und Symmachoi 198 ff., der vermutet, daß Athen die Tempelverwaltung des Apollonheiligtums in Delos schon vor der Schlacht bei Naxos übernommen hatte.

116 IG II/III^2 96; Tod, GHI II 126; StV II^2 262. Zu den Datierungsfragen vgl. Dreher, Hegemon und Symmachoi 12 ff.

117 Xen. Hell. 6,2,1–2; vgl. Philochoros FgrHist 328 F 151; Ps.-Aristot. Oikon. 2,2,23 (1350 a 31–b 4. Zu den Finanzproblemen vgl. C. H. Wilson, Athenian Military Finances, 378/7 to the Peace of 375, Athenaeum 58 (1970) 302–326, dessen Versuch, die Kriegskosten annäherend zu schätzen, allerdings fraglich erscheint. Zur Kriegsmüdigkeit auf spartanischer Seite vgl. Plut. Ages. 26.

118 Seager, CAH VI (^{2}1994) 175.

119 Die Zeitstellung ist umstritten. Vgl. J. Buckler, Dating the Peace of 375/4, GRBS 12 (1971) 353–361. In der neueren Forschung wird der Frieden zumeist in das Jahr 375 v. Chr. datiert. Vgl. etwa V. J. Gray, CQ 74 (1980) 306 ff.; Seager, a. a. O. 175; Jehne, Koine Eirene 57. – Nach Diod. 15,38,1 soll die Friedensinitiative vom Großkönig ausgegangen sein, dem auch Philochoros FgrHist 328 F 151 in diesem Zusammenhang eine maßgebliche Rolle zuschreibt. Hingegen behauptet Xen. Hell. 6,2,1, daß die Athener aufgrund ihrer finanziellen Nöte Friedensgesandte nach Sparta geschickt hätten. Wahrscheinlich ging die Anregung vom Großkönig aus, der die Rüstungen zum Kampf gegen Ägypten noch nicht abgeschlossen hatte und offenbar bestrebt war, freien Zugang zum Rekrutierungsreservoir griechischer Söldner zu haben (wie Diod. a. a. O. ausführt). Vgl. Zahrnt, AKG 65 (1983) 265 f.; Jehne, a. a. O. 58 f.

120 StV II^2 265. Vgl. Jehne, a. a. O. 61; dazu auch S. Perlman, Greek Diplomatic Tradition and the Corinthian League of Philip of Macedon, Historia 34 (1985) 161, der betont, daß die Griechen 375 den Frieden unter sich aushandelten.

121 Entgegen den Nachrichten bei Diod. 15,38,4 und Nep. Tim. 2,2 ist es allerdings wenig wahrscheinlich, daß ein regelrechtes Abkommen getroffen wurde, wonach Sparta Athens Herrschaft zur See und Athen die Vormachtstellung Spartas zu Lande anerkannt habe. Vgl. Seager, CAH VI (^{2}1994) 176.

122 Vgl. Philochoros FgrHist 328 F 151; Isokr. 15,110; Nep. Tim. 2,2. Dazu Jehne, Koine Eirene 63.

123 Xen. Hell. 6,2,1–2; Diod. 15,45,2–3. – Zu den Parteiungen in Zakynthos vgl. M. Dreher, Poleis und Nicht-Poleis im Zweiten Athenischen Seebund, in: Hansen (Ed.), Sources 176 f.

124 Xen. Hell. 6,2,3–7; Diod. 15,45,4–46, 3. Vgl. Gehrke, Stasis 94–96.

125 Xen. Hell. 6,2,8–14; Diod. 15,47,2 ff. – Zur Quellenlage vgl. Cargill, Second Athenian League 62 ff.; Schmitz, Prosperität 284 f., 291.

126 Iphikrates, der damals als berühmtester Feldherr galt, war soeben aus Ägypten zurückgekommen. Zur Entlastung des Timotheos traten u. a. der „Tyrann" Iason von Pherai sowie der Molosserkönig Alketas auf, die Mitglieder des Seebundes waren. Nach Xen. Hell. 6,2,13 wurde

Timotheos des Strategenamtes enthoben und durch Iphikrates abgelöst, nach Diod. 15,47,3 aber wieder in sein Amt eingesetzt. Tatsächlich verließ Timotheos nach seinem Freispruch Athen. Verlauf, Bedeutung und Auswirkungen des Prozesses erörtert ausführlich D. Rice, Litigation as a Political Weapon: The Case of Timotheus of Athens, in: Hamilton – Krentz (Eds.), Polis and polemos 227–240.

127 Xen. Hell. 6,3,2. Nach Diod. 15,50,4 soll die Initiative zu den Friedensverhandlungen erneut vom Großkönig ausgegangen sein, doch ist dies wenig wahrscheinlich. An den Verhandlungen in Sparta nahmen jedenfalls persische Gesandte nicht teil. Vgl. Zahrnt, AKG 65 (1983) 267 f.; Jehne, Koine Eirene 66.

128 Xen. Hell. 6,3,19 erweckt freilich den Eindruck, daß die Mitglieder des Seebundes bei den Verhandlungen anwesend waren und dann im Anschluß an Athen einzeln (d. h. jeweils die Abgesandten der Mitgliedstaaten für ihre Polis) den Vertrag beschworen. Jehne, a. a. O. 65 f., nimmt an, daß die Seebundstaaten auch „an der Einleitung der Verhandlungen" beteiligt gewesen seien und Xenophon das gesamte Verfahren „auf den machtpolitisch relevanten Fall verkürzt" habe. Wenn Xenophon nicht auf die Ergebnisse der von ihm Hell. 6,3,2 erwähnten athenischen Sondierungen in Theben näher eingeht, besagt dies freilich noch nicht, daß die Athener sich letztlich auf einen Beschluß des Synhedrions des Seebundes stützen konnten, als sie Friedensverhandlungen mit Sparta einleiteten.

129 Vgl. StV II^2 269. Dazu Jehne, a. a. O. 69 f.

130 Xen. Hell. 6,3,18–20; Diod. 15,50,4; Plut. Ages. 27,4–28,2; Paus. 9,13,2.

131 Zur Forschungsdiskussion vgl. u. a. Buckler, Theban Hegemony 52 f.; Seager, CAH VI (^{2}1994) 181; Jehne, a. a. O. 71 ff.; R. J. Buck, Boiotia and the Boiotian League, 432–371 B. C., Edmonton 1994, 112.

132 Vgl. Jehne, a. a. O. 73 f.

133 Xen. Hell. 6,4,1–15; Diod. 15,51–56; Plut. Pelop. 20–23; Paus. 9,13,1–12; Polyain. 2,3,8.

134 Vgl. Xen. Hell. 7,1,12 ff.; dazu Seager, CAH VI (^{2}1994) 185.

135 Xen. Hell. 6,5,1–3 (StV II^2 270). Vgl. Jehne, a. a. O. 77 ff.

136 Vgl. Cargill, Second Athenian League 192.

137 StV II^2 272. Vgl. Th. H. Nielsen, A Survey of Dependent Poleis in Classical Arkadia, in: M. H. Hansen – K. Raaflaub (Eds.), More Studies in the Ancient Greek Polis, Stuttgart 1996, 93 ff.; Beck, Polis und Koinon 74 ff.

138 StV II^2 273. – Die Athener hatten zuvor ein Hilfegesuch der Arkader abgelehnt.

139 Xen. Hell. 6,5,23–52; Diod. 15,62–66; Plut. Ages. 31–34,1; Paus. 9,14,5.

140 Xen. Hell. 6,5,49–52; Diod. 15,63,2; vgl. Burckhardt, Bürger und Soldaten 102.

141 Auch ein Bündnis mit Dionysios I. von Syrakus 367 v. Chr. (StV II^2 280) bedeutete für die Athener keine wesentliche Verstärkung.

142 Xen. Hell. 7,4,1; Demosth. 16,11.13.18; 18,99 mit Schol.; Aischin. 2,164; 3,85 mit Schol.; Diod. 15,76,1; Plut. Phok. 9,6. Vgl. auch Demosth. 21,64; Isokr. 5,53; Plut. Demosth. 5,1. Vgl. Wankel, Demosthenes 541 ff. mit ausführlichen Literaturhinweisen.

143 Vgl. Burckhardt, Bürger und Soldaten 102 f.

144 Vgl. im einzelnen Jehne, Koine Eirene 79 ff.

145 Vgl. Weiskopf, Great Satraps' Revolt, 37 f.

146 Vgl. Jehne, a. a. O. 86. S. Hornblower, CAH VI (^{2}1994) 85.

147 Xen. Ages. 2,25 f. Vgl. Cartledge, Agesilaos 200 f.

148 Zur Situation und zur Entwicklung im Norden nach Leuktra vgl. generell Heskel, North Aegean Wars.

149 Vgl. Shipley, Samos 138 ff.

150 Vgl. Cargill, Athenian Settlements 17 ff. zu Isokr. 15,111; Dein. 1,14; 3,17; Polyain. 3,10,9–10; Nep. Tim. 1,2; Paus. 6,3,16; IG II² 1437, Z. 20 f.

151 IG II² 30; vgl. Beister, Klerouchos 410; III 410; Cargill, a. a. O. 12 ff.

152 Die Unterschiede zwischen Apoikien, die in aller Regel eigenständige Poleis bildeten, und Kleruchien wurden im 4. Jahrhundert deutlicher erfaßt. Vgl. Brunt, Athenian Settlements 73; R. Werner, Chiron 1 (1971) 21, Anm. 6 (bis S. 23); Schuller Herrschaft 14 ff.; Beister, a. a. O. 404 ff.

153 Zur zeitgenössischen Beurteilung dieser Aktion vgl. u. a. Schmitz, Prosperität 301 mit Anm. 12, der sich gegen die Annahme Cargills (Second Athenian League 148) wendet, daß die Gründung einer Kleruchie auf Samos nicht als Bruch des Königsfriedens gewertet wurde. In scharfer Form verurteilt Figueira, Athens and Aigina 244 ff., die Kleruchiegründung. Ähnlich wie Cargill urteilt Buckler, Theben Hegemony 166, der sich darauf beruft, daß der Großkönig kein Recht auf Samos hatte. Buckler wertet aber die Aktion des Timotheos als Indiz für "an aggressive spirit" in Athen. Vgl. auch Shipley, Samos 138 ff. Demgegenüber betont wiederum Cargill, Athenian Settlements 19: "... in the 360s the King's Peace had broken down."

154 Vgl. Weiskopf, Great Satraps' Revolt 47.

155 J. Cargill, IG II² 1 and the Athenian Kleruchy on Samos, GRBS 24 (1983) 321 ff.

156 Zur Datierung vgl. Diod. 18,18,9.

157 Cargill, Second Athenian League 149. Kritische Einwände gegen die Kleruchiegründung konnten sich nicht durchsetzen. Noch 19 Jahre später hat Demosthenes (15,9) das Unternehmen des Timotheos zynisch als Befreiung der Samier bezeichnet.

158 Vgl. Cargill, a. a. O. Zum Problem der athenischen Kleruchie in Poteidaia vgl. Schmitz, Prosperität 302 f.; Cargill, Athenian Settlements 22. Ein Hilfegesuch aus Poteidaia ist zu erschließen aus IG II² 114 (362/61 v. Chr.), während Isokr. 15,108.111–113 und Diod. 15,81,6 eine Einnahme der Polis durch Timotheos erwähnen (vgl. Dein. 1,14; 3,17). Das Hilfegesuch erfolgte erst nach der Intervention des Timotheos, doch gehörte Poteidaia vorher – wie gesagt – nicht zum zweiten Seebund.

159 Schol. Aischin. 1,53 (361/60; vgl. aber R. Sealey, Phoenix 11, 1957, 96); Philochoros, FgrHist 328 F 154 (352/51; vgl. Shipley, Samos 157).

160 Diod. 18,8,7; vgl. Gschnitzer, Abhängige Orte 100; Beister, Kleruchos 411.

161 Dazu Sealey, History 430 ff.; ders., Demosthenes 87 f.

162 Vgl. Buckler, Theban Hegemony 255 ff.; Heskel, North Aegean Wars 38 ff., 46 ff.

163 Isokr. 15,108. Vgl. Buckler, a. a. O. 167 f.

164 Vgl. Sealey, Demosthenes 90 f.; s. auch Engels, Hypereides 25.

165 Vgl. StV II² 289 (Beschluß der athenischen Volksversammlung über einen Vertrag zwischen Athen und Keos nach einer zweiten athenischen Intervention). Dazu Engels, a. a. O. 33 f.; Sealey, a. a. O. 91 f. Ob damals auch Naxos abgefallen war, wie Ed. Meyer, GdA V⁴ 449 f., mit Hinweis auf IG II² 179 angenommen hatte, muß dahingestellt bleiben; vgl. Buckler, Theban Hegemony 173 und 310, Anm. 44.

166 Badian, Ghost of Empire 94, geht sogar davon aus, daß den Athenern die Ressourcen für die Wiedergewinnung der Polis Amphipolis gänzlich fehlten.

167 Nach Demosth. 9,16 hat der Großkönig die athenischen Rechte auf die Chersones und nach Demosth. 19,137 den athenischen Anspruch auf Amphipolis anerkannt, und Demosth. 19,253 ist sogar davon die Rede, daß der Perserkönig und alle Griechen die betreffenden athenischen Rechte bestätigt hätten (vgl. Ps.-Demosth. 7,29). Keine Erwähnung findet der Großkönig hingegen bei Aischin. 2,52.

168 Andererseits ist die Behauptung des Isokrates 15,112, daß die Athener bis zu den Unternehmungen des Timotheos indifferent gegenüber der Chersones gewesen seien, ebensowenig ernst zu nehmen.

[169] Vgl. Buckler, Theban Hegemony 254, der ebd. 251 ff. m. E. die beste Analyse der diesbezüglichen Quellen bietet. Er wendet sich mit Recht gegen die These von Cawkwell, CQ 55 (1961) 80–86, wonach das athenische „Recht" auf Amphipolis 369 und die Ansprüche auf die Chersones um 365 anerkannt worden seien. Des weiteren bestreitet Buckler, daß 366/65 eine Koine Eirene abgeschlossen worden sei, von der lediglich Diod. 15,76,3 berichtet. Zu der skizzierten Problematik vgl. im einzelnen M. Jehne, Historia 41 (1992) 272–282, und dens., Koine Eirene 85 ff., mit weiterer Literatur.

[170] Xen. Hell. 7,4,12 ff.; vgl. Buckler, Theban Hegemony 201 ff.; J. Roy, CAH VI (^{2}1994) 203; Beck, Polis und Koinon 77 ff.

[171] Vgl. Buckler, a. a. O. 205 ff., 259 ff.,; Gehrke, Stasis 158; Beck, a. a. O. 78 f.

[172] Diod. 15,89,1–2; vgl. Demosth. 16,9; Polyb. 4,33,8–9; Plut. Ages. 35. Dazu die ausführliche Interpretation Jehnes, Koine Eirene 96 ff.

[173] StV II^2 292, Z. 4–7.

[174] Vgl. Jehne, a. a. O. 112.

[175] Vgl. Buckler, Theban Hegemony 220 ff.; J. Roy, CAH VI (^{2}1994) 208.

[176] Vgl. Jehne, a. a. O. 112 ff.

[177] Dazu Cargill, Second Athenian League 169; Dreher, Hegemon und Symmachoi 120. Vgl. S. 421, Anm. 165.

[178] Während der Operationen des Timotheos hatte Perdikkas III. bereits im Bunde mit Amphipolis gegen Athen gekämpft (Aischin. 2,29), möglicherweise aber auch zeitweise die Seiten gewechselt (Demosth. 2,14; Polyain. 3,10,14). Vgl. Roy, CAH VI (^{2}1994) 201. Zur Chronologie vgl. Heskel, North Aegean Wars 29 ff.

[179] Zu den Raids des Alexander vgl. Xen. Hell. 6,4,36; Demosth. 23,162; 51,8–9; Ps.-Demosth. 50,4; Diod. 15,95,1–2; Polyain. 6,2,1–2. Zum athenisch-thessalischen Vertrag vgl. Tod, GHI II 147; StV II^2 293.

[180] Ein Symptom hierfür sind bereits die Prozesse gegen Chabrias und Kallistratos nach dem Verlust von Oropos (366). Kallistratos wurde (vermutlich 361) erneut in einen Prozeß verwickelt. Vgl. Sealey, Demosthenes 94 f.

[181] Schmitz, Prosperität 287, weist darauf hin, daß der „Finanzmangel ... nicht als Zeichen einer strukturellen Schwäche der Polis im Finanz- und Versorgungswesen" angesehen werden kann und „bei einer weniger intensiven Flotten- und Heerespolitik oder gar bei einem Verzicht darauf die finanziellen Ressourcen bei weitem ausgereicht hätten". Allerdings ist zu beachten, daß nicht zuletzt die Versorgungsprobleme eine aktive Flottenpolitik erforderten. Vgl. z. B. Ps.-Demosth. 50,11 über die Schwierigkeiten, in die Trierarchen infolge des mangelhaften Ausbildungsstandes der Ruderer und Soldaten und durch Desertionen gerieten. Dazu Burckhardt, Bürger und Soldaten 112.

[182] Vgl. L. Kallet, Iphikrates, Timotheos, and Athens, 371–360 B. C., GRBS 24 (1983) 251.

[183] Vgl. Dreher, Hegemon und Symmachoi 282.

[184] Ain. Takt. 11,13 ff.; Diod. 15,95,3. Vgl. Gehrke, Stasis 96; Dreher, a. a. O. 285 gegen Cargill, Second Athenian League 172 ff., der die Intervention des Chares früher datiert und annimmt, daß in Kerkyra die Oligarchen als Instrument gegen ein „demokratisches" Theben dienen sollten.

[185] StV II^2 290. Dieses Bündnis zeigt natürlich, daß Athen nach der Schlacht bei Mantineia keineswegs völlig aus der Peloponnes herausgedrängt worden war.

[186] Vgl. Engels, Hypereides 55.

[187] StV II^2 293 (s. oben, Anm. 179). Vgl. Berve, Tyrannis I 292 f.; Buckler, Philip 3.

[188] Demosth. 23,121; Diod. 16,2,4–6; Theopomp FgrHist 115 F 29. Vgl. Wirth, Philipp 27; J. Heskel, Philip II and Argaios. A Pretender's Story, in: Wallace – Harris (Eds.), Transitions 37–56.

[189] StV II^2 298 (vgl. Demosth. 2,6–7; 23,121; Theopomp FgrHist 115 F 30).

190 Vgl. Wirth, Philipp 33.

191 Demosth. 2,6–7. Vgl. Zahrnt, Olynth 104,107,250.

192 Vgl. G. L. Cawkwell, Notes on the Failure of the Second Athenian Confederacy, JHS 101 (1981) 55 (mit Hinweis auf Demosth. 20,33).

193 Vgl. Cargill, Second Athenian League 179.

194 Aischin. 3,85; vgl. Demosth. 8,74–75; 22,14; Diod. 16,7,2. Zur Datierung vgl. H. Wankel, ZPE 71 (1988) 199 f.

195 Vgl. StV II^2 304.

196 Dreher, Hegemon und Symmachoi 173, 285. Vgl. andererseits Beck, Polis und Koinon 23.

197 Demosth. 23,173; Diod. 16,34,4, mit unzutreffender Datierung: 353 statt 357 (vgl. StV II^2 303); Kardia sollte hiernach allerdings im Besitz des Kotys bleiben.

198 Vgl. Cargill, Second Athenian League 161 ff., 189 ff.

199 Vgl. die zusammenfassende Beurteilung von Dreher, Hegemon und Symmachoi 281 ff.

200 Gegen die „Imperialismus"-These zur Erklärung des Bundesgenossenkrieges wendet sich auch Sealey, Demosthenes 106 ff.

201 Vgl. Dreher, a. a. O. 282.

202 Vgl. Jehne, Koine Eirene 82 ff.

203 Vgl. aber die in diesem Punkt zurückhaltende und modifizierende Beurteilung der Rolle des Kariers von S. Hornblower, Mausolos, Oxford 1982, 183.

204 Demosth. 15,3.27; 5,25. – Ob Kos dem Seebund angehörte, ist unklar. Mit Nachdruck bestritten wird eine Mitgliedschaft dieser Polis von S. M. Sherwin-White, Ancient Cos. An Historical Study from the Dorian Settlement to the Imperial Period, Göttingen 1978, 41 f.

205 Vgl. Gehrke, Stasis 46 f., 139.

206 Belegt ist dies für Andros (Syll.^{3} 192 = Tod, GHI II 156) und wohl auch für Arkesine auf Amorgos (Syll.^{3} 193 = Tod, GHI II 152).

207 Diod. 16,21; Nep. Tim. 3; Polyain. 3,9,29.

208 Zwar wurde lediglich Timotheos für schuldig befunden und zu einer hohen Geldstrafe verurteilt, doch bedeutete dies das Ausscheiden eines Bürgers aus dem öffentlichen Leben, der einen wesentlichen Beitrag zum Wiederaufstieg Athens geleistet hatte. Im übrigen erhielt auch der bewährte Befehlshaber Iphikrates fortan kein Kommando mehr. Die Anklage in diesem „Schauprozeß" (Engels, Hypereides 56) übernahm Aristophon, der damit wieder in die Öffentlichkeit trat. Zum Prozeß vgl. Diod. 16,21,4; Nep. Iphicr. 3,3 und Tim. 3,5; Dein. 1,14. Zur Person und zu den politischen Aktivitäten des Chares vgl. P. D. Salmond, Sympathy for the Devil: Chares and Athenian Politics, G&R 43 (1996) 43–53.

209 Demosth. 3,31 mit Schol.; 4,19 mit Schol.; 4,24; Diod. 16,22,1–2. Die athenische Volksversammlung wurde vor vollendete Tatsachen gestellt und hat nachträglich die Eigenmächtigkeit des Chares gebilligt. Vgl. M. Zahrnt, AKG 65 (1983) 276.

210 Die Friedensbedingungen sind allerdings nicht im einzelnen überliefert. Im übrigen ist zu beachten, daß Byzantion bereits 364/63 seine Unabhängigkeit behaupten konnte und es – wie gesagt – (Anm. 204) umstritten ist, ob Kos zum zweiten Seebund gehört hatte.

211 Eine Auflösung vermuteten u. a. J. Kirchner im Kommentar ad IG II^2 149, und J. T. Chambers, PP 30 (1975) 188; vgl. dazu Dreher, Hegemon und Symmachoi 287 mit Anm. 38.

212 Zu pointiert urteilen in dieser Frage u. a. G. L. Cawkwell, JHS 101 (1981) 55, und G. H. R. Horsley, The Second Athenian Confederacy, in: Horsley (Ed.), Hellenica. Essays in Greek Politics and History, North Ryde 1982, 145 f. Vgl. im einzelnen Dreher, a. a. O. 287.

213 Ob Athen das Ausscheiden dieser Gemeinwesen vertraglich anerkannte oder nur als Faktum akzeptierte, bleibt offen. Vgl. Cargill, Second Athenian League 183.

[214] Vgl. Cargill, a. a. O. 182 mit Anm. 42. – Im ›Areopagitikos‹ (7,2–3) verweist Isokrates auf die große Zahl von Symmachoi, die Syntaxeis zahlen. Es ist indes unsicher, ob diese Schrift nach 355 verfaßt wurde, wie vielfach angenommen wird. Vgl. etwa K. Bringmann, Studien zu den politischen Ideen des Isokrates, Göttingen 1965, 76 ff.; M. M. Austin, CAH VI (^{2}1994) 551. Um 358/57 datieren die Schrift: W. Jaeger, The Date of Isocrates' "Areopagiticus" and the Athenian Opposition, HSCPh, Supplem. I, 1940, 409–500; R. W. Wallace, HSCPh 90 (1986) 77–84; de Bruyn, Aréopage 155. Zur Forschungsdiskussion vgl. J. Engels, ZPE 74 (1988) 186 ff.; B. Näf, Klio 71 (1997) 330, Anm. 55. Im übrigen hätte das Propagieren einer maritimen Verzichtpolitik schwerlich in Athen großen Anklang gefunden. Frau de Bruyn, a. a. O. 158, bemerkt mit Recht, daß die Adressaten des ›Areopagiticus‹ ein relativ kleiner Kreis von Intellektuellen waren. – Sealey, Demosthenes 114 ff., verweist auf den Kontrast der politischen Konzepte des Isokrates. Während im ›Archidamos‹ eine Wiedergewinnung der Herrschaft (Arché) angemahnt wird (6,82), fordert Isokrates in der ›Friedensrede‹ den Verzicht auf eine Arché (8,64). Sealey sieht in beiden Schriften theoretische Erörterungen zum Problem „Krieg und Frieden". Hieraus seien keine weitgehenden Schlüsse auf unterschiedliche politische Strömungen in Athen zu ziehen. Isokrates wird aber hier auf aktuelle Debatten Bezug genommen haben, wenn diese auch zweifellos in kleinen Kreisen stattgefunden haben.

[215] Demosth. 10,37–38; Theopomp FgrHist 115 F 166. Vgl. M. M. Austin, CAH VI (^{2}1994) 546; Hansen, Athenische Demokratie 269.

[216] Dazu ausführlicher Kap. IV 10 (S. 301 ff.).

[217] Vgl. G. L. Cawkwell, Eubulus, JHS 83 (1963) 47 ff.; Sealey, History 440 f.; E. M. Burke, Eubulus, Olynthus, and Euboea, TAPA 114 (1984) 111 ff.; Engels, Hypereides 60 f.; Leppin, Verwaltung öffentlicher Gelder 570 f.

[218] Zur Frage der Zahlungen nach dem Bundesgenossenkrieg vgl. Dreher, Hegemon und Symmachoi 289 ff.

[219] Die genannte Konzession soll als geheime Klausel zu dem Vertrag von 359 zwischen Philipp und Athen hinzugefügt worden sein (StV II^2 298; vgl. S. 422, Anm. 189). Badian, Ghost of Empire 95, vermutet, daß erst in der Zeit des Angriffs Philipps auf Amphipolis einige athenische „Politiker", deren Namen wir nicht kennen, mit geheimgehaltener Zustimmung des Rates der 500 dem König vorgeschlagen hätten, die Stadt zu erobern, um sie dann den Athenern zu übergeben und von diesen als Gegenleistung Pydna zu erhalten. Des weiteren nimmt Badian an, daß Philipp den athenischen Vorschlag brieflich akzeptiert habe (dazu Demosth. 23,116; Ps.-Demosth. 7,27). Ein derartiges Geheimabkommen hat es schwerlich gegeben. Verträge wurden öffentlich in der athenischen Ekklesia beschlossen. Daß Verhandlungen zwischen Athen und Philipp geführt wurden, ist aber nicht auszuschließen. Möglicherweise wollte Philipp die Athener hinhalten, um ein Bündnis zwischen Athen und dem Chalkidischen Bund zu verhindern. Dazu G. E. M. de Ste. Croix, CQ 57 (1963) 111 f.; Griffith, in: Hammond-Griffith, Macedonia II 238 ff. Vgl. andererseits jetzt Hammond, Philip 30 f., der annimmt, daß nur Philipp die Zusage der Geheimhaltung einhielt.

[220] Dies ist dem Bericht Diodors 16,8,2 zu entnehmen, der Belagerungsmaschinen erwähnt. Vgl. Sealey, Demosthenes 295, Anm. 25.

[221] Theopomp FgrHist 115 F 225 b; dazu Sealey, a. a. O. 110 f. Vgl. zur Bedeutung des Raumes von Amphipolis generell Treister, Metals 276.

[222] Vgl. Griffith, in: Hammond–Griffith, Macedonia II 257 f.

[223] J. R. Ellis, CAH VI (^{2}1994) 738, vermutet, daß Philipp 355 oder 354 bereits auch Neapolis (an der Küste nördl. von Thasos) okkupiert hat, doch ist dies nicht sicher. Vgl. Griffith, in: Hammond–Griffith, a. a. O. 364 f.; Hammond, Philip 84.

224 Im Herbst 353 mußte Philipp zunächst nach schweren Verlusten den Rückzug antreten. In dieser Zeit einer temporären Schwäche des Königs konnte Chares mit athenischen Streitkräften Sestos erobern, wo die Bürger getötet und ihre Frauen und Kinder versklavt und dann athenische Kleruchen angesiedelt wurden (Diod. 16,34,3–4; IG II^2 1613, Z. 297 f.; vgl. Cargill, Athenian Settlements 26). Neue Möglichkeiten schienen sich für Athen abzuzeichnen, als proathenische Kräfte in Olynth unter Verletzung eines Vertrages mit Philipp (StV II^2 308) einen Frieden mit Athen aushandelten, dessen Bestimmungen allerdings nicht im einzelnen bekannt sind (Demosth. 3,7; 23,108 f.; Liban. Hypoth. Olynth. 1,2; StV II^2 317; vgl. Zahrnt, Olynth 110; Ellis, CAH VI ^{2}1994, 743). Möglicherweise verzichtete Athen auf Poteidaia, während Olynth die Besitzansprüche Athens auf Amphipolis anerkannte. Bereits im Frühjahr 352 holte Philipp indes zum Gegenschlag in Thessalien aus, während Chares mit seinem Geschwader vom Golf von Pagasai aus nicht eingreifen konnte. Vgl. Burckhardt, Bürger und Soldaten 119.

225 Demosth. 19,319; Diod. 16,35,4–6.61,2; Paus. 10,2,5; Iustin. 8,2,1–6. Zur Forschungsdiskussion über die Nachricht Diodors 16,35,6, daß Philipp 3000 Söldner der Phoker als Tempelräuber ins Meer stürzen ließ, vgl. J. Buckler, Philip's Designs on Greece, in: Wallace – Harris (Eds.), Transitions 81 f., und dens., Philip 53 ff., zum Gesamtverlauf der Kampfhandlungen (mit ausführlichen Quellenangaben), sowie Hammond, Philip 48, der die Aktion im Anschluß an Diodor als "traditional punishment of sacrilegs" wertet.

226 Der genaue Zeitpunkt ist nicht bekannt, doch ist ein Termin nach der Schlacht auf dem Krokosfeld wahrscheinlich. Vgl. M. Sordi, La lega tessala fino ad Alessandro Magno, Rom 1958, 249 ff.

227 Demosth. 19,84; Diod. 16,38,1–2; Iustin. 8,2,8–12.

228 Demosth. 3,4–5; vgl. Demosth. 4,16–17. Vgl. Hammond, Philip 50.

229 Schol. Aischin. 2,81; Demosth. 1,13; 3,4–5; 4,10–11.

230 Vgl. etwa J. de Romilly, REG 67 (1954) 327 ff.; C. Bearzot, Da Andocide ad Eschine: motivi ed ambiguità del pacifismo ateniese nel IV secolo a. C., CISA 11 (1985) 86 ff. Vgl. demgegenüber Sealey, Demosthenes 116, der darauf hinweist, daß Isokrates' Friedensrede zwar Friedensbereitschaft, nicht aber die Existenz einer „Kriegspartei" in Athen erkennen lasse.

231 Vgl. Isokr. 7,8–10.80–81; 8,5–6. – Zum Problem der Datierung des ›Areopagitikos‹ vgl. S. 424, Anm. 214.

232 Vgl. S. 423, Anm. 208.

233 Xen. Vect. 5,9. Dazu Jehne, Koine Eirene 118 f. Vgl. J. Engels, Anmerkungen zum „ökonomischen Denken" im 4. Jahrh. v. Chr. und zur wirtschaftlichen Entwicklung des Lykurgischen Athen, MBAH 7,1 (1988) 90 ff., der hier vor einer Überschätzung des Einflusses ökonomischen Denkens innerhalb der politischen Führung und besonders bei der Mehrheit des Demos der Athener warnt. Engels betont m. E. mit Recht (103), daß es im lykurgischen Athen keine „eigenständige die Politik leitende Wirtschaftstheorie" gab. Dies war zweifellos in der Zeit des Eubulos nicht anders.

234 Vgl. dazu Engels, Hypereides 60 ff.; Leppin, Verwaltung öffentlicher Gelder 570 f.

235 Hierzu generell A. French, Economic Conditions in Fourth-Century Athens, G&R 38 (1991) 24–40, besonders 35 ff. Vgl. ferner zu allgemeinen Problemen der Kriegsfinanzierung: P. Millett, Warfare, Economy, and Democracy in Classical Athens, in: J. Rich – G. Shipley (Eds.), War and Society in the Greek World, London–New York 1993, 177–196.

236 Die Position eines ὁ ἐπὶ τῇ διοικήσει gab es wohl noch nicht. Vgl. Cawkwell, Eubulus, JHS 83 (1963) 54.

237 Schol. Aischin. 3,25; Theopomp FgrHist 115 F 99; Schol. Demosth. 3,29. Zur Datierungsfrage vgl. die folgende Anmerkung.

[238] Vgl. E. Ruschenbusch, Die Einführung des Theorikon, ZPE 36 (1979) 303 ff., in der Datierungsfrage (Mitte des 4. Jh.) im Anschluß an Beloch, GG III 1^2, 343; ausführlich zur kontroversen Datierung: J. J. Buchanan, Theorika, New York 1962, 29–60. Vgl. des weiteren N. Valmin, Diobelia und Theorikon, OpAth 6 (1965) 178 ff.; St. Podes, Zur Problematik der Diobelie und Obolos-Zahlungen, GB 18 (1992) 38 mit Anm. 15; Hansen, Athenische Demokratie 273; zum gesamtpolitischen Hintergrund vgl. E. M. Harris, Demosthenes and the Theoric Fund, in: Wallace – Harris (Eds.), Transitions 57–76.

[239] Die Angabe Aristot. Ath. Pol. 43,1, daß sie von einem Panathenäenfest bis zum folgenden amtierten, ist wohl darauf zu beziehen, daß sie im Unterschied zu den Archonten ihr Amt am 28. Hekatombaion antraten. Dazu Chambers, Aristoteles 338 f.; vgl. aber etwa Hansen, Athenische Demokratie 273. R. Develin, ZPE 57 (1984) 133–138, und Leppin, Verwaltung öffentlicher Gelder 559, die eine vierjährige Amtszeit annehmen.

[240] Vgl. Cawkwell, JHS 83 (1963) 56.

[241] Vgl. W. Will, Athen und Alexander. Untersuchungen zur Geschichte der Stadt von 338 bis 322 v. Chr., München 1983, 77 ff.; H. Knell, Überlegungen zur öffentlichen Architektur des IV. Jahrhunderts in Athen, in: Eder (Hrsg.), Athenische Demokratie 479 ff.; Hintzen-Bohlen, Kulturpolitik 95 ff. – Einen Überblick über Theaterbauten klassischer Zeit in Athen und Attika bietet H. Lohmann, Zur baugeschichtlichen Entwicklung des antiken Theaters, in: G. Binder – B. Effe (Hrsg.), Das antike Theater. Aspekte seiner Geschichte, Rezeption und Aktualität, Trier 1998, 191 ff.

[242] Zur Flottenstärke vgl. G. L. Cawkwell, Athenian Naval Power in the Fourth Century, CQ 78 (1984) 334–345.

[243] Schol. Demosth. 1,1; Liban. Argum. ad Demosth. 1,7.

[244] Leppin, Verwaltung öffentlicher Gelder 564 f.; vgl. H.-J. Gehrke, Phokion, München 1976, 31 mit Anm. 32.

[245] Vgl. Cawkwell, JHS 83 (1963) 56, zu der wohl 353/52 verfaßten Rede Ps.-Demosth. 13,1 ff.

[246] In der 1. Philippika des Demosthenes findet sich kein Hinweis auf die Möglichkeit, die Streitkräfte aus dem Therorikon-Fond zu finanzieren; vgl. Cawkwell, a. a. O. 56 f.

[247] Demosth. 1,19–20; 3,10–11.

[248] Vgl. Ph. Gauthier, Symbola – les étrangers et la justice dans les cités grecques, Nancy 1972, 107 ff.; J. Engels, MBAH 7,1 (1988) 106. Demgegenüber vertritt E. E. Cohen, Ancient Athenian Maritime Courts, Princeton 1973, 9–19, die Auffassung, daß Handelsprozesse nur einmal im Monat vor Gericht gebracht werden konnten. Vgl. dazu die Stellungnahmen von Rhodes, Commentary Ath. Pol. 583 f.; Chambers, Aristoteles 375; M. M. Austin, CAH VI (^{2}1994) 562.

[249] Dies hat E. M. Burke, TAPA 114 (1984) 114, der die Einnahmen aus Hafenzöllen auf etwa 100 Talente schätzt (vgl. dens., TAPA 122, 1992, 215), offenbar nicht hinreichend beachtet. Auch Hintzen-Bohlen, Kulturpolitik 98, nimmt Isokr. 8,21 allzu wörtlich.

[250] Dazu E. Schütrumpf, Xenophons Vorschläge zur Beschaffung von Geldmitteln oder Über die Staatseinkünfte, Darmstadt 1982, 3 ff.

[251] Vgl. A. French, G&R 38 (1991) 30, und Treister, Metals 287, der darauf hinweist, daß die Münzen nicht vom Markt verschwanden, wenn sie zwischen Kleinasien, dem Mittleren Osten und Ägypten frei kursierten.

[252] R. J. Hopper, The Attic Silver Mines in the Fouth Century, BSA 48 (1953) 210 ff. – E. M. Burke, TAPA 114 (1984) 117, vermutet, daß etwa 160 Talente der Gesamteinnahmen in Höhe von 400 Talenten im Jahr durch Verpachtung der Gruben einkamen.

[253] H. Kalcyk, Untersuchungen zum attischen Silberbergbau. Gebietsstruktur, Geschichte, Technik, Frankfurt a. M.–Bern 1982, 7 ff.

254 Lohmann, Atene 105 f.

255 Lohmann, Atene, passim; ders., Die Chora Athens im 4. Jahrhundert v. Chr. Festungswesen, Bergbau und Siedlungen, in: Eder (Hrsg.), Athenische Demokratie 515–548.

256 J. Engels, MBAH 7,1 (1988) 115. Vgl. W. Ameling, Landwirtschaft und Sklaverei im klassischen Athen, HZ 266 (1998) 293 ff.

257 Leppin, Verwaltung öffentlicher Gelder 563 (mit weiterer Literatur).

258 Leppin, a. a. O. 565, weist darauf hin, daß die Beamten des Theorikon keine „verselbständigte Finanzexekutive" waren und wohl kaum direkten Einfluß auf andere Behörden nehmen konnten. Des weiteren betont Leppin mit Recht (563), daß die seiner Ansicht nach schon relativ früh (d. h. vor 349/48: IG II^2 207 C 11) eingeführte Kasse für die Stratiotika eine gewisse Konkurrenz für die Theorikon-Kasse war.

259 Die Ausführungen des Aischin. 3,25 über das unbegrenzte Vertrauen, das Eubulos besessen haben soll, dürften weit übertrieben sein. Vgl. Montgomery, Chaeronea 67 f.

260 Vgl. zu dieser These Engels, Hypereides 60 f. – Daß Eubulos eine „realistische Politik" verfolgte, betont B. Näf, Vom Frieden reden – den Krieg meinen? Aspekte der griechischen Friedensvorstellungen und der Politik des Atheners Eubulos, Klio 79 (1997) 317–340, hier 326.

261 Vgl. Montgomery, a. a. O. 68.

262 Unter diesem Aspekt kann kaum davon die Rede sein, daß „die Finanzmisere der Demokratie ... den starken Mann und mit ihm die 'Regierung' wieder zurückgeholt" hat, wie Bleicken, Athenische Demokratie 258, annimmt. Vgl. demgegenüber R. K. Sinclair, Democracy and Participation in Athens, Cambridge etc. 1989, 212 f.; J. Ober, Mass and Elite 102; Leppin, Verwaltung öffentlicher Gelder 562 f.

263 Ein krasses Beispiel ist die Lagebeurteilung durch Demosthenes 349 v. Chr. in der 2. Olynthischen Rede. Demosthenes hat unbedenklich Berichte auf dem Niveau von Barbierstubengeschwätz referiert, um die nach seiner Auffassung übertriebenen Vorstellungen von der Leistungsfähigkeit der makedonischen Truppen zu „widerlegen" (Demosth. 2,13 ff.). Carlier, Démosthène 124 f., schließt demgegenüber fundierte Informationen des Demosthenes über Unzufriedenheit der Soldaten Philipps nicht aus.

264 Dazu generell Ph. Harding, Athenian Foreign Policy in the Fourth Century, Klio 77 (1995) 105–125, der mit Recht bemerkt, daß die vom Demos getragene athenische Außenpolitik – modern gesprochen – „kohärent" war.

265 Vgl. E. M. Harris, Demosthenes and the Theoric Fund, in: Wallace – Harris (Eds.), Transitions 74.

266 Demosth. 22,54 f. Vgl. M. M. Austin, CAH VI (^{2}1994) 544.

267 Aristot. Ath. Pol. 47,2–48,2.

268 Philochoros FgrHist 328 F 41. Zur Zahl der Steuerpflichtigen: Isokr. 15,145; Demosth. 20,21–28. Als Schätzungsgrundlage diente der gesamte Besitz; vgl. W. Schmitz, Reiche und Gleiche, in: Eder (Hrsg.), Athenische Demokratie 589.

269 Das Gesamtvermögen war nach Polyb. 2,62,7 auf 5750 Talente (aufgerundet auf 6000: Ps.-Demosth. 14,19) geschätzt worden.

270 Zur umstrittenen Datierung vgl. Leppin, Verwaltung öffentlicher Gelder 568 mit Anm. 60.

271 Vgl. D. M. MacDowell, The Law of Periandros about Symmories, CQ 80 (1986) 438–449, hier 444 f. Vgl. dazu aber E. Ruschenbusch, Symmorieprobleme, ZPE 69 (1987) 75 ff.

272 MacDowell, a. a. O. 444, nimmt an, daß 354 v. Chr. die Zahl der Symmorien auf 100 (mit jeweils 12 Personen) erhöht wurde.

273 Leppin, a. a. O. 570 f.

[274] E. M. Harris, Demosthenes and the Theoretic Fund, in: Wallace – Harris (Eds.), Transitions 73 f.

[275] Diod. 15,57,3 – 58,4; vgl. Plut. Mor. 814 b; dazu Gehrke, Stasis 31–33.

[276] Dies betont mit Recht Leppin, a. a. O. 562 ff.

[277] Zur Zeit der Abfassung der aristotelischen Ath. Pol. um 325 waren zwei Sonderstrategen für Werften und Kriegshäfen zuständig, während einer die Trierarchen bestimmte, ein weiterer für die Verteidigungsbereitschaft Attikas verantwortlich war und ein fünfter die Führung des Hoplitenaufgebotes hatte. Die übrigen Strategen mußten für laufende Aufgaben zur Verfügung stehen (Ath. Pol. 61,1). Zum Problem der Datierung der Abgrenzung der Aufgabenbereiche vgl. Rhodes, Commentary Ath. Pol. 678 ff.; Chambers, Aristoteles 408. Sicher belegt ist für 352/51 ein Stratege für die Landesverteidigung (IG II^2 204, Z. 19). Möglicherweise entstanden die anderen Sonderstrategen erst nach der Schlacht bei Chaironeia 338 v. Chr. – Zur Frage der „Professionalität" der athenischen Führungselite vgl. auch D. Hamel, *Strategoi* on the *Bema*: The Separation of Political and Military Authority in Fourth-Century Athens, AHB 9 (1995) 25–39, der zu zeigen sucht, daß die Strategen im 4. Jh. im allgemeinen nicht weniger politisch aktiv waren als ihre Vorgänger im 5. Jh., daß ihr Einfluß aber im 4. Jh. abgeschwächt wurde durch die wachsende Bedeutung von "non-generals" in der Politik (gegen L. Tritle, Continuity and Change in the Athenian Strategia, AHB 7, 1993, 125–129; Phocion the Good, London etc. 1988, 101 f., 161, Anm. 60, der keinen substantiellen Unterschied im Ausmaß der politischen Aktivitäten der Strategen im 5. und im 4. Jh. erkennen will).

[278] Zu technischen Einzelheiten vgl. W. Schuller, Neue Prinzipien der athenischen Demokratie, Der Staat 26 (1987) 532 f.

[279] P. J. Rhodes, Judicial Procedures in Fourth-Century Athens: Improvement or Simply Change?, in: Eder (Hrsg.), Athenische Demokratie 318 f.; Ostwald, Sovereignty 524, J. Engels, Hermes 120 (1992) 425 ff.

[280] Hansen, Athenische Demokratie 164, weist darauf hin, daß die Kosten für einen Eisangeliaprozeß vor einer von 6000 Bürgern besuchten Volksversammlung 6000 Drachmen betrug (1 Dr. pro Teilnehmer), während Verfahren vor Gerichtshöfen mit 501, 1001 oder 1501 Richtern nur etwa 250, 500 oder 750 Dr. kosteten (3 Obolen pro Richter). Vgl. Hansen, Eisangelia 55.

[281] IG II^2 204, Z. 16–33.

[282] Hansen, Eisangelia 39 f.; ders., Athenische Demokratie 303 ff.; Wallace, Areopagos 113 ff. – Nicht zu überzeugen vermag die These von O. de Bruyn, Aréopage 106 ff., 111 ff., daß die Apophasis bereits von Ephialtes eingeführt worden sei. Frau de Bruyn beruft sich auf späte christliche Nachrichten über die angebliche Rolle des Areopag im Sokratesprozeß und auf eine fragwürdige Konjektur IG I^3 102, Z. 42 und 45, wonach der Areopag 409 v. Chr. von der Volksversammlung mit der Untersuchung von Bestechungsvorwürfen beauftragt worden sei.

[283] Demosth. 18,133; Dein. 1,4; 1,55–56; Hyper. in POxy. 2686, 15.

[284] Dies gegen Hansen, Athenische Demokratie 305. Daß der Areopag nach dem Frieden des Philokrates und nach Chaironeia kein Sammelbecken antidemokratischer Kräfte war, betont O. de Bruyn, L'Aréopage et la Macédoine à l'époque de Démosthène, LEC 57 (1989) 3 ff.

[285] Dazu K. Trampedach, Platon, die Akademie und die zeitgenössische Politik, Stuttgart 1994, 278 f.; ders., Platons „Politeia": die Alternative zum Bürgerstaat?, GWU 47 (1996) 427–433.

[286] Vgl. K.-H. Volkmann-Schluck, Die Philosophie der Vorsokratiker. Der Anfang der abendländischen Metaphysik, Würzburg 1992, 43; H. Krämer, Das neue Platonbild, Zeitschr. f. philosophische Forschung 48 (1994) 8 f.

[287] Vgl. die Interpretation des Höhlengleichnisses Plat. Pol. 514 a–521 b von M. Heidegger, Platons Lehre von der Wahrheit, Bern ^{2}1954. Zur Forderung Platons nach einer Abwendung der Seele von der sich wandelnden Sinneswelt vgl. N. Delhey, Hermes 122 (1994) 44–54.

288 Vgl. E. Flaig, Weisheit und Befehl. Platons „Politeia" und das Ende der Politik, Saeculum 45 (1994) 34–70.

289 Vgl. E. Schütrumpf, Politische Reformmodelle 275.

290 Vgl. demgegenüber Trampedach, GWU 47 (1996) 432.

291 Daß Platons Politeia „eine gewaltige Distanz von den leidvollen politischen Realitäten seiner Zeit" trennt, betont Bichler, Antike Utopie 160. Platons eigene Auffassung über die „Möglichkeit der Verwirklichung des Idealstaates" erörtert Scholz, Philosoph und Politik 102 ff.

292 Im Kontext ist freilich der Sokratesschüler Antisthenes genannt, so daß sich die Kritik des Isokrates primär auf ihn beziehen könnte; vgl. W. Eder, Fürstenspiegel 159 mit Anm. 23.

293 U. Walter, „Common Sense" und Rhetorik: Isokrates' Verteidigung der politischen Kultur, GWU 47 (1996) 435 f.

294 Isokr. 2,14; 3,14–15; 7,21. Vgl. auch Plat. Pol. 558 c; Nom. 757 b-c; Aristot. Pol. 1301 a 26 ff.

295 Vgl. Hansen, Athenische Demokratie 342.

296 Daß Isokrates in der politischen Kultur der Polis gleichsam fest verwurzelt war, betont mit Recht U. Walter, a. a. O. 434–440. Zum Demokratiebild des Isokrates vgl. generell W. Orth, „Gleichheit" der Bürger im Urteil des Isokrates, in: Eder – Hölkeskamp (Hrsg.), Volk und Verfassung 177–187.

297 Vgl. L. Wickert, RE XXII (1954) 2223 f. s. v. princeps (civitatis); Eder, Fürstenspiegel 166 ff.

298 Eder, a. a. O. 164 f.

299 W. Jager, Paideia III, Berlin ^{3}1959, 229.

300 Vgl. H. R. Breitenbach, RE IX A 2 (1966) 1760 f. s. v. Xenophon von Athen.

301 Vgl. Schütrumpf, Politische Reformmodelle 271–301.

302 Dazu generell E. Schütrumpf, Die Analyse der Polis durch Aristoteles, Amsterdam 1980.

303 Aristot. Pol. 1281 a 39 – 1282 a 41. Im Kern findet sich dieser Gedanke in politisch-theoretischen Reflexionen bei Hdt. 3,80,6; vgl. auch Thuk. 6,39 in der Rede des Athenagoras von Syrakus. Mit dem Argument, daß „zwei Tüchtige besser sind als einer" und eine Aristokratie daher im allgemeinen einer Monarchie vorzuziehen sei, sucht Aristoteles Pol. 1287 b 13, 1286 b 3–7, allerdings auch eine sog. Herrschaft der Besten zu rechtfertigen. Vgl. Scholz, Philosoph und Politik 167 f.

304 Vgl. Touloumakos, Demokratie 161.

305 Vgl. IG II^{2} 1613, Z. 302. Die Trieren waren freilich nur zum Teil gefechtsklar; dazu G. L. Cawkwell, CQ 78 (1984) 341.

306 Vgl. Carlier, Démosthène 87; Sealey, Demosthenes 125.

307 Vgl. Hammond, Philip 51, 60. Als Vorwand für seine Invasion diente Philipp die Ablehnung seiner Forderung, einige nach Olynth geflüchtete Verwandte der makedonischen Königsfamilie an ihn auszuliefern.

308 StV II^{2} 323.

309 Sealey, Demosthenes 138 f.; Burckhardt, Bürger und Soldaten 120 f. – Zur schwierigen Datierung des Ablaufs der Ereignisse vgl. J. M. Carter, Athens, Euboea, and Olynthus, Historia 20 (1971) 418 ff. Zur strategischen Gesamtlage vgl. E. M. Burke, Eubulus, Olynthus, and Euboea, TAPA 114 (1984) 111–120.

310 Demosth. 2,13 ff.; vgl. Montgomery, Chaeronea 15 ff. Zur Datierung der Olynthischen Reden vgl. Opitz, Bild Philipps 148 ff.

311 Vgl. Burckhardt, Bürger und Soldaten 121 f.

312 Vgl. zu diesem Feldzug ausführlich L. A. Tritle, Eretria, Argoura and the Road to Tamynai: the Athenians in Euboia 348 B. C., Klio 74 (1992) 131–165. Tamynai liegt auf dem Gebiet von Eretria. Zur Frage der militärischen Intervention Philipps vgl. aber G. Cawkwell, CQ 56 (1962)

127 ff.; P. Brunt, CQ 63 (1969) 245 ff. Dazu wiederum Griffith, in: Hammond–Griffith, Macedonia 318 mit Anm. 2.

313 Aischin. 2,12; vgl. ebd. 3,86–88; Demosth. 5,5; 21,132 f.; 21, 161 ff.; Plut. Phok. 12–13. Die athenisch-euboiischen Beziehungen im 4. Jh. erörtert ausführlich D. Knoepfler, Une paix de cent ans et un conflit en permanence: étude sur les relations diplomatiques d'Athènes avec Érétrie et les autres cités de l'Eubée aux IVe siècle avant J.-C., in: E. Frézouls – A. Jacquemin (édd.), Les relations internationales. Actes du colloque de Strasbourg 15–17 juin 1993, Paris 1995, 309- 364.

314 Vgl. Buckler, Philip 104 ff.

315 Diod. 16,53,3; dazu H. Volkmann, Die Massenversklavungen der Einwohner eroberter Städte in der hellenistisch-römischen Zeit, Stuttgart ^{2}1990, 15 f., sowie die Nachträge von G. Horsmann, ebd. 127 f., der darauf hinweist, daß wohl kaum alle Bewohner in die Sklaverei verkauft wurden. Eine Reihe von Olynthern, die geflüchtet waren, erhielt in Athen Asyl und Bürgerrecht.

316 Vgl. Wirth, Philipp 75.

317 Zur Forschungskontroverse über diese Frage vgl. H. Klees, Expansion Makedoniens 150 ff..

318 Aischin. 2,79; Demosth. 19,10.303 ff.; vgl. Klees, a. a. O. 160 ff. Ob der Versuch unternommen werden sollte, eine Koine Eirene zu konstituieren, muß dahingestellt bleiben. Die Quellen sind nicht eindeutig. Vgl. Jehne, Koine Eirene 119 f., mit ausführlichen Hinweisen zur umstrittenen Datierung des Volksbeschlusses (in den Anmerkungen).

319 Ps.-Demosth. 7,26; vgl. Klees, a. a. O. 163 f.

320 Aischin. 2,57–60; 3,58.67 f.; Demosth. 19,16.307; 8,22–24. Vermutlich hatten die Athener einen zweiten Versuch unternommen, griechische Staaten zur Teilnahme an einem Kongreß in Athen zu bewegen. Vgl. Klees, a. a. O. 166 mit Anm. 129; Jehne, a. a. O. 120 f. mit Anm. 31–35.

321 Aischin. 2,60–61; 3,69 ff. Die Bundesgenossen Athens hatten vorher beschlossen, erst die Rückkehr der Gesandten abzuwarten. Sie hatten dann aber am 18. Elaphebolion unter dem Druck der Lage empfohlen, zunächst Frieden mit Philipp zu schließen. Vgl. Jehne, Koine Eirene 122 f.

322 Aischin. 3,71–72; Demosth. 19,321. Vgl. Carlier, Démosthène 152 ff.

323 Vgl. Griffith, in: Hammond – Griffith, Macedonia 340 f.

324 Demosth. 19,159. Kersobleptes wurde nach Darstellung des Aischines (2,82 ff.; 3,73 f.) angeblich wegen der Machenschaften des Demosthenes nicht als Bundesgenosse der Athener aufgeführt. Demosthenes soll behauptet haben, daß Philipp sonst dem Vertrag nicht zustimmen werde.

325 Aischin. 2,114 ff. Vgl. Klees, Expansion Makedoniens 169; Buckler, Philip 136, sowie dens., The Actions of Philip II in 347 and 346 B. C.: A Reply to N. G. L. Hammond, CQ 90 (1996), 380–386, zu den Fragen der Datierung der militärischen Aktivitäten Philipps in dieser Zeit.

326 Demosth. 18,35; 19,19 ff. 35 ff. Von unguten Gefühlen in der Bürgerschaft nach jener Volksversammlung berichtet Demosth. 19,122 f.

327 Demosth. 19,51; Aischin. 2,137.

328 Vgl. Klees, a. a. O. 172; Buckler, Philip 138.

329 Das Problem für die Athener bestand freilich darin, daß ihre Kooperation mit den Phokern als Komplizenschaft mit Tempelräubern verstanden werden konnte (Demosth. 5,14–15; Diod. 16,57), nachdem die Phoker die Schätze in Delphi geplündert hatten. Vgl. Buckler, Philip 133 f.

330 Aischin. 2,139; Demosth. 19,125 f.; vgl. Klees, a. a. O. 177.

331 Buckler, a. a. O. 138.

332 Vgl. Aischin. 2,142; Diod. 16,60. Vgl. Klees, a. a. O. 176 f.

333 Demosth. 5,13–24; 19,112–113. Vgl. Carlier, Démosthène 168; Sealey, Demosthenes 157 f.

334 Vgl. Buckler, a. a. O. 147.

335 Vgl. Lehmann, Oligarchische Herrschaft 113 f.

336 Auch mit Kardia, der strategischen Schlüsselposition auf der Chersones (Demost. 23,182), waren die Athener jetzt zerstritten (Ps.-Demosth. 7,41–44). Vgl. Griffith, in: Hammond - Griffith, Macedonia 381, 512.

337 Vgl. Sealey, Demosthenes 159 f.

338 Demosth. 4,18.49. Vgl. Mosley, Envoys 34; Opitz, Bild Philipps 268; G. Wirth, Lykurg und Athen im Schatten Philipps, in: Eder - Hölkeskamp (Hrsg.), Volk und Verfassung 198.

339 Vgl. Ellis, CAH VI ([2]1994) 761.

340 Vgl. G. Dobesch, Der panhellenische Gedanke im 4. Jh. v. Chr. und der „Philippos" des Isokrates, Wien 1968, 66 ff.

341 Vgl. Klees, Expansion Makedoniens 187 ff.

342 Sealey, History 473.

343 Ps.-Demosth. 7,18–23; vgl. Ps.-Demosth. 12,18; Demosth. 18,136. Zum Datierungsproblem vgl. R. Sealey, Philipp II. und Athen, 344/3 und 339, Historia 27 (1978), 300 ff., der allerdings als Termin das Frühjahr 343 vorschlägt.

344 Vgl. J. R. Ellis, CAH VI ([2]1994) 766.

345 Jehne, Koine Eirene 133, vermutet, daß dieser vom König akzeptierte Vorschlag „von den ihm freundlich gesinnten Kreisen" beantragt worden sei. Dies ist freilich unsicher und im übrigen unwahrscheinlich, da in diesem Fall in der athenischen Volksversammlung ein Kompromiß angestrebt worden wäre.

346 Badian, in: Flower - Toher (Eds.), Georgica 40 f.

347 Vgl. Jehne, a. a. O. 135.

348 Gehrke, Stasis 57, 65; Griffith, in: Hammond - Griffith, Macedonia 496 ff.

349 Demosth. 8 hyp. 2; vgl. Cargill, Athenian Settlements 28.

350 J. R. Ellis, CAH VI ([2]1994) 769 f.; Hammond, Philip 120 f.

351 Ps.-Demosth. 7,32; Demosth. 48,24. Griffith, a. a. O. 508, vermutet, daß Ambrakia einen Hilferuf an Athen richtete.

352 Demosth. 9,72; vgl. Griffith, a. a. O. 509.

353 Demosth. 9,34; vgl. StV II^2 336.

354 StV II^2 337. - Es handelte sich hierbei um diejenigen Arkader, die sich Mantineia angeschlossen hatten.

355 Vgl. Demosth. 18,43.48.295 f. Die Kritik des Polybios 18,14 an der antimakedonischen Kampagne des Demosthenes orientiert sich ausschließlich am politischen Erfolg Philipps und berücksichtigt nicht den hohen Stellenwert der Freiheit im politischen Denken der Griechen, wie F. W. Walbank, A Historical Commentary on Polybius, II, Oxford 1967, 566, mit Recht hervorhebt. Demgegenüber vertritt Errington, Geschichte Makedoniens 77, die Auffassung, daß der Protest des Polybios mehr Aufmerksamkeit verdient hätte.

356 Ps.-Demosth. 7,7.36.41–44.

357 Ps.-Demosth. 7,30–32; vgl. Griffith, in: Hammond - Griffith, Macedonia 510 ff.; Jehne, Koine Eirene 139 mit Anm. 3.

358 Griffith, a. a. O. 512.

359 Demosth. 19,290 ff. (Eubulos); Aischin. 2,184 (Eubulos, Phokion, Nausikles). Vgl. Griffith, a. a. O. 516.

360 Vgl. J. R. Ellis, CAH VI ([2]1994) 771.

361 Demosth. 9,26; Theopomp FgrHist 115 F 208 f.; vgl. Griffith, a. a. O. 523 ff.; Errington, Makedonien 68.

362 Demosth. 9,32; Ps.-Demosth. 11,4; Philochoros FgrHist 328 F 56 b; vgl. Sealey, Demosthenes 179.

[363] Demosth. 8,36; 9,58.61–62. Chronologie und Bedeutung der Interventionen sind schwer zu erkennen. Vgl. P. A. Brunt, CQ 63 (1969) 252; G. L. Cawkwell, Phoenix 32 (1978) 50–55; Berve, Tyrannis I 301 f.; Griffith, a. a. O. 502 f.; Sealey Demosthenes 259–264; Ellis, CAH VI (^{2}1994) 771 f.

[364] Arrian. An. 2,14,2; StV II^2 333.

[365] Vgl. J. Seibert, „Panhellenischer" Kreuzzug, Nationalkrieg, Rachefeldzug oder makedonischer Eroberungskrieg? – Überlegungen zu den Ursachen des Krieges gegen Persien, in: W. Will (Hrsg.), Alexander der Große 37.

[366] Vgl. Diod. 16,74,2–76,4; 16,77,2; dazu Griffith, a. a. O. 566 ff.; Errington, Makedonien 57; Hammond, Philip 130 f.

[367] Wirth, Philipp 125.

[368] Diod. 16,71,2.

[369] Demosth. 8,6; vgl. Burckhardt, Bürger und Soldaten 125.

[370] Vgl. Griffith, a. a. O. 547.

[371] Aischin. 3,85 ff.; vgl. Dein. 1,44; Hyper. V (I) Frgm. VI.

[372] Zur Datierung vgl. Engels, Hypereides 81, Anm. 145 mit weiterer Literatur.

[373] StV II^2 339.

[374] Vgl. Dreher, Hegemon und Symmachoi 177 f.

[375] Plut. Phok. 15; vgl. Gehrke, Phokion 40 ff.; Griffith, a. a. O. 498; Legon, Megara 292 f.; Burckhardt, Bürger und Soldaten 124 f.

[376] Demosth. 9,59–62.68; 18,79.87; Schol. Aischin. 3,109; Diod. 16,74,1; Philochoros FgrHist 328 F 159–160; Charax von Pergamon FgrHist 103 F 19; vgl. Plut. Demosth. 17,1; dazu Griffith, a. a. O. 545 ff. Zur Datierung vgl. P. A. Brunt, CQ 63 (1969) 245 ff.; Wankel, Kranzrede 451 ff.; s. auch Dreher, a. a. O. 194 ff.

[377] StV II^2 340.

[378] StV II^2 342. (Aischin. 3,94). Vgl. u. a. Beck, Polis und Koinon 28 mit Anm. 44.

[379] Hierauf basiert im wesentlichen der im Corpus der Reden des Demosthenes als Nr. 12 überlieferte „Brief" Philipps.

[380] Vgl. Errington, Makedonien 79, der annimmt, daß Philipp nicht mehr hoffte, „daß sich eine freundschaftlichere Haltung in Athen durchsetzen würde".

[381] Diod. 16,74,4–75,2. Verhandlungen mit persischen Satrapen führte offenbar Chares (Philochoros FgrHist 328 F 162). – Das Bündnis mit Byzantion verdankten die Athener der Initiative des Demosthenes (Demosth. 18,302).

[382] Vgl. Sealey, Demosthenes 187.

[383] Vgl. Burckhardt, Bürger und Soldaten 126 f.

[384] Demosth. 18,73.87–88.139; Philochoros FgrHist 328 F 162; Theopomp FgrHist 115 F 292; Arrian. An. 2,14,4; Iustin. 9,1,6.

[385] Demosth. 18,71 (mit Schol. zu 18,76); Aischin. 3,55; Philochoros FgrHist 328 F 55 und 162; Diod. 16,77,2; Iustin. 9,4,5–10.

[386] Vgl. Sealey, Demosthenes 188, der mit Recht darauf hinweist, daß Athen aus Versorgungsgründen immer wieder bemüht war, zu den jeweiligen Herrschern Ägyptens gute Beziehungen zu unterhalten, sei es, daß dort der Großkönig herrschte, sei es, daß Rebellen die persische Herrschaft in Frage gestellt hatten.

[387] Lediglich als „Warnschuß vor den Bug der athenischen Kriegspartei" (Errington, Makedonien 79; ähnlich R. Sealey, Historia 27, 1978, 311) kann die Aktion gegen jenen Konvoi schwerlich gemeint gewesen sein. – Im übrigen erscheint eine einfache Differenzierung zwischen „Kriegspartei" und „Friedenspartei" innerhalb der führenden politischen Akteure in Athen pro-

blematisch. Vgl. hierzu prinzipiell Ph. Harding, Athenian Foreign Policy in the Fourth Century, Klio 77 (1995) 105–125.

388 StV II^2 343. Es handelte sich nicht um eine Koine Eirene; vgl. Jehne, Koine Eirene 139, Anm. 4. Zum Gründungsdatum vgl. Aischin. 3,98–99; dazu Griffith, in: Hammond–Griffith, Macedonia 551.

389 Vgl. StV II^2, S. 331.

390 Vgl. Engels, Hypereides 86.

391 Vermutlich wurden aber persische Geldmittel für antimakedonische Propaganda zur Verfügung gestellt (Plut. Mor. 847f.; 848a u. e); zur Quellenlage vgl. Davies, APF 519.

392 Vgl. hierzu und zum Folgenden Engels, Hypereides 82ff.

393 Demosth. 18, 102–106; Hyper. Frgm. 134 (Kenyon); Aischin. 3,222; Dein. 1,42; vgl. Hansen, Athenische Demokratie 117. Zu den Einzelheiten des Problems vgl. Leppin, Verwaltung öffentlicher Gelder 568 (mit weiterer Literatur in den Anmerkungen).

394 Philochoros FgrHist 328 F 56a.

395 R. Sealey, Historia 27 (1978) 313ff. (vgl. dens., Demosthenes 192), betont mit Recht, daß die Behauptung des Demosthenes (18, 143), Philipp habe den Ausbruch eines neuen Heiligen Krieges gewünscht, schwerlich zutreffend ist. Sealey vermutet, daß die politischen Akteure in Amphissa von Thebanern angestiftet wurden.

396 Demosth. 18,145ff.; vgl. Sealey, Historia 27 (1978) 315f.

397 Nach Aischin. 3,128 stand Philipp zur Zeit der Versammlung an der unteren Donau. Griffith, in: Hammond–Griffith, Macedonia 718, bezweifelt diese Chronologie und vermutet, daß der Amphiktyonenbeschluß Ende 340/Anfang 339 gefaßt wurde und Philipp damals noch Byzantion belagerte. Die exakte Reihenfolge dürfte in diesem Fall von geringer Bedeutung sein, da Philipp aus der Sicht der Amphiktyonen in weiter Ferne war. Vgl. Sealey, Demosthenes 193.

398 StV II^2 345. Vgl. Sealey, a. a. O. 196f. Zum Verlauf des Feldzuges vgl. Griffith, a. a. O. 589ff.; Hammond, Philip 147ff.

399 Aischin. 3,149–151; Plut. Phok. 16,1 und Demosth. 18. Vgl. Carlier, Démosthène 218f.

400 Zu den unterschiedlichen Zahlenangaben bei Aischin. 3,146 (10000 Söldner) und Demosth. 18,237 (15000 Mann Fußtruppen und 1200 Reiter) vgl. Wankel, Kranzrede 1054f.; Burckhardt, Bürger und Soldaten 128, Anm. 270.

401 Demosth. 18,216; dazu Wankel, a. a. O. 994.

402 Polyain. 4,2,8; Aischin, 3,146; Dein. 1,74. Vgl. Griffith, a. a. O. 593f.

403 Griffith, a. a. O. 596; vgl. Hammond, Studies 538f.

404 Polyain. 4,2,2.7; Frontin. 2,19; vgl. Griffith, a. a. O. 600ff.; J. T. Roberts, Chares, Lysicles and the Battle of Chaeronea, Klio 64 (1982) 367–371; Hammond, Studies 534ff.; ders., Philip 151ff.

405 Hammond, Studies 546.

406 Die athenischen Psephismata zur Verteidigung der Polis behandelt ausführlich Engels, Hypereides 94ff. – Generell zur Situation in Athen nach Chaironeia: G. Wirth, Lykurg, Philipp und Athen 65ff.; ders., Die unheimliche Großmacht – Zum Versuch der Griechen, aus einer Katastrophe das Beste zu machen, in: Will (Hrsg.), Alexander d. Gr. 59–76.

407 Lykurg c. Leokr. 41; Hyper. Frgm. 27 und 29 (Kenyon); Ps.-Plut. Mor. 489 a; Dion Chr. 15,21; vgl. Welwei, Unfreie I 54–56; Engels, a. a. O. 102ff.

408 Aristot. Ath. Pol. 61,6; 62,2; Diod. 18,56,6–7; Plut. Alex. 28,2; vgl. Jehne, Koine Eirene 143 mit Anm. 35 mit einer kurzen Stellungnahme zu der These von D. Knoepfler, Chiron 16 (1986) 74 mit Anm. 8, wonach erst Alexander 335 Oropos an Athen übergeben habe.

409 Vgl. Demosth. 18,300.303; 60,22. Dazu Wankel, Kranzrede 1278 und 1286f.; Engels, a. a. O. 126.

410 Ellis, CAH VI (^{2}1994) 781.

411 Diesen Vorwurf erhebt Montgomery, Chaeronea 107; dagegen mit Recht Ph. Harding, Athenian Foreign Policy in the Fourth Century, Klio 77 (1995) 105 ff.

412 Vgl. G. Wirth, Lykurg, Philipp und Athen 73.

413 Vgl. Prinz, Epitaphios Logos 231 ff.

414 Vgl. Ph. Harding, Klio 77 (1995) 124.

415 Zum politischen Denken des Thukydides vgl. in Kürze H. Leppin, Thukydides und die Verfassung der Polis. Ein Beitrag zur politischen Ideengeschichte des 5. Jahrhunderts v. Chr. – Einsicht in das umfangreiche Manuskript verdanke ich der Freundlichkeit des Verfassers.

Nachtrag

Folgende Arbeiten waren mir erst nach Abschluß der Korrekturen zugänglich:

Zu S. 217 ff.:

K. Bringmann, Alkibiades und der Sturz der athenischen Demokratie. Die dramatischen Ereignisse des Jahres 411 v. Chr., in: U. Schulz (Hrsg.), Große Verschwörungen, Staatsstreich und Tyrannensturz von der Antike bis zur Gegenwart, München 1998, 19 ff.

Zu S. 309:

M. Baltes, Is the Idea of the Good in Plato's Republic beyond Beeing?, in: M. Joyal (Ed.), Studies in Plato and the Platonic Tradition. Essays Presented to John Whittaker, Aldershot–Brookfield–Singapore–Sidney 1997, 3–23.

Zu S. 312:

V. J. Gray, The Framing of Socrates. The Literary Interpretation of Xenophon's Memorabilia, Stuttgart 1998.

ABKÜRZUNGSVERZEICHNIS

1. Antike Autoren

Vorbemerkung: Antike Autoren und ihre Werke sind in der Regel nach den Vorschlägen von H. Cancik und H. Schneider (Hrsg.), Der Neue Pauly, Enzyklopädie der Antike, Band 1, Stuttgart–Weimar 1996, S. XXXIX–XLVII zitiert. Benutzt wurden die gebräuchlichen Editionen der Bibliotheca Teubneriana und der Bibliotheca Oxoniensis, die hier nicht gesondert aufgeführt werden. Für die Hellenica Oxyrhynchia werden jeweils die Zählungen von V. Bartoletti (Leipzig 1959) und von M. Chambers (Stuttgart – Leipzig 1993) sowie für die Gedichtfragmente Solons die Nummern der Ausgaben von E. Diehl (Anthologia Lyrica Graeca, Fasc. 1, 3. Aufl. Leipzig 1954) und von B. Gentili – C. Prato (Poetarum Elegiacorum Testimonia et Fragmenta, Pars Prior, 2. Aufl. Leipzig 1988) genannt.

Ail. var.	Ailianos, varia historia
Aischin.	Aischines
Aischyl. Ag.	Aischylos, Agamemnon
Eum.	Eumenides
Pers.	Persae
Andok.	Andokides
Aristoph. Av.	Aristophanes, Aves
Eq.	Equites
Lys.	Lysistrate
Plut.	Plutos
Ran.	Ranae
Thesm.	Thesmophoriazusai
Vesp.	Vespae
Aristot. Ath. Pol.	Aristoteles, Athenaion Politeia
Oikon.	Oikonomika
Pol.	Politika
Rhet.	Rhetorika
Arr. An.	Arrianos, Anabasis
Cic. leg.	Cicero, De legibus
Dein.	Deinarchos
Demosth.	Demosthenes
Diod.	Diodor
Dion Chr.	Dion Chrysostomos
Eurip. Orest.	Euripides, Orestes
Hell. Oxy.	Hellenica Oxyrhynchia
Hdt.	Herodot
Hom. Il.	Homer, Ilias
Od.	Odyssee
Hyper.	Hypereides

Isokr.	Isokrates
Iustin.	Iustinus, Epitoma historiarum Philippicarum
Lykurg c. Leokr.	Lykurgos, contra Leokratem
Lys.	Lysias
Nep. Iphikr.	Cornelius Nepos, Iphikrates
Milt.	Miltiades
Them.	Themistokles
Paus.	Pausanias
Plat. Ep.	Platon, Epistulae
Gorg.	Gorgias
Menex.	Menexenos
Nom.	Nomoi
Pol.	Politeia
Plut. Ages.	Plutarchos, Agesilaos
Alex.	Alexandros
Alk.	Alkibiades
Arist.	Aristeides
Demosth.	Demosthenes
Kim.	Kimon
Lys.	Lysandros
Mor.	Moralia
Nik.	Nikias
Pelop.	Pelopidas
Per.	Perikles
Phok.	Phokion
Them.	Themistokles
Polyb.	Polybios
Polyain.	Polyainos, Strategemata
Schol. (vor Autornamen)	Scholia zu dem betr. Autor
Strab.	Strabon, Geographika
Suda	Suidae Lexicon (ed. A. Adler, I–IV, Leipzig 1928–38)
Thuk.	Thukydides
Xen. Ages.	Xenophon, Agesilaos
Hell.	Hellenika
Mem.	Memorabilia
Vect.	De vectigalibus (Poroi)
Ps.-Xen. Ath. Pol.	Pseudo-Xenophon, Athenaion Politeia

2. *Zeitschriften, Reihen, Sammelwerke, Inschriften*

AA	Archäologischer Anzeiger.
AC	L'Antiquité classique.
AClass	Acta classica.
AHAW	Abhandlungen der Heidelberger Akademie der Wissenschaften, Philosophisch-historische Klasse.

AHB	The Ancient History Bulletin.
AHR	American Historical Review.
AJA	American Journal of Archaeology.
AJAH	American Journal of Ancient History.
AJPh	American Journal of Philology.
AKG	Archiv für Kulturgeschichte.
AncSoc	Ancient Society.
APF	Archiv für Papyrusforschung und verwandte Gebiete.
ATL	B. D. Meritt – H. T. Wade-Gery – M. F. McGregor (Eds.), The Athenian Tribute Lists, I–IV, Cambridge/Mass. – Princeton 1939–53.
AU	Der altsprachliche Unterricht.
BCH	Bulletin de Correspondance Hellénique.
BSA	Annual of the British School at Athens.
CAH	The Cambridge Ancient History.
CISA	Contributi dell'Istituto di Storia antica dell'Univ. del Sacro Cuore Milano.
CJ	The Classical Journal.
ClAnt	Classical Antiquity.
C&M	Classica et Mediaevalia.
CPh	Classical Philology.
CQ	The Classical Quaterly.
CSCA	California Studies in Classical Antiquity.
EMC	Échos du monde classique.
FgrHist	Jacoby, Die Fragmente der griechischen Historiker, Berlin und Leiden 1923–1958.
GB	Grazer Beiträge.
GGA	Göttingische Gelehrte Anzeigen.
G&R	Greece and Rome.
GRBS	Greek, Roman and Byzantine Studies.
GWU	Geschichte in Wissenschaft und Unterricht.
Harding	Ph. Harding, From the Peloponnesian War to the Battle of Ipsus (Translated Documents of Greece and Rome 2), Cambridge 1985.
HGIÜ	Historische griechische Inschriften in Übersetzung, Bd. 1: Die archaische und klassische Zeit, hrsg. von K. Brodersen – W. Günther – H. H. Schmitt, Darmstadt 1992.
HSCPh	Harvard Studies in Classical Philology.
HZ	Historische Zeitschrift.
IG	Inscriptiones Graecae.
JHS	The Journal of Hellenic Studies.
JÖAI	Jahreshefte des Österreichischen Archäologischen Instituts.
LEC	Les Études classiques.
LMC	Liverpool Classical Monthly.
MBAH	Münstersche Beiträge zur antiken Handelsgeschichte.
Meiggs – Lewis	R. Meiggs – D. Lewis, A Selection of Greek Historical Inscriptions to the End of the Fifth Century B. C., Oxford 1969, Rev. Edition 1988.
MH	Museum Helveticum.
MPhL	Museum Philologum Londiniense.
OpAth	Opuscula Atheniensia.

PCPhS	Proceedings of the Cambridge Philological Society.
PP	La Parola del Passato.
POxy	The Oxyrhynchus Papyri.
QUUC	Quaderni Urbinati di Cultura Classica.
RAC	Reallexikon für Antike und Christentum.
RE	Pauly's Real-Encyclopädie der classischen Altertumswissenschaft.
REA	Revue des Études Anciennes.
REG	Revue des Études Grecques.
RFIC	Rivista di Filologia e di Istruzione Classica.
RhM	Rheinisches Museum.
RPh	Revue de Philologie, de littérature et d'histoire ancienne.
RSA	Rivista Storica dell'Antiquità.
SBAW	Sitzungsberichte der Bayerischen Akademie der Wissenschaften, Philosophisch-historische Klasse.
SCI	Scripta Classica Israelica.
SCO	Studi Classici e Orientali.
SEG	Supplementum Epigraphicum Graecum.
SHAW	Sitzungsberichte der Heidelberger Akademie der Wissenschaften, Philosophisch-historische Klasse.
SO	Symbolae Osloenses.
StV II^2	H. Bengtson (Hrsg., unter Mitwirkung von R. Werner), Die Staatsverträge des Altertums, 2. Bd.: Die Verträge der griechisch-römischen Welt von 700 bis 338 v. Chr., 2. Aufl. München 1975.
Syll.^{3}	W. Dittenberger, Sylloge Inscriptionum Graecarum, 4 Bde., 3. Aufl. Leipzig 1915–1924 (ND Hildesheim 1960).
TAPA	Transactions and Proceedings of the American Philological Association.
Tod, GHI II	M. N. Tod, A Selection of Greek Historical Inscriptions, Vol. II, Oxford 1948.
WS	Wiener Studien.
ZPE	Zeitschrift für Papyrologie und Epigraphik.
ZRG	Zeitschrift der Savigny-Stiftung für Rechtsgeschichte, Romanistische Abteilung.

3. Literatur (Monographien, Aufsätze)

Ameling, Karthago	W. Ameling, Karthago. Studien zu Militär, Staat und Gesellschaft, München 1993.
Andrewes, HCT	Vgl. Gomme, HCT.
Aurenche, Groupes d'Alcibiade etc.	O. Aurenche, Les groupes d'Alcibiade, de Léogoras et de Teucros. Remarques sur la vie politique athénienne en 415 avant J. C., Paris 1974.
Badian, Studies	E. Badian, From Plataea to Potidaea. Studies in the History and Historiography of the Pentecontaetia, Baltimore–London 1993.
Badian, Ghost of Empire	E. Badian, The Ghost of Empire. Reflections on Athenian Foreign Policy in the Fourth Century BC, in: Eder (Hrsg.), Athenische Demokratie 79–106.
Balcer, Chalkis	M. Balcer, The Athenian Regulations for Chalkis. Studies in Athenian Imperial Law, Historia Einzelschr. 33, Wiesbaden 1978.
Balcer, After Marathon	J. M. Balcer, Athenian Politics: The Ten Years after Marathon, in: T. E.

	Gregory – A. J. Podlecki (Eds.), Panathenaia: Studies in Athenian Life and Thought in the Classical Age, Lawrence 1979, 27 ff.
Balcer, Sparda	J. M. Balcer, Sparda by the Bitter Sea. Imperial Interaction in Western Anatolia, Chico, Cal. 1984.
Balcer, Persian Conquest	J. M. Balcer, The Persian Conquest of the Greeks 545–450 B. C., Konstanz 1995.
Balcer et alii, Seebund	J. M. Balcer – H.-J. Gehrke – K. A. Raaflaub – W. Schuller, Studien zum Attischen Seebund, Konstanz 1984.
Baltrusch, Symmachie	E. Baltrusch, Symmachie und Spondai. Untersuchungen zum griechischen Völkerrecht der archaischen und klassischen Zeit (8.–5. Jahrhundert v. Chr.), Berlin–New York 1994.
Bauman, Political Trials	R. A. Bauman, Political Trials in Ancient Greece, London–New York 1990.
Bauslaugh, Neutrality	R. A. Bauslaugh, The Concept of Neutrality in Classical Greece, Berkeley–Los Angeles–Oxford 1991.
Bayer–Heideking, Chronologie	E. Bayer – J. Heideking, Die Chronologie des perikleischen Zeitalters, Darmstadt 1975.
Beck, Polis und Koinon	H. Beck, Polis und Koinon. Untersuchungen zur Geschichte und Struktur der griechischen Bundesstaaten im 4. Jahrhundert v. Chr., Historia Einzelschr. 114, Stuttgart 1997.
Beister, Klerouchos	H. Beister, Κληροῦχος, in: E. Ch. Welskopf (Hrsg.), Untersuchungen ausgewählter altgriechischer sozialer Typenbegriffe III: Soziale Typenbegriffe im Alten Griechenland und ihr Fortleben in den Sprachen der Welt, Berlin 1981, 404–419.
Beister – Buckler (Hrsg.), BOIOTIKA	Beister – J. Buckler (Hrsg.), BOIOTIKA. Vorträge vom 5. Internationalen Böotien-Kolloquium zu Ehren von Professor Dr. Siegfried Lauffer, München 1989.
Beloch, GG	K. J. Beloch, Griechische Geschichte, 4 Bde., Straßburg–Berlin ²1912–1927, ND Berlin 1967.
Bengtson, GG⁵	H. Bengtson, Griechische Geschichte von den Anfängen bis in die Römische Kaiserzeit, München ⁵1977.
Bengtson, Kl. Schr.	H. Bengtson, Kleine Schriften zur Alten Geschichte, München 1974.
Bengtson, Einzelpersönlickeit	H. Bengtson, Einzelpersönlichkeit und athenischer Staat in der Zeit des Peisistratos und des Miltiades, SBAW 1939, Heft 1.
Berve, Miltiades	H. Berve, Miltiades. Studien zur Geschichte des Mannes und seiner Zeit, Hermes-Einzelschr. 2, Berlin 1937.
Berve, Themistokles-Inschrift	H. Berve, Zur Themistokles-Inschrift von Troizen, SBAW 1961, Heft 3.
Berve, Tyrannis	H. Berve, Die Tyrannis bei den Griechen, 2 Bde., München 1967.
Bichler, Utopie	R. Bichler, Von der Insel der Seligen zu Platons Staat. Geschichte der antiken Utopie, Teil I, Wien–Köln–Weimar 1995.
Bicknell, Studies	P. J. Bicknell, Studies in Athenian Politics and Genealogy, Historia Einzelschr. 19, Wiesbaden 1972.
Blamire, Plutarch Kimon	A. Blamire, Plutarch, Life of Kimon, with Translation and Commentary, London 1989.
Bleckmann, Athens Weg	B. Bleckmann, Athens Weg in die Niederlage. Die letzten Jahre des Peloponnesischen Krieges, Stuttgart–Leipzig 1998.

Bleicken, Demokratie	J. Bleicken, Die athenische Demokratie, Paderborn–München–Wien–Zürich ²1994.
Boegehold – Scafuro (Eds.) Athenian Identity	A. L. Boegehold – A. C. Scafuro (Eds.), Athenian Identity and Civic Ideology, Baltimore–London 1994.
Bommelaer, Lysandre	J.-F. Bommelaer, Lysandre de Sparte. Histoire et traditions, Athen–Paris 1981.
Bourriot, Genos	F. Bourriot, Recherches sur la nature du genos. Étude d'histoire sociale athénienne – périodes archaïque et classique, 2 Bde., Lille–Paris 1976.
Brunt, Athenian Settlements	P. A. Brunt, Athenian Settlements in the Fifth Century B. C., in: Studies Ehrenberg 71–92.
Buck, Boiotia	R. J. Buck, A History of Boiotia, Edmonton 1979.
Buck, Thrasybulus	R. J. Buck, Thrasybulus and the Athenian Democracy. The Life of an Athenian Statesman, Historia Einzelschr. 120, Stuttgart 1998.
Buckler, Theban Hegemony	J. Buckler, The Theban Hegemony 371–362 B. C., Cambridge/Mass.–London 1980.
Buckler, Philip	J. Buckler, Philip II and the Sacred War, Leiden–New York–Kopenhagen–Köln 1989.
Bugh, Horsemen	G. R. Bugh, The Horsemen of Athens, Princeton 1988.
Burckhardt, Bürger und Soldaten	L. A. Burckhardt, Bürger und Soldaten. Aspekte der politischen und militärischen Rolle athenischer Bürger im Kriegswesen des 4. Jahrhunderts v. Chr., Historia Einzelschr. 101, Stuttgart 1996.
Burn, Persia and the Greeks	A. R. Burn, Persia and the Greeks, London 1962.
Busolt, GG	G. Busolt, Griechische Geschichte bis zur Schlacht bei Chaeroneia, 3 Bde. in 4 Bdn., Gotha ²1893–1904, ND Hildesheim 1967.
Busolt–Swoboda, Staatskunde	G. Busolt, Griechische Staatskunde, I–II, München 1920–1926 (Bd. II bearbeitet von H. Swoboda).
Cargill, Second Athenian League	J. Cargill, The Second Athenian League. Empire or Free Alliance?, Berkeley–Los Angeles–London 1981.
Cargill, Athenian Settlements	J. Cargill, Athenian Settlements of the Fourth Century B. C., Leiden–New York–Köln 1995.
Carlier, Démosthène	P. Carlier, Démosthène, Paris 1990.
Cartledge, Agesilaos	P. Cartledge, Agesilaos and the Crisis of Sparta, London 1987.
Cartledge–Harvey (Eds.), Crux	P. A. Cartledge – F. D. Harvey (Eds.), Crux. Essays in Greek History Presented to G. E. M. de Ste. Croix on his 75th Birthday, London 1985.
Cartledge–Millett–Todd (Eds.), Nomos	P. Cartledge – P. Millett – St. Todd (Eds.), Nomos. Essays in Athenian Law, Politics and Society, Cambridge etc. 1990.
Chambers, Aristoteles	Aristoteles, Staat der Athener, übersetzt und erläutert von M. Chambers, Aristoteles, Werke, Bd. 10, Teil 1, Darmstadt 1990.
Connor, New Politicians	W. R. Connor, The New Politicians of Fifth Century Athens, Princeton 1971.
Cook, Persian Empire	J. M. Cook, The Persian Empire, London–Melbourne–Toronto 1983.
Coulson et alii (Eds.), Archaeology	W. D. E. Coulson – O. Palagia – T. L. Shear, Jr. – H. A. Shapiro – F. J. Frost (Eds.), The Archaeology of Athens and Attica under the Democracy. Proceedings of an International Conference Celebrating 2500 Years since the Birth of Democracy in Greece, Held at the American School of Classics at Athens, December 4–6, 1992, 1994.

Davies, APF	J. K. Davies, Athenian Propertied Families 600–300 B. C., Oxford 1971.
De Bruyn, Aréopage	O. de Bruyn, La compétence de l'Aréopage en matière de procès publics, Historia Einzelschr. 90, Stuttgart 1995.
De Laix, Probouleusis	R. A. de Laix, Probouleusis at Athens. A Study of Political Decision-Making, Berkeley–Los Angeles–London 1973.
De Libero, Tyrannis	L. de Libero, Die archaische Tyrannis, Stuttgart 1996.
De Ste. Croix, Origins	G. E. M. de Ste. Croix, The Origins of the Peloponnesian War, London 1972.
Develin, Athenian Officials	R. Develin, Athenian Officials, 684–321 B. C., Cambridge etc. 1989.
Dover, HCT	s. Gomme, HCT
Dreher, Hegemon und Symmachoi	M. Dreher, Hegemon und Symmachoi. Untersuchungen zum Zweiten Athenischen Seebund, Berlin–New York 1995.
Eadie - Ober (Eds.), Ancient Historian	J. W. Eadie – J. Ober (Eds.), The Craft of the Ancient Historian. Essays in Honor to Ch. G. Starr, Canham – New York–London 1985.
Eder (Hrsg), Athenische Demokratie	W. Eder (Hrsg.), Die athenische Demokratie im 4. Jahrhundert v. Chr. Vollendung oder Verfall einer Verfassungsform?, Stuttgart 1995
Eder, Fürstenspiegel	W. Eder, Monarchie und Demokratie im 4. Jh. v. Chr.: Die Rolle des Fürstenspiegels in der athenischen Demokratie, in: Eder (Hrsg.), Athenische Demokratie 153–173.
Eder - Hölkeskamp (Hrsg.), Volk und Verfassung	W. Eder – K.-J. Hölkeskamp (Hrsg.), Volk und Verfassung im vorhellenistischen Griechenland, Stuttgart 1997.
Ehrenberg, Polis und Imperium	V. Ehrenberg, Polis und Imperium. Beiträge zur Alten Geschichte, Zürich–Stuttgart 1965.
Eliot, Coastal Demes	C. W. J. Eliot, Coastal Demes of Attica, Toronto 1962.
Ellis, Alcibiades	W. M. Ellis, Alcibiades, London–New York 1989.
Errington, Makedonien	M. Errington, Geschichte Makedoniens. Von den Anfängen bis zum Untergang des Königsreiches, München 1986.
Euphronios	Euphronios und seine Zeit. Kolloqium in Berlin 19./20. April 1991, anläßlich der Ausstellung Euphronios, der Maler, Antikensammlung Staatl. Museen zu Berlin.
Figueira, Athens and Aigina	Th. J. Figueira, Athens and Aigina in the Age of Imperial Colonization, Baltimore–London 1991.
Fine, Ancient Greeks	J. V. A. Fine, The Ancient Greeks. A Critical History, Cambridge/Mass. 1983.
Flower - Toher (Eds.), Georgica	M. A. Flower – M. Toher (Eds.), Georgica. Greek Studies in Honour of George Cawkwell, Institute of Class. Studies, Bulletin Supplem. 58, London 1991.
Fornara, Generals	Ch. W. Fornara, The Athenian Board of Generals from 501 to 404, Historia Einzelschr. 16, Wiesbaden 1971.
Fornara - Samons, Athens	Ch. W. Fornara – L. J. Samons II, Athens from Cleisthenes to Pericles, Berkeley–Los Angeles–Oxford 1991.
Frost, Plutarch's Themistocles	F. J. Frost, Plutarch's Themistocles. A Historical Commentary, Princeton 1980.
Funke, Homónoia	P. Funke, Homónoia and Arché. Athen und die griechische Staaten-

	welt vom Ende des Peloponnesischen Krieges bis zum Königsfrieden (404/3–387/6 v. Chr.), Historia Einzelschr. 37, Wiesbaden 1980.
Gehrke, Phokion	H.-J. Gehrke, Phokion. Studien zur Erfassung seiner historischen Gestalt, Zetemata 64, München 1976.
Gehrke, Stasis	H.-J. Gehrke, Stasis. Untersuchungen zu den inneren Kriegen in den griechischen Staaten des 5. und 4. Jahrhunderts v. Chr., München 1985.
Gillis, Collaboration	D. Gillis, Collaboration with the Persians, Historia Einzelschr. 34, Wiesbaden 1979.
Gomme, HCT	A. W. Gomme, A Historical Commentary on Thucydides, Vol I–V, Oxford 1956–1981 (Vol. IV–V: A. Andrewes, K. J. Dover).
Graham, Colony	A. J. Graham, Colony and Mother City in Ancient Greece, Chicago ^{2}1983.
Green, Salamis	P. Green, The Year of Salamis 480–479 B. C., London 1970.
Gschnitzer, Abhängige Orte	F. Gschnitzer, Abhängige Orte im Altertum, München 1958.
Hamilton, Bitter Victories	Ch. D. Hamilton, Sparta's Bitter Victories. Politics and Diplomacy in the Corinthian War, Ithaca-London 1979.
Hamilton, Agesilaus	Ch. D. Hamilton, Agesilaus and the Failure of Spartan Hegemony, Ithaca-London 1991.
Hamilton – Krentz (Eds.), Polis and Polemos	Ch. D. Hamilton – P. Krentz, Polis and polemos. Essays on Politics, War, and History in Ancient Greece in Honor of Donald Kagan, Claremont, Calif., 1997.
Hammond, Studies	N. G. L. Hammond, Studies in Greek History. A Companion Volume to A History of Greece to 322 B. C., Oxford 1973.
Hammond, History of Greece	N. G. L. Hammond, A History of Greece to 322 B. C., Oxford ^{3}1986.
Hammond, Philip	N. G. L. Hammond, Philip of Macedon, London 1994.
Hammond–Griffith, Macedonia	N. G. L. Hammond – G. T. Griffith, A History of Macedonia, Vol. II, 550–336 B. C., Oxford 1979.
Hansen, Eisangelia	M. H. Hansen, Eisangelia: The Sovereignty of the People's Court in Athens in the Fourth Century B. C. and the Impeachment of Generals and Politicians, Odense 1975.
Hansen, Athenian Ecclesia	M. H. Hansen, The Athenian Ecclesia. A Collection of Articles 1976–83, Kopenhagen 1983.
Hansen, Volksversammlung	M. H. Hansen, Die athenische Volksversammlung im Zeitalter des Demosthenes, Konstanz 1984.
Hansen, Three Studies	M. H. Hansen, Three Studies in Athenian Demography, Kopenhagen 1988.
Hansen, Ecclesia II	M. H. Hansen, The Athenian Ecclesia II. A Collection of Articles 1983–89, Kopenhagen 1989.
Hansen, Athenische Demokratie	M. H. Hansen, Die athenische Demokratie im Zeitalter des Demosthenes. Struktur, Prinzipien und Selbstverständnis, Berlin 1995.
Hansen (Ed.), Sources	M. H. Hansen (Ed.), Sources for the Ancient Greek City State. Acts of the Copenhagen Polis Centre, Vol. 2, Kopenhagen 1995.
Hansen–Raaflaub (Eds.), Studies	M. H. Hansen – K. Raaflaub (Eds.), Studies in the Ancient Greek Polis, Historia Einzelschr. 95, Stuttgart 1995.

Harding, Polypragmatist	Ph. Harding, In Search of a Polypragmatist, in: G. Sp. Shrimpton – D. J. McCargar (Eds.), Classical Contributions. Studies in Honour of M. F. McGregor, Locust Valley, New York 1981, 41–50.
Harrison, Law of Athens II	A. R. W. Harrison, The Law of Athens, Vol. II: Procedure, Oxford 1971.
Heinrichs, Ionien	J. Heinrichs, Ionien nach Salamis. Die kleinasiatischen Griechen in der Politik und politischen Reflexion des Mutterlands, Bonn 1989.
Herrmann-Otto, Das andere Athen	E. Herrmann-Otto, Das andere Athen und politische Realisation eines „antidemokratischen“ Oligarchenstaates, in: Eder – Hölkeskamp (Hrsg.), Volk und Verfassung 133–152.
Heskel, North Aegean Wars	J. Heskel, The North Aegean Wars, 371–360 B. C., Historia Einzelschr. 102, Stuttgart 1997.
Hignett, Athenian Constitution	C. Hignett, A History of the Athenian Constitution to the End of the Fifth Century B. C., Oxford 1952, ND 1967.
Hignett, Xerxes' Invasion	C. Hignett, Xerxes' Invasion of Greece, Oxford 1963.
Högemann, Vorderasien	P. Högemann, Das alte Vorderasien und die Achämeniden. Ein Beitrag zur Herodot-Analyse, Wiesbaden 1992.
Hölscher, Historienbilder	T. Hölscher, Griechische Historienbilder des 5. und 4. Jahrhunderts v. Chr., Würzburg 1973.
Hornblower, Commentary I, II	S. Hornblower, A Commentary on Thucydides, Vol. I, Oxford 1991, Vol. II, Oxford 1996.
How–Wells, Commentary	W. W. How – J. Wells, A Commentary on Herodotus, Vol. I–II, Oxford 1912, ND 1964.
Jehne, Koine Eirene	M. Jehne, Koine Eirene. Untersuchungen zu den Befriedungs- und Stabilisierungsbemühungen in der griechischen Poliswelt des 4. Jahrhunderts v. Chr., Hermes Einzelschr. 63, Stuttgart 1994.
Kagan, Outbreak	D. Kagan, The Outbreak of the Peloponnesian War, Ithaca–London 1969.
Kagan, Archidamian War	D. Kagan, The Archidamian War, Ithaca–London 1974, ²1987.
Kagan, Peace of Nicias	D. Kagan, The Peace of Nicias and the Sicilian Expedition, Ithaca–London 1981.
Kagan, Fall of the Athenian Empire	D. Kagan, The Fall of the Athenian Empire, Ithaca–London 1987.
Kierdorf, Perserkriege	W. Kierdorf, Erlebnis und Darstellung der Perserkriege. Studien zu Simonides, Pindar, Aischylos und den attischen Rednern, Hypomnemata 16, Göttingen 1966.
Kinzl (Ed.), Studies Schachermeyr	K. H. Kinzl (Ed.), Greece and the Eastern Mediterranean in Ancient History and Prehistory. Studies Presented to Fritz Schachermeyr on the Occasion of his Eightieth Birthday, Berlin–New York 1977.
Kinzl (Hrsg.), Demokratia	K. H. Kinzl (Hrsg.), Demokratia, Der Weg zur Demokratie bei den Griechen, Wege d. Forschung 657, Darmstadt 1995.
Klees, Entstehung der Perserkriege	H. Klees, Zur Entstehung der Perserkriege, in: W. Dahlheim – W. Schuller – J. v. Ungern-Sternberg (Hrsg.), Festschrift Robert Werner, Konstanz 1989, 21–39.
Klees, Expansion Makedonien	H. Klees, Die Expansion Makedoniens unter Philipp II. und der Friede des Philokrates, in: Will – Heinrichs (Hrsg.), Festschrift G. Wirth 131–191.

Knight, Studies	D. W. Knight, Some Studies in Athenian Politics in the Fifth Century B. C., Historia Einzelschr. 13, Wiesbaden 1970.
Koch, Seebundangelegenheiten	Chr. Koch, Volksbeschlüsse in Seebundangelegenheiten, Frankfurt a. M.–Bern–New York–Paris 1991.
Krentz, The Thirty	P. Krentz, The Thirty at Athens, Ithaca–London 1982.
Labarbe, Loi navale	J. Labarbe, La loi navale de Thémistocle, Paris 1957.
Lang, Athenian Agora	M. L. Lang, The Athenian Agora XXV: Ostraka, Princeton 1990.
Larsen, Federal States	J. A. O. Larsen, Greek Federal States. Their Institutions and History, Oxford 1968.
Lavelle, Sorrow and Pity	B. M. Lavelle The Sorrow and the Pity. A Prolegomenon to a History of Athens under the Peisistratids, c. 560–510 B. C., Historia Einzelschr. 80, Stuttgart 1993.
Lazenby, Defence	J. F. Lazenby, The Defence of Greece, 490–479 BC, Warminster 1993.
Legon, Megara	R. P. Legon, Megara. The Political History of a Greek City-State to 336 B. C., Ithaca–London 1981.
Lehmann, Machtergreifung der Dreißig	G. A. Lehmann, Die revolutionäre Machtergreifung der „Dreißig" und die staatliche Teilung Attikas (404–401/0 v. Chr.), in: R. Stiehl – G. A. Lehmann (Hrsg.), Antike und Universalgeschichte. Festschrift Hans Erich Stier, Münster 1972, 201–233.
Lehmann, Oligarchische Herrschaft	G. A. Lehmann, Oligarchische Herrschaft im klassischen Athen. Zu den Krisen und Katastrophen der attischen Demokratie im 5. und 4. Jahrhundert, Opladen 1997.
Lenardon, Themistocles	R. J. Lenardon, The Saga of Themistokles, London 1978.
Leppin, Verwaltung öffentlicher Gelder	H. Leppin, Zur Entwicklung der Verwaltung öffentlicher Gelder im Athen des 4. Jahrhunderts v. Chr., in: Eder (Hrsg.) Athenische Demokratie 557–571.
Lewis, Sparta and Persia	D. M. Lewis, Sparta and Persia, Leiden 1977.
Link, Kosmos Sparta	St. Link, Der Kosmos Sparta. Recht und Sitte in klassischer Zeit, Darmstadt 1994.
Loening, Reconciliation Agreement	Th. C. Loening, The Reconciliation Agreement of 403/402 in Athens. Its Content and Application, Hermes Einzelschr. 53, Stuttgart 1987.
Lohmann, Atene	H. Lohmann, Atene. Forschungen zu Siedlungs- und Wirtschaftsstruktur des klassischen Attika, 2 Bde., Köln–Weimar–Wien 1993.
Losada, Fifth Column	L. A. Losada, The Fifth Column in the Peloponnesian War, Leiden 1972.
Lotze, Lysander	D. Lotze, Lysander und der Peloponnesische Krieg, Abhandl. d. Sächs. Akad. d. Wissensch. Leipzig, Phil.-hist. Kl. 57, Heft 1, Berlin 1964.
Manville, Citizenship	Ph. B. Manville, The Origins of Citizenship in Ancient Athens, Princeton 1990.
Mattingly, Athenian Empire	H. B. Mattingly, The Athenian Empire Restored. Epigraphic and Historical Studies, Ann Arbor 1996.
Meier, Entstehung des Politischen	Chr. Meier, Die Entstehung des Politischen bei den Griechen, Frankfurt a. M. 1980.
Meier, Rolle des Krieges	Chr. Meier, Die Rolle des Krieges im klassischen Athen, Schriften des Historischen Kollegs, Dokumentationen 6, München 1991.
Meier, Athen	Chr. Meier, Athen. Ein Neubeginn der Weltgeschichte, Berlin 1993.
Meiggs, Athenian Empire	R. Meiggs, The Athenian Empire, Oxford 1972.

Meister, Kalliasfrieden	K. Meister, Die Ungeschichtlichkeit des Kalliasfriedens und deren historische Folgen, Wiesbaden 1972.
Ed. Meyer, GdA	Ed. Meyer, Geschichte des Altertums, Neuausgabe von H. E. Stier, IV 1, Darmstadt ^{6}1965; IV 2, Darmstadt ^{5}1965; V, Darmstadt ^{4}1958.
Montgomery, Chaeronea	H. Montgomery, The Way to Chaeronea. Foreign Policy, Decision Making and Political Influence in Demosthenes' Speeches, Bergen etc. 1983.
Morris – Raaflaub (Eds.), Democracy 2500	I. Morris – K. A. Raaflaub (Eds.), Democracy 2500? Questions and Challenges, Archaeological Institute of America. Colloquia and Conference Papers, No. 2, 1997, Dubuque, Iowa, 1998.
Morrison – Coates, Triere	J. S. Morrison – J. S. Coates, Die athenische Triere. Geschichte und Rekonstruktion eines Kriegsschiffes der griechischen Antike, Mainz 1990.
Morrison – Williams, Greek Oared Ships	J. S. Morrison – R. T. Williams, Greek Oared Ships 900–322 B. C., Cambridge 1968.
Mosley, Envoys	D. J. Mosley, Envoys and Diplomacy in Ancient Greece, Historia Einzelschr. 22, Wiesbaden 1973.
Nippel, Mischverfassungstheorie	W. Nippel, Mischverfassungstheorie und Verfassungsrealität in Antike und früher Neuzeit, Stuttgart 1980.
Ober, Fortress Attica	J. Ober, Fortress Attica. Defence of the Athenian Land Frontier 404–322 B. C., Leiden 1985.
Ober, Mass and Elite	J. Ober, Mass and Elite in Democratic Athens. Rhetoric, Ideology, and the Power of the People, Princeton 1989.
Opitz, Bild Philipps	M. Opitz, Das Bild Philipps II. von Makedonien bei den attischen Rednern im ersten Jahrzehnt seiner Herrschaft, Diss. Düsseldorf 1976.
Osborne, Naturalization II	M. J. Osborne, Naturalization in Athens, Vol. II. Commentaries on the Decrees Granting Citizenship, Brüssel 1982.
Osborne, Demos	R. Osborne, Demos: The Discovery of Classical Attika, Cambridge etc. 1985.
Ostwald, Autonomia	M. Ostwald, Autonomia: Its Genesis and Early History, American Classical Studies 11, 1982.
Ostwald, Nomos	M. Ostwald, Nomos and the Beginnings of the Athenian Democracy, Oxford 1969.
Ostwald, Sovereignty	M. Ostwald, From Popular Sovereignty to the Sovereignty of Law. Law, Society, and Politics in Fifth-Century Athens, Berkeley–Los Angeles–London 1986.
Patterson, Pericles' Citizenship Law	C. Patterson, Pericles' Citizenship Law of 451–450 B. C., New York 1981.
Prinz, Epitaphios Logos	K. Prinz, Epitaphios Logos. Struktur, Funktion und Bedeutung der Bestattungsreden im Athen des 5. und 4. Jahrhunderts, Frankfurt a. M. etc. 1997.
Pritchett, Topography	W. K. Pritchett, Studies in Ancient Greek Topography, Vol. I, Berkeley–Los Angeles 1965; Vol. II, Berkeley–Los Angeles 1969; Vol. V, Berkeley–Los Angeles–London 1985.
Quinn, Athens	T. J. Quinn, Athens and Samos, Lesbos and Chios: 478–404 B. C., Manchester 1981.
Raaflaub, Entdeckung der Freiheit	K. Raaflaub, Die Entdeckung der Freiheit, München 1985.
Rhodes, Boule	P. J. Rhodes, The Athenian Boule, Oxford 1972.

Rhodes, Commentary Ath. Pol.	P. J. Rhodes, A Commentary on the Aristotelian Athenaion Politeia, Oxford ²1993.
Rhodes, Thucydides II; III	P. J. Rhodes, Thucydides, History II, Warminster 1988; History III, Warminster 1994.
Rhodes–Lewis, Decrees	P. J. Rhodes – D. M. Lewis, The Decrees of the Greek States, Oxford 1997.
Tolbert Roberts, Accountability	J. Tolbert Roberts, Accountability in Athenian Government, Madison–London 1982.
Roisman, Demosthenes	J. Roisman, The General Demosthenes and his Use of Military Surprise, Historia Einzelschr. 78, Stuttgart 1993.
Rosen–Farrell (Eds.), Nomodeiktes	R. M. Rosen – J. Farrell (Eds.), Nomodeiktes. Greek Studies in Honor of Martin Ostwald, Ann Arbor 1993.
Roussel, Tribu et cité	D. Roussel, Tribu et cité. Études sur les groupes sociaux dans les cités grecques aux époques archaïque et classique, Paris 1976.
Ruschenbusch, Athenische Innenpolitik	E. Ruschenbusch, Athenische Innenpolitik im 5. Jahrhundert v. Chr. Ideologie oder Pragmatismus?, Bamberg 1979.
Salmon, Corinth	J. B. Salmon, Wealthy Corinth. A History of the City to 338 B. C., Oxford 1984.
Salomon, Cleruchie	N. Salomon, Le cleruchie di Atene. Caratteri e funzione, Pisa 1997.
Schachermeyr, Frühe Klassik	F. Schachermeyr, Die frühe Klassik der Griechen, Stuttgart etc. 1966.
Schachermeyr, Perikles	F. Schachermeyr, Perikles, Stuttgart etc. 1969.
Schachermeyr, Forschungen	F. Schachermeyr, Forschungen und Betrachtungen zur griechischen und römischen Geschichte, Wien 1974.
Schäfer, Andres Agathoi	Th. Schäfer, Andres Agathoi. Studien zum Realitätsgehalt der Bewaffnung attischer Krieger auf Denkmälern klassischer Zeit, München 1997.
Schmitz, Prosperität	W. Schmitz, Wirtschaftliche Prosperität, soziale Integration und die Seebundpolitik Athens. Die Wirkung der Erfahrungen aus dem Ersten Attischen Seebund auf die athenische Außenpolitik in der ersten Hälfte des 4. Jahrhunderts v. Chr., München 1988.
Scholz, Philosoph und Politik	P. Scholz, Der Philosoph und die Politik. Die Ausbildung der philosophischen Lebensform und die Entwicklung des Verhältnisses von Philosophie und Politik im 4. und 3. Jahrhundert v. Chr., Stuttgart 1998.
Schubert, Macht des Volkes	Ch. Schubert, Die Macht des Volkes und die Ohnmacht des Denkens. Studien zum Verhältnis von Mentalität und Wissenschaft im 5. Jahrhundert v. Chr., Historia Einzelschr. 77, Stuttgart 1993.
Schubert, Perikles	Ch. Schubert, Perikles, Erträge der Forschung 285, Darmstadt 1994.
Schütrumpf, Politische Reformmodelle	E. Schütrumpf, Politische Reformmodelle im 4. Jahrhundert. Grundsätzliche Annahmen politischer Theorie und Versuche konkreter Lösungen, in: Eder (Hrsg.), Athenische Demokratie 271–300.
Schuller, Herrschaft	W. Schuller, Die Herrschaft der Athener im Ersten Attischen Seebund, Berlin–New York 1974.
Sealey, History	R. Sealey, A History of the Greek City States ca. 700–338 B. C., Berkeley–Los Angeles–London 1976.
Sealey, Essays	R. Sealey, Essays in Greek Politics, New York 1965.
Sealey, Demosthenes	R. Sealey, Demosthenes and his Time. A Study in Defeat, New York–Oxford 1993.
Shipley, Samos	G. Shipley, A History of Samos 800–188 BC, Oxford 1987.

Shrimpton–McCargar (Eds.) Classical Contributions	G. S. Shrimpton – D. J. McCargar (Eds.), Classical Contributions: Studies in Honour of M. F. McGregor, Locust Valley 1981.
Siewert, Trittyen	P. Siewert, Die Trittyen Attikas und die Heeresreform des Kleisthenes, München 1982.
Sinclair, Participation	R. K. Sinclair, Democracy and Participation in Athens, Cambridge 1988.
Smarczyk, Untersuchungen	B. Smarczyk, Untersuchungen zur Religionspolitik und politischen Propaganda im Delisch-Attischen Seebund, München 1990.
Snodgrass, Arms and Armour	A. M. Snodgrass, Arms and Armour of the Greeks, Ithaca 1967
Stadter, Plutarch's Pericles	Ph. A. Stadter, A Commentary on Plutarch's Pericles, Chapel Hill–London 1989.
Stahl, Aristokraten	M. Stahl, Aristokraten und Tyrannen im archaischen Athen. Untersuchungen zur Überlieferung, zur Sozialstruktur und zur Entstehung des Staates, Stuttgart 1987.
Stanton, Athenian Politics	G. R. Stanton, Athenian Politics c. 800–500 B. C. A Sourcebook, London–New York 1990.
Steinbrecher, Seebund	M. Steinbrecher, Der Delisch-Attische Seebund und die athenisch-spartanischen Beziehungen in der Kimonischen Ära (ca. 478/7–462/1), Stuttgart 1985.
Stein-Hölkeskamp, Adelskultur	E. Stein-Hölkeskamp, Adelskultur und Polisgesellschaft. Studien zum griechischen Adel in archaischer und klassischer Zeit, Stuttgart 1989.
Strauss, Athens	B. S. Strauss, Athens after the Peloponnesian War. Class, Faction and Policy 403–386 B. C., London–Sidney 1986.
Studies Ehrenberg	E. Badian (Ed.), Ancient Society and Institutions. Studies Presented to Victor Ehrenberg on his 75th Birthday, Oxford 1966.
Szemler–Sherf–Kraft, Thermopylai	G. J. Szemler – W. J. Cherf – J. C. Kraft, Thermopylai. Myth and Reality in 480 B. C., Chicago 1996.
Tausend, Amphiktyonie	K. Tausend, Amphiktyonie und Symmachie. Formen zwischenstaatlicher Beziehungen im archaischen Griechenland, Historia Einzelschr. 73, Stuttgart 1992.
Thomsen, Eisphora	R. Thomsen, Eisphora: A Study of Direct Taxation in Ancient Athens, Kopenhagen 1964.
Thomsen, Ostracism	R. Thomsen, The Origins of Ostracism, Gyldendal 1972.
Touloumakos, Demokratie	J. Touloumakos, Die theoretische Begründung der Demokratie in der klassischen Zeit Griechenlands, Athen 1985.
Tozzi, Rivolta ionica	P. Tozzi, La rivolta ionica, Pisa 1978.
Traill, Political Organization	J. S. Traill, The Political Organization of Attica. A Study of the Demes, Trittyes, and Phylai, and their Representation in the Athenian Council, Hesperia Supplem. 14, Princeton 1975.
Traill, Demos and Trittys	J. S. Traill, Demos and Trittys. Epigraphical and Topographical Studies in the Organisation of Attica, Toronto 1986.
Treister, Metals	M. Yu. Treister, The Role of Metals in Ancient Greek History, Leiden–New York–Köln 1996.
Urban, Königsfrieden	R. Urban, Der Königsfrieden von 387/86 v. Chr. Vorgeschichte, Zustandekommen, Ergebnis und politische Umsetzung, Historia Einzelschr. 68, Stuttgart 1991.

Walker, Theseus	H. J. Walker, Theseus and Athens, New York-Oxford 1995.
Wallace, Plataia	P. W. Wallace, The Final Battle of Plataia, in: Studies in Attic Epigraphy, History and Topography Presented to E. Vanderpool, Princeton 1982, 183-192.
Wallace, Areopagos	R. W. Wallace, The Areopagos Council to 307 B. C., Baltimore-London 1989.
Wallace - Harris (Eds.), Transitions	R. W. Wallace - E. M. Harris (Eds.), Transitions to Empire. Essays in Greco-Roman History, 360-146 B. C., in Honor of E. Badian, Norman-London 1996.
Walter, Bürgerstaat	U. Walter, An der Polis teilhaben. Bürgerstaat und Zugehörigkeit im Archaischen Griechenland, Historia Einzelschr. 82, Stuttgart 1993.
Wankel, Kranzrede	Demosthenes, Rede für Ktesiphon über den Kranz, erläutert und mit einer Einleitung versehen von H. Wankel, 2 Bde., Heidelberg 1976.
Weiskopf, Great Satraps' Revolt	M. Weiskopf, The So-called „Great Satraps' Revolt". Concerning Local Instability in the Achaemenid Far West, Historia Einzelschr. 63, Stuttgart 1989.
Welwei, Unfreie I, II	K.-W. Welwei, Unfreie im antiken Kriegsdienst. Erster Teil: Athen und Sparta, Wiesbaden 1974; Zweiter Teil: Die kleineren und mittleren griechischen Staaten und die hellenistischen Reiche, Wiesbaden 1977.
Welwei, Athen	K.-W. Welwei, Athen. Vom neolithischen Siedlungsplatz zur archaischen Großpolis, Darmstadt 1992.
Whitehead, Demes	D. Whitehead, The Demes of Attica 508/7 - ca. 250 B. C. A Political and Social Study, Princeton 1986.
Wickert, Peloponnesischer Bund	K. Wickert, Der Peloponnesische Bund von seiner Entstehung bis zum Ende des Archidamischen Krieges, Diss. Erlangen-Nürnberg 1961.
Wiesehöfer, Persien	J. Wiesehöfer, Das antike Persien von 550 v. Chr. bis 650 n. Chr., München-Zürich 1993.
Will-Heinrichs (Hrsg.), Festschrift G. Wirth	W. Will - J. Heinrichs (Hrsg.), Zu Alexander d. Gr. Festschrift G. Wirth zum 60. Geburtstag, I-II, Amsterdam 1987.
Will (Hrsg.), Alexander d. Gr.	W. Will (Hrsg.), Alexander der Große. Eine Welteroberung und ihr Hintergrund, Vorträge des Internationalen Bonner Alexanderkolloquiums, 19.-21. 12. 1996, Bonn 1998.
Wilson, Athens and Corcyra	J. Wilson, Athens and Corcyra. Strategy and Tactics in the Peloponnesian War, Bristol 1987.
Wirth, Philipp	G. Wirth, Philipp II., Geschichte Makedoniens, Bd. 1, Stuttgart etc. 1985.
Wirth, Lykurg, Philipp und Athen	G. Wirth, Lykurg, Philipp und Athen. Mutmaßungen zu einigen turbulenten Wochen griechischer Geschichte, Anzeiger der phil.-hist. Kl. d. Österreichischen Akad. d. Wissenschaften, 133. Jahrgang 1966, Wien 1997, 63-110.
Wolff, Normenkontrolle	H. J. Wolff, „Normenkontrolle" und Gesetzesbegriff in der attischen Demokratie, SHAW 1970, 2. Abh.
Worley, Hippeis	L. J. Worley, Hippeis. The Cavalry of Ancient Greece, Boulder-San Francisco-Oxford 1994.
Zahrnt, Olynth	M. Zahrnt, Olynth und die Chalkidier. Untersuchungen zur Staatenbildung auf der Chalkidischen Halbinsel im 5. und 4. Jahrhundert v. Chr., München 1971.

REGISTER

(Abkürzung: A ≙ Anmerkung)

1. Mythische und historische Personen, Götter

2. Geographische Bezeichnungen, Bevölkerungen

Nicht aufgenommen sind die immer wieder genannten Namen „Athen“, „Athener“, „Attika“, Nur in Auswahl aufgelistet sind die Bezeichnungen „Griechen“, „Hellenen“, „Griechenland“, „Hellas“.

3. *Begriffe, Institutionen, Gruppenbezeichnungen*

Karte 1: Griechenland und Ägäis.

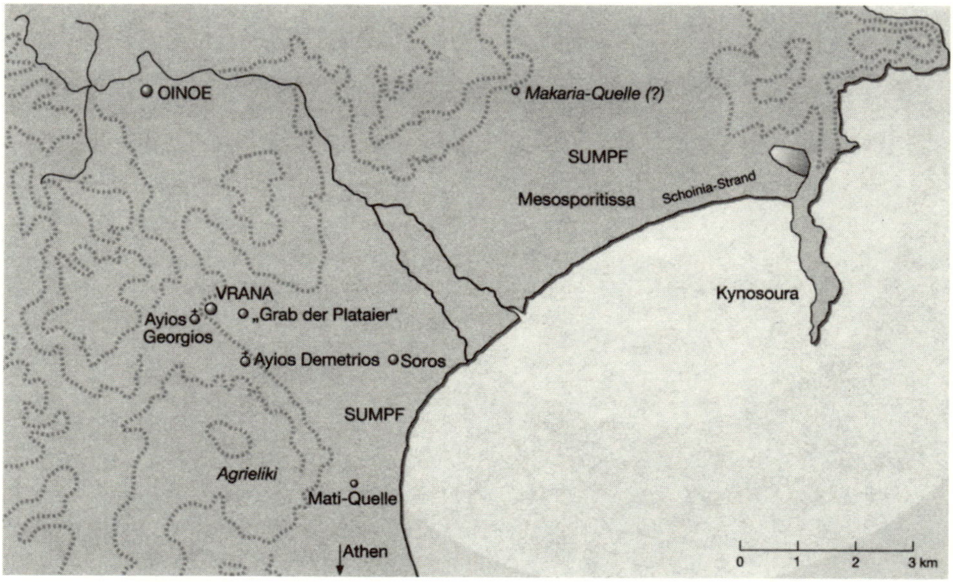

Karte 2: Ebene von Marathon.

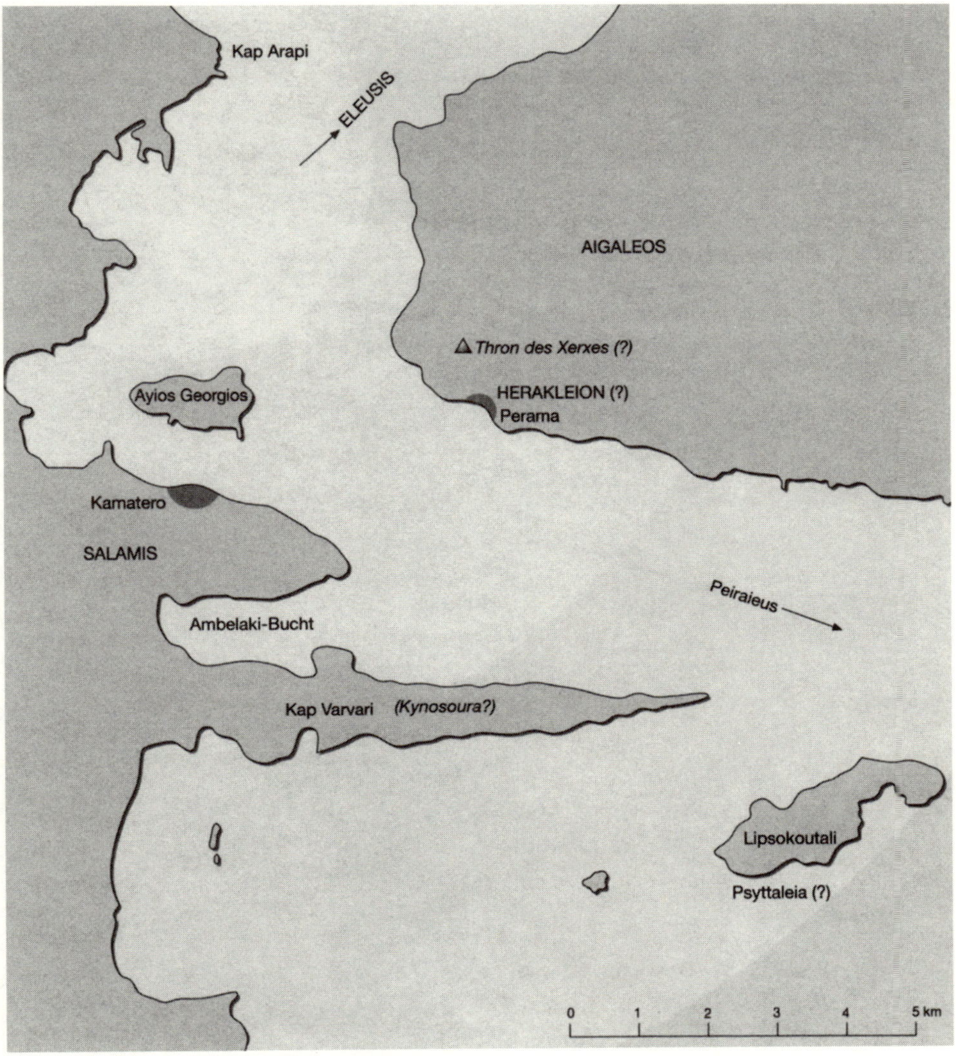

Karte 3: Salamis 480 v. Chr.

Karte 4: Östlicher Ägäisraum und Westküste Kleinasiens.

NACHTRÄGE ZUR LITERATUR

I. Allgemeine Hinweise

In folgenden neueren Darstellungen der griechischen Geschichte ist Athen gebührend berücksichtigt: Werner Dahlheim, Die Antike. Griechenland und Rom, Paderborn/München/Wien/Zürich [6]2002; Hans-Joachim Gehrke/Helmuth Schneider (Hrsg.), Geschichte der Antike, Stuttgart/Weimar [2]2006; Detlef Lotze, Griechische Geschichte. Von den Anfängen bis zum Hellenismus, München [7]2007; Linda-Marie Günther, Griechische Antike, Tübingen/Basel 2008 (mit beachtlicher Berücksichtigung der athenischen Politik in Sizilien und in der Magna Graecia).

Als Studienbücher bzw. Kompendien sind folgende Darstellungen konzipiert: Pedro Barceló, Kleine griechische Geschichte, Darmstadt 2004; Reimund Schulz, Kleine Geschichte des antiken Griechenland, Stuttgart 2008; Sarah B. Pomeroy/Stanley M. Burstein/Walter Donlan/Jennifer Tolbert Roberts (Eds.), A Brief History of Ancient Greece. Politics, Society and Culture, Oxford [2]2009.

Genannt seien auch Untersuchungen und Darstellungen, in denen spezifische Aspekte der griechischen Lebenswelt behandelt werden. Zur Wirtschafts- und Sozialgeschichte sind heranzuziehen: Armin Eich, Die politische Ökonomie des antiken Griechenland (6.–3. Jh. v. Chr.). Passauer historische Forschungen 14, Köln 2006; J. Hall, Ethnic Identity in Greek Antiquity, Cambridge 1997; Winfried Schmitz, Nachbarschaft und Dorfgemeinschaft im archaischen und klassischen Griechenland, Berlin 2004. Wichtige Beiträge zum Handelsverkehr und zu verschiedenen Gesellschaftsstrukturen in der Antike enthalten auch die Sammelbände von Robert Rollinger und Christoph Ulf (Eds.), Commerce and Monetary Systems in the Ancient World: Means of Transmission and Cultural Interaction, Stuttgart 2004, sowie von P. Mauritsch/W. Petermandl/R. Rollinger und Chr. Ulf unter Mitarbeit von I. Huber (Eds.), Antike Lebenswelten. Konstanz – Wandel – Wirkungsmacht, Festschr. für Ingomar Weiler, Stuttgart 2008.

Analysen der Einschätzung von Krieg und Frieden in der griechischen Literatur und Öffentlichkeit bieten Beiträge des Sammelbandes von Kurt A. Raaflaub (Ed.), War and Peace in the Ancient World, Oxford 2007; vgl. etwa Lawrence A. Tritle, „Laughing for Joy“: War and Peace among the Greeks, ebd. 172–190; David Konstan, War and Reconciliation in Greek Literature, ebd. 191–205; Victor Alonso, War, Peace and International Law in Ancient Greek, ebd. 206–225. Eine Neubewertung der Phalanxtaktik versucht Adam Schwartz, Reinstating the Hoplite. Arms, Armour and Phalanx Fighting in Archaic and Classical Greece, Stuttgart 2009, der allerdings die Entstehung dieser Kampfesweise zu früh datiert, da er annimmt, dass sie bereits im 8. Jahrhundert entwickelt wurde.

II. Frühzeit und archaische Epoche

In den Untersuchungen zur Ethnogenese der Griechen überwiegt in der neueren Forschung die Auffassung, dass es sich um einen längeren Prozess handelte, der mit der Zuwanderung kleinerer Gruppen bereits im 3. Jahrtausend v. Chr. begonnen haben kann. Zu den Prozessen der Sesshaftwerdung in Kleinasien vgl. jetzt Christian Marek, Geschichte Kleinasiens in der Antike, München 2010. Eine weiterführende Untersuchung hat Margalit Finkelberg zu dem Thema vorgelegt: Greeks and Pre-Greeks. Aegean Prehistory and Greek Heroic Tradition, Cambridge 2005. Sie weist darauf hin, dass die Suffixe -nth bzw. -nd und -ss in mehreren anatolischen Sprachen enthalten sind (Luwisch, Palaisch, Hethitisch, Lydisch, Lykisch), die zum Indoeuropäischen gehören. Nach ihrer Auffassung ist hieraus zu schließen, dass das vermeintlich vorhellenische Substrat im Griechischen bereits in einer indoeuropäischen Basis vorhanden war.

In dem Sammelband von Cynthia W. Shelmerdine (Ed.), The Cambridge Companion to the Aegean Bronze Age, Cambridge 2008, erläutert C. Broodbank (47–76) die Bedeutung der Kykladen-Kultur für die frühe Bronzezeit, während D. Wilson (77–104) frühe Phasen der materiellen Kultur auf Kreta behandelt und St. W. Manning (105–120) zu zeigen versucht, dass propalatiale Bauten noch keine Paläste, sondern Treffpunkte von Gemeinschaften waren. Vermutlich hätten vor allem Rivalitäten zwischen Führungspersonen zur Entstehung monarchischer Herrschaftsformen geführt. Ein Gesamtbild der mykenischen Palastherrschaften bietet Chr. Mee (ebd. 362–386), der Handelskontakte im östlichen Mittelmeer als wesentliche Voraussetzung für die Entstehung jener Systeme betrachtet. S. Deger-Jalkotzy (ebd. 387–415) erörtert die Ursachen der Palastkatastrophen. Sie vermutet, dass letztlich eine verheerende Katastrophe oder eine Katastrophenfolge das Ende der Systeme herbeiführten. Es gibt freilich keine möglichst exakte Chronologie der Palastbrände.

Ein dringendes Desiderat war der jetzt vorliegende Aufsatz von Josef Fischer, Sklaverei und Menschenraub im mykenischen Griechenland, in: Heinz Heinen (Hrsg.), Menschenraub, Menschenhandel und Sklaverei in antiker und moderner Perspektive, Stuttgart 2008, 45–84. Völlig neue Perspektiven eröffnet die Abhandlung von Tassilo Schmitt, Kein König im Palast. Heterodoxe Überlegungen zur politischen und sozialen Ordnung in der mykenischen Zeit, HZ 288 (2009) 281–346. Er versucht zu zeigen, dass es keine monarchischen Machthaber gegeben habe. Der wa-na-ka sei eine allgemein in den Palastsystemen verehrte Gottheit gewesen. Unter diesem Aspekt bleibt aber die Ahhijawa-Frage offen. Die Herrschaft in Ahhijawa ist sicherlich als Königtum zu verstehen. Die Lokalisierung des in hethitischen Quellen erwähnten Ahhijawa-Reiches ist freilich nach wie vor umstritten.[1]

Zahlreiche neuere Funde aus dem 12. Jh. v. Chr. haben gezeigt, dass die mykenische Kultur mit dem Untergang der Palastsysteme nicht ihr Ende gefunden hat. Demgegenüber vertritt Christian Meier die Auffassung, dass von der mykenischen Kultur kein

[1] Vgl. Dietz Otto Edzard, Geschichte Mesopotamiens von den Sumerern bis zu Alexander dem Großen, München 2004; Jörg Klinger, Die Hethiter, München 2007, 20, 53.

Weg zur Poliskultur führt und die Griechen an einem Nullpunkt beginnen mussten.[2] Das 12. Jahrhundert v. Chr. ist jedoch gekennzeichnet durch einen längeren Transformationsprozess. Nach 1200 v. Chr. wurden in Tiryns noch beachtliche Aufbauarbeiten geleistet, und in Athen hat um 1200 offensichtlich keine Palastkatastrophe stattgefunden. In Athen bestand jedenfalls Siedlungskontinuität. Wichtige Aufsätze zur Entwicklung Athens und Attikas enthält der Sammelband von Hans Lohmann und Torsten Mattern (Hrsg.), Attika. Archäologie einer zentralen Kulturlandschaft, Akten der internationalen Tagung vom 18.–20. Mai 2007 in Marburg, Wiesbaden 2010. F. Ruppenstein erörtert (ebd. 23–34) das „Verhältnis zwischen Attika und Athen in mykenischer Zeit". H. Lohmann (ebd. 35–46) interpretiert die Funde aus Kiapha Thiti und erläutert die Stellung der dortigen frühmykenischen Akropole im Vergleich zu Athen. G. Kalaitzoglou (ebd. 47–63) zeigt, dass im 9. Jahrhundert v. Chr. Grund und Boden Quelle eines zunehmenden Reichtums einer sich formierenden Oberschicht wurden, und P. Karvonis (ebd. 137–150) sowie G. Lüdorf (ebd. 151–159) liefern aus archäologischer Sicht Beiträge zur athenischen Wirtschaftsgeschichte. Die Zahl der Siedlungen in Attika hat im 8. Jahrhundert v. Chr. zweifellos erheblich zugenommen. Der von A. M. Snodgrass (Archaic Greece, London 1980, 22 ff.) vermutete rasante damalige Bevölkerungsanstieg ist freilich unwahrscheinlich.[3] Wohl aber zeigen reiche Gräber aus mittelgeometrischer Zeit, dass die Zahl der Familien mit größerem Grundbesitz zunahm und die Binnenkolonisation in Attika in erheblichem Maße von größeren Grundbesitzern getragen wurde. Dass damals noch ausreichend Landreserven zur Verfügung standen, hat H. Lohmann überzeugend nachgewiesen.[4]

Im 7. Jahrhundert v. Chr. vollzog sich in Athen bereits die Institutionalisierung der Organe des Gemeinschaftslebens. Zu diesem Thema sind in den letzten Jahren lebhafte Diskussionen über die Polisbildung geführt worden. Einerseits wird angenommen, dass die Griechen institutionelle Organisationsformen aus phoinikischen Städten übernommen haben,[5] während Vertreter der Gegenposition auf die Unterschiede in den politischen Lebenswelten in der Levante und in griechischen Siedlungsgebieten hinweisen.[6]

[2] Chr. Meier, Kultur, um der Freiheit willen. Griechische Anfänge – Anfang Europas?, München ^{2}2009, 63.

[3] Vgl. W. Scheidel, Gräberstatistik und Bevölkerungsgeschichte. Attika im achten Jahrhundert v. Chr., in: R. Rollinger/Chr. Ulf (Hrsg.), Griechische Archaic. Interne Entwicklungen – Externe Impulse, Berlin 2004, 177–185.

[4] Vgl. H. Lohmann, Atene. Forschungen zu Siedlungs- und Wirtschaftsstruktur des klassischen Attika, Teil I, Köln/Weimar/Wien 1993, 66 f.

[5] Vgl. etwa O. Murray, What is Greek About the Polis?, in: P. Flensted-Jensen u. a. (Eds.), Polis and Politics: Studies in Ancient Greek History, Presented to Mogens H. Hansen, Kopenhagen 2000, 231–244; L.-M. Günther, Die Phönizier und die Entstehung der griechischen „Polis", in: E. Acquaro (Hrsg.), Alle soglie della classicità: Il Mediterraneo tra tradizione e innovazione. Studi in onore di Sabatino Moscati, Pisa 1996, 789–799; M. H. Hansen, Polis. An Introduction to the Ancient Greek City-State, Oxford 2006, 45–47.

[6] K. A. Raaflaub, Zwischen Ost und West: Phönizische Einflüsse auf die Polisbildung?, in: Rollinger/Ulf a. O. (oben Anm. 3) 271–289.

Immerhin ist aber die „Verschriftlichung von Normen“ in Griechenland ohne die altorientalische Vertragspraxis kaum denkbar, wie Robert Rollinger dargelegt hat.[7] Dass aus der Konstituierung von Verfahrensregeln im Rechtswesen sich auch Impulse zur Weiterentwicklung politischer Institutionen ergaben, hat Karl-Joachim Hölkeskamp in mehreren Untersuchungen gezeigt.[8] Überlegungen „zum Umgang mit Rechtskollisionen im archaischen Griechenland“ hat Heinz Barta publiziert.[9] Er verdeutlicht, welche Probleme sich aus dem Nebeneinander der zahlreichen Poleis mit jeweils eigenen Rechtsordnungen ergaben. In seinem jüngsten Werk, einem wahren opus magnum, hat Barta diesen Ansatz in einem großen Rahmen weiterverfolgt, um zu zeigen, dass die Wurzeln des europäischen Rechts nicht nur in Rom zu suchen sind, sondern auch in Griechenland sowie im Alten Orient liegen.[10] Er wendet sich hier auch (S. 197) mit Recht gegen die These von M. Finley, dass es keine Einheit des griechischen Rechts gegeben habe. In drei weiteren Bänden wird Barta Drakon und Solon als Gesetzgeber sowie das Rechtsdenken griechischer Dichter, Philosophen und Historiker erläutern.

Zu den Gesetzen Drakons und Solons vgl. jetzt die Publikationen von Michael Gagarin, Writing Greek Law, Cambridge 2008, und von David D. Phillips, Avengers of Blood. Homicide in Athenian Law and Custom from Draco to Demosthenes, Stuttgart 2008. Eine wertvolle Hilfe zum Verständnis der „politischen Dichtung“ Solons ist das Werk von Christoph Mülke, Solons politische Elegien und Iamben (Fr. 1–13; 32–37 West). Einleitung, Text, Übersetzung und Kommentar, München/Leipzig 2002. Ein Teil der Vorträge, die auf einem Solon-Kolloquium in Nymwegen gehalten wurden, ist veröffentlicht in dem Sammelband von J. H. Blok/A. P. M. H. Lardinois (Eds.), Solon of Athens. New Historical and Philosophical Approaches, Leiden/Boston 2006. Genannt seien hier die Beiträge von J. Bintliff, Solons's Reforms: Archaeological Perspective, ebd., 321–333, der die Kontinuität von der Bronzezeit bis Solon betont, von P. J. Rhodes, The Reforms and Laws of Solon: An Optimistic View, ebd. 248–260, der vor Anachronismen in der Überlieferung über Solons Wirken warnt, und von H. van Wees, Mass and Elite in Solon's Athens: The Property Classes Revisited (ebd. 351–389), der den Zusammenhang zwischen Zensusklassen und Wehrordnung erörtert. Eine Erwei-

[7] R. Rollinger, Die Verschriftlichung von Normen: Einflüsse und Elemente orientalischer Kulturtechnik in den homerischen Epen, dargestellt am Beispiel des Vertragswesens, in: Rollinger/Ulf a. O. (oben Anm. 3) 369–425 (hier 416).

[8] K.-J. Hölkeskamp, Written Law in Archaic Greece, Proceedings of the Cambridge Philological Society, n. s. 38 (1992) 87–117; ders., Arbitrators, Lawgivers and the „Codification of Law“ in Archaic Greece. Problems and Perspectives, Metis, Revue d'anthropologie du monde grec ancient 7, 1992 (1995) 49–81; ders., Schiedsrichter, Gesetzgeber und Gesetzgebung im archaischen Griechenland, Stuttgart 1999.

[9] H. Barta, Zum Umgang mit „Rechtskollisionen“ im archaischen Griechenland. Das Entstehen von „intermunizipial-zwischenstaatlichem“ Kollisionsrecht während der Großen Kolonisation, in: Rollinger/Barta/Lang (Hrsg.), Rechtsgeschichte und Interkulturalität. Zum Verhältnis des östlichen Mittelmeerraumes und „Europas“ im Altertum, Wiesbaden 2007, 31–115.

[10] Heinz Barta, „Graeca non leguntur? Zu den Ursprüngen des europäischen Rechts im antiken Griechenland, Band I, Wiesbaden 2010.

terung der politischen Rechte der breiten Masse lag noch außerhalb der Vorstellung Solons, und Verarmung und Verschuldung attischer Bauern vor Solons Reformen sollten nicht überschätzt werden. Eine bemerkenswerte Lösung des Hektemoroi-Problems schlägt Mischa Meier in einer demnächst in der Historischen Zeitschrift erscheinenden Abhandlung mit dem Titel „Hektemoroi – noch einmal" vor. Er geht davon aus, dass dem Autor der aristotelischen „Athenaion Politeia" das Wort *hektemoroi* bekannt war, der Ausdruck aber dort (2,2) versehentlich verwendet wurde und so in einen Kontext geriet, in dem von *Pelatai* und *Theten* die Rede ist.

Problematisch ist die Beurteilung der Tyrannis des Peisistratos, wie etwa das Buch von B. M. Lavelle, Fame, Money, and Power. The Rise of Peisistratos and „Democratic" Tyranny at Athens, Ann Arbor 2005, verdeutlicht. Er wertet Peisistratos als Vorläufer demokratischer „Führer" in Athen. Die Tyrannis führte indes in eine Sackgasse, aus der Athen erst durch eine Intervention der Spartaner befreit wurde. Widerspruch provoziert auch die Untersuchung von James F. McGlew, Tyranny and Political Culture in Ancient Greece, Ithaca/London 1993, der offenbar davon ausgeht, dass die Tyrannis eine notwendige Stufe in der Verfassungsgeschichte mehrerer griechischer Poleis war.

Zu anderen Ergebnissen kommt Greg Anderson, The Athenian Experiment. Building an Imagined Political Community in Ancient Attika, 508–490 B. C., Ann Arbor 2003. Seine Hauptthese lautet, dass Athen und Attika erst in der Zeit von den Reformen des Kleisthenes bis zur Schlacht bei Marathon zu einem funktionsfähigen Gemeinwesen zusammengewachsen seien, so dass sich ein kollektives Gemeinschaftsgefühl gebildet habe. Peisistratos und seine Söhne hätten keine Maßnahmen zur Herstellung einer politischen Einheit Attikas getroffen. Anderson sucht seine Theorie mit der Annahme zu stützen, dass schon lange vor Solon ärmere Landbewohner von einflussreichen „clans" abhängig geworden seien. Lokale Oberschichten in Attika waren freilich keine „clans".

Zu den Reformen des Kleisthenes ist in letzter Zeit eine größere Zahl von Büchern und Abhandlungen erschienen. Zur historischen Bedeutung der Reformen vgl. etwa K. A. Raaflaub, Einleitung und Bilanz: Kleisthenes, Ephialtes und die Begründung der Demokratie, in: K. H. Kinzl (Hrsg.), Demokratie. Der Weg zur Demokratie bei den Griechen, Darmstadt 1995, 1–54; K. H. Kinzl, Athen: Zwischen Tyrannis und Demokratie, ebd. 213–247; K. A. Raaflaub, Democracy, in: K. H. Kinzl (Ed.), A Companion to the Classical Greek World, Oxford 2006, 387–415. In einem großen Rahmen wird die Entstehung der Demokratie behandelt in dem Sammelband: K. A. Raaflaub/J. Ober/R. W. Wallace (Eds.). Origines of Democracy in Ancient Greece, Berkeley etc. 2007. Raaflaub selbst geht hier mit Recht davon aus (105–154), dass der Durchbruch zur Demokratie etwa Mitte des 5. Jahrhunderts erfolgte, während etwa J. Ober in diesem Band (83–104) den entscheidenden Schritt auf dem Weg zur Demokratie in den Reformen des Kleisthenes sieht und insofern einen sehr weiten Demokratiebegriff voraussetzt. Vgl. ferner P. Funke, Wendezeit und Zeitenwende: Athens Aufbruch zur Demokratie, in: D. Papenfuß/V. M. Strocka (Hrsg.), Gab es das griechische Wunder? Griechenland zwischen dem Ende des 6. und der Mitte des 5. Jh.s v. Chr., Mainz 2001, 1–16; D. Lotze, Zwischen Kleisthenes und Ephialtes, in: W. Eder/K.-J. Hölkeskamp (Hrsg.), Volk und

Verfassung im vorhellenistischen Griechenland, Stuttgart 1997, 89–98. Ein zentrales Thema der kleisthenischen Reformen ist nach wie vor die Demenordnung. D. Kienast, Die Funktion der attischen Demen von Solon bis Kleisthenes, Chiron 35 (2005) 69–100, möchte an der von Herodot genannten Zahl von ursprünglich 100 Demen festhalten; vgl. auch D. Kienast, Die Zahl der Demen in der kleisthenischen Staatsordnung, Historia 54 (2005) 495–498. Es fragt sich aber, ob Kleisthenes exakt 100 Demen konstituierte, da er sich weitgehend an vorgegebenen Siedlungen orientieren musste. – Schwer zu verstehen ist die These von N. F. Jones, Rural Athens under the Democracy, Philadelphia 2004, 14–16, wonach die Reformen langfristig keine effektive Integration der Bürger aus der Chora in die Polisgemeinschaft bewirkt hätten. Demgegenüber betont Robin Osborne, Demos: The Discovery of Classical Attica, Cambridge 1985, mit Recht, dass die Aktivitäten in den Dorfgemeinschaften auch von Bedeutung für die Funktionsfähigkeit der athenischen Demokratie waren.

III. 5. und 4. Jahrhundert v. Chr.

Eine Neuerung in Athen war der Ostrakismos, der erstmals 487 v. Chr. vorgenommen, aber wohl schon von Kleisthenes eingeführt wurde. Die historischen Rahmenbedingungen dieser Maßnahme erörtert P. Siewert, Der ursprüngliche Zweck des Ostrakismos. Versuch einer historischen Auswertung, in: P. Siewert/S. Breme/B. Eder/H. Heftner/W. Scheidel (Hrsg.), Ostrakismos-Testimonien, Vol. I., Stuttgart 2002, 504–509. Die einzelnen Fälle erläutert S. Forsdyke, Exile, Ostracism, and Democracy. The Politics of Expulsion in Ancient Greece, Princeton/Oxford 2005.

Große Bedeutung für das Identitätsbewusstsein der Athener hatte ihr Sieg bei Marathon. Eine ausführliche Untersuchung hierzu liegt jetzt vor von Michael Jung, Marathon und Plataiai. Zwei Perserschlachten als „lieux de mémoire“ im antiken Griechenland, Göttingen 2006. In einem großen Rahmen behandelt das Problem Karl-Joachim Hölkeskamp, Mythos und Politik – (nicht nur) in der Antike. Anregungen und Angebote der „neuen historischen Politikforschung“, Historische Zeitschrift 288 (2009) 1–50.

Die persische Expansion stellte die Griechen insgesamt vor eine Herausforderung, die sie ohne das von Themistokles initiierte athenische Flottenbauprogramm wohl kaum gemeistert hätten. Eine weit ausgreifende Untersuchung hierzu hat Wolfgang Blösel vorgenommen, der zu zeigen versucht, dass der athenische Flottenbau bereits 6–8 Jahre vor 480 v. Chr. forciert wurde.[11]

Ein Überblick über die Ereignisgeschichte der Pentekonaëtie ist zu gewinnen aus den bereits genannten Gesamtdarstellungen der griechischen Geschichte. Hinzu kom-

[11] W. Blösel, Themistokles bei Herodot: Spiegel Athens im fünften Jahrhundert, Stuttgart 2004; vgl. auch W. Blösel, Das Flottenbauprogramm des Themistokles und der Beschluss der Athener zur Seeverteidigung gegen Xerxes (Hdt. VII 140–144), in: B. Bleckmann (Hrsg.), Herodot und die Epoche der Perserkriege. Realitäten und Fiktionen. Kolloquium zum 80. Geburtstag von Dietmar Kienast, Köln/Weimar/Wien 2007, 53–65.

men spezielle Werke zur „Klassischen Zeit". Genannt seien der verlässliche Band von P. J. Rhodes, A History of the Classical Greek World 478–323 BC, Oxford 2006, sowie der genannte Sammelband von K. H. Kinzl (Ed.), A Companion to the Classical Greek World, Oxford 2006, ferner R. Schulz, Athen und Sparta, Darmstadt [3]2008, M. Dreher, Athen und Sparta, München 2001, und Ch. Schubert, Athen und Sparta. Ein Studienbuch, Stuttgart/Weimar 2003, die einen Strukturvergleich der beiden Poleis vornimmt.

Großes Interesse findet nach wie vor die enge Verflechtung von Außen- und Innenpolitik der Athener. In diesem Zusammenhang ist auch die Untersuchung von Edward E. Cohen, The Athenian Nation, Princeton 2000, zu nennen, der die gesellschaftliche Vielschichtigkeit der Bewohner Attikas untersucht. Der moderne Begriff „nation' ist hier indes problematisch. Auf die wesentlichen Unterschiede zwischen der athenischen Demokratie und den modernen liberalen Demokratien hat kürzlich P. Cartledge, Eine Trilogie über die Demokratie, Stuttgart 2008, hingewiesen.

Das vieldiskutierte Problem der Einrichtung von Demokratien in Seebundpoleis durch Interventionen der Athener erörtert Roger Brock, Did the Athenian Empire Promote Democracy?, in: J. Ma/N. Papazarkadas/R. Parker (Eds.), Interpreting the Athenian Empire, London 2009, 149–166. Er kommt zu dem Ergebnis, dass für die Athener in solchen Fällen das entscheidende Kriterium nicht die „Ideologie", sondern die Staatsraison war. Die Wechselbeziehungen zwischen der Thalassokratie und der Demokratie der Athener werden in einem weiteren Sammelband thematisiert von P. J. Rhodes, Democracy and Empire, in: Loren J. Samons II (Ed.), The Cambridge Companion to the Age of Pericles, Cambridge 2007, 24–45. Er weist darauf hin, dass die Erfüllung öffentlicher Aufgaben infolge der Regelung von Angelegenheiten im Seebund teilweise große Anforderungen an athenische Bürger stellte. Im Schlusskapitel dieses Buches kritisiert Samons (282–307) die politischen Ziele des Perikles, dessen Reden im Werk des Thukydides er als Belege für einen „glühenden Nationalismus" bezeichnet (291). Für Samons ist Perikles „leader of Athen's most progressive and militaristic faction" (301). Dies ist zweifellos ein Fehlurteil, zumal Samons inadäquate Begriffe hier verwendet. Dass moderne Termini nicht einfach auf athenische Verhältnisse des 5. Jahrhunderts v. Chr. anzuwenden sind, erläutert K.-J. Hölkeskamp, Parteiungen und politische Willensbildung in Athen: Perikles und Thukydides, Sohn des Melesias, HZ 267 (1998) 1–27. In einem großen Rahmen behandelt dieses Thema auch Chr. Mann, Die Demagogen und das Volk. Zur politischen Kommunikation im Athen des 5. Jahrhunderts v. Chr., Berlin 2007. Hier ist ebenfalls der Sammelband von Kathryn A. Morgan (Ed.), Popular Tyranny: Sovereignty and its Discontents in Ancient Greece, Austin 2003, zumindest partiell einzuordnen. Allerdings wird die hier von R. Osborne („Changing the Discours", ebd. 269) vorgenommene Klassifizierung der Demokratie des 5. Jahrhunderts als „doktrinär" und „radikal" der athenischen Polisordnung nicht gerecht. Ausgewogen ist demgegenüber das Urteil von G. A. Lehmann, Perikles. Staatsmann und Stratege im klassischen Athen, München 2008, der mit Recht den Terminus *arché*, den Thukydides (2,65,10) zur Bezeichnung der Stellung des Perikles verwendet, nicht als „Herrschaft", sondern als „Leitung" Athens durch den „ersten Mann" versteht. Zum Perikles-Kapitel und zur „Gefallenenrede" und Pestschilderung bei Thukydides (2,65; 2,35–46) vgl. jetzt auch Mischa Meier, Probleme der Thukydides-Interpretation und das Perikles-Bild des Historikers, Tyche 21 (2006) 131–167, hier 144–148 und 151–165. Ausführlich analysiert die Beurteilung des Perikles und anderer athenischer (und spartanischer) Führungspersonen bei Thukydides auch Wolfgang Will, Thukydides und Perikles. Der Historiker und sein Held, Bonn 2003. Umfangreiche Interpretationen zu Thukydides bieten Brill's Companion to Thukydides (Ed. A. Rengakos/ A. Tsakmakis, Leiden/Boston 2006) und S. Hornblower, A Commentary on Thucydides, Vol. III, Oxford 2008. Hornblowers neuer Band bildet den Abschluss eines voluminösen dreibändigen Werkes.

Großes Interesse findet nach wie vor der Peloponnesische Krieg. Donald Kagan hat seine Werke über den Ausbruch dieses Krieges und die einzelnen Phasen des langen Kampfes ergänzt durch die übergreifende Gesamtdarstellung: „The Peloponnesian War", New York 2003. Vorwiegend unter militärgeschichtlichem Aspekt behandelt dieses Thema J. F. Lazenby, The Peloponnesian War. A Militäry Study, London/New York 2004. Er zeigt u. a. (170–216), dass der Krieg für Athen nach den schweren Verlusten in Sizilien (413 v. Chr.) noch nicht verloren war. Die Ereignisse in den folgenden Kriegsjahren schildert Bruno Bleckmann: Athens Weg in die Niederlage. Die letzten Jahre des Peloponnesischen Krieges, Stuttgart/Leipzig 1998. Zudem ist ihm eine Gesamtdarstellung zu verdanken: Der Peloponnesische Krieg, München 2007. Recht eigenwillig urteilt L. A. Tritle, A New History of the Peloponnesian War, Oxford 2010, 36 der davon ausgeht, dass 431 v. Chr. vor allem jüngere wehrfähige Männer in Sparta und Athen von Kriegsbegeisterung erfüllt gewesen seien, so dass die damalige Situation mit dem vermeintlichen Enthusiasmus junger Männer 1914 verglichen werden könne.

Eines der dunkelsten Ereignisse in der Geschichte Athens behandelt Wolfgang Will in seinem Buch: Der Untergang von Melos. Machtpolitik im Urteil des Thukydides und einiger Zeitgenossen, Bonn 2006. Will zeigt, dass Thukydides in seinem Bericht über dieses Geschehen Ursache und Folgen ungerechtfertigter Machtpolitik brandmarkt. Das sogenannte Recht des Stärkeren behandelt Ivan Jordović, Anfänge der Jüngeren Tyrannis, Vorläufer und erste Repräsentanten von Gewaltherrschaft im späten 5. Jahrhundert v. Chr., Frankfurt a. M. 2005. Er hat die vielfältigen Einflüsse des Peloponnesischen Krieges auf die Entstehung der Jüngeren Tyrannis herausgearbeitet.[12] Zum Charakterbild des Alkibiades vgl. B. Bleckmann, Alkibiades und die Athener im Urteil des Thukydides, HZ 282 (2006), 561–583. Hiernach konnte Alkibiades keinen dauerhaften Rückhalt in der Ekklesia finden. Eine überzeugend sachliche Untersuchung der Politik des Nikias hat N. Geske (Nikias und das Volk von Athen, Stuttgart 2005) publiziert.

Die Lösung innerathenischer Konflikte nach dem oligarchischen Umsturz 411 v. Chr. und nach dem Sturz der „Dreißig" erörtert Astrid Dössel im Rahmen ihres Buches: Die Beilegung innerathenischer Konflikte in den griechischen Poleis vom 5.–3. Jahrhundert v. Chr., Frankfurt a. M. 2003. Informativ sind ihre Analysen der „juristischen Aufarbei-

[12] Zur Thematik vgl. auch I. Jordović, Kallikles – Ein Enkel der Demokratie?, Journal of Classical Studies 11 (2009) 55–72; ders., Herodotus and the Emergence of the Demagogue Tyrant Concept, Göttinger Forum für Altertumswissenschaft 13 (2010) 1–15.

tung“ des Scheiterns der Vierhundert. Neue Aufschlüsse über das Regime der „Dreißig“ bietet H. Heftner: Oligarchen, Mesoi, Autokraten: Bemerkungen zur antidemokratischen Bewegung des späten 5. Jahrhunderts v. Chr. in Athen, Chiron 33 (2003) 1–41, hier 28–37. In den Komplex der Folgen der Kapitulation Athens 404 v. Chr. gehört in gewisser Weise auch der Sokratesprozess. Die kontroverse Forschungsdiskussion hierzu skizziert M. Breitbach, Der Prozess des Sokrates – Verteidigung oder Anschlag auf die athenische Demokratie? Ein Beitrag aus rechtswissenschaftlicher Perspektive. Gymnasium 112 (2005) 321–343.

Die kontroversen Diskussionen über die Entwicklung Athens im 4. Jahrhundert v. Chr. lassen sich cum grano salis auf eine „plakative“ Formel reduzieren mit einem Hinweis auf den Titel und den Untertitel des von Walter Eder herausgegebenen Sammelbandes: Die athenische Demokratie im 4. Jahrhundert v. Chr. Vollendung oder Verfall einer Verfassungsform?, Stuttgart 1995. In der neueren Forschung überwiegt freilich eine positive Würdigung der Maßnahmen der Athener zur Optimierung ihrer politischen Institutionen. Durch eine Reihe von Abhandlungen in dem genannten Sammelband wird bestätigt, dass diese Wertung grundsätzlich richtig ist. So überzeugt beispielsweise das Ergebnis von Gerhard Thür, Die athenischen Geschworenengerichte – eine Sackgasse? (ebd. 321–331), wonach die Athener bestrebt waren, in der Rechtsprechung „die demokratische Komponente“ zu verstärken. Dass die Reformen der erneuerten athenischen Demokratie nicht zuletzt Reaktionen auf die Putschversuche 411 und 404 v. Chr. waren, zeigt Dorothee Haßkamp, Oligarchische Willkür – demokratische Ordnung. Zur athenischen Verfassung im 4. Jh. v. Chr., Darmstadt 2005.

Die athenische Außenpolitik im 4. Jahrhundert v. Chr. ist selbstverständlich im größeren Rahmen der politischen Konfiguration in der griechischen Staatenwelt zu sehen. Neuere Einführungen hierzu bieten J. Buckler, Aegean Greece in the Fourth Century BC, Leiden 2003, J. Heskel, The North Aegean Wars, 371–360 B. C., Stuttgart 1987, und L. A. Tritle, The Greek World in the Fourth Century from the Fall of the Athenian Empire to the Successors of Alexander, London/New York 1997, und Bruce LaForce, The Greek World, 371–336, in dem schon genannten Sammelband von K. H. Kinzl (Ed.), A Companion to the Classical Greek World, Oxford 2006, 544–559. Die Beziehungen zwischen Theben und Athen im frühen 4. Jahrhundert erörtern L. Corsi und P. A. Bernadini, A Survey of Theben and Athenian Relations between 403 und 371 BC, in: John Buckler/Hans Beck (Eds.) Central Greece and the Politics of Power in the Fourth Century BC, Cambridge 2008, 33–43. Die Herausgeber dieses Bandes betonen im Epilog (277–283), dass die griechische Geschichte im 4. Jahrhundert v. Chr. keine Spuren von Dekadenz oder Niedergang erkennen lässt. Kein griechisches Gemeinwesen sei aber in der Lage gewesen, ein Projekt zu konzipieren, das dauerhaften Frieden und langfristige Stabilität zu garantieren vermochte. Sie gehen davon aus, dass Formen der Machtpolitik des 5. Jahrhunderts v. Chr. von den größeren Poleis nicht aufgegeben wurden. Die größte Gefahr für Griechenland wurde freilich die Expansion Philipps II. von Makedonien. Dies hat G. A. Lehmann, Demosthenes von Athen. Ein Leben für die Freiheit, München 2004, erneut bestätigt. Die Politik des Makedonenkönigs erörtert umfassend Ian Worthington, Phillip II of Macedonia, London 2008. Eine klare Darstellung und Analyse der Geschehenszusammenhänge hat Johannes Engels, Philipp II. und Alexander, Darmstadt 2006, vorgelegt. In einem eigenen Kapitel behandelt er „Athen von der Gründung des Zweiten Attischen Seebundes bis zur Niederlage im Lamischen oder Hellenischen Krieg (377–322 v. Chr.)". Er bezeichnet mit Recht die athenische Demokratie des 4. Jahrhunderts v. Chr. als „erfolgreiche Weiterentwicklung des demokratischen Verfassungssystems des 5. Jahrhunderts v. Chr."

Nach Abschluss der Vorbereitungen zur Drucklegung dieser Neuauflage sind mehrere hier relevante Bücher erschienen. An erster Stelle sei genannt: Elke Stein-Hölkeskamp/Karl-Joachim Hölkeskamp (Hrsg.), Die griechische Welt. Erinnerungsorte der Antike, München 2010. Der Sammelband enthält folgende Beiträge zur athenischen Geschichte und Erinnerungskultur: Michael Zahrnt, Marathon – das Schlachtfeld als ‚Erinnerungsort', einst und jetzt; Tonio Hölscher, Athen – die Polis als Raum der Erinnerung; Fernande Hölscher, Die Tyrannenmörder – ein Denkmal der Demokratie; Lambert Schneider, Der Parthenonfries – Selbstbewußtsein und kollektive Identität; Ralf von den Hoff, Theseus – Stadtgründer und Kulturheros; Martin Hose, Die Orestie des Aischylos – die Götter, das Recht und die Stadt; Bernhard Zimmermann, Die Lysistrate des Aristophanes – die Frauen, die Männer und der Krieg; Otfried Höffe, Platon und Aristoteles – die Geburt der politischen Philosophie; Elke Stein-Hölkeskamp, Demokratie – die ‚herrschende Hand des Volkes'. Darüber hinaus werden auch weitere Erinnerungsorte gewürdigt, die für die Athener bedeutsam waren. Es handelt sich um folgende Aufsätze: Michael Maas, Delphi ‚monumental' – Prozessionsstraße, Schatzhäuser, Tempel; Ulrich Sinn, Olympia – Zeustempel und Wettkampfstätte; Mischa Meier, Die Thermopylen – „Wanderer, kommst Du nach Spa(rta)"; Josef Wiesehöfer, Die Geheimnisse der Pythia – Orakel und das Wissen der reisenden Weisen; Egon Flaig, Olympiaden und andere Spiele – „immer der Beste sein"; Peter Funke, Bürgerschaft und Bürgersein – Teilnehmen als Teilhaben. Zu erwähnen ist in diesem Zusammenhang auch das Buch von Wolfgang Will, Die Perserkriege, München 2010.

Eine kritische Analyse der athenischen Polisordnung hat Robin Osborne vorgenommen: Athens and Athenian Democracy, Cambridge 2010. Er akzentuiert Aspekte, die aus heutiger Sicht Schattenseiten im klassischen Athen bildeten. Hierzu zählt die politische Ausgrenzung der Frauen und der Sklaven. Für Osborne ist aber auch beispielsweise das Panathenäenfest ein Ausdruck eines athenischen „Imperialismus". Der Imperialismusbegriff in der uns bekannten Bedeutung hat freilich erst im späten 19. Jahrhundert Verbreitung gefunden. Problematisch ist aus dieser Perspektive auch der Titel eines neuen Buches von Edith Foster: Thucydides, Pericles, and Periclean Imperialism, Cambridge 2010.

Demgegenüber warnt Linda-Marie Günther, Perikles, Tübingen/Basel 2010, mit Recht vor einer anachronistischen Verwendung des Imperialismusbegriffs. Eine sehr erwünschte Ergänzung zu diesem Buch ist die Publikation von Iris Samotta, Demosthenes, Tübingen 2010. Sie bietet eine konzise Darstellung der Ereignisketten, die zur Entstehung der makedonischen Hegemonie in Griechenland führten.

Einen wichtigen Aufsatz zur Politik des Perikles hat soeben Michael Zahrnt veröffentlicht: Das Megarische Psephisma und der Ausbruch des Peloponnesischen Krieges, Historische Zeitschrift 291 (2010) 593–624. Er sucht zu zeigen, daß die Athener bereits vor 433 eine Handelssperre gegen Megara verhängten, die dann erst 432/31 in den letzten Verhandlungen zwischen Sparta und Athen eine fatale Rolle spielte.

Die Kriterien der Beurteilung der Tyrannis und der Demokratie in den „Politika" des Aristoteles erläutert jetzt Ivan Jordović, Aristotle on Extreme Tyranny and Extreme Democracy, Historia 60 (2011) 36–64.